Grziwotz/Lüke/Saller
Praxishandbuch Nachbarrecht

Praxishandbuch Nachbarrecht

Von

Professor Dr. Dr. Herbert Grziwotz
Notar in Regen,
Honorarprofessor an der Universität Regensburg

Professor Dr. Wolfgang Lüke, LL.M. (Chicago)
an der Technischen
Universität Dresden,
Richter am Oberlandesgericht
Dresden a. D.

Roland Rudolf Saller
Richter am Landgericht
Deggendorf
Lehrbeauftragter an der Hochschule
Deggendorf

2. Auflage

Verlag C. H. Beck München 2013

www.beck.de

ISBN 978-3-406-62366-0

Wilhelmstraße 9, 80801 München

Druck und Bindung: fgb · freiburger graphische betriebe
Bebelstr. 11, 79108 Freiburg

Satz: ottomedien, 64295 Darmstadt

Gedruckt auf säurefreiem, alterungsbeständigem Papier
(hergestellt aus chlorfrei gebleichtem Zellstoff)

Vorwort

Bereits Friedrich Schiller wusste es: Es kann der Frömmste nicht in Frieden leben, wenn es dem bösen Nachbarn nicht gefällt.[1]

Ob Gartenzwerge, bellende, singende, krähende oder krächzende Tiere, Liebesgestöhn, der liederliche Anblick fremder Betten oder sich nackt sonnender Nachbarn, die Weihnachtsdekoration, die Wärmedämmung, Grillqualm, Hausmusik oder überhängende Zweige, immer häufiger ziehen Deutsche vor Gericht, wenn sie mit ihrem Nachbarn nicht mehr klar kommen. Der Streit am Gartenzaun beschäftigt die Justiz jährlich in fast einer halben Million Fällen. Nahezu jeder zweite Streit entzündet sich an Geräuschen: Babygeschrei, Partylärm und Froschquaken sind häufige Auslöser. In vielen Fällen eskaliert der Streit: es werden heimlich Büsche und Gartenzwerge geköpft, Beleidigungen ausgetauscht, Pflanzen vergiftet und sogar Haustiere gemeuchelt. In einem Fall bestellte ein sich belästigt fühlender und wenig einsichtiger Nachbar bei 35 Firmen unter dem Namen des „Feindes jenseits der Grundstücksgrenze" Waren und Dienstleistungen an dessen Adresse.[2] Dem Zaunkrieg folgt der Konfliktaustrag vor Gericht. Dort können die beteiligten Nachbarn oft nur mühsam von Tätlichkeiten abgehalten werden. Auch Schlichtungstermine werden, wenn die Parteien nicht rechtzeitig getrennt werden, zu wahren Beleidigungsschlachten.

Eine CD mit lautem Rasenmäherlärm wird mit der Gebrauchsanleitung vertrieben: „Früh aufstehen, Player auf volle Lautstärke aufdrehen und eine Stunde spazieren gehen." Vor einigen Jahren wurde der Streit an der Grenze sogar zum Kultlied: „Maschendrahtzaun am Morgen, Maschendrahtzaun spät in der Nacht, Maschendrahtzaun am Abend, durch Maschendrahtzaun fühl' ich mich gut." Der Nachbarstreit wird zum Medienevent. Fernsehen und Zeitungen halten das interessierte Publikum über den Kriegsschauplatz „Nachbarzaun" auf dem Laufenden.[3]

Eine alte Volksweisheit besagt: „Liebe deinen Nachbarn, reiße aber den Zaun nicht ein."[4] Das vorliegende Handbuch soll über die Rechtslage bei Nachbarstreitigkeiten informieren. Gleichzeitig sollen aber auch Vorschläge zur einvernehmlichen Streitbeilegung gegeben werden. Die Wenigsten können es sich nämlich leisten, wegen eines bösen Nachbarn ihr Haus zu verkaufen oder ihren Arbeitsplatz aufzugeben. Vielfach kann bereits die Information über die Rechtslage zu einem sachlichen Miteinander beitragen. Alternative Konfliktlösungsvorschläge können zudem versuchen, das Streitpotential zu entschärfen und dadurch, wenn auch nicht zu einem Frieden, doch zumindest zu einem Waffenstillstand führen.

Regen/Dresden/Deggendorf, im Sommer 2012

Herbert Grziwotz | Wolfgang Lüke | Roland Saller

---

[1] Wilhelm Tell, IV, 3 (im Text heißt es statt „leben" eigentlich „bleiben").

[2] BVerfG, DVBl. 2007, 126 = JuS 2007, 384.

[3] Vgl. Hessler, Republik der Besserwisser, 2003, S. 65 ff. S. auch Würdinger, NJW 2009, 732 ff.

[4] Zu den positiven Seiten der Nachbarschaft s. Brandl, Nachbarschaft – keine Selbstverständlichkeit, BayGT 2004, 343 ff.

Inhaltsübersicht

Inhaltsverzeichnis

Inhaltsverzeichnis

Abkürzungs- und Literaturverzeichnis

a.A.	anderer Ansicht
a.a.O.	am angegebenen Ort
ABl.	Amtsblatt
AbmG	(Landes-)Abmarkungsgesetz
Abs.	Absatz
abw.	abweichend
AcP	Archiv für die civilistische Praxis (Band, Seite)
a.E.	am Ende
a.F.	alte Fassung
AG	Amtsgericht
AGBGB	(Landes-)Ausführungsgesetz zum Bürgerlichen Gesetzbuch
AGGVG	(Landes-)Ausführungsgesetz zum Gerichtsverfassungsgesetz
AgrarR	Zeitschrift für das Recht der Landwirtschaft, der Agrarmärkte und des ländlichen Raumes (Jahr, Seite)
AGVwGO	(Landes-)Ausführungsgesetz zur Verwaltungsgerichtsordnung
AHB	Allgemeine Versicherungsbedingungen für die Haftpflichtversicherung
Alheit	Nachbarrecht von A–Z, 12. Aufl. 2010
allgem.	allgemein
ALR	Allgemeines Landrecht für die Preußischen Staaten von 1794
Alt.	Alternative
Anh.	Anhang
Anm.	Anmerkung
AnwBl.	Anwaltsblatt (Jahr, Seite)
AnwK-BGB/*Bearbeiter*	Anwaltkommentar BGB, 2002 ff. (jetzt: NK-BGB/*Bearbeiter*)
ArchBürgR	Archiv für bürgerliches Recht (Band, Seite)
Art.	Artikel
AtomG	Atomgesetz
Aufl.	Auflage
AVB	Allgemeine Versorgungsbedingungen
AVBEltV	Verordnung über Allgemeine Bedingungen für die Elektrizitätsversorgung für Tarifkunden
AVBFernwärmeV	Verordnung über Allgemeine Bedingungen für die Versorgung mit Fernwärme
AVBGasV	Verordnung über Allgemeine Bedingungen für die Gasversorgung von Tarifkunden
AVBWasserV	Verordnung über Allgemeine Bedingungen für die Versorgung mit Wasser
Bamberger/Roth/*Bearbeiter*	Kommentar zum Bürgerlichen Gesetzbuch, 3. Aufl. 2012
BAnz	Bundesanzeiger
Bassenge/Olivet	Nachbarrecht in Schleswig-Holstein, 12. Aufl. 2009
Battis/Krautzberger/Löhr	Baugesetzbuch, 11. Aufl. 2009
Bauer/v. Oefele	Grundbuchordnung, Kommentar, 2. Aufl. 2006
BauGB	Baugesetzbuch
BauGB-MaßnG	Maßnahmengesetz zum Baugesetzbuch
BauNVO	Verordnung über die bauliche Nutzung der Grundstücke (Baunutzungsverordnung)
BauO	(Landes-)Bauordnung
BauR	Zeitschrift für das gesamte öffentliche und zivile Baurecht (Jahr, Seite)
Baur/Stürner	Sachenrecht, 18. Aufl. 2009

Abkürzungs- und Literaturverzeichnis

Bay	Bayern, Bayerisch
BayAGBGB	Bayerisches Ausführungsgesetz zum Bürgerlichen Gesetzbuch
BayAlmG	(Bayerisches) Almgesetz
BayBO	Bayerische Bauordnung
Bayer/Lindner	Bayerisches Nachbarrecht, 1. Aufl. 1986
Bayer/Lindner/Grziwotz	Bayerisches Nachbarrecht, 2. Aufl. 1994
BayFiG	Bayerisches Fischereigesetz
BayGT	Bayerischer Gemeindetag (Jahr, Seite)
BayImSchG	Bayerisches Immissionsschutzgesetz
BayLABV	Bayerische Verordnung über die Landesanwaltschaft Bayern
BayObLG	Bayerisches Oberstes Landesgericht
BayObLGZ	Entscheidungssammlung des Bayerischen Obersten Landesgerichts in Zivilsachen (Jahr, Seite)
BaySchlG	Bayerisches Schlichtungsgesetz
BayVBl.	Bayerische Verwaltungsblätter (Jahr, Seite)
BayVGH	Bayerischer Verwaltungsgerichtshof
BayWG	Bayerisches Wassergesetz
BB	Betriebsberater (Jahr, Seite)
BBergG	Bundesberggesetz
Bbg	Brandenburg(isch)
BbgNRG	Brandenburgisches Nachbarrechtsgesetz
BbgSchlG	Brandenburgisches Schlichtungsgesetz
BeckOK-UmweltR/*Bearbeiter*	Beck'scher Online-Kommentar Umweltrecht
BeckTKG-Komm/*Bearbeiter*	Beck'scher TKG-Kommentar, 3. Aufl. 2006
Beil.	Beilage
Bengel/Simmerding	Grundbuch, Grundstück, Grenze, 5. Aufl. 2000
Beschl.	Beschluss
Bd.	Band
BGB	Bürgerliches Gesetzbuch
BGB-RGRK/*Bearbeiter*	Das Bürgerliche Gesetzbuch mit besonderer Berücksichtigung der Rechtsprechung des Reichsgerichts und des Bundesgerichtshofes. Kommentar, 12. Aufl. 1974 ff.
BGBl.	Bundesgesetzblatt
BGH	Bundesgerichtshof
BGHR	Rechtsprechung des Bundesgerichtshofs (Jahr, Seite)
BGHSt	Entscheidungen des Bundesgerichtshofs in Strafsachen, Amtliche Sammlung (Band, Seite)
BGHZ	Entscheidungen des Bundesgerichtshofs in Zivilsachen, Amtliche Sammlung (Band, Seite)
BImSchG	Gesetz zum Schutz vor schädlichen Umwelteinwirkungen durch Luftverunreinigungen, Geräusche, Erschütterungen und ähnliche Vorgänge (Bundes-Immissionsschutzgesetz)
BImSchV	Verordnung zur Durchführung des Bundes-Immissionsschutzgesetzes
Birkl/*Bearbeiter*	Praxishandbuch des Bauplanungs- und Immissionsschutzrechtes mit Nachbarschutz und technischen Regelwerken, Loseblatt, Stand: März 2012
BlGBW	Blätter für Grundstücks-, Bau- und Wohnungsrecht (Jahr, Seite)
Bln	Berlin(er)
BK-WHG/*Bearbeiter*	Berliner Kommentar zum Wasserhaushaltsgesetz, 2011
BNatSchG	Bundesnaturschutzgesetz
BO	(Landes-)Bauordnung
Breloer	Bäume, Sträucher und Hecken im Nachbarrecht. Grenzabstände in den Landesgesetzen, 6. Aufl. 2002
Br(em)	Bremen, Bremisch
BremAGBGB	Bremisches Ausführungsgesetz zum Bürgerlichen Gesetzbuch
Breuer	Öffentliches und privates Wasserrecht, 3. Aufl. 2004
BRS	Baurechtssammlung (Band, Nr.)

BR-Drucks.	Bundesratsdrucksache
Bruns	Nachbarrechtsgesetz Baden-Württemberg, 2. Aufl. 2012
BT-Drucks.	Bundestagsdrucksache
BTR	Der Bauträger (Jahr, Seite)
Buchholz	Sammel- und Nachschlagewerk der Rechtsprechung des BVerwG, herausgegeben von K. Buchholz
BuW	Betrieb und Wirtschaft (Jahr, Seite)
BV	Bayerische Verfassung
BVerfG	Bundesverfassungsgericht
BVerfGE	Entscheidungen des Bundesverfassungsgerichts (Band, Seite)
BVerwG	Bundesverwaltungsgericht
BVerwGE	Entscheidungen des Bundesverwaltungsgerichts, Amtliche Sammlung (Band, Seite)
BW	Baden-Württemberg(isch)
BWNotZ	Zeitschrift für das Notariat in Baden-Württemberg (Jahr, Seite)
BWaldG	Bundeswaldgesetz
bzgl.	bezüglich
bzw.	beziehungsweise
c.i.c.	culpa in contrahendo
CR	Computer und Recht (Jahr, Seite)
Czychowski/Reinhardt	Wasserhaushaltsgesetz, Kommentar, 10. Aufl. 2010
Danner/Theobald	Energiewirtschaftsrecht, Kommentar, Loseblatt, Stand: Januar 2012
DAR	Deutsches Autorecht (Jahr, Seite)
DB	Der Betrieb (Jahr, Seite)
DDR	Deutsche Demokratische Republik
DDR-GBl.	Gesetzblatt der Deutschen Demokratischen Republik
Dehner	Nachbarrecht. Gesamtdarstellung des privaten und öffentlichen Nachbarrechts des Bundes und der Länder (mit Ausnahme des Landes Bayern), 7. Aufl. 1991ff., Loseblatt, Stand: Dezember 2011
Demharter	Grundbuchordnung, 28. Aufl. 2012
ders.	derselbe
d.h.	das heißt
DIN	Norm des Deutschen Instituts für Normung
dies.	dieselbe
DJT	Deutscher Juristentag
DJZ	Deutsche Juristen-Zeitung (Jahr, Seite)
DNotI-R	DNotI-Report – Informationsdienst des Deutschen Notarinstituts (Jahr, Seite)
DNotV	Zeitschrift des Deutschen Notarvereins (Jahr, Seite)
DNotZ	Deutsche Notar-Zeitschrift (Jahr, Seite)
DÖV	Die öffentliche Verwaltung (Jahr, Seite)
DRiZ	Deutsche Richterzeitung (Jahr, Seite)
Drucks.	Drucksache
DtZ	Deutsch-Deutsche Rechts-Zeitschrift (Jahr, Seite)
DVBl.	Deutsches Verwaltungsblatt (Jahr, Seite)
DWW	Deutsche Wohnungswirtschaft (Jahr, Seite)
EGBGB	Einführungsgesetz zum Bürgerlichen Gesetzbuch
EGGVG	Einführungsgesetz zum Gerichtsverfassungsgesetz
EGZGB	Einführungsgesetz zum Zivilgesetzbuch der DDR
EGZPO	Einführungsgesetz zur Zivilprozessordnung
EGZVG	Einführungsgesetz zum Zwangsversteigerungsgesetz
Einf.	Einführung
Einl.	Einleitung

Abkürzungs- und Literaturverzeichnis

entspr.	entsprechend
EnWG	Energiewirtschaftsgesetz
ErbbauRG	Gesetz über das Erbbaurecht (Erbbaurechtsgesetz)
Erman/*Bearbeiter*	Bürgerliches Gesetzbuch, Handkommentar, 10. Aufl. 2000; 13. Aufl. 2011
Ernst/Zinkahn/Bielenberg/ Krautzberger/*Bearbeiter*	Baugesetzbuch, Kommentar, Loseblatt, Stand: April 2012
EU	Europäische Union
EuGVVO	Verordnung (EG) Nr. 44/2001 des Rates über die gerichtliche Zuständigkeit und die Anerkennung und Vollstreckung von Entscheidungen in Zivil- und Handelssachen
evtl.	eventuell
EWiR	Entscheidungen zum Wirtschaftsrecht (Jahr, Seite)
f.	folgende Seite
ff.	folgende Seiten
Filthaut	Haftpflichtgesetz, Kommentar, 8. Aufl. 2010
Finkelnburg/Ortloff/Otto	Öffentliches Baurecht, Band II: Bauordnungsrecht, Nachbarschutz, Rechtsschutz, 6. Aufl. 2010
FischereiG	(Landes-)Fischereigesetz
Fl.Nr.	Flurnummer
FlurbG	Flurbereinigungsgesetz
Fn.	Fußnote
FoRG	(Bayerisches) Gesetz über die Forstrechte
ForstG	(Landes-)ForstG
FS	Festschrift
FSt.	Die Fundstelle (Jahr, Nr.)
FStrG	Bundesfernstraßengesetz
GastG	Gaststättengesetz
GBBerG	Grundbuchbereinigungsgesetz
GBl.	Gesetzblatt
GBO	Grundbuchordnung
GBVerf	Allgemeine Verfügung über die Einrichtung und Führung des Grundbuchs (Grundbuchverfügung)
GE	Grundeigentum (Jahr, Seite)
gem.	gemäß
GemO	(Landes-)Gemeindeordnung
GenTG	Gentechnikgesetz
GewArch.	Gewerbearchiv (Jahr, Seite)
GewO	Gewerbeordnung
GG	Grundgesetz
ggf.	gegebenenfalls
GKG	Gerichtskostengesetz
GmS-OBG	Gemeinsamer Senat der Obersten Bundesgerichte
GO	(Landes-)Gemeindeordnung
GrEStG	Grunderwerbssteuergesetz
grds.	grundsätzlich
GrdstVG	Grundstückverkehrsgesetz
Gruchot	Beiträge zur Erläuterung des Deutschen Rechts (Band, Seite)
Grziwotz	Erfolgreiche Verhandlungsführung und Konfliktmanagement durch Notare, 2001
Grziwotz	Grundbuch- und Grundstücksrecht, 1999
Grziwotz/Saller	Bayerisches Nachbarrecht, 2. Aufl. 2010
Grziwotz/Saller	Ratgeber Nachbarrecht, 2012
GuT	Gewerbemiete und Teileigentum (Jahr, Seite)
GUZ	(Landes-)Gesetz über Unschädlichkeitszeugnisse
GüSchlG NRW	Nordrhein-Westfälisches Gütestellen- und Schlichtungsgesetz

GVBl.	Gesetz- und Verordnungsblatt
GVG	Gerichtsverfassungsgesetz
Haft	Verhandlung und Mediation. Die Alternative zum Rechtsstreit, 2. Aufl. 2000
Haft/v. Schlieffen (Hrsg.)	Handbuch Mediation, 2. Aufl. 2009
HPflG	Haftpflichtgesetz
Hbg	Hamburgisch
Hess	Hessisch
HessNRG	Hessisches Nachbarrechtsgesetz
HessVGH	Hessischer Verwaltungsgerichtshof
Heun/*Bearbeiter*	Handbuch Telekommunikationsrecht, 2. Aufl. 2007
Hk-BGB/*Bearbeiter*	BGB-Handkommentar, 3. Aufl. 2003
h.L.	herrschende Lehre
h.M.	herrschende Meinung
Hodes/Dehner	Hessisches Nachbarrecht, 5. Aufl. 2001
Horst	Rechtshandbuch Nachbarrecht, 2. Aufl. 2006
HRR	Höchstrichterliche Rechtsprechung (Jahr, Nr.)
Hrsg.	Herausgeber
Hs.	Halbsatz
Hülbusch/Bauer/Schlick	Nachbarrecht für Rheinland-Pfalz und das Saarland, 6. Aufl. 2005
i.d.F.	in der Fassung
i.d.R.	in der Regel
i.S.	im Sinne
ISO	International Organization for Standardization (internationale Normierungsorganisation)
i.Ü.	im Übrigen
i.V.m.	in Verbindung mit
JA	Juristische Arbeitsblätter (Jahr, Seite)
Jäde	Musterbauordnung (MBO 2002), 2003
Jäde/Dirnberger/Bauer/Weiß	BauGB, BauNVO, 6. Aufl. 2010
Jarass	Bundesimmissionsschutzgesetz, 9. Aufl. 2012
Jauernig/*Bearbeiter*	Bürgerliches Gesetzbuch, 14. Aufl. 2012
JherJb	Jherings Jahrbücher der Dogmatik des bürgerlichen Rechts (Band, Seite)
JMBl.	Justizministerialblatt (Jahr, Seite)
JR	Juristische Rundschau (Jahr, Seite)
Jura	Juristische Ausbildung (Jahr, Seite)
JurBüro	Juristisches Büro (Jahr, Seite)
JuS	Juristische Schulung (Jahr, Seite)
JW	Juristische Wochenschrift (Jahr, Seite)
JZ	Juristen-Zeitung (Jahr, Seite)
KAG	(Landes-)Kommunalabgabengesetz
Kap.	Kapitel
KEHE/*Bearbeiter*	Kuntze/Ertl/Herrmann/Eickmann, Grundbuchrecht, 6. Aufl. 2006
KG	Kammergericht
KGR	Kammergerichts-Report (Jahr, Seite)
König/Roeser/Stock	Baunutzungsverordnung, 2. Aufl. 2004
KommPraxBY	KommunalPraxis Bayern (Jahr, Seite)
KON:SENS	KON:SENS – Zeitschrift für Mediation (Jahr, Seite); seit 2000: ZKM – Zeitschrift für Konfliktmanagement
Kopp/Ramsauer	Verwaltungsverfahrensgesetz, Kommentar, 12. Aufl. 2011
Kopp/Schenke	Verwaltungsgerichtsordnung, Kommentar, 18. Aufl. 2012
K & R	Kommunikation & Recht (Jahr, Seite)

krit. . . . . kritisch
KrWG . . . . Kreislaufwirtschaftsgesetz

Landmann/Rohmer/*Bearbeiter*. . . . Umweltrecht, Loseblatt, Stand: Februar 2012
LBO . . . . Landesbauordnung
Lemke/*Bearbeiter* . . . . Immobilienrecht, 2011
Lehmann . . . . Kommentar zum Niedersächsischen Nachbarrechtsgesetz, 3. Aufl. 1978
LForstG . . . . Landesforstgesetz
LG. . . . . Landgericht
LG NW . . . . Landschaftsgesetz für das Land Nordrhein-Westfalen
LImSchG . . . . Landes-Immissionsschutzgesetz
lit. . . . . Buchstabe
Lit.. . . . . Literatur
LKV. . . . . Landes- und Kommunalverwaltung (Jahr, Seite)
LM . . . . Lindenmaier-Möhring, Nachschlagewerk des Bundesgerichtshofs in Zivilsachen (Vorschrift, Nr.) (nunmehr LMK)
LMK . . . . Kommentierte BGH-Rechtsprechung (früher: LM)
LNR . . . . LexisNexis Recht – Juristische Onlinerecherche
LNRG RhPf. . . . . Landesnachbarrechtsgesetz Rheinland-Pfalz
LS . . . . Leitsatz
LSA . . . . Land Sachsen-Anhalt
LSchlG. . . . . Saarländisches Landesschlichtungsgesetz
LSchliG . . . . Schleswig-Holsteinisches Landesschlichtungsgesetz
LStrG. Landesstraßengesetz
LuftVG. . . . . Luftverkehrsgesetz
LuftVO. . . . . Luftverkehrs-Ordnung
LVwVfG . . . . Landesverwaltungsverfahrensgesetz
LWaG. Landeswassergesetz
LWaldG . . . . Landeswaldgesetz
LWG . . . . Landeswassergesetz

MaBV . . . . Makler- und Bauträgerverordnung
Maidowski . . . . Mit Nachbarn streiten?, 2001
m. Anm.. . . . . mit Anmerkung
MBl. . . . . Ministerialblatt
MBO. Musterbauordnung
MDR. Monatsschrift für Deutsches Recht (Jahr, Seite)
Meikel . . . . Grundbuchrecht, 10. Aufl. 2009
Meisner/Ring . . . . Nachbarrecht in Bayern, 6. Aufl. 1972
Meisner/Ring/Götz . . . . Nachbarrecht in Bayern, 7. Aufl. 1986
Metzner . . . . Gaststättengesetz, Kommentar, 6. Aufl. 2002
Michel/Kienzle/Pauly . . . . Das Gaststättengesetz, Kommentar, 14. Aufl. 2003
MietRB . . . . Der Miet-Rechts-Berater (Jahr, Seite)
MittBayNot . . . . Mitteilungen des Bayerischen Notarvereins (Jahr, Seite)
MittRhNotK. . . . . Mitteilungen der Rheinischen Notarkammer (Jahr, Seite)
MMR . . . . MulitMedia und Recht (Jahr, Seite)
Mot.. Motive zum BGB
Mugdan . . . . Die gesamten Materialien zum Bürgerlichen Gesetzbuch für das Deutsche Reich, 1899
MünchKommBGB/*Bearbeiter* . . . . Münchener Kommentar zum Bürgerlichen Gesetzbuch, 3. Aufl. 1992 ff.; 4. Aufl. 2000 ff.; 5. Aufl. 2006 ff.
MünchKommZPO/*Bearbeiter* . . . . Münchener Kommentar zur Zivilprozessordnung, 3. Aufl. 2007 ff.
Musielak/*Bearbeiter* . . . . Zivilprozessordnung, Kommentar, 9. Aufl. 2012
MV, M-V . . . . Mecklenburg-Vorpommern
m.w.N.. . . . . mit weiteren Nachweisen
NachbG . . . . (Landes-)Nachbarrechtsgesetz

NachbG Bln	Berliner Nachbarrechtsgesetz
NachbG NRW	Nordrhein-Westfälisches Nachbarrechtsgesetz
NachbG SchlH	Nachbarrechtsgesetz für das Land Schleswig-Holstein
NachbRG	(Landes-)Nachbarrechtsgesetz
NatSchG	(Landes-)Naturschutzgesetz
NAV	Niederspannungsanschlussverordnung Strom
NbG LSA	Nachbarschaftsgesetz Sachsen-Anhalt
NDAV	Niederdruckanschlussverordnung Gas
Nds	Niedersachsen, Niedersächsisch
NdsNachbG	Niedersächsisches Nachbarrechtsgesetz
NdsRpfl	Niedersächsische Rechtspflege (Jahr, Seite)
NdsVBl.	Niedersächsische Verwaltungsblätter (Jahr, Seite)
Neubearb.	Neubearbeitung
n.F.	neue Fassung
NJ	Neue Justiz (Jahr, Seite)
NJOZ	Neue Juristische Online-Zeitschrift (Jahr, Seite)
NJW	Neue Juristische Wochenschrift (Jahr, Seite)
NJWE-MietR	NJW-Entscheidungsdienst Miet- und Wohnungsrecht (Jahr, Seite)
NJW-RR	NJW-Rechtsprechungs-Report Zivilrecht (Jahr, Seite)
NK-BGB/*Bearbeiter*	NomosKommentar BGB, 2. Aufl. 2007 ff.
NNachbG	Niedersächsisches Nachbarrechtsgesetz
NordÖR	Zeitschrift für öffentliches Recht in Norddeutschland (Jahr, Seite)
NotBZ	Zeitschrift für die notarielle Beratungs- und Beurkundungspraxis (Jahr, Seite)
Nr.	Nummer
Nrn.	Nummern
NRG	(Landes-)Nachbarrechtsgesetz
NRG BW	Baden-Württembergisches Nachbarrechtsgesetz
NRW	Nordrhein-Westfalen, Nordrhein-Westfälisch
NuR	Natur und Recht (Jahr, Seite)
n.v.	nicht veröffentlicht
NVwZ	Neue Zeitschrift für Verwaltungsrecht (Jahr, Seite)
NVwZ-RR	NVwZ-Rechtsprechungs-Report (Jahr, Seite)
NW	Nordrhein-Westfälisch
NWVBl.	Nordrhein-Westfälische Verwaltungsblätter (Jahr, Seite)
NZBau	Neue Zeitschrift für Baurecht und Vergaberecht (Jahr, Seite)
NZM	Neue Zeitschrift für Miet- und Wohnungsrecht (Jahr, Seite)
OGH	Oberster Gerichtshof für die britische Zone
OLG	Oberlandesgericht
OLGE	Rechtsprechung der Oberlandesgerichte (Band, Seite)
OLG-NL	OLG-Rechtsprechung Neue Länder (Jahr, Seite)
OLGR	OLG-Report (Jahr, Seite)
OLGZ	Entscheidungen der Oberlandesgerichte in Zivilsachen (Jahr, Seite)
OVG	Oberverwaltungsgericht
OWiG	Gesetz über Ordnungswidrigkeiten
Palandt/*Bearbeiter*	Bürgerliches Gesetzbuch, 71. Aufl. 2012
Postier	Nachbarrecht in Berlin, 2003
Pr	Preußen, Preußisch
Prot.	Protokolle der Kommission für die II. Lesung des Entwurfs des BGB
PrWG	Preußisches Wassergesetz
pVV	positive Vertragsverletzung
PWW/*Bearbeiter*	Prütting/Wegen/Weinreich, BGB, Kommentar, 7. Aufl. 2012

RdE	Recht der Energiewirtschaft (Jahr, Seite)
RdL	Recht der Landwirtschaft (Jahr, Seite)
Recht	Das Recht (Jahr, Nr.)
Reichel/Schulte	Handbuch Bauordnungsrecht, 2004
RG	Reichsgericht
RGBl.	Reichsgesetzblatt
RGRK/*Bearbeiter*	Das Bürgerliche Gesetzbuch mit besonderer Berücksichtigung der Rechtsprechung des Reichsgerichts und des Bundesgerichtshofes, Kommentar, 12. Aufl. 1974 ff.
RGZ	Entscheidungen des Reichsgerichts in Zivilsachen (Band, Seite)
RhPf	Rheinland-Pfalz, Rheinland-Pfälzisch
Rn.	Randnummer
RNotZ	Rheinische Notar-Zeitschrift (Jahr, Seite)
Rpfl	Der Deutsche Rechtspfleger (Jahr, Seite)
Rspr.	Rechtsprechung
s.	siehe
S.	Satz, Seite
Saarl	Saarland, Saarländisch
SaarlNachbRG	Saarländisches Nachbarrechtsgesetz
SachenRÄndG	Sachenrechtsänderungsgesetz
SachenRBerG	Sachenrechtsbereinigungsgesetz
SachenR-DV	Sachenrechts-Durchführungsverordnung
Sächs	Sächsisch
SächsJG	Sächsisches Justizgesetz
SächsNRG	Sächsisches Nachbarrechtsgesetz
SächsVBl.	Sächsische Verwaltungsblätter (Jahr, Seite)
Schäfer	Niedersächsisches Nachbarrechtsgesetz, 2006
Schäfer	Sächsisches Nachbarrechtsgesetz, 1998
Schäfer	Thüringer Nachbarrechtsgesetz, 2. Aufl. 2006
Schäfer/Fink-Jamann/Peter	Nachbarrechtsgesetz für Nordrhein-Westfalen, 16. Aufl. 2012
Scheurle/Mayer/*Bearbeiter*	Telekommunikationsgesetz (TKG), 2. Aufl. 2008
SchlG	(Landes-)Schlichtungsgesetz
SchlH	Schleswig-Holstein, Schleswig-Holsteinisch
SchlHA	Schleswig-Holsteinische Anzeigen (Jahr, Seite)
SchStG LSA	Schiedsstellen- und Schlichtungsgesetz des Landes Sachsen-Anhalt
Schneider/Herget	Streitwertkommentar, 13. Aufl. 2011
Schneider/Theobald	Recht der Energiewirtschaft, Praxishandbuch, 3. Aufl. 2011
Schöner/Stöber	Grundbuchrecht, 14. Aufl. 2008
Schrödter/*Bearbeiter*	Baugesetzbuch, Kommentar, 7. Aufl. 2006
Schulze/Grziwotz/Lauda	Bürgerliches Gesetzbuch, Kommentiertes Vertrags- und Prozessformularbuch, 2011
Schwarzer/König	Bayerische Bauordnung, Kommentar, 4. Aufl. 2012
Seidel	Öffentlich-rechtlicher und privatrechtlicher Nachbarschutz, 2000
SeuffA	Seufferts Archiv für Entscheidungen der obersten Gerichte in den deutschen Staaten (Band, Nr.)
Simon/Busse/*Bearbeiter*	Bayerische Bauordnung, Kommentar, Loseblatt, Stand: April 2012
Sieder/Zeitler/Dahme/Knopp	Bayerisches Wassergesetz, Kommentar, Loseblatt, Stand: April 2011
Sieder/Zeitler/Dahme/Knopp	Wasserhaushaltsgesetz, Kommentar, Loseblatt, Stand: Mai 2012
SMG	Gesetz zur Modernisierung des Schuldrechts (Schuldrechtsmodernisierungsgesetz)
s.o.	siehe oben
Soergel/*Bearbeiter*	Das Bürgerliche Gesetzbuch, Kommentar, 12. Aufl. 1987 ff.; 13. Aufl. 2000 ff.

sog.	so genannt
Sprau/*Bearbeiter*	Justizgesetze in Bayern, 1988
SpuRt	Sport und Recht (Jahr, Seite)
Stadler	Das Nachbarrecht in Bayern, 7. Aufl. 2004
StAnz.	Staatsanzeiger
Staudinger/*Bearbeiter*	Kommentar zum Bürgerlichen Gesetzbuch, 13. Aufl. 1993 ff.
StGB	Strafgesetzbuch
str.	streitig
StrG	(Landes-)Straßengesetz
st.Rspr.	ständige Rechtsprechung
StrWG	(Landes-)Straßen- und Wegegesetz
StVO	Straßenverkehrs-Ordnung
TEHG	Treibhausgas-Emissionshandelsgesetz
teilw.	teilweise
Thomas/Putzo/*Bearbeiter*	Zivilprozessordnung, Kommentar, 33. Aufl. 2012
Thür	Thüringen, Thüringer
ThürNRG	Thüringer Nachbarrechtsgesetz
ThürVBl.	Thüringer Verwaltungsblätter (Jahr, Seite)
TK	Telekommunikation
TKG	Telekommunikationsgesetz
TWG	Telegraphenwegegesetz
u.	und
u.a.	unter anderem
umstr.	umstritten
UmweltHG	Umwelthaftungsgesetz
UmwRG	Umwelt-Rechtsbehelfsgesetz
UnschZG	(Landes-)Unschädlichkeitszeugnisgesetz
unstr.	unstreitig
UPR	Umwelt- und Planungsrecht (Jahr, Seite)
Urt.	Urteil
UTR	Jahrbuch des Umwelt- und Technikrechts (Band, Seite)
UVPG	Gesetz über die Umweltverträglichkeitsprüfung
v.	von, vom
VBlBW	Verwaltungsblätter für Baden-Württemberg (Jahr, Seite)
VerfGH	Verfassungsgerichtshof
VerkFlBerG	Verkehrsflächenbereinigungsgesetz
VermG	Vermessungsgesetz
VersR	Versicherungsrecht (Jahr, Seite)
VerwArch	Verwaltungsarchiv (Jahr, Seite)
VDI	Verein Deutscher Ingenieure
VG	Verwaltungsgericht
VGH	Verwaltungsgerichtshof
VGH BW	Baden-Württembergischer Verwaltungsgerichtshof
vgl.	vergleiche
VIZ	Zeitschrift für Vermögens- und Immobilienrecht (Jahr, Seite)
VO	Verordnung
Vorb.	Vorbemerkung
VwGO	Verwaltungsgerichtsordnung
VwRR BY	Verwaltungsrechtsreport Bayern (Jahr, Seite)
VwVfG	Verwaltungsverfahrensgesetz
WaldG	(Landes-)Waldgesetz
Warn	Warneyer, Die Rechtsprechung des Reichsgerichts (Jahr, Nr.)
WaStrG	Bundeswasserstraßengesetz
WEG	Wohnungseigentumsgesetz

Abkürzungs- und Literaturverzeichnis

Westermann/Gursky/Eickmann	Sachenrecht, 8. Aufl. 2011
Wenzel	Baulasten in der Praxis, 2002
WG	(Landes-)Wassergesetz
WHG	Wasserhaushaltsgesetz
Wiesner	Prozessrechts-Kommentar zum BGB, 2. Aufl. 2002
WM	Wertpapiermitteilungen (Jahr, Seite)
WuM	Wohnungswirtschaft und Mietrecht (Jahr, Seite)
ZAP	Ausbildung und Prüfung (Jahr, Seite)
z.B.	zum Beispiel
ZfBR	Zeitschrift für Baurecht (Jahr, Seite)
ZfIR	Zeitschrift für Immobilienrecht (Jahr, Seite)
ZfW	Zeitschrift für Wasserrecht (Jahr, Seite)
ZG	Zeitschrift für Gesetzgebung (Jahr, Seite)
ZGB-DDR	Zivilgesetzbuch der DDR
ZHR	Zeitschrift für das gesamte Handels- und Wirtschaftsrecht (Band, Seite)
Ziff.	Ziffer
ZIP	Zeitschrift für Wirtschaftsrecht; bis 1982: Zeitschrift für Wirtschaftsrecht und Insolvenzpraxis (Jahr, Seite)
ZKM	Zeitschrift für Konfliktmanagement (Jahr, Seite)
ZMR	Zeitschrift für Miet- und Raumrecht (Jahr, Seite)
ZNotP	Zeitschrift für die NotarPraxis (Jahr, Seite)
Zöller/*Bearbeiter*	Zivilprozessordnung, Kommentar, 29. Aufl. 2012
ZOV	Zeitschrift für offene Vermögensfragen (Jahr, Seite)
ZPO	Zivilprozessordnung
z.T.	zum Teil
ZUR	Zeitschrift für Umweltrecht (Jahr, Seite)
zust.	zustimmend
ZVG	Zwangsversteigerungsgesetz
zw.	zweifelhaft
ZWE	Zeitschrift für Wohnungseigentumsrecht (Jahr, Seite)
ZZP	Zeitschrift für Zivilprozess (Band, Seite)

1. Teil. Grundeigentum und Nachbarrecht

Übersicht

A. Grundbegriffe und Eigentümerbefugnisse

I. Begriffe des Grundstücks- und Nachbarrechts

1. Begriff des Nachbarrechts

1 Die Eigentümer von Grundstücken haben grundsätzlich weitgehende Rechte, wie sie mit ihrem Eigentum verfahren. Das führt notwendigerweise zu einer Kollision von Befugnissen, die durch die Regeln des Nachbarrechts zum Ausgleich gebracht werden. Mit dem Nachbarrecht werden alle Normen bezeichnet, die dieses Verhältnis regeln.[1] Es handelt sich dabei um Vorschriften, die sehr verschiedene Gegenstände betreffen. Diese reichen von Immission, Überbau, Notweg bis hin zu gefahrdrohenden Bauten und Einrichtungen und Pflanzen im Grenzbereich. Im weitesten Sinne handelt es sich um Normen über die **gegenseitige Rücksichtnahme und Duldung**.[2] Dabei lässt sich entsprechend der Zuordnung der Rechtsnorm öffentlich-rechtliches und privatrechtliches Nachbarrecht unterscheiden. Beides steht nicht beziehungslos nebeneinander, sondern verfolgt gleichgerichtete Ordnungsaufgaben.[3] Zu ersterem zählt vor allem das Immissionsschutzrecht. Zwar hat sich das privatrechtliche Nachbarrecht früher als das öffentlich-rechtliche Nachbarrecht entwickelt, gleichwohl gelten die Bestimmungen des Landesrechts und des öffentlichen Rechts des Bundes und der Länder neben den Vorschriften des BGB. Für die erstgenannte Gruppe wird dies ausdrücklich in Art. 124 EGBGB festgestellt.

2. Begriff des Grundstücks

a) Die verschiedenen Grundstücksbegriffe

2 Bezugsobjekt des Nachbarrechts ist das Grundstück, das in einer räumlichen Gemeinschaft zu anderen Grundstücken steht. Nachbarrecht ist eine Konsequenz des Umstandes, dass Grundstücke in einem nachbarlichen Verhältnis[4] zu anderen stehen. Unter Grundstück kann je nach Sachzusammenhang Verschiedenes verstanden werden. Allgemein wird der wirtschaftliche, der vermessungstechnische, der steuerrechtliche und der **privatrechtliche Begriff** des Grundstücks unterschieden. Für das Nachbarrecht ist letzterer von Bedeutung. Während der ökonomische Begriff auf die einheitlich wirtschaftliche Zwecksetzung abstellt, der ein Stück Land von seinem Eigentümer unterworfen wird und vor allem im Bereich des Landesbaurechts und des Bewertungsrechts eine Rolle spielt, gibt es im Steuerrecht keinen einheitlichen Grundstücksbegriff. Vielmehr ist dort je nach Inhalt der gesetzlichen Bestimmung zu unterscheiden. Teilweise wird auf den ökonomischen Begriff des Grundstücks verwiesen,[5] in anderen Fällen auf jenen des bürgerlichen Rechts.[6] Grundstück im vermessungstechnischen Sinn bezeichnet schließlich die Buchungseinheit im Liegenschaftskataster, das von den Vermessungsbehörden der Länder geführt wird.[7] Hierfür wird der Begriff der Parzelle oder des Flurstücks gebraucht, der eine durch Vermessungspunkte und deren Verbindung in gerader Linie festgelegte Bodenfläche bezeichnet. Jedes Flurstück wird in der Katasterkarte mit einer eigenen Flurstücksnummer geführt. Für das Grundbuch bildet das Grundstück im vermessungstechnischen Sinne die Grundlage (§ 2 Abs. 2 GBO).[8]

---

[1] Schreiber/*Hoppe*, Rn. 1.

[2] *Westermann*, Sachenrecht, § 61 Rn. 3.

[3] Schreiber/*Hoppe*, Rn. 2.

[4] Zum nachbarlichen Gemeinschaftsverhältnis als Grundlage der §§ 906 ff. BGB s. schon RGZ 154, 161, 165 f.; 159, 129, 139; 167, 14, 23; anders noch RGZ 132, 51, 56. Der BGH ist diesem Verständnis gefolgt: BGHZ 28, 110, 114 = NJW 1958, 1580; BGHZ 88, 344, 351 = NJW 1984, 729; BGHZ 148, 261, 267, 268 = NJW 2001, 3119.

[5] So z. B. § 2 Abs. 3 GrEStG.

[6] So z. B. § 2 Abs. 1 S. 1 GrEStG.

[7] Für einen Überblick über die Regelungen *Schöner/Stöber*, Rn. 571 ff..

[8] *Demharter*, § 2 Rn. 6, 14 f.

b) Bürgerlich-rechtlicher Begriff des Grundstücks

Dem Begriff Grundstück im bürgerlich-rechtlichen Sinne[9] liegt dieses Verständnis ebenfalls zu Grunde, ist aber nicht mit ihm identisch. Ein Grundstück kann aus **einem oder auch mehreren Flurstücken** bestehen, für die nur ein Grundbuchblatt geführt wird (§ 3 Abs. 1 GBO).[10] 3

Allgemein bezeichnet der Begriff Grundstück im Rechtssinn einen **räumlich exakt abgegrenzten Teil der Erdoberfläche**, der auf einem **besonderen Grundbuchblatt unter einer besonderen Nummer** im Bestandsverzeichnis der Grundstücke verbucht ist.[11] Dabei beschränkt sich entgegen der vorgenannten Definition das Eigentum nicht auf die Erdoberfläche. Vielmehr erstreckt sich das Grundstück und demzufolge auch das Eigentum an ihm auf den darunter befindlichen Teil des Erdkörpers (siehe § 905 S. 1 BGB). Theoretisch breitet sich das Grundstück somit keilförmig bis zum Erdmittelpunkt aus. Die Grenzlinien setzen sich dorthin lotgerecht fort. 4

Der **Luftraum** als solcher über dem Grundstück ist dagegen nicht Teil desselben, selbst wenn das Grundstück bestimmte Befugnisse sogar für den Luftraum über dem Grundstück verleiht. Diese sind aber lediglich Ausfluss des Eigentums an dem Grundstück. 5

Zum Grundstück gehört alles, was mit diesem über und unter der Erdoberfläche verbunden ist. Es handelt sich um **Bestandteile** des Grundstücks, die als solche eigene Existenz besitzen. Der Begriff wird in den §§ 93 ff. BGB vorausgesetzt.[12] Erst wenn klar ist, dass es sich um den Teil einer Sache und nicht um eine selbständige Sache handelt, ist für eine Anwendung der §§ 93 ff. BGB Raum.[13] Die Abgrenzung von zusammengesetzten Sachen und Sachgesamtheiten kann mitunter Probleme bereiten.[14] Maßstab ist hierbei stets die Verkehrsanschauung.[15] 6

aa) Einfache Bestandteile. Zu den (einfachen) Bestandteilen eines Grundstücks gehören dessen **Teilflächen**. Werden mehrere **Teilflächen** zu einem Grundstück vereinigt, so erfassen zwar künftige Verfügungen die Liegenschaft insgesamt, frühere, in Bezug auf eine Teilfläche begründete Belastungen bleiben aber bestehen. Selbst der Anlieger- oder Angrenzerweg ist Bestandteil des angrenzenden Grundstücks und kein selbständiges Grundstück. Er steht mit seiner angrenzenden Fläche bis zur Wegesmitte im Alleineigentum des jeweiligen Grundstückseigentümers.[16] 7

Nicht zu den Bestandteilen gehören die **Scheinbestandteile** (§ 95 BGB). 8

bb) Wesentliche Bestandteile. Das BGB trennt zwischen wesentlichen und unwesentlichen Bestandteilen (§§ 93–96 BGB). Wesentliche Bestandteile können im Gegensatz zu nicht wesentlichen oder einfachen Bestandteilen nicht voneinander getrennt werden, ohne dass die Sache zerstört oder in ihrem Wesen verändert wird (§ 93 BGB). Sie können nicht anderen Eigentümern gehören als dem Grundstückseigentümer und sind damit **nicht sonderrechtsfähig**.[17] Verfügungsgeschäfte über sie erfolgen immer einheitlich. Das Gesetz trifft die Unterscheidung anhand der wirtschaftlichen Funktion der Sache und ihrer Bestandteile. Soll diese erhalten bleiben, so handelt es sich um einen wesentlichen Bestandteil der Sache. 9

---

[9] Natürlich liegt dieser Begriff nicht allen zivilrechtlichen Rechtsgeschäften zugrunde. So kann ein Mietvertrag ebenso gut über ein Grundstück im wirtschaftlichen Sinne geschlossen werden.

[10] *Demharter*, § 2 Rn. 18.

[11] RGZ 84, 265, 270; BGHZ 49, 145, 147 und Palandt/*Bassenge*, Überblick vor § 873 Rn. 1.

[12] MünchKommBGB/*Stresemann*, § 93 Rn. 2.

[13] *Jauernig*, § 93 Rn. 2.

[14] Z.B. BGH LM Nr. 2 zu § 93 BGB [Kegelbahn im Kellerraum (nur Sachgesamtheit mit Gebäude)] und RGZ 158, 362, 369 ff. [Holztäfelungen als Wandverkleidung (wesentlicher Bestandteil, da feste Verbindung)].

[15] *Jauernig*, § 93 Rn. 2.

[16] BayObLG, Rpfleger 1993, 104. Damit erstrecken sich Verfügungen des Eigentümers auch auf diesen Grundstücksteil.

[17] MünchKommBGB/*Stresemann*, § 93 Rn. 9.

10 Der **Kreis** wesentlicher Bestandteile eines Grundstücks bestimmt sich ebenso grundsätzlich nach § 93 BGB und dem bereits dargestellten Maßstab. Dieser wird durch § 94 BGB[18] erweitert, indem es danach nicht auf die Zerstörung oder Wesensänderung bei einer Trennung der Sache ankommt, sondern darauf, ob die Sache mit dem Grundstück fest verbunden ist oder sich Gebäude auf dem Grundstück befinden. So können zu den wesentlichen Bestandteilen eines Grundstücks etwa ein Bootssteg (als Bestandteil des Grundstücks, von dem aus er angelegt ist),[19] Drainagestränge,[20] eine Fertiggarage,[21] ein Gewächshaus,[22] ein Holzfertighaus,[23] ein Pavillonaufbau,[24] ein Schwimmbecken aus Fertigteilen,[25] ein Sichtschutzzaun,[26] eine Spundwand[27] und ein **Überbau**[28] gehören, nicht dagegen eine Windkraftanlage.[29]

11 Von der Regelung ausgenommen sind gem. § 95 BGB sog. **Scheinbestandteile**, die nur zu einem vorübergehenden Zweck mit dem Grund und Boden verbunden worden sind. Ein Baum ist danach grundsätzlich wesentlicher Bestandteil eines Grundstücks. Etwas anderes gilt allerdings, wenn der Baum – wie etwa bei einer Baumschule – nur zu einem vorübergehenden Zweck eingepflanzt ist.[30]

12 Zwar ist auch ein **Überbau** i. S. des § 912 BGB (entschuldigter rechtswidriger Überbau) ein Gebäude oder eine fest verbundene Sache auf dem überbauten Grundstück, gleichwohl ist er entgegen den §§ 93, 94 Abs. 1 BGB nicht Bestandteil von diesem, sondern des überbauenden Nachbargrundstücks.[31] In Bezug auf das überbaute Grundstück ist er Scheinbestandteil gem. § 95 Abs. 1 S. 2 BGB, wenn der Überbau nach § 912 BGB zu dulden ist.[32] Der Überbau steht also im Eigentum des Eigentümers des überbauenden Grundstücks. Nicht anders ist die Eigentumslage bei dem Überbau aufgrund einer Vereinbarung, also bei einem rechtmäßigen Überbau.[33]

13 An einer Pflicht zur Duldung fehlt es bei dem **nicht entschuldigten rechtswidrigen Überbau**. Hier gelten also die Grundsätze der §§ 93, 94 ff. BGB und das Gebäude wird auf der Grenzlinie lotgerecht geteilt.[34] Dies gilt nicht bei einem Eigengrenzüberbau. Auf diesen Fall werden die Grundsätze zum entschuldigten Überbau analog angewendet.[35]

14 Die dargestellten Grundsätze gelten genauso für die **Grenzmauer**. Nur bei gemeinsam genutzten Giebelmauern, die auf die Grenze gebaut werden, stehen diese im Miteigentum beider Grundstückseigentümer.[36]

---

[18] Die Bedeutung der Vorschrift wird im Schrifttum unterschiedlich gewertet. Teilweise wird von einer Erläuterung und Erweiterung des § 93 BGB durch § 94 BGB ausgegangen, so z. B. Palandt/*Ellenberger*, § 94 Rn. 1. Andere sehen dagegen in der Vorschrift lex specialis gegenüber § 93 BGB für Grundstücke, so z. B. *Bork*, Allgemeiner Teil des BGB, Rn. 249. Praktische Bedeutung hat diese Frage nicht.

[19] BGH, LM Nr. 3 zu § 891 BGB; anders aber OLG Schleswig, SchlHA 1991, 11.

[20] BGH, DB 1984, 113, 114.

[21] BFH, NJW 1979, 392; OLG Düsseldorf, BauR 1982, 164, 165; **a. A.** FinG Bremen, NJW 1977, 600.

[22] BGH, LM Nr. 16 zu § 94 BGB.

[23] LG Konstanz, ZIP 1981, 512.

[24] BGH, NJW, 1978, 1311.

[25] Wenn die Teile in das Erdreich einbetoniert sind; nicht dagegen ein auf dem Grundstück lediglich ebenerdig aufgestelltes Schwimmbecken, BGH, NJW, 1983, 567 f.

[26] LG Hannover, NJW-RR 1987, 208 (unter der Voraussetzung einer festen Verankerung).

[27] BGH, NJW 1984, 2569, 2570.

[28] Siehe hierzu Rn. 12 ff., Teil 2 Rn. 231 ff., Teil 6 Rn. 3 f.

[29] Scheinbestandteil, LG Flensburg, WM 2000, 2112.

[30] Scheinbestandteil, RGZ 66, 88 ff.; zu Scheinbestandteilen siehe unten Rn. 15 ff.

[31] Unstr., z. B. BGHZ 110, 298, 300 m.w.N = NJW 1990, 1791.

[32] Str., teilweise wird das Eigentum auch aus § 94 Abs. 2 BGB abgeleitet, z. B. Palandt/*Bassenge*, § 912 Rn. 12.

[33] BGHZ 62, 141, 145 f. m. w. N.; s. zum einverständlichen Überbau auch BGH, NJW 1983, 1112 f.

[34] H. M., z. B. Staudinger/*Roth,* § 912 Rn. 76; vgl. auch Teil 2 Rn. 309.

[35] St. Rspr. BGH, NJW 1990, 1791, 1792 m. w. N.

[36] BGHZ 27, 197, 201; 57, 245, 248 = NJW 1972, 195. Ausführlich Teil 2 Rn. 77, 94 ff., 104 ff., 132 ff.

cc) Scheinbestandteile. Scheinbestandteile eines Grundstücks sind solche, die nur zu einem vorübergehenden Zweck mit dem Grundstück verbunden sind. Sie bleiben damit **sonderrechtsfähig**. Für die Zwecksetzung ist der innere Wille des Verbindenden[37] im Zeitpunkt der Verbindung entscheidend. 15

Das gilt gleichfalls für **Gebäude**, die in Ausübung eines dinglichen Rechts mit dem Grundstück verbunden wurden (§ 95 Abs. 1 S. 2 BGB). Als Rechte hierfür kommen in erster Linie dingliche (Nutzungs-)Rechte – Erbbaurecht, Nießbrauch[38] und Grunddienstbarkeit[39] – in Betracht. Bei nicht dinglichen Nutzungsrechten wird regelmäßig eine nur vorübergehende Verbindung angenommen.[40] Der BGH geht dabei von einer entsprechenden Vermutung[41] aus. 16

Versorgungsleitungen in fremden Grundstücken fallen ebenso unter § 95 BGB. Diese werden vielfach aufgrund öffentlich-rechtlicher Befugnis eingefügt und unterliegen daher[42] § 95 Abs. 1 S. 2 BGB.[43] Wo dies nicht der Fall ist, muss eine nur vorübergehende Verbindung angenommen werden. Daneben findet die Vorschrift auf den (rechtmäßigen oder entschuldigten) Überbau des § 912 BGB entsprechende Anwendung.[44] 17

Scheinbestandteile sind **kein Zubehör**, weil auch Zubehör eine dauerhafte Zweckbindung erfordert. **Zubehör** (§ 97 BGB) sind nur die beweglichen Sachen, die nicht Bestandteil sind und aufgrund vorheriger Widmung dazu bestimmt wurden, dem wirtschaftlichen Zweck der Hauptsache zu dienen. Das wiederum setzt ein entsprechendes Näheverhältnis voraus. 18

dd) Besonderheiten in den neuen Bundesländern. Aufgrund Art. 231 § 5 EGBGB findet § 94 BGB im Beitrittsgebiet keine Anwendung. Das nach DDR-Recht infolge eines bestehenden Nutzungsrechts begründete **selbständige Eigentum an Gebäuden**, Baulichkeiten, Anlagen und Errichtungen bleibt damit gemäß Art. 231 § 5 EGBGB bestehen. Sein Inhalt richtet sich nach Art. 233 § 2 EGBGB. Nur auf das selbständige Grundstückseigentum finden die sich auf das Grundstück beziehenden Vorschriften des BGB gemäß Art. 233 § 4 Abs. 1 EGBGB Anwendung, das somit als verkehrsfähiges, grundstücksgleiches Recht behandelt wird. Die zugrunde liegenden dinglich ausgestalteten Nutzungsrechte am Grundstück gelten nach Art. 231 § 5 Abs. 2 EGBGB als wesentliche Bestandteile des Gebäudes bzw. der Anlage. Die nur schuldrechtlich ausgestalteten Nutzungsverhältnisse richten sich gemäß Art. 232 § 4 Abs. 1 S. 2 EGBGB nach dem SchuldRAnpG. Wann das Auseinanderfallen von Grundstücks- und Gebäudeeigentum endet, regelt das SachRBerG. 19

ee) Rechte als Grundstücksbestandteile. Bestandteile des Grundstücks sind ebenfalls die **Rechte**, die mit dem Eigentum an einem Grundstück verbunden sind, § 96 BGB. Diese Rechte können sowohl öffentlich-rechtlicher als auch privatrechtlicher Natur sein. Sie teilen das Schicksal des Grundstücks. In Betracht kommen hierfür neben der Grunddienstbarkeit die Reallast und das dingliche Vorkaufsrecht. Öffentlich-rechtliche Rechte, wie Brennrechte[45] oder Milchkontingente,[46] zählen hingegen nicht zu den Rechten i. S. v. § 96 BGB. 20

---

[37] BGHZ 54, 208, 210; BGH, NJW 1968, 2331; 1996, 916 f., sofern dieser mit dem äußeren Sachverhalt vereinbar ist.

[38] RGZ 106, 49, 51; BGH LM Nr. 2 zu § 95 BGB; Frank, DNotZ 1992, 678.

[39] In diesem Sinne OLG Köln, NJW-RR 1993, 982, 983.

[40] Siehe z. B. BGHZ 92, 70, 73 = NJW 1984, 2878; BGH, NJW 1996, 916, 917 m. w. N. (Baulichkeiten, die von Mietern bzw. Pächtern errichtet wurden); **anders** OLG Düsseldorf, NJW-RR 1999, 160, 161 (Einpflanzungen im Garten des Mietobjekts durch Mieter erfolgen nicht nur zu einem vorübergehenden Zweck).

[41] BGHZ 8, 1, 5; BGH NJW 1996, 916, 917.

[42] Es wird auch von quasi-dinglichen Rechten zugunsten der öffentlichen Hand gesprochen, Soergel/*Marly*, § 95 Rn. 19; Schreiber/*Berger*, Rn. 35.

[43] Entsprechendes gilt etwa auch für Bunker, BGH NJW 1956, 1273 f.; historische Grenzsteine, OLG Frankfurt, NJW 1984, 2303 f. Siehe auch § 8 AVB für Strom, Wasser, Gas und Fernwärme, sowie § 9 Abs. 1 GBBerG.

[44] S. oben Rn. 12 ff., s. unten Teil 2 Rn. 231 ff.

[45] RG, HRR 1932, 1157; BGH, LM Nr. 1 zu § 96 BGB; Palandt/*Ellenberger*, § 96 Rn. 3.

[46] BGHZ 114, 277, 281 = NJW 1991, 3280.

II. Befugnisse des Grundstückseigentümers

21 Die Befugnisse des Grundstückseigentümers richten sich grundsätzlich nach der allgemeinen Regelung des § 903 BGB. Der Grundstückseigentümer hat die rechtliche und tatsächliche Herrschaft über das Grundstück. Das **Herrschaftsrecht** erstreckt sich auf die Oberfläche des Grundstücks und den darunter befindlichen Erdkörper.[47] Danach kann der Eigentümer beliebig mit dem Grundstück verfahren und andere von dem Grundstück ausschließen. Freilich haben hier die schon in § 903 BGB genannten Rechte Dritter und Gesetze als Schranken besondere Bedeutung. Es versteht sich, dass das Nachbarrecht gerade aufgrund der engen Beziehungen eines Grundstücks zu seinen Nachbargrundstücken die Herrschaftsbefugnisse des Grundstückseigentümers begrenzt.[48]

1. Positive Befugnisse

22 Der Begriff des „Verfahrens nach Belieben" erstreckt sich sowohl auf rechtliche Verfügungen und Nutzungsregelungen über das Eigentum als auch rein tatsächliche Einwirkungen.

a) Rechtliche Befugnisse

23 Der Eigentümer des Grundstücks kann m. a.W. das Grundstück **übereignen**, es **belasten** oder an ihm andere **beschränkte dingliche Rechte** bestellen. Ebenfalls darf er Nutzungsregelungen, wie etwa Hausordnungen, gegenüber Nutzern erlassen. Gleiches gilt für einzelne, auf besondere Tätigkeiten bezogene Regelungen, wie etwa ein Fotografier- oder ein Rauchverbot.

b) Tatsächliche Möglichkeiten

24 Auch in **tatsächlicher Hinsicht** ist der Grundstückseigentümer keinen Zwängen unterworfen. Er kann das Grundstück brach liegen lassen, es bepflanzen, roden und baureif machen oder bebauen.

2. Negative Befugnisse

25 Die negativen Befugnisse sind das im Grunde unabdingbare Gegenstück zu dieser Rechtsposition. Damit wird das Recht des Eigentümers bezeichnet, andere von einer unerlaubten oder nicht durch besondere Vorschrift berechtigten Einwirkung auf seine Sache auszuschließen. Es wird auch von dem sog. **Verbietungsrecht**[49] gesprochen. Ausdruck dieser Befugnis ist neben dem petitorischen Anspruch aus § 985 BGB vor allem der Unterlassungsanspruch nach § 1004 Abs. 1 BGB, der im nachbarschaftlichen Verhältnis von besonderer Bedeutung ist. Danach kann der Eigentümer vom Störer die Beseitigung einer Beeinträchtigung verlangen, die nicht in einer Vorenthaltung oder einem Entzug der Sache besteht (§ 1004 Abs. 1 S. 1 BGB). Bei bestehender Besorgnis weiterer Beeinträchtigungen kann der Eigentümer einen Unterlassungsanspruch geltend machen (§ 1004 Abs. 1 S. 2 BGB). Beide Ansprüche bestehen nicht, sofern der Eigentümer zur Duldung der Beeinträchtigung verpflichtet ist (§ 1004 Abs. 2 BGB), d.h. wenn dem Störer ein rechtfertigender Grund zur Seite steht. Solche Duldungspflichten können auf Grund des Gesetzes (§§ 905, 906[50] und § 912[51] Abs. 1 BGB), von Rechten Dritter[52] oder öffentlich-rechtlicher Pflichten[53] bestehen.

---

[47] S. oben Rn. 6.
[48] Vgl. MünchKommBGB/*Säcker*, § 903 Rn. 19; zum nachbarlichen Gemeinschaftsverhältnis s. Rn. 66 ff.
[49] *Horst*, Rn. 458 ff.
[50] S. unten Teil 3 Rn. 28 f., 43 ff., 63 ff., 76 ff.
[51] S. unten Rn. 12 ff.
[52] S. unten Rn. 28 ff.
[53] S. unten Rn. 49 ff.

Das Verbietungsrecht findet schon dort seine **Grenzen**, wo der Eigentümer am Ausschluss anderer kein schutzwürdiges Interesse mehr hat (§ 905 S. 2 BGB).[54] Für die Feststellung eines solchen Interesses kommt es nicht auf eine gegenwärtige Schädlichkeit der Einwirkung an. Vielmehr genügt es, wenn diese sich in Zukunft einmal bei der Ausnutzung des Eigentums als hinderlich herausstellen könnte.[55] Das in 2 oder 2,3 m Tiefe verlegte Telefonkabel mag sich bei der späteren, wenn auch nicht im Augenblick beabsichtigten Bebauung des innerstädtischen Grundstücks als störend herausstellen. Es besteht daher ein Beseitigungsanspruch gemäß § 1004 BGB.[56] Selbst rein ästhetische Erwägungen können ein schutzwürdiges Interesse des Eigentümers begründen.[57] Dieses wird allerdings dann zu verneinen sein, wenn der Eigentümer lediglich finanzielle Interessen verfolgt und die Gestattung an die Zahlung einer Vergütung knüpft.[58] So besteht auch ein Beseitigungsanspruch, wenn eine Reklametafel vom Nachbargrundstück hinüberragt, es sei denn, dies geschieht in so großer Höhe, dass der Eigentümer kein schützenswertes Interesse an ihrer Entfernung mehr hat.[59] 26

Die **bloße Duldung** eines störenden Zustandes kann dem Beseitigungsanspruch aus § 1004 BGB nicht entgegenstehen, so lange eine Gestattung als Motiv der Duldung nicht festzustellen ist. Der Störer kann sich in dieser Situation nicht auf einen begründeten Vertrauenstatbestand stützen.[60] Die Voraussetzungen des § 905 S. 2 BGB sind vom Gegner des Beseitigungsanspruchs darzutun und zu beweisen.[61] 27

3. Rechte Dritter

Es versteht sich, dass die Befugnisse des Eigentümers **nicht schrankenlos** bestehen können. Neben dem bundesrechtlichen Nachbarrecht begrenzen vor allem das Landesnachbarrecht sowie die Grundsätze des nachbarlichen Gemeinschaftsverhältnisses die Eigentümerrechte. Daneben ergeben sich Einschränkungen unter den nachfolgenden Aspekten: 28

a) Grunddienstbarkeiten (§ 1018 BGB)

Mit diesem Recht wird ein Grundstück (sog. dienendes Grundstück) zugunsten des Eigentümers eines jeweiligen anderen Grundstücks (sog. herrschendes Grundstück) belastet. Es gibt dem Begünstigten die Möglichkeit, das Grundstück in Bezug auf bestimmte Tätigkeiten zu nutzen. Im Gegensatz zur rein schuldrechtlichen Verpflichtung hat diese Dienstbarkeit **dinglichen Charakter**. Sie entfaltet Wirkung gegenüber jedermann und ist unabhängig von der Person des jeweils Berechtigten und Verpflichteten (subjektiv dingliches Recht). Sie kann befristet oder bedingt bestellt werden. 29

aa) Inhalt einer Grunddienstbarkeit. Als denkbarer Inhalt kommt jeglicher wirtschaftliche **Vorteil** für das herrschende Grundstück in Betracht (§ 1019 S. 1 BGB). Dieser kann sich aus Nutzungsrechten, Nutzungsbeschränkungen oder einem Rechtsverzicht ergeben (§ 1018 BGB).[62] 30

---

[54] Dabei handelt es um eine Beschränkung des Anspruchs nach § 1004 BGB und nicht etwa um eine selbständige Anspruchsgrundlage, *Horst*, Rn. 459.

[55] OLG Düsseldorf, NJW-RR 1991, 403, 404 m. w. N.

[56] BGH NJW, 1994, 999 f.; geduldet werden muss dagegen Verlegung eines Fernheizungsrohres in einer Tiefe von 1,79 m unter dem Bahnkörper einer Straßenbahn, OLG Bremen, OLGZ 1971, 147, 149 f.

[57] MünchKommBGB/*Säcker*, § 905 Rn. 8 m. w. N.

[58] RGZ 123, 181, 182; RG, HRR 1931, Nr. 505; BGH, WM 1981, 129, 130; MünchKommBGB/*Säcker*, § 905 Rn. 9; *Horst*, Rn. 462; für weitere Beispiele siehe *Mandl*, DJZ 1933, 1116 f.; *Trusen*, DJZ 1934, 534 f.

[59] OLG Celle, OLGRspr. 18, 121; OLG Hamburg, MDR 1969, 576; VG Schleswig, BB Beilage 1973, Nr. 11, S. 7; angedeutet bei RGZ 123, 181, 182.

[60] MünchKommBGB/*Säcker*, § 905 Rn. 10.

[61] OLG Düsseldorf, NJW-RR 1991, 403, 404.

[62] Zahlungspflichten als solche können nicht zum Gegenstand einer Dienstbarkeit gemacht werden; Palandt/*Bassenge*, § 1018 Rn. 4.

31 (1) Duldungs- und Nutzungsrechte: In Betracht kommen alltägliche **Nutzungsarten**, wie z. B. Befahren oder Begehen, aber auch solche landwirtschaftlicher Art, wie z. B. Pflug wenden, Vieh treiben, Vieh weiden, Nutzung von Wasser (Halten einer Stauanlage, Wasser schöpfen, Fischerei, Wasserbezug), darüber hinaus Überleitungsrechte.[63] Die Duldung einer Nachbarwand oder bestimmter Nutzungsformen des herrschenden Grundstücks kann ebenso Gegenstand einer Grunddienstbarkeit sein.

32 Praktisch häufig ist die Grunddienstbarkeit zur **Sicherung eines Überfahrt- oder Wegerechts**. Unter besonderen, in der Rechtsprechung entwickelten Voraussetzungen hat der Begünstigte einen Anspruch gegen den Eigentümer des belasteten Grundstücks auf Übernahme einer zu der Grunddienstbarkeit deckungsgleichen öffentlich-rechtlichen Baulast.[64] Hierdurch soll die Bebaubarkeit des herrschenden Grundstücks, das keinen direkten Zugang zu einer öffentlichen Straße besitzt, gesichert werden.

33 (2) Unterlassung tatsächlicher Handlungen: Die Unterlassung bestimmter, gesetzlich nicht schon ausgeschlossener Nutzungen des dienenden Grundstücks kommt ebenso als Grunddienstbarkeit in Betracht. Darunter fallen **alle tatsächliche Handlungen**, die den Gebrauch des Grundstücks betreffen. Das kann das Verbot von Emissionen eines Gewerbebetriebs sein, die grundsätzlich nach § 906 BGB zu dulden sind.[65] Weiter können Baubeschränkungen vereinbart werden, nach denen die Grundstücksbebauung insgesamt oder in einer bestimmten Weise untersagt wird.[66] Gewerbeverbote haben für die Sicherung von Wettbewerbsverboten[67] eine große praktische Bedeutung. Neben dem vollständigen Verbot eines bestimmten Gewerbes,[68] kommen auch Bezugsbindungen[69] in Betracht. Nicht hierzu gehört dagegen eine Ausübungsbeschränkung der Verfügungs- und Verpflichtungsmacht.[70]

34 (3) Ausschluss der Rechtsausübung: Schließlich kann der **Verzicht auf bestehende Abwehrrechte** oder die Einhaltung nachbarschützender Normen, etwa bezogen auf den Abstand von Pflanzen oder baulicher Einrichtungen (sog. Bauabstandsfläche),[71] durch Dienstbarkeiten gesichert werden. Weiterhin kommt der Verzicht auf Ausgleichsansprüche als Gegenstand des Rechts in Betracht.

35 **bb) Ausübung einer Grunddienstbarkeit und sich ergebende Ausgleichsansprüche.** Der Berechtigte ist zur möglichst **schonenden Ausübung** der Dienstbarkeit verpflichtet (§ 1020 S. 1 BGB). Daraus folgt zudem, dass er eine im Rahmen der Dienstbarkeit errichtete Anlage im ordnungsgemäßen Zustand zu erhalten hat (§ 1020 S. 2 BGB).

36 **Gegenüber der Beeinträchtigung** der Dienstbarkeit hat der Inhaber einen auf Beseitigung, im Fall einer bestehenden Wiederholungsgefahr einen auf Unterlassung gerichteten Anspruch (§ 1027 i.V. m. § 1004 BGB). Dagegen hat der Verpflichtete einen Anspruch auf Schadensersatz gem. §§ 280, 241 Abs. 2 BGB, wenn der Berechtigte die Grenzen seines Rechts überschreitet. Es bestehen zudem Ansprüche des Grundstückseigentümers des dienenden Grundstücks gemäß §§ 1004 BGB, ggf. kann auch Schadens-

---

[63] Palandt/*Bassenge*, § 1018 Rn. 14.

[64] Für Einzelheiten siehe BGH, NJW 1989, 1607 f.; BGH, NJW-RR 1992, 1484. Ausführlich Teil 4 Rn. 183.

[65] MünchKommBGB/*Joost*, § 1018 Rn. 35.

[66] Z. B. Begrenzung auf eineinhalbgeschossige Bebauung, vgl. BGH, NJW 2002, 1797.

[67] S. hierzu AnwK-BGB/*Otto*, § 1018 Rn. 55 m. w. N.

[68] BGHZ 35, 378 (alleiniges Recht zum Betreiben einer Tankstelle auf dem Grundstück, das Verbot für alle anderen zur Folge hat); BGH, NJW 1983, 115; s. auch OLG München, MittBayNot 1980, 15 (Gewerbeverbot ist nur zulässig, soweit das herrschende Grundstück dadurch einen Vorteil erlangt).

[69] BGHZ 74, 293 = NJW 1979, 2150 (Verbot der Herstellung, Lagerung, Vertrieb von Bier auf belastetem Grundstück, zur Absicherung einer schuldrechtlichen Bierbezugsverpflichtung); BGH, NJW 1985, 2474 (ausschließliches Recht, auf belastetem Grundstück Biersorten jeder Art zu vertreiben oder vertreiben zu lassen, zwecks Veranlassung zum Abschluss eines Bierlieferungsvertrags).

[70] Allgem. Meinung s. nur AnwK-BGB/*Otto*, § 1018 Rn. 63 ff.; MünchKommBGB/*Joost*, § 1018 Rn. 32 ff, 40 m. w. N.

[71] Erman/*Grziwotz*, § 1018 Rn. 19.

ersatz nach § 823 BGB verlangt werden. Unter bestimmten Voraussetzungen kann zudem die Bestellung einer Baulast verlangt werden.[72]

b) Reallast (§ 1105 BGB)

Die Reallast ist ein dingliches Recht mit dem Inhalt auf **wiederkehrende Leistungen aus dem Grundstück**. Sie kann dabei sowohl als subjektiv dingliches als auch als subjektiv persönliches Recht vereinbart sein (§ 1105 Abs. 2 BGB einerseits und Abs. 1 andererseits). Im erstgenannten Fall kann sie dann, wie die Grunddienstbarkeit, von dem (herrschenden) Grundstück nicht getrennt werden.[73] Die Leistung, zu der der Grundstückseigentümer verpflichtet ist, kann unterschiedlichen Inhalt haben; sie darf aber – anders als bei der Dienstbarkeit – nicht in einem Unterlassen bestehen.[74] In Betracht kommen demnach die Lieferung von Nahrung, Energie und Wasser,[75] die Gewährung von Wohnung etc. und die Aufrechterhaltung eines bestimmten Zustandes. Die Verpflichtung darf gleichfalls auf eine wiederkehrenden Geldzahlung gerichtet sein. 37

Für die **Sicherung** der Reallast gelten die Grundsätze zur Grunddienstbarkeit entsprechend. 38

c) Notstand, Schikaneverbot und Verbot unzulässiger Rechtsausübung

aa) Notstand (§ 904 BGB). Der Notstand schränkt die Eigentümerbefugnisse ein (§ 904 S. 1 BGB). Die Einwirkung auf die Sache ist nur dann von deren Eigentümer zu dulden, wenn sie zur **Abwendung einer gegenwärtigen Gefahr** erforderlich ist. Der ohne Einwirkung drohende Schaden muss gegenüber dem an der Sache entstandenen Schaden unverhältnismäßig groß gewesen sein. Ob und von wem die Gefahr verschuldet wird, ist für diese Rechtfertigung ohne Bedeutung.[76] Die Vorschrift erlaubt alle Arten von Einwirkungen, solange diese nur verhältnismäßig sind. Die Bestimmung schließt auf der einen Seite ein Verbietungsrecht des Eigentümers aus, auf der anderen Seite gewährt sie diesem einen Anspruch auf Ausgleich des entstandenen Schadens (§ 904 S. 2 BGB). 39

bb) Schikaneverbot (§ 226 BGB). Auf das Schikaneverbot (§ 226 BGB) wird der Nachbar sich im Nachbarschaftsverhältnis selten mit Erfolg berufen können, weil dessen Voraussetzungen zu weitgehend sind. Es setzt voraus, dass die Rechtsausübung den **ausschließlichen Zweck** hat, dem anderen **Schaden zuzufügen**. Dabei handelt es sich um einen objektiven Maßstab, der eine Berücksichtigung sämtlicher Umstände verlangt. Eine bloße Schadigungsabsicht genugt somit den Anforderungen nicht.[77] An der geforderten ausschließlichen Schädigungsabsicht wird die Anwendung des § 226 BGB regelmäßig scheitern.[78] 40

cc) Unzulässige Rechtsausübung (§ 242 BGB). Gelegentlich werden die Voraussetzungen der unzulässigen Rechtsausübung (§ 242 BGB) erfüllt sein, insbesondere in der Form **widersprüchlichen Verhaltens**. Dieser Tatbestand ist bspw. einschlägig, wenn der 41

---

[72] Siehe schon oben Fn. 64.

[73] In dieser Ausprägung sind sich beide Rechte auch in ihrer Funktion ähnlich. Wenn etwa Gewinnungsrechte auf nicht dem Bergregal unterliegende Bodenbestandteile gesichert werden, kann das durch beide Institute geschehen. Allerdings ist zu beachten, dass die Reallast den Berechtigten besser stellt. Anders als bei der Grunddienstbarkeit muss nicht er, sondern der Eigentümer die Kosten der Gewinnung tragen.

[74] Gegenstand des Rechts können nur Leistungen sein, die durch positives Geben oder Tun gekennzeichnet sind, BayObLGZ 1959, 301, 304.

[75] BayObLG, NJW-RR 1993, 530, 531 m. w. N.

[76] Im Gegensatz zum Verteidigungs- bzw. Defensivnotstand (§ 228 BGB), bei dem die Gefahr von der Sache ausgeht, wird beim (Angriffs-)Notstand iSv § 904 BGB eine Sache zur Abwehr der Gefahr benutzt, die die Notstandssituation nicht hervorgerufen hat. Vgl. auch *Horst*, Rn. 562 f..

[77] Erman/*Wagner*, § 226 Rn. 5.

[78] Ein Beispiel für die enge Auslegung der Voraussetzungen liefert RGZ 98, 15, 17 (Bretterwand, um dem Nachbarn Licht und Luft zu nehmen – es besteht nämlich die Möglichkeit, dass die Wand zum besseren Schutz gegen Beleidigungen des Nachbarn aufgestellt wurde).

Nachbar die unterbliebene Einhaltung der Bauabstandsflächen rügt, er aber gleichwohl selbst die Grenzabstände nicht eingehalten hat.[79]

42 Daneben kommt der Einwand der unzulässigen Rechtsausübung unter dem Aspekt der Unverhältnismäßigkeit vor allem **gegen das Begehren** in Betracht, das **auf Beseitigung** nachbarrechtswidrig errichteter Bauwerke gerichtet ist.[80] Dabei spielt das Verschulden, das den Bauherrn trifft, eine zentrale Rolle. Bei vorsätzlichem Verstoß kommt eine Berufung auf § 242 BGB für den Errichter des Bauwerks nicht in Betracht.[81]

d) (Not-)Wegerechte Dritter (§ 917 BGB)[82]

43 Wegerechte über Grundstücke können **vertraglich** vereinbart werden. Dabei wird dieses Recht häufig durch Eintragung einer Grunddienstbarkeit im Grundbuch abgesichert. Nur in Ausnahmefällen kann ein solches Wegerecht aufgrund einer altrechtlichen Grunddienstbarkeit aus der Zeit vor Geltung des BGB bestehen, die nicht im Grundbuch einzutragen ist (Art. 187 EGBGB). Eine Baulast dagegen kann keine privatrechtlichen Ansprüche gegen den Nachbarn begründen.

44 Unter bestimmten Voraussetzungen besteht eine Verpflichtung zur Gestattung eines Wegerechts. Es wird dann von einem **Notwegerecht** gesprochen, das die Verbindung zu öffentlichen Verkehrswegen sicherstellen soll (§ 917 Abs. 1 S. 1 BGB). Die Rechtsprechung[83] legt bei der Beurteilung der „Notwendigkeit" i. S. einer **Notwegelage** – nämlich die anderweitige Unerreichbarkeit des Grundstücks (sog. Zugangsnot) – einen strengen Maßstab an. So wird die Unerreichbarkeit des Grundstücks mit dem Kraftfahrzeug regelmäßig als nicht ausreichend angesehen, um ein Notwegerecht zu begründen.[84] Im Übrigen muss der Notweg zur ordnungsgemäßen Nutzung des Grundstücks erforderlich sein. Das Notwegerecht setzt weiterhin ein entsprechendes Begehren auf eine inhaltlich konkretisierte Gestattung gegenüber dem Eigentümer des entsprechenden Grundstücks voraus, auf dem der Notweg eingerichtet werden soll. Der Anspruch richtet sich lediglich auf Duldung der Nutzung. Der duldungspflichtige Eigentümer ist nicht etwa zur Errichtung des Notwegs verpflichtet.

45 Der Umfang des Wegerechts ergibt sich aus seinem Zweck. Stets ist nur das Passieren, nicht aber der Verbleib geschuldet. Die Duldung des Notwegrechts ist **entschädigungspflichtig** (§ 917 Abs. 2 BGB). Die Entschädigung geschieht in Form einer Rente. Die Höhe der Rente richtet sich nach dem Nachteil, der mit der Nutzung des betroffenen Grundstücks verbunden ist.

46 Ein Notwegerecht ist **ausgeschlossen**, wenn eine bislang bestehende Verbindung zu einer öffentlichen Straße durch willkürliche,[85] d.h. den Grundsätzen ordnungsgemäßer Bewirtschaftung widersprechende Handlung des Eigentümers aufgehoben wurde (§ 918 Abs. 1 BGB).

e) (Not-)Leitungsrechte Dritter (§ 917 BGB analog)

47 Hinsichtlich Leitungen können Private wie über ein Wegerecht eine Vereinbarung treffen. Sollte eine vertragliche Einigung scheitern, so kann der Betroffene nach den Grundsätzen zum Notwegerecht einen Anspruch geltend machen, der sich auf **Duldung der Notleitung** richtet (§ 917 BGB analog).[86] Derartige Notleitungsrechte sehen auch die ein-

[79] OVG Münster, BauR 1999, 628, 630; für weitere Nachweise siehe *Horst*, DWW 1997, 103, 109 m. w. N.
[80] Hierzu BGHZ 62, 388, 390 = NJW 1974, 1552; BGH, DB 1977, 908 unter Heranziehung des Rechtsgedankens aus § 251 Abs. 2 BGB.
[81] BGH, DB 1977, 908.
[82] Ausführlich unter Teil 4 Rn. 2 ff.
[83] BGHZ 75, 315 = NJW 1980, 585; OLG Brandenburg, DtZ 1996, 389, 390; LG Gießen, MDR 1995, 257, 258.
[84] OLG Karlsruhe, NJW-RR 1995, 1042 f.; OLG Saarbrücken, NJWE-MietR 1996, 217 f.; ebenso das Schrifttum: MünchKommBGB/*Säcker*, § 917 Rn. 13 mit einer Einschränkung bei außergewöhnlichen Umständen; anders dagegen *Dehner*, B § 27 S. 20
[85] OLG Brandenburg, DtZ 1996, 389, 390 m. w. N.
[86] BGHZ 79, 307 = NJW 1981, 1036; MünchKommBGB/*Säcker*, § 917 Rn. 36; ausführlich unten Teil 4 Rn. 85 ff.

zelnen Landesnachbarrechte vor.[87] Im Übrigen darf der Grundstückseigentümer die Durchleitung verbieten.

f) Nachbarliches Gemeinschaftsverhältnis (§ 242 BGB)

Auch das **nachbarliche Gemeinschaftsverhältnis** dient dem Ausgleich der Eigentü- 48
merinteressen.[88]

4. Öffentlich-rechtliche Schranken

Zu den öffentlich-rechtlichen Schranken gehören vor allem die **Vorschriften** des 49
Raumordnungsrechts, des Bauplanungs- und Bauordnungsrechts, des Verkehrsrechts, des öffentlichen Sachenrechts, des Umweltschutz- und Immissionsschutzrechts und des Naturschutzrechts. Ferner führen **Beschlagnahme** und **Einziehung** nach Straf- und Vollstreckungsrecht zu Beschränkungen. Gleiches gilt für die Formen zulässiger Enteignung (Art. 14 Abs. 3 S. 1 GG).

a) Leitungsrechte der Öffentlichen Hand

Die Öffentliche Hand kann sich auf **besondere Vorschriften** über Leitungsrechte für 50
Telekommunikationseinrichtungen und sonstige Versorgungsleitungen berufen.[89]

b) Baulasten

Öffentlich-rechtliche Baulasten verpflichten den Eigentümer zu einem bestimmten 51
Tun, Unterlassen oder Dulden, das nicht schon nach öffentlich-rechtlichen Vorschriften verlangt werden kann.[90] Derartige **Pflichten** ergeben sich meist **aus den Landesbauordnungen**. So kann durch Baulast etwa die Verpflichtung bestehen, dem Hinterliegergrundstück Zufahrt zu einer öffentlichen Verkehrsfläche zu gewähren. Denkbar sind auch Baulasten über Abstandsflächen zu Nachbargrundstücken oder zur Sicherung von Stellplatzpflichten etc.

Das **Bauplanungsrecht** kennt ebenso Baulasten. Mit der sog. Flächenbaulast soll etwa 52
die Überschreitung von Geschossflächenzahlen durch Übernahme seitens des Nachbargrundstücks ausgeglichen werden.[91] Baulasten führen nur zu einer Verpflichtung eines Grundstückseigentümers gegenüber der Verwaltungsbehörde, sie lassen hingegen das privatrechtliche Nachbarverhältnis unberührt.

c) Nutzungsbeschränkungen aufgrund öffentlicher Verkehrswege

Ist das Nachbargrundstück ein öffentlicher Verkehrsweg, so gelten **Besonderheiten**. Sie 53
sollen hier nur dargestellt werden, soweit sie nicht Immissionen betreffen.

d) Öffentlich-rechtliche Widmung

Sie schränkt die Befugnisse des Eigentümers ein. Die **Widmung** steht zwar dem priva- 54
ten Eigentum am Grundstück nicht entgegen, kann aber zu einer erheblichen Entwertung des Rechts führen,[92] so etwa wenn auf dem Privateigentum eine dem Gemeingebrauch gewidmete Straße gebaut wird.

e) Baugebote

Bescheide, die gestützt auf §§ 176–179 BauGB zur Vornahme baulicher Maßnahmen 55
verpflichten, schränken die Eigentümerbefugnisse ein.[93] Zu denken ist etwa an Modernisierungs- und Instandsetzungsgebote, Verpflichtungen zum Rückbau, zur Entsiegelung

---

[87] Teilweise finden sich auch Regelungen in den Landeswassergesetzen.
[88] S. Rn. 66 ff.
[89] Dazu ausführlich Teil 4 Rn. 99 ff.
[90] Vgl. MünchKommBGB/*Joost*, Vor § 1018 Rn. 15 u. ausführlich Teil 4 Rn. 173 ff.
[91] Vgl. VGH Mannheim, BauR 2003, 1554.
[92] BVerfGE 79, 174, 191 ff.; BVerwG, NJW 1997, 142, 143; OVG Bremen, NVwZ 1990, 587.
[93] Vgl. BVerwGE 84, 335.

oder gar zur Bepflanzung (§ 178 BauGB). Eventuelle Vermögensnachteile des Grundstückseigentümers sind gem. § 179 Abs. 3 BauGB auszugleichen.

f) Notstand

56 Aus **Notstandssituationen** können sich Rechte auch für die öffentliche Hand ergeben. So darf die Feuerwehr etwa das Nachbargrundstück zur Brandbekämpfung betreten, ohne dass dem Nachbarn ein Verbietungsrecht zustünde.[94]

g) Grundstückseigentum und Eigentum am Luftraum

57 Wie bereits ausgeführt[95] hat der Grundstückseigentümer auch Herrschaftsrechte bezogen auf den Luftraum über seinem Grundstück (§ 905 S. 1 BGB). Diese werden allerdings durch öffentlich-rechtliche Regelungen beschränkt. Grundsätzlich steht der Luftraum allen Luftfahrzeugen zur Nutzung offen (§ 1 LuftVG). Der Grundstückseigentümer kann daher Einwirkungen nur unter besonderen Voraussetzungen ausschließen. Die **Interessen des Luftverkehrs** haben in den Grenzen des unvermeidlichen Lärms Vorrang vor jenen des Grundstückseigentümers. Unterschreitungen der Mindestflughöhe bei Start- und Landevorgängen können vom Grundstückseigentümer daher nicht gem. §§ 1004, 906 BGB verhindert werden. Abwehransprüche bestehen für ihn nur bei sachlich nicht gerechtfertigten Tiefflügen.[96] Für die Überleitung von Freileitungen gelten die bereits dargestellten Grundsätze.

58 **Haltevorrichtungen und Anlagen**, wie etwa Leitungen für Straßenbeleuchtungen oder Hinweistafeln auf Erschließungsanlagen, müssen vom Grundstückseigentümer gem. § 126 BauGB entschädigungslos geduldet werden.

59 §§ 1, 4, 32 Abs. 1 Nr. 2 PBefG sieht eine vergleichbare Pflicht für **Signal- und Haltestellenzeichen** zu Verkehrszwecken nach §§ 1, 4 PBefG vor.

h) Grundstückseigentum und Eigentum am Erdkörper

60 Grundsätzlich gehören der unter der Erdoberfläche befindliche **Erdkörper** und dessen Bestandteile zum Grundstück. Davon gibt es allerdings folgende Ausnahmen:

- Zu diesen zählen zunächst die in § 3 Abs. 3 S. 2 BBergG aufgezählten bergfreien Bodenschätze. Der Abbau von ihnen unterliegt der Bewilligung oder setzt das sog. Bergwerkseigentum voraus (§§ 10, 9 BBergG). Letzteres kann nicht Bestandteil des Grundeigentums sein, § 9 Abs. 2 BBergG.
- Ebenfalls gehören das Quell- und Grundwasser nicht zum Erdkörper und fallen damit nicht in das Eigentum des Grundstückseigentümers. Ihre Nutzung bestimmt sich nach WHG.
- Ein Ausschließungsinteresse besteht selbst bei einer drei Meter unter der Erdoberfläche verlaufenden Abwasserleitung.[97]
- Untertunnelungen durch Verkehrstunnel, die im öffentlichen Eigentum stehen, können hingegen die Nutzungsbefugnis des Eigentümers einschränken.[98] Allerdings muss der Grundstückseigentümer Untertunnelungen nicht dulden, die die Stabilität von Einrichtungen auf seinem Grundstück gefährden.[99]
- Untergrundspeicherungen von Rohöl in einem zum Grundstück gehörenden Salzbergwerk müssen nicht nach § 905 S. 2 BGB geduldet werden.[100]

---

[94] *Horst* Rn. 530.
[95] S. oben Rn. 5.
[96] Vgl. VG Darmstadt, NJW 1988, 3170 mit einer Unterscheidung anhand der Sicherheitsmindesthöhe nach § 6 Abs. 1 LuftVO.
[97] OLG Düsseldorf, NJW-RR 1991, 403; s. oben Rn. 26.
[98] BVerwG, VIZ 2001, 258 ff.
[99] BGH, NJW 1981, 573 f.; VGH Mannheim, NVwZ 1998, 1086.
[100] BGH, WM 1981, 129.

i) Grenzkennzeichnung

61 Die Verpflichtung zur **Duldung von Grenzsteinen** oder Grenzeinrichtungen ergibt sich aus den Landesgesetzen zu Vermessung und Kataster.[101] Die mit den Arbeiten beauftragten Personen sind berechtigt, die betroffenen Grundstücke zu betreten, zu befahren und die notwendigen Arbeiten durchzuführen. Ein Betreten der Privatwohnung umfasst die Befugnis allerdings nicht.

B. Nachbarrecht – Rechtsquellen und Strukturen

I. Rechtsgrundsätze des Nachbarrechts

1. Die Nachbarschaft

62 Nachbarschutz setzt Nachbarschaft voraus. Damit wird der **Kreis der Anspruchsberechtigten** sowohl räumlich als auch persönlich begrenzt. Im Gegensatz zum allgemeinen Sprachgebrauch, der mit Nachbarn meist nur Personen bezeichnet, die einander angrenzende Grundstücke ihr Eigen nennen, beschränkt Nachbarrecht sich nicht auf diesen engen Personenkreis.

a) Räumlicher Bereich der Nachbarschaft

63 Der Umfang jener Personen, die Nachbarn sind, hängt entscheidend vom **Sachzusammenhang** ab. Während die Anpflanzung von Bäumen nur Nachbarn im vorgenannten Sinne, also unmittelbar aneinander angrenzende Grundstückseigentümer betrifft, gilt für Immissionen, etwa eines Flughafens, ein sehr viel weiterer räumlicher Bereich des Nachbarschutzes. Alle Personen, die Eigentümer eines Grundstücks sind, das in der Einflugschneise eines Flughafens liegt, gehören zur Nachbarschaft des Flughafens, dem der Lärm der anfliegenden Flugzeuge zuzurechnen ist.[102] In allen Fragen der Immission ist also auf die Betroffenheit eines Grundstückseigentümers abzustellen. Der Bereich der Nachbarschaft endet dort, wo eine Immission nicht mehr feststellbar ist oder nicht mehr einer bestimmten Quelle zugeordnet werden kann.

b) Persönlicher Bereich der Nachbarschaft

64 Gem. § 1004 BGB steht dem Eigentümer ein Abwehrrecht gegen Störer zu. Damit ist der persönliche Bereich der Nachbarschaft bezeichnet. Hierzu gehören **Eigentümer** von Grundstücken, die entweder gestört werden oder von denen eine Emission ausgeht. Darüber hinaus sind auch sonstige **dinglich** zur Nutzung **Berechtigte** wie Erbbauberechtigte und Nießbraucher, sowie auch Mieter oder Pächter als Besitzer des Grundstücks Nachbarn.

65 Im öffentlichen Recht kommt es vielfach auf die **grundstücksbezogene Nachbarschaft** an. Bei einem Nutzungskonflikt werden die benachbarten Grundstücke durch ihre Eigentümer repräsentiert.[103] Dies gilt sowohl im Bauplanungs- und Bauordnungsrecht als auch im Immissionsschutzrecht. Gleichgestellt wird dem Eigentümer die Person, die an einem Grundstück eigentumsähnlich dinglich berechtigt ist. Hierzu zählen Erbbauberechtigter, Nießbraucher und Käufer eines Grundstücks, auf den der Besitz und die Nutzungen und Lasten übergegangen sind und zu dessen Gunsten eine Auflassungsvormerkung in das Grundbuch eingetragen ist.[104] Weder Mieter noch Pächter, auch nicht Familienangehörige des Grundstückseigentümers gehören in diesem Sinn zu den Nachbarn. Für das BImSchG wird jedoch der Nachbarbegriff erweitert; hier werden diese Per-

---

[101] OLG Köln, OLGZ 1993, 89; OVG Berlin, 1984, 235; AG Lebach, NJW-RR 1999, 1179.

[102] BGHZ 59, 378, 379 = NJW 1973, 326; BGHZ 69, 105, 107 = NJW 1977, 1917, 1919.

[103] BVerwGE 82, 61, 74 ff. = NVwZ 1989, 1163, 1167; BVerwG, NVwZ 1983, 672; 1991, 566; ausführlich dazu Teil 5 Rn. 130 ff., 146 ff., 190 ff.

[104] BVerwGE 82, 61, 74 f. = NVwZ 1989, 1163, 1167; BVerwG, NJW 1983, 1626; nicht dagegen Inhaber eines dinglich gesicherten Wohnrechts, BVerwG, NJW 1994, 1233, 1234.

sonen, wie auch schlichte Bewohner[105] des von Immissionen betroffenen Grundstücks sowie Angehörige einer Arbeits- oder Ausbildungsstätte[106] zum Kreis der Geschützten gezählt. Eine Unterausnahme gilt wiederum für Personen, die nur vorübergehend den Immissionen ausgesetzt sind, wie etwa Besucher oder Urlaubsreisende. Geschützt werden soll jener Personenkreis, der sich nicht oder nicht nachhaltig den Einwirkungen von Immissionen entziehen kann.[107]

2. Nachbarliches Gemeinschaftsverhältnis

66 Eine Besonderheit des Nachbarrechts stellt das nachbarliche Gemeinschaftsverhältnis dar.[108] Schon vor Kodifikation des BGB wurden aus dem nachbarlichen Gemeinschaftsverhältnis **Eigentumsbeschränkungen** abgeleitet, die heute vorwiegend in den §§ 906 bis 924 BGB geregelt sind.[109] Im Dritten Reich fand dieser Aspekt dann trotz der gesetzlichen Regelungen besondere Beachtung. Dies ist im Zusammenhang mit dem Bestreben zu sehen, individualistisches Recht durch das Recht der „konkreten Ordnungen" zu ersetzen. So fand das nachbarliche Gemeinschaftsverhältnis allmählich auch durch die Rechtsprechung des Reichsgerichts Anerkennung.[110] In einem frühen Urteil des Gerichts ging es um den Ausgleich zwischen den Belangen der Großindustrie und benachbarter Landwirtschaft. Beide Nutzungen waren ortsüblich i. S. v. § 906 BGB. Das Reichsgericht sah das nachbarliche Gemeinschaftsverhältnis als Grund dafür an, den „gerechten Ausgleich der widerstreitenden Belange, das für dieses Lebensverhältnis richtige Recht zu finden".

67 Seit dieser Entscheidung ist das nachbarliche Gemeinschaftsverhältnis fester Bestandteil des Nachbarrechts.[111] Es bildet immer wieder ein Argument für die Befürwortung von Ansprüchen oder Duldungspflichten. Im Grundsatz geht es um die Pflicht des Eigentümers, auf seinen Nachbarn und dessen Belange Rücksicht zu nehmen (**Gebot der Rücksichtsnahme**).[112]

68 Dieses Gebot kann den Grundstückseigentümer sowohl zu einem Tun als auch zu einem Unterlassen verpflichten. In der Sache handelt es sich damit um einen besonderen **Ausdruck des Grundsatzes von Treu und Glauben**,[113] der auch im bürgerlich-rechtlichen und landesrechtlichen Nachbarrecht anzuwenden ist und zu einer Beschränkung der Befugnisse des Eigentümers führen kann. Das Institut hat zwar nach der Neufassung des § 906 BGB unter Einfügung des Abs. 2 im Jahre 1959[114] an Bedeutung verloren, findet gleichwohl auch heute noch Anwendung. Für wesentliche, aber ortsübliche Beeinträchtigungen bedarf es seither eines Rückgriffs auf dieses Institut nicht mehr.

69 Die Rechtsprechung greift auf das nachbarliche Gemeinschaftsverhältnis zurück, wenn sie mittels der gesetzlichen Bestimmungen zu keinen akzeptablen Ergebnissen gelangt und aus zwingenden Gründen Ausnahmen von gesetzlichen Regeln für erforderlich hält.[115] So besteht etwa bei auf dem Grundstück herumstreunenden Katzen des Nachbarn kein Abwehranspruch gegen diese (§ 906 BGB nicht unterfallende) **Grobimmission**,[116] da er nicht mit den Grundsätzen des nachbarlichen Gemeinschaftsverhältnisses im Ein-

[105] BVerwG, NVwZ 1996, 389.
[106] BVerwG, NJW 1983, 1507, 1508; OVG Lüneburg, NVwZ 1985, 357.
[107] BVerwG, NJW 1983, 1507, 1508; ausführlich Teil 5 Rn. 190 ff.
[108] Hierzu umfassend *Deneke*, Das nachbarliche Gemeinschaftsverhältnis, 1987.
[109] AnwK-BGB/*Ring*, § 903 Rn. 82.
[110] S. RGZ 154, 161 ff.; ablehnend dagegen noch RGZ 132, 51, 56.
[111] Vgl. z. B. RGZ 155, 154; 159, 129; 162, 209; 167, 14; BGHZ 16, 366 = NJW 1955, 747; BGHZ 28, 110 = NJW 1958, 1580; BGHZ 28, 225 = NJW 1959, 97; BGH, NJW 1960, 335.
[112] BGHZ 42, 374, 377 = NJW 1965, 389; BGHZ 58, 149, 157 = NJW 1972, 724, 726; BGHZ 88, 344, 351 = NJW 1984, 729,730; BGH, NJW 1995, 2633, 2634, BGH, NJW 1991, 2826, 2827; BGH, NJW 2003, 1392 f.; BGHZ 157, 33, 37 = NJW 2004, 1037 f.
[113] S. schon RGZ 167, 14, 24; BGH, LM Nr. 1 zu § 906 BGB; BGHZ 28, 110 = NJW 1958, 1580 f.; BGHZ 28, 225 = NJW 1959, 97, 99; BGH, NJW 1960, 335.
[114] Gesetz v. 22.12.1959, BGBl. I, S. 781.
[115] BGH, NJW 1991, 2826, 2827.
[116] S. unten Teil 3 Rn. 53 f.

klang stünde.[117] Dagegen sollen Kotablagerungen oder Erbrochenes von solchen Tieren auf der Dachterrasse und ein Betreten des nachbarlichen Wohnbereichs durch diese Tiere nicht mehr hinnehmbar sein.[118] Die Rechtsprechung ist am Einzelfall orientiert und scheint mitunter geprägt zu sein von den persönlichen Wertvorstellungen des erkennenden Richters.[119] Im Rahmen des nachbarlichen Gemeinschaftsverhältnisses sind die gegenläufigen Interessen gegeneinander abzuwägen. Ergebnis dieses Abwägungsprozesses kann auch die Beschränkung des Nachbarn auf Ausgleichsansprüche sein. Niemals darf jedoch die Abwägung dazu führen, dass einer der Nachbarn dem anderen etwas verwehrt, das für diesen wichtig ist.

Das nachbarliche Gemeinschaftsverhältnis ist aber **keine schuldrechtliche Beziehung**. 70
Es bildet nicht die Basis für die §§ 906 bis 923 BGB und das daneben geltende Landesnachbarrecht.[120] Es ist vielmehr eine Folge dieser Bestimmungen und hilft in Fällen aus, in denen das Gesetz keine ausdrückliche oder sinnvolle Regelung vorsieht. Auf das nachbarliche Gemeinschaftsverhältnis sind daher die Bestimmungen für Schuldverhältnisse nicht entsprechend anzuwenden. Die Nachbarn befinden sich vielmehr zunächst in einem rein tatsächlichen Näheverhältnis, aus dem sich aufgrund der genannten gesetzlichen Vorschriften gewisse Beschränkungen ergeben. Bei Missachtung dieser Beschränkungen entstehen Ansprüche auf Unterlassung, es sei denn, das Gesetz ordnet einen Duldungsanspruch des anderen Nachbarn an. Aus dem Gesagten folgt auch, dass der Nachbar sich das Verschulden Dritter nicht etwa gem. § 278 BGB[121] zurechnen lassen muss.

In der Rechtsprechung wurde neben dem bereits genannten Fall der Grobimmission 71
ein Abwehranspruch unter Hinweis auf das nachbarliche Gemeinschaftsverhältnis abgelehnt, wenn eine (kriegsbedingte) Mauerausbuchtung das Grundstück zwar beeinträchtigt und eine Grenzbebauung ausschließt, die Beseitigung der Ausbuchtung aber zu unzumutbaren Kosten führen würde. Stattdessen bot sich dem Nachbarn die Möglichkeit, den durch die geringere Bebauung entstehenden Hohlraum zu verfüllen. Ihm wurde daher ein entsprechender Unterlassungsanspruch versagt und ein Ausgleichsanspruch zuerkannt.[122] Aus dem Aspekt des nachbarlichen Gemeinschaftsverhältnisses kann der Grundstückseigentümer verpflichtet sein, eine **teilweise Besitzentziehung** hinzunehmen, die durch Anlieferung von Baumaterialien und Baumaschinen entsteht.[123] Der Nachbar muss aufgrund des nachbarlichen Gemeinschaftsverhältnisses das Betreten des Grundstücks durch den Nachbarn gestatten, damit dieser Putzarbeiten an Garage und Grenzmauer vornehmen kann. Voraussetzung ist, dass ihm die Beschränkung zumutbar ist.[124] Plakattafeln, die in das Grundstück hineinragen, müssen nicht aufgrund des nachbarlichen Gemeinschaftsverhältnisses geduldet werden.[125] Ebenfalls verpflichtet das Gemeinschaftsverhältnis den Nachbarn nicht dazu, die für den Grundstückseigentümer schonendste Nutzungsmöglichkeit zu wählen.[126]

117 OLG Celle, NJW-RR 1986, 821; OLG Köln, NJW 1985, 2338; LG Oldenburg, NJW-RR 1986, 883; **a. A.** AG Passau, NJW 1983, 2885.
118 Str. LG Bonn, NJW-RR 2010, 310; in dem entschiedenen Fall kam hinzu, dass in der nachbarlichen Wohnung ein Säugling lebte und die Gefahr bestand, dass dieser mit den Exkrementen des Tieres in Berührung kam.
119 *Grziwotz*, IMR 2010, 200.
120 RGZ 132, 51; BGHZ 42, 374, 376 f. = NJW 1965, 389; *Schultz*, MDR 1955, 260, 261.
121 BGHZ 42, 374 = NJW 1965, 389.
122 BGHZ 28, 110 = NJW 1958, 1580; s. auch BGHZ 28, 225 = NJW 1959, 97 (Immissionen durch Sprengungen eines Steinbruchs).
123 LG Hannover, MDR 1962, 480.
124 OLG Hamm, NJW 1966, 599.
125 OLG Hamburg, MDR 1969, 576.
126 BGH, LM Nr. 1 zu § 906 BGB; für weitere Nachweise s. *Dehner*, A § 1 II, S. 11 f.

II. Privates Nachbarrecht und öffentliches Nachbarrecht

1. Quellen des privaten Nachbarrechts

72 Die Interessen der Nachbarn können auf zweierlei Weise geschützt werden. Zum einen regeln Vorschriften des Privatrechts – also des **Bürgerlichen Rechts** (§§ 906 bis 923 BGB) und der Landesnachbarrechtsgesetze die nachbarlichen Beziehungen. Zentrale Vorschrift im Rahmen des bürgerlich-rechtlichen Nachbarschutzes ist § 906 i. V. m. § 1004 Abs. 1 S. 1 BGB. Hierdurch wird ein verschuldensunabhängiger Beseitigungsanspruch gegen gegenwärtige Beeinträchtigungen des Eigentümers begründet. Abs. 1 derselben Vorschrift erweitert diesen Schutz auf künftige Beeinträchtigungen durch Gewährung einer vorbeugenden Unterlassungsklage.

73 Die **Landesnachbarrechtsgesetze** enthalten vor allem Bestimmungen über das Recht zum Anpflanzen von Bäumen und Sträuchern, die Errichtung von Aufschüttungen, Zäunen, Mauern, Gerüsten; weiterhin sehen sie Hammerschlags- und Leiterrechte, Traufrechte, Fenster- und Lichtrechte vor.

74 Privatrechtliche Bestimmungen nachbarrechtlichen Regelungsinhalts finden sich auch in den Wald- und Forstgesetzen der Länder und in einigen Landeswassergesetzen[127] sowie vereinzelt in **anderen öffentlich-rechtlichen Gesetzen**.[128]

2. Struktur des privatrechtlichen Nachbarrechts

75 Die Normen des privaten Nachbarrechts regeln **zweiseitige Rechtsverhältnisse**, die zwischen zwei Nachbarn bestehen.[129] Privatrechtliches Nachbarrecht schränkt die Befugnisse aus § 903 BGB ein. Die Bestimmungen haben einen sachgerechten Ausgleich der widerstreitenden Interessen der Nachbarn zum Ziel.

3. Struktur des öffentlichen Nachbarrechts

76 Öffentliches Nachbarrecht hat eine andere Struktur, da an dem nachbarlichen Verhältnis auch die Verwaltungsbehörde beteiligt ist. Es handelt sich daher nicht um ein zweiseitiges, sondern **dreiseitiges Verhältnis** mit der Besonderheit, dass zwischen den Nachbarn keine unmittelbaren Rechtsbeziehungen bestehen. Diese gibt es vielmehr nur im Verhältnis zwischen den Grundstückseigentümern und der jeweiligen Verwaltungsbehörde. Der Umstand hat entscheidende Auswirkungen auch auf die Maßnahmen, die der Nachbar im Rahmen des öffentlich-rechtlichen Nachbarrechts gegen die Tätigkeit seines Nachbarn vornehmen kann. Ihre Einstellung kann er nur gegenüber der Genehmigungsbehörde verlangen, so wie auch die Genehmigung selbst nur von der zuständigen Behörde ausgesprochen werden kann. Der betroffene gestörte Nachbar muss gegenüber dieser im Rahmen der Nachbarklage die Verletzung ihm eingeräumter subjektiv-öffentlicher Rechte durch die Erteilung einer Genehmigung oder die Duldung einer genehmigungsfreien Tätigkeit seitens der Behörde rügen. Solche Rechte machen aus der Rechtsbeziehung zwischen Behörde und Grundstückseigentümern ein dreiseitiges Rechtsverhältnis.

4. Zweigleisigkeit des Rechtsweges

77 Subjektiv-öffentliche Rechte und ihre Verletzung muss der Grundstückseigentümer im verwaltungsgerichtlichen Wege geltend machen; für die Verletzung privater Nachbarrechte ist der zivilgerichtliche Rechtsweg gegeben. Beide Rechtswege stehen grundsätzlich **nebeneinander**. Der Nachbar hat insoweit die Möglichkeit zu wählen, welches

[127] Vgl. für eine Übersicht MünchKommBGB/*Säcker*, Art. 124 EGBGB Rn. 4 ff.
[128] S. z. B. § 14 BImSchG.
[129] Zur analogen Anwendbarkeit der Grundsätze des Nachbarrechts auf das Verhältnis der Wohnungseigentümer BayObLG, NJW-RR 2005, 385.

subjektive Recht er geltend machen will. Weder gibt es einen Vorrang des öffentlich-rechtlichen Nachbarschutzes gegenüber dem privaten Nachbarschutz,[130] da ein solcher im Gesetz nicht vorgesehen ist,[131] noch fehlt der Nachbarrechtsklage im verwaltungsgerichtlichen Weg ein Rechtsschutzbedürfnis, wenn dem Nachbarn auch die klageweise Geltendmachung von privatrechtlichen Nachbarrechten offen steht.[132] Nähere Ausführungen hierzu sowie zu Verknüpfungen von öffentlichem und privatem Nachbarrecht siehe Rn. 83 ff.

5. Besonderheiten bei hoheitlichem Handeln

Auch wenn die öffentliche Hand Grundstückseigentümer ist, ändert dieser Umstand grundsätzlich nichts daran, dass es denselben nachbarrechtlichen Schutz gibt wie zwischen Privaten. Allerdings bestehen gewisse **Besonderheiten**, auf die noch eingegangen werden soll. 78

Erst wenn die Tätigkeit der öffentlichen Hand hoheitlichen Charakter hat, regelt sich das Verhältnis zwischen den Nachbarn nach öffentlichem Recht. Sieht man einmal von etlichen Vorschriften ab, die dem privaten Nachbarn die Möglichkeit einräumen, Einstellung einer störenden Tätigkeit zu verlangen, gelten hier die **öffentlich-rechtlichen Abwehr- und Ausgleichsansprüche**. Die Grundlage für diese Ansprüche ist unsicher. Vielfach wird auf § 22 BImSchG Bezug genommen.[133] Trotz dieser unterschiedlichen Ausgangspunkte führen die Grundsätze regelmäßig zu denselben Ergebnissen wie die Vorschriften des Bürgerlichen Rechts. 79

Im Bereich der Ausgleichsansprüche finden die Regeln über enteignenden und enteignungsgleichen Eingriff Anwendung.

Darüber hinaus wird überwiegend auch bei nichthoheitlicher Tätigkeit der öffentlichen Hand im Rahmen des Privatrechts eine Beschränkung der Ansprüche und damit der Befugnisse des Nachbarn angenommen, wenn die Tätigkeit **gemeinwichtig** ist.[134] Entsprechendes wurde etwa im Zusammenhang mit den Immissionen durch die Bahn befürwortet. In diesen Fällen kann der Nachbar in seiner Position zwar Schutzmaßnahmen verlangen, diese dürfen aber die gemeinwichtige Tätigkeit weder verhindern noch beeinträchtigen.[135] Inwieweit die öffentliche Hand eines solchen zusätzlichen Privileges jenseits gesetzlicher Vorschriften bedarf, erscheint zumindest zweifelhaft. 80

6. Bedeutung öffentlich-rechtlicher Akte für die Auslegung nachbarrechtlicher Vorschriften

Sehr umstritten ist die Frage, welche Wirkung öffentlich-rechtliche Planung für die Auslegung und Anwendung bürgerlich-rechtlicher Nachbarvorschriften hat. Der Bundesgerichtshof[136] legt den Begriff der Ortsüblichkeit i. S. v. § 906 Abs. 2 S. 1 BGB **nur unter Berücksichtigung eines bestehenden Bebauungsplans** aus. Entscheidend seien die tatsächlichen Verhältnisse. Fehle es an einer Verwirklichung des Bebauungsplanes, wichen also die tatsächlichen Verhältnisse von ihm ab, so könne der Bebauungsplan diese bei der Beurteilung der Ortsüblichkeit nicht ohne weiteres verdrängen. Die hiergegen gerichtete Kritik[137] wendet vor allen Dingen ein, dass die Rechtsprechung die Verwirklichung von 81

130 H. M.; **a. A.** *Schapp*, Das Verhältnis von privatem und öffentlichem Nachbarrecht, 1978, S. 47 ff.; S. 162 ff.; *Bartlsperger*, DVBl 1971, 745, 746; s. auch Rn. 84.

131 *Breuer*, DVBl 1983, 431, 437 f.

132 Anders dagegen *Sellmann*, DVBl 1963, 273, 280 f.

133 Z. B. BVerwGE 81, 187; für weitere Nachweise s. unten Teil 3 Rn. 36.

134 Str. BGHZ 72, 289, 294 = NJW 1979, 164; Jauernig/*Berger*, § 906 Rn. 14; nur ausnahmsweise MünchKommBGB/*Baldus*, § 1004 Rn. 99.

135 BGH, NJW 1984, 1243.

136 BGH, MDR 1971, 286; NJW 1983, 751 f.; ausführlich hierzu *Marburger*, Gutachten zum 56. DJT, 1986, S. C 102 ff.; *Hagen*, NVwZ 1991, 817, 819 ff.

137 *Papier*, in: Pikart/Geltzer/Papier, Umwelteinwirkungen durch Sportanlagen, 1984, S. 103; *Kleinlein*, NVwZ 1982, 669; *Trzaskalik*, DVBl 1981, 71.

Bebauungsplänen in Frage stelle. Prägten in einem Mischgebiet zunächst Wohngebäude die Bebauung, so könnten die Bewohner durch bürgerlich-rechtliche Abwehrklagen die Ansiedlung (von ebenfalls planmäßigen, aber emittierenden) Gewerbebetrieben verhindern. Teilweise wird dieser Kritik Rechnung getragen, indem von einer **Mitprägung der Ortsüblichkeit** durch die Festsetzung des Bebauungsplans die Rede ist,[138] während andere sogar eine **normative Duldungspflicht** annehmen, die gem. § 1004 Abs. 2 BGB zu berücksichtigen sei. Hierfür, so lässt sich einwenden, fehlt es an einer gesetzlichen Regelung.

82 Ohne Bedeutung sind diese Fragen für Nutzungen, die nicht auf öffentlich-rechtlichen Planungen beruhen. Da es in der Sache um den Schutz der Planverwirklichung geht, bleiben auch Einstellungsansprüche unberührt. Man wird im Übrigen berücksichtigen müssen, dass die privaten Belange im Rahmen des Planverfahrens nur einer von vielen Aspekten ist, dessen Geltendmachung im Rahmen eines Planverfahrens nicht in gleicher Weise möglich ist, wie in einem zivilrechtlichen Klageverfahren gegen den Nachbarn. Es kommt hinzu, dass in vielen Planverfahren der Nachbar schon von vornherein nicht beteiligt war. All das spricht für einen **flexiblen Maßstab**, wie er vom Bundesgerichtshof und in Teilen der Literatur vertreten wird, wobei der Unterschied zwischen „Mitprägung" und „Anhaltspunkten" letztlich nur ein semantischer ist.

III. „Doppelgleisigkeit" des Nachbarrechts

1. Privatrechtlicher und öffentlich-rechtlicher Nachbarschutz

a) Allgemeines

83 Das Rechtsverhältnis zwischen Nachbarn betreffende Vorschriften finden sich, worauf bereits hingewiesen wurde, sowohl im **Privatrecht** als auch im **öffentlichen Recht**. Ob eine Norm dem privaten oder öffentlichen Nachbarrecht zuzuordnen ist, wird dabei nicht bereits durch ihren gesetzlichen Regelungsort vorgegeben, entscheidend ist vielmehr die *Natur des Rechtssatzes*;[139] auch Gesetze mit vorrangig öffentlich-rechtlichem Inhalt können daher daneben auch privates Nachbarrecht enthalten, wie etwa die Wassergesetze[140] oder die Landesbauordnungen.[141] Mit der Aufteilung nachbarrechtlicher Vorschriften auf die beiden großen Bereiche von Rechtssätzen stellt sich zwangsläufig die Frage nach dem Verhältnis zwischen privatem und öffentlichem Nachbarrecht in materieller wie auch prozessualer Hinsicht.

b) Gleichrang von privatem und öffentlichem Nachbarrecht

84 Ältere Auffassungen gingen zum Teil von einem generellen Vorrang des Zivilrechts aus.[142] Zum Teil wurden auch nachbarschützende Vorschriften des öffentlichen Rechts als die gegenüber privatrechtlichen Abwehransprüchen spezielleren Normen angesehen, die letztere daher verdrängen sollten, jedenfalls soweit eine öffentlich-rechtliche Genehmigung die in Frage stehende Störung des Nachbarn erfasste.[143] Beides ist auf der Grundlage des geltenden Rechts schwerlich vertretbar; diese Theorien sind daher heute auch als überholt anzusehen. Privates und öffentliches Nachbarrecht stehen vielmehr nach heute ganz überwiegender Auffassung grundsätzlich uneingeschränkt **selbständig** und **gleich-**

---

[138] *Breuer,* DVBl 1983, 431, 438; *Viehweg,* JZ 1987, 1104, 1109.

[139] *Dehner,* A § 7 II.

[140] So § 14 IV WHG, vgl. *Czychowski/Reinhardt,* WHG, § 14 Rn. 65 und unten Teil 3 Rn. 269, sowie die Vorschrift über wild abfließendes Wasser in § 37 WHG, vgl. BT-Drucks. 16/12275, S. 62 und unten Teil 3 Rn. 276 ff.

[141] So § 74 HbgBauO.

[142] S. etwa *Peters,* DÖV 1965, 744; *Schwerdtfeger,* NVwZ 1983, 199; zum Ganzen s. auch *Seidel,* Nachbarschutz, Rn. 14 ff., *Peine,* JuS 1987, 169, 172.

[143] S. etwa *Schrödter,* DVBl. 1968, 35; *Bartelsberger,* DVBl. 1971, 744; aus neuerer Zeit s. auch *Dolderer,* DVBl. 1998, 19; zum Ganzen s. auch *Seidel,* Nachbarschutz, Rn. 20 ff., *Peine,* JuS 1987, 169, 172 f.

rangig nebeneinander.[144] Inhalt und Umfang privatrechtlicher Ansprüche beurteilen sich damit grundsätzlich allein nach privatem Recht,[145] die öffentlich-rechtlicher Ansprüche grundsätzlich allein nach öffentlichem Recht.[146]

c) Doppelgleisigkeit des Rechtsschutzes

Mit dieser Doppelgleisigkeit des materiellen Nachbarrechts korrespondiert in verfahrensrechtlicher Hinsicht die Doppelgleisigkeit des Rechtsschutzes. Damit kann der Nachbar zum einen auf der Grundlage der Verletzung nachbarschützender Vorschriften des öffentlichen Rechts die einem anderen erteilte Genehmigung mit Widerspruch und Anfechtungsklage vor dem **Verwaltungsgericht** in einem Verfahren gegen die Genehmigungsbehörde bzw. deren Träger angreifen (sog. *Genehmigungsabwehranspruch*) bzw. bei fehlender oder entbehrlicher Genehmigung mit der Verpflichtungsklage ein behördliches Einschreiten fordern (sog. *Schutzanspruch*). Unabhängig davon kann er zum anderen vor dem **Zivilgericht** privatrechtliche Abwehransprüche *unmittelbar gegen den Störer* geltend machen; dies gilt auch bei einem Verstoß gegen nachbarschützende Vorschriften des öffentlichen Rechts (sog. quasinegatorischer Abwehranspruch).[147] Auch die Möglichkeit, bei der zuständigen Behörde einen Antrag auf behördliches Einschreiten etwa gegen den Bauherrn zu stellen, steht einer Zivilklage gegen diesen nicht entgegen.[148] Außerdem sind privatrechtliche Abwehransprüche, auch solche auf Beseitigung des Bauwerks oder Einstellung seiner Nutzung, auch durch die Erteilung einer Baugenehmigung nicht ausgeschlossen.[149] Erst recht gilt diese Möglichkeit des Rechtsschutzes in beiden Rechtswegen natürlich gegenüber genehmigungsfreien Vorhaben. 85

Beide Rechtswege stehen damit grundsätzlich im Verhältnis einer **wechselseitigen Ergänzung**; erst durch dieses Zusammenspiel ergibt sich für den Nachbarn ein umfassender und den Anforderungen des Art. 19 IV GG entsprechender Rechtsschutz.[150] Der Nachbar ist auch nicht darauf beschränkt, einen der beiden Rechtswege zu wählen; diese sind vielmehr beide **gleichwertig**,[151] so dass er – im Hauptsacheverfahren wie auch im Verfahren des einstweiligen Rechtsschutzes –[152] auch beide **gleichzeitig und nebeneinander** beschreiten[153] und damit auch von den Vorzügen des einen wie des anderen profitieren kann.[154] Ein solches Vorgehen stellt auch keinen Verstoß gegen Treu und Glauben dar.[155] Es können auch weder das Verwaltungsgericht noch das Zivilgericht im Hinblick auf die Möglichkeit zum Beschreiten des jeweils anderen Rechtsweges das *Rechtsschutzbedürfnis* für eine Klage im eigenen Rechtsweg absprechen.[156] Dies gilt für eine zivilgerichtliche 86

---

144 Vgl. BGHZ 177, 165, 175 = NVwZ 2008, 1150; BGH, NJW 1983, 751 (Tennisplatzentscheidung); DVBl. 1971, 744; WM 1974, 572, 573; OVG Berlin, NJW 1983, 777; OVG Saarlouis, BauR 2011, 825, 826; Erman/*Wilhelmi*, § 906 Rn. 29; zur Harmonisierung beider Bereiche s. unten Rn. 91 ff.

145 BGHZ 111, 158, 163 = NJW 1990, 1910; BGH, WM 1974, 572, 573; BayObLG, NJW-RR 1991, 19; s. aber auch unten Rn. 96 ff. und 103 ff.

146 BayObLGZ 2000, 355, 361; BayObLGZ 2001, 41, 45 = NJW-RR 2001, 1456; BayObLG, ZMR 2001, 472, 473 = NJW-RR 2001, 1457 (LS).

147 BGHZ 66, 354, 356 = NJW 1976, 1888; BGHZ 122, 1, 8 = NJW 1993, 1580; s. dazu im Einzelnen unten Rn. 96 ff.

148 Vgl. BGHZ 140, 1 = NJW 1999, 356; BVerwG, NJW 2003, 3360, 3361.

149 BGHZ 140, 1, 6 = NJW 1999, 356; BayObLGZ 2001, 41, 46 = NJW-RR 2001, 1456; BayObLG, NJW-RR 1991, 19 und ferner unten Rn. 103. S. aber zur Tatbestandswirkung der Baugenehmigung unten Rn. 101 ff. sowie zu privatrechtsgestaltenden Genehmigungen unten Rn. 104 ff.

150 *Battis/Krautzberger/Löhr*, BauGB, § 31 Rn. 55; Simon/Busse/*Dirnberger*, BayBO, Art. 66 Rn. 658.

151 BGHZ 175, 221, 225 = NVwZ 2009, 132; BGH, NJW 1979, 34, 35; OLG Stuttgart, VersR 2001, 71, 72.

152 LG Deggendorf, 3. 3. 2006 – 1 S 102/05.

153 H.M.; etwa BGHZ 122, 1, 8 = NJW 1993, 1580; BGH, NJW 1984, 1242; NJW 1995, 714; BVerwG, NJW 2003, 3360, 3361; OLG Stuttgart, VersR 2001, 71, 72; OVG Berlin, NJW 1983, 777.

154 Zu Zweckmäßigkeitsfragen bei der Auswahl des Rechtswegs s. unten Rn. 109 ff.

155 BGH, NJW 1995, 132 (Anfechtung der Genehmigung baulicher Lärmschutzmaßnahmen und gleichzeitige Lärmschutzklage vor Zivilgericht).

156 BVerwGE 11, 331 f. = NJW 1961, 1129; E 22, 129, 131 = MDR 1966, 174 (für Klage vor Verwaltungsgericht).

Abwehrklage selbst dann, wenn bereits ein bestandskräftiger Verwaltungsakt gegen den Störer auf Beseitigung eben dieser Störung vorliegt.[157] Eine ganz andere Frage ist es demgegenüber, ob bei der Geltendmachung von Schutzansprüchen auf behördliches Einschreiten bereits die Behörde den Nachbarn *ermessensfehlerfrei auf den Zivilrechtsweg verweisen* kann, und damit letztlich auch eine anschließende Verpflichtungsklage vor dem Verwaltungsgericht erfolglos bleiben muss.[158]

87 Das gleichwertige Nebeneinander beider Rechtswege ist auch **nicht** etwa wegen **entgegenstehender Rechtskraft** eines dieselbe Beeinträchtigung betreffenden rechtskräftigen Urteils eines Gerichts des jeweils anderen Rechtswegs ausgeschlossen. Eine solche Betrachtung würde bereits an den objektiven Grenzen der Rechtskraft scheitern, weil es vor Zivilgericht und Verwaltungsgericht stets um *unterschiedliche Streitgegenstände* geht, auch wenn in der Sache die Abwehr ein und derselben Beeinträchtigung durch den Nachbarn in Frage steht.[159] Deshalb scheidet, solange die Klagen in beiden Rechtswegen noch nicht entschieden sind, auch der Einwand **anderweitiger Rechtshängigkeit** aus.

88 **Anders** verhält es sich allerdings, wenn und soweit nicht neben dem zivilrechtlichen Störungsabwehranspruch ein öffentlich-rechtlicher Schutzanspruch gegenüber der zuständigen Behörde geltend gemacht wird, sondern stattdessen der Störer einmal vor dem Zivilgericht als privater Grundstückseigentümer und daneben auch vor dem Verwaltungsgericht als Betreiber einer (behaupteten) öffentlichen Einrichtung jeweils *unmittelbar* auf Unterlassung oder Beseitigung einer Störung in Anspruch genommen wird. Hier haben nämlich beide Verfahren in der Abwehr einer bestimmten Störung einen identischen Streitgegenstand; das Gericht des zuerst angegangenen Rechtsweges hat daher den Rechtsstreit nach **§ 17 II 1 GVG** grundsätzlich unter allen in Betracht kommenden Gesichtspunkten zu entscheiden, also auch hinsichtlich rechtswegfremder Ansprüche; dem zeitlich später in Gang gesetzten Verfahren steht damit der Einwand anderweitiger Rechtshängigkeit bzw. nach rechtskräftigem Abschluss des Verfahrens im anderen Rechtsweg der Einwand entgegenstehender Rechtskraft entgegen.[160]

89 Eine Ausnahme vom Nebeneinander der beiden Rechtswege besteht schließlich stets auch, wenn die Beeinträchtigung von einer **hoheitlichen Tätigkeit des Störers** ausgeht; dann ist für den Rechtsschutz von vornherein *allein der Verwaltungsrechtsweg* eröffnet, gleich ob der Störer unmittelbar in Anspruch genommen oder aber ein Schutzanspruch gegen die zuständige Behörde geltend gemacht wird.[161]

2. Wechselwirkungen zwischen privatem und öffentlichem Nachbarschutz

90 Trotz der grundsätzlichen Selbständigkeit von privatem und öffentlichem Nachbarrecht in materieller wie auch prozessualer Hinsicht stehen beide nicht isoliert nebeneinander. Vielmehr bestehen auch verschiedene Berührungspunkte und Überschneidungen.

a) Harmonisierung von privatem und öffentlichem Nachbarrecht

91 So verhält es sich einmal, wenn privates wie auch öffentliches Nachbarrecht für ein und dieselbe Beeinträchtigung von Nachbarn jeweils eigene Normen bereithalten. Hier würde es regelmäßig nur schwer einleuchten, wenn der Umfang der Abwehrrechte des beeinträchtigten Nachbarn unterschiedlich wäre, je nachdem ob er sie dem privaten oder dem öffentlichen Nachbarrecht entlehnt. Vielmehr erscheint es hier zur Vermeidung von Wertungswidersprüchen sinnvoll, ein Auseinanderdriften von privatrechtlichen und öffentlich-rechtlichen Abwehrmöglichkeiten zu vermeiden.[162] Damit ist die Frage nach einer

[157] OLG Köln, MDR 1994, 1121 (Abrissverfügung).
[158] Dazu unten Teil 5 Rn. 178ff., insbes. Rn. 180.
[159] BGH, NJW 1984, 1242; BVerwG, NJW 2003, 3360, 3361.
[160] BayVGH, NVwZ-RR 2004, 224, 225f.
[161] Zur Abgrenzung von Zivil- und Verwaltungsrechtsweg s. im Einzelnen unten Teil 5 Rn. 4ff.
[162] Vgl. BGHZ 111, 63, 68f. = NJW 1990, 2465 (Volksfestlärm).

Harmonisierung von privatem und öffentlichem Nachbarrecht aufgeworfen.[163] Diese wurde bereits in der Vergangenheit dadurch erreicht, dass die Rechtsprechung in der Frage der Zumutbarkeit von Immissionen den Weg einer **einheitlichen Auslegung** privatrechtlicher und öffentlich-rechtlicher Vorschriften gegangen ist; insbesondere wird der Begriff der „wesentlichen Beeinträchtigung" i. S. v. § 906 BGB identisch ausgelegt wie der der „schädlichen Umwelteinwirkung" i. S. v. §§ 3 I, 22 I BImSchG.[164]

Auf dieser Linie liegt auch die **Änderung des § 906 I BGB**,[165] wonach eine Beeinträchtigung, die die in Gesetzen, Rechtsverordnungen oder allgemeinen Verwaltungsvorschriften nach § 48 BImSchG festgelegten Grenz- oder Richtwerte nicht überschreitet, in der Regel als unwesentlich gilt. 92

Ferner geht die Rechtsprechung davon aus, dass das **Fehlen einer** erforderlichen **öffentlich-rechtlichen Genehmigung** für eine emittierende Anlage privatrechtlich die Ortsüblichkeit der Immissionen i. S. v. § 906 II BGB ausschließt.[166] Ebenso schließt etwa im Zusammenhang mit einem Notwegerecht die Versagung einer Baugenehmigung das insoweitige Vorliegen einer ordnungsmäßigen Grundstücksbenutzung i. S. d. § 917 BGB aus.[167] 93

Im **öffentlich-rechtlichen Entschädigungsrecht** nimmt die Rechtsprechung schließlich an, dass bei Immissionen der entschädigungspflichtige enteignende Eingriff dort beginnt, wo auch die Grenze dessen überschritten ist, was unter privaten Nachbarn nicht mehr ohne Ausgleich nach § 906 BGB hinzunehmen ist;[168] der Entschädigungsanspruch wird insoweit als Gegenstück zum zivilrechtlichen Ausgleichsanspruch unter Nachbarn nach § 906 II 2 BGB angesehen.[169] 94

Schlussendlich stellt das von den Zivilgerichten entwickelte **nachbarliche Gemeinschaftsverhältnis** schon lange auch im öffentlichen Recht eine anerkannte Rechtsfigur dar,[170] die im Einzelfall im Zivilrecht vielfach zu keiner anderen Wertung führen wird als im öffentlichen Recht.[171] Im öffentlichen Recht findet sich ferner die mit dem nachbarlichen Gemeinschaftsverhältnis verwandte Rechtsfigur des **Rücksichtnahmegebots**,[172] der dort eine gewichtige Rolle zukommt. 95

Durch die Harmonisierung von privatem und öffentlichem Nachbarrecht verliert zwar deren Doppelgleisigkeit in gewissem Umfang an Bedeutung. Am Grundsatz der Doppelgleisigkeit als solchem kann dies jedoch nicht rühren; es macht ihn, wie die folgenden Ausführungen noch verdeutlichen werden, auch keineswegs überflüssig.

b) Öffentliches Nachbarrecht im Privatrecht

aa) Privatrechtliche Ansprüche aus öffentlichem Nachbarrecht. Nachbarn müssen wegen des Nebeneinanders von privatem und öffentlichem Nachbarrecht im Verhältnis zueinander sowohl privatrechtliche als auch öffentlich-rechtliche Vorschriften beachten. So muss etwa ein Bauvorhaben den Normen des privaten Nachbarrechts und ebenso den nachbarschützenden Vorschriften des öffentlichen Baurechts sowie überhaupt des öffent- 96

163 S. zum Ganzen z. B. *Seibel*, BauR 2005, 1409 ff. m. w. N.

164 S. etwa BGHZ 111, 63, 65 = NJW 1990, 2465 (Volksfestlärm); BGHZ 120, 239, 255 = NJW 1993, 925 (Froschquaken); BVerwGE 79, 254, 258 = NJW 1988, 2396 (Feuerwehrsirene); BVerwGE 81, 197, 200 = NJW 1989, 1291; BVerwG, BauR 2008, 2030, 2031; BGH, NJW 2010, 1141, 1142. S. aber auch BVerwG, NJW 2003, 3360, 3361: soweit keine rechtsverbindlichen nachbarschützenden Immissionsgrenzwerte bestehen (hier: Live-Musik-Veranstaltung), kann eine unterschiedliche Bestimmung der Zumutbarkeitsgrenze im Zivil- und Verwaltungsrechtsweg nicht ausgeschlossen werden.

165 Durch das Sachenrechtsänderungsgesetz v. 21. 9. 1994 (BGBl. I S. 2457).

166 BGHZ 140, 1, 9 = NJW 1999, 356; BGH, NJW-RR 2006, 235, 237 (jedenfalls bei Fehlen auch der Genehmigungsfähigkeit).

167 Palandt/*Bassenge*, § 917 Rn. 4; s. ferner unten Teil 4 Rn. 21.

168 BGHZ 91, 20, 21 f. = NJW 1984, 1876; BGHZ 158, 263, 267 = VersR 2004, 1605.

169 BGHZ 91, 20, 27 = NJW 1984, 1876; BGHZ 158, 263, 268 = VersR 2004, 1605.

170 Vgl. BVerwGE 78, 85, 88 = NJW 1988, 839; E 91, 92, 97 = NJW 1993, 342; BVerwG, BauR 1988, 332, 333; 1991, 597, 602; 2003, 1031, 1032; 2008, 793; 2012, 634; BayVGH, BayVBl. 2010, 176, 177.

171 Vgl. BGH, NJW-RR 2008, 610, 611.

172 Bamberger/Roth/*Fritzsche*, § 906 Rn. 8 unter Verweis auf BVerwGE 52, 122, 130 = NJW 1978, 62.

lichen Rechts entsprechen. Ist dies nicht der Fall, so kann sich der Nachbar hinsichtlich der Verletzung des privaten Nachbarrechts zivilrechtlich und hinsichtlich der Verletzung des öffentlichen Nachbarrechts verwaltungsrechtlich zur Wehr setzen. Werden *nachbarschützende Vorschriften des öffentlichen Rechts* verletzt, so ergeben sich daraus allerdings nicht nur öffentlich-rechtliche Abwehransprüche. Vielmehr können diese Vorschriften als **Schutzgesetze i. S. v. § 823 II BGB** auf Naturalrestitution gerichtete Schadensersatzansprüche[173] und wegen dieses deliktischen Schutzes darüber hinaus in entsprechender Anwendung des **§ 1004 BGB** auch verschuldensunabhängige[174] Abwehransprüche (sog. **quasinegatorischer Abwehranspruch**)[175] auslösen; solche Vorschriften erlangen daher über ihren deliktischen Schutz in § 823 II BGB auch zivilrechtliche Relevanz.[176] Für den Nachbarn eröffnet sich damit auch im Hinblick auf Verstöße gegen öffentliches Nachbarrecht die Möglichkeit einer zivilprozessualen Abwehrklage.[177] Dabei ist, sofern die verletzte öffentlich-rechtliche Norm dies nicht verlangt, auch im Zivilprozess über ihre bloße Verletzung hinaus eine tatsächliche konkrete Beeinträchtigung des Nachbarn nicht erforderlich.[178]

97 **bb) Privatrechtliche Durchsetzung nachbarschützender Auflagen in öffentlich-rechtlichen Genehmigungen.** Ähnliches gilt, wenn sich der Nachbarschutz aus Vorschriften des öffentlichen Rechts in Gestalt einer **nachbarschützenden Auflage in einer bestandskräftigen Genehmigung** konkretisiert. Der Nachbar kann diese dann gegenüber dem Genehmigungsinhaber unmittelbar im Zivilrechtsweg durchsetzen.[179] Dies gilt unabhängig davon, ob ein Verstoß gegen die Auflage den Nachbarn konkret beeinträchtigt oder eine solche Beeinträchtigung zumindest unmittelbar bevorsteht,[180] denn die Auflage normiert einen *abstrakten Gefährdungstatbestand*, der den Schutz des Nachbarn vorverlagert;[181] etwas anderes mag allerdings dann gelten, wenn feststeht, dass die Gefahr einer Beeinträchtigung auszuschließen ist.[182] Auf die Voraussetzungen des § 906 BGB kommt es in diesem Zusammenhang nicht mehr an.[183]

98 Der betroffene Nachbar kann dann mit der **quasinegatorischen Unterlassungsklage**, gestützt auf § 823 II BGB i. V. m. § 1004 I 2 BGB analog, gegen den Störer vor dem Zivilgericht vorgehen.[184] Schutzgesetz i. S. v. § 823 II BGB ist dabei allerdings nicht der die Auflage enthaltende Verwaltungsakt, sondern die diesem zugrunde liegende zumindest auch drittschützende Ermächtigungsnorm;[185] Voraussetzung ist ferner, dass die Auflage auf dieser Grundlage konkrete, dem Schutz des Dritten dienende Verhaltensanordnungen trifft und der Dritte zum geschützten Personenkreis zählt.[186]

---

173 BGHZ 66, 354, 356 = NJW 1976, 1888; BGH, NJW 1985, 2825, 2826; NVwZ 2011, 1148, 1149. Geschieht die Schutzgesetzverletzung *durch eine Behörde*, etwa bei Erteilung einer Baugenehmigung, so kommt auch ein *Amtshaftungsanspruch* nach § 839 BGB i.V.m. Art. 34 GG in Betracht; die (Primär-)Klage gegen den Verwaltungsakt hemmt dabei auch die Verjährung des Amtshaftungsanspruchs, vgl. BGHZ 95, 238, 242 = NJW 1985, 2324 (zu § 209 BGB a.F.)

174 BGH, WM 1974, 572, 573 = MDR 1974, 571; NJW 1985, 2825, 2826; NVwZ 2011, 1148, 1149.

175 BGHZ 86, 356, 362 = NJW 1983, 1795; BGH, NJW 1970, 1180, 1181; WM 1974, 572, 573 = MDR 1974, 571; NJW 1985, 2825, 2826; NJW-RR 1997, 16, 17; NVwZ 2011, 1148, 1149; BayObLGZ 2000, 355, 357 f.

176 BGHZ 66, 354, 356 = NJW 1976, 1888; BayObLGZ 2000, 355, 357.

177 Zur konkreten Reichweite des Anspruchs und seinen Vorteilen gegenüber dem öffentlich-rechtlichen Schutzanspruch s. *Seidel*, NVwZ 2004, 139, 144 m. w. N. Zu Einschränkungen im Hinblick auf die Tatbestandswirkung öffentlich-rechtlicher Genehmigungen s. ferner unten Rn. 100 ff.

178 OLG Karlsruhe, NJW-RR 1993, 665, 666 (zu Abstandsflächen).

179 BGHZ 122, 1, 6 f. = NJW 1993, 1580; BGH, NJW 1995, 132, 134; NJW 1997, 55; OLG Hamm, MDR 1981, 496; s. ferner OLG München, VersR 1988, 887.

180 BGH, NJW 1997, 55.

181 BGHZ 122, 1, 6 = NJW 1993, 1580.

182 Insoweit vom BGH (NJW 1997, 55) offen gelassen.

183 BGHZ 122, 1, 7 = NJW 1993, 1580; BGH, NJW 1995, 132, 134; NJW 1997, 55.

184 BGHZ 122, 1, 7 = NJW 1993, 1580; BGH, NJW 1995, 132, 134; NJW 1997, 55.

185 BGHZ 122, 1, 3 = NJW 1993, 1580; BGH, NJW 1995, 132, 134; OLG Hamm, MDR 1981, 496 f.

186 BGH, NJW 1995, 132, 134; OLG Hamm, MDR 1981, 496; OLG München, BauR 1993, 620, 621.

c) Vorfragenkompetenz der Zivilgerichte

Soweit sich im Rahmen einer zivilrechtlichen Nachbarklage auch Fragen des öffentlichen Rechts stellen, wie etwa bei einer auf nachbarschützende Vorschriften des öffentlichen Rechts gestützten quasinegatorischen Abwehrklage, hat das Zivilgericht aufgrund seiner Vorfragenkompetenz auch diese **öffentlich-rechtlichen Vorfragen** eigenständig zu beurteilen. Dies gilt insbesondere, wenn in öffentlich-rechtlicher Hinsicht **keine Genehmigung erteilt** wurde und sich daher auch im Hinblick auf die Tatbestandswirkung solcher Genehmigungen keine Einschränkungen ergeben;[187] der Nachbarn kann dann vor dem Zivilgericht alle Aspekte des privaten wie des öffentlichen Nachbarrechts uneingeschränkt geltend machen, die das Gericht auch in öffentlich-rechtlicher Hinsicht zu beurteilen hat. Umgekehrt hat das Zivilgericht, wenn für die eingeklagte Beseitigung einer Beeinträchtigung eine **behördliche Genehmigung erforderlich** ist, als Vorfrage auch selbständig zu prüfen, ob diese erteilt werden kann;[188] privatrechtliche Abwehransprüche sind hier erst ausgeschlossen, wenn die Genehmigungserteilung aus Rechtsgründen nicht möglich ist oder aber die Genehmigung bereits bestandskräftig abgelehnt wurde.[189] 99

d) Tatbestandswirkung von Genehmigungen

aa) Abwehransprüche des Nachbarn ebenso wie die Vorfragenkompetenz des Zivilgerichts sind jedoch gewissen Einschränkungen unterworfen, sobald dem Störer im Zusammenhang mit der Störung eine öffentlich-rechtliche Genehmigung erteilt wurde. Diese entfaltet als Verwaltungsakt eine sog. **Tatbestandswirkung**, und wirkt sich damit auch unmittelbar auf Abwehransprüche von Nachbarn aus. Aufgrund dieser Tatbestandswirkung sind nämlich Behörden und Gerichte, aber auch private Dritte, an die *Existenz* und den *Inhalt* des Verwaltungsakts in den Grenzen seiner Bestandskraft gebunden, solange er nicht aufgehoben worden ist.[190] Diese Tatbestandswirkung kommt auch *rechtswidrigen* Genehmigungen zu,[191] außer sie sind nichtig.[192] Der betroffene Nachbar muss sich daher insoweit rechtzeitig, d. h. vor Eintritt der Bestandskraft, unmittelbar gegen die Genehmigung im Verwaltungsrechtsweg zur Wehr setzen, um sich nicht zivilrechtliche Ansprüche abzuschneiden.[193] 100

bb) Das hat Bedeutung insbesondere für einen **quasinegatorischen Abwehranspruch** des Nachbarn, der auf **nachbarschützende Vorschriften des öffentlichen Rechts** gestützt ist; deren Anwendungsbereich bestimmt sich nämlich ebenfalls nach öffentlichem Recht.[194] Soweit daher durch die Genehmigung festgestellt wird, dass nicht gegen öffentliches Recht verstoßen wird, muss dies auch der Nachbar gegen sich gelten lassen.[195] Deshalb scheidet auch im Falle einer wirksamen öffentlich-rechtlichen **Abweichung** oder **Befreiung** von den Anforderungen nachbarschützender Vorschriften des öffentlichen Rechts insoweit ein Abwehr- oder Schadensersatzanspruch des Nachbarn aus.[196] 101

---

187 Dazu im Einzelnen sogleich unten Rn. 100 ff.; s. ferner zu den insoweitigen Besonderheiten hinsichtlich nachfolgender Amtshaftungs- und Entschädigungsansprüche unten Rn. 107.

188 OLG München, BauR 1993, 620, 622.

189 BGHZ 120, 239, 246 = NJW 1993, 925 (BNatSchG); s. im Einzelnen unten Teil 5 Rn. 26.

190 BGHZ 122, 1, 5 = NJW 1993, 1580; BGH, NJW-RR 2007, 398, 399; BVerwGE 22, 129, 133 = MDR 1966, 174; E 50, 282, 290 = NJW 1976, 1987; E 133, 347, 357 = NVwZ 2009, 1231. Dagegen entfaltet die Versagung einer Genehmigung durch die Behörde keine materielle Bindungswirkung; s. dazu Simon/Busse/*Lechner*, BayBO, Art. 68 Rn. 95, 125.

191 BVerwGE 50, 282, 290 = NJW 1976, 1987.

192 BGHZ 122, 1, 5 = NJW 1993, 1580.

193 Anders z.T. hinsichtlich von Amtshaftungs- und Entschädigungsansprüchen, s. dazu unten Rn. 107.

194 BayObLGZ 2000, 355, 361; BayObLGZ 2001, 41, 45 = NJW-RR 2001, 1456; BayVGH, NVwZ-RR 2006, 303.

195 BayObLGZ 2000, 355, 362; BayObLGZ 2001, 41, 46 = NJW-RR 2001, 1456 (zu Genehmigung im vereinfachten Verfahren); Simon/Busse/*Dirnberger*, BayBO, Art. 66 Rn. 659.

196 BGHZ 66, 354, 356 f. = NJW 1976, 1888; BGH, MDR 1975, 744; BayObLGZ 2000, 355, 362; BayObLG, ZMR 2001, 472, 473 = NJW-RR 2001, 1457 (LS) (je zu Abstandsflächen); OLG Hamm, BauR 1984, 782, 783.

102 Das Zivilgericht wird, solange eine im Raum stehende Genehmigung oder eine behördliche Abweichungs- bzw. Befreiungsentscheidung noch nicht bestandskräftig ist, deren Anfechtung aber bereits erfolgt ist, zur Vermeidung widersprüchlicher Ergebnisse den Zivilprozess regelmäßig bis zur Entscheidung des Verwaltungsgerichts **gem. § 148 ZPO aussetzen.**[197]

103 **cc)** Unmittelbar dem Privatrecht entspringende Abwehrrechte werden demgegenüber durch öffentlich-rechtliche Genehmigungen grundsätzlich nicht berührt. So bestimmen etwa die Bauordnungen der Länder ausdrücklich, dass die **Baugenehmigung unbeschadet privater Rechte Dritter** ergeht.[198] Die Baugenehmigungsbehörde prüft daher nicht, ob ein Vorhaben mit privaten Rechten von Nachbarn vereinbar ist; so kann etwa eine Baugenehmigung sogar für ein Vorhaben auf einem fremden Grundstück erteilt werden. Solche privaten Rechte können dinglicher Natur sein, etwa solche aus dem Eigentum oder aus dinglichen Rechten, wie insbesondere §§ 906 ff., 1004 BGB oder Nachbarrechte nach den Nachbarrechtsgesetzen der Länder,[199] es kann sich aber auch um bloß schuldrechtlich begründete Rechtspositionen handeln. **Inhalt und Umfang** der privatrechtlichen Abwehransprüche beurteilen sich **allein nach privatem Recht**, sie sind daher durch die Erteilung einer Baugenehmigung nicht ausgeschlossen,[200] und zwar auch dann nicht, wenn sie auf **Beseitigung des Bauwerks oder Einstellung seiner Nutzung** zielen.[201] Umgekehrt entbindet dieser Umstand allerdings den Bauherrn nicht von der Beachtung privater Rechte von Nachbarn, gleichgültig ob diese auf besonderen Titeln beruhen oder nicht. Ist daher offensichtlich, dass das Bauvorhaben wegen entgegenstehender privater Rechte Dritter nicht realisiert werden kann, so kann die Genehmigungsbehörde den Bauantrag wegen fehlenden *Sachbescheidungsinteresses* zurückweisen.[202] Schließlich sind auch öffentlich-rechtliche **Baulasten** privatrechtlich ohne Bedeutung.[203]

104 **dd)** In einigen Bereichen kommt allerdings öffentlich-rechtlichen Genehmigungen mit ihrer Unanfechtbarkeit auch **privatrechtsgestaltende Wirkung** zu. Diese schließen dann privatrechtliche Abwehransprüche gegen ein Vorhaben aus; der Betroffene kann aber meist noch Schutzvorkehrungen oder Entschädigung verlangen. Vorschriften, die eine solche Wirkung anordnen, sind privatrechtlicher Natur.[204]

105 Eine solche Wirkung besteht einmal nach **§ 14 S. 1 BImSchG** für im förmlichen Verfahren genehmigte immissionsschutzrechtliche Anlagen, gegen deren Betrieb als solchen privatrechtliche, nicht auf besonderen Titeln beruhende Abwehransprüche ausgeschlossen sind; der Betroffene ist hier auf Schutzvorkehrungen bzw., soweit solche nicht durchführbar oder wirtschaftlich nicht vertretbar sind, auf Schadensersatz verwiesen. Die Vorschrift gilt nach **§ 7 VI AtomG** entsprechend für genehmigte atomrechtliche Anlagen sowie nach § 11 LuftVG für Flugplätze. Nach Art. 125 EGBGB kann sie durch Landesrecht auch auf Eisenbahn-, Dampfschifffahrts- und ähnliche Verkehrsunternehmungen erstreckt werden.[205] **§ 75 II 1 VwVfG**[206] bzw. die entsprechenden Vorschriften der VwVfGe

[197] Vgl. BGH, NJW-RR 1988, 339, 341; vgl. auch *Czychowski/Reinhardt*, WHG, § 16 Rn. 9.

[198] Z.B. Art. 68 IV BayBO, § 75 III 1 BauO NRW, § 72 IV SächsBO.

[199] Vgl. BayVGH, BayVBl. 1999, 215 (zu Überbau); 31. 8. 2007 – 25 ZB 03.1790 (zu Art. 43 BayAGBGB).

[200] BGHZ 111, 158, 163 = NJW 1990, 1910; BGHZ 122, 1, 7 f. = NJW 1993, 1580; BGH, WM 1974, 572, 573; BayObLGZ 2001, 41, 46 = NJW-RR 2001, 1456; BayObLG, NJW-RR 1991, 19.

[201] BGHZ 95, 238, 242 = NJW 1985, 2324; BGHZ 140, 1, 6 = NJW 1999, 356; BGH, NJW 1959, 2013, 2014; DVBl. 1971, 744; BayObLGZ 2001, 41, 46 = NJW-RR 2001, 1456; BayObLG, NJW-RR 1991, 19.

[202] BVerwGE 42, 115, 116 = NJW 1973, 1518; BVerwG, NVwZ 1994, 482. I. Ü. hat die Baugenehmigungsbehörde die zivilrechtl. Realisierbarkeit allerdings nicht zu prüfen, vgl. BGHZ 144, 394 = NJW 2000, 2996.

[203] BGHZ 88, 97, 100 = NJW 1984, 124.

[204] BGHZ 102, 350, 352 = NJW 1988, 478.

[205] S. etwa § 30 NRG BW, Art. 54 BayAGBGB (dazu: *Saller*, in: Grziwotz/Saller, BayNachbR, Teil 3 Rn. 7 ff.).

[206] Zum Umfang der Ausschlusswirkung s. BVerwGE 130, 138, 143 = NVwZ 2008, 561 (auch bei später eintretenden veränderten Umständen).

der Länder schließen bei *Planfeststellungen* Unterlassungs-, Änderungs- und Beseitigungsansprüche gegen das festgestellte Vorhaben aus und geben lediglich hinsichtlich nicht voraussehbarer Wirkungen einen Anspruch auf Schutzvorkehrungen bzw. – wenn solche untunlich oder mit dem Vorhaben unvereinbar sind – auf angemessene Entschädigung in Geld;[207] diese Wirkung kommt nach § 74 VI 2 VwVfG bzw. den entsprechenden Vorschriften der VwVfGe der Länder auch einer *Plangenehmigung* zu.[208] Noch weitergehend schneidet **§ 16 II 1 WHG**[209] im Falle der Erteilung einer unanfechtbaren wasserrechtlichen Bewilligung nicht nur Beseitigungs- und Unterlassungsansprüche, sondern auch Ansprüche auf Schutzvorkehrungen und Schadensersatzansprüche wegen nachteiliger Wirkungen der bewilligten Gewässerbenutzung ab;[210] für den Fall einer unanfechtbaren gehobenen Erlaubnis ist nach § 16 I 1 WHG zumindest der Anspruch auf Einstellung der Benutzung ausgeschlossen. Weitere einschlägige Vorschriften finden sich in § 21 WaStrG, § 23 GenTG und § 9 III LuftVG.

In all diesen Fällen kann der betroffene Nachbar privaten Rechten daher **nur im Rahmen des Genehmigungsverfahrens** nach Maßgabe der einschlägigen Verfahrensvorschriften Geltung verschaffen.[211] Anderenfalls ist eine spätere Zivilklage *unbegründet*.[212] Der zivilrechtliche Nachbarschutz wird insoweit gleichsam in modifizierter Weise in das öffentlich-rechtliche Verfahren vorverlagert.[213] Unberührt bleiben allerdings auch hier Ansprüche aus **besonderen privatrechtlichen Titeln**, wozu gerichtliche Titel ebenso zählen, wie Ansprüche aus dinglichen Rechten oder schuldrechtlichen Verträgen.[214] Außerdem werden durch eine privatrechtsgestaltende Wirkung als solche noch keine weitergehenden zivilrechtlichen Befugnisse, etwa zum Betreten oder zur Nutzung fremder Grundstücke, begründet.[215] 106

ee) Besonderheiten hinsichtlich der Bedeutung von Verwaltungsakten im Zivilprozess, auch solcher mit privatrechtsgestaltender Wirkung, ergeben sich, soweit es nicht um Abwehransprüche sondern um **Amtshaftungs- und Entschädigungsansprüche** geht. Sofern diese in einem nachfolgenden Zivilprozess geltend gemacht werden, kann das Zivilgericht auch eine **bestandskräftige Genehmigung** auf ihre Rechtmäßigkeit hin *nachprüfen*.[216] An ein die Wirksamkeit eines Verwaltungsaktes aus sachlichen Gründen bejahendes **verwaltungsgerichtliches Urteil** ist der Zivilrichter dagegen aufgrund der grundsätzlichen Gleichwertigkeit der Gerichtszweige auch hier im Rahmen von dessen Rechtskraftwirkung *gebunden*;[217] verwaltungsgerichtliche Entscheidungen im Eilverfahren entfalten eine solche Bindungswirkung dagegen nicht.[218] 107

---

[207] Die Sperrwirkung der Planfeststellung schließt auch zivilrechtliche Ausgleichsansprüche (§ 906 II 2 BGB) aus (BGHZ 161, 323, 330 = NJW 2005, 660). Dies gilt auch dann, wenn der Vorhabenträger nachbarschützende Planvorgaben nicht einhält; der Nachbar muss sich stattdessen der im Planfeststellungsrecht gegebenen Rechtsbehelfe bedienen (BGH, NJW 2010, 1141).

[208] *Kopp/Ramsauer*, VwVfG, § 74 Rn. 172 f.

[209] Beachte aber § 16 II 2 WHG, s. *Czychowski/Reinhardt*, WHG, § 16 Rn. 20 ff. Zu § 16 II 1 WHG s. auch unten Teil 3 Rn. 269.

[210] Dazu BGHZ 147, 125, 131 = NVwZ 2002, 245 (Unterlassungsanspruch auch ausgeschlossen, wenn nachteilige Wirkungen bei Erteilung der Bewilligung nicht voraussehbar).

[211] Nach Landesrecht kann den Beteiligten eines wasserrechtlichen Verfahrens, wenn Privatrechte streitig sind, allerdings z. T. auch aufgegeben werden, zunächst eine Entscheidung des ordentlichen Gerichts hierüber herbeizuführen, z. B. Art. 69 S. 4 BayWG, § 10 NdsWG, § 112 LWG SchlH, §§ 109, 115 I Nr. 2 ThürWG.

[212] BGHZ 92, 114, 117 = NJW 1985, 438.

[213] Erman/*Wilhelmi*, § 906 Rn. 63; vgl. ferner BGHZ 88, 34, 40 = NJW 1984, 975.

[214] BGH, DtZ 1997, 253, 254.

[215] BGH, NVwZ 2004, 377, 378 f. (zur Planfeststellung).

[216] BGHZ 113, 17, 18 f. = NJW 1991, 1168; BGH, VersR 1992, 322, 323 = NVwZ 1992, 404; s. aber auch BGHZ 140, 285, 300 ff. = NJW 1999, 1247.

[217] BGHZ 95, 28, 35 f. = NJW 1985, 3025; BGHZ 175, 221, 225 = NVwZ 2009, 132.

[218] BGH, NVwZ 2001, 352, 353; BauR 2004, 817, 818.

e) Bebauungspläne

108 Ebenso wie eine Baugenehmigung lässt nach der Rechtsprechung des Bundesgerichtshofs auch ein noch **nicht vollständig verwirklichter Bebauungsplan** privatrechtliche Abwehransprüche des Nachbarn unberührt; begründet wird dies damit, dass sich durch die bloße Existenz des Bebauungsplans noch nichts an der tatsächlichen Situation des Nachbarschaftsverhältnisses ändere; für die Bemessung der Ortsüblichkeit von Immissionen nach § 906 BGB sei aber allein die *tatsächliche Situation* maßgeblich.[219] Dies ist zwar im Ansatz richtig; Tatsache ist aber auch die Existenz einer gesetzlich ausdrücklich vorgesehenen Überplanung des betroffenen Gebiets. Die Abwägung u.a. der hiervon betroffenen privaten Belange ist dabei nach § 1 VII BauGB bereits bei der Planaufstellung von der planenden Gemeinde vorzunehmen. Würde man § 906 BGB dennoch ohne Rücksicht auf die Planung anwenden, so könnten einzelne Planbetroffene, ohne gegen den Bebauungsplan selbst im Wege der hierfür eröffneten Normenkontrollklage vorgehen zu müssen, allein im Hinblick auf die abweichende tatsächliche Situation die Umsetzung der planerischen Entscheidung letztlich zu Fall bringen.[220]

3. Zweckmäßigkeitsfragen bei der Rechtswegwahl

109 Nach alledem stellt sich, sofern nicht wegen des hoheitlichen Charakters der abzuwehrenden Störung ohnehin nur ein Vorgehen auf dem Verwaltungsrechtsweg möglich ist, schließlich noch die Frage nach der Zweckmäßigkeit der Wahl des Rechtswegs vor den Verwaltungsgerichten – bzw. zuvor eines Antrags an die zuständige Behörde – oder vor den Zivilgerichten. Diese lässt sich allerdings nicht allgemein gültig beantworten. Vielmehr ist hier stets das **konkrete Rechtsschutzziel** mit in Erwägung zu ziehen, das es möglichst **effektiv** und gleichzeitig **risikoarm** zu erreichen gilt. Zu berücksichtigen sind dabei auch die strukturellen Unterschiede zwischen privatem und öffentlichem Nachbarschutz.[221]

a) Strukturelle Unterschiede

110 Im Gegensatz zum privaten Nachbarrecht ist das öffentliche Nachbarrecht in zweierlei Hinsicht vielschichtiger.[222] Zum einen stehen sich im Verwaltungsrecht zwei Nachbarn nicht nur als solche gegenüber, daneben ist vielmehr noch die zuständige Verwaltungsbehörde beteiligt; es handelt sich daher um ein **dreipoliges Rechtsverhältnis**. Letzteres spielt auch für den Rechtsschutz eine entscheidende Rolle, da der betroffene Nachbar den Umweg über die Behörde gehen muss, um seine Interessen gegenüber anderen Nachbarn durchsetzen zu können. Zum anderen besteht im Verwaltungsrecht **nicht nur die gerichtliche Ebene** des Rechtsschutzes. Vorgelagert ist insbesondere ein *Verwaltungsverfahren*, bei dem der Nachbar bereits förmlich *beteiligt* oder selbst Antragsteller sein kann; schließlich eröffnet sich ihm vor Anrufung des Verwaltungsgerichts, vorbehaltlich insbesondere landesrechtlicher Beschränkungen, regelmäßig ein *Widerspruchsverfahren*.

b) Effektivität des Rechtsweges

111 **aa)** Vom **sachlichen Prüfungsumfang** her kann eine *umfassende* Prüfung in privatrechtlicher wie auch öffentlich-rechtlicher Hinsicht nur im *Zivilrechtsweg* erreicht werden.[223] Dieser hat zudem den Vorteil, dass soweit nachbarschützende Vorschriften des öffentlichen Rechts in Frage stehen, im Gegensatz zum verwaltungsgerichtlichen Streit um ein behördliches Einschreiten Fragen der Ermessensreduzierung außen vor blei-

[219] BGH, NJW 1983, 751; vgl. aber auch BGH, NJW 1976, 1204; OLG München, NJW-RR 1991, 17, 18 (Planung als Indiz für die ortsübliche Nutzung); s. ferner bereits oben Rn. 81.

[220] Kritisch z.B. auch Birkl/*Jäde*, A Rn. 27 m.w.N.; *Peine*, JuS 1987, 169, 174ff.; Schrödter/*Rieger*, BauGB, § 31 Rn. 73.

[221] Zu taktischen Überlegungen bei der Rechtswegwahl s. *Seidel*, Nachbarschutz, Rn. 39ff.

[222] Dazu näher unten Teil 5 Rn. 130.

[223] *Dehner*, A § 7 V 2.

ben.[224] Steht allerdings eine öffentlich-rechtliche Genehmigung im Raum, so ist zum Ausschluss von deren Tatbestandswirkung, bei privatrechtsgestaltenden Genehmigungen überhaupt zur Erhaltung privatrechtlicher Abwehrmöglichkeiten, ggf. auch deren Anfechtung vor dem Verwaltungsgericht erforderlich; ansonsten kann eine spätere zivilgerichtliche Klage von vornherein aussichtslos sein.

bb) Andererseits ist ein Antrag bei der zuständigen Behörde ohne Einhaltung umfangreicher Formalien möglich, die Behörde muss den Sachverhalt regelmäßig von Amts wegen ermitteln. Auch im anschließenden Prozess vor dem Verwaltungsgericht kommt dem klagenden Nachbarn der **Untersuchungsgrundsatz** des § 86 VwGO zugute, wonach das Gericht den Sachverhalt von Amts wegen zu erforschen hat; insoweit ergeben sich jedoch neuerdings Einschränkungen (vgl. § 87 b VwGO). Im Zivilprozess gilt demgegenüber der **Beibringungsgrundsatz**, wonach es Sache der Parteien ist, die Tatsachen vorzutragen und unter Beweis zu stellen, die das Gericht bei seiner Entscheidung berücksichtigen soll; dies ist dann jeweils Sache der hinsichtlich dieser Tatsachen beweisbelasteten Partei. Bei Nichterweislichkeit von Tatsachen besteht allerdings trotz des Untersuchungsgrundsatzes auch im verwaltungsgerichtlichen Verfahren zumindest eine materielle Beweislast. Gerade eine unterschiedliche Verteilung der **Beweislast** oder auch Beweiserleichterungen bis hin zur Beweislastumkehr, wie sie im Einzelfall bestehen, können dabei ebenfalls ein Kriterium für die Auswahl des Rechtsweges sein; so etwa im Rahmen des § 1004 BGB die dort den Störer treffende Beweislast für eine Duldungspflicht des beeinträchtigten Nachbarn. Anders kann es hier im Bereich des **vorläufigen Rechtsschutzes** insofern aussehen, als das Verwaltungsgericht eine einstweilige Anordnung gerade in Bausachen vielfach schon bei offener Sach- und Rechtslage aufgrund der dann vorzunehmenden Interessenabwägung erlassen kann, während das Zivilgericht eine einstweilige Verfügung nur bei überwiegender Wahrscheinlichkeit der vom Antragsteller behaupteten anspruchsbegründenden Tatsachen erlassen kann.[225] 112

cc) Was die **Rechtsschutzdichte** anbelangt, darf nicht außer Acht bleiben, dass gerade bei verwaltungsgerichtlichen Klagen auf behördliches Einschreiten der klagende Nachbar nach der überwiegenden Rechtsprechung meist nur einen *Anspruch auf ermessensfehlerfreie Entscheidung* hat. Lehnt die Behörde daher ein Einschreiten ab, so kann durch eine Klage vor dem Verwaltungsgericht regelmäßig das begehrte Einschreiten selbst noch nicht erreicht werden. Hier kann daher vielfach auf dem Zivilrechtsweg in Form eines Beseitigungsurteils effektiverer Rechtsschutz erreicht werden. Soweit man mit der überwiegenden verwaltungsgerichtlichen Rechtsprechung im Rahmen der Ermessensentscheidung der Verwaltungsbehörde über ein Einschreiten auch eine *Verweisung auf den Zivilrechtsweg* für zulässig hält, kommt bei einer entsprechenden Entscheidung der zuständigen Behörde ohnehin von vornherein nur eine Zivilklage in Betracht.[226] Aber auch soweit der beeinträchtigte Nachbar im Verwaltungsverfahren vor der Behörde oder auch erst vor den Verwaltungsgerichten seinen Schutzanspruch erfolgreich durchsetzt und gegen den Störer behördlicherseits durch Verwaltungsakt eingeschritten wird, bleibt das Problem, dass er auf den Vollzug dieser Maßnahme weitgehend ohne Einfluss ist; hierin zeigt sich exemplarisch die **strukturelle Durchsetzungsschwäche** des öffentlichen Rechts.[227] 113

dd) In **zeitlicher** Hinsicht ist zu berücksichtigen, dass das private Nachbarrecht in erster Linie *repressive* Wirkung entfaltet, es ermöglicht daher nur die Abwehr bestehender 114

---

[224] S. auch Erman/*Wilhelmi*, § 906 Rn. 31, der im Zusammenhang mit den Deregulierungstendenzen und dem damit verbundenen Abbau des öffentlich-rechtlichen Nachbarschutzes gerade im öffentlichen Baurecht zu Recht auf die damit einhergehende zunehmende Bedeutung des zivilrechtlichen Rechtsschutzes hinweist.

[225] Dazu unten Teil 5 Rn. 240 (einstweilige Anordnung) sowie Teil 5 Rn. 113 f. (einstweilige Verfügung); s. ferner *Seidel*, NVwZ 2004, 139, 144 f.

[226] Dazu im Einzelnen unten Teil 5 Rn. 180.

[227] Staudinger/*Roth*, § 906 Rn. 12 m. w. N.

oder zumindest konkret drohender Beeinträchtigungen. Demgegenüber ist das öffentliche Nachbarrecht auch stark *präventiv* geprägt.[228] Dies zeigt sich etwa beim Genehmigungsabwehranspruch des Nachbarn, der eine erteilte Genehmigung schon vor ihrer auch nur drohenden Realisierung anfechten kann; ebenso im öffentlichen Planungsrecht, wo etwa ein Bebauungsplan sogar schon lange vor Erteilung von Genehmigungen auf seiner Grundlage im Wege der Normenkontrollklage überprüft werden kann.

115 **ee)** Schließlich mag es noch von Bedeutung sein, dass der Kläger im verwaltungsgerichtlichen Verfahren **nicht unmittelbar mit dem anderen Nachbarn konfrontiert** ist, sondern mit einer Behörde. Dieser Vorteil relativiert sich allerdings durch den Umstand, dass der andere Nachbar vielfach notwendig beizuladen ist, jedenfalls aber zumindest einfach beigeladen werden kann.[229]

c) Kostenrisiko

116 **aa)** Hinsichtlich des Kostenrisikos schließlich erweist sich die verwaltungsrechtliche Schiene jedenfalls solange als risikoärmer, als es nur um einen **Antrag bei der zuständigen Behörde** auf Einschreiten geht; dem antragstellenden Nachbarn erwachsen hieraus grundsätzlich noch keine Kosten. Es besteht hier auch keine Notwendigkeit, sich anwaltlich vertreten zu lassen; zumindest letzteres gilt auch für ein nachfolgendes Widerspruchsverfahren.

117 **bb)** Wird allerdings der **Klageweg** beschritten, so droht in beiden Rechtswegen im Falle des Unterliegens eine Verurteilung in die Kosten. Der Streitwert einer gegen eine Beeinträchtigung gerichteten Klage ist vor den Zivil- wie auch den Verwaltungsgerichten regelmäßig nach dem Störungsabwehrinteresse des Klägers zu bemessen.[230] Vor dem Verwaltungsgericht besteht allerdings im Gegensatz jedenfalls zum Landgericht kein Anwaltszwang; dies relativiert sich jedoch, wenn man bedenkt, dass sich angesichts der Regelungsdichte gerade im öffentlichen Recht eine Nachbarklage ohne anwaltliche Beratung zumindest in komplexeren Fällen trotz des Untersuchungsgrundsatzes als nicht gerade risikoloses Unterfangen darstellt. Auch wird der bei Nachbarklagen regelmäßig beizuladende andere Nachbar vielfach ebenfalls anwaltlich vertreten sein; im Unterliegensfall sind daher auch diese Kosten zu tragen. Andererseits kann auf Beklagtenseite nach Landesrecht eine Vertretung durch Behörden bestehen (vgl. § 36 S. 2 VwGO),[231] so dass insoweit keine Anwaltskosten anfallen. Die genannten Umstände stellen jedoch nur Teilaspekte der Kostenfrage dar; zu berücksichtigen sind hier zahlreiche weitere Fragen, etwa die Kosten einer Beweisaufnahme, insbesondere durch Sachverständigengutachten, sowie die voraussichtliche Prozessdauer. Insgesamt kann das Kostenrisiko nicht pauschal rechtswegbezogen, sondern stets nur für jeden Einzelfall konkret abgeschätzt werden.[232]

118 **cc)** Ein unverkennbar geringeres finanzielles Risiko beinhaltet allerdings der **vorläufige Rechtsschutz** vor den Verwaltungsgerichten nach §§ 80, 80 a VwGO bzw. § 123 VwGO im Vergleich zum einstweiligen Verfügungsverfahren vor den Zivilgerichten. Im Gegensatz zum Zivilprozess besteht hier nämlich keine Gefahr, später mit einem Schadensersatzanspruch des anderen Nachbarn nach § 945 ZPO überzogen zu werden.[233]

---

228 Simon/Busse/*Dirnberger*, BayBO, Art. 66 Rn. 658.
229 Dazu unten Teil 5 Rn. 144.
230 Dazu im Einzelnen unten Teil 5 Rn. 12 (Zivilrechtsweg) und Teil 5 Rn. 145 (Verwaltungsrechtsweg).
231 So in Bayern die Vertretung des Freistaates nach § 5 BayLABV.
232 Nach *Seidel*, Nachbarschutz, Rn. 47, soll allerdings der Verwaltungsrechtsweg tendenziell ein geringeres Kostenrisiko mit sich bringen.
233 Dazu unten Teil 5 Rn. 243.

2. Teil. Das Grundstück und seine Grenzen

Übersicht

A. Die Regelung der Grenzverhältnisse

1 Grenzfestlegungen und Grenzbegehungen gehören zu den alten Rechtsbräuchen. Aus dem Mittelalter ist die Wendung „sich etwas hinter die Ohren schreiben" überliefert. Bei der Grenzfestlegung wurden damals Knaben als Zeugen mitgenommen, die sich die Lage der Grenzsteine genau einprägen sollten. Um ihrem Gedächtnis nachzuhelfen, wurden sie an jedem Grenzstein geohrfeigt. Man „schrieb" ihnen auf diese Weise die Lage der Grundstücksgrenzen „hinter die Ohren". Die **Grenzfestlegung** wird auch heute noch als förmliches Verfahren – wenn auch ohne Ohrfeigen – durchgeführt. Exakte Grenzfeststellungen haben nicht nur Bedeutung für den Umfang des Eigentums und die damit verbundene Zuteilung bedeutsamer wirtschaftlicher Werte, insbesondere im städtischen Bereich, sondern auch für den Rechtsfrieden.

2 Die §§ 919 ff. BGB dienen der **Konfliktvermeidung bzw. -lösung** hinsichtlich der Grenzen benachbarter Grundstücke. Die Grenzabmarkung (§ 919 BGB) bezweckt die Kennzeichnung eines unstreitigen Grenzverlaufs. Demgegenüber muss bei einer Grenzverwirrung zunächst die richtige Grenze ermittelt werden (§ 920 BGB). Die §§ 921 ff. BGB befassen sich mit der Nutzung von Grenzeinrichtungen.

I. Die Grenzabmarkung (§ 919 BGB)

1. Voraussetzungen

a) Anspruch auf Abmarkung

3 Abmarkung ist die Sicherung einer festgestellten Grenze durch die Errichtung von Grenzzeichen in der Natur. Sie schließt auch die Wiederherstellung der Grenzzeichen ein[1]. Der Eigentümer eines Grundstücks kann vom Eigentümer des Nachbargrundstücks verlangen, dass dieser an der Errichtung fester Grenzzeichen und, wenn ein Grenzzeichen verrückt worden oder unkenntlich geworden ist, an dessen Wiederherstellung mitwirkt. § 919 I BGB regelt nur den **privatrechtlichen Anspruch** auf Abmarkung. Vermessungs- und Abmarkungsgesetze der Länder[2] regeln demgegenüber die öffentlich-rechtliche Abmarkungspflicht. Die Abmarkung bezweckt nur, die katastermäßigen Aufzeichnungen über den Verlauf der Grundstücksgrenzen in die Örtlichkeit zu übertragen.[3]

4 Der aus dem Eigentum fließende **dingliche Anspruch**[4] unterliegt nicht der Verjährung (§ 924 BGB). Auf ihn kann auch nicht mit dinglicher Wirkung verzichtet werden.[5] Zwar könnte der Ausschluss des Verlangens, die Abmarkung vom Grundstücksnachbarn zu fordern, grundsätzlich Inhalt einer Grunddienstbarkeit sein (§ 1018 3. Alt. BGB). Diese scheitert jedoch an den materiellen Voraussetzungen, da es an dem gemäß § 1019 BGB unabdingbaren Vorteil für die Benutzung des herrschenden Grundstücks fehlt.[6] Ein irgendwie gearteter Vorteil in der Benutzung des herrschenden Grundstücks ist damit, dass die Grundstücksgrenzen nicht in der Natur vermerkt werden, nicht verbunden. Ein gegenüber dem Nachbarn erklärter Verzicht auf die Abmarkung bindet somit nicht den Son-

---

1 OLG Koblenz, NJW-RR 1994, 86 zur Abmarkung bei Pachtende. Zur fehlerhaften Grenzdarstellung BayObLGZ 1976, 106, 111; OLG München BeckRS 2009, 21562 = NotBZ 2010, 236 = OLGR 2009, 728.

2 § 1 VermG BW; Art. 1 BayAbmG; § 1 VermG Bln; § 5 BbgVermG; § 1 VermKatGBrem; § 1 Abs. 1 HmbVermG; § 2 I HVVG; § 4 I GeoVermG M-V; § 1 Abs. 1 NVermG; § 1 VermKatG NRW; § 1 LGVerm RP; § 1 SVermKatG; § 1 I Nr. 4 SächsVermKatG; § 1 VermGeoG LSA; § 1 VermKatG SH u. § 2 I ThürVermGeoG.

3 OVG Weimar, DÖV 1997, 38, 39.

4 S. nur RGZ 56, 58/60 u. Palandt/*Bassenge*, § 919 Rn. 1; a. A. Staudinger/*Roth*, § 919 Rn. 1 (prozessuales Gestaltungsrecht). Zum Wesen dinglicher Ansprüche allgemein *Mager*, AcP 93 (1993), 68 ff.

5 Palandt/*Bassenge*, § 919 Rn. 1.

6 Vgl. BGB-RGRK/*Augustin*, § 919 Rn. 5.

derrechtsnachfolger.[7] Da andererseits § 919 BGB keine zwingende Vorschrift ist, kann jederzeit auf eine Geltendmachung des Anspruchs verzichtet werden.[8] Der Verzicht wirkt zwischen den Beteiligten jedoch nur schuldrechtlich.[9] Ein Verzicht auf die Grenzabmarkung gemäß § 919 BGB lässt allerdings eine eventuell bestehende öffentlich-rechtliche Abmarkungspflicht unberührt.

Der **Mitwirkungsanspruch** gemäß § 919 I BGB setzt Folgendes voraus: 5

aa) Die Grundstücke müssen unmittelbar aneinander grenzen. Die Abmarkungs- 6
pflicht bezieht sich lediglich auf die gemeinsame Grenze.

bb) Der Verlauf der Grenze zwischen den Nachbargrundstücken muss unter den Ei- 7
gentümern **unstreitig** sein. Ist der Grenzverlauf streitig, muss zunächst die Grenzscheidungsklage erhoben werden.[10]

cc) Es fehlen feste Grenzzeichen, sie wurden unkenntlich oder verrückt. Der Rechts- 8
grund für das Fehlen spielt dabei keine Rolle. Auch derjenige Grundstückseigentümer, der die Unkenntlichkeit der Grenze selbst verschuldet hat (z. B. durch Baumaßnahmen oder einen Erdaushub), kann den Anspruch geltend machen.[11] Hinsichtlich des **Fehlens fester Grenzzeichen** ist zudem zu berücksichtigen, dass Grenzmauern anders als Grenzbäume keine Grenzzeichen sind.

b) Anspruchsberechtigung (Mitwirkungsverlangen)

Inhaber des Grenzabmarkungsanspruchs sind die Grundstückseigentümer der betrof- 9
fenen Nachbargrundstücke. Dies gilt auch für Vorerben (§§ 2100, 2139 BGB). Ferner soll der Erwerber eines Grundstücks bereits vor Eigentumsumschreibung Normadressat sein, wenn Besitz, Nutzen und Lasten auf ihn übergegangen sind, selbst wenn noch keine Vormerkung auf Verschaffung des Eigentums (Auflassungsvormerkung) für ihn im Grundbuch eingetragen ist.[12] Diese Ansicht ist nur zutreffend, wenn die Auflassung bereits erklärt wurde und ein Anwartschaftsrecht entstanden ist.[13] In diesem Fall, in dem ein dem Eigentum angenähertes Vollrecht vorliegt, steht dem Berechtigten auch der aus dem Eigentum fließende Abmarkungsanspruch zu. Wird dagegen nur eine Teilfläche erworben und ist die Auflassung noch nicht erklärt, so hat der Erwerber nur einen Anspruch gegen den Veräußerer auf Mitwirkung bei der Abmarkung, nicht aber unmittelbar gegen den (künftigen) Nachbarn. Der Abmarkungsanspruch steht auch Wohnungs- und Teileigentümern zu. In gleicher Weise gilt dies für den Erbbauberechtigten, jedoch nur hinsichtlich der vom Erbbaurecht betroffenen Fläche.[14] Bei Miteigentum kann jeder Mitberechtigte den dinglichen Anspruch geltend machen (§ 1011 BGB). Nicht anspruchsberechtigt sind die am Grundstück lediglich dinglich Berechtigten (Dienstbarkeitsberechtigte, Nießbrauchsberechtigte, Grundpfandrechtsgläubiger, Dauerwohn- und Dauernutzungsberechtigte) sowie Mieter und Pächter.[15]

---

[7] Staudinger/*Roth*, § 919 Rn. 4.

[8] BGB-RGRK/*Augustin*, § 919 Rn. 5 u. Staudinger/*Roth*, § 919 Rn. 4, jeweils m. w. N.

[9] Soergel/*Baur*, § 919 Rn. 2.

[10] BayObLG, RdL 1962, 243; OLG Celle, NJW 1956, 632, 633; MünchKommBGB/*Säcker*, § 919 Rn. 3 u. Bamberger/Roth/*Fritzsche*, § 919 Rn. 1.

[11] Soergel/*Baur*, § 919 Rn. 2; weitergehend *Dehner*, B § 5 I Fn. 6, der sogar demjenigen, der in strafbarer Weise die Grenzzeichen eigenmächtig verändert hat, den Anspruch zubilligen will.

[12] VGH München, BayVBl. 1960, 22 u. ihm folgend Meisner/Ring/*Götz*, § 5 Rn. 8; a. A. *Dehner*, B § 5 I Fn. 6 a. E.

[13] Zu den Voraussetzungen eines Anwartschaftsrechts s. NK-BGB/*Grziwotz*, § 925 Rn. 34 ff.

[14] Ebenso Palandt/*Bassenge*, § 919 Rn. 1; Erman/*Lorenz*, § 919 Rn. 3; Soergel/*Baur*, § 919 Rn. 3 u. Staudinger/*Roth*, § 919 Rn. 5. Vgl. auch RGZ 56, 58, 59

[15] Ebenso Staudinger/Roth, § 919 Rn. 5; a. A. Meisner/*Ring*, 6. Aufl.1972, § 5 I für Ausnahmefälle, bei denen die Rechtsstellung des Berechtigten an die Machtbefugnisse des Eigentümers heranreicht.

c) Anspruchsgegner (Mitwirkungspflicht)

10 Anspruchsgegner sind die **Eigentümer der Nachbargrundstücke**, wobei Miteigentümer nur gemeinsam in Anspruch genommen werden können.[16] Auch eine Heranziehung des Erbbauberechtigten ist möglich, jedoch nur soweit die vom Erbbaurecht betroffene Teilfläche berührt wird.[17] Außerdem sind die in § 68 EGBGB (Abbaurecht) genannten Nutzungsberechtigten sowie Gebäudeeigentümer und Nutzungsberechtigte nach ehemaligem DDR-Recht passiv legitimiert.

2. Durchführung und Durchsetzung der Abmarkung

a) Abmarkungsverfahren

11 Die Art der Abmarkung und das Verfahren bestimmen sich nach den **Landesgesetzen**, hilfsweise nach der Ortsüblichkeit (§ 919 II BGB). Die Landesgesetze enthalten überwiegend Bestimmungen, wonach Abmarkungen in Erfüllung eines Mitwirkungsanspruchs gemäß § 919 I BGB nach den Vorschriften des Abmarkungsgesetzes auszuführen sind.[18] Die Abmarkung erfasst nach diesen Vorschriften nicht allein das erstmalige oder erneute Anbringen von Grenzzeichen, sondern darüber hinaus das Verbringen von Grenzzeichen in die richtige Lage, das Erneuern der Grenzzeichen und ebenso deren Entfernung. Das Ergebnis der Abmarkung ist im Liegenschaftskataster nachzuweisen.[19]

12 Der Vollzug der Abmarkung fällt grundsätzlich in die **Zuständigkeit** der staatlichen Vermessungsbehörden. Neben ihnen sind mitunter die Flurbereinigungsbehörden zur Vornahme von Abmarkungen befugt.[20]

13 Das **Abmarkungsverfahren** wird auf Antrag, aber auch von Amts wegen durchgeführt.[21] Den Antrag kann einer der beteiligten Grundstückseigentümer oder mit dessen Einverständnis auch ein Dritter, z. B. ein Grundstückserwerber, stellen.[22] Am Abmarkungsverfahren beteiligt sind die Eigentümer der Grundstücke, deren Grenzverlauf durch die Abmarkung unmittelbar berührt ist, sowie gegebenenfalls ein antragstellender Dritter.[23] Die Abmarkung findet in einem Termin statt. Er wird den beteiligten Grundstückseigentümern, den Antragstellern und den Erbbauberechtigten angekündigt.[24] Umstritten ist, ob die versehentliche oder absichtlich unterbliebene Benachrichtigung und

---

[16] BGB-RGRK/*Augustin*, § 919 Rn. 4 m. w. N.

[17] MünchKommBGB/*Säcker*, § 919 Rn. 5.

[18] S. nur § 6 IV VermG BW; Art. 23 BayAbmG; § 15 II BraVermG; § 4 NVermG. Vgl. auch § 15 VermKatGBrem.

[19] § 4 I VermG BW; Art. 1 III BayAbmG; §§ 14 ff. VermG Bln; § 11 BbgVermG; §§ 5, 11 VermKatGBrem; § 11 HmbVermG; § 10 II HVVG; § 30 V GeoVermG M-V; § 10 HVVG; § 3 NVermG; §§ 11 ff. VermKatG NRW; § 16 I LGVerm RP; § 18 I 2 SVermKatG; § 14 SächsVermKatG; § 11 VermGeoG LSA; § 18 I VermKatG SH u. § 11 ThürVermGeoG.

[20] S. nur § 16 II LGVerm R-P; § 2 III VermKatG NRW u. § 2 V SächsVermKatG. Zur Zuständigkeit öffentlicher Vermessungsingenieure s. § 11 VermG BW; § 3 VermG Bln; § 26 III BbgVermG; § 2 V VermKatGBrem; § 16 I HmbVermG; §§ 4 I, 15 II HVVG; § 1 I 1 Nr. 4 VermGeoG M-V i. V. m. BO-ÖbVI M-V; § 6 II NVermG; § 2 II VermKatG NRW; § 2 II Nr. 1 LGVerm RP; §§ 2 III Nr. 2 SVermKatG; §§ 2 I Nr. 4, 20 ff.; SächsVermKatG u. § 1 II VermGeoG LSA. Vgl. ferner § 10 VermG BW; Art. 3 I 2 BayAbmG; §§ 2, 16 VermKatGBrem; §§ 16 HmbVermG; § 4 HVVG; §§ 6 III NVermG (vgl. auch OVG Magdeburg, LKV 2011, 35); § 3 Nr. 3 VermKatG SH u. § 4 I ThürVermGeoG.

[21] § 6 I u. IV VermG BW; Art. 14 BayAbmG; § 22 II VermG Bln; §§ 4 S. 2 HmbVermG; § 14 I HVVG; § 4 NVermG; § 15 LGVerm RP; § 17 I SVermKatG; § 16 II VermGeoG LSA u. § 18 VermKatG SH. Eine Abmarkung auf Antrag sehen § 30 IV 2 GeoVermG M-V (vgl. aber § 30 IV 3 GeoVermG M-V); § 14 I HVVG u. § 14 I ThürVermGeoG vor.

[22] § 6 I VermG BW; Art. 14 II 2 BayAbmG u. § 22 II VermG Bln.

[23] Zur Mitwirkung von Feldgeschworenen vgl. Art. 11 ff. BayAbmG; § 21 LGVermDVO RP u. § 15 ThürVermGeoG. Vgl. auch *Wiebel/Bauer*, Der Feldgeschworene, 27. Aufl. 2004, passim; *Simmerding/Püschel*, Bayer. Abmarkungsrecht, 3. Aufl. 2010, Art. 11 Rn. 1 ff. u. *Bauer*, BayGT 2004, 295 ff. Die Feldgeschworenen können Grenzsteine bei der Abmarkung mit geheimen Zeichen, dem Siebenergeheimnis, unterlegen; vgl. Art. 12 IV BayAbmG.

[24] Ggf. erfolgt eine Mitteilung auch an den Obmann der Feldgeschworenen.

die Abwesenheit eines Beteiligten die Rechtmäßigkeit der Abmarkung berühren.[25] Jedenfalls lässt sich die Rechtswidrigkeit der ohne Ankündigung und deshalb in Abwesenheit eines Beteiligten vollzogenen Abmarkung problemlos beheben. Der Fehler kann nämlich im Rechtsbehelfsverfahren durch nachträgliches Einholen der Stellungnahme des Beteiligten zum Abmarkungsbescheid geheilt werden. Wurde die Abmarkung allen Beteiligten ordnungsgemäß angekündigt, kann auch in Abwesenheit eines Beteiligten im Verfahren nach § 919 BGB abgemarkt werden, da Unsicherheiten hinsichtlich des Grenzverlaufs voraussetzungsgemäß nicht bestehen können. Als Grenzzeichen sind dauerhafte Marken, in der Regel witterungsbeständige Natursteine, zu verwenden.[26] Über die Abmarkung wird ein Protokoll errichtet.[27] Mit seiner Unterzeichnung erkennen die Grundstückseigentümer und sonstigen Beteiligten die vorgewiesenen Grenzen und die Abmarkung an.

Bei der Abmarkung handelt es sich um einen beurkundenden bzw. feststellenden **Verwaltungsakt**.[28] Dieser Verwaltungsakt wird, wenn dies nicht ausdrücklich angeordnet ist, weder schriftlich noch mündlich, sondern bereits durch das bloße Anbringen der Grenzzeichen erlassen.[29] Die Unterschrift unter dem Abmarkungsprotokoll gilt teilweise als Verzicht auf eine Anfechtung dieses Verwaltungsaktes.[30] 14

b) Klageweise Durchsetzung

Bei der Weigerung des Nachbarn, an der Abmarkung mitzuwirken, ist Klage zum **Zivilgericht** zu erheben. Zuständig ist je nach der Höhe des Streitwertes das Amts- oder Landgericht. Die örtliche Zuständigkeit richtet sich nach der Belegenheit der von der abzumarkenden Grenze geschiedenen Grundstücke (§§ 24, 36 Nr. 4 ZPO). 15

Wird das Grundstück während des Rechtsstreits veräußert, so ist der **Rechtsnachfolger** berechtigt und auf Antrag des Gegners verpflichtet, den Rechtsstreit in der Lage, in der er sich befindet, als Hauptpartei zu übernehmen (§ 266 ZPO). Bei einer Grundstücksveräußerung sollte in den notariellen Vertrag ein Hinweis auf die Rechtshängigkeit der Abmarkungsklage aufgenommen werden. Ebenso empfiehlt sich dies, wenn eine Klage lediglich angedroht ist.[31] Dieser Hinweis beinhaltet auch die Erklärung, dass Grenzzeichen (möglicherweise) fehlen. Unterbleibt diesbezüglich die Aufklärung durch den Grundstücksverkäufer, können sich daraus Rechte des Käufers wegen eines verschwiegenen Sachmangels ergeben. 16

Der Widerspruch und die Klage zum **Verwaltungsgericht** sind als Rechtsbehelfe bei Streitigkeiten über die öffentlich-rechtliche Abmarkungspflicht gegeben. Hierzu gehören 17

---

[25] Verneinend VGH München, 31. 7. 1987 – 19 B 85 A.710 (n.v.); a. A. *Häde*, BayVBl. 1994, 417, 418.

[26] § 6 V VermG BW u. § 3 DVOVermG BW; Art. 16 BayAbmG; § 22 I VermG Bln; § 2 HAbmVO; § 14 IV HVVG; § 2 SAbmV u. § 17 II SächsVermKatG u. § 14 V ThürVermGeoG.

[27] Art. 17 BayAbmG; §§ 21 II 3, 23 I VermG Bln; §§ 14 III 3, 10 IV 1 HVVG; § 31 IV GeoVermG M-V; § 4 DVONVermKatG; § 21 IV VermKatG NRW; § 17 II LGVermG RP; § 19 II SVermKatG; § 17 II VermGeoG LSA (vgl. auch § 6 DVOVermKatG LSA); § 19 III VermKatG SH u. § 14 III ThürVermGeoG. Vgl. auch § 14 II DVOVermG BW; § 15 I 3 BbgVermG u. § 20 S. 2 VermKatGBrem.

[28] S. nur BVerwG, NJW 1966, 609 = DÖV 1966, 569; BVerwG, DÖV 1972, 174; BayObLGZ 1962, 210, 215; VGH München, BayVBl. 1960, 22 u. VGH München, BayVBl. 1974, 45, 46. Vgl. auch OVG Greifswald, LKV 2007, 138 zur Beseitigung katasterrechtlicher Zeichenfehler.

[29] *Häde*, BayVBl. 1994, 417.

[30] S. nur OVG Weimar, NVwZ 2002, 236; vgl. auch § 4 II Nr. 2 DVONVermKatG u. § 6 II Nr. 2 DVOVermKatG LSA, die diesbezüglich aber einen ausdrücklichen Hinweis verlangen; teilw. abw. *Häde*, BayVBl. 1994, 417, 421 f., der einen Verzicht erst nach Zustellung des mit einer Rechtsbehelfsbelehrung versehenen Abmarkungsbescheides zulässt, jedoch von einer Unzulässigkeit des Rechtsbehelfs wegen fehlenden Rechtsschutzbedürfnisses ausgeht.

[31] *Formulierungsvorschlag: Der Verkäufer hat den Erwerber darauf hingewiesen, dass der östliche Grundstücksnachbar das Fehlen eines Grenzsteins beanstandet und diesbezüglich einen Antrag auf Abmarkung gestellt hat. Das Grundstück wird in diesem, dem Erwerber bekannten Zustand als vertragsgemäß veräußert. Etwaige Kosten der Abmarkung und eines diesbezüglich auf Veranlassung des Erwerbers geführten Rechtsstreits gehen allein zu Lasten des Erwerbers. Der Veräußerer verpflichtet sich jedoch, soweit erforderlich, sich gegen den Anspruch auf Weisung des Erwerbers zu verteidigen und Rechtsbehelfe einzulegen sowie den Erwerber von der Vermessung unverzüglich zu verständigen und die Abmarkung nur mit dessen Zustimmung anzuerkennen.*

die Angelegenheiten, die im jeweiligen Abmarkungsgesetz geregelt sind (z.B. Abmarkungsakte, Mitwirkung oder Abberufung beteiligter Personen) einschließlich der nach den landesrechtlichen Kostengesetzen zu erhebenden Gebühren.

18 Der Anspruch gemäß § 919 I BGB und demgemäß die Formulierung der Klage betreffen grundsätzlich die Zustimmung zur Abmarkung. Die Vollstreckung erfolgt sodann nach § 894 ZPO.[32] Nur in Ländern, in denen die Nachbarn die Grenzzeichen selbst setzen können, muss der **Klageantrag** auf Mitwirkung bei der Abmarkung gerichtet werden, die Vollstreckung erfolgt dort nach § 887 ZPO. Dies ist nach überwiegender Ansicht nur in Hamburg noch der Fall.[33] Allerdings sehen einige Landesrechte weiterhin eine Mitwirkung der Eigentümer bei der Abmarkung vor. So haben die Eigentümer teilweise die erforderlichen Grenzsteine zu besorgen und die Hilfstätigkeiten für das Anbringen auszuführen bzw. durch Dritte ausführen zu lassen.[34] Die Mitwirkung muss zwar nicht in Person erfolgen;[35] es handelt sich jedoch um eine Mitwirkungspflicht für den Grundstückseigentümer. Insofern sollte der Klageantrag vorsichtshalber auf Zustimmung zur Abmarkung und zur Mitwirkung an ihr gerichtet werden, wenn das jeweilige Landesrecht noch Mitwirkungserfordernisse des Grundstückseigentümer enthält. Im Antrag muss ferner stets die Grenze bezeichnet werden, da die Abmarkung hierauf aufbaut und es zudem tatbestandsmäßige Voraussetzung des § 919 I BGB ist, dass die Grenze unstreitig feststeht.

19 Die **Klage** kann mit der Grenzscheidungsklage nach § 920 BGB oder mit der Klage auf Feststellung des Eigentums an der umstrittenen Fläche (§ 903 BGB, § 256 ZPO) **verbunden** werden.[36] Nicht möglich ist eine Verbindung mit der Herausgabeklage aus § 985 BGB, wenn der Beklagte das Eigentum des Klägers bestreitet, da in diesen Fällen das Eigentum nicht rechtskräftig festgestellt wird.[37] § 919 BGB schließt die Geltendmachung eines Anspruchs aus Eigentumsverletzung (§ 823 BGB) dagegen dann nicht aus, wenn mit dem Klageantrag nicht das Versetzen eines Grenzzeichens, sondern nur die Herstellung der Funktion eines bestehenden Grenzzeichens bezweckt wird.[38]

20 Eine **Vollstreckung** des Urteils wird im Regelfall nicht erforderlich sein, da nach Erlass des Urteils die zuständige Behörde, sofern nicht Ausnahmen vorliegen, zum Tätigwerden verpflichtet ist. Hieraus kann aber nicht geschlossen werden, dass einer Klage nach § 919 BGB von vornherein das **Rechtsschutzbedürfnis** fehlt, wenn eine Abmarkung nach dem Landesrecht auch gegen den Willen des betroffenen Eigentümers zulässig ist.[39] Etwas anderes könnte nur dann gelten, wenn die öffentlich-rechtliche Abmarkungspflicht dem Grundstückseigentümer einen eigenen Anspruch gibt. Aber auch dann bleibt unklar, wieso das öffentlich-rechtliche Verfahren das Rechtschutzbedürfnis für die Verfolgung des zivilrechtlichen Anspruchs entfallen lassen soll.

c) Kosten

21 Die Kosten der Abmarkung tragen die Beteiligten zu gleichen Teilen, sofern sich nicht aus dem zwischen ihnen bestehenden Rechtsverhältnis etwas anderes ergibt (§ 919 III BGB). Hat z.B. ein Nachbar Grenzzeichen schuldhaft beseitigt, verrückt oder unkenntlich gemacht, ist er nach § 813 II i.V.m. § 274 I Nr. 3 StGB allein zur Tragung der Kosten verpflichtet.[40] Ebenso kann sich ein Ersatzanspruch neben dem Straftatbestand der Veränderung einer Grenzbezeichnung aus einer Verletzung nachbarschützender Vorschriften

---

[32] Ebenso Soergel/*Baur*, § 919 Rn. 5; unklar Bamberger/Roth/*Fritzsche*, § 919 Rn. 7.

[33] So Bamberger/Roth/*Fritzsche*, § 919 Rn. 7.

[34] Art. 20 BayAbmG.

[35] BayObLG, DNotZ 1988, 586, 587.

[36] Soergel/*Baur*, § 919 Rn. 4.

[37] OLG Celle, NJW 1956, 632, 633.

[38] AG Lebach, NJW-RR 1990, 1179.

[39] So aber Staudinger/*Roth*, § 919 Rn. 3, ihm folgend Bamberger/Roth/*Fritzsche*, § 919 Rn. 4 u. PWW/*Lemke*, § 919 Rn. 4.

[40] BGB-RGRK/*Augustin*, § 919 Rn. 9 u. Staudinger/*Roth*, § 919 Rn. 13.

der Abmarkungsgesetze ergeben,[41] nicht jedoch aus einem Zuschütten des nicht verschobenen Grenzsteins.[42] Eine abweichende Kostentragungspflicht kann ferner durch eine formlos mögliche Vereinbarung der Nachbarn festgelegt werden. Hierzu genügt die nachweisbare Aussage eines Nachbarn, dass er „nur des lieben (Nachbar-)Friedens willen die Kosten übernimmt".

Betrifft das Abmarkungsverfahren mehr als zwei Grundstücke, so trägt nach der gesetzlichen Regelung jeder beteiligte Grundstückseigentümer nur die Hälfte der auf die Abmarkung seiner Grenze entfallenden Kosten. Hat einer der Beteiligten einen größeren Anteil an den Kosten verauslagt, als er nach der gesetzlichen Regelung oder einer vertraglichen Sonderbeziehung der Beteiligten tragen müsste, so steht ihm ein Ersatzanspruch zu, der der gesetzlichen Regelverjährung nach § 195 BGB unterliegt.[43] Die privatrechtliche Kostentragungspflicht im Verhältnis der Nachbarn untereinander wird durch die **öffentlich-rechtliche Kostenschuldnerschaft** gegenüber der Abmarkungsbehörde nach den Landesvermessungsgesetzen überlagert. Danach ist regelmäßig derjenige Kostenschuldner, der die Abmarkung beantragt hat.[44] Diesem steht jedoch ein privatrechtlicher Ausgleichsanspruch gegen den Nachbarn zu. Umstritten ist, ob dieser eine vorherige Klage auf Zustimmung zur Vermessung voraussetzt.[45] Da § 919 III BGB nicht an eine Klage, sondern an den Anspruch auf Grenzabmarkung anknüpft, ist eine vorherige Klage nach richtiger Ansicht nicht erforderlich. 22

Die Regelung des § 919 III BGB betrifft nur die **Kosten des Abmarkungsverfahrens** selbst. Gleiches gilt für die Kosten eines Rechtsstreits hinsichtlich des Bestehens eines Erstattungsanspruchs. Zu den Kosten, die die Grundstücksnachbarn zur Hälfte zu tragen haben, gehören auch die Kosten einer Vermessung, sofern die Grenze nicht streitig ist, da die Vermessung zwingende Voraussetzung für die Abmarkung ist, sofern die Beteiligten nichts Abweichendes vereinbart haben.[46] Grund für die gesetzliche Kostentragungsregelung ist nämlich, dass die Kennzeichnung der Grenze in der Natur für beide Eigentümer von gleichem Vorteil ist. Deshalb ist diese Vorschrift auf sämtliche Erfordernisse, die nach den landesrechtlichen Vorschriften für die Abmarkung bestehen, anzuwenden. Die Kosten des gerichtlichen Verfahrens, in dem der Abmarkungsanspruch geltend gemacht wird, richtet sich dagegen ausschließlich nach der Entscheidung des Gerichts (§§ 91 ff ZPO).[47] 23

Der Kostenerstattungsanspruch unterliegt – anders als der Anspruch auf Abmarkung – der **Verjährung**. § 924 BGB ist insoweit nicht anwendbar.[48] 24

d) Wirkung der Abmarkung

Die Abmarkung ist in zivilrechtlicher Hinsicht in erster Linie ein rein tatsächlicher Vorgang, nämlich die **Übertragung der katastermäßigen Aufzeichnungen** über den Verlauf der Grundstücksgrenzen in die Örtlichkeit. Das Setzen der Grenzzeichen in Natur hat hinsichtlich der Grenze keine konstitutive Funktion, sondern wirkt nur deklaratorisch. Im Liegenschaftskataster sind die Grundstücke nach Gemarkung und Flurstücksnummer[49] eingetragen. Manche Bundesländer fassen mehrere Flurstücksnummern zu einer „Flur" zusammen. Die Buchungseinheit im Kataster enthält die Nummer des Flurstücks, dessen Benennung und Größe. Die Lage in der Natur ist aus der Flurkarte zu 25

---

41 Vgl. AG Lebach, NJW-RR 1990, 1179.
42 OLG Celle, BeckRS 2006, 10619 = OLGR 2006, 669.
43 Ebenso *Dehner,* B § 5 III 5.
44 Art. 18 ff. BayAbmG (vgl. BayGebOVerm); §§ 7 III 2, 19 IV HVG u. § 7 I 2 NVermG. Vgl. auch § 18 VermG BW.
45 Bejahend AG Neumarkt i. d. Opf., 30. 10. 1991 – C 604/91 (nicht veröffentlicht); verneinend AG Hersbruck, 3. 12. 1987 – 4 C 838/87 (nicht veröffentlicht); vgl. auch Staudinger/*Roth,* § 919 Rn. 14 a. E.
46 Ähnlich AG Viechtach, NJW-RR 2001, 1457, 1458.
47 Allg. Ansicht; s. nur Palandt/*Bassenge,* § 919 Rn. 3.
48 Soergel/*Baur,* § 919 Rn. 7.
49 Früher in Bayern „Plannummer".

entnehmen.[50] Bei der Abmarkung erfolgt nur eine Abmarkung der Grundstücksgrenze, nicht aber von Flurstücksgrenzen. Die Abmarkung setzt eine rechtswirksam festgelegte Eigentumsgrenze und deshalb gegebenenfalls eine Grenzfeststellung voraus.[51] Die Richtigkeit einer Abmarkung hängt nur davon ab, ob die abgemarkte Grenze mit den Vermessungsfeststellungen des Liegenschaftskatasters übereinstimmt; sie besagt nicht, dass die katastermäßigen Aufzeichnungen mit der wirklichen „Eigentumsgrenze" eines Grundstücks übereinstimmen.[52] Die Abmarkung bewirkt somit keine Änderung der Eigentumsverhältnisse. Sie stellt jedoch bei einem Grenzstreit ein Indiz für den wahren Grenzverlauf dar.[53] Wird die Abmarkung von beiden Parteien anerkannt, so gilt die Grenze als richtig angenommen. Der Beweis des Gegenteils bleibt allerdings möglich.[54] Dem widersprechende landesrechtliche Vermutungen sind unwirksam.[55]

26 Der Betroffene kann den Nachweis, dass die Grenze unrichtig abgemarkt wurde, durch **Anfechtung** des noch nicht bestandskräftigen Abmarkungsbescheides im Verwaltungsrechtsweg sowie durch den Beweis sachlicher Unrichtigkeit der Abmarkung im Zivilprozess antreten.[56] Die Katasterverwaltung hat die festgestellten Grenzen solange nachzuweisen, bis durch eine Vereinbarung zwischen den Beteiligten oder im Rahmen des Zivilprozesses geklärt ist, dass die festgestellte Grenze durch eine andere zu ersetzen ist.[57]

27 § 891 BGB erleichtert den Nachweis darüber, dass ein Recht, das im Grundbuch eingetragen ist, dem Berechtigten zusteht. Dazu zählen auch die aus dem Liegenschaftskataster entnommenen Angaben über den Grenzverlauf.[58] Die Flurkarte als Bestandteil des Liegenschaftskatasters ist eine Karte i. S. von § 2 III GBO und damit **Ausgangsgrundlage für das Grundbuch**.[59] Die gesetzliche Vermutung wird jedoch durch eine von beiden Nachbarn anerkannte, entgegenstehende Abmarkung widerlegt. Dagegen kann derjenige, der durch ein Rechtsgeschäft ein Grundstück erwirbt, auf die grundbuchmäßigen Grenzen vertrauen, auch wenn die Abmarkung anders erfolgte (§ 892 BGB). Somit ist ein gutgläubiger Erwerb entgegen dem abgemarkten Grenzverlauf möglich.[60] Hat allerdings der Erwerber Kenntnis von der Abmarkung und somit auch von der abgemarkten Grenze, ist ein gutgläubiger Erwerb ausgeschlossen.[61]

---

[50] Zu ihrer Funktion i. S. von § 2 III GBO vgl. nur *Reithmann*, MittBayNot 1994, 203 u. *Bengel/Simmerding*, § 22 Rn. 14 ff. Bayern und Baden Württemberg bilden bei einer Grenzänderung von Grundstücken keine neuen Flurnummern. Die alte Flurstücknummer wird vielmehr auch für das veränderte Grundstück verwendet. Deshalb ist aus einer älteren Karte nicht mit Sicherheit zu ersehen, ob das abgebildete Grundstück mit dem unter der gleichen Nummer im Grundbuch eingetragenen Grundstück übereinstimmt.

[51] Zur vorgezogenen Abmarkung vgl. § 6 DVOVermG BW; Art. 7 II BayAbmG u. § 17 I 4 SächsVermKatG, wonach neu zu bildende Grundstücksgrenzen abgemarkt werden können, bevor sie rechtlich bestehen. Zur Zurückstellung der Abmarkung, wenn bei den beteiligten Grundstücken noch größere Erdarbeiten bevorstehen, s. § 7 DVOVermG BW; Art. 7 III BayAbmG; § 15 I 1 BraVermG; § 30 IV GeoVermG M-V; § 5 HAbmVO; § 20 III VermKatG NRW; § 16 IV SächsVermKatG. Vgl. auch § 20 VermG Bln.

[52] VGH Mannheim, ESVGH 15, 240, 242 u. OVG Weimar, DÖV 1997, 38, 39.

[53] OLG Nürnberg, BayJMBl. 1965, 79, 80 = DNotZ 1966, 33, 34.

[54] Staudinger/*Roth*, § 919 Rn. 16.

[55] So Staudinger/*Roth*, § 919 Rn. 17 zu § 6 II VermG BW; § 15 V VermKatGBrem; § 2 II AbmG Rh-Pf a. F.; § 2 II AbmG Saarl a. F. u. § 1 IV Thür AbmG a. F.

[56] BVerwG, DÖV 1972, 174.

[57] BVerwG, DÖV 1972, 174; OVG Lüneburg v. 16. 3. 1987 – I A 161/86, juris; OVG Greifswald, LKV 2007, 138 = NotBZ 2008, 433; VGH München v. 18. 2. 2008 – 19 ZB 07.3078, juris; VGH München, BayVBl. 2011, 149, 150.

[58] RGZ 73, 125, 129; BGH, DNotZ 2006, 364 = NJW-RR 2006, 662 = MDR 2006, 923 = NotBZ 2006, 92 = Rpfleger 2006, 181 = WM 2006, 540; OLG Celle, NJW 1956, 632, 633; BayOblGZ 1978, 410, 412 = MittBayNot 1988, 38 = Rpfleger 1988, 254; OLG Frankfurt/M., MDR 1985, 498 = MittRhNotK 1985, 43 = Rpfleger 1985, 229; OLG Nürnberg, MDR 1976, 666. Anders zur Größenangabe, s. nur VG Düsseldorf, BeckRS 2008, 40084.

[59] S. nur *Reithmann*, MittBayNot 1994, 203.

[60] Staudinger/*Roth*, § 919 Rn. 19.

[61] MünchKommBGB/*Säcker*, § 919 Rn. 9 u. Soergel/*Baur*, § 919 Rn. 6.

II. Die Grenzverwirrung (§ 920 BGB)

1. Eigentumsklage und Grenzscheidungsklage

§ 920 BGB betrifft einen Streit zwischen Grundstücksnachbarn über den Umfang ihres Grundeigentums. Bei Streitigkeiten hinsichtlich des Grenzverlaufs und der damit verbundenen Uneinigkeit über das Eigentum von Grundstücksflächen stehen den betroffenen Grundstückseigentümern verschiedene **Klärungsmöglichkeiten** zur Verfügung. Kann ein Eigentümer sein Eigentum an der umstrittenen Fläche nachweisen, kann er Eigentumsklage erheben (§§ 985, 1004 BGB)[62] oder auf Feststellung des Eigentums an dieser Fläche klagen. Da der klagende Eigentümer behauptet, sein Eigentum beweisen zu können, kann er Herausgabe-,[63] Feststellungs-[64] oder Unterlassungsklage[65] erheben. Es handelt sich um keinen Fall der Grenzverwirrung, da der Nachweis der richtigen Grenze geführt werden kann. In diesen Fällen, in denen der Kläger sein Eigentum nachweisen kann, ist eine Grenzscheidungsklage unbegründet, da es an der Grenzverwirrung fehlt. Das bloße Bestreiten des Nachbarn führt, wenn der Nachweis der Eigentumsverhältnisse möglich ist, noch nicht zum Vorliegen der Voraussetzungen des § 920 BGB.[66] 28

Die gesetzliche Regelung der Grenzverwirrung betrifft eine Pattsituation. Es handelt sich um den Fall, dass beide Eigentümer zwar ihr Eigentum behaupten, es aber nicht beweisen können. In diesem Fall ist eine Eigentumsklage nicht möglich. Gleiches gilt, wenn Nachbarn die Grenze nicht genau kennen. Diese Konstellation soll die Grenzscheidungsklage (§ 920 BGB) lösen helfen. Als Klagegrund reicht für sie die Behauptung der Grenzverwirrung. Der Klageantrag ist auf **richterliche Feststellung des Grenzverlaufs** gerichtet.[67] Die Behauptung einer bestimmten Grenze ist grundsätzlich unschädlich, aber auch nicht erforderlich. Der Richter ist allerdings hieran nicht gebunden und kann eine andere Grenzlinie festsetzen,[68] allerdings darf er dem Kläger keine größere Grundstücksfläche zusprechen, als er in seinem Klageantrag begehrt.[69] Im Regelfall wird die Behauptung eines bestimmten Grenzverlaufs jedoch nicht als Beschränkung der Klage, sondern als bloße Anregung an das Gericht zu verstehen sein, so dass der Richter auch hiervon „zu Gunsten" des Klägers abweichen kann. 29

Um bei einer Eigentumsklage Abweisung zu vermeiden, wenn sich im Laufe des Prozesses herausstellt, dass der Kläger sein Eigentum doch nicht beweisen kann, ist es möglich und ratsam, **hilfsweise[70] eine Grenzscheidungsklage** für den Fall zu erheben, dass die Eigentumsklage unbegründet ist. Ist dies nicht erfolgt, so kann der Kläger bei einer Beweisnot hinsichtlich seines Eigentums im Wege der Klageänderung zur Grenzscheidungsklage übergehen; diese Klageänderung ist sachdienlich (§ 263 ZPO). 30

Durch die Grenzscheidungsklage wird keine Partei zu einem Tun oder Unterlassen verpflichtet. Vielmehr **stellt das Gericht die Grenze** – auch für die öffentlich-rechtliche Grenzziehung bindend – **fest**. Die Grenzscheidungsklage kann mit einer Klage auf Schadensersatz und auf Herausgabe gezogener Nutzungen verbunden werden. Hilfsweise kann für den Fall einer erfolgreichen Grenzscheidungsklage die Abmarkungsklage nach § 919 BGB erhoben werden; damit wird die gerichtlich festgestellte Grenze in der Natur kenntlich gemacht. 31

---

62 OLG Celle, NJW 1956, 632.
63 § 985 BGB; vgl. BGH, NJW-RR 2005, 965 = MDR 2005, 802 = ZOV 2005, 161.
64 § 256 I ZPO; vgl. BGH, NJW-RR 2005, 965 = MDR 2005, 802 = ZOV 2005, 161.
65 § 1004 I BGB.
66 Ähnlich Staudinger/*Roth*, § 920 Rn. 2.
67 Vgl. auch OLG Brandenburg, BeckRS 2008, 16459 u. OLG Hamm, BeckRS 2012, 02856.
68 OLG Koblenz, OLGZ 1975, 216 u. OLG Hamm, BeckRS 2012, 02856.
69 § 308 ZPO; BGH, NJW 1965, 37.
70 BGH, NJW 1965, 37, 38.

2. Der Grenzscheidungsanspruch

a) Vorliegen einer Grenzverwirrung

32 Voraussetzung für den Anspruch nach § 920 BGB ist, dass die richtige Grenze nicht festgestellt werden kann.[71] Es muss also eine Grenzverwirrung vorliegen. Dies bedeutet, dass keine Grenzsteine vorhanden sind und auch keine sonstige Ermittlung der Grenze möglich ist.[72] Kein Nachbar kann den Beweis für die von ihm behauptete Grenze erbringen. Zudem darf die Vermutung des § 891 BGB nicht eingreifen.[73] Dem öffentlichen Glauben des Grundbuchs unterfallen nämlich auch diejenigen Eintragungen, die eine bestimmte Grundstücksfläche als zu einem bestimmten Grundstück gehörig ausweisen.[74] Entscheidend für den Umfang der Richtigkeitsvermutung ist die Eintragung im Liegenschaftskataster. Ein Grenzscheidungsanspruch scheidet schließlich bei Vorliegen eines zwischen den Parteien geschlossenen Grenzfeststellungsvertrages aus.[75] Eine Grenzverwirrung ist auch bei überbauten Grundstücken möglich. Sogar bei ordnungsgemäß vermarkten Grundstücken kann eine Grenzverwirrung vorliegen.[76] Allerdings wird in diesem Fall dem Kläger der Beweis eines von der vermarkten Grenze abweichenden Eigentums praktisch kaum möglich sein.

b) Anspruchsberechtigter und -verpflichteter

33 Anspruchsinhaber und Anspruchsgegner sind die Eigentümer der betroffenen Nachbargrundstücke. Es kann sich wie bei der Abmarkungsklage nur um die unmittelbar benachbarten Eigentümer handeln. Ein Miteigentümer kann allein Klage erheben (§ 1011 BGB analog). Mehrere Miteigentümer können nur gemeinschaftlich verklagt werden; sie sind notwendige Streitgenossen (§ 62 ZPO). Kein Klageanspruch steht den **Realberechtigten** (z. B. Wohnungsberechtigter, Nießbraucher, Dienstbarkeitsberechtigter, Grundpfandrechtsgläubiger) zu.[77] Sie haben jedoch das Recht, nach § 256 ZPO auf Feststellung ihrer Rechte wegen des gegenständlichen Umfangs gegen jeden zu klagen, der sie diesbezüglich beeinträchtigt. § 920 BGB ist dann entsprechend anzuwenden.[78] Das Urteil wirkt für oder gegen den Eigentümer jedoch nur, wenn er am Vertrag beteiligt war.[79]

c) Rechtsweg, Klageantrag und Gerichtsentscheidung

34 **aa) Zuständigkeit.** Zuständig für die Entscheidungen sind die ordentlichen Gerichte. Der **Gerichtsstand** ergibt sich aus der Belegenheit der betroffenen Grundstücke (§ 24 ZPO); es handelt sich um einen ausschließlichen Gerichtsstand. Der Streitwert bemisst sich nach dem Interesse des Klägers (§ 3 ZPO). Allerdings soll auch die Einlassung des Beklagten zu berücksichtigen sein.[80]

35 **bb) Klageantrag.** Die Grenzscheidungsklage ist auf eine Ermittlung der Grenze, das heißt auf eine **Grenzziehung durch das Gericht** gerichtet. Gegenstand der Klage ist

---

[71] BayObLGZ 1962, 210, 214; OLG Hamm, BeckRS 2012, 02856.

[72] Zur Anwendbarkeit bei unvermessenen Grundstücken OLG Brandenburg, BeckRS 2008, 16459.

[73] RGZ 73, 125, 129; BGH, DNotZ 2006, 364 = NJW-RR 2006, 662 = MDR 2006, 923 = NotBZ 2006, 92 = Rpfleger 2006, 181 = WM 2006, 540; OLG Celle, NJW 1956, 632, 633; BayOblGZ 1978, 410, 412 = MittBayNot 1988, 38 = Rpfleger 1988, 254; OLG Frankfurt/M., MDR 1985, 498 = MittRhNotK 1985, 43 = Rpfleger 1985, 229; OLG Nürnberg, MDR 1976, 666. Anders zur Größenangabe, s. nur VG Düsseldorf, BeckRS 2008, 40084; Staudinger/*Roth*, § 920 Rn. 2 u. MünchKommBGB/*Säcker*, § 920 Rn. 1.

[74] St.Rspr.; vgl. nur RGZ 73, 125, 129; BGH, DNotZ 2006, 364 = NJW-RR 2006, 662 = MDR 2006, 923 = NotBZ 2006, 92 = Rpfleger 2006, 181 = WM 2006, 540.

[75] Vgl. OLG Nürnberg, BayJMBl. 1965, 79 = DNotZ 1966, 33.

[76] OLG Brandenburg, NJOZ 2007, 1113; teilw. abw. Staudinger/*Roth*, § 920 Rn. 7.

[77] Ebenso Palandt/*Bassenge*, § 920 Rn. 2; PWW/*Lemke*, § 920 Rn. 3 u. Staudinger/*Roth*, § 920 Rn. 8; a. A. nur *Westermann*, in: Westermann/Gursky/Eickmann, Sachenrecht, 8. Aufl. 2011, § 64 Rn. 7.

[78] MünchKommBGB/*Säcker*, § 920 Rn. 2 u. *Bengel/Simmerding*, § 22 Rn. 81.

[79] Str., wie hier BGB-RGRK/*Augustin*, § 920 Rn. 7.

[80] Ebenso *Hartmann*, in: Baumbach/Lauterbach/Albers/Hartmann, ZPO, § 3 Rn. 4 a. E.; teilw. MünchKommZPO/*Wöstmann*, § 3 Rn. 6.

nicht die Anerkennung der ermittelten Grenzen durch den Beklagten. Der Kläger muss auch nicht einen bestimmten Grenzverlauf behaupten und sich somit des Eigentums an einer bestimmten Fläche berühmen. Er muss jedoch vorbringen, dass eine Verwirrung der Grenze vorliegt und dies gegebenenfalls beweisen. Die Behauptung einer bestimmten Grenzlinie ist zulässig. An diesen Antrag ist das Gericht aber nicht gebunden. Es darf also auch eine andere Grenzlinie festsetzen. Allerdings darf es dem Kläger nicht mehr zusprechen, als er beantragt hat (§ 308 ZPO).[81]

cc) Grenzziehung durch Gerichtsentscheidung. (1) Feststellung der richtigen Grenze. Das Gericht hat die Aufgabe, die richtige Grenze festzustellen. Es kann dabei auch Sachverständige, insbesondere Vermessungsingenieure und das staatliche Vermessungsamt, zur Grenzermittlung heranziehen. Es gilt der Grundsatz der freien richterlichen Beweiswürdigung (§ 286 ZPO). **Beweismittel** sind deshalb auch Marksteine, Katasterkarten, Zeugenaussagen sowie notarielle Urkunden. Das Gericht kann allerdings nicht von sich aus Beweismittel verwerten; es gilt hinsichtlich der Grenzfeststellung der Verhandlungs- und nicht der Untersuchungsgrundsatz. 36

(2) Besitzstand, Flächenteilung und Billigkeitsregelung. (a) Besitzgrenze. Lässt sich die richtige Grenze nicht ermitteln, wird durch das Gericht eine neue Grenze entsprechend den Regeln des § 920 I 1 BGB gezogen. In erster Linie ist für die richterliche Grenzziehung der gegenwärtige, **zum Zeitpunkt der Urteilsfällung maßgebende Besitzstand** entscheidend. Soweit der Besitz reicht, wird das Eigentum vermutet. Gemäß § 854 BGB wird der Besitz einer Sache durch die Erlangung der tatsächlichen Gewalt über die Sache erworben. Dabei ist nach den Anschauungen des praktischen Lebens und der Verkehrsauffassung zu entscheiden. Von Bedeutung sind in den vorgenannten Grenzen das Pflügen des Ackers, die Nutzung einer Fläche als Hausgarten, die Ausübung der Fischerei etc., wobei eine gewisse Dauer und Festigkeit der tatsächlichen Herrschaftsmacht gegeben sein müssen. Keiner der Nachbarn hat im Fall erkannter Grenzverwirrung das Recht, im „Alleingang" vollendete Tatsachen zu schaffen und den Besitz an sich zu reissen, um dadurch eine Abgrenzung nach der Regelung des § 920 I 1 BGB zu erreichen. Vielmehr müssen die Nachbarn, sofern sie sich nicht einigen, abwarten, bis die Grenze neu gezogen ist. Dies folgt aus dem nachbarlichen Gemeinschaftsverhältnis, das einen diesbezüglichen „Wettlauf" um den Vorteil der Abgrenzung nach dem Besitzstand untersagt.[82] 37

Bei **fehlerhaftem Besitz** einer Partei (§ 858 BGB) ist nicht der gegenwärtige, sondern der frühere Besitzstand maßgebend,[83] da der rechtsmäßige Besitzer Wiedereinräumung des Besitzes verlangen kann (§ 861 BGB). Es ist aber wiederum von dem jetzigen Besitzstand auszugehen, wenn die Geltendmachung von Besitzschutzansprüchen infolge ihres Erlöschens nicht mehr möglich ist[84] (§ 864 BGB). Will der rechtmäßige Besitzer Wiedereinräumung des Besitzes verlangen, so ist er nicht verpflichtet, vorher Besitzklage zu erheben.[85] Im Rahmen der Grenzscheidungsklage genügt der Nachweis, dass der Besitz durch verbotene Eigenmacht erlangt wurde.[86] 38

(b) Grenzfestlegung durch Verwaltungsakt. Die **Grenzfestlegung als Verwaltungsakt** kann – ausgenommen das landesrechtliche Vermessungsverfahren – auch in der Flur- 39

---

[81] BGH, NJW 1965, 37, 38 u. OLG Koblenz, OLGZ 1975, 216, 217.

[82] BGH, NJW-RR 2008, 610 = NZM 2008, 253 = MDR 2008, 560; ebenso bereits OLG Rostock, BeckRS 2006, 13808.

[83] OLG Koblenz, OLGZ 1975, 216.

[84] Str.; ebenso Soergel/*Baur,* § 920 Rn. 7; PWW/*Lemke,* § 920 Rn. 5 u. Staudinger/*Roth,* § 920 Rn. 11; a. A. OLG Koblenz, OLGZ 1975, 216, das in diesem Fall die Grenze nach Billigkeit festlegen will.

[85] Zur Vollstreckung einer Besitzklage auf Grundstücksherausgabe bei unklaren Grundstücksgrenzen s. BGH, DNotZ 2009, 425.

[86] Staudinger/*Roth,* § 920 Rn. 11

bereinigung (§§ 56, 129 ff. FlurbG)[87], der Umlegung (§§ 66, 67, 71, 72 BauGB)[88] und der vereinfachten Umlegung (§§ 82 I 1, 83 II 1 BauGB)[89] erfolgen. In diesen Verfahren wird Grundeigentum verändert. Ob das Rechtsschutzinteresse für eine Klage nach § 920 BGB wegen des öffentlich-rechtlichen Verfahrens fehlt,[90] ist fraglich, da die Grenzfeststellung auch Bedeutung für das verwaltungsbehördliche Verfahren hat. In ihm kann Eigentum nicht privatrechtlich verteilt werden.

40 Im Beitrittsgebiet können ebenfalls durch **Sonderungsbescheid** (§ 9 BoSoG, § 6 SPV) die räumliche Umgrenzung unvermessenen Eigentums bestimmt werden (§ 1 Nr. 1 BoSoG). Ein laufendes Sonderungsverfahren begründet bis zum bestandskräftigen Abschluss eine Einrede gegen Ansprüche auf Grenzscheidung (§§ 16, 13 II 2 BoSoG). Die Einzelheiten der Durchführung regelt die SonderungsplanVO (SPV).

41 **(c) Hälftige Teilung.** Lässt sich der Besitzstand nicht feststellen, so ist jedem benachbarten Grundstück ein **gleich großes Stück der streitigen Fläche** zuzuteilen (§ 920 I 2 BGB). Es kommt bei dieser Größenzuteilung weder auf die Flächengröße der beteiligten Nachbargrundstücke[91] noch auf Wert und Bonität der zugeteilten Flächen an. Das Gericht muss auch keine bestimmte Teilungslinie einhalten, sofern nur die durch die gesetzliche Bestimmung vorgeschriebene Teilung in zwei gleich große Stücke erreicht wird. Sind verschiedene Grenzlinien möglich, so ist das Gericht jedoch gehalten, die zweckmäßigste Grenzziehung vorzunehmen. Beispielsweise kann bei Vorliegen eines Bebauungsplans die dort vorgesehene Grenze gewählt werden, auch wenn sie die Fläche nicht mittig durchschneidet, sondern durch einen anderen Grenzverlauf zur Teilung führt. Besteht kein Anhaltspunkt für eine bestimmte Grenzziehung, wird eine streitige Fläche der Hälfte nach in der Mitte geteilt.

42 **(d) Billigkeitsgrenzziehung.** Die Zuteilung der umstrittenen Fläche nach dem Besitzstand ganz oder bei Zweifeln hälftig ist nicht zwingend. Führt die Grenzziehung bei Anwendung dieser Regeln zu einem Ergebnis, das mit den ermittelten Umständen, insbesondere mit der feststehenden Größe der Grundstücke[92] nicht übereinstimmt, ist die Grenze so zu ziehen, wie es unter **Berücksichtigung dieser Umstände der Billigkeit** entspricht (§ 920 II BGB). Die Umstände, aus denen sich ergibt, dass die nach § 920 I BGB gefundene Grenze nicht richtig sein kann, sollen bei der Grenzziehung Berücksichtigung finden. Hierzu gehören z. B. ein Bach, alte Mauerwerke, Hinweise in alten Urkunden und Registern auf die Größe der jeweiligen Teilflächen ohne genaue Angabe der Grenze.[93] Ferner kann Rücksicht auf eine vorhandene Straßenführung und die Bedürfnisse des Verkehrs[94] genommen werden. Nicht ausreichend für eine Billigkeitskorrektur ist die bloße Unzweckmäßigkeit der gefundenen Grenzziehung.[95]

43 **(3) Gerichtliche Entscheidung, Kosten.** Die gerichtliche Grenzziehung erfolgt durch **Urteil**. Es muss die Grenze entweder durch wörtliche Beschreibung oder durch Beifügung eines Plans genau kennzeichnen. Die Grenzfeststellung kann auch im Versäumnisverfahren erfolgen.[96] Allerdings muss ein bestimmter Besitzstand schlüssig behauptet werden.

---

[87] S. nur *Schwantag/Wingerter*, FlurbG, 8. Aufl. 2008, § 56 Rn. 2.

[88] S. nur *Dieterich*, Baulandumlegung, 5. Aufl. 2006, Rn. 343 u. 532.

[89] Zur früheren Grenzregelung s. *Otte,* in: Ernst/Zinkahn/Bielenberg/Krautzberger, BauGB, § 83 Rn. 3.

[90] Bejahend Staudinger/*Roth*, § 920 Rn. 2.

[91] MünchKommBGB/*Säcker*, § 920 Rn. 4.

[92] Nach BGH, NJW 1969, 469 handelt es sich dabei um den tatsächlichen Flächeninhalt, nicht um den aus dem Grundbuch oder aus dem Kataster ersichtlichen.

[93] Vgl. LG Nürnberg-Fürth, Urteil v. 6. 5. 1986 – 13 S 983/86 (n. v.), wonach ein Überbau (Stützmauer) nicht maßgeblich sein kann.

[94] OLG Koblenz, OLGZ 1975, 216, 220 f.

[95] Staudinger/*Roth*, § 920 Rn. 14.

[96] Staudinger/*Roth*, § 920 Rn. 16.

44 Die Kosten des Rechtsstreits trägt der Beklagte, selbst wenn die Grenze anders gezogen wurde, als dies der Kläger angeregt hat. Dies ist auch der Fall, wenn der Beklagte die Grenzverwirrung nicht bestritten hat. Die Kostentragungspflicht folgt aus dem Klageantrag, der nur auf ein richterliches Handeln gerichtet ist, nicht auf ein Tun oder Unterlassen des Beklagten. Beschränkt sich der Kläger dagegen nicht darauf, einen bestimmten Grenzverlauf anzuregen, sondern formuliert er seinen Klageantrag so, dass die Grenze in bestimmter Weise festgelegt werden soll, trägt er die Kosten teilweise, wenn die Grenze ungünstiger gezogen wird, als sie nach der Behauptung zu ziehen wäre.[97] Der Beklagte kann seinerseits jederzeit die Feststellung der Grenze verlangen. Er hat die Möglichkeit auf Widerklage. Dies gilt auch dann, wenn der Kläger die Grenzfeststellung bereits beantragt hat. Aufgrund der Widerklage haben die Kosten des Rechtsstreits die Parteien je zur Hälfte zu tragen.[98] Wegen des unterschiedlichen Streitgegenstandes ist die Widerklage auch nicht unzulässig.

45 **dd) Wirkungen der gerichtlichen Grenzziehung.** Das Urteil, das die Grenze festlegt, wirkt konstitutiv. Es **schafft neues Eigentum.**[99] Das Urteil wirkt nicht rückwirkend. Es weist unmittelbar das Eigentum an den durch die festgelegte Grenze geschiedenen streitigen Flächen zu. Eine Zwangsvollstreckung in der Sache ist nicht möglich, aber auch nicht erforderlich. Aufgrund des Urteils kann die Berichtigung des Grundbuchs ohne Auflassung und Bewilligung des betroffenen Eigentümers nach Maßgabe des § 22 GBO beantragt werden. Eine Zustimmung der dinglich Berechtigten ist ebenfalls nicht erforderlich. Regelmäßig ist jedoch vorher eine Neuvermessung der betroffenen Grundstücke notwendig, wobei die obsiegende Partei die Abmarkung und die Änderung des Katasters verlangen kann.

46 Das Urteil **wirkt auch gegenüber Dritten** sowie für und gegen Einzelrechtsnachfolger. Allerdings gilt dies nur, wenn es zwischen den richtigen Parteien ergangen ist. Es hat deshalb keine Wirkung gegen den richtigen Eigentümer, wenn lediglich der Bucheigentümer Partei war. Der wahre Eigentümer braucht dann das Urteil nicht gegen sich gelten lassen.[100] Das Vermessungsamt ist aber an das rechtskräftige Feststellungsurteil gebunden.[101]

47 Eine **Beseitigung des Urteils** ist, soweit die gesetzlichen Voraussetzungen hierfür gegeben sind, nur im Wege des Wiederaufnahmeverfahrens (§§ 578 ff. ZPO) möglich.[102] Beispiel ist das Auffinden einer Urkunde über den wahren Grenzverlauf nach Rechtskraft des Urteils.

48 Ein **Nießbraucher, Wohnungsberechtigte, Mieter** und **Pächter** sind dem Eigentümer gegenüber zur Anzeige verpflichtet, falls Streitigkeiten hinsichtlich der Grundstücksgrenzen entstehen und sie hiervon Kenntnis erlangen (§§ 1042, 1093, 536c I 2, 581 II, 586 II BGB).

3. Grenzfeststellungsvertrag

a) Form

49 Zur Beilegung eines Streits über den Grenzverlauf und über die Abmarkung der Grenze in Natur können die Beteiligten auch zur Vermeidung eines Rechtsstreits einvernehmliche Regelung treffen. Handeln die Beteiligten dabei nur in dem Bewusstsein, die

---

[97] Insoweit liegt nach dem Antrag des Klägers eine teilweise Klageabweisung vor (§ 92 ZPO analog); ebenso BGB-RGRK/*Augustin*, § 920 Rn. 3; a. A. Staudinger/*Roth*, § 920 Rn. 20; offen Bamberger/Roth/*Fritzsche*, § 920 Rn. 16.

[98] Ebenso Staudinger/*Roth*, § 920 Rn. 20.

[99] Palandt/*Bassenge*, § 920 Rn. 3 u. Staudinger/*Roth*, § 920 Rn. 10 u. 17; tlw. abw. für den Fall des § 920 I 1 BGB, nämlich nur deklaratorische Wirkung, BGB-RGRK/*Augustin*, § 920 Rn. 8.

[100] MünchKommBGB/*Säcker*, § 920 Rn. 5 u. Staudinger/*Roth*, § 920 Rn. 19.

[101] VGH München, RdL 1979, 36 f.

[102] Staudinger/*Roth*, § 920 Rn. 17.

unsichere Grenze wieder festzulegen, ohne an den Eigentumsverhältnissen etwas zu ändern, ist dieser Vertrag formlos gültig. Er bedarf nicht der notariellen Beurkundung gemäß § 311b I BGB. Gehen die Grundstücksnachbarn jedoch davon aus, dass sie eine von der bisherigen Grenze abweichende neue Grenze festlegen und somit das Eigentum an einer oder mehrerer Flächen wechseln soll, so ist die **Einhaltung der notariellen Beurkundung** und gegebenenfalls die Beachtung des dabei geltenden verbraucherschützenden Verfahrens erforderlich (§ 311b I 1 BGB, § 17 IIa BeurkG).[103] Ein derartiger Vertrag ist somit lediglich bei Einhaltung der notariellen Form wirksam, wenn auch nur ein Nachbar davon ausgeht, dass er eine ihm gehörige Fläche veräußert. Entscheidend ist somit, ob für die Beteiligten die Grenzfestlegung und die darauf aufbauende Abmarkung deklaratorische oder konstitutive Bedeutung hat.[104]

b) Vertragsschluss bei der Abmarkung?

50 Ein Grenzfeststellungsvertrag soll bereits in der Unterzeichnung des Protokolls über die Abmarkung der Grenze durch die beteiligten Nachbarn liegen.[105] Allerdings ist fraglich, ob man die **Unterschriften unter dem Abmarkungsprotokoll** stets als Willenserklärungen auffassen kann, die auf den Abschluss eines Grenzfeststellungsvertrages gerichtet sind. Dies ist jedenfalls dann bedenklich, wenn die Beteiligten bei der Abmarkung von einem sicheren Grenzverlauf und keiner Grenzverwirrung ausgehen. Auch das Transparenzgebot erfordert in diesen Fällen, dass den Beteiligten klar ist, dass sie mit ihrer Unterschrift nicht nur die Abmarkung anerkennen, sondern sich zusätzlich untereinander privatrechtlich über den Verlauf der Grenze einigen wollen.[106] Ist der Grenzverlauf unsicher und die mögliche Grenze den Beteiligten nicht bekannt, so kann in der Abmarkung ein Grenzfeststellungsvertrag zu sehen sein. Allerdings ist diese Ausnahme auch in dieser Konstellation unzulässig, wenn die Beteiligten das Ergebnis der Vermessung lediglich ohne Widerspruch hinnehmen. Sie müssen vielmehr ausdrücklich erklären, dass sie die Grenze endgültig festlegen wollen.[107] Werden die Beteiligten bei einer Abmarkung auf einen bestimmten Grenzverlauf vom Vermessungsamt hingewiesen, einigen sie sich jedoch abweichend hiervon auf einen neuen Grenzverlauf, so ist dieser Vertrag wegen des Verstoßes gegen das Erfordernis der notariellen Beurkundung nichtig. Die Unwirksamkeit wird erst durch den Vollzug im Grundbuch (§ 311b I 2 BGB) oder eine nachträgliche notarielle Beurkundung geheilt.

c) Wirkungen

51 Der Grenzfeststellungsvertrag der eine Grenzscheidungsklage (§ 920 BGB) ausschließt, stellt nur eine **Verständigung über den Grenzverlauf** dar.[108] Er unterliegt der Anfechtung, wobei der Einwand eines abweichenden tatsächlichen Grenzverlaufs nach wohl h. M.[109] regelmäßig als bloßer Motivirrtum unbeachtlich sein dürfte.[110] Auch ein Irrtum über den Vorgang selbst ist schwerlich denkbar. Wurde der Grenzfeststellungsvertrag aufgrund eines Messungsergebnisses vereinbart und liegt ein eklatanter Vermessungsfehler vor, kann die Geschäftsgrundlage der Vereinbarung wegfallen.[111] Geschäftsgrundlage ist nämlich die stillschweigende Annahme, dem Vermessungsamt sei jedenfalls kein erheblicher Fehler unterlaufen.

---

[103] Ebenso MünchKommBGB/*Säcker*, § 920 Rn. 6; PWW/*Lemke*, § 920 Rn. 9 u. Staudinger/*Roth*, § 920 Rn. 9.

[104] OLG Nürnberg, BayJMBl. 1965, 79 = DNotZ 1966, 33 u. *Häde*, BayVBl. 1994, 417, 423; krit. Meisner/Ring/Götz, § 5 Rn. 36.

[105] OLG Nürnberg, BayJMBl. 1965, 79 = DNotZ 1966, 33; ebenso Bayer/Lindner/*Grziwotz*, Bayerisches Nachbarrecht, S. 19 u. Bamberger/Roth/*Fritzsche*, § 920 Rn. 19.

[106] Ebenso *Häde*, BayVBl. 1994, 417, 423.

[107] So *Bengel/Simmerding*, § 22 Rn. 77; Staudinger/*Roth*, § 920 Rn. 22 u. *Häde*, BayVBl. 1994, 417, 424.

[108] Zum öffentlich-rechtlichen Charakter s. § 15 III 1 u. § 17 II 2 LGVerm RP.

[109] Vgl. die Nachw. Fn. 112.

[110] *Bengel/Simmerding*, § 22 Rn. 83.

[111] BGH, WM 1979, 580 = MDR 1979, 743 = RdL 1979, 100 f.; vgl. auch *Häde*, BayVBl. 1994, 417, 424.

52 Umstritten ist, ob dem Grenzfeststellungsvertrag konstitutive Wirkung wie einem Grenzscheidungsurteil zukommt. Dies wird teilweise angenommen, wenn die Grenze endgültig festgelegt werden soll. Nach dieser Ansicht kann später nicht mehr eingewendet werden, die Grenze verlaufe doch anders.[112] Nach seinem Zweck soll der Grenzfeststellungsvertrag jedoch nur die **Unsicherheit über den Grenzverlauf** beseitigen. Er begründet somit nur die Vermutung für die Richtigkeit der vereinbarten Grenzlinie. Kein Beteiligter ist nach der hier vertretenen Ansicht deshalb daran gehindert, wenn die Beweisnot nicht mehr besteht, sein Eigentum geltend zu machen und zu beweisen. Allerdings kann die einvernehmlich festgelegte Grenze nicht bereits durch ein abweichendes Messungsergebnis, sondern nur durch eine Einigung der betroffenen Eigentümer oder aufgrund eines zivilrechtlichen Urteils geändert werden.[113] Wollen die Beteiligten die Grundstücksgrenze verbindlich festlegen, so bedarf ein diesbezüglicher Vertrag der notariellen Beurkundung; nur dann sind eventuell gegenüber der wirklichen (nicht beweisbaren) Eigentumslage notwendige Flächenveräußerungen und -erwerbe wirksam.[114] Dieser Vertrag ist im Grundbuch zu vollziehen. Grenzfeststellungsverträge erfolgen häufig im Wege des Prozessvergleichs.[115] Dieser ersetzt auch bei bewussten Flächenveränderungen die notarielle Form (§ 127 a BGB), bedarf dann aber ebenfalls des Vollzugs im Grundbuch.

B. Grenzeinrichtungen und ihre Nutzung

53 Auf der **Grenze** zwischen zwei Grundstücken befinden sich mitunter **Einrichtungen**, die beiden dienen. §§ 921 ff. BGB enthalten hierzu keine Vorschriften über die Eigentumsverhältnisse. Das Gesetz geht vom Grundsatz einer gemeinschaftlichen Benutzung aus und regelt sodann deren Arten und die Aufteilung der Unterhaltskosten. Der häufigste Anwendungsfall der Grenzeinrichtung ist die Nachbarwand. Für den Sonderfall des Grenzbaums bzw. -strauchs enthält das Gesetz eine besondere Vorschrift.

I. Grenzeinrichtungen (§§ 921 f. BGB)

1. Grenzeinrichtung und -linie

54 Die Grenzeinrichtung wird im Gesetz durch Beispiele, nämlich den Zwischenraum, den Rain, den Winkel, den Graben, die Mauer, die Hecke und die Planke, erläutert. Eine abstrakte **Definition** fehlt. Auch der in der Praxis häufig vorkommende Zaun wird nicht ausdrücklich genannt.[116] Ferner fallen Brunnen, Dachtraufen und Dunghaufen auf der Grenze, die beiden Grundstücken zum Vorteil dienen, unter den Begriff der Grenzanlage. Gleiches gilt für Durchfahrten[117] und Nachbarwände (Kommunmauern).[118] Ob die Grenzeinrichtung künstlich angelegt ist wie beispielsweise eine Mauer, ein Zaun oder eine angepflanzte Hecke oder lediglich in einer Grundfläche besteht, etwa einem Rain oder einer im Altbaubereich noch häufigen engen Reihe, ist für die Subsumtion unter § 921 BGB ohne Bedeutung. Bereits aus den Beispielen ergibt sich, dass die Einrichtung **nicht** von Menschen, insbesondere auch nicht den Eigentümern der Grundstücke, **hergestellt** worden sein muss.[119] Es muss sich entgegen einer teilweise vertretenen Ansicht

---

[112] So die h. M.; s. nur Soergel/*Baur*, § 920 Rn. 9; Staudinger/*Roth*, § 920, Rn. 21; PWW/*Lemke*, § 920 Rn. 9 u. Bamberger/Roth/*Fritzsche*, § 920 Rn. 19.
[113] VGH München, MittBayNot 1974, 24 = BayVBl. 1974, 45 u. VGH München, BayVBl. 2011, 149, 150.
[114] A. A. die h. M., z. B. *Bengel/Simmerding*, § 22 Rn. 87.
[115] KG, OLGE 15, 351.
[116] Zum Maschendrahtzaun als Grenzanlage AG Bremen, BeckRS 2011, 25949.
[117] BGHZ 112, 1 = NJW 1990, 2555; OLG Saarbrücken, BeckRS 2006, 04581 = MDR 2006, 1166.
[118] Vgl. Rn. 99 ff.
[119] Ebenso Staudinger/*Roth*, § 921 Rn. 5.

um keine künstlich geschaffene Einrichtung von gewisser Selbständigkeit und Dauer handeln.[120] Die Grenzeinrichtung muss nicht von Alters her bestanden haben.[121] Auch eine wild gewachsene Hecke und ein „angeflogener" Baum können Grenzeinrichtungen sein.[122] Bei dem im Gesetz genannten Zwischenraum handelt es sich um die zwischen zwei Häusern gelegene Fläche. Eine besondere Einrichtung ist auch hier nicht notwendig, eine Begehbarkeit genügt.[123] Die Breite des Zwischenraums ist ebenfalls ohne Bedeutung.[124]

55 Es muss sich ferner um **keine „Veranstaltung"** im Sinne einer von den beiden Eigentümern der angrenzenden Grundstücke mit dem Zweck der Grenzscheidung geschaffenen Einrichtung handeln.[125] Es spielt keine Rolle, ob die Grenzeinrichtung als solche künstlich angelegt ist; sie kann auch lediglich in einer Grundfläche wie einer (Garagen-) Zufahrt bestehen. Beispiele für Grenzeinrichtungen sind Anpflanzungen, Baumreihen, Bäume, Brunnen, Dachrinnen, Dachtraufen, Dunghaufen, Dunglegen, Grenzstreifen, Mauern, Planken, Steinwälle, Zäune und Zufahrten.[126] Ein auf der Grenze stehendes Gebäude wird dagegen im Normalfall nicht als Grenzeinrichtung anzusehen sein.[127]

56 Der **Zeitpunkt** der Errichtung einer Grenzanlage ist für ihre Zuordnung zu § 921 BGB nicht von Bedeutung. Deshalb können vor In-Kraft-Treten des BGB entstandene Anlagen unter diese Bestimmung fallen.

57 Nur solche Anlagen, die von der **Grenze geschnitten** werden, fallen unter § 921 BGB.[128] Nicht ausreichend ist es dagegen, wenn eine Einrichtung allein auf einem Grundstück geschaffen wird und der Nachbar sie durch eine einseitige Maßnahme (z. B. eine Mauerverdickung) zur Grenzeinrichtung zu machen versucht.[129] Die Grenze muss allerdings nicht in der Mitte der Anlage verlaufen.[130] Es genügt vielmehr, wenn die Anlage auch nur mit einem geringen Teil von der Grenze durchschnitten wird.[131] So ist es bei einer Hecke ausreichend, wenn lediglich einige Stämme der Pflanzen dort, wo sie aus dem Boden heraustreten, von der Grenze durchschnitten werden.[132] Nicht entscheidend ist, wo die Hecke zum Zeitpunkt der Anpflanzung gestanden hat; die Überschreitung der

---

120 A. A. OLG Nürnberg v. 6. 12. 1991 – 6 U 2132/91 (n.v.).

121 Eine gewisse Selbständigkeit und Dauer fordern allerdings ohne nähere Spezifizierung Staudinger/*Roth*, § 921 Rn. 5. u. NK-BGB/*Ring*, § 921 Rn. 10.

122 BGHZ 143, 1 = NJW 2000, 512, 513 u. LG Gießen, MDR 1995, 41.

123 BGH, WM 1966, 143, 146 u. BGHZ 112, 1 = NJW 1990, 2556. Unklar Staudinger/*Roth*, § 921 Rn. 5 und wohl auch OLG Nürnberg v. 6. 12. 1991 – 6 U 2132/91 (n. v.), wonach gelegentliches Fahren im Gelände nicht genügen soll.

124 MünchKommBGB/*Säcker*, § 921 Rn. 2.

125 So aber *Dehner*, Nachbarrecht B § 7 I. 1. u. ihm folgend Soergel/*Baur*, § 921 Rn. 1; wie hier dagegen Staudinger/*Roth*, § 921 Rn. 5; PWW/*Lemke*, § 921 Rn. 2 f. u. NK-BGB/*Ring*, § 921 Rn. 10 f.

126 Vgl. BGHZ 91, 282 = NJW 1984, 2463; BGH, NJW 1985, 1458; BGHZ 143, 1 = NJW 2000, 512; BGH, NJW 2003, 1731, 1732; VGH München, NuR 1984, 28; LG Frankfurt/M., NJW-RR 1992, 88, 89; LG Zweibrücken, MDR 1996, 46; vgl. auch Erman/*Lorenz*, § 921 Rn. 2; Soergel/*Baur*, § 921 Rn. 2; Staudinger/*Roth*, § 921 Rn. 5 u. Bamberger/Roth/*Fritzsche*, § 921 Rn. 3 u. 5. Zum gemeinsamen Treppenhaus s. OLG Hamm, BeckRS 2006, 11317 = FGPrax 2007, 14 = OLGR 2006, 853 = ZMR 2006, 878 = ZWE 2007, 44.

127 RGZ 70, 200, 205; BGHZ 154, 139 = NJW 2003, 1731, 1732 = ZfIR 2003, 420 u. OLG Düsseldorf, NJOZ 2003, 749.

128 S. nur BGHZ 41, 177; BGHZ 68, 350; BGHZ 112, 1, 2 f. = NJW 1990, 2555; BGHZ 143, 1, 3 f. = NJW 2000, 512 = NZM 2000, 106 = MDR 2000, 150 = ZfIR 2000, 39; BGH, NJW-RR 2001, 1528 = NZM 2001, 817 = BauR 2001, 1733 = MDR 2001, 1165 = ZfIR 2002, 940; BGHZ 154, 139, 143 = NJW 2003, 1731, 1732 = NZM 2003, 455 = MDR 2003, 681 = WM 2003, 1905 = ZfIR 2003, 420; OLG Karlsruhe, BeckRS 2008, 10045 = MDR 2008, 855; OLG Dresden, BeckRS 2009, 28876; OLG Naumburg, BeckRS 2011, 04402 = NJOZ 2011, 884 = BauR 2011, 1062; LG Bochum, NJW-RR 1992, 913; *Toussaint*, ZfIR 2006, 747, 749.

129 BGHZ 91, 282, 286 = NJW 1984, 2463 = BauR 1984, 661 = MDR 1984, 924; BGHZ 143, 1, 5 = NJW 2000, 512 = NZM 2000, 106 = MDR 2000, 150 = ZfIR 2000, 39 u. BGH, NJW-RR 2001, 1528 = NZM 2001, 817 = BauR 2001, 1733 = MDR 2001, 1165 = ZfIR 2002, 940.

130 LG Gießen, NJW-RR 1995, 77.

131 LG Aachen, MDR 1998, 591.

132 BGHZ 143, 1 = NJW 2000, 512 = NZM 2000, 106 = MDR 2000, 150 = ZfIR 2000, 39.

Grenze und damit das Vorliegen einer Grenzhecke kann auch später eintreten.[133] Gleichfalls genügt es bei einer Mauer, wenn sie von der Grundstücksgrenze in einem nicht nur unwesentlichen Teil geschnitten wird, mag sie auch in ihrem Verlauf teilweise vollständig auf einem der Grundstücke stehen.[134]

Nach dem Gesetzeswortlaut besteht keine **Vermutung** dafür, dass eine im Grenzbereich befindliche Anlage auch tatsächlich auf der Grenze steht.[135] Die gesetzliche Vermutung bezieht sich lediglich auf das Recht zur gemeinschaftlichen Benutzung, wenn eine Grenzeinrichtung vorliegt, nicht dagegen auf die Voraussetzungen für das Vorliegen einer Grenzeinrichtung. Ist allerdings der Grenzverlauf unsicher, gelten auch für diese **scheinbare Grenzeinrichtung** §§ 921 f. BGB.[136] Damit ist ein diesbezüglicher Nachweis in der Regel entbehrlich,[137] wenn nicht von vornherein der Grenzverlauf eindeutig die Grenzeinrichtung nicht berührt. 58

Eine Grenzeinrichtung ist nicht gegeben, wenn zwischen benachbarten Grundstücken ein **drittes, selbständiges Grundstück** mit eigener Kataster- oder Flurnummer liegt, auch wenn es im Miteigentum der Grundstücksnachbarn steht. Eine Grenzeinrichtung liegt ebenfalls nicht vor, wenn sie beispielsweise in Form einer Durchfahrt das ganze Grundstück des einen Nachbarn erfasst und sich neben ihr kein weiterer Teil des durch die Einrichtung geschiedenen Grundstücks befindet.[138] Dies gilt auch dann, wenn ein im Eigentum desselben Nachbarn stehendes Grundstück angrenzt und beide Grundstücke als Einheit genutzt werden. 59

Auch eine Anlage, die nicht auf, sondern unmittelbar an der Grenze und damit in vollem Umfang **auf nur einem Grundstück** steht, ist keine Grenzeinrichtung. Hierunter fällt vor allem die in der Praxis vorkommende Grenzwand.[139] Ein Mitbenutzungsrecht besteht in diesem Fall vorbehaltlich besonderer landesrechtlicher Regelung nicht bereits kraft Gesetzes, sondern kann nur durch Einräumung z. B. durch eine Grunddienstbarkeit begründet werden. Wird eine Grenzeinrichtung nicht nur durch die Grenze, die zwischen zwei Grundstücken liegt, sondern durch mehrere Grundstücksgrenzen geschnitten, so ist § 921 BGB unmittelbar anwendbar.[140] Es handelt sich um eine Einrichtung, die mehrere Nachbarn betrifft. Beispiel ist ein Brunnen, der sich am gemeinsamen Grenzpunkt von drei oder vier Grundstücken befindet. 60

2. Grundstücksvorteil, Grenzscheidung und Zustimmung

Die Grenzeinrichtung muss aufgrund ihrer Beschaffenheit objektiv dem **Vorteil beider Grundstücke** dienen. Häufig wird der Vorteil in der grenzscheidenden Wirkung der Einrichtung bestehen.[141] Notwendig ist dies allerdings nicht. Es reicht vielmehr aus, dass die auf der Grenze befindliche Einrichtung in irgendeiner Weise dem Vorteil der benachbarten Grundstücke dient.[142] Beispiele sind die Sichtschutzfunktion einer Hecke oder Mauer, die Möglichkeit der Nutzung als Zufahrt bei einem gemeinsam benutzten 61

133 AG Hannover, BeckRS 2010, 09338 = NdsRpfl. 2010, 125.

134 Vgl. OLG Dresden, BeckRS 2009, 28876; LG Aachen, MDR 1998, 591.

135 A. A. LG Göttingen, Nds. RPfl. 1958, 92 sowie *Toussaint,* ZfIR 2006, 747, 751, wohl auch BGHZ 143, 1, 4 = NJW 2000, 512 = NZM 2000, 106 = MDR 2000, 150 = ZfIR 2000, 39; OLG Düsseldorf, BauR 2001, 1800; Staudinger/*Roth*, § 921 Rn. 2 u. NK-BGB/*Ring*, § 921 Rn 5; s. auch LG Oldenburg, ZMR 1985, 99; wie hier dagegen noch BGHZ 41, 177, 182 u. *Dehner,* Nachbarrecht, B § 7 II.

136 Ähnlich LG Heidelberg, DWW 1985, 182; NK-BGB/*Ring*, § 921 Rn. 4; BGB-RGRK/*Augustin*, § 921 Rn. 8 u. Staudinger/*Roth*, § 921 Rn. 2.

137 Der freilich angesichts moderner Vermessungstechnik unschwer zu führen wäre (dies übersieht *Toussaint,* ZfIR 2006, 747, 751: „nur mit äußerstem Aufwand“).

138 BGHZ 112, 1 = NJW 1990, 2555.

139 Vgl. hierzu Rn. 99 ff.

140 Für entsprechende Anwendbarkeit dagegen Staudinger/*Roth*, § 921 Rn. 11.

141 Allein hierauf stellt RGZ 70, 200, 204 ab; ihm folgend OLG Celle, RdL 1958, 210.

142 BGHZ 154, 139 = NJW 2003, 1731, 1732 = NZM 2003, 455 = MDR 2003, 681 = WM 2003, 1905 = ZfIR 2003, 420. Zur teilweisen Nutzung zum Abfangen einer Aufschüttung s. OLG Karlsruhe, BeckRS 2008, 10045 = DWW 2008, 315 = MDR 2008, 855.

Weg[143] und der Brunnen, aus dem Wasser für beide Grundstücke entnommen wird. Umgekehrt bildet nicht jede auf der Grenze errichtete Anlage, die für die benachbarten Grundstücke vorteilhaft ist, eine Grenzanlage. Dies ist vielmehr nur dann der Fall, wenn sie der Nutzung der aneinandergrenzenden Grundstücke untergeordnet ist, das heißt für ihre Nutzung nicht kennzeichnend ist, wie dies beispielsweise bei der grenzüberschreitenden Errichtung eines selbständig nutzbaren Gebäudes durch die Eigentümer der Nachbargrundstücke der Fall ist.[144] Eine Grenzanlage liegt ferner nicht vor, wenn die Anlage die Nutzung eines der beiden Grundstücke im Wesentlichen ausmacht, also keine relevante weitere Nutzung verbleibt, oder der Vorteil für die beiden Grundstücke sich in der Vereinbarung ihrer gemeinschaftlichen Nutzung erschöpft.[145]

62 Eine Grenzanlage liegt nur vor, wenn **beide Nachbarn** der Errichtung der Anlage als einer gemeinsamen **Einrichtung zustimmen**. Errichtet nur ein Nachbar auf der Grenze, das heißt teilweise auch auf dem Grundstück seines Nachbarn ohne dessen Zustimmung eine Grenzanlage, so kann der betroffene Nachbar gemäß § 1004 BGB ihre Beseitigung verlangen.[146] Die Zustimmung muss allerdings nicht ausdrücklich erteilt werden. Sie kann auch stillschweigend erfolgen.[147] Sie ist regelmäßig schon darin zu sehen, dass ein Nachbar die Errichtung einer Anlage, die ohne weiteres als Grenzanlage zu erkennen ist, durch den anderen Nachbarn stillschweigend duldet.[148] Gleiches gilt für die spätere gemeinsame Erhaltung der Anlage, **in der regelmäßig eine stillschweigende Genehmigung liegt**.[149] Eine erteilte Zustimmung wirkt auch für und gegen den Gesamt- und Einzelrechtsnachfolger.[150]

63 Besteht eine von beiden Nachbarn zumindest früher genutzte Anlage auf der Grenze schon längere Zeit, so muss der Nachbar, der den Beseitigungsanspruch aus § 1004 BGB geltend machen will, beweisen, dass die Grenzeinrichtung gegen seinen oder seines Rechtsvorgängers Widerspruch errichtet worden ist. Er muss somit die **Beweisvermutung** des § 921 BGB widerlegen.[151]

3. Einfriedungszwang, Kostentragung

64 Teilweise sehen Landesrechte[152] einen **Einfriedungszwang** auf der Grenze vor. In diesem Fall ist die Nachbarzustimmung[153] entbehrlich. Davon zu unterscheiden ist die Verpflichtung, einen Zaun zur Einfriedung auf dem eigenen Grundstück zu errichten. Schließlich enthalten einschlägige Vorschriften auch ein Verbot von Grenzeinrichtungen.

65 Es bestehen folgende **landesrechtliche Vorschriften**:

Baden-Württemberg	Hinsichtlich bebauter Grundstücke im Außenbereich besteht eine Einfriedungspflicht, soweit dies zum Schutz des Nachbargrundstücks erforderlich ist und öffentlich-rechtliche Vorschriften nicht entgegenstehen (§ 7 IV NRG BW). Eine allgemeine Einfriedungspflicht besteht dagegen nicht.[154] § 28 II 1 StrGBW sieht ein Verbot für Anpflan-

[143] OLG Saarbrücken, BeckRS 2006, 04581 = MDR 2006, 1166.

[144] BGHZ 154, 139 = NJW 2003, 1731, 1732 = NZM 2003, 455 = MDR 2003, 681 = WM 2003, 1905 = ZfIR 2003, 420.

[145] BGHZ 154, 139 = NJW 2003, 1731, 1732 = NZM 2003, 455 = MDR 2003, 681 = WM 2003, 1905 = ZfIR 2003, 420.

[146] OLG Düsseldorf, NJW-RR 1991, 656 = MDR 1991, 442. Vgl. auch BGH, WM 1984, 1231.

[147] BGHZ 143, 1, 5 = NJW 2000, 512 = NZM 2000, 106 = MDR 2000, 150 = ZfIR 2000, 39.

[148] OLG Düsseldorf, NJW-RR 1991, 656 = MDR 1991, 442.

[149] Weitergehend Staudinger/*Roth*, § 921 Rn. 9, der selbst bei einem Widerspruch des Nachbarn eine Zustimmung annimmt, wenn später die Beseitigung der Einrichtung nicht ernstlich betrieben wird.

[150] LG Aachen, MDR 1998, 591.

[151] Ebenso Staudinger/*Roth*, § 921 Rn. 9; a. A. *Toussaint*, ZfIR 2006, 747 ff.; teilweise abw. Soergel/*Baur*, § 921 Rn. 5, der von einer tatsächlichen Vermutung ausgeht.

[152] Vgl. die bundesrechtliche Ermächtigung in Art. 124 EGBGB.

[153] Vgl. Rn. 62.

[154] Vgl. *Bruns*, NRG BW, 2. Aufl. 2012, § 7 Rn. 28.

	zungen, Zäune und für mit dem Grundstück nicht fest verbundene Einrichtungen vor, wenn diese die Sicherheit oder die Leichtigkeit des Verkehrs beeinträchtigen. Absperrungen, insbesondere durch Einfriedungen, die der Allgemeinheit das Betreten von Grundstücken in der freien Landschaft verwehren, bedürfen einer gesetzlichen Grundlage und zusätzlich der Genehmigung. Eine Ausnahme gilt nur für intensiv genutzte Flächen landwirtschaftlicher Betriebe (§§ 53, 54 NatSchGBW).
Bayern	Art. 29 II 1 BayStrWG sieht ein Verbot für Anpflanzungen, Zäune und für mit dem Grundstück nicht fest verbundene Einrichtungen vor, wenn diese die Sicherheit oder die Leichtigkeit des Verkehrs beeinträchtigen können. Eine Sperre, insbesondere eine Einfriedung in der freien Natur darf nur errichtet werden, wenn dies der Unteren Naturschutzbehörde angezeigt wird, sofern keine behördliche Gestattung erforderlich ist, und die gesetzlichen Voraussetzungen vorliegen (Art. 33, 34 BayNatSchG).
Berlin	Es besteht eine Einfriedungspflicht auf Verlangen des Nachbarn, wenn Grundstücke unmittelbar nebeneinander an derselben Straße und an demselben Weg liegen, und zwar an der von der Straße aus betrachtet zum rechten Nachbargrundstück gelegenen Grenze (§ 21 Nr. 1, Nr. 2 u. Nr. 3 NachbG Bln).[155] An anderen Grenzen, insbesondere an den beiderseits rückwärtigen Grenzen, besteht eine gemeinsame Einfriedungspflicht (§ 21 Nr. 5 NachbG Bln). Eine Einfriedungspflicht besteht nicht, wenn und soweit die Grenze mit Gebäuden besetzt ist oder Einfriedungen nicht ortsüblich sind. Gleiches gilt für Grenzen zwischen Grundstücken und den an sie angrenzenden Flächen für die Land- und Forstwirtschaft, öffentlichen Verkehrsflächen, öffentlichen Grünflächen und Gewässern (§ 22 NachbG Bln). Grundsätzlich kann nur die Errichtung einer ortsüblichen Einfriedung gefordert werden. Wenn eine Ortsüblichkeit nicht feststellbar ist, ist ein etwa 1,25 m hoher Maschendrahtzaun geschuldet. Gleiches gilt, wenn sich bei einem gemeinsamen Einfriedungszwang die Nachbarn nicht einigen können. Vorrangig sind die öffentlich-rechtlichen Vorschriften hinsichtlich der Einfriedung zu beachten. Ist die Einfriedung zugleich Schutzvorrichtung gegen unzumutbare Beeinträchtigungen, die vom Nachbargrundstück ausgehen, so hat der Verursacher die Einfriedung im erforderlichen Umfang zu verstärken oder höher auszuführen (§ 23 NachbG Bln). Die Einfriedung ist auf dem Grundstück des hierzu Verpflichteten zu errichten. Besteht eine gemeinsame Einfriedungspflicht, so ist die Einfriedung auf der gemeinsamen Grenze zu errichten (§ 24 NachbG Bln). Der zur Einfriedung Verpflichtete hat auch ihre Kosten zu tragen. Bei gemeinsamer Einfriedungspflicht besteht Kostenteilung (§ 25 NachbG Bln).[156] Die Kosten der Unterhaltung richten sich nach der Benutzung. Deshalb hat diese Kosten der Alleinnutzungsberechtigte auch zu tragen. Bei einem gemeinsamen Einfriedungszwang gilt hinsichtlich der Benutzung und der Kostentragung § 922 BGB, und zwar auch dann, wenn die Einfriedung ganz auf einem der Grundstücke errichtet ist (§ 26 NachbG Bln). Das Betreten der Flur, insbesondere die Errichtung von Einfriedungen, Einzäunungen und sonstigen tatsächlichen Hindernissen, die das Betreten der Flur einschränken oder untersagen, bedarf der Genehmigung (§ 36 I NatSchGBln).

[155] Zum Grundstück zwischen zwei Straßen und zu Eckgrundstücken s. § 21 Nr. 2b u. c NachbG Bln.
[156] Zu Ausnahmen bei einem öffentlich-rechtlichen Einfriedungszwang nur für ein Grundstück sowie zu den Mehrkosten einer erhöhten Schutzeinrichtung s. § 25 II 2 u. 3 NachbG Bln.

Brandenburg	Bei unmittelbar nebeneinander an derselben Straße oder an demselben Weg liegenden Grundstücken kann jeder Eigentümer von dem Nachbarn eine Einfriedung an der von der Straße aus betrachtet rechts gelegenen Grundstücksgrenze verlangen (§ 28 Nr. 1, 2 u. 3 BbgNRG).[157] Hinsichtlich der weiteren Grenzen, insbesondere bei den beiderseits rückwärtigen Grenzen, besteht eine gemeinsame Einfriedungspflicht (§ 28 Nr. 5 BbgNRG). Die Absicht, eine Einfriedung zu errichten, zu beseitigen, durch eine andere zu ersetzen oder wesentlich zu ändern, ist dem Nachbarn mindestens zwei Wochen vor Beginn der Arbeiten anzuzeigen. Ist der Eigentümer nicht oder nur unter erheblichen Schwierigkeiten feststellbar oder müsste die Anzeige im Ausland erfolgen, so kann diese an den unmittelbaren Besitzer des Grundstücks gerichtet werden. Eine Einfriedungspflicht besteht nicht, wenn und soweit die Grenze mit Gebäuden besetzt ist oder Einfriedungen nicht ortsüblich sind. Das Gleiche gilt für Grenzen zwischen Grundstücken und den an sie angrenzenden Flächen für die Land- und Forstwirtschaft, öffentlichen Verkehrsflächen, öffentlichen Grünflächen und Gewässern (§ 30 BbgNRG). Eine Unterausnahme hinsichtlich der Einfriedungspflicht besteht, wenn von einem Grundstück ausgehende unzumutbare Beeinträchtigungen durch eine Einfriedung verhindert oder gemildert werden können und die Einfriedung zulässig ist (§ 31 BbgNRG). Grundsätzlich kann nur die Errichtung einer ortsüblichen Einfriedung gefordert werden. Wenn eine Ortsüblichkeit nicht feststellbar ist, ist ein etwa 1,25 m hoher Maschendrahtzaun geschuldet. Gleiches gilt, wenn sich bei einem gemeinsamen Einfriedungszwang die Nachbarn nicht einigen können. Vorrangig sind die öffentlich-rechtlichen Vorschriften hinsichtlich der Einfriedung zu beachten. Ist die Einfriedung zugleich Schutzvorrichtung gegen unzumutbare Beeinträchtigungen, die vom Nachbargrundstück ausgehen, so hat der Verursacher die Einfriedung im erforderlichen Umfang zu verstärken oder höher auszuführen (§ 32 BbgNRG). Die Einfriedung ist auf dem Grundstück des hierzu Verpflichteten zu errichten. Besteht eine gemeinsame Einfriedungspflicht, so ist die Einfriedung auf der gemeinsamen Grenze zu errichten (§ 33 BbgNRG). Der zur Einfriedung Verpflichtete hat auch ihre Kosten zu tragen. Bei gemeinsamer Einfriedungspflicht besteht Kostenteilung (§ 34 BbgNRG).[158] Der zur Einfriedung allein Verpflichtete ist auch zur ausschließlichen Benutzung berechtigt und hat ebenso die Kosten der Unterhaltung der Einfriedung allein zu tragen (§ 35 I BbgNRG). Bei einem gemeinsamen Einfriedungszwang gilt hinsichtlich der Benutzung und der Kostentragung § 922 BGB, und zwar auch dann, wenn die Einfriedung ganz auf einem der Grundstücke errichtet ist (§ 35 II BbgNRG). Die Anzeigepflicht besteht unabhängig von der Einfriedungspflicht und der Kostenbeteiligung des Nachbarn (§ 29 BbgNRG). Anpflanzungen sowie Zäune, Stapelhaufen und andere mit dem Grundstück nicht fest verbundenen Einrichtungen dürfen nicht angelegt oder erhalten werden, wenn sie die Sicherheit oder die Leichtigkeit des Verkehrs beeinträchtigen (§ 26 II 1 BbgStrG). Der Grundstückseigentümer darf Sperren, die die Betretungsbefugnis in der freien Landschaft untersagen oder tatsächlich ausschließen, nur mit vorheriger Genehmigung durch die Untere Naturschutzbehörde errichten; eine Ausnahme gilt für die Errichtung und Erhalten ortsüblicher Weidezäune (§§ 44, 46 BbgNatSchG).

[157] Zum Grundstück zwischen zwei Straßen und zu Eckgrundstücken s. § 28 Nr. 2b u. c BbgNRG.

[158] Zu Ausnahmen bei einem öffentlich-rechtlichen Einfriedungszwang nur für ein Grundstück sowie zu den Mehrkosten einer erhöhten Schutzeinrichtung s. § 34 BbgNRG.

Bremen	Sperren, insbesondere Einfriedungen, die das Betreten von Wald und Flur verwehren, bedürfen der Genehmigung und sind nur bei Vorliegen der gesetzlichen Voraussetzungen zulässig (§ 34 VI BremNatSchG). Auf Grundstücken, die der Straße benachbart sind, dürfen Anpflanzungen, Stapelhaufen und ähnliches nicht angelegt werden, soweit dadurch die Sicherheit oder Leichtigkeit des Verkehrs beeinträchtigt wird (§ 23 III 1 BremLStrG).
Hamburg	Bauliche Einfriedungen an der Grenze benachbarter Grundstücke und zu öffentlichen Wegen und Grünflächen sind bis zu einer Höhe von 1,50 m, vom eigenen Grund gemessen, zulässig. Sie müssen durchbrochen sein. Einfriedungen von gewerblich genutzten Grundstücken dürfen dicht und bis 2,25 m hoch ausgeführt werden. Die Bauaufsichtsbehörde kann Ausnahmen zulassen (§ 11 HBauO).
Hessen	Der Eigentümer eines bebauten oder gewerblich genutzten Grundstücks ist auf Verlangen des Eigentümers des Nachbargrundstücks verpflichtet, sein Grundstück einzufrieden, soweit die Grenze zum Nachbargrundstück nicht mit Gebäuden besetzt ist. Sind beide Grundstücke bebaut oder gewerblich (§ 14 I HessNachbRG)[159] genutzt, so sind die Eigentümer der beiden Grundstücke gegenseitig verpflichtet, bei der Errichtung der Einfriedung mitzuwirken. Liegt das Grundstück des Eigentümers, der den Anspruch auf Einfriedung geltend macht, im Innenbereich oder im überplanten Bereich, so ist dieser Eigentümer berechtigt, bei der Errichtung der Einfriedung mitzuwirken. Diese ist bei einseitigem Einfriedungszwang entlang der Grenze, sonst auf der Grenze zu errichten (§ 14 II HessNachbRG). Die Einfriedung besteht aus einem ortsüblichen Zaun. Lässt sich eine ortsübliche Einfriedung nicht feststellen, so besteht sie aus einem 1,2 m hohen Zaun aus verzinktem Maschendraht. Öffentlich-rechtliche Vorschriften, die eine andere Art der Einfriedung vorschreiben, bleibt unberührt (§ 15 HessNachbRG). Die Einfriedung muss von der Grenze eines Grundstücks, das außerhalb eines im Zusammenhang bebauten Ortsteils liegt und nicht in einem Bebauungsplan als Bauland ausgewiesen ist, 0,5 m zurück bleiben. Dies gilt jedoch nicht gegenüber Grundstücken, für die nach Lage, Beschaffenheit oder Größe eine Bearbeitung mit Gespann oder Schlepper nicht in Betracht kommt (§ 16 I HessNachbRG).[160] Die Kosten der Einfriedung tragen bei wechselseitiger Einfriedung und bei Mitwirkung des Eigentümers des unbebauten Grundstücks an der Einfriedung beide Nachbarn zu gleichen Teilen (§ 17 I HessNachbRG). Entsteht erst nach Errichtung der Einfriedung für das Nachbargrundstück eine Einfriedungspflicht, so hat der Eigentümer dieses Grundstücks eine Vergütung in Höhe der Hälfte der Kosten der Errichtung der Einfriedung unter angemessener Berücksichtigung der bisherigen Abnutzung zu bezahlen. Gleiches gilt, wenn das angrenzende Grundstück in den im Zusammenhang bebauten Ortsteil einbezogen oder in einem Bebauungsplan als Bauland ausgewiesen wird, sofern der Eigentümer dieses Grundstücks oder sein Rechtsvorgänger die Errichtung der Einfriedung verlangt hatte (§ 17 II HessNachbRG). Hinsichtlich der Kostenbeteiligung bzw. -erstattung sind die Errichtungskosten der gesetzlich geschuldeten Einfriedung zugrunde zu legen. Besteht nur für ein Grundstück öffentlich-rechtlich der Zwang zur Errichtung einer bestimmten Einrichtung, so ist die Kostenbeteiligung begrenzt

[159] Als gewerblich genutzt gilt nicht ein Grundstück, das dem Erwerbsgartenbau dient (§ 14 III HessNachbRG).

[160] Zum Anspruch auf Beseitigung einer diesen Abstand nicht einhaltenden Einfriedung und Neuerrichtung einer Einfriedung an einer alten Stelle, die den Abstand nicht einhielt s. § 16 II u. III HessNachbRG.

	auf die geschuldete Einrichtung (§ 15 HessNachbRG), höchstens jedoch auf die tatsächlichen Aufwendungen einschließlich der Eigenleistungen (§ 17 III HessNachbRG). Die Kosten für die Unterhaltung tragen die beteiligten Grundstückseigentümer je zur Hälfte, wenn für sie oder ihre Rechtsvorgänger die Verpflichtung zur Tragung von Errichtungskosten begründet worden ist. Auch hier gilt eine Beschränkung auf die tatsächlichen Aufwendungen einschließlich der Eigenleistungen sowie bei einer öffentlich-rechtlichen Verpflichtung, die nur für ein beteiligtes Grundstück besteht, eine Beschränkung der Kostenbeteiligung auf die nachbarrechtlich geschuldete Einfriedung, höchstens jedoch wiederum auf die tatsächlichen Aufwendungen einschließlich der Eigenleistungen (§ 18 HessNachbRG). Sämtliche nachbarrechtlichen Vorschriften über die Einfriedung gelten nicht für Einfriedungen zwischen Grundstücken und den an sie angrenzenden öffentlichen Straßen, öffentlichen Grünflächen und Gewässern (§ 19 HessNachbRG). Ferner haben die öffentlich-rechtlichen Vorschriften und Vereinbarungen der Beteiligten Vorrang (§ 45 HessNachbRG). Anpflanzungen sowie Zäune und mit dem Grundstück nicht fest verbundene Einrichtungen dürfen nicht angelegt werden, wenn sie die Sicherheit oder Leichtigkeit des Verkehrs beeinträchtigen können (§ 27 II 1 HStrG).
Mecklenburg-Vorpommern	Anpflanzungen, Zäune und mit dem Grundstück nicht fest verbundene Einrichtungen dürfen nicht angelegt oder unterhalten werden, wenn sie die Verkehrssicherheit von Straßen beeinträchtigen (§ 35 III StrWG-MV).
Niedersachsen	Baugrundstücke und nicht im Außenbereich gelegene nach öffentlichem Baurecht bebaubare Grundstücke müssen entlang den öffentlichen Verkehrsflächen eingefriedet sein, soweit dies erforderlich ist, um Gefährdungen oder unzumutbare Verkehrsbehinderungen zu verhüten (§ 15 NBauO). Nachbarrechtlich besteht eine Einfriedungspflicht nur, wenn durch Einzelfallvereinbarung nichts anderes bestimmt ist. Grenzen bebaute oder gewerblich genutzte Grundstücke aneinander und liegen sie unmittelbar nebeneinander an derselben Straße oder an demselben Weg, so besteht eine Einfriedungspflicht hinsichtlich der von der Straße bzw. dem Weg aus gesehen zum rechten Nachbargrundstück gelegenen Grenze.[161] An anderen Grenzen, insbesondere an beiderseits rückwärtigen Grenzen, ist gemeinsam einzufrieden (§ 27 I Nr. 4 NNachbG). Keine Einfriedungspflicht besteht, wenn die Grenzen mit Gebäuden besetzt sind (§ 27 I Nr. 5 NNachbG) und wenn in einem Ortsteil Einfriedungen nicht üblich sind und von dem betreffenden Grundstück keine unzumutbaren Beeinträchtigungen ausgehen (§ 27 II NNachbG). Mangels abweichender Vereinbarung kann eine ortsübliche Einfriedung verlangt werden (§ 28 I 1 NNachbG). Lässt sich keine andere Ortsübung feststellen, so kann ein bis zu 1,20 m hoher Zaun verlangt werden (§ 28 I 2 NNachbG). Darf allerdings eine Einfriedung nach der Niedersächsischen Bauordnung in einer bestimmten Höhe an der Grenze errichtet werden, so kann keine geringere Höhe gefordert werden (§ 28 III NNachbG). Die Einfriedung ist grundsätzlich auf dem eigenen Grundstück zu errichten. Seitliche Zaunpfosten sollen dem eigenen Grundstück zugekehrt sein (§ 28 II NNachbG). Gehen von einem Grundstück unzumutbare Beeinträchtigungen aus, so muss der störende Nachbar die Einfriedung verbessern, um dadurch die Beeinträchtigung zu verhindern oder zumindest zu mindern. Besteht keine Einfriedungspflicht, so muss er darüber hinausgehend eine Einfrie-

[161] Zum Grundstück zwischen zwei Straßen und zu Eckgrundstücken s. § 27 I Nr. 2 NNachbG.

dung errichten, die dem Nachbargrundstück angemessenen Schutz gewährt; diese zusätzliche Einfriedungspflicht gilt für bebaute, gewerblich genutzte und unbebaute Grundstücke in Baulücken (§ 29 NNachbG). Besteht eine gemeinsame Einfriedungspflicht und will kein Eigentümer die Einfriedung ganz auf seinem Grundstück errichten, so ist jeder von ihnen berechtigt, eine ortsübliche Einfriedung auf die Grenze zu setzen. Der andere Nachbar ist berechtigt, bei der Errichtung der Einfriedung mitzuwirken. Seitliche Zaunpfosten dürfen in diesem Fall auf der Hälfte der Strecke dem Nachbargrundstück zugekehrt auf dieses gesetzt werden (§ 30 NNachbG). Liegen beide Grundstücke außerhalb eines im Zusammenhang bebauten Ortsteils und sind sie auch nicht in einem Bebauungsplan als Bauland ausgewiesen, muss die Einfriedung eines Grundstücks von der Grenze eines landwirtschaftlich genutzten Nachbargrundstücks auf Verlangen des Nachbarn 0,6 m zurück bleiben. Dieser Geländestreifen kann bei der Bewirtschaftung des landwirtschaftlich genutzten Grundstücks betreten und befahren werden. Der Grenzabstand ist nicht mehr einzuhalten, wenn eines der beiden Grundstücke bebaubar wird (§ 31 NNachbG). Hält eine Einfriedung diesen Abstand nicht ein, so ist sie zu dulden, wenn sie am 1. 7. 1967 bereits vorhanden und nach bisherigem Recht zulässig war oder wenn der Nachbar nicht spätestens im 2. Kalenderjahr nach Errichtung der Einfriedung Klage auf Beseitigung erhoben hat. Wird eine Einfriedung durch eine andere ersetzt, besteht der Beseitigungsanspruch jedoch wieder. Der Beseitigungsanspruch ist entsprechend den vorstehenden Bestimmungen ebenfalls ausgeschlossen, wenn eine Einfriedung die Grenze überschreitet ohne dass diese als gemeinsame Einfriedung auf der Grenze zulässig ist (§ 33 NNachbG). Die Kosten der Errichtung und der Unterhaltung der Einfriedung hat der zu ihrer Errichtung Verpflichtete zu tragen, und zwar auch dann, wenn die Einfriedung teilweise oder ganz auf dem Nachbargrundstück steht (§ 34 NNachbG). Besteht eine gemeinsame Einfriedungspflicht, so werden die Kosten geteilt. Entsteht die gemeinsame Einfriedungspflicht erst nach Errichtung der Einfriedung, so besteht ein Kostenerstattungsanspruch in Höhe des halben Zeitwerts der Einfriedung. Hat ein Nachbar an der linken Grundstücksgrenze eine Einfriedung errichtet und wird das linke Grundstück erst später bebaut oder gewerblich genutzt, so hat der linke Nachbar die an der gemeinsamen Grenze errichtete Einfriedung zum Zeitwert zu übernehmen. Bei der Berechnung der Errichtungskosten sind die tatsächlichen Aufwendungen einschließlich der Eigenleistungen zugrunde zu legen, in der Regel jedoch beschränkt auf die Kosten einer ortsüblichen Einfriedung. Höhere Kosten sind nur zu berücksichtigen, wenn eine aufwändigere Einfriedungsart erforderlich war; betrifft dies nur ein Grundstück, so treffen die Mehrkosten den Eigentümer dieses Grundstücks. Die Regelungen über die besondere Kostentragungspflicht gelten auch (§ 35 NNachbG), wenn die Einfriedung ganz auf einem der beiden Grundstücke errichtet ist. Haben die Errichtungskosten beide Nachbarn gemeinsam getragen, so sind sie auch beide zur Benutzung der Einfriedung berechtigt. Diese und die Unterhaltung richten sich nach § 922 BGB, und zwar unabhängig davon, ob die Einfriedung ganz auf einem der beiden Grundstücke errichtet ist (§ 36 NNachbG). Die Absicht, Einfriedungen auf oder an der Grenze und in weniger als 0,6 m Abstand von der Grenze zu errichten, zu beseitigen, durch andere zu ersetzen oder wesentlich zu verändern, ist dem Nachbarn 1 Monat vorher anzuzeigen. Bei einer Einfriedung von mehr als ortsüblicher Höhe ist die Anzeige bei einem Grenzabstand bis zu 1,5 m erforderlich. Die Anzeigepflicht besteht unabhängig davon, ob der Nachbar

	die Einfriedung verlangen kann oder sich an den Kosten beteiligen muss. Die Frist soll dem Nachbarn die Möglichkeit geben, Einwendungen zu erheben. Nachbar ist der Eigentümer bzw. der Erbbauberechtigte. Ist dieser nicht bekannt oder ist er bei einem Aufenthalt im Ausland nicht alsbald erreichbar und hat er keinen Vertreter bestellt, so genügt statt der Anzeige an ihn, die Anzeige an den unmittelbaren Besitzer (§ 37 NNachbG). Anpflanzungen, Zäune und mit dem Grundstück nicht fest verbundene Einrichtungen dürfen nicht angelegt werden, wenn sie die Verkehrssicherheit von Straßen beeinträchtigen (§ 31 II 1 NStrG).
Nordrhein-Westfalen	Der Eigentümer eines bebauten oder gewerblich genutzten Grundstücks[162] ist auf Verlangen des Eigentümers des Nachbargrundstücks verpflichtet, sein Grundstück an der gemeinsamen Grenze einzufrieden (§ 32 I 1 NachbG NRW). Die Einfriedungspflicht besteht nicht, wenn und soweit die Grenze mit Gebäuden besetzt ist, Einfriedungen nicht zulässig sind oder in den betreffenden Ortsteilen nicht üblich sind (§ 34 NachbG NRW). Sind beide Grundstücke bebaut oder gewerblich genutzt, so ist die Einfriedung, wenn auch nur ein Eigentümer dies verlangt, gemeinsam zu errichten. Wirkt ein betroffener Eigentümer innerhalb von 2 Monaten nach schriftlicher Aufforderung bei der Errichtung nicht mit, so kann der andere Eigentümer die Einfriedung allein errichten (§ 32 I 2 u. 3 NachbG NRW).[163] Der Eigentümer eines weder bebauten noch gewerblich genutzten Baugrundstücks, der vom Nachbarn die Einfriedung fordert, kann bei deren Errichtung mitwirken (§ 32 II NachbG NRW). Gehen von einem bebauten oder gewerblich genutzten Grundstück unzumutbare Beeinträchtigungen aus, so hat der Eigentümer dieses auf Verlangen des Nachbareigentümers zur Verhinderung oder Milderung der Beeinträchtigungen einzufrieden (§ 33 NachbG NRW). Die Einfriedung muss ortsüblich sein. Lässt sich eine ortsübliche Einfriedung nicht feststellen, so ist eine etwa 1,20 m hohe Einfriedung zu errichten. Zwingende öffentlich-rechtliche Vorschriften bleiben unberührt (§ 35 I NachbG NRW). Bei vom Nachbargrundstück ausgehenden Beeinträchtigungen ist die zum angemessenen Schutz erforderliche Einfriedung auf Kosten des Störers stärker oder höher auszuführen (§ 35 II NachbG NRW). Die Einfriedung ist auf der Grenze zu errichten, wenn sie zwischen bebauten oder gewerblich genutzten Grundstücken liegt. Gleichgestellt ist der Fall, dass ein Grundstück bebaut ist oder gewerblich genutzt wird und es sich beim Nachbargrundstück um ein im Innenbereich oder im Bereich eines Bebauungsplans gelegenes Baugrundstück handelt (§ 36 I 1 NachbG NRW). In den übrigen Fällen ist die Einfriedung entlang der Grenze zu errichten (§ 36 I 2 NachbG NRW). Die Einfriedung muss von der Grenze eines Grundstücks, das außerhalb eines im Zusammenhang bebauten Ortsteils liegt und nicht in einem Bebauungsplan als Bauland festgesetzt ist, nur 0,50 m zurück bleiben.[164] Dies gilt nicht gegenüber Grundstücken, die in gleicher Weise wie das Einzufriedende bewirtschaftet werden oder für die nach Lage, Beschaffenheit oder Größe eine Bearbeitung mit landwirtschaftlichem Gerät nicht in Betracht kommt (§ 36 II NachbG NRW). Eine Ausnahme besteht ferner, wenn die Einfriedung zum 1. 7. 1969 vorhanden war und ihr Abstand dem bisherigen Recht entsprach (§ 36 III NachbG NRW). Hält eine Einfriedung den vorgeschriebenen Abstand nicht ein, ist der Beseitigungsanspruch ausgeschlossen, wenn der Nachbar nicht

162 Erwerbsgärtnerei stellt kein Gewerbe dar (§ 32 III NachbG NRW).
163 Die Mitbeteiligung an den Kosten bleibt unberührt.
164 Zu Ausnahmen für Hecken vgl. §§ 40 ff. NachbG NRW u. Rn. 346.

	binnen 3 Jahren nach der Errichtung Klage auf Beseitigung erhoben hat (§ 36 IV NachbG NRW). Die Verpflichtung zur Einhaltung einer Abstandsfläche gilt auch bei Ersetzung einer bestehenden Einrichtung durch eine neue. Sind beide Eigentümer zur Herstellung verpflichtet oder wirkt der Nachbar bei der Errichtung der Einfriedung mit, so haben die Kosten beide Eigentümer zu gleichen Teilen zu tragen (§ 37 I NachbG NRW). Wird ein Grundstück später bebaut oder gewerblich genutzt oder wird ein Grundstück, dessen Eigentümer die Errichtung der Einfriedung verlangt hatte, später Bauland, so ist der Eigentümer zur Entrichtung einer Vergütung in Höhe des halben Wertes der Einfriedung verpflichtet (§ 37 II NachbG NRW). Bei der Höhe ist von dem im Zeitpunkt der Fälligkeit üblichen Errichtungskosten einer Einfriedung ortsüblicher Art auszugehen. Ist eine 1,20 m hohe Einfriedung zu errichten, so sind die Errichtungskosten für einen 1,20 m hohen Zaun aus wetterbeständigem Maschendraht maßgebend. Ist nur für eines der beiden Grundstücke öffentlich-rechtlich eine Einfriedung vorgeschrieben, so sind der Berechnung der Errichtungskosten der Einfriedung die üblichen Errichtungskosten zugrunde zu legen. Sind in sämtlichen vorgenannten Fällen die tatsächlichen Aufwendungen einschließlich der Eigenleistungen niedriger, so ist davon auszugehen. Das Alter und der Zustand der Einfriedung sind zu berücksichtigen (§ 37 III NachbG NRW). Besteht für beide Grundstücke eine Einfriedungspflicht oder hat der Eigentümer eines unbebauten Grundstücks die Einfriedung gefordert, so darf diese auf die Grenze versetzt oder dort neu errichtet werden. Der Eigentümer des angrenzenden Grundstücks hat auch in diesem Fall eine Vergütung gemäß den vorstehenden Regelungen zu bezahlen (§ 37 IV NachbG NRW). Der Nachbar eines störenden Grundstücks, gegenüber dem der Schutz vor den unzumutbaren Beeinträchtigungen gefordert wird, muss die Kosten der Einrichtung allein tragen (§ 37 V NachbG NRW). Die Kosten der Unterhaltung einer Einfriedung tragen die beteiligten Grundstückseigentümer je zur Hälfte, wenn und sobald für sie oder ihr Rechtsvorgänger die Verpflichtung zur Tragung von Errichtungskosten begründet worden ist. Hinsichtlich der Berechnung gelten die Regeln über die Vergütung der Errichtungskosten entsprechend (§ 38 NachbG NRW). Die Vorschriften über die Einfriedung gelten nicht für Einfriedungen zwischen Grundstücken und den an sie angrenzenden öffentlichen Verkehrsflächen, öffentlichen Grünflächen und oberirdischen Gewässern (§ 39 NachbG NRW). Anpflanzungen sowie Zäune und mit dem Grundstück nicht fest verbundene Einrichtungen dürfen nicht angelegt werden, wenn sie die Verkehrssicherheit einer Straße beeinträchtigen (§ 30 II 1 StrWG NRW).
Rheinland-Pfalz	Die Einfriedung von Grundstücken kann von der Bauaufsichtsbehörde verlangt werden, wenn die Verkehrssicherheit dies erfordert (§ 12 I 1 LBauO RhPf). Die Einfriedung muss mit der Umgebung in Einklang stehen (§§ 12 II, 5 II LBauO RhPf).[165] Sie darf die Sicherheit oder Leichtigkeit des öffentlichen Verkehrs nicht gefährden (§ 17 II LBauO RhPf). Anpflanzungen, Zäune und mit dem Grundstück nicht fest verbundene Einrichtungen dürfen ferner an Straßen nicht angelegt werden, sofern sie den Verkehr behindern oder die Sicherheit oder Leichtigkeit des Verkehrs durch Sichtbehinderung oder in anderer Weise beeinträchtigen können (§ 27 II 1 LStrG RhPf).

[165] Zur (verneinten) lebenden Hecke als Einfriedung OVG Koblenz, NVwZ-RR 2005, 527.

	Eine nachbarrechtliche Einfriedungspflicht besteht für Grundstücke, die innerhalb eines im Zusammenhang bebauten Ortsteils liegen, wenn dies zum Schutze des Nachbargrundstücks vor wesentlichen Beeinträchtigungen erforderlich ist, die vom einzufriedenden Grundstück ausgehen (§ 39 I LNRG RhPf). Die Art der Einfriedung richtet sich vorbehaltlich abweichender baurechtlicher Anforderungen, nach der Ortsübung. Lässt sich eine solche nicht feststellen, so gilt ein 1,2 m hoher Zaun aus festem Maschendraht als ortsüblich. Genügt die vorbeschriebene Art der Einfriedung nicht, um dem Nachbargrundstück angemessenen Schutz vor Beeinträchtigungen zu bieten, so hat der zur Einfriedung Verpflichtete die Einfriedung in dem erforderlichen Maße zu verstärken oder zu erhöhen (§ 39 II LNRG RhPf). Der einseitig zur Einfriedung Verpflichtete Eigentümer hat diese auf seinem Grundstück anzubringen sowie die Kosten der Errichtung und Unterhaltung zu tragen (§ 40 I LNRG RhPf). Besteht wechselseitig an einem Grenzabschnitt eine Einfriedungspflicht, so kann jeder Grundstückseigentümer verlangen, dass eine gemeinsame Einfriedung auf die Grenze gesetzt wird. Die Kosten der Errichtung und der Unterhaltung haben die Eigentümer in diesem Fall je zur Hälfte zu tragen. Dabei werden die tatsächlichen Aufwendungen einschließlich der Eigenleistungen berücksichtigt, nicht jedoch mehr als die Kosten der ortsüblichen Einfriedung. Höhere Kosten werden nur berücksichtigt, wenn diese Art der Einfriedung vorgeschrieben war; trifft die diesbezügliche Pflicht nur einen Eigentümer, so hat er die Mehrkosten allein zu tragen (§ 40 II LNRG RhPf). Die Absicht, eine Einfriedung zu errichten, zu beseitigen, durch eine andere zu ersetzen oder wesentlich zu verändern, ist dem Nachbarn mindestens 2 Wochen vor Beginn der Arbeiten anzuzeigen. Die Anzeigepflicht besteht auch dann, wenn kein Anspruch auf Errichtung der Einfriedung und keine Verpflichtung zur Kostenbeteiligung bestehen. Ist der Nachbar nicht alsbald erreichbar, so genügt eine Anzeige an den unmittelbaren Besitzer (§ 41 LNRG RhPf). Einfriedungen müssen von der Grenze eines landwirtschaftlich genutzten und nicht als Bauland ausgewiesenen Grundstücks im Außenbereich auf Verlangen des Nachbars 0,5 m zurück bleiben. Dies gilt nicht gegenüber Grundstücken, für die nach Lage, Beschaffenheit oder Größe eine Bearbeitung mit Gespann oder Schlepper nicht in Betracht kommt (§ 42 I LNRG RhPf).[166] Der Anspruch auf Beseitigung einer Einfriedung, die den Abstand nicht einhält, ist ausgeschlossen, wenn der Nachbar nicht innerhalb von 2 Jahren nach dem Anbringen Klage auf Beseitigung erhoben hat (§ 42 II LNRG RhPf).[167] Die Abstände sind auch bei einer Erneuerung oder einer Ausbesserung die einer Erneuerung gleich kommt, zu beachten (§ 42 III LNRG RhPf). Einrichtungen, die dazu bestimmt oder geeignet sind, das Betreten der Flur zu verhindern oder wesentlich einzuschränken, sind der Unteren Naturschutzbehörde anzuzeigen; ausgenommen hiervon sind notwendige Weidezäune und Kulturschutzeinrichtungen (§ 33 II LNatSchGRhPf).
Saarland	Nachbarrechtlich hat der Eigentümer eines innerhalb eines im Zusammenhang bebauten Ortsteils belegenen Grundstücks auf Verlangen des Nachbarn eine Einfriedung zu errichten, wenn dies zum Schutze des Nachbargrundstücks vor wesentlichen Beeinträchtigungen erforderlich ist, die von seinem Grundstück ausgehen (§ 43 I Saarl NachbarRG). Die Art der Einfriedung richtet sich vorbehaltlich bau-

[166] Die Ausnahme gilt nicht für den Abstand von Wirtschaftswegen (§ 42 I 3 LNRG RhPf).
[167] Auch hier gilt wieder die Ausnahme für Wirtschaftswege (§ 42 II 2 LNRG RhPf).

	rechtlicher Anforderungen nach der Ortsübung. Lässt sich eine solche nicht feststellen, so gilt ein 1,2 m hoher Zaun aus festem Maschendraht als ortsüblich. Sofern die vorbeschriebene Art der Einfriedung nicht als angemessener Schutz ausreicht, hat der zur Einfriedung Verpflichtete diese in dem erforderlichen Maße zu verstärken oder zu erhöhen (§ 43 II Saarl NachbarRG). Die Einfriedung ist auf dem Grundstück des Verpflichteten anzubringen; dieser hat die Herstellungs- und Unterhaltskosten zu tragen (§ 44 I Saarl NachbarRG). Soweit zwei Nachbarn an einem Grenzabschnitt gegenseitig zur Einfriedung verpflichtet sind, kann jeder von ihnen verlangen, dass eine gemeinsame Einfriedung auf die Grenze gesetzt wird. Die Nachbarn haben die Kosten der Errichtung und der Unterhaltung der Einfriedung in diesem Fall je zur Hälfte zu tragen. Als Kosten sind die tatsächlichen Aufwendungen einschließlich der Eigenleistungen zu berechnen, begrenzt jedoch durch die Kosten einer ortsüblichen Einfriedung. Höhere Kosten sind nur zu berücksichtigen, wenn eine aufwändigere Art der Einfriedung erforderlich oder vorgeschrieben war; betrifft dies nur eines der Grundstücke, so hat der Eigentümer dieses Grundstücks die Mehrkosten allein zu tragen (§ 44 II Saarl NachbarRG). Entsteht nachträglich auch für den Eigentümer des nicht eingefriedeten Grundstück die Einfriedungspflicht, so ist er verpflichtet, an den Eigentümer des eingefriedeten Grundstücks die Hälfte der Kosten der Errichtung der Einfriedung unter angemessener Berücksichtigung der bisherigen Abnutzung sowie der künftigen Unterhaltung zu zahlen. Hinsichtlich der berücksichtigungsfähigen Kosten gelten die vorstehenden Ausführungen entsprechend (§ 44 III Saarl NachbarRG). Die Absicht, eine Einfriedung zu errichten, zu beseitigen, durch eine andere zu ersetzen oder wesentlich zu verändern, ist dem Nachbarn mindestens 2 Wochen vor Beginn der Arbeiten anzuzeigen, und zwar auch dann, wenn dieser die Einfriedung nicht verlangen kann und sich auch nicht an den Kosten beteiligen muss. Ist der Nachbar unbekannten Aufenthalts oder bei einem Aufenthalt im Ausland nicht alsbald erreichbar und hat er keinen Vertreter bestellt, so genügt die Anzeige an den unmittelbaren Besitzer. Mit dem Beginn der Einfriedungsarbeiten darf erst nach Fristablauf begonnen werden (§ 45 III i.V. m. § 7 Saarl NachbarRG). Einfriedungen müssen von der Grenze eines landwirtschaftlich genutzten und nicht als Bauland ausgewiesenen Grundstücks, das im Außenbereich liegt, auf Verlangen des Nachbarn 0,5 m zurück bleiben.[168] Dies gilt nicht gegenüber Grundstücken, für die nach der Lage, Beschaffenheit oder Größe eine Bearbeitung mit Gespann oder Schlepper nicht in Betracht kommt, oder die in gleicher Weise wie das einzufriedende Grundstück bewirtschaftet werden (§ 46 I Saarl NachbarRG). Der Anspruch auf Beseitigung einer diesen Abstand nicht einhaltenden Einfriedung ist ausgeschlossen, wenn der Nachbar nicht innerhalb von 2 Jahren nach dem Anbringen Klage auf Beseitigung erhoben hat (§ 46 II 1 Saarl NachbarRG). Die vorstehenden Abstände sind auch zu beachten, wenn eine Einfriedung durch eine andere ersetzt oder in einer einer Erneuerung gleich kommenden Weise ausgebessert wird (§ 46 III Saarl NachbarRG). Anpflanzungen aller Art sowie Zäune und mit dem Grundstück nicht fest verbundene Gegenstände dürfen nicht angelegt werden, wenn sie die Sicherheit oder Leichtigkeit des Verkehrs auf Straßen beeinträchtigen können (§ 31 II 1 StrGSaarl).
Sachsen	Jeder Nachbar darf sein Grundstück einfrieden, wobei ortsübliche Einfriedungen auch auf der Grenze errichtet werden dürfen (§ 4 S. 1

168 Die Ausnahme gilt nicht für den Abstand von Wirtschaftswegen (§ 46 III 1 3 Saarl NachbarRG).

	u. 2 Sächs NRG).[169] Bei Grundstücksgrenzen zu den dem Gemeingebrauch dienenden Flächen darf die Einfriedung nicht auf der Grenze vorgenommen werden (§ 4 S. 3 Sächs NRG). Die Kosten der Herstellung und Unterhaltung trägt derjenige, der die Einfriedung errichtet (§ 5 I Sächs NRG). Die Kosten für die Unterhaltung einer ortsüblichen Einfriedung auf der Grenze tragen beide betroffenen Eigentümer zu gleichen Teilen (§ 5 II 1 Sächs NRG). Die Kosten der Unterhaltung vorhandener Einfriedungen zu den dem Gemeingebrauch dienenden Flächen trägt jeder Eigentümer selbst (§ 5 II 2 Sächs NRG). Von den Kosten befreit sind die Eigentümer landwirtschaftlich genutzter Grundstücke und von Waldflächen (§ 5 II 3 Sächs NRG). Die Mehrkosten der Herstellung und Unterhaltung der Einfriedung, die für die Verhinderung oder Verminderung der Beeinträchtigungen, die von einem Nachbargrundstück ausgehen, erforderlich sind, hat der Störer zu tragen (§ 6 Sächs NRG). Eine Einfriedung muss von der Grenze des landwirtschaftlich genutzten Grundstücks des Nachbarn 0,6 m zurück bleiben, wenn beide Grundstücke außerhalb eines im Zusammenhang bebauten Ortsteil liegen und nicht in einem Bebauungsplan als Baugebiet ausgewiesen sind. Die Verpflichtung erlischt, wenn eines der beiden Grundstücke Teil eines im Zusammenhang bebauten Ortsteils wird oder in einen Bebauungsplan als Bauland festgesetzt wird. Dieser Geländestreifen darf bei der Bewirtschaftung des Grundstücks des Nachbarn betreten und befahren werden (§ 7 Sächs NRG). Für den Anspruch auf Beseitigung einer Einfriedung, die den Abstand nicht einhält, gilt die Regelverjährung nach § 31 I und II 1 Sächs NRG. Dies gilt auch, wenn die Einfriedung durch eine andere ersetzt wird (§ 31 II 2 Sächs NRG). Anpflanzungen und Zäune sowie mit dem Grundstück nicht fest verbundene Einrichtungen dürfen nicht angelegt oder unterhalten werden, wenn sie die Sicherheit oder Leichtigkeit des Verkehrs an Straßen beeinträchtigen (§ 27 II 1 SächsStrG). Einfriedungen, die der Allgemeinheit das Betreten von Grundstücken in der freien Landschaft verwehren, sind nur zulässig, wenn und soweit es sich bei einem mit einem Wohngebäude bebauten Grundstück um den Wohnbereich und die damit in räumlichem und sachlichem Zusammenhang stehenden bebauten oder nicht bebauten Grundstücksteile handelt,[170] eine Beschädigung des Grundstücks oder dessen Verunreinigung oder Schäden an landwirtschaftlichen Kulturen in nicht unerheblichem Maß zu befürchten sind, Maßnahmen der Land-, Forst- und Fischereiwirtschaft, der Jagdausübung oder zulässiger sportlicher Veranstaltungen sowie sonstige zwingende Gründe eine Sperre erfordern. Die Sperre bedarf der behördlichen Genehmigung. Ausgenommen hiervon sind Sperren von intensiv genutzten Flächen landwirtschaftlicher Betriebe, von Weide- und von Wildzäunen (§ 32 SächsNatSchG).
Sachsen-Anhalt	Auf Verlangen des Nachbarn oder der Nachbarin ist ein Grundstück einzufrieden, wenn es zum Schutze des benachbarten Grundstücks vor nicht nur unwesentlichen Beeinträchtigungen, die von dem anderen Grundstück ausgehen, erforderlich ist (§ 22 NbG LSA). Die Einfriedung muss ortsüblich sein. Lässt sich eine ortsübliche Einfriedung nicht feststellen, so darf ein bis 2,0 Meter hoher Zaun errichtet werden. Öffentlich-rechtliche Vorschriften über eine andere Art der Einfriedung haben Vorrang (§ 23 NbG LSA). Wenn eine den

[169] Die Vorschriften über Grenzabstände für Pflanzen (§§ 9ff. Sächs NRG) bleiben unberührt (§ 4 S. 4 Sächs NRG).

[170] Entsprechendes gilt für gewerblich genutzte Grundstücke.

	vorstehenden Regelungen entsprechende Einfriedung keinen angemessenen Schutz vor nicht hinzunehmenden Beeinträchtigungen bietet, so ist sie zu verstärken, zu erhöhen oder zu vertiefen (§ 22 II NbG LSA). Die Einfriedung ist an der Grenze zum benachbarten Grundstück zu errichten (§ 24 I NbG LSA). An der Grenze eines landwirtschaftlich genutzten Grundstücks, das im Außenbereich liegt und nicht als Bauland ausgewiesen ist, müssen Einfriedungen auf Verlangen des Nachbarn oder der Nachbarin 0,5 Meter zurück bleiben. Die Einhaltung dieses Abstands ist gegenüber Grundstücken, für die nach Lage, Größe oder sonstiger Beschaffenheit eine den Grenzabstand erfordernde Art der Bodenbearbeitung nicht in Betracht kommt, nicht erforderlich (§ 24 II NbG LSA). Eine Einfriedung darf auf die Grenze gesetzt werden, wenn der Nachbar oder die Nachbarin einwilligt oder eine gemeinsame Einfriedung zu erstellen ist (§ 24 III NbG LSA). Bei gegenseitiger Einfriedungspflicht, ist eine gemeinsame Einfriedung auf die Grenze zu setzen. Die Kosten der Errichtung und Unterhaltung dieser gemeinsamen Einfriedung haben beide Eigentümer je zur Hälfte zu tragen (§ 25 NbG LSA). Die Absicht, eine Einfriedung zu errichten, zu beseitigen, durch eine andere zu ersetzen oder wesentlich zu verändern, ist dem Nachbarn oder der Nachbarin und dem unmittelbaren Besitzer oder der unmittelbaren Besitzerin der angrenzenden Grundstücke unter Mitteilung der Einzelheiten des Vorhabens mindestens 4 Wochen vor Beginn der Arbeiten schriftlich anzuzeigen. Die alleinige Anzeige an den unmittelbaren Besitzer oder die unmittelbare Besitzerin genügt, wenn der Aufenthalt des Nachbar oder der Nachbarin nur unter unverhältnismäßigen Schwierigkeiten feststellbar ist oder die Anzeige im Ausland erfolgen müsste und im Inland niemand zum Empfang von Erklärungen bevollmächtigt ist. Mit den Errichtungsarbeiten darf vor Fristablauf nur begonnen werden, wenn sich der Nachbar oder die Nachbarin und der unmittelbare Besitzer oder die unmittelbare Besitzerin hiermit einverstanden erklärt haben. Die Anzeigepflicht besteht unabhängig davon, ob die andere Seite die Einfriedung verlangen kann und sich an den Kosten zu beteiligen hat (§ 27 NbG LSA). Entspricht eine Einfriedung hinsichtlich ihrer Beschaffenheit oder ihres Standorts nicht den vorstehenden Bestimmungen, ist der Anspruch auf Änderung oder Beseitigung ausgeschlossen, wenn der Nachbar oder die Nachbarin nicht binnen Jahresfrist Klage erhoben hat. Die Frist beginnt mit dem Schluss des Kalenderjahres der Errichtung oder, wenn eine solche Einfriedung erneuert wird, ihrer Erneuerung (§ 28 NbG LSA).[171] Die Vorschriften über die Verpflichtung zur Errichtung, die Beschaffenheit und den Standort der Einfriedung gelten nicht für öffentliche Verkehrsflächen, öffentliche Grünflächen und oberirdische Gewässer sowie für Erbbauberechtigte an öffentlichen Verkehrsflächen oder öffentlichen Grünflächen (§ 26 NbG LSA). Anpflanzungen und Zäune sowie mit dem Grundstück nicht fest verbundene Einrichtungen dürfen bei einer Straße benachbarten Grundstücken nicht angelegt oder unterhalten werden, wenn sie die Sicherheit oder Leichtigkeit des Verkehrs beeinträchtigen (§ 26 II 1 StrGLSA).
Schleswig-Holstein	Der Eigentümer eines bebauten oder gewerblich genutzten Grundstücks ist innerhalb eines im Zusammenhang bebauten Ortsteils auf Verlangen des Eigentümers des Nachbargrundstücks verpflichtet, sein Grundstück an der gemeinsamen Grenze einzufrieden und die Einfriedung zu unterhalten, soweit die Grenze nicht mit Gebäuden be-

[171] Zu vor In-Kraft-Treten des Gesetzes errichteten Einfriedungen s. LG Halle, LKV 2003, 47.

	setzt ist. Sind beide Grundstücke bebaut oder gewerblich[172] genutzt, besteht diese Verpflichtung wechselseitig (§ 28 I u. II NachbG SchlH).[173] Eine Einfriedungspflicht besteht ferner, wenn von einem Grundstück unzumutbare Beeinträchtigungen ausgehen, um diese Beeinträchtigungen zu verhindern oder, falls nicht möglich oder zumutbar, zu mildern (§ 29 NachbG SchlH). Bei einer gemeinsamen Einfriedungspflicht ist die Einfriedung auf der gemeinsamen Grenze zu errichten, sonst entlang der Grenze des einzufriedenden Grundstücks (§ 30 I NachbG SchlH). Entsteht später die gemeinsame Einfriedungspflicht, so ist der Eigentümer des eingefriedeten Grundstücks berechtigt, die Einfriedung auf eigene Kosten auf die gemeinsame Grenze zu versetzen (§ 30 II NachbG SchlH). Die Einfriedung muss ortsüblich sein. Lässt sich eine solche nicht feststellen, so ist ein etwa 1,20 m hoher Zaun aus Maschendraht zu errichten, wobei vorrangige öffentlich-rechtliche Vorschriften unberührt bleiben. Bei Beeinträchtigungen, die von dem einzufriedenden Grundstück ausgehen, ist die Einfriedung in dem erforderlichen Umfang zu verstärken, zu erhöhen oder zu vertiefen (§ 31 NachbG SchlH). Bei gemeinsamer Einfriedungspflicht haben die Kosten der Errichtung und Unterhaltung der Einfriedung die Grundstückseigentümer je zur Hälfte zu tragen und zwar auch dann, wenn die Einfriedung ganz auf einem der beiden Grundstücke errichtet ist. Mehrkosten, die wegen einer Störung anfallen, hat der Eigentümer des Grundstücks, von dem die Beeinträchtigungen ausgehen, zu tragen. Wird das angrenzende Grundstück später bebaut oder gewerblich genutzt, so hat der Eigentümer dieses Grundstücks die Hälfte der Kosten der Errichtung der Einfriedung unter angemessener Berücksichtigung der bisherigen Abnutzung zu zahlen. Zugrunde zu legen sind die Kosten der ortsüblichen Einfriedung, höchstens die tatsächlichen Aufwendungen einschließlich der Eigenleistungen, soweit es sich bei dem angrenzenden Grundstück nicht um ein „Störergrundstück" handelt (§ 32 NachbG SchlH). War am 1. 4. 1971 bereits eine Einfriedung vorhanden und entsprach diese dem bisherigen Recht oder wurde nicht bis zum Ablauf des 31. 12. 1972 Klage auf Errichtung oder Mitwirkung bei der Errichtung einer den neuen Vorschriften entsprechenden Einfriedung erhoben, ist der Einfriedungsanspruch ausgeschlossen (§ 33 NachbG SchlH). Die Vorschriften über die Einfriedungspflicht gelten ferner nicht für Einfriedungen zwischen Grundstücken und den an sie angrenzenden öffentlichen Verkehrsflächen, öffentlichen Grünflächen und oberirdischen Gewässern (§ 34 NachbG SchlH). Anpflanzungen, Zäune und mit dem Grundstück nicht fest verbundene Einrichtungen dürfen nicht angelegt oder unterhalten werden, wenn sie die Verkehrssicherheit von Straßen beeinträchtigen (§ 33 III StrWGSH).
Thüringen	Eine nachbarrechtliche Einfriedungspflicht besteht für ein innerhalb eines im Zusammenhang bebauten Ortsteils belegenes Grundstück, wenn dies zum Schutz des Nachbargrundstücks vor wesentlichen Beeinträchtigungen erforderlich ist, die von dem einzufriedenden Grundstück ausgehen. Vorbehaltlich baurechtlicher Vorschriften richtet sich die Art der Einfriedung nach der Ortsübung. Lässt sich diese nicht feststellen, so gilt ein 1,2 m hoher Zaun aus festem Maschendraht als ortsüblich. Ist diese Schutzeinrichtung vor Beeinträchtigungen nicht ausreichend, so ist die Einfriedung in dem erforderlichen Maße zu verstärken oder zu erhöhen (§ 39 ThürNRG). Die Einfriedung ist grundsätzlich auf dem eigenen Grundstück anzubrin-

[172] Erwerbsgärtnerei stellt kein Gewerbe dar (§ 28 III NachbG SchlH).
[173] Zur Einfriedungspflicht landwirtschaftlich genutzter Grundstücke vgl. §§ 35 f. NachbG SchlH.

	gen. Der verpflichtete Eigentümer hat die Kosten der Errichtung und Unterhaltung zu tragen (§ 40 I ThürNRG). Besteht eine gegenseitige Einfriedungspflicht, so kann jeder Nachbar verlangen, dass die gemeinsame Einfriedung auf die Grenze gesetzt wird. Zur Kostentragung sind beide Eigentümer zur Hälfte verpflichtet. Als Kosten sind die tatsächlichen Aufwendungen einschließlich der Eigenleistungen anzusetzen, in der Regel jedoch nicht mehr als die Kosten einer ortsüblichen Einfriedung. Höhere Kosten sind nur zu berücksichtigen, wenn eine aufwändige Art der Einrichtung erforderlich oder vorgeschrieben war; betrifft dies nur ein Grundstück, so hat der Eigentümer dieses Grundstücks die Mehrkosten allein zu tragen (§ 40 II ThürNRG). Wird ein Nachbar erst einfriedungspflichtig, nachdem die Einfriedung schon besteht, ist auf Verlangen der Zeitwert der Einfriedung zur Hälfte zu ersetzen; ab dem Zeitpunkt der Einfriedungspflicht hat der Nachbar die Kosten der Unterhaltung zur Hälfte mitzutragen. Ausgenommen hiervon sind Mehrkosten, die allein einen Eigentümer eines Grundstücks betreffen (§ 40 III ThürNRG). Die Absicht, eine Einfriedung zu errichten, zu beseitigen, durch eine andere zu ersetzen oder wesentlich zu verändern, ist dem Nachbar mindestens 2 Wochen vor Beginn der Arbeiten anzuzeigen. Ist der Nachbar unbekannten Aufenthalts oder nicht alsbald erreichbar und hat er keinen Vertreter bestellt, so genügt die Anzeige an den unmittelbaren Besitzer. Die Anzeigepflicht besteht unabhängig von einem Anspruch auf Einfriedung und der Verpflichtung zur Kostenbeteiligung (§ 41 ThürNRG). Einfriedungen müssen von den im Außenbereich belegenen landwirtschaftlich genutzten Grundstücken, die nicht als Bauland ausgewiesen sind, auf Verlangen des Nachbarn 0,5 m zurück bleiben. Dies gilt nicht gegenüber Grundstücken, für die nach Lage, Beschaffenheit oder Größe eine Bearbeitung mit Gespann oder Schlepper nicht in Betracht kommt (§ 42 I ThürNRG).[174] Hält die Einfriedung nur einen geringeren Abstand ein, ist ein Beseitigungsanspruch ausgeschlossen, wenn der Nachbar nicht innerhalb von 2 Jahren nach dem Anbringen Klage auf Beseitigung erhoben hat (§ 42 II ThürNRG).[175] Die Verpflichtung zur Einhaltung des Abstandes gilt auch bei Ersetzung einer Einfriedung durch eine neue oder einer Ausbesserung, die einer Erneuerung gleich kommt (§ 42 III ThürNRG). Die Verpflichtung zur Einhaltung des Abstands besteht nicht mehr, wenn das Grundstück in den im Zusammenhang bebauten Ortsteil hineinwächst oder in einem Bebauungsplan als Bauland ausgewiesen wird (§ 42 IV ThürNRG). Anpflanzungen sowie Zäune oder mit dem Grundstück nicht fest verbundene Einrichtungen dürfen nicht angelegt oder unterhalten werden, wenn sie die Sicherheit oder Leichtigkeit des Verkehrs beeinträchtigen (§ 26 II 1 ThStrG). Vorrichtungen, die dazu bestimmt oder geeignet sind, das Betreten der freien Landschaft zu verhindern oder wesentlich einzuschränken, bedürfen der Genehmigung der Unteren Naturschutzbehörde, soweit keine speziellen Vorschriften bestehen. Hiervon ausgenommen sind die in der Land-, Forst- und Fischereiwirtschaft üblichen offenen Einfriedungen sowie Wildschutzzäune entlang von Verkehrsstraßen (§ 34 V ThürNatG).

Weitere Einfriedungspflichten und -verbote finden sich in Spezialgesetzen. So enthält beispielsweise auch § 11 II FStrG das Verbot, Anpflanzungen, Zäune und mit dem Grundstück nicht fest verbundene Einrichtungen anzulegen, wenn sie die Verkehrs- 66

[174] Von der Grenze eines Wirtschaftswegs müssen Einfriedungen stets 0,5 m zurück bleiben (§ 42 I 3 ThürNRG).

[175] Unberührt bleibt der zwingende Abstand von Wirtschaftswegen (§ 42 II 2 ThürNRG).

sicherheit von Bundesfernstraßen beeinträchtigen. Einfriedungspflichten können sich ferner auch aus ortsrechtlichen Vorschriften wie z. B. Gemeindesatzungen und hier wiederum insbesondere aus Festsetzungen im Bebauungsplan ergeben.[176]

67 Der in den gesetzlichen Bestimmungen verwendete **Begriff der Einfriedung** wird nicht definiert. Es handelt sich um eine Anlage, die ein Grundstück gegenüber Nachbargrundstücken, Wegen oder Straßen abgrenzt oder es vor dem Betreten Unbefugter oder sonstigen Beeinträchtigungen schützt.[177] In der Praxis sind dies im Wesentlichen Zäune, Mauern und Anpflanzungen.

68 Umstritten ist, inwieweit **Stützmauern**, die auf oder an einer Grundstücksgrenze stehen, unter den Begriff der Einfriedung fallen. Dies ist jedenfalls dann nicht der Fall, wenn auf der dem höher gelegenen Grundstück zugewandten Seite auf der gesamten Mauerlänge das Erdreich bis unmittelbar an die Krone der Mauer oder nur unwesentlich niedriger aufgefüllt worden ist.[178] Für sie gelten, wenn es sich um bauliche oder diesen gleichgestellte Anlagen handelt, die Vorschriften des Bauordnungsrechts.[179]

69 Das BGB enthält keine speziellen Vorschriften, die die Einfriedung von Grundstücken regeln. Die **Landesrechte** lassen sich in solche einteilen, die entweder eine allgemeine Einfriedungspflicht von bebauten oder gewerblich genutzten Grundstücken vorsehen, solche, die eine Einfriedungspflicht nur für störende Grundstücke normieren, und schließlich solche, die keinerlei Regelungen über eine gegenüber dem Nachbarn bestehende Einfriedungspflicht enthalten.

70 In Nachbargesetzen wird häufig der Begriff des Ortsteils entsprechend dem baurechtlichen Verständnis verwendet. Ein **Ortsteil** ist danach jeder Bebauungskomplex im Gebiet einer Gemeinde, der nach der Zahl der vorhandenen Bauten ein gewisses Gewicht besitzt und Ausdruck einer organischen Siedlungsstruktur ist.[180] Es ist somit darauf abzustellen, ob der Bebauung ein gewisses Gewicht zukommt und ob der Bebauungskomplex eine organische Siedlungsstruktur aufweist. Hierzu ist der Vergleich mit anderen Ortsteilen anzustellen. Das Bundesverwaltungsgericht hat selbst bei 6 Gebäuden einen Ortsteil nicht von vornherein ausschließen wollen, aber gleichzeitig bei ihnen eine untere Grenze angenommen.[181] Der Ortsteil ist abzugrenzen von einer Ansammlung von Wohngebäuden, die noch nicht die Ortsteileigenschaft besitzt.[182]

71 Die **Ortsüblichkeit** bestimmt sich entsprechend der Üblichkeit in dem betreffenden Ortsteil. Hierzu kann – bezogen auf Einfriedungen – die Eigenartigkeit der näheren Umgebung Beurteilungsmaßstab sein. Auch insoweit entspricht diese nämlich der Situationsgebundenheit des einzufriedenden Grundstücks. Dabei lässt sich der räumliche Umkreis nicht schematisch, etwa durch die Angabe bestimmter Entfernungen, beurteilen. Auch eine unterschiedliche Nutzungsstruktur kann sich auf die Art der Einfriedung auswirken. Handelt es sich um eine in sich geschlossene Siedlung, so kann sich die Prüfung, welche Einfriedung ortsüblich ist, auf diese Grundstücke beschränken.[183] Sind mehrere Einfriedungsarten im betreffenden Gebiet ortsüblich, steht es dem einfriedungspflichtigen Eigentümer frei, welche Art er wählt. [184] Bei der Ortsüblichkeit einer Einfriedung[185]

---

[176] Vgl. VGH Mannheim, BauR 2007, 358.

[177] S. nur Fink-Jamann, in: *Schäfer/Fink-Jamann/Peter,* Nachbarrechtsgesetz Nordrhein-Westfalen, 16. Auflage 2012, vor §§ 32–39, Rn. 6 u. *Schäfer,* Sächsisches Nachbarrecht, vor § 4 Rn. 1.

[178] Ebenso *Schäfer,* Sächsisches Nachbarrecht, vor § 4 Rn. 3. Zur nur teilweise als Stützmauer dienenden Grenzmauer s. OLG Karlsruhe, BeckRS 2008, 10045 = MDR 2008, 855.

[179] Vgl. auch Hdb. BauOR/*Wilke,* Teil 3 Rn. 132.

[180] S. nur BVerwG, NVwZ 1984, 434 = BauR 1984, 439.

[181] BVerwGE 31, 20; BVerwG, BRS 22 Nr. 76 = RdL 1970, 24. Vgl. auch BVerwGE 114, 247 = NVwZ 2001, 1043 = BauR 2001, 1692 = DVBl. 2001, 1455 = UPR 2001, 443; BVerwG, BauR 2007, 1383 = ZfBR 2007, 480; VGH Mannheim, NVwZ-RR 2011, 393 = BauR 2012, 484.

[182] BVerwG, ZfBR 1994, 190 zu 4 Wohngebäuden.

[183] BGH, NJW 1992, 2569 = LM § 1004 BGB Nr. 203.

[184] BGH, NJW 1979, 1408, 1409 u. BGH, NJW 1992, 2569, 2570 = LM § 1004 BGB Nr. 203.

[185] S. dazu OLG Frankfurt/M., NJW-RR 1988, 403; OLG Düsseldorf, NJW-RR 1990, 1100 u. OLG Köln, VersR 1992, 1235.

ist ein Gesamtbild zu berücksichtigen. Deshalb kommt es beispielsweise bei einem Lattenzaun, durch den eine Schilfmatte „geflochten" ist, auf den Gesamteindruck an. Gleiches gilt beispielsweise, wenn an einen Maschendrahtzaun Plastikfolien angebracht wurden. Maßgeblich sind die Verhältnisse im Zeitpunkt der letzten mündlichen Verhandlung in der Tatsacheninstanz. Deshalb kann einem Verlangen auf Entfernung einer bestimmten Einfriedung entgegengehalten werden, die Einfriedung sei zwischenzeitlich ortsüblich geworden.[186] Umgekehrt muss eine zum Zeitpunkt der Errichtung ortsübliche Einfriedung nicht entfernt werden, wenn sich die Verhältnisse später ändern sollten.[187]

Der Nachbar, der die Entfernung einer Einfriedung fordert, da sie nicht ortsüblich ist, 72
muss nicht **beweisen**, welche Einfriedung ortsüblich ist. Er kann sich – ebenso wie das Gericht – darauf beschränken, die fehlende Ortsüblichkeit der vorhandenen Einrichtung vorzubringen.

Sofern eine Verpflichtung besteht, die Errichtung oder Änderung einer Einfriedung 73
dem benachbarten Grundstückseigentümer vorher anzuzeigen, soll diese der vorsorgenden Streitverhütung dienen. Aus diesem Grund muss die schriftliche **Anzeige** detaillierte Angaben zur beabsichtigten Einfriedungsmaßnahme enthalten. Anzugeben sind insbesondere die Art der Einfriedung, ihr Standort und ihre Höhe sowie eventuelle zusätzliche Anbringungen wie z. B. ein Sichtschutz. Umgekehrt besteht die Verpflichtung des Adressaten, etwaige Einwendungen unverzüglich, und zwar regelmäßig ebenfalls schriftlich, geltend zu machen, damit sich der Einfriedende darauf einrichten kann. Auf diese Weise wird ein Kommunikationsprozess in Gang gesetzt, der im Idealfall zu einem angemessenen Interessenausgleich führt. Verweigert sich ein Nachbar diesem gesetzlich gebotenen Mechanismus, so kann er verpflichtet sein, dem anderen den daraus resultierenden Schaden zu ersetzen. Dies betrifft auch den Nachbarn, der keine Einwendungen gegen eine Einfriedung vorbringt, aber später ihre Beseitigung wegen Ortsunüblichkeit fordert. Ihm kann, selbst wenn sein Anspruch zu Recht besteht, eine Mitverursachung angelastet werden. Dies wird zwar nur in seltenen Ausnahmefällen zur Annahme der Duldungspflicht, die dem Beseitigungsanspruch nach § 1004 BGB entgegensteht, führen. Eine hälftige Beteiligung an den Mehrkosten der Versetzung der Einfriedung dürfte jedoch im Normalfall angemessen sein.

Sofern das Landesrecht keine Kostentragungsregelung enthält und auch keine Verein- 74
barung hinsichtlich der Kostentragung zwischen den Nachbarn getroffen wird, trägt die **Kosten der Errichtung einer Einfriedung** der Errichtende. Eine Ausnahme kann sich dann ergeben, wenn die Einfriedung im Miteigentum beider Nachbarn oder infolge vertikaler Teilung durch eine Grenze teilweise jeweils im Alleineigentum eines Nachbarn steht.[188]

4. Nutzungsberechtigung und Eigentumslage

a) Vermutung der gemeinsamen Benutzung

Die Grenzeinrichtung dient definitionsgemäß dem Vorteil beider Grundstücke. Konse- 75
quenz davon ist eine widerlegbare **Benutzungsvermutung**. Das Gesetz sieht grundsätzlich vor, dass die Nachbarn die gemeinschaftliche Grenzanlage auch gemeinschaftlich nutzen können.[189] Der Umfang dieses **Mitbenutzungsrechtes** einschließlich der damit verbundenen Pflichten ergibt sich aus § 922 BGB. Dieses Nutzungsrecht ist mit dem Eigentum untrennbar verbunden und kann deshalb auch nicht auf Dritte übertragen

---

[186] Ebenso *Schäfer*, Sächsisches Nachbarrechtsgesetz, § 4 Rn. 5. Vgl. auch AG Bremen, BeckRS 2011, 25949.

[187] *Fink/Jamann*, in: Schäfer/Fink-Jamann/Peter, Nachbarrechtsgesetz Nordrhein-Westfalen, § 35 Rn. 5.

[188] Vgl. dazu unten Rn. 90 ff.

[189] Vgl. dazu nur BGH, NJW 1985, 1458, 1459 u. BGHZ 112, 1, 3 = BGH, NJW 1990, 2555; AG Bremen, BeckRS 2011, 25949 jew. m. w. Nachw.; a. A. nur *Toussaint*, ZfIR 2006, 747 ff.

werden.[190] Der Eigentümer kann jedoch im Rahmen seiner Nutzungsbefugnis schuldrechtlich einem Dritten z. B. einem Mieter, die Nutzung gestatten.

76 Die Rechtszustandsvermutung, dass die Eigentümer eine Grenzeinrichtung gemeinschaftlich nutzen können, gilt dann nicht, wenn **äußere Merkmale** darauf hinweisen, dass die Einrichtung einem Nachbarn **allein gehört**. Dieser hat dann das alleinige Nutzungsrecht. Dies gilt ebenso, wenn von ihm das Alleineigentum bewiesen wird.

77 Die „äußeren Umstände" sind je nach Art der Grenzeinrichtung verschieden. Vor In-Kraft-Treten des BGB enthielten das **Gemeine Recht** sowie die Landesrechte diesbezüglich teilweise **detaillierte Vorschriften**.[191] Beispiele hierfür sind: Das Alleineigentum an einem Graben wurde zugunsten desjenigen Nachbarn vermutet, auf dessen Grund sich der Auswurf befand.[192] Ähnlich wurde das Eigentum an einer Dungstätte zugunsten desjenigen vermutet, der alleine über eine Rinne in diese einleitete.[193] Eine Mauer, die das Grundstück eines Eigentümers von allen Seiten umgrenzte und sich dabei auch auf einer mehr oder weniger langen Strecke im Grenzbereich des Nachbarn befand, gehörte dennoch dem Eigentümer des angrenzenden Grundstücks. Ein gemeinsamer Kamin sprach wiederum gegen Alleineigentum eines der betroffenen Eigentümer. Indizien für das Eigentum waren bei Mauern, welche Hofräume und Gärten voneinander trennten, die ausschließlich an einer Mauerseite befindlichen Pfeiler, Stützen, Vertiefungen, Blindfenster, Ringe, Wappen und Schriften,[194] außerdem die Ausgestaltung der Traufe. Der Nachbar, auf dessen Grundstück die schräg geneigte Oberfläche der Mauer das Wasser ableitete, wurde in der Regel als Eigentümer angesehen.[195] Wenn dieselbe Hecke auf beiden Seiten eines Grundstücks zum jeweiligen Nachbargrundstück vorhanden war, wurde sie als zu diesem Grundstück gehörend anzusehen. War dies nicht der Fall war, sprach dies gegen das Eigentum der Nachbarn. Bei Planken wurde „derjenige, gegen dessen Grund die Stiele, Ständer oder Pfosten derselben standen, für den Eigenthümer geachtet".[196]

78 Sämtliche im früheren Recht enthaltenen Indizien entsprechen auch heute noch vielfach der **natürlichen Anschauung** und damit dem Verständnis vom Eigentum an einer Grenzmauer. Allerdings zeigt beispielsweise der Umstand, dass sämtliche Ständer oder Pfosten bei einem Zaun auf einer Seite stehen, dass die Beweisanzeichen auch nicht überbewertet werden sollten. In der Praxis werden bei Anbringung eines Zaunes an Pfosten diese nämlich nur in Ausnahmefällen ständig die Seite wechseln. Stehen Ständer und Pfosten eines Zaunes eindeutig auf der Grenze, ist deshalb die Anbringung des Zaunes an diesen Ständern wohl kein Indiz für das Alleineigentum eines Nachbarn.[197] Abweichend von den früheren Vorschriften soll es trotz des Vorliegens äußerer Merkmale bei der Vermutung des § 921 BGB verbleiben, wenn feststeht, dass die Einrichtung tatsächlich von der Grenzlinie durchschnitten wird.[198]

79 Die Vermutung gilt auch bei **unsicherem Grenzverlauf**, wenn also möglicherweise nur scheinbar eine Grenzeinrichtung vorliegt.[199] Die Vermutung gemeinschaftlicher Nutzungsberechtigung gilt jedoch nicht, wenn die Einrichtung nicht auf der Grenze, sondern in vollem Umfang auf nur einem Grundstück steht. Es liegt dann nämlich be-

---

[190] Staudinger/*Roth*, § 921 Rn. 12.

[191] S. nur *Roth*, Bayerisches Zivilrecht II, 1872, 66f. sowie *Dehner*, B § 7 III Fn. 44 u. IV insbesondere Fn. 52aff.

[192] Vgl. ALR I 8 § 188.

[193] *Roth*, Bayerisches Zivilrecht II, 1872, 68.

[194] Vgl. ALR I 8 § 159. S. auch *Planck*, BGB, 1./2. Aufl. 1902, § 920 Anm. 4.

[195] ALR I 8 § 156.

[196] ALR I 8 § 154.

[197] Ebenso LG Nürnberg-Fürth v. 5. 6. 1984 – 13 S 1069/84 (n. v.).

[198] So Staudinger/*Roth*, § 921 Rn. 14 u. ihm folgend NK-BGB/*Ring*, § 921 Rn. 25. Vgl. auch PWW/*Lemke*, § 921 Rn. 8.

[199] BGHZ 143, 1, 4 = NJW 2000, 512, 513.

reits keine Grenzeinrichtung vor.[200] In diesem Fall bedarf es nicht zusätzlich des Nachweises äußerer Merkmale.

Von den Nachbarn getroffene, jederzeit **mögliche Vereinbarungen** über die Benutzung einer Einrichtung auf der Grenze lassen die gesetzliche Vermutung ebenfalls nicht zum Tragen kommen. Umgekehrt kann sich beim Alleineigentum eines Nachbarn ein Mitnutzungsrecht aus einer vertraglichen Vereinbarung ergeben. Dieses wird allerdings nicht vermutet. Eine dingliche Wirkung lässt sich in beiden Fällen durch die Bestellung von Grunddienstbarkeiten herbeiführen, die zulässig sind. Demgegenüber ist das aus dem Gesetz sich ergebende Mitbenutzungsrecht im Grundbuch nicht eintragungsfähig.[201] 80

Die Rechtszustandsvermutung lässt den **Beweis des Gegenteils** zu. Deshalb kann ein Nachbar, der das Alleinbenutzungsrecht in Anspruch nimmt, beweisen, dass ihm die Einrichtung allein gehört bzw. eine Vereinbarung vorliegt, die ihm dieses Recht zur Alleinnutzung zuspricht.[202] 81

b) Der Umfang der gemeinschaftlichen Benutzung

aa) Umfang des Benutzungsrechtes. Wenn die Nachbarn berechtigt sind, die Grenzeinrichtung gemeinschaftlich zu benutzen, kann **jeder Nachbar die ganze Anlage** so benutzen, wie sich das aus ihrer Beschaffenheit ergibt. Das Nutzungsrecht ist nicht etwa auf den auf dem eigenen Grundstück befindlichen Teil der Anlage beschränkt, sondern erstreckt sich auf die gesamte Anlage unter Einschluss des grenzüberschreitenden, also nicht im eigenen Eigentum stehenden Teils. Die Benutzung durch einen Nachbarn, darf die dem anderen in gleicher Weise zustehende Nutzungsberechtigung jedoch **nicht beeinträchtigen**. 82

Das Nutzungsrecht betrifft **nicht das Nachbargrundstück** als solches, sondern nur die Grenzeinrichtung.[203] Auch der Grund und Boden unter der Grenzeinrichtung ist mangels abweichender landesrechtlicher Vorschrift[204] nicht Teil von ihr. Das andere Grundstück darf somit im Rahmen der gewöhnlichen Nutzung nicht betreten werden. Ein Unterfangen ist deshalb grundsätzlich nicht gestattet. 83

Das Benutzungsrecht ist auf den **Zweck** der Grenzeinrichtung, der sich aus ihrer Beschaffenheit ergibt, beschränkt. Maßgeblich sind somit objektive Merkmale. Beispiele für eine Benutzung, die sich aus der Beschaffenheit der Grenzeinrichtung ergibt, sind: Betreten oder auch Befahren eines Zwischenraums (enge Reihe, Winkel, Grundfläche), aber nicht ohne weiteres auch das Recht, Gegenstände auf dieser Fläche zu lagern. Ein Grenzrain zwischen landwirtschaftlichen Grundstücken darf zum Wenden beim Pflügen verwendet werden.[205] Eine nicht in Gebäude einbezogene Grenzmauer kann durch Bepflanzung benutzt oder auch gestrichen werden. Außerdem können Gegenstände (z. B. Blumenkästen, Blumenampeln, Kerzen etc.) aufgehängt und Rohrleitungen (z. B. für Strom) eingebaut werden. Die Erhöhung der Mauer[206] und ihre Durchbrechung zum Einbau von Fenstern oder Türen[207] gehören dagegen regelmäßig nicht mehr zur Nutzung, die sich aus der Beschaffenheit ergibt.[208] In einen Grenzgraben kann dagegen Oberflächenwasser eingeleitet werden. 84

---

[200] OLG Naumburg, NJOZ 2011, 884 = BauR 2011, 1062. Vgl. auch oben Rn. 58.

[201] Ganz h. M s. nur Erman/*Lorenz*, § 921 Rn. 3; Staudinger/*Roth*, § 921 Rn. 9 u. Bamberger/Roth/*Fritzsche*, § 921 Rn. 9.

[202] BGBRGRK/*Augustin*, § 921 Rn. 1; MünchKommBGB/Säcker, § 921 Rn. 4; Soergel/*Baur*, § 926 Rn. 6 u. Staudinger/*Roth*, § 921 Rn. 12.

[203] Ebenso Staudinger/*Roth*, § 922 Rn. 2.

[204] S. zu diesen Rn. 114 u. 167.

[205] Zu weitergehenden Befugnissen im Zusammenhang mit dem Anwenderecht siehe Teil 4 Rn. 133 ff.

[206] BGHZ 64, 273, 276.

[207] RGZ 162, 209, 213 u. BGHZ 29, 372, 375 = NJW 1959, 1364.

[208] Zur Kommunmauer s. Rn. 99 ff. Zu Veränderungen einer Trennwand in einer Wohnungseigentumsanlage s. OLG München, NJW-RR 2006, 297 = NZM 2006, 344 = MDR 2006, 258 = ZMR 2006, 300.

85 Trägt die Grenzeinrichtung **Früchte** (z. B. beim Obstbaum oder einer Hecke), so sind sie unter den Nachbarn zu teilen (§ 743 BGB). Welche Quote der Früchte ein Nachbar für sich beanspruchen kann, ergibt sich aus seinem Anteil an der Grenzeinrichtung. Dabei ist § 742 BGB zu beachten.

86 **bb) Errichtungs- und Unterhaltungskosten.** Die Kosten der **Neuerrichtung** einer Grenzanlage trägt, wenn keine besondere Vereinbarung zwischen den Nachbarn getroffen wird, der Errichtende. §§ 921 f. BGB enthalten hierzu keine Regelung. Unabhängig davon, ob an der Grenzeinrichtung vertikal geteiltes Eigentum oder Miteigentum beider Nachbarn besteht, erleidet der Erbauer einen Eigentumsverlust. Ein Entschädigungsanspruch für diesen Rechtsverlust ist gemäß § 951 BGB möglich.[209] Es handelt sich um einen Bereicherungsausgleich, der auf Vergütung in Geld gerichtet ist.

87 Hinsichtlich der **Unterhaltungskosten** geht das Gesetz davon aus, dass sie von den Nachbarn zu gleichen Teilen zu tragen sind (§ 922 S. 2 BGB).[210] Zu den Unterhaltskosten gehören alle Aufwendungen, die erforderlich werden, um die Grenzeinrichtung so zu erhalten, wie sie nach ihrer Beschaffenheit dem Vorteil beider Grundstücke dient. Die Kosten sind auch dann **hälftig zu teilen**, wenn sie durch eine Benutzung nur eines der beiden Nachbarn entstanden sind. Dies gilt jedenfalls, wenn sich diese Benutzung im Rahmen des jedem Nachbarn zustehenden Benutzungsrechtes hält.[211]

88 Verursacht ein Nachbar dadurch Kosten, dass er die gemeinsame Grenzeinrichtung entgegen dem Mitbenutzungsrecht übermäßig benutzt, beschädigt oder zerstört, so trägt er die anfallenden Kosten allein.[212] Die **übermäßige Benutzung** muss derjenige Nachbar beweisen, der eine von § 922 S. 2 BGB abweichende Kostenbeteiligung fordert.[213]

89 Wird die Grenzeinrichtung durch einen Dritten oder durch höhere Gewalt zerstört, muss sie nicht wieder errichtet werden.[214] Wird sie mit Zustimmung des Nachbarn gleichwohl wieder errichtet, muss sich dieser trotz seiner Zustimmung nicht an den **Wiederaufbaukosten** beteiligten.[215] Unterhalten Nachbarn über längere Zeit hinweg eine Grenzeinrichtung, sind sie sich in der Regel stillschweigend darüber einig, dass diese Grenzeinrichtung in ihrer äußeren Beschaffenheit und ihrem Erscheinungsbild (z. B. Zaunhöhe, Beschaffenheit) in dieser Form bestehen bleiben soll. Entfernt ein Eigentümer ohne Abstimmung mit dem anderen diese Einrichtung, so dürfte ein Anspruch des anderen auf Wiedererrichtung unter alleiniger Kostenübernahme bestehen.[216] Jeder Nachbar kann in diesem Fall vom anderen verlangen, dass Maßnahmen unterbleiben, die das Erscheinungsbild der ursprünglichen Grenzeinrichtung wesentlich beeinträchtigen.[217]

90 **cc) Verwaltung der Grenzeinrichtung und Miteigentümerrecht.** Neben den in § 922 BGB unmittelbar angesprochenen Rechten und Pflichten der Nachbarn bezüglich der Grenzeinrichtung finden die **Vorschriften über die Gemeinschaft** (§§ 741 ff. BGB) Anwendung (§ 922 S. 4 BGB). Allerdings kann nicht jederzeit die Aufhebung der Gemeinschaft gefordert werden.[218] Ebenso kann niemand über seinen Anteil an der Grenzeinrichtung selbständig verfügen.[219] Die **Verwaltung** steht beiden Nachbarn gemeinschaftlich zu (§ 744 BGB). Notwendige, also nicht nur allein zweckmäßige Maßnahmen zur Erhaltung der Grenzanlage kann danach ein Nachbar allein vornehmen bzw. vor-

---

209 Ebenso Palandt/*Bassenge*, § 921 Rn. 2.

210 Zu landesrechtlichen Unterhaltsvorschriften s. Rn. 114 u. 167.

211 OLG Karlsruhe, MDR 1971, 1011 u. Soergel/*Baur*, § 922 Rn. 5; wohl a. A. OLG Düsseldorf, OLGZ 1992, 198.

212 BGHZ 78, 397 = NJW 1981, 866 u. LG Göttingen, Nds.Rpfl. 1958, 92.

213 LG Nürnberg-Fürth, Urteil v. 22. 10. 1985, 13 S 3318/85 (n. v.).

214 BGH, NJW 1985, 1458.

215 Ebenso Staudinger/*Roth*, § 922 Rn. 8 u. NK-BGB/*Ring*, § 922 Rn. 10.

216 Vgl. BGH, NJW 1985, 1458.

217 Staudinger/*Roth*, § 922 Rn. 14 hält diese wegen Verstoßes gegen Bundesrecht für unwirksam.

218 Ebenso NK-BGB/*Ring*, § 922 Rn. 16 u. PWW/*Lemke*, § 922 Rn. 7.

219 § 747 S. 1 BGB findet keine Anwendung.

nehmen lassen (§ 744 II BGB). Demgegenüber muss ein Anspruch auf Durchführung einer zweckmäßigen Maßnahme mittels Leistungsklage durchgesetzt werden (§ 745 II BGB).[220] Entsprechend der gemeinschaftlichen Verwaltung besteht auch eine gleiche Lasten- und Kostentragungspflicht (§ 748 BGB). Jedem Nachbarn gebührt gemäß § 743 I BGB ein entsprechender Anteil an den gezogenen Früchten, wobei Unterschiede vor und nach der Ernte bestehen.[221]

Umstritten ist die **Anwendung des** § 278 BGB. Während die h. L. sie bejaht,[222] wird sie von der Rechtsprechung überwiegend abgelehnt.[223] Ohne eine besondere Vereinbarung entsteht zwischen den beteiligten Eigentümern nach Ansicht des BGH noch kein Schuldverhältnis. §§ 921, 922 BGB enthalten Regelungen, die zum Sachenrecht gehören. Daran ändere auch die Verweisung auf das Gemeinschaftsrecht nichts. Diese Bestimmung käme nur im Rahmen der sachenrechtlichen Regelung zur Anwendung. 91

Geht man mit der hier vertretenen Meinung von vertikal getrenntem Eigentum aus,[224] so kommt § 1010 BGB, der Miteigentum voraussetzt, nicht zur Anwendung.[225] **Vereinbarungen über die Grenzeinrichtung** können deshalb mit dinglicher Wirkung nur im Rahmen von Dienstbarkeiten getroffen werden, nicht jedoch über eine Miteigentümervereinbarung.[226] Durch Vereinbarung kann auch geregelt werden, dass eine Grenzeinrichtung aufgehoben wird; sie kann dann von einem oder von beiden Eigentümern beseitigt werden oder in das Alleineigentum eines Nachbarn übergehen. 92

dd) Rechte der Betroffenen, insbesondere bei Beeinträchtigungen. Bei einer Beeinträchtigung der Mitbenutzungsrechte an der Grenzeinrichtung stehen dem Betroffenen die **Rechte nach** § 1004 und § 823 BGB zu.[227] Dies gilt unabhängig davon, ob die Beeinträchtigung durch den Nachbarn oder durch einen Dritten erfolgt. Der Betroffene kann Unterlassungs-, Beseitigungs- und Besitzschutzansprüche geltend machen.[228] Die Rechtsprechung gewährt Besitzschutz nur bei einem völligen Entzug des Mitbenutzungsrechts.[229] Schadenersatz kann gemäß § 823 II i. V. §§ 1004, 922 S. 3 BGB gefordert werden.[230] Besteht zwischen den Nachbarn eine Vereinbarung, in der die Rechte und Pflichten hinsichtlich der Grenzeinrichtung geregelt sind, so wirkt diese nicht für und gegen Sonderrechtsnachfolger.[231] Dies ist nur dann der Fall, wenn die Nachbarn bezüglich einer Grenzeinrichtung eine Grunddienstbarkeit bestellt haben. In diesen Fällen können sich ebenfalls bei einer Beeinträchtigung der vereinbarten Nutzungsrechte Unterlassungs- und Schadensersatzansprüche ergeben. 93

5. Eigentumsverhältnisse

Die §§ 921, 922 BGB enthalten weder eine Regel noch eine Vermutung über das Eigentum an einer Grenzanlage. Diese ist auch überflüssig, weil die Gesetzesnormierung die für das Nachbarrechtsverhältnis maßgebliche Frage der gemeinschaftlichen Benutzung und der Unterhaltskosten regelt. Hierfür ist es ohne wesentliche Bedeutung, ob die 94

---

220 Ebenso Staudinger/*Roth*, § 922 Rn. 11.

221 Vgl. Rn. 193.

222 So Staudinger/*Roth*, § 922 Rn. 12 u. NK-BGB/*Ring*, § 922 Rn. 19.

223 BGHZ 42, 374 = NJW 1965, 389; vgl. OLG Hamm, NZBau 2010, 442.

224 S. Rn. 96.

225 Ebenso Soergel/*Baur*, § 922 Rn. 9 u. Staudinger/*Roth*, § 922 Rn. 13; a. A. BGBRGRK/*Augustin*, § 922 Rn. 9.

226 Ebenso OLG Hamm, BeckRS 2006, 11317 = FGPrax 2007, 14 = OLGR 2006, 853 = ZMR 2006, 878 = ZWE 2007, 44; NK-BGB/*Ring*, § 922 Rn. 20 u. Staudinger/*Roth*, § 922 Rn. 13.

227 BGHZ 42, 374.

228 § 1004 I i.V. m. § 1027 BGB analog; so BGH, NJW 2003, 1731; MünchKommBGB/*Säcker*, § 922 Rn. 4 u. Palandt/*Bassenge*, § 922 Rn. 2.

229 BGHZ 29, 372 = NJW 1959, 1364.

230 BGHZ 143, 1, 5 = NJW 2000, 512.

231 Anders nach der Ansicht, die Miteigentum annimmt, wenn eine Miteigentümervereinbarung nach § 1010 BGB getroffen wird.

Grenzeinrichtung den Nachbarn als Miteigentümern gehört oder jeder von beiden entsprechend seinem Grundanteil bei einer vertikalen Teilung Alleineigentümer ist. Die **Frage der Eigentumsverhältnisse** ist deshalb in der Praxis des Nachbarrechts eher von theoretischer Bedeutung.[232]

95 Denkbar sind sämtliche **Lösungen**, nämlich Alleineigentum eines Nachbarn, Miteigentum beider Nachbarn oder auch eine ungeklärte Eigentumslage.[233] Entscheidend ist, ob das Eigentum an der Grenzeinrichtung dem Eigentum an dem Boden, auf dem sie errichtet ist, folgt (§ 94 BGB)[234] oder ob die Grenzeinrichtung für sich eine wesentliche, untrennbare Sache ist, die nicht teils dem einen und teils dem anderen Grundstück gehören kann (§ 93 BGB).

96 Maßgeblich ist zunächst die Art der im Einzelfall vorliegenden Grenzeinrichtung. Bei Zwischenräumen, Reihen, Winkeln, wohl auch Gräben, besteht die Grenzeinrichtung im Wesentlichen aus einer **Grundfläche**. In diesem Fall besteht jeweils Eigentum des Nachbarn bis zur Grenze. Dem Nachbarn steht das Eigentum an dem Teil der Grenzeinrichtung zu, der sich auf seinem Grund und Boden befindet. Für eine Anwendung von § 93 BGB ist kein Raum. Grundstücksflächen sind nicht wesentliche Bestandteile.[235] Entsprechend gilt dies bei Hecken.[236]

97 Bei **Mauern** wird unterschieden: Bei einer Nachbarwand (Kommunmauer) besteht wegen der Besonderheit der Situation, nämlich dem Einbau der Mauer in ein Gebäude, Miteigentum.[237] Bei Grenzmauern, die ohne Verbindung mit einem Gebäude als Grenzeinrichtung auf der Grenze stehen, ebenso wie bei sonstigen Grenzeinrichtungen, kommt es zu einer lotrechten vertikalen Teilung, so dass jeder Nachbar Eigentümer des auf seinem Grundstück befindlichen Teils der Einrichtung ist.[238] Dies dürfte auch bei umgekehrter Eigentumslage gelten. Ein nachbarliches Miteigentum ist deshalb zu verneinen.

98 Wird eine Grenzeinrichtung beseitigt, so gehören demzufolge **Teile**, die vor der Trennung eindeutig auf dem Grundstück eines Nachbarn eingefügt waren, diesem allein. Lediglich bei Bestandteilen, insbesondere Steinen, die sich unmittelbar über der Grenze befinden, ist **nach der Trennung** von Grund und Boden Miteigentum entsprechend dem Anteil anzunehmen, der dem Bodenanteil und dem dementsprechenden Bestandteil entsprach.[239] Daraus folgt jedoch wiederum keinesfalls zwingend, dass die gesamte Einrichtung, solange sie noch auf der Grenze zwischen den beiden Grundstücken steht, ebenfalls im Miteigentum der Nachbarn stehen müsste. Dieser Schluss ist nicht zwingend.

II. Nachbarwand, Grenzwand und Anbaurecht

1. Nachbarwand (Kommunmauer, halbscheidige Giebelwand)

a) Funktion und Unterscheidung

99 Die Nachbarwand hat bei den Bauwerken im Grenzbereich große Bedeutung. Ihr kommt zudem als Grenzeinrichtung eine Sonderstellung zu. Sie wird auch als halbscheidige Giebelmauer oder Kommunmauer bezeichnet. Es handelt sich um eine Mauer, die auf der Grenze von benachbarten Grundstücken errichtet ist und von diesen meist mittig („halbscheidige Mauer") geschnitten wird. Allerdings muss die Grenze nicht genau hälf-

---

[232] BGHZ 143, 1, 4 = NJW 2000, 512.
[233] S. nur NK-BGB/*Ring*, § 921 Rn. 26.
[234] So BGH, NJW 1984, 2463 = WM 1984, 1231 u. BGH, NJW 2004, 3328 = NZM 2004, 837.
[235] Ebenso Staudinger/*Roth*, § 921 Rn. 16.
[236] Ebenso OLG Düsseldorf, OLGZ 1978, 190.
[237] S. dazu Rn. 105 u. 109 sowie 132 ff.
[238] RGZ 162, 209, 212; vgl. auch BGH, NJW 1984, 2463; OLG Hamm, BeckRS 2006, 11317 = FGPrax 2007, 14 = OLGR 2006, 853 = ZMR 2006, 878 = ZWE 2007, 44; Erman/*Lorenz*, § 921 Rn. 4; PWW/*Lemke*, § 921 Rn. 9; MünchKommBGB/*Säcker*, § 921 Rn. 5; Palandt/*Bassenge*, § 921 Rn. 4; Soergel/*Baur*, § 921 Rn. 8; Staudinger/*Roth*, § 921 Rn. 17 u. NK-BGB/*Ring*, § 921 Rn. 26.
[239] Ebenso bereits RGZ 70, 201 für eine in ein Gebäude eingebaute Mauer.

tig verlaufen.[240] Die Kommunmauer dient den Gebäuden auf beiden Grundstücken zum Anbau. Soweit Landesrechte Begriffsbestimmungen der Nachbarwand enthalten, wird diese überwiegend als eine auf der Grenze zweier Grundstücke errichtete Wand definiert, die den auf diesen Grundstücken errichteten oder zu errichtenden Bauwerken als Abschlusswand oder zur Unterstützung oder Aussteifung zu dienen bestimmt ist.[241] Sie kann zunächst die **Funktion** einer Abschlusswand für das zuerst errichtete Gebäude erfüllen und beim späteren Anbau des zweiten Gebäudes diesem zum Anbau zur Verfügung stehen. Darüber hinausgehend kann die Nachbarwand auch statische Funktionen als Unterstützungswand erfüllen. Praktisch sind Kommunmauern vor allem im Rahmen der Reihenhausbauweise.

b) Die Rechtsverhältnisse der Nachbarwand

Die Rechtsverhältnisse der Nachbarwand unterscheiden sich grundlegend danach, ob 100
diese nur wesentlicher Bestandteil eines Gebäudes ist oder ob an sie bereits von beiden Seiten angebaut ist. Für beide Konstellationen werden sowohl in der Fach- als auch in der Umgangssprache die Begriffe der Nachbar- und Giebelwand verwandt. Für die rechtliche Einordnung ergeben sich jedoch grundlegende Unterschiede zwischen den Fällen des **einseitigen** und des **beiderseitigen Anbaus**.

Eine Nachbarwand kann **Grenzeinrichtung** i. S. der §§ 921, 922 BGB sein, wenn die 101
tatbestandlichen Voraussetzungen erfüllt sind.[242] Dies wird bei einem erfolgten Anbau meist gegeben sein. Allerdings gibt es auch Nachbarwände, die keine oder jedenfalls zunächst noch keine Grenzeinrichtung sind.

c) Landesrechtliche Vorschriften

Einzelne landesrechtliche Nachbarrechtsgesetze enthalten Vorschriften über die Nach- 102
barwand.[243] **Keine Normierung** hat die Nachbarwand in Baden-Württemberg, Hamburg, Mecklenburg-Vorpommern und in Sachsen erfahren. In Bayern und in Bremen hat der Gesetzgeber lediglich die Erhöhung einer Kommunmauer geregelt. Die Regelungen in den Nachbarrechtsgesetzen betreffen vor allem die Begriffsbestimmung, die Errichtung und die Beschaffenheit der Nachbarwand, den Anbau an sie und den späteren Abriss eines der Bauwerke, die Erhöhung, Verstarkung und Beseitigung der Nachbarwand sowie schließlich die Kostenbeteiligungs- und Schadensersatzansprüche beim Anbau bzw. bei Veränderungen der Nachbarwand.

Kompetenzrechtliche Bedenken gegen die landesrechtlichen Bestimmungen über die 103
Nachbarwand werden vor allem hinsichtlich der für ihre Errichtung vorausgesetzten schuldrechtlichen Einigung und die Ausgleichszahlungen beim Anbau an eine bestehende Nachbarwand geäußert.[244] Demgegenüber sind die landesrechtlichen Regelungen unbedenklich, die die Erhöhung und Verstärkung einer Nachbarwand sowie die Verpflichtungen beim Abriss eines der beiden an der Wand angebauten Gebäude regeln. Strittig ist, ob die Regelung des Anbaurechtes zulässig ist.[245]

---

[240] Ebenso Staudinger/*Roth*, § 921 Rn. 19; zur Grenzwand s. Rn. 166 ff.; vgl. auch ausdrücklich § 3 NNachbG.

[241] § 4 NachbG Bln; § 5 BbgNRG; § 1 I HessNachbRG; § 3 NNachbG; § 7 NachbG NRW; § 3 I LNRG RhPf; § 3 I Saarl NachbarRG; § 5 I NbG LSA; § 4 I 1 NachbG SchlH, das allerdings nur eine mit Zustimmung des Eigentümers des Nachbargrundstücks errichtete Wand als Nachbarwand definiert, u. § 3 I ThürNRG.

[242] S. nur OLG Brandenburg, BeckRS 2011, 13118 u. OLG Dresden, NJW-RR 2008, 613 = NZM 2008, 299; vgl. auch OLG Karlsruhe, BeckRS 2008, 10045 = DWW 2008, 3155 = MDR 2008, 855.

[243] Unzutreffend deshalb *Horst*, Rn. 1580, der davon ausgeht, dass in allen Landesnachbarrechtsgesetzen diesbezügliche Vorschriften enthalten sind.

[244] Staudinger/*Roth*, § 921 Rn. 20. S. aber BGH, NJW 2011, 3294 = DWW 2011, 338 = MDR 2011, 1345 = ZfIR 2011, 805.

[245] Bejahend Staudinger/*Roth*, § 921 Rn. 20; verneinend *Dehner*, B § 8 I 2, vor a und bei i a. E.

d) Rechtsverhältnisse vor und ohne Anbau durch den Nachbarn

104 Hinsichtlich der Rechtsverhältnisse an der Nachbarmauer sind die **drei Fälle** der rechtmäßigen, der unrechtmäßigen, aber entschuldigten sowie der unrechtmäßigen und unentschuldigten Errichtung zu unterscheiden. Sie haben Bedeutung für die Eigentumsverhältnisse und eventuelle Zahlungspflichten des Erbauers.

105 **aa) Die mit Zustimmung des Nachbarn errichtete Kommunmauer.** Die landesrechtlichen Regelungen der Kommunmauer enthalten kein gesetzliches Recht zu ihrer Errichtung. Sie gehen vielmehr davon aus, dass zur Errichtung die Zustimmung des betroffenen Nachbarn erforderlich ist.[246] Teilweise wird sogar eine schriftliche Vereinbarung[247] der Nachbarn als Voraussetzung gefordert. Allerdings kann diese wiederum fingiert werden, wenn der Nachbar an die Mauer anbaut.[248] Weitere mitunter zusätzlich genannte Voraussetzungen sind die baurechtliche Zulässigkeit der Mauer sowie das Erfordernis einer grundbuchrechtlichen Sicherung.[249] Erfolgt die Errichtung der Nachbarwand mit Zustimmung des anderen Eigentümers oder aufgrund einer ausdrücklichen diesbezüglichen Regelung, so liegt ein rechtmäßiger Überbau vor. Enthält die Vereinbarung der beteiligten Eigentümer keine ausdrückliche Eigentumsregelung, die eventuell durch eine Grunddienstbarkeit im Grundbuch gesichert ist, ist § 912 BGB nicht anwendbar.[250] Vor dem Anbau des Nachbarn steht die Mauer im Alleineigentum des Eigentümers des überbauenden Grundstücks.[251] Die Mauer ist wesentlicher Bestandteil des Stammgrundstücks (§ 94 S. 2 BGB).

106 Eine **Grenzeinrichtung** liegt dagegen nicht vor.[252] Allein die Möglichkeit des Anbaus an die Mauer begründet noch keinen Vorteil i. S. von § 921 BGB.

107 **bb) Die „verrutschte" Grenzwand.** Beabsichtigt ein Eigentümer die Errichtung einer Grenzwand für ein Gebäude und baut er dabei unbefugt über die Grenze, ohne dass ihm Vorsatz oder grobe Fahrlässigkeit vorgeworfen werden kann, handelt es sich um einen **Fall des unrechtmäßigen, entschuldigten Überbaus** (§ 912 BGB). Der Überbauende wird Alleineigentümer der gesamten Wand, auch soweit sie auf dem Grund seines Nachbarn steht.[253] Die Rechte und Pflichten hinsichtlich dieser Wand vor einem Anbau durch den Nachbarn bestimmen sich nach den §§ 912 ff. BGB. Dies gilt insbesondere für die Zahlung einer Überbaurente und das Verlangen nach Abkauf der überbauten Fläche. Den Eigentümer des überbauten Grundstücks trifft eine Duldungspflicht. Der Bauherr darf die Mauer allein nutzen; er muss aber auch sämtliche Unterhaltungskosten tragen.

108 Auch bei der Giebelwand, die unrechtmäßig, aber entschuldigt über die Grenze gebaut ist, handelt es sich um **keine Grenzeinrichtung** nach den §§ 921, 922 BGB. Dies ergibt sich bereits daraus, dass sie unbefugt, das heißt nicht im Einverständnis beider Nachbarn als Grenzeinrichtung errichtet wurde.[254] Außerdem kann es sich um keine Grenzeinrich-

---

[246] § 1 II Nr. 2 HessNachbRG; § 4 NNachbG; § 8 Nr. 2 NachbG NRW; § 3 II LNRG RhPf; § 3 II Saarl NachbarRG; § 4 I 1 NachbG SchlH, wonach die Zustimmung bereits zur Definition der Nachbarwand gehört u. § 3 II ThürNRG.

[247] § 5 I NachbG Bln; § 6 I BbgNRG; § 8 Nr. 2 NachbG NRW u. § 5 II 1 NbG LSA (nach § 5 II 2 ist die Einwilligung unwiderruflich).

[248] So § 4 I 2 NachbG SchlH.

[249] § 6 I BbgNRG; vgl. auch § 1 II Nr. 1 HessNachbRG u. § 8 Nr. 1 NachbG NRW.

[250] A. A. noch Bayer/Lindner/*Grziwotz*, S. 27, wobei allerdings dort § 912 BGB lediglich hinsichtlich der Eigentumsverhältnisse angewendet werden sollte, was aber nicht erforderlich ist.

[251] Vgl. Rn. 274.

[252] A. A. wohl BGH, LM § 912 Nr. 8 u. Soergel/*Baur*, § 921 Rn. 12; wie hier dagegen Palandt/*Bassenge*, § 921 Rn. 7; Staudinger/*Roth*, § 921 Rn. 22 u. NK-BGB/*Ring*, § 921 Rn. 29.

[253] BGHZ 27, 197/199 u. BGHZ 57, 245, 248. Vgl. auch BGHZ 97, 292 = NJW 1986, 2639 zur Grenzmauer, die sich später über die Grenze neigt, u. OLG Frankfurt/M. NJW-RR 1992, 464 zur verschobenen Grenzmauer.

[254] BGH, NJW 1984, 2463.

tung handeln, weil die gesamte Mauer im Alleineigentum des Überbauenden steht.[255] Der Errichtende kann die Wand folglich auch allein beseitigen.

cc) Die unrechtmäßige und unentschuldigte Giebelwand. Eine unrechtmäßige und zudem nicht entschuldigte Errichtung der Giebelmauer liegt dann vor, wenn der Bauende keine Befugnis hat, bei ihrer Errichtung über die Grenze hinauszubauen und somit das Nachbargrundstück mit in Anspruch zu nehmen. Zusätzlich muss dieser Überbau vorsätzlich oder grob fahrlässig erfolgt sein. In diesem Fall erwirbt der Nachbar des überbauten Grundstück **real geteiltes Eigentum**. Derjenige Teil der Mauer, der auf seinem Grundstück zu stehen kommt, fällt in sein Alleineigentum. Der andere Teil der Mauer wird Eigentum des bauenden Grundstückseigentümers.[256] Dem steht auch nicht entgegen, dass dadurch Sondereigentum an einer einheitlichen Sache, nämlich der Giebelmauer als Teil eines Gebäudes, entsteht.[257] Wenn ein Nachbar unrechtmäßig und grob fahrlässig bzw. vorsätzlich den Grund und Boden des anderen in Anspruch nimmt, so ist es nicht gerechtfertigt, diesem durch die Annahme von Miteigentum zusätzlich Verpflichtungen aufzudrängen. **109**

Der betroffene Grundstückseigentümer kann nach §§ 1004 Abs. 1, 985 BGB die **Beseitigung** verlangen. Macht er von diesem Recht keinen Gebrauch, stehen ihm als Eigentümer des auf seinem Grundstück befindlichen Teils der Mauer alle Rechte der Nutzung und Verwendung (z. B. Reklame) zu. Der überbauende Nachbar kann auch einem Anbau des Betroffenen nicht widersprechen. Dies ergibt sich bereits aus dessen Eigentümerposition.[258] Es handelt sich um keine Grenzeinrichtung i. S. der §§ 921, 922 BGB, da es an der Zustimmung des Eigentümers des überbauten Grundstücks zum Bau einer gemeinsamen Grenzeinrichtung fehlt.[259] Dies gilt nicht nur für den Eigentümer des überbauten Grundstücks; auch der vorsätzlich und unberechtigt über die Grenze Hinausbauende wird meist einen derartigen Willen nicht bilden. **110**

Aus dem Alleineigentum des betroffenen Grundstückseigentümers an dem überbauten Mauerteil ergibt sich auch seine Verpflichtung, die **Unterhaltungskosten** hierfür zu tragen. Umstritten ist, ob dem unentschuldigt Überbauenden wegen seines Eigentumsverlustes an dem betreffenden Teil der Mauer ein Ausgleichsanspruchs nach § 951 BGB zusteht.[260] Dies ist nur dann zu bejahen, wenn es sich um keine aufgedrängte Bereicherung handelt.[261] **111**

dd) Mischfälle. Denkbar sind auch Fälle, in denen bei Errichtung einer Giebelwand teilweise unrechtmäßig entschuldigt und teilweise unrechtmäßig unentschuldigt über die Grenze gebaut wird. Nur hinsichtlich des erstgenannten Teils der Mauer gilt § 912 BGB, so dass insofern der Überbauende Eigentümer bleibt. Der weitere Überbau, der unrechtmäßig und unentschuldigt erfolgt ist, fällt dagegen in das Eigentum des Nachbarn, dem das überbaute Grundstück gehört. Schließlich ist auch der Fall denkbar, dass ein weiterer Teil der Mauer aufgrund einer Vereinbarung mit dem Nachbarn als Grenzeinrichtung gebaut wird. In diesem Fall unterliegt die Mauer **„drei verschiedenen Rechtsordnungen“**. Dies ist für die praktische Handhabung schwierig, dogmatisch aber kaum zu vermeiden. **112**

---

[255] Palandt/*Bassenge*, § 921 Rn. 8; PWW/*Lemke*, § 921 Rn. 11 u. Staudinger/*Roth*, § 921 Rn. 2. BGH, LM § 912 BGB Nr. 8 steht dem nicht entgegen, da es sich in dem entschiedenen Fall um eine Giebelmauer handelte, die mit Zustimmung des Nachbarn errichtet worden war.

[256] S. nur BGHZ 27, 197 u. BGHZ 43, 127, 129 sowie BGH, NJW 1984, 2463; vgl. auch die Nachweise Rn. 128 u. 277.

[257] A. A. *Dehner*, B § 7 III 3 u. § 8 II 3 c.

[258] Zur Rechtslage nach dem Anbau s. Rn. 132 ff.

[259] BGH, NJW 1984, 2463.

[260] Vgl. Palandt/*Bassenge*, § 912 Rn. 18.

[261] Vgl. oben Rn. 86.

e) Das Anbaurecht

113 **aa) Landesrechtliche Anbaurechte und Ausgleichszahlungsverpflichtungen.** Teilweise enthalten die Landesrechte Regelungen über das Recht des Nachbarn zum Anbau an eine bestehende Nachbarwand und über Ausgleichszahlungen, falls der Nachbar von diesem Recht Gebrauch macht. Umstritten ist, inwieweit die Regelung des Anbaurechts von der landesrechtlichen Kompetenz gedeckt ist. Die landesrechtliche Normierung eines Anbaurechts ist wohl zulässig.[262] Bedenken begegnen dagegen die in den Landesnachbarrechten geregelten Ausgleichszahlungen.[263]

114

Berlin	§§ 6 bis 8 NachbG Bln enthalten die Berechtigung des Nachbarn, an die Nachbarwand anzubauen. Der Anbau wird definiert als die Mitnutzung der Wand als Abschlusswand oder zur Unterstützung oder Aussteifung des neuen Bauwerks (§ 6 I NachbG Bln). Setzt der Anbau eine tiefere Gründung der Nachbarwand voraus, so darf die Nachbarwand unterfangen oder der Boden im Bereich der Gründung der Nachbarwand verfestigt werden, wenn dies nach den allgemein anerkannten Regeln der Baukunst unumgänglich ist oder nur mit unzumutbar hohen Kosten vermieden werden könnte, nur geringfügige Beeinträchtigungen des zuerst errichtenden Bauwerks zu besorgen sind und das Bauvorhaben öffentlich-rechtlich zulässig ist (§ 6 II NachbG Bln). Der geplante Anbau ist dem Eigentümer und dem unmittelbaren Besitzer zwei Monate vor Baubeginn schriftlich anzuzeigen. Die Anzeige an den unmittelbaren Besitzer genügt, wenn die Person oder der Aufenthalt des Grundstückseigentümers nicht oder nur unter erheblichen Schwierigkeiten feststellbar ist oder die Anzeige an ihn im Ausland erfolgen müsste. Mit den Arbeiten darf erst nach Fristablauf begonnen werden, sofern sich der Eigentümer und der Besitzer nicht mit dem vorzeitigen Beginn einverstanden erklären (§ 7 NachbG Bln). Hinsichtlich der Vergütung besteht der Grundsatz, dass der halbe Wert der Nachbarwand zu vergüten ist, soweit sie durch den Anbau genutzt wird (§ 8 I NachbG Bln). Die Vergütung wird mit der Fertigstellung des Anbaus im Rohbau fällig. Bei der Berechnung des Wertes der Nachbarwand ist von den zu diesem Zeitpunkt üblichen Baukosten auszugehen. Das Alter sowie der bauliche Zustand der Nachbarwand sind zu berücksichtigen. Auf Verlangen des Nachbarn ist Sicherheit in Höhe der voraussichtlichen Vergütung zu leisten; der Anbau darf dann erst nach Leistung der Sicherheit begonnen oder fortgesetzt werden (§ 8 IV NachbG Bln). Die Vergütung ermäßigt sich, wenn eine besondere Bauart oder Bemessung der Nachbarwand nur für das zuerst errichtete Bauwerk erforderlich war. Umgekehrt gilt dies entsprechend für eine Erhöhung, wenn die Nachbarwand bereits im Hinblick auf das später errichtete Bauwerk in einer besonderen Bauart oder Bemessung durchgeführt wurde. Zusätzlich ist bei der Vergütung zu berücksichtigen, ob eine Nachbarwand mehr als hälftig auf den Grundstücken steht. Insoweit ist der Wert des zusätzlich in Anspruch genommenen Grund und Bodens bei der Vergütung zu berücksichtigen, sofern nicht die Rechte aus § 912 II oder § 915 BGB geltend gemacht werden (§ 8 II u. III NachbG Bln).
Brandenburg	§§ 7 bis 9 BbgNRG enthalten die Berechtigung des Nachbarn, an die Nachbarwand anzubauen. Der Anbau wird definiert als die Mitnutzung der Wand als Abschlusswand oder zur Unterstützung oder Aussteifung des neuen Bauwerks (§ 7 I BbgNRG). Setzt der Anbau

[262] Ebenso Staudinger/*Roth*, § 921 Rn. 20. A. A. *Dehner*, B § 8 I 2 i.
[263] Ebenso Staudinger/*Roth*, § 921 Rn. 20.

	eine tiefere Gründung der Nachbarwand voraus, so darf die Nachbarwand unterfangen oder der Boden im Bereich der Gründung der Nachbarwand verfestigt werden, wenn es nach den allgemein anerkannten Regeln der Baukunst unumgänglich ist oder nur mit unzumutbar hohen Kosten vermieden werden könnte, nur geringfügige Beeinträchtigungen des zuerst errichtenden Bauwerks zu besorgen sind und das Bauvorhaben öffentlich-rechtlich zulässig ist (§ 7 II BbgNRG). Der geplante Anbau ist dem Eigentümer und dem unmittelbaren Besitzer zwei Monate vor Baubeginn schriftlich anzuzeigen. Die Anzeige an den unmittelbaren Besitzer genügt, wenn die Person oder der Aufenthalt des Grundstückseigentümers nicht oder nur unter erheblichen Schwierigkeiten feststellbar ist oder die Anzeige an ihn im Ausland erfolgen müsste. Mit den Arbeiten darf erst nach Fristablauf begonnen werden, sofern sich der Eigentümer und der Besitzer nicht mit dem vorzeitigen Beginn einverstanden erklären (§ 8 BbgNRG). Hinsichtlich der Vergütung besteht der Grundsatz, dass der halbe Wert der Nachbarwand zu vergüten ist, soweit sie durch den Anbau genutzt wird (§ 9 I BbgNRG). Die Vergütung wird mit der Fertigstellung des Anbaus im Rohbau fällig. Bei der Berechnung des Wertes der Nachbarwand ist von den zu diesem Zeitpunkt üblichen Baukosten auszugehen. Das Alter sowie der bauliche Zustand der Nachbarwand sind zu berücksichtigen. Auf Verlangen des Nachbarn ist Sicherheit in Höhe der voraussichtlichen Vergütung zu leisten; der Anbau darf dann erst nach Leistung der Sicherheit begonnen oder fortgesetzt werden (§ 9 IV BbgNRG). Die Vergütung ermäßigt sich, wenn eine besondere Bauart oder Bemessung der Nachbarwand nur für das zuerst errichtete Bauwerk erforderlich war. Umgekehrt gilt dies entsprechend für eine Erhöhung, wenn die Nachbarwand bereits im Hinblick auf das später errichtete Bauwerk in einer besonderen Bauart oder Bemessung durchgeführt wurde. Zusätzlich ist bei der Vergütung zu berücksichtigen, ob eine Nachbarwand mehr als hälftig auf den Grundstücken steht. Insoweit ist der Wert des zusätzlich in Anspruch genommenen Grund und Bodens bei der Vergütung zu berücksichtigen, sofern nicht die Rechte aus § 912 II oder § 915 BGB geltend gemacht werden (§ 9 II u. III BbgNRG).
Hessen	§ 3 I HessNachbRG lässt den Anbau an die Nachbarwand zu, wobei der Anbau als Mitbenutzung der Nachbarwand als Abschlusswand oder zur Unterstützung oder Aussteifung des neuen Bauwerks definiert wird. Der anbauende Eigentümer des Nachbargrundstücks ist zur Zahlung einer Vergütung in Höhe des halben Werts der Nachbarwand, höchstens des halben Werts einer Nachbarwand, die für den eigenen Anbau erforderlich ist, verpflichtet, soweit die Nachbarwand durch den Anbau genutzt wird. Dabei ist bei der Festsetzung der Vergütung eine mehr in Anspruch genommene Bodenfläche zu berücksichtigen. Maßgebend für die Berechnung des Wertes der Nachbarwand und für die Fälligkeit der Vergütung ist der Zeitpunkt der Rohbauabnahme des Anbaus. Auf Verlangen ist Sicherheit in Höhe der voraussichtlich zu gewährenden Vergütung zu leisten; in diesem Fall darf der Anbau erst nach Leistung der Sicherheit begonnen oder fortgesetzt werden (§ 3 II HessNachbRG).
Niedersachsen	§ 7 I NNachbG lässt den Anbau an die Nachbarwand nach den allgemein anerkannten Regeln der Baukunst auch unter Eingriff in den Besitz des zuerst Bauenden zu. Ein Unterfangen der Nachbarwand ist zulässig, wenn dies zur Ausführung des Bauvorhabens nach den allgemein anerkannten Regeln der Baukunst unumgänglich ist oder nur mit unzumutbar hohen Kosten vermieden werden könnte und keine

	erhebliche Schädigung des zuerst errichteten Gebäudes zu besorgen ist (§ 7 I 2 NNachbG). Die Einzelheiten der geplanten Mitbenutzung der Wand sind zwei Monate vor Beginn der Bauarbeiten dem Eigentümer bzw. Erbbauberechtigten des zuerst bebauten Grundstücks anzuzeigen. Ist der Aufenthalt des Eigentümers bzw. Erbbauberechtigten nicht bekannt oder ist er bei Aufenthalt im Ausland nicht alsbald erreichbar und hat er keinen Vertreter bestellt, so genügt die Anzeige an den unmittelbaren Besitzer. Mit den Arbeiten darf, wenn nichts anderes vereinbart wird, erst nach Fristablauf begonnen werden. Etwaige Einwendungen gegen den Anbau sollen unverzüglich erhoben werden (§ 8 NNachbG). Der anbauende Nachbar hat dem Eigentümer des zuerst bebauten Grundstücks den halben Wert der Nachbarwand zu vergüten, soweit ihre Fläche zum Anbau benutzt wird. Die Vergütung ist bei Bestehen eines Erbbaurechts an den Erbbauberechtigten zu bezahlen (§ 7 II NNachbG). Eine Ermäßigung der Vergütung tritt ein, wenn eine besondere Bauart oder Bemessung der Wand nur für das erste Bauvorhaben erforderlich war; umgekehrt gilt dies entsprechend für eine Erhöhung. Auch der Wert des Grund und Bodens ist bei der Höhe der Vergütung zu berücksichtigen (§ 7 III u. IV. NNachbG), wenn die Nachbarwand ein Grundstück mehr als das andere in Anspruch nimmt und nicht die Rechte gemäß § 912 II oder § 915 BGB ausgeübt werden. Die Vergütung wird fällig, wenn der Anbau im Rohbau hergestellt ist; sie steht demjenigen zu, der zu diesem Zeitpunkt Eigentümer bzw. Erbbauberechtigter ist. Bei der Wertberechnung ist von den zu diesem Zeitpunkt üblichen Baukosten auszugehen; das Alter sowie der bauliche Zustand der Nachbarwand sind zu berücksichtigen. Auf Verlangen ist Sicherheit in Höhe der voraussichtlich zu gewährenden Vergütung zu leisten, wenn mit einer Vergütung von mehr als 3000 Euro zu rechnen ist; in einem solchen Fall darf der Anbau erst nach Leistung der Sicherheit begonnen oder fortgesetzt werden (§ 7 V NNachbG).
Nordrhein-Westfalen	§ 12 I NachbG NRW lässt den Anbau an die Nachbarwand zu, wobei der Anbau als die Mitbenutzung der Nachbarwand als Abschlusswand oder zur Unterstützung oder Aussteifung der neuen baulichen Anlage definiert wird. Der anbauende Eigentümer des Nachbargrundstücks ist zur Zahlung einer Vergütung in Höhe des halben Werts der Nachbarwand verpflichtet, soweit sie durch den Anbau genutzt wird (§ 12 II NachbG NRW). Die Vergütung wird mit der Fertigstellung des Anbaus im Rohbau fällig. Bei der Berechnung des Wertes der Nachbarwand ist von den zu diesem Zeitpunkt üblichen Baukosten auszugehen. Abzuziehen sind die durch eine Bauart bedingten Mehrkosten; umgekehrt erhöht sich die Vergütung bei einer besonderen Bauart, die durch den Anbauenden veranlasst war. Das Alter, der bauliche Zustand und ein Standort, der nicht beide Grundstücke gleichmäßig in Anspruch nimmt, sind zu berücksichtigen. Auf Verlangen ist Sicherheit in Höhe der voraussichtlich zu gewährenden Vergütung zu leisten; der Anbau darf dann erst nach Leistung der Sicherheit begonnen oder fortgesetzt werden. Die Sicherheit kann in einer Bankbürgschaft bestehen (§ 12 III NachbG NRW).
Rheinland-Pfalz	Der Nachbar ist nach § 5 I 1 LNRG RhPf berechtigt, an die Nachbarwand anzubauen, wobei der Anbau als Mitbenutzung der Wand als Abschlusswand oder zur Unterstützung oder Aussteifung des neuen Gebäudes definiert wird. Ein Unterfangen der Nachbarwand ist nur zulässig, wenn keine erhebliche Schädigung des zuerst errichteten Gebäudes zu besorgen ist und das Unterfangen nur mit unzumutbar hohen Kosten vermieden werden könnte (§ 5 II LNRG RhPf). Die Einzelheiten des beabsichtigten Anbaus sind mindestens

	drei Monate vor Beginn der Bauarbeiten dem Eigentümer und dem Nutzungsberechtigten des Nachbargrundstücks anzuzeigen. Bei unbekanntem Aufenthalt oder bei einem Aufenthalt im Ausland ohne Vertreter genügt die Anzeige an den unmittelbaren Besitzer. Mit den Arbeiten darf erst nach Fristablauf begonnen werden. Etwaige Einwendungen gegen den Bau sind unverzüglich zu erheben (§ 6 LNRG RhPf). Als Vergütung hat der anbauende Nachbar den halben Wert der Nachbarwand zu erstatten, soweit ihre Fläche zum Anbau genutzt wird. Kommt eine besondere Bauart oder Bemessung der Wand nur einem Nachbarn zugute, ist dies bei der Bemessung der Vergütung zu berücksichtigen. Ebenso ist bei der Nachbarwand, die zu mehr als der Hälfte auf einer Grundstücksfläche steht, der Wert des Grund und Bodens zu berücksichtigen, wenn nicht die in § 912 II oder in § 915 BGB bestimmten Rechte ausgeübt werden (§ 7 II u. III LNRG RhPf). Die Vergütung wird mit der Fertigstellung des Rohbaus fällig. Sie steht demjenigen zu, der zu dieser Zeit Eigentümer ist. Bei der Wertberechnung ist von den zu diesem Zeitpunkt üblichen Baukosten auszugehen; das Alter sowie der bauliche Zustand der Nachbarwand sind zu berücksichtigen. Auf Verlangen ist Sicherheit in Höhe der voraussichtlich zu gewährenden Vergütung zu leisten; in einem solchen Falle darf der Anbau erst nach Leistung der Sicherheit begonnen oder fortgesetzt werden. Die Sicherheit kann durch Bankbürgschaft geleistet werden (§ 7 IV LNRG RhPf).
Saarland	Der Nachbar ist nach § 6 I 1 Saarl NachbarRG berechtigt, an die Nachbarwand anzubauen, wobei der Anbau als Mitbenutzung der Wand als Abschlusswand oder zur Unterstützung oder Aussteifung des neuen Gebäudes definiert wird. Ein Unterfangen der Nachbarwand ist nur zulässig, wenn keine erhebliche Schädigung des zuerst errichteten Gebäudes zu besorgen ist und das Unterfangen nur mit unzumutbar hohen Kosten vermieden werden könnte (§ 6 II Saarl NachbarRG). Die Einzelheiten des beabsichtigten Anbaus sind mindestens drei Monate vor Beginn der Bauarbeiten dem Eigentümer und dem Nutzungsberechtigten des Nachbargrundstücks anzuzeigen. Bei unbekanntem Aufenthalt oder bei einem Aufenthalt im Ausland ohne Vertreter genügt die Anzeige an den unmittelbaren Besitzer. Mit den Arbeiten darf erst nach Fristablauf begonnen werden. Etwaige Einwendungen gegen den Bau sind unverzüglich zu erheben (§ 7 Saarl NachbarRG). Als Vergütung hat der anbauende Nachbar den halben Wert der Nachbarwand zu erstatten, soweit ihre Fläche zum Anbau genutzt wird. Kommt eine besondere Bauart oder Bemessung der Wand nur einem Nachbarn zugute, ist dies bei der Bemessung der Vergütung zu berücksichtigen. Ebenso ist bei der Nachbarwand, die zu mehr als der Hälfte auf einer Grundstücksfläche steht, der Wert des Grund und Bodens zu berücksichtigen, wenn nicht die in § 912 II oder in § 915 BGB bestimmten Rechte ausgeübt werden (§ 8 II u. III Saarl NachbarRG). Die Vergütung wird mit der Rohbauabnahme des Anbaus fällig. Sie steht demjenigen zu, der zu dieser Zeit Eigentümer ist. Bei der Wertberechnung ist von den zu diesem Zeitpunkt üblichen Baukosten auszugehen; das Alter sowie der bauliche Zustand der Nachbarwand sind zu berücksichtigen. Auf Verlangen ist Sicherheit in Höhe der voraussichtlich zu gewährenden Vergütung zu leisten; in einem solchen Falle darf der Anbau erst nach Leistung der Sicherheit begonnen oder fortgesetzt werden. Die Sicherheit kann durch Bankbürgschaft geleistet werden.
Sachsen-Anhalt	Dem Nachbarn und der Nachbarin ist nach § 6 I 1 NbG LSA gestattet, an die Nachbarwand anzubauen. Der Anbau ist die Mitbenutzung der Wand als Abschlusswand oder zur Unterstützung oder

	Aussteifung des neuen Gebäudes. Die Einzelheiten des beabsichtigten Gebäudes sind dem Nachbarn oder der Nachbarin und dem unmittelbaren Besitzer oder der unmittelbaren Besitzerin unter Beifügung des Bauantrags und der Bauvorlagen anzuzeigen. Ist der Aufenthalt des Nachbarn oder der Nachbarin nur mit unverhältnismäßigen Schwierigkeiten feststellbar oder müsste die Anzeige im Ausland erfolgen und ist im Inland niemand zum Empfang bevollmächtigt, genügt die Anzeige an den unmittelbaren Besitzer oder die unmittelbare Besitzerin. Die Frist der Anzeige beträgt acht Wochen vor Beginn der Ausführung. Einwendungen sind unverzüglich zu erheben. Mit dem Anbau darf vor Fristablauf nur begonnen werden, wenn der Nachbar oder die Nachbarin und der unmittelbare Besitzer oder die unmittelbare Besitzerin hiermit einverstanden sind (§ 6 II NbG LSA). Unabhängig vom Verschulden sind Schäden, die durch den Anbau entstehen, zu ersetzen. Auf Verlangen ist Sicherheit in Höhe des voraussichtlichen Schadens zu leisten; der Anbau darf dann erst nach Leistung der Sicherheit durchgeführt werden. Der Anbauende hat dem Nachbarn oder der Nachbarin, die die Nachbarwand errichtet haben, bzw. deren Rechtsnachfolgern den halben Wert zu vergüten. Maßgebend sind die im Zeitpunkt der Errichtung üblichen Baukosten; ferner sind das Alter sowie der bauliche Zustand der Nachbarwand zu berücksichtigen. Gleiches gilt für eine besondere Bauart oder Bemessung der Wand, wenn sie nur für einen der beteiligten Grundstückseigentümer erforderlich ist. Die Vergütung wird mit der Rohbauabnahme des Anbaus fällig (§ 7 NbG LSA).
Schleswig-Holstein	Nach § 6 I NachbG SchlH ist der Eigentümer des Nachbargrundstücks berechtigt, an die Nachbarwand anzubauen. Ein Unterfangen der Nachbarwand ist ihm nur gestattet, wenn dies nach den allgemeinen anerkannten Regeln der Baukunst unumgänglich ist oder nur mit unverhältnismäßig hohen Kosten vermieden werden könnte, keine erhebliche Schädigung des zuerst errichteten Bauwerks zu besorgen ist und das Bauvorhaben öffentlich-rechtlich zulässig ist. Ein Schaden, der dabei entsteht, ist ohne Verschulden zu ersetzen (§ 6 I 2 NachbG SchlH). Die Einzelheiten des geplanten Anbaus sind spätestens zwei Monate vor Beginn der Bauarbeiten dem Eigentümer und, soweit dessen Besitz davon berührt wird, auch dem Nutzungsberechtigten des zuerst bebauten Grundstücks schriftlich anzuzeigen. Ist der Aufenthalt dieser Personen nicht bekannt oder haben sie ihren Wohnsitz oder gewöhnlichen Aufenthalt im Ausland, so genügt die Anzeige an den unmittelbaren Besitzer. Mit den Arbeiten darf erst nach Fristablauf begonnen werden (§ 7 NachbG SchlH). Als Vergütung ist der halbe Wert der Nachbarwand zu ersetzen, soweit diese durch den Anbau genutzt wird (§ 6 II NachbG SchlH). Eine besondere Bauart oder Bemessung der Nachbarwand trifft denjenigen Eigentümer, der sie benötigt. Steht die Nachbarwand mehr als zur Hälfte auf einem Grundstück, so ist der Wert des überbauten Bodens ebenfalls bei der Vergütung zu berücksichtigen, wenn nicht die in § 912 II oder § 915 BGB bestimmten Rechte ausgeübt werden (§ 6 III u. IV NachbG SchlH). Die Vergütung wird mit der Fertigstellung des Anbaus im Rohbau fällig. Für die Berechnung des Wertes der Nachbarwand ist von den zu diesem Zeitpunkt üblichen Baukosten auszugehen. Das Alter und der bauliche Zustand der Nachbarwand sind zu berücksichtigen. Auf Verlangen ist Sicherheit in Höhe der voraussichtlich zu gewährenden Vergütung zu leisten; der Anbau darf dann erst nach Leistung der Sicherheit begonnen oder fortgesetzt werden (§ 6 V NachbG SchlH).

Thüringen	Der Nachbar ist nach § 5 S. 1 ThürNRG berechtigt, an die Nachbarwand anzubauen, wobei der Anbau als Mitbenutzung der Wand als Abschlusswand oder zur Unterstützung oder Aussteifung des neuen Gebäudes definiert wird (§ 5 S. 2 ThürNRG). Ein Unterfangen der Nachbarwand ist im Gesetz nicht vorgesehen. Die Einzelheiten des beabsichtigten Anbaus sind mindestens drei Monate vor Beginn der Bauarbeiten dem Eigentümer und dem Nutzungsberechtigten des Nachbargrundstücks anzuzeigen. Bei unbekanntem Aufenthalt oder bei einem Aufenthalt im Ausland ohne Vertreter genügt die Anzeige an den unmittelbaren Besitzer. Mit den Arbeiten darf erst nach Fristablauf begonnen werden. Etwaige Einwendungen gegen den Bau sind unverzüglich zu erheben (§ 6 ThürNRG). Als Vergütung hat der anbauende Nachbar den halben Wert der Nachbarwand zu erstatten, soweit ihre Fläche zum Anbau genutzt wird. Kommt eine besondere Bauart oder Bemessung der Wand nur einem Nachbarn zugute, ist dies bei der Bemessung der Vergütung zu berücksichtigen. Ebenso ist bei der Nachbarwand, die zu mehr als zur Hälfte auf einer Grundstücksfläche steht, der Wert des Grund und Bodens zu berücksichtigen, wenn nicht die in § 912 II oder in § 915 BGB bestimmten Rechte ausgeübt werden (§ 7 II u. III ThürNRG). Die Vergütung wird mit der Rohbauabnahme des Anbaus fällig. Sie steht demjenigen zu, der zu dieser Zeit Eigentümer ist. Bei der Wertberechnung ist von den zu diesem Zeitpunkt üblichen Baukosten auszugehen; das Alter sowie der bauliche Zustand der Nachbarwand sind zu berücksichtigen. Auf Verlangen ist Sicherheit in Höhe der voraussichtlich zu gewährenden Vergütung zu leisten; in einem solchen Falle darf der Anbau erst nach Leistung der Sicherheit begonnen oder fortgesetzt werden. Die Sicherheit kann durch Bankbürgschaft geleistet werden (§ 7 IV ThürNRG).

Die vorbezeichneten Vorschriften begründen ein Anbaurecht, jedoch **keine Anbaupflicht**. Eine solche kann sich aus der vertraglichen Vereinbarung der Nachbarn ergeben, die ohnehin vorrangig zu beachten ist. Besteht keine vertraglich vereinbarte Anbaupflicht, kann der Nachbar – unbeschadet etwaiger landesrechtlicher Ersatzansprüche[264] – davon absehen, an die Nachbarwand anzubauen. 115

Das Anbaurecht besteht **nur bei** einer **Nachbarwand**. Deren Vorliegen hat der Anbauende zu beweisen. 116

Durch den Anbau entsteht ein einheitliches Gebäude.[265] Die Nachbarwand dient als **Abschlusswand** für das zweite Gebäude, wenn sie dieses zu der betreffenden Seite hin abschließt. Zur **Unterstützung** wird eine Nachbarwand genutzt, wenn sie statisch für das neu errichtete Gebäude erforderlich ist, indem sie dieses zumindest teilweise mitträgt. Zur **Aussteifung** dient eine Nachbarwand, wenn sie seitliche Kräfte aufnimmt und so ein Verkanten des angebauten Gebäudes verhindert.[266] 117

Die **Anzeige** des Anbaus dient dazu, dem betroffenen Nachbarn eine Beurteilung des Vorhabens zu ermöglichen. Er soll insbesondere prüfen können, ob statische Probleme für die Nachbarwand und sein Bauwerk entstehen können. Insofern müssen mangels besonderer gesetzlicher Anforderung jedenfalls die technischen Einzelheiten angegeben werden, die diese Beurteilung ermöglichen. Sofern keine abweichende Einigung möglich ist, darf mit dem Bauvorhaben erst nach Fristablauf begonnen werden. Einwendungen des betroffenen Nachbarn schieben den Baubeginn nicht weiter hinaus.[267] Der betroffene Nachbar kann auch insgesamt auf die Anzeige verzichten. Demgegenüber sehen 118

264 S. dazu Rn. 165 ff.
265 BGH, NJW 1962, 149.
266 S. nur *Schäfer*, Thüringer Nachbarrechtsgesetz, § 5 Rn. 5.
267 Strittig, wie hier *Postier*, Nachbarrecht in Berlin, § 7 Anm. 12.

die landesrechtlichen Vorschriften ein Entfallen des Anzeigeverfahrens nicht vor. Dies ergibt sich bereits aus dem Umstand, dass die Anzeige gegebenenfalls gegenüber einem „Notadressat" gemacht werden muss. Hinsichtlich der Fristberechnung gelten die §§ 187, 188 BGB.

119 Stellt hinsichtlich der Höhe der Vergütung das Gesetz auf die **Rohbauabnahme** ab, ergibt sich häufig das Problem, dass eine solche in der maßgeblichen Landesbauordnung nicht vorgesehen ist. Richtigerweise wird man auf den Zeitpunkt abstellen, an dem nach altem Bauordnungsrecht die Rohbauabnahme durchgeführt wurde.[268] Der Rohbau ist fertiggestellt, wenn die tragenden Teile, Schornsteine, Brandwände, die notwendigen Treppen und die Dachkonstruktion vollendet sind.[269] Sieht das Gesetz eine Sicherheitsleistung vor, so ist hierfür § 232 BGB maßgeblich, sofern die landesrechtliche Norm keine besondere Regelung enthält. Mit dem Einverständnis des Anspruchsinhabers kann nach einigen Landesrechten Sicherheit in Form einer Bankbürgschaft geleistet werden.

120 **bb) Anbaurecht bei Nichtbestehen landesrechtlicher Regelungen.** In Baden-Württemberg, Bayern, Bremen, Hamburg, Mecklenburg-Vorpommern und Sachsen bestehen **keine landesrechtlichen Regelungen** über das Recht des Nachbarn, auf dessen Grundstück eine Giebelwand überbaut wurde, an diese Wand anzubauen.

121 Liegt ein **Fall eines unentschuldigten Überbaus** vor, so kann ohne weiteres angebaut werden, da der überbaute Teil der Nachbarwand im Umfang des Überbaus im Alleineigentum des Nachbars steht, auf dessen Grund überbaut wurde.[270]

122 Bei einem unrechtmäßigen entschuldigten Überbau und beim Überbau mit Zustimmung des Nachbarn ergibt sich ein Recht zum Anbau **nur aufgrund einer Vereinbarung**. Diese regelt den Umfang und den Inhalt des Anbaurechts. Ein diesbezügliches Gewohnheitsrecht kann nicht unterstellt werden.

123 Bei der Ausübung des vereinbarten Anbaurechts können Schwierigkeiten auftreten, wenn auf einer oder auf beiden Seiten ein Eigentümerwechsel eintritt. Im Falle einer Gesamtrechtsnachfolge gehen die Rechte und Pflichten aus einer getroffenen **Anbaurechtsvereinbarung** auf die Rechtsnachfolger über. Bei der Einzelrechtsnachfolge z. B. dem Kauf des überbauten Grundstücks erwirbt der neue Eigentümer das Recht zum Anbau nur, wenn das Recht abgetreten wird, ein Vertrag zugunsten Dritter hinsichtlich des Eintretenden angenommen wird oder eine Vertragsübernahme mit Zustimmung des anderen Eigentümers stattfindet. Die sich anbietende entsprechende Anwendung des § 311c BGB wird von der herrschenden Meinung trotz der identischen Interessenlage abgelehnt.[271]

124 Meist wird sich aus einer Vertragsauslegung eine **konkludente Abtretung der Rechte** aus der Anbauvereinbarung ergeben. Dies ist jedenfalls dann der Fall, wenn der bisherige Eigentümer das Grundstück als Baugrundstück mit der Möglichkeit veräußert, einen Anbau an der Mauer zu errichten. In diesem Fall hat er zur Vermeidung einer Haftung wegen Mängeln ein eigenes Interesse daran, seine Rechtsposition auf den Erwerber zu übertragen. Bei einer Einzelrechtsnachfolge auf Seiten des überbauenden Eigentümers ist die Interessenlage anders. In diesem Fall wird eine fortbestehende Verpflichtung des Erwerbers, einen Anbau zu gestatten, nicht von vornherein anzunehmen sein. Der BGH[272] geht in seiner Rechtsprechung von einer Verdinglichung der Nachbarzustimmung aus. Nach dieser Ansicht wirkt sie von vornherein auch zu Gunsten des Rechtsnachfolgers.[273] Nach dieser Prämisse müsste auch die Verpflichtung, den Anbau zu dulden, verdinglicht sein. Danach wäre auch der Sonderrechtsnachfolger des überbauenden Eigentümers

[268] A. A. *Schäfer*, Thüringer Nachbarrechtsgesetz, § 7 Rn. 2.
[269] Vgl. § 78 I 2 MBO 1997.
[270] S. nur PWW/*Lemke*, § 921 Rn. 12. Anders nach der Mindermeinung, die Miteigentum annimmt, wonach diesbezüglich eine Einigung erforderlich ist.
[271] S. nur *Kohler*, DNotZ 1991, 362, 370 ff. A. A. Erman/*Grziwotz*, § 311c Rn. 1.
[272] BGH, NJW 2004, 1237 = DNotZ 2004, 373 = EWiR 2004, 595 f. = ZfIR 2004, 329.
[273] So wohl Staudinger/*Roth*, § 921 Rn. 29.

hieran gebunden.[274] Für die Praxis empfiehlt es sich, das Anbaurecht dinglich in Form einer **Grunddienstbarkeit** zu sichern. Damit ist der Bestand auch im Falle einer Einzelrechtsnachfolge gesichert. Es handelt sich in diesem Fall um eine Duldungsverpflichtung des jeweiligen Eigentümers des überbauenden Grundstücks, der den Anbau des Nachbarn, gegebenenfalls unter Vorliegen bestimmter Voraussetzungen insbesondere hinsichtlich der Statik, zu dulden hat.

Zudem kann bei Vorliegen einer Vereinbarung in diese auch die schuldrechtliche Ver- 125
pflichtung aufgenommen werden, die Rechte und Pflichten aus dieser Vereinbarung etwaigen Rechtsnachfolgern mit **Weitergabeverpflichtung** aufzuerlegen, damit der jeweilige Eigentümer des Grundstücks an die Verpflichtungen aus der Vereinbarung gebunden ist. Selbst wenn eine ausdrückliche diesbezügliche Regelung fehlt, kann der entsprechende Wille der Vereinbarung konkludent entnommen werden. Allerdings geht die Verpflichtung nicht über, wenn ein Eigentümer bei einer Übertragung diese Weitergabe vergisst und keine konkludente Weitergabe anzunehmen ist.

Ist der Rechtsnachfolger an eine Vereinbarung nicht gebunden oder fehlt eine Verein- 126
barung insgesamt, wie dies beim unrechtmäßigen entschuldigten Überbau der Fall ist, kann ein **Anbaurecht** lediglich **aus dem nachbarrechtlichen Gemeinschaftsverhältnis**, also aus Treu und Glauben, hergeleitet werden.[275] Aus dem Sinn und Zweck der überbauten Nachbarwand kann man die Zweckbestimmung einer „gemeinschaftlichen Grenzeinrichtung" entnehmen. Deshalb wäre es treuwidrig, wenn der betroffene Grundstückseigentümer grundlos einen Anbau des Nachbarn verbieten würde, obwohl die Nachbarwand dadurch nicht beeinträchtigt wird.

Scheidet ausnahmsweise ein Anbaurecht aus, so bleibt dem Eigentümer des überbauten 127
Grundstücks nur noch die Lösung, **auf seinem eigenen Grundstück eine Mauer** zu errichten, die kein Anbau im technischen Sinne ist.[276] Hat es der überbauende Nachbar schuldhaft versäumt, die Anbauverpflichtung seinem Einzelrechtsnachfolger aufzuerlegen, können anfallende Mehrkosten von ihm als Schadensersatz verlangt werden.

Hat der überbauende Nachbar die Nachbarwand zunächst auf eigene Kosten errichtet, 128
so kann ihm ein **Erstattungsanspruch** beim Anbau des anderen Grundstückseigentümers zustehen. Vorrangig hinsichtlich dieses Ausgleichs ist die ausdrückliche oder zumindest konkludente Regelung in der **Vereinbarung** über den Anbau. Eine diesbezügliche Regelung kann einvernehmlich auch noch zu einem späteren Zeitpunkt zwischen den betroffenen Grundstückseigentümern erfolgen, also auch dann, wenn die Nachbarwand bereits errichtet wurde. Schließlich kann ein diesbezüglicher Erstattungsvertrag selbst noch nach Durchführung des Anbaus geschlossen werden. Besteht keine Vereinbarung und einigen sich die Nachbarn auch nach Durchführung des Anbaus nicht über die Höhe des Ausgleichs, so kann der Überbauende von dem anbauenden Nachbarn eine **Vergütung gemäß §§ 951, 812, 818 BGB** verlangen. Entscheidend ist der ihn treffende Eigentumsverlust.[277] Die Vergütung bemisst sich nach dem Wert des Maueranteils, den der anbauende Nachbar erwirbt, und zwar zur Zeit der Errichtung des Anbaus.[278] Beträgt der Verkehrswert der bereits errichteten Nachbarwand im Zeitpunkt des Anbaus, die für beide Nachbarn in diesem Umfang erforderlich ist, beispielsweise 10.000 Euro, so kommt es auf den Prozentsatz an, zu dem der anbauende Nachbar aufgrund des Anbaus Miteigentum erwirbt. Ist dies die Hälfte, so beträgt der Vergütungsanspruch 5.000 Euro. Handelt es sich nur um ein Viertel, so beträgt der Vergütungsanspruch 2.500 Euro. Bedarf die Nachbarwand wegen des Bauvorhabens des überbauenden Eigentümers einer besonderen Konstruktion, so hat die diesbezügliche Differenz zwischen dem objektiven Wert und dem

---

[274] So wohl Staudinger/*Roth*, § 921 Rn. 29.

[275] So bereits BGB-RGRK/*Augustin*, § 922 Rn. 13 u. Staudinger/*Roth*, § 921 Rn. 30. Vgl. BGH, NJW-RR 2003, 1313, 1314 = BGHR 2003, 1132 u. OLG Stuttgart, NJW 1994, 739.

[276] S. dazu Rn. 166.

[277] Vgl. dazu Rn. 131 ff.

[278] BGHZ 29, 197, 203; BGHZ 36, 46, 53; BGHZ 53, 5, 8; OLG Düsseldorf, NJW-RR 1987, 531.

Wert, den die Wand ohne diese Besonderheit hätte, der begünstigte Grundstückseigentümer allein zu tragen. Gleiches gilt für eine Ausführung, die den Wert der Mauer für einen Nachbarn mindert. In diesem Fall ist der betroffene Eigentümer nur entsprechend seinem Prozentsatz an dem geminderten Wert beteiligt und lediglich in diesem Umfang zur Kostenerstattung verpflichtet.

129 Der **Vergütungsanspruch** entsteht mit Fertigstellung des Anbaus. Er ist an den Eigentümer des Grundstücks, von dem aus die Nachbarwand gebaut wurde, zu entrichten. Handelt es sich um ein Erbbaurecht, so hat die Zahlung an den Erbbauberechtigten zu erfolgen. Zahlungspflichtig ist der Eigentümer des anbauenden Grundstücks bzw., wenn es sich um ein Erbbaurecht handelt, der anbauende Erbbauberechtigte. Miteigentümer haften nicht als Gesamtschuldner, sondern anteilig entsprechend ihrer Miteigentumsquote.[279] Der Anspruch geht auf den Gesamtrechtsnachfolger (z. B. Erben) über. Gleiches gilt für die Verpflichtung zur Entrichtung der Vergütung. Bei einer Einzelrechtsnachfolge auf Seiten des Gläubigers ist fraglich, ob der Anspruch entsprechend § 311c BGB auf den Erwerber übergeht. Häufig wird eine stillschweigende Abtretung unterstellt. Bei der Einzelrechtsnachfolger auf Seiten des Schuldners, geht die Zahlungsverpflichtung auf den Erwerber nicht über, wenn dieser sie nicht ausdrücklich mit übernimmt. Auch schuldrechtliche Verpflichtungen hinsichtlich der Vergütung wirken nicht zu Lasten eines Erwerbers als Sonderrechtsnachfolger. Der einmalige Kostenerstattungsanspruch kann auch nicht Inhalt einer Grunddienstbarkeit oder einer Reallast sein. Möglich ist die Eintragung eines Grundpfandrechts, nämlich einer Grundschuld oder einer Hypothek, in Höhe des geschätzten Vergütungsanspruchs.

130 Wird eines der beiden beteiligten Grundstücke **beschlagnahmt und versteigert**, so wird ein schuldrechtlicher Vergütungsanspruch hiervon nicht erfasst.

f) Eigentums- und Nutzungsverhältnisse nach dem Anbau

131 **aa) Anbau.** Ein Anbau an eine Nachbarwand ist gegeben, wenn der Eigentümer des überbauten Grundstücks seinerseits ein Gebäude errichtet und die Nachbarwand in dieses als wesentlichen Bestandteil einbezieht. Erforderlich ist eine **bautechnische Verbindung**. Sie liegt beispielsweise vor, wenn der anbauende Nachbar zwar selbst eine zusätzliche Giebelwand errichtet, diese aber ohne die bereits bestehende Giebelwand nicht standsicher wäre.[280] Anders ist dies, wenn der nachbauende Nachbar eine eigene, selbständige und tragfähige Abschlusswand neben der alten Nachbarwand errichtet; in diesem Fall liegt kein Anbau mit den sich daraus ergebenden Rechtsfolgen vor.

132 **bb) Miteigentum und Mitbesitz.** Wird die zunächst im Alleineigentum des Errichtenden stehende Nachbarwand durch den Eigentümer des überbauten Grundstücks im Rahmen eines echten Anbaus als wesentlicher Bestandteil in sein Gebäude **einbezogen**, so erwerben nunmehr beide Nachbarn **Miteigentum** und Mitbesitz an der Nachbarwand.[281] Die „Miteigentumslösung" ergibt sich daraus, dass die Nachbarwand in ihrem ganzen Umfang, auch soweit sie jeweils auf das Nachbargrundstück übergreift, wesentlicher Bestandteil beider Gebäude geworden ist (§ 94 II BGB). Für die Entstehung von Miteigentum unerheblich ist, ob die Nachbarwand vor dem Anbau rechtmäßig, unrechtmäßig entschuldigt oder unrechtmäßig unentschuldigt über die Grenze gebaut worden ist.

133 **Miteigentum** entsteht auch, wenn zwei Gebäude mit einer einheitlichen Nachbarwand gleichzeitig gebaut werden. Gleiches gilt, wenn ein Eigentümer eines größeren Grundstücks auf diesem, in seinem Alleineigentum stehenden Grundstück zwei Häuser

[279] So OLG Düsseldorf, NJW-RR 1987, 531.
[280] BGHZ 36, 46.
[281] S. nur BGHZ 57, 245, 248 u. BGHZ 78, 397, 398; Palandt/*Bassenge*, § 921 Rn. 9; Staudinger/*Roth*, § 921 Rn. 36 u. BGB-RGRK/*Augustin*, § 922 Rn. 12; a. A. noch RGZ 53, 307, 311 u. RGZ 162, 209, 212, wonach Alleineigentum jedes Nachbarn an der hälftigen Mauer entsteht.

mit einer Nachbarwand errichtet, danach das Grundstück parzelliert, so dass die Grenze durch die Nachbarwand verläuft, und dann eines oder beide Grundstücke mit der Nachbarwand veräußert, so dass unterschiedliche Eigentumsverhältnisse entstehen. Ebenso ist es bei Reihenhäusern mit Nachbarwänden, falls keine zweischalige Bauweise erfolgt, was aber baurechtlich häufig erforderlich ist.

Die **Miteigentumsquote** richtet sich danach, in welchem Umfang die Nachbarwand als wesentlicher Bestandteil in beide Gebäude einbezogen wird. Erfolgt der Anbau beispielsweise beim Doppelhausbau in gleicher Höhe und in gleichem Umfang, so sind beide Nachbarn Miteigentümer je zur Hälfte. Benutzt jedoch der anbauende Nachbar nur einen Teil der Fläche der Nachbarwand für seinen Anbau, so erwirbt er Miteigentum an der ganzen Nachbarwand in dem Verhältnis, das der angebauten Fläche entspricht.[282] Benötigt er nur ein Viertel der Nachbarwand, so wird er Miteigentümer zu einem Achtel, bei Nutzung der Hälfte der Nachbarwand betragen die Miteigentumsquoten ein Viertel und drei Viertel. **134**

Zeitlich entsteht Miteigentum, wenn das zweite Gebäude im Rohbau fertiggestellt ist.[283] Die **Rohbaufertigstellung** ist regelmäßig gegeben, wenn das Dach aufgesetzt ist. Die tragenden Teile, Schornsteine, Brandwände, Treppen und die Dachkonstruktion müssen vollendet sein.[284] **135**

Anders als die Nachbarwand bleiben die darunter befindlichen **Grundstücksflächen** jeweils im Alleineigentum des betreffenden Nachbarn. Nach dem Gesetzeszweck ist es ausreichend, wenn beide Nachbarn zur Mitbenützung der Nachbarwand berechtigt sind. **136**

Da die im Miteigentum beider Nachbarn stehende Nachbarwand eine **Grenzeinrichtung** darstellt, sind beide Nachbarn zur Benutzung berechtigt. Art und Umfang der Nutzungsrechte und -pflichten sowie die Verwaltung bestimmen sich nach § 922 BGB.[285] Erträge stehen regelmäßig beiden Nachbarn je zur Hälfte zu. Wirft eine Nachbarwand Erträge durch die Nutzung nur eines Nachbarn auf „seiner" Seite ab, so gebührt ihm allein dieser Ertrag.[286] Beispiel hierfür ist das Anbringen einer Reklame an dem vom Nachbarn nicht angebauten Teil der Wandfläche, ohne dass dadurch die Funktion der Grenzeinrichtung mit Vorteilen für beide Nachbarn beeinträchtigt wird. **137**

Hinsichtlich der **Unterhaltungskosten** enthalten die Nachbarrechtsgesetze teilweise ausdrückliche Regelungen.[287] Bestehen keine diesbezüglichen gesetzlichen Vorschriften, so ist streitig, wie diese auf die Nachbarn zu verteilen sind. Betroffen ist insbesondere der Fall, dass nicht hälftiges Miteigentum besteht, sondern davon abweichende Miteigentumsquoten. Dies kommt vor allem beim teilweisen Anbau vor. Eine prozentuale Kostenbeteiligung entsprechend der Quote des Miteigentums an der Nachbarwand[288] kann zu Unbilligkeiten führen, wenn der nicht von beiden Nachbarn genutzte Teil der Wand entsprechende Kosten auslöst. Diese Ungerechtigkeit wird vermieden, wenn man die hälftige Teilung der Unterhaltskosten auf den zum Anbau benutzten Teil der Nachbarwand beschränkt.[289] Unterhaltskosten, die ausschließlich auf den nicht zum Anbau genutzten Teil der Nachbarwand entfallen, hat der die Nachbarwand errichtende Eigentümer danach allein zu tragen. Beispiel sind Putz- und Feuchtigkeitsschäden sowie ein erforderlicher Außenanstrich hinsichtlich des über dem Anbau befindlichen Teils der Nachbarwand. Allerdings gehen bestehende vertragliche Vereinbarungen vor. Betroffen sind zudem nur Unterhaltskosten, nicht jedoch der Erhaltungsaufwand für Bestandteile **138**

---

[282] BGHZ 36, 46.
[283] BGH, NJW 1958, 1180 u. Staudinger/*Roth*, § 921 Rn. 36.
[284] Vgl. auch § 3 II 2 Nr. 2 MaBV u. dazu *Marcks*, MaBV, 8. Aufl. 2009, § 3 Rn. 36 sowie Grziwotz/*Bischoff*, MaBV, 2. Aufl. 2012, § 3 Rn. 153 u. Grziwotz/*Daffner*, ebenda, § 3 Anh. 1 Rn. 23.
[285] S. dazu oben Rn. 82 ff.
[286] BGHZ 43, 127.
[287] S. dazu oben Rn. 114.
[288] So aber Palandt/*Bassenge*, § 921 Rn. 12 u. noch Bayer/Lindner/*Grziwotz*, S. 30.
[289] Str., wie hier OLG Karlsruhe, NJW-RR 1990, 1164, 1165 u. Staudinger/*Roth*, § 921 Rn. 35.

der Mauer, die nicht Gegenstand der gemeinschaftlichen Nutzung sind. Beispiel ist der jeweilige Innenputz der Mauer.[290]

g) Erhöhung der Nachbarwand

139 Mit Ausnahme von Baden-Württemberg, Hamburg, Mecklenburg-Vorpommern und dem Saarland enthalten alle Nachbarrechte Vorschriften über die Erhöhung einer Nachbarwand. Dies gilt selbst für Länder, die keine Normierung des Rechts der Nachbarwand im Übrigen getroffen haben.

140

140	Bayern	Art. 46 BayAGBGB gestattet die Erhöhung einer Nachbarwand durch einen Eigentümer ihrer ganzen Dicke nach, wenn dieser nachweisen kann, dass dadurch die Mauer nicht gefährdet wird. Dies gilt jedoch nur, wenn bereits eine Grenzeinrichtung gegeben ist. Andernfalls liegt keine Kommunmauer vor; die Berechtigung zur Erhöhung richtet sich dann nach den Vorschriften über den Überbau.[291] Auf mögliche andere Beeinträchtigungen als die Gefährdung kommt es nicht an. Der Beweis wird regelmäßig durch ein Sachverständigengutachten geführt werden müssen. Lenkt der Nachbar nicht ein, so muss der bauwillige Eigentümer im Rahmen einer Unterlassungsklage des Nachbarn[292] oder einer von ihm erhobenen Feststellungsklage hinsichtlich des Rechts auf Erhöhung der Kommunmauer beweisen, dass sein Bauvorhaben die Nachbarwand nicht gefährdet. Der Nachbar muss auf der ganzen Breite der im Miteigentum stehenden Nachbarwand die Erhöhung dulden. Er kann den bauwilligen Nachbarn nicht auf „dessen Mauerseite“ verweisen. Er muss jedoch nur die Erhöhung der Mauer selbst dulden. Weitere Eingriffe, etwa in ein über der Mauer befindliches Dach, muss er nicht hinnehmen, da dies in seinem Alleineigentum steht. Praktisch erfolgt deshalb die Erhöhung einer Nachbarmauer relativ selten. Nachbarwände zwischen Reihen- und Doppelhäusern befinden sich nämlich meist unter Dächern. Hat ein Nachbar die Nachbarwand erhöht, so kann er dem anderen die Nutzung des Anbaus verbieten, obwohl auch an der erhöhten Mauer Miteigentum beider Nachbarn besteht. Der andere Nachbar kann ein Recht zur Mitbenutzung jedoch dadurch erreichen, dass er dem Nachbarn, der die Wand erhöht hat, die Hälfte der Baukosten oder eines geringeren Bauwerts für den erhöhten Mauerteil, den er mitbenutzen will, ersetzt (§ 46 II BayAGBGB). Dieses Mitbenutzungsrecht kann er auch gegen den Willen des anderen Nachbarn, der die Mauer erhöht hat, durchsetzen, indem er den Geldbetrag hinterlegt oder bei Vorliegen einer Aufrechnungslage die Aufrechnung erklärt. Solange dem Eigentümer, der die Nachbarwand erhöht hat, die Befugnis zusteht, eine Mitbenutzung zu verbieten (sog. Verbietungsrecht), hat dieser die Errichtungs- und Erhaltungskosten auch allein zu tragen. Das Gesetz (Art. 46 III BayAGBGB) regelt ferner die Probleme, die auftreten, wenn eine Erhöhung der Nachbarwand nicht ohne Verstärkung vorgenommen werden kann. Diese Verstärkung muss derjenige Nachbar, der die Wand erhöhen will, auf seinem Grundstück anbringen. Dabei liegt eine Verstärkung der Nachbarwand nur vor, wenn die weiteren Baumaßnahmen mit der bisherigen Wand technisch eine Einheit bilden. Ist dies nicht der Fall, handelt es sich um eine einseitige Baumaßnahme, die im bayerischen Landesrecht nicht geregelt ist. Hinsichtlich der Kosten der Errichtung und Unterhaltung oder Verstärkung gilt das Gleiche wie bei der Erhöhung der Nachbarwand selbst. Die Kosten trägt allein der die Verstärkung Ausführende, so-

[290] OLG Düsseldorf, OLGZ 1992, 198.
[291] BGHZ 41, 177 u. BGHZ 64, 273.
[292] BGHZ 41, 177.

	lange der Nachbar noch keinen Ersatz geleistet hat. Die Höhe der Ersatzleistung richtet sich jedoch nicht nach den Baukosten und dem Bauwert wie bei der Erhöhung der Nachbarwand, sondern zusätzlich auch nach dem Wert der zur Verstärkung verwendeten Grundfläche. Er ist anteilig, das heißt in der Regel zur Hälfte, zu ersetzen. Nach Zahlung dieses Betrages muss der andere Nachbar erforderliche Unterhaltungskosten der gesamten Mauer, nunmehr auch bezüglich der Verstärkung, nach seinem Miteigentumsanteil mittragen, wenn er diesen mitnutzt. Das Recht, Ersatz zu verlangen, steht dem Bauenden aber dann nicht zu, wenn die Verstärkung entweder nicht mit der Nachbarwand technisch verbunden ist oder wenn sie für die Erhöhung nicht erforderlich war. Der Kostenersatz ist Zug um Zug gegen Übertragung der anteiligen Grundfläche zu leisten. Diese ist soweit zu übertragen, dass die neue Grenzlinie durch die Mitte der verstärkten Mauer geht. Damit soll erreicht werden, dass die Grenzlinie, die vor der Verstärkung mittig durch die Nachbarwand verlief, weiterhin diese mittig schneidet. War dies bereits vor der Verstärkung nicht der Fall, so genügt es, dass das bisherige Verhältnis nach der Verstärkung bestehen bleibt.[293] Für die rechtliche Abwicklung der Grundabtretung gelten – unabhängig von der vorstehenden Streitfrage – die kaufrechtlichen Bestimmungen. Das Gesetz regelt schließlich auch den Verzicht des die Nachbarwand erhöhenden Eigentümers auf die Befugnis, dem anderen Nachbarn die Mitbenützung zu verbieten und Kostenersatz zu verlangen (Art. 46 IV BayAGBGB). Es handelt sich um eine einseitige empfangsbedürftige Willenserklärung, für die keine Form vorgeschrieben ist. Ist das Grundstück des verzichtenden Eigentümers mit einer Hypothek, einer Grundschuld oder einer Rentenschuld belastet, ist der Verzicht dem Dritten gegenüber nur wirksam, wenn er erklärt wird, bevor das Grundstück zu Gunsten des Dritten in Beschlag genommen wird. An der erhöhten Nachbarwand entsteht Miteigentum nach den Anteilen, zu denen die gesamte Wandfläche von beiden Nachbarn zum Anbau benutzt wird. Für die Benutzung, Verwaltung und Unterhaltung gelten die §§ 921, 922 BGB.
Berlin	Gemäß § 12 NachbG Bln darf jeder Grundstückseigentümer die Nachbarwand auf seine Kosten erhöhen, wenn dadurch keine oder nur geringfügige Beeinträchtigungen des anderen Grundstücks zu erwarten sind. Dabei darf der Höherbauende auf das Nachbardach einschließlich des Dachtragewerkes einwirken, soweit dies erforderlich ist; er hat auf seine Kosten das Nachbardach mit der erhöhten Wand ordnungsgemäß zu verbinden. Für den Anbau, seine Anzeige, die Vergütung und den Abriss gelten die Vorschriften hinsichtlich der Nachbarwand entsprechend. Eine Verstärkung der Nachbarwand darf jeder Grundstückseigentümer auf seinem Grundstück auf seine Kosten vornehmen. Ist bei der Erhöhung oder Verstärkung eine tiefere Gründung erforderlich, gelten wiederum die Vorschriften hinsichtlich der Gründung beim Anbau an die Nachbarwand entsprechend. Ein Schaden, der bei der Erhöhung oder Verstärkung der Nachbarwand dem Eigentümer oder dem Nutzungsberechtigten des anderen Grundstücks entsteht, ist auch ohne Verschulden zu ersetzen.[294] Auf Verlangen ist Sicherheit in Höhe des voraussichtlichen Schadens zu leisten; das Recht darf dann erst nach Leistung der Sicherheit ausgeübt werden (§ 13 NachbG Bln).

[293] A. A. wohl noch Bayer/Lindner/*Grziwotz*, S. 34 u. auch *Sprau*, Art. 44 AGBGB Rn. 37, wobei allerdings auf die Unbilligkeit dieses Ergebnisses ausdrücklich hingewiesen wird.

[294] Hierzu gehören auch Personenschäden; vgl. *Postier*, Nachbarrecht in Berlin, § 13b Erl. 2.

Brandenburg	Gemäß § 14 BbgNRG darf jeder Grundstückseigentümer die Nachbarwand auf seine Kosten erhöhen, wenn dadurch keine oder nur geringfügige Beeinträchtigungen des anderen Grundstücks zu erwarten sind. Dabei darf der Höherbauende auf das Nachbardach einschließlich des Dachtragewerkes einwirken, soweit dies erforderlich ist; er hat auf seine Kosten das Nachbardach mit der erhöhten Wand ordnungsgemäß zu verbinden. Für den Anbau, seine Anzeige, die Vergütung und den Abriss gelten die Vorschriften hinsichtlich der Nachbarwand entsprechend. Eine Verstärkung der Nachbarwand darf jeder Grundstückseigentümer auf seinem Grundstück auf seine Kosten vornehmen. Ist bei der Erhöhung oder Verstärkung eine tiefere Gründung erforderlich, gelten wiederum die Vorschriften hinsichtlich der Gründung beim Anbau an die Nachbarwand entsprechend. Ein Schaden, der bei der Erhöhung oder Verstärkung der Nachbarwand dem Eigentümer oder dem Nutzungsberechtigten des anderen Grundstücks entsteht, ist auch ohne Verschulden zu ersetzen. Auf Verlangen ist Sicherheit in Höhe des voraussichtlichen Schadens zu leisten; das Recht darf dann erst nach Leistung der Sicherheit ausgeübt werden (§ 15 BbgNRG).
Bremen	Nach § 24 BremAGBGB besteht hinsichtlich der Erhöhung einer Kommunmauer dieselbe Rechtslage wie in Bayern. Der bauende Eigentümer hat die Mehraufwendungen, den die Unterhaltung der Mauer infolge der Erhöhung verursacht, solange zu tragen, als der Aufbau nicht auch von dem Eigentümer des benachbarten Grundstücks ganz oder teilweise benutzt wird. Bis zur Kostenerstattung steht ihm insoweit ein Verbietungsrecht zu. Wird die Mauer zum Zweck der Erhöhung verstärkt, so ist die Verstärkung auf dem Grundstück anzubringen, dessen Eigentümer die Erhöhung unternimmt. Will der Eigentümer des benachbarten Grundstücks den Aufbau benutzen, so erhöht sich der Wertersatz um den entsprechenden Teil der Baukosten der Verstärkung und des Wertes der zur Verstärkung verwendeten Grundfläche. Anders als in Bayern sieht das Gesetz keine Übertragungsverpflichtung vor. § 24 BremAGBGB findet auch dann Anwendung, wenn die Kommunmauer schon vor In-Kraft-Treten des BGB erhöht worden ist, es sei denn, dass die Vergütung für die Benutzung des Aufbaus seitens des Eigentümers des benachbarten Grundstücks schon vor diesem Zeitpunkt fällig geworden ist.
Hessen	Jeder Grundstückseigentümer ist gemäß § 6 HessNachbRG berechtigt, die Nachbarwand in voller Dicke auf seine Kosten zu erhöhen. Für den erhöhten Teil gelten die Vorschriften über die Nachbarwand entsprechend. Ferner ist jeder Grundstückseigentümer berechtigt, die Nachbarwand auf seinem Grundstück zu verstärken (§ 7 HessNachbRG).
Niedersachsen	§ 12 NNachbG gestattet dem Nachbarn die Erhöhung der Nachbarwand auf seine Kosten, wenn der andere Nachbar schriftlich einwilligt; bei der Erhöhung sind die allgemein anerkannten Regeln der Baukunst zu beachten. Der Nachbar ist zur Einwilligung verpflichtet, wenn keine oder nur geringfügige Beeinträchtigungen des eigenen Grundstücks zu erwarten sind. Für den hinzugefügten oberen Teil der Nachbarwand gelten die Vorschriften über die Nachbarwand. Der Höherbauende darf, soweit dies erforderlich ist, auf das Nachbardach einschließlich des Dachtragwerkes einwirken; er hat auf seine Kosten das Nachbardach mit der erhöhten Nachbarwand ordnungsgemäß zu verbinden. Wird die Nachbarwand nicht in voller Dicke erhöht, so ist die Erhöhung, wenn die Nachbarn nichts Anderes vereinbart haben, auf der Mitte der Wand zu errichten. Ferner ist jeder

	Nachbar berechtigt, die Nachbarwand auf seinem Grundstück zu verstärken, soweit dies nach den allgemein anerkannten Regeln der Baukunst zulässig ist. Die Absicht der Verstärkung ist zwei Monate vor Beginn der Bauarbeiten anzuzeigen; für die Anzeige gilt § 8 NNachbG entsprechend (§ 13 NNachbG). Ein Schaden der durch Ausübung des Rechtes zur Verstärkung der Nachbarwand dem Eigentümer des anderen Grundstücks oder dem Nutzungsberechtigten entsteht, ist auch ohne Verschulden zu ersetzen. Ein Verschulden des Geschädigten ist dabei mit zu berücksichtigen. Auf Verlangen ist Sicherheit in Höhe des möglichen Schadens zu leisten, wenn mit einem Schaden von mehr als 3000 Euro zu rechnen ist; in einem solchen Falle darf das Recht erst nach Leistung der Sicherheit ausgeübt werden (§ 14 NNachbG).
Nordrhein-Westfalen	Jeder Eigentümer darf die Nachbarwand in voller Dicke auf seine Kosten nach den allgemein anerkannten Regeln der Baukunst erhöhen, wenn dadurch keine oder nur geringfügige Beeinträchtigungen für den anderen Grundstückseigentümer zu erwarten sind. Für den erhöhten Teil der Nachbarwand gelten die Vorschriften für die Nachbarwand entsprechend. Setzt die Erhöhung eine tiefere Gründung der Nachbarwand voraus, so darf diese unterfangen werden, wenn das nach den allgemein anerkannten Regeln der Baukunst notwendig und öffentlich-rechtlich zulässig ist (§ 15 NachbG NRW). Die Absicht, das Recht auszuüben, ist anzuzeigen (§ 16 NachbG NRW). Ein Schaden, der in Ausübung des Erhöhungsrechtes entsteht, ist ohne Rücksicht auf Verschulden zu ersetzen. Auf Verlangen ist in Höhe des voraussichtlichen Schadensbetrages Sicherheit zu leisten, die auch in einer Bankbürgschaft bestehen kann. Das Recht darf erst nach Leistung der Sicherheit ausgeübt werden. Eine Sicherheitsleistung kann nicht verlangt werden, wenn der voraussichtliche Schaden durch eine Haftpflichtversicherung gedeckt ist (§ 17 NachbG NRW). Jeder Grundstückseigentümer darf ferner die Nachbarwand auf seinem Grundstück auf seine Kosten verstärken. Hinsichtlich der Gründung, der Anzeige und der Schadensersatzpflicht gelten die Vorschriften über den Aufbau entsprechend (§ 18 NachbG NRW).
Rheinland-Pfalz	Gemäß § 11 LNRG RhPf ist jeder Nachbar berechtigt, die Nachbarwand auf seine Kosten zu erhöhen. Für den hinzugefügten oberen Teil gelten die Vorschriften über die Nachbarwand entsprechen. Der Höherbauende darf auf das Nachbardach einschließlich des Dachtragewerks einwirken, soweit dies erforderlich ist; er hat auf seine Kosten das Nachbardach mit der erhöhten Nachbarwand ordnungsgemäß zu verbinden.
Saarland	Der Nachbar darf gemäß § 12 Saarl NachbarRG die Nachbarwand auf seine Kosten nach den allgemein anerkannten Regeln der Baukunst erhöhen, wenn dadurch keine erhebliche Beeinträchtigung für den anderen Nachbarn zu erwarten ist. Der Höherbauende darf, soweit erforderlich, auf das Nachbardach einschließlich des Dachtragewerks einwirken; er hat auf seine Kosten das Nachbardach mit der erhöhten Nachbarwand ordnungsgemäß zu verbinden. Für den erhöhten Teil der Nachbarwand gelten die Vorschriften über die Nachbarwand entsprechend. Jeder Grundstückseigentümer darf ferner die Nachbarwand auf seinem Grundstück auf seine Kosten verstärken, soweit es nach den allgemein anerkannten Regeln der Baukunst zulässig ist. Die Absicht der Verstärkung ist mindestens zwei Monate vor Baubeginn anzuzeigen. Hierfür gelten die Vorschriften über die Anzeige des Anbaus entsprechend (§ 13 Saarl NachbarRG). Ein Schaden, der bei der Erhöhung oder Verstärkung der Nachbarwand entsteht, ist ohne Rücksicht auf Verschulden zu ersetzen. Auf Verlangen

	ist in Höhe des voraussichtlichen Schadensbetrages Sicherheit zu leisten, die auch in einer Bankbürgschaft bestehen kann; in einem solchen Falle darf das Recht erst nach Leistung der Sicherheit ausgeübt werden (§ 14 Saarl NachbarRG).
Sachsen-Anhalt	Jeder Nachbar oder jede Nachbarin darf die Nachbarwand gemäß § 8 NbG LSA auf eigene Kosten nach den allgemein anerkannten Regeln der Baukunst erhöhen, wenn dadurch keine erhebliche Beeinträchtigung für den anderen Nachbarn oder die andere Nachbarin zu erwarten ist. Das Vorhaben ist entsprechend dem Anbau anzuzeigen. Wer höher baut, darf, soweit erforderlich, auf das Nachbardach einschließlich des Dachtragwerks einwirken. Das Nachbardach ist auf Kosten des oder der Einwirkenden mit der erhöhten Nachbarwand ordnungsgemäß zu verbinden. Für den erhöhten Teil der Nachbarwand gelten die Vorschriften über die Nachbarwand entsprechend; für Schäden, die bei der Erhöhung entstehen, besteht eine verschuldensunabhängige Schadensersatzpflicht.
Schleswig-Holstein	Jeder Grundstückseigentümer darf die Nachbarwand gemäß § 10 NachbG SchlH in voller Dicke auf seine Kosten erhöhen, wenn dadurch keine oder nur geringfügige Beeinträchtigungen für den anderen Grundstückseigentümer zu erwarten sind. Dabei darf der Höherbauende auf das Nachbardach einschließlich des Dachtragewerks einwirken, soweit dies erforderlich ist; er hat auf seine Kosten das Nachbardach mit der erhöhten Nachbarwand so zu verbinden, dass Schäden durch Gebäudebewegungen und Witterungseinflüsse vermieden werden. Für den erhöhten Teil der Nachbarwand gelten die Vorschriften über die Nachbarwand entsprechend. Die Absicht der Erhöhung ist vorher anzuzeigen. Ein Schaden, der bei Erhöhung der Nachbarwand entsteht, ist dem Eigentümer oder dem Nutzungsberechtigten des anderen Grundstücks ohne Verschulden zu ersetzen. Auf Verlangen ist Sicherheit in Höhe des voraussichtlichen Schadens zu leisten; die Erhöhung darf in diesem Falle erst nach Leistung der Sicherheit ausgeführt werden. Jeder Grundstückseigentümer ist ferner berechtigt, die Nachbarwand auf seinem Grundstück zu verstärken (§ 10 II NachbG SchlH).
Thüringen	Gemäß § 11 I ThürNRG ist jeder Nachbar berechtigt, die Nachbarwand auf seine Kosten zu erhöhen. Für den hinzugefügten neuen Teil der Nachbarwand gelten die Vorschriften über die Nachbarwand entsprechend. Der Höherbauende darf auf das Nachbardach einschließlich des Dachtragewerks einwirken, soweit dies erforderlich ist; er hat auf seine Kosten das Nachbardach mit der erhöhten Nachbarwand ordnungsgemäß zu verbinden (§ 11 II ThürNRG).[295]

141 Die Vorschriften über die Erhöhung der Nachbarwand lassen sich somit zunächst danach unterscheiden, ob zu einer Erhöhung der Nachbarwand die Zustimmung des Nachbarn erforderlich ist, wobei hierauf bei Vorliegen der gesetzlichen Voraussetzungen ein Anspruch besteht. Die Beachtung der anerkannten Regeln der Baukunst, die sich auch ohne ausdrückliche Normierung aus dem nachbarrechtlichen Gemeinschaftsverhältnis ergibt, soll **Schäden** an der Kommunmauer und ihren Fundamenten verhindern. Die Erhöhung muss ferner öffentlich-rechtlich zulässig sein, insbesondere dem Baurecht entsprechen. Kann die Erhöhung zu einer Zerstörung der Nachbarwand führen, so hat sie zu unterbleiben. Geringfügige Beeinträchtigungen wie z. B. Schäden am Anstrich und am Putz sind hinzunehmen und gegebenenfalls vom Erhöhenden auszugleichen.

[295] Zum Unterfangen der Nachbarwand oder die Erhöhung vgl. § 11 III ThürNRG.

Erhöhen kann die Kommunmauer nicht nur derjenige, der sie errichtet hat, sondern auch der Nachbar, der an sie anbauen möchte. Umstritten ist, ob die Erhöhung nur unmittelbar im **Zusammenhang mit einer Baumaßnahme** zulässig ist, oder bereits dann, wenn ein Anbau zunächst nur geplant ist.[296] 142

Die Verweisung auf die allgemeinen Vorschriften über die Nachbarwand bedeutet, dass auch die **Erhöhung** zum Anbau geeignet sein muss. Die Erhöhung muss mittig erfolgen oder zumindest „auf der Hälfte" des Erhöhenden. Auf der anderen Hälfte ist sie nur mit Zustimmung des Nachbarn gestattet oder wenn die Voraussetzungen des § 912 BGB vorliegen. Der Nachbar darf an die Erhöhung später anbauen, jedenfalls gegen Ersatz der anteiligen Kosten des Aufbaus. 143

Das vielfach enthaltene Recht, **auf das Nachbardach** einschließlich des Tragwerks **einzuwirken**, soll verhindern, dass das Erhöhungsrecht leer läuft. Voraussetzung für die Ausübung dieses Rechts ist, dass das Nachbardach ordnungsgemäß mit der Nachbarwand verbunden wird, so dass insbesondere keine Feuchtigkeit eindringen kann. 144

Das **Eigentum** an dem Aufbau steht bis zum Anbau dem Eigentümer zu, der die Kommunmauer (nicht zwingend den Aufbau) errichtet hat. Erfolgt die Erhöhung erst nach dem Anbau, so besteht Miteigentum, wobei sich allerdings die Quote ändert, wenn nicht beide Nachbarn gleichzeitig an den Aufbau anbauen. Durch den späteren Anbau an die erhöhte Nachbarmauer entsteht Miteigentum nach Bruchteilen entsprechend den für den Anbau benutzten Flächen der gesamten Kommunmauer. 145

Bei der Verstärkung ist zwischen der **Verstärkung** im Rahmen einer Erhöhung[297] und der Verstärkung auf dem eigenen Grundstück und auf eigene Kosten[298] zu unterscheiden. Für die Verstärkung gelten regelmäßig die Anzeigepflichten wie bei einer Erhöhung.[299] 146

Geben die landesrechtlichen Gesetze **keine besonderen Regelungen** über die Erhöhung und Verstärkung der Nachbarwand vor, so gelten hierfür die allgemeinen Vorschriften. 147

Die **Erhöhung** durch den ursprünglichen Erbauer der Nachbarwand und durch den anderen Nachbarn bedarf jeweils der Zustimmung beider Eigentümer.[300] Allerdings kann eine rechtswidrige Erhöhung der Kommunmauer ein entschuldigter Überbau sein.[301] 148

Eine **Verstärkung** der Kommunmauer durch den errichtenden Eigentümer auf seinem eigenen Grundstück ist vor dem Anbau durch den Nachbarn problemlos möglich. Verstärkt der anbauende Eigentümer die Kommunmauer oder soll diese von einem Eigentümer nach dem Anbau verstärkt werden, wobei dies jeweils auf dem eigenen Grundstück erfolgt, so dürften auch hiergegen, wenn Beeinträchtigungen der Kommunmauer unterbleiben und die Verstärkung öffentlich-rechtlich zulässig ist, keine Bedenken bestehen. Allerdings ändern sich in diesem Fall die Miteigentumsquoten der nunmehr nicht mehr hälftig geteilten Kommunmauer. Dem Teilhaber der Nachbarwand, an die noch nicht vollständig angebaut wurde, sind Maßnahmen zur Wärmedämmung am freien Bereich der Wand gestattet.[302] 149

h) Zerstörung und Abriss eines oder beider Bauwerke

Die Rechtsfolgen, die bei einem Abriss eines an die Kommunmauer angebauten Gebäudes eintreten, werden teilweise **landesrechtlich** geregelt: 150

---

[296] Vgl. Schäfer, Thüringer Nachbarrechtsgesetz, § 11 Rn. 4.
[297] Vgl. dazu Art. 46 III BayAGBGB; § 24 III BremAGBGB u. § 15 II NachbG NRW.
[298] Vgl. § 12 II NachbG Bln; § 14 II BbgNRG; § 7 HessNachbRG; § 13 I NNachbG; § 18 S. 1 NachbG NRW; § 13 S. 1 Saarl NachbarRG u. § 10 III NachbG SchlH.
[299] Vgl. § 12 IV NachbG Bln; § 14 IV BbgNRG; § 13 II NNachbG; § 18 S. 2 i.V. m. § 16 NachbG NRW u. § 13 S. 2 u. 3 Saarl NachbarRG.
[300] BGHZ 29, 372 u. BGHZ 64, 273, 276.
[301] Vgl. Staudinger/*Roth*, § 921 Rn. 4
[302] BGH, NJW 2008, 2032 = NZM 2008, 503 = MDR 2008, 793 = GE 2008, 725.

Berlin	Wird nach erfolgtem Anbau eines der angebauten Bauwerke abgerissen und wird dieses nicht neu errichtet, so hat der Eigentümer des Grundstücks, auf dem das abgerissene Bauwerk stand, gemäß § 9 NachbG Bln die durch den Abriss an der Nachbarwand entstandenen Schäden zu beseitigen und die Außenfläche des bisher gemeinsam genutzten Teils der Nachbarwand in einen für eine Außenwand geeigneten Zustand zu versetzen.
Brandenburg	Wird nach erfolgtem Anbau eines der beiden Bauwerke abgerissen und nicht neu errichtet, so hat der Eigentümer des Grundstücks, auf dem das abgerissene Bauwerk stand, gemäß § 11 S. 1 BbgNRG die durch den Abriss an der Nachbarwand entstandenen Schäden zu beseitigen und die Außenfläche des bisher gemeinsam genutzten Teils der Nachbarwand in einen für eine Außenwand geeigneten Zustand zu versetzen. Zusätzlich ist für den Teil der Nachbarwand, welcher auf dem nunmehr unbebauten Grundstück steht, eine Vergütung durch den nunmehr allein nutzenden Grundstückseigentümer an den Eigentümer des unbebauten Grundstücks zu zahlen (§ 11 S. 2 BbgNRG). Die Unterhaltskosten fallen dem nunmehr allein nutzenden Eigentümer zur Last (§ 11 S. 3 BbgNRG).
Niedersachsen	Der geplante Abbruch eines der beiden Gebäude, denen die Nachbarwand dient, ist gemäß § 9 NNachbG dem Nachbarn anzuzeigen. Für die Anzeige gelten die Vorschriften über die Anzeige des Anbaus entsprechend. Wird eines der beiden Gebäude abgebrochen und nicht neu errichtet, so hat der Eigentümer des abgebrochenen Gebäudes die Außenfläche des bisher gemeinsam genutzten Teils der Wand in einen für eine Außenwand geeigneten Zustand zu versetzen. Bedarf die Wand gelegentlich des Gebäudeabbruches noch weiterer Instandsetzung, so sind die Kosten dafür von beiden Eigentümern hinsichtlich des gemeinsam genutzten Teils der Wand gemeinsam zu tragen. Die künftige Unterhaltung der Wand obliegt dem Eigentümer des bestehen gebliebenen Gebäudes (§ 10 III NNachbG).
Rheinland-Pfalz	Das rheinland-pfälzische Landesrecht enthält keine Bestimmung über den Abbruch eines Bauwerks. Es regelt jedoch in § 8 III LNRG RhPf die Rechtsfolgen. Wird eines der Gebäude abgebrochen und nicht neu errichtet, so hat der Eigentümer des abgebrochenen Gebäudes die Außenfläche des bisher gemeinsam genutzten Teiles der Wand in einen für eine Außenwand geeigneten Zustand zu versetzen. Bedarf die Wand gelegentlich des Gebäudeabbruches noch weitere Instandsetzung, so sind die Kosten dafür hinsichtlich des gemeinsam genutzten Teils der Nachbarwand gemeinsam zu tragen.
Saarland	Vorschriften über die Berechtigung, ein Gebäude, das an der Kommunmauer errichtet ist, abzubrechen, enthält das saarländische Nachbarrecht nicht. Hinsichtlich der Unterhaltskosten beim Abbruch eines Gebäudes, das nicht neu errichtet wird, gilt § 9 III Saarl NachbarRG. Dadurch hat der Eigentümer des Grundstücks, auf dem das abgebrochene Gebäude stand, die durch den Abbruch entstandenen Schäden zu beseitigen und die Außenfläche des bisher gemeinsam genutzten Teiles der Wand auf seine Kosten in einen für eine Außenwand geeigneten Zustand zu versetzen. Die Kosten der künftigen Unterhaltung fallen dem anderen Grundstückseigentümer allein zur Last.
Sachsen-Anhalt	Eine spezielle Vorschrift über die Zulässigkeit des Abbruchs eines der angebauten Gebäudes enthält das Nachbarrecht von Sachsen-Anhalt nicht. Wird eines der beiden Gebäude abgebrochen und nicht neu errichtet, sind jedoch der Bauherr oder die Bauherrin bzw. deren Rechtsnachfolger verpflichtet, die durch den Abbruch entstandenen Schäden zu beseitigen und die Außenfläche des bisher gemeinsam ge-

	nutzten Teiles der Wand auf eigene Kosten in einen für eine Außenwand geeigneten Zustand zu versetzen. Die Kosten der künftigen Unterhalt fallen dem anderen Nachbarn oder der anderen Nachbarin allein zur Last (§ 10 III NbG LSA).
Schleswig-Holstein	Auch das Nachbarrecht von Schleswig-Holstein enthält keine Vorschriften über den Abbruch eines Bauwerks oder einer Kommunmauer. Wird eines der beiden Bauwerke abgebrochen und nicht mehr errichtet, so hat jedoch der Eigentümer des Grundstücks, auf dem das abgebrochene Bauwerk stand, die durch den Abbruch entstandenen Schäden zu beseitigen und die Außenfläche des bisher gemeinsam genutzten Teiles der Nachbarwand in einen für eine Außenwand geeigneten Zustand zu versetzen. Die Kosten der künftigen Unterhaltung fallen dem anderen Grundstückseigentümer alleine zur Last (§ 8 III NachbG SchlH).
Thüringen	Eine nachbarrechtliche Vorschrift über den Abbruch eines Gebäudes an einer Kommunmauer enthält das Landesrecht von Thüringen nicht. Wird eines der beiden Gebäude abgebrochen und nicht neu errichtet, so hat jedoch der Eigentümer des abgebrochenen Gebäudes die Außenfläche des bisher gemeinsam genutzten Teiles der Wand in einen für die Außenwand geeigneten Zustand zu versetzen. Bedarf die Wand gelegentlich des Gebäudeabbruches noch weiterer Instandsetzung, so sind die Kosten dafür für den gemeinsam genutzten Teil von beiden Nachbarn gemeinsam zu tragen (§ 8 III ThürNRG).

Der Abbruch eines Gebäudes, das mit einem anderen eine gemeinsame Nachbarwand 151
hat, als solcher ist meist unproblematisch. Allerdings können sich hieraus **Folgeprobleme** ergeben, wenn das abgerissene Gebäude nicht oder nicht sofort wieder aufgebaut wird. Die bisher als Innenwand genutzte Seite der Kommunmauer wird nunmehr zur Außenwand. Deren Anstrich und Isolierung sowie der Verputz entsprechen häufig nicht den nunmehrigen Anforderungen. Die hierzu bestehenden landesrechtlichen Regelungen gehen einheitlich davon aus, dass diese Kosten der abbrechende Eigentümer zu tragen hat. Derjenige Instandsetzungsbedarf, der unabhängig vom Abbruch des Gebäudes ohnehin bestanden hat, wird hiervon regelmäßig nicht erfasst, sondern ist von den Eigentümern hinsichtlich des bisher gemeinsam genutzten Teils der Wand gemeinsam zu tragen. Im Übrigen sind die Aufwendungen nicht durch den Abbruch des Gebäudes veranlasst und treffen deshalb den Eigentümer, der die Wand allein nutzt.

In denjenigen Ländern, in denen **keine speziellen Vorschriften** über den Abriss eines 152
der beiden Gebäude bestehen, richten sich die Eigentumsverhältnisse und die Folgen des Abrisses eines Gebäudes nach den allgemeinen Bestimmungen.

Aus § 922 S. 3 BGB kann kein Verbietungsrecht des Nachbarn entnommen werden, 153
dem anderen Eigentümer sein an die Nachbarwand angebautes Gebäude einzureißen. Das **Recht zum Abriss** folgt vielmehr aus § 903 BGB. Auch aus den öffentlich-rechtlichen Bestimmungen des Baurechts ergeben sich im Regelfall keine nachbarschützenden Vorschriften, die einem Gebäudeabriss entgegenstehen könnten.

Die Kommunwand bleibt auch nach dem Abriss eines der beiden Gebäude im **Mit-** 154
eigentum und Mitbesitz beider Nachbarn. Dies gilt jedenfalls dann, wenn die Absicht, wieder an die Kommunmauer anzubauen, nicht von vornherein endgültig aufgegeben wird. Gleiches gilt bei der Zerstörung eines Gebäudes durch Naturereignisse (z. B. Feuer, Überschwemmung, Erdbeben), Kriegseinwirkungen oder sonstige Katastrophen (z. B. Gasexplosion, Flugzeugabsturz, Abkommen eines Kraftfahrzeugs von der Straße).[303] Die Einschränkung, dass das Miteigentum aufrechterhalten bleibt, sofern nicht ein Wieder-

[303] Ebenso BGHZ 43, 127; OLG Düsseldorf, OLGZ 1992, 198, 200 u. OLG Karlsruhe, NJW-RR 1990, 1164.

aufbau gänzlich ausgeschlossen oder eine sonstige gemeinschaftliche Nutzung nicht mehr vorstellbar ist, darf nicht subjektiv verstanden werden.[304] Vielmehr ist auf objektive Merkmale abzustellen.[305] Dies bedeutet, dass nur in den Fällen, in denen ein Anbau oder eine sonstige gemeinschaftliche Nutzung aufgrund objektiver Kriterien ausscheidet, das Miteigentum nicht bestehen bleibt. Der Eigentümer des Grundstücks, auf dessen Seite das Gebäude abgerissen oder zerstört wurde, darf, ohne dass es einer Zustimmung des Nachbarn bedürfte, im selben Umfang wie vor dem Abbruch bzw. vor der Zerstörung wieder anbauen. Ändert sich durch den Wiederanbau die in Anspruch genommene Wandfläche, so ändern sich auch die Quoten des Miteigentums entsprechend.

155 Die Nachbarwand bleibt nach Zerstörung oder Abriss eines angebauten Gebäudes in der Regel auch **weiterhin Grenzeinrichtung** im Sinne der §§ 921, 922 BGB. Ein Unterschied zwischen den Fällen höherer Gewalt und einem Abriss besteht auch insoweit nicht.[306] Als Grenzeinrichtung bleibt die Kommunmauer unabhängig davon bestehen, ob die Absicht besteht, wieder anzubauen. Ausreichend für die Annahme einer Grenzeinrichtung ist, selbst wenn ein Wiederanbau nicht beabsichtigt oder wegen einer Änderung des Baurechts sogar höchst unwahrscheinlich ist, dass die Nachbarwand auch ohne Anbau für beide Grundstücke vorteilhaft ist. Das kann etwa dann der Fall sein, wenn ein Nachbar nunmehr die Seite, an die er nicht mehr anbaut, durch Vermietung als Reklamefläche nutzt.[307] Ausreichend ist ferner, wenn die stehen gebliebene Mauer gleichsam als Zaun die beiderseitigen Grundstücke scheidet.[308] Die Mauer kann hierzu sogar bis auf eine geringe Höhe abgetragen werden.[309] Aus der Tatsache, dass die Nachbarwand Grenzeinrichtung bleibt, folgt, dass die Vorschriften der §§ 921, 922 BGB über die gemeinschaftliche Verwaltung, Nutzung und Unterhaltung weiterhin angewendet werden.

156 Wenn ein Nachbar ohne Zustimmung des anderen von seinem Recht, sein angebautes Gebäude abzureißen, Gebrauch macht und dadurch die im Miteigentum stehende Nachbarwand freigelegt wird, ist er allein verpflichtet, die Nachbarwand vor schädlichen Einwirkungen, die sich durch das **Freilegen** nunmehr auswirken können, zu bewahren.[310] Er hat deshalb eine etwa erforderliche Außenisolation auf eigene Kosten anzubringen.OLG Dresden, NJW-RR 2008, 613 = NZM 2008, 299 = IMR 2007, 366; OLG Dresden, BeckRS 2009, 28833 = MDR 2009, 1411. Es handelt sich dabei nicht um Unterhaltskosten im Sinne des § 922 BGB.[311] Dem beeinträchtigten Nachbarn steht es frei, entweder gemäß §§ 922 S. 3 BGB, 1004 BGB vom abreißenden Nachbarn Beseitigung der Störung zu verlangen oder die Störung selbst zu beseitigen und dann nach §§ 812, 818 II BGB gegen den Nachbarn vorzugehen.[312] Die Verursacherhaftung für die erforderlichen Kosten geht auf einen Einzelrechtsnachfolger als „Zustandsstörer" wohl nicht über.[313] Die Nutzung der Nachbarwand insbesondere zu Reklamezwecken steht jedem Nachbarn hinsichtlich der zu seinen Gunsten zugewandten Außenflächen zu.[314]

---

304 Ebenso Staudinger/*Roth*, § 921 Rn. 48.

305 Ähnlich OLG Karlsruhe, NJW-RR 1990, 458.

306 BGH, DB 1975, 1843 = WM 1975, 663 u. BGHZ 78, 397 = NJW 1981, 866.

307 Vgl. *Glaser*, JR 1976, 495.

308 OLG Düsseldorf, OLGZ 1992, 198, 200.

309 BGHZ 29, 372, 374 u. BGH, DB 1975, 1843 = WM 1975, 663.

310 BGH, NJW 2010, 1808 = NZM 2010, 486 = MDR 2010, 740 = JuS 2010, 730; OLG Brandenburg, BeckRS 2011, 13118 = IBR 2011, 283 = BauR 2011, 1382.

311 BGHZ 78, 397; vgl. auch LG Heidelberg, DWW 1985, 182 u. BGH, NJW 1989, 2541. Kein Anspruch besteht dagegen gegen den Bauunternehmer, der im Auftrag des Nachbarn die Bauarbeiten durchführt (OLG Hamm, NJW-RR 1991, 851). Zur öffentlich-rechtlichen Verantwortlichkeit s. OVG Koblenz, NVwZ-RR 2012, 226.

312 BGH, NJW 1981, 866; BGH, NJW 1989, 2541 u. OLG München, NJOZ 2002, 1002. Zur Abgrenzung s. OLG Köln, ZMR 1996, 139 u. OLG Köln, NJW-RR 1996, 1104. Zum Klageantrag vgl. BGH, NJW 2004, 1035.

313 Anders BGH, NJW 1989, 2541 jedoch für einen Fall der Gesamtrechtsnachfolge.

314 OLG Köln, IMR 2006, 167 = ZMR 2006, 772 = BeckRS 2006, 09818.

Werden **beide Häuser abgerissen** oder zerstört, während die **Nachbarwand erhalten bleibt**, gilt das vorstehend Ausgeführte entsprechend, insbesondere bleibt das Miteigentum bestehen. 157

Wird auch die **Nachbarwand vollständig**, einschließlich der Fundamente, abgetragen oder **zerstört**, liegt keine im Miteigentum der Nachbarn stehende Grenzeinrichtung mehr vor. Bei einem einseitigen oder beiderseitigen Neubau gelten die Regelungen wie bei einer Ersterrichtung der Nachbarwand.[315] Wenn beide Nachbarn gleichzeitig den Wiederaufbau vornehmen, werden sie Miteigentümer der Nachbarwand. Alleineigentum an der Nachbarwand entsteht, wenn nur ein Nachbar wiederaufbaut.[316] Eine vertikale Eigentumsteilung tritt ein, wenn ein unentschuldigter Überbau vorliegt. 158

Bleibt die **Nachbarwand** bei Zerstörung oder Abriss beider Gebäude nur **teilweise erhalten**, so liegt weiterhin eine im Miteigentum stehende Grenzeinrichtung vor.[317] Sind dagegen nur noch geringe Reste unterhalb der Erdoberfläche (z. B. Fundament) vorhanden, liegt keine Grenzeinrichtung mehr vor.[318] In dem Fall, in dem nur ein gemeinsamer Mauerrest von geringer Höhe bestehen bleibt, kann eine Erhöhung nur im Rahmen der dafür geltenden Vorschriften[319] erfolgen, sofern die Nachbarn keine anderweitige Vereinbarung treffen.[320] 159

Bauen die Nachbarn nach dem Abriss oder der Zerstörung ihrer Gebäude an die stehen gebliebene Nachbarwand unter Benutzung **anderer Flächenanteile** als vor dem Abriss wieder auf, so ändern sich die Quoten des Miteigentums entsprechend. **Verzichtet ein Nachbar** später **auf einen Wiederaufbau**, so kann er seinen zunächst bestehen gebliebenen Miteigentumsanteil durch Übereignung auf den anderen Eigentümer des weiterhin angebauten Hauses übertragen. Dafür genügt die Einigung zwischen den Nachbarn über den Eigentumsübergang in Verbindung mit der Aufhebung des Mitbenutzungsrechtes.[321] 160

i) Zerstörung und Abriss der Nachbarwand

Grundsätzlich wäre das Recht, eine Nachbarwand zu beseitigen, problemlos danach zu beurteilen, ob bereits Miteigentum entstanden ist oder nicht. Bis zum Anbau könnte der Errichtende die Kommunmauer, die in seinem Alleineigentum steht, ohne Nachbarzustimmung beseitigen. Nach dem Anbau bedürfte die Beseitigung der Zustimmung beider Miteigentümer. 161

Allerdings enthalten **Landesrechte** hiervon teilweise abweichende Regelungen: 162

Berlin	Gemäß § 11 NachbG Bln darf der Eigentümer des zuerst bebauten Grundstücks die Nachbarwand beseitigen, solange und soweit noch nicht angebaut worden ist, wenn der anbauberechtigte Nachbar der Beseitigung nicht widerspricht. Die Absicht, die Nachbarwand zu beseitigen, ist anzuzeigen. Für die Anzeige gelten die Vorschriften über die Anzeige bei Errichtung einer Nachbarwand entsprechend (§ 11 II NachbG Bln). Der Widerspruch des anbauberechtigten Nachbarn muss binnen zwei Monaten nach Zugang der Anzeige schriftlich erhoben werden. Er ist unbeachtlich, wenn der anbauberechtigte Nachbar nicht innerhalb von sechs Monaten nach Empfang der Anzeige einen Antrag auf Genehmigung eines Anbaus bei der Genehmigungsbehörde einreicht oder die Ablehnung einer beantragten Baugenehmigung nicht mehr angefochten werden kann oder von einer Baugenehmigung nicht innerhalb eines Jahres nach Erteilung Ge-

[315] BGHZ 27, 197 u. BGHZ 53, 5.
[316] OLG Köln, NJW-RR 1993, 87.
[317] BGHZ 29, 372 u. OLG Düsseldorf, OLGZ 1992, 198.
[318] BGHZ 53, 5.
[319] Vgl. oben Rn. 139 ff.
[320] BGHZ 29, 372.
[321] Vgl. Staudinger/*Roth*, § 921 Rn. 49.

	brauch gemacht wird (§ 11 III NachbG Bln).[322] Macht der Eigentümer des zuerst bebauten Grundstücks von seinem Recht zur Beseitigung Gebrauch, so hat er dem Nachbarn auf die Dauer der Nutzung des Nachbargrundstücks durch die auch auf dessen Grundstücks stehende Nachbarwand eine angemessene Vergütung zu leisten. Beseitigt der Eigentümer des zuerst bebauten Grundstücks die Nachbarwand ganz oder teilweise, ohne hierzu nach den vorstehenden Ausführungen berechtigt zu sein, so hat er dem Nachbarn Ersatz für den durch die völlige oder teilweise Beseitigung der Anbaumöglichkeit zugefügten Schaden zu leisten; der Anspruch wird mit der Fertigstellung des späteren Bauwerks im Rohbau fällig (§ 11 IV NachbG Bln).
Brandenburg	Gemäß § 13 BbgNRG darf der Eigentümer des zuerst bebauten Grundstücks die Nachbarwand beseitigen, solange und soweit noch nicht angebaut worden ist, wenn der anbauberechtigte Nachbar der Beseitigung nicht widerspricht. Die Absicht, die Nachbarwand zu beseitigen, ist anzuzeigen. Für die Anzeige gelten die Vorschriften über die Anzeige bei Errichtung einer Nachbarwand entsprechend (§ 13 II BbgNRG). Der Widerspruch des anbauberechtigten Nachbarn muss binnen zwei Monaten nach Zugang der Anzeige schriftlich erhoben werden. Er ist unbeachtlich, wenn der anbauberechtigte Nachbar nicht innerhalb von sechs Monaten nach Empfang der Anzeige einen Antrag auf Genehmigung eines Anbaus bei der Genehmigungsbehörde einreicht oder die Ablehnung einer beantragten Baugenehmigung nicht mehr angefochten werden kann oder von einer Baugenehmigung nicht innerhalb eines Jahres nach Erteilung Gebrauch gemacht wird (§ 13 III BbgNRG). Macht der Eigentümer des zuerst bebauten Grundstücks von seinem Recht zur Beseitigung Gebrauch, so hat er dem Nachbarn auf die Dauer der Nutzung des Nachbargrundstücks durch die auch auf dessen Grundstücks stehende Nachbarwand eine angemessene Vergütung zu leisten. Beseitigt der Eigentümer des zuerst bebauten Grundstücks die Nachbarwand ganz oder teilweise, ohne hierzu nach den vorstehenden Ausführungen berechtigt zu sein, so hat er dem Nachbarn Ersatz für den durch die völlige oder teilweise Beseitigung der Anbaumöglichkeit zugefügten Schaden zu leisten; der Anspruch wird mit der Fertigstellung des späteren Bauwerks im Rohbau fällig (§ 13 IV BbgNRG).
Hessen	Der Eigentümer der Nachbarwand ist nach § 5 I HessNachbRG berechtigt, die Nachbarwand ganz oder teilweise zu beseitigen, solange und soweit noch nicht angebaut ist. Dieses Recht besteht nicht, wenn der anbauberechtigte Eigentümer des Nachbargrundstücks die Absicht, die Nachbarwand ganz oder teilweise durch Anbau zu nutzen, dem Eigentümer der Nachbarwand anzeigt und spätestens binnen sechs Monaten den erforderlichen Bauantrag bei der Bauaufsichtsbehörde einreicht (§ 5 II HessNachbRG). Diese Ausnahme gilt jedoch nicht, wenn der Eigentümer der Nachbarwand, bevor er eine Anzeige hinsichtlich des Anbaus erhalten hat, die Absicht, die Nachbarwand ganz oder teilweise zu beseitigen, dem Eigentümer des Nachbargrundstücks angezeigt und spätestens binnen sechs Monaten den erforderlichen Abbauantrag bei der Bauaufsichtsbehörde einreicht (§ 5 III HessNachbRG). Gehen beide Anzeigen den Empfängern gleichzeitig zu, so hat wiederum das Anbaurecht Vorrang vor der Beseitigung der Nachbarwand (§ 5 IV HessNachbRG). Macht der Eigentümer der Nachbarwand von seinem Beseitigungsrecht zulässi-

[322] Bei genehmigungsfreien Vorhaben muss innerhalb eines Jahres nach dem Zeitpunkt, zu dem bei einem genehmigungspflichtigen Vorhaben die Baugenehmigung hätte beantragt werden müssen, mit dem Bau begonnen werden (so *Postier*, Nachbarrecht in Berlin, § 11 Anm. 4).

	gen Gebrauch, so hat er dem Eigentümer des Nachbargrundstücks für die Dauer der Nutzung des Nachbargrundstücks durch den hinübergebauten Teil der Nachbarwand eine angemessene Vergütung zu leisten. Beseitigt der Eigentümer der Nachbarwand diese ganz oder teilweise, obwohl wegen der Anbauabsicht ein Recht hierzu nicht besteht, so hat er dem anbauberechtigten Eigentümer des Nachbargrundstücks Ersatz für den durch die völlige oder teilweise Beseitigung der Anbaumöglichkeit zugefügten Schaden zu leisten; der Anspruch wird mit der Rohbauabnahme des späteren Bauwerks fällig (§ 5 V HessNachbRG).
Niedersachsen	Der Eigentümer des zuerst bebauten Grundstücks darf die Nachbarwand gemäß § 11 I 1 NNachbG nur mit Einwilligung des Nachbarn beseitigen. Die Absicht, die Nachbarwand zu beseitigen, muss dem Nachbarn schriftlich erklärt werden. Die Einwilligung gilt als erteilt, wenn der Nachbar dieser Erklärung nicht innerhalb von zwei Monaten schriftlich widerspricht.[323] Die Einwilligung gilt trotz Widerspruchs als erteilt, wenn der Nachbar nicht innerhalb von sechs Monaten nach Empfang der Erklärung einen Antrag auf Genehmigung eines Anbaus bei der Baugenehmigungsbehörde einreicht oder wenn die Ablehnung einer beantragten Baugenehmigung nicht mehr angefochten werden kann oder wenn von einer Baugenehmigung nicht innerhalb eines Jahres nach Erteilung Gebrauch gemacht wird (§ 11 II NNachbG). Beseitigt der Erstbauende die Nachbarwand rechtswidrig ganz oder teilweise, so kann der anbauende Nachbar auch ohne Verschulden des Erstbauenden Schadensersatz verlangen. Der Anspruch wird fällig, wenn das spätere Bauwerk im Rohbau hergestellt ist. Wird eine Nachbarwand nach dem Abbruch durch eine neue Wand ersetzt, so darf die neue Wand über die Grenze hinaus auf der alten Stelle errichtet werden (§ 15 S. 1 NNachbG). Soll die neue Nachbarwand in Bauart oder Bemessung von der früheren abweichen, so gelten die Vorschriften über die Neuerrichtung einer Nachbarwand entsprechend (§ 15 S. 2 NNachbG).
Nordrhein-Westfalen	Der Eigentümer der Nachbarwand ist gemäß § 14 I NachbG NRW berechtigt, die Nachbarwand ganz oder teilweise zu beseitigen, solange und soweit noch nicht angebaut ist. Das Recht zur Beseitigung besteht nicht, wenn der anbauberechtigte Eigentümer des Nachbargrundstücks die Absicht, die Nachbarwand ganz oder teilweise zu nutzen, dem Eigentümer der Nachbarwand schriftlich angezeigt und spätestens binnen sechs Monaten den erforderlichen Bauantrag einreicht (§ 14 II NachbG NRW). Eine Unterausnahme gilt, wenn der Eigentümer der Nachbarwand, bevor er die Anzeige über die Anbauabsicht erhalten hat, die Absicht, die Nachbarwand ganz oder teilweise zu beseitigen, dem Eigentümer des Nachbargrundstücks schriftlich anzeigt und spätestens binnen sechs Monaten den erforderlichen Antrag auf Genehmigung des Abbruchs einreicht (§ 14 III NachbG NRW). Gehen die Anzeigen über die Anbau- und Abbruchabsicht ihren Empfängern gleichzeitig zu, so hat die Anzeige über den Abbruch keine Rechtswirkung (§ 14 IV NachbG NRW). Macht der Eigentümer der Nachbarwand von seinem Recht zur Beseitigung Gebrauch, so hat er dem Eigentümer des Nachbargrundstücks für die Dauer der Nutzung des Nachbargrundstücks durch den hinübergebauten Teil der Nachbarwand eine angemessene Vergütung zu leisten und einen vom Nachbarn entrichteten Betrag von Mehrkosten für eine besondere Bauart zu erstatten und mit 4 % vom Zeitpunkt der

[323] Für den Zugang gilt Gleiches wie bei der Anzeige des Anbaus wenn der Aufenthalt des Eigentümers nicht bekannt ist oder im Ausland nicht alsbald erreichbar ist und keinen Vertreter bestellt hat.

	Zahlung an zu verzinsen; bereits gezahlte Zinsen sind anzurechnen (§§ 11, 14 V NachbG NRW). Beseitigt der Eigentümer der Nachbarwand diese ganz oder teilweise, ohne hierzu berechtigt zu sein, so hat er dem anbauberechtigten Eigentümer des Nachbargrundstücks Ersatz für den durch die völlige oder teilweise Beseitigung der Anbaumöglichkeit zugefügten Schaden zu leisten. Der Anspruch wird fällig, wenn die spätere bauliche Anlage in Gebrauch genommen wird (§ 14 VI NachbG NRW).
Rheinland-Pfalz	Der Eigentümer des zuerst bebauten Grundstücks darf die Nachbarwand vor dem Anbau gemäß § 10 I LNRG RhPf nur mit Einwilligung des Nachbarn beseitigen. Die Absicht, die Nachbarwand zu beseitigen, muss dem Nachbarn schriftlich erklärt werden. Die Einwilligung gilt als erteilt, wenn der Nachbar dieser Mitteilung nicht innerhalb von zwei Monaten schriftlich widerspricht.[324] Die Einwilligung gilt trotz Widerspruchs als erteilt, wenn der Nachbar nicht innerhalb von sechs Monaten nach Empfang der Erklärung einen Bauantrag zur Errichtung des Anbaues oder bei genehmigungsfreien Vorhaben die Bauunterlagen bei der Gemeinde einreicht oder wenn die Ablehnung einer beantragten Baugenehmigung nicht mehr angefochten werden kann oder wenn er bei Vorliegen der Zulässigkeitsvoraussetzungen nicht innerhalb eines Jahres mit der Ausführung beginnt (§ 10 II LNRG RhPf). Beseitigt der Erbauer der Nachbarwand diese ganz oder teilweise ohne hierzu nach den vorstehenden Ausführungen berechtigt zu sein, so kann der anbauberechtigte Nachbar ohne Rücksicht auf Verschulden Ersatz für den ihm durch die völlige oder teilweise Beseitigung der Anbaumöglichkeit zugefügten Schaden verlangen. Der Anspruch wird mit der Fertigstellung des Rohbaus des späteren Gebäudes fällig (§ 10 III LNRG RhPf).
Saarland	Der Eigentümer des zuerst bebauten Grundstücks darf die Nachbarwand vor dem Anbau gemäß § 11 I Saarl NachbarRG nur mit Einwilligung des Nachbarn beseitigen. Die Absicht, die Nachbarwand zu beseitigen, muss dem Nachbarn schriftlich erklärt werden. Die Einwilligung gilt als erteilt, wenn der Nachbar dieser Erklärung nicht innerhalb von zwei Monaten schriftlich widerspricht.[325] Die Einwilligung gilt trotz Widerspruchs als erteilt, wenn der Nachbar nicht innerhalb von sechs Monaten nach Empfang der Erklärung einen Antrag auf Genehmigung eines Anbaues bei der Bauaufsichtsbehörde einreicht oder wenn die Ablehnung einer beantragten Baugenehmigung nicht mehr angefochten werden kann oder wenn von einer Baugenehmigung nicht innerhalb eines Jahres nach Erteilung Gebrauch gemacht wird (§ 11 II Saarl NachbarRG). Beseitigt der Erbauer der Nachbarwand diese ganz oder teilweise, ohne hierzu nach den vorstehenden Vorschriften berechtigt zu sein, so kann der anbauberechtigte Nachbar ohne Rücksicht auf Verschulden Ersatz für den ihm durch die völlige oder teilweise Beseitigung der Anbaumöglichkeit zugefügten Schaden verlangen. Der Anspruch wird mit der Rohbauabnahme des späteren Gebäudes fällig (§ 11 III Saarl NachbarRG).
Sachsen-Anhalt	Solange und soweit an die Kommunmauer noch nicht angebaut worden ist, darf diese vom Erbauer oder von der Erbauerin bzw. deren Rechtsnachfolgern erst beseitigt werden, wenn der Nachbar oder die Nachbarin der Beseitigung nicht widerspricht (§ 9 I NbG LSA).

[324] Ist der Empfänger unbekannten Aufenthalts oder bei einem Aufenthalt im Ausland nicht alsbald erreichbar und hat er keinen Vertreter bestellt, so gilt § 6 III LNRG RhPf entsprechend.

[325] Ist der Empfänger unbekannten Aufenthalts oder bei einem Aufenthalt im Ausland nicht alsbald erreichbar und hat er keinen Vertreter bestellt, so gilt § 7 III Saarl NachbarRG entsprechend.

	Die Absicht, die Nachbarwand zu beseitigen, ist anzuzeigen. Für den Abbau gilt die Anzeige über die Errichtung der Nachbarwand entsprechend (§ 9 II NbG LSA). Der Widerspruch des Nachbarn oder der Nachbarin muss binnen acht Wochen nach Zugang der Anzeige schriftlich erhoben werden. Der Widerspruch wird unbeachtlich, wenn der Nachbar oder die Nachbarin nicht innerhalb von sechs Monaten nach Empfang der Anzeige einen Antrag auf Genehmigung des Anbaues bei der Baugenehmigungsbehörde einreicht oder der Antrag auf Erteilung der Baugenehmigung bestandskräftig abgewiesen ist oder von der Baugenehmigung nicht innerhalb eines Jahres nach Erteilung Gebrauch gemacht wird (§ 9 NbG LSA). Beseitigen der Erbauer oder die Erbauerin die Nachbarwand bzw. deren Rechtsnachfolger diese ganz oder teilweise, ohne hierzu nach den vorstehenden Vorschriften berechtigt zu sein, so ist dem anbauberechtigten Nachbarn oder der anbauberechtigten Nachbarin Ersatz für den durch die völlige oder teilweise Beseitigung der Anbaumöglichkeit zugefügten Schaden zu leisten; der Anspruch entsteht mit der Fertigstellung des Rohbaus des späteren Bauwerks (§ 9 IV NbG LSA).
Schleswig-Holstein	Nach § 9 I NachbG SchlH ist der Eigentümer des zuerst bebauten Grundstücks berechtigt, die Nachbarwand ganz oder teilweise zu beseitigen, solange und soweit noch nicht angebaut ist. Der anbauberechtigte Eigentümer des Nachbargrundstücks kann die Unterlassung der Beseitigung verlangen, wenn er die Absicht, die Nachbarwand ganz oder teilweise durch Anbau zu nutzen, dem Eigentümer des zuerst bebauten Grundstücks schriftlich anzeigt und spätestens innerhalb von sechs Monaten den erforderlichen Bauantrag bei der Bauaufsichtsbehörde einreicht (§ 9 II NachbG SchlH). Eine Unterausnahme besteht, wenn der Eigentümer des zuerst bebauten Grundstücks, bevor er die Anzeige über die Anbauabsicht erhalten hat, die Absicht, die Nachbarwand ganz oder teilweise zu beseitigen, dem anbauberechtigten Eigentümer des Nachbargrundstücks schriftlich angezeigt hat und spätestens innerhalb von sechs Monaten den erforderlichen Antrag auf Abbruchgenehmigung bei der Bauaufsichtsbehörde einreicht (§ 9 III NachbG SchlH). Macht der Eigentümer des zuerst bebauten Grundstücks von seinem Beseitigungsrecht Gebrauch, so hat er dem anbauberechtigten Eigentümer des Nachbargrundstücks für die Dauer der Nutzung des Nachbargrundstücks eine Vergütung nach § 912 II BGB zu zahlen. Beseitigt der Eigentümer des zuerst bebauten Grundstücks die Nachbarwand ganz oder teilweise, obwohl er wegen der Anbauabsicht zur Unterlassung verpflichtet ist, so hat er dem anbauberechtigten Eigentümer des Nachbargrundstücks Ersatz für den durch die völlige oder teilweise Beseitigung der Anbaumöglichkeit zugefügten Schaden zu leisten; der Anspruch wird fällig, wenn das spätere Bauwerk im Rohbau fertiggestellt ist (§ 9 IV NachbG SchlH).
Thüringen	Der Eigentümer des zuerst bebauten Grundstücks darf die Nachbarwand vor dem Anbau gemäß § 10 I ThürNRG nur mit Einwilligung des Nachbarn beseitigen. Die Absicht, die Nachbarwand zu beseitigen, muss dem Nachbarn schriftlich erklärt werden. Die Einwilligung gilt als erteilt, wenn der Nachbar dieser Erklärung nicht innerhalb von zwei Monaten schriftlich widerspricht.[326] Die Einwilligung gilt trotz Widerspruchs als erteilt, wenn der Nachbar nicht innerhalb von sechs Monaten nach Empfang der Erklärung einen Antrag auf Genehmigung eines Anbaues bei der Baugenehmigungsbehörde einreicht oder bei Genehmigungsfreiheit andere zur

[326] Ist der Erklärungsempfänger unbekannten Aufenthalts oder nicht alsbald erreichbar und hat er keinen Vertreter bestellt, so gilt § 6 III ThürNRG entsprechend.

	Schaffung der Zulässigkeitsvoraussetzungen erforderliche Maßnahmen einleitet, wenn die Ablehnung einer erforderlichen Genehmigung nicht mehr angefochten werden kann oder wenn nicht innerhalb eines Jahres nach Zulässigkeit des Anbaus nicht mit dessen Ausführung begonnen wird (§ 10 II ThürNRG). Beseitigt der Erbauer der Nachbarwand diese ganz oder teilweise, ohne hierzu nach den vorstehend genannten Vorschriften berechtigt zu sein, so kann der anbauberechtigte Nachbar ohne Rücksicht auf Verschulden Ersatz für den ihm durch die völlige oder teilweise Beseitigung der Anbaumöglichkeit zugefügten Schaden verlangen. Der Anspruch wird mit der Fertigstellung des Rohbaus des späteren Gebäudes fällig (§ 10 III ThürNRG).

163 Die **allgemeinen Regeln** über den Abbruch der Nachbarwand gelten in denjenigen Ländern, in denen keine speziellen landesrechtlichen Vorschriften bestehen.

164 Das **Recht zum Wiederaufbau** einer ganz oder im Wesentlichen zerstörten Mauer kann sich aus einer früheren vertraglichen Vereinbarung der Nachbarn ergeben.[327] Voraussetzung ist allerdings, dass zwischenzeitlich keine Sonderrechtsnachfolge stattgefunden hat. Der Überbau bei Wiedererrichtung einer Nachbarwand wird meist entschuldigt sein, da die frühere Mauer eine Grenzeinrichtung darstellt.[328] Dies dürfte auch dann gelten, wenn ein Anbau des Nachbarn wegen einer Änderung des Baurechts nicht mehr in Betracht kommt.[329] Eine Pflicht zum Wiederaufbau der Nachbarwand besteht für keinen Nachbarn.[330]

j) Nichtbenutzen der Nachbarwand

165 Auch hinsichtlich des Nichtbenutzens der Nachbarwand sehen die **landesrechtlichen Vorschriften** teilweise Wertersatz- und Verhaltenspflichten vor.

Berlin	Der anbauberechtigte Nachbar, der nicht an die Nachbarwand anbaut, hat Mehraufwendungen gegenüber den Kosten der Herstellung einer Grenzwand zu ersetzen. Hierbei ist der Vorteil zu berücksichtigen, der dadurch entsteht, dass weniger Baugrund als bei einer Grenzwand benötigt wird. Der Herstellungsbetrag ist auf den Betrag begrenzt, den der anbauberechtigte Eigentümer im Falle des Anbaus hätte zahlen müssen. Der Anspruch wird mit der Fertigstellung des späteren Bauwerks im Rohbau fällig. Zusätzlich ist der anbauberechtigte Nachbar verpflichtet, die Fuge zwischen der Nachbarwand und seinem an die Nachbarwand herangebauten Bauwerk auf seine Kosten auszufüllen und zu verschließen (§ 10 NachbG Bln).
Brandenburg	Der anbauberechtigte Nachbar, der nicht an die Nachbarwand anbaut, hat Mehraufwendungen gegenüber den Kosten der Herstellung einer Grenzwand zu ersetzen. Hierbei ist der Vorteil zu berücksichtigen, der dadurch entsteht, dass weniger Baugrund als bei einer Grenzwand benötigt wird. Der Herstellungsbetrag ist auf den Betrag begrenzt, den der anbauberechtigte Eigentümer im Falle des Anbaus hätte zahlen müssen. Der Anspruch wird mit der Fertigstellung des späteren Bauwerks im Rohbau fällig. Zusätzlich ist der anbauberechtigte Nachbar verpflichtet, die Fuge zwischen der Nachbarwand und seinem an die Nachbarwand herangebauten Bauwerk auf seine Kosten auszufüllen und zu verschließen (§ 12 BbgNRG).

[327] Ebenso Staudinger/*Roth*, § 921 Rn. 51.
[328] BGHZ 27, 197, 203.
[329] Staudinger/*Roth*, § 921 Rn. 51.
[330] BGB-RGRK/*Augustin*, § 922 Rn. 16; teilw. abw. OLG Hamm, BeckRS 2012, 06313 = BauR 2012, 999 bei einer rechtswidrigen Beseitigung (§§ 1004 I, 823 II, 922 S. 3 BGB).

Hessen	Beim Nichtbenutzen der Nachbarwand bei einem Anbau hat der anbauberechtigte Eigentümer die Mehraufwendungen gegenüber den Kosten der Herstellung einer Grenzwand zu ersetzen, wobei in angemessener Weise zu berücksichtigen ist, dass das Nachbargrundstück durch die Nachbarwand teilweise weitergenutzt wird. Der zu erstattende Betrag ist begrenzt durch die Höhe der Vergütung bei einem Anbau. Der Anspruch wird mit der Rohbauabnahme des späteren Bauwerks fällig. Ferner besteht die Verpflichtung des anbauberechtigten Eigentümers, die Fuge zwischen der Nachbarwand und dem herangebauten Bauwerk auf seine Kosten bündig mit der Außenfläche des Bauwerks zu verdecken (§ 4 HessNachbRG).
Nordrhein-Westfalen	Baut der anbauberechtigte Nachbar nicht an die Grenzwand an, hat er die Mehraufwendungen gegenüber den Kosten der Herstellung einer Grenzwand zu ersetzen, wobei jedoch zu berücksichtigen ist, dass das Nachbargrundstück durch die Nachbarwand teilweise weitergenutzt wird. Der Betrag ist durch die Vergütung beim Anbau der Höhe nach begrenzt. Der Anspruch wird mit der Fertigstellung der späteren baulichen Anlage im Rohbau fällig. Ferner hat der anbauberechtigte Eigentümer den entstandenen Zwischenraum auf seine Kosten in geeigneter Weise zu schließen, um Schäden im Bereich des Zwischenraumes, insbesondere durch die Gebäudebewegung und Witterungseinflüsse, an der zuerst errichteten baulichen Anlage zu vermeiden. Hinsichtlich der verwendeten Werkstoffe besteht eine Anpassungspflicht an die vorhandenen baulichen Anlagen. Kann der Anbau wegen Veränderung der Rechtslage nicht durchgeführt werden, ist nur die Hälfte des Erstattungsbetrages zu entrichten; die Verpflichtung zur Schließung des Zwischenraumes bleibt bestehen (§ 13 NachbG NRW).
Rheinland-Pfalz	Wird das später errichtete Gebäude nicht an die Nachbarwand angebaut, so hat der anbauberechtigte Nachbar die Mehrkosten einer Nachbarwand gegenüber einer Grenzwand zu ersetzen. Der Wert der eingesparten Bodenfläche gegenüber der Grenzwand ist hierbei in Abzug zu bringen. Der Erstattungsbetrag ist der Höhe nach auf den Betrag begrenzt, der im Falle des Anbaus zu zahlen wäre. Die Vergütung wird mit der Fertigstellung des Rohbaus fällig; sie steht demjenigen zu, der zu diesem Zeitpunkt Eigentümer ist. Der anbauberechtigte Nachbar ist verpflichtet, die Dachfläche seines Gebäudes auf seine Kosten dicht an die Nachbarwand anzuschließen (§ 9 LNRG RhPf).
Saarland	Erfolgt ein möglicher Anbau nicht, hat der anbauberechtigte Nachbar die Mehraufwendungen der Errichtung einer Nachbarwand gegenüber der Kosten einer Grenzwand zu ersetzen. Dabei ist die eingesparte Bodenfläche in Abzug zu bringen. Ferner ist der Betrag auf die Vergütung im Falle des Anbaus der Höhe nach beschränkt. Sie wird 2 Wochen nach Erstattung der Anzeige der Fertigstellung des Rohbaus fällig und steht demjenigen zu, der zu diesem Zeitpunkt Eigentümer ist. Der anbauberechtigte Nachbar ist verpflichtet, die Dachfläche seines Gebäudes auf seine Kosten dicht an die Nachbarwand anzuschließen (§ 10 Saarl NachbarRG).
Thüringen	Wird das später errichtete Gebäude nicht an die Nachbarwand angebaut, so hat der anbauberechtigte Nachbar die Mehrkosten gegenüber einer Grenzwand zu ersetzen. Ist der Anbau wegen einer Veränderung der Rechtslage unmöglich geworden, so hat der anbauberechtigte Nachbar lediglich die Hälfte dieses Betrages zu zahlen. In beiden Fällen ist der Wert der gegenüber einer Grenzwand eingesparten Bodenfläche in Abzug zu bringen. Zudem ist der Erstattungsbe-

	trag durch die Zahlung im Falle des Anbaus der Höhe nach begrenzt. Die Zahlung hat mit Rohbauabnahme zu erfolgen und steht demjenigen zu, der zu diesem Zeitpunkt Eigentümer ist. Der anbauberechtigte Nachbar ist verpflichtet, die Dachfläche seines Gebäudes auf seine Kosten dicht an die Nachbarwand anzuschließen sowie den zwischen der Nachbarwand und seinem Gebäude entstandenen Zwischenraum auf seine Kosten in geeigneter Weise so zu schließen, dass Schäden im Bereich des Zwischenraums an dem zuerst errichteten Gebäude vermieden werden (§ 9 ThürNRG).

2. Die Grenzwand und Grenzmauer

166 Als Grenzwand oder Grenzmauer bezeichnet man eine **Wand**, die ein Grundstückseigentümer in vollem Umfang **auf einem Grundstück** unmittelbar **an der Grenze** errichtet.

167 Einige **Landesrechte** enthalten diesbezügliche nachbarrechtliche Regelungen. Sie sind, da das Bundesrecht hierfür keine Bestimmungen enthält, unstrittig wirksam. Die meisten Nachbarrechte definieren die Grenzwand als eine unmittelbar an der Grenze zum Nachbargrundstück auf dem Grundstück des Erbauers errichtete Wand.[331]

Baden-Württemberg	§ 7 d NRG BW regelt die Benutzung von Grenzwänden zur Anbringung von Schornsteinen und Lüftungsleitungen (Abgasleitungen, nicht Antennen- und Blitzschutzanlagen),[332] wenn ein Gebäude an ein höheres angrenzt. Dem Eigentümer dieses höheren Gebäudes muss dies zumutbar sein. Ferner muss die Höherführung zur Betriebsfähigkeit erforderlich sein. Außerdem muss der Eigentümer des höheren Gebäudes auch die Reinigung der Schornsteine und Lüftungsleitungen von seinem Gebäude aus dulden sowie desgleichen die Herstellung und Unterhaltung der hierfür nötigen Einrichtungen in und an seinem Gebäude. Ein durch diese Maßnahme entstehender Schaden ist zu ersetzen; hierfür ist auf Verlangen vor Beginn der Benutzung Sicherheit zu leisten.
Berlin	Hinsichtlich der Errichtung einer Grenzwand sieht § 15 I NachbG Bln die Verpflichtung des bauenden Grundstückseigentümers vor, dem Nachbarn die Bauart und Bemessung der beabsichtigten Wand zwei Monate vor Baubeginn schriftlich anzuzeigen.[333] Der Nachbar kann sodann innerhalb von zwei Monaten nach Zugang der Anzeige verlangen, die Grenzwand so zu gründen, dass bei der späteren Durchführung seines Bauvorhabens zusätzliche Baumaßnahmen vermieden werden. Wird die Anzeige schuldhaft verspätet abgegeben oder unterlassen, so hat der Eigentümer des zur Bebauung vorgesehenen Grundstücks dem Nachbarn den daraus entstehenden Schaden zu ersetzen (§ 15 II NachbG Bln). Fordert der Nachbar eine besondere Gründung, so hat er die daraus entstehenden Mehrkosten zu erstatten bzw. auf Verlangen des Erbauers der Grenzwand innerhalb eines Monats hierfür Vorschuss zu leisten. Wird der Vorschuss nicht fristgerecht geleistet, erlischt der Anspruch auf besondere Gründung (§ 15 III NachbG Bln). Nutzt der Erbauer der Grenzwand die besondere Gründung auch zum Vorteil seines Bauwerks, beschränkt sich die Erstattungspflicht des Nachbarn auf den angemessenen Kostenanteil; darüber hinaus gezahlte Kosten können zurückgefordert werden

331 § 14 NachbG Bln; § 16 BbgNRG; § 8 I HessNachbRG; § 16 I 1 NNachbG; § 19 NachbG NRW; § 13 I LNRG RhPf; § 15 I Saarl NachbarRG; § 11 NbG LSA; § 11 I NachbG SchlH u. § 13 I ThürNRG.

332 *Bruns,* NRG BW, 2. Aufl. 2012, § 7d Rn. 8.

333 Hinsichtlich der Anzeigepflicht gilt § 7 II NachbG Bln entsprechend; s. oben Rn. 114.

	(§ 15 IV NachbG Bln). Wer eine zweite Grenzwand neben einer schon vorhandenen errichtet, ist verpflichtet, die Fuge zwischen den Grenzwänden auf seine Kosten auszufüllen und zu verschließen (§ 16 I NachbG Bln). Der Erbauer der zweiten Grenzwand ist berechtigt, auf eigene Kosten durch übergreifende Abdeckungen einen Anschluss herzustellen; er hat den Anschluss auf seine Kosten zu unterhalten (§ 16 II NachbG Bln). Ist es zur Ausführung des Bauvorhabens erforderlich, die zweite Grenzwand tiefer als die zuerst errichtete Grenzwand zu gründen, darf die ersterrichtete Grenzwand unterfangen oder der Boden im Bereich der Gründung der benachbarten Grenzwand verfestigt werden, wenn es nach den allgemein anerkannten Regeln der Baukunst unumgänglich ist oder nur mit unzumutbar hohen Kosten vermieden werden könnte, nur geringfügige Beeinträchtigungen des zuerst errichteten Bauwerks zu besorgen sind und das Bauvorhaben öffentlich-rechtlich zulässig ist (§ 16 III NachbG Bln). Die Absicht der tieferen Gründung und der Herstellung eines Abschlusses durch Abdeckungen ist vor dem Anbau an der Nachbarwand anzuzeigen (§ 16 IV 1 i.V. m. § 7 NachbG Bln). Für die Verpflichtung zum Schadenersatz gelten die Regeln, die bei einer Erhöhung oder Verstärkung der Nachbarwand bestehen, entsprechend (§ 16 IV 2 i.V. m. § 13 NachbG Bln).
Brandenburg	Hinsichtlich der Errichtung einer Grenzwand sieht § 17 I BbgNRG die Verpflichtung des bauenden Grundstückseigentümers vor, dem Nachbarn die Bauart und Bemessung der beabsichtigten Wand zwei Monate vor Baubeginn schriftlich anzuzeigen.[334] Der Nachbar kann sodann innerhalb von zwei Monaten nach Zugang der Anzeige verlangen, die Grenzwand so zu gründen, dass bei der späteren Durchführung seines Bauvorhabens zusätzliche Baumaßnahmen vermieden werden. Wird die Anzeige schuldhaft verspätet abgegeben oder unterlassen, so hat der Eigentümer des zur Bebauung vorgesehenen Grundstücks dem Nachbarn den daraus entstehenden Schaden zu ersetzen (§ 17 II BbgNRG). Fordert der Nachbar eine besondere Gründung, so hat er die daraus entstehenden Mehrkosten zu erstatten bzw. auf Verlangen des Erbauers der Grenzwand innerhalb eines Monats hierfür Vorschuss zu leisten. Wird der Vorschuss nicht fristgerecht geleistet, erlischt der Anspruch auf besondere Gründung (§ 17 III BbgNRG). Nutzt der Erbauer der Grenzwand die besondere Gründung auch zum Vorteil seines Bauwerks, beschränkt sich die Erstattungspflicht des Nachbarn auf den angemessenen Kostenanteil; darüber hinaus gezahlte Kosten können zurückgefordert werden (§ 17 IV BbgNRG). Wer eine zweite Grenzwand neben einer schon vorhandenen errichtet, ist verpflichtet, die Fuge zwischen den Grenzwänden auf seine Kosten auszufüllen und zu verschließen (§ 18 I BbgNRG). Der Erbauer der zweiten Grenzwand ist berechtigt, auf eigene Kosten durch übergreifende Abdeckungen einen Anschluss herzustellen; er hat den Anschluss auf seine Kosten zu unterhalten (§ 18 II BbgNRG). Ist es zur Ausführung des Bauvorhabens erforderlich, die zweite Grenzwand tiefer als die zuerst errichtete Grenzwand zu gründen, darf die ersterrichtete Grenzwand unterfangen oder der Boden im Bereich der Gründung der benachbarten Grenzwand verfestigt werden, wenn es nach den allgemein anerkannten Regeln der Baukunst unumgänglich ist oder nur mit unzumutbar hohen Kosten vermieden werden könnte, nur geringfügige Beeinträchtigungen des zuerst errichteten Bauwerks zu besorgen sind und das Bauvorhaben

[334] Hinsichtlich der Anzeigepflicht gilt § 8 BbgNRG entsprechend; s. oben Rn. 114 (bei Belastung des Grundstücks mit einem Erbbaurecht tritt der Erbbauberechtigte an die Stelle des Grundstückseigentümers, § 2 II BbgNRG).

	öffentlich-rechtlich zulässig ist (§ 18 III BbgNRG). Die Absicht der tieferen Gründung und der Herstellung eines Abschlusses durch Abdeckungen ist vor dem Anbau an der Nachbarwand anzuzeigen (§ 18 IV 1 i.V. m. § 8 BbgNRG). Für die Verpflichtung zum Schadensersatz gelten die Regeln, die bei einer Erhöhung oder Verstärkung der Nachbarwand bestehen, entsprechend (§ 18 IV 2 i.V. m. § 15 BbgNRG). Zusätzlich enthält § 19 BbgNRG Regelungen hinsichtlich der einseitigen Grenzwand. Ragen Bauteile in den Luftraum eines Grundstücks hinüber, so sind diese zu dulden, wenn nach öffentlich-rechtlichen Vorschriften auf dem Nachbargrundstück nur bis an die Grenze gebaut werden darf, die übergreifenden Bauteile öffentlich-rechtlich zulässig oder zugelassen worden sind, sie die Benutzung des Grundstücks des betroffenen Eigentümers nicht oder nur unwesentlich beeinträchtigen und sie nicht zur Vergrößerung der Nutzfläche dienen.
Hessen	Gemäß § 8 II HessNachbRG darf der Eigentümer des Nachbargrundstücks eine Grenzwand durch Anbau nutzen, wenn der Eigentümer der Grenzwand einwilligt. Der Anbau wird dabei definiert als Mitbenutzung der Grenzwand als Abschlusswand oder zur Unterstützung oder Aussteifung des neuen Bauwerks. Der anbauende Eigentümer des Nachbargrundstücks hat eine Vergütung in Höhe des halben Wertes der Grenzwand, soweit sie durch den Anbau genutzt wird, zu zahlen und ferner eine angemessene Vergütung dafür zu leisten, dass er den für die Errichtung einer eigenen Abschlusswand erforderlichen Baugrund einspart. Für die Berechnung des Wertes der Grenzwand und für die Fälligkeit der Vergütung ist der Zeitpunkt der Rohbauabnahme des Anbaus maßgebend. Auf Verlangen ist Sicherheit in Höhe der voraussichtlich zu gewährenden Vergütung zu leisten; in einem solchen Falle darf der Anbau erst nach Leistung der Sicherheit begonnen oder fortgesetzt werden (§ 8 III HessNachbRG). Nach dem Anbau sind die Unterhaltungskosten für den gemeinsam genutzten Teil der Grenzwand von den beiden Grundstückseigentümern zu gleichen Teilen zu tragen (§ 8 IV HessNachbRG). Errichtet der Eigentümer des Nachbargrundstücks eine zweite Grenzwand, ohne an die Grenzwand anzubauen, so ist er verpflichtet, die Fuge zwischen den Grenzwänden auf seine Kosten bündig mit der Außenfläche des Bauwerks zu verdecken (§ 9 HessNachbRG). Auf Verlangen des Eigentümers des Nachbargrundstücks ist der Erbauer eines an der gemeinsamen Grenze zu errichtenden Bauwerks verpflichtet, eine solche Gründung vorzunehmen, dass bei der späteren Durchführung des Bauvorhabens des Eigentümers des Nachbargrundstücks zusätzliche Baumaßnahmen vermieden werden. Der Eigentümer des Nachbargrundstücks kann das Verlangen nur bis zum Eingang des Bauantrags bei der Bauaufsichtsbehörde dem Bauherrn gegenüber stellen (§ 10 I HessNachbRG). Die durch das Verlangen auf besondere Gründung entstehenden Mehrkosten sind zu erstatten. In Höhe der voraussichtlich erwachsenden Mehrkosten ist auf Verlangen des Bauherrn binnen zweier Wochen Vorschuss zu leisten. Der Anspruch auf die besondere Gründung erlischt, wenn der Vorschuss nicht fristgerecht geleistet wird (§ 10 II HessNachbRG). Soweit der Bauherr die besondere Gründung auch zum Vorteil seines Bauwerks ausnutzt, beschränkt sich die Erstattungspflicht des Eigentümers des Nachbargrundstücks auf den angemessenen Kostenanteil. Bereits gezahlte Kosten können zurückgefordert werden (§ 10 III HessNachbRG).
Niedersachsen	Gemäß § 16 I 1 NNachbG hat der Eigentümer, der eine Grenzwand errichten will, dem Nachbarn die Bauart und Bemessung der beab-

sichtigten Wand anzuzeigen.[335] Dabei gilt als Grenzwand auch eine neben einer Nachbarwand oder einem Überbau geplante Wand (§ 16 I 3 NNachbG). Der Nachbar kann innerhalb eines Monats nach Zugang der Anzeige verlangen, die Grenzwand so zu gründen, dass zusätzliche Baumaßnahmen vermieden werden, wenn er später neben der Grenzwand ein Bauwerk errichtet oder erweitert. Mit den Arbeiten darf, wenn nichts anderes vereinbart wird, erst nach Ablauf der Frist begonnen werden (§ 16 II NNachbG). Durch die besondere Gründung entstehende Mehrkosten sind zu erstatten. In Höhe der voraussichtlich erwachsenden Mehrkosten ist auf Verlangen des Bauherrn binnen zweier Wochen Vorschuss zu leisten. Der Anspruch auf besondere Gründung erlischt, wenn der Vorschuss nicht fristgerecht geleistet wird (§ 16 III NNachbG). Soweit der Bauherr die besondere Gründung innerhalb von fünf Jahren seit der Errichtung auch zum Vorteil seines Bauwerks ausnutzt, beschränkt sich die Erstattungspflicht des Nachbarn auf den angemessenen Kostenanteil; darüber hinaus gezahlte Kosten können zurückgefordert werden (§ 16 IV NNachbG). Wer eine Grenzwand erhöhen, verstärken oder abbrechen will, hat die Einzelheiten dieser Baumaßnahme einen Monat vor Beginn der Arbeiten dem Nachbarn anzuzeigen (§ 17 S. 1 NNachbG).[336] Der Nachbar darf an eine Grenzwand nur anbauen, das heißt diese als Abschlusswand oder zur Unterstützung oder Aussteifung seines Bauwerks nutzen, wenn der Eigentümer einwilligt. Bei dem Anbau sind die allgemein anerkannten Regeln der Baukunst zu beachten (§ 18 I NNachbG). Der anbauende Nachbar hat dem Eigentümer der Grenzwand eine Vergütung zu zahlen, soweit er sich nicht schon an den Errichtungskosten beteiligt hat. Für die Vergütung gelten die Regelungen über den Anbau an die Nachbarwand entsprechend.[337] Die Vergütung erhöht sich um den Wert des Bodens, den der Anbauende bei Errichtung einer Nachbarwand hätte zur Verfügung stellen müssen (§ 18 II 3 NNachbG). Für die Unterhaltungskosten der Grenzwand gilt sodann die Regelung über die Unterhaltung der Nachbarwand entsprechend.[338] Wird eine Grenzwand neben einer schon vorhandenen Grenzwand errichtet, so muss der die zweite Grenzwand Errichtende sein Bauwerk an das zuerst errichtete Bauwerk auf seine Kosten anschließen, soweit dies nach den allgemein anerkannten Regeln der Baukunst erforderlich oder für die Baugestaltung zweckmäßig ist. Er hat den Anschluss auf seine Kosten zu unterhalten (§ 19 I NNachbG). Die Einzelheiten des beabsichtigten Abschlusses sind in der Anzeige über die Errichtung der Grenzmauer dem Eigentümer des zuerst bebauten Grundstücks mitzuteilen (§ 19 II NNachbG). Werden die Grenzwände gleichzeitig errichtet, so tragen die Nachbarn die Kosten des Anschlusses und einer Unterhaltung zu gleichen Teilen (§ 19 III NNachbG). Ein Unterfangen einer Grenzwand ist dem Nachbarn nur gestattet, wenn dies zur Ausführung seines Bauvorhabens nach den allgemein anerkannten Regeln der Baukunst unumgänglich ist oder nur mit unzumutbar hohen Kosten vermieden werden könnte und keine erhebliche Schädigung des zuerst errichteten Gebäudes zu besorgen ist. Für die Anzeigepflicht und den Schadensersatz gelten die Bestimmungen hinsichtlich der Nachbarwand entsprechend.[339] Darf nur auf einer Seite unmittelbar an eine gemeinsame Grenze gebaut werden, so hat der Nachbar kleinere, nicht zum Betreten bestimmte Bauteile, die von der einseitigen Grenzwand in den Luftraum seines

[335] Für Einwendungen und die Adressaten der Anzeige gelten § 8 II u. III NNachbG entsprechend.
[336] § 8 NNachbG ist entsprechend anzuwenden; vgl. dazu Rn. 114.
[337] § 18 II 2 i.V. m. § 7 II, III u.V NNachbG; vgl. dazu Rn. 114.
[338] § 18 III i.V. m. § 10 NNachbG; vgl. dazu Rn. 114.
[339] § 20 II i.V. m. §§ 8 u. 14 NNachbG; vgl. dazu Rn. 114.

	Grundstücks übergreifen, zu dulden, wenn sie die Benutzung seines Grundstücks nicht oder nur geringfügig beeinträchtigen (§ 21 NNachbG). Die Bestimmungen über die Grenzwand gelten auch für eine über die Grenze hinausreichende Wand, wenn die Vorschriften über die Nachbarwand nicht anwendbar sind. Stimmt der Erbauer einer solchen Wand auf Wunsch des Nachbarn einem Anbau zu, so gelten die Vorschriften über die Nachbarwand (§ 22 NNachbG).[340]
Nordrhein-Westfalen	Der Eigentümer des Nachbargrundstücks darf nach § 20 I NachbG NRW eine Grenzwand durch Anbau nutzen, wenn der Eigentümer der Grenzwand schriftlich einwilligt und der Anbau öffentlich-rechtlich zulässig ist. Der Anbau wird definiert als die Mitbenutzung der Grenzwand als Abschlusswand oder zur Unterstützung oder Aussteifung der neuen baulichen Anlage. Der an das Nachbargrundstück anbauende Eigentümer hat eine Vergütung in Höhe des halben Wertes der Grenzwand, soweit sie durch den Anbau genutzt wird, zu zahlen und ferner eine Vergütung dafür zu leisten, dass er den für die Errichtung einer eigenen Grenzwand erforderlichen Baugrund einspart (§ 20 II NachbG NRW). Die Vergütung wird mit der Fertigstellung des Anbaus im Rohbau fällig. Bei der Berechnung des Wertes der Grenzwand ist von den zu diesem Zeitpunkt üblichen Baukosten auszugehen. Abzuziehen sind die durch eine besondere Bauart bedingten Mehrkosten. Das Alter und der bauliche Zustand der Wand sind zu berücksichtigen. Auf Verlangen ist Sicherheit in Höhe der voraussichtlich zu gewährenden Vergütung zu leisten; der Anbau darf dann erst nach Leistung der Sicherheit begonnen oder fortgeführt werden. Die Sicherheit kann in einer Bankbürgschaft bestehen (§ 20 III NachbG NRW). Nach dem Anbau sind die Unterhaltungskosten für den gemeinsam genutzten Teil der Grenzwand von den beiden Grundstückseigentümern zu gleichen Teilen zu tragen (§ 20 IV NachbG NRW). Auf Verlangen des Eigentümers des Nachbargrundstücks hat der Erbauer die Grenzwand so zu gründen, dass bei der Bebauung des Nachbargrundstücks zusätzliche Baumaßnahmen vermieden werden (§ 21 I NachbG NRW). Der Eigentümer des zur Bebauung vorgesehenen Grundstücks hat dem Eigentümer des Nachbargrundstücks hierzu unter Übersendung des Bau- und Lageplans sowie unter Mitteilung des Namens und der Anschrift des Bauherrn schriftlich anzuzeigen, dass eine Grenzwand errichtet werden soll. Die Anzeige an den Nutzungsberechtigten oder an den unmittelbaren Besitzer des Nachbargrundstücks genügt, wenn dessen Eigentümer nicht bekannt ist, nur schwer feststellbar oder unbekannten Aufenthalts ist oder wenn er infolge Aufenthalts im Ausland nicht alsbald erreichbar ist und er auch keinen Vertreter bestellt hat. Wird die Anzeige schuldhaft unterlassen, so hat der Eigentümer des zur Bebauung vorgesehenen Grundstücks dem Eigentümer des Nachbargrundstücks den daraus entstehenden Schaden zu ersetzen (§ 21 II NachbG NRW). Der Eigentümer des Nachbargrundstücks kann das Verlangen auf besondere Gründung der Grenzwand nur innerhalb von zwei Monaten seit Erstattung der Anzeige dem Bauherrn gegenüber stellen (§ 21 III NachbG NRW). Die durch das Verlangen nach Abs. 1 entstehenden Mehrkosten sind dem Bauherrn zu erstatten, sobald der Vergütungsanspruch des Bauunternehmers gegen den Bauherrn fällig wird. In Höhe der voraussichtlich erwachsenden Mehrkosten ist auf Verlangen binnen zwei Wochen Vorschuss zu leisten. Der Vorschuss ist bis zu seiner Verwendung mit 4 % zugunsten des Zahlenden zu verzinsen. Der Anspruch auf die besondere Gründung

[340] Vgl. OLG Hamm, BauR 2003, 1743 zur entsprechenden Anwendung bei Errichtung einer Wand neben einer auf der Grenze stehenden Nachbarwand.

	erlischt, wenn der Vorschuss nicht fristgerecht geleistet wird (§ 21 IV NachbG NRW). Soweit der Bauherr die besondere Gründung auch zum Vorteil seiner baulichen Anlage ausnutzt, beschränkt sich die Erstattungspflicht des Eigentümers des Nachbargrundstücks entsprechend. Bereits erbrachte Leistungen können zurückgefordert werden (§ 21 V NachbG NRW). Steht auf einem Grundstück eine bauliche Anlage unmittelbar an der Grenze und wird später auf dem Nachbargrundstück an dieser Grenze eine bauliche Anlage errichtet, aber ohne konstruktiven Verband angebaut, so ist deren Erbauer verpflichtet, den entstandenen Zwischenraum auf seine Kosten in geeigneter Weise so zu schließen, dass Schäden im Bereich des Zwischenraumes, insbesondere durch Gebäudebewegungen und Witterungseinflüsse an der zuerst errichteten baulichen Anlage vermieden werden. Die hierzu notwendigen Anschlüsse haben sich hinsichtlich der verwendeten Werkstoffe der vorhandenen baulichen Anlage anzupassen (§ 22 I NachbG NRW). Der Erbauer ist berechtigt, auf eigene Kosten durch übergreifende Bauteile einen den öffentlich-rechtlichen Vorschriften entsprechenden Anschluss an die bestehende bauliche Anlage herzustellen (§ 22 II NachbG NRW). Muss der Nachbar zur Ausführung seines Bauvorhabens seine Grenzwand tiefer als die zuerst errichtete Grenzwand gründen, so darf er diese unterfangen, wenn dies nach den allgemein anerkannten Regeln der Baukunst notwendig und das Bauvorhaben öffentlich-rechtlich zulässig ist (§ 22 III NachbG NRW). Hinsichtlich der tieferen Gründung des Anschlusses gelten die Vorschriften über die Anzeige und den Schadenersatz wie bei einer Nachbarwand entsprechend.[341] Bauteile, die in den Luftraum eines Grundstücks von einer einseitigen Grenzwand übergreifen, sind zu dulden, wenn nach den öffentlich-rechtlichen Vorschriften nur auf dem Nachbargrundstück bis an die Grenze gebaut werden darf, die übergreifenden Bauteile öffentlich-rechtlich zulässig sind, sie die Benutzung des anderen Grundstücks nicht oder nur unwesentlich beeinträchtigen und sie nicht zur Vergrößerung der Nutzfläche dienen (§ 23 NachbG NRW)
Rheinland-Pfalz	Gemäß § 13 II LNRG RhPf hat derjenige, der eine Grenzwand errichten will, dem Nachbarn die Bauart, Bemessung und Gründung der beabsichtigten Wand anzuzeigen. Ist der Nachbar für den Erbauer der Grenzwand nicht alsbald erreichbar, so genügt eine Anzeige an den unmittelbaren Besitzer des Nachbargrundstücks (§ 13 II LNRG RhPf). Der Nachbar kann innerhalb eines Monats nach Zugang der Anzeige eine solche Gründung der Grenzwand verlangen, dass zusätzliche Baumaßnahmen vermieden werden, wenn er später neben der Grenzwand ein Gebäude errichtet oder erweitert. Mit den Arbeiten zur Errichtung der Grenzwand darf erst nach Ablauf der Frist begonnen werden (§ 13 III LNRG RhPf). Die aufgrund der besonderen Gründung entstehenden Mehrkosten sind zu erstatten. In Höhe der voraussichtlich erwachsenden Mehrkosten ist auf Verlangen binnen zwei Wochen Vorschuss zu leisten. Der Anspruch auf besondere Gründung erlischt, wenn der Vorschuss nicht fristgerecht geleistet wird (§ 13 IV LNRG RhPf). Soweit die besondere Gründung auch zum Vorteil des zuerst errichteten Gebäudes ausgenutzt wird, beschränkt sich die Erstattungspflicht des Nachbarn auf den angemessenen Kostenanteil; darüber hinaus bereits erbrachte Leistungen können zurückgefordert werde (§ 13 V LNRG RhPf). Die vorstehenden Vorschriften über die Errichtung einer Grenzwand, die Anzeige, die besondere Gründung und die Mehrkosten gelten jedoch nicht, wenn Garagen oder eingeschossige Nebengebäude ohne Aufenthaltsräume

[341] § 22 IV i. V. m. §§ 16 u. 17 NachbG NRW; vgl. Rn. 114.

	an der Grenze errichtet werden sollen (§ 13 VI LNRG RhPf). Der Nachbar darf eine Grenzwand durch Mitbenützung als Abschlusswand oder zur Unterstützung oder Aussteifung des neuen Gebäudes nutzen, wenn der Eigentümer einwilligt (§ 14 I LNRG RhPf). Der anbauende Nachbar hat eine Vergütung zu zahlen, soweit er sich nicht schon bei den Mehrkosten der besonderen Gründung und den Baukosten beteiligt hat. Für diese Vergütung gelten die Vorschriften über die Vergütung bei Anbau an die Nachbarwand entsprechend.[342] Die Vergütung erhöht sich um den Wert des Bodens, den der Anbauende bei Errichtung einer Nachbarwand hätte zur Verfügung stellen müssen (§ 14 II 3 LNRG RhPf). Für die Unterhaltungskosten der Grenzwand gilt die Vorschrift über die Unterhaltung der Nachbarwand entsprechend.[343] Wer eine Grenzwand neben einer schon vorhandenen Grenzwand errichtet, hat sie auf seine Kosten an das zuerst errichtete Gebäude dicht anzuschließen. Er hat den Anschluss auf seine Kosten zu unterhalten (§ 15 I LNRG RhPf). Die Einzelheiten des beabsichtigten Anschlusses sind in der für die Errichtung der Grenzwand vorgeschriebenen Anzeige dem Nachbarn mitzuteilen (§ 15 II LNRG RhPf). Werden die Grenzwände gleichzeitig errichtet, so tragen die Nachbarn die Kosten des Anschlusses und seiner Unterhaltung zu gleichen Teilen (§ 15 III LNRG RhPf). Muss der Nachbar zur Errichtung seines Gebäudes seine Grenzwand tiefer als die zuerst errichtete Grenzwand gründen, so darf er diese unterfangen, wenn keine erhebliche Schädigung des zuerst errichteten Gebäudes zu besorgen ist und das Unterfangen nur mit unzumutbar hohen Kosten vermieden werden könnte (§ 16 I LNRG RhPf). Für die Verpflichtung zur vorherigen Anzeige der Rechtsausübung und zum Schadensersatz gelten die Vorschriften, die die Errichtung der Nachbarwand regeln entsprechend.[344]
Saarland	Wer eine Grenzwand errichten will, hat dem Nachbarn die Bauart, Bemessung und Gründung der beabsichtigten Wand anzuzeigen (§ 15 II 1 Saarl NachbarRG).[345] Der Nachbar kann innerhalb eines Monats nach Zugang der Anzeige eine solche Gründung der Grenzwand verlangen, dass zusätzliche Baumaßnahmen vermieden werden, wenn er später neben der Grenzwand ein Gebäude errichtet oder erweitert. Mit den Arbeiten zur Errichtung der Grenzwand darf erst nach Ablauf der Frist begonnen werden (§ 15 III Saarl NachbarRG). Die wegen der besonderen Gründung entstehenden Mehrkosten sind zu erstatten. In Höhe der voraussichtlich erwachsenden Mehrkosten ist auf Verlangen binnen zwei Wochen Vorschuss zu leisten. Der Anspruch auf besondere Gründung erlischt, wenn der Vorschuss nicht fristgerecht geleistet wird (§ 15 IV Saarl NachbarRG). Soweit die besondere Gründung auch zum Vorteil des zuerst errichteten Gebäudes ausgenutzt wird, beschränkt sich die Erstattungspflicht des Nachbarn auf den angemessenen Kostenanteil. Darüber hinaus bereits erbrachte Leistungen können zurückgefordert werden (§ 15 V Saarl NachbarRG). Die Vorschriften über die Anzeige, die besondere Gründung und die Kostenerstattung gelten nicht, wenn Garagen oder andere eingeschossige Nebengebäude oder Aufenthaltsräume an der Grenze errichtet werden sollen (§ 15 VI Saarl NachbarRG). Der Nachbar darf eine Grenzwand als Abschlusswand oder zur Unterstützung oder Aussteifung eines auf seinem Grundstück errichteten Gebäudes nut-

342 § 14 II 2 i.V. m. § 7 I, II u. IV 1 LNRG RhPf; vgl. dazu Rn. 114.
343 § 14 III i.V. m. § 8 LNRG RhPf; vgl. dazu Rn. 114.
344 § 16 i.V. m. §§ 6 u. 19 LNRG RhPf; vgl. dazu Rn. 114.
345 Für Einwendungen und den Adressaten der Anzeige gelten § 7 II u. III Saarl NachbarRG entsprechend; vgl. dazu Rn. 114.

	zen, wenn der Eigentümer einwilligt (§ 16 I Saarl NachbarRG). Der anbauende Nachbar hat eine Vergütung zu zahlen, wenn er sich nicht schon an der besonderen Gründung und an den Baukosten beteiligt hat. Auf diese Vergütung finden die Vorschriften über die Vergütung bei einem Anbau an eine Nachbarwand entsprechende Anwendung.[346] Die Vergütung erhöht sich um den Wert des Bodens, den der Anbauende bei Errichtung einer Nachbarwand hätte zur Verfügung stellen müssen (§ 16 II 3 Saarl NachbarRG). Für die Unterhaltungskosten der Grenzwand gilt die Bestimmung über die Unterhaltung der Nachbarwand entsprechend.[347] Wer eine Grenzwand neben einer schon vorhandenen Grenzwand errichtet, ohne anzubauen, hat sie auf seine Kosten an das zuerst errichtete Gebäude dicht anzuschließen. Er ist berechtigt, durch übergreifende Bauteile einen den öffentlich-rechtlichen Vorschriften entsprechenden Anschluss an das bestehende Bauwerk herzustellen. Er hat den Anschluss auf seine Kosten zu unterhalten (§ 17 I Saarl NachbarRG). Die Einzelheiten des beabsichtigten Anschlusses sind in der Anzeige über die Errichtung der Grenzwand dem Nachbarn mitzuteilen (§ 17 II Saarl NachbarRG). Werden die Grenzwände gleichzeitig errichtet, tragen die Nachbarn die Kosten des Anschlusses und seiner Unterhaltung zu gleichen Teilen (§ 17 III Saarl NachbarRG). Muss der Nachbar zur Errichtung seines Gebäudes seine Grenzwand tiefer als die zuerst errichtete Grenzwand gründen, so darf er diese unterfangen, wenn keine erhebliche Schädigung des zuerst errichteten Gebäudes zu besorgen ist und das Unterfangen nur mit unzumutbaren Unkosten vermieden werden könnte (§ 18 I Saarl NachbarRG). Für die Verpflichtung zur Anzeige und zum Schadensersatz gelten die Bestimmungen beim Anbau an die Nachbarwand entsprechend.[348] Darf nur auf einer Seite unmittelbar an eine gemeinsame Grenze gebaut werden, so hat der Nachbar kleinere, nicht zum Betreten bestimmte Bauteile, die von der einseitigen Grenzwand in den Luftraum seines Grundstücks übergreifen, zu dulden, wenn sie die Benutzung seines Grundstücks nicht oder nur geringfügig beeinträchtigen (§ 19 Saarl NachbarRG). Die Bestimmungen über die Grenzwand gelten auch für eine über die Grenze hinaus gehende Wand, wenn die Vorschriften über die Nachbarwand nicht anwendbar sind. Stimmt der Erbauer einer solchen Wand auf Wunsch des Nachbarn einem Anbau zu, so gelten die Vorschriften über die Nachbarwand (§ 20 Saarl NachbarRG).
Sachsen-Anhalt	Wer eine Grenzwand errichten will, hat dies gemäß § 12 I NbG LSA dem Nachbarn oder der Nachbarin unter Beifügung des Bauantrags und der Bauvorlagen anzuzeigen.[349] Der Nachbar oder die Nachbarin kann innerhalb von acht Wochen nach Zugang der Anzeige eine Gründung der Grenzwand verlangen, die bei der späteren Durchführung des eigenen Bauvorhabens erschwerende Baumaßnahmen, wie insbesondere ein Unterfangen der zuerst gebauten Wand, vermeidet. Mit den Arbeiten zur Errichtung der Grenzwand darf erst nach Ablauf der Frist begonnen werden (§ 12 II NbG LSA). Der Nachbar oder die Nachbarin hat die für die zusätzlichen Maßnahmen entstehenden Mehrkosten zu erstatten. In Höhe der voraussichtlich erwachsenden Mehrkosten ist auf Verlangen binnen vier Wochen Vorschuss oder Sicherheit zu leisten; der Anspruch auf besondere Gründung erlischt, wenn der Vorschuss oder eine Sicherheit nicht fristgerecht geleistet wird (§ 12 III NbG LSA). Soweit der Erbauer

346 § 16 II 2 i.V. m. § 8 I, II u. IV Saarl NachbarRG; vgl. Rn. 114.
347 § 16 III i.V. m. § 9 Saarl NachbarRG; vgl. dazu Rn. 114.
348 § 18 II i.V. m. §§ 7 u. 14 Saarl NachbarRG; vgl. Rn. 114.
349 Hinsichtlich der Einzelheiten gelten § 6 II u. § 3 NbG LSA entsprechend; vgl. Rn. 114.

	oder die Erbauerin der Grenzwand bzw. deren Rechtsnachfolger die besondere Gründung auch zum Vorteil des eigenen Grundstücks nutzen, beschränkt sich die Erstattungspflicht des Nachbarn oder der Nachbarin auf den angemessenen Kostenanteil; darüber hinaus bereits erbrachte Leistungen können zurückgefordert werden (§ 12 IV NbG LSA). Der Nachbar oder die Nachbarin darf eine Grenzwand als Abschlusswand oder zur Unterstützung oder Aussteifung des eigenen Gebäudes nutzen, wenn ihr Erbauer oder ihre Erbauerin bzw. deren Rechtsnachfolger schriftlich einwilligen. Die Einwilligung ist unwiderruflich. Für die Pflicht zur Anzeige des Vorhabens und die Pflicht, Schadensersatz zu leisten, gelten die Vorschriften hinsichtlich des Anbaus an eine Nachbarwand entsprechend.[350] Wer ohne eigene Grenzwand anbaut, hat dem Nachbarn oder der Nachbarin eine angemessene Vergütung entsprechend seiner Kostenersparnis zu zahlen (§ 13 II NbG LSA). Nach dem Anbau tragen beide Seiten die Unterhaltungskosten der Grenzwand zu gleichen Teilen (§ 13 III NbG LSA). Wenn eine Grenzwand neben einer schon vorhandenen Grenzwand errichtet werden soll, gelten für die Pflicht zur Anzeige des Vorhabens und zur Schadensersatzleistung ebenfalls die Vorschriften über den Anbau an eine Nachbarwand entsprechend.[351] Der Nachbar oder die Nachbarin hat auf eigene Kosten die zweite Grenzwand dicht anzuschließen und erforderlichenfalls eine Fuge zwischen den Grenzwänden auszufüllen und zu verschließen. Er oder sie darf auf eigene Kosten durch übergreifende Abdeckungen einen Anschluss an das bestehende Gebäude herstellen. Der Anschluss ist von ihm oder ihr zu unterhalten. Werden die Grenzwände gleichzeitig errichtet, tragen beide Seiten die Kosten des Anschlusses zu gleichen Teilen (§ 14 II NbG LSA). Muss der Nachbar oder die Nachbarin zur Ausführung des Bauvorhabens die eigene Grenzwand tiefer als die zuerst errichtete Grenzwand gründen, so darf er oder sie diese auf eigene Kosten unterfangen, wenn das nach den allgemein anerkannten Regeln der Baukunst unumgänglich ist oder nur mit unverhältnismäßig hohen Kosten vermieden werden könnte und keine erhebliche Schädigung des zuerst errichteten Gebäudes zu erwarten ist. Für die Verpflichtung zum Schadensersatz und zur Leistung von Sicherheit gilt die Bestimmung über den Anbau an eine Nachbarwand wiederum entsprechend.[352] Wird nach Errichtung eines Anbaus oder einer zweiten Grenzwand eines der beiden Gebäude abgerissen, so gilt die Regelung über den Abbruch eines Anbaus an eine Grenzwand entsprechend, desgleichen für die Pflicht, den Abbruch anzuzeigen.[353] Bauteile, die in den Luftraum eines anderen Grundstücks übergreifen, sind zu dulden, wenn nach öffentlich-rechtlichen Vorschriften nur auf dem benachbarten Grundstück bis an die Grenze gebaut werden darf, die übergreifenden Bauteile öffentlich-rechtlich zulässig sind, sie die Benutzung des anderen Grundstücks nicht oder nur unwesentlich beeinträchtigen und sie nicht zur Vergrößerung der Nutzfläche des Bauwerks dienen (§ 16 NbG LSA).
Schleswig-Holstein	Der Anbau an die Grenzwand ist ihre Mitbenutzung als Abschlusswand oder zur Unterstützung oder Aussteifung des neuen Bauwerks (§ 11 II NachbG SchlH). Der Grundstückseigentümer, der eine Grenzwand errichten will, hat dem Eigentümer des Nachbargrundstücks die Bauart und Bemessung der beabsichtigten Wand schriftlich anzuzeigen. Hinsichtlich der Anzeige gilt § 7 II NachbG SchlH ent-

[350] § 13 I i.V. m. § 6 II u. 3 NbG LSA; vgl. Rn. 114.
[351] § 14 I i.V. m. § 6 II u. III NbG LSA; vgl. Rn. 114.
[352] § 14 III i.V. m. § 6 III NbG LSA.
[353] § 15 i.V. m. § 10 III u. § 6 II NbG LSA; vgl. Rn. 114.

sprechend.[354] Der Eigentümer des Nachbargrundstücks kann innerhalb von zwei Monaten nach Zugang der Anzeige verlangen, die Grenzwand so zu gründen, dass bei der späteren Durchführung seines Bauvorhabens zusätzliche Baumaßnahmen vermieden werden. Mit der Errichtung der Grenzwand darf erst nach Fristablauf begonnen werden (§ 12 II NachbG SchlH). Die durch das Verlangen der verstärkten Gründung entstehenden Mehrkosten sind zu erstatten. In Höhe der voraussichtlich erwachsenden Mehrkosten ist auf Verlangen des Erbauers der Grenzwand innerhalb von zwei Wochen Vorschuss zu leisten. Der Anspruch auf die besondere Gründung erlischt, wenn der Vorschuss nicht fristgerecht geleistet wird (§ 12 III NachbG SchlH). Soweit der Erbauer der Grenzwand die besondere Gründung auch zum Vorteil seines Bauwerks nutzt, beschränkt sich die Erstattungspflicht des Eigentümers des Nachbargrundstücks auf den angemessenen Kostenanteil; darüber hinaus bezahlte Kosten können zurückgefordert werden (§ 12 IV NachbG SchlH). Der Eigentümer des Nachbargrundstücks darf eine Grenzwand durch Anbau nutzen, wenn der Eigentümer des Grundstücks, auf dem die Grenzwand errichtet ist, schriftlich zustimmt (§ 13 I NachbG SchlH). Der anbauende Eigentümer des Nachbargrundstücks hat dem Eigentümer des Grundstücks, auf dem die Grenzwand errichtet ist, eine Vergütung zu zahlen, soweit er nicht schon wegen der besonderen Gründung zu den Baukosten beigetragen hat; er hat ferner eine angemessene Vergütung dafür zu leisten, dass er den für die Errichtung der eigenen Grenzwand erforderlichen Baugrund einspart. Die Vorschriften über die Kostenerstattung beim Anbau an die Nachbarwand finden entsprechende Anwendung.[355] Für die Unterhaltungskosten der Grenzwand gelten ebenfalls die Bestimmungen über die Unterhaltung der Nachbarwand entsprechend.[356] Wer eine Grenzwand neben einer schon vorhandenen Grenzwand errichtet, ist verpflichtet, die Fuge zwischen den Grenzwänden auf seine Kosten bündig mit den Außenflächen der Bauwerke zu verdecken (§ 14 I NachbG SchlH). Der Erbauer der zweiten Grenzwand ist berechtigt, auf eigene Kosten durch übergreifende Bauteile einen den öffentlich-rechtlichen Vorschriften entsprechenden Anschluss an das bestehende Bauwerk herzustellen; er hat den Anschluss auf seine Kosten zu unterhalten (§ 14 II NachbG SchlH). Muss der Eigentümer des Nachbargrundstücks zur Ausführung seines Bauvorhabens seine Grenzwand tiefer als die zuerst errichtete Grenzwand gründen, so darf er diese auf eigene Kosten unterfangen, wenn dies nach den allgemein anerkannten Regeln der Baukunst unumgänglich ist oder nur mit unverhältnismäßig hohen Kosten vermieden werden könnte, keine erhebliche Schädigung des zuerst errichteten Bauwerks zu besorgen ist und das Bauvorhaben öffentlich-rechtlich zulässig ist. Für die Ausübung der Rechte der besonderen Gründung und des Anschlusses an das bestehende Bauwerk gelten die Anzeige- und Schadensersatzpflichten wie bei einer Veränderung der Nachbarwand entsprechend.[357] Der Eigentümer und der Nutzungsberechtigte eines Grundstücks haben Bauteile, die von einer einseitigen Grenzwand in den Luftraum ihres Grundstücks übergreifen, zu dulden, wenn nach öffentlich-rechtlichen Vorschriften nur auf dem Nachbargrundstück bis an die Grenze gebaut werden darf, die übergreifenden Bauteile öffentlich-rechtlichen Vorschriften nicht widersprechen, sie die Benutzung ihres Grundstücks nicht oder nur geringfügig beeinträchtigen und sie nicht zur Vergrößerung der

[354] Vgl. Rn. 114.
[355] § 13 II i.V. m. § 6 II u. III 1 sowie V NachbG SchlH; vgl. dazu Rn. 114.
[356] § 13 III i.V. m. § 8 NachbG SchlH; vgl. dazu Rn. 114.
[357] § 14 IV i.V. m. § 10 II NachbG SchlH; vgl. Rn. 114.

	Nutzfläche dienen, insbesondere nicht zum Betreten bestimmt sind (§ 15 NachbG SchlH). Die Vorschriften über die Grenzwand gelten entsprechend für eine über die Grenze hinausreichende Wand, die nicht Nachbarwand ist, zu deren Duldung der Eigentümer des Nachbargrundstücks aber verpflichtet ist (§ 16 NachbG SchlH).
Thüringen	Wer eine Grenzwand errichten will, hat dem Nachbarn die Bauart, Bemessung und Gründung der beabsichtigten Wand schriftlich anzuzeigen (§ 13 II 1 ThürNRG).[358] Der Nachbar kann innerhalb eines Monats nach Zugang der Anzeige eine solche Gründung der Grenzwand verlangen, dass zusätzliche Baumaßnahmen vermieden werden, wenn er später neben der Grenzwand ein Gebäude errichtet oder erweitert. Mit den Arbeiten zur Errichtung der Grenzwand darf erst nach Ablauf der Frist begonnen werden (§ 13 III ThürNRG). Die aufgrund der besonderen Gründung entstehenden Mehrkosten sind zu erstatten. In Höhe der voraussichtlich erwachsenden Mehrkosten ist auf Verlangen binnen zweier Wochen Vorschuss zu leisten; der Anspruch auf besondere Gründung erlischt, wenn der Vorschuss nicht fristgerecht geleistet wird (§ 13 IV ThürNRG). Soweit die besondere Gründung auch zum Vorteil des zuerst errichteten Gebäudes ausgenutzt wird, beschränkt sich die Erstattungspflicht des Nachbarn auf den angemessenen Kostenanteil; darüber hinaus bereits erbrachte Leistungen können zurückgefordert werden (§ 13 V ThürNRG). Die Vorschriften über die besondere Gründung und die Kostenerstattung gelten nicht, wenn Garagen oder eingeschossige Nebengebäude ohne Aufenthaltsräume an der Grenze errichtet werden sollen (§ 13 VI ThürNRG). Der Nachbar darf eine Grenzwand als Abschlusswand oder zur Unterstützung oder Aussteifung seiner baulichen Anlage nutzen, wenn der Eigentümer einwilligt (§ 14 I ThürNRG). Der anbauende Nachbar hat eine Vergütung zu zahlen, soweit er sich nicht schon wegen einer besonderen Gründung an den Baukosten beteiligt hat. Auf diese Vergütung sind die Vorschriften über die Vergütung bei dem Anbau an eine Nachbarwand entsprechend anzuwenden.[359] Die Vergütung erhöht sich um den Wert des Bodens, den der Anbauende bei Errichtung einer Nachbarwand hätte zur Verfügung stellen müssen (§ 14 II 3 ThürNRG). Für die Unterhaltskosten der Grenzwand gilt die Vorschrift über die Unterhaltung einer Nachbarwand entsprechend.[360] Wer eine Grenzwand neben einer schon vorhandenen Grenzwand errichtet, hat sie auf seine Kosten an das zuerst errichtete Gebäude dicht anzuschließen. Er hat den Anschluss auf seine Kosten zu unterhalten (§ 15 I ThürNRG). Die Einzelheiten des beabsichtigten Anschlusses sind in der Anzeige über die Errichtung der Grenzwand dem Nachbarn mitzuteilen (§ 15 II ThürNRG). Werden die Grenzwände gleichzeitig errichtet, so tragen die Nachbarn die Kosten des Anschlusses und seiner Unterhaltung zu gleichen Teilen (§ 15 III ThürNRG). Muss der Nachbar zur Errichtung seines Gebäudes seine Grenzwand tiefer als die zuerst errichtete Grenzwand gründen, so darf er diese unterfangen, wenn keine erhebliche Schädigung des zuerst errichteten Gebäudes zu besorgen ist und das Unterfangen nur mit unzumutbar hohen Kosten vermieden werden könnte (§ 16 I ThürNRG). Für die Verpflichtung zur vorherigen Anzeige der Rechtsausübung und zum Schadensersatz gelten die Vorschriften über den Anbau an eine Nachbarwand entsprechend.[361]

[358] § 6 III gilt entsprechend; vgl. Rn. 114.
[359] § 14 II i.V. m. § 7 I, II u. IV ThürNRG; vgl. Rn. 114.
[360] § 14 III i.V. m. § 8 ThürNRG; vgl. Rn. 114.
[361] § 16 II i.V. m. §§ 6 u. 19 ThürNRG; vgl. Rn. 114.

Die landesrechtlichen Vorschriften über die Grenzwand enthalten einen **Kompromiss** zwischen dem Recht des Nachbarn, auf seinem Grundstück beliebig Gebäude zu errichten, und dem nachbarrechtlichen Gemeinschaftsverhältnis. Grundsätzlich bleibt es bei der Befugnis eine Grenzwand ohne Einwilligung des Nachbarn zu errichten, da dessen Grundstück – anders als bei einer Nachbarwand – nicht in Anspruch genommen wird. Allerdings sind öffentlich-rechtlich erforderliche Abstandsvorschriften zu beachten.[362] 168

Die **Anzeige** soll den Nachbarn in die Lage versetzen zu prüfen, ob eine besondere Gründung erforderlich ist oder ein bei ihm bereits vorhandenes Gebäude durch die beabsichtigte Errichtung der Grenzmauer gefährdet werden kann.[363] Die Verletzung der Anzeigepflicht kann zu einem Schadenersatzanspruch des Nachbarn führen. Zu ersetzen sind die Baumehrkosten, die durch zusätzliche Stützungs- oder Unterfangungsmaßnahmen entstehen, sowie zusätzliche Architekten- und Statikerkosten, nicht jedoch diejenigen Mehrkosten, die nach den landesrechtlichen Bestimmungen ohnehin der Eigentümer des Nachbargrundstücks hätte tragen müssen. 169

Hinsichtlich der Erstattung der durch eine besondere Gründung entstehenden **Mehrkosten** enthält das Gesetz keine Begrenzung. Deshalb sind grundsätzlich die tatsächlich angefallenen Kosten zu erstatten. Da der Bauherr den Bauunternehmer auswählt, kann nicht eingewandt werden, dass bei Beauftragung eines anderen Unternehmers geringere Kosten angefallen wären. Eine Ausnahme gilt freilich dann, wenn die Kosten mehr als das Doppelte als bei Beauftragung eines anderen Unternehmers ausmachen.[364] Der Anspruch auf den Vorschuss kann nicht im Wege der Leistungsklage verfolgt werden; als einzige Sanktion sieht das Gesetz das Erlöschen des Anspruchs auf besondere Gründung vor. Die umgekehrte Kostenerstattungspflicht, wenn der Ausbauende später die besondere Gründung selbst auch in Anspruch nimmt, sieht – abgesehen von der Regelung in Niedersachsen – keine zeitliche Begrenzung vor. Die Erstattungspflicht tritt regelmäßig dann ein, wenn die Werklohnforderung des Bauunternehmers fällig geworden ist und entsprechend der Regelung im Werkvertragsrecht das Bauwerk hergestellt wurde. Eine abweichende Vereinbarung, insbesondere von Abschlagszahlungen vor Errichtung des Bauwerks, muss der Erstattungspflichtige nicht gegen sich gelten lassen. Umstritten ist, ob die Erstattung eine Zahlung durch den Erstbauenden voraussetzt.[365] Auch wenn das Gesetz von Erstattung spricht, kann der Erbauende bei Fälligkeit der Werklohnforderung und Vorliegen der vorgenannten Voraussetzungen wohl auch Freistellung verlangen, wobei ihm ohnehin ein Vorschussanspruch zusteht. 170

Soweit das Gesetz eine **Ausnahme** für Grenzgaragen und andere eingeschossige Grenznebengebäude ohne Aufenthaltsräume vorsieht, gehören hierzu wohl auch Carports.[366] 171

Der Anbau an eine Grenzwand ist nur mit Zustimmung des Erbauers zulässig. Es handelt sich bei ihr um keine Grenzeinrichtung. Wird der Anbau gestattet, so verweisen die Nachbarrechtsgesetze weitgehend auf die **Vorschriften, die den Anbau an eine Nachbarwand regeln**. Dies betrifft die Anbauvergütung und die Unterhaltungskosten. Anders als die Nachbarwand bleibt die Grenzwand durch den Anbau allerdings im Alleineigentum des Grundstückseigentümers, der sie erbaut hat.[367] 172

Der Erbauer der Grenzwand kann sie bis zum von ihm gestatteten Anbau ganz oder teilweise beseitigen, sofern die Nachbarn nichts Abweichendes vereinbart haben. Er hat auch das alleinige **Nutzungsrecht** in jeder Hinsicht, also insbesondere zum Anbau, zur Nutzung als Werbefläche etc. Wird nach einem gestatteten Anbau das Gebäude wieder 173

---

362 Vgl. dazu Rn. 208 ff.

363 *Peter, in:* Schäfer/Fink-Jamann/Peter, Nachbarrechtsgesetz Nordrhein-Westfalen, § 21 Rn 4.

364 Abweichend *Schäfer*, Thüringer Nachbarrechtsgesetz, § 13 Rn. 8, der eine Ausnahme nur anerkennen will, wenn die Kosten „übersetzt" sind.

365 So wohl *Schäfer*, Thüringer Nachbarrechtsgesetz, § 13 Rn. 11.

366 OLG Braunschweig, Nds.Rpfl. 1991, 49, 50.

367 Vgl. BGHZ 41, 177 = BGH, NJW 1964, 1221; OLG Frankfurt/M., NJW-RR 1992, 464, wonach dies auch gilt, wenn sie sich ohne Zutun des Eigentümers verschiebt; abw. *Hodes*, NJW 1964, 2382.

abgebrochen, so gelten auch ohne ausdrückliche Anordnung die Regelungen über den **Abbruch** eines Gebäudes, welches an die Nachbarwand angebaut wurde. Deshalb hat der abbrechende Eigentümer Schutzmaßnahmen zu treffen, die für die Grenzmauer erforderlich werden.[368]

174 Einen Anbau ohne Einwilligung kann der Eigentümer der Grenzmauer verbieten. Er kann nach nicht gestatteter Errichtung des Anbaus dessen Beseitigung verlangen (§ 1004 BGB).[369] Die Beweislast dafür, dass der Anbau gestattet wurde, trägt der Anbauende. Ob ausnahmsweise das nachbarrechtliche Gemeinschaftsverhältnis der **Abrissverpflichtung** entgegenstehen kann, ist eine Frage des Einzelfalls. Jedenfalls steht dem Erbauer der Grenzwand dann ein Anspruch auf Kostenbeteiligung entsprechend einem gestatteten Anbau zu.[370]

175 Bei Errichtung einer **zweiten Grenzwand** können Schäden im Bereich des nunmehr nicht mehr zugänglichen Zwischenraums entstehen. Hierzu legen die Nachbarrechtsgesetze dem Zweitbauer die Verpflichtung zur Vermeidung dieser Schäden auf seine Kosten auf, sofern nicht beide Grenzwände gleichzeitig errichtet werden. Entsprechend dem Zweck der Vorschrift entfällt die Verpflichtung, wenn das zweite Gebäude konstruktiv mit dem ersten verbunden, das heißt an dieses angebaut wird.[371] Gleiches gilt, wenn die zweite Grenzmauer einen Dachanschluss erforderlich macht, um Feuchtigkeitsschäden zu beseitigen bzw. zu verhindern.[372]

176 Ein Unterfangen der zuerst errichteten Grenzwand bei Errichtung einer zweiten Grenzwand ist nach allgemeinen Vorschriften ohne Zustimmung des Nachbarn grundsätzlich unzulässig. Nur in besonders gelagerten Einzelfällen kann die Verweigerung der Zustimmung aufgrund des nachbarrechtlichen Gemeinschaftsverhältnisses rechtsmissbräuchlich sein.[373] Die Nachbarrechtsgesetze sehen ein **Recht zum Unterfangen**, also nicht ein Recht auf Zustimmung, bei Vorliegen der dort näher genannten Voraussetzungen vor. Äquivalent ist ein verschuldensunabhängiger Ersatzanspruch für Schäden, die an der zuerst errichteten Grenzwand und an dem Gebäude des Nachbarn entstehen. Mit Ausnahme von Niedersachsen (§ 17 NNachbG) enthalten die Nachbarrechtsgesetze keine Regelungen über die **Beseitigung** einer zweiten Grenzwand. Anders als bei einem Anbau an eine Grenzwand, bei der zwar keine Grenzeinrichtung entsteht, aber die Situation entsprechend zu beurteilen ist, wirkt sich die Entfernung nicht unmittelbar auf den Nachbarn aus. Die mittelbare Beeinträchtigung, die dadurch entsteht, dass die frühere Grenzwand nunmehr isoliert steht, führt nicht zu besonderen Schutzmaßnahmen des sein Gebäude einschließlich Grenzmauer abbrechenden Eigentümers. Er haftet deshalb nicht dafür, dass die andere Grenzwand nunmehr unverputzt freiliegt und eventuell Schaden nehmen kann.[374]

177 Umstritten ist die Zulässigkeit der **Duldungspflicht**, die manche Landesrechte bei einer einseitigen Grenzwand dem Eigentümer des Nachbargrundstücks hinsichtlich überragender Bauteile auferlegen.[375]

178 In denjenigen Ländern wie Bayern, Bremen, Hamburg, Mecklenburg-Vorpommern und Sachsen, die **keine nachbarrechtlichen Vorschriften** über die Grenzwand erlassen haben, gelten für die Errichtung, den Anbau und die Beseitigung der Grenzwand bzw.

---

[368] Vgl. einerseits OLG Frankfurt/M., OLGZ 1982 , 353 = MDR 1982, 848 u. andererseits OLG Naumburg, NJOZ 2011, 884 = BauR 2011, 1062 = BeckRS 2011, 04402. Ausführlich Rn. 182ff.

[369] Vgl. Palandt/*Bassenge*, § 921 Rn. 15.

[370] Vgl. BGH, ZMR 1978, 122.

[371] Vgl. auch OLG Hamm, NJW-RR 2009, 1616 = NZBau 2010, 442 zu Rissen an einer Giebelwand einer Doppelhaushälfte.

[372] OLG Köln, IMR 2011, 284 = BeckRS 2011, 12888.

[373] Vgl. BGH, NJW 1970, 608.

[374] OLG Köln, NJW-RR 1987, 529; vgl. auch OLG Hamm, NJW-RR 1991, 851 u. *Schäfer*, Thüringer Nachbarrechtsgesetz, § 15 Rn. 7.

[375] Ebenso Staudinger/*Roth*, § 912 Rn. 21; offen *Peter*, in: Schäfer/Fink-Jamann/Peter, Nachbarrechtsgesetz Nordrhein-Westfalen, § 23 Rn. 1.

eines Anbaus an sie die allgemeinen Vorschriften. Die Grenzwand ist **keine Grenzeinrichtung**, da sie von der Grenze nicht geschnitten wird. Aus den gleichen Gründen liegt auch keine Nachbarwand vor.[376] Die Grenzwand steht im alleinigen Eigentum des Grundstückseigentümers, auf dessen Grundstück sie errichtet wurde. Sie bleibt auch dann im Eigentum des Errichtenden, wenn sie später ohne sein Zutun auf das Nachbargrundstück verschoben wird.[377] Der Errichtende trägt die Baukosten und die späteren Unterhaltungskosten. Dafür steht ihm auch das alleinige Nutzungsrecht zu. Das gleiche gilt, wenn zwei Grenzwände bautechnisch nicht zu einer baulichen Einheit verbunden sind, sondern nebeneinander an der Grenze errichtet werden.[378]

Der Nachbar hat **kein Recht, ohne Zustimmung** des Eigentümers an die Grenzwand 179
anzubauen. Ein Anbaurecht kann sich nur aufgrund einer Zustimmung, das heißt einer Vereinbarung, ergeben. Eine Zustimmung kann allerdings auch stillschweigend etwa dadurch erteilt werden, dass der Eigentümer einen Anbau in Kenntnis der Sachlage duldet. Eine schuldrechtliche Vereinbarung über ein Anbaurecht wirkt nicht gegen einen Einzelrechtsnachfolger des Eigentümers.[379] Das Anbaurecht kann allerdings durch eine Grunddienstbarkeit im Grundbuch gesichert werden. Ob sich aus dem nachbarrechtlichen Gemeinschaftsverhältnis zumindest ein Anspruch auf eine teilweise, nicht umfangreiche Mitbenutzung einer vorhanden Grenzwand ergeben kann, ist umstritten.[380] Im Hinblick auf die Funktion des nachbarrechtlichen Gemeinschaftsverhältnisses dürfte in Einzelfällen ein Anbaurecht jedenfalls dann bestehen, wenn eine Verweigerung lediglich rechtsmissbräuchlich wäre und für sie keinerlei sachliche Gründe sprechen würden.

Baut der Nachbar ohne Zustimmung an die Grenzwand an, kann der **Eigentümer Be-** 180
seitigung nach § 1004 BGB **verlangen**.[381] Dieser Anspruch richtet sich gegen den jeweiligen Eigentümer des Grundstücks, von dem aus der Anbau erfolgt, unabhängig davon, ob er selbst oder sein Rechtsvorgänger angebaut hat. Ein Anspruch aus § 823 I BGB kann dagegen nur gegen denjenigen Nachbarn gerichtet werden, der selbst schuldhaft den Anbau vorgenommen hat.[382] Nach der oben vertretenen Ansicht können beide Ansprüche in besonderen Ausnahmefällen aufgrund des nachbarrechtlichen Gemeinschaftsverhältnisses eingeschränkt sein. Stimmt der Nachbar einem unrechtmäßigen Anbau an seine Grenzwand später zu, so kommen Aufwendungsersatzansprüche nach §§ 683 S. 1, 670 BGB in Betracht.[383]

Auch ein mit Zustimmung des Eigentümers der Grenzwand errichteter Anbau ändert 181
nichts an den **Eigentumsverhältnissen an der Grenzwand**. Es tritt eine vertikale Eigentumsteilung über der Grenze ein, so dass die Grenzwand im Eigentum des einen, der Anbau im Eigentum des anderen Nachbarn steht.[384] Es liegt auch nach dem Anbau **keine Grenzeinrichtung** vor. Der Eigentümer der Grenzmauer hat somit das alleinige Nutzungsrecht an der Grenzwand. Er kann diese allein für Reklamezwecke vermieten; das dafür bezahlte Entgelt steht nur ihm zu. Ist an eine Grenzwand angebaut, hat der An-

---

376 BGHZ 41, 177, 182; BGHZ 68, 350 = NJW 1977, 1447; BGH, NJW-RR 2001, 1528 = BauR 2001, 1733 = WM 2001, 1903, 1904 = MDR 2001, 1165 = ZfIR 2002, 49.

377 OLG Frankfurt/M., NJW-RR 1992, 464.

378 OLG Nürnberg, Urt. v. 26. 5. 987 – 2 U 1608/86 (n. v.). Ebenso zur Schließung des Zwischenraums AG Hamm, NJW-RR 1997, 1104.

379 BGHZ 68, 350 = NJW 1977, 1447 u. BGH, NJW-RR 2001, 1528 = BauR 2001, 1733 = WM 2001, 1903, 1904 = MDR 2001, 1165 = ZfIR 2002, 49 sowie Staudinger/*Roth*, § 921 Rn. 55; a. A. OLG Köln, DWW 1975, 164.

380 Vgl. auch OLG Stuttgart, NJW 1994, 739 u. allg. zum Rücksichtnahmegebot bei einer Grenzmauer VGH Kassel, DÖV 2004, 41. OLG Nürnberg, Urt. v. 26. 5. 1987 – 2 U 1608/86 (n. v.); verneinend OLG Köln, WM 1992, 621.

381 Zur Vermeidung von Lärm s. OLG Saarbrücken, MDR 2000, 152.

382 BGHZ 68, 350 = NJW 1977, 1447.

383 BGH, NJW-RR 2001, 1528 = BauR 2001, 1733 = WM 2001, 1903, 1904 = MDR 2001, 1165 = ZfIR 2002, 49 u. Staudinger/*Roth*, § 921 Rn. 55.

384 BGHZ 41, 177 u. BGHZ 68, 350, NJW 1977, 1447; a. A. wohl OLG Köln, ZfBR 2000, 557.

bauende auch kein Recht, die im Eigentum des Nachbarn stehende Wand zu erhöhen. Umgekehrt kann dieser die Wand jederzeit für eigene Zwecke erhöhen.

182 Aus der vertikalen Eigentumsteilung und dem Alleineigentum an der Grenzwand folgt, dass deren Eigentümer diese und ein etwa auf seiner Seite etwa angebautes Gebäude jederzeit **abtragen** kann. Dem kann der Nachbar grundsätzlich nicht widersprechen. Allerdings kann sich in Ausnahmefällen aus dem nachbarrechtlichen Gemeinschaftsverhältnis eine Pflicht des Eigentümers der Grenzwand ergeben, diese gegen seinen Willen stehen zu lassen. Beispiel ist der Fall, dass unter ungeklärten Umständen von Rechtsvorgängern an die Grenzwand angebaut worden ist und der Anbau durch den Abriss der Grenzwand erheblich beschädigt würde.[385] Dem Eigentümer steht dann ein verschuldensunabhängiger bürgerlich-rechtlicher Aufopferungsanspruch wegen der Nutzungseinschränkung durch die Duldung der Grenzwand zu. Dieser Ausgleichsanspruch bestimmt sich nach § 912 BGB, soweit der auszugleichende Schaden nur im Verlust der Bodennutzung liegt.[386] Für die Bemessung der Höhe des Ausgleichsanspruchs ist somit nicht von entgangenen Mieteinnahmen, sondern von der entgangenen Nutzungsmöglichkeit der Grundfläche, auf der die Grenzwand verbleiben muss, auszugehen.[387]

183 Bricht der Eigentümer sein Gebäude ab und lässt er die Grenzwand stehen, so bleibt er auch dann ihr Alleineigentümer, wenn an sie durch den anderen Nachbarn angebaut ist. Ob ihn in diesem Fall eine Verpflichtung trifft, die Grenzwand **in einem Zustand zu erhalten**, dass nicht durch sie Feuchtigkeit in das angebaute Haus des Nachbarn eindringt, ist umstritten.[388] Rechtsgrundlage einer solchen Verpflichtung könnte wiederum nur das nachbarrechtliche Gemeinschaftsverhältnis sein; allerdings ergeben sich aus ihm vorrangig Duldungspflichten, im Normalfall aber keine Leistungspflichten. Deshalb muss nach h. M. mangels anderweitiger Vereinbarung der Nachbar, der an die Grenzwand angebaut hat, allein dafür Sorge tragen, dass die Grenzwand in einem Zustand erhalten bleibt, der für sein Bauwerk erforderlich ist. Hierzu muss der Nachbar, der die Grenzwand errichtet hat, gegebenenfalls dulden, dass sein Grundstück zu Ausbesserungs-, Erneuerungs- und Unterhaltungsarbeiten betreten wird.[389]

184 War der Anbau des Nachbarn an die Grenzwand gestattet oder zumindest zu dulden und wird dieser **Anbau nunmehr entfernt**, so kann der Eigentümer der Grenzwand verlangen, dass diese nicht als Folge des Abrisses beeinträchtigt wird. Deshalb muss sie, sofern bei Erteilung der Zustimmung zum Anbau nichts anderes vereinbart wurde, der den Anbau abreißende Nachbar jedenfalls dann, wenn sie vor dem Anbau als Außenmauer funktionstüchtig war, wieder auf eigene Kosten in einen solchen Zustand versetzen, dass sie ihre Funktion als Außenmauer erfüllen kann.

185 Hat der Nachbar eine **zweite Grenzwand** errichtet, ohne dass beide Mauern bautechnisch verbunden wurden, handelt es sich um zwei Grenzwände und nicht um eine Kommunmauer. **Bricht** in diesem Fall ein **Eigentümer** sein Gebäude samt seiner Grenzmauer **ab**, so ist er anders als bei Abbruch eines Gebäudes, welches an eine Kommunmauer angebaut war, nicht verpflichtet, die Grenzmauer des Nachbarn in einen Zustand zu versetzen, der einer Außenmauer entspricht. Wenn nunmehr die Grenzwand des Nachbarn wegen Fehlen des Putzes oder ungenügender Isolierung als Außenmauer nicht funktions-

---

[385] BGHZ 68, 350 = NJW 1977, 1447; vgl. zum Beweis des ersten Anscheins bei Rissen einerseits OLG Frankfurt/M., IMR 2009, 399 = BeckRS 2010, 00348 = BauR 2010, 474 = MDR 2010, 22 u. andererseits OLG München, IBR 2007, 252.

[386] BGHZ 68, 350 = NJW 1977, 1447 u. BGH, NJW 1986, 2639.

[387] BGHZ 68, 350 = NJW 1977, 1447.

[388] Bejahend OLG Frankfurt/M., OLGZ 1982, 352 = MDR 1982, 848, wobei in der Anmerkung zu dieser Entscheidung der Beschluss des BGH aufgeführt ist, mit dem er die Revision gegen das Urteil des OLG Frankfurt/M. nicht angenommen hat, u. Bayer/Lindner/*Grziwotz*, S. 36; verneinend BGH, NJW-RR 2011, 515 = NZM 2011, 758; OLG Naumburg, NJOZ 2011, 884 = BauR 2011, 1062 = BeckRS 2011, 04402; LK Itzehoe, IMR 2011, 33; LG Göttingen, BeckRS 2010, 11792 u. LG Halle, BeckRS 2011, 06108; Staudinger/*Roth*, § 921 Rn. 56. Vgl. auch OLG Frankfurt/M., NJOZ 2010, 2651.

[389] Ebenso Staudinger/*Roth*, § 921 Rn. 56.

fähig ist, so obliegt es allein dem Eigentümer dieser Grenzwand, sie in einen Zustand zu versetzen, der für sein Bauwerk erforderlich ist.

III. Grenzbaum (§ 923 BGB)

1. Grenzbaum und Grenzstrauch als Grenzeinrichtung

a) Baum und Strauch

§ 923 BGB regelt die Rechtsverhältnisse eines Baumes oder Strauches, der auf der Grenze steht. Für **Bäume** ist charakteristisch, dass sie einen einfachen Stamm haben, dessen bleibende Verzweigung ab einer bestimmten Höhe zur Bildung einer Krone führt oder der unverzweigt in einem Schopf endet. Im Gegensatz dazu ist ein **Strauch** (§ 923 III BGB) ein Holzgewächs, das sich bereits beim Austreten aus der Erde in mehrere Äste teilt, die keinen Zentralstamm haben. Keine Sträucher sind wiederum Stauden, die im Winter in ihrem Wuchs über der Erde absterben. **186**

b) Durchschneidung durch Grenze

Ein **Grenzbaum** liegt vor, wenn der Stamm an der Stelle, an der er aus der Erde tritt, von der Grenze durchschnitten wird.[390] Es kommt allein auf die Stelle des Heraustretens aus dem Boden an.[391] Bei einem **Grenzstrauch** genügt es, wenn zumindest ein Ast auf dem Nachbargrundstück aus dem Boden hervortritt.[392] **187**

§ 923 BGB ist dagegen **nicht anwendbar**, wenn der Stamm eines Baumes neben der Grenze aus der Erde tritt, auch wenn Wurzeln unter oder Zweige über der Erde die Grenze überschreiten.[393] Gleiches gilt für einen Strauch, bei dem sämtliche Äste auf einem Grundstück aus dem Boden treten. In diesen Fällen gilt für herüberragende Zweige und eindringende Wurzeln § 910 BGB. Sofern der Baum mit seinem Stamm über die Grenze ragt, kann der betroffene Nachbar seine Beseitigung nach § 1004 I BGB fordern. **188**

Nicht geklärt ist, **ob** es sich bei einem Grenzbaum und beim Grenzstrauch stets um **Grenzeinrichtungen** i. S. von § 921 BGB handelt. Geht man von einer Sondervorschrift für organische Grenzeinrichtungen aus,[394] so wären §§ 921 u. 922 BGB nur bei Lücken anwendbar.[395] Unterscheidet man demgegenüber zwischen „normalen" Grenzbäumen und Grenzsträuchern einerseits und solchen, die gleichzeitig eine Grenzeinrichtung sind andererseits, so gehen umgekehrt die §§ 921 u. 922 BGB in der letztgenannten Alternative dem § 923 BGB vor.[396] Da es wohl Grenzbäume bzw. Grenzsträucher gibt, die nicht beiden Grundstücken zum Vorteil gereichen, dürfte es richtig sein, dass Grenzbäume und Grenzsträucher nicht stets Grenzeinrichtungen i. S. von § 921 BGB sind. Praktisch relevant wird diese Meinungsverschiedenheit bei der Beseitigung des Grenzbaums bzw. -strauchs.[397] **189**

---

[390] BGHZ 160, 18 = DNotZ 2005, 44 = NJW 2004, 3328 = NZM 2004, 837 = JuS 2005, 73 = JA 2005, 85 = MDR 2004, 1349 = NotBZ 2004, 430 = ZfIR 2004, 864; OLG München, NJW-RR 1992, 1369.

[391] Bedenklich deshalb AG Nordenham, NJW-RR 1992, 1368 u. ihm folgend Bamberger/Roth/*Fritzsche*, § 923 Rn. 2; wie hier Staudinger/*Roth*, § 923 Rn. 2.

[392] Vgl. BGHZ 143, 1, 4 = NJW 2000, 512 = MDR 2000, 150 = ZfIR 2000, 39; KG, NJW-RR 2000, 160 u. OLG Oldenburg, MDR 2002, 694.

[393] BayObLG, WuM 1988, 95, 96.

[394] So wohl MünchKomBGB/*Säcker*, § 923 Rn. 1; Soergel/*Baur*, § 923 Rn. 1; Bamberger/Roth/*Fritzsche*, § 923 Rn. 6 u. ebenso noch Bayer/Lindner/*Grziwotz*, S. 37.

[395] Anders Staudinger/*Roth*, § 923 Rn. 1 a. E.

[396] So Staudinger/*Roth*, § 923 Rn. 1 a. E. u. Erman/*Lorenz*, § 923 Rn. 3; vgl. auch NKBGB/*Ring*, § 923 Rn. 23.

[397] S. dazu Rn. 197 ff.

2. Eigentumsverhältnisse und Früchte

a) Eigentumsverhältnisse bezüglich des ungefällten Grenzbaums bzw. -strauchs

190 Das Gesetz enthält keine Regelung der Eigentumsverhältnisse am ungefällten Grenzbaum bzw. -strauch.[398] Nach herrschender Meinung besteht **vertikal geteiltes Eigentum** an dem Grenzbaum.[399] Dies ergibt sich aus § 94 I BGB, der § 93 BGB vorgeht. Die Vorstellung, dass die Grenze durch den Stamm eines Baumes bzw. durch einen Strauch verläuft, erscheint auch mit der allgemeinen Lebensanschauung keineswegs unvereinbar. Somit steht das Eigentum am Grenzbaum bzw. -strauch jedem Eigentümer insoweit zu, als dieser auf seinem Grundstück steht. Demgegenüber möchte eine Mindermeinung die für den gefällten Baum bzw. Strauch getroffene Regelung im Wege der richterlichen Rechtsfortbildung auch auf den bestehenden Baum bzw. Strauch ausdehnen.[400] Allerdings hat diese Streitfrage, ob vertikal geteiltes Eigentum oder Miteigentum vorliegt, kaum praktische Bedeutung,[401] da die beiderseitigen Rechte ohnehin gesetzlich geregelt sind.

b) Die Eigentumsverhältnisse am gefällten Baum bzw. beseitigten Strauch und die Kostentragung

191 § 923 I u. II 3 BGB regeln die Eigentumsverhältnisse am gefällten Baum bzw. Strauch. Wird der Baum **im Einvernehmen beider Nachbarn gefällt**, tragen beide die anfallenden Kosten zu gleichen Teilen (§ 923 II 2 BGB) und erwerben auch Miteigentum am gefällten Baum zu gleichen Teilen. Dabei kommt es nicht darauf an, ob die Grenze den ungefällten Baum mittig teilte oder in einem abweichenden Verhältnis. Dasselbe gilt auch, wenn ein **Naturereignis** oder die **Einwirkung eines Dritten** das Umstürzen des Baums bewirkt. Beispiele sind der Blitzschlag und der von der Straße abgekommene Autofahrer.

192 Soll der Grenzbaum gefällt bzw. der Grenzstrauch entfernt werden, kann der Nachbar jederzeit formlos auf seine Rechte an dem Baum bzw. Strauch verzichten (§ 923 II 3 BGB). Der **Verzicht** ist formlos möglich. Er kommt vor allem dann in Betracht, wenn die anteiligen Beseitigungskosten höher sind als der reale Miteigentumsanteil. Der Verzicht ist auch noch nach dem Fällen des Baumes möglich. In diesem Fall trägt der den Baum bzw. Strauch beseitigende Nachbar die anfallenden Kosten allein. Zum Ausgleich erwirbt er allerdings auch allein das Eigentum an dem gefällten Baum bzw. an dem entfernten Strauch.

c) Eigentum an den Früchten

193 Früchte, zu denen auch Blätter als Streu oder trockene Äste zur Verfeuerung zählen,[402] gehören den Nachbarn unabhängig davon, in welcher Weise die Grenze den Baum durchschneidet, zu gleichen Teilen. Dies gilt jedoch erst **nach der Ernte**.[403] Bis zu diesem Zeitpunkt ist jeder Grundstückseigentümer Alleineigentümer derjenigen Früchte, die sich an der in seinem Alleineigentum stehenden „Baumhälfte" befinden. An der Ernte muss jeder Nachbar nach den §§ 1044 I, 1045 II BGB mitwirken. Die Teilung hat nach der Ernte in der Natur bzw. durch Verkauf zu erfolgen.[404] Allerdings ist dies nicht unbestritten.

---

[398] Unzutreffend Bamberger/Roth/*Fritzsche*, § 923 Rn. 1.

[399] S. BGHZ 160, 18 = DNotZ 2005, 44 = NJW 2004, 3328 = NZM 2004, 837 = JuS 2005, 73 = JA 2005, 85 = MDR 2004, 1349 = NotBZ 2004, 430 = ZfIR 2004, 864; OLG München, OLGR 1994, 197; OLG Düsseldorf, OLGZ 1978, 190, 191; NKBGB/*Ring*, § 923 Rn. 8; Palandt/*Bassenge*, § 923 Rn. 1; Soergel/*Baur*, § 923 Rn. 1 u. Staudinger/*Roth*, § 923 Rn. 4.

[400] So MünchKommBGB/*Säcker*, § 923 Rn. 1; *Laibling*, AgrarR 1994, 28; LG München II, NJW 1976, 973 u. AG Sinsheim, NJW-RR 1987, 142.

[401] Im Rahmen der Verkehrsicherungspflicht, die jeden Eigentümer hinsichtlich seines „Baumteils" trifft, wendet der BGH, BGHZ 160, 18 = DNotZ 2005, 44 = NJW 2004, 3328 = NZM 2004, 837 = JuS 2005, 73 = JA 2005, 85 = MDR 2004, 1349 = NotBZ 2004, 430 = ZfIR 2004, 864 § 254 BGB an.

[402] BGB-RGRK/*Augustin*, § 923 Rn. 3 u. MünchKomm/Säcker, § 923 Rn. 3.

[403] S. nur NKBGB/*Ring*, § 923 Rn. 10 u. Staudinger/*Roth*, § 923 Rn. 5.

[404] Zu dogmatischen Konstruktionen im Einzelnen Staudinger/*Roth*, § 923 Rn. 5.

Nach einer Mindermeinung in der Literatur soll der bisherige Alleineigentümer der Früchte diese auch nach Trennung behalten und nur gegebenenfalls schuldrechtlich zum Ausgleich verpflichtet sein.[405]

Abweichend von den nach einer Ernte bestehenden Eigentumsverhältnissen besteht an **Fallobst**, das von einem Baum oder Strauch auf ein Grundstück herunterfällt, Alleineigentum des Eigentümers des betroffenen Grundstücks (§ 911 S. 1 BGB). 194

d) Nießbrauch und Pacht

Bei Bestehen eines Nießbrauchs erwirbt der **Nießbraucher** das Miteigentum an den geernteten Früchten neben dem Nachbarn. Gleiches gilt für den gefällten Baum bzw. entfernten Strauch. 195

Der **Pächter** erwirbt neben dem Nachbareigentümer Miteigentum an den geernteten Früchten (§ 956 BGB). Wegen §§ 581 I 1, 585 II BGB, nach denen dem Pächter nur die Früchte gebühren, die nach den Regeln einer ordnungsgemäßen Wirtschaft als Ertrag anzusehen sind, erwirbt der Pächter nicht das Miteigentum am gefällten Baum bzw. entfernten Strauch.[406] Dies ist allerdings in den praktisch seltenen Fällen der Verpachtung forstwirtschaftlicher Grundstücke (§ 585 III BGB) bedenklich. Hier ist es richtig, dass der Pächter das Miteigentum am gefällten Baum bzw. entfernten Strauch erwirbt. 196

3. Beseitigungsanspruch

§ 923 II 1 BGB regelt die Frage der **Beseitigung** eines Grenzbaumes bzw. -strauches **abweichend von** § 922 BGB. Der Beseitigungsanspruch unterliegt nicht der Verjährung (§ 924 BGB). Der Anspruchsteller muss beweisen, dass der Baum oder Strauch auf der Grenze steht. 197

Eine **eigenmächtige Beseitigung** ohne Rückfrage beim Nachbarn ist auch hier nicht zulässig. Es besteht jedoch ein Anspruch auf Zustimmung. Hierzu muss der Eigentümer anhand des Katasters und des Grundbuches ermittelt werden.[406a] Gegebenenfalls muss der beseitigungswillige Eigentümer im Verweigerungsfall den Nachbarn auf Erteilung der Zustimmung verklagen. Das gerichtliche Urteil ersetzt die Zustimmung des Nachbarn (§ 894 ZPO). Dieser wird vom Gericht jedoch nicht zur Mitwirkung an der Beseitigung verurteilt; allerdings muss er sich, falls er nicht auf sein Recht an dem Baum verzichtet, an den anfallenden Kosten beteiligen. Bei der Klage auf Zustimmung ist zu beachten, dass teilweise nach Landesgesetz[407] ein erfolgloser Einigungsversuch vor einer Gütestelle (§ 15 a I 1 Nr. 2 EGZPO i. V. mit dem landesrechtlichen Ausführungsgesetz) vorausgehen muss. Der Nachbar kann zur Entfernung des Baums bzw. Strauchs seine Zustimmung nur ausnahmsweise verweigern. Ausdrücklich im Gesetz geregelt (§ 923 II 4 BGB) ist der Fall, dass der Grenzbaum insbesondere in einem Überschwemmungsgebiet ein **unersetzliches Grenzzeichen** darstellt. Diesen Umstand muss derjenige Nachbar beweisen, der den Baum erhalten will. Demgegenüber trägt der andere die Beweislast dafür, dass sich der Baum durch ein anderes Grenzzeichen ersetzen lässt. 198

Umstritten ist, ob über den im Gesetz vorgesehenen Fall des unersetzlichen Grenzzeichens hinaus ein **Bestandsschutz für Grenzbäume bzw. -sträucher** besteht. Stellt der Grenzbaum bzw. -strauch gleichzeitig eine Grenzeinrichtung i. S. von § 921 BGB dar[408] oder ist er Teil einer solchen Anlage, so wie es bei Grenzhecken oder Baumalleen der Fall sein kann,[409] dann stellt § 922 S. 3 eine Sondervorschrift dar, die dem in § 923 II 1 BGB geregelten Beseitigungsanspruch vorgeht.[410] 199

---

[405] So Erman/*Lorenz*, § 923 Rn. 2.

[406] So Staudinger/*Roth*, § 923 Rn. 5 u. ihm folgend NKBGB/*Ring*, § 923 Rn. 12.

[406a] OLG Koblenz, BeckRS 2012, 02504 = BauR 2012, 692.

[407] Vgl. Teil 5 Rn. 262.

[408] Motive, Bd. III, 2. Aufl. 1996, S. 278 f. geht wohl davon aus, dass ein Baum regelmäßig keine Grenzeinrichtung ist oder zu einer solchen gehört.

[409] So Staudinger/*Roth*, § 923 Rn. 1 u. LG Frankfurt, NJW-RR 1992, 88.

[410] S. dazu oben Rn. 189.

200 Im Hinblick auf die genaue Regelung im Nachbarrecht hat es die Rechtsprechung dem Nachbar bisher nur **ausnahmsweise gestattet**, eine **Zustimmung** unter Hinweis auf andere als eigene Interessen **zu verweigern**.[411] Nicht näher konkretisierte ökologische Gründe genügen nicht.[412] Ausnahmefälle, in denen die Zustimmungsverweigerung auf § 242 BGB und § 226 BGB gestützt werden kann, sind in der Praxis kaum denkbar. Eine Baumschutzsatzung, die das Fällen untersagt, gibt dem Nachbarn zwar kein eigenes Recht. Der Nachbar kann allerdings auch nicht auf Abgabe der Zustimmung privatrechtlich verurteilt werden, wenn eine Baumschutzsatzung das Fällen des konkreten Baumes verbietet.[413] Eine Verurteilung kann in diesem Fall nur erfolgen, wenn die Baumschutzsatzung nicht entgegen steht oder von ihren Verboten eine Ausnahme oder Befreiung erteilt werden kann.[414]

201 Allerdings darf hieraus nicht geschlossen werden, dass grundsätzlich Grenzbäume bzw. -sträucher beseitigt werden können. Folgt man der hier vertretenen Ansicht, dass § 923 II BGB hinsichtlich des Beseitigungsverlangens bei Grenzbäumen und -sträuchern, die **gleichzeitig Grenzeinrichtung** i. S. des § 921 BGB sind, Nachrang gegenüber § 922 BGB hat, wird vielmehr in den meisten Fällen der **Beseitigungsanspruch nicht durchsetzbar** sein. Ergeben sich für den die Zustimmung verweigernden Nachbarn durch den Grenzbaum bzw. -strauch Vorteile für sein Grundstück, so kann er die Zustimmung zu Recht verweigern. Der im Gesetz geregelte Beseitigungsanspruch beschränkt sich deshalb nach dieser Ansicht letztlich auf solche Grenzbäume bzw. -sträucher, deren Beseitigung, obwohl sie keinen Vorteil für das Nachbargrundstück bieten, der Nachbar dennoch nicht zustimmt.

202 Eine eigenmächtige Durchsetzung der Beseitigung ohne Zustimmung des Nachbarn kann im Wege der einstweiligen Verfügung untersagt werden. Schafft der Nachbar **„vollendete Tatsachen"**, so kann er sich wegen einer Eigentumsverletzung (§ 823 I BGB) schadensersatzpflichtig machen.[415] In diesem Fall ist bei einem Baum und Strauch regelmäßig § 251 II 1 BGB anzuwenden, so dass nicht die Herstellungskosten zu erstatten sind, sondern nur der verbleibende Minderwert des Grundstücks.[416] Besteht allerdings ein Anspruch auf Erteilung der Zustimmung zur Beseitigung wird es regelmäßig an einem Schaden fehlen, da sich der „radikale Nachbar" auf rechtmäßiges Alternativverhalten berufen kann.[417]

203 Beseitigung i. S. von § 923 II BGB bedeutet die **vollständige Entfernung**.[418] Deshalb sind verbleibendes Wurzelwerk sowie ein Baumstumpf von dem die Beseitigung verlangenden Eigentümer zu entfernen. Die Kostentragung kann nur einheitlich erfolgen. Hat der sich der Beseitigung zunächst widersetzende Eigentümer sein Miteigentum am gefällten Baum geltend gemacht, so muss er sich auch an den Kosten der Beseitigung der „Überreste" beteiligen. Er kann nicht auf das Eigentum an diesen verzichten, wenn er dies nicht beim gefällten Baum bzw. entfernten Strauch getan hat. Allerdings wäre ein Verzicht noch zulässig, wenn der gefällte Baum bzw. der entfernte Strauch noch vorhan-

---

411 BGHZ 68, 350; OLG München, NJW-RR 1992, 1369 u. AG Sinsheim, NJW-RR 1987, 142

412 OLG München, NJW-RR 1992, 1369; weitergehend MünchKommBGB/*Säcker*, § 923 Rn. 5 und *Just*, BayVBl. 1988, 705, die von „Einfaltspforten ökologischer Vernunft" im BGB ausgehen möchten.

413 Ähnlich NKBGB/*Ring*, § 923 Rn. 18.

414 AG Sinsheim, NJW-RR 1987, 142; Erman/*Lorenz*, § 923 Rn. 3; Bamberger/Roth/*Fritzsche*, § 923 Rn. 7 u. MünchKommBGB/*Säcker*, § 923 Rn. 5. Vgl. auch BGHZ 120, 239 = NJW 1993, 929 = MDR 1993, 488. Abweichend Soergel/*Baur*, § 923 Rn. 1 u. *Horst*, DWW 1991, 322, 326. Ausführlich *Otto*, NJW 1989, 1783 ff. Zum Fällen eines geschützten Baumes s. VG Aachen, NVwZ-RR 2008, 458.

415 LG München II, NJW 1976, 973; a. A. OLG Oldenburg, MDR 2002, 694 = DWW 2000, 200.

416 KG, NJW-RR 2000, 160, 161 u. Erman/*Lorenz*, § 923 Rn. 4. Vgl. aber zur öffentlich-rechtlichen Zumutbarkeit einer Ersatzpflanzung VG Frankfurt/M., NVwZ-RR 2009, 836.

417 Ebenso Soergel/*Baur*, § 923 Rn. 2; enger wohl Staudinger/*Roth*, § 923 Rn. 2 u. ihm folgend auch NKBGB/*Ring*, § 923 Rn. 19. Abweichend LG München II, NJW 1976, 973, das eine Berufung auf rechtmäßiges Alternativerhalten nicht zulassen will.

418 Teilweise abweichend Staudinger/*Roth*, § 923 Rn. 10, der § 923 BGB auf „Überreste" nicht anwenden möchte. NKBGB/*Ring*, § 923 Rn. 20 stützt die Beseitigungspflicht auf § 1004 I 1 BGB.

den ist und der Verzicht insgesamt auf das Eigentum erfolgt. Dies gilt auch dann, wenn der Verzicht nunmehr wegen der hohen „Restbeseitigungskosten“ erfolgt. Damit trägt entsprechend der gesetzlichen Wertung der die Beseitigung verlangende Eigentümer das Kostenrisiko, wenn sein Nachbar auf sein Eigentum am Grenzbaum bzw. -strauch verzichtet.

4. Vertragliche Vereinbarungen

Die Nachbarn können vertragliche Vereinbarungen über die Verwaltung, Nutzung und 204
Beseitigung eines Grenzbaums bzw. -strauchs treffen. Schuldrechtliche Vereinbarungen wirken allerdings nicht gegenüber Rechtsnachfolgern. Geht man von vertikalgeteiltem Eigentum aus, kann die Vereinbarung auch nicht als Miteigentümervereinbarung in das Grundbuch eingetragen werden, um gegenüber Rechtsnachfolgern zu wirken.[419] Allerdings sind wechselseitige **Grunddienstbarkeiten** möglich, soweit diese nicht auf positives Tun als Hauptpflicht der Dienstbarkeit gerichtet sind. Denkbar sind beispielsweise Unterlassungspflichten sowie ein allgemeiner oder auf bestimmte Fälle beschränkter Verzicht auf das Beseitigungsverlangen. In der Praxis sind derartige Vereinbarungen allerdings bisher unüblich.

5. Entsprechende Anwendung und landesrechtliche Vorschriften

§ 923 BGB enthält für die Entfernung einer Grenzeinrichtung hinsichtlich der Kosten- 205
tragung und der Eigentumsverhältnisse eine **gesetzgeberische Wertung**. Diese ist entsprechend anwendbar, wenn Grenzeinrichtungen i. S. von § 921 BGB, aber auch sonstige Grenzsachen, bei denen das Eigentum auf der Grenze vertikal geteilt wird, abgebrochen oder beseitigt werden, ein Wertverhältnis entsprechend dem bisherigen Eigentum nicht einwandfrei festgestellt werden kann und keine besondere gesetzliche Regelungen bestehen.[420]

Landesrechtliche Sondervorschriften für Obstbäume und Waldgrundstücke (Art. 122, 206
183 EGBGB) haben kaum praktische Bedeutung.[421]

6. Verjährung

Der Beseitigungsanspruch unterliegt nicht der Verjährung (§ 924 BGB). Die Unver- 207
jährbarkeit gilt jedoch nicht für den Kostenerstattungsanspruch nach § 923 II 2 BGB.[422] Für sie gilt § 195 BGB.

IV. Abstand von Bauwerken und Überbau

1. Abstandsflächen und Grenzabstand

a) Die Einhaltung von Abstandsflächen von oberirdischen Gebäuden und ihnen gleichgestellten Anlagen

Vor den Außenwänden von Gebäuden sind grundsätzlich Abstandsflächen von ober- 208
irdischen Gebäuden freizuhalten. Dies gilt entsprechend für andere Anlagen, von denen Wirkungen wie von Gebäuden ausgehen, gegenüber Gebäuden und Grundstücksgren-

---

[419] Vgl. § 1010 BGB.

[420] Ebenso Soergel/*Baur*, § 923 Rn. 3 sowie ihm folgend NKBGB/*Ring*, § 923 Rn. 2 u. Staudinger/*Roth*, § 923 Rn. 11.

[421] S. nur §§ 23 f. NRG BW für Obstbäume sowie § 34 NRG BW; Art. 47 II BayAGBGB; § 16 HessForstG; § 16 LWaldG M-V u. § 25 SächsWaldG für Waldgrundstücke; s. auch MünchKommBGB/*Säcker*, Art. 122 Rn. 2 u. Art. 183 Rn. 2.

[422] Str., wie hier Staudinger/*Roth*, § 924 Rn. 1 u. Bamberger/Roth/*Fritzsche*, § 924 Rn. 2.

zen.[423] Abstandsflächen sind nicht nur bei der Errichtung von Gebäuden, sondern auch bei deren Erweiterung und (Nutzungs-)Änderung einzuhalten.[424] Das Abstandsflächenerfordernis haben mit Ausnahme von Niedersachsen alle Landesbauordnungen im Wesentlichen übernommen.[425] **Abstandsflächen** sind die von einer Bebauung grundsätzlich freizuhaltenden Flächen zwischen Gebäuden und ihnen gleich gestellten Anlagen.[426] Baupolizeilich dienen sie der Gefahrabwehr; darüber hinaus werden mit ihnen aber zusätzlich soziale und ökologische Anliegen verfolgt.[427] Der Brandschutz, die Zugänglichkeit und die Aktionsfreiheit für die Feuerwehr und sonstige Rettungsmannschaften, eine ausreichende Belüftung und Beleuchtung und nicht zuletzt der Schutz vor unerwünschter Einsicht und Beobachtung (Wohnfrieden) sind die **Gesetzeszwecke** des Abstandsflächenrechts.[428]

209 Das Niedersächsische Bauordnungsrecht fordert demgegenüber von Gebäuden die **Einhaltung von Grenzabständen**. Sie müssen mit allen auf ihren Außenflächen oberhalb der Geländeoberfläche gelegenen Punkten von den Grenzen des Baugrundstücks Abstand halten. Der Abstand ist zur nächsten Lotrechten über der Grenzlinie zu messen. Er richtet sich jeweils nach der Höhe des Punktes über der Geländeoberfläche (H), beträgt 0,5 H, jedoch mindestens 3 m und darf auf volle 10 cm abgerundet werden.[429]

210 Teilweise sehen Landesbauordnungen auch **Brandschutzabstände** vor.[430]

b) Grundzüge der Abstandsflächenberechnung

211 Für die Tiefe der Abstandsfläche ist die senkrecht zur Wand zu messende **Wandhöhe** maßgeblich.[431] Nach den meisten Landesbauordnungen gilt als Wandhöhe das Maß von

---

[423] § 6 I 1 und 2 MBO 2002 (vgl. auch §§ 6 I 1 u. X MBO 1997). Vgl. VGH München, BayVBl. 2000, 630 (Windkraftanlage); OVG Münster, BauR 2001, 1090 (Rankgerüst); OVG Münster, BauR 2001, 1089 (Funkmast); OVG Jena, DÖV 2006, 527 (Werbeanlage); OVG Berlin-Brandenburg, LKV 2007, 478 (Werbeanlage); VGH Kassel, KommJur 2008, 22 = NVwZ-RR 2008, 83 (Lärmschutzwand); OVG Münster, BauR 2008, 342 (Mobilfunkmast); VGH Mannheim, NVwZ-RR 2008, 762 = DVBl. 2008, 1001 = VBlBW 2008, 346 (Werbeanlage); VGH Mannheim, VBlBW 2009, 65 (Stützmauer); OVG Münster, DVBl. 2011, 647 = DÖV 2011, 494 (Aufschüttung); OVG Saarland, BauR 2011, 825 (Aufschüttung); VGH Mannheim, NVwZ-RR 2012, 500 (Werbeanlage); OVG Münster, BauR 2012, 925 (Garage). Zur umstrittenen Anwendbarkeit im Außenbereich s. OVG Bautzen, BauR 2003, 867. Zu Schutzabständen in der Bauleitplanung und bei der Vorhabengenehmigung *Reidt*, BauR 2012, 1182 ff.

[424] S. zum Anbau und sonstigen baulichen Veränderungen OVG Bautzen, SächsVBl. 1999, 137 u. 139; OVG Münster, BauR 2001, 787; OVG Weimar, LKV 2000, 462 = BauR 2000, 1465; OVG Berlin-Brandenburg, LKV 2006, 469 u. OVG Lüneburg, BauR 2011, 1858 = DVBl. 2011, 1181 = NdsVBl. 2011, 320. Zur Nutzungsänderung s. VGH Mannheim, BauR 2000, 1732; OVG Münster, BauR 2001, 1407; OVG Münster, NVwZ 2001, 340 = BauR 2000, 1463; OVG Weimar, LKV 2000, 119 u. 462; VGH München, BauR 2008, 2037 = BayVBl. 2008, 730 („Bläserturm"); *Jeromin*, BauR 2000, 510 ff.; *Brilla/Kast*, BauR 2001, 1368 ff. u. *Wolff*, BauR 2009, 1096 ff. Zu Abstandsflächen bei einem Ersatzbau s. VGH München, BayVBl. 2002, 411. Die Abstandsflächenregelungen sind Inhaltsbestimmungen des Eigentums (BayVerfGH, BayVBl. 1982, 79). S. dazu auch *Rasch*, LKV 2006, 452 f.

[425] § 5 LBO BW; Art. 6 BayBO; § 6 BauO Bln; § 6 BbgBO; § 6 BremLBO; § 6 HBauO; § 6 HBO; § 6 LBauO M-V; § 6 BauO NRW; § 8 LBauO RhPf; § 7 LBO Saarl; § 6 SächsBO; § 6 BauO LSA; § 6 LBO SchlH u. § 6 ThürBO. Zur Architektenhaftung bei Nichtbeachtung BGH, NZM 2011, 320.

[426] Vgl. BayObLGZ 2001, 41 = NJW-RR 2001, 1456 = NZM 2001, 815. Zum abknickenden Grenzverlauf s. OVG Münster, BauR 2012, 1099.

[427] So *Grotefels*, in: Hoppe/Bönker/Grotefels, Öffentliches Baurecht, 4. Aufl. 2010, § 15 Rn. 19. Vgl. aber VGH Mannheim, BauR 1999, 1284.

[428] Vgl. auch § 8 XI LBauORhPf. S. nur *Finkelnburg/Ortloff/Otto*, Öffentl. BauR, Bd. II, 6. Aufl. 2010, § 3 II 2 (= S. 29) sowie kurz OVG Münster, NVwZ-RR 2010, 260 u. VGH München, BayVBl. 2011, 81, 82.

[429] §§ 5 ff. NBauO; s. dazu auch *Ortloff*, NVwZ 1997, 333, 335; OVG Berlin, UPR 2000, 160 u. OVG Saarlouis, BauR 2001, 1245.

[430] Vgl. § 8 VII BauORhPF sowie §§ 30 II 1 u. 32 II MBO 2002. Vgl. zur Notwendigkeit von Brandwänden Art. 28 BayBO; § 30 VI BauO Bln; § 26 II BbgBO; § 30 VI BremLBO; § 28 II HBauO; § 27 II HBO; § 30 V BauO RhPf; § 30 VI SächsBO; § 29 VI ThürBO u. § 31 VI LBO SchlH. Zum Grenzabstand von Kleingärten s. § 6a BauO Bln.

[431] § 6 Abs. IV 1 MBO 2002 (vgl. auch § 6 IV 1 MBO 1997). § 5 IV LBO BW; Art. 6 IV BayBO; § 6 IV BauO Bln; § 6 IV BbgBO; § 6 IV BremLBO; § 6 V HBauO; § 6 IV HBO; § 6 IV LBauO M-V; § 6 IV BauO NRW; § 8 IV LBauO RhPf; § 7 IV LBO Saarl; § 6 IV SächsBO; § 6 IV BauO LSA; § 6 IV LBO SchlH u. § 6 IV ThürBO.

der festgelegten Geländeoberfläche bis zum Schnittpunkt der Wand mit der Dachhaut oder bis zum oberen Abschluss der Wand. Die Höhe von Dächern sowie die Höhe von Giebelflächen im Bereich des Daches werden dabei meist zu einem Drittel angerechnet.[432]

§ 6 IV 2 MBO 2002 verzichtet demgegenüber auf eine Festlegung der Geländeoberfläche als Bezugspunkt für die Bemessung der Wandhöhe. Die für die Bemessung der Wandhöhe maßgebliche Geländeoberfläche kann damit auch die natürliche sein. Veränderungen der Geländeoberfläche allein mit dem Ziel, eine Verkürzung der Abstandsflächentiefe zu erreichen, sind jedoch nach wie vor unzulässig.[433] Die Höhe von Dächern mit einer Neigung von weniger als 70 Grad wird zu einem Drittel der Wandhöhe hinzugerechnet.[434] Bei einer höheren Neigung wird die Höhe des Daches voll hinzugerechnet. Die in beiden Alternativen berechnete Wandhöhe wird als **„H"** bezeichnet.[435]

Die **Tiefe der Abstandsfläche** beträgt nach der Mehrzahl der derzeit geltenden 212
Bauordnungen 0,4 – 0,5 H, mindestens 2,5 – 3 m. In Abweichung hierzu genügt in Kerngebieten die Tiefe von 0,2 m, mindestens 3 m, in Gewerbe- und Industriegebieten eine Tiefe von 0,125 bis 0,25 H, mindestens 3 m.[436] Die Abstandsflächen sind grundsätzlich zentimetergenau einzuhalten.[437] Sie sollen einen bauordnungsrechtlich zu sichernden Mindeststandard gewährleisten und – anders als früher – keine städtebaulichen Nebenzwecke verfolgen. Das Abstandsflächenrecht ist wie das gesamte Bauordnungsrecht auf ein sicherheitsrechtliches Minimum ausgerichtet.[438]

Die einzuhaltende Abstandsfläche nimmt mit der Höhe der Bebauung zu bzw. ab. 213
Abstandsflächen dürfen sich zudem grundsätzlich **nicht überdecken**.[439] Ausnahmen gelten für Außenwände, die in einem Winkel von mehr als 75 Grad zueinander stehen, für Außenwände zu einem fremder Sicht entzogenen Gartenhof bei kleineren Gebäuden und bei Gebäuden und anderen baulichen Anlagen, die in den Abstandsflächen zulässig sind.

---

432 § 6 IV 2 u. 3 MBO 1997. Art. 6 IV 3 BayBO; § 6 IV 3 BauO Bln; § 6 IV 3 BremLBO; § 6 IV 3 HBauO; § 6 IV 5 HBO; § 6 IV LBauO M-V; § 6 IV 5 BauO NRW; § 8 IV 5 LBauO RhPf; § 7 IV 6 LBO Saarl; § 6 IV 4 SächsBO; § 6 IV 4 BauO LSA; § 6 IV 3 LBO SchlH u. § 6 IV 3 ThürBO. Vgl. auch § 5 V 1 Nr. 1 LBO BW. S. dazu VGH Mannheim, VBlBW 2001, 62, OVG Bautzen, BauR 2007, 353 = LKV 2007, 134; VGH München, NVwZ-RR 2007, 579 = BauR 2007, 355.

433 *Jäde*, Musterbauordnung (MBO 2002), 2003, S. 42 f. Vgl. OVG Münster, BauR 2006, 824 u. VGH München, BauR 2006, 825 = VBlBW 2006, 240.

434 S. aber OVG Münster, BauR 2002, 1076 = NWVBl. 2002, 310 für dachartige Verkleidung vor Balkon.

435 § 6 IV 6 MBO 2002 (vgl. § 6 IV 4 MBO 1997). Art. 6 IV 6 BayBO; § 6 IV 6 BauO Bln; § 6 IV 5 BbgBO; § 6 IV 6 BremLBO; § 6 IV 6 HBauO; § 6 IV 6 HBO; § 6 IV 6 LBauO M-V; § 6 IV 6 BauO NRW; § 8 IV 7 LBauO RhPf; § 7 IV 7 LBO Saarl; § 6 IV 7 SächsBO; § 6 IV 6 BauO LSA; § 6 IV 4 LBO SchlH u. § 6 IV 6 ThürBO. Vgl. § 5 I 4 NBauO. Zur Staffelbauweise OVG Hamburg, BauR 2007, 530 u. OVG Münster, BauR 2008, 2033. Allg. zu atypischen Hausformen s. *Boeddinghaus*, BauR 2000, 1286 ff. u. *ders.*, BauR 2008, 1249 ff.

436 So § 5 V LBO BW; § 6 V BauO Bln; § 6 V BbgBO (0,5 H bzw. 0,25 H); § 5 VII LBO BW; § 6 V BremLBO; § 6 V HBauO; § 6 V, VII HBO; § 6 V LBauO M-V; § 6 V BauO NRW; § 8 VI LBauO RhPf; §§ 7 V, 8 I LBO Saarl; § 6 V SächsBO; § 6 V BauO LSA; § 6 V LBO SchlH u. § 6 V ThürBO. Vgl. auch *Boeddinghaus*, BauR 2006, 1248 ff.; *ders.*, BauR 2008, 35 ff.; *Haar*, LKV 2007, 254, 258; *Hahn*, BauR 2006, 1420, 1421; *Hübner*, LKV 2006, 160, 162; *Jäde*, BayGT 2007, 504 ff. u. *Schulte*, BauR 2007, 1514, 1518. Zu Besonderheiten bei Windkraftanlagen s. § 6 VII BauO LSA u. dazu OVG Greifswald, NVwZ-RR 2001, 454 = DÖV 2001, 133; OVG Koblenz, DVBl. 2012, 373.

437 S. nur OVG Münster, NVwZ-RR 2007, 510 = BauR 2007, 1031.

438 So *Jäde*, Musterbauordnung (MBO 2002), 2003. S. 44. Vgl. auch *Dirnberger*, BayGT 2004, 45. Zu baugebietstypischen Abstandsflächen s. auch OVG Münster, NVwZ-RR 2003, 263.

439 § 6 III MBO 2002 (vgl. § 6 III MBO 1997). § 5 III LBO BW; Art. 6 III BayBO; § 6 III BauO Bln; § 6 III BbgBO; § 6 III BremLBO; § 6 III HBauO; § 6 III HBO; § 6 III LBauO M-V; § 6 III BauO NRW; § 8 III LBauO RhPf; § 7 III LBO Saarl; § 6 III SächsBO; § 6 III BauO LSA; § 6 III LBO SchlH u. § 6 III ThürBO. Vgl. OVG Münster, BauR 2011, 652.

c) Abweichungen

214 Abweichungen von der regelmäßig einzuhaltenden Abstandsflächentiefe gelten für **untergeordnete Bauteile** und Vorbauten wie z. B. Gesimse und Dachüberstände von bestimmter Größe.[440]

215 **Untergeordnete bauliche Anlagen** sind teilweise in den Abstandsflächen und ohne Einhaltung eigener Abstandsflächen zulässig.[441] Es handelt sich im Wesentlichen um Garagen einschließlich Abstellraum und Gebäude ohne Aufenthaltsräume und Feuerstätten bis zu einer bestimmten Größe, um gebäudeunabhängige Solaranlagen sowie um Stützmauern und geschlossene Einfriedungen bis zu einer bestimmten Höhe.[442] Es ist zu prüfen, ob dabei an die Grundstücksgrenze oder an ein anderes Gebäude angebaut werden muss oder ob alternativ dazu grenz- und gebäudenah gebaut werden darf.[443] Zur Verhinderung eines „Einmauerungseffekts" kann die Gesamtlänge der so genannten privilegierten Bebauung beschränkt sein.[444] Wird hierbei auf die Länge von Grundstücksgrenzen abgestellt, gehen bei Gebäuden, die an zwei Grundstücksgrenzen angebaut sind, beide Grenzwände bzw. grenznahen Wände in die Berechnung der zulässigen Gesamtlänge ein. Die Zulassung einer **Abweichung** von den Abstandsflächen setzt im Übrigen das Vorliegen einer grundstücksbezogenen Atypik voraus.[445] Diese kann sich auch aus einem fortgeltenden Baulinienplan ergeben.[446] Gleiches gilt für die nachbarliche Gleichbehandlung.[447]

216 Besondere Probleme hat in der Praxis das in vielen Landesbauordnungen enthaltene **Schmalseitenprivileg** bereitet.[448] Nach ihm reduzierte sich grundsätzlich bei Vorliegen

---

[440] § 6 VI MBO 2002 (vgl. § 6 VII MBO 1997). § 5 VI LBO BW; Art. 6 VIII BayBO; § 6 VI BauO Bln; § 6 VII BbgBO; § 6 VI BremLBO; § 6 VI HBauO; § 6 IV HBO; § 6 VI LBauO M-V; § 5b VIII NBauO; § 6 VII BauO NRW; § 8 V LBauO RhPf; § 7 VI LBO Saarl; § 6 VI SächsBO; § 6 VI BauO LSA; § 6 VIILBO SchlH u. § 6 VI ThürBO. Vgl. dazu OVG Münster, BauR 2007, 350 (Balkon); VGH München, BauR 2008, 496 = NVwZ-RR 2008, 80 (Dachvorsprung); VGH Kassel, NVwZ-RR 2010, 871 (zur funktionalen Beziehung zur Gebäudefassade); OVG Koblenz, NVwZ-RR 2010, 868. S. zu (Dach-)Terrassen OVG Koblenz, NVwZ-RR 2001, 290; OVG Koblenz, MDR 2006, 1103; VGH Mannheim, BauR 2007, 1861; VGH Kassel, NZM 2011, 595 und zu Dachgauben VGH München, BayVBl. 2007, 21 = BauR 2006, 1116; OVG Lüneburg, DVBl. 2012, 1046 u. *Pauli-Gerz/Schlämmer,* BayVBl. 2008, 527 ff.

[441] § 6 Abs. VII MBO 2002 (vgl. § 6 Abs. XI MBO 1997). Vgl. auch *Lamberg/Lamberg,* BauR 2003, 1840 ff. § 6 LBO BW; Art. 6 IX BayBO; § 6 VII BauO Bln; § 6 X BbgBO; § 6 VII BremLBO; § 6 VII HBauO; § 6 IX, X HBO; § 6 VII LBauO M-V; § 5b VIII NBauO; § 6 XI BauO NRW; § 8 IX LBauO RhPf; § 8 II LBO Saarl; § 6 VII SächsBO; § 6 VIII BauO LSA; § 6 VII LBO SchlH u. § 6 VII ThürBO. Vgl. OVG Lüneburg, BauR 2001, 937 = NdsVBl. 2001, 145 u. dazu *Lamberg/Lamberg,* BauR 2003, 1840 ff.; VGH Mannheim, VBlBW 2003, 2351; OVG Bautzen, BauR 2003, 1867, 1869; OVG Hamburg, BauR 2004, 1133; OVG Bautzen, BauR 2007, 134 = LKV 2007, 134; OVG Bautzen, LKV 2009, 32; OVG Bautzen, DÖV 2010, 1030.

[442] Ebenso für Carport VGH Kassel, NVwZ-RR 1999, 628 = ZfIR 1999, 611. Anders für Dachgaube OVG Münster, BauR 2002, 925. Zur Wandhöhe einer Grenzgarage s. VGH Mannheim, NVwZ-RR 2001, 501 = BauR 2001, 764. Vgl. auch *Mampel,* UPR 1995, 328 ff.

[443] S. nur VGH München, NVwZ-RR 2007, 512 = BauR 2007, 1554 = KommJur 2007, 350 = BayVBl. 2007, 276; OVG Münster, NVwZ-RR 2008, 768; OVG Münster, BauR 2010, 749; VGH Mannheim, VBlBW 2011, 69 u. OVG Hamburg, BeckRS 2011, 55152 teilw. noch zur früheren Rechtslage.

[444] § 6 VII 2 MBO 2002. § 6 I 3 u. VI Nr. 2 LBO BW; Art. 6 IX 2 BayBO; § 6 VII 2 BauO Bln; § 6 X BbgBO; § 6 VII 2 BremLBO; § 6 X 2 HBauO; § 6 VII 2 LBauO M-V; § 6 XI 4 BauO NRW; § 8 IX LBauO RhPf; § 8 II 1 Nr. 7 LBO Saarl; § 6 VII 2 SächsBO; § 6 VIII 2 BauO LSA; § 6 VII 1 Nr. 4 LBO SchlH u. § 6 VII 2 ThürBO.

[445] OVG Münster, BauR 2007, 1027 u. OVG Münster, BauR 2007, 1031 = NVwZ-RR 2007, 510.

[446] VGH München, NVwZ-RR 2007, 578 = BayVBl. 2008, 183 = KommJur 2007, 389.

[447] VGH München, BauR 2007, 1558 = BayVBl. 2007, 662.

[448] Auch „16-Meter-Privileg" genannt. Vgl. § 6 VI MBO 1997. S. dazu nur OVG Bautzen, SächsVBl. 1999, 132; VGH Kassel, ZfIR 1999, 774; OVG Münster, BauR 2000, 1177; OVG Münster, NVwZ-RR 2001, 504 = BauR 2001, 88; OVG Münster, NVwZ-RR 2003, 336 = BauR 2002, 1690; OVG Weimar, NVwZ-RR 2000, 350 = BauR 2000, 869; OVG Weimar, LKV 2002, 434; OVG Münster, BauR 2002, 1075 = NWVBl. 2002, 309; OVG Münster, BauR 2002, 1073; OVG Berlin, NVwZ-RR 1997, 601; VGH München, NVwZ-RR 2001, 291 = BauR 2000, 1728; VGH München, BauR 2004, 65; OVG Schleswig, NordÖR 2000, 433; VG Regensburg, BayVBl. 2003, 25; OVG Greifswald, LKV 2006, 475; OVG Münster, BauR 2007, 1021; VG Weimar, ThürVBl. 2000, 285 sowie *Boeddinghaus,* BauR 2002, 1027 ff.; *ders.,* Abstandsflächen im Bauordnungsrecht Nordrhein-Westfalen, 3. Aufl. 2007, A Rn. 10 ff.; *Hauth,* BayVBl. 2000, 545 ff. u. *Rinke,* BauR 1994, 201 ff. Art. 6 VI BayBO; § 6 X 2 HBO; § 6 VI BauO NRW.

von zwei Außenwänden, die jeweils nicht mehr als 16 m Länge hatten, die Tiefe auf 0,5 H, mindestens 3 m. Damit mussten zwei Nachbarn geringe Abstandsflächen hinnehmen, während der weitere Nachbar durch größere Abstandsflächen geschützt wurde. Die MBO 2002 hat das Schmalseitenprivileg ersatzlos abgeschafft.[449] Durch die gleichzeitige Absenkung der Regelabstandsflächentiefe auf 0,4 H ist das Schmalseitenprivileg überflüssig geworden und wurde in den meisten Landesbauordnungen aufgehoben sowie teilweise durch größenabhängige Ausnahmen für bestimmte Gebäude ersetzt.

217 Die Einhaltung von Abstandsflächen ist nicht erforderlich, wenn bauplanerisch eine Grenzbebauung erforderlich oder zulässig ist.[450] War ein Gebäude nur an der Grenze zulässig, musste bisher öffentlich-rechtlich gesichert sein, dass vom Nachbargrundstück angebaut wird.[451] Teilweise war vorgesehen, dass bei Vorhandensein eines Grenzbaus dem Nachbarn gestattet oder von ihm verlangt werden kann, dass angebaut wird.[452] Dies setzte die Eintragung einer Baulast bzw. in Bayern und Brandenburg einer beschränkten persönlichen Dienstbarkeit voraus. Diese bauordnungsrechtlich so genannte Anbau-Baulast war jedoch nicht erforderlich, wenn bauplanungsrechtlich bereits eine diesbezügliche Regelung bestand. Zudem ergaben sich Bedenken, ob die Baulast überhaupt zulässig war. Außerdem konnte bei Vorhandensein eines Gebäudes, das eine Abstandsfläche einhielt, obwohl planungsrechtlich eine Grenzbebauung vorgeschrieben war, dem Nachbarn gestattet oder von ihm verlangt werden, dass auch er eine Abstandsfläche einhielt.[453] Diese Vorschriften wurden durch die MBO 2002 gestrichen. Das Abstandsflächenrecht kann nämlich **Bauplanungsrecht** nicht korrigieren, sondern ist auf bauordnungsrechtliche Schutzziele beschränkt.[454]

d) Rechtsverletzung des Nachbarn

218 Den bauordnungsrechtlichen Vorschriften über die Abstandsflächen wird weitgehend **nachbarschützender Charakter** zuerkannt.[455] Dies soll nach überwiegender Auffassung

---

[449] Vgl. *Jäde*, Musterbauordnung (MBO 2002), 2003, S. 44. S. auch *Peschke*, LKV 2005, 391, 392.

[450] § 6 I 3 MBO 2002 (vgl. § 6 I 2 MBO 1997). S. auch VGH Mannheim, DVBl. 2003, 82 (LS), VGH München, BayVBl. 1995, 22. § 5 I 2 LBO BW; Art. 6 I 3 BayBO; § 6 I 2 BauO Bln; § 6 I 2 BbgBO; § 6 I 3 BremLBO; § 6 I 2 HBO; § 6 I 3 LBauO M-V; § 6 I 2 BauO NRW; § 8 I 2 LBauO RhPf; § 6 I 2 LBO Saarl; § 6 I 3 SächsBO; § 6 I 3 BauO LSA; § 6 I 4 LBO SchlH u. § 6 I 3 ThürBO. Vgl. BVerwG, NVwZ 1994, 1008; OVG Münster, BauR 2001, 77. VGH München, NVwZ-RR 2005, 391; VGH Mannheim, VBlBW 2006, 350 = DÖV 2007, 308 = BauR 2006, 1141; OVG Münster, BauR 2009, 771 u. *Schröer*, NZBau 2008, 243 f. Zum dennoch möglichen Verstoß gegen das Rücksichtnahmegebot s. OVG Münster, NVwZ-RR 2001, 505 = BauR 2001, 232; VGH München, UPR 2000, 319 u. OVG Münster, BauR 2009, 721; a. A. VGH Mannheim, VBlBW 2000, 13; BVerwG, NVwZ 1985, 653 u. BVerwG, NVwZ 1999, 879. S. dazu auch *Mampel*, ZfBR 1997, 227 ff. u. *Jeromin*, VA 2000, 213 ff.

[451] § 6 I 2 Nr. 2 MBO 1997; § 5 I 2 Nr. 2 LBO BW; § 6 I 3 HBauO; § 6 I 2 HBO; § 6 I 2 BauO NRW; § 8 I 2 LBauO RhPf; § 6 I 2 Nr. 2 LBO Saarl.

[452] § 6 I 3 MBO 1997. Eine öffentlich-rechtliche Sicherung war dann nicht erforderlich (OVG Koblenz, NVwZ-RR 2003, 485 = BauR 2002, 1838).

[453] § 6 I 4 MBO 1997. § 5 I 2 Nr. 1 LBO BW; § 6 I 3 BauO Bln; § 6 I 4 HBO; § 8 IV NBauO.

[454] Vgl. OVG Bautzen, NVwZ-RR 2002, 632 = SächsVBl. 2001, 220. Zu diesem Problem s. auch *Fley*, BauR 1995, 303 ff. u. *Schwarzer*, ThürVBl. 1993, 10 ff. Zum Verhältnis zwischen Abstandsflächenrecht und VEP s. *Ortloff*, LKV 1992, 218 ff.

[455] So ausdrücklich § 6 V 4 BremLBO (nachbarschützende Funktion hat nur Dreiviertel der erforderlichen Abstandsfläche, mindestens jedoch eine Tiefe von 2,50 m) und früher § 6 V 4 u. VII 4 BauO Bln a. F. S. ferner OVG Münster, NVwZ-RR 1999, 714 = BauR 1990, 1172; OVG Lüneburg, BauR 1999, 1163 = NdsVBl. 2000, 10; BayObLG, ZfIR 2001, 484 = NZM 2001, 816 = ZMR 2001, 472; BayObLG, NZM 2001, 769 = ZWE 2001, 152 = ZMR 2001, 362; OVG Lüneburg, BauR 2004, 68, 69; OVG Münster, BauR 2004, 314; VGH Mannheim, NVwZ-RR 2003, 335 = VBlBW 2002, 445; OVG Weimar, LKV 2003, 35 = ThürVBl. 2002, 256; OVG Hamburg, NordÖR 2002, 454; OVG Koblenz, DVBl. 2003, 1472 (LS); VGH Mannheim, VBlBW 2008, 190; OVG Saarlouis, BauR 2009, 805; VGH München, BayVBl. 2011, 147; OVG Koblenz, DVBl. 2011, 580; VG Frankfurt, NVwZ-RR 2011, 5 u. *Menzel*, BauR 1985, 492 ff. Keinen Schutz genießt der Nachbar, der selbst den Grenzabstand nicht einhält (OVG Greifswald, DÖV 1997, 41; VGH Mannheim, BauR 2003, 1203 = VBlBW 2003, 235; OVG Schleswig, NordÖR 2000, 427; VGH Mannheim, VBlBW 2007, 224; VGH Mannheim, VBlBW 2008, 483; a. A. OVG Münster, BauR 2002, 295 = DÖV 2002, 353 = DVBl. 2001, 1875; VG Arnsberg, NWVBl. 2000, 437). Vgl. auch VGH Mannheim, VBlBW 2003, 470. Zur Ermittlung des Grenzverlaufs aus dem zu den Bauvorlagen gehörenden Auszug aus dem Katsterkartenwerk s. OVG Münster, DÖV 2012, 530.

für die jeweiligen Abstandsflächen unabhängig von ihrer Berechnung im Einzelfall gelten.[456] Werden die Abstandsflächen nicht eingehalten, kann der Nachbar gegen die bauaufsichtliche Genehmigung Rechtsbehelfe einlegen bzw. gegen genehmigungsfreie Bauvorhaben vorgehen.[457] Wegen der Doppelgleisigkeit des Rechtsschutzes gegen rechtswidriges Bauen ist auch eine Klage vor dem Zivilgericht möglich.[458] Das Rechtsschutzbedürfnis für eine Klage gegen die Bauaufsichtsbehörde wird dadurch nicht ausgeschlossen.[459] Auch bei Einhaltung der bauordnungsrechtlichen Abstandsflächenvorschriften kann nach neuerer Auffassung ein Vorhaben gegen das Rücksichtnahmegebot verstoßen, das nachbarschützend ist.[460]

e) Die Übernahme von Abständen und Abstandsflächen

219 Abstandsflächen und Brandschutzabstände müssen grundsätzlich **auf dem Grundstück selbst** liegen.[461] Diese Bestimmung ist bauordnungsrechtlich nicht erforderlich.[462] Sie enthält vielmehr eine Anerkennung des Eigentumsrechts des Nachbarn, zu dem auch die Baufreiheit gehört.

220 Eine **Ausnahme** gilt meist für Abstandsflächen zu Nachbargrundstücken mit öffentlicher Nutzung. In diesem Fall dürfen sich Abstandsflächen auch auf die halbe Tiefe öffentlicher Verkehrs-, Grün- und Wasserflächen erstrecken.[463]

221 Die Landesbauordnungen lassen ferner eine Erstreckung der Abstandsflächen und Brandschutzabstände auf **Nachbargrundstücke** zu, wenn eine öffentlich-rechtliche Sicherung erfolgt.[464] Hierzu muss sich der Nachbar verpflichten, in der übernommenen

---

456 S. nur BVerwG, DVBl. 1969, 586 u. BVerwG, NVwZ 1998, 395 = BauR 1998, 319; a. A. früher OVG Berlin, BRS 47 Nr. 167 (aufgegeben BRS 54 Nr. 97). Vgl. aber auch VGH Mannheim, NVwZ 1998, 975 zu öffentlich-rechtlicher Duldung bei Bestehen einer Dienstbarkeit u. VGH Mannheim, NJW 1996, 3429 zu einem Überbau. Zum Ganzen ausführlich *Dirnberger,* Das Abstandsflächenrecht in Bayern, 2. Aufl. 2011, Rn. 18 ff.

457 OVG Münster, NVwZ-RR 2000, 205 u. OVG Saarlouis, BeckRS 2012, 50813 = NVwZ-RR 2012, 504. Zum zusätzlichen Erfordernis einer spürbaren Beeinträchtigung s. OVG Lüneburg, BauR 2012, 933. Zur Ermessensreduzierung s. BVerwG, NVwZ 1988, 824; BVerwG, NVwZ 1998, 395 = BauR 1998, 319 u. OVG Lüneburg, NVwZ-RR 2003, 484.

458 S. nur OLG Koblenz, NJW-RR 1999, 1033 u. *Martini,* DVBl. 2001, 1488, 1491 f. Die Abstandsflächenvorschriften haben den Charakter eines Schutzgesetzes (BayObLGZ 2000, 355 = BayVBl. 2001, 729 = ZfIR 2001, 486). Zur Verlagerung der Abstandsflächen in das Privatrecht *Krafka,* MittBayNot 2001, 256 ff.

459 Zu Vollstreckungsmaßnahmen s. BVerfG, NVwZ-RR 1996, 373 u. BVerwG, NVwZ-RR 1996, 422.

460 OVG Bautzen, BauR 2006, 1104 = DÖV 2006, 528; OVG Magdeburg, BeckRS 2008, 32716 = IBR 2006, 523; OVG Saarlouis, NVwZ-RR 2008, 161; OVG Münster, BeckRS 2009, 775 = DVBl. 2009, 465 = NVwZ-RR 2009, 459 = DÖV 2009, 422 = BauR 2009, 775; OVG Hamburg, DVBl. 2012, 186 = BauR 2012, 542 = NordÖR 2012, 159; a.A. OVG Berlin-Brandenburg, BauR 2012, 989. Vgl. auch OVG Hamburg, BauR 2007, 1005 u. VGH Mannheim, KommJur 2008, 146. Allein die Möglichkeit der Einsichtnahme in das Nachbargrundstück verletzt jedoch nicht das Gebot der Rücksichtnahme, OVG Münster, NVwZ-RR 2007, 580. Zur Beachtung der Interessen des Nachbarn bei Zulassung einer Abweichung s. VGH München, NVwZ-RR 2008, 84 = BauR 2007, 1858.

461 § 6 II 1 MBO 2002 (vgl. § 6 II 1 MBO 1997). § 5 II LBO BW; Art. 6 II 1 BayBO; § 6 II 1 BauO Bln; § 6 II 1 BbgBO; § 6 II 1 BremLBO; § 6 II 1 HBauO; § 6 II 1 HBO; § 6 II 1 LBauO M-V; § 6 II 1 BauO NRW; § 8 II 1 LBauO RhPf; § 6 II 1 LBO Saarl; § 6 II 1 SächsBO; § 6 II BauO LSA; § 6 II 1 LBO SchlH u. § 6 II 1 ThürBO. Vgl. *Hauth,* BauR 2008, 775 ff. u. *Troidl,* BayVBl. 2011, 389 ff.

462 So zutreffend *Jäde,* Musterbauordnung (MBO 2002), 2003. S. 42.

463 § 6 II 2 MBO 2002 (vgl. § 6 II 2 MBO 1997). § 5 II 2 LBO BW; Art. 6 II 2 BayBO; § 6 II 2 BauO Bln; § 6 II 2 BbgBO; § 6 II 1 BremLBO; § 6 II 2 HBauO; § 6 II 2 HBO; § 6 II 2 LBauO M-V; § 6 II 2 BauO NRW; § 8 II 2 LBauO RhPf; § 6 II 2 LBO Saarl; § 6 II 2 SächsBO; § 6 II 2 LBO SchlH u. § 6 II 2 ThürBO. Vgl. auch § 6 I NBauO. Vgl. ferner OVG Berlin, LKV 2003, 280 = BauR 2002, 1381 u. VGH München, BayVBl. 2003, 630. Durch Baulast soll die Inanspruchnahme der gesamten Straßenbreite gestattet werden können (OVG Lüneburg, BauR 2003, 75 = NordÖR 2002, 45; vgl. auch BGH, NJW 1993, 457). Zur geringfügigen Erstreckung der Abstandsfläche auf private Nachbargrundstücke s. § 6 II 3 BbgBO.

464 § 6 II 3 MBO 2002 (vgl. § 7 I MBO 1997). § 7 LBO BW; Art. 6 II 3 BayBO; § 6 II 3 BauO Bln; § 6 II 4 BbgBO; § 6 II 3 BremLBO; §§ 6 II 4 HBauO; § 7 HBO; § 6 II 3 LBauO M-V; § 6 II 3 BauO NRW; § 9 LBauO RhPf; § 8 VI LBO Saarl; § 6 II 3 SächsBO; § 6 II 3 LBO SchlH u. § 7 II 3 ThürBO. Vgl. auch § 6 II NBauO. Zur Wirkung der Nachbarerklärung s. VGH Kassel, DVBl. 2001, 1874. Zur faktischen Sicherung, die einer Baulast gleichkommt, s. OVG Münster, BauR 2004, 1276. Zur Bestimmtheit der Abweichung s. VGH München, BayVBl. 1999, 246. Zum Verhältnis zum Überbau s. VGH München, BauR 1999, 617.

Abstandsfläche keine Gebäude und gleichgestellten Anlagen zu errichten, für die die Einhaltung einer Abstandsfläche erforderlich ist. Ferner muss er die übernommenen Abstandsflächen bei einem eigenen Bauvorhaben beachten. Die betroffenen Grundstücksflächen dürfen nicht nochmals für die auf dem belasteten Nachbargrundstück befindlichen Abstandsflächen herangezogen werden.

Als **öffentlich-rechtliche Sicherung** gelten – landesrechtlich unterschiedlich – die 222
Eintragung einer Baulast,[465] eine schriftliche Erklärung gegenüber der Bauaufsichtsbehörde[466] und die Eintragung einer beschränkten persönlichen Dienstbarkeit zugunsten des Trägers der Bauaufsichtsbehörde im Grundbuch.[467]

In **Bayern** genügt die schriftliche (nicht in elektronischer Form) Zustimmung des 223
Nachbarn hinsichtlich der Abstandsflächenübernahme;[468] alternativ ist die Übernahme durch eine Dienstbarkeit möglich. Dies ist dann geboten, wenn eine Abstandsflächenübernahme nicht für ein konkretes Vorhaben, sondern beispielsweise im Rahmen der Beilegung eines Nachbarstreits generell für künftige Bauvorhaben und eine konkretisierte Grundstücksflache vereinbart wird.[469] In **Brandenburg** ist die Eintragung einer beschränkt persönlichen Dienstbarkeit zu Gunsten der Gebietskörperschaft im Grundbuch einzutragen, welche die Aufgaben der Bauaufsichtsbehörde wahrnimmt.[470] Für die Erteilung der Baugenehmigung genügen der beim Grundbuchamt gestellte Eintragungsantrag und alternativ dazu einer Vormerkung auf Eintragung der Dienstbarkeit.[471]

Stellt man auf den eigentumsrechtlichen Eingriff ab, der mit der Übernahme einer 224
Abstandsfläche auf das Nachbargrundstück für dieses verbunden ist, so ist **zusätzlich** zur öffentlich-rechtlichen Sicherung eine **Grunddienstbarkeit** erforderlich.[472] Die öffentlich-rechtliche Sicherung begründet keine Duldungspflicht für einen Sonderrechtsnachfolger im Eigentum des betroffenen Nachbargrundstücks.[473] Auch wenn die Abstandsflächenübernahme den Rechtsnachfolger bindet[474] und insoweit dingliche Wirkung hat, ist fraglich, ob diese dienstbarkeitsgleiche Wirkung, die offenkundig keinen öffentlich-rechtlichen Sicherungszweck verfolgt, vom Landesgesetzgeber trotz der abschließenden Regelung des bundesrechtlichen Sachenrechts angeordnet werden kann.

f) Zivilrechtliche Abstandsflächen

Sofern man Abstandsflächen von Gebäuden[475] und Grenzabstande nicht von vorn- 225
herein dem Bodenrecht zuordnet und nur eine eingeschränkte landesrechtliche Gesetzgebungskompetenz annimmt,[476] kann der Landesgesetzgeber die Abstandsflächen von Gebäuden umfassend auch **zivilrechtlich** regeln. Von dieser Gesetzgebungskompetenz haben die **Länder** vereinzelt Gebrauch gemacht.

Baden-Württemberg	Nach § 4 NRG BW hat der Nachbar vor Balkonen, Terrassen, Erkern, Galerien und sonstigen begehbaren Teilen seines Hauses, die einen Ausblick auf das Nachbargrundstück gewähren (ausblickgewährenden Anlagen), Abstandsflächen einzuhalten, die in der Tiefe	226

[465] So ausdrücklich § 7 I 1 LBO BW; § 6 II 4 HBauO; § 6 II NBauO; § 6 II 3 BauO NRW.

[466] Art. 6 II 3 BayBO. Zur Bindung des Rechtsnachfolgers s. Art. 6 II 3 BayBO und allgemein VGH Mannheim, NVwZ-RR 2006, 81.

[467] § 6 II 4 BbgBO. Vgl. VGH München, NVwZ 1995, 281 zur alten Rechtslage in Bayern.

[468] Sie ist von der Zustimmung zu dem Bauvorhaben zu unterscheiden; zu ihren Voraussetzungen s. *Grziwotz,* BayVBl. 1997, 365 ff. Vgl. auch *Mayer,* BayVBl. 1995, 257 ff. u. *Jäde,* BayVBl. 1995, 710 ff. Zur Duldungspflicht bei einer zu Unrecht angenommenen Nachbarzustimmung s. VGH München, BayVBl. 2002, 499.

[469] Vgl. den Fall VGH Mannheim, NVwZ-RR 2002, 263 = VBlBW 2002, 127.

[470] § 65 I BbgBO.

[471] § 65 II BbgBO; vgl. dazu *Kaden,* LKV 2004, 402, 403.

[472] BayObLG, NJW-RR 1991, 19 = BayVBl 1991, 28. Ebenso *Reithmann,* ZfIR 1998, 269 f.

[473] Zur Frage, ob eine Baulast nachbarschützend sein kann, s. VGH Mannheim, NVwZ 1998, 535.

[474] Vgl. zu Baulasten Teil 4 Rn. 173 ff. sowie Art. 6 II 3 BayBO.

[475] Zum Ganzen s. nur Rn. 208.

[476] So wohl *Schönfeld/Numberger,* BayVBl. 2000, 678 ff.

	mindestens 1,80 m über die Vorderkante und in der Breite auf jeder Seite mindestens 0,60 m über die Seitenlinie der genannten Gebäudeteile hinausreichen.[477] Eine Ausnahme gilt, wenn das Bauvorhaben nach bauordnungsrechtlichen Abstandsflächenvorschriften zulässig ist, von dem Vorhaben keine oder nur geringfügige Beeinträchtigungen zu erwarten sind oder innerhalb von zwei Monaten der betroffene Nachbar die Einhaltung der Abstandsflächen nicht gefordert hat.[478] Eine Ausnahme gilt ferner, wenn die Abstände zu einem öffentlichen Weg oder einem öffentlichen Platz, der an das Grundstück angrenzt, zu liegen kommen, und zwar auch dann, wenn diese Eigenschaft später verloren geht (§ 5 NRG BW). Ferner sind Abstände von schadendrohenden und störenden Anlagen einzuhalten (§ 6 NRG BW). Das Gesetz nennt als Beispiele Lager für Chemikalien sowie im Freien gelegene Aborte, Treib- und Brennstoffbehälter, Waschkessel, Backöfen, Bienenstöcke, Futtersilos, Düngerstätten, Jauchegruben und Ställe. Bei ihnen ist die Einhaltung eines entsprechenden Abstands, der vom Grad der Störung abhängt, vorzusehen, um eine Störung zu vermeiden. Schließlich ist auf Verlangen des Nachbargrundstücks, das landwirtschaftlich oder gartenbaulich genutzt wird, bei der Errichtung oder Veränderung eines Gebäudes im Außenbereich mit jeder der Nachbargrenze zugewandten Außenwand ein mittlerer Grenzabstand einzuhalten, welcher der Höhe der Außenwand entspricht und nicht weniger als 2 m betragen darf. Für die Berechnung der Höhe gelten die Vorschriften der Landesbauordnung entsprechend. Das Verlangen ist nicht mehr zulässig, wenn es innerhalb von zwei Monaten nach Übermittlung der entsprechenden Benachrichtigung nicht gestellt wurde bzw. Einwendungen oder Bedenken nicht erhoben wurden (§ 7 NRG BW). Entspricht das Vorhaben den öffentlich-rechtlichen Vorschriften, kann das Verlangen ebenfalls nicht gestellt werden.
Niedersachsen	Auch §§ 61 u. 62 NNachbG sehen Grenzabstände für Gebäude im Außenbereich von landwirtschaftlich und erwerbsgärtnerisch genutzten Grundstücken vor.[479] Der Abstand muss mindestens 2 m betragen. Ist das Gebäude höher als 4 m, so muss der Grenzabstand eines jeden Bauteils mindestens halb so groß sein, wie die Höhe über dem Punkt der Grenze, der diesem Bauteil am nächsten liegt. Ragen Teile des Bauwerks in den freizulassenden Luftraum hinein, sind sie nur mit Einwilligung des betroffenen Nachbarn erlaubt. Dieser muss seine Einwilligung erteilen, wenn keine oder nur geringfügige Beeinträchtigungen zu erwarten sind. Ein Beseitigungsanspruch ist ausgeschlossen, wenn der Nachbar nicht spätestens im 2. Kalenderjahr nach Errichtung oder Erhöhung des Gebäudes Klage auf Beseitigung erhoben hat (§ 62 Nr. 2 NNachbG).
Nordrhein-Westfalen	§§ 1ff. NachbG NRW enthält neben den baurechtlich Grenzabständen zivilrechtliche Vorschriften für Grenzabstände für Gebäude.[480] Danach ist mit Außenwänden von Gebäuden ein Mindestabstand von 2 m und mit sonstigen, nicht zum Betreten bestimmten oberirdischen Gebäudeteilen ein Mindestabstand von 1 m von der Grenze einzuhalten. Der Abstand ist waagerecht vom grenznächsten

[477] Vgl. *Bruns,* NRG BW, 2. Aufl. 2012, § 4 Rn. 15, wonach der Eigentümer des Nachbargrundstücks verpflichtet ist.

[478] § 4 II i.V. m. § 3 III NRG BW.

[479] Dies gilt nicht für bereits am 1. 1. 1968 vorhandene Gebäude (§§ 62 Nr. 1, 66 NNachbG), wenn ein Grenzabstand dem bisherigen Recht entsprochen hat.

[480] Vgl. dazu die Legaldefinition in § 1 II 1 NachbG NRW; vgl. auch § 1 II 2 NachbG NRW, der eine Definition der baulichen Anlagen enthält. Zu einem Baumhaus als „sonstige Anlage" s. LG Dortmund, NZM 2007, 934 = NJW-RR 2008, 175.

	Punkt der Außenwand oder des Bauteils aus rechtswinklig zur Grenze zu messen. Eine Bebauung, die diese Abstände nicht einhält, ist nur mit schriftlicher Einwilligung des Eigentümers des betroffenen Nachbargrundstücks möglich. Er darf seine Einwilligung allerdings nicht versagen, wenn keine oder nur geringfügige Beeinträchtigungen zu erwarten sind (§ 1 III NachbG NRW). Diese Grenzabstände müssen nicht eingehalten werden, soweit nach öffentlich-rechtlichen Vorschriften an die Grenze gebaut werden muss, sofern die Bauordnung bestimmte Gebäude oder Anlagen (z. B. Garagen, überdachte Stellplätze, Gewächshäuser) ohne Abstandsflächen zulässt, gegenüber Grenzen zu öffentlichen Verkehrsflächen, zu öffentlichen Grünflächen und zu oberirdischen Gewässern von mehr als 3 m Breite, für am 1. 7. 1969 bereits genehmigte und dem bisherigen Recht entsprechende Gebäude sowie für Ersatzbauten für diese Gebäude und schließlich für eine am 1. 7. 1969 vorgeschriebene abweichende Bauweise (§ 2 NachbG NRW). Der Beseitigungsanspruch ist ausgeschlossen, wenn der betroffene Nachbar nach Erhalt des Bau- und Lageplans über den Gebäudeteil, der den Abstand unterschreitet, nicht binnen drei Monaten schriftlich gegenüber dem Bauherrn die Einhaltung des Abstands verlangt hat, wenn die Nichteinhaltung der Abstandsfläche weder vorsätzlich noch grob fahrlässig erfolgte,[481] ausgenommen bei sofortigem Widerspruch des Nachbarn, und ferner, wenn das Gebäude länger als drei Jahre in Gebrauch ist. In diesen Fällen, in denen der Beseitigungsanspruch ausgeschlossen ist, sieht das Gesetz einen Schadensersatz vor. Der Eigentümer des Nachbargrundstücks kann Ersatz des Schadens verlangen, der der Verringerung der Nutzbarkeit des betroffenen Grundstücks entspricht. Mindestens entsteht er in Höhe der Nutzungsvorteile, die auf dem bebauten Grundstück durch die Abstandsunterschreitung entstehen. Der Anspruch wird mit der Duldung der Abstandsunterschreitung fällig (§ 3 NachbG NRW).[482]
Schleswig-Holstein	§ 42 NachbG SH überträgt die öffentlich-rechtlichen Abstandsvorschriften bzw. deren Konkretisierung durch eine erteilte Baugenehmigung auf das zivilrechtliche Nachbarrecht (§ 42 I NachbG SH). Allerdings ist der Beseitigungsanspruch des betroffenen Nachbarn ausgeschlossen, wenn die Unterschreitung des Abstands bei der Bauausführung weder vorsätzlich noch grob fahrlässig erfolgt, ausgenommen bei sofortigem Widerspruch des Nachbarn. Weitere Voraussetzungen sind, dass der Eigentümer des betroffenen Nachbargrundstücks nicht spätestens in dem der Abstandsunterschreitung folgenden Kalenderjahr Klage auf Beseitigung erhoben hat oder das Gebäude am 1. 4. 1971 bereits länger als drei Jahre im Rohbau fertiggestellt war. In diesen Fällen kann der Eigentümer des Nachbargrundstücks Schadensersatz verlangen, der der Verringerung der Nutzbarkeit des betroffenen Grundstücks entspricht. Mindestschaden ist die Höhe der Nutzungsvorteile, die dem bebauten Grundstück durch die Abstandsunterschreitung erwachsen (§ 43 NachbG SH).

Diese zivilrechtlichen Vorschriften über die Einhaltung von Grenzabständen[483] sind **nachbarschützend**.[484] Der Nachbar kann, sofern der Anspruch nicht ausgeschlossen ist, die Beseitigung des Gebäudes oder Gebäudeteils beim Zivilgericht durchsetzen. 227

481 Dabei kommt es auf den Eigentümer, den Bauherrn, den Architekten und den Bauunternehmer an (§ 3 I 1 lit. b) NachbG NRW).

482 Vgl. dazu *Fink-Jamann*, in: Schäfer/Fink-Jamann/Peter, Nachbarrechtsgesetz Nordrhein-Westfalen, § 3 Rn. 32.

483 Zur Frage, ob die Duldungspflichten gesetzwidrig sind, vgl. Rn. 177.

484 S. ausdrücklich § 50 NachbG NRW u. § 42 II NachbG SH.

g) Bauverbote und Baubeschränkungen bei öffentlichen Straßen

228 Zur Gewährleistung der Verkehrsicherheit enthält das Straßenrecht meist Normierungen, die **Störungen „von außen" auf den Verkehr** vermeiden sollen.[485]

229 Um einen flüssigen und übersichtlichen Verkehrsablauf zu ermöglichen und zusätzlich spätere Verbreiterungen von Straßen nicht unmöglich zu machen, enthalten die Gesetze regelmäßig ein **Anbauverbot an Straßen** bestimmter Klassifizierungen im **Außenbereich**. Dadurch werden beiderseitige anbaufreie Zonen geschaffen. Betroffen ist nicht nur die Neuerrichtung, sondern auch die Änderung baulicher Anlagen. Demgegenüber fällt der so genannte Erschließungsteil von Ortsdurchfahrten nicht mehr unter das Anbauverbot.[486] Teilweise bestehen auch Anbauverbote in Lärmzonen.[487] Außerdem muss an Kreuzungen der Sichtbereich (Sichtdreieck) freigehalten werden. Teilweise bestehen auch hinsichtlich der Anlagen der Außenwerbung Beschränkungen.[488] Das Gleiche gilt meist auch für Einmündungen von Straßen außerhalb der geschlossenen Ortslage.[489] Diese Beschränkungen gelten nicht nur für vorhandene Straßen, sondern auch bereits bei geplanten Straßen ab dem Beginn der Auslegung der Pläne im Planfeststellungsverfahren bzw., wenn auf eine Auslegung verzichtet wurde, ab der Möglichkeit der Einsichtnahme in den Plan.[490] Zur Sicherung tritt eine gesetzliche Veränderungssperre ein, die wesentlich wertsteigernde oder das Straßenbauvorhaben erheblich erschwerende Veränderungen ab dem vorbezeichneten Zeitpunkt verbietet.[491] Wird durch die vorbezeichneten Baubeschränkungen die Baufreiheit beeinträchtigt, kann dies entschädigungspflichtig sein.[492]

230 Die Anordnung von **Schutzwaldungen** soll die Straße vor Naturereignissen und Witterungseinflüssen schützen; sie erlegt dem Eigentümer oder Nießbraucher Erhaltungs- und Unterhaltungspflichten auf.[493] Außerdem müssen Eigentümer und Besitzer von Grundstücken an öffentlichen Straßen **Einrichtungen zum Schutz der Straße** vor nachteiligen Einwirkungen der Natur dulden (z. B. Schneezäune, Steinschlagbarrieren, Schutz vor Vermurungen und Überschwemmungen etc.). Zusätzlich wird ihnen verboten, Anpflanzungen und Sachen, die mit dem Grundstück nicht fest verbunden sind (z. B. Stapel, Haufen etc.), so anzulegen, dass die Sicherheit und Leichtigkeit des Verkehrs auf der Straße beeinträchtigt werden kann. Etwaige Aufwendungen und Schäden sind den Eigentümern angemessen zu vergüten.[494]

---

[485] S. dazu nur *Edhofer/Willmitzer,* BayStrWG, 13. Aufl. 2010, Art. 23 Anm. 1.

[486] § 9 FStrG (s. dazu BVerwG, NVwZ 2012, 829 = DVBl. 2012, 764); § 22 StrG BW; Art. 23, 24 BayStrWG; § 24 BbgStrG; §§ 27, 28 BremLStrG; § 23 HStrG; §§ 31, 32 StrWG-MV; § 24 NStrG; § 25 StrWG NRW; §§ 22, 23, 25 LStrG RhPf; §§ 24, 25 SaarlStrG; § 24 SächsStrG; § 24 StrG LSA; §§ 29, 30 StrWG SH u. § 24 ThStrG. Zur eigentumsbeschränkenden Wirkung VGH München, BayVBl. 2005, 274.

[487] Vgl. Art. 25 BayStrWG a. F.

[488] § 10 III BauO Bln; § 24 VII BbgStrG; § 28 StrWG NRW; § 24 LStrG RhPf u. § 29 SaarlStrG. S. auch VGH München, BayVBl. 2006, 220.

[489] § 25 StrG BW; Art. 26 BayStrWG; § 27 StrWG NRW; § 26 LStrG RhPf; §§ 26, 27 SaarlStrG; § 25 SächsStrG u. § 37 StrWG SH. Vgl. auch §§ 3 u. 14 EKrG.

[490] § 22 StrG BW; Art. 27 BayStrWG; § 29 BremLStrG; § 33 StrWG-MV; § 30 SaarlStrG u. § 31 StrWG SH.

[491] § 9a FStrG; § 26 StrG BW; Art. 27b BayStrWG; § 31 BremLStrG; § 29 NStrG u. § 42 StrWG SH.

[492] § 24 StrG BW; Art. 27a BayStrWG; § 30 BremLStrG; § 34 StrWG-MV; § 27 NStrG; § 26 StrWG NRW; § 28 SaarlStrG u. § 32 StrWG SH.

[493] § 10 FStrG; § 27 StrG BW; § 26 HStrG; § 30 NStrG; § 31 StrWG NRW; § 28 LStrG RhPf; § 32 SaarlStrG; § 26 SächsStrG; § 25 StrG LSA u. § 25 ThStrG.

[494] § 11 FStrG; § 28 StrG BW; Art. 29 BayStrWG; § 26 BbgStrG; § 27 HStrG; § 35 StrWG-MV; § 31 NStrG; § 30 StrWG NRW; § 27 LStrG RhPf; § 31 SaarlStrG; § 27 SächsStrG; § 26 StrG LSA; § 33 StrWG SH u. § 26 ThStrG.

2. Probleme des Überbaus

a) Regelungsinhalt und Anwendungsbereich

Die §§ 912 ff. BGB regeln die Folgen, wenn ein Nachbar **unrechtmäßig** über die Grenze seines Grundstücks gebaut hat. Nach ihrem Wortlaut sind diese Vorschriften nicht anwendbar, wenn und soweit der Überbau mit Zustimmung des betroffenen Nachbarn erfolgte.[495] Es handelt sich um eine an rechtswidriges Handeln geknüpfte verschuldensunabhängige Aufopferungshaftung.[496] 231

Grundsätzlich wäre der Eigentümer, der unrechtmäßig mit seinem Bauwerk die Grenze überschreitet, zu dessen Beseitigung verpflichtet, da er das Eigentumsrecht des Nachbarn beeinträchtigt. Dies kann allerdings eine unbillige Härte für den Verpflichteten bedeuten. Nach der gesetzlichen Wertung ist zudem die Erhaltung des bestehenden Gebäudes gegenüber der Durchsetzung der Eigentümerposition vorrangig. Deshalb wurde auf den Abriss verzichtet. Der betroffene Eigentümer erhält aber einen Ausgleich (Rente, Abnahme des bebauten Grundstücksteils).[497] Hintergrund dieses **gesetzlichen Interessenausgleichs** ist auch die praktische Erfahrung, dass beim Bau eines Gebäudes leicht ohne grobe Fahrlässigkeit die Grenze überschritten wird. 232

Durch die Bestimmung des § 912 BGB wird das Eigentum am betroffenen Grundstück eingeschränkt und am begünstigten Grundstück erweitert. Die Vernichtung wirtschaftlicher Werte soll verhindert werden.[498] Durch die Anordnung einer Duldungspflicht geht die gesetzliche Regelung über diesen Zweck allerdings hinaus. Die **Duldungspflicht** des betroffenen Grundstückseigentümers nimmt diesem Eigentümerrechte. § 912 BGB stellt aufgrund der systematischen Einordnung sowie aufgrund der Regelung in § 914 III BGB jedoch weder eine gesetzliche Grunddienstbarkeit noch eine gesetzliche Reallast noch ein grunddienstbarkeitsähnliches Recht dar.[499] 233

Keine Anwendung findet die gesetzliche Duldungspflicht, wenn sich der Nachbar vertraglich verpflichtet hat, nicht über die Grenze zu bauen.[500] Die **Vereinbarung** zwischen den beteiligten Eigentümern zeigt, dass die gesetzliche Wertung aufgrund der besonderen Umstände des konkreten Falls nicht anwendbar sein soll.[501] Ähnlich ist die Lage, wenn nicht auf eigenem, sondern ausschließlich oder überwiegend auf fremdem Grund und Boden gebaut wird.[502] Diesen Fall regelt das Gesetz nicht. 234

Auch bei Nichtvorliegen der Voraussetzungen des § 912 BGB hat die Rechtsprechung[503] teilweise auf eine Beseitigung des rechtswidrigen Überbaus verzichtet. Voraussetzung ist, dass sie für den Überbauenden mit unverhältnismäßig großen, ihm bei Berücksichtigung der beiderseitigen Interessen sowie aller sonstigen Umstände nicht zuzumutenden Aufwendungen verbunden wäre. Zudem darf es sich nur um eine geringfügige Beeinträchtigung handeln. Besteht in diesem **Ausnahmefall** eine Duldungspflicht, so steht dem betroffenen Eigentümer der Rentenanspruch entsprechend § 912 II BGB zu. 235

---

495 BGHZ 62, 141 = NJW 1974, 794; BGH, NJW 1983, 1112 u. Staudinger/*Roth*, § 912 Rn. 4; teilw. abw. MünchKommBGB/*Säcker*, § 912 Rn. 46. Zur Zustimmung s. Rn. 313 f.

496 So zutreffend *Roth*, Der bürgerlich-rechtliche Aufopferungsanspruch, 2001, S. 3.

497 Vgl. *Ring*, JA 2000, 414 ff.

498 S. nur RGZ 160, 166, 180; BGHZ 97, 292, 294 = NJW 1986, 2639 u. BGHZ 102, 311, 314 = NJW 1988, 1078.

499 H. M.; s. nur MünchKommBGB/*Säcker*, § 912 Rn. 2.

500 BGB-RGRK/*Augustin*, § 912 Rn. 4.

501 Vgl. Rn. 313 ff.

502 RGZ 160, 166, 183 u. OLG Karlsruhe, BWNotZ 1988, 91 (f. eine Doppelhaushälfte).

503 BGHZ 62, 388, 391 = NJW 1974, 1552; BGH, NJW 2004, 1237 = BGHR 2004, 571 = DNotI-R 2004, 53 = EWiR 2004, 595 = ZfIR 2004, 329 u. OLG Düsseldorf, NJOZ 2002, 466; vgl. auch BGH, WM 1979, 644.

b) Tatbestand des Überbaus

236 **aa) Errichtung eines Gebäudes.** Der Überbau muss bei Errichtung eines Gebäudes erfolgt sein. Somit kann nur mit einem **Gebäude**, nicht mit einem sonstigen Bauwerk übergebaut werden. Unter Gebäude versteht man ein Bauwerk, das nach Art seiner Anlage durch seine räumliche Umfriedung Personen, Tieren und Sachen (Scheune, Schuppen, Garage) gegen äußere Einflüsse Schutz zu gewähren vermag,[504] und den Eintritt von Menschen gestattet.[505] Es muss jedoch nicht vollkommen umschlossen sein. Mauern und Zäune,[506] Pergola,[507] Tore, Abflussvorrichtungen, ein Carport[508] sowie eine mittels einer Rohrleitung mit dem Stammgrundstück verbundene Abwassergrube[509] fallen dann nicht unter den Gebäudebegriff, wenn sie nicht mit dem Gebäude baumäßig verbunden sind[510] und wenn sie ohne Schaden für das Bauwerk entfernt werden können. Gleiches gilt für Rankgerüste für Blumen oder Wein, Hundehütten, Taubenschläge, Müllboxen, eine Betriebsstraße[511] und Treppenabsätze.[512] Keine Rolle spielt, ob sich der Überbau oberhalb (Balkon)[513] oder unterhalb (Keller, Fundament, Tiefgarage, Weinkeller, nicht aber ausgemauerte Senkgrube)[514] der Erde befindet.

237 Es muss sich um ein **einheitliches Gebäude** handeln, das die Grenze überschreitet.[515] Die Feststellung der Gebäudeeinheit muss unter Würdigung aller Umstände des Falles in erster Linie vom Tatrichter entschieden werden. Neben der körperlichen bautechnischern Beschaffenheit kommt es auf die funktionale Einheit an. Deshalb liegt bei einer vollständig auf dem Nachbargrundstück errichteten Doppelhaushälfte kein einheitliches Gebäude vor.[516] Gleiches gilt für einen Anbau, der vollständig auf dem Nachbargrundstück liegt.[517] Dagegen handelt es sich um einen Überbau, wenn zwei Grundstücke in der Weise bebaut werden, dass einzelne Geschosse der beiden aufstehenden Gebäude zum Teil in das Nachbargrundstück hineinragen (sog. verschachtelte Bauweise).[518]

238 Es ist umstritten, ob der Gebäudebegriff unter Berücksichtigung des Gesichtspunkts der Vermeidung wertvernichtender Zerstörungen weit[519] auszulegen ist. Unabhängig davon ist die entsprechende Anwendung von § 912 BGB zu bejahen, wenn größere Bauwerke (z. B. Brücken) zu erhalten sind, die nicht ohne erheblichen Wertverlust beseitigt werden können.[520] Das Gebäude muss eine **feste Verbindung** mit dem Erdboden besitzen. Andernfalls kann es leicht und ohne Vernichtung wirtschaftlicher Werte von einer Stelle zu einer anderen gebracht werden. Gebäude, die keine Verbindung mit Grund und Boden aufweisen (z. B. ein versetzbares Gartenhaus, ein Geräteschuppen, ein nicht einbetoniertes

---

504 S. nur Soergel/*Baur*, § 912 Rn. 2; vgl. auch BGH, NJW-RR 1988, 458 u. NJW-RR 1989, 1039.

505 BGH, DB 1972, 2298 = MDR 1973, 39.

506 BGH, DB 1972, 2298 = MDR 1973, 39; BGH, BeckRS 2012, 05600; OLG Koblenz, BauR 1996, 410 u. OLG Braunschweig, OLGR 1997, 226.

507 AG Nürtingen, NJW-RR 1986, 524.

508 OLG Karlsruhe, NJW-RR 1993, 665 für ein seitlich offenes Carport.

509 AG Garmisch-Partenkirchen, MDR 1960, 505.

510 RGZ 107, 337, 339.

511 So OLG Koblenz, NJOZ 2002, 1377.

512 S. auch Staudinger/*Roth*, § 912 Rn. 8 u. BGB-RGRK/*Augustin*, § 912 Rn. 9.

513 BGH, NJW 1963, 807; NJW 1976, 669 und NJW 1986, 2639; abw. LG Bautzen, NJW-RR 2001, 591 = NZM 2001, 201 = NotBZ 2000, 310 für Erker (wie hier Soergel/*Baur*, § 912 Rn. 3).

514 RGZ 89, 41; BGHZ 53, 5; OLG Stuttgart, NJOZ 2011, 2086 = DNotI-Report 2011, 129 = ZfIR 2011, 623; OLG Stuttgart, NZM 2012, 578 = BWNotZ 2012, 39 u. *Röll*, MittBayNot 1983, 5.

515 BGH, NJW 1982, 756; NJW-RR 1988, 458; NJW-RR 1989, 1039; BGHZ 110, 298, 301 = NJW 1990, 1791 u. Erman/*Lorenz*, § 912 Rn. 2.

516 OLG Karlsruhe, BWNotZ 1988, 91.

517 KG, ZfIR 2000, 371.

518 BGHZ 175, 253 = NJW 2008, 1810 = NZM 2008, 334 = BauR 2008, 990 = BGHR 2008, 480 = IMR 2008, 732 = MDR 2008, 480.

519 Zum Streitstand s. einerseits MünchKommBGB/*Säcker*, § 912 Rn. 4 und andererseits Erman/*Lorenz*, § 912 Rn. 1, jeweils m. w. N.

520 BGHZ 62, 388 = NJW 1974, 1552; ähnlich MünchKommBGB/*Säcker*, § 912 Rn. 4 a. E.

Gewächshaus etc.), fallen nicht in den Anwendungsbereich des § 912 BGB.[521] Auch der Gesichtspunkt der befürchteten Legalisierung von nachbarlichen Erpressungen spricht nicht für eine Duldungspflicht bei versetzbaren Gebäuden.

Nicht notwendig ist, dass das Gebäude für dauernd erstellt wurde. So fallen auch **Zeitbauten** (§ 95 BGB), die nur für vorübergehende Zwecke errichtet wurden, eine feste Verbindung mit dem Boden besitzen und eine gewisse Dauerhaftigkeit aufweisen, unter diesen Begriff.[522] Dies hat nach h. M. aber auch die Anwendbarkeit des Übernahmeanspruches gemäß § 915 BGB zur Folge.[523] Ist jedoch der Zweck erfüllt, kann Beseitigung verlangt werden. Zweckerfüllung liegt noch nicht bei Ablauf der Pachtzeit des Erbauers vor, wenn der Eigentümer das Bauwerk übernehmen will.[524] 239

Keine Anwendung findet § 912 BGB bei einem **Zwischenbau**, der eine Lücke zwischen zwei auf verschiedenen Grundstücken stehenden Gebäuden ausfüllt und zu keinem der Gebäude gehört.[525] In dieser Konstellation lässt sich ein Stammgrundstück regelmäßig nicht feststellen.[526] 240

Ferner ist notwendig, dass der Überbau **bei Errichtung des Gebäudes** erfolgte. Es genügt aber, dass mit dem Bau begonnen wurde und dieser so weit fortgeschritten ist, dass der überragende Teil bereits fest verbunden ist und die Beseitigung von einem wirtschaftlichen Standpunkt aus unvernünftig wäre. Diese Voraussetzung liegt z. B. bei Hochbauten schon vor, wenn nur die Fundamentierungsarbeiten vorgenommen wurden und das Gebäude noch nicht über das Bodenniveau hinaus errichtet wurde.[527] Der Überbau muss aber den Regeln der Baukunst entsprechen; der Nachbar hat nämlich nur die Grenzüberschreitung, nicht weitere Beeinträchtigungen zu dulden.[528] 241

Neigt sich ein Gebäude erst nach Errichtung über die Grenze, so sind die §§ 912 ff. BGB entsprechend anzuwenden. Für die Höhe der Überbaurente ist auch in diesem Fall die Zeit der Grenzüberschreitung maßgeblich, selbst wenn sie praktisch nur schwer feststellbar sein wird.[529] 242

Zu einem Überbau kann es nicht nur bei der ersten Errichtung eines Gebäudes kommen. Ein Überbau kann auch bei einer **Veränderung oder Erweiterung** eines bereits vorhandenen Gebäudes erfolgen, wenn dadurch erstmalig über die Grenze gebaut wird.[530] Gleiches gilt für einen Anbau, durch den das Gebäude umgestaltet wird. Anders ist dies bei einem Anbau an den Überbau, der auf dem fremden Grundstück erfolgt, und der Veränderung des Überbaus.[531] Hinsichtlich der Abgrenzung zwischen einer Errichtung und einer nicht unter diesen Begriff fallenden Veränderung kommt es letztlich auf den Wert- 243

---

[521] Ebenso Bamberger/Roth/*Fritzsche*, § 912 Rn. 8 u. Palandt/*Bassenge*, § 912 Rn. 4.

[522] OLG Nürnberg, DWW 1963, 124 für massiv gebautes Behelfsheim; BGB-RGRK/*Augustin*, § 912 Rn. 9 u. Staudinger/*Roth*, § 912 Rn. 9 unter Ablehnung von Hütten wegen der mangelnden Dauerhaftigkeit. Vgl. auch BGH, NJW 2004, 1237 = BGHR 2004, 571 = DNotI-R 2004, 53 = EWiR 2004, 595 = ZfIR 2004, 329.

[523] Staudinger/*Roth*, § 912 Rn. 9; MünchKommBGB/*Säcker*, § 912 Rn. 6 u. Erman/*Lorenz*, § 912 Rn. 2; PWW/*Lemke*, § 912 Rn. 5; a. A. Palandt/*Bassenge*, § 912 Rn. 4. Anders auch BGH, NJW 2004, 1237 = BGHR 2004, 571 = DNotI-R 2004, 53 = EWiR 2004, 595 = ZfIR 2004, 329 für genehmigte „Zeitbauten".

[524] OLG Nürnberg, DWW 1963, 124; a. A. Staudinger/*Roth*, § 912 Rn. 9 (kein Fall des § 95 BGB). Vgl. auch BGHZ 104, 298, 301 = NJW 1988, 2789 = DNotZ 1989, 420 = MDR 1988, 946.

[525] RGZ 169, 172, 178.

[526] BGH, NJW 1985, 789, 790.

[527] *Dehner*, B § 24 I 1.

[528] BGH, NJW-RR 2009, 24 = NZM 2008, 939 = BauR 2009, 101 = BGHR 2009, 64 = MDR 2009, 24 = MittBayNot 2009, 223 = ZfIR 2008, 812.

[529] BGHZ 97, 202 = NJW 1986, 2639.

[530] Str.; vgl. BGHZ 41, 177, 181 = NJW 1964, 1221; BGH, NJW-RR 2009, 24 = NZM 2008, 939 = BauR 2009, 101 = BGHR 2009, 64 = MDR 2009, 24 = MittBayNot 2009, 223 = ZfIR 2008, 812; LG Freiburg, NJW-RR 2007, 812 u. Soergel/*Baur*, § 912 Rn. 4; teilw. abw. BGHZ 64, 273, 276 = NJW 1975, 1313 u. MünchKommBGB/*Säcker*, § 912 Rn. 7.

[531] RGZ 169, 172, 178 u. BGB-RGRK/*Augustin*, § 912 Rn. 14.

erhaltungszweck des § 912 BGB an.[532] Die Vergrößerung und Aufstockung (z. B. bisher nur überbauter Keller) eines vorhandenen Überbaus ist nicht etwa schon deshalb zulässig, weil der vorhandene Überbau zu dulden ist. Doch kann erneut ein entschuldigter Überbau vorliegen. Zulässig ist auch der Wiederaufbau eines überbauten, teilweise zerstörten Gebäudes unter Benutzung der alten Grundfläche.[533] Bei der Erweiterung eines bisher nur diesseits der Grenze errichteten Gebäudes ist § 912 BGB anzuwenden, wenn durch den Anbau (Anfügen eines Gebäudeteils) jetzt über die Grenze gebaut wird und das erweiterte Gebäude mit wesentlichen Teilen auf zwei Grundstücken steht.[534] Als Erweiterung zählt dabei jedoch nicht das bloße Hinausschieben einer Außenwand.

244 **bb) Überschreiten der Grenze durch den Eigentümer. (1) Grenzüberschreitung.** Durch das Bauwerk muss **über die Grenze** gebaut worden sein, wobei es sich um ein einheitliches Gebäude handeln muss.[535] Bei einem Streit über den Verlauf der Grenze muss derjenige, der die Überbauung behauptet, den Verlauf der Grenze nachweisen.

245 Für eine Grenzüberschreitung ist ausreichend, dass Gebäudeteile, die derart mit dem Gebäude verbunden sind, dass sie nicht getrennt werden können, ohne dass das Gebäude oder die Gebäudeteile zerstört oder in ihrem Wesen verändert werden, **über die Grenze ragen**.[536] Dies trifft für Mauerausbauchungen,[537] Erker, Balkone, Dachüberstände, Keller, Übergänge in höher gelegenen Stockwerken über Gassen und Giebel zu, nicht jedoch für Teile, die ohne Folgen entfernt werden können, wie z. B. Fensterläden, Fahnen und Markisen. Bei den Letztgenannten besteht, auch wenn ein Hineinragen in das Nachbargrundstück nur beim Öffnen vorliegt, ein Anspruch auf Beseitigung.

246 Unerheblich ist, in welchem **Umfang** die Grenze überschritten wird.[538] Es spielt auch keine Rolle, ob die Grenze unter der Erde oder im Luftraum überschritten wird.[539] Über die Grenze ist stets dann gebaut, wenn ein Teil der auf dem Stammgrundstück errichteten Gebäude in den Boden oder in den Luftraum des Nachbargrundstückes hinübergreift.[540]

247 Beim Überbauen einer **öffentlichen Straße** geht das öffentliche Recht den Bestimmungen des BGB vor. Der Überbau kann verboten werden, wenn durch ihn der öffentliche Verkehr gestört wird. Bei Nichtvorliegen dieser Voraussetzungen kommen die Überbauvorschriften des BGB zur Wendung, sofern nicht bereits aus anderen Bestimmungen wie z. B. § 905 BGB und Vorschriften des Straßenrechts oder aufgrund der Widmung der Straße zum Gemeingebrauch der Überbau zu dulden ist.

248 Keine Rolle spielt, wie weit durch den Überbau die Grenze überschritten wird. Er kann auch den größeren Teil des Nachbargrundstücks in Anspruch nehmen[541] oder es sogar vollkommen bedecken.[542] Die **Größenverhältnisse** zwischen dem Gebäudeteil auf dem eigenen Grundstück und auf dem Nachbargrundstück sind ebenfalls unerheblich.[543] Grundvoraussetzung ist jedoch immer, dass das Gebäude auf dem duldenden Grundstück und dem Baugrundstück ein einheitliches Gebäude darstellen und ein Grundstück als das Stammgrundstück (überbauendes Grundstück) zu betrachten

---

532 BGHZ 64, 273, 276 = NJW 1975, 1313.
533 BGH, MDR 1961, 401.
534 RGZ 169, 172, 178.
535 BGH, NJW 1982, 756; vgl. auch BGH, NJW-RR 1989, 1039.
536 BGH, NJW 1986, 2639 = MDR 1986, 835 u. OLG Hamburg, MDR 1965, 895.
537 RGZ 88, 39, 41. Zu später auftretenden s. Rn. 242 u. 271.
538 BGH, MDR 1960, 482.
539 S. nur OLG Stuttgart, NJOZ 2011, 2086 = DNotI-Report 2011, 129 = ZfIR 2011, 623; Staudinger/*Roth*, § 912 Rn. 2 und Soergel/*Baur*, § 912 Rn. 3.
540 MünchKommBGB/*Säcker*, § 912 Rn. 8.
541 BGH, MDR 1960, 482 = BB 1960, 460; OLG Nürnberg, DWW 1963, 124 u. MünchKommBGB/*Säcker*, § 912 Rn. 9.
542 RGZ 83, 142, 146.
543 BGH, NJW, 1974, 794; BGHZ 110, 298, 301 = NJW 1990, 1791 = DNotZ 1991, 595.

ist.[544] Somit stellt ein Gebäude, welches ausschließlich auf dem Nachbargrundstück errichtet wurde, keinen Überbau dar. Es muss somit vom eigenen Grundstück, dem Stammgrundstück, aus gebaut werden.[545] Maßgeblich sind die Absichten und Interessen des Erbauers; lassen sich diese nicht feststellen, ist auf die objektiven Gegebenheiten (z. B. die wirtschaftliche Interessenlage, die Zweckbestimmung des überbauten Grundstücks und die räumliche Erschließung durch einen Zugang) abzustellen.[546]

Eine Grenzüberschreitung liegt nicht vor, wenn die **Grenzwand** auf dem Nachbar- 249
grundstück durch Anbau, der auf dem eigenen Grundstück erfolgt, gleichsam in das Gebäude auf dem eigenen Grundstück einbezogen wird.[547] Anders soll dies sein, wenn auf die Grenze gebaut wird[548] oder der Rest einer Grenzwand, die auf dem Nachbargrundstück steht, in das Gebäude einbezogen wird.[549]

(2) Überbau durch den Eigentümer. Der Überbau muss durch den Eigentümer des 250
überbauenden Grundstücks erfolgen.[550] Dem Eigentümer sind Erbbauberechtigte (§ 11 ErbbauRG),[551] Wohnungs- und Teileigentümer,[552] und Vorerben[553] gleichgestellt. Dass der Überbauende noch nicht als Eigentümer des Stammgrundstückes im Grundbuch eingetragen wurde, schadet nicht.[554] Dagegen ist eine Duldungspflicht des Nachbarn bei einem Überbau durch den **Besitzer** abzulehnen.[555] Dies gilt ebenso für Pächter oder Nießbraucher. Hier werden nur bei Zustimmung (entsprechend §§ 184, 185 BGB vorher oder nachträglich) durch den Eigentümer die Rechtsfolgen der §§ 912 ff. BGB ausgelöst,[556] da durch den Überbau für das Überbaugrundstück eine Rentenpflicht entsteht und diese Belastung nur durch den Eigentümer erfolgen darf.[557] Dagegen ist ein Überbau eines Miteigentümers dem eines Alleineigentümers gleichgestellt.[558]

Bei Errichtung eines Überbaus durch den fälschlich eingetragenen **Bucheigentümer** 251
ist dieser Überbau unter den Voraussetzungen des § 185 BGB dem Eigentümer zuzurechnen. Ausführender des Überbaus ist immer derjenige, der **„Geschäftsherr"** des ganzen Bauvorhabens ist, also in dessen Namen und wirtschaftlichem Interesse gebaut wird.[559] Unerheblich ist dagegen die rein technische Bauausführung. Maßgebend sind die Verkehrsauffassung und der Standpunkt eines mit den Verhältnissen vertrauten objektiven

---

544 RGZ 160, 166, 183; RGZ 169, 172, 178; BGH, WM 1984, 1283 u. NJW 1985, 789; KG, ZfIR 2000, 371, 373.

545 Ebenso Soergel/*Baur*, § 912 Rn. 2.

546 BGHZ 110, 298 = NJW 1990, 1791 = DNotZ 1991, 595; OLG Frankfurt/M., BeckRS 2006, 03187 = IMR 2006, 96 = OLGR 2006, 860; OLG Brandenburg, BeckRS 2011, 08300; OLG Stuttgart, NJOZ 2011, 2086 = DNotI-Report 2011, 129 = ZfIR 2011, 623; OLG München, BeckRS 2011, 27541 = BauR 2012, 550 = IBR 2012, 2202 u. *Tersteegen*, RNotZ 2006, 433, 442 ff.

547 BGHZ 41, 177.

548 So OLG Nürnberg, RdL 1968, 102 (problematisch, da eine Grenzüberschreitung nicht erfolgt); ebenso wohl *Horst*, MDR 2000, 494.

549 So LG Duisburg, NJW 1962, 1251, aber mangels Grenzüberschreitung fraglich (krit. auch *Hodes*, NJW 1962, 1251).

550 Unstr., s. nur Staudinger/*Roth*, § 912 Rn. 12 u. NK-BGB/*Ring*, § 912 Rn. 12.

551 MünchKommBGB/*Säcker*, § 912 Rn. 55.

552 MünchKommBGB/*Säcker*, § 912 Rn. 55.

553 Staudinger/*Roth*, § 912 Rn. 11.

554 BGB-RGRK/*Augustin*, § 912 Rn. 7.

555 Ganz h. M., s. nur BGHZ 157, 301 = DNotZ 2004, 373 = NJW 2004, 1237 = NZM 2004, 277 = ZfIR 2004, 329; BGH, NJW 2008, 3122 = NZM 2008, 863 = MDR 2008, 968; NK-BGB/*Ring*, § 912 Rn. 12; Bamberger/Roth/*Fritzsche*, § 912 Rn. 14; Soergel/*Baur*, § 912 Rn. 6 u. Staudinger/*Roth*, § 912 Rn. 11; a. A. nur MünchKommBGB/*Säcker*, § 912 Rn. 10 f., der eine Duldungspflicht auch anerkennen will, wenn ein Besitzer den Überbau errichtet hat. Probleme können sich nach dieser Ansicht ergeben, wenn der Eigentümer des Stammgrundstücks gegen den Überbau ist (vgl. *Baur*, AcP 160 (1961), 465, 491).

556 OLG Frankfurt/M., MDR 1968, 496 u. BGHZ 15, 216, 219 = NJW 1955, 177.

557 BGHZ 15, 216 = NJW 1955, 177, a. A. MünchKommBGB/*Säcker*, § 912 Rn. 11, der einen verfügungsähnlichen Charakter des Überbaus ablehnt.

558 Bamberger/Roth/*Fritzsche*, § 912 Rn. 14.

559 BGH, NJW 1983, 2022, 2023 u. BGHZ 110, 298, 302 = NJW 1990, 1791, 1792.

Beurteilers.[560] Der Eigentümer kann den von einem anderen errichteten (Über-)Bau entsprechend § 185 BGB genehmigen. Dadurch erfolgt die Zurechnung zu dem Eigentümer.[561]

252 **cc) Fehlen von Vorsatz und grober Fahrlässigkeit.** Nach dem Verschulden hinsichtlich des Überbaus unterscheiden sich die drei Kategorien des Überbaus:[562]

- Der rechtmäßige Überbau, der mit Zustimmung des betroffenen Nachbarn erfolgt. Ihn regelt § 912 BGB nicht. Der Überbauende bleibt Eigentümer seines Überbaus.
- Der rechtswidrige, aber entschuldigte Überbau, den die §§ 912 ff. BGB betreffen.
- Der rechtswidrige und zusätzlich nicht entschuldigte Überbau. Ihn erfasst § 912 BGB nicht. Grundsätzlich kann der Nachbar die Beseitigung verlangen.

253 Der Eigentümer des überbauten Grundstücks braucht den Überbau **nicht zu dulden**, wenn der Überbauende **vorsätzlich oder grob fahrlässig** handelt. Anders ist dies, wenn im Zeitpunkt der Grenzüberschreitung nur leichte Fahrlässigkeit vorliegt. Vorsätzlich handelt der Überbauende, wenn er weiß, dass er die Grenze überschreitet, und wenn er sich gleichzeitig dabei bewusst ist, hierzu keine Befugnis zu haben.[563] Es muss also Verschulden hinsichtlich beider Umstände, d. h. der Grenzüberschreitung und der fehlenden Berechtigung, vorliegen. Die bloße Hoffnung, dass der Nachbar zustimmen werde, ist unbeachtlich und beseitigt das grobe Verschulden nicht.

254 **Grob fahrlässig** handelt der Eigentümer, wenn er sich unsorgfältig verhält und dies für die Grenzüberschreitung kausal ist. Dies ist beispielsweise der Fall, wenn er bei Errichtung einer Grenzmauer regelmäßiges Loten unterlässt[564] oder wenn er bei einem unsicheren Grenzverlauf keinen Vermessungsingenieur oder das staatliche Vermessungsamt hinzuzieht.[565] Der Bauende, der an die Grenze baut, ist generell verpflichtet, sich über den Grenzverlauf zu unterrichten.[566] Notwendig ist dabei das Aufsuchen der Grenzsteine und bei Unklarheiten zusätzlich das Hinzuziehen der zuständigen Vermessungsbehörde.[567] Andererseits liegt keine grobe Fahrlässigkeit vor, wenn der Nachbar als Verkäufer der Baufläche dem Käufer die Grenze unrichtig angegeben hat.[568] Allerdings befreit die Angabe nicht gänzlich von der eigenen Informationspflicht. Müssten aufgrund der Lage der Grenzsteine Zweifel über den mitgeteilten Grenzverlauf aufkommen, ist das Verhalten des überbauenden Eigentümers nicht gleichsam automatisch entschuldigt. Die Angabe des betroffenen Nachbarn kann den Überbauenden auch nicht entlasten, wenn landesrechtlich eine Pflicht zur Grenzfeststellung vor Durchführung des Bauvorhabens besteht und dagegen verstoßen wird.[569] Weitere Beispiele für grobe Fahrlässigkeit sind die Annahme, dass ein vorhandener Zaun die Grenze markiert, und ein Bau auf Fundamenten, die auch das Nachbargebäude tragen.[570] Glaubt der Bauende lediglich, dass der Nachbar der Grenzüberbauung zugestimmt hat oder ihr zustimmen wird und irrt er sich hierbei, so kommt es darauf an, ob der Irrtum auf grober Fahrlässigkeit beruht.[571] Keine grobe Fahrlässigkeit liegt dagegen vor, wenn keine Zweifel über die Richtigkeit der Grenze,

---

560 Vgl. BGHZ 20, 159, 163 = NJW 1956, 788 u. BGH, NJW 1983, 2032, 2033.

561 S. nur Soergel/*Baur*, § 912 Rn. 6.

562 Besonders deutlich NK-BGB/*Ring*, § 912 Rn. 24.

563 BGH, WM 1968, 422 u. BGH, NJW 1974, 1552, 1553.

564 KG, ZMR 2000, 331, 333 u. Soergel/*Baur*, § 912 Rn. 6.

565 RGZ 88, 39, 41.

566 OLG Nürnberg, RdL 1968, 102 u. OLG Brandenburg, IMR 2010, 533.

567 BGH, NJW 2003, 3621, 3622 = NZM 2003, 996 = BauR 2004, 344 = BGHR 2003, 1394 = MDR 2004, 89 = ZIP 2004, 80 = ZfIR 2003, 19.

568 So *Dehner*, B § 24 I 6 Fn. 52a; teilw. abw. Staudinger/*Roth*, § 912 Rn. 25.

569 Zur Verpflichtung, einen Lageplan mit den Genehmigungsunterlagen einzureichen bzw. dem Nachbarn auszuhändigen s. nur § 5 LBO VVO BW; § 17 BayBauVorlV; § 3 BauverfVOBerl; §§ 3, 4 BbgBauVorlV; § 7 BremBauVorlV; § 10 HmbBauVorlVO; HessBVErl Anlage 2, Ziff. 2; § 7 BauVorlVO M-V; §§ 2, 3 BauVorlVO Nds; § 3 BauPrüfVO NRW; § 1 BauuntPrüfVO RhPf; § 3 BauVorlV Saarl; § 9 DVOSächsBO; § 11 BauVorlVO LSA; § 7 BauVorlVO SH; § 2 BauPrüfVO Thür.

570 RGZ 65, 73, 75 u. Staudinger/*Roth*, § 912 Rn. 25.

571 BGH, DB 1968, 799.

insbesondere bei einem bereits lange Zeit vorhandenen Gebäude, das aufgestockt wird, bestanden.[572]

Vorsätzlich handelt der Überbauende, wenn er weiß, dass er die Grenze ohne diesbezügliche Befugnis überbaut.[573] Der Vorsatz muss sich somit auf beide Punkte beziehen, auf die Grenzüberschreitung und auf die fehlende Befugnis hierzu. Entschuldigt handelt deshalb der Eigentümer, der, ohne dass ihm Vorsatz oder grobe Fahrlässigkeit diesbezüglich vorzuwerfen ist, davon ausgeht, zur Grenzüberschreitung berechtigt zu sein.[574] 255

Nicht Voraussetzung für ein entschuldigtes Handeln ist, dass der **gute Glaube** des Eigentümers auf einem Irrtum über den Grenzverlauf beruht. Auch bei eindeutiger Katasterlage ist § 912 BGB deshalb anwendbar.[575] 256

Maßgebend, ob Vorsatz oder grobe Fahrlässigkeit vorliegt, ist der **Zeitpunkt der Grenzüberschreitung**. Dieser liegt vor, wenn das fremde Grundstück überbaut ist, wobei jedoch die Vollendung des Bauwerks nicht notwendig ist. Eine spätere Feststellung berechtigt zum Fertigbauen.[576] Die Beweislast, dass weder Vorsatz noch grobe Fahrlässigkeit vorliegt, trifft den Überbauenden.[577] Wird die Grenzüberschreitung erst nach längerer Zeit aufgedeckt, kann dies gegen ein Verschulden sprechen.[578] Die Beweislast ändert sich allerdings auch bei länger bestehenden Bauten nicht. 257

Hat der Grundstückseigentümer das Bauwerk durch **einen Dritten** errichten lassen, so ist ihm nicht jedes **Verschulden** der am Bau beteiligten Personen **zuzurechnen**. Umgekehrt kann sich der Eigentümer nicht bereits damit entschuldigen, dass er die tatsächliche Ausführung einem Dritten übertragen hat. Er haftet vielmehr in entsprechender Anwendung des § 166 BGB für Vorsatz und grobe Fahrlässigkeit des Architekten. Dieser gestaltet die Ausführung und Planung des Bauvorhabens und ist insoweit Sachwalter bzw. Repräsentant des Bauherrn.[579] Nach der Rechtsprechung haftet der Eigentümer bei einem Überbau nicht für Verschulden des Bauunternehmers oder seines Poliers oder dessen sonstigen Personals, da weder § 166 BGB[580] noch § 831 BGB[581] noch § 278 BGB[582] anzuwenden sind. Das Verschulden des Bauunternehmers könne dem Eigentümer nur dann zugerechnet werden, falls der Unternehmer zum „Repräsentanten" des Bauherrn werde. Diese Voraussetzung wird nur ausnahmsweise gegeben sein, wenn der Bauunternehmer im Auftrag des Eigentümers ohne Aufsicht eines Architekten das Bauvorhaben selbständig leitet. Das Argument der Rechtsprechung,[583] der Bauunternehmer und seine Gehilfen würden aufgrund eines Austauschverhältnisses tätig und seien deshalb „Widerpart" und nicht „Repräsentant" des Bauherrn, trifft jedoch nicht zu, wenn der Bauunternehmer nach bauordnungsrechtlichen Vorschriften bauvorlageberechtigt ist.[584] Hier tritt er als Entwurfsverfasser an die Stelle des Architekten; sein Verhalten ist deshalb gemäß § 166 BGB dem Bauherrn bei einem Überbau zuzurechnen. 258

---

572 OLG Brandenburg, BeckRS 2011, 07497 = BauR 2011, 1218; LG Freiburg, NJW-RR 2007, 812.

573 S. nur Staudinger/*Roth*, § 912 Rn. 23.

574 Ebenso Soergel/*Baur*, § 912 Rn. 8. Vgl. auch LG Meiningen, OLG-NL 1996, 281, 283.

575 Soergel/*Baur*, § 912 Rn. 8.

576 BGH, WM 1979, 644, 646.

577 BGHZ 39, 5, 14 = NJW 1963, 807 u. BGHZ 43, 63, 68 = NJW 1964, 2016, 2017.

578 Vgl. LG Leipzig, NZM 2000, 393 = NotBZ 1999, 91.

579 BGHZ 42, 63, 65 = NJW 1964, 2016; BGH NJW 1977, 375 u. BGH, WM 1979, 644, 645, der jeweils § 166 BGB anwendet.

580 BGHZ 42, 63 = NJW 1964, 2016; BGHZ 42, 374 = NJW 1965, 389 u. BGH, NJW 1977, 375.

581 BGHZ 42, 63 = NJW 1964, 2016 u. BGH, NJW 1977, 375; a. A. Soergel/*Baur*, § 912 Rn. 9 u. *Wetzel*, Die Zurechnung des Verhaltens Dritter bei Eigentumsstörungstatbeständen, 1971, S. 152 ff. Vgl. auch OLG Rostock, BauR 2001, 1127.

582 BGHZ 42, 374 = NJW 1965, 389 u. BGH, NJW 1977, 375. Vgl. auch OLG Koblenz, BauR 2004, 107, 108.

583 BGH, NJW 1977, 375.

584 Vgl. §§ 54, 68 MBO 2002; § 43 LBO BW; Art. 61 BayBO; § 66 BauO Bln; § 48 BbgBO; § 65 BremLBO; § 67 HBauO; § 49 HBO; § 65 LBauO M-V; § 58 NBauO; § 70 BauO NRW; § 64 LBauO RhPf; § 66 LBO Saarl; § 65 SächsBO; § 64 BauO LSA; § 75, 71 LBO SchlH u. § 65 ThürBO.

Unbestritten liegt ein eigenes Verschulden des Eigentümers vor, wenn er die mit dem Bau beauftragten Personen nicht genau über die Grenzverhältnisse, insbesondere bei einem unsicheren **Grenzverlauf, aufgeklärt** hat. Dagegen trifft ihn wohl keine Überwachungspflicht hinsichtlich der Bauausführung.[585]

259 **dd) Widerspruch des Nachbarn.** Weitere Voraussetzung für die Anwendung der Bestimmungen der §§ 912 ff. BGB ist, dass der Nachbar nicht rechtzeitig, d. h. bereits vor oder jedenfalls sofort nach der Grenzüberschreitung, widersprochen hat. **Widerspruchsberechtigt** sind der Nachbar und die in § 916 BGB genannten Personen. Es handelt sich dabei um Alleineigentümer, Miteigentümer, Erbbau- und Dienstbarkeitsberechtigte einschließlich der Nießbraucher (§ 916 BGB), auch Dauerwohnungsberechtigte des Nachbargrundstücks, nicht jedoch um Grundpfandrechtsgläubiger und Vorkaufsberechtigte, die durch den Überbau keine Rechtsnachteile erleiden.[586] Der Mieter und der Pächter können nicht für den Eigentümer widersprechen. Sie werden jedoch teilweise als stillschweigend ermächtigt anzusehen sein, alle Handlungen zur Wahrung der Rechte des Eigentümers wahrzunehmen, insbesondere wenn dieser abwesend ist.[587] Zudem ist ihr Widerspruch Voraussetzung für die Wahrung ihrer eigenen Besitzschutzrechte.[588] Steht mehreren Personen ein Widerspruchsrecht zu, so genügt der Widerspruch einer von ihnen. Dieser Widerspruch wirkt nach überwiegender Ansicht analog § 1011 BGB auch zugunsten der anderen Berechtigten.[589]

260 Der Widerspruch ist eine **einseitige, empfangsbedürftige Willenserklärung**. Ein ohne Vollmacht erklärter Widerspruch eines Vertreters ist deshalb grundsätzlich nichtig und auch nicht genehmigungsfähig (§ 180 S. 1 BGB). Die §§ 177 ff. BGB gelten dagegen entsprechend, wenn der Widersprechende ausdrücklich oder stillschweigend behauptet, Vertretungsmacht zu haben und der Erklärungsgegner dies nicht beanstandet oder sogar mit dem Handeln ohne Vertretungsmacht einverstanden ist (§ 180 S. 2 BGB). Das Einverständnis kann auch schlüssig erklärt werden, setzt jedoch voraus, dass der Überbauende das Fehlen der Vertretungsmacht kennt oder für möglich hält. In diesem Fall hat die spätere Genehmigung des Widerspruchsberechtigten rückwirkende Kraft (§ 184 BGB).

261 Der Widerspruch muss **gegenüber dem Überbauenden** erfolgen. Unter analoger Anwendung von § 166 BGB genügt es, wenn die Erklärung gegenüber dem bauleitenden Architekten abgegeben wird. Möglich soll auch ein Widerspruch gegenüber einem sonstigen Bauleiter sein.[590] Nicht ausreichend ist dagegen die Erklärung des Widerspruchs lediglich gegenüber einem Bauarbeiter. Sind mehrere Bauherrn vorhanden, so genügt der Widerspruch gegenüber einem.[591] Das Innenverhältnis der Bauherrn ist für die Wirksamkeit des Widerspruchs unerheblich.

262 Der Widerspruch, der sich auf einen bestimmten Überbau beziehen muss, ist an **keine** Form gebunden. Er kann auch stillschweigend, z. B. durch schlüssiges Handeln erklärt werden.[592] Da eine Begründung nicht notwendig ist, ist eine abgegebene, aber nicht stichhaltige Begründung ohne Bedeutung für die Wirksamkeit des Widerspruchs.[593] Weil vertragliche Vereinbarungen über den Überbau möglich sind, ist auch ein beschränkter

---

[585] Vgl. BGB-RGRK/*Augustin*, 3 912 Rn. 15; a. A. Bayer/*Lindner*, Bayer. Nachbarrecht, 1. Aufl. 1986, S. 39 u. Meisner/Ring/*Götz*, § 21 Rn. 15.

[586] S. nur Soergel/*Baur*, § 916 Rn. 1.

[587] Staudinger/*Roth*, § 912 Rn. 31.

[588] MünchKommBGB/*Säcker*, § 912 Rn. 22.

[589] Umstr., wie hier NK-BGB/*Ring*, § 912 Rn. 42; Erman/*Lorenz*, § 912 Rn. 7; MünchKommBGB/*Säcker*, § 912 Rn. 23 u. Staudinger/*Roth*, § 912 Rn. 31; a. A. Soergel/*Baur*, § 916 Rn. 1.

[590] S. nur Erman/*Lorenz*, § 912 Rn. 7.

[591] Umstr. wie hier Palandt/*Bassenge*, § 912 Rn. 10 u. Staudinger/*Roth*, § 912 Rn 32.

[592] BGHZ 59, 191, 194 = NJW 1972, 1750, 1754; a. A. nur *Hagena*, Der Grenzüberbau nach gemeinem Recht, 1902, S. 36.

[593] BGHZ 59, 191 = NJW 1972, 1750.

Widerspruch, z. B. hinsichtlich des Überschreitens einer bestimmten Höhe oder eines bestimmten Grenzbereichs möglich.[594]

263 Bei Unterlassen des Widerspruchs kann der Widerspruchsberechtigte dieses Versäumnis nicht wegen Irrtums, Betrugs, Zwangs u. a. anfechten.[595] Die Duldungspflicht hinsichtlich des Überbaus wird nämlich an das Untätigbleiben nicht deshalb geknüpft, weil damit die Fiktion einer Genehmigung verbunden wäre. Der Grund für das **Unterlassen des Widerspruchs** ist vielmehr unerheblich. Ebenso kann die Rücknahme eines zunächst rechtzeitig erhobenen Widerspruchs nicht angefochten werden,[596] da es auch insoweit nicht entscheidend ist, aus welchen Gründen der Widerspruch, z. B. Unkenntnis vom Bau oder von der Grenzüberschreitung, unterblieben ist. Hat der Nachbar vorher dem Überbau zugestimmt, so ist sein nachträglicher Widerspruch wirkungslos, da er gegen Treu und Glauben verstößt. Widerspricht der Nachbar nur bezüglich eines Teils, da er annimmt, dass nur diesbezüglich ein Überbau vorliegt, so hat er den restlichen Überbau zu dulden und kann nur bezüglich des widersprochenen Überbaus Beseitigung verlangen.[597]

264 Der Widerspruch muss nicht unverzüglich entsprechend der Definition in § 121 BGB, aber so **rechtzeitig** erfolgen, dass der Überbau ohne erhebliche Zerstörung wieder beseitigt werden kann.[598] Soll der Widerspruch „sofort" nach der Grenzüberschreitung erklärt werden, muss dem Eigentümer des Nachbargrundstücks aber auch erkennbar sein, dass durch ein Gebäude über die Grenze gebaut wird. Dabei ist nicht erforderlich, dass Teile des Gebäudes bereits errichtet sind. Es ist zu prüfen, ob nach den Umständen im Einzelfall noch eine erhebliche Zerstörung wirtschaftlicher Werte vermieden wird. Wirksam kann der Widerspruch deshalb nicht bis zur endgültigen Fertigstellung des Gebäudes erhoben werden, sondern nur vor oder sofort nach Überschreiten der Grenze. Der Nachbar kann bereits bei Vorlage des Bauantrags einem aus den Plänen erkennbaren möglichen Überbau widersprechen. Wird beim Baugrubenaushub die Grenze überschritten, ist er zu einem Widerspruch berechtigt, aber noch nicht verpflichtet. Dagegen kann die Betonierung der Fundamente bereits eine Verpflichtung zum Widerspruch begründen, wenn dabei eine Grenzüberschreitung erfolgt. Der Baubeginn als solcher ist unerheblich. Entscheidend ist der Zeitpunkt, in dem die Grenzüberschreitung dem Nachbarn deutlich erkennbar wird. Dies kann bei einem vorübergehenden Steckenbleiben des Bauvorhabens auch lange Zeit nach erstmaligem Baubeginn sein.

265 An den **Inhalt** des Widerspruchs sind keine strengen Anforderungen zu stellen. Er stellt eine Warnung an den Bauenden dar. Ausreichend ist deshalb die Erklärung, dass das Bauwerk wegen der Grenzüberschreitung nicht geduldet wird. Widerspricht der Nachbar ausschließlich aus anderen Gründen z. B. wegen des verbauten Ausblicks, des gestörten Fernsehempfangs etc., so genügt dies nicht. Unterbleibt ein rechtzeitiger und ausreichender Widerspruch, so kommt es nicht darauf an, auf welchen Gründen dies beruht. Es ist nicht einmal Voraussetzung, dass der betroffene Eigentümer wenigstens die theoretische Möglichkeit hatte, mit Erfolg Widerspruch zu erheben.[599] Der Nachbar kann schließlich auf einen zunächst wirksam erhobenen Widerspruch später auch wieder verzichten.

266 Die **Beweislast** für die Rechtzeitigkeit des Widerspruchs trägt der Nachbar, der sich darauf beruft.[600]

---

594 RGZ 109, 107, 109.
595 BGHZ 59, 191 = NJW 1972, 1750.
596 Vgl. OLG Nürnberg, DWW 1963, 123 u. BGB-RGRK/*Augustin*, § 912 Rn. 23.
597 RGZ 109, 107, 109.
598 BGHZ 59, 191, 196 = NJW 1972, 1750, 1751.
599 BGHZ 27, 204; BGHZ 97, 292, 294 = NJW 1986, 2639; BGB-RGRK/*Augustin*, § 912 Rn. 22 u. Soergel/*Baur*, § 912 Rn. 12. Vgl. auch BGH, NJW-RR 1989, 1039.
600 BGH, WM 1963, 483, 485 u. Palandt/*Bassenge*, § 912 Rn. 10.

267 Der **Streitwert** bemisst sich nach § 3 ZPO.[601] Maßgebend ist das Interesse des Nachbarn an der Entfernung des Überbaus. Unerheblich sind dagegen die Kosten des Bauherrn für die Beseitigung.[602]

c) Rechtsfolgen des entschuldigten Überbaus

268 **aa) Duldung.** Liegen die Voraussetzungen des entschuldigten Überbaus (§ 912 I BGB), nämlich lediglich fahrlässiger Grenzüberbau und Unterbleiben des rechtzeitigen Nachbarwiderspruchs, vor, so hat der Nachbar den Überbau zu dulden. Es handelt sich also für ihn um eine **Beschränkung seines Eigentums**.[603] Sie ist gemäß § 96 BGB mit dem Eigentum am Grundstück untrennbar verbunden[604] und versagt dem Nachbarn das Verbietungsrecht aus §§ 903, 1004 BGB bezüglich des Überbaus.[605] Sie trifft den jeweiligen Eigentümer dieses Grundstücks (sog. dingliche Wirkung) und bedarf **keiner Eintragung im Grundbuch**. Da sich die Duldungspflicht unmittelbar aus dem Gesetz (§ 912 I BGB) ergibt, ist sie als solche im Grundbuch auch nicht eintragungsfähig.[606] Bestehen Zweifel bezüglich der Duldungspflicht, kann unstreitig eine Dienstbarkeit zur Duldung des Überbaus bestellt werden.[607]

269 Da die Eigentumsbeschränkung kraft Gesetzes eintritt, hat der Nachbar auch bei **Nichtbezahlung der Rente** kein irgendwie geartetes Zurückbehaltungsrecht i. S. des § 273 BGB hinsichtlich der Duldungsverpflichtung. Der Beseitigungsanspruch lebt nicht wieder auf.

270 Auch beim Erwerb des überbauten Grundstücks im **Zwangsversteigerungsverfahren** hat der Erwerber den Überbau zu dulden, wenn dieser vorher errichtet wurde. Das gilt auch dann, wenn er im Verfahren nicht angemeldet wurde.[608]

271 Aus der Zweckbestimmung des § 912 BGB, die Zerschlagung wirtschaftlicher Werte zu verhindern, ergibt sich, dass der Betroffene den Überbau **nur in seiner anfänglichen Form**, insbesondere bezüglich seiner Ausmaße, zu dulden hat. Allerdings ist auch die planmäßige Fertigstellung des Baus nach Kenntnis des Überbaus gestattet. Eine Vergrößerung ist dabei jedoch nicht erlaubt. Auch spätere Erweiterungen, Vertiefungen oder Aufstockungen sind nicht mehr zu dulden.[609] Wird in mehreren zeitlichen Abschnitten gebaut, kann es jedoch im Einzelfall fraglich sein, ob das vorhandene Bauwerk nur vollendet wird oder ob es sich um einen Erweiterungsbau handelt. Unberührt hiervon bleibt, dass bei einer Erweiterung erneut die Tatbestandsmerkmale eines entschuldigen Überbaus gegeben sein können. Praktisch dürfte dieser Fall nur werden, wenn der erste Überbau noch nicht bekannt wurde. Keine Duldungspflicht besteht dagegen hinsichtlich der weiteren Beeinträchtigungen, die sich daraus ergeben, dass der Überbau nicht unter Beachtung der Regeln der Baukunst errichtet wurde.[610]

Die Pflicht des Nachbarn, den Überbau zu dulden, enthält für den Nachbarn eine Beschränkung seiner Position; er kann die Beseitigung des Überbaus nicht verlangen. Umgekehrt wurden die Rechte des Überbauenden erweitert. Er darf den Überbau nicht

---

[601] LG Düsseldorf, NJW 1963, 2178; Baumbach/Lauterbach/Albers/*Hartmann*, ZPO, § 7 Rn. 2; MünchKommZPO/*Wöstmann*, § 3 Rn. 120; a. A. LG Bonn, NJW 1961, 1823 u. wohl auch MünchKommZPO/*Wöstmann*, § 7 Rn. 3 hinsichtlich des berechtigten Überbaus (für Anwendung des § 7 ZPO). Offen BGH, NJW-RR 1986, 737.

[602] Vgl. insoweit BGH, NJW-RR 1986, 737. S. ferner BGH, NJW 1994, 735.

[603] S. nur Staudinger/*Roth*, § 912 Rn. 35.

[604] MünchKommBGB/*Säcker*, § 912 Rn. 27.

[605] Nicht bezüglich weiterer Beeinträchtigungen z. B. wegen bauordnungswidriger Zustände bezüglich der Standsicherheit (NK-BGB/*Ring*, § 912 Rn. 50).

[606] BGHZ 27, 204 u. Soergel/*Baur*, § 912 Rn. 13.

[607] Ebenso Staudinger/*Roth*, § 912 Rn. 36.

[608] RGZ 160, 166, 182 u. Staudinger/*Roth*, § 912 Rn. 35.

[609] BGHZ 64, 273, 276 = NJW 1975, 1273 und OLG Nürnberg, RdL 1968, 102. Vgl. auch BGB-RGRK/*Augustin*, § 912 Rn. 14 u. OLG Karlsruhe, NJW-RR 1988, 524.

[610] BGH, NJW-RR 2009, 24 = NZM 2008, 939 = BauR 2009, 101 = BGHR 2009, 64 = MDR 2009, 24 = MittBayNot 2009, 223 = ZfIR 2008, 812.

nur belassen, sondern – unter Beachtung der öffentlich-rechtlichen Vorschriften – auch nach seinem Belieben nutzen.[611] Der Duldungspflicht des Nachbarn korrespondiert somit ein **Recht des Eigentümers auf Duldung und Nutzung**.[612] Es enthält allerdings nicht die Befugnis, das Nachbargrundstück zur Vornahme von Herstellungs- und Reparaturarbeiten zu betreten oder zum Aufstellen eines Gerüsts zu benutzen. Dieses Recht kann sich nur aus landesrechtlichen Bestimmungen oder dem nachbarlichen Gemeinschaftsverhältnis ergeben.[613]

Die Duldungspflicht **erlischt** bei Beseitigung des Überbaus, wobei die Ursache für die 272
Beseitigung unerheblich ist.[614] Es kann sich um einen Abriss durch den Eigentümer, aber auch um Naturereignisse (z. B. Brand, Blitzschlag, Erdbeben, Flugzeugabsturz etc.) handeln. Dabei ist es nicht erforderlich, dass das Gebäude insgesamt zerstört wird. Der Überbau muss auch beseitigt werden, wenn nur mehr wirtschaftlich bedeutungslose Teile erhalten bleiben. In diesem Fall sind die verbliebenen Überreste zu entfernen. Umgekehrt muss ein Wiederaufbau geduldet werden, wenn die restlichen Teile noch von wirtschaftlicher Bedeutung sind.[615] Entscheidend ist der wirtschaftliche Standpunkt entsprechend dem Normzweck. Eine etwaige Beseitigung der Überbaureste hat durch den Überbauenden zu erfolgen (§ 1004 BGB).

Da den Nachbarn außer der Duldung keine sonstigen Pflichten treffen, besteht für ihn 273
auch keine Sicherungspflicht bezüglich des Überbaus, insbesondere **keine Verkehrssicherungspflichten**.[616] Allerdings darf der betroffene Nachbar auch keine Handlungen vornehmen, die zur Beeinträchtigung des Überbaus führen, insbesondere dessen Standsicherheit betreffen. Führen Maßnahmen des Nachbarn dazu, dass der Überbau zerstört wird, so kann der Überbauende den Wiederaufbau durchführen.[617]

bb) Eigentum am Überbau. Aus § 912 BGB ergeben sich keinerlei Hinweise auf die 274
Eigentumsverhältnisse am Überbau. Es gelten somit die allgemeinen Bestimmungen (§§ 93 ff., 946 BGB).[618] Dabei geraten einander widerstreitende Gebote, nämlich das der Rechtseinheit zwischen Grundstück und Gebäude einerseits (§§ 94 I, 93 BGB, sog. Akzessionsprinzip) und das der Rechtseinheit zwischen den einzelnen Teilen des Gebäudes andererseits (§ 94 II BGB, sog. Maßgeblichkeit des Gebäudezusammenhangs), in Konflikt. Da wirtschaftliche Einheiten grundsätzlich auch als Eigentumseinheiten zu erhalten sind, genießt der Grundsatz der Rechtseinheit zwischen einzelnen Gebäudeteilen grundsätzlich Vorrang. Liegen die Voraussetzungen für die Duldung des Überbaus durch den Nachbarn vor, so gehört das **Eigentum an dem Überbau dem Eigentümer des Stammgrundstücks**.[619] Welches Grundstück als Stammgrundstück anzusehen ist, richtet sich nach den Absichten des Erbauers, neben denen Größe und wirtschaftliche Bedeutung des überbauten Gebäudeteils keine Rolle spielen.[620] Die eigentumsrechtliche Zuordnung des

---

[611] OLG Karlsruhe, NJW-RR 1985, 524 (für Lichtschächte). Zur Abrissberechtigung s. BGHZ 105, 202 = NJW 1989, 221.

[612] Str., wie hier Staudinger/*Roth*, § 912 Rn. 35, a. A. MünchKommBGB/*Säcker*, § 912 Rn. 27 u. NK-BGB/*Ring*, § 912 Rn. 53.

[613] Ebenso Staudinger/*Roth*, § 912 Rn. 38 u. NK-BGB/*Ring*, § 912 Rn. 54.

[614] S. nur Soergel/*Baur*, § 912 Rn. 14.

[615] BGH, LM § 912 Nr. 8 (zum Wiederaufbau eines durch Kriegseinwirkungen zerstörten Gebäudes). Weitergehend Soergel/*Baur*, § 912 Rn. 14 für einen kriegszerstörten Überbau.

[616] BGH, VersR 1964, 975, 976.

[617] §§ 823 I, 249 I BGB (vgl. Staudinger/*Roth*, § 912 Rn. 35).

[618] BGH, NJW 1985, 789 u. *Tersteegen*, RNotZ 2006, 433, 442 ff.

[619] BGHZ 27, 197, 199 = NJW 1957, 1180; BGHZ 27, 204, 206 = NJW 1958, 1182; BGH, NJW 1969, 1482; BGHZ 57, 245, 248 = NJW 1972, 195. BGHZ 64, 333, 336 = NJW 1975, 1553; BGH, NJW 1985, 789; BGH, NJW 1985, 1078; BGH, NJW-RR 1989, 1040; BGHZ 110, 298, 300 = NJW 1990, 1791; BGH, VIZ 2004, 130 = BGHR 2004, 147 = DNotI-R 2004, 4 = MDR 2004, 270 = NotBZ 2004, 27 = Rpfleger 2004, 155 = ZfIR 2004, 104; OLG Köln, NJW-RR 1992, 212; OLG Düsseldorf, OLGR 2001, 415; a. A. nur MünchKommBGB/*Säcker*, § 912 Rn. 34 ff., der einer Aufteilung in wirtschaftlich sinnvolle Einheiten den Vorrang gibt. Zum Begriff des Stammgrundstücks s. BGHZ 62, 141, 145 = NJW 1974, 794.

[620] BGHZ 62, 141, 146 = NJW 1974, 794.

Überbaus zum Stammgrundstück greift auch ein, wenn der Nachbar den Überbau genehmigt hat. Eigentümer der überbauten Fläche bleibt dagegen in jedem Fall der Nachbar,[621] d. h. die katastermäßige Grenze wird nicht verschoben. Dies gilt auch für das Eigentum an dem Luftraum oberhalb des Überbaus.[622]

275 Der rechtmäßige Überbau stellt einen **Sonderfall** des § 95 I 2 BGB (Recht am fremden Grundstück) oder des § 94 II BGB dar.[623] Dadurch wird das Akzessionsprinzip des § 94 I BGB, wonach der Überbau wesentlicher Bestandteil des Grundstücks wäre, aufgehoben.

276 Die vorstehenden Grundsätze für den rechtmäßigen Überbau gelten auch für Wohnungs- und Teileigentum und hier insbesondere für **Eigentumswohnanlagen** entsprechend. Umstritten ist die Anwendung bei planabweichender Ausführung, d. h. bei einem Hineinreichen von Sondereigentum in Gemeinschaftseigentum.[624]

277 Im Unterschied dazu gehört beim **unrechtmäßigen Überbau** das **Eigentum** am Überbau dem **Nachbarn**. Das Eigentum am überbauten Bauwerk wird lotrecht auf der Grenze real nach Maßgabe des § 94 I BGB i.V.m. § 946 BGB geteilt.[625] Die Gebäudeteile fallen jeweils an den Eigentümer der überdeckten Grundfläche. Allerdings besteht hier grundsätzlich keine Duldungspflicht.[626] Der Nachbar kann die **Beseitigung** sowie gegebenenfalls **Schadensersatz** verlangen. Wird Wohnungs- bzw. Teileigentum gebildet, so muss das Grundbuchamt bei Kenntnis vom Überbau die Anlegung von Wohnungsgrundbüchern ablehnen, da Voraussetzung für die Begründung von Wohnungs- und Teileigentum ist, dass dem Grundeigentümer das Gebäude gehört.[627] An einem Stellplatz in einer Tiefgarage, die sich über mehrere Grundstücke hinzieht, kann Sondereigentum dagegen gebildet werden, wenn die Stellplätze sich unter genauer Einhaltung der Grundstücksgrenze auf dem Grundstück befinden, auf welches sich die Teilungserklärung bezieht.[628] Ebenso kann ein „überhängender Überbau" in die Aufteilung des Stammgrundstücks einbezogen werden, sofern er im Eigentum des Überbauenden steht. In diesem Fall ist die Eintragung einer Grunddienstbarkeit zwar ratsam, aber nicht zwingend erforderlich.[629]

278 **cc) Rentenpflicht. (1) Berechtigter, Verpflichteter.** *(1.1) Anspruch auf die Überbaurente.* Das Rentenrecht ist ein subjektiv dingliches Recht.[630] **Gläubiger der Rente** ist deshalb derjenige, dessen Recht durch den Überbau beeinträchtigt wird. Es handelt sich um den Eigentümer und die in § 916 BGB genannten Betroffenen (Beeinträchtigung des Erbbaurechts oder der Dienstbarkeit durch den Überbau). Gleichgestellt sind der Dauerwohn- und Dauernutzungsberechtigte (§ 31 WEG).[631] Für jeden Beeinträchtigten besteht ein selbständiges Rentenrecht. Andere Realberechtigte, insbesondere Grundpfandrechtsgläubiger, haben keinen direkten Anspruch. Da die Rente jedoch anstelle der überbauten Fläche für ihre Forderungen haftet (§§ 96, 1107, 1126, 1192, 1200 BGB), haben sie ein Interesse an ihrer Höhe und können auch auf deren Festsetzung klagen.[632] Das Rentenrecht

---

[621] RGZ 169, 172, 175; BGHZ 57, 245 = NJW 1972, 195; BGHZ 64, 273, 274 = NJW 1975, 1313 u. BGH, NJW 1985, 789; a. A. noch *Hodes*, NJW 1964, 2382.

[622] BGHZ 64, 273, 278 = NJW 1975, 1313.

[623] Zur Streitfrage s. BGB-RGRK/*Augustin*, § 912 Rn. 20 u. Staudinger/*Roth*, § 912 Rn. 42.

[624] Für entsprechende Anwendung KG, ZMR 2000, 331; *Röll*, ZfBR 1983, 201 ff.; *ders.*, MittBayNot 1983, 5ff; *Ludwig*, DNotZ 1983, 411 ff.; teilw. abw. *Weitnauer*, ZfBR 1982, 97 ff.; BayObLG, DNotZ 1993, 741 u. OLG Köln, NZM 1998, 1105.

[625] BGHZ 27, 204 = NJW 1958, 1182; BGH, NJW 1964, 1221; BGH, NJW 1982, 756; BGH, NJW 1985, 789, 791 u. BGH, NJW-RR 1989, 1039.

[626] RGZ 88, 40 u. BGHZ 40, 18, 22.

[627] S. nur *Hügel*/Scheel, Rechtshandbuch Wohnungseigentum, 2003, Rn. 86.

[628] LG Bonn, MittBayNot 1983, 14. Die Abgeschlossenheit bezieht sich nicht auf das Verhältnis zu benachbarten Grundstücken (s. BayObLG, NJW-RR 1991, 593). Vgl. auch LG Bautzen, NZM 2001, 201.

[629] Staudinger/*Rapp*, § 1 WEG Rn. 30; a. A., aber falsch, OLG Stuttgart, DNotZ 1983, 444 = Rpfleger 1982, 375.

[630] BayObLG, DNotZ 1977, 111= Rpfleger 1976, 180.

[631] Ebenso PWW/*Lemke*, § 913 Rn. 1.

[632] BGB-RGRK/*Augustin*, § 913 Rn. 2.

ist Bestandteil des Grundstücks[633] und geht mit ihm über; ein rentenfreier Erwerb ist nicht möglich. Das Recht auf die Überbaurente, d.h. das Stammrecht, ist selbständig weder pfändbar noch abtretbar (§§ 914 III i.V.m. 1110 BGB). Pfändbar und abtretbar sind aber die Ansprüche auf die jeweilige einzelne Rente.

Bei einem **Eigentumsübergang** bleibt der Veräußerer noch bezüglich der zum Zeitpunkt des Eigentumsübergangs fälligen Einzelleistungen Gläubiger.[634] Bei Teilung des Grundstücks, auf welchem der Überbau steht, ist nur der Eigentümer des Teils, auf welchem sich jetzt der Überbau befindet, rentenberechtigt (§ 1109 III BGB). 279

Steht das Eigentum am überbauten Grundstück im **Miteigentum**, so kann jeder Miteigentümer die Ansprüche in der gesamten Höhe geltend machen. Es kann jedoch die Leistung nur an alle gemeinschaftlich erfolgen (§ 432 BGB). Der Eigentümer eines überbauten Grundstücks hat auch dann Anspruch auf Zahlung der Rente, wenn sein Voreigentümer dem Überbau schuldrechtlich zugestimmt hat,[635] da grundsätzlich nur eine Eintragung im Grundbuch dem Verzicht eine dingliche Wirkung verleiht. 280

(1.2) Zahlungspflicht. **Schuldner der Rente** ist der Eigentümer des überbauenden Grundstücks, und zwar auch bei einem gutgläubigen Erwerb.[636] Er haftet für die fälligen Leistungen während der Dauer des Eigentums auch persönlich (§§ 914 III i.V.m. 1108 BGB). Ein Rechtsnachfolger haftet dagegen für die Rückstände nur dinglich (§§ 914 III i.V.m. 1107, 1113 ff. BGB). Der Veräußerer haftet für die Rückstände weiterhin persönlich. Der (auch rechtmäßige) Überbau, der von einem verkauften Grundstück in das Nachbargrundstück ragt, stellt einen Rechtsmangel dar. Der übliche Ausschluss der Sachmängelansprüche erfasst ihn somit nicht.[637] 281

Bei einer **Teilung** des Grundstücks, von dem überbaut wurde, haften weiterhin alle Eigentümer der Teilgrundstücke für die Entrichtung der Rente als Gesamtschuldner (§ 914 III i.V.m. § 1108 BGB).[638] Es entsteht eine Gesamtbelastung. Im Innenverhältnis erfolgt die Aufteilung entsprechend dem Wert der erlangten Teilflächen, wobei auf das Verhältnis der überbauten Flächen abzustellen sein dürfte. Rechtsprechung liegt zu dieser Frage, soweit ersichtlich, noch nicht vor. 282

(2) Höhe der Rente. § 912 II 2 BGB bestimmt, dass für die Höhe der Rente der Zeitpunkt der Grenzüberschreitung maßgebend ist, unabhängig davon, wann diese entdeckt wird. Die Rente ist kein Schadensersatz, sondern ein **Ausgleich** für die Duldungspflicht und den damit verbundenen **Nutzungsverlust** an der überbauten Fläche.[639] 283

Grundlage für ihre Berechnung ist der **Verkehrswert** des überbauten Grundstücks **zum Zeitpunkt der Grenzüberschreitung** (§ 912 II 2 BGB). Diese zeitliche Festschreibung soll einen andauernden Nachbarstreit über den jeweiligen Wert ausschließen.[640] Spätere Veränderungen des Grundstückswerts bleiben außer Betracht. Dies gilt sowohl für Preisänderungen am Grundstücksmarkt als auch für eine geänderte Bauleitplanung und sonstige öffentlich-rechtliche Festsetzungen (z. B. Naturschutzgebiet, Baumschutzverordnung etc.) und ferner für eine geänderte Nutzung des betroffenen Grundstücks. Eine Anwendung des § 323 ZPO scheidet aus. Eine Ausnahme von der zeitlichen Festschreibung gilt jedoch, wenn der Ausschluss der Änderung den Wesensgehalt des Eigentums antasten 284

633 RGZ 160, 166, 177.
634 Palandt/*Bassenge*, § 913 Rn. 2 u. Staudinger/*Roth*, § 913 Rn. 1.
635 BGH, NJW 1983, 1423 = MDR 1983, 568 = Rpfleger 1983, 289 = ZIP 1983, 280; vgl. Rn. 235.
636 S. nur Staudinger/*Roth*, § 913 Rn. 2.
637 OLG Koblenz, DNotZ 2008, 279 = IMR 2008, 30 = MittBayNot 2008, 209.
638 BGB-RGRK/*Augustin*, § 913 Rn. 6.
639 RGZ 65, 73, 77 u. 74, 87, 90; BGHZ 65, 395, 398 = NJW 1976, 669, 670.
640 BGHZ 97, 304, 305 = NJW 1972, 201; BGHZ 97, 292, 297 = NJW 1986, 2639 = DNotZ 1986, 749 = MDR 1986, 835; BGHZ 113, 32 = NJW 1991, 564 = MDR 1991, 420 = WM 1991, 324. Bei einem vor dem 3. 10. 1990 erfolgten Überbau im Beitrittsgebiet ist der Bodenrichtwert eines im gleichen Zustand und in vergleichbarer Lage belegenen Grundstücks in den alten Ländern im Zeitpunkt der Grenzüberschreitung maßgebend (BGH, NJW 2011, 1069 = NZM 2011, 328 = MDR 2011, 416 = ZfIR 2011, 264).

würde.[641] Die Rente soll in einer angemessenen Verzinsung des Verkehrswertes bestehen.[642] Kann ein Verkehrswert nicht festgestellt werden, wie z. B. bei der Überbauung einer öffentlichen Straße oder eines Kinderspielplatzes, so ist das übliche Nutzungsentgelt zugrunde zu legen.[643]

285 Da es auf den Verkehrswert zum Zeitpunkt des Überbaus ankommt, spielen spätere Änderungen (z. B. Umwandlung eines landwirtschaftlichen Grundstücks in Bauland) und hypothetische Bebauungsmöglichkeiten keine Rolle.[644] Trotz der **„Versteinerung der Überbaurente"** sind konkrete Baupläne, die durch den Überbau verhindert werden, zu berücksichtigen.[645] Steigende Grundstückspreise, spätere Nutzungsänderungen, aber auch eine Inflation sind dagegen, soweit sie sich im Rahmen des Üblichen halten, ohne Einfluss auf die Höhe der Rente.

286 Entstehen durch den Überbau für **mehrere Berechtigte** Rentenansprüche, so ist der Anspruch für jeden Einzelnen nach Maßgabe der ihm widerfahrenen Beeinträchtigung selbständig festzusetzen.[646] Jedem Beeinträchtigten steht insoweit ein selbständiges Rentenrecht zu.

287 Die Höhe der Rente kann entweder durch eine **Vereinbarung** der Parteien festgelegt oder durch ein **Urteil** festgestellt werden. Einer Vereinbarung zwischen dem Überbauenden und dem Rentenberechtigten[647] kommt eine dingliche Wirkung nur bei einer Eintragung im Grundbuch zu.[648] Auch ein Urteil wirkt gemäß §§ 325, 265, 266 ZPO nur zwischen den Parteien und ihren Gesamtrechtsnachfolgern (z. B. Erben), nicht aber gegenüber gutgläubigen Sonderrechtsnachfolgern wie z. B. Grundstückserwerbern.

288 Die Überbaurente für den betroffenen Nachbarn entspricht der **normalen Rendite** aus dem Verkehrswert der überbauten Grundstücksfläche zum Zeitpunkt des Überbaus. Zu berücksichtigen ist dabei ferner die prognostizierte Nutzungsdauer des Überbaus. Durch Abzinsung wird der Rentenbetrag ermittelt.[649]

289 Die Gewährung der Überbaurente schließt **weitgehende Ansprüche**, insbesondere Schadensersatzansprüche, nachbarrechtliche Ausgleichsansprüche und Aufopferungsansprüche, aus, soweit es sich um einen Ausgleich für die Grenzüberschreitung handelt.[650] Nicht verdrängt werden dagegen Ersatzansprüche, die nicht im Rentenanspruch enthalten sind.[651] In Betracht kommen insbesondere Ansprüche wegen Eigentumsverletzung, die nicht auf dem Nutzungsverlust, sondern auf zusätzlichen Beeinträchtigungen wie z. B. der Beschädigung eines bestehenden Gebäudes beruhen. Außerdem kann der Erwerber eines Grundstücks, der später feststellt, dass er einen vorher errichteten Überbau zu dulden hat, neben dem Anspruch auf Überbaurente auch noch gegen seinen Veräußerer die Rechte wegen eines Mangels geltend machen. Es handelt sich um einen Sach- und nicht um einen Rechtsmangel.[652] Seit der Schuldrechtsreform ergeben sich hieraus allerdings keine unterschiedlichen Rechtsfolgen mehr.

---

641 A. A. Staudinger/*Roth*, § 912 Rn. 47 (keine Korrektur auch bei krassen Abweichungen).

642 S. nur OLG Stuttgart, MDR 1976, 400 und *Horst*, MDR 2000, 494, 499.

643 BGHZ 65, 395 = NJW 1976, 669.

644 Ebenso MünchKommBGB/*Säcker*, § 912 Rn. 31 u. wohl auch OLG Frankfurt/M., ZMR 1964, 119. Vgl. auch BGHZ 57, 304 = NJW 1972, 201.

645 Vgl. Palandt/*Bassenge*, § 913 Rn. 4.

646 Staudinger/*Roth*, § 916 Rn. 1.

647 Ausführlich *Ludwig*, DNotZ 1984, 541 ff.

648 S. nur BGH, NJW 1983, 1423 = MDR 1983, 568 = Rpfleger 1983, 289 = ZIP 1983, 280.

649 LG Bochum, MDR 1959, 128 u. *Horst*, MDR 2000, 494, 499.

650 BGHZ 57, 304, 308 = NJW 1972, 201; BGH, NJW 1981, 1362, 1363 u. BGHZ 97, 292, 295 = NJW 1986, 2639 = DNotZ 1980, 749 = MDR 1984, 835.

651 BGHZ 57, 304, 308 = NJW 1972, 201; BGHZ, NJW 2003, 3621 = NZM 2003, 996 = BauR 2004, 344 = BGHR 2003, 1394 = MDR 2004, 89 = ZIP 2004, 80 = ZfIR 2003, 19 u. Staudinger/*Roth*, § 912 Rn. 50.

652 BGH, NJW 1981, 1362, 1363.

(3) Rangverhältnis. Das Recht auf die Überbauente **geht allen Rechten** an dem belasteten Grundstück, auch älteren Rechten, **vor** (§ 914 BGB). Für die Überbaurente gilt somit Gleiches wie für die Notwegerente. Bei mehreren Überbaurenten, auch bei einem Zusammentreffen mit Notwegerenten, richtet sich der Rang nach der Entstehung des einzelnen Rechts. 290

Gemäß § 52 II ZVG bleibt das Rentenstammrecht, auch wenn es nicht in das geringste Gebot fällt, in der **Zwangsversteigerung** bestehen. Dies gilt auch dann, wenn der Ersteher davon keine Kenntnis hatte. Für Rückstände gilt Folgendes: Rückstände des laufenden Jahres und der letzten zwei Jahre können in der vierten Klasse als wiederkehrende Leistungen an erster Rangstelle Befriedigung verlangen, längere Rückstände in der achten Klasse an erster Stelle (§ 10 I ZVG i.V. m. § 914 I BGB). Das Stammrecht ist nicht anmeldepflichtig. Dagegen müssen die Rückstände angemeldet werden. Der Nachbar gehört insoweit zu den Beteiligten i. S. von §§ 9 Nr. 2, 10 I Nr. 4 und Nr. 8 ZVG. 291

Beim rentenberechtigten Grundstück erwirbt der **Ersteher** mit dem Zuschlag auch das Recht auf die Rente (§§ 90 II, 55 I, 20 II ZVG). Die Beschlagnahme des Grundstücks sowie die Zwangsverwaltung (§ 148 I ZVG) schließen das Recht auf die Rente ein,[653] nicht aber die Zwangsversteigerung (§ 21 II ZVG). 292

Der **Vorrang** gilt nur in Höhe des gesetzlichen Anspruchs, und zwar sowohl hinsichtlich des Stammrechts als auch hinsichtlich der Einzelleistungen. Bei abweichenden Vereinbarungen über die Höhe geht nur derjenige Teil den anderen Rechten im Rang vor, der der gesetzlichen Höhe entspricht. Der restliche Betrag hat Nachrang. Davon sind aber Abweichungen mit Zustimmung der am belasteten Grundstück eingetragenen dinglich Berechtigten möglich. Sie können auch den vereinbarten höheren Betrag Vorrang vor ihren Rechten einräumen. Dies kann im Grundbuch, obwohl das Rentenrecht als solches nicht eintragungsfähig ist, eingetragen werden. 293

(4) Beginn, Erlöschen und Verzicht. *(4.1) Beginn und Zahlungsweise.* Die Rentenzahlungspflicht beginnt mit der Grenzüberschreitung, ohne Rücksicht darauf, wann sie entdeckt wird.[654] Die Rente ist jährlich, vom Tag der Grenzüberschreitung (Anfangszeitpunkt) an im Voraus zu entrichten (§ 913 II BGB). Abweichende Vereinbarungen bezüglich der **Zahlungsweise** wirken gegenüber Rechtsnachfolgern nur bei Eintragung im Grundbuch.[655] Ein Verzug mit der Zahlung berechtigt weder zur Beseitigung des Überbaus noch können Zinsen verlangt werden (§§ 914 III, 1107, 289 S. 1, 291 BGB). Unberührt bleibt das Recht, einen Verzugsschaden bei Vorliegen der gesetzlichen Voraussetzungen geltend zu machen (§§ 280 II, 289 S. 2 BGB). 294

Die Ansprüche aus der einzelnen fälligen Rente verjährten bis zur Schuldrechtsmodernisierung gemäß § 197 BGB a. F. in vier Jahren. Nach gegenwärtiger Rechtslage gilt für die **Verjährung** der einzelnen Renten die Regelverjährung von drei Jahren (§§ 195, 199 BGB).[656] Die Verjährung tritt unabhängig von der Feststellung des Anspruchs und seiner Höhe ein. Das Rentenstammrecht verjährt, da es zum Inhalt des Eigentums gehört, dagegen nicht. 295

(4.2) Erlöschen und Verzicht. Das Recht auf die Rente **erlischt mit Beseitigung** des Überbaus (§ 914 I 2 BGB), wobei es keine Rolle spielt, auf wessen Veranlassung und durch welche Person der Überbau beseitigt wird. Ist die Rente im Voraus entrichtet, so hat eine zeitanteilige Abrechnung zu erfolgen. 296

---

653 Vgl. § 96 BGB, § 20 II ZVG, § 85 ZPO.

654 S. nur Staudinger/*Roth*, § 913 Rn. 4 u. Palandt/*Bassenge*, § 913 Rn. 3. Eine Anwendung der §§ 987 ff. BGB ist entgegen dem Willen des Gesetzgebers nicht geboten (NK-BGB/*Ring*, § 913 Rn. 10 Fn. 16).

655 BGB-RGRK/*Augustin*, § 913 Rn. 5.

656 § 197 II BGB enthält hierfür keine Regelung (Soergel/*Baur*, § 913 Rn. 2; vgl. auch Bamberger/Roth/*Fritzsche*, § 915 Rn. 4).

297 Im **Grundbuch** erfolgen, da auch das Rentenrecht nicht vermerkt wird, keine Eintragungen. Soweit bezüglich des Rentenrechts im Grundbuch Eintragungen erfolgt sind, sind diese gemäß § 894 BGB, §§ 9, 23, 24 GBO zu löschen.[657]

298 Der **Verzicht auf die Rente** im Ganzen, der auch gegenüber Dritten wirken soll, bedarf zu seiner Wirksamkeit der Aufhebung des Rentenrechts gemäß §§ 875, 876 II BGB und der Eintragung in Abt. II des Grundbuchs beim rentenpflichtigen, d.h. überbauenden Grundstück. Eine Eintragung beim rentenberechtigten Grundstück ist nach § 9 GBO nicht möglich und auch nicht notwendig.[658] Zum Verzicht ist gemäß § 876 II BGB die Zustimmung der Realberechtigten des rentenberechtigten Grundstücks notwendig, da die Rente anstelle der überbauten Fläche haftet. Anders ist dies, wenn deren Recht durch den Verzicht nicht berührt wird.[659] Der Verzicht auf bereits entstandene **einzelne Rentenzahlungen** ist dagegen jeweils formlos wirksam.

299 **dd) Abnahme des überbauten Grundstücks.** Der Eigentümer des überbauten Grundstücks, der trotz des Überbaus Eigentümer der betroffenen Fläche bleibt, kann vom Überbauenden anstelle der Rente verlangen, dass dieser ihm die überbaute Fläche abkauft (§ 915 BGB). Die Grundabnahme gegen Wertersatz soll dem betroffenen Eigentümer die Möglichkeit geben, sich seiner formalen Eigentümerposition hinsichtlich der betroffenen Fläche zu entledigen. Berechtigt, das **Übernahmeverlangen** zu stellen, ist nur der Eigentümer des durch den Überbau belasteten Grundstücks. Das Recht steht sonstigen Berechtigten, selbst wenn sie durch den Überbau beeinträchtigt wurden, nicht zu. § 915 BGB wird nämlich in § 916 BGB ausdrücklich nicht erwähnt.[660] Auch der Rentenverpflichtete kann nicht die Ablösung fordern. Eine entsprechende Verpflichtung des Eigentümers des überbauten Grundstücks kann sich auch nicht aus Treu und Glauben oder dem nachbarschaftlichen Gemeinschaftsverhältnis ergeben. § 915 BGB ist auch bei Zeitbauten, die zu einem Überbau geführt haben, anwendbar.[661] Es besteht kein Grund, diese von der Übernahmepflicht auszunehmen. Auch bei ihm fallen Eigentum und Nutzung auseinander. Zudem besteht für den Überbauenden die Möglichkeit, sich durch die Beseitigung des Zeitbaus seiner Pflicht zur Grundabnahme zu entziehen.

300 Sind mehrere Personen Eigentümer des überbauten Grundstücks, so können diese ihr Recht nur gemeinsam ausüben (§ 747 S. 2 BGB). Ein einzelner **Miteigentümer** kann die anderen trotz der Vorschrift des § 1011 BGB nicht zur Veräußerung und Übereignung zwingen.[662]

301 Das Abnahmeverlangen erfolgt durch eine einseitige, empfangsbedürftige Willenserklärung.[663] Es kann auch durch den Vorerben gestellt[664] werden und unterliegt nicht der Form des § 311b I BGB.[665] Adressat ist der Rentenpflichtige.[666] Die Erklärung muss nicht das Angebot der Übereignung der Grundstücksfläche beinhalten.[667] Voraussetzung ist nach h. M., dass der Eigentümer des betroffenen Grundstücks rentenberechtigt ist.[668] Es

---

657 Staudinger/*Roth*, § 914 Rn. 6.

658 Vgl. unten Rn. 325.

659 Dies ist regelmäßig bei Dienstbarkeiten der Fall.

660 Staudinger/*Roth*, § 915, Rn. 2 u. § 916 Rn. 1.

661 Ebenso MünchKommBGB/*Säcker*, § 912 Rn. 6 u. Staudinger/*Roth*, § 912 Rn. 9; a. A. AnwKommBGB/*Ring*, § 915 Rn. 8; Erman/*Lorenz*, § 912 Rn. 2 u. Palandt/*Bassenge*, § 915 Rn. 1; offen Bamberger/Roth/*Fritzsche*, § 915 Rn. 4.

662 NK-BGB/*Ring*, § 915 Rn. 3; MünchKommBGB/*Säcker*, § 915 Rn. 2; Palandt/*Bassenge*, § 915 Rn. 1; BGB-RGRK/*Augustin*, § 915 Rn. 1; Soergel/*Baur*, § 915 Rn. 1 u. Staudinger/*Roth*, § 915 Rn. 2; a. A. *Dehner*, § 24 IV Fn. 113.

663 RGZ 74, 90.

664 KG, Rpfleger 1974, 222. §§ 2113, 2120 BGB (Pflicht des Nacherben zur Einwilligung) sind anwendbar, wenn es sich beim Wertersatzverlangen um eine ordnungsgemäße Verwaltung der Vorerbschaft handelt (BGB-RGRK/*Augustin*, § 915 Rn. 8).

665 S. nur Soergel/*Baur*, § 915 Rn. 1.

666 Fehlt ein solcher, muss nach §§ 58, 787, ZPO ein Vertreter bestellt werden.

667 Staudinger/*Roth*, § 915 Rn. 2.

668 So NK-BGB/*Ring*, § 915 Rn. 5; Palandt/*Bassenge*, § 915 Rn. 1 u. Staudinger/*Roth*, § 915 Rn. 2.

ist nach dieser Ansicht daher nicht gegeben, wenn ein Verzicht auf die Überbaurente erklärt wurde. Dies ist jedoch zumindest dann nicht zutreffend, wenn dabei vereinbart wurde, dass das Übernahmeverlangen unberührt bleibt.

Das Übernahmeverlangen ist ein **Gestaltungsrecht**. Es ist bedingungsfeindlich.[669] 302
Aufgrund des Verlangens entsteht zwischen den Beteiligten ein **Rechtsverhältnis**, für das die §§ 433 ff. BGB maßgeblich sind. Durch die Ausübung des Rechts aus § 915 BGB entstehen die gleichen Rechtsfolgen, als ob ein Kaufvertrag über die betroffene Fläche abgeschlossen wäre. Ein Vorkaufsberechtigter kann jedoch sein Vorkaufsrecht mangels Vorliegens eines Kaufvertrages nicht ausüben.[670] Die Grundstücksfläche ist lastenfrei zu übertragen (§§ 435, 442 II BGB).[671] Hinsichtlich der Sachmängel des Gebäudes haftet der Veräußerer nicht, da dieses im Eigentum des Überbauenden steht. Die Haftung für Sachmängel des Grundstücks richtet sich nach § 434 BGB. Die Verjährungsfrist beträgt zwei Jahre und beginnt ab Übergabe (§ 438 I Nr. 3, II BGB). Diese Regelung ist zwar beim Grundstückskauf nicht üblich, aber auch nicht unbillig. Die Übertragung erfolgt nach §§ 873, 925 BGB durch zur Urkunde eines Notars erklärte Einigung und Eintragung im Grundbuch. Bei einer Weigerung ersetzt das gerichtliche Urteil die Auflassung (§ 894 ZPO). Die Beurkundung eines schuldrechtlichen kaufähnlichen Vertrages ist dagegen nicht erforderlich. § 925a BGB ist nicht anwendbar.

Der Anspruch auf Grundabnahme unterliegt nicht der **Verjährung** (§ 924 BGB). 303
Dagegen verjähren die aus dem kaufähnlichen Rechtsverhältnis entstehenden Einzelansprüche.[672]

Bei der **Wertberechnung** ist der Zeitpunkt der Grenzüberschreitung maßgebend. Es 304
wird also fingiert, dass der Überbauende bereits damals den betreffenden Grundstücksteil erworben hätte. Dies gilt auch dann, wenn das Ankaufsverlangen erst Jahre nach dem Überbau ausgeübt wird und der gegenwärtige Verkehrswert den „Überbauwert" um ein Mehrfaches übersteigt. Zu ermitteln ist der Verkehrswert für Vergleichsgrundstücke. Die Abfindung ist somit nicht durch eine Kapitalisierung der Überbaurente zu ermitteln.[673] Diese betrifft nur den Nutzungsverlust, während der Wertersatz den Eigentumsverlust ausgleichen soll. Maßgeblich sind der Wert der überbauten Fläche und der Beeinträchtigungen bei der Nutzung des nicht überbauten Grundstücksteils.[674] Die bisher bezahlte Rente ist auf den Wertersatz nicht anzurechnen. Umgekehrt ist dieser nicht zu verzinsen, da die Überbaurente insoweit als Ausgleich dient.

Mit der **Zahlung des Wertersatzes** entfällt – trotz des Wortlauts von § 915 II BGB – 305
der Anspruch auf Rentenzahlung, auch wenn der Eigentumsübergang noch nicht erfolgt ist.[675] Die in der Duldungspflicht liegende Eigentumsbeschränkung erlischt dagegen erst mit dem Eigentumsübergang.[676]

§ 915 I BGB ist **entsprechend** anwendbar, wenn ein Grundstückskaufvertrag nichtig 306
ist, der Erwerber aber das Grundstück werterhöhend bebaut und der Eigentümer deshalb statt Herausgabe nur Wertersatz (§ 818 II BGB) verlangen kann. Der Wertersatz kann dann nur gegen Übertragung des Eigentums an dem Grundstück verlangt werden.[677]

---

669 NK-BGB/*Ring*, § 915 Rn. 5 u. Staudinger/*Roth*, § 915 Rn. 2; a. A. *Dehner*, B § 24 IV, der eine bedingte und befristete Ausübung zulässt.

670 BGB-RGRK/*Augustin*, § 915 Rn. 5; offen NK-BGB/*Ring*, § 915 Rn. 7.

671 Umstr. ist die Anwendbarkeit von § 442 BGB; s. nur MünchKommBGB/*Säcker*, § 915 Rn. 3 u. Bamberger/Roth/*Fritzsche*, § 915 Rn. 5.

672 Vgl. auch Soergel/*Baur*, § 915 Rn. 2.

673 Ebenso NK-BGB/*Ring*, § 915 Rn. 7; a. A. nur Meisner/Ring/*Götz*, § 21 Rn. 45.

674 BGH, NZM 2007, 300 = BeckRS 2006, 15356 = IBR 2007, 1062; BGH, NZM 2010, 215 = GE 2010, 265.

675 Ebenso Erman/*Lorenz*, § 915 Rn. 1; MünchKommBGB/*Säcker*, § 915 Rn. 4 u. Soergel/*Baur*, § 915 Rn. 2.

676 S. nur MünchKommBGB/*Säcker*, § 915 Rn. 4.

677 RGZ 133, 293, 296; NK-BGB/*Ring*, § 915 Rn. 12; Palandt/*Bassenge*, § 915 Rn. 2 u. Staudinger/*Roth*, § 915 Rn. 8; a. A. MünchKommBGB/*Säcker*, § 915 Rn. 5, der § 994 BGB für einschlägig hält.

d) Nicht entschuldigter Überbau

307 Ein unentschuldigter und rechtswidriger Überbau ist in **zwei Konstellationen** denkbar:[678]

– Dem Überbauenden ist Vorsatz oder grobe Fahrlässigkeit zur Last zu legen. In diesem Fall bedarf es keines Widerspruchs des Nachbarn.
– Der Überbauende handelt zwar nur leicht fahrlässig, der Nachbar widerspricht vor oder sofort nach der Grenzüberschreitung und der Eigentümer missachtet dies.

308 Diese Fälle werden von § 912 BGB nicht geregelt. Die Rechtsfolgen bestimmen sich deshalb nach den allgemeinen Regeln.

309 **Eigentümer** des Überbaus wird der Nachbar. Das Eigentum am Gebäude wird auf der Grenze vertikal geteilt. Die Bestimmungen der §§ 93, 94 II BGB treten hier zurück. Bei einer Eigentumsverletzung kann das störende Eigentum nicht als wirtschaftliche Einheit geschützt sein. Maßgeblich ist vielmehr das Akzessionsprinzip.[679]

310 Im Verhältnis zwischen dem Überbauenden und dem Nachbarn gelten, da der Überbauende in der Regel als Nutzer Besitzer des Überbaus ist, die **Vorschriften der** §§ 987 ff. BGB.[680] Dem Nachbarn stehen als Eigentümer des Überbaus die Nutzungen zu (§§ 987, 990, 988 BGB). Etwaige Mietverträge stehen ihm anteilig zu (§§ 100, 99 III BGB).

311 Verlangt der Nachbar nicht den Abriss des Überbaus, sondern behält er den überbauten Gebäudeteil, so wird dem Überbauenden teilweise ein Anspruch aus § 951 BGB zugebilligt.[681] Härten dieses Ausgleichs sollen über das Institut der aufgedrängten Bereicherung gemildert werden. Da der Nachbar jederzeit die Beseitigung des Überbaus verlangen kann, wird es jedoch grundsätzlich nicht als unbillig angesehen, wenn er bei Erhalt des Überbaus dem Überbauenden **Wertersatz für den Rechtsverlust** leisten muss. Kann er ausnahmsweise den Beseitigungsanspruch nicht geltend machen, so muss er nicht den vollen Wert ersetzen, sondern nur den Wert, den der Überbau für den Eigentümer hat.[682] Die Rechtsprechung versagt dagegen Bereicherungs- und Verwendungsersatzansprüche. Der Überbau stellt danach keine Verwendung dar. Dem Überbauenden bleibt jedoch das Wegnahmerecht (§§ 997, 258 BGB). Er kann den Überbau abreißen und die Baumaterialien anderweitig verwenden, wenn diese nicht zerstört sind. Ein Ausgleichsanspruch besteht nach der Rechtsprechung nur ausnahmsweise bei einem Ausschluss des Wegnahmerechts.[683]

312 Der **Beseitigungsanspruch** kann unabhängig davon durchgesetzt werden, ob der Überbau für den Nachbarn Nachteile birgt. Auch wenn er keine Nutzungsbeschränkung erfährt, muss er die Verletzung seines Eigentums nicht hinnehmen.[684] Der Anspruch ist jedoch ausnahmsweise ausgeschlossen, wenn das Beseitigungsverlangen missbräuchlich ist, weil die Aufwendungen für den Abbruch unverhältnismäßig sind.[685] Erforderlich ist zusätzlich , dass die Beeinträchtigung für den betroffenen Eigentümer demgegenüber unerheblich ist.[686] Gleiches gilt, wenn der Anspruch ausnahmsweise verwirkt ist. Eine langjährige Duldung ohne weitere Handlungen, die ein diesbezügliches Vertrauen her-

---

678 Zur Unzulässigkeit des Überbaus nach dem Recht der ehemaligen DDR s. OVG Magdeburg, BauR 2005, 1813 = IBR RS 52113.

679 Vgl. nur BGH, NJW 1985, 789, 790; BGHZ 102, 311, 314 = NJW 1988, 1078; BGH, NJW-RR 1989, 1039; NK-BGB/*Ring*, § 912 Rn. 79; Soergel/*Baur*, § 912 Rn. 23 u. Staudinger/*Roth*, § 912 Rn. 76; a. A. *Eichler*, JuS 1965, 479.

680 BGHZ 27, 204, 209 = NJW 1958, 1182.

681 So wohl NK-BGB/*Ring*, § 912 Rn. 81.

682 Palandt/*Bassenge*, § 951 Rn. 21.

683 BGHZ 41, 157, 165 = NJW 1964, 1125; vgl. auch BGH, WM 1969, 295.

684 LG Mainz, IMR 2009, 327; Staudinger/*Roth*, § 912 Rn. 74. Zur Gemeinschaftsbezogenheit des Beseitigungsanspruchs bei einer Wohnungseigentümergemeinschaft s. OLG München, NZM 2011, 39 = IMR 2011, 64.

685 BGHZ 62, 388, 391 = NJW 1974, 1552; BGH, NJW 1977, 1447; BGH, WM 1979, 644, 647; vgl. auch BGHZ 105, 202 = NJW 1989, 221 u. OLG Nürnberg, Urt. v. 23. 9. 1987 – 9 J 1195/87 (n.v.)

686 BGH, NJW 1977, 1447; enger Staudinger/*Roth*, § 912 Rn. 75.

vorrufen können, genügt jedoch nicht.[687] Der Anspruch des Eigentümers des überbauten Grundstücks auf Herausgabe des unrechtmäßig und unentschuldigt überbauten Teils (§ 985 BGB) hängt nicht von der Durchsetzbarkeit seines Anspruchs auf Beseitigung des Überbaus (§ 1004 II BGB) ab.[688] In diesen Fällen, in denen der Beseitigungsanspruch ausnahmsweise ausgeschlossen ist, besteht das Rentenrecht analog § 912 II BGB.[689]

e) Vertragliche Vereinbarungen

aa) Zustimmung zum Überbau. Die **Rechtswidrigkeit** des Überbaus **entfällt**, wenn der Nachbar ihm zugestimmt hat (sog. rechtmäßiger oder entschuldigter Überbau).[690] Die Zustimmung kann auch stillschweigend erteilt werden.[691] Das bloße Unterlassen des Widerspruchs[692] und das Unterschreiben eines Protokolls über eine Grenzvermessung[693] stellen noch keine Genehmigung dar. 313

Die Zustimmung kann auch im Rahmen der Verhandlung über den Widerspruch des betroffenen Nachbarn erteilt werden. Regelmäßig wird sie in diesem Fall nur einen Teil des Vorhabens betreffen. Die **konkludent erteilte Zustimmung** kann angefochten werden, wenn der Nachbar gar nicht zustimmen wollte oder die Absicht, über die Grenze zu bauen, nicht erkannt hat.[694] Trotz der Rückwirkung der Anfechtung wird dadurch der Überbau nicht rechtswidrig.[695] 314

Da die Zustimmung eine freiwillige Handlung darstellt, kann sie auch **beschränkt** werden. Dies kann sowohl in zeitlicher Hinsicht als auch bezüglich des Umfangs der Überbauung geschehen. Im ersten Fall besteht nach Ablauf des vereinbarten Zeitraums keine Duldungspflicht mehr.[696] Eine Unbilligkeit des Beseitigungsverlangens kann dann nicht wegen des zunächst geduldeten Überbaus bestehen. Im zweiten Fall bleiben für den Überbau, der nicht durch die Zustimmung gedeckt ist, die §§ 912 ff. BGB anwendbar.[697] 315

Wurden von den Grundstücksnachbarn **vertragliche Vereinbarungen** getroffen, so richten sich die Rechtsfolgen des Überbaus nach diesen Regelungen und nicht nach den §§ 912 ff. BGB.[698] Es handelt sich dann um keinen rechtswidrigen Überbau. Hat der Nachbar dem Überbauenden vor der Ausführung des Bauvorhabens ein dingliches Recht eingeräumt, so folgt seine Duldungspflicht allein aus dem Inhalt dieses Rechts. Eine Überbaurente ist in diesem Fall nicht geschuldet. Ist in einer schuldrechtlichen Vereinbarung keine Regelung über Ausgleichsansprüche getroffen, so ist § 912 BGB entsprechend anzuwenden, wenn aus der Vereinbarung erkennbar ist, dass die Parteien auf einen Wertersatz nicht verzichten wollten.[699] Überschreitet der Bauherr die Grenzen des ihm zugestandenen Überbaus, so sind insoweit wieder die Bestimmungen der §§ 912 ff. BGB anzuwenden.[700] 316

Durch die Zustimmung des Nachbarn zum Überbau werden nicht automatisch die **Eigentumsfragen** geregelt. Sofern hierzu die Beteiligten keine besonderen Vereinbarungen getroffen haben, gelten für den rechtmäßigen Überbau die gleichen Regeln wie für den 317

---

687 BGH, WM 1979, 644, 646 u. OLG Nürnberg, RdL 1968, 102.
688 BGH, NJW 2011, 1069 = NZM 2011, 328 = MDR 2011, 416 = ZfIR 2011, 264.
689 BGH, NJW 1977, 1447.
690 Zum Begriff s. Staudinger/*Roth*, § 912 Rn. 66 u. BGH, NJW-RR 1989, 1039, 1040.
691 Enger Staudinger/*Roth*, § 912 Rn. 67: in der Regel nur ausdrücklich.
692 BGHZ 42, 374, 375.
693 BGH, WM 1979, 644, 645.
694 S. nur BGH, WM 1966, 1185.
695 RGZ 74, 87, 90 u. Staudinger/*Roth*, § 912 Rn. 67.
696 BGH, WM 1960, 1185.
697 BGH, NJW 1971, 426, 427.
698 BGH, NJW 1974, 794 = MittBayNot 1974, 140; NJW 1983, 1112, 1113.
699 RGZ 74, 87, 89.
700 BGH, NJW 1971, 426, 427 f.

entschuldigten Überbau.[701] Eine Verpflichtung zum Abkauf kann, da sie sich nicht aus § 915 BGB ergibt, nur durch notariellen Vertrag begründet werden (§ 311b I BGB).

318 Wurden zwischen den Vertragsparteien **nur schuldrechtliche Vereinbarungen** getroffen, so sind Sonderrechtsnachfolger nicht daran gebunden.[702] Hieraus ergeben sich verschiedene Rechtsfolgen: Ist der Überbau zum Zeitpunkt der Sonderrechtsnachfolge noch nicht durchgeführt, so kann Widerspruch erhoben werden. Ist der Überbau bereits durchgeführt, so hat der Betroffene den Überbau aufgrund der subsidiär anwendbaren gesetzlichen Überbauvorschriften zu dulden, da der Bauherr mit Rücksicht auf die vertragliche Gestattung schuldlos über die Grenze gebaut hat. Diese Rechtsfolge führt zu einer gewissen Dinglichkeit der persönlichen Überbauerlaubnis, und zwar im Hinblick auf die Duldungspflicht. Ein gutgläubiger Erwerb bezüglich der Lastenfreiheit des überbauten Grundstücks ist nicht mehr möglich.[703] Wurde die Zustimmung nur zeitlich beschränkt gestattet, entfällt die Bindung mit dem Ende der Erlaubnis.[704] Die sonstigen vertraglichen Vereinbarungen binden jedoch den Sonderrechtsnachfolger nicht; dem (Rechtsnachfolger-)Nachbarn steht insbesondere ein Anspruch auf Zahlung einer Überbaurente zu.[705] Dies gilt auch dann, wenn der Rechtsvorgänger auf die Zahlung der Überbaurente schuldrechtlich verzichtet hatte.[706] In der Vereinbarung kann nicht ohne besondere Anhaltspunkte ein Vertrag zugunsten des Rechtsnachfolgers des Überbauenden gesehen werden.[707] Der Überbauende kann jedoch seine diesbezüglichen Ansprüche gegen den Grundstückseigentümer an seinen Erwerber abtreten. Ob davon entsprechend § 311c BGB bei einer Grundstücksveräußerung auszugehen ist, ist umstritten.[708]

319 Eine (echte) **dingliche Wirkung** der Vereinbarung lässt sich nur durch eine Eintragung in das Grundbuch erreichen. Übliches Gestaltungsmittel hierfür ist die Grunddienstbarkeit. Daneben kommen auch eine beschränkte persönliche Dienstbarkeit und ein Erbbaurecht in Betracht. Beim Nießbrauch ist umstritten, ob er zur Bebauung und damit auch zur Überbauung berechtigt.[709] Um den Grenzbau auch nach öffentlichem Baurecht zu legitimieren, kann, falls keine Ausnahme, Befreiung oder Abweichung erteilt wird, die zusätzliche Bestellung einer Vereinigungsbaulast in allen Ländern außer Bayern und Brandenburg erforderlich sein.[710]

320 Zur **Bestellung einer Grunddienstbarkeit** ist jedoch, da die gesetzliche Duldungspflicht bereits aus § 912 BGB folgt, notwendig, dass die Pflicht zur Duldung ohne Rücksicht auf das Vorliegen der Voraussetzungen des § 912 BGB begründet wird oder Zweifel, ob ein entschuldigter Überbau vorliegt, ausgeschlossen werden sollen.[711] Wurde ein Gebäude, das sich über die Grundstücksgrenze erstreckt (z. B. eine Tiefgarage) in Wohnungs- und Teileigentum aufgeteilt, so hat der Nachweis der Duldung entweder durch die Bestellung einer Grunddienstbarkeit oder durch die Vorlage der Gestattung des Nachbarn in der Form des § 29 GBO zu erfolgen.[712] Liegen die Voraussetzungen des § 912 BGB vor,

---

701 BGH, NJW 1974, 794 = MittBayNot 1974, 140 u. OLG Düsseldorf, NJOZ 2002, 466. Vgl. Rn. 268 ff.

702 BGH, LM § 912 Nr. 1 u. BGH, NJW 1983, 1112, 1113 = DNotZ 1984, 554 = MDR 1983, 568 = MittBayNot 1983, 60 = WM 1983, 451; OLG Koblenz, NJW-RR 1999, 1394 = OLGR 1999, 372; vgl. auch BGH, NJW-RR 2008, 827 = NZM 2008, 418 = IMR 2008, 172 = MDR 2008, 681.

703 BGH, LM § 912 Nr. 1 u. MünchKommBGB/*Säcker*, § 912 Rn. 46; vgl. auch *Röll*, MittBayNot 1983, 5 u. *Ludwig*, DNotZ 1984, 541. Zur Wertung der Zustimmung als Beschaffenheitsmerkmal s. OLG Oldenburg, NJW-RR 1994, 1292.

704 BGH, NJW 2004, 1237 = BGHR 2004, 571 = DNotI-R 2004, 53 = EWiR 2004, 595 = ZfIR 2004, 329.

705 BGH, NJW 1983, 1112, 1113 = DNotZ 1984, 554 = MDR 1983, 568 = WM 1983, 451.

706 OLG Koblenz, NJW-RR 1999, 1394.

707 Im Einzelfall abw. OLG Düsseldorf, NJW-RR 1998, 1388, 1389.

708 Bejahend Erman/*Grziwotz*, § 311c Rn. 1 gegen die h.M, s. nur *Kohler*, DNotZ 1991, 362, 370 m.w.Nachw.

709 Vgl. Staudinger/*Frank*, § 1037 Rn. 5; übersehen von Staudinger/*Roth*, § 912 Rn. 70.

710 Vgl. OVG Lüneburg, BauR 1999, 894 u. *Horst*, MDR 2000, 494, 500.

711 OLG Düsseldorf, OLGZ 1978, 19.

712 *Ludwig*, DNotZ 1983, 411, 417.

so ergeben sich in der Praxis in vielen Fällen zunächst keine Probleme, da das Grundbuchamt nur die vorgelegten Unterlagen prüft und sich hieraus der Grenzüberbau oft nicht ersichtlich ist. Hat das Grundbuchamt jedoch vom Überbau Kenntnis, so kann der grundbuchmäßige Nachweis, dass ein rechtmäßiger Überbau vorliegt, auch durch nachträgliche Eintragung einer Grunddienstbarkeit erreicht werden.[713] Die nachträgliche Vorlage der Grunddienstbarkeit oder Zustimmung genügt dagegen nach wohl h. M. nicht beim unrechtmäßigen Überbau, da die Rechtslage zum Zeitpunkt des Überbaus entscheidend, das Eigentum an der überbauten Fläche bereits auf den Nachbarn übergegangen und ein nachträglicher „Eigentumsübergang kraft Gestattung"[714] nicht möglich ist.[715]

Erlischt die (unbefristete) **Grunddienstbarkeit**, die die Überbauung absichert, **im** 321
Zwangsversteigerungsverfahren, so kann trotzdem keine Beseitigung des Überbaus verlangt werden. Der zum Zeitpunkt des Überbaus in der Bestellung der Grunddienstbarkeit liegenden Gestattung kommt die Wirkung einer Zustimmung zu. Die Zustimmung mit Dienstbarkeitsbestellung kann nämlich keine weniger weitreichenden Folgen wie eine Zustimmung ohne Dienstbarkeitseinräumung haben, d. h. der Überbauende bleibt Eigentümer des Überbaus.[716]

Möglich ist auch eine Vereinbarung, dass das Eigentum am Überbau dem Eigentümer 322
des überbauten Grundstücks zustehen und damit wesentlicher Bestandteil dieses Grundstücks werden soll, z. B. weil der Überbau später für das Gebäude, zu dem er gehört, seine Zweckbestimmung verliert oder überflüssig wird. Der Überbauende muss in diesem Fall nach der Rechtsprechung auf sein Duldungsrecht wirksam z. B. durch Eintragung einer Grunddienstbarkeit verzichten.[717] Dadurch erlischt auch die Rentenpflicht.[718] Die Form des § 311 b BGB muss nicht eingehalten werden, da keine Verpflichtung zur Übertragung des Eigentums an einem Grundstück vorliegt. Allerdings ist eine Einigung über den Eintritt der Eigentumszuordnung und ein der Begründung des Eigentums am Überbau gegenläufiges Geschäft, das die Gebäudeeinheit beseitigt (z. B. Mauereinzug) erforderlich.[719] Der übergebaute Gebäudeteil wird sodann kraft Gesetzes (§ 94 I BGB) Bestandteil des überbauten Grundstücks.

bb) Verbot des Überbaus. Ein Grundstückseigentümer kann sich gegenüber seinem 323
Nachbarn auch vertraglich verpflichten, nicht über die Grenze zu bauen. Bei einem Verstoß gegen diese Absprache sind dann die Bestimmungen des § 912 BGB nicht anzuwenden.[720]

cc) Abänderung der Rentenhöhe. Vertragliche Vereinbarungen können auch über die 324
Höhe der Rente, ihre Festlegung, ihre Herabsetzung und ihre Erhöhung getroffen werden. Während die Rente als solche **nicht eintragungsfähig ist** (§ 914 II 1 BGB), müssen vertragliche Regelungen jedoch, um gegenüber Dritten, insbesondere Sonderrechtsnachfolgern, zu wirken, im Grundbuch eingetragen werden. Die Eintragung erfolgt auf dem Grundbuchblatt des rentenpflichtigen (= überbauenden) Grundstücks.[721] Eine zusätzliche

---

713 OLG Hamm, Rpfleger 1984, 98 = MittBayNot 1984, 34; vgl. auch *Demharter*, Rpfleger 1983, 133.

714 *Weitnauer*, ZfBR 1982, 97, 101; vgl. *Demharter*, Rpfleger 1983, 133, 135.

715 S. nur Palandt/*Ellenberger*, § 95 Rn. 4 f.; a. A. OLG Hamm, Rpfleger 1984, 98 = MittBayNot 1984, 34; unklar *Weitnauer*, in: ders., WEG, 8. Aufl. 1995, § 3 Rn. 10 u. OLG Stuttgart, Rpfleger 1982, 375 = DNotZ 1983, 444.

716 BGH, NJW 1982, 756 = DNotZ 1982, 43 = BauR 1981, 494.

717 A. A. RGZ 83, 142, 149, das lediglich eine diesbezügliche Willenskundgabe forderte.

718 BGH, LM § 912 Nr. 9; BGH, NJW 2004, 1237 = BGHR 2004, 571 = DNotI-R 2004, 53 = EWiR 2004, 595 = ZfIR 2004, 329 u. OLG München, OLGE 29, 341.

719 Str., so BGH, NJW 2004, 1237 = BGHR 2004, 571 = DNotI-R 2004, 53 = EWiR 2004, 595 = ZfIR 2004, 329, vgl. auch MünchKommBGB/*Stresemann*, § 95 Rn. 14 ff. Krit. *Grziwotz*, EWiR 2004, 595.

720 BGB-RGRK/*Augustin*, § 912 Rn. 4.

721 BayObLG, Rpfleger 1976, 180 = DNotZ 1977, 111; BayObLG, NJW-RR 1998, 1389; OLG Düsseldorf, OLGZ 1978, 19 = Rpfleger 1978, 16; OLG Bremen, DNotZ 1965, 295 = Rpfleger 1965, 55; KG, Rpfleger 1968, 52; a. A. *Bessel*, DNotZ 1968, 617, 622 u. *Böck*, MittBayNot 1976, 63 f.; vgl. auch Staudinger/*Roth*, § 914 Rn. 4, der die Eintragung auf beiden Blättern empfiehlt.

Eintragung beim rentenberechtigten Grundstück ist gemäß § 9 GBO möglich.[722] Eine Eintragung ist auch bei Festlegung der Rente durch das Gericht notwendig, um die Wirkungen gegenüber einem Rechtsnachfolger zu erhalten. Ist die vereinbarte Rente niedriger als die gesetzliche, so müssen die am überbauten Grundstück dinglich Berechtigten zustimmen, da sich ihr Haftgegenstand verringert. Eine Zustimmung der dinglich Berechtigten am rentenpflichtigen Grundstück ist nur notwendig, wenn der die gesetzliche Höhe übersteigende Rentenbetrag ebenso wie der gesetzlich geschuldete Betrag Vorrang vor ihren Rechten haben soll (§ 880 BGB). Wird im Vertrag nur die Rente in der gesetzlichen Höhe festgelegt, so bedarf es keiner Zustimmung eines der dinglich Berechtigten. Da jedoch bei Beurkundung einer solchen Vereinbarung der Notar ebenso wie später das Grundbuchamt nicht sicher feststellen kann, ob die Parteien nur die Rente in der gesetzlichen Höhe festgelegt haben, wird er empfehlen, sicherheitshalber die notwendigen Zustimmungen einzuholen.

325 **dd) Verzicht auf die Überbaurente. Verzichtet** der Berechtigte insgesamt auf eine Überbaurente, so bedarf diese Vereinbarung gemäß §§ 875, 876 S. 2 BGB als **Aufhebung einer gesetzlichen Belastung** der Eintragung im Grundbuch, wenn sie nicht nur zwischen den Vertragsparteien wirken soll. Die Eintragung erfolgt auch hier in Abt. II Spalte 3 des rentenpflichtigen Grundstücks durch Löschungsvermerk; ein Vermerk beim rentenberechtigten Grundstück erfolgt nicht.[723] Einen Rang hat der Vermerk nicht. Materiellrechtlich erfordert der Verzicht eine Einigung des rentenpflichtigen mit dem rentenberechtigten Eigentümer.[724] Zur Wirksamkeit des Verzicht ist jedoch gemäß § 876 S. 2 BGB die Zustimmung der Realberechtigten des rentenberechtigten Grundstücks notwendig.[725] Die Zustimmung der Drittberechtigten ist dann nicht erforderlich, wenn dessen Recht durch die Aufhebung nicht berührt wird. Die Beeinträchtigung ist lediglich eine rechtliche; ob der Zustimmungsberechtigte eine wirtschaftliche Einbuße erleidet, ist unerheblich. Eine Verschlechterung der dinglichen Rechtstellung ist bei Grundpfandrechten und Reallasten, die am berechtigten Grundstück eingetragen sind, stets zu bejahen. Anders ist dies bei Nutzungsrechten.[726] Einer Zustimmung bedarf es ferner nicht, wenn der Verzicht nur obligatorisch zwischen den Parteien geregelt wird. Der Verzicht kann bereits vor Entstehen der Rentenpflicht erklärt werden.

326 Nicht vollständig geklärt ist, ob eine **Duldungsdienstbarkeit** hinsichtlich des Überbaus auch die Verpflichtung zur Zahlung der Überbaurente entfallen lässt.[727] Bei Bestellung einer Dienstbarkeit, die zum Überbau berechtigt, vor Errichtung des Bauwerkes kann eine Verpflichtung zur Zahlung einer Geldrente nicht mehr entstehen, da die Tatbestandsvoraussetzung des unrechtmäßigen Überbaus nicht vorliegt. Dagegen führt die nachträgliche Einräumung einer Dienstbarkeit nicht zu einer „Heilung", so dass zum Erlöschen des Anspruches auf die Überbaurente auch gegenüber einem Rechtsnachfolger vorsorglich noch ein Verzicht des Berechtigten erklärt werden sollte. Zwischen den Vertragsteilen der Dienstbarkeit enthält die Bestellung konkludent eine Verzichtserklärung.

---

[722] OLG Bremen, DNotZ 1965, 295 = Rpfleger 1965, 55, 56; LG Düsseldorf, Rpfleger 1990, 288; s. auch BGHZ 82, 254 = NJW 1982, 994 = DB 1982, 1267 = MDR 1983, 568; BGB-RGRK/*Augustin*, § 914 Rn. 4; abw. BayObLG, NJW-RR 1998, 1389.

[723] S. Rn. 298 u. *Böhringer*, Rpfleger 2008, 177, 179 ff.; zur Eintragung bei einem rechtmäßigen Überbau s. LG Köln, RNotZ 2006, 289. Zum Vermerk beim rentenberechtigten Grundstück s. BayObLG NJW-RR 1998, 1389 u. KG, NJOZ 2012, 764 = FGPrax 2012, 6 = NotBZ 2012, 33; o.A. noch KG, OLGZ 1967, 328. Zur Frage, ob die Unentgeltlichkeit des Überbaus auch durch eine Grunddienstbarkeit nach § 1018 3. Alt. BGB verdinglicht werden kann, s. *Ludwig*, DNotZ 1984, 541, 544, der diese Möglichkeit bejaht (ebenso Staudinger/*Roth*, § 914 Rn. 4; dagegen BayObLG, DNotZ 1977, 111 = Rpfleger 1976, 180).

[724] BayObLG, DNotZ 1977, 111 = Rpfleger 1976, 180; OLG Düsseldorf, OLGZ 1978, 19, 21 = Rpfleger 1978, 16; MünchKommBGB/*Säcker*, § 914 Rn. 5 u. BGB-RGRK/*Augustin*, § 914 Rn. 4; a. A. *Ludwig*, DNotZ 1984, 541, 543 u. Staudinger/*Roth*, § 914 Rn. 4 (einseitige Erklärung).

[725] BayObLG, MittBayNot 1998, 343.

[726] Ebenso PWW/*Huhn*, § 876 Rn. 9.

[727] BayObLG, DNotZ 1977, 111 = Rpfleger 1976, 180; vgl. auch *Ludwig*, DNotZ 1984, 541, 544.

Ob ein zusätzlicher Verzicht auch im erstgenannten Fall möglich ist, ist fraglich, da eine Rentenpflicht von vornherein nicht entsteht.[728]

Haben die beteiligten Eigentümer schuldrechtlich die Rechtsfolgen der §§ 912 ff. BGB auch „**mit Wirkung für etwaige Rechtsnachfolger** des Eigentümers des Stammgrundstücks" abbedungen, wird trotz fehlender Grundbucheintragung eine Überbaurente nicht geschuldet. Dem Eigentümer des überbauenden Grundstücks soll aus diesem Vertrag ein eigener Anspruch zustehen.[729] Dieser Konstruktion bedarf es jedoch nicht, da es sich nach richtiger Ansicht um einen rechtsmäßigen und deshalb nicht rentenpflichtigen Überbau handelt.[730] 327

f) Entsprechende Anwendung von § 912 BGB

aa) Eigengrenzüberbau. Beim Eigengrenzüberbau befinden sich beide, das Baugrundstück und das Nachbargrundstück, in einer Hand. Der Überbauende ist zugleich auch Eigentümer des überbauten Grundstücks. Für diesen **Eigengrenzüberbau** gelten die Überbauregeln der §§ 912 ff. BGB sinngemäß.[731] Die sich daraus ergebenden Rechte und Pflichten ruhen, solange sich die Grundstücke in einer Hand befinden. Sie finden jedoch dann wieder Anwendung, wenn der bisherige Alleineigentümer das überbaute Grundstück auf einen Dritten überträgt. Zwar ist der Überbau zu dulden; dem neuen Eigentümer des überbauten Grundstücks steht jedoch ein Anspruch auf Zahlung einer Überbaurente zu. Der Eigentümer des Stammgrundstücks ist Eigentümer des Überbaus.[732] Nur wenn ein Stammgrundstück nicht bestimmt werden kann, kommt es zur Eigentumsspaltung.[733] Soll beim Eigengrenzüberbau Wohnungseigentum gebildet werden, so ist dies trotz des Alleineigentums hinsichtlich beider Grundstücke nur möglich, wenn entweder die beiden Grundstücke im Grundbuch als ein Grundstück vereinigt werden oder der Überbau aufgrund einer Dienstbarkeit erfolgte.[734] 328

Die vorstehenden Grundsätze gelten auch, wenn das Grundstück später aufgeteilt wird und das vorher errichtete Gebäude jetzt von der Grenze durchschnitten wird (**nachträglicher Eigengrenzüberbau**).[735] In diesem Sonderfall ist hinsichtlich der Eigentumszuordnung ein Abstellen auf die Absichten des Erbauers praktisch nicht möglich. Deshalb kann die Zuordnung des Eigentums hier nur an objektive Kriterien anknüpfen. Bei natürlicher Betrachtungsweise erscheint es sachgerecht, als Stammgrundstück das Grundstück anzusehen, auf dem sich nach Umfang, Lage und wirtschaftlicher Bedeutung der eindeutig maßgebende Gebäudeteil befindet.[736] Ist bei einer Teilung des Grundstücks ein Stammgrundstück nicht festzustellen, so wird jeder Teil des Gebäudes Eigentum des Grundstücks, auf dem er steht. Es kommt zu einer vertikalen Teilung.[737] Bei späteren baulichen Änderungen sind die Nachbarn wechselseitig zur Rücksichtnahme verpflichtet.[738] 329

---

[728] Für die Zulässigkeit einer Eintragung LG Wuppertal, MittRhNotK 1997, 146.

[729] OLG Düsseldorf, NJW-RR 1998, 1388, 1389 = MittRhNotK 1998, 92.

[730] S. oben Rn. 316.

[731] RGZ 160, 166, 177 u. 169, 172, 175; BGH, LM § 912 Nr. 9 = WM 1961, 716; BGHZ 102, 311, 315 = NJW 1988, 1078; BGHZ 105, 202, 204 = NJW 1989, 221; BGHZ 110, 298, 302 = NJW 1990, 1791; BGH, NJW 1989, 1791; vgl. auch OLG Hamm, NJW-RR 1991, 656; OLG Köln, ZMR 1996, 85 u. BVerwG, VIZ 2000, 88 = SächsVBl. 2000, 7 = ThürVBl. 2000, 36.

[732] BGHZ 102, 311, 314 = NJW 1988, 1078 u. BGH, NJW 2002, 54 = NZBau 2002, 27 = NZM 2002, 43 = DNotZ 2002, 290 = BauR 2002, 315 = MDR 2002, 22 = Rpfleger 2002, 71 = ZfIR 2001, 997.

[733] BGH, NJW 1985, 789 = MDR 1985, 226 = WM 1984, 1283.

[734] S. nur OLG Stuttgart, DNotZ 1983, 444 = MittBayNot 1983, 15.

[735] BGHZ 64, 333, 335 = NJW 1975, 1559 u. BGHZ 110, 294, 302 = NJW 1990, 1791. Vgl. auch OLG Hamm, NJW-RR 1997, 1236 = BauR 1997, 862.

[736] BGHZ 64, 333 = NJW 1975, 1559; BGHZ 102, 311 = NJW 1988, 1078 u. BGHZ 110, 298 = NJW 1990, 1791.

[737] OLG Düsseldorf, NJW-RR 1987, 397 u. AnwKommBGB/*Otto*, § 912 Rn. 83; a. A. OLG Karlsruhe, OLGZ 1989, 341 (Miteigentum); vgl. auch BGH, NJW 1985, 789 = MDR 1985, 226 = WM 1984, 1283.

[738] BGH, NJW-RR 2003, 1313 = NZM 2003, 727 = MDR 2004, 30 = WM 2004, 231 = ZfIR 2003, 947, 948.

330 Ein Ruhen der §§ 912 ff. BGB tritt – ebenso wie beim Eigengrenzüberbau – auch ein, wenn der überbauende Eigentümer **später** das überbaute **Grundstück erwirbt**. Allerdings wird ein rechtswidriger Überbau dadurch nicht zum rechtmäßigen. Die Eigentumszuordnung des Überbaus ändert sich allein durch den Eigentumserwerb nicht.

331 **bb) Verletzung vertraglicher Vereinbarungen.** Eine entsprechende Anwendung von § 912 BGB wird auch angenommen, wenn durch die Errichtung eines Gebäudes nicht über die Grundstücksgrenze gebaut wird, aber eine vertraglich vereinbarte Bebauungsgrenze überschritten wird. Es spielt hierbei keine Rolle, ob die Vereinbarung nur schuldrechtlich oder in Form einer Grunddienstbarkeit begründet war.[739] Beispiel hierfür ist ein Vertrag zur Beilegung eines Nacherbstreits, in dem bestimmte Baugrenzen oder Bauhöhen vereinbart, aber dann vom Bauherrn nicht eingehalten werden.

332 **cc) Verletzung landesrechtlicher Abstandsvorschriften.** Sieht ein Landesgesetz einen **privatrechtlichen Bauabstand** vor[740] und wird dieser überschritten, so wird ebenfalls eine Duldungspflicht gemäß § 912 BGB normiert. Auch ein Bauwerk, das unter Verletzung der in den jeweiligen Bauordnungen öffentlich-rechtlich angeordneten **Abstandsflächen** von Gebäuden errichtet wurde, muss unter den analog anwendbaren Voraussetzungen des § 912 BGB geduldet werden.[741]

333 **dd) Nachträgliche Grenzverletzungen und Katasterraub.** Auch für eine nachträgliche, nach Vollendung des Bauwerks entstandene **Mauerausbauchung** oder **Mauerneigung** gelten die Bestimmungen der §§ 912 ff. BGB entsprechend.[742] Dies gilt ebenso bei einer Verschiebung der Erdoberfläche.[743] Auch in diesen Fällen besteht die Verpflichtung zur Zahlung einer Geldrente.

334 Entsprechende Anwendung finden die Überbauvorschriften auch für den **„Katasterraub"**, d. h. wenn der bisherige Eigentümer aufgrund öffentlichen Grundbuchglaubens (§ 892 BGB) das Eigentum an einem Teil seines Grundstücks verliert und sich dabei ergibt, dass die neue Grenze das vorhandene Gebäude durchschneidet.[744]

g) Übergangsrecht

335 Wurde ein Überbau bereits vor dem 1. 1. 1900, dem In-Kraft-Treten des BGB, errichtet, so gelten ab diesem Zeitpunkt für diesen Überbau die Vorschriften der §§ 912 ff. BGB.[745] Eine Ausnahme von dieser Regel gilt, wenn der Überbauende nach früherem Recht Eigentum an der überbauten Grundstücksfläche erlangt hatte.[746] Für die Höhe der Überbaurente und die Wertbemessung bei einem Abkauf ist bei Anwendung der §§ 912 ff. BGB ist nach Ansicht des BGH der Zeitpunkt des früheren Überbaus und nicht der 3. 10. 1990, d. h. der Zeitpukt der Wiedereinführung des BGB, maßgeblich.[747] Allerdings ist Art. 233 § 2 I EGBGB so auszulegen, dass vom Tag des Wirksamwerdens des Beitritts in Bezug auf die aus dem Eigentum folgenden Rechte auch in den neuen Bun-

---

[739] BGH, NJW 1963, 807; MünchKommBGB/*Säcker*, § 912 Rn. 53 u. Soergel/*Baur*, § 912 Rn. 34; vgl. auch *Horst*, DWW 2000, 130 ff., Staudinger/*Roth*, § 912 Rn. 60 und Palandt/Bassenge, § 912 Rn. 1 wenden zwar auch die §§ 912 ff. BGB analog an, nicht jedoch die Vorschriften über die Überbaurente.

[740] Vgl. Rn. 225 ff. sowie nur OLG Karlsruhe, NJW-RR 1993, 665.

[741] OLG Karlsruhe, NJW-RR 1993, 665; OLG Koblenz, NJW-RR 1999, 1394 u. OLG Köln, NJW-RR 2003 = NZM 2003, 296; a. A. Bayer/*Lindner*, Bayer. Nachbarrecht, 1. Aufl. 1986, S. 50 u. *Picker*, AcP 176, 1976, 28, 56 f.

[742] BGHZ 97, 292 = NJW 1980, 2639; s. auch Staudinger/*Roth*, § 912 Rn. 61 u. Palandt/*Bassenge*, § 912 Rn. 7; offen gelassen noch von BGH, NJW 1958, 1580; a. A. RGZ 88, 39, 41 u. BGB-RGRK/*Augustin*, § 912 Rn. 8.

[743] OLG Frankfurt/M., NJW-RR 1992, 464.

[744] S. nur NK-BGB/*Ring*, § 912 Rn. 83.

[745] Art. 181 EGBGB; vgl. auch RGZ 169, 172, 176 u. BGHZ 97, 292, 293 = NJW 1986, 2639.

[746] S. nur RGZ 46, 143, 145 u. Soergel/*Baur*, § 912 Rn. 39.

[747] BGH, NJW 2011, 1069 = NZM 2011, 328 = MDR 2011, 416 = ZfIR 2011, 264; vgl. auch Palandt/*Bassenge,* Art. 233 EGBGB § 2 Rn. 3 (http://rsw.beck.de/rsw/upload/Palandt/PalArch.Teil.II.71A.pdf#-page=4 Stand: 12. 6. 2012); OLG Frankfurt/M., DWW 1964, 21 u. Staudinger/*Roth*, § 912 Rn. 82.

desländern dieselben Rechtsfolgen wie in den alten eintreten sollen. Deshalb ist für die Wertberechnung auf die zum maßgeblichen Zeitpunkt des Überbaus bestehenden vergleichbaren Grundstücksgrenze in den alten Ländern abzustellen.

In ähnlicher Weise bestimmen sich die Rechtsfolgen für einen vor dem 3. 10. 1990 in 336
den neuen Ländern durchgeführten Überbau.[748] Ab diesem Zeitpunkt sind die §§ 912 ff. BGB anwendbar. Deshalb kann beispielsweise eine Überbaurente erst ab 3. 10. 1990 gefordert werden.[749] Auch die Frage der Duldungspflicht beantwortet sich nach § 912 BGB.[750] Demgegenüber ist für die Entschuldbarkeit des Überbaus auf den Zeitpunkt der Errichtung des Überbaus abzustellen. Es ist deshalb zu prüfen, ob er gemäß § 320 ZGB-DDR[751] zu dulden war.[752] Dies war der Fall, wenn der Überbau die Nutzung des überbauten Grundstücks nur unwesentlich beeinträchtigte und die Beseitigungskosten in keinem vertretbaren Verhältnis zum Vorteil des belasteten Grundstücks standen, weil dann die gesellschaftlichen Interessen die Hinnahme des Überbaus geboten. Nach dieser Vorschrift führte ferner die Nichtausübung des Widerspruchsrechts und ein Stillschweigen des Nachbarn zu einer Verwirkung des Beseitigungsanspruchs.[753] Für den Eigengrenzüberbau und den durch Teilung entstehenden nachträglichen Grenzüberbau gelten die Grundsätze der Rechtsprechung entsprechend.[754] Gleiches gilt hinsichtlich der Eigentumsverhältnisse am Überbau, da auch das DDR-Recht die beiden Prinzipien der Bindung des Eigentums am Gebäude an das Grundstückseigentum und des einheitlichen Eigentums an einem Gebäude kannte.[755]

h) Landesrechtliche Überbauvorschriften, insbesondere zum Wärmeschutz

Landesrechtliche Nachbarrechtsgesetze enthalten teilweise Regelungen zum Über- 337
bau, insbesondere zum Wärmeschutz.

Baden-Württemberg	§ 7b NRG BW enthält eine Duldungspflicht für in den Luftraum eines Grundstücks übergreifende untergeordnete Bauteile bei baurechtlich zulässigen Grenzbauten, die die Benutzung des betroffenen Grundstücks nicht oder nur unwesentlich beeinträchtigen. Ferner ist bei einem beiderseitigem Grenzbau ein Anschluss der Gebäude durch übergreifende Bauteile gegebenenfalls gegen Ersatz des dadurch entstehenden Schadens gestattet.[756]
Bayern	Art. 46a AGBGB ordnet eine Duldungspflicht für den Eigentümer oder den Nutzungsberechtigten eines Grundstücks hinsichtlich einer auf einer vorhandenen Grenzmauer oder Kommunmauer nachträglich angebrachten Wärmedämmung und sonstigen mit ihr in Zusammenhang stehenden untergeordneten Bauteilen an, die auf das Nachbargrundstück übergreifen. Dies gilt jedoch nur, soweit und solange diese die Benutzung des Grundstücks nicht oder nur geringfügig be-

748 Art. 233 § 2 Abs. 1 EGBGB.
749 Ebenso Palandt/*Bassenge*, Art. 233 EGBGB, § 2 Rn. 3.
750 Für nur analoge Anwendung LG Meiningen, OLG-NL 1996, 281. In der Zeit vor dem Beitritt galt § 320 ZGB-DDR.
751 § 320 ZGB-DDR hatte folgenden Wortlaut: „Überbau. (1) Hat der Nutzungsberechtigte eines Grundstücks ohne Einverständnis des Grundstücksnachbars über die Grundstücksgrenze gebaut, kann der Grundstücksnachbar verlangen, dass der Überbau beseitigt wird, soweit das nicht gesellschaftlichen Interessen widerspricht. (2) Kann die Beseitigung des Überbaus nicht verlangt werden, hat der Grundstücksnachbar Anspruch auf angemessene Entschädigung in dem Umfang, in dem sein Nutzungsrecht beeinträchtigt ist."
752 So auch LG Meiningen, OLG-NL 1996, 281.
753 So nur LG Meiningen, OLG-NL 1996, 281.
754 BGH, VIZ 2004, 130 = BGHR 2004, 147 = DNotI-R 2004, 4 = MDR 2004, 270 = NotBZ 2004, 27 = Rpfleger 2004, 155 = ZfIR 2004, 104.
755 S. nur BGH, DtZ 1997, 323 = VIZ 1997, 294 = MDR 1997, 444 = WM 1997, 779 = ZfIR 1997, 280; BGH, VIZ 2004, 130 = BGHR 2004, 147 = DNotI-R 2004, 4 = MDR 2004, 270 = NotBZ 2004, 27 = Rpfleger 2004, 155 = ZfIR 2004, 104 u. LG Meiningen, OLG-NL 1996, 281.
756 S. dazu Rn. 177 ff.

	einträchtigen und eine zulässige beabsichtigte Nutzung des Grundstücks nicht behindern, die übergreifenden Bauteile öffentlich-rechtlichen Vorschriften nicht widersprechen und eine vergleichbare Wärmedämmung auf andere Weise als durch eine Aussendämmung mit vertretbarem Aufwand nicht vorgenommen werden kann. Liegen diese Voraussetzungen vor, gelten §§ 912 II, 913, 914 BGB für diese Wärmedämmung entsprechend. Der Eigentümer und jeder Nutzungsberechtigte des überbauten Grundstücks können verlangen, dass der Eigentümer des durch den Wärmeschutzüberbau begünstigten Grundstücks die Wärmedämmung in einem ordnungsgemäßen Zustand erhält. Schäden, die durch den Wärmeschutzüberbau entstehen sind vom Veranlasser ohne Rücksicht auf Verschulden zu ersetzen.
Berlin	§ 5 III NachbG Bln lässt zu, dass bei Errichtung von Nachbarwänden, von denen eine dicker ist als die andere, die Hälfte der notwendigen Dicke auf dem Nachbargrundstück errichtet wird. Ist die größere Dicke erforderlich, so kann zusätzlich ein entsprechend größerer Teil auf dem Nachbargrundstück errichtet werden. Ergänzend hierzu enthält § 8 III NachbG Bln besondere Vergütungsregelungen, wenn nicht die in § 912 II und § 915 BGB bestimmten Rechte ausgeübt werden. § 16a NachbG Bln nimmt eine Duldungspflicht des Eigentümers eines Nachbargrundstücks für Zwecke der Wärmedämmung an. Voraussetzung ist, dass das zu dämmende Gebäude auf dem Nachbargrundstück bereits besteht; die Duldungspflicht gilt also nicht für neu errichtete Gebäude. Der Wärmeschutzüberbau ist zu beseitigen, wenn und soweit der Nachbar selbst zulässigerweise an die Grenzmauer anbauen will. Der Begrünstigte des Wärmeschutzüberbaus muss die Wärmedämmung in einem ordnungsgemäßen und funktionsgerechten Zustand erhalten und zusätzlich die wärmegedämmte Grenzwand baulich unterhalten. Außerdem ist das Recht so schonend wie möglich auszuüben (§ 16a IV i.V. m. § 17 III NachbG Bln). Der Wärmeschutzüberbauberechtigte hat eine Geldrente in entsprechender Anwendung des § 912 II BGB zu entrichten (§ 16a V NachbG Bln).
Brandenburg Nordrhein-Westfalen Sachsen-Anhalt	§ 19 BbgNRG, § 23 NachbG NRW und § 16 NbG LSA verpflichten bei einer einseitigen Grenzwand den Eigentümer des Nachbargrundstücks Bauteile, die in den Luftraum seines Grundstücks übergreifen, zu dulden, wenn die die Grenzbebauung übergreifenden Bauteile öffentlich-rechtlich zulässig sind, die Benutzung seines Grundstücks nur unwesentlich beeinträchtigen und nicht zur Vergrößerung der Nutzfläche dienen.
Hessen	§ 10a HessNRG verpflichtet den Eigentümer und Nutzungsberechtigten eines Grundstücks zur Duldung von Bauteilen, die auf ihr Grundstück übergreifen, wenn es sich bei ihnen um eine Wärmedämmung handelt, die über die Bauteilanforderungen der Energieeinsparverordnung in der jeweils geltenden Fassung für bestehende Gebäude nicht hinausgeht, eine vergleichbare Wärmedämmung auf andere Weise mit vertretbarem Aufwand nicht vorgenommen werden kann und die übergreifenden Bauteile an einer vorhandenen einseitigen Grenzwand auf dem Nachbargrundstück angebracht werden, die Benutzung des betroffenen Grundstücks nicht oder nur geringfügig beeinträchtigen sowie öffentlich-rechtlichen Vorschriften nicht widersprechen. Die Duldungspflicht erstreckt sich auch auf die mit der Wärmedämmung zusammenhängenden notwendigen Änderungen von Bauteilen. Für die Anzeige- und Schadensersatzpflicht gelten die Bestimmungen hinsichtlich des wild abfließenden Wassers, das zu

	dulden ist, entsprechend (§ 10a II i.V. m. §§ 23, 24 HessNRG).[757] Die Anzeige hat innerhalb eines Monats zu erfolgen und Art und Umfang der Baumaßnahme zu umfassen. Für den Wärmeschutzüberbau ist eine Geldrente zu leisten, für die §§ 912 II, 913, 914 BGB entsprechend gelten (§ 10a III HessNRG). § 10b HessNRG ordnet die entsprechende Anwendung der Vorschriften für eine über die Grenze hinausreichende Wand, die keine Nachbarwand ist und zu deren Duldung der Eigentümer und der Nutzungsberechtigte des Nachbargrundstücks verpflichtet sind, an.[758]
Niedersachsen Schleswig-Holstein Saarland	§ 22 NNachbG, § 16 NachbG SH und § 20 SaarlNachbG wenden die Bestimmungen über die Grenzwand (§§ 16 ff. NNachbG, §§ 11 ff. NachbG SH u. §§ 15 ff. SaarlNachbG) auch auf eine über die Grenze hinausreichende Wand an.
Nordrhein-Westfalen	§ 23a NachbG NRW ordnet eine Duldungspflicht für den Eigentümer bzw. die Eigentümerin eines Grundstücks hinsichtlich Maßnahmen der Wärmedämmung an bestehenden Gebäuden auf dem Nachbargrundstück an, wenn diese über die Bauteileanforderungen der Energieeinsparverordnung in der jeweils geltenden Fassung nicht hinausgehen, eine vergleichbare Wärmedämmung auf andere Weise mit vertretbarem Aufwand nicht vorgenommen werden kann und die Überbauung die Benutzung des Grundstücks nicht oder nur unwesentlich beeinträchtigt. Die Wärmedämmung darf das Nachbargrundstück nicht mehr als 0,25 m überschreiten.[758a] Die Duldungspflicht erstreckt sich in diesem Fall auch auf die mit der Wärmedämmung zusammenhängenden notwendigen Änderungen von Bauteilen. Baut der Nachbar bzw. die Nachbarin selbst an die Grenzwand an, ist die Wärmedämmung zu beseitigen. Diese ist vom Begünstigten in ordnungsgemäßen und funktionsfähigen Zustand zu erhalten. Er bzw. sie ist zur baulichen Unterhaltung der wärmegedämmten Grenzwand verpflichtet. Die Anzeigepflichten, die hierfür geltenden Fristen, das Erfordernis der öffentlich-rechtlichen Zulässigkeit, die nur unwesentliche Beeinträchtigung, die nicht eintretende Vergrößerung der Nutzfläche sowie die Zulässigkeit eines Betretungs- und Benutzungsrechts gelten wie bei der Grenzwand. Die Anzeige hat Art und Umfang der Baumaßnahme zu umfassen. Für die Nutzung ist ein angemessener Ausgleich in Geld zu leisten, der die Höhe des Bodenrichtwerts nicht übersteigen darf. Es gelten die Bestimmungen über den Ausgleich beim Überbau insbesondere die Überbaurente, entsprechend (§§ 912 II, 913, 914, 915 BGB). Die Wärmedämmung darf nicht nur an einer Grenzwand, sondern auch an einer Nachbarwand vorgenommen werden (§ 23a VI NachbG NRW).

Diese landesrechtlichen Überbauvorschriften verstoßen, auch wenn sie den Eigentümer eines Grundstücks in einem über § 912 BGB hinausgehendem Umfang zur Duldung eines Überbaus im Fall einer baurechtlich zulässigen Grenzbebauung verpflichten, nicht gegen die bundesrechtlichen Vorschriften.[759] Zumindest hinsichtlich eines weitergehenden Widerspruchs zwischen den landesrechtlichen Vorschriften und den §§ 912 ff. BGB liegt nach hier vertretener Auffassung, wohl entgegen der herrschenden Meinung, ein Verstoß gegen vorrangiges Recht vor. Art. 124 S. 1 EGBGB eröffnet dem Landesgesetzgeber nur in anderen Bereichen, also in Fällen, in denen die Tatbestandsmerkmale eines

[757] Vgl. dazu 3. Teil Rn. 290, allerdings zu § 37 WHG.
[758] Vgl. dazu Rn. 167.
[758a] S. dazu *Peter*, in: Schäfer/Fink-Jamann/Peter, Nachbarrechtsgesetz Nordrhein-Westfalen, § 23 a Rn. 10.
[759] So BVerfG, NJW-RR 2008, 26 = ZfIR 208, 108 m. krit. Anm. *Grziwotz* = IMR 2008, 91 u. *Dehner*, NVwZ 2009, 369, 370.

Überbaus nach dem BGB nicht gegeben sind, Regelungsmöglichkeiten. Auch eine Modifizierung der Überbauvorschriften des BGB durch Landesrecht ist nach der hier vertretenen Auffassung nicht zulässig. Ein entgegenstehendes Landesrecht ist nach hier vertretener Ansicht somit **unwirksam**.[760] Im Anschluss an die Rechtsprechung des BVerfG[761] wurden in verschiedenen Landesrechten, nämlich Bayern, Berlin, Hessen und Nordrhein-Westfalen Bestimmungen über den **Wärmeschutzüberbau** aufgenommen. Dies ist nach h. M. trotz ihres Widerspruchs zu den §§ 912 ff. BGB, da sie einen vorsätzlichen Überbau gestatten, zulässig. In Nordrhein-Westfalen und Berlin betreffen die entsprechenden Vorschriften nur bestehende Gebäude sowie lediglich EnEV-konforme Dämmmaßnahmen.[762] Weitergehende Rechte in Bezug auf Wärmeschutzbauten ergeben sich auch nicht aus sonstigen Vorschriften.[763] Insbesondere fällt unter den Wortlaut der sonstigen Landesregelungen nicht die Anbringung von Wärmeplatten. Auch aus den baurechtlichen Erleichterungen für energetische Maßnahmen an Gebäuden, insbesondere aus § 248 BauGB, ergibt sich kein Recht, privatrechtlich das Nachbargrundstück in Anspruch zu nehmen.[764]

V. Bäume und Sträucher

1. Grenzabstand von Pflanzen

a) Rechtsquellen

338 Das **BGB** enthält **keine ausdrücklichen Bestimmungen**, die die Befugnis zur Anpflanzung auf dem Grundstück und ihre Grenzen betreffen. Es gelten danach für den Pflanzabstand zunächst die allgemeinen Grundsätze des § 903 BGB und – im Falle der Störung – des § 1004 BGB. Sonderregelungen finden sich in den §§ 910 und 911 BGB, die Fragen des Überhangs von Pflanzenteilen und des Überfalls von Früchten betreffen.

339 Die **Landesnachbarrechtsgesetze** regeln den Fragenbereich des Grenzabstandes von Pflanzen dagegen ausführlich, aber nicht lückenlos. Daher sind die Bestimmungen des BGB auch für diesen Bereich von Bedeutung. Die Vorschriften der Landesnachbarrechtsgesetze sind teilweise sehr uneinheitlich und können daher nur in Grundlinien dargestellt werden.[765]

340 In **Ländern ohne Nachbarrechtsgesetz** ist die Normlage unübersichtlich. In Hamburg gilt in Ermangelung jeglicher partikularrechtlicher Bestimmungen das Gemeine Recht, nach dem der Eigentümer bis dicht an die Grenze pflanzen darf. Es gibt m. a. W. dort keinen Grenzabstand. In Bremen gilt in den 1945 in die Stadt eingemeindeten früheren Landgebieten der § 11 der Verordnung des Senats vom 13. 3. 1826.[766] Im Übrigen trifft auch für Bremen das zu Hamburg Gesagte zu. Mecklenburg und Neuvorpommern kennen ebenfalls keinen Pflanzabstand. In diesen Ländern finden in Teilen noch Bestimmungen des Rechts der ehemaligen DDR (§§ 16–21 Landeswaldgesetz und §§ 316–322 ZGB-DDR) Anwendung.[767]

---

[760] Ebenso MünchKommBGB/*Säcker*, § 912 Rn. 57.

[761] BVerfG, NJW-RR 2008, 26 = ZfIR 208, 108 m. krit. Anm. *Grziwotz* = IMR 2008, 91.

[762] Vgl. dazu auch *Jäde*, ZfBR 2010, 551, 552.

[763] OLG Karlsruhe, NJW 2010, 620 = NZM 2010, 176 = IMR 2010, 158; ebenso *Kirchhoff*, NZBau 2012, 206; *Heinzmann*, BWNotZ 2006, 153, 154; a. A. *Schröer*, NZBau 2008, 706, 707; vgl. *Horst*, NJW 2010, 122 ff. zu einem nicht vorsätzlichen Grenzüberbau durch Wärmedämmung sowie ferner *Warnecke*, DWW 2009, 366 ff.

[764] Vgl. *Bröll*, BayGT 2012, 66, 68.

[765] Abgedruckt im Einzelnen bei *Breloer*, S. 11 ff.

[766] Verordnung in Betreff der Befriedung der Grundstücke im Landgebiete vom 13. 3. 1826, Brem. GBl., S. 24; für einen Nachdruck s. *Horst*, Rn. 2268.

[767] Zur geschichtlichen Entwicklung der Regelungen zum Pflanzabstand s. *Dehner*, B § 22 I. Im Geltungsbereich des ALR war mit neuangelegten Hecken ein Grenzabstand von 1,5 Fuß (47,1 cm) einzuhalten. Der Code Civil sah für hochstämmige Bäume vor, dass ihre Anpflanzung sich in erster Linie nach bestehenden Verordnungen oder Bräuchen zu richten habe. Im Übrigen betrug der Abstand für hochstämmige Bäume 2 m, für andere Bäume und lebende Hecken 50 cm.

Die Nachbarrechtsgesetze betreffen Pflanzungen, die über das Ende der Vegetationsperiode oberirdisches Gehölz behalten. Dies grenzt Sträucher von sog. **Stauden** ab, die zumindest oberirdisch, möglicherweise sogar weitgehend unterirdisch ganz oder teilweise absterben.[768] **Bäume** haben im Unterschied zu Sträuchern einen ausgeprägten Stamm und zeichnen sich durch Längenwachstum aus. **Sträucher** verzweigen sich schon an der Basis, zeigen mehr oder weniger zahlreiche Seitenansichten mit schwächerem Wuchs und eine verkümmerte Hauptachse.[769] 341

Für die Anwendung der Vorschriften ist grundsätzlich ohne Bedeutung, ob es sich um ausgesetzte Pflanzen handelt, oder aber um Pflanzen, die sich selbst ausgesamt haben (sog. Wildlinge). Dies wird in verschiedenen Nachbarrechtsgesetzen[770] ausdrücklich festgestellt. In anderen Bundesländern fehlt es an einer entsprechenden Bestimmung.[771] Trotzdem ist die Rechtslage weit überwiegend gleich, da die dort geltenden Gesetze in aller Regel nicht zwischen **gepflanzten und wild gewachsenen** Bäumen und Sträuchern unterscheiden.[772] Lediglich das hessische Nachbarrechtsgesetz beschränkt den Grenzabstand auf Anpflanzungen. Hier hat der Nachbar gegen den Grundstückseigentümer keinen Anspruch auf Beseitigung der Wildlinge.[773] 342

Pflanzabstände sind weiterhin unabhängig davon einzuhalten, ob es sich um **neue** Planzungen handelt **oder** solche, die **bereits bestehende**, zu nah an der Grenze befindliche ersetzen sollen. Das gilt selbst dann, wenn gegen die früheren Pflanzungen ein Anspruch auf Beseitigung oder Kürzung wegen Verjährung oder Ausschluss nicht mehr besteht. 343

b) Kriterien für den Pflanzabstand

aa) Grundprinzipien. Im Detail sind die Merkmale, an die der Pflanzabstand anknüpft, in den einzelnen Bundesländern unterschiedlich. Es lassen sich aber folgende **Grundprinzipien** feststellen: Die Regelungen haben einen Ausgleich der beteiligten Interessen der beiden Grundstückseigentümer zum Ziel. Darüber hinaus wird auch dem öffentlichen Interesse an einer Begrünung zum Schutz von Boden und Klima sowie anderen Belangen Rechnung getragen. Erstgenannter öffentlicher Belang führt mitunter zu einer Verringerung von Pflanzbeschränkungen durch Grenzabstandsregelungen.[774] Es finden sich mitunter auch Regeln zum Verhältnis von Pflanzungen zu öffentlichen Straßen und Gewässern. Grundsätzlich wird auf Sonderregeln außerhalb der Nachbarrechtsgesetze verwiesen.[775] Es versteht sich, dass die Interessen nach Nutzungsart von Grundstück und Nachbargrundstück unterschiedlich gewichtet werden. 344

bb) Merkmale der Nachbarrechtsgesetze im Überblick.[776] **(1) Pflanzabstand.** Stets spielt eine Rolle, welche **Höhe** die Pflanzungen haben. Die wohl einfachste Regelung sieht das NRG Schleswig-Holstein vor, das in § 37 für Bäume, Sträucher und Hecken, die 120 cm Höhe übersteigen, einen Mindestabstand von einem Drittel der Höhe über dem Erdboden vorsieht.[777] Art. 47 Abs. 1 des Nachbarrechtsgesetzes Bayern sieht vor, dass Pflanzungen (Bäume, Sträucher, Hecken, Wein- und Hopfenstöcke) nicht in einem geringeren Abstand als 50 cm vorgenommen werden dürfen, während bei einer Höhe von über 2 m[778] die Mindestentfernung 2 m beträgt. Andere Nachbarrechtsgesetze differen- 345

---

768 S. hierzu AG Schwetzingen, NZM 2000, 984.

769 *Schäfer*, NRG NRW § 41 Rn. 3; ausf. *Breloer*, S. 9 f.

770 § 35 NRG Berl.; § 43 NRG Brdbg.; § 50 Abs. 2 S. 2 NRG NiSa.; § 34 Abs. 2 S. 2 NRG SAnh.

771 Das betrifft RhPf., Saarl., Sachs. und Thür.

772 *Hülbusch/Bauer/Schlick*, § 44 Rn. 1 a. E.; *Bassenge/Olivet*, § 37 Rn. 3; *Dehner*, B § 22 II 4.

773 Für Brandenburg s. § 43 NRG Brdbg., der eine Klagefrist festlegt.

774 S. z. B. § 38 NRG SchlH.

775 S. z. B. § 21 NRG BW.

776 Eine ausführliche tabellarische Zuordnung der Gewächse zu den landesrechtlichen Vorschriften findet sich bei *Breloer*, S. 55 ff.

777 S. auch § 37 Abs. 1 Ziff. 3 NRG Brdbg.

778 S. auch § 9 NRG Sachs.

zieren noch genauer mit teilweise geringeren Abständen.[779] In einzelnen Bundesländern unterscheidet das Gesetz zudem danach, um welche Arten von Pflanzen es sich handelt. Es finden sich Bestimmungen für „sehr stark wachsende" und „stark wachsende" Bäume, Obstbäume, Sträucher, Beerenobststräucher, Rebstöcke, Baumschul- und Weihnachtsbaumbestände.[780]

346 (2) **Hecken.** Sonderregeln gelten meist für **Hecken.**[781] Die Nachbarrechtsgesetze sehen weiterhin einen größeren Abstand vor, wenn das Nachbargrundstück landwirtschaftlich oder erwerbsgärtnerisch genutzt wird.[782] In Baden-Württemberg ist die Nutzung des Nachbargrundstücks als Garten der gesetzliche Regelfall und § 19 NRG BW sieht demzufolge eine Verringerung der Abstände dann vor, wenn im Außenbereich ein Grundstück nicht genutzt wird oder Wald, Hutung, Heide oder Ödung ist. Für diese gelten regelmäßig geringere Grenzabstände.[783] Von entscheidender Bedeutung für die Anwendung dieser Vorschriften ist es, dass die Pflanzen einen „Dichtschluss" aufweisen.[784] In einigen Bundesländern[785] wird weiter zwischen Schnitt- und Formhecken unterschieden. Durch diese Differenzierung werden mehr Fragen aufgeworfen als Klarheit gewonnen.[786]

347 (3) **Waldpflanzungen.** Sonderregeln gelten auch für Waldpflanzungen und zum Rebanbau genutzte Grundstücke. Bei **Waldpflanzungen** wird teilweise auf die jeweiligen Landeswaldgesetze verwiesen.[787] Für innerörtliche Pflanzungen sind dagegen mitunter Verringerungen des Pflanzabstandes vorgesehen.[788]

348 Während die botanischen Zuordnungen kaum Probleme aufwerfen werden, sieht man einmal von Bezeichnungen wie Hecke u. Ä. ab, kann es zu Schwierigkeiten bei der **Anwendung unbestimmter Rechtsbegriffe** kommen. Es stellt sich etwa die Frage, wie der Begriff „sehr stark" oder „stark" bezogen auf das Wachstum von Bäumen oder Unterlagen auszulegen ist. Dabei helfen mitunter die in den Nachbarrechtsgesetzen angeführten beispielhaften Aufzählungen weiter, die Anhaltspunkte für eine Auslegung bieten. Die Unklarheiten sind allerdings kaum auflösbar, wenn es an solchen Aufzählungen

---

[779] Z. B.: § 50 Abs. 1 NRG NiSa.: Von 1,2 m Höhe und einem Abstand von 25 cm regelt das Gesetz in sechs Schritten den Grenzabstand bis zu 8 m Breite bei Pflanzungen ab einer Höhe von 15 m. Im Vergleich zu Bayern (2 m Breite ab 2 m Pflanzenhöhe) ist der vorgeschriebene Pflanzabstand für Pflanzen bis zu 3 m mit 75 cm deutlich geringer. Ganz ähnlich sind die Regeln auch in Sachsen-Anhalt (§ 34 Nachbarschaftsgesetz). In Sachsen und Bayern sehen die Bestimmungen Grenzabstände in zwei Gruppen vor (§§ 9 ff. NRG Sachs. bzw. Art. 47 BayAGBGB).

[780] S. z. B. § 44 NRG RhPf., ähnliche Regelungen gibt es auch in BW. (§ 16 NRG), Hess. (§ 38 NRG), Thür. (§ 44 NRG) und dem Saarl. (§ 48 NRG). Bei den Obstbaumbeständen wird sogar unterschieden zwischen Kernobstbäumen auf „stark" oder „schwach wachsenden Unterlagen", so BW. (§ 16 Abs. 1 NRG); ausführlich zu diesem Problemkreis *Breloer*, S. 45 ff.

[781] Zum Begriff *Breloer*, S. 97 ff.; dort auch abgedruckt folgende Vorschriften: § 12 NRG BW.; § 28 NRG Berl.; § 39 NRG Hess.; § 42 NRG NRW; § 45 NRG RhPf.; § 49 NRG Saarl.; § 45 NRG Thür.; in NiSa. (§ 50 NRG) und SchlH (§ 37) sind die Grenzabstände für Hecken mit jenen für andere Pflanzen gleich.

[782] Z. B. Art. 48 BayAGBGB, mit der Maßgabe einer „erheblichen Beeinträchtigung durch Schmälerung des Sonnenlichts"; § 37 Abs. 1 NRG Brdbg. (Verdoppelung des Grenzabstandes); s. auch § 18 NRG BW.; § 29 Nr. 1 Var. 1 NRG Berl.; § 40 NRG Hess.

[783] Wesentlich ist für eine Hecke, dass sie aus einer Reihe gleichartiger Pflanzen (Bäume oder Sträucher) besteht, die in der Regel in einer Geraden angeordnet und so dicht gepflanzt sind, dass sie den Eindruck einer geschlossenen Wand vermitteln. Die Pflanzen müssen in der Höhe und an den Seiten beschnitten werden; s. hierzu ausführlich *Dehner*, B § 22 II 5 m. w. N.; *Breloer*, S. 97 ff.

[784] Zur Frage der Übergangszeit bis zur Bildung eines solchen Dichtschlusses *Dehner* (Fn. 736); es versteht sich, dass für die Übergangszeit lediglich die Art der Anpflanzung einen Dichtschluss erwarten lassen muss.

[785] Thür. (§ 45 Abs. 2 NRG), Saarl. (§ 49 Abs. 2 NRG).

[786] Ausführlich *Dehner* (Fn. 736).

[787] § 15 NRG BW.; Art. 50 Abs. 3 BayAGBGB; § 58 NRG NiSa; § 49 NRG RhPf.; § 53 NRG Saarl.; § 38 NRG SAnh.; § 39 Ziff. 1 NRG SchlH; § 49 Abs. 1 NRG Thür. § 36 NRG Brdbg.; § 40 Abs. 3 NRG Hess.; § 9 Abs. 3 NRG Sachs.

[788] S. z. B. Art. 51 Abs. 3 BayAGBGB.

fehlt.[789] Dann wird vielfach dem Rechtsanwender nur die Hinzuziehung eines Sachverständigen weiterhelfen.

c) Abstandsmessungen

Ein weiteres, sich bei allen Nachbarrechtsgesetzen stellendes Problem ist die Frage, wie die **Messungen des Abstands** durchzuführen sind. Auch in diesem Punkt unterscheiden sich die einzelnen Bestimmungen. Es fällt auf, dass sie vielfach nur einen Teilaspekt der Messung regeln. Eine Messung soll, so sehen es etliche Nachbarrechtsgesetze vor, von der Mitte des Stammes oder Strauches an dem Ort vorgenommen werden, an dem die Pflanze aus dem Boden tritt.[790] 349

Bezugspunkt für den Grenzabstand ist die Grundstücksgrenze. Hierzu sehen etliche Landesgesetze vor, dass die Messung im rechten Winkel, waagerecht von der Grundstücksgrenze vorzunehmen sei.[791] Bei nicht geradem Grundstücksverlauf führt diese Vorgabe zu einem nicht einleuchtenden Ergebnis, da letztlich nicht die kürzeste Verbindung zwischen Pflanze und Grundstücksgrenze bezeichnet wird. Hier wird man – analog den Regeln der anderen Bundesländern – stattdessen sich auf die kürzeste Verbindung zwischen der Grundstücksgrenze und der Pflanze beziehen müssen. Im Übrigen kann auf das nachbarliche Gemeinschaftsverhältnis zurückgegriffen werden. So etwa auch bei der Situation, dass die beiden Nachbargrundstücke zwei Grenzen miteinander teilen. In einem solchen Fall ist schon nach dem Sinn der Gesetze der Pflanzabstand zu beiden Grenzen einzuhalten. 350

d) Folgen des Verstoßes

Die Einhaltung der Pflanzabstände kann von dem Nachbarn eingefordert werden. Dies geschieht zum einen im Wege der (vorbeugenden) **Unterlassungsklage**, zum anderen hat bei einem Verstoß der Nachbar einen **Beseitigungsanspruch**, der sich entweder unmittelbar aus dem jeweiligen Nachbarrechtsgesetz oder aber aus § 1004 BGB ergibt.[792] Daneben gewähren einige Nachbarrechtsgesetze einen Anspruch auf Kürzung.[793] Teilweise hat der Grundstückseigentümer ein Wahlrecht zwischen Beseitigung und Verkürzung. Teilweise wird ein Beseitigungsanspruch nur unter engen Voraussetzungen gewährt und der Nachbar auf den Anspruch auf Zurückschneiden verwiesen.[794] Selbst wenn die gesetzlichen Regelungen des Nachbarrechtsgesetzes kein Wahlrecht des Grundstückseigentümers vorsehen, wird allgemein ein solches befürwortet. In Schleswig-Holstein hat der Nachbar überhaupt nur das Recht, von den Grundstückseigentümern ein Zurückschneiden auf die zulässige Höhe oder den zulässigen Abstand zu verlangen.[795] 351

Umgekehrt wird man dem Nachbarn nicht das Recht zubilligen können, die Beseitigung zu verlangen, sofern sich durch **Rückschnitt** ein gesetzmäßiger Zustand herstellen lässt. 352

Gilt ein Nachbarrechtsgesetz, das **nur einen Beseitigungsanspruch** vorsieht,[796] so kann der Grundstückseigentümer durch entsprechenden Rückschnitt einen rechtmäßi- 353

---

789 So etwa bezogen auf die „Unterlagen" in § 16 Abs. 1 Ziff. 1 lit. b und Ziff. 4 lit b NRG BW.

790 § 22 NRG BW.; Art. 49 BayAGBGB (mit Abwandlung für Sträucher, für die der Abstand von der Mitte der zunächst an der Grenze befindlichen Triebe vorgenommen werden soll); § 30 NRG Berl.; § 41 NRG Hess.; § 51 NRG NiSa.; § 47 NRG RhPf.; § 51 NRG Saarl.; § 13 NRG Sachs.; § 36 NRG SAnh.; § 47 NRG Thür.

791 § 37 Abs. 1 S. 2 NRG Brdbg.; § 13 NRG Sachs.; § 36 NRG SAnh.; § 37 Abs. 1 S. 2 NRG SchlH.

792 BGHZ 60, 235 = NJW 1973, 703.

793 Baden-Württemberg unterscheidet sogar nochmals zwischen Kürzen und Zurückschneiden, ohne dass klar würde, worin der Unterschied liegt, s. z. B. § 12 Abs. 3 „Verkürzung" und „Zurückschneiden der Zweige" einer Hecke.

794 Z. B. wenn der Grenzabstand von 25 cm unterschritten wird, so etwa § 54 NRG NiSa.

795 § 37 Abs. 1 und 2 NRG SchlH.

796 So etwa Berl. (§ 31 NRG) und Brdbg. (§ 9 NRG); hierzu KG, NZM 2000, 109.

gen Zustand herzustellen, womit dem Beseitigungsbegehren die Grundlage genommen ist. Teilweise wird eine solche Möglichkeit sogar ausdrücklich im Gesetz aufgeführt.[797]

354 Der Rückschnitt darf in den meisten Bundesländern nur in der **Periode** verlangt werden, in der kein Wachstum stattfindet. Die gesetzlichen Zeiten schwanken in den einzelnen Nachbarrechtsgesetzen zwischen dem 1. 10. einerseits und dem letzten Tag des Februar bis zum 15. 3. andererseits.

e) Ausschluss und Verjährung

355 Die Nachbarrechtsgesetze enthalten zum Teil Bestimmungen über die **Verjährung**, andere sehen eine **Ausschlussfrist** für die Geltendmachung des Beseitigungsanspruches vor. Die Frist liegt dabei zwischen zwei und sechs Jahren.[798] Teilweise wird in den Bestimmungen auf den Ablauf des Jahres der Anpflanzung für den Verjährungsbeginn abgestellt.[799]

356 Der **Fristbeginn** richtet sich nach dem Zeitpunkt der Anpflanzung.[800] Bei Wildlingen ist der Zeitpunkt entscheidend, zu dem die Pflanze aus dem Boden austritt.

357 Teilweise unterliegt der Anspruch auf Verkürzung **keinem Ausschluss**, wogegen ein solcher für den Beseitigungsanspruch vorgesehen ist. Sofern der gesetzeswidrige Zustand nicht schon mit der Anpflanzung eingetreten ist, beginnt der Fristlauf erst mit dem Beginn des Zustandes der Gesetzeswidrigkeit.[801] Dies gilt auch, wenn es an einer entsprechenden gesetzlichen Regelung fehlt.[802] Der Anspruch entsteht und entsprechend beginnt die Frist von neuem, wenn nach Rückschnitt auf das gesetzlich zulässige Maß die Pflanze wieder wächst und die Grenze überschreitet.[803]

358 Sieht eine gesetzliche Regelung einen Anspruch auf **Rückschnitt** vor, so wird sich die **Ausschlussfrist** unabhängig vom Wortlaut der Vorschrift auch auf diesen Anspruch erstrecken. Anderenfalls wäre nach Ablauf der Ausschlussfrist der Grundstückseigentümer entgegen der offenkundigen Absicht des Gesetzgebers schlechter als vorher gestellt. Er wäre dann auf diesen Anspruch festgelegt und müsste den Rückschnitt auch über den Zeitraum des Beseitigungsanspruchs hinaus erfüllen. Mitunter differenziert ein Nachbarrechtsgesetz bei den Ausschlussfristen zwischen dem Beseitigungsanspruch einerseits und dem Rückschnittsanspruch andererseits.[804]

359 Die Ausschlussfrist hindert nicht die **Anwendung der Verjährungsnormen des BGB**. Beide Instrumente haben unterschiedliche Wirkung, weil der Ausschluss von Amts wegen durch die Gerichte zu beachten ist, während die Verjährung von der in Anspruch genommenen Partei einredeweise geltend gemacht werden muss und dem Anspruch dauerhaft entgegensteht, ohne ihn zu vernichten. Für die Verjährung gilt die allgemeine Regelung des § 195 BGB. Die Ansprüche verjähren nach drei Jahren. Aus der kürzeren Dauer der Verjährungsfrist lässt sich nicht etwa ableiten, dass diese stets schon vor dem Ausschluss eintritt. Vielmehr können die unterschiedlichen Zeitpunkte des Beginns der Fristen dazu führen, dass die Verjährung auch erst nach der nominal längeren Ausschlussfrist eintritt. Soweit ein Landesgesetz für einen landesgesetzlich geregelten Anspruch eine andere Verjährungsfrist vorsieht, gilt diese Bestimmung. In ihr ist im Rahmen der Zuständigkeit nach § 124 EGBGB auch kein Verstoß gegen Gesetzgebungskompetenzen zu sehen.

---

797 § 39 NRG Brbg.; § 31 NRG Berl.; Entsprechendes gilt auch für die keine Regelung vorsehenden NRG von Hess., NRW, RhPf. und Saarl.

798 Zwei Jahre: § 40 NRG Brdbg.; drei Jahre: § 43 NRG Hess.; fünf Jahre: § 32 NRG Berl.; § 51 NRG RhPf.; § 55 NRG Saarl.; § 40 NRG SAnh.; § 51 NRG Thür.; sechs Jahre: § 47 NRG NRW.

799 Berl. (§ 32 NRG), Brdbg. (§ 40 NRG), NiSa. (§ 54 Abs. 1 NRG), SAnh. (§ 40 Abs. 1 NRG), SchlH. (§ 40 Abs. 1 NRG).

800 Hess. (§ 43 NRG), NRW (§ 47 NRG), RhPf. (§ 51 NRG), Thür. (§ 51 NRG), Saarl. (§ 55 NRG).

801 § 32 Abs. 2 NRG Berl.; § 54 Abs. 2 NRG NiSa.; § 40 Abs. 2 NRG SAnh.; § 40 Abs. 1 NRG SchlH.

802 BGH, MDR 1978, 565; KG, NZM 2000, 109; LG Bayreuth, NJW-RR 1992, 276; LG Münster, NJW-RR 1991, 717; weiter dagegen: OLG Frankfurt, NJW-RR 1997, 657 um Schwierigkeiten einer taggenauen Berechnung zu entgehen; dagegen: *Schäfer*, NRG NRW, § 47 Rn. 5.

803 BGH, NZM 2012, 94; *Hodes/Dehner* § 39 Rn. 1; § 43 Rn. 2.

804 So in SAnh. (§ 40 NRG): Beseitigung: 5 Jahre; Rückschnitt: 10 Jahre.

f) Verhältnis von Beseitigungs- und Rückschnittsanspruch zu Baumschutzsatzungen

Die von den Gemeinden vielfach erlassenen **Baumschutzsatzungen** dienen ausschließlich dem öffentlichen Interesse am Ortsbild, der Erhaltung der Leistungsfähigkeit des Naturhaushalts sowie der Verbesserung des Kleinklimas.[805] Sie untersagen die Beseitigung von Bäumen mit einem bestimmten Durchmesser, lassen hiervon aber unter näher geregelten Voraussetzungen Ausnahmen und Befreiungen zu. Da es sich um eine zulässige Beschränkung der Eigentümerbefugnisse handelt, kann der Nachbar keine Beseitigung verlangen, die danach ausgeschlossen ist. Der Baumschutz betrifft auch ihn und schränkt seine Rechte aus dem Nachbarschaftsverhältnis entsprechend ein.[806] 360

Soweit eine **Ausnahme oder Befreiung von dem Verbot** der Beseitigung zulässig ist oder zumindest möglich erscheint, wirft das Vorgehen des Nachbarn gewisse Probleme auf. Sollte er selbst antragsbefugt sein, kann er eine Ausnahme oder Befreiung beantragen.[807] Anderenfalls muss er gegen den Grundstückseigentümer vorgehen, der aber nur mit der Maßgabe verurteilt werden darf, dass die erforderliche Genehmigung erteilt wird.[808] Zugleich sollte begehrt werden, den Eigentümer zu verurteilen, dass er den Antrag auf Befreiung nach der Baumschutzsatzung innerhalb einer bestimmten Frist stellt. Insbesondere wenn eine Ausnahmegenehmigung nicht unwahrscheinlich ist, ist dem störenden Nachbarn anzuraten, diese unverzüglich nach Aufforderung durch den Nachbarn zu beantragen, um nicht in Verzug zu geraten.[809] Im Fall einer negativen Entscheidung der Verwaltungsbehörde bleibt das Urteil bezogen auf die Beseitigung der Pflanze unvollstreckbar.[810] Das Zivilgericht kann bei einem laufenden Verwaltungsverfahren oder verwaltungsgerichtlichen Verfahren den Prozess gem. § 148 ZPO aussetzen. Schließlich ist die Zivilklage abzuweisen, wenn die Genehmigung bestandskräftig versagt wurde.[811] 361

2. Überhängen von Zweigen, Eindringen von Wurzeln

a) Überblick

Bei Störungen dieser Art sind verschiedene **Probleme** zu unterscheiden: 362

(1) Zunächst stellt sich die Frage, ob und unter welchen Voraussetzungen der Nachbar die Störung **selber beseitigen** kann **oder** er auf einen **Anspruch** gegen den Eigentümer der Pflanze beschränkt ist.

(2) Falls dem Nachbarn eine solche Beseitigung gestattet ist, muss festgestellt werden, ob und wie er von dem Störer die **Kosten** seiner Maßnahmen ersetzt verlangen kann. Weiterhin ist zu prüfen, nach welchen Vorschriften sich der Ersatz eventueller Schäden richtet, die durch Wurzeln oder Zweige an seinem Eigentum entstanden sind.

(3) Der Störer wird seinerseits wissen wollen, inwieweit er von dem gestörten Nachbarn **Ersatz** für den Fall verlangen kann, dass die Störungsbeseitigung durch diesen zum Absterben der Pflanze geführt hat.

Auf diese Fragen soll im Weiteren eingegangen werden.

b) Recht zur Beseitigung der Störung

aa) Selbsthilfe im System des Eigentumsschutzes. Das BGB sieht in § 910 BGB für diese Form der Störung ein eigenes **Beseitigungsrecht** vor.[812] Das allgemeine Selbsthilfe- 363

[805] OVG Lüneburg, NJW 1996, 3225.
[806] Vgl. OLG Düsseldorf, NJW 1989, 1807; VersR 1992, 458; *Günter*, Baumschutzrecht, 1994, Rn. 125 ff.
[807] Vgl. OVG Bremen, NVwZ 1986, 953; OVG Münster, NuR 1998, 666; *Otto*, NJW 1989, 1783 ff.
[808] LG Landshut, NJW-RR 1989, 1420; s. auch BGH, NJW 1993, 1656.
[809] *Jennißen*, MietRB 2011, 358.
[810] BGH, NZM 2005, 318; OLGR München 2008, 691.
[811] *Schäfer*, NRG NRW, Vorbem. §§ 40–48 Rn. 30.
[812] Für Telekommunikationslinien ergibt sich ein besonderes Recht zur Ausästung aus § 73 TKG, der auch eine gesonderte Schadensersatz und Kostenregelung enthält.

recht (§ 858 BGB) ist in derartigen Fällen nicht anwendbar, da es bei dem Herüberwachsen von Zweigen und Wurzeln an einer „verbotenen Eigenmacht“ fehlt.[813]

364 Grundgedanke dieser Regelung ist, dass dem Nachbarn bei derartigen, regelmäßig nicht besonders schwerwiegenden Beeinträchtigungen die Verfolgung seiner Ansprüche im Wege der Beseitigungsklage erspart werden soll.[814] Er soll vielmehr durch Ausübung dieses besonderen **Selbsthilferechts** mit gegenüber dem Klageweg geringerem Aufwand die Beeinträchtigung seines Eigentums beseitigen können. Der Weg über den Beseitigungsanspruch sei „unpraktisch“. Im Übrigen sei die Störung nicht auf widerrechtlichen menschlichen Eingriff in das Eigentum oder gar schuldhaftes Verhalten zurückzuführen. Vielmehr beruhe sie auf natürlichen Vorgängen.[815]

365 Diese Überlegungen führen zu der grundsätzlichen Frage, in welchem **Verhältnis das Recht aus** § 910 BGB und der Anspruch nach § 1004 BGB zueinander stehen. Während der Gesetzgeber, so sind die Materialien zu deuten, von einem Ausschluss des Beseitigungsanspruchs nach § 1004 BGB ausging, nimmt die heute überwiegende Auffassung eine Konkurrenz i. S. gleichrangiger rechtlicher Möglichkeiten an.[816] Hierfür spricht schon die Überlegung, dass die gesetzgeberischen Erwägungen letztlich nicht überzeugen können und der Ausschluss des Anspruchs im Gesetz allenfalls einen schwachen Ausdruck gefunden hat. Lediglich § 907 Abs. 2 BGB lässt sich als Versuch des Gesetzgebers deuten,[817] mit den §§ 910, 911 und 923 BGB eine die allgemeinen Bestimmungen ausschließende Regel für Bäume und Sträucher zu treffen. Hieraus lässt sich aber nicht zwingend ein Ausschluss des § 1004 BGB gegenüber § 910 BGB ableiten.[818] Letztgenannte Vorschrift sollte die Situation des betroffenen Nachbarn verbessern, ihn aber nicht in seinen bestehenden Rechten begrenzen. Im Übrigen bedürften auch andere dinglich Berechtigte des Schutzes, der ihnen nur aus § 1004 BGB zukommen könnte, da § 910 BGB auf den Eigentümer beschränkt ist.

366 Praktische Bedeutung gewinnt diese Frage, wenn Baumwurzeln eines **im öffentlichen Straßenraum angepflanzten Baumes** in die Abwasserleitung auf dem nachbarlichen Grundstück dringen und diese verstopfen. Hier hilft das Beseitigungsrecht regelmäßig nicht weiter, wenn es dem betroffenen Eigentümer vor allem um den Ersatz für die Beseitigungskosten geht.[819] Der Bundesgerichtshof befürwortete unter derartigen Umständen einen Anspruch aus §§ 1004, 812 BGB auf Ersatz der Beseitigungskosten.[820] Darüber hinaus kann ein solcher Anspruch von Bedeutung sein, wenn die Abwasserleitung nicht auf dem Grundstück ihres Eigentümers, sondern noch im öffentlichen Straßenraum durch die eindringenden Wurzeln verstopft wird. In diesem Fall hilft § 910 BGB nicht weiter, da es an einem Eindringen von Wurzeln in das Nachbargrundstück i. S. des § 910 BGB fehlt.[821] Unabhängig von der Frage, ob ein solcher Anspruch sich auch aus § 812

---

[813] *Mugdan* III, S. 288; AnwK-BGB/*Ring*, § 910 Rn. 2.

[814] MünchKommBGB/*Säcker*, § 910 Rn. 8.

[815] Prot. III, S. 142.

[816] BGHZ 60, 235 = NJW 1973, 703; BGH, AgrarR 1979, 279; BGH, NJW 1992, 1101, 1102; s. auch BGH, NZM 1999, 925, 927; BGHZ 97, 231, 234 = NJW 1986, 2640; BGH, NJW 2004, 603 f.; BGH, NZM 2005, 318; OLG Köln, SchAZtg 2011, 246; LG Berlin, MDR 1965, 991; 1969, 141; LG Münster, AgrarR 1982, 135; LG Saarbrücken, NJW-RR 1986, 1341; AnwK-BGB/*Ring*, § 910 Rn. 6; MünchKommBGB/*Säcker*, § 910 Rn. 11; Staudinger/*Gursky*, § 1004 Rn. 45; Staudinger/*Roth*, § 910 Rn. 2; differenzierend dagegen *Soergel/J.F. Baur*, § 910 Rn. 7, wenn der Beseitigungsanspruch über das Recht nach § 910 BGB hinausreiche; LG Berlin, MDR 1969, 141; LG Heidelberg, NJW 1967, 1917; **a. A.** OLG Naumburg, OLGRspr. 2, 141; LG Köln, RdL 1954, 100; *Dehner*, B § 21 II 1 m. w. N., insbes. in Fn. 20; *Canaris*, in: FS Medicus, 1999, S. 25, 53 ff.

[817] Prot. III, S. 158.

[818] *Roth*, JZ 1998, 94; **a. A.** *Canaris*, in: FS für Medicus, 1999, S. 55.

[819] BGHZ 97, 231 = BGH, NJW 2640; BGHZ 106, 142 = BGH, NJW 1989, 1032; BGH, NJW 1991, 2826.

[820] Ein Schadensersatzanspruch aus §§ 910, 823 Abs. 2 BGB kommt nicht in Betracht: OLG Düsseldorf, NJW 1975, 739, zu einem parallelen Fall, in dem der Baum auf einem privaten Nachbargrundstück stand.

[821] Vgl. BGHZ 114, 273 = NJW 1991, 2021; BayObLGZ 1968, 76; *Dehner*, § 21 I 1 Fn. 1.

BGB i. V. mit § 910 BGB ableiten lässt, sprechen jedenfalls Zweck und Gesetzessystematik für eine Konkurrenz beider Ansprüche.[822]

bb) Systematik und Aufbau des § 910 BGB. § 910 BGB verleiht dem Eigentümer ein Recht und **keinen Anspruch**. Dieses Recht unterliegt daher nicht den Verjährungsbestimmungen.[823] Das Gesetz sieht auch keine Ausschlussfrist vor. Inwieweit es durch allgemeine Erwägungen des nachbarlichen Verhältnisses, unzulässige Rechtsausübung oder öffentliches Recht eingeschränkt ist, soll an späterer Stelle erörtert werden (s. Rn. 388 ff.). Grundlage des Selbsthilferechts sind die Eigentümerbefugnisse der §§ 903, 905 BGB.[824] **367**

Die Vorschrift unterscheidet zwei Situationen und gewährt das Selbsthilferecht unter verschiedenen Voraussetzungen: **Wurzeln** eines Baumes oder eines Strauches, die in das nachbarliche Grundstück eindringen, dürfen von dem Nachbarn ohne weiteres abgeschnitten werden. Er darf sie zudem behalten. Gleiches gilt grundsätzlich auch bei **Zweigen**, allerdings unter der **zusätzlichen Voraussetzung**, dass dem Besitzer des Grundstücks fruchtlos eine angemessene Frist gesetzt wurde, diese Beseitigung selbst vorzunehmen. **368**

Gegenüber beiden Selbsthilferechten kann eingewandt werden, dass die Wurzeln oder Zweige die Benutzung des Grundstücks nicht beeinträchtigen. **369**

c) Voraussetzungen des Selbsthilferechts

aa) Allgemeine Voraussetzungen. (1) Rechtsinhaber. Berechtigter i. S. von § 910 BGB ist der **Eigentümer**. Es spielt keine Rolle, ob er Allein- oder Miteigentümer (§ 1011 BGB)[825] ist. Darüber hinaus ist unstreitig, dass § 910 BGB auch auf den **Erbbaurechtsinhaber** anwendbar ist. Gleiches gilt entsprechend der h. M. auch für die beschränkt dinglich Berechtigten. Zwar regelt die Vorschrift ausdrücklich ein Recht des Eigentümers. Der Regelungszweck, nach dem eine Vereinfachung bei der Lösung nachbarlicher Konflikte möglichst unter Vermeidung von gerichtlichen Auseinandersetzungen erreicht werden soll, rechtfertigt eine entsprechende Anwendung auf die **Inhaber beschränkt dinglicher Rechte**. Dafür spricht schon die weitgehende Gleichstellung beschränkt dinglich Berechtigter mit dem Eigentümer. Beschränkt dinglich Berechtigte wären sonst darauf verwiesen, den Eigentümer zu veranlassen, von seinem Recht Gebrauch zu machen, oder sich von diesem ermächtigen zu lassen. **370**

Ohne Bedeutung für das Recht aus § 910 BGB ist es, ob der Anspruchsinhaber eine private **natürliche oder juristische Person** oder aber eine öffentlich-rechtliche juristische Person[826] ist.[827] **371**

Mietern und anderen nur **schuldrechtlich Berechtigten** steht das Recht aus § 910 BGB nicht zu. Das ergibt sich schon aus dem dargestellten systematischen Zusammenhang mit den §§ 903, 905 BGB.[828] Sie müssen den Eigentümer zur Ausübung seines Rechts aus § 910 BGB veranlassen oder jedenfalls sich von diesem ermächtigen lassen. **372**

---

[822] Für einen weiteren Anwendungsfall, s. BGHZ 135, 235, 238 ff. = NJW 1997, 2234; das Gericht hatte dort dem Betreiber eines Tennisplatzes einen erheblichen Mitverursachungsbeitrag zugerechnet, wenn er gegen den Nachbarn, auf dessen Grundstück Pappeln stehen, nicht den Abwehranspruch aus § 1004 Abs. 1 S. 1 BGB geltend macht und später erhebliche Schäden am Spielfeld durch die Wurzeln der Pappeln entstehen.

[823] Auf die fehlende Nennung in § 924 BGB kommt es daher nicht an, AnwK-BGB/*Ring*, § 910 Rn. 58; MünchKommBGB/*Säcker*, § 910 Rn. 14; allenfalls kommt eine Verwirkung in Betracht: Staudinger/*Roth*, § 910 Rn. 28.

[824] AnwK-BGB/*Ring*, § 910 Rn. 3; Staudinger/*Roth*, § 910 Rn. 1.

[825] Diese sollen nach Auffassung des BGH (BGHZ 92, 351 = NJW 1985, 385) nur einfache Streitgenossen und nicht etwa notwendige Streitgenossen aus prozessualen Gründen sein. Es fehle an einer Vorschrift, die die Rechtskrafterstreckung anordne. Allein die Notwendigkeit einer einheitlichen Entscheidung aus Gründen der inneren Logik genüge nicht. Kritisch hierzu die h. L., z. B. *Stein/Jonas/Bork*, § 62 Rn. 8; Zöller/*Vollkommer*, § 62 Rn. 16; s. auch MünchKommBGB/*K. Schmidt*, § 1011 Rn. 7 m. w. N.

[826] Staudinger/*Roth*, § 910 Rn. 8.

[827] Für weitere Rechte der öffentlichen Hand, die teilweise auf Beseitigung der gesamten Pflanze gerichtet sind, s. § 11 FStrG und Art. 29 BayStrWG.

[828] So im Ergebnis h. M., AnwK-BGB/*Ring*, § 910 Rn. 15; Erman/*Lorenz*, § 910 Rn. 2; Staudinger/*Roth*, § 910 Rn. 6; **a. A.** MünchKommBGB/*Säcker*, § 910 Rn. 8.

373 **(2) Rechtsgegner.** Das Selbsthilferecht richtet sich **gegen den Nachbarn** als Eigentümer der Pflanze.[829] Dieses steht dem Eigentümer des Grundstücks zu, auf dem die Pflanze wächst. Bei einem Baum kommt es darauf an, auf wessen Grundstück der Stamm des Baumes aus dem Boden tritt.[830] Für die Eigentumszuordnung am Baum ist es unerheblich, in wessen Grundstück sich das Wurzelwerk befindet. Das Eigentum erfasst den ganzen Baum mit seinen wesentlichen Bestandteilen, also auch die hinüberragenden Zweige, daran befindliche Blätter und Früchte sowie die eindringenden Wurzeln.[831] Genau deshalb bedarf es des § 910 BGB. Das Selbsthilferecht steht dem Nachbarn auch gegenüber den Eigentümern öffentlicher Grundstücke zu.[832]

374 **(3) Beeinträchtigung.** Unabhängig von der Art der Störung setzt das Selbsthilferecht eine Beeinträchtigung **„bei der Benutzung** des Grundstücks" voraus. Das Gesetz gestaltet diese Voraussetzung als rechtshindernde Einwendung des Rechtsgegners aus. Es ist an ihm darzutun und zu beweisen, dass es an einer Beeinträchtigung fehlt. In ihrem ursprünglichen Zweck sollte die Vorschrift Schikanen im nachbarlichen Verhältnis verhindern, indem sie dem sinnlosen Abschneiden von Zweigen und Wurzeln entgegenstand. Die Rechtsprechung und Lehre nutzen § 910 Abs. 2 BGB vielfach, um das Selbsthilferecht des gestörten Nachbarn deutlich zu begrenzen. So soll eine Beseitigung der Störung bereits dann ausgeschlossen sein, wenn zwar eine Beeinträchtigung vorliegt, diese aber „nur ganz unerheblich" ist.[833] Das wurde etwa bei nur geringem Laub- und Blütenbefall durch überhängende Äste angenommen.[834] Das widerspricht dem Wortlaut und dem Zweck des Gesetzes. Danach ist der Nachbar nicht etwa verpflichtet, nur unerhebliche Beeinträchtigungen zu dulden.[835] Letztlich wird sich aber eine solche Erweiterung der dem Nachbarn zuzumutenden Störungen kaum verhindern lassen, da derartige Erwägungen in die (richterliche) Auslegung des Merkmals der Beeinträchtigung Eingang finden.

375 Eine Beeinträchtigung setzt voraus, dass es zu einer objektiven aktuellen[836] **Grundstücksbeeinträchtigung** gekommen ist.[837] Dabei spielt subjektives Empfinden keine Rolle. Die Störung muss vielmehr das Maß einer Bagatelle überschreiten. Es ist grundsätzlich auf die Beeinträchtigung der konkreten Nutzung abzustellen.[838] Allein die Auszehrung des Bodens durch eine nachbarliche Pflanze reicht nach Vorstellung des Gesetzgebers nicht schon für die Annahme einer Beeinträchtigung aus.[839]

376 Bei wirtschaftlich genutzten Grundstücken beeinträchtigt der Überhang oder der Überwuchs, wenn diese Nutzung erschwert oder verhindert wird.[840] Bei landwirtschaftlich genutzten Grundstücken muss die Fruchtgewinnung oder die Bodenbearbeitung erschwert sein.[841] Es genügt, dass eine solche Nutzung unmittelbar bevorsteht.[842] Die lediglich entfernte Möglichkeit einer solchen **Wirtschaftsänderung** ist dagegen nicht ausreichend.[843] Der Nachbar ist also – jedenfalls nach nachbarrechtlichen Vorschriften –

---

[829] Zum Begriff Baum und Strauch s. oben Rn. 341.
[830] Zum Sonderfall des schief gewachsenen Baumes, s. unten Rn. 383.
[831] LG Oldenburg, ZMR 1985, 99.
[832] BGH, NJW 1990, 3195; LG Münster, AgrarR 1982, 135; Staudinger/*Roth*, § 910 Rn. 8.
[833] OLG Köln, NJW-RR 1997, 656; 1989, 1177; Palandt/*Bassenge*, § 910 Rn. 3; *Breloer*, S. 77 f.
[834] LG Kleve, MDR 1982, 230.
[835] AG Königstein, NJW-RR 2000, 1256; kritisch auch Staudinger/*Roth*, § 910 Rn. 18.
[836] Die mögliche, aber ungewisse Beeinträchtigung in Zukunft genügt für eine Befürwortung der Beeinträchtigung nicht, LG Hannover, AgrarR 1989, 52.
[837] AnwK-BGB/*Ring*, § 910 Rn. 39; MünchKommBGB/*Säcker*, § 910 Rn. 6; Staudinger/*Roth*, § 910 Rn. 18.
[838] Zu Nutzungsänderungen s. unten Rn. 376.
[839] Prot. III, S. 143.
[840] AnwK-BGB/*Ring*, § 910 Rn. 39; MünchKommBGB/*Säcker*, § 910 Rn. 6; Staudinger/*Roth*, § 910 Rn. 18.
[841] Staudinger/*Roth*, § 910 Rdn 19; *Dehner*, B § 21 I 2.
[842] Vgl. BGHZ 60, 235 = NJW 1973, 703 – ab dem Ausbau eines Wochenendhauses.
[843] *Dehner*, B § 21 I 2.

nicht angehalten, bei seiner Entscheidung über die Art der wirtschaftlichen Nutzung des Grundstücks den Umstand mit in Betracht zu ziehen, ob und in welchem Umfang Wurzeln und Zweige den Eigentümer in einer möglichen Nutzung beeinträchtigen könnten.[844]

Die **wirtschaftliche Nutzung** ist **nicht** Voraussetzung für eine Beeinträchtigung. Vielmehr kann auch ein lediglich zu Erholungszwecken genutztes Grundstück in dieser Nutzung beeinträchtigt werden.[845] 377

bb) Beispiele. (1) Wurzeln von Bäumen und Sträuchern. Das bloße Vorhandensein von **Wurzeln im Erdreich** stellt noch keine Beeinträchtigung dar.[846] Die Bewirtschaftung als Ackergrundstück wird regelmäßig durch die Wurzeln erschwert;[847] ein Weg wird durch die aus dem Boden herausragenden Wurzeln beeinträchtigt, insbesondere, wenn diese den Platten- oder Teerbelag anheben;[848] eine Beeinträchtigung ist auch zu bejahen, wenn Rohrleitungen[849] oder der Garagenboden[850] durch das Wurzelwerk zerstört werden; die Standfestigkeit einer Mauer beeinträchtigt wird;[851] der Entzug von Feuchtigkeit soll bei einer Gärtnerei als Nachbarin ebenfalls zu einer Beeinträchtigung führen.[852] Letzteres schafft kaum zu bewältigende Abgrenzungsprobleme zu den vom Gesetzgeber als hinzunehmend bestimmten Veränderungen der Bodenbeschaffenheit durch Entzug von Nährmitteln. 378

(2) Zweige von Bäumen und Sträuchern. Wenn **Überhang der Zweige** zu Blätter- und Blütenbefall führt, ggf. auch die Dachrinne verstopft,[853] Gehwege verunreinigt (und sei es auch nur durch klebrige Pflanzensäfte auf die Garageneinfahrt),[854] Rutschgefahr hervorruft,[855] den Pflanzenwuchs hemmt oder hindert, liegt regelmäßig eine Beeinträchtigung vor. Selbst die Notwendigkeit, gärtnerische Arbeit wegen des Überhangs nur noch in gebückter Haltung ausführen zu können, kann eine Beeinträchtigung darstellen.[856] Gleiches gilt nicht schon für den Überhang als solchen,[857] selbst wenn er zu einer geringfügigen Verunreinigung durch Blätter oder Baumfrüchte[858] oder -säfte[859] führt.[860] 379

Ohne Bedeutung ist die **Ortsüblichkeit** einer Grundstücksnutzung und der von ihr ausgehenden Störung.[861] Dieser Gedanke, den das Gesetz in § 906 BGB aufgenommen hat, findet sich in § 910 BGB nicht. Maßgeblich ist allein die Frage, ob es zu einer Beeinträchtigung kommt. Der Eigentümer eines Grundstücks muss sich also bei seiner Nutzungsentscheidung nicht etwa im Rahmen der Ortsüblichkeit oder auch nur an die 380

---

844 LG Berlin, MDR 1969, 141; MünchKommBGB/*Säcker* § 910 Rn. 7.
845 Staudinger/*Roth*, § 910 Rn. 18.
846 OLG Köln, NJW-RR 1989, 1177 = VersR 1989, 1202.
847 *Dehner*, B § 21 I 2.
848 BGH, NJW 2004, 603; Staudinger/*Roth*, § 910 Rn. 19; zum Mitverschulden und der Mitverantwortung des beeinträchtigten Eigentümers: KG, NJW 2008, 3148.
849 BGHZ 97, 231, 234 = NJW 1986, 2640.
850 OLG Köln, NJW-RR 1989, 1177; s. auch LG Itzehoe, NJW-RR 1995, 978.
851 BGH, NJW 1990, 3195, 3196; BGH, NZM 2004, 312; dazu *Dehner*, NZM 2005, 172.
852 Staudinger/*Roth*, § 910 Rn. 19.
853 LG Nürnberg-Fürth, Urt. v. 26. 6. 1984 – 13 S 1840/84; LG Nürnberg-Fürth, Urt. v. 11. 11. 1986 – 13 S 6641/85; AnwK-BGB/*Ring*, § 910 Rn. 41.
854 OLG Nürnberg Urt. v. 11. 1. 1985 – 6 U 565/84.
855 BGH, NZM 2005, 318.
856 Vgl. AG Frankfurt a. M., NJW-RR 1990, 1101, 1102, unzutreffend auf das Ausmaß der Belästigung abstellend.
857 LG Saarbrücken, NJW-RR 1986, 1341; zu weitgehend auch LG Gießen, NJW-RR 1997, 655 = ZMR 1997, 238, bloßes Herüberragen von Ästen auf eine Tiefe von 1 Meter auf das Nachbargrundstück.
858 Anders aber bei Herabfallen von Mostbirnen in beträchtlicher Zahl: AG Backnang, NJW-RR 1989, 785.
859 LG Kleve, MDR 1982, 230.
860 Staudinger/*Roth*, § 910 Rn. 20.
861 Str.; wie hier AG Würzburg, NJW-RR 2001, 953; Staudinger/*Roth*, § 910 Rn. 18; **a. A.** LG Saarbrücken, NJW-RR 1986, 1341; AG Frankfurt a. M., NJW-RR 1990, 146.

Zweckmäßigkeit halten.[862] An der Beeinträchtigung ändert auch das **nachbarliche Gemeinschaftsverhältnis** nichts.

381 **(3) Zweige oder Wurzeln von anderen Pflanzen.** Das Gesetz nennt Bäume und Sträucher und deren Wurzeln und Zweige. Mit dieser Benennung ist **keine botanische Bezeichnung** gemeint. Auch Wurzeln und Zweige anderer Pflanzen fallen unter die Regelung. Das gilt etwa für Hecken, die man noch zu den Sträuchern zählen kann,[863] oder aber Schlingpflanzen, Stauden und sog. Unkraut[864] und Rhizome, d.h. unterirdisch fortwuchernde Wurzeln.[865] Eine unterschiedliche Regelung für die verschiedenen botanischen Kategorien lässt sich sachlich nicht rechtfertigen, da das Bedürfnis nach einer vereinfachten Lösung nachbarlicher Streitigkeiten nicht von der Art der Pflanze abhängt. Entsprechend ist auch ein Beseitigungsrecht bei auf das Grundstück übergreifenden Ranken zu befürworten.[866]

382 **cc) Besondere Voraussetzungen. (1) Wurzeln.** Die Wurzeln müssen über die Grundstücksgrenze in das Grundstück des Nachbarn eingedrungen sein. Das setzt eine **Überschreitung der Grundstücksgrenze** voraus. Fehlt es hieran, so kommt nur ein Anspruch nach § 1004 BGB in Betracht. Das gilt im Übrigen auch, wenn der Entzug der Bodenfeuchtigkeit als Beeinträchtigung gesehen wird. Sie fällt nur unter § 910 BGB, wenn die Wurzeln in das Nachbargrundstück eingedrungen sind. Gleiches gilt auch bei Eindringen in die Abwasserleitung, wenn sie dort noch nicht auf dem nachbarlichen Grundstück verläuft.[867] Anders als bei Zweigen bedarf es keiner Fristsetzung zur Beseitigung der Wurzeln gegenüber dem Eigentümer.[868]

383 **(2) Zweige.** Die Äste des Baums müssen vom Grundstück des Eigentümers auf das Nachbargrundstück herüberragen; sie müssen also die Grundstücksgrenze überragen. Daran fehlt es, wenn der Baum lediglich **schief gewachsen** ist und infolgedessen mit seinem Stamm auf das Nachbargrundstück hinüberreicht. In diesen Fällen kommt ein Selbsthilferecht nach § 910 BGB nicht in Betracht, sondern nur ein Anspruch nach § 1004 BGB.[869] Ebenfalls nicht unter die Bestimmung des § 910 BGB fällt die unterbliebene Einhaltung des Grenzabstands, da es an einer Grenzüberschreitung fehlt. Insoweit gelten nur die landesrechtlichen Vorschriften zur Einhaltung des Grenzabstands.[870] Noch weniger ist § 910 BGB bei Einhaltung des Grenzabstands, aber Beeinträchtigung der Belichtung und Belüftung anzuwenden.[871] Wird die Hecke vom Nachbarn zu weit zurückgeschnitten, werden meist der Minderwert des Grundstücks, nicht aber die Kosten einer Neuanpflanzung zu ersetzen sein.[872]

384 Anders als bei Wurzeln bedarf es bei Zweigen vorher einer Fristsetzung gegenüber dem Eigentümer mit der **Aufforderung**, selber für die Beseitigung der Störung zu sorgen.[873]

[862] AG Königstein, NJW-RR 2000, 1256 (Anlage eines Ziergartens); MünchKommBGB/*Säcker*, § 910 Rn. 7; **a. A.** aber OLG Köln, NJW-RR 1997, 656 (Überhang in über zwei Metern Höhe in einer Tiefe von zwei Metern).

[863] Mot. III, S. 288.

[864] *Schmid*, NJW 1988, 29; *Foag*, RdL 1965, 85; Palandt/*Bassenge*, § 910 Rn. 2.

[865] OLG Karlsruhe, AgrarR 1972, 431.

[866] MünchKommBGB/*Säcker*, § 910 Rn. 5.

[867] BayObLGZ 1968, 76; OLG Hamm, VersR 1975, 1154; anders wohl *Gursky*, JZ 1992, 313; MünchKommBGB/*Säcker*, § 910 Rn. 3.

[868] Anders noch *Ortloff*, ArchBürgR 17 (1900), 277 f. dessen Ansicht aber in Anbetracht des klaren Wortlauts der Norm sich nicht hat durchsetzen können: *Dehner*, B 21 I 1; *Glaser/Dröschel*, S. 242; *Gaisbauer*, DWW 1970, 428.

[869] RGRK-BGB/*Augustin*, § 910 Rn. 8; Staudinger/*Roth*, § 910 Rn. 17; *Dehner*, B § 21 Fn. 1a; s. unten Rn. 399.

[870] S. oben Rn. 344 ff.

[871] Staudinger/*Roth*, § 910 Rn. 11.

[872] KG, NJW-RR 2000, 160.

[873] Zur Länge der Frist *Breloer*, S. 78 f.; üblicherweise vier Wochen, aber auch abhängig von Jahreszeit und Fragen des Pflanzenschutzes.

Dem Nachbarn soll ermöglicht werden, seine Interessen weitestmöglich zu wahren,[874] indem er selbst das Ausästen vornimmt. Die Erklärung ist gegenüber demjenigen abzugeben, der die tatsächliche Verfügungsbefugnis über den Grundstücksteil hat. Hat ein anderer Besitz an dem Baum als der Eigentümer, so wäre dem Eigentümer eine Beseitigung nicht möglich. Die Fristsetzung muss daher gegenüber dem Besitzer erklärt werden.[875]

d) Rechtsfolgen

aa) Umfang des Beseitigungsrechts. Der gestörte Nachbar hat die Befugnis, ohne vorheriges Setzen einer angemessenen[876] Frist die beeinträchtigenden Wurzeln zu beseitigen.[877] Auf diese Wurzeln beschränkt sich sein **Beseitigungsrecht**.[878] Es besteht nur, wenn mit der Beseitigung der Nachbar nicht mehr beeinträchtigt ist. Entsprechendes gilt für Äste und Zweige. Überhängende Äste dürfen daher nicht mit der Begründung abgeschnitten werden, das Grundstück werde durch sie weniger belichtet, wenn der Rückschnitt an der bestehenden Bepflanzung nichts änderte.[879] 385

Die Äste dürfen nur soweit abgeschnitten werden, wie sie hinüberragen.[880] Das **Selbsthilferecht** ist nicht persönlich auszuüben. Der Nachbar darf stattdessen einen Gärtner beauftragen.[881] Weiterhin kann er einen anderen zur Ausübung des Rechts ermächtigen.[882] Es ist dem Nachbarn nicht gestattet, Zweige unmittelbar am Stamm abzuschneiden, mag dies auch ästhetisch empfehlenswert oder gärtnerisch geboten sein. Daran ändert auch der Umstand nichts, dass durch eine solche Maßnahme die Störung nachhaltig beseitigt wäre.[883] Der Nachbar darf das andere Grundstück nicht betreten, um die Zweige abzuschneiden.[884] 386

Der beseitigende Nachbar darf das **Wurzelwerk** oder die **Äste behalten**. An ihnen erwirbt er in Abweichung zu § 953 BGB Eigentum. Dinglich Berechtigte erwerben, wenn sie das Selbsthilferecht ausüben, gem. § 954 i. V. mit § 910 BGB Eigentum. Hieraus ergibt sich auch, dass der Nachbar das Schnittgut nicht einfach auf das Nachbargrundstück werfen kann.[885] War das Beseitigungsrecht ausnahmsweise während der Erntephase auszuüben, so erstreckt sich das Eigentum auf die an den Zweigen befindlichen Früchte.[886] 387

bb) Beschränkungen des Beseitigungsrechts. (1) Beschränkungen nach allgemeinen Grundsätzen. Allein die Ortsüblichkeit der Nutzung kann das Beseitigungsrecht nicht ausschließen.[887] Das Gesetz stellt die Ausübung **nicht** unter das Gebot der **Verhält-** 388

[874] MünchKommBGB/*Säcker*, § 910 Rn. 4.

[875] AnwK-BGB/*Ring*, § 910 Rn. 29; das bedeutet im Ausnahmefall eines vom Grundstückseigentum auseinander fallenden Eigentums von Grundstück und Baum (so etwa bei Baumschulen) muss die Fristsetzung gegenüber dem Baumeigentümer erklärt werden, *Ring*, s. oben.

[876] Insoweit spielen die nachfolgenden (s. unten Rn. 388 ff.) Beschränkungen eine Rolle. Eine Frist ist unangemessen, wenn sie die Aspekte nicht berücksichtigt; vgl. *Dehner*, B § 21 I 1.

[877] Eine Fristsetzung wohl nach § 242 BGB und dem Aspekt des nachbarlichen Gemeinschaftsverhältnisses befürwortend: AnwK-BGB/*Ring*, § 910 Rn. 35.

[878] Staudinger/*Roth*, § 910 Rn. 19.

[879] OLG Oldenburg, NJW-RR 1991, 1367; LG Saarbrücken, NJW-RR 1986, 1341; allerdings zu weitgehend, da pauschal ein Selbsthilferecht bei überragenden Ästen verneinend trotz hierauf beruhender Verschlechterung der Belichtung: AG Frankfurt a.M., NJW-RR 1990, 146; dagegen zu weitgehend, eine Beeinträchtigung stets annehmend: LG Aachen, AgrarR 1989, 313.

[880] LG Bielefeld, NJW 1960, 678; MünchKommBGB /*Säcker*, § 910 Rn. 10; RGRK-BGB/*Augustin* § 910 Rn. 11; Staudinger/*Roth*, § 910 Rn. 25.

[881] AnwK-BGB/*Ring*, § 910 Rn. 17; Staudinger/*Roth*, § 910 Rn. 6.

[882] So etwa Mieter, Pächter oder andere schuldrechtliche Berechtigte; s. oben Rn. 372; s. auch LG Stuttgart, RdL 1987, 93, für den Fall, dass eine Gemeinde einem Versorgungsunternehmen die Verlegung von Versorgungsleitungen unter den städtischen Straßen gestattet hat.

[883] Vgl. LG Nürnberg-Fürth, Urt. v. 2. 10. 1990 – 13 S 1349/90.

[884] KG, OLGRspr. 26, 72; AnwK-BGB/*Ring*, § 910 Rn. 36; MünchKommBGB/*Säcker*, § 910 Rn. 10; Staudinger/*Roth*,§ 910 Rn. 25; *Breloer*, S. 80.

[885] Staudinger/*Roth*, § 910 Rn. 25.

[886] AnwK-BGB/*Ring*, § 910 Rn. 51; Staudinger/*Roth*, § 910 Rn. 25.

[887] S. schon oben Rn. 380.

nismäßigkeit. Im Einzelfall kann es allerdings an einer Beeinträchtigung fehlen, wenn die Störungen im Vergleich zu den Wirkungen der Selbsthilfemaßnahmen außer Verhältnis stehen. Das gilt etwa, wenn der Rückschnitt zu einer erhöhten Risikolage oder dem Absterben des Baumes (und somit zu seiner Beseitigung) führt.[888]

389 Zwar kann das Beseitigungsrecht aufgrund **besonderer Umstände** verwirkt sein. Das bloße Unterlassen, gegen die zu grenznahe Anpflanzung innerhalb der Ausschlussfrist vorzugehen, kann eine Verwirkung allerdings nicht begründen. Vielmehr bleibt dem Nachbarn unbenommen, gleichwohl gegen eindringende Wurzeln oder überhängende Zweige vorzugehen. Dies ergibt sich bereits aus der Überlegung, dass ein solches Recht ihm auch gegen rechtmäßige Grenzbepflanzungen zusteht. Durch die unterbliebene Maßnahme, eine rechtswidrige Grenzbepflanzung zu verhindern, hat der Nachbar grundsätzlich keine Rechtsposition erworben. Es kann vielmehr gute Gründe gegeben haben, nicht gegen die Bepflanzung vorzugehen, sondern sie (zunächst) zu tolerieren.[889]

390 Das **Zuwarten** mit der Ausübung des Selbsthilferechts kann zwar zu Folgen für den Ausgleichsanspruch führen, nicht aber grundsätzlich die Ausübung des Rechts ausschließen.[890]

391 Die **erfolglose klageweise Durchsetzung** des Beseitigungsrechts schließt nicht aus, bei neuem Überwuchs oder Wurzeln das Recht erneut geltend zu machen, da die Rechtskraft des Urteils einen anderen Sachverhalt betrifft.[891]

392 **(2) Beschränkungen aufgrund des nachbarlichen Verhältnisses.** Zwar besteht bei eindringenden Wurzeln **keine Pflicht zur** vorherigen **Fristsetzung** zur Beseitigung, doch kann das nachbarliche Gemeinschaftsverhältnis ein Zuwarten dann verlangen, wenn die Vornahme der Selbsthilfe den Baum zerstören könnte. Unter diesen Voraussetzungen muss der Nachbar die Möglichkeit haben, Maßnahmen gegen die Zerstörung des Baumes zu ergreifen.

393 Teilweise wird **Treu und Glauben** in der besonderen Ausprägung des nachbarlichen Gemeinschaftsverhältnisses dafür bemüht, ein Beseitigungsrecht trotz bestehender Beeinträchtigung abzulehnen.[892] Dafür bietet das Gesetz keine Handhabe.[893] Insbesondere ist der prägende Charakter einer Pflanze für die gesamte Nachbarschaft kein Grund dafür, ein Abhilferecht trotz bestehender Beeinträchtigung zu verneinen.[894]

394 **(3) Beschränkungen aufgrund der Besonderheiten der Vegetationsphasen.** Zwar schließt das Gesetz ein Verlangen der Beseitigung auch innerhalb der **Wachstumsphasen** und der Erntezeit (1. März – 30. September) nicht aus, doch besteht Einigkeit darüber, dass diese berücksichtigt werden müssen.[895]

395 **(4) Beschränkungen nach öffentlich-rechtlichen Bestimmungen.** Neben **öffentlichem Naturschutzrecht** können auch Landes- und Gemeinderecht die Ausübung des Selbsthilferechts ausschließen, da Baumschutzverordnungen oder -satzungen[896] sich so-

---

[888] OLG Köln, SchAZtg 2011, 246.
[889] So auch *Dehner*, B § 21 I 2 a. E.; **a. A.** OLG Köln, NJW-RR 1997, 656.
[890] *Dehner*, B § 21 II 1 (S. 11).
[891] Vgl. auch hierzu auch *Dehner*, B § 21 II 1 (S. 12).
[892] Z. B. LG Stuttgart, RdL 1987, 93; LG Saarbrücken, NJW-RR 1986, 1341.
[893] S. schon oben Rn. 374.
[894] So aber LG Stuttgart, RdL 1987, 93.
[895] AnwK-BGB/*Ring*, § 910 Rn. 33; Staudinger/*Roth*, § 910 Rn. 13;
[896] H. M. OLG Hamm, NJW-RR 1999, 1033; OLG Köln, OLG-Report 2003, 369, 370; Jauernig/*Berger*, § 910 Rn. 2. Diese regeln meist neben Bäumen und Sträuchern sonstige Gehölze, hierzu *Horst*, DWW 1991, 322 ff.; *Breloer*, S. 83 ff. Das AG Kerpen, NJW-RR 2011, 957, betrachtet kommunale Baumschutzsatzungen entgegen der h. M. nicht als „landesgesetzliche Vorschrift i. S. von Art. 111 EGBGB, da hierunter nur Landesrecht falle, „das Geltung in einem gesamten Bundesland für sich beanspruchen könne". Hierzu genüge es nicht, wenn sich das in Rede stehende kommunale Recht auf eine landesgesetzliche Ermächtigungsnorm zurückführen lasse.

wohl an den Baumeigentümer als auch Dritte, wie etwa den Nachbarn,[897] richten.[898] Zu einem Ausschluss des Selbsthilferechts können derartige Bestimmungen nur führen, wenn die Maßnahme zu einem Absterben des Baumes führt oder die Satzung auch die Veränderung von Bäumen im Wege entsprechenden Schnitts untersagt.[899] Nicht erlaubt ist in der Regel ein Beschneiden der Wurzeln und Zweige ohne Befreiung oder Ausnahmegenehmigung, wenn diese Maßnahme zur Schädigung oder Veränderung des Baumes führt.

(5) Beschränkungen aufgrund landesrechtlicher Besonderheiten bei Obstgehölzen und Wäldern. Gem. § 122 EGBGB können sich aus landesrechtlichen Bestimmungen Beschränkungen für das Selbsthilferecht bei **Obstbäumen** nach § 910 BGB ergeben. Von dieser Befugnis hat bislang nur Baden-Württemberg Gebrauch gemacht (§§ 23, 24, 35 NRG BW). Die dort geltenden Vorschriften schränken das Beseitigungsrecht bei Obstbäumen grundsätzlich auf eine Höhe von bis zu 3 Metern ein. Nur in Ausnahmefällen, in denen das Interesse besonders anerkennenswert ist und die im Gesetz im Einzelnen beschrieben werden, kann die Beseitigung auf die ganze Höhe des Baumes verlangt werden (§ 23 Abs. 2 NRG BW).[900] Andere Bestimmungen betreffen eindringende Wurzeln im Verhältnis zweier Obstbaumgüter oder die Situation bei Innerortslage des Baumes (§ 24 NRG BW). Diese Sonderregelungen gelten im Anwendungsbereich des Badischen AGBGB für bestehende Obstbäume nicht, wenn der Grenzanstand nicht eingehalten wurde (§ 35 NRG BW). 396

Eine weitere Besonderheit betrifft **Wälder**. Zwar ist § 910 BGB im Zeitpunkt des Inkrafttretens auf vorhandene Bäume anwendbar, doch sieht Art. 183 EGBGB eine Ausnahme vor, soweit es Wälder betrifft. Die Eigentümer forstwirtschaftlich genutzter Grundstücke[901] bleiben bis zur nächsten Verjüngung des Waldes von der Bestimmung unberührt. Sie ist erst anzuwenden, wenn die Fläche neu aufgeforstet wird.[902] Da es um den Schutz des Waldeigentümers geht, bleiben nur solche Vorschriften bestehen, die zugunsten des Waldeigentümers gelten.[903] Zwar betrifft Art. 183 EGBGB nur das Selbsthilferecht. Bei einer Konkurrenz dieser Vorschrift mit § 1004 BGB – wie sie hier vertreten wird (s. Rn. 365) –, wird man die Vorschrift aber auch auf diesen Anspruch erstrecken müssen. 397

Teilweise sehen landesrechtliche Bestimmungen Ausnahmen über den Bereich der **Obstbäume** hinaus vor. Diese Bestimmungen sind von der Ermächtigung des Art. 122 EGBGB nicht gedeckt und verfassungsrechtlich sehr bedenklich, da sie eine Abweichung vom Bundesrecht enthalten.[904] Dies gilt etwa für § 25 NRG BW,[905] der das Selbsthilferecht bei Bäumen an öffentlichen Wegen ebenfalls auf eine Höhe von bis zu 3 Metern beschränkt. Andere Vorschriften lassen sich durch entsprechende Auslegung mit Bundes- 398

897 OLG Düsseldorf, NJW 1989, 1807; OLG Hamm, NJW 2008, 453; AnwK-BGB/*Ring*, § 910 Rn. 50; Palandt/*Bassenge*, § 910 Rn. 3; Staudinger/*Roth*, § 910 Rn. 21; *Horst*, Rn. 983;; *Otto*, NJW 1989, 1783.

898 Daraus folgt auch, dass sowohl Eigentümer als auch Nachbar eine Befreiung oder Ausnahme beantragen können, z. B. OVG Bremen, NVwZ 1986, 953; LG Landshut, NJW-RR 1989, 1420.

899 *Dehner*, B § 21 I 2 (S. 6).

900 Die Regelungen sind insgesamt ziemlich verunglückt und geben zahlreiche vermeidbare Probleme auf; hierzu gehört auch die Formulierung des Gesetzes als Anspruch, obgleich es doch um ein Selbsthilferecht und dessen Einschränkung geht; zu den zahlreichen Zweifelsfragen s. ausführlich *Dehner*, B § 21 III 1 (S. 17 ff.).

901 In diesem Sinne ist wohl die Vorschrift auszulegen, vgl. *Dehner*, B § 21 IV 1 (S. 21); **a. A. dagegen Grziwotz/***Saller*, 2. Teil Rn. 97 („jede größere mit wilden höher wachsenden Holzarten bestandene Fläche").

902 Kommt es zu einer solchen Neuaufforstung im Wege des Kahlhiebs nicht, so bleiben die Eigentümer von der Vorschrift ausgenommen, *Dehner*, B § 21 IV (S. 22 f.); teilweise legen die Landesrechte für die Aufforstung im sog. Plenterbetrieb fest, z. B. Art. 9 ÜG zum BGB (Bayern).

903 Für Einzelheiten s. *Dehner*, B § 21 IV (S. 23 ff.); zur Rechtslage in Bayern s. Grziwotz/*Saller*, 2. Teil Rn. 96 ff.

904 Vgl. auch Staudinger/*Roth*, § 910 Rn. 7.

905 MünchKommBGB/*Säcker*, § 910 Rn. 15; Staudinger/*Roth*, § 910 Rn. 24.

recht in Einklang bringen, so etwa wenn § 32 StrWG NRW vom Nachbarn verlangt, dass der zuständigen Behörde rechtzeitig vorher das Kürzen der Wurzeln mitgeteilt wird. Hierin ist eine öffentlich-rechtliche Pflicht gegenüber dem Straßenbaulastträger zu sehen, nicht jedoch eine Einschränkung des Selbsthilferechts.[906]

e) Sonstige Ansprüche auf Beseitigung

399 Neben dem Anspruch aus § 910 BGB kommt vor allem ein solcher nach § 1004 BGB in Betracht. Auf das **Konkurrenzverhältnis** wurde bereits an früherer Stelle eingegangen.[907] Es ist von einer Konkurrenz beider rechtlicher Institute auszugehen. Gegen den Überhang oder die Wurzeln gibt es daher auch einen Anspruch gem. § 1004 BGB. Anspruchsziel ist die Beseitigung der (drohenden) Störung durch den Eigentümer der Pflanze. Dieser Weg erfordert in aller Regel eine gerichtliche Durchsetzung und ist daher aufwändiger als jener nach § 910 BGB. Voraussetzung ist die Beeinträchtigung des Eigentums oder die ernsthafte Möglichkeit seiner Beeinträchtigung, da der Anspruch auch vorbeugend geltend gemacht werden kann. Schon das unterscheidet den Anspruch von dem Beseitigungsrecht nach § 910 BGB in seinem Anwendungsbereich: nach, aber auch schon vor Beeinträchtigung (§ 1004 Abs. 1 S. 2 BGB) besteht ein Anspruch. Will der Nachbar also erreichen, dass die Zweige weiter als nur bis zur Grundstückgrenze abgeschnitten werden, so kann er das nur mit einer solchen Klage auf Beseitigung erreichen. Insoweit ergänzt der Schutz nach § 1004 BGB jenen nach § 910 BGB.

400 Dasselbe gilt für die **Beeinträchtigungen von außerhalb des Grundstücks befindlichem Eigentum**. Beispielhaft sei verwiesen auf die Verstopfung der Abwasserleitungen außerhalb des Grundstücks durch eindringende Wurzeln von Bäumen, die im öffentlichen Straßenraum stehen. In diesem Fall kann der Eigentümer der Abwasserleitungen die Beseitigung der Wurzeln verlangen, nicht aber ein Recht aus § 910 BGB ausüben, da es an dessen Voraussetzungen fehlt.[908] Der Anspruch scheitert in diesen Fällen auch nicht an § 1004 Abs. 2 BGB. Weder aus öffentlichem Wasserrecht noch aus der Gemeinnützigkeit der Pflanzung lässt sich eine Duldungspflicht ableiten.[909] Konsequenterweise wird man eine Pflicht zur Duldung bejahen müssen, wenn die Beseitigung der Störung zu einem Zustand führen würde, der Baumschutznormen widerspräche.[910] Im Rahmen der von diesen Vorschriften gesetzten Grenzen kann aber Beseitigung verlangt werden.[911]

f) Kostenersatz für Beseitigung der Störung und ihren Folgen

401 Für den Nachbarn stellt sich vor allem die Frage nach dem Ersatz der Kosten für die **vorgenommenen Arbeiten**. Ein solcher Kostenersatzanspruch wird überwiegend befürwortet, da das Eigentum an dem Schnittgut kaum als ein angemessener Ausgleich für die durchgeführten Arbeiten angesehen werden kann.[912] Sein Wert kann allenfalls auf den bestehenden Ausgleichsanspruch nach dem Gedanken des Vorteilsausgleichs angerechnet werden. Anspruchsgrundlage für den Ausgleich bildet die Eingriffskondiktion (§ 812 Abs. 1 S. 1 2. Fall BGB) in Verbindung mit dem Anspruch auf Beseitigung nach § 1004 Abs. 1 BGB. Die Aufwendungen werden getätigt, um eine dem Anspruchsgegner obliegende Pflicht zur Beseitigung zu erfüllen. Dieser ist durch die Ersatzvornahme seitens des Anspruchsinhabers und die für die Beseitigung erforderlichen, ersparten Aufwendungen in sonstiger Weise bereichert.[913]

---

[906] Vgl. auch Staudinger/*Roth*, § 910 Rn. 24.
[907] S. oben Rn. 365.
[908] Ausführlich hierzu: BGHZ 97, 231 = BGH, NJW 1986, 2640; BGHZ 106, 142 = BGH, NJW 1989, 1032; BGH, NJW 1991, 2826; dort auch zur Begründung des ordentlichen Rechtswegs.
[909] BGH, NJW 1991, 2826.
[910] S. schon oben Rn. 395 zu der parallelen Problematik bei § 910 BGB.
[911] Vgl. auch BGHZ 97, 231 = BGH, NJW 1986, 2640.
[912] MünchKommBGB/*Säcker*, § 910 Rn. 12 a. E., der im Übrigen darauf hinweist, dass das Aneignungsrecht nicht der Kompensation dienen sollte.
[913] AnwK-BGB/*Ring*, § 910 Rn. 60; Staudinger/*Roth*, § 910 Rn. 27.

Für die **Geltendmachung dieses Anspruchs** wird man nicht darauf abstellen können, ob der Nachbar nun von seinem Recht nach § 910 BGB Gebrauch gemacht oder den Anspruch nach § 1004 Abs. 1 BGB „ausgeübt" hat. Vielfach wird sich das nicht unterscheiden lassen und dem Betroffenen auch nicht in seinen Unterschieden klar sein. Es muss daher ausreichen, dass die Voraussetzungen für den Anspruch aus § 1004 Abs. 1 BGB vorliegen.[914] Dem lässt sich auch nicht überzeugend entgegenhalten, dass damit unbefugter Selbsthilfe Vorschub geleistet würde.[915] Dieses Argument passt gerade im vorliegenden Fall nicht, da das Gesetz mit § 910 BGB dem Nachbarn ein solches Recht einräumt. Im Übrigen hat sich mittlerweile ein allgemeiner Rechtsgrundsatz herausgebildet, dass Inhaber negatorischer Ansprüche die Beseitigungskosten unter dem Aspekt der Befreiung von einer Verbindlichkeit nach Bereicherungsrecht vom Anspruchsgegner ersetzt verlangen können.[916] 402

Da ein Schadensersatzanspruch vielfach schon am fehlenden Verschulden scheitern wird, ist die Frage, ob die **Beseitigung der Schäden**, die durch die störenden Pflanzenteile eingetreten sind, verlangt werden kann, von besonderer Bedeutung. Insoweit sei auf die Ausführungen unter Rn. 407 ff. verwiesen. Der Bundesgerichtshof gewährt auch Ersatz der Neuverlegung einer Abwasserleitung nach § 812 Abs. 1 S. 1 2. Fall BGB, wenn der Kanal durch die Wurzeln perforiert wurde. Weiterhin seien danach Kosten für frühere fehlgeschlagene Reinigungsversuche, die Freilegung und die Untersuchung der Schadensursache ersatzfähig.[917] Im Hinblick auf die notwendige Abgrenzung von Beseitigungskosten und Schadensersatz ist ein derart weites Verständnis der Beseitigungskosten nicht unproblematisch. 403

Im Rahmen des **Ersatzes der Beseitigungskosten** ist eine eventuelle Mitverursachung mindernd zu berücksichtigen. Der Bundesgerichtshof hat dies etwa angenommen, wenn ein Tennisplatz in Nachbarschaft einer Pappelreihe angelegt wird.[918] Gleiches gilt bei fehlerhaft verlegten Abwasserleitungen.[919] 404

g) Schadensersatz

aa) Ersatz bei Verlust der Pflanze. Für den Eigentümer des Baumes stellt sich die Frage nach einem möglicherweise bestehenden **Schadensersatzanspruch gegen den Nachbarn**, wenn aufgrund der Beseitigung der Störung die Pflanze eingeht. Ein solcher Schadensersatzanspruch, der sich nur aus § 823 BGB ergeben könnte, scheitert schon bei tatbestandlichem Vorliegen der Voraussetzungen des § 910 BGB daran, dass die Rechtshandlung nicht rechtswidrig ist. Geschieht die Beseitigung unter Verstoß gegen öffentliches Recht, seien es Baumschutzsatzungen, -verordnungen oder Naturschutzrecht bzw. andere Bestimmungen, so macht das zwar die Handlung rechtswidrig. Bei den Bestimmungen handelt es sich aber nicht um Normen, die ein Schutzgesetz i. S. des § 823 Abs. 2 BGB darstellen.[920] Ihr Schutzgut ist nicht das Interesse des Dritten, sondern das Gemeinwohl an der Erhaltung der Pflanzen.[921] 405

---

914 So schon Staudinger/*Roth*, § 910 Rn. 27; s. auch BGHZ 97, 231, 134 = NJW 1986, 2640; OLG Düsseldorf, NJW 1986, 2648; LG Münster, AgrarR 1982, 135; AG Königstein, NJW-RR 2000, 1256.

915 S. *Gursky*, JZ 1992, 312 ff.

916 MünchKommBGB/*Säcker*, § 910 Rn. 12 m. w. N.

917 BGH, NJW 1991, 2826 = JZ 1992, 310 = MDR 1991, 870; s. auch BGHZ 97, 231 = NJW 1986, 2640.

918 BGHZ 135, 235 = NJW 1997, 2234.

919 BGH, NJW 1991, 2826 = JZ 1992, 310 = MDR 1991, 870; s. auch BGHZ 97, 231 = NJW 1986, 2640.

920 Str.; im Ergebnis ebenso: Staudinger/*Roth*, § 910 Rn. 22 sowie die unten in Fn. 869 Genannten; **a. A.** OLG Düsseldorf, VersR 1992, 458.

921 AnwK-BGB/*Ring*, § 910 Rn. 50; *Breloer*, S. 85; *Otto*, NJW 1989, 1783, 1784; die Überlegung, die Baumschutzsatzung gelte „nur im Verhältnis zur Öffentlichkeit" (OLG Karlsruhe, AgrarR 1986, 263) trifft nicht den Kern des Problems, vielmehr verlangt § 823 Abs. 2 BGB die Verletzung einer Norm, die als Schutzzweck auch die Interessen „eines anderen" hat (hierzu Palandt/*Sprau*, § 823 Rn. 57). Das vorgenannte Verständnis des OLG Karlsruhe der Baumschutzsatzungen wird daher überwiegend abgelehnt: OLG Düsseldorf, VersR 1992, 458; *Otto*, NJW 1989, 1783.

406 Weiterhin kommt ein **Schadensersatzanspruch nach** § 823 Abs. 1 BGB in Betracht, wenn die Voraussetzungen von § 910 BGB entweder überhaupt nicht oder nicht in Bezug auf die vorgenommene Maßnahme (Eingriff zu weitgehend oder zur Unzeit) gegeben waren. Gleiches gilt grundsätzlich, wenn dem Nachbarn keine oder eine unangemessen kurze Frist gesetzt war. Dabei ist zu bedenken, ob der Schaden am fehlenden Pflichtwidrigkeitszusammenhang scheitert, wenn der Nachbar dartut und beweist, dass der Schaden auch bei einer angemessenen Frist eingetreten wäre.[922]

407 **bb) Ersatz für Schäden an anderen Rechtsgütern.** Hat der gestörte Nachbar dagegen durch den Überwuchs oder die eingedrungenen Wurzeln **Schaden an anderen Gegenständen** erlitten, wie z. B. an Abwasserleitungen, Fundamenten oder dergleichen mehr, so stellt sich die Frage Ausgleichs solcher Schäden. Ein Anspruch aus § 823 Abs. 2 i. V. mit § 910 BGB scheidet von vornherein aus, da letztgenannte Vorschrift kein Schutzgesetz i. S. der erstgenannten Bestimmung ist.[923] Letztere verbietet nicht die Anpflanzung von Gewächsen, die etwa mit ihren Zweigen auf das Nachbargrundstück hinüberragen können.[924] Im Übrigen wird ein Schadensersatzanspruch nach § 823 BGB regelmäßig am fehlenden Verschulden scheitern.

408 Schließlich gehören die **Kosten für die Beseitigung von Schäden** nicht zu den Kosten der Beseitigung. Zwar sind die Einzelheiten zur Abgrenzung von Schadensersatz und Beseitigungsaufwendungen durchaus streitig.[925] Es würde aber letztlich zu einer im Gesetz nicht vorgesehenen verschuldensfreien Haftung des Eigentümers für „Überwuchsschäden" führen, wenn Überwuchsschäden als Kosten der Beseitigung angesehen würden.[926]

409 Die Rechtsprechung hat im Einzelfall einen **verschuldensfreien Ersatzanspruch** aus dem Gedanken der Aufopferung befürwortet, wenn es dem Nachbarn aus tatsächlichen oder rechtlichen Gründen nicht möglich war, von seinem Anspruch nach § 1004 BGB oder seinem Recht aus § 910 BGB Gebrauch zu machen und die Einwirkung durch das Nachbargrundstück die Grenze des Zumutbaren überschreitet.[927] Dieser Auffassung sind allerdings Bedenken entgegengebracht worden.[928] Der Bundesgerichtshof hat nach diesen Grundsätzen einen Anspruch gewährt, wenn die Baumwurzeln als Grund für die Veränderung der Standfestigkeit der nachbarlichen Mauer sich erst im gerichtlichen Verfahren herausstellen.[929] Es fragt sich allerdings, weshalb es dem Nachbarn zum Vorteil gereichen soll, die Frage der Wirkungen des Wurzelwerks zunächst offen zu lassen und erst nach Eintritt der Probleme um die Standfestigkeit nunmehr in den Genuss einer verschuldensfreien Haftung des Baumeigentümers zu kommen. Diese ist im Gesetz nicht vorgesehen. Im Regelfall wird also eine solche Haftung abzulehnen sein, sofern die Gründe, aus denen der Nachbar von der Durchsetzung seiner Ansprüche auf Beseitigung absieht, nicht seinen besonderen Schutz rechtfertigen. Daraus ergibt sich, dass die Verhinderung einer Maßnahme aufgrund öffentlich-rechtlicher Vorschriften in erster Linie einen Ausgleich aufgrund dieser Vorschriften nach sich ziehen muss. Sollte ein Ausgleich nach den öffentlich-rechtlichen Regelungen nicht vorgesehen, eine entschädigungslose

---

[922] Staudinger/*Roth*, § 910 Rn. 30.
[923] OLG Düsseldorf, NJW 1975, 739.
[924] MünchKommBGB/*Säcker*, § 910 Rn. 13.
[925] Für Einzelheiten s. MünchKommBGB/*Baldus*, § 1004 Rn. 103 ff.
[926] Unklar insoweit AnwK-BGB/*Ring*, § 910 Rn. 63, der wohl von einem Ersatzanspruch ausgeht; **a. A.** BGH, NJW 2004, 603, 604; *Wenzel* NJW 2005, 241, 243, der bei Verletzung einer sich aus dem nachbarlichen Gemeinschaftsverhältnis ergebenden Sicherungspflicht eine deliktische Haftung bejaht; s. auch oben Rn. 403 f. Soweit von dem rechtswidrigen Überwuchs ähnliche Einwirkungen im Sinne von § 906 Abs. 1 S. 1 BGB ausgehen, besteht ein Ausgleichsanspruch nach § 906 Abs. 2 S. 2 BGB, BGHZ 157, 33, 40 = NJW 2004, 1037, 1039 (Kiefernnadeln); s. dazu unten Teil 3 Rn. 155.
[927] Z. B. BGH, NJW 1990, 3195, 3197; s. auch in derselben Sache BGH, NJW 1992, 2884.
[928] Staudinger/*Roth*, § 910 Rn. 31; *ders.*, Der bürgerlich-rechtliche Aufopferungsanspruch, 2001, S. 45.
[929] BGH, NJW 1990, 3195, 3197.

Situation aber dem Nachbarn nicht zuzumuten sein, wird man eine Anwendung der Aufopferungsgrundsätze erwägen müssen.

3. Anpflanzungen im Zusammenhang mit öffentlichen Straßen

a) Anpflanzungen aus straßenbaulichen Gründen

Die Anpflanzungen an öffentlichen Straßen liegen in der **Zuständigkeit des Trägers der Straßenbaulast**. Straßenanlieger müssen alle zur Erhaltung und Ergänzung dieser Anpflanzungen notwendigen Maßnahmen dulden. Dies ist in der überwiegenden Zahl der Bundesländer in den Landesstraßengesetzen geregelt.[930] In anderen Bundesländern[931] besteht eine solche Duldungspflicht nur für vorübergehende oder geringfügige Beeinträchtigungen.[932] 410

Geschützt ist jede Bepflanzung, die durch **straßenbauliche Gründe** veranlasst ist. Hierzu können neben Bäumen auch Sträucher, Stauden und Hecken gehören.[933] Straßenbauliche Gründe können neben praktischen Erwägungen wie Schutz vor Schneeverwehungen und Blendschutz auch ästhetische Überlegungen sein. Derartige Bepflanzungen sind nicht nur durch die Duldungspflicht, sondern durch weitere Bestimmungen privilegiert. So gelten die Abstandsvorschriften des privaten Rechts, insbesondere auch der Landesnachbarrechtsgesetze nicht.[934] 411

Die **Duldungspflicht** umfasst nicht nur die Bepflanzung und die zu deren Erhaltung erforderlichen Maßnahmen, sondern auch die von den Pflanzen ausgehenden Einwirkungen (z. B. Laubfall, Schattenwurf etc.).[935] Nicht umfasst von den Privilegien der Anpflanzungen an öffentlichen Straßen sind Wildgewächse.[936] Dies ergibt sich schon aus dem Wortlaut der Vorschriften, aber auch aus ihrem Zweck. 412

Die Privilegierung derartiger Anpflanzungen begründet nur eine **Duldungspflicht** hinsichtlich solcher Störungen, die bei entsprechender Pflege unvermeidlich sind. Daher kann der Anlieger sich gegen Bepflanzungen wehren, die aus straßenbaulichen Gründen nicht erforderlich sind. 413

Im Übrigen gelten die **zivilrechtlichen Regeln** des § 910 BGB für grenzübergreifende Zweige und Wurzeln grundsätzlich auch hier, soweit sie durch landesrechtliche Bestimmungen in den Straßengesetzen nicht modifiziert werden.[937] 414

b) Schutz- und Schonwald

Zum **Schutz der Straßen**, aber auch der Landschaftspflege können an Straßen anliegende Waldungen und Gehölze zum Schutz- oder Schonwald erklärt werden. Geschieht dies, so verbindet sich damit eine Pflicht des Waldbesitzers, den geschützten Wald zu erhalten und ordnungsgemäß zu bewirtschaften. Damit ist etwa ausgeschlossen, dass der Eigentümer den Wald rodet. Die für ihn mit einer solchen Zweckbestimmung verbundenen Nachteile begründen einen Entschädigungsanspruch, der sich in den einzelnen Straßengesetzen findet.[938] Eine Duldungspflicht besteht darüber hinaus auch für andere 415

---

930 Berl.: § 16 Abs. 3 StraßenG; Brdbg.: § 27 Abs. 2 StraßenG; Hess.: § 28 StraßenG; NiSa.: § 32 StraßenG; NRW: § 32 Abs. 2 Straßen- und WegeG; RhPf.: § 29 Abs. 2 LandesstraßenG; Saarl.: § 33 StraßenG; Sachs.: § 28 Abs. 1 StraßenG; SAnh.: § 27 StraßenG; Thür.: § 27 StraßenG.

931 Bremen: § 26 Abs. 4 LandesstraßenG; MeckVP: § 36 Straßen- und WegeG.

932 In Hamb. und SchlH gibt es keine gesetzlichen Regelungen.

933 OVG Münster, NJW 2000, 754.

934 So ausdrücklich: Brdbg.: § 38 Nr. 2 StraßenG; Hess.: § 40 Abs. 2 Nr. 3 StraßenG; NiSa.: § 52 Abs. 1 Nr. 3 StraßenG; NRW: § 45 Abs. 1 lit. b Straßen- und WegeG; Sachs.: § 12 Nr. 2 StraßenG; SAnh.: § 37 Abs. 1 Nr. 3 StraßenG; SchlH: § 39 Nr. 3 StrWG; keine ausdrückliche Regelung gibt es in den Ländern BW., RhPf., Thür. und Saarl.

935 So ausdrücklich § 32 Abs. 2 S. 1 Straßen- und WegeG NRW; § 29 Abs. 2 LandesstraßenG RhPf.

936 So *Dehner*, B § 29 II 1; **a. A.** OVG Münster, NJW 2000, 754.

937 Teilweise lassen diese Bestimmungen auf eine erweiterte Duldungspflicht schließen, z. B. § 29 LandesstraßenG RhPf.

938 § 25 StraßenG Brdbg.; § 27 StraßenG BW.; § 26 StraßenG Hess.; § 30 StraßenG NiSa.; § 31 Straßen-

Schutzmaßnahmen im Zusammenhang mit öffentlichen Straßen gegenüber nachteiligen Einwirkungen der Natur. Die Bestimmungen der verschiedenen Landesgesetze sehen neben der Kostentragungspflicht auf Seiten des Trägers der Straßenbaulast eine Ausgleichspflicht gegenüber dem Grundstückseigentümer vor.[939]

c) Öffentlich-rechtliche Beschränkungen für Anliegergrundstücke entlang öffentlicher Straßen

416 Die einzelnen Bestimmungen enthalten auch **Beschränkungen** für Anpflanzungen, Zäune, Stapel und andere mit dem Grundstück nicht fest verbundene Einrichtungen. Diese dürfen grundsätzlich nicht angelegt werden, wenn sie die Verkehrssicherheit beeinträchtigen. Sollten sie bereits vorhanden sein, so müssen der Eigentümer und der Besitzer ihre Beseitigung dulden.[940] Sofern nicht Gefahr im Verzuge ist, muss die Beseitigung dem Duldungsverpflichteten binnen einer gesetzlich bestimmten Frist schriftlich angezeigt werden. Diese können die Maßnahmen im Benehmen mit der Straßenbaubehörde selbst durchführen. Auch insoweit gibt es für die hierdurch verursachten Aufwendungen und Schäden einen Anspruch auf Geldersatz.[941] In den Landesrechten sind die Einschränkungen teilweise weitergehend, wenn die Leichtigkeit des Verkehrs dies erfordert. Besondere Pflichten hinsichtlich des Überhangs von Pflanzen, die auf privaten Grundstücken stehen, sieht darüber hinaus § 66 StrWG SH. vor. Die Behörde hat insoweit kein Selbsthilferecht. Die Bestimmung schränkt letztlich § 910 BGB ein.

4. Überfall von Früchten

417 Eine **Sonderregelung** enthält § 911 BGB für Obst, das sich von Bäumen und Sträuchern löst und auf das Nachbargrundstück fällt oder bedingt durch die Grundstücksbeschaffenheit auf dieses rollt (sog. **Überfall**). In diesem Fall sieht die Vorschrift einen orignären Eigentumserwerb des Eigentümers des anliegenden Nachbargrundstücks vor, auf das die Früchte fallen. Dies gilt nur dann nicht, wenn das Nachbargrundstück im öffentlichen Eigentum steht.

418 Der **Eigentumserwerb am „Fallobst"** gibt dem Nachbarn allerdings nicht das Recht, durch Schütteln der Zweige selbst dafür zu sorgen, dass die Früchte sich vom Baum lösen. Vielmehr steht dem Baumeigentümer dann bis zur Inbesitznahme durch den Nachbarn das Verfolgungsrecht nach § 867 BGB zu[942] bzw. muss der Nachbar für den entstehenden Schaden nach deliktsrechtlichen Grundsätzen einstehen. Das Recht zur Fruchtziehung steht dem Eigentümer des Baumes auch hinsichtlich solcher Früchte zu, die sich an überhängenden Zweigen befinden. Wegen des Überhangs wird auf die voranstehenden Ausführungen verwiesen.[943] Ein Betretungsrecht für das Nachbargrundstück zum Zwecke der Ernte hat der Eigentümer des Baumes jedoch nicht.

419 Nicht geregelt wird von § 911 BGB die Rechtslage im Hinblick auf eine **Schädigung des Nachbargrundstücks durch das Obst** oder die Früchte. Praktische Bedeutung können etwa Fälle haben, in denen herabfallende Kastanien oder Nüsse das Auto des Nachbarn verbeulen oder herabfallende Früchte durch ihren Saft Lackschäden verursachen. In

---

und WegeG NRW; § 28 LandesstraßenG RhPf.; § 32 StraßenG Saarl.; § 26 StraßenG Sachs.; § 25 StraßenG Thür.

[939] § 23 LandesstraßenG Brem.; § 26 StraßenG Brdbg.; § 28 StraßenG BW.; § 27 StraßenG Hess.; § 31 StraßenG NiSa.; § 30 Straßen- und WegeG NRW; § 27 LandesstraßenG RhPf.; § 31 StraßenG Saarl.; § 27 StraßenG Sachs.; § 33 StraßenG SchlH; § 26 StraßenG Thür.; für Bundesfernstraßen: §§ 11, 24 Abs. 7 BFStrG.

[940] S. z. B. § 11 Abs. 2 BFStG; § 26 Abs. 2, 3 LandesstraßenG Br; § 26 StraßenG BrdB; § 28 Abs. 2 StraßenG BW; § 27 StraßenG Hess.; § 35 Straßen- und WegeG MecklVP.; § 31 Abs. 2 StraßenG NiSa.; § 30 Straßen- und WegeG NRW; § 27 LandesstraßenG RhPf.; § 31 StraßenG Saarl.; § 27 StraßenG Sachs.; § 26 StraßenG SAnh.; § 33 StraßenG SchlH; § 26 StraßenG Thür.

[941] Vgl. § 11 Abs. 3 BFStrG.

[942] Für das Fallobst ist das Verfolgungsrecht gerade ausgeschlossen, vgl. Staudinger/*Roth*, § 911 Rn. 5.

[943] S. oben Rn. 362 ff., 379.

diesen Fällen gelten die allgemeinen Vorschriften. Der Nachbar haftet unter den Voraussetzungen des Deliktsrechts für die entstandenen Schäden. Ist er kraft öffentlichen Rechts nicht in der Lage, durch entsprechende Eingriffe derartige Folgen zu verhindern, so scheidet seine Haftung zumindest mangels Verschulden aus. Vielfach wird es aber schon an an einer die Handlung ersetzenden Verletzung der Verkehrssicherungspflicht fehlen. Die Folgen natürlichen Wachstums, zu denen die Fruchtbildung gehört, muss der Nachbar hinnehmen.[944]

Aus § 911 BGB ist trotz des Eigentumserwerbs **keine Pflicht zur Duldung** derartigen 420
Überfalls zu folgern.[945] Vielmehr steht dem Nachbarn ein Anspruch nach den §§ 1004, 906 BGB zu, da es sich bei den herabfallenden Früchten um „ähnliche Einwirkungen" i. S. des § 906 Abs. 1 S. 1 BGB handelt. Danach kann der Nachbar regelmäßig zwar nicht Unterlassung, aber Beseitigung des auf das Nachbargrundstück gefallenen Obstes verlangen, wenn durch das Fallobst die Benutzung des Grundstücks wesentlich beeinträchtigt wird. Das wird man jedenfalls dann bejahen müssen, wenn es zu Fäulnisbildung kommt oder das Fallobst Insekten anzieht. Im Übrigen wird auf die zu Grundstückseinwirkungen gemachten Ausführungen verwiesen.[946]

VI. Fenster- und Lichtrecht

1. Regelungszweck und Regelungsgegenstand

Fenster können für den Nachbarn eine **erhebliche Beeinträchtigung** oder Belästigung 421
darstellen, verschaffen sie doch, wenn sie grenznah eingebaut werden, die Möglichkeit, das Grundstück einzusehen oder gar in dieses einzusteigen oder durch das Fenster auf das Grundstück zu „emittieren". Es besteht daher seitens des Grundstückseigentümers ein verständliches Interesse daran, einen Einbau von Fenstern in Gebäude, mit dem die vorgenannten Nachteile verbunden sind, zu verhindern.

Mit diesem Interesse kollidieren die Belange des Nachbarn, der seine **Eigentümer-** 422
befugnisse ausnützen und das Grundstück möglichst nach seinen Vorstellungen bebauen will, soweit das öffentliche Recht es zulässt. Weiterhin möchte er die vorhandenen Fenster nutzen und hieran sich nicht durch seinen Nachbarn hindern lassen, indem dieser die Fenster etwa verbaut.

Die Normen der nachbarrechtlichen Zulässigkeit von Fenstern werden als **Fenster-** 423
recht bezeichnet, jene, die die Aufrechterhaltung der Nutzungsmöglichkeit des Fensters betreffen, als das **Lichtrecht**.

2. Rechtsquellen

a) Situation nach Bürgerlichem Recht

Die §§ 903 ff. **BGB** treffen **keine Regelungen** zu den Fragen des Fenster- und Licht- 424
rechts. Das BGB verpflichtet daher den Nachbarn nicht, den Einbau von Fenstern zu unterlassen, wenn sie den Grundstückseigentümer belästigen. Umgekehrt ist nach den Bestimmungen des BGB auch ein Verbauen der Fenstersicht zulässig.[947]

Lediglich aus dem **nachbarlichen Gemeinschaftsverhältnis**, das auch den Regeln des 425
Nachbarrechts des BGB zugrunde liegt,[948] kann sich eine Pflicht zur Rücksichtnahme auf die Belange des jeweiligen Nachbarn auch in diesem Zusammenhang ergeben.[949] § 907 BGB schützt den Grundstückseigentümer nicht vor Fensteranlagen, da durch sie

---

944 OLG Koblenz, VersR 1998, 865.
945 AG Backnang, NJW-RR 1989, 785; s. schon oben Fn. 808.
946 S. unten Teil 3 Rn. 52 ff., 152 ff.
947 BGH, MDR 1951, 726; OLG Hamburg, MDR 1963, 135.
948 S. oben Teil 1 Rn. 66 ff.
949 Vgl. BGH, BB 1953, 373.

Licht und Luft hereingelassen werden soll und damit die Vorschrift schon tatbestandlich nicht eingreift.[950] Mittels der Fenster wird nicht auf das Grundstück eingewirkt, so dass auch die §§ 1004, 905, 906 BGB nicht einschlägig sind.[951]

b) Regelungen in den Bundesländern

426 Während die Rechtslage lange Zeit sehr unübersichtlich und durch eine starke Zersplitterung geprägt war, wurden Fragen des Fenster- und Lichtrechts in der Nachkriegszeit in vielen **Landesnachbarrechtsgesetzen** geregelt.[952]

427 Soweit es an Regelungen fehlt, gilt teilweise noch das ALR.[953] Gemeines Recht ist heute noch in Bremen, Hamburg, Mecklenburg und Neuvorpommern in Kraft. Insgesamt ist die Situation in diesen Ländern recht unübersichtlich.[954] Während das **Gemeine Recht** kein Fensterrecht vorsah, kannte das preußische **Allgemeine Landrecht** solche Regelungen (vgl. § 138 I 8 ALR).[955] In Berlin wurde durch das NRG die Regelung des ALR zu Fenster- und Lichtrechten aufgehoben. In Baden-Württemberg sind die Bestimmungen, die dem badischen AGB entnommen wurden,[956] stark französisch geprägt.

428 Im Weiteren sollen die Bestimmungen der **neueren Nachbargesetze** dargestellt werden, die in großem Maße übereinstimmen.

3. Gegenstand des Fensterrechts

a) Begriff des Fensters

429 **aa) Fenster und Glasbausteine.** Die verschiedenen Nachbarrechtsgesetze verstehen unter Fenstern **jede Art von Lichtöffnungen**. Entscheidend ist die Funktion, dass mit den Öffnungen Licht von außen in das Gebäude gelangen soll. Die Luftzufuhr und die Möglichkeit der Öffnung sind ohne Bedeutung.[957] Auch Kelleröffnungen sind Fenster, soweit sie einen Ausblick auf ein Nachbargrundstück gestatten.[958] Begrifflich fallen ebenfalls undurchsichtige Glasbausteine unter das Fenster;[959] ebenso Lüftungsklappen, die in geöffnetem Zustand einem Fenster gleichkommen.[960] Da nach dem Regelungszweck für undurchsichtige Glasbausteine, die sich nicht zu Lüftungszwecken öffnen lassen, ein Verbot kaum zu rechtfertigen ist, nehmen die Nachbarrechtsgesetze diese Art von „Fenster“ in unterschiedlicher Weise von den allgemeinen Regeln aus. Beispielhaft sei auf § 4 Abs. 5 NRG NRW verwiesen, nach dem lichtdurchlässige, jedoch undurchsichtige und gegen Feuer ausreichend widerstandsfähige Bauteile, die weder auf oder unmittelbar an der Grenze errichtet werden, nicht als Fenster gelten. Ganz allgemein werden in Hessen lichtdurchlässige, jedoch undurchsichtige und gegen Feuereinwirkung widerstandsfähige Wandbauteile von den Fensterregelungen ausgenommen (§ 12 Nr. 2 NRG Hess.).[961] Sofern sich die genannten Bausteine kippen lassen, sind die für Fenster geltenden Bestimmungen anzuwenden.[962]

430 **bb) Türen.** Darüber hinaus gelten die Bestimmungen auch für **Türen**. Hierunter werden Öffnungen im Mauerwerk verstanden, durch die Tiere und Menschen gehen können

---

950 Vgl. *Dehner*, § 25 A.
951 S. aber LG Bochum, NJW 1962, 1255; dagegen: *Hodes*, NJW 1962, 1681.
952 Art. 43 bis 45 BayAGBGB; §§ 20 NRG Brdbg.; §§ 23 ff. NRG NiSa.; §§ 4 ff. NRG NRW; §§ 34 ff. NRG RhPf.; §§ 35 ff. NRG Saarl.; §§ 22 ff. NRG SchlH; §§ 11 ff. NRG Hess.
953 Das gilt für Sachsen-Anhalt und Mecklenburg-Vorpommern.
954 Für Einzelheiten s. *Dehner*, § 25 A.
955 Für Einzelheiten s. *Dehner*, § 25 C.
956 Vgl. §§ 4 f. NRG BW.
957 *Schäfer*, NRG NRW, § 4 Rn. 1.
958 BGH, NJW 1971, 2071.
959 BGH, MDR 1960, 914.
960 *Dehner*, § 25 H I 1. a).
961 Vgl. im Übrigen die Ausnahmen in: § 21 Nr. 1 NRG Brdbg.; § 35 Nr. 2 NRG RhPf.; § 36 Nr. 2 NRG Saarl.; § 23 Nr. 1 NRG SchlH.
962 AG Osterode, NdsRpfl. 1975, 269.

sollen.[963] Hierzu sind auch Ein- und Ausfahrtstore für Fahrzeuge zu zählen, da auch sie Menschen zum Durchgang nutzen können.[964]

cc) Außenwände. Die gesetzlichen Regelungen betreffen Türen und Fenster in **Außenwänden**. Hierunter wird jegliche Art von Raumabschluss verstanden, ohne dass es auf Beschaffenheit und verwendetes Material ankommt. Nicht zu den Außenwänden gehören Dächer. Sogar auf Gaubenfenster in Dächern sollen die Fensterregeln nicht anzuwenden sein.[965] Mit Blick auf die Funktion der Fensterrechte kann dieses Ergebnis jedenfalls kaum überzeugen. In Nordrhein-Westfalen gelten insoweit für Dächer mit einem Neigungswinkel von bis zu 45° die Bestimmungen für Außenwände entsprechend. 431

dd) Winkel zum Nachbargrundstück. Die Gebäudewand, in die das Fenster eingebaut wird, muss nicht notwendigerweise parallel zur Grenze des Nachbargrundstücks verlaufen. Die einzelnen Nachbarrechtsgesetze sehen dazu unterschiedlich detaillierte Regelungen vor. Für Fenster in parallel verlaufenden Außenwänden verlangen die Nachbarrechtsgesetze einen Grenzabstand, der sich zwischen zwei Meter und drei Meter bewegt.[966] Bei schräg verlaufenden Außenwänden betreffen die Regeln solche, die einen Neigungswinkel von 60° bis 75° zur Grundstücksgrenze haben. Bei parallel verlaufenden Grenzlinien wird das Maß an der äußeren Begrenzung der Wand vor der Fensteröffnung genommen.[967] Nach der Regelung in NRW ist bei schrägem Verlauf die Regelung über die Distanzberechnung nach § 4 Abs. 3 NRG NRW hilfreich, nach dem der Abstand waagerecht vom grenznächsten Punkt der Einrichtung oder des Gebäudes rechtwinklig zur Grenze zu messen ist. Im Einzelnen können sich Probleme ergeben, wenn ein rechtwinkliges Maß nicht genommen werden kann, da der Grenzverlauf das nicht zulässt.[968] 432

b) Balkone und Terrassen.

In Anlehnung an das französische Recht sehen neuere Nachbarrechtsgesetze eine Erstreckung dieser Regeln auf Terrassen und Balkone vor. Teilweise ist ausdrücklich von Bauteilen die Rede, die eine „Aussicht" gewähren,[969] andere Nachbarrechtsgesetze sprechen weniger deutlich von solchen Bauteilen, die zum Betreten bestimmt sind. In der Sache ist wohl dasselbe gemeint. Bei einer **Terrasse** handelt es sich um eine künstlich erstellte Bodenerhöhung,[970] die zum Verweilen von Menschen bestimmt ist und Freisitz oder überdachter Sitzplatz sein kann.[971] **Balkone** sind dagegen zum Betreten bestimmte Flächen, die an den Außenseiten eines Gebäudes vorspringen. Die konstruktive Form (Stützen vor der Außenwand oder Auflagerung in der Außenwand) ist ohne Bedeutung.[972] Nicht zu den Balkonen sind dagegen Loggien zu zählen, die wie Lichtöffnungen zu behandeln sind.[973] Schließlich unterliegen auch Veranden und Wintergärten dem Lichtrecht. 433

---

963 Weitergehend *Hülbusch/Bauer/Schlick*, § 34 Rn. 4 (Luken zum Durchreichen von Gegenständen).
964 *Dehner*, B § 25 H I 1. b).
965 *Dehner*, B § 25 H I 1. c).
966 § 20 NRG Brdbg.: 3,0 m; § 11 Abs. 1 NRG Hess.: 2,5 m; § 23 Abs. 1 NRG NiSa.: 2,5 m; § 4 Abs. 1 NRG NRW: 2,0 m; § 34 Abs. 1 NRG RhPf.: 2,5 m; § 35 Abs. 1 NRG Saarl.: 2,5 m; § 22 NRG SchlH: 3,0 m; § 34 Abs. 1 NRG Thür.: 2,5 m.
967 *Dehner*, B § 25 H I 3.
968 S. hierzu ausführlich, *Dehner* (Fn. 915).
969 § 34 Abs. 4 NRG RhPf.; § 34 Abs. 5 NRG Thür.
970 Fehlt es an einer Erhöhung, so liegt keine Terrasse vor, OLG Celle, OLGR Celle 2004, 110; vgl. auch OLG Düsseldorf, RdL 2000, 152; ebenso wenig sind (z. B. gepflasterte) Durchgänge zum Haus Terrassen, OLG Celle, NdsRpfl. 1972, 306; OLGR, Celle 2004, 110.
971 *Schäfer*, NRG NRW, § 4 Rn. 2.
972 *Schäfer* (Fn. 919).
973 *Dehner*, B § 25 H I 7.

4. Ausnahmen vom Verbot des Fenstereinbaus

434 In allen Nachbarrechtsgesetzen sind verschiedene **Ausnahmen** von dem grundsätzlichen Verbot festgelegt, Fenster in dem angesprochenen Bereich einzubauen.

a) Nach öffentlichem Recht erforderliche Fenster und Türen

435 Ein erstes Verbot betrifft die **Notwendigkeit von Fenstern und Türen nach öffentlich-rechtlichen Vorschriften**. In der Sache geht es um Bauordnungsrecht, das eine ausreichende Belüftung und Belichtung von Aufenthaltsräumen verlangt. Diese Fenster sollen offenbar grundsätzlich auch privatrechtlich erlaubt sein. Dem wird man allerdings entgegenhalten müssen, dass der Nachbar zunächst die Frage einer zumutbaren Planänderung seines Vorhabens prüfen muss. Kann auf diese Weise den öffentlich-rechtlichen Vorschriften genügt werden, so bleibt es bei dem (privatrechtlichen) Verbot des Fenstereinbaus.[974] In der Regel wird auf diese Weise das Fensterrecht gewahrt werden.

b) Einwilligung und Zustimmung zum Einbau von Fenstern

436 Daneben kann mit Einwilligung[975] oder Zustimmung[976] das Verbot grenznaher Fenster und Türen außer Kraft gesetzt werden. Teilweise wird für diese Erklärung die Schriftform verlangt.[977] In anderen Bundesländern genügt zwar eine mündliche Einwilligung,[978] jedoch ist das Fenster nur dann durch ein entsprechendes Lichtrecht geschützt, wenn die Einwilligung schriftlich erfolgt ist. Andere Länder wiederum kennen keine besonderen Formvorschriften.

437 Schriftform ist dem Nachbarn schon deshalb anzuraten, um spätere Nachweisprobleme zu vermeiden. Neben den angesprochenen Möglichkeiten können beide Seiten auch einen schuldrechtlichen (formlosen) Vertrag schließen. Dingliche Wirkung haben weder Einwilligung noch schuldrechtlicher Vertrag. Hierfür steht vielmehr die Form der Eintragung einer Grunddienstbarkeit zur Verfügung (§§ 1018 ff. BGB). Inwieweit der Landesgesetzgeber die Kompetenz hatte, einer solchen Einwilligung auch ohne Grundbucheintragung die Wirkung einer Grunddienstbarkeit beizugeben, ist fraglich.[979] Selbst von jenen Stimmen, die eine solche Befugnis ablehnen, wird jedoch keine völlige Unwirksamkeit der landesrechtlichen Regelungen angenommen.[980]

c) Nach früherem Recht eingebaute Fenster

438 Auch nach Inkrafttreten der verschiedenen Nachbarrechtsgesetze beurteilen sich die vor diesem Zeitpunkt rechtmäßig errichteten Einbauten nach früherem Recht und bleiben damit rechtmäßig. Wichtiger als diese Ausnahme ist jene, dass der mit dem Fensterrecht verknüpfte Beseitigungsanspruch an eine **Ausschlussfrist** geknüpft ist, die je nach Bundesland zwischen ein und zwei Jahre beträgt.[981] Als Besonderheit in Nordrhein-Westfalen ist darüber hinausgehend zu nennen, dass der Beseitigungsanspruch wie bei Verletzung der Gebäudeabstandsvorschriften dann ausgeschlossen ist, wenn die Zuwiderhandlung ohne oder mit geringer Schuld erfolgte.[982]

---

974 *Dehner*, B § 25 H I 4.
975 Hess., NiSa., RhPf., Thür. jeweils (Fn. 914); § 4 Abs. 4 NRG NRW.
976 Brdbg., NRW, Saarl. und SchlH; s. Nachweise oben (Fn. 914).
977 Brdbg., NRW, Saarl. und SchlH; s. Nachweise oben (Fn. 914).
978 § 34 Abs. 1 NRG RhPf.; § 34 Abs. 1 NRG Thür.
979 Ablehnend: *Dehner*, B § 25 H I 5.
980 *Dehner* (Fn. 927).
981 Für den Fristbeginn ist teilweise die Anbringung der Fenster oder Türen maßgeblich oder die Ingebrauchnahme des Gebäudes.
982 § 3 Abs. 1 lit. b NRG NRW.

439 Um den Einbau von Fenstern und Türen nicht zu stark zu begrenzen, sehen einzelne Nachbarrechtsgesetze vor, dass unter bestimmten Voraussetzungen der Grundstückseigentümer **zur Einwilligung bzw. Zustimmung verpflichtet** ist.[983] So besteht in Brandenburg[984] kein Erfordernis der Zustimmung, wenn von der Maßnahme keine oder nur geringfügige Beeinträchtigungen ausgehen. In Rheinland-Pfalz und Niedersachsen ergibt sich eine Beschränkung des Zustimmungserfordernisses durch das allgemeine Verbot unzulässiger Rechtsausübung oder § 242 BGB.

d) Keine Grenzabstände gegenüber Verkehrs- und Wasserflächen

440 Schließlich sind gegenüber Verkehrs- und Wasserflächen keine Grenzabstände einzuhalten. Teilweise wird dabei auf eine bestimmte Größe abgestellt. In einigen Bundesländern[985] gilt das auch hinsichtlich **öffentlicher Grünflächen**.

5. Besonderheiten in Baden-Württemberg

441 Auf einige Besonderheiten des baden-württembergischen Rechts ist hinzuweisen. § 3 spricht nicht von Fensterrecht, sondern von Lichtöffnungen. Dies ist letztlich auf französische Regelungen zurückzuführen.[986] Die Abstandsfläche ist dann nicht zu wahren, wenn durch die Maßnahme keine oder nur geringfügige Beeinträchtigungen zu erwarten sind. Darüber hinaus schließt das baden-württembergische Recht einen Beseitigungsanspruch auch aus, wenn das Vorhaben öffentlich-rechtlich zulässig ist, insbesondere die Abstandsflächen des öffentlichen Baurechts beachtet werden. Damit **ordnet** das baden-württembergische Nachbarrecht **sich völlig dem Landesbaurecht unter** und verliert letztlich all seine Bedeutung. Nur dann, wenn eine öffentlich-rechtliche Vorschrift ohne nachbarschützenden Charakter verletzt wurde, bietet zivilrechtliches Nachbarrecht einen weitergehenden Schutz. Der Unterlassungsanspruch muss innerhalb einer kurzen Ausschlussfrist von vier Wochen geltend gemacht werden. Die Frist beginnt im Zeitpunkt, zu dem die Gemeinde die Nachbarn gem. § 55 LBO von dem Bauantrag unterrichtet. Die Ausschlussfrist findet zwar eine Parallele in den Baugenehmigungsverfahren.[987] Im Gegensatz zu öffentlich-rechtlichen Folgen im Zusammenhang mit einer Baugenehmigung fehlt es aber an einer Rechtsbehelfsbelehrung hinsichtlich des zivilrechtlichen Nachbaranspruchs. Gewahrt ist die Frist schon durch Geltendmachung der Rechte (auch mündlich, fernmündlich oder per elektronischer Mail).

6. Besonderheiten des bayerischen Rechts

442 Einige Besonderheiten sind auch hinsichtlich des Rechts in Bayern zu beachten. Ein **Bestandsschutz** des Eigentümers des betroffenen Grundstücks auf Beibehaltung vorhandener Fenster **existiert nicht**, solange keine schuldrechtliche oder gar dingliche Vereinbarung geschlossen wurde. Zu den Personen, die das Fensterrecht geltend machen können, gehören auch Erbbauberechtigte, auf keinen Fall Mieter oder Pächter. Der einzuhaltende Abstand beträgt 60 cm. Er ist verglichen mit den Abständen anderer Bundesländer somit sehr gering. Der sachliche Umfang des Fensterrechts erfasst auch Dachgärten und Galerien. Kommt ein Fenster oder eine ähnliche Anlage (§ 44 AGBGB) näher als 60 cm an die Grenze, so kann der Nachbar verlangen, die Öffnung auf eine bestimmte Art und Weise einzurichten. Bis zu einer Höhe von 1,80 m gemessen vom Boden des Raumes hinter der Wand, in der sich die Öffnung befindet, müssen das Öffnen und Durchblicken unmög-

---

983 § 11 Abs. 2 NRG Hess.; § 4 Abs. 4 S. 2 NRG NRW; § 35 Abs. 2 NRG Saarl.; § 22 Abs. 2 NRG SchlH; § 34 Abs. 2 NRG Thür.

984 § 21 Nr. 4 NRG Brdbg.

985 § 21 Abs. 2 NRG Brdbg.; § 12 Abs. 3 NRG Hess.; § 5 lit. b NRG NRW; § 35 Abs. 5 NRG RhPf.; § 36 Abs. 4 NRG Saarl.; § 23 Nr. 2 NRG SchlH und § 35 Abs. 5 NRG Thür.

986 Zur Entwicklungsgeschichte s. *Dehner*, B § 25 H I 8.

987 *Dehner*, B § 25 H I 8.

lich gemacht werden. Damit soll verhindert werden, dass durch die Öffnung das Nachbargrundstück eingesehen wird und auch stoffliche Einwirkungen stattfinden. Dabei darf die Öffnung durchaus lichtdurchlässig sein, solange sie nicht durchsichtig ist. Entsprechendes gilt im Übrigen auch für „ähnliche Anlagen" i. S. v. § 44 AGBGB.

7. Lichtrecht

a) Regelung des Lichtrechts in den einzelnen Landesrechten

443 **aa) Landesrechtliche Ausgestaltung des Lichtrechts.** Das Lichtrecht soll die Belichtung rechtmäßig eingerichteter Fenster erhalten. Teilweise sehen die Landesnachbarrechte vor, dass es erst durch die Einwilligung in die Errichtung eines Fensters entsteht.[988] Das hessische Nachbarrecht kennt überhaupt kein **Lichtrecht**. Das Nachbarrechtsgesetz NRW gewährt dagegen ein Lichtrecht, auch ohne dass der Nachbar in den Einbau des Fensters eingewilligt hat. Erforderlich ist nur, dass ein solches Fenster bereits drei Jahre im Rohbau besteht.[989] Weitergehend kann ein Lichtrecht geltend gemacht werden, wenn das Fenster nach „bisherigem Recht" angebracht wurde.[990] Mit dieser Vorschrift ist die Übereinstimmung mit den bis zum Inkrafttreten des nordrhein-westfälischen Nachbarrechtsgesetzes geltenden Bestimmungen des preußischen ALR und des Code Civil sowie des gemeinen Rechts bezeichnet.[991]

444 Gleiches ist in Brandenburg geregelt. Hier nimmt der Begriff auf das preußische ALR sowie auf das Gemeine Recht in dem ehemaligen Mecklenburgischen Bezug. Darüber hinaus sind die Bestimmungen des ZGB DDR zu berücksichtigen, wenn diese im Zeitpunkt des Einbaus galten. Soweit es Fenster betrifft, richtete sich der Einbau nach **§ 316 ZGB**.[992] Diese Vorschrift ist mit der Maßgabe anzuwenden, dass berechtigte Interessen des Nachbarn durch das Ergebnis des Fenstereinbaus nicht verletzt wurden.[993]

445 **bb) „Anbringen" des Fensters als Entstehungsvoraussetzung des Lichtrechts.** Für die Anbringung des Fensters reicht es aus, wenn ein Bauvorhaben, das ein entsprechendes Fenster vorsah, nach genehmigten Bauplänen begonnen wurde.[994] Das Lichtrecht gewährt keinen absoluten Schutz der Belichtung, vielmehr wird nur vor später auf dem Nachbargrundstück errichteten Gebäuden,[995] Bauwerken[996] oder baulichen Anlagen[997] geschützt. Trotz unterschiedlicher Bedeutung der Begriffe, soweit sie im Baurecht überhaupt Verwendung finden,[998] sind die damit verbundenen Unterschiede im nachbarrechtlichen Kontext nicht gewollt. Die Auslegung dieser Begriffe orientiert sich vielmehr am Zweck des zivilrechtlichen Nachbarschutzes.[999] Diese weite **nachbarfreundliche Auslegung** ist angesichts des teilweise geringen öffentlich-rechtlichen Nachbarschutzes zu befürworten. Damit wird man wohl auch Erdaufschüttungen als durch die Bestimmung geregelt ansehen müssen.

---

988 So etwa Rheinland-Pfalz (§ 34 Abs. 2 NRG) und Thüringen (§ 34 Abs. 3 NRG).

989 § 4 Abs. 2 lit. b NRG NRW; § 34 Abs. 2 S. 1 NRG RhPf.; § 34 Abs. 3 NRG Thür.

990 § 4 Abs. 2 lit. c NRG NRW.

991 *Dehner*, B § 25 H II 2. a).

992 Die Vorschrift hat folgenden Wortlaut: „Grundsatz. Die Grundstücksnachbarn haben ihre nachbarlichen Beziehungen so zu gestalten, dass ihre individuellen und kollektiven Interessen mit den gesellschaftlichen Erfordernissen übereinstimmen und gegenseitig keine Nachteile oder Belästigungen aus der Nutzung der Grundstücke und Gebäude entstehen. Zur Beilegung von Konflikten haben sie verantwortungsbewusst zusammenzuwirken."

993 *Dehner* (Fn. 939).

994 *Dehner*, B § H 25 II 2. b).

995 § 23 Abs. 2 NRG NiSa.; § 4 Abs. 2 lit. c NRG NRW.

996 § 20 Nr. 2 NRG Brdbg.; § 35 Abs. 3 NRG Saarl.; § 22 Nr. 3 NRG SchlH.

997 § 34 Abs. 2 NRG RhPf.; § 34 Abs. 3 NRG Thür.

998 Dies gilt für das „Bauwerk", das keinen Terminus des öffentlichen Baurechts darstellt.

999 Vgl. BGH, WM 1979, 897 betreffend einen Laufkran, der nicht einmal eine bauliche Anlage darstellt.

b) Einzuhaltende Abstände

aa) Entfernung zum Fenster und Beeinträchtigung. Eine Anlage, die den Lichteinfall beeinträchtigt, muss von dem Fenster des Nachbarn 2 m,[1000] teilweise 2,50 m[1001] oder gar 3 m[1002] **Abstand** haben. Dies gilt auch für Bauteile, die zum Betreten bestimmt sind[1003] und solche, die einen Ausblick zum Nachbargrundstück gewähren.[1004] 446

Führt die bauliche Anlage zu keiner oder nur zu einer **geringfügigen Beeinträchtigung**, so bedarf es keines Abstandes. In Nordrhein-Westfalen verpflichtet das Gesetz unter diesen Voraussetzungen zur Erteilung der Einwilligung.[1005] Angesichts der Bestimmungen des § 4 Abs. 2 S. 2 NRG NRW wird für diesen Anspruch kaum ein Anwendungsbereich bleiben. 447

bb) Baurechtliche Bestimmungen. Entsprechend den fensterrechtlichen Bestimmungen sehen einzelne Nachbarrechtsgesetze vor, dass eine Einhaltung auch dann nicht erforderlich ist, wenn **nach Baurecht ein geringerer Abstand** geboten ist.[1006] Entsprechend den Ausführungen zum Fensterrecht ist darauf abzustellen, ob die in Frage stehenden Bauvorschriften im konkreten Fall eine Befreiung oder Ausnahmebewilligung erlauben oder gar dem Nachbarn eine Umplanung seines Bauvorhabens zugemutet werden kann.[1007] 448

cc) Sonstige Regelungen. Im Übrigen kann auf die Ausnahmen des Fensterrechts verwiesen werden. Das Lichtrecht unterliegt den genannten **Ausschlussfristen**. Von dem Lichtrecht kann durch schuldrechtlichen Vertrag oder Grunddienstbarkeit entbunden werden. Hinsichtlich der Einwilligung ist auf die Ausführungen im Zusammenhang mit dem Fensterrecht zu verweisen.[1008] 449

Darüber hinaus ist es den Beteiligten unbenommen, das Lichtrecht wie auch das Fensterrecht **abweichend zu gestalten**. Insoweit wirken aber nur Grunddienstbarkeiten auch für und gegen Sonderrechtsnachfolger, d. h. also dinglich.[1009] 450

1000 § 4 Abs. 2 lit. c NRG NRW; § 34 Abs. 2 S. 1 NRG RhPf.; § 34 Abs. 3 NRG Thür.
1001 § 11 Abs. 1 NRG NiSa.; § 35 Abs. 1 NRG Saarl.
1002 So § 20 Abs. 1 NRG Brdbg. und § 22 Abs. 3 NRG SchlH.
1003 So § 35 Abs. 3 NRG Saarl.; § 22 Nr. 3 NRG SchlH.
1004 So § 34 Abs. 4 NRG RhPf.; § 34 Abs. 5 NRG Thür.
1005 § 4 Abs. 4 S. 2 NRG NRW.
1006 § 34 Abs. 2 S. 2 NRG RhPf.; § 34 Abs. 3 S. 2 NRG Thür. und auch § 5 lit. a NRG NRW.
1007 *Schäfer*, NRG NRW, § 5 Rn. 1.
1008 S. oben Rn. 436 f.
1009 Zum Problem der ersessenen Servituten vgl. *Dehner*, B § 25 K a. E. m. w. N.

3. Teil. Einwirkungen auf das Grundstück

Übersicht

A. Allgemeines

1 Der Grundstückseigentümer kann sich Einwirkungen noch weniger „entziehen“ als der Eigentümer von Mobilien.[1] So steht ihm zwar die Möglichkeit offen, durch entsprechende Bepflanzung sich vor dem Anblick unschöner Dinge auf dem Nachbargrundstück zu schützen. Die Lage seines Grundstücks liegt aber fest, und er ist daher den Einwirkungen seiner Nachbarn ausgeliefert. Dieser Umstand erklärt die **Bedeutung des Immissionsschutzes im Nachbarrecht**.

I. Einwirkungen – Immissionen

1. Einwirkungen i. S. des BGB

2 Im BGB ist die Frage der Einwirkungen vor allem in § 906 BGB geregelt. Die Vorschrift spricht in ihrer Überschrift von „unwägbaren Stoffen“ und im weiteren Gesetzestext von Einwirkungen, für die es als Beispiele Gase, Dämpfe, Geruch, Rauch, Ruß, Wärme, Geräusche und Erschütterungen nennt. Gemeinsames Merkmal all dieser Stoffe ist es, dass sie in ihrer Ausbreitung **weitgehend unbeherrschbar** sind und aufgrund ihrer natürlichen Verbreitung auch **nicht kontrolliert** werden können.[2]

2. Immissionen i. S. des BImSchG

3 Das **Bundesimmissionsschutzgesetz**,[3] das in gewisser Weise als öffentlich-rechtliches Gegenstück zu § 906 BGB gesehen werden kann, spricht dagegen von „Immissionen“ und bezeichnet damit schädliche Umwelteinwirkungen, die nach Art und Ausmaß oder Dauer geeignet sind, Gefahren, erhebliche Nachteile oder Beschädigungen für die Allgemeinheit oder die Nachbarschaft herbeizuführen (§ 3 Abs. 1 BImSchG).

4 Anders als in § 906 BGB kommt es somit nicht auf den Nachbar- oder gar den Grundstücksbezug an.[4] Die in § 3 Abs. 2 BImSchG aufgezählten Beispiele entsprechen weitgehend jenen des § 906 BGB.[5] Abzugrenzen sind derlei **Immissionen**, für die maßgeblich die *Ein*wirkung ist, von **Emissionen**, die auf *Aus*wirkungen abstellen. Der Sache nach kann es sich um identische Erscheinungen handeln, die lediglich aus einer anderen Perspektive gesehen werden, indem auf die Auswirkung und die Verantwortlichkeit des Verursachers abgestellt wird, während das Immissionsschutzrecht sich mit der Einwirkung und der Frage befasst, ob solche Einwirkungen hingenommen werden müssen und – falls sie zu dulden sind – ob und inwieweit der Betroffene dafür Ausgleich verlangen kann.[6] Auf Einzelheiten soll an späterer Stelle eingegangen werden.

---

[1] Besonderheiten gelten daher für den Campingplatzinhaber, der die Empfindsamkeit einiger Campingplatzbenutzer sich zu eigen machte und hierauf sein Unterlassungsbegehren stützt: OLG Karlsruhe, NJW-RR 1989, 145, 146; diese aber können einer Störung ausweichen.

[2] RGZ 160, 381, 382f.; BGHZ 117, 110, 112 = NJW 1992, 1389; BGH, NJW 2004, 1037, 1039; AnwK-BGB/*Ring*, § 906 Rn. 26; MünchKommBGB/*Säcker*, § 906 Rn. 27; Staudinger/*Roth*, § 906 Rn. 116.

[3] In der Fassung der Bekanntmachung vom 26. 9. 2002, BGBl. I, S. 3830; zuletzt geändert durch Gesetz vom 6. 1. 2004, BGBl. I, S. 2 (15).

[4] S. schon oben Teil 1 Rn. 65, ausführlich Teil 5 Rn. 190 ff.

[5] Es werden zusätzlich Strahlen genannt sowie Gase, Rauch und Ruß zu Luftverunreinigungen zusammengefasst.

[6] *Horst*, Rn. 591.

II. Allgemeines zum Verhältnis von Umweltrecht und Nachbarrecht

1. Begrenzte und unbegrenzte Eigentümerbefugnisse

Die Bestimmung der Eigentümerbefugnis nach § 903 BGB i. S. eines Rechts, mit der Sache nach Belieben zu verfahren, führt notwendigerweise zu einer **Kollision mit den Befugnissen anderer Eigentümer**. Dies war dem Gesetzgeber des BGB durchaus bewusst. Es herrschte jedoch im Gesetzgebungsverfahren Uneinigkeit darüber, wie mit solchen Konflikten umzugehen sei. Während noch im Ersten Entwurf[7] an den im wörtlichen Sinne unbegrenzten Befugnissen festgehalten wurde, die es dem Eigentümer auch gestatten sollten, auf andere Grundstücke einzuwirken, und der Gesetzgeber seine Aufgabe darin sah, die Befugnisse auf ein für den anderen hinnehmbares Maß zu beschränken, setzte sich mit dem Zweiten Entwurf[8] die heutige Regelung durch. Danach sah der Gesetzgeber es als seine Aufgabe an, dass schon von Gesetzes wegen die Befugnisse des Grundstückseigentümers auf das Grundstück zu begrenzen seien. Dies ergibt sich aus § 906 BGB, den man in gewissem Sinne als Ausgangpunkt des Umweltrechts nach heutigem Verständnis sehen kann.[9] Es sind einige Besonderheiten zu beachten, die sich teilweise bis heute erhalten haben und meist in den Eigenheiten des Zivilrechts begründet sind. 5

2. Grundstücksbezug

§ 906 BGB, der die Grundlage für die Begrenzung der Eigentümerbefugnisse bildet, ohne selbst eine Anspruchsgrundlage zu sein, stellt einen klaren **Grundstücksbezug** her. Der Eigentümer eines Grundstücks kann unter näher dargelegten Voraussetzungen die Zuführung von unwägbaren Stoffen von einem anderen Grundstück nicht verbieten. Es geht also um das Verhältnis von Grundstückseigentümern (und diesen gleichgestellten Personen) zueinander, indem in bestimmten Situationen Abwehrrechte ausgeschlossen werden. **Nachbarrecht** bilden diese Vorschriften in einem weiteren Sinne, als nämlich die Liegenschaften der beiden Eigentümer sich nicht nebeneinander befinden müssen. **Ziel** der Bestimmung ist es, den Grundstückseigentümern eine möglichst intensive und sachgerechte Nutzung der Grundstücke zu erlauben.[10] 6

Es ist also – wie immer im BGB – der Aspekt **subjektiver Interessen** und nur mittelbar das Gemeinwohl, dem die Bestimmung dient. Aufgrund dieser beschränkten Zielsetzung und dem daraus folgenden Umfang geregelter Sachverhalte sieht man teilweise in der Vorschrift keine ausreichende Grundlage für die Entwicklung eines privatrechtlichen Umweltschutzrechts.[11] 7

III. Verhältnis öffentliches Recht und privates Recht

1. Zweigleisigkeit des Schutzes[12]

Die Aufgabe des Umweltschutzes ist in erster Linie dem öffentlichen Recht übertragen. Das bedingt in diesem Bereich eine eigenartige Gemengelage von öffentlich-rechtlichen und privatrechtlichen Vorschriften. Das Verhältnis beider Bereiche ist zwar in den letzten 25 Jahren in großen Teilen geklärt worden. Gleichwohl muss die Situation – vor allem dem juristischen Laien – als ziemlich unübersichtlich erscheinen. Um die Systematik des Gesetzes – so man denn von einer solchen sprechen möchte – zu verstehen, muss 8

---

[7] *Mugdan*, III S. 146 ff.
[8] *Mugdan*, III S. 580.
[9] So aber unten Ziff. 2 bei Fn. 11.
[10] MünchKommBGB/*Säcker*, § 906 Rn. 1.
[11] MünchKommBGB/*Säcker*, § 906 Rn. 1 m. w. N.
[12] S. schon oben Teil 1 Rn. 72 ff., 83 ff.

man sich die bereits angesprochenen Aufgaben von öffentlichem Recht und bürgerlichem Recht in diesem Bereich vergegenwärtigen: Bürgerliches Recht regelt Zweipersonenverhältnisse, öffentliches Umweltrecht schafft Schutz der Allgemeinheit vor Immissionen, klärt aber auch den Grad hinzunehmender Belastung und Belästigung. Das schließt einen gleichzeitigen Schutz privater Rechte nicht aus. Der Einzelne muss dann aber in der Lage sein, die ihm von einer öffentlich-rechtlichen Vorschrift eingeräumte Position im (Verwaltungs-)Verfahren (etwa auf Erteilung einer Genehmigung) geltend zu machen und erforderlichenfalls im Wege des (verwaltungsgerichtlichen) Rechtsschutzes durchzusetzen. Daraus folgt, dass über den Weg der **Einschaltung der Behörde** (und eventuell unter Zuhilfenahme des verwaltungsgerichtlichen Rechtsschutzes) dasselbe Ergebnis erreicht werden kann, das auch im privatrechtlichen Rechtsweg zu erlangen ist. Versäumt die Behörde bei Störungen durch Private etwa infolge Lärms die Einhaltung der bestehenden Lärmschutzregeln durchzusetzen, so kann darin auch eine Verletzung des Rechts auf Achtung des Privat- und Familienlebens i. S. des Art. 8 EMRK liegen, indem die Wohnung nicht ungestört genutzt werden kann.[13]

9 Aus dem Gesagten ergibt sich, dass im Umweltschutzrecht **zwei konkurrierende Systeme** existieren, die nur teilweise verschiedene Aufgaben haben. Grundsätzlich sind folgende Ziele und Ansprüche zu unterscheiden:

a) Unterlassungs- und Beseitigungsansprüche, die auf die Beendigung oder Verminderung der Beeinträchtigung gerichtet sind.

b) Entschädigungsansprüche, vor allem für den Fall, dass die Beeinträchtigung bestehen bleibt.

10 Die Ansprüche können **verschuldensfrei** gestaltet sein oder **an ein Verschulden des Nachbarn** knüpfen. Die Ziele und rechtlichen Instrumente hierfür bestehen sowohl im Öffentlichen Recht als auch im Bürgerlichen Recht. Weiteres soll erst an späterer Stelle dargelegt werden.[14] Der Betroffene hat zwischen diesen verschiedenen Instrumenten (die auf verschiedenen Rechtswegen – der Ordentlichen Gerichtsbarkeit oder der Verwaltungsgerichtsbarkeit – durchzusetzen sind) im Rahmen seines Rechtsschutzziels grundsätzlich die **Wahl**; anders ist die Situation aber, wenn ein Planfeststellungsverfahren durchgeführt wurde oder ein Planfeststellungsbeschluss fingiert wird,[15] da dann die Belange bereits in dem Verfahren geltend gemacht werden konnten, s. oben Teil 1 Rn. 105 f. Selbst eine gleichzeitige Verfolgung seiner Ziele auf beiden Wegen ist nicht ausgeschlossen.[16] Er kann gegen den Betreiber einer nicht genehmigungspflichtigen Anlage i. S. des § 22 BImSchG vorgehen, indem er bei der zuständigen Behörde den Erlass einer Anordnung nach den §§ 24, 22 BImSchG beantragt. Erforderlichenfalls muss er Verpflichtungsklage erheben. Zugleich kann er mit der Abwehrklage gegen den Betreiber vorgehen. Dem steht wegen der Verschiedenheit der Streitgegenstände nicht der Einwand der Rechtshängigkeit entgegen.[17] Auch der Bindungsumfang der Entscheidungen ist unabhängig voneinander, insbesondere findet keine Rechtskrafterstreckung auf Personen statt, die an einem anderen Gerichtsverfahren über die Immissionen derselben Anlage teilnehmen. Weiterhin ist es weder dem Zivilgericht gestattet, auf die Möglichkeit des Verwaltungsverfahrens und entsprechenden Gerichtsschutzes zu verweisen und damit ein Rechtsschutzbedürfnis der Abwehrklage zu verneinen,[18] noch ist Gleiches den Behörden oder dem Verwaltungsgericht unter Hinweis auf den zivilgerichtlichen Rechtsschutz möglich.[19]

---

[13] Z. B. EGMR, NJW 2005, 3767.

[14] S. unten Rn. 19 ff., 27 ff., 36 ff.

[15] So BGH, NJW 2005, 660, 662, mit Blick auf die Möglichkeit, nachträgliche Maßnahmen entsprechend § 75 Abs. 2 S. 2–4 VwVfG geltend zu machen.

[16] H.M., z. B. : BGHZ 122, 1, 8 = NJW 1993, 1580; BGH, NJW 1985, 714.

[17] *H. Roth*, UTR 12 (1990), 329, 341; *Seidel*, Rn. 31 ff.; **a. A.** VG Würzburg, NVwZ 1999, 799, 800.

[18] BGH, WM 1974, 572, 573; BVerwGE 11, 331; *Stich*, in: Salzwedel, Grundzüge des Umweltrechts, 1982, S. 289, 301 f.; *Steinberg*, NJW 1984, 457, 462.

[19] *Bross*, in: FSf. Hagen, 1999, S. 357, 364; Jarass, DVBl 1985, 193, 195; **a. A.** BVerwG, ZfBR 1998, 106; s. auch *Peine*, JuS 1987, 169 ff.

2. Präklusion

Sofern den Nachbarn eine Teilnahme an dem Verwaltungsverfahren möglich ist, das die öffentlich-rechtliche Zulässigkeit der Handlungen des Grundstückseigentümers zum Gegenstand hat, so scheint es vielfach überflüssig, denselben Belang im unmittelbaren Verhältnis zum Nachbarn erneut geltend machen zu können. Daher gibt es etwa im BImSchG rechtliche Vorschriften, die eine entsprechende **materielle[20] Präklusion** von Einwendungen vorsehen.[21] Hierbei handelt es sich aber um Ausnahmen. Im Übrigen gilt der Grundsatz, dass die Erteilung einer Genehmigung nicht die Verfolgung von identischen nachbarlichen Interessen im ordentlichen Rechtswege hindert. Dies wird allgemein als Folge der getrennten Rechtswege angesehen. 11

Die **Problematik** eines Ausschlusses von Einwendungen aus Gründen der Beschleunigung und Konzentration des Verfahrens sowie des Bestandsschutzes zeigt sich unter dem Aspekt des Art. 19 Abs. 4 GG. Vielfach wird der Grundstückseigentümer von dem Verwaltungsverfahren – trotz öffentlicher Bekanntmachung – keine Kenntnis haben und damit von der bestehenden Möglichkeit, am Verwaltungsverfahren teilzunehmen, nichts wissen und sie somit auch nicht wahrnehmen.[22] Die Vorschriften zum Ausschluss werden daher zumindest restriktiv ausgelegt.[23] 12

Teilweise **schließen** öffentlich-rechtliche Vorschriften[24] einen **zivilrechtlichen Abwehranspruch** nach den §§ 1004, 906 BGB überhaupt **aus** und verweisen den betroffenen Grundstückseigentümer auf (privatrechtliche[25]) Ansprüche, die auf Schutzmaßnahmen[26] oder Entschädigung gerichtet sind.[27] Derartige Vorschriften haben damit privatrechtsgestaltende Wirkung,[28] die sich aber im Falle des § 14 BImSchG darauf beschränkt, dass der Grundstückseigentümer die Einstellung des Betriebes der Anlage nach §§ 1004, 906 BGB nicht verlangen kann.[29] 13

Eine Einschränkung erfährt der zivilrechtliche Unterlassungsanspruch bei an sich unzulässigen Immissionen, wenn diese bei dem Betrieb eines **gemeinwichtigen Betriebes** entstehen, der unmittelbar öffentlichen Interessen dient.[30] Auch dann werden die Grundstückseigentümer auf einen Anspruch mit dem Ziel entsprechender Schutzmaßnahmen analog § 14 BImSchG verwiesen, die den Betrieb der Einrichtung weder verhindern noch erheblich behindern dürfen.[31] Ob allein diese Umstände eine solche Ausnahme rechtfertigen, ist allerdings fraglich, vor allem wenn man das Ziel der Tätigkeit, wie hier vertreten, nicht als erheblichen Umstand bei der Bewertung der Wesentlichkeit ansieht.[32] 14

---

[20] Im Gegensatz dazu hindert die formelle Präklusion daran, am weiteren Verwaltungsverfahren teilzunehmen, vgl. *Jarass*, JuS 1984, 351, 354.

[21] Z. B. § 10 Abs. 3 S. 3 BImSchG; hierzu *Jarass*, JuS 1984, 351, 354; s. auch § 14 BImSchG; s. oben Teil 1 Rn. 105 f.

[22] Kritisch daher *Papier*, NJW 1980, 313, 320 ff.

[23] Meist behilft sich die Rechtsprechung mit dem Gedanken der Wiedereinsetzung, wobei unklar ist, ob es hierzu eines förmlichen Verfahrens bedarf, vgl. BVerwGE 60, 297, 307 ff.

[24] So § 14 S. 1, 1. Hs. BImSchG; § 11 LuftVG; s. oben Teil 1 Rn. 105 f.

[25] BGH, NJW 1988, 478; daraus folgt dann auch, dass diese Ansprüche vor den Zivilgerichten geltend zu machen sind, *Stich*, in: Salzwedel (Fn. 17), S. 295.

[26] Dieser Anspruch setzt aber wiederum voraus, dass es sich nicht um Beeinträchtigungen handelt, die nach § 906 BGB hinzunehmen sind, da sie etwa nur unwesentliche Einwirkungen darstellen, *Baur/Stürner*, § 25 D II 5, Rn. 33.

[27] § 14 S. 1 2. Hs. BImSchG.

[28] Im Ergebnis führen sie zu einer Vorverlagerung des Schutzes, s. BVerwGE 28, 131.

[29] S. als Beispiel: BGHZ 67, 252 = NJW 1977, 146.

[30] Str. BGHZ 72, 289, 294 = NJW 1979, 164; Jauernig/*Berger*, § 906 Rn. 14; abl. etwa MünchKommBGB/*Baldus*, § 1004 Rn. 98.

[31] BGH, NJW 1984, 1243.

[32] S. unten Rn. 69; die Rechtsprechung befürwortet bei der Nutzung fremder Grundstücke durch die Stromversorger allerdings keine derartigen Einschränkungen, BGHZ 66, 41 = NJW 1976, 416; BGH, NJW-RR 1988, 1231; OLG Köln, NJW-RR 1991, 100, 101.

15 So einleuchtend diese Unterscheidung gerade mit Blick auf die Unabhängigkeit der Gerichte beider Rechtswege auch bei ihrer Rechtsanwendung ist, so wenig kann das Ergebnis befriedigen.[33] Risiken, die mit dieser Trennung zwischen den Rechtswegen verbunden sind (die zu den unvermeidlichen „Kosten" der **Aufspaltung der Gerichtswege** gehören), lassen sich also nur durch eine Angleichung des Standards vermindern, die, wie nachfolgend noch zu zeigen sein wird, bereits in weiten Teilen stattgefunden hat.

3. Auslegungsmaßstäbe im Immissionsschutzrecht

16 Das Nebeneinander von öffentlichem Recht und bürgerlich-rechtlichen Vorschriften führt weiterhin zur Frage, ob beide Teilrechtsordnungen Einwirkungen in einem **unterschiedlichen Maßstab** zulassen. Dies war lange Zeit der Fall und wurde zunehmend als unbefriedigend empfunden. Konkret stellt sich die Frage, ob mit den Begriffen der „wesentlichen Beeinträchtigung" und dem „nicht ortsüblichen Gebrauch", die vom Eigentümer nicht hinzunehmen sind, derselbe Bereich bezeichnet wird, wie dies mit dem Begriff „der schädlichen Umwelteinwirkung" i. S. einer Immission geschieht, die erhebliche Nachteile oder Belästigung für die Allgemeinheit oder die Nachbarschaft mit sich bringt (§§ 3 Abs. 1, 22 Abs. 1 BImSchG) und der im Bereich des öffentlich-rechtlichen Immissionsschutzes von entscheidender Bedeutung ist.

17 Die zuständigen beiden obersten Bundesgerichte haben sich in den vergangenen 25 Jahren in der Auslegung dieser Begriffe zunehmend einander angenähert.[34] Damit ist es zu einer **Harmonisierung** des Standards gekommen, die in der Sache auch erforderlich erscheint. Es ist einem Betroffenem kaum zu vermitteln, weshalb bei einer Anlage die Genehmigungsbehörde von fehlenden schädlichen Umwelteinwirkungen ausgeht, im zivilgerichtlichen Verfahren dagegen eine wesentliche Beeinträchtigung vom Gericht bejaht wird.[35] Letztlich muss es Ziel der Harmonisierung sein, dass der Nachbar zivilrechtlich im gleichen Umfang dulden muss, in dem die Tätigkeit des Anlagenbetreibers öffentlich-rechtlich gestattet ist.[36] Dabei wird man berücksichtigen müssen, dass in vielen Verwaltungsverfahren die Genehmigungsbehörde verschiedene Belange gegeneinander abwägen muss, so dass es immer noch dazu kommen kann, dass ein Nachbar im Wege des zivilrechtlichen Rechtsschutzes, in dem nur seine Betroffenheit Gegenstand ist, eine Einstellung des Betriebes erreichen kann. Genau um dieses Ergebnis zu verhindern, sehen einzelne öffentlich-rechtliche Gesetze einen Ausschluss des Unterlassungsanspruchs vor.[37]

18 Der Gesetzgeber hat durch eine Ergänzung des § 906 Abs. 1 BGB um zwei Sätze dieser Entwicklung in der Rechtsprechung Rechnung tragen wollen.[38] Danach ist bei einer **Einhaltung der** in Gesetzen oder Rechtsverordnungen festgelegten **Grenz- oder Richtwerte** von „unwesentlichen Beeinträchtigungen" auszugehen. Entsprechendes gilt für Werte, die nach allgemeinen Verwaltungsvorschriften nach § 48 BImSchG festgesetzt wurden. Die vom Gesetzgeber erklärte Absicht, die Rechtsentwicklung nur „nachzuzeichnen",[39] findet in der Entstehungsgeschichte der Norm keinen Anhalt. Tatsächlich ging es mit der Änderung entgegen seiner erklärten Absicht wohl vor allem darum, Sportvereine und Veranstalter solcher Ereignisse vor zu strengen und für sie finanziell nicht verkraftbaren nachbarrechtlichen Standards der Zivilgerichte zu schützen.[40] Mag

---

[33] Es war erwogen worden, den nachbarlichen Rechtsschutz in einer einzigen Gerichtsbarkeit zusammenzufassen, z. B. *F. Baur*, JZ 1962, 73, 74; 1969, 432; *Mühl*, AcP 180 (1980), 300, 307.

[34] So z. B. BGHZ 111, 63 = NJW 1990, 2465 (Volksfest); BVerwG 79, 254, 259 = NJW 1988, 2396 (Feuersirenen); s. auch BGHZ 120, 239, 255 = NJW 1993, 925; BGHZ 122, 76, 78 = NJW 1993, 1700.

[35] MünchKommBGB/*Säcker*, § 906 Rn. 12.

[36] Vgl. *Roth*, JR 1991, 149, 150; MünchKommBGB/*Säcker* (Fn. 34).

[37] Vgl. hierzu schon oben Fn. 23.

[38] Zu dieser Änderung *Fritz*, NJW 1996, 573; s. auch die knappe Darstellung bei *Dehner*, B § 16 Fn. 5 a, der sich zugleich kritisch mit dem gesetzgeberischen Ergebnis auseinander setzt; *Kregel*, NJW 1994, 2599.

[39] So der Rechtsausschuss des Bundestags, BT-Dr. 12/ 7425, S. 85, 87.

[40] S. auch kritisch *Dehner*, B § 16.

das umweltrechtliche Ergebnis daher durchaus zweifelhaft sein, so ist die Harmonisierung gleichwohl grundsätzlich zu begrüßen.

4. Unterscheidung privatrechtlicher und öffentlich-rechtlicher Beseitigungsansprüche und Rechtsweg

a) Unterschiedliche Anspruchsgrundlagen

Grundstücke können auch von der öffentlichen Hand unterschiedlich genutzt werden: 19
im Rahmen **hoheitlicher Aufgaben** und deren Erfüllung oder **rein fiskalisch** in den Formen des Privatrechts. Je nach dem richtet sich auch die Qualifizierung der Störung und damit die Grundlage für bestehende Ansprüche des Nachbarn. Im letztgenannten Fall unterscheidet sich die Rechtslage nicht von jener, die zwischen privatrechtlichen Subjekten besteht. Es können also z. B. die Unterlassungs- und Beseitigungsansprüche nach den §§ 1004, 906 BGB geltend gemacht werden.

Auch bei einer hoheitlichen umweltrechtswidrigen Grundstücksnutzung besteht aber 20
ein Bedarf, die Beseitigung der Störung zu verlangen. Dies geschieht mittels eines **öffentlich-rechtlichen Beseitigungsanspruchs** und nicht im Wege zivilrechtlicher Ansprüche, wie den §§ 1004, 906 BGB. Davon unberührt bleibt allerdings die Frage, inwieweit die privatrechtlichen Grundsätze auf den öffentlich-rechtlichen Beseitigungsanspruch zu übertragen sind.

Die unterschiedliche Qualifizierung der Störung erfolgt also danach, ob die juristische 21
Person öffentlichen Rechts in der Erfüllung öffentlicher Aufgaben – und sei es auch nur durch schlicht hoheitliches Handeln[41] – (Verwaltungsrechtsweg) oder nur fiskalischer Tätigkeit (ordentlicher Rechtsweg) stört.[42] Die Erfüllung von Aufgaben öffentlicher Daseinsvorsorge in den Formen des Privatrechts hat auch im Nachbarschutz die Anwendung privatrechtlicher Grundsätze zur Folge.[43]

b) Abgrenzung hoheitliches und nichthoheitliches Handeln

aa) Grundsätzliches zur Abgrenzung. Für die Abgrenzung der Handlungsformen 22
gelten die für die Abgrenzung zwischen verwaltungsgerichtlichem und zivilgerichtlichem Rechtsweg entwickelten Grundsätze.[44] Maßgeblich für eine öffentlich-rechtliche Tätigkeit ist danach, dass das für die öffentliche Hand handelnde Rechtssubjekt im Rahmen seiner öffentlichen Aufgaben tätig wurde und sich dabei solcher Vorschriften bediente, die nicht für jedermann gelten, sondern ein einseitiges, obrigkeitliches Handeln erlauben.[45]

bb) Einzelfälle. Weitergehend wurde sogar eine dreitägige Kirmesveranstaltung auf 23
einem **gemeindeeigenen Grundstück** und die von ihr ausgehenden Immissionen als mit privatrechtlichem Unterlassungsanspruch abzuwehren und daher privatrechtlich gewertet.[46] Die Gemeinde bediene sich bei Ausnutzung und Verwendung des Grundstücks nicht der Rechtssätze des öffentlichen Rechts sondern jener des Privatrechts. Hierauf sei aber abzustellen.[47] Gleiches gilt für einen gemeindlichen Müllplatz und die von ihm ausgehenden Grundstückseinwirkungen, wenn das zur Müllablagerung genutzte Grundstück nicht öffentlich-rechtlich gewidmet ist.[48]

---

[41] BGH, NJW 1997, 744.

[42] Für Nachweise s. unten Fn. 59.

[43] So etwa BGH, NJW 1984, 1242; NJW 1997, 744; dazu auch *Roth*, NVwZ 2001, 34.

[44] Siehe hierzu im Einzelnen unten Teil 5 Rn. 4 ff., 138.

[45] Zur Abgrenzung ausführlich *Kopp/Schenke*, VwGO, 17. Aufl. 2011, § 40 Rn. 11 ff.; *Hufen*, Verwaltungsprozessrecht, 8. Aufl. 2011, § 11 Rn. 14 ff.

[46] BGHZ 41, 264.

[47] S. auch BGHZ 111, 63 = NJW 1990, 2465; BGHZ 121, 248, 250 = NJW 1993, 1656; OLG Karlsruhe, NJW 1960, 2241; ausführlich *Hagen*, ZfIR 1999, 413.

[48] BVerwG 27, 170 = NJW 1967, 2128, 2129.

24 Weitere **Beispiele für nichthoheitliche Tätigkeiten** sind neben den bereits angesprochenen Urteilen: der Betrieb eines Stadtparks,[49] eines kirchlichen Sportplatzes[50] oder einer gemeindlichen Operettenfreilichtbühne;[51] ebenfalls der Bau und Betrieb eines gemeindlichen Saals[52] oder eines Zivilflughafens.[53]

25 Beispiele für hoheitliche Tätigkeiten sind: der Betrieb eines Klubs der NATO,[54] eines Militärflughafens,[55] einer gemeindlichen Kläranlage;[56] der Kanalisation,[57] eines Sportplatzes[58] oder eines Kinderspielplatzes;[59] das liturgische Glockengeläut;[60] die Eröffnung öffentlicher Straßen mit dadurch bewirkten Benutzungsimmissionen;[61] Militärübungen.[62]

c) Wahl des Rechtsweges

26 Bedeutung gewinnt die Unterscheidung weiterhin bei der **Wahl des richtigen Rechtsweges** zu den Verwaltungsgerichten oder ordentlichen Gerichten.[63] Schon beinahe klassisch ist die Unterscheidung im Zusammenhang mit dem Glockengeläut. Soweit die Kirchgemeinde – eine Körperschaft öffentlichen Rechts – aus liturgischen Gründen die Glocken läuten lässt, handelt sie (möglicherweise störend) in Wahrnehmung öffentlicher Aufgaben und der Rechtsweg einer hiergegen gerichteten Unterlassungsklage führt zu den Verwaltungsgerichten. Wendet sich der Nachbar jedoch gegen die Stundenglocke als Mitteilung der Uhrzeit, so soll der Rechtsweg zu den ordentlichen Gerichten gegeben sein.

B. Privatrechtlicher Immissionsschutz

I. Systematik der Ansprüche

1. Privatrechtliche Abwehr- und Ausgleichsansprüche

27 Wie bereits ausgeführt, sind die **Ansprüche** grundsätzlich danach zu unterscheiden, ob die Beeinträchtigung bei hoheitlichem oder privatem Handeln entsteht. Im erstgenannten Fall sind die Ansprüche vorwiegend öffentlich-rechtlicher Natur, ansonsten finden sie ihre Grundlage im bürgerlichen Nachbarrecht.[64]

a) Privatrechtliche Abwehransprüche

28 Eine weitere Unterscheidung ergibt sich aus den bereits dargestellten möglichen Anspruchszielen. Als Anspruchsgrundlage **privatrechtlicher Abwehr** kommen die §§ 1004, 906 BGB in Betracht. Dieser Anspruch richtet sich gegen eine wesentliche Einwirkung auf das Grundstück. Diese darf wesentlich, aber ortsüblich sein, muss aber mit einem zumutbaren wirtschaftlichen Aufwand verhindert werden können.[65] Daneben

---

49 BGH, LM Nr. 25 zu § 906 BGB.
50 OLG Nürnberg, NJW-RR 1988, 979.
51 BGH, LM Nr. 32 zu § 906 BGB.
52 BGHZ 70, 212 = NJW 1978, 373.
53 BGH, NJW 1981, 1369.
54 BGH, LM Nr. 17 zu § 906 BGB.
55 BGHZ 129, 124 = NJW 1995, 1823.
56 BGHZ 91, 20 = NJW 1984, 1876.
57 BGH, NJW 1978, 1051.
58 OLG Koblenz, NVwZ 1987, 1021.
59 OLG Karlsruhe, NVwZ 1986, 964; vgl. auch OVG Lüneburg, NVwZ 2006, 1199.
60 OLG Frankfurt, NJW-RR 1986, 735; OVG Lüneburg, NVwZ 1991, 801, VGH München, NVwZ-RR 2005, 315; anders dagegen bei Stundenschlag: BVerwG, NJW 1994, 956; LG Arnsberg, NVwZ-RR 2008, 774.
61 BGH, NJW 1988, 900.
62 BGH, LM Nr. 61 zu § 906 BGB.
63 Siehe hierzu unten Teil 5 Rn. 4 ff., 138.
64 Zur Frage des Rechtswegs, s. Fn. 62.
65 Wegen der Einschränkungen nach dem BImSchG, s. oben Rn. 11 ff.

gibt es als **quasi-negatorische Ansprüche** die §§ 1004, 823 Abs. 2 BGB.[66] Ihre Anwendung setzt die Verletzung eines entsprechenden Schutzgesetzes voraus.[67] Gegenüber dem Abwehranspruch aus den §§ 1004, 906 BGB kann dies zu einem im Umfang erweiterten Schutz führen, wenn das „Gesetz" einen engeren Rahmen für die Tätigkeit des Nachbarn zieht, als er sich aus § 906 BGB ergibt. Der quasi-negatorische Anspruch wird nach überwiegender Auffassung durch § 906 BGB nicht eingeschränkt.[68] Weiterhin kann sich ein Beseitigungsbegehren auch auf Besitz stützen (§§ 862, 858 BGB). Dieser Anspruch setzt eine Störung des unmittelbaren Besitzes durch verbotene Eigenmacht voraus.

Daneben werden **negatorische Ansprüche** aus § 823 Abs. 2 und 1 BGB abgeleitet. Allerdings wird es im letztgenannten Fall an einer Rechtswidrigkeit fehlen, wenn die Einwirkung die Grenzen des § 906 BGB unterschreitet, da diese Vorschrift einen Rechtfertigungsgrund darstellt. Im Übrigen kann ein Schadensersatzanspruch, der auf Naturalrestitution gerichtet ist, zur Beseitigung der Störung führen. So umfasst z. B. ein Beseitigungsanspruch bei Bodenverunreinigung des Nachbargrundstücks nicht nur das Abtragen und Entsorgen des verunreinigten Erdreichs, sondern auch die Wiederherstellung des ursprünglichen Zustandes.[69] Allerdings besteht gegenüber den Ansprüchen aus § 1004 ein entscheidender Nachteil für den Gestörten darin, dass jene Ansprüche stets Verschulden voraussetzen. Ein solcher Unterlassungs- und Beseitigungsanspruch besteht etwa gegenüber technischen Einrichtungen wie Videokameras, mittels derer der Nachbar überwacht werden kann.[70] Bei Durchführung solcher Überwachungsmaßnahmen stehen dem Nachbarn auch Ansprüche wegen Verletzung des allgemeinen Persönlichkeitsrechts (§ 823 Abs. 1) auf Schadensersatz und auf Schmerzensgeld (§ 253) zu.[71] Im Übrigen kann im Falle der Nichterfüllung eines Beseitigungsanspruchs aus § 1004 Abs. 1 der Berechtigte gem. § 281 Abs. 1 Schadensersatz statt der Leistung fordern. Er ist nicht darauf verwiesen, vorab einen Titel auf Beseitigung der Störung zu erwirken und nach § 887 ZPO vorzugehen.[72] 29

b) Privatrechtliche Ausgleichsansprüche

aa) Verschuldensunabhängige Ausgleichsansprüche. Bei den Entschädigungsansprüchen ist wiederum zwischen **verschuldensabhängigen und -unabhängigen Ansprüchen** zu unterscheiden. Zu Letzteren gehört vor allem der Anspruch nach § 906 Abs. 2 S. 2 BGB, der dem Eigentümer einen Ausgleich gewährt, wenn er die wesentliche Einwirkung dulden muss[73] und die Einwirkung eine ortsübliche Nutzung des Grundstücks verhindert oder dessen Ertrag über das zumutbare Maß hinaus beeinträchtigt. Zwischen dem Abwehranspruch und dem Entschädigungsanspruch hat der Grundstückseigentümer grundsätzlich[74] keine Wahl. 30

---

[66] S. Staudinger/*Roth*, § 906 Rn. 55 f. m. w. N.

[67] Hierzu können auch Bestimmungen des BImSchG und andere Immissionsschutzvorschriften gehören, z. B. BGHZ 122, 1 m. w. N. = NJW 1993, 1580; für mögliche Fälle s. *Laufke*, in: FS f. Heinrich Lange, 1970, S. 275, 281 ff. Die Bedeutung dieses Anspruchs wird dann noch gesteigert, wenn zu den Schutzgesetzen jegliche Rechtsnormen, d. h. also nicht nur Gesetze im verfassungsrechtlichen Sinn, sondern weitergehend sogar behördliche Einzelfallregelungen zählen; s. *Ronellenfitsch/R. Wolf*, NJW 1986, 1955, 1961.

[68] Staudinger/*Roth*, § 906 Rn. 18.

[69] BGH, NJW 2005, 1366.

[70] Streitig ist, ob die bloße Möglichkeit ausreicht; auf den konkreten Fall abstellend, der Anlass für einen Verdacht auf Überwachung bieten müsse: BGH, NJW 2010, 1533; *Horst*, NJW 2009, 1787, 1788 m. w. N.; weitergehend: OLG Köln, NJW 2009, 1827 (bloße Möglichkeit genügt); abl. LG Bielefeld, NJW-RR 2008, 327; LG Koblenz, NJW 2006, 3218.

[71] Insb. zum allg. Persönlichkeitsrecht s. LG München I, ZWE 2012, 233. Zur parallelen Problematik im Mietverhältnis *Hitpass*, WuM 2007, 355 und im Wohnungseigentumsrecht *Senkel/Niggeweg*, WuM 2010, 72.

[72] OLG Karlsruhe, NJW 2012, 1520.

[73] D. h., es muss sich bei der wesentlichen Einwirkung um eine ortsübliche Nutzung handeln, die nicht durch den Benutzern wirtschaftlich zumutbare Maßnahmen verhindert werden kann, § 906 Abs. 2 S. 1 BGB.

[74] Bei einzelnen ortsunüblichen Störungen (z. B. Sprengungen oder Erschütterungen durch Rammarbeiten) hat die Rechtsprechung hiervon Ausnahmen gemacht, z. B. BGHZ 72, 289, 296 = NJW 1979, 164; BGHZ 66, 70, 74 = NJW 1976, 797.

31 Bei rechtlicher oder tatsächlicher Verhinderung, den Abwehranspruch durchzusetzen, gewähren das Gesetz (§ 14 BImSchG) und darüber hinaus gehend von der Rechtsprechung entwickelte Grundsätze einen Ausgleich (sog. bürgerlichrechtlicher Aufopferungsanspruch oder **nachbarrechtlicher Ausgleichsanspruch**). Der Anspruch setzt eine abwehrfähige Immission voraus, die aufgrund besonderer Umstände nicht verhindert werden kann.

32 Zu rechtlichen **Gründen, die** eine **Abwehr** der Beeinträchtigung **verhindern** können, gehört etwa die Wahrnehmung von Aufgaben durch Private im öffentlichen Interesse.[75] Gleiches wird man annehmen müssen, wenn dem Störer – etwa aufgrund entsprechender naturschutzrechtlicher Bestimmungen – eine Beseitigung der Beeinträchtigung nicht möglich ist.[76] Tatsächlich kann die Durchsetzung von Abwehransprüchen daran scheitern, dass die abwehrfähigen Immissionen nicht erkannt oder mangels dafür notwendiger Zeit nicht festgestellt werden konnten.[77]

33 Umstritten ist, inwieweit die **Unzumutbarkeit der Beeinträchtigung** i.S. des § 906 Abs. 2 S. 2 BGB auf diesen Anspruch zu übertragen ist. Letztlich muss das befürwortet werden, da dieses Merkmal Ausdruck des im nachbarlichen Verhältnis geltenden Gedankens gegenseitigen Ausgleichs ist.[78] Gegenüber gesetzlich geregelten Schadensersatzansprüchen ist der Aufopferungsanspruch subsidiär.[79] Das gilt jedenfalls, wenn der gesetzliche Anspruch die Entschädigungsfrage abschließend regeln will. Beispiele hierfür sind § 22 WHG[80] und § 114 Abs. 1 1. Alt. BBergG.[81] Die Höhe der geschuldeten Ersatzleistung ist streitig. Die Rechtsprechung wendet hier die Grundsätze zum Enteignungsrecht an.[82] In der Literatur wird von einer Gegenauffassung die Gewährung des vollen Schadensausgleichs befürwortet.[83] Das entspricht der Funktion dieses Ausgleichsanspruchs als einem so genannten Fortsetzungsrechtsanspruch.

34 Im Bereich des Immissionsschutzrechts ist weiterhin **§ 14 S. 2 BImSchG als wichtige Anspruchsgrundlage** zu nennen, die einen Ausgleich gewährt, wenn nach den Bestimmungen des Gesetzes eine über § 906 BGB hinausgehende Duldungspflicht besteht. Auch dieser Anspruch ist auf den vollen Schadensausgleich gerichtet.[84] Da der Anspruch grundstücksbezogen ist, setzt er seitens des Anspruchsinhabers zumindest Besitz an dem Grundstück voraus.[85]

35 **bb) Verschuldensabhängige Schadensersatzansprüche.** Schließlich stehen dem Grundstückseigentümer gegen seinen Nachbarn die verschuldensabhängigen **deliktischen Ansprüche** auf Schadensersatz zu. Im Rahmen des § 823 Abs. 1 BGB ist für die Widerrechtlichkeit der Handlung § 906 BGB maßgeblich.[86]

---

[75] Z. B. LG Essen, MDR 1988, 864.

[76] So z. B. OLG München, MDR 1991, 971; dagegen BGHZ 120, 239, 251 ff. = NJW 1993, 925.

[77] BGHZ 85, 375, 385 = NJW 1983, 872; BGHZ 90, 255, 263 = NJW 1984, 2207; s. a. teilweise kritisch *Schlechtriem*, in: FS f. Gernhuber, 1993, S. 407, 413; für weitere Fälle s. Staudinger/*Roth*, § 906 Rn. 68.

[78] Vgl. auch *Schlechtriem*, in: FS f. Gernhuber, 1993, S. 407, 421; in diesem Sinne auch BGH, NJW 2005, 660, 662 f.

[79] BGHZ 120, 239, 249 = NJW 1993, 925; BGHZ 72, 289, 295 = NJW 1979, 164.

[80] BGHZ 142, 227, 236 = NJW 1999, 3633; s. auch oben Teil 1 Rn. 105 f.

[81] BGH, WM 2001, 1341, 1346.

[82] BGHZ 90, 255, 263 = NJW 1984, 2207; BayObLGZ 1962, 421, 437 ff.; OLG Düsseldorf, NJW-RR 1995, 1482, 1483; ebenso *Schlechtriem*, in: FS f. Gernhuber, 1993, S. 407, 420; *Hagen*, in: FS f. Hermann Lange, 1992, S. 483, 502 f.

[83] *Baumann*, JuS 1989, 433,436; *Jauernig*, JZ 1986, 605, 611 f.; Palandt/*Bassenge*, § 906 Rn. 29.

[84] Z. B. OLG Frankfurt a. M., VersR 1983, 41; Erman/*Wilhelmi*, § 906 Rn. 64.

[85] Demzufolge kann er nicht von einem Nutzer eines Betriebsparkplatzes geltend gemacht werden, BGHZ 92, 143, 146 = NJW 1985, 47; BGH, NJW 2000, 3369, 3371; zu einem Sonderfall von Bruchteilseigentümern mit „Alleinnutzungsbereichen" s. BGH, NJW 2012, 2343 (ebenfalls ablehnend)..

[86] BGHZ 92, 143, 148 = NJW 1985, 47; BGH, LM Nr. 1 zu § 906 a. F. BGB; anders im Rahmen des Abs. 2, vgl. *Mattern*, WM 1972, 1410, 1411 f.

2. Öffentlich-rechtliche Abwehr- und Ausgleichsansprüche

a) Öffentlich-rechtliche Abwehransprüche

36 Soweit die beeinträchtigende Handlung öffentlich-rechtlicher Natur ist, besteht statt des privatrechtlichen **Abwehranspruchs** ein solcher **nach öffentlichem Recht**. Die Grundlage dieses Anspruchs wird unterschiedlich beurteilt. Teilweise wird auf § 22 BImSchG Bezug genommen,[87] während in anderen Entscheidungen die zivilrechtlichen Vorschriften entsprechend herangezogen werden.[88] Unabhängig von den Einzelheiten der Begründung des Anspruchs führt der öffentliche Immissionsschutz zu weitgehend gleichen Ergebnissen wie jener nach bürgerlichem Recht.

37 Besonderheiten gelten im **Planfeststellungsverfahren**, das den öffentlich-rechtlichen Abwehranspruch auf bloße Schutzvorkehrungen beschränkt.[89] Diese Schutzansprüche sind im Verwaltungsrechtsweg durchzusetzen.

b) Öffentlich-rechtliche Ausgleichsansprüche

38 Bei den Ausgleichsansprüchen im Zusammenhang mit öffentlich-rechtlicher Tätigkeit ist zwischen **rechtmäßigen und rechtswidrigen enteignenden Eingriffen** zu unterscheiden.

39 **aa) Rechtmäßige Immissionen.** Überschreiten rechtmäßige Immissionen das nach § 906 BGB zu duldende Maß, so steht dem Nachbarn ein Anspruch auf **Ausgleich wegen enteignenden Eingriffs** zu. Diese Grundsätze sind entsprechend § 906 Abs. 2 S. 2 BGB entwickelt worden.[90] Praktische Bedeutung haben die Ansprüche vor allen Dingen im Zusammenhang mit Straßenverkehrslärm.[91] Verlangt werden können etwa die Aufwendungen für die Anbringung einer notwendigen Lärmschutzanlage. Nur wenn anders keine Abhilfe geschaffen werden kann, kommt ein Ausgleich für die Wertminderung in Betracht. Entschieden wurde auch über Ausgleichsansprüche im Zusammenhang mit dem Lärm eines Militärflughafens[92] oder der Geruchsbelästigung durch eine gemeindliche Kläranlage.[93] Der Anspruch richtet sich gegen den Begünstigten, bei Verkehrsimmissionen daher gegen den Träger der Straßenbaulast.[94]

40 **bb) Rechtswidrige Immissionen.** Rechtswidrige Eingriffe führen zu einem **Ausgleichsanspruch aus enteignungsgleichem Eingriff**. Dies gilt bei Überschreiten der Duldungsgrenze des § 906 Abs. 2 S. 1 BGB. Die Ansprüche sind gegenüber solchen aus enteignendem Eingriff subsidiär. Im Übrigen ist zunächst der Beseitigungsanspruch geltend zu machen. In der Sache geht es bei dem enteignungsgleichen Eingriff um verschuldensabhängige Unrechtshaftung. Aus dem Grundsatz der Subsidiarität folgt auch, dass der Betroffene sich zunächst gegen rechtswidrige Planfeststellungsbeschlüsse, Widmungen und Genehmigungen wenden muss, bevor er auf diesen Anspruch zurückgreift.[95]

41 Das Bundesverfassungsgericht[96] gewährt dem Betroffenen **kein Wahlrecht zwischen dem verwaltungsrechtlichen Primärrechtsschutz und der Entschädigung** wegen enteignungsgleichem Eingriff. Demgegenüber ging der Bundesgerichtshof bisher von einem – wenn auch eingeschränkten – Wahlrecht aus, wobei der Umstand der unter-

---

[87] Dies geschieht allerdings nicht i. S. einer Anspruchsgrundlage, sondern eines Maßstabs für die Beurteilung der Beeinträchtigung: BVerwGE 68, 62, 67; BVerwGE 81, 197; OVG Lüneburg, DWW 1988, 220.

[88] OVG Koblenz, NVwZ 2000, 1190; VGH Kassel, NJW 1993, 3088; VGH Mannheim, NVwZ 1986, 62, 63.

[89] Vgl. § 75 Abs. 2 S. 1 und 2 VwVfG.

[90] Vgl. BGHZ 91, 20, 24 f. = NJW 1984, 1876.

[91] BGH, NJW 1988, 900, 901; BGHZ 140, 285, 298 = NJW 1999, 1247.

[92] BGHZ 122, 76, 77 = NJW 1993, 1700; BGHZ 129, 124, 126 = NJW 1995, 1823.

[93] BGHZ 91, 20, 27 f. = NJW 1984, 1876; BVerfG, NJW 1992, 37.

[94] BGH, NJW 1980, 582.

[95] Staudinger/*Roth*, § 906 Rn. 88 f.; dort auch zu den Einschränkungen dieses Grundsatzes.

[96] BVerfGE 58, 300, 324.

lassenen Rechtsschutzmöglichkeit im verwaltungsgerichtlichen Wege im Rahmen des § 254 BGB berücksichtigt werden sollte.[97] Inzwischen lehnt der 5. Senat des Bundesgerichtshofs ein Wahlrecht ab.[98]

42 Schließlich kommen **Amtshaftungsansprüche** nach § 839 BGB in Betracht. Auch dafür gilt aber die Grenze des § 906 BGB, so dass auch der Staat nicht weiter haftet als die Privaten untereinander.[99]

II. Pflicht zur Duldung

1. Inhaber des Duldungsanspruchs – Zur Duldung verpflichtete Personen

43 Unmittelbar aus § 906 Abs. 1 S. 1 BGB ergibt sich eine Pflicht zur Duldung von Immissionen unter den dort genannten Voraussetzungen. Inhaber dieses Duldungsanspruchs können Grundstückseigentümer oder Grundstücksbesitzer sein, im Einzelfall auch Inhaber eines eingerichteten und ausgeübten Gewerbebetriebs.[100]

44 Der Anspruch richtet sich gegen den Eigentümer und Miteigentümer (§ 1011 BGB) des Grundstücks.

45 Diese zunächst enge Grundstruktur wird aber erweitert, indem die Norm – unabhängig davon, ob es sich um Gläubiger oder Schuldner des Duldungsanspruchs handelt – auf folgende weitere Personengruppen Anwendung findet:

- Inhaber beschränkt dinglicher Rechte wie Dienstbarkeiten (§ 1027 BGB),
- Inhaber schuldrechtlicher Dienstbarkeiten (§§ 1090 Abs. 2, 1027 BGB)
- Nießbrauchsberechtigte (§ 1065 BGB)
- Erbbauberechtigte (§§ 11 ErbbauVO)
- Wohnungseigentümer sowie Dauerwohn- und Dauernutzungsberechtigte (§§ 34 Abs. 2, 31 Abs. 3 WEG)

46 Darüber hinaus sind auch rein schuldrechtlich nutzungsberechtigte Besitzer zur **Duldung** von Immissionen **verpflichtet**, wie z. B.

- Mieter (auch im Verhältnis zu einem Mitmieter)
- Pächter
- bloße Besitzer, die möglicherweise einen Anspruch nach § 862 BGB haben.

47 Bei Mietern, Pächtern oder Wohnungseigentümern ist im Übrigen stets zu beachten, dass § 906 BGB **nicht** dem vertraglichen oder nach dem Gesetz und der **Vereinbarung** zwischen den Wohnungseigentümern bestehenden Rechtsverhältnis **zuwiderlaufen** darf. Die Vorschrift findet daher nur gegenüber Dritten oder insoweit Anwendung, als es keine unmittelbaren Rechtsbeziehungen zwischen den Beteiligten gibt. Das schließt etwa eine Anwendung zwischen Mieter und Vermieter grundsätzlich aus.[101]

48 Auch bei **wechselseitigen Störungen** mehrerer Besitzer verschiedener Anlagen soll § 906 BGB – jedenfalls analog – anwendbar sein.[102] Stets muss der Beteiligte in einer Beziehung zum Grundstück stehen, da die Duldungspflicht eine Beschränkung von Eigentumsbefugnissen oder von daraus abgeleiteten Befugnissen ist. Auch ein Ausgleichsanspruch für eine Duldung beruht auf dieser Rechtsposition.[103] Nicht ausreichend ist die

---

97 BGHZ 110, 12, 14 f. = NJW 1990, 898; s. schon BGH, NJW 1987, 2069; hierzu Jauernig/*Berger*, § 906 Rn. 21; *Papier*, JuS 1989, 630, 636; kritisch *Schmidt-Aßmann*, in: FS der Universität Heidelberg, 1986, S. 107, 119 f.

98 BGH, NJW 2005, 660, 661 f., Ausschluss des Ausgleichsanspruchs nach § 906 Abs. 2 S. 2 BGB, soweit spezifische Rechtsschutzmöglichkeiten im Rahmen eines Planfeststellungsverfahrens (§§ 74 II, 75 II 2 VwVfG) bestehen. Darin liegt eine Verweisung auf die Rechtsbehelfe des Planfeststellungsverfahrens. S. dazu auch *Wenzel* NJW 2005, 241, 243 f.

99 BGHZ 97, 97, 104 = NJW 1986, 2309.

100 BGH, WM 1978, 852.

101 Staudinger/*Roth*, § 906 Rn. 4 m. w. N.

102 Staudinger/*Roth*, § 906 Rn. 113.

103 Staudinger/*Roth*, § 906 Rn. 108.

bloße Betroffenheit gleich einem Eigentümer oder Immobilienberechtigten.[104] Allerdings muss das Gegenüber des Immitenten nicht notwendigerweise in seinem Grundeigentum betroffen sein. Vielmehr kann die Betroffenheit auch in einer Gesundheitsbeeinträchtigung bestehen, die aber ein gewisses Maß erreichen muss.[105] Denkbar sind zudem Beeinträchtigungen als Mobiliarsacheigentümer. Der Zusammenhang zu dem Grundeigentum wird durch die Person des Eigentümers hergestellt, der sowohl Eigentümer der Mobilien wie der Immobilie ist. So ist eine Beeinträchtigung durch einwirkende Stoffe etwa gegeben, wenn Vieh auf der Weide eingeht oder Grundstücksbepflanzungen geschädigt werden.

Dieser Grundstücksbezug muss **auch hinsichtlich des Störers** gegeben sein, soll der 49 § 906 BGB einen Ausgleich zwischen Grundstückseigentümern herstellen. Allein die Tatsache, als Eigentümer eines Grundstücks etwa durch den Betrieb einer Anlage gestört zu werden, kann eine Anwendung von § 906 BGB nicht begründen.[106] Die Störung muss von einem Grundstück ausgehen. Dabei entscheidet nicht der Ort, an dem die störende Immission entsteht, sondern letztlich der, an dem sie einwirkt. Mögen Fluggeräusche auch über weiteren Grundstücken entstehen, die eigentliche Ursache für den Fluglärm liegt in dem Flugplatzgelände und dem dort eröffneten Flugbetrieb.[107] Gleiches gilt für Straßenlärm. Er hat seine Ursache eben auf dem Straßengrundstück.[108]

2. Nachbareigenschaft

Zwar stellt § 906 BGB eine zentrale Vorschrift des Nachbarrechts dar, doch darf – wie 50 bereits ausgeführt – das nicht im engen Sinne verstanden werden. Es muss **nicht** etwa eine **„unmittelbare" Nachbarschaft** bestehen.[109] Vielmehr genügt eine räumliche und zeitliche Nähe zur Störquelle. Nur insoweit wird der Personenkreis der Anspruchsberechtigten und -verpflichteten eingegrenzt. Im Einzelnen richtet sich die Nachbarschaft in starkem Maße nach der Art der Einwirkung. Notwendig ist, dass der „Nachbar" sich im Einwirkungsbereich der von dem anderen Grundstück ausgehenden Immission befindet und dort – trotz einer möglichen Verflüchtigung auf dem Weg dorthin – noch als wesentlich einzuschätzen ist. Die Nachbarschaft ist also in gewisser Weise durch den Umstand des Betroffenseins begründet.

Eine solche Betroffenheit kann bei nur vorübergehender Nutzungsberechtigung auf 51 dem Grundstück ausgeschlossen sein. So ist den Mietern einer Urlaubsimmobilie kein Abwehranspruch gegen Immissionen einzuräumen, wenn die eingeleiteten Stoffe erst nach Beendigung der Mietzeit ihre beeinträchtigende Wirkung entfalten.[110] Auch Spaziergänger oder Wanderer sind selbstredend keine Personen, die eine Störung durch Immission i. S. v. § 906 BGB geltend machen können.[111] Sie können also weder Beseitigungs- noch Ausgleichsansprüche geltend machen, die auf dem Grundstück beruhen. Eine Ausnahme wird bei Familienangehörigen des Besitzers oder Eigentümers gemacht, da diese in ihrem Persönlichkeitsrecht betroffen sind.[112]

---

[104] BGHZ 92, 143, 145 = NJW 1985, 47 (den Betriebsparkplatz nutzende Arbeitnehmer).
[105] S. zur Unwesentlichkeit unten Rn. 63 ff.
[106] Str., Staudinger/*Roth*, § 906 Rn. 108, dort auch zu den abweichenden Ansichten.
[107] BGH, NJW 1973, 326; *Meisner/Ring/Götz*, § 13 Rn. 18.
[108] BGHZ 49, 148 = NJW 1968, 549; Staudinger/*Roth*, § 906 Rn. 112; s. auch für ein Beispiel aus früheren Zeiten, in dem *Ruß* von einem Grundstück über ein anderes auf ein drittes getrieben wurde, und der Eigentümer des mittleren Grundstücks nicht als Störer belangt werden könne: *Mosich*, JherJb 44 (1930), 255, 280. Zu Verkehrsgeräuschen im Zusammenhang mit Gaststättenbetrieb s. Staudinger/*Roth*, § 906 Rn. 112 a. E.
[109] Vgl. Staudinger/*Roth*, § 906 Rn. 108.
[110] Vgl. auch *Larenz/Canaris*, Schuldrecht II 2, § 85 II 6, S. 664; Staudinger/*Roth*, § 906 Rn. 107.
[111] Staudinger/*Roth*, § 906 Rn. 110.
[112] Staudinger/*Roth*, § 906 Rn. 111; *Deutsch*, VersR 1984, 1001.

III. Immissionen/Einwirkungen

1. Begriff der Einwirkung

a) Unwägbarkeit der zugeführten Stoffe

52 Wie bereits dargestellt, geht es dem Gesetz um die Einwirkung durch Stoffe, die in der Ausbreitung weitgehend nicht kontrollierbar und unbeherrschbar sind.[113] Notwendig ist, dass der Stoff dem Grundstück zugeführt wird. Ob die auf der Erde oder durch die Luft mechanisch oder physikalisch[114] dem Grundstück zugeführten Stoffe unwägbar – also **Imponderabilien** – sein müssen, ist jedoch **zweifelhaft**, trifft diese Voraussetzung doch schon für die im Gesetz genannten Einwirkungen durch Rauch und Ruß nicht zu.[115] Unerheblich ist auch, auf welchem Wege die Einwirkung stattfindet.

b) Grobimmissionen

53 Sog. Grobimmissionen **unterfallen nicht der Regelung** des § 906 BGB.[116] Das schließt aber nachbarrechtliche Ausgleichsansprüche analog 906 Abs. 2 S. 2 nicht aus.[117] Ihre Abwehr unterliegt nicht den in § 906 BGB genannten Schranken. Zu den Grobimmissionen zählen feste Körper, wie z. B. Steinbrocken aufgrund von Sprengungen[118] oder angeschwemmtes Geröll,[119] aber auch größere Tiere, wie etwa Hunde, Katzen, Kaninchen oder Hühner, die alle nicht als Immissionen angesehen werden können,[120] wenn sie auf das Grundstück eindringen.[121]

54 Ebenfalls **nicht** als **Immission** nach § 906 BGB angesehen werden Fußbälle,[122] Fallobst[123] und herabfallender Schrot.[124]

c) Wasser

55 Nicht zu den Stoffen i. S. v. § 906 BGB gehört **Wasser**, sei es als oberirdisches Fließwasser oder unterirdisches Grundwasser.[125] Einen Grenzfall stellt dagegen die Situation dar, dass Oberflächenwasser Rückstände eines auf dem Grundstück versprühten Unkrautvernichtungsmittels auf das Nachbargrundstück transportiert. Der Bundesgerichtshof sah dies als einen Fall des § 906 BGB an.[126] Diese Auffassung ist zumindest zweifelhaft, hätte man nach den bisherigen Ausführungen ebenso gut das umgekehrte Ergebnis vertreten

---

[113] S. oben Rn. 2.

[114] MünchKommBGB/*Säcker*, § 906 Rn. 27.

[115] RGZ 160, 381, 383; *Wolff/Raiser*, Sachenrecht, S. 188. Mit Blick darauf wird vorgeschlagen, unter § 906 BGB nur solche Einwirkungen zu fassen, die nach ihrer Intensität überhaupt nicht, unwesentlich oder wesentlich beeinträchtigen können, so *Jauernig*, JZ 1986, 605, 608; BGHZ 117, 110, 112 f. = NJW 1992, 1389; *Meisner/Ring/Götz*, § 13 Rn. 10.

[116] MünchKommBGB/*Säcker*, § 906 Rn. 27: „Grobkörperliche Immission".

[117] Das gilt etwa, wenn Niederschlags- oder Leitungswasser auf das Nachbargrundstück übertritt, BGHZ 155, 99, 103 = NJW 2003, 2377; BGH, NJW 2011, 3294, darüber hinaus bei unzumutbaren Einwirkungen, die zwar eine rechtswidrige Beeinträchtigung darstellen, vom Eigentümer aber nicht verhindert werden können, BGHZ 157, 33, 44 = NJW 2004, 1037 (Nadel- und Zapfenbefall ausgehend von Bäumen, die den Grenzabstand nicht einhalten); für eine Übersicht über die Rechtsprechung zu § 906 Abs. 2 S. 2 s. *Popescu/Majer*, NZM 2009, 181.

[118] BGHZ 28, 225, 227.

[119] BGHZ 58, 149, 159 = NJW 1972, 724; **a. A.** OLG Koblenz, BauR 2000, 907, 908.

[120] Anders wird die Beeinträchtigung durch Kleinsttiere beurteilt, da auf sie die Unkontrollierbarkeit und Unbeherrschbarkeit zutrifft, so z. B. für Bienen: RGZ 141, 406, 409; für Fliegen: RGZ 160, 381, 383; s. unten Rn. 152 f.

[121] OLG Köln, NJW 1985, 2338; Erman/*Wilhelmi*, § 906 Rn. 12; Jauernig/*Berger*, § 906 Rn. 2; Palandt/*Bassenge*, § 906 Rn. 5.

[122] OVG Nordrhein-Westfalen, BauR 1989, 715, 720; **a. A.** VGH Kassel, NJW 1993, 3088.

[123] Staudinger/*Roth*, § 906 Rn. 117; **a. A.** AG Backnang, NJW-RR 1989, 785, 786.

[124] Blei einer Schießanlage: BGHZ 111, 158, 162 = NJW 1990, 1910, 1911.

[125] MünchKommBGB/*Säcker*, § 906 Rn. 27; vgl. auch OLG Düsseldorf, NJW-RR 1990, 1040; OLG Köln, AgrarR 1988, 351.

[126] BGHZ 90, 255, 258 = NJW 1984, 2207.

können, wenn man die Störung nur in ihrer Verbundenheit mit dem Oberflächenwasser sieht.[127]

d) Menschliches Verhalten als Ursache der Immission

Es muss sich bei den Immissionen stets um Einwirkungen handeln, die auf **menschliches Verhalten** zurückzuführen sind. Nicht erforderlich ist es, dass das Verhalten die einzige Ursache für die Immission bildet. Hinzutreten können etwa Naturereignisse.[128] Umgekehrt kann eine Störung, die allein auf ein Naturereignis zurückzuführen ist, keinen Beseitigungsanspruch begründen.[129] Allein das Eigentum begründet noch keine Haftung.[130] 56

Auf die **Gründe**, aus denen die Tätigkeit ausgeübt wird, die die Immission verursachen, **kommt es nicht an**. Es kann sich um wirtschaftliche Betätigung des Grundstückseigentümers oder aber um Liebhaberei handeln. Freilich wird der Maßstab, der im Rahmen wirtschaftlicher Tätigkeit zumutbar ist, ein anderer sein, als bei Liebhaberei. 57

e) Wahrnehmbarkeit der Immission

Sämtliche § 906 BGB unterfallende Stoffe sind aber **sinnlich** zumindest in ihren Wirkungen – möglicherweise auch erst langfristig – **wahrnehmbar**, da ansonsten eine schädigende Einwirkung auf das Grundstück, die dort befindlichen Sachen oder eine Belästigung, Störung der Gesundheit oder des körperlichen Wohlbefindens der Personen, die sich auf dem Grundstück aufhalten, ausscheidet. 58

2. Negative und ideelle Immissionen

a) Negative Immissionen

Negative Immissionen i. S. d. Entzugs positiver Umweltgegebenheiten unterfallen nicht § 906 BGB.[131] Keine Beseitigung nach §§ 1004, 906 BGB kann auch bei dem **Entzug von Licht und Luft** durch entsprechende Anpflanzungen verlangt werden.[132] Der hiervon betroffene Nachbar kann also nicht unter Hinweis auf die §§ 906, 1004 BGB die Auslichtung oder gar die Kappung der Bäume oder ihrer Kronen verlangen.[133] Dies gilt auch, wenn die Aussicht erhalten werden soll. In der Rechtsprechung werden die Grenzen dieser Fallgruppe sehr weit gezogen. So soll auch die Blendwirkung eines Glasdachs, das die Sonnenstrahlen für den Nachbarn so ungünstig bündelt, dass dieser Augenschmerzen erleidet, nicht unter die Störungen des § 906 BGB fallen. Dem wird teilweise entgegengehalten, dass es sich hierbei gerade um eine typische Einwirkung von einem anderen Grundstück handelt und nicht um die Vorenthaltung der positiven Umweltsituation.[134] Das OLG Stuttgart[135] hat entsprechend in der Blendwirkung eine Immission gesehen, die im konkreten Falle auch als wesentlich angesehen wurde. Dabei spielen etwa die Dauer der Einwirkung auf den Tag und auf das Jahr, Tageszeit und die Möglichkeit eines Sonnenschutzes eine Rolle.[136] Auch die Abschattung von Funkwellen fällt nach h. M. nicht unter die Regelung des § 906 BGB.[137] 59

---

127 S. auch LG Bayreuth, BB 1959, 177.

128 So etwa der Bau von Schwalbennestern, die dann auch von den Schwalben angenommen werden, oder das Anlegen von Teichen, die dann von Fröschen bevölkert werden und mit ihrem Quaken die Nachbarschaft stören; s. auch BGH, NJW 1995, 2633, 2634 (betrifft Wollläuse).

129 BGHZ 114, 183, 187 = NJW 1991, 2770 (Niederschlagswasser); BGHZ 122, 283, 285 = NJW 1993, 1855 (umstürzender Baum bei außerordentlichem Sturm); jedoch kann eine abwehrfähige Störung vorliegen, wenn zusätzlich ein pflichtwidriges Unterlassen besteht, BGH, NJW-RR 2001, 1208 f.; NJW 2004, 603, 604; BGHZ 157, 33, 416 = NJW 2004, 1037, 1039; *Wenzel* NJW 2005, 241 ff.

130 BGH, NJW 1985, 1773, 1777.

131 MünchKommBGB/*Säcker*, § 906 Rn. 28; dort weitere Nachweise in Fn. 64-66; Staudinger/*Roth*, § 906 Rn. 122.

132 OLG Düsseldorf, NVwZ 2001, 594, 595; LG Frankfurt, NJW-RR 1986, 503.

133 Staudinger/*Roth*, § 906 Rn. 122.

134 Staudinger/*Roth*, § 906 Rn. 123.

135 OLG Stuttgart, WM 2009, 299.

136 So etwa LG Heidelberg, BeckRS 2009, 18403.

137 Staudinger/*Roth*, § 906 Rn. 124; zu den insoweit möglichen Folgen von Windkraftanlagen, die regelmäßig keine Immission darstellen, *Regenfus*, Jura 2007, 279, 284; hierzu u. Rn. 156b.

b) Ideelle Immissionen

60 Ebenfalls gehören **ideelle Einwirkungen** ästhetischer oder optischer Art nicht zu den Immissionen i. S. v. § 906 BGB. So lässt sich nach dieser Vorschrift nicht die Beseitigung des hässlichen Anblicks eines Schrottplatzes neben einem Schlosshotel unter Berufung auf § 906 BGB erreichen,[138] eines Lagerplatzes für Baumaterialien in einem Wohngebiet[139] oder provisorischer oder unansehnlicher Bauten in Grenznähe.[140]

61 Selbst, wenn durch die Art der Nutzung des Nachbargrundstücks eine **offensichtliche Wertminderung** des Grundstücks herbeigeführt wird, soll ein Unterlassungsanspruch nicht bestehen.[141] Das betrifft z. B. das Betreiben eines Bordells, ausgenommen die durch den Betrieb verursachte Lärmbelästigung, die als Immission den §§ 1004, 906 BGB unterfällt. Insgesamt wird nur in ganz besonderen Ausnahmefällen ein Unterlassungsanspruch angenommen.[142] Das gilt ebenso für schamverletzende Anblicke (Nacktbadende). Hier hat die Rechtsprechung im Übrigen grundsätzlich einen Anspruch aus § 1004 BGB verneint.

62 In der Literatur stößt diese restriktive Anwendung zunehmend auf **Kritik**. Insbesondere der wirtschaftliche Wertverlust sei ein Indiz für eine Beeinträchtigung, die abzuwehren sein müsse.[143] Andere Stimmen[144] stellen auf eine erhebliche Intensität der Beeinträchtigung ab. Zunehmend wird auch die Verletzung des allgemeinen Persönlichkeitsrechts als Grundlage angesehen, um hierauf einen Unterlassungsanspruch zu stützen.[145] Dem letztgenannten Aspekt ist jedoch mit Vorsicht zu begegnen. Letztlich sind diese Fälle Folge des Verlustes sozialer Standards, und man muss bezweifeln, ob diese im Wege nachbarrechtlicher Auseinandersetzung wieder gefunden werden können. Die Gefahr einer konturenlosen Rechtsprechung ist doch sehr groß, wie das Beispiel Prostitution zeigt.[146] Es kommt hinzu, dass die Veränderung des wirtschaftlichen Werts ein genaueres Indiz dafür ist, ob zutreffend eine Verletzung des Persönlichkeitsrechts anzunehmen ist. Der Blick auf die Wertminderung ermöglicht zu erkennen, ob es Subjektivismen oder anerkannte Standards sind, die verletzt wurden, da die wirtschaftliche Wertveränderung letztlich nur allgemeine Bewertungen nachvollzieht. Beispielhaft wird dies im Zusammenhang mit der Prostitution in der Nachbarschaft deutlich. Man kann diese als eine normale wirtschaftliche Betätigung ansehen oder als Beschäftigung unter menschenunwürdigen und auch persönlichkeitsrechtsverletzender Ausbeutung eines Menschen. Je nach anerkannter Beurteilung sinkt der Wert des Grundstücks mit der Eröffnung eines solchen Betriebes oder er bleibt unverändert.

3. Unwesentliche Beeinträchtigungen

63 Wird der Grundstückseigentümer in der Benutzung des Grundstücks nicht oder nur unwesentlich beeinträchtigt, so muss er die Einwirkung **dulden** (§ 906 Abs. 1 S. 1 BGB).

a) Grundstücksbenutzung

64 Der Begriff der Grundstücksbenutzung wird **weit** verstanden. Darunter fällt nicht nur die Nutzung als solche, etwa als Wohngrundstück oder Grundstück zur Aufzucht von Tieren, sondern auch die Einbuße an „Wohnqualität", d. h. die Annehmlichkeit, die zu

---

138 Vgl. BGHZ 54, 56, 59.
139 BGHZ 51, 396 = JZ 1969, 431; hierzu abl. *Baur*, JZ 1969, 432
140 BGH, NJW 1975, 170.
141 BGHZ 95, 307 = NJW 1985, 2823 (Bordell).
142 BGH, NJW 1975, 170 m. Anm. *Loewenheim*, NJW 1975, 826; Staudinger/*Roth*, § 906 Rn. 131.
143 *Jauernig*, JZ 1986, 605, 609.
144 Z. B. Staudinger/*Gursky*, § 1004 Rn. 79; dort (Rn. 77 f.) auch ausf. Darstellung des Meinungsstandes.
145 Staudinger/*Roth*, § 906 Rn. 132 „persönlichkeitsrechtliche Aufladung".
146 **A. A.** Staudinger/*Roth*, § 906 Rn. 132 a. E.

einer Minderung des Grundstückswertes führen kann.[147] Das Merkmal hat kaum eingrenzende Wirkung.[148]

b) Wesentlichkeit der Beeinträchtigung

aa) Beurteilungsmaßstab. Während der Wortlaut des Gesetzes eher die Anlegung eines subjektiven Maßstabs als Kriterium für die Beurteilung der Wesentlichkeit einer Beeinträchtigung nahe legt,[149] geht die h. M. von einem **differenziert objektiven Begriff** aus. Danach kommt es auf das Empfinden eines **verständigen Durchschnittsmenschen**[150] als Maßstab an.[151] Im Gegensatz zur früher h. M., die den „Durchschnittsmenschen" und sein Empfinden zugrunde legte,[152] gestattet das Abstellen auf den „verständigen Durchschnittsmenschen", in die Beurteilung auch wertende Elemente einzubeziehen, indem die Beeinträchtigung nach der verständigen Würdigung zu beurteilen ist. Das schließt nach der Rechtsprechung und der überwiegenden Auffassung in der Lehre Aspekte des veränderten Umweltbewusstseins[153] oder des Allgemeininteresses an einer jugendfreundlichen Umgebung ein.[154] Ebenso ist beim nachbarlichen Zusammenleben mit Pflegebedürftigen ein erhöhtes Maß an Toleranzbereitschaft zu fordern.[155] 65

bb) Berücksichtigung der konkreten Beschaffenheit. Maßgebend ist die Benutzung des Grundstücks in seiner **konkreten Beschaffenheit**. Bei Feststellung der Beeinträchtigung[156] sind also die konkreten Umstände – d. h. die örtlichen Verhältnisse – zu berücksichtigen. So ist Nutzern von Grundstücken in Ballungszentren mehr Lärm zuzumuten als solchen in ländlichen Gegenden; umgekehrt sind dem einzelnen Eigentümer eines in ländlicher Gegend befindlichen Grundstücks hinsichtlich olfaktorischer Beeinträchtigungen umfangreichere Einwirkungen zuzumuten als dem Bewohner einer Villengegend. Alldem sind gewisse absolute Grenzen gesetzt, da sonst die gesundheitlichen Belastungen von bestimmten Gebieten ständig steigen würden.[157] Diese absoluten Grenzen sind immer erreicht, wenn es zu Gesundheitsbeschädigungen[158] oder erheblichem Sachschaden[159] kommt. 66

Differenziert werden kann nicht nur im **örtlichen** Sinne, sondern auch im Hinblick auf **Teile des Grundstücks**, die gesondert genutzt werden.[160] 67

cc) Berücksichtigung des Zeitpunkts der Einwirkung. Zudem ist bei Beurteilung der Wesentlichkeit nach dem **Zeitpunkt der Einwirkung** zu fragen. So besteht in den Abendstunden ein erhöhtes Ruhebedürfnis.[161] Für Sonn- und Feiertage sind ebenfalls besondere Maßstäbe anzuwenden. Nach teilweise vertretener Ansicht soll dies sogar für 68

---

147 BGH, LM Nr. 64 zu § 906 BGB.
148 Staudinger/*Roth*, § 906 Rn. 176.
149 So etwa *Spieß*, JuS 1980, 100, 101 m. w. N.
150 BGH, NJW 2004, 1037, 1040; BGHZ 120, 239, 255 = NJW 1993, 925; Hierzu auch *Vieweg/Röthel*, NJW 1999, 969.
151 Staudinger/*Roth*, § 906 Rn. 177.
152 BGHZ 97, 97, 104 = NJW 1986, 2309.
153 BGH, NJW 2004, 1037, 1040; BGHZ 120, 239, 255 = NJW 1993, 925; LG München, NJW-RR 1989, 1178.
154 BGHZ 121, 248 = NJW 1993, 1656; OLG Düsseldorf, NJW-RR 1996, 211; AG Schöneberg, WuM 2007, 638, 639; bestätigt durch LG Berlin, WuM 2009, 690.
155 OLG Karlsruhe, NJW 2007, 3443.
156 Dabei handelt es sich nicht etwa um eine Abwägung, so schon Staudinger/*Roth*, § 906 Rn. 183; **a. A.** wohl MünchKommBGB/*Säcker*, § 906 Rn. 34 „situationsbezogene Abwägung".
157 MünchKommBGB/*Säcker*, § 906 Rn. 36, der auf die oft unentdeckten und nicht empfundenen Gesundheitsgefahren hinweist.
158 BGH, NJW 2001, 3054, 3055; Staudinger/*Roth*, § 906 Rn. 178.
159 BGH, NJW 2004, 1037, 1040; NJW 1999, 1029, 1030 = LM Nr. 100 zu § 906 BGB m. Anm. *Roth*; **a. A.** *Piekenbroch*, VersR 1999, 728.
160 BGH, LM Nr. 11 zu § 906 BGB.
161 BGH, MDR 1969, 744.

Samstagnachmittage gelten (zweifelhaft).[162] Im Übrigen ist die Dauer der Beeinträchtigung zu berücksichtigen. Allerdings kann auch eine einmalige Immission zu einer wesentlichen Beeinträchtigung führen (und ausgleichspflichtig machen).[163] Gleiches gilt bei Lärm des einmal jährlich am Wochenende stattfindenden Winterfestes.[164]

69 **dd) Unerheblichkeit der Zielsetzung.** Die mit dem differenziert objektiven Wesentlichkeitsbegriff geschaffene Offenheit bei der Auslegung des Merkmals der „unwesentlichen Beeinträchtigung" bringt nicht unerhebliche Probleme mit sich, indem hierin mitunter auch eine Gelegenheit gesehen wird, die **Zielsetzung einer Tätigkeit**, die zur Einwirkung führt, bei der Auslegung zu berücksichtigen.[165] Hierfür bieten weder Wortlaut noch Zweck der Vorschrift einen Anhaltspunkt. Eine Beeinträchtigung wird nicht dadurch weniger störend, dass sie im Zusammenhang mit sozialnützlicher Tätigkeit steht. Kaum anders ist es bei tierischen Geräuschen nachts.

70 Hieran ist das Problem der **Öffnung des Begriffes** deutlich zu erkennen. Es werden einzelne allgemein als nützlich anerkannte Zwecke in die Auslegung mit einbezogen, ohne das gesamte Regelungssystem, das der Durchsetzung dieses Zweckes dient (etwa des Naturschutzes), in die Betrachtung einbeziehen zu können.[166] Weiterhin stellt sich die Frage nach der Kompetenz des Zivilrichters, diese Belange zu berücksichtigen. § 906 BGB kann nicht etwa Naturschutz auf einem „einfachen Niveau" bieten. Nicht anders ist es mit dem Betreiben von Sportstätten. Mag sportliche Betätigung volkswirtschaftlich sinnvoll sein, so lässt sich daraus nichts für die Beeinträchtigung von Nachbarn durch einen Tennisplatz oder ähnliches sagen. Mit gleichem Recht könnte der Nachbar geltend machen, dass etwa die Sportfelder eines Vereins der Volksgesundheit mehr dienten, würden sie zur körperlichen Ertüchtigung mittels gymnastischer Übungen genutzt. Beide Beispiele zeigen, dass derartige Belange nur mit großer Vorsicht in die Beurteilung der Beeinträchtigung einfließen dürfen.

71 **ee) Strenge Maßstäbe bei Auslegung des Begriffs der „Wesentlichkeit".** Im Übrigen ist aber an die Auslegung des Begriffes Einwirkung und ihre wesentliche beeinträchtigende Wirkung ein strenger Maßstab anzulegen.[167] Das findet eine **Parallele im BImSchG**, das nach § 1 grundsätzlich einen Schutz vor umweltschädlichen Einrichtungen vorsieht.[168] Ohne Bedeutung für die Beurteilung der Wesentlichkeit einer Beeinträchtigung ist es, ob der Betroffene durch die Änderung seiner Nutzung[169] oder anderer Vorkehrungen – wie etwa des Einbaus schalldichter Fenster[170] oder Änderung der Gewohnheiten[171] (Schlaf bei offenem Fenster[172]) die Beeinträchtigung reduzieren oder gar ausschließen kann.[173] Grundsätzlich darf der Grundstückseigentümer sein Eigentum nach seinen Vorstellungen nutzen, ohne die dann auftretenden Einwirkungen von einem Nachbargrundstück zu berücksichtigen. Der Grundstückseigentümer **muss** an der Vermeidung von Beeinträchtigungen grundsätzlich **nicht mitwirken**.

---

162 Staudinger/*Roth*, § 906 Rn. 180; **a. A.** BVerwG, NJW 1989, 1291, 1293.
163 BGH, DB 1958, 1039; OLG Koblenz, DWW 1989, 355.
164 OLG Zweibrücken, DWW 1991, 305, 306.
165 OLG Köln, NJW-RR 1991, 1425 – kirchliche Sozialarbeit.
166 Kritisch hierzu auch *J. F. Baur*, in: Festgabe 50 Jahre BGH, Bd. 2 (2002), 849, 852.
167 So auch Staudinger/*Roth*, § 906 Rn. 179.
168 *Baumgärtel/Laumen*, Handbuch der Beweislast im Privatrecht, Bd. 2, 2. Aufl. 1999, § 906 Rn. 3; OLG Karlsruhe, ZMR 1989, 90, 91; *H. Westermann*, in: FS f. Larenz, 1973, S. 1003, 1025.
169 Etwa Verlegung des Schlafzimmers, Erman/*Wilhelmi*, § 906 Rn. 17.
170 BGH, NJW 1984, 1242.
171 Schließen der Fenster zum Abhalten des Lärms eines Volksfestes; BGHZ 111, 63, 71 = NJW 1990, 2465; hierzu *Roth*, JR 1991, 149.
172 BGH, MDR 1969, 744; *Gaisbauer*, ZMR 1997, 63; s. auch BGHZ 91, 20, 25 f. = NJW 1984, 1876; BGH, NJW 1986, 2423.
173 S. aber OLG Oldenburg, VersR 1976, 644, 645: Maschendraht gegen Eindringen von Flugenten.

Die Rechtsprechung lehnt zwar ab, eine **Nutzungspriorität** zu berücksichtigen.[174] Sie kommt aber teilweise zu ähnlichen Ergebnissen, wenn sie beim Zusammentreffen von Gebieten unterschiedlicher Qualität dem Eigentümer weitergehende Beeinträchtigungen zumutet (sog. **Vorbelastungsprinzip**).[175] Richtigerweise wird man hierin aber nicht einen Aspekt sehen, der im Rahmen der Wesentlichkeit zu prüfen ist, sondern eine typische Frage der Ortsüblichkeit.[176] 72

Im Rahmen der **Abgrenzung von wesentlichen und unwesentlichen Beeinträchtigungen** muss die baulich rechtswidrige Errichtung (und eine hierdurch ausgelöste starke Beeinträchtigung) Beachtung finden.[177] Umgekehrt soll der Umstand, dass der störende Betrieb ohne behördliche Genehmigung erfolgt, von Belang sein.[178] Für andere Immissionen sieht das Gesetz zunächst die Anwendung eines objektiven Maßstabes vor, indem die Immission technisch gemessen und die Ergebnisse dann mit den Immissionsrichtwerten des öffentlichen Rechts verglichen werden.[179] Bei Unterschreiten dieser Werte ist die Beeinträchtigung in der Regel unwesentlich, während ein Überschreiten die Wesentlichkeit indiziert. Allerdings ist – so der Bundesgerichtshof[180] – zu berücksichtigen, dass es sich bei den Richtwerten des öffentlichen Rechts jeweils nur um Anhaltspunkte handelt. Eine solche Indizwirkung hat auch die Einhaltung privater Umweltstandards,[181] wie z. B. der VDI-Richtlinie 2058.[182] Sie können zur Beurteilung der Wesentlichkeit herangezogen werden. 73

Aufgrund dessen bleibt es trotz dieser objektiven Grenzen erforderlich, dass sich der Richter eine Überzeugung von den **konkreten Auswirkungen** bildet.[183] 74

ff) Konkurrenz von Immissionen. Gleiche Immissionen können untereinander konkurrieren. Das Problem ergibt sich in der Praxis meist im Zusammentreffen mehrerer Geräuschquellen (sog. Lärmkonkurrenz). In diesen Fällen nehmen die Gerichte eine **Gesamtschau** vor, ohne dabei eine einzelne Betrachtung der Geräuschquelle ausschließen zu wollen.[184] Verschiedene Geräuschquellen können sich nämlich gegenseitig beeinflussen und das bloße Abstellen auf die Lautstärke wird dem Problem nicht gerecht, da etwa auch unterschiedliche Frequenzlinien verschiedene Wirkungen erzeugen können.[185] 75

---

174 BGH, MDR 1969, 744; OLG München, ZMR 1998, 553, 555; s. aber BGH, NJW 2001, 3054, 3055, dazu auch *Krähe*, SpuRt 1991, 81; anders im Zusammenhang mit § 22 BImSchG aber BVerwG, NJW 1989, 1291, 1293; ablehnend zur zeitlichen Priorität als Kriterium im Nachbarrecht: *Klöhn*, AcP 208, 777 ff.

175 Z. B. BGHZ 121, 248, 254 = NJW 1993, 1656, m. Anm. *H. Roth*, JR 1994, 64; BGH, NJW 2001, 3054, 3055; *Wenzel* NJW 2005, 241, 245.

176 S. unten Rn. 76 ff., 82.

177 BGH, VersR 1992, 322, 323.

178 BGHZ 140, 1, 6 f. = NJW 1999, 356.

179 § 906 Abs. 1 S. 2 BGB geht von Gesetzen und Verordnungen aus. Gemeint sind damit parlamentarische Gesetze des Bundes und der Länder sowie Rechtsverordnungen hierzu. Für eine Aufzählung s. Staudinger/*Roth*, § 906 Rn. 190. Nicht hierzu zählen Gemeindesatzungen i. S. v. § 49 BImSchG. Grundlage für Verordnungen sind vor allem die § 7 (für genehmigungsbedürftige Anlagen) und § 23 (für nicht genehmigungsbedürftige Anlagen) BImSchG. Für eine Übersicht s. AnwK-BGB/*Ring*, § 906 Rn. 59. § 48 BImSchG, dessen Verfahren eingehalten sein muss, verlangt darüber hinaus, dass die Verwaltungsvorschrift den gegenwärtigen Stand der Technik wiedergibt, dies betrifft etwa TA-Luft/TA-Lärm. Für eine Übersicht s. *Bitzer*, Grenz- und Richtwerte im Anwendungsbereich des § 906, 2001, S. 13 ff.; s. auch *Wenzel* NJW 2005, 241, 244.

180 BGHZ 111, 63, 66 = NJW 1990, 2465; BGH LM Nr. 92 zu § 906 BGB = NJW 1995, 132; s. auch BGHZ 120, 239, 256 f. = NJW 1993, 925, 929; BGHZ 121, 248, 252 f. = NJW 1993, 1656, 1657 f.; BGH, NJW 2005, 660.

181 BGHZ 139, 16, 19 f. = NJW 1998, 2814; BGH NJW-RR 1991, 1445, 1447; LG München II, NJW-RR 1997, 465; Palandt/*Bassenge*, § 906 Rn. 19 f.

182 BGHZ 46, 35 = NJW 1966, 1858

183 OLGR Bremen 2007, 501, 502.

184 BGH, MDR 1971, 203, 204; vgl. auch BGHZ 46, 35 = NJW 1966, 1858; OLG Stuttgart, NJW-RR 1986, 1339, 1340.

185 BGH, MDR 1969, 744; s. auch MDR 1971, 119; für w. N. s. Staudinger/*Roth*, § 906 Rn. 194.

4. Ortsübliche Benutzung eines anderen Grundstücks

76 Auch wesentliche Beeinträchtigungen sind dann zu **dulden**, wenn sie auf einer ortsüblichen Benutzung des Grundstücks beruhen (a) und nicht durch Maßnahmen verhindert werden können, die dem Benutzer wirtschaftlich zugemutet werden können (§ 906 Abs. 1 S. 1 BGB) (b).[186]

a) Ortsübliche Benutzung des Grundstücks

77 Schon der Gesetzgeber hat dieses Merkmal nicht als einmal zu definierende Voraussetzung verstanden, sondern als „**beweglichen Regulator**",[187] der den Erfordernissen der wirtschaftlichen Entwicklung, den Fortschritten des Verkehrs und der Technik sowie den Anschauungen der beteiligten Bevölkerungskreise anzupassen ist.[188] Das Merkmal beruht auf dem Gedanken, dass sich in einem entsprechenden Gebiet die Vor- und Nachteile in etwa die Waage halten werden. Diese Überlegung hat sich angesichts der schnellen Entwicklung von Technik, Verkehr und Industrie als unrealistisch herausgestellt. Nachteilige Entwicklungen schreiten oft sehr schnell voran, ohne dass der wirtschaftliche Fortschritt entsprechende Vorteile für den Nachbarn mit sich bringt. Dem versucht die Rechtsprechung durch eine starke Differenzierung der Deutung dieses Merkmales Rechnung zu tragen.[189]

78 Die Nutzung des beeinträchtigenden Grundstücks muss **ortsüblich** sein. Grundsätzlich ist dafür erforderlich, dass eine Mehrheit von Grundstücken im Vergleichsbezirk bei im Wesentlichen gleicher Nutzung nach Art und Umfang im gleichen Maße beeinträchtigt wird.[190] Der Richter muss hierfür ein Vergleichsgebiet definieren.[191] Grundsätzlich ist von den Verhältnissen im Gebiet der gesamten Gemeinde auszugehen.[192] Enger sind die Grenzen allerdings zu ziehen, wenn sich im Ortsteil aufgrund bestimmter Umstände (etwa der Art der Bebauung oder der Art der Nutzung) ein eigenes Gepräge herausgebildet hat.[193] Umgekehrt ist das „Referenzgebiet" zu erweitern, wenn einzelne Gewerbe einen solchen gebietsprägenden Charakter allein ausüben.[194] Bei Verkehrsanlagen ist auf das gesamte Gebiet abzustellen, durch das die Anlage führt.[195] Allein der Umstand, dass eine bestimmte Nutzung in vielen Orten einer Region zu finden ist, bedingt nicht bereits eine Ortsüblichkeit an jedem der Orte;[196] dies gilt jedenfalls, wenn sich die Ortschaften in einiger Entfernung zueinander befinden.

79 Die Beeinträchtigungen müssen **in der Art gleich** sein; nur dann lässt sich ihr Umfang untereinander vergleichen.[197] Dabei kommt es auf die Vergleichbarkeit der Auswirkung für den Betroffenen an, mag sie auch unterschiedliche Ursachen haben. Das gilt etwa für

---

[186] Die heutige Fassung der Regelung wurde durch Gesetz v. 22. 12. 1959, BGBl. I, S. 781, hergestellt (Abs. 1 S. 2 und 3 angefügt durch Gesetz v. 21. 9. 1994, BGBl. I, S. 2457): hierzu *Ganschezian-Finck*, NJW 1961, 1846; s. auch Staudinger/*Roth*, § 906 Rn. 205.

[187] *Mugdan* III, S. 147.

[188] BGHZ 48, 31, 32 f.; OLG Stuttgart, VersR 1959, 746, 747; *Pikart*, WM 1969, 82, 85.

[189] Ausführlich hierzu Staudinger/*Roth*, § 906 Rn. 207 m. w. N.

[190] BGHZ 111, 63, 72 = NJW-RR 1990, 1231; BGHZ 117, 110, 113 f. = NJW 1992, 1389; BGHZ 120, 239, 260 = NJW 1993, 925; Palandt/*Bassenge*, § 906 Rn. 23.

[191] BGHZ 15, 146, 148 f. = NJW 1955, 19; BGHZ 30, 273, 279 = NJW 1959, 1867; BGH, NJW 1995, 132, 133.

[192] BGH, LM Nr. 11 zu § 906 BGB.

[193] BGH, LM Nr. 11 zu § 906 BGB; BGHZ 15, 146, 148 f. = NJW 1955, 19.

[194] So z. B. BGHZ 30, 273, 277 f. (Erzgrube) = NJW 1959, 1867; BGHZ 15, 146, 149 (Schmutzöfen) = NJW 1955, 19; anders wohl LG Kassel, VersR 1956, 459, 460 (Braunkohlekraftwerk).

[195] BGHZ 54, 384 = NJW 1971, 94; BGH, LM Nr. 25 zu § 906 BGB; zu den Folgen der Erweiterung: *J. F. Baur*, in: Festgabe 50 Jahre BGH, Bd. 2 (2002), 849, 854; er weist darauf hin, dass mit dieser Vorgehensweise Verkehrspolitik durchgesetzt werden kann, da sie eine Begünstigung der Verkehrslinien darstellt. Häufig wird auch der Begriff der „Raumüblichkeit" verwendet, vgl. hierzu Staudinger/*Roth*, § 906 Rn. 211.

[196] OLG Karlsruhe, NJW 1960, 2241, 2243.

[197] BGHZ 46, 35, 42 = NJW 1966, 1858; Palandt/*Bassenge*, § 906 Rn. 23; *Habscheid*, MDR 1954, 260, 262.

Lärmbelästigungen, die in ihrer Vergleichbarkeit nicht von gleichen Geräuschquellen abhängen.[198]

80 Da die Feststellung nach dem tatsächlichen Gebietscharakter zu treffen ist, sind etwaige **planerische Zweckbestimmungen** für Gebiete grundsätzlich ohne Bedeutung. Solche Festsetzungen sind nur ein Indiz für die ortsübliche Nutzung.[199] Die Kritik hieran kommt aus dem öffentlich-rechtlichen Schrifttum.[200] Sie kann im Ergebnis nicht überzeugen, da sie zu wenig den Umstand berücksichtigt, dass privatrechtliches Nachbarrecht – anders als Planungsrecht – in aller erster Linie auf die privaten Belange abstellt, während dieser Aspekt bei Planerrichtung nur einer von vielen ist.[201] Im Übrigen kann der Nachbar sich nur unter der Voraussetzung nachbarschützender Bestimmungen gegen einen Plan wenden. Insoweit würde mit dem alleinigen Abstellen auf Planfestsetzungen dem Dritten Rechtsschutz nur unvollständig zuteil werden.[202]

81 Eine **Verwirkung** des Nachbarschutzes kommt allerdings in Betracht, wenn der Nachbar auf die Geltendmachung seiner Belange im Baugenehmigungsverfahren „verzichtet" hat.[203] Die tatsächliche Nutzung ist aufgrund der Übung und der Anschauung der Bevölkerung festzustellen. In seiner Beurteilung muss das Gericht auf die letzte mündliche Tatsachenverhandlung abstellen.[204] Dabei sind zufällige Umstände auszuschließen. Erstreckt sich die Benutzung über einen längeren Zeitraum, so bedarf es einer Gesamtbetrachtung und -würdigung.[205] Grundsätzlich muss es zu häufigeren Beeinträchtigungen gekommen sein. Eine nur einmalige Maßnahme genügt in der Regel nicht.[206] Zwar kommt es regelmäßig auf die tatsächliche Art der Nutzung an; eine danach festgestellte Ortsüblichkeit kann letztlich diese Voraussetzung aber dann nicht erfüllen, wenn es sich um eine besonders schädigende Benutzungsweise handelt[207] oder eine geringere Beeinträchtigung durch eine andere Anordnung der Anlage hätte erreicht werden können.[208]

82 Die **zeitliche Priorität** einer störenden Grundstücksnutzung gegenüber der beeinträchtigenden Nutzung ist zwar grundsätzlich unerheblich,[209] doch werden hiervon Ausnahmen gemacht. So sind innerhalb der Richtwerte liegende Industrielärmimmissionen für eine nachfolgende Wohnbebauung hinzunehmen.[210] Damit soll den Interessen des Störers besser Rechnung getragen werden, der sich aber vor allem im Wege der vorbeugenden Unterlassungsklage wehren kann.[211] Allerdings können sich die Verhältnisse ändern und damit die Ortsüblichkeit auch wieder entfallen lassen.[212] „Betriebsbedingte" Steigerungen der Beeinträchtigungen verändern die Ortsüblichkeit nicht.[213] Allerdings kann bei Änderung einer Betriebsart die Ortsüblichkeit entfallen.[214]

---

[198] Für ein Beispiel fehlender Vergleichbarkeit s. OLG Köln, DB 1963, 199, 200.

[199] BGH, NJW 1983, 751, 752; **a. A.** aber die verwaltungsgerichtliche Rechtsprechung, z. B. BVerwG, NVwZ 1983, 155; *Wenzel* NJW 2005, 241, 245; s. auch oben Teil 1 Rn. 108.

[200] Z. B. *Papier*, in: FSf. Weyreuther, 1993, S. 291 ff. zu BGH, NJW 1983, 751; *Dolderer*, DVBl. 1998, 19, 24 f.

[201] S. schon oben Rn. 17.

[202] Vgl. hierzu auch Staudinger/*Roth*, § 906 Rn. 217 ff.

[203] *Birk*, NVwZ 1985, 689, 697; *Pikart*, NVwZ 1985, 100, 101; s. auch BVerwG, BauR 1988, 332 zur Verwirkung gegenüber ungenehmigten Bauvorhaben; ebenso OLG Celle, NJW 1988, 424, 425.

[204] BGH, NJW 2001, 3119, 3120.

[205] Vgl. BGHZ 72, 289, 296 = NJW 1979, 164.

[206] BGHZ 30, 273, 279 = NJW 1959, 1867; BGH, MDR 1978, 1005.

[207] BGHZ 30, 273, 279 = NJW 1959, 1867.

[208] BGHZ 15, 146, 149 = NJW 1955, 19; s. a. *Kerst*, NJW 1964, 181, 182; *Scherer*, DRiZ 1963, 49, 52.

[209] So die ständige Rechtsprechung, z. B. RGZ 154, 161, 165; BGHZ 15, 146, 148 = NJW 1955, 19; BGH, NJW 1976, 1204.

[210] BGH, NJW 2001, 3119, 3121; ebenso für Schweinemästerei im Außenbereich: BGH, NJW 2001, 3054, 3055.

[211] Erman/*Wilhelmi*, § 906 Rn. 26 m. w. N.; *Bartlsperger*, DVBl. 1971, 723 ff.

[212] LG Kassel , RdL 1969, 53, 54.

[213] So etwa im Rahmen von Restaurierungsarbeiten, BGH, MDR 1977, 128; ebenso bei Steigerung des Verkehrs: BGHZ 59, 378, 382; auch für Flugverkehr: BGHZ 69, 105, 111 = NJW 1977, 1917; BGH VersR 1992, 322, 323; kritisch hierzu Staudinger/*Roth*, § 906 Rn. 226 f.

[214] BGHZ 48, 31, 33 ff. = NJW 1967, 1907 (bäuerlicher Betrieb in gewerblicher Schweinemästerei).

83 Jenseits dieser Fälle wird eine Einschränkung der Ortsüblichkeit durch **„normative" Einschränkungen** in bestimmten Situationen befürwortet. Dies geschieht unter Hinweis auf das BImSchG vor allem bei zwar ortsüblichen, aber unmittelbar gesundheitsgefährdenden oder gar lebensbedrohenden Immissionen.[215] Darüber hinaus gilt Gleiches für Nutzungen, die gegen öffentlich-rechtliche Vorschriften verstoßen[216] und für solche Immissionen, die eine Nutzung des Nachbargrundstücks unmöglich machen.[217]

b) Wirtschaftliche Unzumutbarkeit von Schutzmaßnahmen

84 **aa) Zumutbarkeit einer Schutzmaßnahme.** Schließlich darf die Immission auch nicht durch wirtschaftlich zumutbare Maßnahmen zu verhindern sein. Maßgeblich ist die **wirtschaftliche Zumutbarkeit** für den „Benutzer" dieser Art (§ 906 Abs. 2 S. 1 BGB). Es kommt also nicht auf den konkreten, sondern einen durchschnittlichen Benutzer des emittierenden Grundstücks an.[218] In diese Betrachtung einzustellende Überlegungen sind
– das nachbarschaftliche Verhältnis
– die Vor- und Nachteile einer solchen Abhilfe
– technisch organisatorische Möglichkeiten
– wirtschaftliche Leistungsfähigkeit eines durchschnittlichen Benutzers.[219]

85 An einer wirtschaftlichen Zumutbarkeit fehlt es bei **gewerblicher Nutzung** des Grundstücks, wenn die erforderlichen Maßnahmen derart hohe Kosten verursachen, dass ein Unternehmen auch mittelfristig nicht mit Gewinn betrieben werden kann. Allein der Umstand, dass die Maßnahmen nicht aus laufenden Mitteln zu finanzieren sind, hindert eine Zumutbarkeit nicht. Den wirtschaftlichen Gegebenheiten kann auch dadurch Rechnung getragen werden, dass man solche Maßnahmen als zumutbar ansieht, deren Vornahme sich über einen längeren Zeitraum erstreckt.[220] Im Übrigen sind bei der Maßnahme stets deren
– technische Durchführbarkeit und
– Wirksamkeit,
d. h. also Eignung und Erforderlichkeit sowie Verhältnismäßigkeit zu prüfen.[221] In Betracht kommen etwa Entstaubungsanlagen, schalldämmende Maßnahmen aber auch rein organisatorische Vorkehrungen[222] oder eine zeitliche Begrenzung der störenden Tätigkeit.[223]

86 **bb) Besonderheiten bei Nutzung aus Liebhaberei.** Bei einer Nutzung aus Liebhaberei wird man auf das allgemeine Gebot der rücksichtsvollen Rechtsausübung durch den Grundstückseigentümer zurückgreifen müssen, das in § 906 Abs. 2 S. 1 BGB eine konkrete Ausformung gefunden hat.[224] Dabei können letztlich Wirtschaftlichkeitserwägungen

---

[215] BGHZ 64, 220 = NJW 1975, 1406; BGH, DVBl 1978, 110, 112; OLG Celle, NJW-RR 1989, 783, 784; *Konzen*, Aufopferung im Zivilrecht, 1969, S. 205 f.

[216] BGHZ 140, 1, 9 = NJW 1999, 356; MünchKommBGB/*Säcker*, § 906 Rn. 91, 114; *E. Lang*, AcP 174 (1974), 381, 388.

[217] *Kleindienst*, Der privatrechtliche Immissionsschutz nach § 906, in: Recht und Staat in Geschichte und Gegenwart, Bd. 298/299, 1964, S. 39 f.; BGB-RGRK/*Augustin* § 906 Rn. 50.

[218] Unstr., BGHZ 121, 248, 255 = NJW 1993, 1656; OLG Düsseldorf, OLGZ 1980, 16, 19; OLG Köln, NJW 1998, 763, 764; OLG München, NJW-RR 1986, 1142; MünchKommBGB/*Säcker*, § 906 Rn. 121 m. w. N.; Palandt/*Bassenge*, § 906 Rn. 16

[219] S. im Einzelnen auch Staudinger/*Roth*, § 906 Rn. 237.

[220] Z. B. OLG Schleswig, NJW-RR 1996, 399, 400 (geschlossene Toilettenanlagen der Deutschen Bahn AG).

[221] OLG Celle, AgrarR 1990, 198, 199 f.; OLG Karlsruhe, BB 1965, 690; MünchKommBGB/*Säcker*, § 906 Rn. 121; Staudinger/*Roth*, § 906 Rn. 240; vgl. auch § 17 BImSchG; zu dem Einfluss von § 17 Abs. 2 BImSchG und die damit verbundene Vorschrift des § 14 Abs. 2 BImSchG s. Staudinger/*Roth*, § 906 Rn. 238.

[222] *Kleindienst*, (Fn. 208), S. 34 ff.

[223] OLG Zweibrücken, DWW 1991, 305, 307.

[224] BGH LM Nr. 14 zu § 906 BGB; s. schon RGZ 159, 129, 139 f.

zu keinem Ergebnis führen.[225] Die Auswirkungen lassen sich kaum verallgemeinern. Insgesamt wird man einem Grundstückseigentümer durchaus auch **größere wirtschaftliche Lasten** zumuten müssen, da sie dann notwendigerweise mit dem Betreiben der Liebhaberei verbunden sind. Erforderlichenfalls wird er die Störungsquelle insgesamt entfernen müssen.[226]

5. Prozessuale Fragen

a) Rechtsweg

Auf die **Rechtswegfragen** wurde schon an verschiedenen Stellen im Zusammenhang mit der Qualifizierung der Tätigkeit hingewiesen. Bei Anhängigmachung vor dem Gericht des falschen Rechtswegs ist von Amts wegen gem. § 17a Abs. 2 GVG zu verweisen.[227] Denkbar sind auch Teilverweisungen (§ 17a Abs. 2 S. 1 GVG) bei verschiedenen geltend gemachten prozessualen Ansprüchen (z. B. Glockengeläut in verschiedener Funktion).[228] 87

b) Beweislast

aa) bei Geltendmachung von Abwehransprüchen. Für den Abwehranspruch gelten die **allgemeinen Beweislastgrundsätze**. Der Kläger muss darlegen und beweisen, dass er Inhaber des Beseitigungsanspruchs (§§ 1004, 906 BGB) ist (Eigentum, Besitz). Des Weiteren muss er die Beeinträchtigung durch Einwirkung dartun und gegebenenfalls beweisen.[229] Das schließt den Beweis der Kausalität grundsätzlich ein. Dabei hilft ihm das Überschreiten der Grenzwerte. Die Rechtsprechung wendet § 287 ZPO im Rahmen der Beweiswürdigung auf die haftungsbegründende Kausalität an.[230] Eine Überschreitung der Werte soll grundsätzlich darauf hinweisen, dass eine Belastung mit schädlicher Umwelteinwirkung vorliegt.[231] In der Literatur wird teilweise weitergehend ein Anscheinsbeweis für die Kausalität befürwortet;[232] andere Stimmen gehen gar von einer Beweislastumkehr aus.[233] 88

Dem **Störer** dagegen obliegt der Beweis der **Unwesentlichkeit** der Beeinträchtigung. Dabei kann aus der gesetzlichen Formulierung in § 906 Abs. 1 S. 2 und 3 BGB keine Umkehr der Beweislast zu Lasten des Nachbarn geschlossen werden.[234] Vielmehr kommt dem Störer ein Anscheinsbeweis zugute, den der Gestörte beweisrechtlich erschüttern kann. Misslingt dieser Beweis, so trägt der Störer die Behauptungs- und Beweislast dafür, dass die Störung ortsüblich ist.[235] Die planerische Zulässigkeit ist für die Ortsüblichkeit nach Rechtsprechung des Bundesgerichtshofs nur ein allgemeiner Anhaltspunkt.[236] Auch obliegt dem Störer die Behauptungs- und Beweislast dafür, dass die Einwirkungen von ihm nicht durch wirtschaftlich zumutbare Maßnahmen hätten verhindert werden können.[237] Hier gilt, wie bereits ausgeführt, ein objektivierter Zumutbarkeitsmaßstab. 89

---

225 Staudinger/*Roth*, § 906 Rn. 242.

226 Staudinger/*Roth*, § 906 Rn. 242; **a. A.** *Endres*, Eigentumsfreiheitsklage contra Naturschutz, 1997, S. 63.

227 BVerwG, NJW 1994, 956.

228 S. oben Rn. 26.

229 BGHZ 95, 307, 312 = NJW 1985, 2823.

230 Z. B. BGHZ 70, 102, 107 f. = NJW 1978, 419.

231 BGHZ 121, 248, 251 = NJW 1993, 1656; BGHZ 120, 239, 256 = NJW 1993, 925.

232 Z. B. *F. Baur*, JZ 1974, 657, 659 f.; *Mittenzwei*, MDR 1977, 99, 104.

233 Z. B. *Walter*, NJW 1978, 1158; *Marburger/Herrmann*, JuS 1986, 354, 358; dagegen *Adams*, ZZP 99 (1986), 129, 151 ff., für Verursachungswahrscheinlichkeiten eintretend.

234 *Marburger*, in: FS f. Ritter, 1997, S. 901, 904 ff.; Staudinger/*Roth*, § 906 Rn. 202.

235 BGHZ 92, 143 = NJW 1985, 47; BGHZ 111, 63, 73 = NJW 1990, 2465; BGHZ 120, 239, 260 = NJW 1993, 925.

236 So etwa BGH, NJW 1983, 751; hierzu oben Rn. 80.

237 BGHZ 72, 289, 296 = NJW 1979, 164; 92, 143 = NJW 1985, 47; Palandt/*Bassenge*, § 906 Rn. 26.

90 **bb) bei Geltendmachung von Ausgleichsansprüchen.** Hinsichtlich der **Ausgleichsansprüche** trägt schließlich der Beeinträchtigte die Behauptungs- und Beweislast der Voraussetzungen des § 906 Abs. 2 S. 2 BGB, d. h. für die Immission, die Beeinträchtigung der ortsüblichen Benutzung seines Grundstücks oder dessen Ertrags über das zumutbare Maß hinaus sowie die Kausalität zwischen Immission und Beeinträchtigung.[238] Dagegen trägt der Störer als Nutzer des anderen Grundstücks die Behauptungs- und Beweislast für die Unwesentlichkeit, Ortsüblichkeit und Unvermeidbarkeit durch wirtschaftlich zumutbare Maßnahmen. Auch hier geben die öffentlich-rechtlichen Vorschriften und die dort enthaltenen Grenzwerte nur Anhaltspunkte, die die Zivilgerichte nicht binden.

c) Beweismittel

91 Es bietet sich häufig als Beweismittel der **Augenschein** an, damit der Richter sich eine eigene Vorstellung von dem Maß der Immission machen kann,[239] sowie ansonsten der Sachverständigenbeweis.[240]

d) Rechtskraftwirkung

92 Wie bereits ausgeführt wurde, hat die Entscheidung in einem Rechtsweg angesichts der unterschiedlichen Streitgegenstände **keine Bindungswirkung** für die Gerichte des anderen Rechtsweges.[241]

IV. Ausgleichsanspruch bei bestehender Duldungspflicht

1. Allgemeines

93 Bei bestehender Duldungspflicht kann der dortige Nachbar vom Emittenten weder Unterlassung der Einwirkung gem. § 1004 BGB noch Schadensersatz gem. § 823 Abs. 1 BGB begehren. Das Gesetz gibt ihm bei einer nach § 906 Abs. 2 S. 1 BGB bestehenden Duldungspflicht einen **Anspruch auf angemessenen Ausgleich in Geld.**[242]

a) Bestehende Duldungspflicht

94 Die Duldungspflicht muss sich aus § 906 Abs. 2 S. 1 BGB ergeben, etwa weil es sich um eine ortsübliche Nutzung handelt oder die Einwirkung nicht durch wirtschaftlich zumutbare Maßnahmen verhindert werden kann. Die **Feststellung der Ortsüblichkeit** wird entsprechend den voranstehenden Grundsätzen festgestellt.[243] Auch eine Nutzung, die gegenüber Immissionen besonders empfindlich ist, soll eine Ortsüblichkeit nicht ausschließen.[244]

b) Anspruchsinhaber und -gegner

95 Der Anspruch steht dem **Duldungspflichtigen** zu, d. h. dem Eigentümer oder betroffenen Besitzer des Grundstücks.[245] Anspruchsgegner ist der **Besitzer des störenden Grundstücks**,[246] zu dessen Gunsten sich die Versagung des Abwehranspruchs wirtschaftlich auswirkt. Er ist wirtschaftlich verantwortlicher „Halter des Grundstücks".[247] Der Anspruch richtet sich daher nicht notwendigerweise gegen den unmittelbar Tätigen, wie

---

[238] BGHZ 117, 110, 113 = NJW 1992, 1389; BGH, NJW 1978, 373; OLG Oldenburg, AgrarR 1965, 258, 260.

[239] BGHZ 97, 361, 367 = NJW 1986, 2421; OLG München, NJW-RR 1986, 1142.

[240] BGHZ 97, 361, 367 = NJW 1986, 2421.

[241] S. oben Rn. 10, Teil 1 Rn. 87 f.

[242] Zur analogen Anwendung dieser Vorschrift etwa bei Grobimmissionen, s. o. Rn. 53.

[243] S. oben Rn. 76 ff.

[244] BGH, MDR 1968, 912 (Pflanzenversuchsanlage); BGHZ 90, 255 = NJW 1984, 2207 (biologischer Landbau); s. einschränkend BGHZ 117, 110, 114 = NJW 1992, 1389 (Bienenanflug auf Gärtnerei).

[245] BGHZ 70, 212, 220 = NJW 1978, 373; BGH, NJW 2001, 1865, 1866; AnwK-BGB/*Ring*, § 906 Rn. 263; MünchKommBGB/*Säcker*, § 906 Rn. 137; Staudinger/*Roth*, § 906 Rn. 268.

[246] BGHZ 113, 384, 392 = NJW 1991, 1671; BGHZ 157, 188, 190 = NJW 2004, 775 f.

[247] MünchKommBGB/*Säcker*, § 906 Rn. 137; s. auch AnwK-BGB/*Ring*, § 906 Rn. 264.

sich etwa anhand der Einwirkung durch bauliche Tätigkeit erläutern lässt. Nicht der Bauunternehmer[248] oder der Architekt,[249] sondern der Bauherr selbst ist der richtige Anspruchsgegner.[250]

c) Unzumutbarkeit der Beeinträchtigung

Weiterhin muss die Beeinträchtigung „über das zumutbare Maß" hinaus gehen. Maß- 96
geblich sind für die Beurteilung die dargestellten Grundsätze einer **differenziert objektiven Beurteilung.**[251] Es muss auf einen verständigen durchschnittlichen Benutzer des betroffenen Grundstücks in seiner örtlichen Beschaffenheit aus Gestaltung und Zweckbestimmung abgestellt werden. Dabei sind Dauer, Art und Intensität sowie Auswirkung der Beeinträchtigung zu berücksichtigen.[252] Diese Regeln zur Abgrenzung wesentlicher und unwesentlicher Beeinträchtigungen sind hier entsprechend heranzuziehen, da eine wesentliche Einwirkung in der Regel die Grenze der Zumutbarkeit i. S. d. § 906 Abs. 2 S. 2 BGB überschreiten wird.[253]

Im Rahmen dieser Zumutbarkeitsprüfung ist zu berücksichtigen, ob die Beeinträchti- 97
gung der **Sphäre des Störers oder der des Betroffenen** zuzurechnen ist.[254] Der von einer Beeinträchtigung Betroffene muss nämlich auch zumutbare Vorsorge gegen Beeinträchtigungen ergreifen.[255] In gleicher Weise sind andere Umstände aus dem Bereich des Beeinträchtigten zu berücksichtigen, die den Interessenkonflikt zwischen dem Nachbarn verschärft haben.[256] Dem entspricht es auch, wenn für das beeinträchtigte Grundstück bereits eine sog. **„Gebietsvorbelastung"** bzw. **„plangegebene Vorbelastung"** besteht, die eine erhöhte Anfälligkeit für Immissionen (z. B. im dafür bauplanungsrechtlich vorgesehenen Außenbereich) begründet.[257] Insoweit spielt für den Anspruch nach § 906 Abs. 2 S. 2 BGB die Priorität eine Rolle.[258] Letztlich sind im Rahmen der Zumutbarkeit die beiderseitigen Interessen an einer bestimmten Nutzung des jeweiligen Grundstücks gegeneinander abzuwägen.[259] Dabei können auch zum öffentlich-rechtlichen Entschädigungsanspruch entwickelte Grundsätze verwendet werden.[260] Die h. M.[261] nimmt bisher jedenfalls für atypische Einzelfälle ein Gebot der gegenseitigen Rücksichtnahme an.

2. Höhe des Ausgleichsanspruchs

Geschuldet wird ein **angemessener Ausgleich in Geld**. Die Rechtsprechung greift 98
insoweit auf die Grundsätze der öffentlich-rechtlichen Enteignungsentschädigung zurück.[262] Im Einzelnen ist hier vieles streitig.[263] Im Schrifttum wird teilweise ein abweichender Standpunkt vertreten und entsprechend §§ 249 ff. BGB eine volle Schad-

---

[248] BGHZ 72, 289, 297 = NJW 1979, 164, 165.
[249] BGHZ 85, 375 = NJW 1983, 872.
[250] AnwK-BGB/*Ring* § 906 Rn. 264 m. w. N.
[251] S. oben Rn. 65 ff.
[252] AnwK-BGB/*Ring*, § 906 Rn. 266; MünchKommBGB/*Säcker*, § 906 Rn. 139.
[253] Staudinger/*Roth*, § 906 Rn. 254.
[254] BGHZ 49, 148, 153 = NJW 1968, 549 m. Anm. *Hubmann*, JZ 1968, 271, 272 ; BGH, NJW 1995, 1823, 1824.
[255] BGH, MDR 1971, 912.
[256] BGHZ 79, 45, 53 = NJW 1981, 1369 = BGH, LM Nr. 65 zu § 906 BGB m. Anm. *Hagen*; BGH, NJW 1995, 1823, 1824.
[257] Z. B. BGH, NJW 1980, 770, 771; 1977, 894; OLG Zweibrücken, AgrarR 1986, 81, 82.
[258] Erman/*Wilhelmi*, § 906 Rn. 26; *Meisner/Ring/Götz* § 13 Rn. 74.
[259] BGHZ 69, 118, 127 = NJW 1977, 1920.
[260] Z. B. BGH, NJW 1976, 1204; vgl. auch BGH, NJW 1995, 1823, 1824.
[261] Staudinger/*Roth*, § 906 Rn. 241 f.
[262] BGH, NJW 2004, 1037, 1041; BGHZ 85, 375, 386 = NJW 1983, 872; BGHZ 49, 148, 155 = NJW 1968, 549; BGH, NJW-RR 1988, 1291, 1292; BGHZ 62, 361, 371 = NJW 1974, 1869 = BGH LM Nr. 45 zu § 906 BGB m. Anm. *Matern*; *G. Hager*, NJW 1986, 1961, 1964.
[263] S. hierzu *K. Schmidt*, JuS 1974, 736, 737.

loshaltung befürwortet.[264] Dem widersprechen Wortlaut, Zweck und Entstehungsgeschichte der Vorschrift.[265]

99 Maßstab für die Höhe des Ausgleichs ist die Vermögenseinbuße, die nach einem differenziert objektiven Maßstab[266] ermittelt wird.[267] Dabei ist nur die Vermögenseinbuße des Teiles zu berücksichtigen, in dessen Umfang die Beeinträchtigung dem betroffenen Nachbarn unzumutbar ist.[268] Zu erstatten sind darüber hinaus Aufwendungen zur Beseitigung der Beeinträchtigung.[269] Maßgeblich ist der Unterschied zwischen dem infolge der Beeinträchtigung geminderten Verkehrswert und dem fiktiven Verkehrswert bei noch zumutbarer Beeinträchtigung. Die Entschädigung kann sowohl als Kapitalabfindung als auch als Rente erfolgen.[270]

100 Ein etwaiges **Mitverschulden** reduziert den Ausgleichsanspruch nicht, da dieses bereits im Abwägungsvorgang zum Klagegrund berücksichtigt werden muss.[271]

3. Verjährung

101 Der Anspruch nach § 906 Abs. 2 S. 2 BGB verjährt innerhalb der **Regelfrist** der §§ 195, 199 BGB. Der insoweit geführte Streit, ob die Regelverjährungsfrist oder jene für deliktische Ansprüche (§ 852 BGB a. F.) anzuwenden ist, hat sich angesichts der Veränderungen im Verjährungsrecht erledigt.[272]

4. Beweislast

102 Hinsichtlich der Beweislast gelten die **allgemeinen Grundsätze**: Dem Anspruchsteller obliegt die Darlegung und der Beweis für Einwirkung, Beeinträchtigung der ortsüblichen Benutzung seines Grundstücks, Kausalität zwischen Immission und Beeinträchtigung sowie dafür, dass die Einwirkung sein Grundstück oder dessen Ertrag unzumutbar beeinträchtigen.[273] Den Ausgleichspflichtigen treffen dagegen Darlegungs- und Beweislast für Unwesentlichkeit, die Ortsüblichkeit sowie die fehlende Möglichkeit, mittels wirtschaftlich zumutbarer Maßnahmen die Einwirkung zu verhindern.[274]

5. Vertragliche Verpflichtung zu unentgeltlicher Duldung der Immission

103 Ein beeinträchtigter Grundstückseigentümer kann sich mit dem Emittenten zur unentgeltlichen Duldung von Immissionen auf seinem Grundstück einigen. Diese Verpflichtung kann durch **Grunddienstbarkeit** nach § 1018 BGB gesichert werden.[275] Ob damit zugleich auf die Einhaltung öffentlich-rechtlicher Belange verzichtet wird, ist in Literatur und Rechtsprechung umstritten.[276] Die Frage, ob ein Anspruch auf eine solche

---

[264] Jauernig/*Berger*, § 906 Rn. 8; MünchKomm/*Säcker*, § 906 Rn. 138; Palandt/*Bassenge*, § 906 Rn. 29; vgl. a. *Spieß*, JuS 1980, 100, 103.

[265] So BGH, NJW 1974, 1869, 1872; s. auch LG Baden-Baden, DWW 1989, 168, 169; *Baier/Lindner/Grziwotz*, S. 66; Staudinger/*Roth*, § 906 Rn. 263.

[266] AnwK-BGB/*Ring*, § 906 Rn. 273; Erman/*Wilhelmi*, § 906 Rn. 40; Staudinger/*Roth*, § 906 Rn. 264 a. E.

[267] **A. A.** für eine Berücksichtigung hypothetischer Vermögensentwicklung: BGHZ 62, 361, 371 = NJW 1974, 1869, 1872.

[268] BGHZ 62, 361, 372 = NJW 1974, 1869, 1872; BGHZ 91, 20, 31 = NJW 1984, 1876; so auch die Literatur: z. B. Staudinger/*Roth*, § 906 Rn. 264.

[269] BGHZ 91, 20, 28 ff = NJW 1984, 1876; OLG Karlsruhe, NJW 1983, 2886.

[270] Erman/*Wilhelmi*, § 906 Rn. 40.

[271] Staudinger/*Roth*, § 906 Rn. 273.

[272] AnwK-BGB/*Ring*, § 906 Rn. 278.

[273] BGHZ 117, 110, 113 = NJW 1992, 1389, 1390.

[274] BGHZ 92, 143 = NJW 1985, 47, 48; AnwK-BGB/*Ring*, § 906 Rn. 279; Palandt/*Bassenge*, § 906 Rn. 26.

[275] BGH, NJW 1970, 856, 857.

[276] Ablehnend: BVerwG, BauR 1978, 385; dafür: BGH, NJW 1981, 811; *Jauernig*, in: FS der Universität Heidelberg, 1986, S. 87, 97.

Grunddienstbarkeit infolge gesetzlicher Duldungspflicht besteht, der einer Erfüllung des Ausgleichs nach § 906 Abs. 2 S. 2 BGB entgegengehalten werden kann, wird unterschiedlich beantwortet.[277] Grundsätzlich ist ein solcher Anspruch zu verneinen, da mit der Vereinbarung keine Abwehrrechte aus dem Eigentum ausgeschlossen werden. Das aber ist Voraussetzung für eine Dienstbarkeit nach § 1018 BGB. Unter Umständen kommt jedoch ein Anspruch auf eine Dienstbarkeit in Betracht, um den Einwirkenden gegen nochmalige Inanspruchnahme durch den Rechtsnachfolger abzusichern.[278] Soweit nur eine Entschädigung für die Wertminderung des Grundstücks erfolgt, wird hierfür keine Dienstbarkeit geschuldet.[279]

V. Zuführung von unwägbaren Stoffen durch besondere Leitung (§ 906 Abs. 3 BGB)

Eine Duldungspflicht nach § 906 Abs. 1 und 2 BGB ist immer ausgeschlossen, wenn die Zuführung unwägbarer Stoffe durch eine **besondere Leitung** erfolgt. Diese ist nach § 906 Abs. 3 BGB unzulässig. Der Betroffene trägt die Beweislast für die Zuführung durch eine besondere Leitung. 104

VI. Alphabet der Immissionen

Über die voranstehenden allgemeinen Grundsätze hinaus lassen sich mitunter Aussagen zu spezifischen Immissionen treffen. In der Mehrzahl sind die Entscheidungen allerdings in starkem Maße von den konkreten Umständen abhängig. Die nachfolgende alphabetische Aufzählung, die an die gesetzlichen Beispiele anknüpft, soll vor allem das Auffinden einschlägiger Judikatur erleichtern und die Aspekte vorgenannter Art wiedergeben. Soweit es die Rechtsprechung betrifft, ist jene, die vor der Neufassung des § 906 Abs. 2 BGB ergangen ist, mit der Maßgabe von Bedeutung, dass seit diesem Zeitpunkt **ortsübliche wesentliche Einwirkungen** nicht mehr zu dulden sind, sofern sie **mittels wirtschaftlich zumutbarer Maßnahmen vermieden** werden können. Die Neufassung des Gesetzes folgte nicht in jeder Hinsicht den bis zu diesem Zeitpunkt in der Rechtsprechung geltenden Grundsätzen.[280] Abweichungen ergeben sich auch hinsichtlich des Umfangs des Ausgleichsanspruchs, der über das bis zu dem Zeitpunkt Zugesprochene hinausgeht und nicht auf Fälle drohender Existenzvernichtung[281] oder einer schweren Beeinträchtigung des wirtschaftlichen Fortkommens[282] beschränkt ist.[283] 105

1. Dämpfe

Die Zahl der hierzu veröffentlichten Entscheidungen ist gering. Hierunter fallen etwa Teerdämpfe, die durch eine Bitumenmischanlage[284] entstehen. Weiterhin gehören hierzu Ausgasungen bei chemisch behandelten Materialien (z. B. Bahnschwellen[285]). Im Zusammenhang mit Gasen, Dämpfen, Gerüchen und Rauch ist die **Technische Anleitung** (TA-Luft) vom 27. 2. 1986[286] zu beachten. Sie dient dem Schutz der Allgemeinheit, aber auch 106

---

[277] Offen gelassen von BGH, NJW 1970, 856, 858; RGZ 130, 350, 356; LG Augsburg, AgrarR 1979, 207.
[278] RG, WarnR 8, Nr. 141; BGB-RGRK/*Augustin*, § 906 Rn. 80.
[279] BGH, NJW 1970, 856, 857.
[280] Staudinger/*Roth*, § 906 Rn. 134.
[281] RGZ 154, 161.
[282] BGHZ 30, 273 = NJW 1959, 1867.
[283] Für weitere Änderungen durch in Kraft treten des BImSchG v. 15. 3. 1974 s. BGHZ 64, 220 = NJW 1975, 1406; BGH, JR 1991, 146 m. Anm. *H. Roth*.
[284] BGH, MDR 1968, 912.
[285] OLG Köln, VersR 1997, 121.
[286] Abgedruckt in Sartorius Ergänzungsband 296/101.

der Nachbarschaft vor schädlichen Luftverunreinigungen. Hierzu zählen sämtliche Veränderungen der natürlichen Zusammensetzung der Luft, insbesondere durch Aerosole, Dämpfe, PER-Dämpfe aus chemischen Reinigungen,[287] Gase, Geruchsstoffe, Rauch und Ruß (§ 3 Abs. 1 BImSchG). Entsprechend den bereits dargestellten Grundsätzen ist bei einem Unterschreiten der dort angegebenen Richtwerte regelmäßig von einer unwesentlichen Beeinträchtigung auszugehen.[288]

107 Im Übrigen ist auch die 2. BImSchVO vom 10. 12. 1990, BGBl. I, S. 2694 in der Fassung vom 20. 12. 2010, BGBl. I, S. 2194 zu beachten, die sich mit leicht flüchtigen Halogenkohlenwasserstoffen beschäftigt.

2. Erschütterungen

108 Hierunter versteht man stoßhafte niederfrequente, mechanische Schwingungen fester Körper.[289] Es können verschiedene Hilfen zur Beurteilung herangezogen werden: **DIN 4150**[290] (Erschütterungsschutz im Bauwesen), **DIN ISO 10816**[291] (Bewertung der Schwingungen von Maschinen) und **VDI-Richtlinie 2057**[292] (Einwirkung mechanischer Schwingungen auf den Menschen) als private Regelungswerke.[293] Die meisten Fälle betreffen Baumaßnahmen;[294] andere Fälle richten sich an gewerbliche Unternehmen: Maschinen in einer Wäscherei;[295] Sprengungen;[296] Straßenbahnbetrieb;[297] Straßenverkehr;[298] das Betreiben eines Sägewerks;[299] Druckerei;[300] Wäscheschleuder;[301] Omnibusse.[302] Grundsätzlich gilt hier wie auch sonst, dass ein Überschreiten der Richtlinie eine wesentliche Beeinträchtigung indiziert.[303] Entscheidend für die Annahme der Wesentlichkeit ist allerdings nicht die Immission als solche, sondern ihre Einwirkung auf das Grundstück und die dadurch verursachten Beeinträchtigungen.[304] Bei Unterschreiten der Vorgaben in den vorgenannten Regelwerken ist auf das Empfinden eines „verständigen Durchschnittsmenschen" abzustellen.

3. Gase

109 Im Schwerpunkt geht es in den Entscheidungen um **industrielle Gase**, die verschiedene Giftstoffe enthalten: Fluorabgase eines Kryolith erzeugenden Industriewerks,[305]

---

[287] KG, VersR 1991, 826.
[288] S. hierzu zum Einzelnen oben Rn. 73f.
[289] *Jarass*, § 3 Rn. 6 m. w. N.
[290] Abgedruckt in DIN Taschenbuch 289 Schwingungsfragen im Bauwesen, 2002; DIN 4150 behandelt in Teil 1 die Vorermittlung von Schwingungsgrößen, in Teil 2 die Einwirkungen von Schwingungen auf Menschen in Bauwerken und in Teil 3 die Einwirkungen auf die bauliche Anlage.
[291] An die Stelle der früheren VDI 2056 getreten: DIN ISO 10816-1 (Ausgabe 1997-08 – Allgemeine Anleitungen), DIN ISO 10816-2 (Ausgabe 2002-02 – bestimmte stationäre Dampfturbinen und Generatoren), DIN ISO 10816-3 (Ausgabe 1998-12 – bestimmte industrielle Maschinen), DIN ISO 10816-4 (Ausgabe 1998-12 – bestimmte Maschinensätze mit Antrieb durch Gasturbinen), DIN ISO 10816-6 (Ausgabe 1997-08 – bestimmte Hubkolbenmaschinen).
[292] Abgedruckt in VDI-Handbuch Schwingungstechnik, 2002; VDI 2057 enthält Normen für Ganzkörperschwingungen (Blatt 1), für Hand-Arm-Schwingungen (Blatt 2) und zur Messung und Beurteilung von Arbeitsplätzen in Gebäuden (Blatt 4.1).
[293] S. hierzu *Wiethaup*, BlGBW 1965, 62; MünchKommBGB/*Säcker*, § 906 Rn. 77.
[294] BGHZ 72, 289 = NJW 1979, 164; BGHZ 85, 375, 381 = NJW 1983, 872.
[295] BGH, MDR 1965, 301.
[296] BGHZ 66, 70 = NJW 1976, 797.
[297] LG Düsseldorf, NZM 1999, 1024.
[298] OLG Celle, NdsRpfl. 1962, 251; *E. Schneider*, JurBüro 1965, 29.
[299] BGH, MDR 1969, 648.
[300] *Wiethaup*, DWW 1970, 46.
[301] BGH, BB 1966, 427.
[302] RGZ 133, 153.
[303] MünchKomm/*Säcker*, § 906 Rn. 77.
[304] BGH, NJW 1999, 1029, 1030.
[305] RG, JW 1912, 752; OLG Stuttgart, VersR 1959, 746.

eines Ziegeleiwerks[306] oder entweichend aus einem gebrochenen Rohr einer Gasanstalt,[307] Schwefeldioxyd aus dem Betreiben von Schmelzöfen[308] oder aus der Röstanlage einer Erzgrube.[309]

Auch hier ist auf die bereits angesprochene **TA-Luft**[310] und die **2. BImSchVO**[311] zu verweisen. Die Schädlichkeit der Gase wird für den Richter regelmäßig nicht zu beurteilen sein. Er wird sich hierfür eines Sachverständigen bedienen müssen.[312] 110

Im Zusammenhang mit Gasen spielen auch **Motorenabgase** ausgehend von Garagen und Abstellplätzen für Kraftwagen[313] und im Rahmen des Straßenverkehrs[314] eine Rolle. Gleiches gilt für Abgase durch die **Ölheizung** eines Nachbarhauses[315] oder auch für durch **Gülle** freigesetzter Ammoniakgase.[316] 111

4. Geräusche

Allgemeines zur **Messung von Geräuschimmissionen**: Die Immission wird gemessen in Dezibel-Werten (dB (a)). Damit wird der so genannte Schalldruckpegel bezeichnet, der ermittelt wird durch Messungen des Schalldrucks und Vergleich mit einem willkürlich gewähltem anderen Schalldruck.[317] Auf die für Geräusch- und Lärmimmission ergangenen Verwaltungsvorschriften und -verordnungen wurde bereits hingewiesen. Besondere Bedeutung hat die TA-Lärm 1998.[318] Sie beruht auf § 48 BImschG und differenziert die verschiedenen Richtwerte nach den einzelnen Gebieten in der Erkenntnis, dass Lärmbelastung auch von der Einstellung zur jeweils vorhandenen Lärmquelle abhängig ist. Im Übrigen gelten hier wie auch sonst die Grundsätze zur Indizwirkung solcher Richtwerte.[319] Die TA-Lärm, die besonderen Verwaltungsvorschriften sowie die VDI-Richtlinie 2058, ein privates Regelwerk des Vereins Deutscher Ingenieure über die Beurteilung von Arbeitslärm in der Nachbarschaft, haben Orientierungscharakter[320] bei der Entscheidung, ob eine wesentliche Beeinträchtigung vorliegt. Sie sind als solche nicht bindend, können aber auch außerhalb ihres eigentlichen Anwendungsbereichs herangezogen werden. 112

Für die Frage der Wesentlichkeit kommt es neben der Lautstärke auch auf die Lärmfrequenzen an. Weiterhin spielt die spektrale Zusammensetzung des Lärmes eine Rolle. Impulsgeräusche etwa belasten anders als Dauergeräusche. 113

Darüber hinaus sind zahlreiche Verwaltungsvorschriften für spezielle Lärmquellen ergangen. Sie reichen von allgemeinen Baulärmgeräuschimmissionen über die Geräuschimmission für spezielle Baumaschinen bis hin zu Lärmvorschriften Sportanlagen betreffend. Insoweit gilt der Orientierungscharakter der TA-Lärm entsprechend. 114

Nachfolgend sollen wichtige Bereiche differenziert nach Lärmquellen dargestellt werden: 115

a) Arbeitslärm

In diesem Bereich geht es meist um Baulärm. Insoweit wird auf das hierzu Gesagte verwiesen. 116

---

306 BGHZ 70, 102 = NJW 1978, 419 m. Anm. *Walter*, NJW 1078, 1158.
307 RGZ 63, 374.
308 BGHZ 15, 146 = NJW 1955, 19.
309 BGHZ 30, 273 = NJW 1959, 1867.
310 S. oben Rn. 106.
311 S. oben Rn. 107.
312 Staudinger/*Roth*, § 906, Rn. 135.
313 BGH, LM Nr. 11 zu § 906 BGB.
314 BGHZ 54, 384 = NJW 1971, 94.
315 BGH, WM 1971, 278; OLG Düsseldorf, MDR 1977, 931
316 OLG Düsseldorf, NJW-RR 1995, 1482.
317 Für Einzelheiten s. MünchKomm/*Säcker* § 906 Rn. 39 f.
318 Sechste Allgemeine Verwaltungsvorschrift zum Bundes-Immissionsschutzgesetz (Technische Anleitung zum Schutz gegen Lärm – TA Lärm v. 26. 8. 1998, GMBl, S. 503).
319 S. oben Rn. 73.
320 BGHZ 120, 239, 256 = NJW 1993, 925.

b) Baulärm

117 Es ist die 15. BImSchVO (Geräte- und MaschinenlärmschutzVO) v. 29. 08. 2002[321] zu beachten. Darüber hinaus gibt es zahlreiche Verwaltungsvorschriften betreffend Baulärmgeräuschimmissionen und Immissionen im Zusammenhang mit spezifischen Baugeräten.[322] Im Übrigen gelten hier wie sonst die allgemeinen Grundsätze zum Verhältnis der Richtwertüberschreitung oder Unterschreitung und der Wesentlichkeit i. S. d. § 906 BGB.[323]

118 Weitere Entscheidungen betrafen den Einsatz von Maschinen bei Restaurierungs-[324] oder Abbrucharbeiten (mit Räumbaggern);[325] Lärm im Zusammenhang mit dem Ausbau eines Flusses.[326]

c) Industrielärm im Zusammenhang mit gewerblicher Tätigkeit

119 Entschieden wurden Immissionen im Zusammenhang mit folgenden Betrieben: Bäckerei;[327] gewerbliche Maschinen;[328] Hammerschmiede;[329] Kühlanlage;[330] Kugelfabrik;[331] Eisenlager;[332] Spanplattenfabrik;[333] luftgekühlte Transformatoren eines Umspannwerkes;[334] Wäschereibetrieb im Kleingewerbebetrieb.[335]

d) Fluglärm

120 Im Vordergrund bei Fluglärm stehen gewöhnlich Fragen bei Ausbau und Erweiterung von Flughäfen und -plätzen.[336] Merkmale des Fluglärms sind zwar kurzzeitige, aber sehr hohe Schalldrucke und bestimmte Frequenzzusammensetzungen.[337]

121 Der Immissionsschutz knüpft jedoch bereits an die Flugzeugtechnik (Luftverkehrszulassung) und die Betriebs- und Flugvorschriften (Luftverkehrsrecht) an.[338] So ist etwa bei inländischen Flugzeugen die Verkehrszulassung nur zu erteilen, wenn die technische Ausrüstung eines Flugzeuges keine nach dem jeweiligen Stand der Technik vermeidbaren Betriebsgeräusche verursacht.[339] Entsprechende Grenzen gelten für die Immission im Rahmen des Betriebes von Verkehrsflugzeugen, die im Wege allgemeiner Gebote und durch zahlreiche Einzelregelungen seitens des Luftfahrt-Bundesamtes und der Bundesanstalt für Flugsicherheit erlassen werden.

122 Flughäfen bedürfen sowohl der Genehmigung als auch der Planfeststellung (§§ 6, 8 LuftVG). Die Genehmigung kann unter bestimmten Auflagen etwa betreffend den

---

321 BGBl. I, S. 3478, i. d. F. v. 8. 11. 2011, BGBl. I, S. 2178.
322 Für eine Übersicht s. MünchKommBGB/*Säcker*, § 906 Rn. 47 Fn. 103; weiterhin grundlegend *Bodanowitz*, NJW 1997, 2351; s. auch § 66 Abs. 2 BImSchG.
323 Für einen Überblick sowohl unter öffentlich-rechtlichen wie auch zivilrechtlichen Aspekten s. *Müller/Zabel*, ZfIR 2011, 862 ff.
324 BGH, MDR 1977, 128 (Porta Nigra) – ggf. Enteignungsentschädigung; s. auch OLG Karlsruhe, BB 1965, 690 (Neubau).
325 BGH, LM Nr. 14 zu § 906 BGB; OLG Hamm, ZMR 1967, 21; LG Konstanz, NJW-RR 1991, 916, 917.
326 BGH, MDR 1967, 913.
327 LG Dortmund, BlGBW 1965, 32.
328 BGH, MDR 1971, 37.
329 BGH, NJW 2001, 3119.
330 OLG München, BlGBW 1978, 150 m. Anm. *Schloms*.
331 BGH, LM Nr. 5 zu § 906 BGB.
332 BGH, LM Nr. 6 zu § 906 BGB.
333 BGHZ 46, 35 = NJW 1966, 1858.
334 BGH, NJW 1970, 856.
335 BGH, MDR 1965, 301.
336 BGH, NJW 1973, 326; BGHZ 69, 119 = NJW 1977, 1917; BGHZ 69, 105 = NJW 1977, 1920; BGHZ 79, 45 = NJW 1981, 1369; NJW 1987, 1142; NJW-RR 1090, 396; BGH, NVwZ 1992, 404; LG Saarbrücken, ZLW 1987, 400; für Fluglärm s. auch BayObLG, ZLW 1988, 261.
337 Soergel/*Baur* § 906 Rn. 53.
338 Für einen Überblick s. *Kloepfer*, § 14 Rn. 181 ff.
339 Vgl. *Soell*, in: Salzwedel (Fn. 17), S. 329, 340 f.

Nachtflug oder die Anflug- bzw. Abflugrichtungen angeordnet werden.[340] Die Genehmigung schafft für den Flughafenbetrieb – sei es ein Zivilflughafen, sei es ein Militärflughafen – Bestandsschutz. Ansprüche der Nachbarn auf Einstellung des Flugbetriebes oder gar Beseitigung des Flughafens scheiden damit aus (vgl. § 11 LuftVG, der auf § 14 BImSchG verweist).[341] Ebenso kommt in diesem Fall ein Entschädigungsanspruch aus § 906 Abs. 2 S. 2 BGB nicht in Betracht.[342]

Das Gesetz zum Schutz gegen Fluglärm vom 31. 10. 2007[343] regelt die Lärmimmission von Flughäfen. Es betrifft nicht die individuelle Lärmbeeinträchtigung, sondern nur das Genehmigungsverfahren. Durch das Gesetz werden vor allem zwei Zonen festgelegt, für die bestimmte Dauerschallpegel definiert sind und deren Überschreitung in der Regel eine wesentliche Beeinträchtigung darstellt: Schutzzone 1, für sie liegt der Grenzwert bei einem Dauerschallpegel von 75 dB (a), die Schutzzone 2 betrifft das übrige Gebiet des Lärmschutzbereichs. Diese Lärmschutzbereiche sind durch Rechtsverordnungen im Umkreis von Flughäfen festzusetzen (§ 4 Abs. 1 FluglärmG). Das Gesetz regelt im Einzelnen Fragen des passiven Lärmschutzes sowie der Entschädigung, soweit infolge der Zugehörigkeit des Grundstücks zu einem Lärmschutzbereich für dieses ein Bauverbot oder eine Baubeschränkung besteht (§§ 5, 6 FluglärmG). 123

Im Übrigen ergeben sich für den Nachbarschutz hieraus keine Besonderheiten.[344] Die im Fluglärmgesetz vorgesehenen Dauerschallpegel haben nicht die Aufgabe, individuelle Lärmbeeinträchtigungen zu definieren.[345] Zu berücksichtigen ist die Lästigkeit der Geräuschentwicklung für die Nachbarn eines Flughafens.[346] § 2 Abs. 2 S. 1 BImSchG schließt eine direkte Anwendung der TA-Lärm nach § 906 Abs. 1 S. 3 BGB zwar aus, dennoch kann der Richter Grenz- und Richtwerte aus Lärmschutzvorschriften als Entscheidungshilfe in seine Würdigung einbeziehen, da es für den Luftverkehr an generell festgelegten Lärmgrenzwerten fehlt. Soweit es die Ortsüblichkeit angeht, nimmt die Rechtsprechung im Einzugsbereich eines Flughafens den Fluglärm in der Zeit zwischen 6.00 Uhr früh und 22.00 Uhr abends als ortsüblich an.[347] 124

Die Unterlassungs- und Ausgleichsansprüche sind bei **Zivilflughäfen** zivilrechtlicher Art und daher im ordentlichen Rechtsweg geltend zu machen.[348] Bei **Militärflughäfen** handelt es sich nach h. M. um öffentlich rechtliche Tätigkeit und entsprechend sind Entschädigungsansprüche vor allem aus enteignendem Eingriff in Betracht zu ziehen.[349] Hier gelten nach der Rechtsprechung die allgemeinen Grenzen der Zumutbarkeit für Verkehrslärmimmissionen,[350] allerdings unter besonderer Berücksichtigung der Spitzenschallpegel.[351] 125

Umstritten ist allerdings, inwieweit bei Lärmbeeinträchtigungen auch dann eine Entschädigung wegen des Minderwertes des Grundeigentums zu gewähren ist, wenn das Grundstück nicht schwer und unerträglich betroffen ist.[352] 126

---

340 S. §§ 6 Abs. 1 S. 4, 9 Abs. 2 LuftVG, vgl. auch BVerwGE 75, 214, 243, *Soell*, in: Salzwedel (Fn. 17), S. 339 ff.; zu Abwägungsfehlern bei Nachtflugregelungen vgl. BVerwGE 123, 261.

341 AnwK-BGB/*Ring*, § 906 Rn. 173.

342 BGH, NJW 2005, 660, dies gilt sowohl für die Kosten passiven Lärmschutzes als auch für die Wertminderung des Grundstückes; s. auch *Schiller*, ZLW 2008, 192, 203 ff.

343 Neubekanntmachung des Gesetzes vom 30. 03. 1971, BGBl. I, S. 282, i. d. F. v. 7. 6. 2007, BGBl. I, S. 2550.

344 Nach BGHZ 69, 118 = NJW 1977, 1920 gilt § 11 LuftVG nicht für bloße Landeplätze.

345 BGHZ 122, 76, 82 = NJW 1993, 1700; Staudinger/*Roth*, § 906 Rn. 148; MünchKommBGB/ *Säcker*, § 906 Rn. 49.

346 AnwK-BGB/*Ring*, § 906 Rn. 176.

347 BGH, NJW 1973, 326.

348 BGHZ 69, 105 = NJW 1977, 1917 = BGH, LM Nr. 53 zu § 906 BGB m. Anm. *Hagen*; LG Saarbrücken, ZLW 1987, 400; *Wysk*, ZLW 1998, 1833.

349 BGHZ 122, 76 = NJW 1993, 1700; s. auch BGH 1995, 1823; NJW 1973, 326; BGH, MDR 1980, 650; BGH, NJW 1986, 2423; *Wysk*, ZLW 1998, 18, 33.

350 BGHZ 122, 76, 81 = NJW 1993, 1700.

351 Staudinger/*Roth*, § 906 Rn. 148.

352 Dafür Staudinger/*Roth*, § 906 Rn. 148; dagegen AnwK-BGB/*Ring*, § 906 Rn. 178.

e) Freizeitlärm

127 **aa) Freizeitanlagen.** Es gelten die Bestimmungen der Freizeitlärmrichtlinie des jeweiligen Bundeslandes.[353] Die Geräusche, die durch die zweckgerechte Nutzung von **Kinderspielplätzen** entstehen, sind ortsüblich und als solche hinzunehmen.[354] Das gilt für jegliche sog. Kindereinrichtungen, d.h. auch für Kindertageseinrichtungen (§ 22 Abs. 1 S. 1 SGB VIII) und Ähnliches. Entsprechend ordnet § 22 Abs. 1a BImSchG an, dass hiervon ausgehende Geräuscheinwirkungen im Regelfall keine schädliche Umwelteinwirkung darstellen und hierauf keine Immissionsgrenzwerte oder -richtwerte (etwa nach TA-Lärm, 18. BImSchV oder LAI-Freizeitlärmrichtlinie) herangezogen werden dürfen.[355] Kinderlärm steht nach Auffassung des Gesetzgebers unter einem Toleranzgebot der Gesellschaft, da er Ausdruck kindlicher Entwicklung und damit grundsätzlich zumutbar sei (BT-Drucks. 17/4836, S. 4). Der Gesetzgeber hat ausdrücklich auf die Bedeutung dieser Regelung für § 906 BGB in der Gesetzesbegründung hingewiesen (BT-Drucks. 17/4836, S. 7). Die Belästigungen durch derartige Einrichtungen sind letztlich unvermeidbar, da sie als solche, um aufsichtspflichtige Kinder vor Gefahren zu schützen, in der Nähe zur Wohnbebauung eingerichtet werden müssen.[356] Der Betreiber ist daher – unabhängig vom Aufwand – auch nicht zu Maßnahmen verpflichtet, die den Schall mindern.[357] Gleiches gilt für Geräuschimmissionen, die durch Kinder in verkehrsberuhigten Gebieten entstehen.[358] Anderes gilt nur, wenn der Kinderspielplatz nicht zweckgerecht verwendet wird, und etwa Jugendliche ihn als Bolzplatz missbrauchen.[359] Für derartige Tätigkeiten gelten die vorgenannten Grundsätze nicht, da das besondere Toleranzgebot sich auf Freizeittätigkeiten von Kindern beschränkt. Die Grenze wird unter Hinweis auf § 7 Abs. 1 Nr. 1 SGB VIII bei einem Lebensalter von 14 Jahren gezogen. Weitere Einschränkungen des dargestellten **Toleranzgebotes gegenüber Kindern** bestehen etwa, wenn absichtlich zum Zwecke der Störung Lärm erzeugt wird oder ein geeigneter Spielplatz für Ballspiele zumutbar erreicht werden kann. Im letztgenannten Fall scheidet der Innenhof eines Mietshauses als Spielplatz aus.[360] Auch die Geräusche, die durch die Spielgeräte selber und deren Beschaffenheit ausgehen, fallen nicht unter die Privilegierung. Ebenso kann im konkreten Einzelfall – etwa bei einer Nachbarschaft der Einrichtung mit einem Krankenhaus oder einer Pflegeeinrichtung – anderes gelten.[361] Geräusche im Zusammenhang mit **Partys** und **Grillfesten** im Freien während des Sommers sind im Rahmen des üblichen Maßes hinzunehmen. Dabei ist auf die Häufigkeit (h. M. bis zu vier Mal pro Jahr) und auf die Tageszeit (bis 22.00 Uhr) abzustellen. Gegen Störungen durch eine innerhalb dieser Grenzen zulässige Feier kann sich der Nachbar seinerseits wehren.[362] Einen auf dem allgemeinen Recht auf freie Entfaltung der Persönlichkeit beruhenden An-

---

353 Z. B. für NRW: RdErl. des Ministeriums für Umwelt und Naturschutz, Landwirtschaft und Verbraucherschutz NRW vom 15. 1. 2004 „Messung, Beurteilung und Verminderung von Geräuschimmissionen bei Freizeitanlagen“; vgl. auch Anhang B der vom Länderausschuss für Immissionsschutz (LAI) in seiner 88. Sitzung vom 2. bis 4. 5. 1995 empfohlenen Musterverwaltungsvorschrift zur Ermittlung, Beurteilung und Verhinderung von Geräuschimmissionen, abgedruckt in *Feldhaus,* BImSchR Bd. 4, C 4.7; BVerwG, NVwZ 2001, 1167.

354 MünchKommBGB/*Säcker,* § 906 Rn. 101; Staudinger/*Roth,* § 906 Rn. 162; auch bei „großzügig bemessenen“ Spielplätzen OVG Lüneburg, NVwZ 2006, 1199; zu Abenteuerspiel- und Bolzplätzen s. *Horst,* Rn. 858 ff.

355 Die nachbarrechtlichen Auswirkungen dieser Änderung des BImSchG dürften allerdings gering sein, hatte die Rechtsprechung bei Kinderlärm ohnehin schon einen entsprechende Standpunkt vertreten, s. *Krumb,* BauR 2011, 1251 ff.

356 Vgl. OVG Münster, BauR 1973, 371.

357 *Horst,* Rn. 858 m. w. N.

358 S. OLG Düsseldorf, NJW-RR 1996, 211; *Alheit,* S. 222; *Horst,* Rn. 857.

359 *Alheit,* S. 222 f.

360 *Alheit,* S. 223.

361 *Jarass,* BImSchG, § 22 Rn. 34c; zur Problematik der ganztägigen Kinderbetreuung in einer Eigentumswohnung LG Köln, ZWE 2012, 185.

362 Zu allem s. AnwK-BGB/*Ring,* § 906 Rn. 184; Staudinger/*Roth,* § 906 Rn. 151 m. w. N.

spruch, einmal im Monat durch lautstarkes Feiern die Nachtruhe zu stören, gibt es jedenfalls nicht.[363] Bei privaten Festen im Freien gilt weiterhin der Grundsatz der Rücksichtnahme. Dabei ist die Enge der Bebauung sowie der Umstand zu berücksichtigen, dass kranke und alte Menschen betroffen sind.[364] Zuzurechnen ist dem Gastgeber auch der Lärm, den die Gäste verursachen.[365] Bei nur jährlich stattfindenden Veranstaltungen von kommunaler Bedeutung – seien es von der Gemeinde veranstaltete Volksfeste[366] oder solche privater Vereine – gelten besondere vom Bundesgerichtshof entwickelte Grundsätze zur Bestimmung der Wesentlichkeit von Immissionen.[367]

bb) Sportlärm. Besondere Regelungen gelten für **Sportlärm**.[368] Es sind die Richt- 128
werte der 18. BImSchVO (sog. Sportanlagenlärmschutzverordnung)[369] für die Feststellung der Wesentlichkeit der Beeinträchtigung zu beachten.[370] Die Entscheidungen betrafen eine Vielzahl von Sportveranstaltungen: Minigolfplatz;[371] Fußballplatz[372] (samstags bis spätestens 20.00 Uhr und an Sonn- und Feiertagen bis 18.00 Uhr); Kegelbahnen.[373] Nahezu unübersehbar sind die Entscheidungen zu Tennisplätzen.[374] Überwiegend hat die Rechtsprechung die von ihnen ausgehenden Geräusche als wesentlich und nicht ortsüblich bewertet.[375] Gleichfalls gelten die Richtwerte für ortsfeste Tischtennisplatten.[376] Ebenfalls ein Unterlassungsanspruch wurde bei einem privat betriebenen Schießplatz angenommen,[377] soweit in einem reinen Wohngebiet samstags oder sonntags Schießlärm entstand, der eine Stärke von mehr als 50 dB (a) auf dem Nachbargrundstück entstehen ließ. Ausnahmen sollen anlässlich eines Schützenfestes bestehen.

cc) „Rechtsnatur" des Sport- und Freizeitlärms. Soweit es Fußballplätze betrifft, 129
wird bei **öffentlich-rechtlich** betriebenem Sportplatz teilweise die Immission entsprechend **eingeordnet**.[378] Ähnliches soll für einen gemeindlich betriebenen Grillplatz[379] und Belästigungen durch ein gemeindliches Sport- und Freizeitzentrum gelten.[380] Schießlärm von Truppenübungsplätzen ist ebenso öffentlich-rechtlicher Natur.[381]

f) Musik

Grundsätzlich ist das Musizieren Ausdruck des allgemeinen Persönlichkeitsrechts und 130
daher eine **ortsübliche Nutzung**. Es kann also nicht wirksam gänzlich untersagt werden, unterliegt aber dem **Gebot der Rücksichtnahme**. Die konkreten hieraus zu ziehenden

---

363 OLG Düsseldorf, NJW 1990, 1676.

364 *Horst*, Rn. 818.

365 LG Frankfurt a. M., NJW-RR 1990, 27.

366 Z. B. Osterfeuer VG Braunschweig, NVwZ-RR 2009, 198.

367 BGH, NJW 2003, 3699; OLG Oldenburg, MDR 2010, 1388.

368 Hierzu *Schmitz*, NVWZ 1991, 1126; *Tettinger/Kleinschnittger*, JZ 1992, 102; *Vieweg*, JZ 1987, 1104.

369 VO v. 18. 7. 1991, BGBl. I, S. 1588, 1790.

370 OLG Hamm, NVwZ-RR 2007, 756; OLG Celle, NdsRpfl. 1994, 218; OLG Zweibrücken, NJW 1992, 1242; dies ist nach der Ergänzung des § 906 Abs. 1 unzweifelhaft; anders noch OLG Koblenz, NVwZ 1993, 301.

371 OLG Karlsruhe, ZMR 1989, 90; OVG Münster, DWW 1976, 131.

372 OLG Nürnberg, NJW-RR 1988, 979; OLG Osnabrück, MDR 1985, 1029.

373 OLG Hamm, NJW-RR 1989, 1176; OLG Köln, MDR 1965, 742.

374 Zur planungsrechtlichen Zulässigkeit von Tennisplätzen in den einzelnen Gebieten s. die Übersicht von AnwK-BGB/*Ring*, § 906 Rn. 186.

375 BGH, NJW 1983, 751; OLG Koblenz DWW 1992, 314; OLG München, NJW-RR 1986, 1142; LG Kempten DWW 1986, 18; VGH München, BayVBl 1986, 23; VG Wiesbaden, DWW 1989, 120. Dabei spielte insbesondere der Impulscharakter der von der Sportart ausgehenden Geräusche eine besondere Rolle.

376 OLG Köln, NJW-RR 1991, 425 (hier noch ohne Sportanlagenlärmschutzverordnung).

377 Vgl. hierzu OLG München, ZMR 1998, 553; OLG Stuttgart, NJW 1989, 1224.

378 BVerwGE 81, 197 = NJW 1989, 1291; OVG Hamburg, BauR 1986, 73; **a. A.** LG Osnabrück, MDR 1985, 1029.

379 VGH Mannheim, MDR 1994, 917.

380 OVG Lüneburg, DWW 1988, 220; VG Stuttgart, DWW 1999, 392.

381 BVerwG, NVwZ 1991, 886.

Folgerungen waren wiederholt Gegenstand von gerichtlichen Entscheidungen.[382] Es gelten danach im Groben folgende Grenzen: Lautstärke, Zeitpunkt und Zeitraum müssen sich an den Anschauungen und Lebensumständen der anderen Hausbewohner orientieren. Für die Lautstärke können zwar TA-Lärm[383] und VDI-Richtlinie 2058[384] als Orientierung dienen; allerdings ist den Besonderheiten des Übens Rechnung zu tragen, die für den Nachbarn eine besondere Belastung darstellen können: Fehlende Melodie, abrupte Pausen, stetiger Neubeginn und hohe Frequenzen. Beim Einüben von Orgel- und Kirchenmusik fallen hingegen die Belange der Allgemeinheit stärker ins Gewicht, so dass die Zumutbarkeitsschwelle entsprechend steigt.[385] Allgemein wird eine Zeitspanne von zwei bis drei Stunden täglich als ortsüblich angesehen.[386] Dabei ist eine Nachtruhe mindestens von 22.00 bis 7.00 Uhr einzuhalten.[387] Darüber hinaus ist eine Mittagsruhe zu beachten, die sich zumindest über den Zeitraum von 12.00 bis 14.00 Uhr erstreckt.[388] Nicht ortsüblich in einer Mietwohnung ist die berufsmäßige Ausübung von Musik.[389]

131 Für das Abspielen von Musik- oder Sprachsendungen mittels entsprechender Geräte gelten strengere Grundsätze. In Außenanlagen wird man jedenfalls die Wahrnehmbarkeit der auf einer Nachbarterrasse abgespielten Musik als Lärmbelästigung ansehen müssen, gegen die Abwehransprüche geltend gemacht werden können.[390] Entsprechendes gilt ganz allgemein für Geräusche von Phonogeräten, Stereoanlagen und Fernsehern.[391] Zu beachten ist, dass die Landesimmissionsschutzgesetze und die auf ihrer Grundlage erlassenen Verordnungen und Satzungen weitergehende Einschränkungen vorsehen können, indem sie etwa die Nutzung solcher Geräte auf öffentlichen Plätzen, Anlagen und in Schwimmbädern gänzlich ausschließen, wenn andere dadurch auch nur belästigt werden können. Die Regeln enthalten teilweise Sonderbestimmungen für besondere Anlässe (z. B. Wahlveranstaltungen etc.). Andere Regeln betreffen die Benutzung solcher Geräte schlechthin (z. B. § 10 ImSchG NRW).[392]

g) Wohngeräusche

132 Alle Geräusche, die durch die **normale und sozialadäquate Wohnungsnutzung** entstehen, sind ortsüblich und daher von den Nachbarn zu dulden. Dies schließt das Begehen der Wohnung mit Straßenschuhen und die Betätigung von Haushaltsgeräten im üblichen Umfang[393] ein. Ortsüblich sind **Geräusche**, die **durch Kinder** verursacht werden. Das gilt für alle Arten altersgemäßer Lautäußerungen. Bei autistischen Kindern ist im nachbarlichen Zusammenleben ein erhöhtes Maß an Toleranzbereitschaft erforderlich, um Art. 3 Abs. 3 S. 2 GG Rechnung zu tragen.[394] Anders ist es etwa bei Tennisspielen innerhalb der Wohnung[395] oder lautem Poltern und starken Herumtrampeln und hierdurch

---

[382] BayObLGZ 1985, 104, 109; OLG Frankfurt a. M., WuM 1984, 303; OLG Hamm, NJW 1981, 465; OLG Karlsruhe, NJW-RR 1989, 1179; LG Düsseldorf, DWW 1989, 393; LG Kleve, DWW 1992, 26; LG Nürnberg-Fürth, WuM 1992, 253; BVerfG, NJW 2010, 754 (hierzu *Skauradzun*, ZMR 2010, 657).

[383] S. oben Rn. 112.

[384] S. oben Rn. 108.

[385] OLG Celle, NZM 2012, 286, 288.

[386] BayObLGZ 1985, 104, 108 = MDR 1985, 676; OLG Hamm, NJW 1981, 465; Staudinger/*Roth*, § 906 Rn. 159 (2 Stunden).

[387] *Alheit*, S. 196; weitergehend: Staudinger/*Roth*, § 906 Rn. 159 (20.00 bis 10.00 Uhr).

[388] BGH, NJW 1998, 3713.

[389] MünchKommBGB/*Säcker*, § 906 Rn. 106; *Rau*, ZMR 1966, 227, 228.

[390] OLG München, NJW-RR 1991, 1492.

[391] AG Oberhausen, DWW 1987, 131.

[392] AG Oberhausen (Fn. 374).

[393] OLG Düsseldorf, DWW 1997, 149 = ZMR 1997, 181 (im Zusammenhang mit Klage gestützt auf §§ 862, 858 BGB, für die die Grundsätze des § 906 BGB entsprechend gelten); zum Trittschallschutz in WEG: KG, NJW-RR 2007, 1604; OLG München, NJW 2008, 592.

[394] LG Münster, NJW 2009, 3730; OLG Köln, NJW 1998, 763; zum WEG-Recht AG-Braunschweig, NZM 2008, 172.

[395] OLG Saarbrücken, ZMR 1996, 566.

hervorgerufenen Erschütterungen.[396] Auch nächtliches Schreien von Säuglingen und Kleinkindern ist hinzunehmen,[397] es sei denn die Eltern kümmerten sich nicht um die Kinder.[398] Lautstarke Auseinandersetzungen zwischen Erwachsenen gehen über den normalen Wohngebrauch hinaus, es sei denn, es handelt sich lediglich um kurze Wortgefechte.[399] Auch im Übrigen gilt der Grundsatz, dass diese, wie auch andere Lebensäußerungen, die im Zusammenhang mit dem Grundrecht auf freie Entfaltung der Persönlichkeit stehen, auf Zimmerlautstärke zu beschränken sind, ohne dass hierdurch das Grundrecht aus Art. 2 Abs. 1 GG verletzt würde.[400] Grenzen sind der Hausarbeit durch die Wahrung der Nachtruhe gesetzt, die auch insoweit einzuhalten ist. Geräusche durch sanitäre Einrichtungen sind grundsätzlich ortsüblich. Nur in Extremfällen wird man hierin eine Störung sehen können.[401] Dabei spielt durchaus auch eine Rolle, ob zwischen den Nachbarn eine gemeinsame Grenzmauer besteht und damit der Lärmschutz eingeschränkt ist.[402]

Durch geräuschvolles Betätigen derartiger Einrichtungen darf die Nachtruhe nicht gestört werden. Ist nur eine geräuschvolle Nutzung möglich, so muss der Garageneigentümer sein Fahrzeug anderweitig abstellen.[403] Gleiches gilt für Kraftfahrzeugtüren und -motoren, die nicht laufen gelassen werden dürfen.[404] Das Betreiben von Jalousien ist grundsätzlich von den Nachbarn hinzunehmen.[405] Im Einzelfall kann die Art und Weise und die Häufigkeit der Benutzung einen Abwehranspruch begründen.[406] 133

h) Gaststätten

Lärmbelästigungen entstehen in diesem Zusammenhang meist durch die Besucher der Gaststätte und deren An- und Abfahrt. Sie sind als Störungen dem Gastronom zuzurechnen. Es gelten grundsätzlich die Werte von TA-Lärm[407] und VDI-Richtlinie 2058[408] als Orientierung. Allerdings kommt es weniger auf den allgemeinen Geräuschpegel, als auf den Spitzenlärmpegel an.[409] Soweit die Anwendung dieser Grundsätze ergibt, dass es sich um wesentliche Einwirkungen handelt, sind diese auch in einem reinen Wohngebiet bis 22.00 Uhr als ortsüblich anzusehen.[410] Abwehransprüche als wesentliche Beeinträchtigungen kann es auch gegen die Lärmbelästigung einer Diskothek geben. Sie wird nicht nur durch die unmittelbar vom Lokal ausgehenden Belästigungen, sondern auch die bereits angesprochenen Begleitgeräusche (Anfahren von Autos, Schlagen von Autotüren, Gelächter und Gespräche auf der Straße) geprägt.[411] 134

i) Tierhaltung

Es ist zunächst danach zu unterscheiden, ob die Tierhaltung gewerbliche Gründe hat oder aus Liebhaberei erfolgt. 135

---

[396] LG Berlin, WuM 1999, 329; OLG Düsseldorf, NJW 2009, 3377.
[397] BGH, NJW 1993, 1656, 1658; OLG Düsseldorf (Fn. 376).
[398] *Horst*, Rn. 856.
[399] Vgl. auch LG München I, DWW 1999, 326. Zum hinreichend bestimmten Antrag einer Klage auf Unterlassung solcher Störungen.
[400] AG Warendorf, DWW 1997, 344.
[401] Z. B. mitternächtliches Baden oder Duschen bei einer Dauer von mehr als 30 Minuten (einschließlich Ein- und Ablauf des Wassers), AG Düsseldorf, DWW 1991, 112f.
[402] OLG Karlsruhe, NJW-RR 1991, 1490.
[403] OLG Düsseldorf, ZMR 1991, 348.
[404] Vgl. für den öffentlichen Straßenraum § 30 StVO; für private Grundstücke dagegen gilt Landesimmissionsschutzrecht; für Einzelheiten s. *Horst*, Rn. 835f.; zum nächtlichen Betrieb einer KfZ-Standheizung s. AG München, NJW 2005, 760.
[405] AG Düsseldorf, WuM 2011, 173.
[406] S. hierzu LG München I (Fn. 381); AG Düsseldorf, DWW 1992, 27 (im Zusammenhang mit einem OWiG-Verfahren)
[407] S. oben Rn. 112.
[408] S. oben Rn. 108.
[409] Staudinger/*Roth*, § 906 Rn. 187.
[410] AnwK-BGB/*Ring*, § 906 Rn. 211; *Alheit*, S. 127; weitergehend wohl: MünchKommBGB/*Säcker*, § 906 Rn. 104.
[411] OLG Frankfurt a. M., DWW 1985, 208.

136 In Gegenden mit überwiegend landwirtschaftlichem Gewerbe gehören Geräusche, die mit der Haltung von **Weidevieh** verbunden sind, regelmäßig zur ortsüblichen Nutzung und sind daher vom Nachbarn hinzunehmen.[412] Demgegenüber werden an die Haltung von Tieren aus Liebhaberei strengere Maßstäbe angelegt. Grundsätzlich allerdings ist das Halten von **Katzen, Hunden und sonstigen Kleintieren** auch im Stadtgebiet eine übliche Nutzung.[413] Beschränkungen können sich sowohl aus Gemeindeverordnungen als auch aus Mietverträgen und Gemeinschaftsordnungen von Eigentümergemeinschaften ergeben.[414] Ständiges Hundegebell ist jedenfalls in den Zeiten von 22.00 bis 6.00 Uhr und 13.00 bis 15.00 Uhr vom Nachbarn nicht hinzunehmen.[415]

137 Nach der Rechtsprechung sollen insgesamt nur 30 Minuten tägliches Bellen, hiervon nie länger als 10 Minuten am Stück, zulässig sein.[416] Ob derart starre Grenzen jedenfalls in der Titulierung eines Unterlassungsanspruchs sinnvoll sind, muss bezweifelt werden, da die Sicherstellung dessen letztlich zu einem völligen Verbot der Hundehaltung führt.[417] Lockerungen dieser strengen Lärmschutzgrundsätze bei Hundehaltung werden für die Haltung in ländlichen Gegenden als möglich erachtet.[418] Ebenfalls sollte erwogen werden, bei zu Wachzwecken eingesetzten Hunden ein Anschlagen des Tieres als noch ortsüblich anzusehen, da ansonsten diese Möglichkeit einer Sicherung ausscheidet. Das Betreiben einer **Hundezucht** in einem Wohngebiet ist kaum möglich.[419]

138 Das **Halten von Hähnen** unterliegt hinsichtlich des Lärmschutzes sehr engen Grenzen.[420] Aufgrund der Häufigkeit des Krähens und seiner Lautstärke wird vielfach vorgeschlagen, Hähne während der Ruhezeiten in vollständig geschlossenen und schallgedämpften Ställen sowie in angemessener Entfernung vom beeinträchtigten Grundstück zu halten.[421] Insoweit besteht also ein Unterlassungsanspruch.

139 Auch **Frösche**, die sich an einem künstlich angelegten oder natürlichen Teich auf dem Grundstück ansiedeln, werden in ihrer Lärmverursachung dem Grundstückseigentümer zugerechnet. Zwar ist bei einem künstlich angelegten See dem Eigentümer zuzumuten, bei erheblicher Belästigung durch das Quaken der Frösche, den Teich wieder zu beseitigen. Dies darf nur unter Wahrung der Grundsätze des Natur- und Artenschutzes geschehen.[422] Danach werden auch Nist-, Brut-, Wohn- oder Zufluchtsstätten vor Beschädigung oder Zerstörung geschützt. Diesem Belang kommt grundsätzlich Vorrang zu. Das bedeutet, dass der Teich nur unter Berücksichtigung dieser Maßgabe beseitigt werden darf.[423] Der zur Beseitigung Verpflichtete kann allenfalls eine naturschutzrechtliche Ausnahmegenehmigung beantragen und zu einer solchen Antragstellung verpflichtet werden. Sollte diese nicht erteilt werden können, so führt der Naturschutz letztlich zu dem

---

412 LG Freiburg, AgrarR 1977, 41; s. a. LG Darmstadt, AgrarR 1980, 319 m. Anm. *Lüpke*; AG Lindau, NJW-RR 1992, 277; für Einzelheiten s. *Gaisbauer*, NZM 1999, 982, 988; *ders.*, ZMR 1997, 561; für einen Unterlassungsanspruch gegenüber Gänseschnattern: RG, WarnR 1917, Nr. 244.

413 Für einen Überblick über die Rechtsprechung zu Störungen durch Tiere s. *Scheidler*, MDR 2009, 242 ff.; zur Katzenhaltung in „ländlichem Idyll" s. LG Oldenburg, NZM 2012, 440.

414 Vgl. für Mietvertrag: BVerfG, WuM 1981, 77; BGH, NJW 1993, 1061, 1062; OLG Hamm, WuM 1981, 53; für Gemeinschaftsordnung: BGHZ 129, 329 = NJW 1995, 2036; BGHZ 139, 288 (Letztere durch Mehrheitsbeschluss); OLG Zweibrücken, ZMR 1999, 853.

415 Staudinger/*Roth*, § 906 Rn. 157; s. a. LG Mainz, DWW 1996, 50.

416 OLG Köln VersR 1993, 1242 m. krit. Anm. *Gaisbauer*, DWW 1994, 72; *Stollenwerk*, ZMR 1994, 355 f.

417 So OLG Düsseldorf, NJW-RR 1995, 542; das eine Verpflichtung des Beklagten, jegliche Geräuschimmission durch den Hund, die nicht nur unwesentlicher Natur ist, zu unterlassen, für hinreichend bestimmt hält.

418 LG München I, VersR 1988, 1153 (LS); Staudinger/*Roth*, § 906 Rn. 157.

419 OLG Nürnberg, NJW-RR 1991, 1230; OLG Stuttgart, NJW-RR 1986, 1141; LG Baden-Baden, MDR 1958, 604.

420 Z. B. LG Augsburg, RdL 1983, 264; LG Ingolstadt, NJW-RR 1991, 654; LG München I, NJW-RR 1988, 205; LG Stuttgart, RdL 1967, 49, 50.

421 S. oben Fn. 401.

422 Vgl. § 20 lit. f Abs. 1 Nr. 1 BNatSchG a. F. i. V. m. § 1 der Anlage der Bundesartenschutzverordnung v. 25. 8. 1980, BGBl., S. 1565.

423 BGHZ 120, 239 = NJW 1993, 925.

Ausschluss eines Abwehranspruchs. Inwieweit das auch einem Ausgleichsanspruch analog § 906 Abs. 2 S. 2 BGB entgegen steht, ist streitig.[424] Der Anspruch besteht jedenfalls, wenn die Gefahrenlage erst durch den Nachbarn geschaffen wurde.[425]

Unterlassungsansprüche wurden auch befürwortet gegenüber den Lärmimmissionen 140 durch private **Taubenhaltung**, soweit diese in großstädtischem Wohngebiet stattfindet.[426] Im Einzelfall allerdings kann es sich um ortsübliche Nutzung handeln.[427] Beeinträchtigungen durch sonstige Vogelhaltung, wie etwa Kleinpapagei,[428] oder Pfau in Freigehegen[429] braucht der Nachbar nicht zu dulden.

j) Straßenlärm

Hierfür gilt seit Inkrafttreten des Bundesimmissionsschutzgesetzes und der Neufas- 141 sung des FStrG bei Straßenneubauten stets öffentliches Recht.[430] § 906 BGB spielt nur noch im Zusammenhang mit den öffentlich-rechtlichen Ansprüchen aus enteignendem und enteignungsgleichem Eingriff eine Rolle.[431] Der Abwehranspruch nach § 1004 Abs. 1 i. V. mit § 906 BGB ist ausgeschlossen, wenn der Anlieger aufgrund der Planfeststellung und der anschließend öffentlich-rechtlichen Widmung der Straße zur Duldung verpflichtet ist. Der Planfeststellungsbeschluss greift insoweit in das Eigentum des Nachbarn ein, als die vom Vorhaben ausgehenden Beeinträchtigungen den Rahmen des nach § 906 BGB zu duldenden überschreiten. Planfeststellungsbeschluss (hinsichtlich Bauimmission) und Widmung (hinsichtlich Verkehrsimmission) greifen somit in das Eigentum des Einzelnen ein. Für die Frage des Entschädigungsanspruchs s. oben Rn. 27 ff., 38 ff.

Straßenverkehrsimmissionen spielen daher nur noch im Zusammenhang mit Kfz- 142 Stellplätzen,[432] dem Durchgangsverkehr auf einem Grundstück[433] oder einer Omnibushaltestelle[434] eines privatrechtlich betriebenen Busunternehmens eine Rolle. Besteht ein Unterlassungsanspruch gegenüber der Nutzung eines Grundstücks als Abstellfläche für Lastkraftwagen, so entsteht der Anspruch mit jeder Unterlassung neu, auch wenn sie gleichartig ist. Erforderlich ist nur, dass die vorangehende Störung unterbrochen war. Der für die Verwirkung notwendige Fristlauf beginnt in diesen Fällen stets von Neuem.[435] Wegen des Laufenlassens von Kfz-Motoren s. oben Rn. 111.

Bei **Schienenlärm** gelten Sonderregeln nach der Verkehrslarm-Schutzverord- 143 nung,[436] nach der auch für Schienenwege bereits im Planungsstadium Lärmfragen beurteilt werden. Im Einzelfall kann es um einen gegen die Deutsche Bahn AG gerichteten Lärmsanierungsanspruch auf Unterlassung von Immissionen wie Lärm und Erschütterungen gehen, der durch den Betrieb der Strecke hervorgerufen wird. Bei der Deutschen Bahn AG handelt es sich zwar um einen sog. „gemeinwichtigen" Betrieb Privater. Nach Auffassung des Bundesgerichtshofs kann das allerdings keine Erhöhung

[424] So BGHZ 120, 239 = NJW 1993, 925; dagegen OLG München, MDR 1991, 971; Staudinger/*Roth*, § 906 Rn. 155; AnwK-BGB/*Ring*, § 906 Rn. 199.

[425] Etwa durch die genehmigte Rodung von Bäumen, die zu einer Minderung der Standsicherheit der übrigen Bäume, die unter Naturschutz stehen, führt, BGH, NJW 2004, 3701; Anm. *Röthel*, JZ 2005, 578.

[426] So ist die Taubenhaltung jedenfalls ab einer Zahl von 10 Tauben nicht ortsüblich und gegen das Gebot der gegenseitigen Rücksichtnahme verstoßend. OLG Hamm, MDR 1988, 966, 967; LG Hamburg, DWW 1991, 339; weitergehend bis zu 105 flugfähigen Tauben befürwortet: LG München II, NJW-RR 1992, 462; abl. AnwK-BGB/*Ring*, § 906 Rn. 207; in ländlicher Gegend bis zu 20 Tauben: OLG Celle, NJW-RR 1989, 783; zur Zulässigkeit des Freiflugs von 20 Tauben: OLG Frankfurt a. M., NJW-RR 2006, 517.

[427] Z. B. LG Itzehoe, NJW-RR 1995, 979.

[428] AG Nürnberg, DWW 1996, 372.

[429] OLG Frankfurt a. M., NJW-RR 1987, 1166; *Gaisbauer*, NZM 1999, 982, 987; *Wiethaup*, RdL 1967, 7.

[430] Staudinger/*Roth*, § 906 Rn. 145; AnwK-BGB/*Ring*, § 906 Rn. 156.

[431] Staudinger/*Roth*, § 906 Rn. 145.

[432] BGH, LM Nr. 11 zu § 906 BGB.

[433] BGH, MDR 1964, 666.

[434] BGH, NJW 1984, 1242.

[435] BGH, NJW-RR 2006, 235.

[436] 16. BImSchVO v. 12. 6. 1990, BGBl. I, S. 1036, i.d.F. v. 19. 09. 2006, BGBl. I, S. 2146.

des Grenzwertes rechtfertigen, da dieser gegenüber der TA-Lärm ohnehin schon hoch angesetzt sei.[437] Im Zivilrechtsweg kann zudem aktiver sowie passiver[438] Schallschutz durchgesetzt werden. Mangelt es an einer wirtschaftlichen Zumutbarkeit, so gilt auch hier § 906 Abs. 2 S. 2 BGB. Eigentliche Lärmschutzansprüche gem. §§ 41 f. BImSchG sind dagegen vor den Verwaltungsgerichten gegen die Bundesrepublik Deutschland geltend zu machen.[439]

5. Gerüche

144 Die Beurteilung der Wesentlichkeit einer Geruchsbelästigung kann nach den Grenzwerten der TA-Luft[440] (Ziff. 2.4.3.) beurteilt werden. Ein Überschreiten der dort genannten Grenzwerte bedeutet regelmäßig die Wesentlichkeit der Immission. Daneben kann auf die Geruchsimmissionsrichtlinie vom 12. 1. 1993 abgestellt werden,[441] die in mehreren Bundesländern als Verwaltungsvorschrift umgesetzt wurde.[442] Ein erheblicher Geruch kann selbst bei Unterschreiten der in den vorgenannten Bestimmungen angeführten Grenzwerte wesentlich sein, wenn er als solcher empfunden wird.[443] Dies ist etwa bei einer ekelerregenden Wirkung der Fall. Ausschlaggebend ist hierbei vor allem die Art des Geruchs.[444]

145 Nicht notwendig ist, dass die Einwirkung dauernd erfolgt. Es genügt, wenn zu bestimmten Zeiten und bei einer bestimmten Konstellation (Jahreszeit, Wind etc.) die Grenzwerte überschritten werden.[445] Selbst eine einmalige Immission reicht aus, wenn durch sie ein erheblicher Schaden verursacht wird. So kann es durch die Geruchsbelästigung neben Übelkeit beim Nachbarn zu Brechreiz und Kopfschmerzen kommen und er gezwungen werden, die Fenster geschlossen zu halten.[446]

146 Häufig wurde die Frage im Zusammenhang mit der **Tierhaltung** in der Landwirtschaft und der dabei entstehenden Gerüche entschieden.[447] Weitere Entscheidungen im Zusammenhang mit landwirtschaftlicher Tätigkeit betrafen Futtersiloanlagen,[448] landwirtschaftliche Düngung durch Gülle,[449] Kompost,[450] Misthaufen.[451] Bei ihrer Beurteilung ist entscheidend, ob sich das Grundstück in ländlicher Umgebung befindet oder ob die Umgebung mehr städtischen Charakter besitzt. Im erstgenannten Fall ist eine eigene landwirtschaftliche Tätigkeit des betroffenen Nachbarn ohne Bedeutung, vielmehr ist darauf abzustellen, ob sich die Bewirtschaftung in die ländliche Umgebung einfügt.

---

437 BGH, NJW-RR 2007, 168, 170.

438 Angemessene Ausgleichszahlung für den Einbau von Schallschutzfenstern: BGH, NJW-RR 2007, 168.

439 Staudinger/*Roth*, § 906 Rn. 147.

440 S. oben Rn. 106.

441 Vom Länderausschuss für Immissionsschutz (LAI) in seiner 83. Sitzung am 12. 1. 1993 empfohlene Richtlinie zur Feststellung und Beurteilung von Geruchsimmissionen abgedruckt in *Feldhaus,* BImSchR, Bd. 4, C 4.4; vgl. hierzu BGH, NJW 2001, 3054, 3055; OLG Karlsruhe, NJW-RR 2001, 1236; *Hansmann,* NVwZ 1999, 1158, 1159.

442 Z. B. Verwaltungsvorschrift des Sächsischen Staatsministeriums für Umwelt und Landwirtschaft zur Feststellung und Beurteilung von Geruchsimmissionen v. 24. 10. 2008, SächsABl S. 1596.

443 So schon BGH, NJW 1958, 1393.

444 So z. B. OLG Köln, DB 1963, 199 (Nerzfarm), OLG Oldenburg, AgrarR 1984, 73 (Schweinestall).

445 OLG Köln (Fn. 421).

446 BGHZ 91, 20, 25 = NJW 1984, 1876; BGHZ 97, 97, 105 = NJW 1986, 2309.

447 Z. B. BGH NJW 2001, 3054; BGHZ 140, 1 = NJW 1999, 356; OLG Düsseldorf, AgrarR 1974, 27; OLG Hamm, AgrarR 1981, 317; OLG Oldenburg, RdL 1976, 66; AgrarR 1984, 73; OVG Münster, AgrarR 1976, 205, 206; LG Kassel, RdL 1969, 53; LG Tübingen, ZMR 1956, 121; hierzu näher *Hötzel*, AgrarR 1978, 57; *Peinemann*, AgrarR 1972, 377; *Wiethaup*, RdL 1970, 148; s. a. Staudinger/*Roth*, § 906 Rn. 137.

448 AG Friedberg, RdL 1954, 14; AG Nidda, RdL 1954, 13.

449 OLG Saarbrücken, AgrarR 1978, 22; LG Augsburg, AgrarR 1972, 259.

450 LG München I, NJW-RR 1988, 205, 206.

451 LG Essen, NdsRpfl. 1972, 16; LG Hildesheim, RdL 1991, 36; AG Neuss, MDR 1990, 1118.

Andere Entscheidungen betrafen die Belästigung durch die Gerüche einer Kläranlage,[452] das Aufstellen von Müllbehältern.[453] Letztere sind so aufzustellen, dass die störenden Auswirkungen nicht gerade zum Nachbarn hin entfaltet werden.[454] Auch im Zusammenhang mit dem Betreiben einer Gaststätte,[455] oder einer Dunstabzugshaube für nichtgewerbliche Zwecke[456] in einem reinen Wohngebiet, einer Ölfeuerungsanlage und die von ihr verursachten Gerüche[457] waren Gerüche Gegenstand von Entscheidungen. 147

6. Rauch

Richtwerte ergeben sich aus Ziff. 2.3. TA-Luft.[458] Weiterhin ist die Verordnung über Kleinfeuerungsanlagen zu beachten.[459] Auch hier gilt, dass das Unterschreiten der Richtwerte in der Regel eine unwesentliche Beeinträchtigung indiziert. Entschieden wurden im Zusammenhang mit Rauch die Immissionen von Erzgruben,[460] Heizungsanlagen mit Kohlebefeuerung,[461] eines Kaminofens,[462] dem Rauchabzug einer Bauhütte.[463] 148

Ein besonderes Problem stellt die Rauchbelästigung im Zusammenhang mit dem Grillen dar. Gelegentliches Grillen im Garten ist, sofern nicht übermäßig Rauch erzeugt wird, zu tolerieren. Grillen auf dem Balkon führt regelmäßig zu wesentlichen Beeinträchtigungen.[464] Ordnungsgemäß unterhaltene Kaminfeuer und die von ihnen ausgehende Geruchs- und Rauchbelästigung sind hinzunehmen.[465] Befindet sich der Grillkamin direkt vor dem Schlafzimmer eines Bewohners, so kann das Gebot der Rücksichtnahme einen Anspruch auf Beseitigung begründen.[466] Zu wesentlichen Beeinträchtigungen kann auch die Verbrennung von Gartenabfällen führen.[467] 149

7. Ruß

Anhaltspunkte für die Beurteilung der Wesentlichkeit von Rußimmissionen ergeben sich aus Nr. 3.1. TA-Luft.[468] Angesichts strenger Umweltvorschriften spielen Rußimmissionen heute eine geringe Rolle. Entschieden wurden Rußschäden durch Industriewerk,[469] durch Kohlefeuerung,[470] durch die Einzelofenanlage eines Wohnblocks,[471] sowie durch Rauchabzug einer Bauhütte.[472] 150

---

452 BGH, NJW 1976, 1204; BGHZ 91, 20 = NJW 1984, 1876; BGHZ 97, 97 = NJW 1986, 2309.
453 OLG Koblenz, MDR 1980, 578; LG Bochum, BauR 1992, 100.
454 S. a. *Alheit*, S. 253.
455 BGH, LM Nr. 17 zu § 906 BGB.
456 AG Meldorf, NJW-RR 1999, 601.
457 BGH, WM 1971, 278; OLG Düsseldorf, MDR 1977, 931.
458 S. oben Rn. 106.
459 Verordnung über Kleinfeuerungsanlagen v. 26. 1. 2010, BGBl. I S. 38.
460 BGHZ 30, 273 = BGH NJW 1959, 1867.
461 BGH LM Nr. 18 zu § 906 BGB.
462 OLG Oldenburg, OLGR Oldenburg 1998, 143; LG Konstanz, ZGenW 24 (1974), 84 (Einzelofenanlage eines Wohnblocks).
463 OLG Köln, VersR 1965, 722.
464 S. a. OLG Düsseldorf, NJW 1995, 3134 = NVwZ 1995, 1034 zur Beurteilung nach Landesimmissionsschutzrecht.
465 LG Lüneburg, WuM 1991, 593 (LS).
466 BayObLG, NZM 2002, 533; AG Westerstede, NZM 2010, 336.
467 Hierzu näher *Schickedanz*, AgrarR 1985, 65.
468 S. oben Rn. 106.
469 RGZ 139, 29; 154, 161; OLG Köln, MDR 1955, 359.
470 BGH, NJW 1995, 714; BGH LM Nr. 18 zu § 906 BGB.
471 LG Konstanz, ZGenW (1974), 84.
472 OLG Köln, VersR 1965, 722; s. oben dazu Rn. 148.

8. Ähnliche Einwirkungen

a) Staub

151 Auch Staub gehört zu den Beeinträchtigungen, die – obgleich wägbar – unter den Begriff der „Einwirkungen" fällt, etwa bei Bau- und Abrissarbeiten[473] sowie dem Autoverkehr. Seine Bewertung als wesentliche oder unwesentliche Beeinträchtigung erfolgt nach Nr. 3.1. TA-Luft. Daneben kann er als Industrieimmission[474] oder durch Straßenarbeiten[475] entstehen.

b) Immission von Kleinstkörpern und Kleintieren

152 **aa) Kleinstkörper.** Im Gegensatz zu grob körperlichen,[476] negativen[477] und ideellen[478] Immissionen zählen Kleinstkörper, die vom Eigentümer nicht beherrscht werden können, zu den ähnlichen Einwirkungen. Dies betrifft etwa den **„Fäkalienflug"** von einer Eisenbahnhochbrücke.[479] Gleiches gilt für die Verteilung verkleinerten **Klärschlamms** als Düngung.[480] Zieht die Viehhaltung oder die Mistaufbereitungsanlage oder der Komposthaufen auf dem Nachbargrundstück **Fliegen** an, so handelt es sich ebenfalls um ähnliche Einwirkungen; Gleiches gilt für andere Insekten, die durch besondere Eingriffe des Eigentümers/Besitzers in das Grundstück angezogen werden.[481]

153 **bb) Kleintiere.** Ebenfalls zu den ähnlichen Einwirkungen gehören **Bienen.**[482] Auch hier richtet sich die Duldungspflicht nach der Wesentlichkeit der Beeinträchtigung. Da der durchschnittliche städtische Bewohner im Umgang mit Bienen unsicher ist, wird man im Regelfall von einer wesentlichen Beeinträchtigung ausgehen müssen.[483] Eine Ortsüblichkeit der Bienenhaltung wurde in ländlichen Gebieten bejaht,[484] ebenso bei teilweisem Siedlungscharakter eines Stadtteils.[485] Im Übrigen ist bei der Beurteilung der Ortsüblichkeit auf den Einzelfall abzustellen.[486]

154 Teilweise ähnlich wird die Situation durch **Mäuse und Ratten** sowie **Maulwürfe** gesehen.[487] Dies ist schon wegen der Ursächlichkeit menschlicher Handlungen für die Einwirkung fraglich; zwar ist die Zurechnung von Störungen durch Naturereignisse nicht schlechthin ausgeschlossen, doch muss der Eigentümer durch Tun oder Unterlassen einen

---

[473] Bloße marginale Staubablagerungen, z. B. auf den Fahrzeugen eines KfZ-Gebrauchtwagenhandels, genügen jedoch nicht: LG Dortmund, NJW-RR 2008, 471, 473.

[474] BGHZ 46, 35 = NJW 1966, 1858 = BGH LM Nr. 21 zu § 906 BGB m. Anm. *Mattern* (Spanplattenwerk); BGH, MDR 1971, 286 (Splittwerk); 1977, 128 (Restaurierungsarbeiten); BGHZ 92, 143 = JZ 1984, 1106, 1108 m. Anm. *Baumgärtel* (Schmelzanlage); OLG Hamm, NJW 1988, 1031 und LG Münster, DWW 1990, 209 (Thalliumimmission durch Zementwerk).

[475] BGHZ 48, 98 = NJW 1968, 1914 = LM Nr. 24 zu § 906 BGB m. Anm. *Kreft*; BGH, MDR 1968, 483.

[476] S. oben Rn. 53 f.

[477] S. oben Rn. 59.

[478] S. oben Rn. 60 ff.

[479] OLG Schleswig, NJW-RR 1996, 399; LG Itzehoe, NZV 1993, 73.

[480] OLG Hamm, VersR 1997, 505.

[481] Vgl. RGZ 160, 381; LG Stuttgart, RdL 1967, 49; *Jauernig*, JZ 1986, 605, 607 (betrifft Viehhaltung); LG Dortmund, GewArch 1966, 186 (Mistaufbereitungsanlage); LG München I, NJW-RR 1988, 205, 206 (Insekten); s. im Übrigen BGH, NJW 1995, 2633; OLG Köln, VersR 1991, 556 (Langwanzen); LG Coburg, NJW-RR 1991, 716 (Raupenplage); BGH, NJW 1995, 2633 (Wollläuse), dazu *Herrmann*, NJW 1997, 153 ff.

[482] RGZ 141, 406, 408; BGHZ 16, 366, 370 f. = BGH LM Nr. 3 zu § 906 BGB m. Anm. *Pagendarm*; BGHZ 117, 110, 112 = NJW 1992, 1389; LG Memmingen, MDR 1988, 54; dazu: *Peinemann*, AgrarR 1972, 377; 378; *Gaisbauer*, DWW 1971, 282, 284; *Jauernig*, JZ 1986, 605, 607.

[483] LG Kiel, MDR 1966, 412.

[484] AG Plön, SchlHA 1958, 336.

[485] AG Hamburg Blankenese, ZMR 1960, 204.

[486] S. hierzu OLG Köln, RdL 1968, 46; LG Lübeck, MDR 1970, 506 m. Anm. *Gaisbauer*, VersR 1970, 959 und *Reich*, VersR 1971, 162; LG Mannheim, RdL 1983, 41.

[487] Staudinger/*Roth*, § 906 Rn. 168.

Grund für die Störung gegeben haben.[488] Unterlassungsansprüche gegen einen Nachbarn, von dessen Rasen- und Gartenanlagen Mäuse, Ratten und Maulwürfe ausgehen, erscheinen daher zumindest sehr zweifelhaft.[489]

c) Blätter und andere Pflanzenteile

In Betracht kommen Unterlassungsansprüche gem. §§ 1004, 906 BGB auch bei Beeinträchtigungen durch nachbarlichen **Laub, Samen-, Blüten-, Pollen- und Nadelflug** und überfallende Zapfen als ähnliche Einwirkungen.[490] In der Regel werden solche Beeinträchtigungen aber als unwesentlich einzuordnen sein.[491] Selbst wenn eine wesentliche Störung angenommen wird, ist sie in der Regel ortsüblich und nicht vermeidbar.[492] Nur in Ausnahmefällen wird man einen Ausgleichsanspruch nach § 906 Abs. 2 Satz 2 BGB befürworten können.[493] Dabei soll es nach teilweise vertretener Auffassung auf den eingehaltenen Grenzabstand ankommen.[494] So wurde der fünf Monate währende Laubfall von städtischen Bäumen als jedenfalls zumutbar i. S. der Vorschrift angesehen.[495] In einzelnen Fällen wurde ein angemessener Ausgleich in Form einer jährlichen Rente für Reinigung bejaht.[496] Als Einwirkungen werden auch Pilzkeime und Unkrautsamen angesehen, die wesentlich sind.[497] Bei überhängenden Pflanzen und Ranken findet nicht § 906 BGB sondern § 910 BGB Anwendung.[498] 155

d) Elektromagnetische Felder u. ä.

Häufiger Gegenstand von Gerichtsentscheidungen[499] war die Verursachung elektrischer oder magnetischer Felder durch Geräte und betriebene Netze, die nicht den Voraussetzungen des § 3 des Gesetzes über elektromagnetische Verträglichkeit[500] entsprechen. Diese können zu Funktionsstörungen auch von EDV-Anlagen führen. Der Umstand der fehlenden Übereinstimmung mit § 3 des Gesetzes indiziert die Wesentlichkeit der Einwirkung. Daneben ist auch die Verordnung über elektromagnetische Felder[501] zu beachten. 156

Als grundsätzlich unwesentlich werden die von einer Mobilfunkanlage ausgehenden Strahlungen angesehen, wenn sie die Grenzwerte der 26. BImSchV nicht übersteigen.[502] Die in der Einhaltung dieser Werte liegende Indizwirkung erfordere, dass der Tatrichter

---

488 S. etwa BGHZ 120, 239, 254 = NJW 1993, 925; dagegen BGH, NJW 1995, 2633, 2634.

489 Weitergehend Staudinger/*Roth*, § 906 Rn. 168.

490 Vgl. hierzu BGHZ 157, 33 = NJW 2004, 1037; OLG Frankfurt a. M., NJW 1988, 2618; OLG Karlsruhe, NJW 1983, 2886; LG Saarbrücken, NJW-RR 1986, 1341; AG Frankfurt a. M., NJW-RR 1990, 146; **a. A.** da es sich um Naturkräfte handele z. B. OLG Düsseldorf, VersR 1995, 1446, 1447; OLG Schleswig, NuR 1994, 103; LG Stuttgart, NJW 1980, 2087; *J. Müller*, NJW 1988, 2587; dagegen BGHZ 157, 33, 41 = NJW 2004, 1037, 1039 m. w. N. nach dem auch Naturereignisse dem Grundstückseigentümer zurechenbar sein können.

491 OLG Stuttgart, NJW-RR 1988, 204; AG Frankfurt a. M., NJW-RR 1990, 146; besonders deutlich OLG Hamm, NJW-RR 2009, 739.

492 OLG Frankfurt a. M., NJW 1988, 2618, 2619; OLG Karlsruhe, AgrarR 1990, 209.

493 BGHZ 157, 33 = NJW 2004, 1037, 1040; LG Baden-Baden, DWW 1989, 168; OLG Frankfurt a. M., NJW-RR 1987, 1101; LG Saarbrücken, MDR 1988, 54.

494 BGHZ 157, 33 = NJW 2004, 1037; kritisch hierzu *Weick*, NJW 2011, 1702, 1705 ff.

495 OLG Stuttgart NJW 1986, 2768.

496 So etwa BGHZ 157, 33 = NJW 2004, 1037, 1040; OLG Karlsruhe, NJW 1983, 2886; LG Lübeck, NJW-RR 1987, 532; LG Baden-Baden, DWW 1998, 168; 169; LG Wiesbaden, NJW 1979, 2617; hierzu *Spieß*, JuS 1980, 100.

497 Staudinger/*Roth*, § 906 Rn. 171 m. w. N.; **a. A.** OLG Düsseldorf, OLGZ 1993, 451.

498 Zum nachbarrechtlichen Ausgleich von Sturmschäden durch Bäume: *Weick*, NJW 2011, 1702, 1703; *ders.*, JR 2011, 6 ff.; vgl. auch BGHZ 160, 232 = NJW 2004, 3701.

499 BVerwG BB 1994, 2102; VGH Kassel NVwZ 1995, 1010; s. im Übrigen zu elektrischen Strömen schon: RGZ 133, 342; im Übrigen Staudinger/*Roth*, § 906 Rn. 173; AnwK-BGB/*Ring*, § 906 Rn. 254 ff.; Palandt/*Bassenge* § 906 Rn. 11, 21.

500 BGBl. I 1998, S. 2882; mittlerweile Neufassung BGBl. I 2008, S. 220, i.d.F. v. 29. 7. 2009, BGBl. I, S. 2409.

501 26. BImSchVO v. 16. 12. 1996, BGBl. I, S. 1966; hierzu BVerfG, NJW 2002, 1638.

502 BGH, NJW 2004, 1317; NJW-RR 2006, 879.

hiervon nur abweichen dürfe, wenn dies besondere Umstände des Einzelfalles verlangten.[503]

e) Anbau gentechnisch veränderter Organismen

Grundsätzlich haben Nachbarn den Anbau gentechnisch veränderter Organismen zu dulden. Die Betreiber einer Anlage, in der gentechnisch veränderte Organismen verwendet werden, wie etwa Forschungsinstitute, Land-, Forst und Gartenbauwirtschaft, sind aber gem. § 36 GenTG zu einer besonderen Deckungsvorsorge verpflichtet. Darüber hinaus klärt das Gesetz zentrale nachbarrechtliche Begriffe für diesen Fall einer Immission. So handelt es sich bei der Übertragung von Eigenschaften derartiger Organismen oder sonstigen Einträgen von gentechnisch veränderten Organismen um wesentliche Beeinträchtigungen i. S. des § 906, wenn entgegen der Absicht des Nutzungsberechtigten Erzeugnisse wegen derartiger Einträge oder Übertragungen nicht oder nur entsprechend gekennzeichnet oder nicht als Produkt aus ökologischen Landbau in den Verkehr gebracht werden dürfen (§ 36 Abs. 1 GenTG). Weitere Regelungen betreffen die Einhaltung der guten fachlichen Praxis (§ 16b Abs. 2, 3 GenTG), die stets wirtschaftlich zumutbare Maßnahme sei, sowie eine Erleichterung bei dem Kausalitätsnachweis (§ 36a Abs. 4 GenTG).[504] Schließlich stellt das Gesetz klar, dass die Ortsüblichkeit nicht davon abhängt, ob gentechnisch veränderte Materialien verwendet werden (§ 36 Abs. 3 GenTG). Das Bundesverfassungsgericht hat diese Regelungen als verfassungsmäßig angesehen. Darüber hinaus fügten sie sich in die Systematik des zivilrechtlichen Nachbarrechts.[505] Mit diesen besonderen Maßgaben des GenTG gelten die allgemeinen Grundsätze des Nachbarrechts auch für alle Landwirte gleichermaßen, unabhängig davon, ob sie mit gentechnisch veränderten Organismen arbeiten, konventionellen oder ökologischen Landbau betreiben. 156

f) Immissionen durch Windkraftanlagen

Von Windkraftanlagen können sehr unterschiedliche Störungen ausgehen. Neben der Abschattung von Funkwellen[506], können die Lichtverhältnisse beeinflusst sein, indem das kreisende Rad zu vorübergehenden Abschattungen führt. Die Praxis spricht hierbei von „Disco-Effekt". Es können Lichtreflexe entstehen, die einem Blitzlicht ähneln (vgl. auch oben Rn. 59). Inwieweit es sich hierbei um wesentliche Störungen handelt, hängt vom konkreten Fall ab, etwa der Dauer der Störung am Tag und der Erscheinung im Jahr.[507] Weiterhin soll die Art des betroffenen Raumes oder der Nutzung der Außenanlage eine Rolle spielen.[508] Hier wie auch bei den Windgeräuschen ist bei der Beurteilung der Zumutbarkeit die Empfindung der Störung durch die spezifische Unregelmäßigkeit der Störung infolge der Rotation und schwankenden Windstärke zu berücksichtigen. Die Möglichkeit des Betreibers, durch wirtschaftliche Maßnahmen auch wesentliche Störungen zu vermeiden, sind beschränkt,[509] so dass vielfach dem Nachbar bei Ortsüblichkeit nur ein Ausgleichsanspruch zusteht, wenn die Wert- oder Ertragsminderung „übermäßig" ist. 156

---

[503] BGH, NJW 2004, 1317; OLG Frankfurt, NJW-RR 2005, 1544; enger wohl OLG Karlsruhe, NJW-RR 2006, 1600.

[504] Zur Haftung: *Arnold*, NuR 2006, 15.

[505] BVerfG, NVwZ 2011, 94, 107; hierzu *Luttermann*, NJW 2011, 431.

[506] S. hierzu oben Rn. 59.

[507] Zur Auslegung der unbestimmten Rechtsbegriffe helfen wiederum die geltenden öffentlichen Regelungen. Vgl. etwa die Windenergie-Erlasse der Bundesländer wie z. B. für Nordrhein-Westfalen, v. 11. 7. 2011 sub. 5.2.1.3: über 30 min pro Tag und 30 Stunden im Jahr sind unzumutbar. Ebenso der Windenergie-Erlass Baden-Württemberg, v. 9. 5. 2012 5.6.1.2.

[508] OVG Rh-Pf, NuR 2002, 422, 423; OVG Hamburg, NVwZ-RR 2005, 707, 709 ff.; OVG Thüringen, ThürVBL 2011, 243, 244; das BVerwG hatte dazu in NVwZ 2010, 1561, 1563 f. nicht zu entscheiden; s. auch oben Rn. 59.

[509] S. hierzu *Regenfus*, Jura 2007, 279, 284 ff.

C. Gefahren durch Anlagen und Gebäude am Nachbargrundstück

I. Gefahrdrohende Anlagen (§ 907 BGB)

Nach § 907 I 1 BGB[510] kann der Eigentümer eines Grundstücks verlangen, dass auf den Nachbargrundstücken nicht Anlagen hergestellt oder gehalten werden, von denen mit Sicherheit vorauszusehen ist, dass ihr Bestand oder ihre Benutzung eine unzulässige Einwirkung auf sein Grundstück zur Folge hat. Die Vorschrift gewährt damit einen gegenüber § 1004 BGB in doppelter Hinsicht erweiterten Anspruch in Form bereits **vorbeugender**[511] Abwehr unmittelbar gegen den **Bestand** einer gefährlichen Anlage.[512] Im gleichen Umfang werden die Rechte des Eigentümers der Gefahrenquelle aus §§ 903, 905 S. 1 BGB beschränkt.[513] Der Anspruch stellt ein dingliches, aus dem Eigentum am beeinträchtigten Grundstück fließendes Recht dar.[514] § 1004 BGB ist daneben selbständig anwendbar.[515] 157

1. Voraussetzungen

a) Anlagen

Die Gefahr muss von einer Anlage auf einem Nachbargrundstück ausgehen. Anlagen sind von Menschen **künstlich geschaffene** Werke von **gewisser Selbständigkeit und Dauer**.[516] Das erfordert zwar nicht, dass es sich um wesentliche Bestandteile des Grundstücks i. S. v. § 94 BGB handelt, so dass auch Scheinbestandteile nach § 95 BGB unter die Vorschrift fallen können. Erforderlich ist aber, dass jedenfalls eine gewisse **tatsächliche Verbindung mit dem Grundstück** gegeben ist, weshalb einzelne leicht bewegliche Sachen nicht darunter fallen;[517] anders jedoch, wenn sie eine *gewisse Unbeweglichkeit* besitzen und *auf Dauer aufgestellt* und *wirtschaftlich selbständig* sind.[518] Erfasst sind damit in erster Linie Gebäude und sonstige bauliche Anlagen, etwa Garagen,[519] Zäune, Mauern und andere Einfriedungen,[520] eine Tür im Zaun zum Nachbargrundstück,[521] Waschplätze mit Hebebühne[522] und Rampen,[523] sowie einzelne Bauteile hiervon; des Weiteren Teiche,[524] 158

---

[510] Landesrechtliche Vorschriften für schadendrohende und störende Anlagen bestehen daneben nur in Baden-Württemberg (§ 6 NRG BW). Die Vorschrift ist jedoch nicht von Art. 124 EGBGB gedeckt und daher nichtig, s. *Dehner*, B § 18 I 2 m. w. N.; str., zum Meinungsstand s. *Bruns*, NRG BW, § 6 Rn. 7.

[511] Insoweit hat die Vorschrift jedoch wegen der heute anerkannten vorbeugenden Unterlassungsklage schon bei drohender Erstgefahr aus § 1004 BGB ihre praktische Bedeutung verloren (dazu unten Teil 5 Rn. 30).

[512] Staudinger/*Roth*, § 907 Rn. 1 f.; MünchKommBGB/*Säcker*, § 907 Rn. 1; Soergel/*Baur*, § 907 Rn. 1.

[513] *Bayer/Lindner/Grziwotz*, S. 110; *Dehner*, B § 17 III; PWW/*Lemke*, § 907 Rn. 2.

[514] RGZ 145, 107, 115; Soergel/*Baur*, § 907 Rn. 10; Staudinger/*Roth*, § 907 Rn. 36.

[515] OLG Köln, OLGR 1996, 56; Staudinger/*Roth*, § 907 Rn. 3; MünchKommBGB/*Säcker*, § 907 Rn. 1.

[516] BGH, WM 1965, 1009, 1011 = BB 1965, 1125; s. ferner allgemein zum sachenrechtlichen Anlagenbegriff BayObLGZ 2004, 103, 106 = NJW-RR 2004, 1460. Der Anlagenbegriff in § 907 BGB ist nicht identisch mit dem Anlagenbegriff in § 3 V BImSchG, der nur für dieses Gesetz gilt, vgl. *Dehner*, B § 17 II 1 (Fn. 7).

[517] RGZ 51, 251, 253; RG, JW 1912, 752 (in Gebäude aufgestellte Maschinen); Palandt/*Bassenge*, § 907 Rn. 1; *Dehner*, B § 17 II 1; NK/*Ring*, § 907 Rn. 155; **a. A.** Staudinger/*Roth*, § 907 Rn. 14 (auch fahrbarer Bienenstand sowie Fahrgeschäfte, Zelte und Buden eines Volksfestes).

[518] *Meisner/Ring/Götz*, § 14 Rn. 5 mit ausführlicher Begründung; *Bayer/Lindner/Grziwotz*, S. 111 (schwer zu bewegende große Maschine; zur dauernden Lagerung aufgeschüttete bewegliche Sachen wie ein Baustofflager); offen gelassen in BGHZ 51, 396, 399 = NJW 1969, 1208 (für Lagerplatz für Baumaschinen und -geräte).

[519] BGH, WM 1965, 1009, 1011.

[520] OLG Köln, OLGR 1996, 56.

[521] *Alheit*, S. 337.

[522] OLG München, NJW 1954, 513, 514.

[523] RGZ 145, 107, 115.

[524] BGHZ 120, 239, 250 = NJW 1993, 925.

Gräben, Kanäle, Dung- und Versitzgruben, Komposthaufen, Backöfen, Rauchfänge, Viehställe, Taubenschläge, Wasserleitungen und Ähnliches.[525]

159 Erfasst sind ferner **wasser-**[526] **und bergrechtliche**[527] **Anlagen**, wobei sich aber hier aus dem Wasserrecht bzw. Bergrecht Einschränkungen der Abwehrmöglichkeiten ergeben können; insbesondere unterfallen Einwirkungen auf das Grundwasser den Vorschriften des WHG und des Wasserrechts der Länder;[528] ferner kann sich der Gewässereigentümer gegenüber dem Gewässerbenutzer nicht auf § 907 BGB berufen.[529] Schließlich werden grundsätzlich auch **straßenbauliche Anlagen** erfasst, wobei allerdings öffentliches Straßenrecht Beseitigungsansprüche weitestgehend ausschließt.[530]

160 Kraft Gesetzes vom Anlagenbegriff **ausgenommen** sind **Bäume und Sträucher** (§ 907 II BGB),[531] wozu auch Hecken[532] und Weinberge[533] zählen; für sie gelten besondere Regeln (§§ 910, 911, 923 BGB und Landesnachbarrecht).[534] Ferner stellt mangels menschlichen Handelns die **natürliche Geländebeschaffenheit** eines Grundstücks keine Anlage dar.[535] Auch bloße Niveauveränderungen sind nicht erfasst. Bei **Bodenerhöhungen** folgt dies aus ihrer fehlenden generellen Geeignetheit zu grenzüberschreitenden Einwirkungen;[536] hierfür gelten jedoch in den meisten Ländern spezielle Vorschriften.[537] Bei **Vertiefungen** ist nicht § 907 BGB einschlägig, sondern § 909 BGB.[538] Ebenso wenig erfasst wird ein Zustand eines Grundstücks, der zwar durch menschliches Verhalten, jedoch **ohne den Willen des Grundstückseigentümers** geschaffen wurde.[539]

b) Nachbarschaft

161 Ein Abwehranspruch besteht nicht nur gegen Anlagen auf unmittelbar angrenzenden Grundstücken. Im Interesse effektiver Gefahrenabwehr zählen zur Nachbarschaft vielmehr alle Grundstücke im **möglichen Einwirkungsradius** einer Anlage.[540] Jedoch ist mit zunehmender Entfernung umso kritischer zu prüfen, ob eine unzulässige Einwirkung noch mit Sicherheit zu erwarten ist.

---

525 Weitere Bsp. bei Staudinger/*Roth*, § 907 Rn. 19 f.; MünchKommBGB/*Säcker*, § 907 Rn. 5; NK/*Ring*, § 907 Rn. 18; *Bayer/Lindner/Grziwotz*, S. 111 f.

526 Staudinger/*Roth*, § 907 Rn. 16; MünchKommBGB/*Säcker*, § 907 Rn. 4; **a. A.** Soergel/*Baur*, § 907 Rn. 5; *Dehner*, B § 17 II.

527 S. § 9 I Bundesberggesetz (BBergG) v. 13. 8. 1980 (BGBl. I S. 1310); dazu MünchKommBGB/*Säcker*, § 907 Rn. 17.

528 Vgl. RGZ 155, 154, 158; OLG München, NJW 1967, 570; *Dehner*, B § 17 II 1; s. dazu unten Rn. 267 ff.

529 BayVerfGH, BayVBl. 2010, 500, 501.

530 Vgl. Soergel/*Baur*, § 907 Rn. 4. Zur Erhöhung und Tieferlegung von Straßen siehe allerdings Rn. 260 ff. und 209 ff.

531 Die Vorschrift gilt nur für den Anspruch aus § 907 I BGB, nicht auch für einen ebenfalls gegebenen Anspruch aus § 1004 BGB, vgl. BGH, NJW 2004, 1035, 1036.

532 *Dehner*, B § 17 II 1 (Fn. 8 a).

533 BGH, NJW-RR 2001, 1208, 1209.

534 Dazu oben Teil 2 Rn. 362 ff. (§ 910 BGB), Rn. 417 ff. (§ 911 BGB), Rn. 186 ff. (§ 923 BGB) und Rn. 338 ff. (Landesnachbarrecht).

535 RGZ 134, 231, 234 (Felshang).

536 BGH, NJW 1974, 53, 54; NJW 1976, 1840, 1841; NJW 1980, 2580, 2581 (Erhöhung einer Straße); OLG Hamm, VersR 1985, 648 (Verfüllung eines Steinbruchs); OLG Zweibrücken, OLGR 1999, 457, 458; OLG Koblenz, OLGR 2000, 358 (Golfplatzbau); OLG München, OLGR 2006, 375 (Auffüllen einer Mulde); **a. A.** MünchKommBGB/*Säcker*, § 907 Rn. 4, PWW/*Lemke*, § 907 Rn. 7.

537 Dazu unten Rn. 260 ff.

538 OLG Braunschweig, OLGE 4, 62. Dazu unten Rn. 209 ff.

539 OLG Hamm, NJW 1954, 273; OLG Köln, NJW 1956, 1564, 1565 (je kriegsbedingtes Trümmergrundstück); ferner MünchKommBGB/*Säcker*, § 907 Rn. 3. Hier hat der betroffene Eigentümer jedoch aus dem nachbarlichen Gemeinschaftsverhältnis einen Anspruch auf Gestattung der Beseitigung durch ihn selbst (vgl. MünchKommBGB/*Säcker*, § 907 Rn. 19; MünchKommBGB/*Baldus*, § 1004 Rn. 133; Staudinger/*Roth*, § 907 Rn. 10).

540 RGZ 167, 14, 21; RG, JW 1923, 288; OLG Düsseldorf, MDR 2007, 1268.

c) Unzulässige Einwirkung

Eine Einwirkung erfordert ein positives, **grenzüberschreitendes** Einwirken, d. h. es muss in **stofflicher** Weise (Imponderabilien oder Grobimmissionen) **unmittelbar** auf das Nachbargrundstück hinüber gewirkt werden;[541] der Begriff umfasst danach sämtliche Einwirkungen i. S. v. § 906 BGB, ist jedoch hierauf nicht begrenzt.[542] **162**

Nicht erfasst sind rein **ideelle und immaterielle Einwirkungen**, auch wenn sie das ästhetische Empfinden verletzen und/oder zu einer Wertminderung des Nachbargrundstücks führen.[543] Gleiches gilt für bloß **negative Beeinträchtigungen** durch die Existenz einer Anlage auf einem benachbarten Grundstück, die sich ausschließlich auf dessen Fläche beschränkt, ohne dass hierdurch sinnlich wahrnehmbare Stoffe über die Grundstücksgrenze gelangen.[544] Nicht erfasst sind daher etwa Zäune,[545] sowie Anlagen, die durch das Abhalten von elektromagnetischen Strahlen den Fernsehempfang einschränken,[546] oder die sich lediglich wertmindernd auswirken.[547] Nicht ausreichend ist auch die Veränderung des Grundwasserspiegels ohne unmittelbare Wasserzufuhr.[548] Ebenso wenig der bloße Entzug von Vorteilen wie Licht, Luft und Aussicht,[549] sowie die Verhinderung der natürlichen Luftzirkulation.[550] Allerdings kann sich in diesen Fällen ausnahmsweise dennoch unter dem Gesichtspunkt des aus dem **nachbarlichen Gemeinschaftsverhältnisses** folgenden Rücksichtnahmegebots ein Abwehranspruch auf Vermeidung der Störung ergeben; so wenn die negativen Einwirkungen mit wirtschaftlich zumutbaren Maßnahmen vermeidbar gewesen wären, mit der störenden Anlage normalerweise nicht zu rechnen war und der Gestörte durch die Auswirkungen schwer getroffen wird.[551] **163**

Im Übrigen ist für das Vorliegen einer Einwirkung keine Verursachung durch menschliches Verhalten erforderlich, es genügen insoweit auch rein natürliche Vorgänge, sofern nur die Anlage selbst willentlich errichtet oder unterhalten wird.[552] Die Ursache der Einwirkung muss allerdings in **Bestand oder Nutzung der Anlage** selbst liegen;[553] dabei ist es ausreichend, wenn die Anlage die betreffenden Vorgänge zwar nicht selbst verursacht hat, sie aber zumindest **verstärkt oder beeinflusst**.[554] Bloße menschliche Arbeiten im Rahmen einer anlagenunterstützten gewerblichen Tätigkeit genügen dagegen nicht, sofern sie nicht ihrerseits zur Benutzung der Maschine gehören.[555] Ebenso wenig reicht es nach h. M. aus, wenn der einwirkungsfreie Anlagenbetrieb nur daran scheitert, dass die Anlage **mangelhaft errichtet oder unterhalten** wird, sofern die Einwirkungen durch zu- **164**

---

[541] BGHZ 88, 344, 345 = NJW 1984, 729; BGHZ 113, 384, 386 = NJW 1991, 1671; BGH, NJW-RR 2003, 1313, 1314; OLG Köln, OLGR 1996, 56 (Ausgasung krankheitserregender Schadstoffe aus Einfriedung).

[542] BGHZ 113, 384, 386 = NJW 1991, 1671; Staudinger/*Roth*, § 907 Rn. 21; Bamberger/Roth/*Fritzsche*, § 907 Rn. 6.

[543] BGHZ 51, 396, 398 f. = NJW 1969, 1228; BGH, NJW-RR 2003, 1313, 1314. S. ferner zu § 1004 BGB unten Teil 5 Rn. 21.

[544] BGHZ 88, 344, 345 = NJW 1984, 729; BGHZ 113, 384, 386 = NJW 1991, 1671; BGH, NJW-RR 2003, 1313, 1314. S. ferner zu § 1004 BGB unten Teil 5 Rn. 21.

[545] OLG Kiel, SchlHA 1940, 138, 140.

[546] BGHZ 88, 344, 345 = NJW 1984, 729.

[547] RG, Warn 1914 Nr. 251.

[548] RGZ 155, 154, 158; s. ferner oben Rn. 159.

[549] RGZ 98, 15, 17; RG, JW 1909, 161 (Abhalten des Windes von Mühle); BGH, NJW-RR 2003, 1313, 1314 (Zumauern von Fenstern); OLG Frankfurt, NJW-RR 1989, 464.

[550] BGHZ 113, 384, 389 = NJW 1991, 1671 (Kaltluftsee).

[551] BGHZ 113, 384, 389 = NJW 1991, 1671; BGH, NJW-RR 2003, 1313, 1314; im Ergebnis zustimmend Staudinger/*Roth*, § 907 Rn. 26.

[552] RG, Warn 1903 Nr. 336 (Froschquaken); MünchKommBGB/*Säcker*, § 907 Rn. 8.

[553] BGHZ 51, 396, 399 = NJW 1969, 1208; BGH, NJW-RR 2003, 1313, 1314 (Folge des normalen Zustands und ordnungsgemäßer Benutzung).

[554] Vgl. MünchKommBGB/*Säcker*, § 907 Rn. 7 (Zurückprallen von Wind oder Regen; Reflexion elektromagnetischer Wellen).

[555] MünchKommBGB/*Säcker*, § 907 Rn. 8; Staudinger/*Roth*, § 907 Rn. 25 (nur § 1004 BGB).

sätzliche Maßnahmen verhindert werden können; hiergegen soll nur nach § 1004 BGB vorgegangen werden können.[556] Dies überzeugt jedoch nicht. Die bestehende Verhinderungsmöglichkeit ändert nichts am Vorliegen unzulässiger Einwirkungen, Letztere müssen für die Anwendung des § 907 BGB nur mit Sicherheit vorauszusehen sein;[557] diese haben ihre Ursache bei mangelhafter Errichtung oder Unterhaltung der Anlage aber dennoch in deren Bestand selbst.[558] Abgesehen davon entfällt der Anspruch nach § 907 BGB ohnehin, sobald geeignete Maßnahmen zum Ausschluss der Gefahr getroffen sind, so dass es der Nachbar in der Hand hat, eine wertvernichtende Beseitigung der Anlage zu vermeiden. Anders verhält es sich allerdings bei Einwirkungen, die allein aufgrund **unsachgemäßer Nutzung** der Anlage drohen; diese sind nicht unmittelbare Folge der Anlage, so dass hier § 907 BGB von vornherein unanwendbar ist.[559]

165 **Unzulässig** ist die Einwirkung, wenn der Grundstückseigentümer nach §§ 903 ff. BGB ihre Beseitigung verlangen könnte, weil ihn weder eine öffentlich-rechtliche noch eine privatrechtliche Duldungspflicht (z. B. Landes-Nachbarrecht) trifft.[560] Soweit Sondervorschriften Einwirkungen abschließend regeln, ohne dem Nachbarn auch ein Verbietungsrecht zu geben, sind diese Einwirkungen daher auch im Rahmen des § 907 BGB zu dulden.[561]

d) Sichere Voraussicht

166 Die unzulässige Einwirkung muss mit Sicherheit vorauszusehen sein. Dies erfordert zwar keine unbedingte Gewissheit, andererseits reicht aber die bloße Möglichkeit oder eine gar nur subjektiv in der Vorstellung des Nachbarn bestehende Gefährdung nicht aus.[562] Erforderlich ist vielmehr ein **Maß an Wahrscheinlichkeit, das der Sicherheit gleichsteht**; es muss daher nach der *Lebenserfahrung* bei *gewöhnlichem Lauf* der Dinge mit höchster Wahrscheinlichkeit die *objektive* Gefahr einer unzulässigen, wenn auch möglicherweise nur allmählich hervortretenden Einwirkung bestehen.[563] Diese Umstände liegen auf tatsächlicher Ebene und sind daher grundsätzlich nicht revisibel.[564]

167 Dieses Maß an Sicherheit ist regelmäßig nur zu erwarten, wenn die Einwirkungen Folge des **normalen Zustandes** und **ordnungsmäßiger Benutzung** der Anlage sind.[565] So liegt es etwa, wenn eine Anlage so beschaffen ist, dass sie die Benutzung des Nachbargrundstücks erforderlich macht.[566] Es kann jedoch zutreffender Meinung nach auch bei *technischen Unzulänglichkeiten bei Planung, Errichtung und Betrieb* der Anlage gegeben sein.[567] Bei einer **technisch einwandfreien Anlage**, die sowohl in störender wie auch in nichtstörender Weise benutzt werden kann, wird es dagegen, wenn man solche Einwirkungen überhaupt als von § 907 BGB erfasst ansehen will,[568] jedenfalls regelmäßig an einer sicheren Voraussehbarkeit fehlen.[569] Erst recht reicht nicht die allgemeine Gefahr des Versagens

---

556 RGZ 63, 374, 378; Palandt/*Bassenge*, § 907 Rn. 1; Soergel/*Baur*, § 907 Rn. 7; *Bayer/Lindner/Grziwotz*, S. 112; bei mangelhafter Unterhaltung auch *Dehner*, B § 17 II 3.

557 Dazu unten Rn. 166 ff., insbes. Rn. 167.

558 So auch MünchKommBGB/*Säcker*, § 907 Rn. 11.

559 Vgl. RG, JW 1907, 299, 300; jedenfalls aber fehlt hier die sichere Voraussicht, s. unten Rn. 167.

560 RGZ 155, 154, 158; OLG Düsseldorf, OLGZ 1980, 16, 17.

561 BGH, NJW-RR 2000, 537, 538 (wild abfließendes Niederschlagswasser).

562 Palandt/*Bassenge*, § 907 Rn. 1; NK/*Ring*, § 907 Rn. 28; Erman/*Hagen/Lorenz*, 10. Aufl., § 907 Rn. 4.

563 RGZ 134, 254, 255 f.; BGH, WM 1955, 998, 999 = BB 1955, 301 = LM Nr. 1 zu § 907 BGB; MünchKommBGB/*Säcker*, § 907 Rn. 10; *Dehner*, B § 17 II 3.

564 BGH, WM 1955, 998, 999.

565 RG, JW 1907, 299, 300; JW 1923, 288; BGHZ 51, 396, 399 = NJW 1969, 1208; BGH, NJW-RR 2003, 1313, 1314.

566 BGH, WM 1965, 1009, 1011 (Garage); OLG Marienwerder, OLGE 2, 345, 346 (Straßeneinmündung); weitere Beispiele bei MünchKommBGB/*Säcker*, § 907 Rn. 13 und Bamberger/Roth/*Fritzsche*, § 907 Rn. 9 f.

567 MünchKommBGB/*Säcker*, § 907 Rn. 11; Bamberger/Roth/Fritzsche, § 907 Rn. 8; siehe dazu auch oben Rn. 164.

568 Dazu oben Rn. 164.

569 RG, JW 1912, 752; Staudinger/*Roth*, § 907 Rn. 32 (nur § 1004 BGB); **a. A.** MünchKommBGB/*Säcker*, § 907 Rn. 12. Anspruch aus § 907 BGB aber, soweit ein einzelner selbständiger Anlagenteil, wie z. B. eine

technischer Anlagen.[570] Ist unmittelbarer Auslöser der unzulässigen Einwirkung erst eine zulässige Maßnahme des hiervon betroffenen Grundstückseigentümers, so ist die erforderliche Sicherheit gegeben, sobald die entsprechende Maßnahme ihrerseits bevorsteht.[571]

Der Störer kann die gegebene sichere Voraussicht einer unzulässigen Einwirkung nicht **168** bereits durch eine bloße Nutzungsänderung beseitigen;[572] erforderlich sind vielmehr **bauliche bzw. technische Veränderungen**, die die gefahrträchtige Nutzung bzw. unzulässige Einwirkungen *auf Dauer unmöglich* machen, zumindest aber eine **strafbewehrte Unterlassungserklärung**.[573]

e) § 907 I 2 BGB

Keine sichere Voraussicht einer unzulässigen Einwirkung, sondern deren **tatsächlichen** **169** **Eintritt** verlangt § 907 I 2 BGB als Anspruchsvoraussetzung[574] für den Fall, dass eine – auch erst zu errichtende[575] – Anlage den **landesgesetzlichen Vorschriften genügt**, die einen bestimmten *Grenzabstand* oder *sonstige Schutzmaßregeln* vorschreiben. Hierunter fallen sowohl Vorschriften öffentlich-rechtlichen (z. B. die Abstandsflächenregelungen des Bauordnungsrechts)[576] wie auch privatrechtlichen Inhalts (z. B. Grenzabstandsregelungen der Landes-Nachbarrechtsgesetze oder sonstiger auf Art. 124, 125 EGBGB beruhender Landesgesetze);[577] auf *bundesrechtliche* Normen entsprechenden Inhalts ist die Vorschrift analog anzuwenden.[578] Es muss sich um keine Gesetze im formellen Sinne handeln, allerdings genügen bloße Verwaltungsakte, wie Auflagen in einer Baugenehmigung, nicht.[579] In jedem Fall muss ein genau *bestimmter* Grenzabstand vorliegen, der nicht nur durch allgemeine Kriterien umschrieben ist.[580] Auf einen unmittelbar nachbarschützenden Charakter der Normen kommt es dagegen nicht an;[581] sie müssen jedoch bei ihrer Einhaltung zur Vermeidung der fraglichen Einwirkungen zumindest *allgemein geeignet* sein.[582] Durch § 907 I 2 BGB wird nicht nur der Beseitigungsanspruch, sondern über den Wortlaut hinaus auch der Unterlassungsanspruch ausgeschlossen,[583] ebenso Ansprüche aus § 1004 BGB (§ 1004 II BGB).[584]

Der betroffene Nachbar ist jedoch auch in den Fällen des § 907 I 2 BGB nicht an einer **170** effektiven Gefahrenabwehr gehindert. Durch einen auf vorbeugende Maßnahmen gerichteten Antrag auf Erlass einer **einstweiligen Verfügung** kann er auch schon im Vorfeld einer tatsächlichen Einwirkung wirksamen Schutz erlangen.[585]

---

einzelne Maschine, als schon bei ordnungsgemäßer Nutzung störende Anlage entlarvt werden kann, vgl. *Meisner/Ring/Götz*, § 14 Rn. 20.

570 RGZ 50, 225, 229 (Petroleumraffinerie); RGZ 172, 156, 158 (ordnungsgemäß angelegtes Versorgungsleitungsnetz); BGHZ 51, 396, 399 = NJW 1969, 1208 (ordnungsgemäß gelagertes Baumaterial).

571 Staudinger/*Roth*, § 907 Rn. 31; MünchKommBGB/*Säcker*, § 907 Rn. 10; *Bayer/Lindner/Grziwotz*, S. 113.

572 MünchKommBGB/*Säcker*, § 907 Rn. 12; **a. A.** RG, Recht 1909 Nr. 2116.

573 Staudinger/*Roth*, § 907 Rn. 33 f.; MünchKommBGB/*Säcker*, § 907 Rn. 12.

574 Nach Staudinger/*Roth*, § 907 Rn. 43 fehlt bis dahin lediglich die Fälligkeit des Anspruchs.

575 OLG München, NJW 1954, 513, 514; *Dehner*, B § 17 V.

576 Umfangreiche Nachweise zu den einschlägigen Vorschriften der Landes-Bauordnungen finden sich bei *Dehner*, B § 17 VI sowie oben Teil 2 Rn. 208 ff.

577 Umfangreiche Nachweise zu den einschlägigen landesrechtlichen Vorschriften finden sich bei *Dehner*, B § 18 sowie oben Teil 2 Rn. 225 ff.

578 Staudinger/*Roth*, § 907 Rn. 41; MünchKommBGB/*Säcker*, § 907 Rn. 15.

579 *Meisner/Ring/Götz*, § 14 Rn. 30.

580 MünchKommBGB/*Säcker*, § 907 Rn. 14.

581 OLG München, NJW 1954, 513; NK/*Ring*, § 907 Rn. 44.

582 MünchKommBGB/*Säcker*, § 907 Rn. 14; Staudinger/*Roth*, § 907 Rn. 41; PWW/*Lemke*, § 907 Rn. 19; **a. A.** Bamberger/Roth/*Fritzsche*, § 907 Rn. 11.

583 OLG München, NJW 1954, 513, 514.

584 Jauernig/*Berger*, § 907 Rn. 1; MünchKommBGB/*Säcker*, § 907 Rn. 15.

585 Vgl. MünchKommBGB/*Säcker*, § 907 Rn. 22 m. w. N.

2. Inhalt

171 Seinem Inhalt nach geht der Anspruch aus § 907 BGB auf Beseitigung der bereits errichteten störenden Anlage, im Vorfeld auf Unterlassung der Errichtung. Der beeinträchtigte Eigentümer ist also nicht etwa darauf beschränkt, lediglich das Anbringen von Schutzvorrichtungen zu verlangen.[586] Für den **Unterlassungsanspruch** genügt es dabei, wenn mit der Errichtung der Anlage konkret zu rechnen ist; mit den Bauarbeiten muss tatsächlich noch nicht begonnen sein, wenn nur der Wille zur Herstellung bereits ernsthaft hervortritt.[587] Nach Errichtung der Anlage hat der beeinträchtigte Eigentümer einen **Beseitigungsanspruch**, gerichtet auf Beseitigung der Anlage in ihrem Bestand;[588] dies gilt grundsätzlich auch, wenn er ihrer Errichtung bisher nicht widersprochen hat.[589] Als Minus zur Beseitigung *kann* sich der Nachbar – ohne dass er dies allerdings müsste – auch mit dem bloßen Verlangen nach *Unterlassen der weiteren Benutzung* begnügen;[590] tut er dies im Prozess, so kann ihm nach § 308 ZPO ohne vorherige Klageerweiterung nicht mehr zugesprochen werden. Die Aufhebung oder Änderung einer hoheitlichen Maßnahme kann über § 907 BGB nicht verlangt werden.[591] Ist der Berechtigte ausnahmsweise aufgrund besonderer Umstände über den Umfang seines Anspruches entschuldbar im Ungewissen, obwohl ein solcher dem Grunde nach sicher gegeben ist, so kann ihm gegen den Störer insoweit ein **Auskunftsanspruch** zustehen.[592]

3. Beteiligte

a) Anspruchsberechtigter

172 Anspruchsberechtigt sind nicht nur der Eigentümer, also auch Wohnungseigentümer und Teileigentümer oder Miteigentümer (§ 1011 BGB) des bedrohten Grundstücks, sondern auch diejenigen dinglich Berechtigten, denen das Gesetz eigentumsähnliche Schutzansprüche einräumt, namentlich Erbbau- (§ 11 ErbbauRG),[593] Nießbrauchs- (§ 1065 BGB)[594] und Dienstbarkeitsberechtigte (§§ 1090 II, 1027 BGB),[595] sowie Dauerwohn- (§ 34 II WEG) und Dauernutzungsberechtigte (§§ 31 III, 34 II WEG).[596] **Nicht** zum Kreis der möglichen Anspruchsberechtigten zählt dagegen der bloß obligatorisch berechtigte **Besitzer.**[597] Die bloße Identität des bedrohten Objekts und die unmittelbare Betroffenheit des Besitzers reichen für eine analoge Anwendung des § 907 BGB im Hinblick auf die klare gesetzliche Unterscheidung zwischen Besitzschutzansprüchen und Ansprüchen aus dem Eigentum nicht aus. Der Besitzer ist auf § 862 BGB beschränkt; im Übrigen kann er sich ohnehin an den eigentlich Anspruchsberechtigten halten und von diesem auch zur Ausübung der Rechte aus § 907 BGB *ermächtigt* werden.[598]

---

586 *Dehner,* B § 17 III.

587 OLG München, NJW 1954, 513 (Einreichen des Bauplanes); *Dehner,* B § 17 II (Fn. 5).

588 Zum Anspruchsgegner des Beseitigungsanspruchs bei Auseinanderfallen von Anlageneigentum und Nutzungsberechtigung s. unten Rn. 173.

589 Staudinger/*Roth,* § 907 Rn. 38; *Bayer/Lindner/Grziwotz,* S. 113. Anders allerdings, soweit die Präklusionsvorschriften in § 10 III 5 BImSchG (förmliches immissionsschutzrechtliches Genehmigungsverfahren) oder § 73 IV 3 VwVfG/LVwVfG (Planfeststellungsverfahren) eingreifen.

590 RGZ 104, 81, 84; Staudinger/*Roth,* § 907 Rn. 38; PWW/*Lemke,* § 907 Rn. 17; **a. A.** MünchKommBGB/*Säcker,* § 907 Rn. 14 (bloßes Unterlassen der Benutzung fällt unter § 1004 BGB); der Streit hat jedoch im Ergebnis keine praktischen Auswirkungen.

591 OLG München, OLGR 2006, 375. Allgemein dazu und zu den hier einschlägigen öffentlich-rechtlichen Ansprüchen s. unten Teil 5 Rn. 6, 100 f.

592 Vgl. OLG Celle, OLGR 1994, 196.

593 RGZ 59, 326, 327.

594 RGZ 59, 326, 327; BGH, WM 1955, 998, 999.

595 RGZ 59, 326, 327.

596 Staudinger/*Roth,* § 907 Rn. 5; Palandt/*Bassenge,* § 907 Rn. 2.

597 RGZ 59, 326, 327; Palandt/*Bassenge,* § 907 Rn. 2; RGRK/*Augustin,* § 907 Rn. 3; **a. A.** (§ 907 BGB analog) OLG Dresden, OLGE 18, 123, 124; Staudinger/*Roth,* § 907 Rn. 6; MünchKommBGB/*Säcker,* § 907 Rn. 16; Soergel/*Baur,* § 907 Rn. 11; Bamberger/Roth/*Fritzsche,* § 907 Rn. 12; PWW/*Lemke,* § 907 Rn. 4.

598 Palandt/*Bassenge,* § 907 Rn. 2; *Bayer/Lindner/Grziwotz,* S. 114.

b) Anspruchsverpflichteter

Verpflichtet ist der **Störer**. Darunter fällt der *Hersteller* der Anlage, der diese aus eigenem Recht errichtet hat, ebenso wie ihr *Halter*, der die Anlage im eigenen Interesse benutzt.[599] Diese müssen nicht Eigentümer des Anlagengrundstücks sein, ausreichend ist auch ein Herstellen oder Halten auf der Grundlage einer dinglichen oder obligatorischen Berechtigung;[600] wegen § 95 BGB wird der dergestalt eine Anlage Herstellende dann allerdings meist Eigentümer jedenfalls der Anlage selbst sein. Sind jedoch **Eigentümer der Anlage und ihr Nutzungsberechtigter nicht identisch**, so ist nach h. M. nur der Eigentümer zur Beseitigung verpflichtet, der Nutzungsberechtigte dagegen nur zur Unterlassung der Benutzung.[601] Hier muss bei einem Beseitigungsverlangen gegen beide vorgegangen werden.[602] Aufgrund einer Verurteilung zur Unterlassung der Benutzung wird man den Nutzungsberechtigten dann im Rahmen der Zwangsvollstreckung auch als verpflichtet ansehen müssen, die Beseitigung der Anlage im Außenverhältnis zum Nachbarn zu dulden; eine andere Frage sind hieraus folgende Schadensersatzansprüche gegen den Eigentümer der Anlage im Innenverhältnis der beiden. 173

Wird die Anlage **von niemandem mehr genutzt**, so kommt als Anspruchsgegner nur mehr ihr Eigentümer in Betracht. Dies gilt allerdings nur, sofern er die Anlage selbst hergestellt hat und der vorhandene Anlagenbestand noch im Wesentlichen demjenigen bei Herstellung entspricht.[603] Fehlt es an ersterem, so kann sich der Anspruch allenfalls noch gegen den Eigentümer des Grundstücks richten, auf dem sich die Anlage befindet.[604] Fehlt es an letzterem infolge Naturgewalt oder Einwirkung Dritter, so scheidet ein Anspruch insgesamt aus, da keine Anlage i. S. v. § 907 BGB mehr vorliegt.[605] 174

4. Ausschluss, Erlöschen, Verzicht, Verjährung

a) Ausschluss

Für im förmlichen Verfahren genehmigungspflichtige Anlagen nach dem BImSchG, ferner bei Bewilligungen nach dem WHG, in bestimmtem Umfang auch bei gehobenen wasserrechtlichen Erlaubnissen, sowie bei Planfeststellungen sind privatrechtliche Abwehransprüche und damit auch solche nach § 907 BGB ausgeschlossen, sofern sie nicht auf besonderen Titeln beruhen (§ 14 S. 1 BImSchG; § 16 I, II WHG; § 75 II 1 VwVfG bzw. die entsprechenden Vorschriften der VwVfGe der Länder).[606] 175

b) Erlöschen

Der Anspruch aus § 907 BGB ist erst erfüllt und erlischt daher erst, wenn Maßnahmen zum endgültigen und dauerhaften Ausschluss der Gefahr getroffen sind.[607] 176

---

599 Staudinger/*Roth*, § 907 Rn. 9; MünchKommBGB/*Säcker*, § 907 Rn. 18; s. ferner BGH, NJW-RR 2008, 827.

600 RG, Warn 1903 Nr. 336; OLG Dresden, OLGE 18, 123, 124; Staudinger/*Roth*, § 907 Rn. 9; MünchKommBGB/*Säcker*, § 907 Rn. 18; NK/*Ring*, § 907 Rn. 12 f.

601 *Bayer/Lindner/Grziwotz*, S. 114; NK/*Ring*, § 907 Rn. 13; zum Meinungsstand ausführlich: Staudinger/*Roth*, § 907 Rn. 9; MünchKommBGB/*Säcker*, § 907 Rn. 18 (Lösung über den Begriff des Halters).

602 Vgl. MünchKommBGB/*Säcker*, § 907 Rn. 23; Bamberger/Roth/*Fritzsche*, § 907 Rn. 13; vgl. auch *Meisner/Ring/Götz*, § 14 Rn. 28.

603 Staudinger/*Roth*, § 907 Rn. 10; **a. A.** *Meisner/Ring/Götz*, § 14 Rn. 28 a. E. (auch bei Herstellung durch Rechtsvorgänger).

604 Aber nur bei Verantwortlichkeit für den gefahrdrohenden Zustand: MünchKommBGB/*Säcker*, § 907 Rn. 19.

605 OLG Hamm, NJW 1954, 273; OLG Köln, NJW 1956, 1564; Staudinger/*Roth*, § 907 Rn. 10; NK/*Ring*, § 907 Rn. 14. Vgl. ferner oben Rn. 160 a. E.

606 Dazu im Einzelnen oben Teil 1 Rn. 104 ff.

607 Dazu oben Rn. 168.

c) Verzicht

177 Der Berechtigte kann auf den Abwehranspruch aus § 907 BGB nicht mit Wirkung gegen Einzelrechtsnachfolger verzichten.[608]

d) Verjährung

178 Schließlich unterliegt der Anspruch aus § 907 BGB nicht der Verjährung (§ 924 BGB).

5. Ersatzansprüche[609]

a) Schadensersatz aus unerlaubter Handlung

179 Als dingliches Recht stellt der Anspruch aus § 907 BGB ein sonstiges Recht i. S. v. **§ 823 I BGB** dar.[610] Im Falle seiner schuldhaften Verletzung besteht daher ein Anspruch auf Ersatz des dem betroffenen Nachbarn hierdurch entstandenen Schadens. Außerdem ist die Vorschrift Schutzgesetz i. S. v. **§ 823 II BGB**.[611] Im Streitfall muss der Störer sein fehlendes Verschulden darlegen und beweisen, was voraussetzt dass er in der Errichtung oder Unterhaltung der Anlage keinen Verstoß gegen § 907 BGB sehen musste.[612] Die Schadensersatzansprüche verjähren in drei Jahren (§§ 195, 199 BGB).

b) Ausgleichs- und Entschädigungsansprüche

180 Ist der Betroffene bei privatwirtschaftlich betriebenen Anlagen trotz Vorliegens der tatbestandlichen Voraussetzungen aus rechtlichen oder tatsächlichen Gründen an der Abwehr gehindert, so besteht analog § 906 II 2 BGB ein *verschuldensunabhängiger* **nachbarrechtlicher Ausgleichsanspruch**.[613] Ergibt sich die Duldungspflicht aus dem hoheitlichen Charakter einer Anlage, so kommen Ansprüche aus *enteignendem* oder *enteignungsgleichem Eingriff in* Betracht.[614] Bei einem Ausschluss der Abwehransprüche nach § 14 S. 1 BImSchG bzw. § 75 II 1 VwVfG/LVwVfG kommen Schadensersatzansprüche aus **§ 14 S. 2 BImSchG** bzw. **§ 75 II 4 VwVfG/LVwVfG** in Betracht.

6. Prozessuales

a) Beweislast

181 Den **Anspruchsberechtigten** trifft die Darlegungs- und Beweislast für sämtliche tatbestandlichen Voraussetzungen des § 907 I 1 BGB einschließlich der *Unzulässigkeit* der Einwirkungen.[615] Dagegen hat der **Störer** alle anspruchsausschließenden Umstände darzulegen und zu beweisen, insbesondere dass der Anspruch nach § 14 S. 1 BImSchG bzw. einer anderen privatrechtsgestaltenden Norm ausgeschlossen ist oder dass die in § 907 I 2 BGB genannten Vorschriften eingehalten sind.[616] Ist Letzteres bewiesen, so muss wiederum der Anspruchsberechtigte nachweisen, dass eine Einwirkung tatsächlich eingetreten ist, wofür allerdings ein Bezugsfall auf einem weiteren Nachbargrundstück in gleicher Lage ausreicht.[617]

---

[608] Bamberger/Roth/*Fritzsche*, § 907 Rn. 17; **a. A.** Staudinger/*Roth*, § 907 Rn. 44 (überhaupt kein Verzicht möglich).

[609] Allgemein zu Ersatzansprüchen s. unten Teil 5 Rn. 87 ff.

[610] RGZ 145, 107, 115; PWW/*Lemke*, § 907 Rn. 21; **a. A.** Bamberger/Roth/*Fritzsche*, § 907 Rn. 16 (§ 823 I BGB nur unmittelbar wegen Eigentumsverletzung).

[611] RGZ 145, 107, 115; BGH, NJW 1980, 2580; NJW-RR 2001, 1208, 1209.

[612] RGZ 145, 107, 116.

[613] Zum Ganzen s. unten Teil 5 Rn. 99 sowie Palandt/*Bassenge*, § 906 Rn. 37; ferner Staudinger/*Roth*, § 907 Rn. 51 ff.

[614] Staudinger/*Roth*, § 907 Rn. 54; *Meisner/Ring/Götz*, § 14 Rn. 34.

[615] BGH, WM 1955, 998, 999; MünchKommBGB/*Säcker*, § 907 Rn. 21; **a. A.** hinsichtlich der Unzulässigkeit der Einwirkungen: Staudinger/*Roth*, § 907 Rn. 45.

[616] RGZ 104, 81, 84 (zu § 26 GewO); Staudinger/*Roth*, § 907 Rn. 46; *Bayer/Lindner/Grziwotz*, S. 114; **a. A.** bezügl. § 907 I 2 BGB: *Dehner*, B § 17 V.

[617] Staudinger/*Roth*, § 907 Rn. 46; *Bayer/Lindner/Grziwotz*, S. 114.

b) Urteil

Das Unterlassungs- oder Beseitigungsurteil ergeht, sofern im Zeitpunkt der letzten mündlichen Tatsachenverhandlung die Voraussetzungen eines Abwehranspruchs gegeben sind, **ohne einen Vorbehalt**, wonach der Verpflichtete die die Unzulässigkeit der Anlage begründenden Umstände beseitigen kann.[618] Tut er dies allerdings, so ist damit der Beseitigungsanspruch erfüllt.[619] **182**

Sofern die Voraussetzungen des § 907 BGB nicht oder nicht mehr vorliegen, darf die Klage dennoch nicht abgewiesen werden, wenn wenigstens die Voraussetzungen des **§ 1004 BGB** gegeben sind, weil der weitergehende Antrag aus § 907 BGB den aus § 1004 BGB mit umfasst.[620] Ansonsten ist bei nachträglichem Wegfall der Anspruchsvoraussetzungen die Hauptsache für erledigt zu erklären.[621] **183**

c) Zwangsvollstreckung

Vollstreckt wird ein auf Beseitigung lautendes Urteil nach **§ 887 ZPO**,[622] ein Unterlassungsurteil nach **§ 890 ZPO**; Widerstand des Störers gegen die Zwangsvollstreckung kann nach § 892 ZPO gebrochen werden.[623] **184**

d) Einstweilige Verfügung

Eine Sicherung des Anspruchs aus § 907 BGB ist auch durch einstweilige Verfügung möglich. Bei einem bloßen Unterlassungsanspruch geschieht dies im Wege einer **Unterlassungsverfügung** auf Nichterrichtung bzw. Einstellung der weiteren Errichtung der Anlage.[624] Ein Beseitigungsanspruch kann demgegenüber nicht im einstweiligen Rechtsschutzverfahren durchgesetzt werden, da dies regelmäßig dem Verbot der Vorwegnahme der Hauptsache zuwiderlaufen würde. Möglich ist insoweit allenfalls eine **vorläufige Betriebseinstellung**.[625] An die **Glaubhaftmachung** sind wegen des tatbestandlichen Erfordernisses der sicheren Voraussicht unzulässiger Einwirkungen strenge Anforderungen zu stellen.[626] **185**

II. Drohender Gebäudeeinsturz (§ 908 BGB)

Droht einem Grundstück die Gefahr, dass es durch den Einsturz eines Gebäudes oder eines anderen Werkes, das mit einem Nachbargrundstück verbunden ist, oder durch die Ablösung von Teilen von diesen beschädigt wird, so kann dessen Eigentümer nach § 908 BGB von dem Verantwortlichen verlangen, dass dieser die zur Abwendung der Gefahr erforderlichen Vorkehrungen trifft. Die Vorschrift gibt damit bereits im Vorfeld eines tatsächlichen Schadenseintritts, für den dann nach Maßgabe der §§ 836 ff. BGB Schadensersatz verlangt werden kann, einen *verschuldensunabhängigen* **vorbeugenden** Anspruch auf Beseitigung einer bestehenden **Gefahr**; deren Verwirklichung muss dabei anders als in § 907 BGB nicht bereits sicher vorauszusehen sein;[627] insoweit handelt es sich daher um eine *lex specialis* zu § 907 BGB.[628] § 1004 BGB ist daneben selbständig anwendbar.[629] Wie **186**

---

618 Staudinger/*Roth*, § 907 Rn. 48; MünchKommBGB/*Säcker*, § 907 Rn. 21.

619 *Dehner*, B § 17 III. Zum Erfüllungseinwand in der Zwangsvollstreckung s. unten Teil 5 Rn. 63.

620 OLG Marienwerder, OLGE 4, 59, 61.

621 *Dehner*, B § 17 III.

622 Zum Erfüllungseinwand in der Zwangsvollstreckung s. unten Teil 5 Rn. 63.

623 Staudinger/*Roth*, § 907 Rn. 47; MünchKommBGB/*Säcker*, § 907 Rn. 23.

624 Vgl. OLG München, NJW 1954, 513, 514.

625 Staudinger/*Roth*, § 907 Rn. 50; Bamberger/Roth/*Fritzsche*, § 907 Rn. 19.

626 Staudinger/*Roth*, § 907 Rn. 50; MünchKommBGB/*Säcker*, § 907 Rn. 22.

627 MünchKommBGB/*Säcker*, § 908 Rn. 1; PWW/*Lemke*, § 908 Rn. 1 f.; Soergel/*Baur*, § 908 Rn. 1.

628 Staudinger/*Roth*, § 908 Rn. 1; MünchKommBGB/*Säcker*, § 908 Rn. 1; *Meisner/Ring/Götz*, § 15 Rn. 1; **a. A.** Bamberger/Roth/*Fritzsche*, § 908 Rn. 10.

629 Palandt/*Bassenge*, § 908 Rn. 1; Soergel/*Baur*, § 908 Rn. 1; **a. A.** Staudinger/*Roth*, § 908 Rn. 2 (lex specialis auch zu § 1004 BGB).

der Anspruch aus § 907 BGB gehört auch der aus § 908 BGB zum Inhalt des Eigentums am bedrohten Grundstück; im gleichen Umfang werden die Rechte des Eigentümers der Gefahrenquelle aus §§ 903, 905 BGB beschränkt.[630]

1. Voraussetzungen

a) Gebäude

187 **Gebäude** im Sinne der Vorschrift ist, wie auch in § 836 BGB und § 912 BGB,[631] ein *mit dem Erdboden* zumindest durch seine Schwere *verbundenes Bauwerk*, in dem sich Menschen aufhalten oder Tiere und Sachen untergebracht werden können und das diesen durch seine *räumliche Umfriedung Schutz vor äußeren Einflüssen* gewährt.[632] Auf tatsächliche Bewohnbarkeit oder Nutzbarkeit kommt es dagegen nicht an;[633] auch Rohbauten[634] und Ruinen fallen daher darunter.

188 **Andere Werke**[635] sind, wie in § 836 BGB, zu einem *bestimmten Zweck* nach *technischen Regeln* hergestellte und, sei es auch nur vorübergehend,[636] oder sei es auch nur durch die Schwerkraft,[637] *mit dem Grundstück verbundene* Sachen.[638] Hierunter fallen zum Beispiel Zäune, Mauern, Tore, darüber hinaus Öltanks, Versorgungsleitungen, Kanalisationsrohre, Masten, Brunnen, Dämme, Schleusen, Kanäle, Steinbrüche, Brücken, ferner ein auf Laufschienen fest montierter Turmdrehkran,[639] Baugerüste,[640] Grabsteine, Denkmäler, Geräte eines Kinderspielplatzes, ein Carport,[641] ein Messezelt[642] oder ein Bierpavillon.[643] **Nicht** hierzu zählen dagegen *ohne Zweckbestimmung* steil abgegrabene Erdwände[644] oder aufgeschüttete Erdmassen,[645] außer sie dienen etwa als Steinbruch bzw. Böschung. Ebenso wenig der **natürliche Zustand eines Grundstücks**, wie gewachsene Felsen[646] oder Bäume; hier hat jedoch der Gefährdete, sofern auch die Voraussetzungen des § 1004 BGB nicht vorliegen, aus dem nachbarlichen Gemeinschaftsverhältnis einen Anspruch darauf, die Gefahr auf dem Nachbargrundstück auf eigene Kosten selbst beseitigen zu dürfen.[647]

189 **Teile**[648] von Gebäuden oder anderen Werken sind in § 908 BGB dem jeweiligen Ganzen gleichgestellt. Dies sind Sachen, die *zur Herstellung* in das Ganze *eingefügt* sind oder die hiermit in einem so festen *baulichen Zusammenhang* stehen, dass sich daraus nach der *Verkehrsanschauung* ihre Zugehörigkeit zum Ganzen ergibt;[649] es muss sich allerdings nicht notwendig um wesentliche Bestandteile i. S. v. §§ 93 ff. BGB handeln.[650] Hierzu gehören

---

630 Palandt/*Bassenge*, § 908 Rn. 1; Bamberger/Roth/*Fritzsche*, § 908 Rn. 1.
631 Dazu oben Teil 2 Rn. 236 ff.
632 BGH, MDR 1973, 39 = DB 1972, 2298 (zu § 912 BGB); Staudinger/*Roth*, § 908 Rn. 3; vgl. ferner BGHSt 1, 158, 163.
633 BGH, NJW 1961, 1670, 1671 (Ruinen).
634 BGH, NJW 1985, 1076.
635 Zahlreiche Beispiele bei Palandt/*Sprau*, § 836 Rn. 3 und Bamberger/Roth/*Spindler*, § 836 Rn. 9.
636 BGHZ 58, 149, 155 = NJW 1972, 724 (provisorischer Damm).
637 BGHZ 181, 160, 161 = NJW 2009, 3235; OLG Koblenz, 8. 2. 2008 – 8 U 397/07 (Markisenkonstruktion).
638 BGH, NJW 1961, 1670, 1672.
639 OLG Düsseldorf, BB 1975, 942.
640 BGH, NJW 1997, 1853; NJW 1999, 2593; OLG Stuttgart, NJW-RR 2010, 451, 452.
641 OLG Hamm, OLGR 1995, 126 = NJW-RR 1995, 1230.
642 OLG Rostock, OLGR 2004, 49, 50, das im entschiedenen Fall im Hinblick auf die erheblichen Ausmaße auch das Vorliegen eines Gebäudes bejaht.
643 OLG Düsseldorf, OLGR 1998, 322 = VersR 1999, 854.
644 OLG Stuttgart, WürttZ 1919, 277.
645 RGZ 60, 138, 139.
646 RGZ 149, 205, 210.
647 BGH, NJW 1995, 2633, 2635; NJW-RR 2001, 1208, 1209 f.
648 Beispiele bei Palandt/*Sprau*, § 836 Rn. 6 und Bamberger/Roth/*Spindler*, § 836 Rn. 7.
649 RGZ 107, 337, 339; BGH, NJW 1961, 1670, 1672; NJW 1985, 2588 (fest montierte Duschkabine).
650 Staudinger/*Roth*, § 908 Rn. 3.

zum Beispiel Betondecken,[651] Balkone, Schornsteine,[652] Fenster, Dachziegel, Dachpappe,[653] Balken, Gesimse, Fahrstühle, Schaufensterscheiben[654] sowie die Bretter eines Gerüstes.[655] **Nicht** dagegen mangels Zugehörigkeit zum Bauwerk Schnee oder Eis auf dem Dach;[656] ebenso wenig zum erst späteren Einbau abgestellte Baumaterialien.[657]

Der Begriff der **Nachbarschaft** umfasst wie in § 907 BGB über die unmittelbar an- **190**
grenzenden Grundstücke hinaus alle Grundstücke, die im jeweiligen Gefährdungsbereich liegen.[658]

b) Einsturz

Einsturz meint das Zusammenbrechen oder Umstürzen des Gebäudes oder Werkes im **191**
Ganzen.[659] Unter **Ablösung von Teilen** versteht man jede Trennung oder Lockerung der Verbindung mit dem Ganzen, wie das Herabfallen von Steinen oder Dachziegeln,[660] den Bruch eines Brettes,[661] oder den Austritt von Wasser, Öl, Gas oder Strom,[662] ferner den Bruch eines einzelnen Teils selbst in seinem inneren Gefüge.[663] *Nicht* darunter fallen hingegen *planvolle* Abbruchhandlungen.[664]

c) Gefahr der Beschädigung

Eine Gefahr für ein Nachbargrundstück besteht dann, wenn dieses selbst, seine Be- **192**
standteile oder auch nur bloßes Zubehör infolge *mechanischer Einwirkung* im Zuge des Einsturzes oder der Ablösung von Teilen durch diese unmittelbar oder mittelbar beschädigt werden können.[665] Im Gegensatz zu § 907 BGB reicht dabei bereits aus, dass ein **Schadenseintritt in näherer Zukunft** für einen verständigen Beobachter **objektiv wahrscheinlich** ist.[666]

Der gefährliche Zustand muss auf der **Baufälligkeit** des Gebäudes oder Werkes be- **193**
ruhen. Dafür genügt es, dass dieser Zustand – ohne dass dies die einzige Ursache sein müsste –[667] adäquat auf deren *Beschaffenheit* oder *Erhaltungszustand* beruht,[668] wenn auch der unmittelbare Auslöser der Gefahr in einer menschlichen Tätigkeit oder einem Naturereignis (wie Sturmböen, Überschwemmung, Erdbeben) liegen mag;[669] Letztere dürfen lediglich nicht so außergewöhnlich sein, dass es bereits am Vorliegen einer Gefahr fehlt. Darüber hinaus ist weder eine fehlerhafte Errichtung noch eine

---

[651] BGH, LM Nr. 11 zu § 908 BGB.
[652] OLG Köln, NJW-RR 1992, 858.
[653] BGH, NJW 1993, 1782.
[654] OLG Koblenz, NJW-RR 1998, 673, 674.
[655] BGH, NJW 1997, 1853.
[656] BGH, NJW 1955, 300; OLG Hamm, NJW-RR 1987, 412; OLG Jena, WuM 2007, 138.
[657] BGH, LM Nr. 11 zu § 908 BGB.
[658] MünchKommBGB/*Säcker*, § 908 Rn. 2; Staudinger/*Roth*, § 908 Rn. 6.
[659] RGZ 97, 112, 114.
[660] OLG Frankfurt, NJW-RR 1992, 164.
[661] RG, JW 1912, 242.
[662] RGZ 133, 1, 6; BGHZ 55, 229, 235 = NJW 1971, 607; BGH, VersR 1983, 588 (je Wasser); RG, JW 1938, 1254 (Strom); BGH, WM 1976, 1057 (Öl).
[663] OLG München, NJW-RR 1995, 540 (Zufallen eines Garagentores infolge Ablösung vom elektrischen Antrieb); OLG Rostock, NJW-RR 2004, 825, 826 (Verwehen von Zeltteilen); Staudinger/*Roth*, § 908 Rn. 5; Palandt/*Sprau*, § 836 Rn. 7; NK/*Ring*, § 908 Rn. 8; **a. A.** PWW/*Lemke*, § 908 Rn. 13.
[664] RGZ 70, 200, 206; BGH, VersR 1978, 1160.
[665] RGZ 97, 112, 114; BGH, NJW 1961, 1670, 1671.
[666] BGH, BB 1953, 995 = LM Nr. 3 zu § 904 BGB; Bamberger/Roth/*Fritzsche*, § 908 Rn. 7; Staudinger/*Roth*, § 908 Rn. 9; *Dehner*, B § 19 II 1 b (Gefahr heftigen Sturms wahrscheinlich, nicht aber Tornado); *Meisner/Ring/Götz*, § 15 Rn. 6 (Erdbeben nur in Erdbebengebiet); RG, Gruchot 58, 193 (Hochwassergefahr nur in Überschwemmungsgebiet).
[667] RG, Warn 1919 Nr. 169; MünchKommBGB/*Säcker*, § 908 Rn. 3.
[668] RGZ 70, 200, 206; Staudinger/*Roth*, § 908 Rn. 7; Soergel/*Baur*, § 908 Rn. 2.
[669] RG, Warn 1919 Nr. 169; BGH, NJW 1985, 1076 (je menschliches Handeln); BGHZ 58, 149, 153 = NJW 1972, 724 (Überflutung); ferner Staudinger/*Roth*, § 908 Rn. 7 (§ 1004 BGB bei ausschließlich menschlicher Einwirkung).

mangelhafte Unterhaltung oder überhaupt ein Verschulden des Anspruchsgegners erforderlich.[670]

194 Umgekehrt steht grundsätzlich auch ein Verschulden des Gefährdeten an der Herbeiführung des Gefahrenzustands seinem Anspruch nicht entgegen.[671] Unter Umständen kann dieser dann allerdings seinerseits zum Schadensersatz in Form einer Gefahrenbeseitigung verpflichtet sein, so dass seinem Anspruch aus § 908 BGB der Einwand der **unzulässigen Rechtsausübung** entgegensteht.[672] So verhält es sich in Fällen, in denen die Gefahr des Einsturzes eines Nachbargebäudes erst infolge von Abgrabungen auf dem eigenen Grundstück des hierdurch Gefährdeten entsteht.[673]

2. Inhalt

a) Gefahrenbeseitigung

195 Seinem Inhalt nach gibt § 908 BGB einen Anspruch darauf, dass die **erforderlichen Vorkehrungen** zur Gefahrenbeseitigung getroffen werden. Diese können sich auf die Reparatur der Gefahrenquelle beschränken, erforderlichenfalls aber auch deren völligen Abbruch bedeuten.[674] Der Berechtigte hat allerdings keinen Anspruch auf Verhinderung des Einsturzes oder der Ablösung von Teilen als solches, sondern nur auf **Verhinderung von Beschädigungen** seines eigenen Grundstücks; es genügen daher schon *Sicherungsmaßnahmen*, die das Hinüberfallen von Bauwerksteilen auf das Nachbargrundstück zuverlässig verhindern, wie etwa eine Schutzmauer; das bloße Anbringen einer Warntafel reicht aber selbstverständlich nicht.[675] Die **Wahl** unter mehreren geeigneten Maßnahmen obliegt dem *Verpflichteten*.[676]

196 Der Anspruch besteht unabhängig von den mit seiner Erfüllung verbundenen **Kosten**. Ausnahmsweise kann er jedoch unter dem Gesichtspunkt des *nachbarlichen Gemeinschaftsverhältnisses* **vorübergehend ausgeschlossen** sein, wenn die Gefahrenquelle ohnehin in absehbarer Zeit beseitigt wird, und sofortige Maßnahmen mit einem unzumutbaren Kostenaufwand verbunden wären; im Gegenzug steht dem Berechtigten dann jedoch ein verschuldensunabhängiger *nachbarrechtlicher Ausgleichsanspruch* analog § 906 II 2 BGB zu.[677]

b) Selbsthilfe

197 Der Anspruchsinhaber kann ausnahmsweise im Rahmen der §§ 228, 229 BGB auch zur Selbsthilfe berechtigt sein.[678] Dies setzt jedoch zumindest voraus, dass Hilfe bei den Ordnungsbehörden, insbesondere der Bauaufsichtsbehörde,[679] oder der Polizei nicht rechtzeitig zu erlangen ist. Sofern er dabei auch im Interesse des Verpflichteten handelt, dessen wahrer Wille bei Entgegenstehen öffentlich-rechtlicher Pflichten zur Gefahrenbeseitigung nach § 679 BGB unbeachtlich ist, kann er die zur Gefahrenabwehr erforderlichen *Aufwendungen* nach den Regeln der berechtigten Geschäftsführung ohne Auftrag ersetzt verlangen (§§ 683 S. 1, 670 BGB),[680] sonst allenfalls nach §§ 684 S. 1, 818 BGB.[681]

---

[670] MünchKommBGB/*Säcker*, § 908 Rn. 3; Staudinger/*Roth*, § 908 Rn. 8; NK/*Ring*, § 908 Rn. 9; *Dehner*, B § 19 II 1 b; RGZ 70, 200 ist insoweit überholt.

[671] LG Lübeck, SchlHA 1951, 25.

[672] OLG Düsseldorf, MDR 1972, 948 = VersR 1973, 40; MünchKommBGB/*Säcker*, § 908 Rn. 3.

[673] OLG Hamm, OLGR 1992, 27, 28; OLG Düsseldorf, BauR 1999, 790 (unzulässige Vertiefung i. S. v. § 909 BGB).

[674] RGZ 65, 73, 76.

[675] *Dehner*, B § 19 II 2 b.

[676] RGZ 65, 73, 76; LG Lübeck, SchlHA 1951, 25. Zu Klageantrag, Urteilstenor und Wahlrecht in der Zwangsvollstreckung s. unten Rn. 205 ff.

[677] BGHZ 58, 149, 160 f. = NJW 1972, 724 (geplante Eindeichung).

[678] RGZ 149, 205, 206.

[679] Dieser obliegt eine Amtspflicht zum Einschreiten gegen Gefahren auch im Interesse gefährdeter Personen, deren Verletzung im Rahmen des § 839 BGB zum Schadensersatz verpflichtet, vgl. BayObLG, NVwZ 1994, 1242.

[680] RGZ 149, 205, 208 ff.

[681] Staudinger/*Roth*, § 908 Rn. 17.

3. Beteiligte

a) Anspruchsberechtigter

Der Kreis der Anspruchsberechtigten deckt sich mit dem in § 907 BGB,[682] so dass die insoweitigen Ausführungen hier entsprechend gelten.[683] Auch im Rahmen des § 908 BGB scheidet daher der bloße *Besitzer* als Anspruchsinhaber aus, dieser kann jedoch zur Geltendmachung des Anspruchs ermächtigt werden.[684] 198

b) Anspruchsverpflichteter

Verpflichtet sind die **nach §§ 836 I, 837, 838 BGB Verantwortlichen**, ohne dass es insoweit allerdings auf deren Verschulden oder auch nur Schuldfähigkeit ankäme.[685] 199

Anspruchsgegner ist damit in erster Linie der *gegenwärtige Eigenbesitzer* (§§ 836 I, III, 872 BGB) des gefahrträchtigen Grundstücks, sei er unmittelbarer oder mittelbarer Besitzer;[686] nicht hingegen mangels Erwähnung von § 836 II BGB in § 908 BGB der frühere Besitzer. Hat allerdings jemand, ohne zugleich Grundstücksbesitzer zu sein, *in Ausübung eines Rechts* Eigenbesitz an dem gefährlichen Gebäude oder Werk, so tritt seine Verantwortung an die Stelle derjenigen des Grundstücksbesitzers (§ 837 BGB); hierzu können dinglich oder obligatorisch Berechtigte zählen,[687] aber etwa auch ein Bauunternehmer.[688] Schließlich ist verpflichtet der gerade im Hinblick auf die Verhinderung von Schäden durch Einsturz eines Bauwerks oder Ablösung von Teilen hiervon *Unterhaltungsverpflichtete* (§ 838 BGB),[689] sei es dass er die Pflicht freiwillig übernommen hat oder dass diese von ihm aufgrund eines ihm zustehenden Nutzungsrechts zu erfüllen ist; dies können etwa Mieter, Pächter oder Hausverwalter sein, jedoch nicht notwendigerweise.[690] Ihre Verantwortung besteht dann neben der des Eigenbesitzers. Mehrere Verpflichtete haften als *Gesamtschuldner*.[691] 200

4. Verjährung

Der Anspruch aus § 908 BGB unterliegt nicht der Verjährung (§ 924 BGB). 201

5. Ersatzansprüche

a) Schadensersatz aus unerlaubter Handlung

Im Schadensfalle steht dem Berechtigten, sofern die Ursache in einer fehlerhaften Errichtung oder mangelhaften Unterhaltung des Gebäudes oder Werkes liegt, aus **§§ 836 ff. BGB** ein Schadensersatzanspruch gegen den hiernach Verantwortlichen zu, der sich im Gegensatz zum Anspruch aus § 908 BGB auch gegen den früheren Besitzer richten kann (§ 836 II BGB). Es handelt sich hierbei um Ansprüche aus *vermutetem Verschulden*, dem Verpflichteten steht daher der Gegenbeweis offen (§ 836 I 2 BGB). Darüber hinaus stellt § 908 BGB ein Schutzgesetz i. S. v. **§ 823 II BGB** dar.[692] Die Schadensersatzansprüche verjähren in drei Jahren (§§ 195, 199 BGB). 202

---

[682] Staudinger/*Roth*, § 908 Rn. 11.

[683] S. oben Rn. 172.

[684] OLG Bamberg, NZM 1999, 1004, 1005; Palandt/*Bassenge*, § 908 Rn. 2; **a. A.** (§ 908 BGB analog) Staudinger/*Roth*, § 908 Rn. 11; MünchKommBGB/*Säcker*, § 908 Rn. 7; Soergel/*Baur*, § 908 Rn. 8; PWW/*Lemke*, § 908 Rn. 4.

[685] MünchKommBGB/*Säcker*, § 908 Rn. 7; Staudinger/*Roth*, § 908 Rn. 12.

[686] BGH, NJW 1985, 1076, 1077; OLG Dresden, NJW-RR 2007, 1603 (Vermieter).

[687] Palandt/*Sprau*, § 837 Rn. 2.

[688] BGH, NJW 1997, 1853 (Baugerüst des Bauunternehmers aufgrund Werkvertrag mit dem Bauherrn); OLG Hamm, VersR 1997, 194, 195 (Kran des Bauunternehmers).

[689] BGHZ 6, 315, 318 (Gebäudeverwalter); BGH, MDR 1991, 233 (Mieter).

[690] BGH, LM Nr. 2 zu § 836 BGB; BGH, NJW 1993, 1782 (WEG-Verwalter).

[691] *Bayer/Lindner/Grziwotz*, S. 117.

[692] Palandt/*Bassenge*, § 908 Rn. 3.

b) Ausgleichs- und Entschädigungsansprüche

203 Daneben kommt wie im Rahmen des § 907 BGB ein *verschuldensunabhängiger* **nachbarrechtlicher Ausgleichsanspruch** analog § 906 II 2 BGB in Betracht, wenn das gefahrträchtige Bauwerk als nichthoheitliche Maßnahme aus besonderen rechtlichen oder tatsächlichen Gründen geduldet werden muss.[693] Ergibt sich die Duldungspflicht aus dem hoheitlichen Charakter des Bauwerks, so kommen Ansprüche aus *enteignendem* oder *enteignungsgleichem* Eingriff in Betracht.[694]

6. Prozessuales

a) Beweislast

204 Den **Anspruchsteller** trifft die Darlegungs- und Beweislast für sämtliche tatbestandlichen Voraussetzungen des § 908 BGB einschließlich der die Verantwortlichkeit des Gegners nach den §§ 836 ff. BGB begründenden Umstände;[695] hierzu gehört allerdings nicht die Ursache des baufälligen Zustandes, da diese unerheblich ist. Demgegenüber scheidet eine Berufung des Verpflichteten auf § 836 I 2 BGB aus, da der Anspruch von einem Verschulden unabhängig ist.[696] Die *Erfüllung* des Anspruchs, namentlich die Vornahme von geeigneten gefahrbeseitigenden Maßnahmen, hat nach allgemeinen Regeln der **Verpflichtete** darzulegen und zu beweisen.[697]

b) Urteil

205 Das Urteil lautet im Tenor, ebenso wie der Klageantrag, lediglich auf Vornahme der zur Gefahrenbeseitigung **erforderlichen Maßnahmen**, ohne dass Letztere näher konkretisiert werden dürfen. Die Auswahl der geeigneten Maßnahmen obliegt nämlich allein dem Verpflichteten,[698] sofern nicht ausnahmsweise nur eine ganz bestimmte Form der Gefahrenbeseitigung zum Erfolg führt. Die **abzuwehrende Gefahr** ist allerdings näher zu bezeichnen.[699]

206 Der **Tenor** lautet daher etwa:[700] *„Der Beklagte wird verurteilt, durch geeignete Maßnahmen die Gefahr einer Beschädigung des Grundstücks des Klägers Fl.Nr. 123 der Gemarkung G durch einen Einsturz der Garage auf dem beklagtischen Grundstück Fl.Nr. 456 der Gemarkung G abzuwenden."*

c) Zwangsvollstreckung

207 Die Zwangsvollstreckung aus dem Urteil richtet sich grundsätzlich nach **§ 887 ZPO**, wenn die Vornahme der konkreten Schutzmaßnahme ausnahmsweise eine unvertretbare Handlung darstellt nach § 888 ZPO.[701] Erst in diesem Stadium kann der Gläubiger die geeigneten Maßnahmen selbst auswählen.[702]

---

[693] BGH, VersR 1985, 740 (Wasserrohrleitungsbruch); Palandt/*Bassenge*, § 908 Rn. 3; PWW/*Lemke*, § 908 Rn. 21; *Bayer/Lindner/Grziwotz*, S. 117; **a. A.** Staudinger/*Roth*, § 908 Rn. 13, 19 bei faktischem Duldungszwang. Zu vorübergehender Duldungspflicht aus dem nachbarlichen Gemeinschaftsverhältnis s. BGHZ 58, 149, 160 = NJW 1972, 724 und oben Rn. 196. Allgemein zum nachbarrechtlichen Ausgleichsanspruch s. unten Teil 5 Rn. 99.

[694] Dazu im Einzelnen unten Teil 5 Rn. 100.

[695] Staudinger/*Roth*, § 908 Rn. 16; Bamberger/Roth/*Fritzsche*, § 908 Rn. 13.

[696] Palandt/*Bassenge*, § 908 Rn. 3; Soergel/*Baur*, § 908 Rn. 7.

[697] Staudinger/*Roth*, § 908 Rn. 16; PWW/*Lemke*, § 908 Rn. 23; teils **a. A.** MünchKommBGB/*Säcker*, § 908 Rn. 8, wonach der Berechtigte zunächst vortragen müsse, dass die zur Gefahrenabwehr erforderlichen Maßnahmen vom Verpflichteten noch nicht getroffen wurden (damit wird jedoch der Unterschied zwischen dem ursprünglichen Vorliegen einer Gefahr, die allein der Anspruchsteller vorzutragen und ggf. zu beweisen hat, und dem Einwand einer späteren Gefahrenbeseitigung verwischt).

[698] RGZ 65, 73, 76; LG Lübeck, SchlHA 1951, 25, 26; MünchKommBGB/*Säcker*, § 908 Rn. 8.

[699] Bamberger/Roth/*Fritzsche*, § 908 Rn. 8; *Wiesner*, § 908 Rn. 2.

[700] Weitere Tenorierungsbeispiele bei *Dehner*, B § 19 II 2 a und *Meisner/Ring/Götz*, § 15 Rn. 10; vgl. auch unten Teil 5 Rn. 60 zu § 1004 BGB.

[701] MünchKommBGB/*Säcker*, § 908 Rn. 8. Zum Erfüllungseinwand in der Zwangsvollstreckung s. unten Teil 5 Rn. 63.

[702] RGZ 65, 73, 76; Staudinger/*Roth*, § 908 Rn. 14.

d) Einstweilige Verfügung

Auch im Rahmen des § 908 BGB kommt der Erlass einer einstweiligen Verfügung in Betracht. Die *vorzunehmenden Maßnahmen* sind hier zur Gewährung effektiven Rechtsschutzes vom Gericht selbst **konkret anzuordnen** (§ 938 I ZPO).[703] 208

D. Vertiefung des Nachbargrundstücks

Nach § 909 BGB darf ein Grundstück nicht in der Weise vertieft werden, dass der Boden des Nachbargrundstücks die erforderliche Stütze verliert, es sei denn, dass für eine genügende anderweitige Befestigung gesorgt ist. Die Vorschrift schützt das *in fremdem Eigentum* stehende[704] *Nachbargrundstück*[705] und damit mittelbar auch die *Standsicherheit der darauf befindlichen Gebäude*[706] vor unzulässigen Vertiefungen *durch Dritte.*[707] Sie erschöpft sich – über den Wortlaut hinaus – nicht in einem bloßen Verbot, sondern gibt einen selbständig neben § 1004 BGB[708] und § 907 BGB[709] stehenden **Unterlassungs- und Beseitigungsanspruch**. Dieser gehört, wie die Ansprüche aus §§ 907, 908 BGB, zum *Inhalt des Eigentums* am beeinträchtigten Grundstück; im gleichen Umfang werden für den vertiefenden Eigentümer dessen Rechte aus §§ 903, 905 BGB beschränkt.[710] 209

I. Voraussetzungen

1. Grundstücksvertiefung

a) Grundstück

§ 909 BGB erfordert zunächst einmal die Vertiefung eines Grundstücks. Die Vorschrift bezieht sich damit nur auf den Grund und Boden des Grundstücks, d. h. seinen **Erdkörper** einschließlich dessen natürlicher Bestandteile;[711] dies schließt auch *Aufschüttungen* mit ein, soweit sie sich im Rahmen gewöhnlicher Zweckwidmung halten.[712] Wesentliche Bestandteile des Grundstücks gehören hierzu allerdings nicht;[713] der bloße Abbruch eines oberirdischen Gebäudes oder Gebäudeteils genügt daher nicht.[714] 210

b) Vertiefung

Eine Vertiefung liegt in **jeder Einwirkung** auf das Grundstück, durch die ein **Nachbargrundstück die erforderliche Stütze verliert.**[715] Diese muss allerdings Folge **mensch-** 211

---

703 OLG Köln, NJW 1953, 1592; MünchKommBGB/*Säcker*, § 908 Rn. 8; *Meisner/Ring/Götz*, § 15 Rn. 10.

704 BGHZ 103, 39, 42 = NJW 1988, 1202.

705 BGHZ 114, 161, 163 = NJW 1991, 2019.

706 BGH, NJW-RR 2008, 969, 970.

707 BGHZ 91, 282, 285 = NJW 1984, 2463.

708 H.L.; z. B. Palandt/*Bassenge*, § 909 Rn. 6; Staudinger/*Roth*, § 909 Rn. 37, 40; Soergel/*Baur*, § 909 Rn. 7; **a. A.** Bamberger/Roth/*Fritzsche*, § 909 Rn. 23; PWW/*Lemke*, § 909 Rn. 1 (Anspruch erst i. V. m. § 1004 BGB). Der BGH stützt den Anspruch auf „§§ 1004 I, 909 BGB", vgl. z. B. BGH, NJW 2009, 2528, 2529. Vgl. zum Ganzen ferner NK/*Ring*, § 909 Rn. 28, 30 m. w. N.

709 Vgl. Staudinger/*Roth*, § 909 Rn. 1.

710 BGHZ 91, 282, 284 = NJW 1984, 2463; BGHZ 103, 39, 42 = NJW 1988, 1202; Palandt/*Bassenge*, § 909 Rn. 1.

711 Soergel/*Baur*, § 909 Rn. 2; Staudinger/*Roth*, § 909 Rn. 8.

712 MünchKommBGB/*Säcker*, § 909 Rn. 5; Staudinger/*Roth*, § 909 Rn. 8 (Erhöhung eines zu niedrigen Baugeländes, Ausgleichen einer Bodensenke, Lärmschutzaufschüttung); NK/*Ring*, § 909 Rn. 6; s. aber auch OLG Koblenz, BauR 2000, 147 (nicht bloße Beseitigung von Geröll, auch wenn es zwischenzeitlich bewachsen ist).

713 PWW/*Lemke*, § 909 Rn. 22.

714 RGZ 70, 200, 206; BGHZ 12, 75, 78 = NJW 1954, 593; BGH, NJW 1974, 54; BeckRS 2012, 15964 (aber Pflicht zu rechtzeitiger Ankündigung bei Gefahr für Nachbargrundstück); Soergel/*Baur*, § 909 Rn. 2 m. w. N.

715 BGHZ 44, 130, 135 = NJW 1965, 2099; BGHZ 101, 290, 291 f. = NJW 1987, 2808.

lichen Handelns sein, und sei es auch nur in Form eines pflichtwidrigen Unterlassens;[716] das unbeeinflusste Wirken von Naturkräften reicht daher nicht.[717] Der Zweck der Vertiefung ist demgegenüber gleichgültig.[718]

212 Ausreichend ist hiernach jede **Wegnahme von Bodenbestandteilen**, die zu einer *Senkung der Grundstücksoberfläche* führt.[719] Es genügt dabei jede Senkung, sei es auf kleinstem Raum,[720] sei es nur vorübergehend;[721] auch die Vertiefung einer bereits bestehenden Vertiefung reicht aus.[722] Eine Unterschreitung des allgemeinen Bodenniveaus ist nicht nötig, es genügt daher schon das Abgraben eines Hangfußes.[723]

213 Eine Wegnahme von Bodenbestandteilen ist allerdings nicht erforderlich, es genügt vielmehr **jede Senkung des Bodenniveaus**, sofern sie sich auf die Beschaffenheit des Nachbargrundstücks auswirkt und ihm die erforderliche Stütze nimmt.[724] Ausreichend ist daher schon der *Abbruch unterirdischer Gebäude(teile)* wie eines Kellers.[725] Ebenso das druckbedingte **Zusammenpressen von Bodenbestandteilen**, durch das es zu einer Absenkung der Erdoberfläche kommt, wie etwa beim Ablagern schwerer Materialien (z. B. Bauschutt oder Erdaushub)[726] oder beim Absinken des Grundstücksniveaus durch das Gewicht eines Neubaus.[727]

c) Einwirkungen auf das Grundwasser

214 Auch Einwirkungen auf den Grundwasserspiegel sind erfasst, sofern es hierdurch zu Senkungen auf dem Nachbargrundstück kommt, weil dessen Boden seine gerade **im Grundwasser zumindest mit bestehende Stütze entzogen** wird.[728] Dies kann durch Tiefbauarbeiten geschehen, durch die es zu einer *Grundwasserabsenkung*,[729] einer bodenaufweichenden *Grundwassererhöhung*[730] oder zu *Grundwasserströmungen* kommt, die zu Bewegungen des Erdreichs führen;[731] ebenso fällt hierunter eine Grundwasserabsenkung durch unmittelbare *Grundwasserentnahme*.[732] Für den Entzug der erforderlichen Stütze reicht es dabei, dass durch die Veränderung des Grundwasserstandes Gründungspfähle verfaulen.[733] In gleicher Weise erfasst sind Beeinträchtigungen der Stütze eines Grundstücks, die zumindest auch in der **stabilisierenden Bodenfeuchtigkeit** infolge versickernden Regenwassers liegt. Unzulässig ist daher der Bau von Drainagen sowie Entwässerungs- und Kanalisationsanlagen, die durch ihre *Drainagewirkung* einem Nachbargrundstück diese Bodenfeuchtigkeit und damit seine Stütze entziehen.[734]

---

[716] Vgl. RG, DRiZ 1935 Nr. 386.
[717] Bamberger/Roth/*Fritzsche*, § 909 Rn. 3.
[718] BGHZ 57, 370, 374 = NJW 1972, 527.
[719] BGHZ 57, 370, 374 = NJW 1972, 527; BGHZ 101, 290, 291 = NJW 1987, 2808.
[720] Palandt/*Bassenge*, § 909 Rn. 3 (Bohrloch).
[721] RGZ 144, 170, 172; RGZ 155, 389, 391; BGHZ 57, 370, 374 = NJW 1972, 527; BGHZ 114, 161, 162 = NJW 1991, 2019 (Baugrubenaushub).
[722] BGH, WM 1979, 1216, 1217.
[723] BGH, LM Nr. 14 zu § 909 BGB = MDR 1972, 404 = NJW 1972, 629 (LS); NJW 1980, 1679; OLG Frankfurt, OLGR 2001, 110, 112.
[724] BGHZ 44, 130, 136 = NJW 1965, 2099; BGH, NJW 1971, 935; NJW 1980, 224, 225; OLG Saarbrücken, OLGR 1998, 303, 304.
[725] BGH, NJW 1980, 224, 225.
[726] BGH, NJW 1971, 935; NZM 2005, 239.
[727] BGHZ 44, 130, 135 = NJW 1965, 2090; BGHZ 101, 290, 292 = NJW 1987, 2808.
[728] BGHZ 57, 370, 374 = NJW 1972, 527; BGHZ 101, 106, 109 = NJW 1987, 2810.
[729] BGHZ 57, 370, 374 f. = NJW 1972, 527 (durch Kanalisationsarbeiten einschließlich Quellfassung); BGH, WM 1979, 1216, 1217 (durch Vertiefung der Sohle eines Abzugsgrabens); OLG München, OLGR 1999, 183, 184 (Bodendrehungen durch ungleichmäßige Setzungen).
[730] Palandt/*Bassenge*, § 909 Rn. 4; *Meisner/Ring/Götz*, § 16 Rn. 6 a. E.; **a. A.** RGZ 155, 154, 160 (zu Grundstückserhöhungen mit der Folge eines Grundwasseranstiegs).
[731] BGH, VersR 1964, 1070, 1072.
[732] BGH, NJW 1977, 763, 764.
[733] BGH, WM 1979, 1216; vgl. auch BGH, WM 1983, 943, 944 (insoweit kein Anscheinsbeweis für Kausalität).
[734] BGHZ 101, 106, 109 = NJW 1987, 2810; BGH, NJW 1978, 1051, 1052 f.; NJW 1981, 50, 51.

Sofern dergestalt tatbestandliche Einwirkungen auf das Grundwasser vorliegen, wird § 909 BGB nicht durch wasserrechtliche Vorschriften ausgeschlossen.[735] Dagegen beurteilen sich Einwirkungen auf das Grundwasser, die nicht zu einem Stützverlust für ein Nachbargrundstück führen, ausschließlich nach Wasserrecht.[736] 215

d) Nicht erfasste Vorgänge

Nicht unter § 909 BGB fällt die **Erhöhung** eines Grundstücks;[737] insoweit bestehen aber zum Teil landesrechtliche Sondervorschriften.[738] Auch bloße **Veränderungen des Bodendrucks** ohne Vertiefung, wie die Bebauung eines Hanggrundstücks, die mit einer verstärkten Druckausübung auf tiefer liegende Grundstücke einhergeht, werden von § 909 BGB nicht erfasst.[739] Schließlich fallen unter die Vorschrift nicht Vertiefungen, bei denen der **Vertiefende selbst Eigentümer** auch des gefährdeten Nachbargrundstücks ist; auch ein späterer Käufer desselben hat dann keinen Anspruch aus § 909 BGB.[740] 216

2. Nachbargrundstück

Unter den Begriff des Nachbargrundstücks i. S. d. § 909 BGB fallen alle im **Einwirkungsbereich der Vertiefung** liegenden Grundstücke, auch wenn sie nicht unmittelbar aneinander grenzen.[741] In jedem Fall müssen sie aber gerade durch eine Beeinträchtigung der Festigkeit *ihres* Bodens gefährdet sein, nicht etwa nur durch ein einstürzendes Gebäude auf einem Zwischengrundstück, auch wenn dieses seinerseits wegen Stützverlust seines Baugrunds infolge Vertiefungen auf einem weiteren Grundstück einstürzt.[742] Geschützt ist der **Erdkörper** der Nachbargrundstücke mit all seinen **natürlichen Bestandteilen.**[743] Hierzu zählen wie beim vertieften Grundstück *Aufschüttungen*, soweit sie sich im Rahmen gewöhnlicher Zweckwidmung halten, was auch einschließt, dass sie zulässig sein müssen.[744] Nur mittelbar über die Festigkeit des sie tragenden Bodens geschützt sind dagegen alle sonstigen *wesentlichen Bestandteile*, wie Gebäude und Pflanzen, sowie *Scheinbestandteile*.[745] 217

3. Unzulässigkeit der Vertiefung

Vertiefungen, auch solche in Grenznähe, sind **nicht generell unzulässig**. Dies gilt nach § 909 BGB vielmehr nur dann, wenn der Boden des Nachbargrundstücks hierdurch die erforderliche Stütze verliert und auch nicht für eine genügende anderweitige Befestigung gesorgt ist.[746] 218

---

735 RGZ 62, 370, 372; RGZ 147, 14, 20f.; BGHZ 57, 370, 375 = NJW 1972, 527; BGH, WM 1979, 1216, 1217 (je zum Landeswasserrecht). Zu den Besonderheiten, die sich aus dem *Wasserrecht* dennoch ergeben, s. unten Rn. 267 ff.

736 MünchKommBGB/*Säcker*, § 909 Rn. 11f.; Erman/*Lorenz*, § 909 Rn. 1. Auch § 823 I BGB scheidet insoweit aus, vgl. BGHZ 69, 1, 4 = NJW 1977, 1770. Vgl. ferner BVerfGE 58, 300, 306 = NJW 1982, 745 (Nassauskiesung).

737 BGH, NJW 1974, 53, 54; NJW 1976, 1840, 1841; BeckRS 2012, 15964; **a. A.** MünchKommBGB/*Säcker*, § 909 Rn. 10 (§ 909 BGB analog).

738 Dazu unten Rn. 260 ff.

739 *Dehner*, NZM 2005, 172, 173; Staudinger/*Roth*, § 909 Rn. 7.

740 BGHZ 103, 39, 42 = NJW 1988, 1202.

741 RGZ 167, 14, 21; RG, JW 1910, 150; BGHZ 12, 75, 78 = NJW 1954, 593; BGH, NJW 1971, 750; NJW 1979, 1166 (LS) = DB 1979, 937.

742 BGHZ 12, 75, 77 ff. = NJW 1954, 593 (aber ggf. Anspruch aus § 823 I BGB); MünchKommBGB/*Säcker*, § 909 Rn. 4; **a. A.** OLG Düsseldorf, VersR 1977, 362; Staudinger/*Roth*, § 909 Rn. 23 (alle adäquat verursachten Schäden).

743 MünchKommBGB/*Säcker*, § 909 Rn. 5; *Bayer/Lindner/Grziwotz*, S. 118.

744 BGH, MDR 1972, 404; MünchKommBGB/*Säcker*, § 909 Rn. 5 (Lärmschutzaufschüttungen).

745 BGH, NJW-RR 2008, 969, 970 (Gebäude); LG Köln, VersR 1970, 644 (Scheinbestandteile); Staudinger/*Roth*, § 909 Rn. 24; *Meisner/Ring/Götz*, § 16 Rn. 9.

746 S. ferner zu landesrechtlichen Vorschriften unten Rn. 264 ff.

a) **Stützverlust**

219 **aa)** Geschützt ist hiernach die physikalische **Festigkeit des Bodens** des Nachbargrundstücks, ihm muss in der Senkrechten wie in der Waagrechten die erforderliche Stütze verbleiben. Es darf ihm daher nicht die durch das Erdreich der umgebenden Grundstücke als solche vermittelte natürliche bodenphysikalische **(vertikale) Stütze** entzogen werden; ebenso wenig die **horizontale Stütze**, die es in seinen unteren Bodenschichten findet und die sein Einstürzen oder Zusammensinken verhindert.[747] Dies erfordert für Vertiefungen zumindest die Einhaltung der einschlägigen DIN-Normen.[748] Auf ein Verschulden des Vertiefenden am Stützverlust kommt es dabei nicht an.[749] Die Frage eines Stützverlustes ist im Prozess, wenn sie nicht wie bei Bodenabrissen oder Gebäudeeinstürzen ohnehin offenkundig ist, regelmäßig mittels sachverständiger Hilfe zu klären.[750]

220 Der Verlust an Festigkeit muss **adäquat kausale Folge der Vertiefung** sein;[751] es genügt allerdings bereits die *Gefahr eines Stützverlustes.*[752] Nicht hierher gehören Stützverluste durch bloße Bodenerschütterungen, wie durch das Einrammen einer Stahlspundwand zur Baugrubenabsicherung; diese sind vielmehr an § 906 BGB zu messen.[753] Stets ist auch erforderlich, dass das Grundstück selbst die nötige Stütze verliert, so dass der durch eine Abgrabung bedingte Einsturz eines Gebäudes ohne Beeinträchtigung der Bodenfestigkeit nicht von § 909 BGB erfasst wird.[754] Gebäude sind aber mittelbar über die Festigkeit des sie tragenden Bodens geschützt.[755] Bei engem räumlichen und zeitlichen Zusammenhang zwischen einer Vertiefung und einem Stützverlust kann unter Umständen bereits der Beweis des ersten Anscheins für einen Ursachenzusammenhang sprechen.[756]

221 **bb)** Das geschützte **Maß an Festigkeit** richtet sich nach den konkreten örtlichen Verhältnissen, namentlich danach, welche Befestigung das Nachbargrundstück nach seiner *tatsächlichen Beschaffenheit* benötigt.[757] Dies umfasst die Berücksichtigung der vorhandenen sowie auch künftigen Nutzung, insbesondere einer Bebauung, soweit sie nach den Umständen vernünftigerweise zu erwarten ist und den Rahmen *bestimmungsgemäßer* Ausnutzung des Grund und Bodens nicht offensichtlich überschreitet.[758] Dabei sind auch ungünstige Verhältnisse des Nachbargrundstücks, wie ungünstiger Baugrund und deshalb weniger tragfähige Fundamente,[759] bis hin zu dessen besonderer **Schadensanfälligkeit**[760] zu berücksichtigen, selbst wenn hierdurch die Vertiefungsarbeiten mehr als üblich erschwert werden.[761] Dem Interesse des Eigentümers des gefährdeten Grundstücks an des-

---

[747] BGHZ 44, 130, 135 = NJW 1965, 2099; BGHZ 101, 106, 109 = NJW 1987, 2810; BGHZ 101, 290, 291 f. = NJW 1987, 2808; BGH, NJW 2009, 2528, 2529; Palandt/*Bassenge*, § 909 Rn. 4 m. w. N. Zu Einwirkungen auf das Grundwasser s. bereits oben Rn. 214 f.

[748] Vgl. etwa DIN 4123 (Gebäudesicherung im Bereich von Ausschachtungen, Gründungen und Unterfangungen) und DIN 4124 (Baugruben und Gräben, Böschungen, Arbeitsraumstreifen, Verbau).

[749] RGZ 103, 174, 176; RGZ 132, 51, 56; RG, JW 1910, 930.

[750] BGH, NJW 2009, 2528, 2529.

[751] BGH, NJW 1978, 1051, 1053.

[752] Palandt/*Bassenge*, § 909 Rn. 4; *Meisner/Ring/Götz*, § 16 Rn. 14 a. E.; vgl. auch LG Freiburg, NJW-RR 1987, 141.

[753] BGHZ 85, 375, 381 = NJW 1985, 872; BGHZ 101, 106, 109 = NJW 1987, 2810; OLG Celle, OLGR 1995, 244; OLG Rostock, BauR 2001, 1127.

[754] BGHZ 12, 75, 78 = NJW 1954, 593; BGH, VersR 1979, 442, 443.

[755] BGH, NJW-RR 2008, 969, 970.

[756] Vgl. OLG Frankfurt, MDR 2010, 22; s. aber auch BGH, WM 1983, 943, 944. S. ferner unten Rn. 247.

[757] BGHZ 101, 106, 109 = NJW 1987, 2810; BGHZ 101, 290, 293 = NJW 1987, 2808; BGH, NJW 2009, 2528, 2529; vgl. auch BGHZ 63, 176 = NJW 1975, 257 (erforderliche Stütze eines von einem Wasserlauf durchflossenen Grundstücks).

[758] BGHZ 63, 176, 179 f. = NJW 1975, 257; BGH, NJW 1968, 1327, 1328 f.

[759] BGHZ 44, 130, 136 = NJW 1965, 2099; BGHZ 101, 106, 109 = NJW 1987, 2810.

[760] BGHZ 85, 375, 379 = NJW 1983, 872 (Alter, Kriegseinwirkung); OLG Frankfurt, OLGR 2006, 16, 18.

[761] BGHZ 63, 176, 179 = NJW 1975, 257; BGH, NJW 1968, 1328, 1329; NJW 1969, 2140, 2141; NJW 1979, 2515.

sen Erhaltung kommt grundsätzlich der Vorrang zu, so dass die Vertiefung in Ermangelung technischer Möglichkeiten zur Abstützung regelmäßig sogar gänzlich zu **unterbleiben** hat.[762] Wenn allerdings der Eigentümer zur wirtschaftlichen Ausnutzung seines Grundstücks auf die Vertiefung angewiesen ist, andererseits eine Abstützung des Nachbargrundstücks nur unter außergewöhnlichen Opfern oder gar nicht möglich wäre, so kann der betroffene Nachbar im Einzelfall nach *§ 242 BGB* zu einer Kostenbeteiligung an den möglichen Stützmaßnahmen, sonst zur Duldung der Vertiefung gegen einen nachbarrechtlichen Ausgleichsanspruch für entstehende Schäden verpflichtet sein.[763]

b) Keine anderweitige Befestigung

Eine an sich unzulässige Vertiefung wird zulässig, wenn und soweit der Vertiefende für eine genügende anderweitige Befestigung des gefährdeten Nachbargrundstücks sorgt. Verpflichtet ist er hierzu jedoch nicht,[764] allerdings mit der Folge, dass dann die Vertiefung unzulässig bleibt. Die Maßnahmen müssen bereits **zur Zeit der Vertiefung** erfolgen, so dass für das Nachbargrundstück nicht einmal kurzfristig Gefahren entstehen.[765] Genügend sind sie nur, wenn sie den zu erwartenden Verlust der erforderlichen Stütze **ausschließen**; auf die technische Machbarkeit kommt es demgegenüber nicht an, ggf. muss die Vertiefung gänzlich unterbleiben.[766] Eine besondere, optisch-ästhetischen Anforderungen genügende Abstützung kann der betroffene Nachbar allerdings nicht verlangen;[767] maßgeblich sind allein die physikalisch-technischen Erfordernisse.[768] In Betracht kommt hier bei auf Dauer angelegten Vertiefungen insbesondere die Errichtung einer Stützmauer oder einer Böschung. Eine einmal errichtete Befestigung muss auch weiterhin **in ordentlichem Zustand gehalten** werden.[769] 222

Die Befestigungsmaßnahmen sind **auf dem zu vertiefenden Grundstück** vorzunehmen.[770] Eine dauerhafte Inanspruchnahme des gefährdeten Nachbargrundstücks kommt hierfür nicht in Betracht; allenfalls kann sich im Einzelfall ausnahmsweise eine Berechtigung zu dortigen *vorübergehenden* Sicherungsmaßnahmen ergeben.[771] Auch ein **Betreten** des Nachbargrundstücks zur Durchführung von Stützmaßnahmen auf dem eigenen Grundstück kommt allenfalls im Rahmen von § 904 BGB oder nach den landesrechtlichen Hammerschlags- und Leiterrechten bzw., in Ermangelung solcher, dem aus § 242 BGB folgenden nachbarlichen Betretungsrecht in Betracht.[772] 223

Die **Kosten** einer anderweitigen Befestigung gehen zu Lasten des Vertiefenden, nur in Ausnahmefällen kommt eine Kostenbeteiligung des betroffenen Nachbarn in Betracht.[773] Unternimmt der Vertiefende nichts, und wird der betroffene Nachbar daher selbst tätig, so kommt ein Aufwendungsersatzanspruch nach den Grundsätzen der Geschäftsführung ohne Auftrag in Betracht (§§ 683 S. 1, 679, 670 BGB);[774] allerdings nur ge- 224

762 BGHZ 101, 290, 293 = NJW 1987, 2808; *Meisner/Ring/Götz*, § 16 Rn. 12; NK/*Ring*, § 909 Rn. 21.

763 BGHZ 44, 130, 137 = NJW 1965, 2099; BGHZ 101, 290, 293 f. = NJW 1987, 2808; BGH, NJW 1981, 50; NJW-RR 1988, 136, 138. Ggf. besteht eine Duldungspflicht aber erst, wenn die Durchsetzung des Ausgleichsanspruchs durch *Sicherheitsleistung* o.ä. gewährleistet ist (dazu BGHZ 101, 290, 296). S. ferner zum Haftungsumfang für Schäden bei Schadensanfälligkeit unten Rn. 248 f.

764 RGZ 132, 51, 58.

765 BGH, NJW 1997, 2595, 2596.

766 BGHZ 101, 290, 293 = NJW 1987, 2808. S. aber auch oben Rn. 221 a. E.

767 OLG Zweibrücken, OLGZ 1974, 317, 318.

768 PWW/*Lemke*, § 909 Rn. 24.

769 BGH, NJW 1968, 1327, 1328; WM 1979, 1312; BeckRS 2012, 15964; *Bayer/Lindner/Grziwotz*, S. 120.

770 BGH, NJW 1997, 2595, 2596; MünchKommBGB/*Säcker*, § 909 Rn. 17.

771 OLG Stuttgart, NJW 1994, 739 (Rückverankerung einer Bohrpfahlwand gegen Ausgleichsanspruch analog § 906 II 2 BGB; Revision nicht angenommen durch BGH, NJW 1995, 3008).

772 Palandt/*Bassenge*, § 909 Rn. 5. Zum nachbarlichen Betretungsrecht s. unten Teil 4 Rn. 115 ff. Zu evtl. haftungsrechtlichen Folgen einer grundlosen Verweigerung des Betretens s. ferner unten Rn. 249.

773 Vgl. BGHZ 101, 290, 293 = NJW 1987, 2808; OLG Düsseldorf, MDR 1972, 948; OLG Hamm, OLGR 1992, 27, 28. Zur ausnahmsweisen Kostenbeteiligung s. oben Rn. 221.

774 BGH, NJW 1968, 1327, 1328.

gen den vertiefenden Eigentümer oder Besitzer, nicht gegen den Architekten oder andere am Bau Beteiligte.[775]

II. Inhalt

1. Unterlassungsanspruch

225 § 909 BGB[776] gibt bei erstmals oder wiederholt *drohender* unzulässiger Vertiefung einen **vorbeugenden Unterlassungsanspruch**. Die Gefahr einer Vertiefung muss aber jedenfalls *in Aussicht stehen*, was ein bestimmtes, die Festigkeit des eigenen Grundstücks gefährdendes Verhalten des Nachbarn voraussetzt; dies ist materiell-rechtliche Anspruchsvoraussetzung.[777]

226 Der Anspruch geht jedoch grundsätzlich nicht schlechthin auf Unterlassung der Vertiefung (einfache Unterlassung), da dem Vertiefenden nicht die Möglichkeit einer anderweitigen Befestigung genommen werden darf. Der betroffene Nachbar muss vielmehr auf Unterlassung der unzulässigen Vertiefung unter dem Vorbehalt genügender anderweitiger Befestigung klagen (**qualifizierte Unterlassung**).[778] Dann liegt es am Vertiefenden, ob und welche anderweitigen Befestigungsmaßnahmen er durchführt; ein Anspruch auf Vornahme bestimmter Befestigungsmaßnahmen besteht demgegenüber grundsätzlich nicht.[779] Nur bei technischer Unmöglichkeit einer genügenden anderweitigen Befestigung ist der Anspruch auf einfache Unterlassung der Vertiefung gerichtet.[780]

2. Beseitigungsanspruch

227 Darüber hinaus kann aus § 909 BGB[781] bei bereits erfolgter unzulässiger Vertiefung die Beseitigung des beeinträchtigenden Zustands verlangt werden. Auch insoweit obliegt dem Störer die Wahl der Mittel (Wiederherstellung des ursprünglichen Zustands oder aber genügende anderweitige Befestigung), so dass insbesondere **kein Anspruch auf Vornahme bestimmter Maßnahmen** besteht. Der Anspruch geht daher nur auf die Vornahme geeigneter Maßnahmen zur *Wiederherstellung einer bestimmten Bodenfestigkeit*, die im Klageantrag konkret zu bezeichnen ist.[782] Beseitigungs- und Unterlassungsanspruch haben grundsätzlich unterschiedliche Inhalte; sofern allerdings zusätzlich zu bereits erfolgten noch weitere Vertiefungen drohen, bestehen sie *nebeneinander*.[783] Ggf. hat das Gericht nach § 139 ZPO auf eine geeignete Antragstellung hinzuwirken.[784]

228 Besteht aufgrund einer Abgrabung möglicherweise die Gefahr des Abrutschens eines Nachbargrundstücks, so kann dem Nachbarn aus § 809 BGB ein **Anspruch auf Besichtigung** des abgegrabenen Grundstücks zustehen.[785]

---

[775] BGH, NJW-RR 1996, 852, 853 (gegen diese besteht auch kein Anspruch aus § 812 BGB).
[776] Zur genauen Anspruchsgrundlage s. bereits oben Rn. 209.
[777] Staudinger/*Roth*, § 909 Rn. 37; MünchKommBGB/*Säcker*, § 909 Rn. 18.
[778] BGH, NJW 2009, 2528, 2529; zum Klageantrag auch unten Rn. 257.
[779] RGZ 132, 51, 58; Staudinger/*Roth*, § 909 Rn. 38.
[780] RGZ 62, 370, 371; RG, Warn 1912 Nr. 385; *Dehner*, B § 20 I 5 a.
[781] Zur genauen Anspruchsgrundlage s. bereits oben Rn. 209.
[782] BGH, NJW 1978, 1584; 2009, 2528, 2529; zum Klageantrag auch unten Rn. 256.
[783] BGH, NJW 2009, 2528, 2529.
[784] BGH, NJW 2009, 2528, 2529.
[785] OLG Karlsruhe, NJW-RR 2002, 951 (Besichtigung durch Sachverständigen im selbständigen Beweisverfahren).

III. Beteiligte

1. Berechtigter

229 Anspruchsberechtigt sind der Eigentümer, einschließlich Wohnungseigentümer und Teileigentümer, oder Miteigentümer (§ 1011 BGB) des betroffenen Grundstücks;[786] daneben auch der anwartschaftsberechtigte Erwerber bei Vertiefung nach Entstehen seines *Anwartschaftsrechts.*[787] Ferner Erbbau- (§ 11 ErbbauRG), Nießbrauchs- (§ 1065 BGB) und Dienstbarkeitsberechtigte (§§ 1027, 1090 II BGB), sowie Dauerwohn- (§ 34 II WEG) und Dauernutzungsberechtigte (§§ 31 III, 34 II WEG).[788] In den Schutzbereich des § 909 BGB ist darüber hinaus auch der bloß obligatorisch berechtigte **Besitzer** des betroffenen Grundstücks einbezogen, dem unter den Voraussetzungen des § 909 BGB ein Abwehranspruch wegen Besitzstörung (§ 862 BGB) zusteht.[789]

2. Verpflichteter

230 Das Verbot des § 909 BGB richtet sich gegen *jedermann*; als Störer[789a] und damit Verpflichteter kommt daher grundsätzlich jeder in Betracht, der **an der Vertiefung mitwirkt**.[790] Dies sind in erster Linie der *Eigentümer*,[791] *Besitzer* oder sonstige Benutzer des vertieften Grundstücks, die die Vertiefung *veranlasst* haben oder *fortdauern* lassen; darüber hinaus der an der Vertiefung beteiligte *Architekt, Bauunternehmer, bauleitende Ingenieur und Statiker*, weil diese eine eigenständige und auch durch Weisungen des Bauherrn nicht beseitigbare Prüfungspflicht hinsichtlich eines drohenden Stützverlustes für Nachbargrundstücke trifft.[792] Mehrere Verpflichtete sind *Gesamtschuldner.*[793]

231 Ein **Beseitigungsanspruch** besteht gegen die zuletzt genannten Personen jedoch nur, soweit diese (noch) die **Verfügungsmacht** über das Grundstück haben, also die Vertiefung selbst aufrechterhalten; ansonsten ist der Betroffene ihnen gegenüber auf Unterlassungs- und ggf. Schadensersatzansprüche beschränkt.[794] Gleiches gilt im Falle eines **Eigentumswechsels** gegenüber dem *bisherigen* Eigentümer. Demgegenüber bestehen gegenüber dem *neuen* Eigentümer die Ansprüche aus § 909 BGB ohne weiteres, sofern er die Gefahren aus einer Vertiefung durch seinen Rechtsvorgänger nicht beseitigt.[795] Bei Veräußerung im Prozess gilt § 265 ZPO.[796]

---

[786] Staudinger/*Roth*, § 909 Rn. 35.

[787] BGHZ 114, 161, 163 = NJW 1991, 2019; für Vertiefung davor s. BGHZ 103, 39, 42 f. = NJW 1988, 1202 sowie unten Rn. 233.

[788] Palandt/*Bassenge*, § 909 Rn. 6; PWW/*Lemke*, § 909 Rn. 4.

[789] BGHZ 147, 45, 51 = NJW 2001, 1865; ebenso Staudinger/*Roth*, § 909 Rn. 35; Soergel/*Baur*, § 909 Rn. 13; **a. A.** Palandt/*Bassenge*, § 909 Rn. 6 (Besitzer kann aber zur Ausübung der Rechte aus § 909 BGB ermächtigt werden).

[789a] BGHZ 91, 282, 285 = NJW 1984, 2463; BGH, BeckRS 2012, 15964.

[790] BGHZ 85, 375, 378 = NJW 1983, 872; BGHZ 101, 290, 291 = NJW 1987, 2808; BGH, NJW 1996, 3205, 3206; NJW-RR 1996, 852; NZM 2005, 239; OLG München, OLGR 2004, 2; OLG Brandenburg, NJOZ 2010, 2544, 2547.

[791] Dies gilt auch, wenn der Besitzer ohne seinen Willen vertieft hat, vgl. BGH, NJW-RR 1996, 659.

[792] BGH, NJW 1996, 3205, 3206; NZM 2005, 239.

[793] *Meisner/Ring/Götz*, § 16 Rn. 27.

[794] RGZ 103, 174, 177; BGH, NJW-RR 1996, 852, 853; 2008, 969, 971; *Bayer/Lindner/Grziwotz*, S. 121. Die Deutsche Telekom ist bei Vertiefungen im Rahmen von Kabelverlegearbeiten aufgrund von §§ 68, 76 TKG als verfügungsbefugt anzusehen, vgl. LG Deggendorf, 27. 11. 1985 – O 509/85.

[795] BGH, NJW 1968, 1327, 1328.

[796] Staudinger/*Roth*, § 909 Rn. 42.

IV. Ausschluss, Verzicht, Verjährung

1. Ausschluss, Beschränkung

232 **a) Öffentlich-rechtliche Genehmigungen**, insbesondere eine *Baugenehmigung*,[797] beseitigen für sich die Unzulässigkeit einer Vertiefung ebenso wenig, wie ein *Bebauungsplan*;[798] dies gilt auch dann, wenn der Vertiefende hierdurch zu Änderungen der Höhenlage seines Grundstücks verpflichtet ist.[799] Anders verhält es sich jedoch, soweit der Genehmigung *privatrechtsgestaltende Wirkung* zukommt, wie bei Einbeziehung einer Vertiefung in eine Planfeststellung.[800] Auch die Einhaltung öffentlich-rechtlicher Anforderungen, wie etwa von *landesrechtlichen Abstandsvorschriften*, kann für sich genommen noch nicht zur privatrechtlichen Zulässigkeit einer Abgrabung führen.[801]

233 **b)** Ein Ausschluss kann sich jedoch aus einer besonderen **zivilrechtlichen** Risikoverteilung ergeben. So haben die Mängelrechte des Kaufrechts als Sonderregelung abschließenden Charakter. Soweit daher das Leistungsinteresse des Käufers an der Mangelfreiheit der Kaufsache durch die §§ 434 ff. BGB geschützt wird, kommt ein Rückgriff auf §§ 909, 1004 BGB nicht in Betracht, insbesondere scheidet dann auch ein nachbarrechtlicher Ausgleichsanspruch aus.[802]

234 **c)** Ansprüche aus Vertiefung können auch beschränkt oder ausgeschlossen sein, sofern sich das Nachbargrundstück aufgrund **Verschuldens seines Eigentümers** – nicht erkennbar – in einem anfälligen Zustand befindet und dieser den Vertiefenden hierauf *nicht hinweist*.[803] Ein Anspruchsausschluss besteht auch, sofern der betroffene Eigentümer oder sein Rechtsvorgänger die Vertiefung *selbst vorgenommen* haben.[804]

2. Verzicht

235 Der betroffene Nachbar kann auf seine Rechte aus § 909 BGB auch **verzichten**. Einem Einzelrechtsnachfolger gegenüber wirkt ein solcher Verzicht allerdings nur, wenn er durch Bestellung einer entsprechenden Grunddienstbarkeit *dinglich* gesichert wird.[805] Ein bloß *schuldrechtlicher* Verzicht entfaltet demgegenüber keine Wirkung gegen Einzelrechtsnachfolger;[806] etwas anderes kann nur ausnahmsweise gelten, wenn dieser in Kenntnis des Verzichts erkennbar in die Duldungspflicht seines Rechtsvorgängers eintreten wollte.[807] Umgekehrt können die Beteiligten einer Vertiefung die für den betroffenen Eigentümer daraus folgenden Rechte durch entsprechende Vereinbarung auch **erweitern**.[808]

3. Verjährung

236 Die Abwehransprüche aus § 909 BGB unterliegen nach § 924 BGB nicht der Verjährung.

---

797 BGHZ 85, 375, 380 = NJW 1983, 872; BGH, WM 1979, 950.
798 BGH, NJW 1980, 1679.
799 *Meisner/Ring/Götz*, § 16 Rn. 48. S. § 9 III 1 BauGB; z. T. bestehen auch noch entsprechende bauordnungsrechtliche Bestimmungen der Länder, z. B. § 10 LBO BW, § 9 III BauO NRW. S. im Einzelnen *Dehner*, B § 20 VI.
800 BGH, NJW 1980, 582.
801 Palandt/*Bassenge*, § 909 Rn. 2; Bamberger/Roth/*Fritzsche*, § 909 Rn. 27.
802 BGHZ 103, 39, 43 = NJW 1988, 1202.
803 *Bayer/Lindner/Grziwotz*, S. 125.
804 BGHZ 91, 282, 285 = NJW 1984, 2463; BGHZ 103, 39, 42 = NJW 1988, 1202.
805 *Bayer/Lindner/Grziwotz*, S. 125; Staudinger/*Roth*, § 909 Rn. 75.
806 BGHZ 91, 282, 285 = NJW 1984, 2463.
807 Vgl. Staudinger/*Roth*, § 909 Rn. 75; ferner BGH, NJW 1980, 1679, 1680.
808 *Bayer/Lindner/Grziwotz*, S. 125.

V. Ersatzansprüche

1. Anspruchsgrundlagen

a) In erster Linie kommt bei Vertiefungsschäden ein Anspruch nach **§ 823 II BGB** in Betracht; § 909 BGB ist Schutzgesetz im Sinne dieser Vorschrift.[809] Sieht man den bloßen Besitzer als nicht von § 909 BGB geschützt an,[810] so muss insoweit auf § 858 BGB als Schutzgesetz zurückgegriffen werden.[811] Soweit es um Veränderungen des Grundwasserspiegels geht, kommen als Schutzgesetze darüber hinaus auch die Vorschriften des *WHG* und des *Landeswasserrechts* in Betracht, soweit diese drittschützend sind.[812] 237

b) Auf **§ 823 I BGB** kann demgegenüber nur ausnahmsweise zurückgegriffen werden. 238
Grundsätzlich gehen nämlich die nachbarrechtlichen Regelungen über Vertiefungen (§§ 823 II, 909 BGB) wegen der durch sie vorgenommenen Grenzziehung zwischen rechtmäßiger und rechtswidriger Grundstücksbenutzung einem Anspruch aus § 823 I BGB wegen desselben Sachverhalts vor.[813] Für § 823 I BGB bleiben daher nur die Fälle eines *unmittelbaren Eingriffs* in das Nachbargrundstück, wie beispielsweise durch Unterfangarbeiten.[814]

c) Eine **vertragliche Haftung** besteht daneben nicht etwa deshalb, weil der Grund- 239
stücksnachbar in den *Schutzbereich* des der Vertiefung zugrunde liegenden Werkvertrages einbezogen wäre. Dies gilt nur für Personen, denen der Besteller besondere Fürsorge schuldet; der Eigentümer des durch die Vertiefung beschädigten Nachbargrundstückes zählt hierzu nicht.[815] Das Versprechen vor Baubeginn, dem Nachbarn alle Vertiefungsschäden zu ersetzen, kann einen *Garantievertrag* mit verschuldensunabhängiger Haftung darstellen.[816]

2. Haftende; Verschulden

a) Allgemeines

Als Haftende kommen nicht nur der gegenwärtige und frühere Eigentümer, Besitzer 240
oder sonstige Benutzer des vertieften Grundstücks in Betracht, die die Vertiefung veranlasst haben oder fortdauern lassen, sondern grundsätzlich **jeder, der an der Vertiefung mitwirkt**, also auch die an der Vertiefung beteiligten Architekten, Bauunternehmer, bau leitenden Ingenieure und Statiker.[817]

Jeden von ihnen trifft eine **eigenverantwortliche Prüfungspflicht**; sie alle haften des- 241
halb jeweils auf Schadensersatz, soweit ihr Beitrag an der Vertiefung im Einzelfall **pflichtwidrig** und **schuldhaft** ist.[818] Ein solches Verhalten ist regelmäßig auch rechtswidrig.[819] Das Verschulden muss sich dabei gerade auf den *Verlust der erforderlichen Stütze* des be-

---

809 RGZ 144, 170, 173; BGHZ 101, 290, 291 = NJW 1987, 2808; BGH, NJW-RR 2008, 969; BayObLG, NJW-RR 2000, 608; OLG Frankfurt, OLGR 2001, 110, 112; OLG Köln, OLGR 2004, 163; OLG Brandenburg, NJOZ 2010, 2544, 2545.

810 Dazu oben Rn. 229.

811 Palandt/*Bassenge*, § 909 Rn. 9.

812 Dazu unten Rn. 268 f.

813 BGHZ 114, 161, 165 f. = NJW 1991, 2019; BGH, NJW 1970, 608; NJW 1971, 935.

814 BGH, NJW 1970, 608; NJW 1997, 2595, 2596; OLG Hamm, OLGR 1993, 192, 193. Zu den landesrechtlichen Vorschriften zum Unterfangen s. *Dehner*, B § 20 I 2. S. ferner OLG Saarbrücken, OLGR 1998, 303, 304 (Abstützen einer Giebelwand).

815 OLG Frankfurt, OLGR 2000, 228, 229; vgl. ferner OLG Rostock, BauR 2001, 1127, 1128.

816 BGH, NJW 1982, 1809, 1810 = MDR 1982, 743.

817 Dazu i. E. oben Rn. 230 f.

818 BGH, NJW 1996, 3205, 3206; NZM 2005, 239; OLG München, OLGR 2004, 2.

819 Außer der Bauherr wäre im Verhältnis zum Geschädigten ausnahmsweise zur schädigenden Vertiefung berechtigt; dann ist weder sein Verhalten noch das der am Bau Beteiligten rechtswidrig, vgl. BGHZ 101, 290, 293 f. = NJW 1987, 2808. S. dazu oben Rn. 221 a. E.

troffenen Nachbargrundstücks beziehen,[820] wobei allerdings die **Sorgfaltspflichten hoch** anzusetzen sind, die Gefahrenlage für das Nachbargrundstück ist grundsätzlich genau zu prüfen.[821] Ggf. müssen auch ungewöhnliche Sicherungsmaßnahmen ergriffen werden.[822] Öffentlich-rechtliche Genehmigungen, wie eine Baugenehmigung oder wasserrechtliche Erlaubnis, ändern am Sorgfaltsmaßstab grundsätzlich nichts.[823] Die Sorgfaltspflichten bestehen während der *gesamten Dauer der Arbeiten*,[824] bei Erkennbarkeit der Gefahrenlage erst im Laufe der Arbeiten können sie auch dann noch aktuell werden.[825] Im Prozess hat der Vertiefende darzulegen und zu **beweisen**, dass er die ihn treffenden Sorgfaltspflichten erfüllt hat.[826]

b) Eigentümer, Besitzer

242 Soweit der vertiefende Eigentümer oder Besitzer nicht ausnahmsweise selbst fachkundig ist,[827] genügt er seinen Sorgfaltspflichten allerdings regelmäßig dadurch, dass er die Arbeiten *von Fachleuten ausführen* lässt, die er *sorgfältig ausgewählt* hat;[828] dies schließt allerdings ein, dass er diese auch hinreichend über die Situation *informiert* und zur Beachtung der Anforderungen des § 909 BGB anhält.[829] Eine **eigene Überwachungspflicht** trifft ihn darüber hinaus **nur ausnahmsweise**, nämlich wenn auch für ihn erkennbar eine erhöhte Gefahrenlage gegeben war oder wenn Anlass zu Zweifeln bestand, ob die eingesetzten Fachkräfte den Gefahren und Sicherheitserfordernissen in ausreichendem Maße Rechnung tragen;[830] gleiches muss gelten, wenn er die Arbeiten verschiedener Fachleute selbst koordiniert.[831] In keinem Fall braucht der Eigentümer zu prüfen, ob der von ihm beauftragte Bauunternehmer haftpflichtversichert ist.[832]

243 Für Dritte haftet der Eigentümer zwar grundsätzlich nach **§ 831 BGB**, allerdings fehlt es gerade bei Architekten, Bauunternehmern, Ingenieuren und Statikern regelmäßig mangels Weisungsabhängigkeit an der Eigenschaft von Verrichtungsgehilfen.[833] Auch eine analoge Anwendung der Vorschrift kommt nicht in Betracht.[834] Schließlich scheidet auch eine Zurechnung über § 278 BGB aus, da das nachbarliche Gemeinschaftsverhältnis kein gesetzliches Schuldverhältnis im Sinne dieser Norm ist.[835] Erteilt der Bauherr allerdings **Weisungen**, das Baugrundstück in Gefahr bringender Weise auszuschachten und dabei gleichzeitig von notwendigen Sicherungsmaßnahmen für Nachbargrundstücke abzusehen, so haftet er hierfür unmittelbar.[836]

---

[820] BGH, NJW 1977, 763, 764.

[821] BGHZ 85, 375, 380 = NJW 1983, 872; OLG Köln, OLGR 2004, 263; Erman/*Lorenz*, § 909 Rn. 2.

[822] PWW/*Lemke*, § 909 Rn. 29.

[823] BGH, NJW 1977, 763, 764.

[824] RGZ 132, 51, 60; BGH, VersR 1960, 824.

[825] MünchKommBGB/*Säcker*, § 909 Rn. 22; *Bayer/Lindner/Grziwotz*, S. 122.

[826] OLG Düsseldorf, NJW-RR 1997, 146; OLG Hamm, BauR 1998, 159, 162; MünchKommBGB/*Säcker*, § 909 Rn. 28.

[827] Hierzu: RG, JW 1910, 150; OLG Köln, OLGZ 1987, 363, 364.

[828] BGHZ 147, 45, 48 = NJW 2001, 1865; OLG Koblenz, NJW-RR 2003, 1457, 1458; OLG Frankfurt, OLGR 2006, 16; OLG Brandenburg, NJOZ 2010, 2544, 2547; s. ferner BGH, NJW-RR 1996, 852 (keine Überspannung der Anforderungen); ältere Rspr. ist damit, soweit sie höhere Anforderungen stellt, insoweit überholt.

[829] Bamberger/Roth/*Fritzsche*, § 909 Rn. 17; Palandt/*Bassenge*, § 909 Rn. 10; vgl. auch BGH, VersR 1960, 824.

[830] BGHZ 147, 45, 48 = NJW 2001, 1865; BGH, NJW 1969, 2140, 2141; NJW-RR 1988, 136, 137 f.; NJW-RR 1997, 1374; OLG Köln, OLGR 2004, 263; OLG Hamm, BauR 2009, 830, 832.

[831] OLG Düsseldorf, BauR 1996, 881.

[832] BGH, NJW 1960, 335.

[833] BGHZ 42, 374, 375; BGHZ 147, 45, 49 = NJW 2001, 1865; OLG Koblenz, NJW-RR 2003, 1457, 1458.

[834] Staudinger/*Roth*, § 909 Rn. 52.

[835] H. M.: BGHZ 42, 374, 377; BGH, NJW 1960, 335; NJW 1977, 375; **a. A.** z. B. MünchKommBGB/*Säcker*, § 909 Rn. 25; Palandt/*Grüneberg*, § 278 Rn. 3 m. w. N.

[836] OLG Koblenz, NJW-RR 2003, 1457, 1458.

c) Architekten, Bauunternehmer, bauleitende Ingenieure, Statiker

Sie trifft jeweils eine **eigenverantwortliche Prüfungspflicht** bezüglich Vertiefungsgefahren für Nachbargrundstücke.[837] Diese ist von einem **hohen Sorgfaltsmaßstab** geprägt; auf Weisungen des Bauherrn dürfen sie sich daher grundsätzlich nicht verlassen.[838] Ebenso wenig dürfen sie umgekehrt darauf vertrauen, dass dieser sie von sich aus auf alle wesentlichen Punkte hinweisen werde; vielmehr müssen sie sich die notwenigen Informationen in eigener Verantwortung beschaffen und dazu ggf. ihrem Auftraggeber die erforderlichen Fragen stellen.[839] Die Frage einer Haftung dieser Personen hängt schließlich auch nicht davon ab, ob sie vertragliche Pflichten gegenüber ihrem Vertragspartner verletzt haben, sondern allein davon, ob sie gegen die durch § 909 BGB konkretisierten *allgemeinen Verhaltenspflichten* verstoßen haben, die im Interesse des betroffenen Grundstücksnachbarn zu beachten sind.[840] 244

Der mit der *Bauplanung* oder *Bauleitung* beauftragte **Architekt** muss generell hohen Sorgfaltsanforderungen genügen.[841] Die örtliche Bauleitung schließt dabei eine sorgfältige Überwachung vor Ort durch häufige Kontrollen ein.[842] Stets ist auch eine genaue Beachtung der nachbarrechtlichen sowie der DIN-Vorschriften erforderlich, wovon sich der Architekt selbst überzeugen muss.[843] Der bauleitende Architekt darf sich nicht ohne eigene Überprüfung auf den planenden Architekten[844] oder den Statiker[845] verlassen. Generell sind bei einer Baumaßnahme, die einen Verstoß gegen das Gebot des § 909 BGB befürchten lässt, im Zweifel und insbesondere bei fehlender eigener ausreichender Sachkunde neben dem Hinweis auf die Problematik Fachleute zuzuziehen bzw. deren Zuziehung sicherzustellen;[846] dies betrifft etwa die Erholung eines Baugrund- und Gründungsgutachtens, dem der Architekt dann allerdings zumindest außerhalb des Bereichs seiner eigenen Fachkenntnisse regelmäßig vertrauen darf.[847] Für eine eigenmächtig von seinen Vorgaben abweichende Bauausführung ist der Architekt nicht verantwortlich, solange er nicht seine Sorgfaltspflichten im Zusammenhang mit der Bauaufsicht verletzt.[848] Für den **bauleitenden Ingenieur** gelten entsprechend hohe Anforderungen wie an den bauleitenden Architekten.[849] Den **Bauunternehmer**, der die Baugrube aushebt oder der mit anderweitigen Befestigungsmaßnahmen betraut ist, trifft ebenfalls eine strenge Sorgfaltspflicht.[850] Er darf sich weder einfach auf die Statik noch auf Vorgaben im Leistungsverzeichnis oder Weisungen Dritter, insbesondere des Architekten, verlassen.[851] Er kann sogar verpflichtet sein, die Erholung eines Bodengutachtens zu veranlassen.[852] Einen auf konkrete Untersuchungen vor Ort gestützten Gründungsvorschlag eines vom Bauherrn bestellten Sachverständigen braucht er allerdings nicht zu hinterfragen.[853] Schließlich trifft auch den **Statiker**, dessen Berechnungen die Grundlage für den Bodenaushub und die dabei zu beachtenden Sicherungsmaßnahmen bilden, eine eigenverantwortliche Prü- 245

[837] BGH, NJW 1996, 3205, 3206; NZM 2005, 239.
[838] Palandt/*Bassenge*, § 909 Rn. 10.
[839] OLG Köln, NJW-RR 1998, 1320, 1321.
[840] BGH, NZM 2005, 239; NJW-RR 2009, 1393.
[841] BGHZ 85, 375, 380 = NJW 1983, 872; BGHZ 101, 290, 291 = NJW 1987, 2808; BGH, NJW-RR 1996, 852; s. aber auch OLG Köln, NJW-RR 1994, 89 (zum nur planenden Architekten).
[842] BGH, MDR 1965, 197; Staudinger/*Roth*, § 909 Rn. 53 m. w. N.
[843] OLG Düsseldorf, BauR 1998, 1271, 1273 = OLGR 1999, 94.
[844] Staudinger/*Roth*, § 909 Rn. 53.
[845] BGH, VersR 1967, 260, 262.
[846] BGH, VersR 1965, 800, 801; NZM 2005, 239.
[847] BGH, NJW-RR 1996, 852, 853 = WM 1996, 1093, 1095.
[848] BGH, NJW-RR 2009, 1393.
[849] BGH, VersR 1964, 1070, 1072; NJW 1996, 3205, 3206.
[850] BGH, NJW 1961, 1523, 1524; NJW 1996, 3205, 3206.
[851] BGH, VersR 1964, 1070, 1072; NJW 1981, 50, 51; OLG Köln, BauR 1987, 472; Staudinger/*Roth*, § 909 Rn. 55 m. w. N.
[852] BGH, NJW 1973, 2207, 2208.
[853] OLG München, OLGR 2004, 2, 3.

fungspflicht.[854] Er hat insbesondere zu prüfen, welche Gründungsmaßnahmen nach seiner Kenntnis der Dinge aufgrund der örtlichen Verhältnisse erforderlich sind.[855] Für **Mitarbeiter** und weisungsgebundene **Subunternehmer** haften die genannten Personengruppen jeweils nach § 831 BGB.[856]

d) Verantwortlichkeit mehrerer

246 Nach den vorstehenden Ausführungen kann eine Verantwortlichkeit mehrerer für einen Schaden bestehen; diese kann sich auch erst über **§ 830 I 2 BGB** ergeben.[857] In jedem Fall haften die Verantwortlichen dann nach § 840 BGB als **Gesamtschuldner**.[858] Sowohl § 830 I 2 BGB[859] als auch § 840 BGB[860] sind dabei auch anwendbar, wenn einerseits Verschuldenshaftung und andererseits verschuldensunabhängige Haftung[861] oder Haftung aus enteignendem oder enteignungsgleichem Eingriff[862] zusammentreffen.

e) Beweisfragen

247 Die **Beweislast** für die Voraussetzungen einer unzulässigen Vertiefung durch den Gegner sowie für die haftungsbegründende Kausalität von dessen Verhalten liegt beim Geschädigten.[863] Aus einem engen zeitlichen Zusammenhang zwischen Schadenseintritt und Vertiefung kann allerdings ggf. auf einen Ursachenzusammenhang geschlossen werden.[864] Bei typischen Geschehensabläufen kann dem Geschädigten auch ein **Anscheinsbeweis** helfen.[865] Wird gegen *DIN-Normen* verstoßen, so spricht eine *widerlegliche Vermutung* für eine Ursächlichkeit des Verstoßes für die im örtlichen und zeitlichen Zusammenhang mit der Vertiefung entstandenen Schäden, außer ein ebenfalls in solchem Zusammenhang stehender Umstand kommt als alternative Schadensursache ernstlich in Betracht.[866] Hinsichtlich des *Verschuldens* des Schädigers kommt dem Geschädigten eine **Beweislastumkehr** zugute. Der Schädiger hat hiernach, sofern der Geschädigte den Verstoß gegen § 909 BGB, den Schaden und den ursächlichen Zusammenhang mit der Vertiefung bewiesen hat, seinerseits nachzuweisen, dass ihn an dem Verstoß kein Verschulden trifft;[867] dieser Beweis wird insbesondere dann nicht gelingen, wenn aufgrund der konkreten örtlichen Situation eine aus objektiver Sicht erhöhte Gefahrenlage für das Nachbargrundstück bestand.[868] Auch der Nachweis einer genügenden anderweitigen Befestigung obliegt dem Vertiefenden.[869]

3. Haftungsumfang; Mitverschulden

a) Haftungsumfang

248 Für den Haftungsumfang gelten §§ 249 ff. BGB. Zu ersetzen ist daher grundsätzlich der **volle Schaden**, soweit er vom Schutzzweck des § 909 BGB umfasst ist.[870] Hierzu

[854] BGH, NJW 1996, 3205, 3206; OLG Düsseldorf, BauR 1975, 71; OLG Köln, BauR 1987, 472.
[855] BGH, WM 1971, 682, 684.
[856] BGH, NJW 1996, 3205, 3206; OLG Koblenz, BauR 1989, 637; OLG Düsseldorf, BauR 1993, 351, 353; OLG Rostock, BauR 2001, 1127.
[857] BGHZ 85, 375, 383 = NJW 1983, 872; BGH, NJW 1996, 3205, 3207.
[858] BGH, NJW 1969, 2140, 2142; OLG Hamm, BauR 2009, 830.
[859] BGHZ 101, 106, 112 = NJW 1987, 2810.
[860] BGHZ 147, 45, 56 = NJW 2001, 1868; OLG Koblenz, BauR 2000, 120; OLG Brandenburg, NJOZ 2010, 2544, 2548.
[861] Dazu unten Rn. 250 ff.
[862] Dazu unten Rn. 253.
[863] BGH, NJW-RR 2009, 1393. Zur haftungsausfüllenden Kausalität s. unten Rn. 248.
[864] BGH, NJW 1996, 3205, 3206.
[865] BGH, WM 1983, 943, 944.
[866] BGHZ 114, 273, 276 = NJW 1991, 2021; BGH, NJW-RR 2009, 1393.
[867] OLG Düsseldorf, NJW-RR 1997, 146; OLG Köln, OLGR 2004, 263; Staudinger/*Roth*, § 909 Rn. 61 m. w. N.
[868] OLG Brandenburg, NJOZ 2010, 2544, 2547.
[869] BGH, NJW-RR 2009, 1393.
[870] BGHZ 63, 176, 179 = NJW 1975, 257; BGHZ 114, 161, 163 = NJW 1991, 2019.

zählen nach einem Gebäudeeinsturz Wiederaufbau- und Aufräumkosten, sofern das Gebäude noch steht die Kosten für die Wiederherstellung seiner Standfestigkeit;[871] ebenso ein etwa verbleibender Minderwert.[872] Bei einem ohnehin schon *baufälligen* Gebäude ist jedoch nur der **zusätzlich** entstandene Schaden ersatzfähig.[873] Die Höhe kann gegebenenfalls unter Zuhilfenahme von § 287 ZPO geschätzt werden.[874] Sind die Wiederherstellungskosten eines beschädigten Gebäudes unverhältnismäßig hoch, so ist die Höhe der Ersatzleistung nach dem Verkehrswert des Grundstücks unmittelbar vor dem Schadensereignis zu bemessen.[875] Der Geschädigte hat keinen Anspruch auf Vorschussleistung für Instandsetzungsarbeiten, ein solcher ist dem Deliktsrecht fremd.[876]

b) Mitverschulden

Zu berücksichtigen ist auf der anderen Seite nach § 254 BGB ein etwaiges Mitverschul- **249**
den des geschädigten Nachbarn. Allerdings schützt § 909 BGB das Nachbargrundstück grundsätzlich auch bei besonderer Schadensanfälligkeit.[877] Ein Mitverschulden kommt daher nur ausnahmsweise in Betracht, wenn dem Nachbarn eine **schuldhaft mangelhafte Erstellung** des beschädigten Gebäudes oder eine **schuldhaft mangelhafte Unterhaltung** seines Grundstücks vorzuwerfen ist;[878] solche Faktoren können jedoch eine bestehende Haftung grundsätzlich nur mildern, nicht jedoch generell ausschließen.[879] Darüber hinaus ist der Nachbar auch verpflichtet, dem Vertiefenden verborgene, ihm aber bekannte, schadensbegünstigende Umstände *mitzuteilen.*[880] Schließlich kann ein Mitverschulden auch in der *grundlosen Weigerung* des Nachbarn liegen, dem Vertiefenden zur Durchführung von Stützmaßnahmen das *Betreten* seines Grundstücks zu gestatten.[881] Nicht ausreichend ist hingegen der bloße Umstand, dass der Nachbar es unterlässt, seine Abwehrrechte aus § 909 BGB geltend zu machen.[882]

4. Verschuldensunabhängige Ausgleichsansprüche

a) Zivilrechtlicher (nachbarrechtlicher) Ausgleichsanspruch

aa) Ist die Abwehr einer im Rahmen privatwirtschaftlicher Grundstücksnutzung er- **250**
folgenden Vertiefung aus *rechtlichen* oder *tatsächlichen* Gründen nicht oder nicht rechtzeitig möglich, so kommt im Schadensfalle ein *verschuldensunabhängiger* **nachbarrechtlicher Ausgleichsanspruch analog § 906 II 2 BGB** in Betracht.[883] Das Gleiche gilt, wenn ein Anspruch aus §§ 823 II, 909 BGB *mangels Verschuldens* des Vertiefenden ausscheidet.[884] Verschuldenshaftung und nachbarrechtlicher Ausgleichsanspruch stehen zueinander im Verhältnis der alternativen Klagehäufung.[885]

---

[871] BGH, NJW-RR 2008, 969, 970 (Arbeiten auf dem Nachbargrundstück sind allerdings nur ersatzfähig, wenn der Nachbar den Arbeiten zustimmt).
[872] BGH, NJW 1997, 2595, 2596 (Minderwert durch Unterfangen des Nachbargrundstücks mit Beton); *Bayer/Lindner/Grziwotz*, S. 123.
[873] BGH, NJW 1966, 42, 43.
[874] BGHZ 85, 375, 383 = NJW 1983, 872.
[875] OLG Frankfurt, OLGR 2006, 16 (ab Übersteigen um mehr als 50 %).
[876] OLG Brandenburg, NJOZ 2010, 2544, 2545.
[877] Dazu oben Rn. 221.
[878] BGHZ 63, 176, 182 = NJW 1975, 257; OLG Düsseldorf, NJW-RR 1997, 146.
[879] OLG Koblenz, NJW-RR 2003, 1457, 1458.
[880] MünchKommBGB/*Säcker*, § 909 Rn. 26; weitergehend Staudinger/*Roth*, § 909 Rn. 58 (alle ihm bekannten Umstände).
[881] RG, JW 1910, 330.
[882] *Meisner/Ring/Götz*, § 16 Rn. 33; vgl. aber auch OLG München, NVwZ 1990, 502, 503.
[883] BGHZ 85, 375, 384 = NJW 1983, 872; BGHZ 101, 290, 294 = NJW 1987, 2808; BGHZ 147, 45, 50 = NJW 2001, 1865, 1866; s. allgemein zum nachbarrechtlichen Ausgleichsanspruch unten Teil 5 Rn. 99.
[884] BGHZ 85, 375, 384 = NJW 1983, 872.
[885] BGH, NJW-RR 1997, 1374.

251 Der Anspruch richtet sich ausschließlich **gegen den Eigentümer** bzw. Benutzer des vertieften Grundstücks, nicht jedoch gegen sonstige an den Arbeiten Beteiligte.[886] **Mehrere** Verpflichtete haften ***anteilig*** nach dem jeweils von ihnen verursachten Schaden; ausnahmsweise bei Verantwortlichkeit für dieselbe schadensverursachende Einwirkung auch als Gesamtschuldner.[887] Der Anspruch steht auch dem bloßen Besitzer zu und unterliegt nicht der Ausschlussfrist des § 864 BGB.[888]

252 **bb)** Der Höhe nach geht der Anspruch nach h. M. entsprechend den Grundsätzen der Enteignungsentschädigung nur auf eine **angemessene Entschädigung**.[889] Ersetzt werden jedoch bei Substanzschädigungen jedenfalls Mängelbeseitigungskosten, Planungskosten, Mietausfall sowie ein etwaig verbleibender Minderwert.[890] Im Gegensatz zur Haftung nach § 823 II BGB fällt dabei jeder *schuldhafte* und analog § 254 BGB auch jeder *schuldlose* Mitverursachungsbeitrag des Geschädigten schadensmindernd ins Gewicht;[891] insbesondere ist der Anspruch auf den Zustand vor der Vertiefung beschränkt, so dass nur *zusätzlich* entstandene Schäden ersetzt werden.[892]

b) Öffentlich-rechtliche Ausgleichsansprüche

253 Geschieht die Vertiefung im Rahmen *hoheitlicher* Betätigung, die der Betroffene zu dulden hat, so kommen Ansprüche aus **enteignendem** oder **enteignungsgleichem Eingriff** in Betracht.[893] In einer unzulässigen Vertiefung i. S. v. § 909 BGB liegt dabei stets ein Sonderopfer für die Allgemeinheit.[894] Im Übrigen kommt bei einem schuldhaften Eingriff auch ein **Amtshaftungsanspruch** nach Art. 34 GG i.V. m. § 839 BGB in Betracht.[895]

5. Verjährung

254 Die Verjährung von Schadensersatzansprüchen wegen Vertiefung richtet sich nach §§ 195, 199 BGB, diese verjähren daher regelmäßig in **3 Jahren**; dies gilt analog auch für die verschuldensunabhängigen Ausgleichsansprüche.[896] Der Verjährungsbeginn ist für jede in sich abgeschlossene einheitliche Bauphase gesondert zu bestimmen.[897]

VI. Prozessuales

1. Beweislast

255 Den **Anspruchsteller** trifft die Darlegungs- und Beweislast für die tatbestandlichen Voraussetzungen des § 909 BGB, also insbesondere für das Drohen oder Vorliegen einer Vertiefung sowie die daraus kausal folgende Gefahr eines Verlustes der erforderlichen Stütze für sein eigenes Grundstück,[898] ebenso wie für die Störereigenschaft des Gegners.[899] Dagegen hat der **Störer** alle anspruchsausschließenden Umstände darzulegen und

---

886 BGHZ 85, 375, 378 = NJW 1983, 872; BGHZ 101, 290, 294 = NJW 1987, 2808; BGH, NJW-RR 1996, 852, 853; OLG Koblenz, NJW-RR 2003, 1457, 1458.

887 BGHZ 85, 375, 387 = NJW 1983, 872. Zum Zusammentreffen von Ausgleichsanspruch und Haftung aus unerlaubter Handlung s. oben Rn. 246.

888 BGHZ 147, 45, 52 = NJW 2001, 1865.

889 BGHZ 85, 375, 386 = NJW 1983, 872; BGHZ 147, 45, 53 = NJW 2001, 1865.

890 BGH, NJW-RR 1997, 1374, 1375; ferner BGHZ 147, 45, 53 ff. = NJW 2001, 1865.

891 BGH, NJW-RR 1988, 136, 138 = WM 1988, 200, 204 f.

892 OLG Koblenz, BauR 2000, 120, 122.

893 Zu deren Zusammentreffen mit Haftung aus unerlaubter Handlung s. oben Rn. 246. Allgemein zu Ersatzansprüchen bei hoheitlichen Eingriffen s. unten Teil 5 Rn. 100.

894 BGHZ 72, 289, 292 = NJW 1979, 164; BGH, NJW 1978, 1051, 1052; *Bayer/Lindner/Grziwotz*, S. 124.

895 BGH, NJW 1980, 1679; NJW-RR 1988, 136, 137.

896 Vgl. Palandt/*Bassenge*, § 906 Rn. 38, 40; NK/*Ring*, § 909 Rn. 48, 52.

897 S. im Einzelnen BGH, NJW 1981, 573.

898 BGH, WM 1983, 943, 944; Staudinger/*Roth*, § 909 Rn. 39, 41.

899 BGH, NJW-RR 2009, 1393; OLG Saarbrücken, MDR 2011, 1345.

zu beweisen, auch das Bestehen einer ausreichenden anderweitigen Befestigung.[900] Für beide gilt § 286 ZPO, nicht etwa § 287 ZPO.[901]

2. Klageantrag, Urteil

256 Im Klageantrag einer **Beseitigungsklage** ist – ebenso wie im Urteil – stets das ***erforderliche Maß an Festigkeit des Bodens*** konkret anzugeben, um dem prozessualen Bestimmtheitsgrundsatz des § 253 II Nr. 2 ZPO zu genügen.[902] Demgegenüber dürfen grundsätzlich keine bestimmten Maßnahmen zur Gefahrenbeseitigung verlangt werden, da deren Auswahl allein dem Störer obliegt.[903]

Klageantrag bzw. **Urteilstenor** können daher etwa lauten:[904] *„Der Beklagte wird verurteilt, die auf dem Grundstück Fl. Nr. 123 der Gemarkung G vorgenommene Vertiefung zu beseitigen, so dass der Boden des Grundstücks des Klägers Fl. Nr. 456 der Gemarkung G wieder die für die Bebauung mit einem Geschäftshaus mit maximal 3000 m³ umbauten Raumes erforderliche Stütze erhält, es sei denn, er sorgt für eine genügende anderweitige Befestigung."*

257 Demgegenüber erfordern Klageantrag und Urteilstenor einer **Unterlassungsklage** nicht die Angabe der Bodenfestigkeit des gefährdeten Grundstücks. Genügend ist daher hier die ***Wiedergabe des in § 909 BGB enthaltenen Verbots.***[905] Dies schließt den Vorbehalt einer genügenden anderweitigen Befestigung mit ein, denn die einfache Unterlassung einer Vertiefung kann nicht verlangt werden.[906]

Klageantrag bzw. **Urteilstenor** können daher etwa lauten: *„Der Beklagte wird verurteilt es zu unterlassen, das Grundstück Fl. Nr. 123 der Gemarkung G so zu vertiefen, dass das Grundstück des Klägers Fl. Nr. 456 der Gemarkung G die erforderliche Stütze verliert, es sei denn, dass für eine genügende anderweitige Befestigung gesorgt ist."*

3. Zwangsvollstreckung

258 Vollstreckt wird ein auf Unterlassung lautendes Urteil nach **§ 890 ZPO**, ein solches auf Beseitigung nach **§ 887 ZPO**;[907] erst in diesem Stadium des Verfahrens kann der Gläubiger die zu treffenden Maßnahmen selbst auswählen.[908] Widerstand des Störers gegen die Zwangsvollstreckung kann nach § 892 ZPO gebrochen werden.

4. Einstweilige Verfügung

259 Eine vorläufige Sicherung des Anspruchs aus § 909 BGB ist auch durch einstweilige Verfügung möglich und vielfach zweckmäßig. Bei einem bloßen Unterlassungsanspruch geschieht dies im Wege einer **Unterlassungsverfügung** auf Nichtvornahme bzw. Einstellung der weiteren Vertiefung. Möglich ist auch ein auf vorläufige **Sicherungsmaßnahmen** gerichteter Antrag; zur Gewährung effektiven Rechtsschutzes wird man es als zulässig ansehen müssen, dass die erforderlichen Maßnahmen dabei vom Gericht selbst konkret angeordnet werden.[909] An die **Glaubhaftmachung** sind nicht weniger strenge Anforderungen zu stellen als sonst.[910]

---

900 BGH, NJW-RR 2009, 1393.
901 BGH, MDR 1969, 379.
902 BGH, NJW 1978, 1584; WM 1982, 68; NJW 2009, 2528, 2529; MünchKommBGB/*Säcker*, § 909 Rn. 19.
903 Dazu schon oben Rn. 227.
904 Weitere Tenorierungsbeispiele bei Staudinger/*Roth*, § 909 Rn. 41 und LG Passau, IBR 2004, 508.
905 BGH, NJW 2009, 2528, 2529 unter Aufgabe seiner früheren Rspr.
906 Dazu schon oben Rn. 226.
907 Zum Erfüllungseinwand in der Zwangsvollstreckung s. unten Teil 5 Rn. 63.
908 OLG Zweibrücken, OLGZ 1974, 317, 318.
909 Dazu oben Rn. 208 zu § 908 BGB.
910 Staudinger/*Roth*, § 909 Rn. 39 meint, dass wegen der häufig gegebenen Irreversibilität und Schwere der drohenden Schäden nicht zu strenge Maßstäbe angelegt werden sollten.

VII. Grundstückserhöhung

1. Rechtsgrundlagen

260 Grundstückserhöhungen unterfallen nicht dem Anwendungsbereich des § 909 BGB;[911] im Übrigen ist auch § 907 BGB nicht anwendbar.[912] Es bestehen jedoch insoweit in den meisten Ländern auf der Grundlage des *Art. 124 EGBGB* **landesrechtliche** Vorschriften:

Land	**Landes-NRG**	**(1) Regelungsgegenstand** **(2) Schutzrichtung: Ausschluss von Schädigung des Nachbargrundstücks durch . . .** **(3) zu treffende Vorkehrungen (alternativ)** **(4) einzuhaltender Grenzabstand in besonderen Fällen**
BW	§§ 9, 10	(1) Bodenerhöhungen (2) Absturz oder Pressung des Bodens (3) Grenzabstand, sonstige Vorkehrungen (Mauer, gleich sichere Befestigung, Böschung) (4) grds. 0,5 m Abstand der Befestigung gegenüber landwirtschaftlich genutzten Grundstücken
Berlin	§ 20	(1) Bodenerhöhungen (2) insbesondere Absturz, Abschwemmung oder Pressung des Bodens (3) Grenzabstand, sonstige Vorkehrungen
Bbg	§ 26	(1) Bodenerhöhungen (2) insbesondere Absturz, Abschwemmung oder Pressung des Bodens (3) Grenzabstand, sonstige Vorkehrungen
Nds	§ 26	(1) Bodenerhöhungen (2) Bodenbewegungen (3) Abstand, sonstige Vorkehrungen
NRW	§ 30	(1) Bodenerhöhungen (2) insbesondere Abstürzen oder Abschwemmen des Bodens (3) Grenzabstand, sonstige Vorkehrungen (4) grds. 0,5 m gegenüber Grundstücken, die außerhalb eines im Zusammenhang bebauten Ortsteils liegen und nicht in einem Bebauungsplan als Bauland festgesetzt sind
RhPf	§ 43	(1) Bodenerhöhungen (2) insbes. Absturz oder Pressung des Bodens (3) Grenzabstand, sonstige Vorkehrungen
Saarland	§ 47	(1) Bodenerhöhungen (2) insbesondere Absturz oder Pressung des Bodens (3) Grenzabstand, sonstige Vorkehrungen
Sachsen	§ 17	keine Regelung der Zulässigkeit von Bodenerhöhungen; aber bei deren Vornahme: Anspruch auf geeignete Vorkehrungen zum Ausschluss einer hierdurch verursachten Gefährdung des Nachbargrundstücks[913]
Sachsen-Anhalt	§ 17	(1) Bodenveränderungen (Erhöhung, Vertiefung[914]) (2) insbesondere Absturz, Abschwemmung oder Pressung des Bodens (3) Grenzabstand, sonstige Vorkehrungen

[911] Dazu oben Rn. 216.
[912] Dazu oben Rn. 160.
[913] S. dazu *Dehner*, B § 20 V 2 b.
[914] Die Vorschrift ist nichtig, soweit sie Vertiefungen erfasst, da durch die Mitregelung dieser in § 909 BGB bundesrechtlich geregelten Materie die Grenzen des Art. 124 EGBGB überschritten sind, s. *Dehner*, B § 20 V 3; *ders.*, NZM 2005, 172, 173.

Land	**Landes-NRG**	**(1) Regelungsgegenstand** **(2) Schutzrichtung: Ausschluss von Schädigung des Nachbargrundstücks durch ...** **(3) zu treffende Vorkehrungen (alternativ)** **(4) einzuhaltender Grenzabstand in besonderen Fällen**
SchlH	§ 25	(1) Bodenerhöhungen (2) Bodenbewegungen (3) Grenzabstand, sonstige Vorkehrungen
Thüringen	§ 43	(1) Bodenerhöhungen (2) insbesondere Absturz oder Pressung des Bodens (3) Grenzabstand, sonstige Vorkehrungen

2. Grundzüge des Landesrechts

261 Die genannten Vorschriften erfassen jede durch *menschliches Handeln* herbeigeführte,[915] *dauerhafte* oder auch nur *vorübergehende*,[916] – und sei es auch nur zusätzliche[917] – **Erhöhung der Erdoberfläche** eines Grundstücks *über das Niveau des Nachbargrundstücks* hinaus.[918] Sie schließen dabei die Bodenerhöhung nicht generell aus, sondern verlangen nur für ihre Zulässigkeit erforderlichenfalls geeignete **Schutzvorkehrungen** zum *Ausschluss* bestimmter Schäden für Nachbargrundstücke;[919] diese können in der Einhaltung eines ausreichenden Grenzabstandes mit der Erhöhung oder in der Errichtung und Unterhaltung geeigneter Vorkehrungen bestehen, wie etwa einer Stützmauer oder Böschung.[920] Diese Sicherungsmaßnahmen sind auf dem zu erhöhenden Grundstück selbst vorzunehmen.[921] Im Einzelnen ist der Umfang des vermittelten Schutzes von Land zu Land verschieden. So verlangen die landesrechtlichen Vorschriften zwar überwiegend, dass eine Schädigung des Nachbargrundstücks ausgeschlossen ist, zum Teil schützen sie aber auch nur gegen Schäden durch Bodenbewegungen oder durch Absturz und Pressung des Bodens. Auf die mit Bodenerhöhungen zusammenhängenden Veränderungen von **wild abfließendem Wasser** und die – *ohne Abschwemmen des Bodens* – allein hierdurch bewirkten Schäden findet demgegenüber ausschließlich die insoweitige Sondervorschrift des § 37 WHG Anwendung›.[922]

Die Vorschriften über Bodenerhöhungen stellen Schutzgesetze i. S. v. **§ 823 II BGB** dar, 262
so dass der Nachbar bei einem schuldhaften Verstoß Anspruch auf Schadensersatz hat.[923] Da die *Schadensersatzvorschriften des BGB unberührt* bleiben, ist aber auch im Falle der Einhaltung der landesrechtlichen Vorschriften bei Schäden auf dem Nachbargrundstück durch herunterfallendes oder herunter gespültes Erhöhungsmaterial Schadensersatz möglich.[924]

---

[915] BGH, NJW 1980, 2580, 2581 (zu § 30 NachbG NRW).

[916] Letzteres str., vgl. *Bruns*, NRG BW, § 9 Rn. 4 m. w. N.; *Schäfer/Fink-Jamann/Peter*, NachbG NRW, § 30 Rn. 7 m. w. N.

[917] BGH, NJW 1980, 2580, 2581 (zu § 30 NachbG NRW); OLG Zweibrücken, OLGR 1999, 457 (zu § 43 LNRG RhPf).

[918] OLG Düsseldorf, NJW-RR 1992, 912 f. (ohne weiteres zulässig aber Erhöhung auf Gefälle von lediglich 2 %). S. ferner § 17 SächsNRG, der auch Erhöhungen auf das Niveau des Nachbargrundstücks erfasst.

[919] Zur abweichenden Lage nach § 17 SächsNRG s. bereits oben Rn. 260.

[920] *Schäfer/Bruns*, in: Hoppenberg/de Witt, Handb. öff. BauR, Rn. J 295; ferner BGH, NJW 1976, 1840, 1841; BeckRS 2012, 15964 (Stützmauer).

[921] BGH, BeckRS 2012, 15964; vgl. ferner BGH, NJW 1997, 2595, 2596.

[922] Vgl. BGH, NJW 1980, 2580, 2581; OLG Hamm, BeckRS 2012, 10505 (je zu § 30 NachbG NRW); OLG Schleswig, SchlHA 1983, 41 (zu § 25 NachbG SchlH); *Dehner*, B § 20 V 2 b. Zum wild abfließenden Wasser s. unten Rn. 276 ff.

[923] BGH, NJW 1980, 2580, 2581; OLG Hamm, BeckRS 2012, 10505 (je zu § 30 NachbG NRW).

[924] BGH, LM Nr. 1 zu Art. 124 EGBGB; Staudinger/*Roth*, § 909 Rn. 10; Staudinger/*Albrecht*, Art. 124 EGBGB Rn. 20.

263 Soweit in einigen Ländern Vorschriften über Bodenerhöhungen fehlen, kann sich im Einzelfall dennoch ein Anspruch auf Schutzvorrichtungen aus dem **nachbarlichen Gemeinschaftsverhältnis** ergeben.[925]

VIII. Weitere landesrechtliche Vorschriften

1. Nachbarrecht

264 Etliche Länder haben auf der Grundlage des Art. 124 EGBGB in ihr Nachbarrecht auch Vorschriften über **Grenzwände** aufgenommen, namentlich über deren ***Gründungstiefe*** und teilweise auch über damit zusammenhängende Fragen des ***Unterfangens*** einer bereits vorhandenen Grenzwand auf dem Nachbargrundstück.[926] Der betroffene Nachbar kann verlangen, dass die dortigen Anforderungen beachtet werden; Errichtung und Unterfangen einer Grenzwand sind im Übrigen nach Landesrecht meist auch *anzeigepflichtig*. Vorschriften zum ***Unterfangen*** bestehen schließlich in mehreren Ländern auch bezüglich **Nachbarwänden**.[927]

2. Bauordnungsrecht

265 Ferner bestehen in den meisten Ländern Bestimmungen des Bauordnungsrechts, die für Vertiefungen relevant sind. So darf die *Bauausführung von baulichen Anlagen* die **Standsicherheit anderer baulicher Anlagen** und die **Tragfähigkeit des Baugrunds** des Nachbargrundstücks nicht gefährden.[928] Diese Vorschriften sind in ihren tatbestandlichen Voraussetzungen von § 909 BGB unabhängig; sie sind teils enger gefasst, teils weiter.[929] Sie sind **nachbarschützend** und Schutzgesetze i. S. v. **§ 823 II BGB**.[930]

3. Bedeutung

266 Diese Vorschriften stellen, soweit sie im Einzelfall tatbestandlich einschlägig sind, zusätzliche im Zusammenhang mit Vertiefungen relevante Voraussetzungen auf. Der Nachbar muss dann eine Vertiefung nur dulden, wenn und soweit sie **kumulativ** sowohl § 909 BGB als auch dem einschlägigen Landesrecht entspricht.[931]

IX. Einwirkungen auf das Grundwasser

267 Einwirkungen auf das Grundwasser unterfallen dem Anwendungsbereich des **§ 909 BGB** nur, sofern es hierdurch zu Senkungen auf dem Nachbargrundstück kommt, weil dessen Boden seine gerade *im Grundwasser zumindest mit bestehende Stütze entzogen* wird.[932] Daneben und unabhängig von § 909 BGB sind hier jedoch **wasserrechtliche Vorschriften** einschlägig.

[925] BGH, NJW 1976, 1840, 1841. Zu Bayern s. *Saller*, in: Grziwotz/Saller, BayNachbR, Teil 3 Rn. 88 ff.

[926] § 7 a NRG BW, §§ 15 II, 16 III NachbG Bln, §§ 17 II, 18 III BbgNRG, § 74 IV HbgBauO, § 10 HessNRG, §§ 16 II, 20 NdsNachbG, §§ 21 I, 22 III NachbG NRW, §§ 13 III, 16 LNRG RhPf, §§ 15 III, 18 SaarlNachbRG, §§ 12 II, 14 III NbG LSA, §§ 12 II, 14 III NachbG SchlH, §§ 13 III, 16 ThürNRG.

[927] § 6 II NachbG Bln, § 7 II BbgNRG, § 7 I 2 NdsNachbG, § 5 II LNRG RhPf, § 6 II SaarlNachbRG, § 6 I 2 NachbG SchlH, § 11 III ThürNRG.

[928] § 13 I 3 LBO BW, Art. 10 S. 3 BayBO, § 12 I 2 BauO Bln, § 11 I 2 BbgBO (Schutz aller Anlagen und Einrichtungen), § 12 I 2 BremLBO, § 15 I 4 HbgBauO, § 11 I 2 HessBO, § 12 I 2 LBauO MV, § 18 S. 3 NdsBauO (nur Standsicherheit baulicher Anlagen), § 15 I 2 BauO NRW, § 13 I 2 LBauO RhPf, § 13 I S. 2, 3 SaarlLBO, § 12 I 2 SächsBO, § 12 I 2 BauO LSA (Schutz aller Anlagen), § 13 I 2 LBO SchlH, § 15 I 2 ThürBO.

[929] *Dehner*, B § 20 I 7.

[930] OVG Berlin, BRS 60 Nr. 118 (zu § 12 BauO Bln); BayObLG, NJW-RR 2000, 608 (zu Art. 10 S. 3 BayBO); VG Aachen, NJOZ 2006, 800, 801 (zu § 15 LBO NRW).

[931] MünchKommBGB/*Säcker*, § 909 Rn. 6; Erman/*Lorenz*, § 909 Rn. 3.

[932] Dazu oben Rn. 214.

1. Landeswasserrecht

So enthält das Landesrecht teilweise auch **wassernachbarrechtliche** Normen, die Einwirkungen auf das Grundwasser verbieten, wenn dadurch auf einem *anderen Grundstück erhebliche Beeinträchtigungen* entstehen.[933] Diese Vorschriften sind Schutzgesetze i. S. v. § 823 II BGB und geben dem betroffenen Nachbarn bei Verstößen einen Abwehranspruch.[934] Ist die Einwirkung mit einer **Vertiefung** verbunden, so ist diese für die Frage ihrer Zulässigkeit allerdings stets **zusätzlich** an **§ 909 BGB** zu messen.[935] **268**

2. Wasserhaushaltsgesetz

Daneben finden sich auch im Wasserhaushaltsgesetz (WHG) Vorschriften zu Einwirkungen auf den Grundwasserstand und deren Genehmigung. Die wasserrechtliche **Erlaubnis** ergeht dabei unbeschadet privater Rechte Dritter,[936] so dass der Nachbar dennoch alle Rechte aus § 909 BGB behält. Die wasserrechtliche **Bewilligung** schließt demgegenüber mit Unanfechtbarkeit sämtliche privatrechtlichen Unterlassungs-, Beseitigungs- und Schadensersatzansprüche Dritter grundsätzlich aus (§ 16 II 1 WHG);[937] die **gehobene Erlaubnis** schließt mit Unanfechtbarkeit weniger weitgehend Ansprüche auf Einstellung der Benutzung aus (§ 16 I 1 WHG). Der Nachbarschutz wird daher hier, soweit die Ausschlusswirkung reicht (s. § 16 III WHG), bereits im Vorfeld der Erteilung verwirklicht, indem die Möglichkeit zu *Einwendungen* besteht (§ 14 III, IV WHG);[938] eine Bewilligung kommt hiernach regelmäßig nur in Betracht, wenn nachteilige Wirkungen[939] für Nachbarn durch Inhalts- und Nebenbestimmungen vermieden oder ausgeglichen werden. Hat der Nachbar wegen Verfahrensfehlern im Bewilligungsverfahren dagegen **nicht die Möglichkeit Einwendungen zu erheben** (vgl. § 11 II WHG),[940] oder wird gänzlich **ohne die erforderliche Bewilligung** auf den Grundwasserspiegel eingewirkt, so steht dem betroffenen Nachbarn bei Vorliegen seiner tatbestandlichen Voraussetzungen der Anspruch aus *§ 909 BGB* ebenso wie der Schadensersatzanspruch aus *§§ 823 II, 909 BGB* weiter zu.[941] Ferner kommt hier, ebenso wie für den Fall, dass nur eine Erlaubnis vorliegt, auch ein Schadensersatzanspruch aus **§ 823 II BGB i. V. m. § 14 III, IV WHG** in Betracht.[942] Die genannten Vorschriften sind nämlich *drittschützend* und *Schutzgesetze i. S. v. § 823 II BGB*, soweit sie dem betroffenen Nachbarn eine materielle Rechtsstellung einräumen, und zwar unabhängig davon, ob für eine Gewässerbenutzung eine Bewilligung, eine Erlaubnis oder überhaupt keine wasserrechtliche Gestattung beantragt wird.[943] **269**

---

933 S. § 60 BbgNRG, § 20 HessNRG, § 38 NdsNachbG, § 29 NbG LSA, § 27 NachbG SchlH; dazu *Dehner*, B § 26 a IV. Diese Vorschriften gelten trotz Aufhebung von Art. 65 EGBGB fort, vgl. Staudinger/*Roth*, § 909 Rn. 16.

934 Staudinger/*Roth*, § 909 Rn. 16; *Schäfer*, NdsNachbG, § 38 Rn. 7.

935 Staudinger/*Roth*, § 909 Rn. 17.

936 BGHZ 88, 34, 40 f. = NJW 1984, 975; BGH, MDR 1996, 581; s. auch § 10 I WHG (bloße „Befugnis"). Zu ihrer Anfechtbarkeit durch Dritte s. ferner BVerwGE 78, 40, 43 ff. = NJW 1988, 434; BayVGH, NVwZ 2007, 480, sowie allgemein zum Drittschutz im Wasserrecht *Reinhardt*, DÖV 2011, 135 ff.

937 Dies gilt auch, wenn die nachteiligen Wirkungen auf Dritte bei Erteilung der Bewilligung nicht voraussehbar waren, vgl. BGHZ 147, 125, 131 = NVwZ 2002, 245; der Betroffene kann dann nur nach § 14 VI WHG vorgehen.

938 S. auch oben Teil 1 Rn. 106.

939 S. dazu BayVGH, BayVBl. 2009, 276, 277.

940 Dazu BayVGH, ZfW 1976, 229; *Czychowski/Reinhardt*, WHG, § 16 Rn. 13.

941 Zum Ganzen Staudinger/*Roth*, § 909 Rn. 20 f.; *Meisner/Ring/Götz*, § 16 Rn. 7; *Dehner*, B § 26a V.

942 Vgl. BGH, NJW 1977, 763; ferner OLG Naumburg, NJW-RR 2002, 1529 f.

943 BGHZ 69, 1, 22 = NJW 1977, 1770; BGHZ 88, 34, 38 = NJW 1984, 975; BGH, MDR 1996, 581, 582.

E. Einwirkungen durch Wasser

270 Nachbarschaftliche Konfliktlagen ergeben sich auch immer wieder aus dem Übertritt von Wasser auf Nachbargrundstücke. Dafür bestehen zum einen Vorschriften des **privaten Nachbarrechts**, wobei hier zwischen Traufwasser (I) und wild abfließendem Wasser (II) zu unterscheiden ist. Darüber hinaus finden sich auch einschlägige Vorschriften im **öffentlichen Recht** (III), namentlich im Bau- und Wasserrecht.

I. Traufwasser

271 Unter Traufwasser versteht man **Niederschlagswasser**, d. h. Regen und Schneewasser, das nicht unmittelbar auf den Boden, sondern zunächst **auf eine bauliche Anlage auftrifft**. Trifft der Niederschlag dagegen unmittelbar auf den Boden auf, so handelt es sich um wild abfließendes Wasser.[944]

1. Bundesrecht

272 Eine Befugnis, Traufwasser auf das Nachbargrundstück abzuleiten oder ablaufen zu lassen (sog. Traufrecht), ist bereits durch **§ 903 BGB** ausgeschlossen.[945] Dieses Verbot richtet sich an den Eigentümer der baulichen Anlage, auf die der Niederschlag unmittelbar niedergegangen ist; er ist daher auch Störer, wenn der Niederschlag über ein Zwischengrundstück hinweg auf ein drittes Grundstück übertritt.[946] Eine **Ableitungsberechtigung** besteht nur, wenn und soweit der Nachbar aus **besonderem Rechtsgrund** zur Aufnahme des Traufwassers verpflichtet ist;[947] in Betracht kommt hier eine entsprechende Grunddienstbarkeit oder auch eine schuldrechtliche Berechtigung. Im Streitfalle muss diese beweisen, wer sich darauf beruft.[948]

2. Landesrecht

273 Das bundesrechtliche Verbot wird in den meisten Ländern durch landesrechtliche Regelungen[949] konkretisiert, die vorschreiben dass **bauliche Anlagen** so einzurichten sind, dass Traufwasser *nicht auf das Nachbargrundstück tropft, abgeleitet wird oder sonst übertritt*; dies ist unproblematisch bei vorhandenem Kanalanschluss, sonst kommt im Rahmen des öffentlichen Rechts auch eine Sickergrube in Betracht, ggf. auch ein Notleitungsrecht.[950] Unter die traufrechtlichen Vorschriften fällt auch Niederschlagswasser, das von der Traufe **zunächst auf das eigene Grundstück trifft**, bevor es von dort aus auf das Nachbargrundstück gelangt.[951] Nach Landesrecht beurteilt sich die Frage, inwieweit sog. **Schlagwasser**, d. h. Niederschlag, der schräg auf eine Wand trifft und von dieser auf das Nachbargrundstück abläuft, zum Traufwasser gehört.[952] Dies gilt auch für den **unterirdischen** Übertritt versickerten Niederschlags.[953]

---

[944] Dazu unten Rn. 276 ff.

[945] BGH, NJW-RR 2009, 24; *Dehner*, B § 26 II b; *Saller*, in: Grziwotz/Saller, BayNachbR, Teil 3 Rn. 108.

[946] *Schäfer*, SächsNRG, § 25 Rn. 7.

[947] *Dehner*, B § 26 II b.

[948] AG Brake, NdsRpfl 1975, 272.

[949] §§ 52 ff. BbgNRG; §§ 26 f. HessNRG; §§ 45 f. NdsNachbG; §§ 27 f. NachbG NRW; §§ 37 f. LNRG RhPf; §§ 41 f. SaarlNachbRG; § 25 SächsNRG; § 33 NbG LSA; § 26 NachbG SchlH; §§ 37 f. ThürNRG; s. ferner §§ 1 f. NRG BW. Zur Rechtslage in Bayern s. *Saller*, in: Grziwotz/Saller, BayNachbR, Teil 3 Rn. 105 ff.

[950] *Schäfer/Fink-Jamann/Peter*, NachbG NRW, § 27 Rn. 9. Zum Notleitungsrecht s. unten Teil 4 Rn. 85 ff. (§ 917 BGB analog) und Teil 4 Rn. 92 ff. (Landesnachbarrecht).

[951] BGH, MDR 1982, 827 f. (zu § 27 NachbG NRW).

[952] Vgl. *Dehner*, B § 26 III 1 c.

[953] Verneinend OLG Frankfurt, OLGR 1998, 338 (zu § 26 HessNRG) und OLG Köln, OLGR 2003, 63 = VersR 2003, 911, 912 (zu § 27 NachbG NRW); vgl. ferner *Dehner*, B § 26 III 1 c.

274 Werden die Anforderungen der vorgenannten landesrechtlichen Vorschriften nicht eingehalten, dann sind die baulichen Anlagen unzulässig; ein **Abwehrrecht** des betroffenen Nachbarn folgt dann nicht nur aus § 1004 BGB, dieser kann sich gegen die Dachtraufe auch aus § 907 BGB wehren.[954] Allerdings ist eine bauliche Anlage dann nicht unzulässig, wenn sie nicht die **Ursache vermehrten Zuflusses** ist, wenn also durch sie im Ergebnis nicht mehr Niederschlagswasser auf das Nachbargrundstück gelangt, als ohne ihre Errichtung dorthin gelangt wäre.[955] Ist der Nachbar aus besonderem Rechtsgrund zur Aufnahme des Traufwassers verpflichtet, so geben ihm die traufrechtlichen Vorschriften regelmäßig das Recht, an der baulichen Anlage oder auf dem Grundstück des Berechtigten **Sammel- und Abflusseinrichtungen** anzubringen.

275 Die landesrechtlichen Vorschriften zum Traufwasser sind Schutzgesetze i. S. v. **§ 823 II BGB**,[956] so dass sich aus der schuldhaften Verletzung der dortigen Anforderungen an die Gestaltung baulicher Anlagen für den hiervon betroffenen Nachbarn Schadensersatzansprüche ergeben können.

II. Wild abfließendes Wasser

276 Erhebliche Bedeutung im nachbarschaftlichen Verhältnis hat wild abfließendes Wasser (sog. **oberirdische Vorflut**). Die hierzu auf der Grundlage des früheren Art. 65 EGBGB[957] ergangenen landesrechtlichen Regelungen wurden zum 1. 3. 2010 durch die auf den Kompetenztitel des Art. 74 I Nr. 1 GG gestützte bundeseinheitliche Regelung in **§ 37 WHG** ersetzt.[958] Die Vorschrift, die zugleich den Inhalt des Eigentums bestimmt,[959] ist Teil des ***privaten Nachbarrechts***[960] und regelt insoweit die Frage von wild abfließendem Wasser ***abschließend***.[961] Nur ihr Abs. 3, auf Grund dessen die zuständige Behörde mit privatrechtsgestaltender Wirkung Abweichungen von den Abs. 1 und 2 zulassen kann,[962] gehört zum öffentlichen Wasserrecht; diese Bestimmung ist jedoch nicht nachbarschützend und daher hier auch nicht näher zu erörtern. Vorsätzliche oder fahrlässige Verstöße gegen § 37 I WHG stellen nach § 103 I Nr. 5, II WHG eine Ordnungswidrigkeit dar, die mit einer Geldbuße bis zu 50.000 € geahndet werden kann.

1. Begriff

277 Wild abfließendes Wasser ist das auf einem Grundstück aus **Quellen** entspringende[963] oder sich dort auf **sonstige Weise** natürlich ansammelnde Wasser, das außerhalb eines Gewässerbettes dem natürlichen Gefälle folgend abfließt (vgl. §§ 3 Nr. 1, 37 IV WHG). Es

954 *Dehner*, B § 26 II b; *Meisner/Ring/Götz*, § 24.

955 OLG Köln, OLGR 2003, 63 = VersR 2003, 911 f. (zu § 27 NachbG NRW); *Dehner*, B § 26 III 1 b bb; ferner *ders.*, B § 26 III 4 zur abweichenden Rechtslage nach § 1 NRG BW.

956 BGH, NJW 1985, 1774 (zu § 27 NachbG NRW); NJW 2011, 3294, 3295 (zu § 26 HessNRG); OLG Brandenburg, BeckRS 2009, 21997 (zu § 52 BbgNRG).

957 Dazu *Wilhelms*, NVwZ 2008, 624.

958 Das bisherige Landesrecht (s. dazu 1. Auflage, Teil 3 Rn. 276 ff., zu Bayern ferner *Saller*, in: Grziwotz/Saller, BayNachbR, Teil 3 Rn. 110 ff.) hat damit für die Zukunft seine Geltung verloren, vgl. BeckOK-UmweltR/*Riedel*, § 37 WHG, Rn. 3. Vor dem 1. 3. 2010 abgeschlossene Veränderungen des Wasserabflusses, die nach damaligem Landesrecht zulässig waren, bleiben dies allerdings auch nach diesem Stichtag, vgl. *Dehner*, B § 16 II 4 d.

959 *Czychowski/Reinhardt*, WHG, § 37 Rn. 9; *Drost*, WHG, § 37 Rn. 12.

960 BT-Drucks. 16/12275, S. 62 = BR-Drucks. 280/09, S. 178. Ebenso zum früheren Landesrecht BGHZ 114, 183, 186 = NJW 1991, 2770.

961 BT-Drucks. 16/12275, S. 82 = BR-Drucks. 280/09, S. 243. Ebenso zum früheren Landesrecht BGH, NJW-RR 2000, 537, 538. Zum öffentlichen Recht s. unten Rn. 291 ff.

962 BeckOK-UmweltR/*Riedel*, § 37 WHG, Rn. 21.

963 Bei wild abfließendem Quellwasser als oberirdischem Gewässer (s. § 3 Nr. 1 WHG) sind allerdings nach der Benutzungsordnung des WHG ohnehin praktisch alle Veränderungsmaßnahmen genehmigungspflichtig oder nur bei fehlender Beeinträchtigung Dritter genehmigungsfrei zulässig, weshalb § 37 WHG hier nur vorsorglicher Auffangtatbestand ist, vgl. *Drost*, WHG, § 37 Rn. 7.

handelt sich somit um **ungefasstes Oberflächenwasser**. Erfasst ist damit einmal *ungefasstes Quellwasser.* Ferner atmosphärisches *Niederschlagswasser*[964] in Form von Regen, Schneeschmelzwasser und Tau, und zwar auch dann, wenn es zunächst kurzfristig versickert, anschließend aber wieder aus dem Erdreich austritt (sog. Hangdruckwasser).[965] Außerdem *Hoch- und Überschwemmungswasser,* das ein vorhandenes Bett verlassen hat und sich über Nachbargrundstücke ergießt;[966] eine Überschwemmung liegt darüber hinaus nicht nur beim Austreten von Wasser aus einem Gewässerbett vor, sondern auch wenn starker Regen bei Hanglage nicht versickern oder geordnet abfließen kann, sondern sturzbachartig den Hang hinunterfließt.[967]

278 **Nicht** hierher gehört dagegen ein **unterirdischer** Wasserfluss,[968] etwa in Form von echtem Sickerwasser[969] oder Grundwasser, solange es nicht zutage tritt und oberirdisch abfließt.[970] Ebenso wenig **Abwasser.**[971] Hierzu zählt zum einen Schmutzwasser (§ 54 I S. 1 Nr. 1, S. 2 WHG). Zum anderen auch Niederschlagswasser, das aus dem Bereich von bebauten oder befestigten Flächen *gesammelt*[972] abfließt (§ 54 I 1 Nr. 2 WHG);[973] deshalb wird auch Traufwasser nicht von § 37 WHG erfasst.[974] Fließt Wasser in einem **Gewässerbett,**[975] sei es einem natürlichen oder einem künstlich geschaffenen, so ist nicht § 37 WHG einschlägig,[976] sondern die allgemeinen Abwehransprüche des Privatrechts; öffentlich-rechtlich unterfallen künstlich geschaffene Gewässerbetten den Vorschriften über die Gewässerbenutzung, natürlich entstandene denjenigen über Unterhaltung und Ausbau von Gewässern.[977] Nicht zum wild abfließenden Wasser zählt ferner Wasser, das **nicht Teil des natürlichen Wasserkreislaufs** ist, wie solches aus geborstenen Leitungen oder aus Drainagesystemen.[978]

279 § 37 WHG setzt schließlich ein **natürliches Gefälle** voraus, also ein Verhältnis von Ober- und Unterlieger, ohne dass allerdings ein bestimmtes Gefälle gefordert wäre; die Grundstücksverhältnisse müssen nur durch die Geländelage und -beschaffenheit abflussleitend wirken.[979] Eine unmittelbare Nachbarschaft der beteiligten Grundstücke ist daneben nicht erforderlich.

2. Veränderungen des Wasserflusses

a) Allgemeines

280 Die gesetzliche Regelung geht von der naturgesetzlichen Gegebenheit aus, dass Wasser den natürlichen Geländeverhältnissen folgend bergab fließt; Ober- wie Unterlieger ha-

---

964 Allerdings nur solange es nicht *gesammelt* von bebauten oder befestigten Flächen abfließt und daher Abwasser darstellt, s. dazu unten Rn. 278.

965 *Breuer,* WasserR, Rn. 1055; OLG Köln, NVwZ-RR 1989, 642 (zu § 115 LWG NRW); OLG Bamberg, OLGR 2008, 86, 87 (zu Art. 63 BayWG a.F.).

966 *Breuer,* WasserR, Rn. 1055; BGH, VersR 1974, 365, 367 (zu § 81 WG BW); VersR 1976, 985 (zu § 78 LWG NRW a.F.); BayObLGZ 1989, 452, 456 (zu Art. 63 BayWG a.F.).

967 *Drost,* WHG, § 37 Rn. 8 unter Hinweis auf BGH, NJW-RR 2006, 1322.

968 OLG Frankfurt, OLGR 1998, 338, 340 (zu § 21 HessNRG).

969 *Drost,* WHG, § 37 Rn. 9; *Stadler,* BayNachbR, 6 F II 2; LG Freiburg, NVwZ-RR 1993, 179 (zu § 81 WG BW); VG Düsseldorf, BeckRS 2008, 39463 (zu § 115 LWG NRW).

970 *Sieder/Zeitler/Dahme/Knopp,* BayWG, Art. 63 a.F., Rn. 1 m. w. N.

971 *Drost,* WHG, § 37 Rn. 8; *Stadler,* BayNachbR, 6 F II 2. Abwässer unterfallen vielmehr bei Zuführung in ein Gewässer oder eine Abwasseranlage dem Regime der Abwasserbeseitigung, ansonsten als flüssige Abfälle dem Abfallrecht (vgl. § 2 II Nr. 9 KrWG), vgl. *Czychowski/Reinhardt,* WHG, § 37 Rn. 12, *Drost,* WHG, § 54 Rn. 16.

972 Hierzu sind technische Vorkehrungen zum Sammeln erforderlich, wie Dachrinnen, Gerinne, Gräben, Rohre u. Ä., um es dann gezielt fortzuleiten, vgl. *Drost,* WHG, § 54 Rn. 14.

973 S. zu diesen öffentlich-rechtlichen Fragen auch unten Rn. 292.

974 *Drost,* WHG, § 37 Rn. 8. Zum Traufwasser s. oben Rn. 271 ff.

975 Zum Begriff s. BayVGH, NuR 1999, 585, 586.

976 *Drost,* WHG, § 37 Rn. 9.

977 *Schulz,* BayNachbR, S. 61.

978 *Czychowski/Reinhardt,* WHG, § 37 Rn. 12; BK-WHG/*Niesen,* § 37 Rn. 5.

979 *Drost,* WHG, § 37 Rn. 10.

ben dies **grundsätzlich hinzunehmen**.[980] § 37 I WHG formuliert demgemäß auch nur ein reines Verbot, nicht dagegen ein zu aktivem Handeln verpflichtendes Gebot.[981] Für den Oberlieger besteht daher grundsätzlich keine Verpflichtung, von seinem Grundstück wild abfließendes Wasser dort aufzufangen oder ein Ablaufen auf tiefer liegende Grundstücke zu verhindern.[982] Ebenso wenig muss der Unterlieger im Interesse des Oberliegers natürliche Ablaufhindernisse beseitigen. Verboten sind vielmehr für alle Beteiligten allein künstliche Veränderungen des natürlichen Ablaufs von wild abfließendem Wasser zum Nachteil der anderen.

Ausgangspunkt für die Frage nach einer **Veränderung des natürlichen Ablaufs** ist das 281 natürliche Geländegefälle. Natürlich ist allerdings nicht nur der im engen Sinn natürliche Ursprungszustand, sondern jeder vorhandene Zustand, der nach den maßgeblichen Rechtsverhältnissen der Nachbarn in seiner Gesamtheit **rechtmäßig** besteht.[983] Eine öffentlich-rechtliche Genehmigung von abflussverändernden Maßnahmen begründet einen dergestalt rechtmäßigen Zustand nur, wenn sie in *privatrechtsgestaltender* Form ergeht. Eine Baugenehmigung, die unbeschadet privater Rechte Dritter erteilt wird,[984] reicht daher insoweit nicht; anders kann es allerdings etwa bei wasserrechtlichen Genehmigungen liegen (s. § 16 I, II WHG). Frühere künstliche Eingriffe sind aber dann für die aktuelle Beurteilung der Natürlichkeit der Vorflutverhältnisse ohne Belang, wenn der hiervon Betroffene in diese *eingewilligt* oder sein Widerspruchsrecht hiergegen bereits *verwirkt* hat.[985]

Von vornherein nicht vom Verbot des § 37 WHG erfasst sind Maßnahmen in **Erfüllung öffentlich-rechtlicher Pflichten**, etwa im Rahmen der Gewässerunterhaltung 282 (s. § 39 WHG).[986] Ferner sind Umgestaltungen im Rahmen **bestimmungsgemäßer Grundstücksbewirtschaftung** als zulässige Veränderungen anzuerkennen, da diese zur natürlichen Eigenart des Grundstücks gehören.[987] So liegt es etwa bei ordnungsgemäßer Bearbeitung eines landwirtschaftlichen Grundstücks im Rahmen der bisherigen Kulturart; nicht hingegen bei einem Wechsel der Kulturart oder gar einer Bebauung.[988] Solche Auswirkungen wie die zuletzt genannten sind auch nicht deshalb per se zu dulden, weil sie auf einer **veränderten wirtschaftlichen Grundstücksnutzung** beruhen; denn diese in einigen früheren Landesrechten[989] ausdrücklich enthaltene Einschränkung findet sich in § 37 WHG nicht wieder.[990]

b) Wasserzulauf

Den Schutz des Oberliegers regelt das **Abdämmungsverbot** in § 37 I 1 WHG. Hier- 283 nach darf der natürliche Ablauf wild abfließenden Wassers auf ein tiefer liegendes Grundstück nicht zum Nachteil eines höher liegenden Grundstücks **behindert** werden. Dies betrifft hauptsächlich den Auf- oder Rückstau des Wassers mittels abflusshemmender Maßnahmen, Vorkehrungen oder Einrichtungen, wie etwa Wälle, Auffüllungen, Dämme, Mauern oder auch andere bauliche Maßnahmen.[991]

---

[980] BGHZ 114, 183, 190 = NJW 1991, 2770.
[981] BK-WHG/*Niesen*, § 37 Rn. 10, 14.
[982] BGHZ 114, 183, 191 = NJW 1991, 2770.
[983] Zum Ganzen: *Drost*, WHG, § 37 Rn. 9.
[984] S. z. B. Art. 68 IV BayBO, § 75 III 1 BauO NRW, § 72 IV SächsBO.
[985] *Drost*, WHG, § 37 Rn. 9; BK-WHG/*Niesen*, § 37 Rn. 9; *Bruns*, NRG BW, Vor § 1 Rn. 6.
[986] *Czychowski/Reinhardt*, WHG, § 37 Rn. 15; BK-WHG/*Niesen*, § 37 Rn. 13.
[987] BGHZ 90, 255, 264 f. = NJW 1884, 2207; BGHZ 114, 183, 191 = NJW 1991, 2770; BayVGH, AgrarR 1985, 293, 294 (zu Art. 63 BayWG a. F.). Vgl. ferner zu § 1004 BGB unten Teil 5 Rn. 38 ff.
[988] *Dehner*, B § 16 II 4 d bb; *Sieder/Zeitler/Dahme/Knopp*, BayWG, Art. 63 a. F., Rn. 36.
[989] Z. B. § 115 LWG NRW; dazu z. B. BGH, NVwZ-RR 2007, 597.
[990] BK-WHG/*Niesen*, § 37 Rn. 16; a. A. BeckOK-UmweltR/*Riedel*, § 37 WHG, Rn. 9.1.
[991] *Czychowski/Reinhardt*, WHG, § 37 Rn. 13.

c) Wasserablauf

284 Den Unterlieger schützt das **Veränderungsverbot** in § 37 I 2 WHG. Hiernach darf der natürliche Ablauf wild abfließenden Wassers nicht zum Nachteil eines tiefer liegenden Grundstücks **verstärkt oder auf andere Weise verändert** werden. Dabei ist es ohne Belang, ob die Veränderung gezielt erfolgt oder sich lediglich als mittelbare Folge oder Begleiterscheinung anderweitiger Maßnahmen ergibt.[992] Gleichgültig ist auch, ob das Wasser originär auf dem Grundstück des Oberliegers anfällt (sog. Ursprungsgrundstück), oder aber diesem seinerseits ebenfalls von einem dritten Grundstück zufließt (sog. Durchflussgrundstück).[993] Eine Veränderung auf andere Weise liegt auch in einer Änderung der Richtung des Ablaufs. Veränderungen können etwa durch bauliche Veränderungen[994] oder anderweitige Verdichtung, Versiegelung oder Befestigung von Flächen,[995] durch gesammelte Wasserableitung in Gräben oder Kanälen[996] oder durch eine Änderung der Geländetopografie[997] erfolgen; ebenso wenn ein Abwasserbeseitigungspflichtiger keine ausreichend bemessenen Abwasseranlagen schafft, sodass es zu einer Behinderung der Vorflut durch hydraulische Überlastung des öffentlichen Kanals kommt.[998] Der Unterlieger hat allerdings **keinen Anspruch auf Aufrechterhaltung des Zuflusses**, weshalb der Oberlieger jederzeit den Wasserzufluss reduzieren oder ganz unterbinden kann.[999]

d) Nachteil

285 In beiden Alternativen des § 37 I WHG muss die Veränderung des Wasserabflusses, soll sie verboten sein, zu einem Nachteil für den hiervon Betroffenen führen. Ein solcher liegt in jeder tatsächlichen, nicht nur drohenden und nicht nur ganz unerheblichen **Störung oder Belastung** der bisherigen Nutzbarkeit des betroffenen Grundstücks, etwa bei Vernässung, Versumpfung oder erschwerter wirtschaftlicher Nutzbarkeit;[1000] zwingend erforderlich ist ein wirtschaftlicher Nachteil aber nicht.[1001] Ausreichend ist es schließlich, wenn sich die Wasserzufuhr nur bei stärkerem Regen nachteilig auswirkt.[1002]

e) Wasserqualität

286 Die Vorschrift über wild abfließendes Wasser in § 37 WHG betrifft allein Veränderungen des Wasserablaufs, **nicht** hingegen die **qualitative Veränderung** des Wassers, etwa durch chemische Verunreinigung.[1003] Sie ist ferner nicht anwendbar, wenn mit dem Wasser auch Schlamm auf tiefer gelegene Grundstücke übertritt, sofern dabei in einem Maße **Bodenbestandteile abgeschwemmt** werden, das über eine bloße natürliche Verschmutzung des abfließenden Wassers hinausgeht.[1004] Ebenso wenig gilt sie für angeschwemmte **Abfälle**.[1005] Zivilrechtlich ist hier vielmehr das Nachbarrecht des BGB einschlägig;[1006]

---

992 BGH, VersR 1976, 985 f. (zu § 78 LWG NRW a.F.).
993 *Sieder/Zeitler/Dahme/Knopp*, BayWG, Art. 63 a.F., Rn. 32.
994 Vgl. OLG Karlsruhe, OLGR 2007, 789, 790.
995 *Dehner*, B § 16 II 4 d bb; OLG Hamm, BeckRS 2012, 10505 (Aufbringen von wasserundurchlässigem Material).
996 *Czychowski/Reinhardt*, WHG, § 37 Rn. 18.
997 BayObLGSt 1959, 350, 351; OLG Bamberg, OLGR 2008, 86, 88 (je zu Art. 63 BayWG a.F.); OLG Hamm, NJOZ 2008, 2142, 2144 (Niveauänderung eines Weges). Zu Grundstückserhöhungen s. auch oben Rn. 260 ff.
998 BK-WHG/*Niesen*, § 37 Rn. 18.
999 *Drost*, WHG, § 37 Rn. 12; a. A. *Dehner*, B § 16 II 4 f aa.
1000 *Czychowski/Reinhardt*, WHG, § 37 Rn. 16 f.; BK-WHG/*Niesen*, § 37 Rn. 11.
1001 *Czychowski/Reinhardt*, WHG, § 37 Rn. 16; BK-WHG/*Niesen*, § 37 Rn. 11.
1002 BayObLGSt 1959, 350, 352 (zu Art. 63 BayWG a.F.); vgl. ferner *Bruns*, NRG BW, Vor § 1 Rn. 11.
1003 BGHZ 90, 255, 260 = NJW 1984, 2207 (Rückstände von Pflanzenschutzmitteln); vgl. ferner OLG Jena, OLGR 2006, 663 (in Schmelzwasser gelöstes Streusalz).
1004 BGHZ 114, 183, 187 = NJW 1991, 2770; BGH, NJW 1980, 2580, 2581.
1005 *Bruns*, NRG BW, Vor § 1 Rn. 7; zum öffentl. Recht s. BVerwGE 106, 43 = NJW 1998, 1004.
1006 BGH, NJW 1980, 2580, 2581.

gegen all diese Einwirkungen besteht daher für den Unterlieger ein Abwehranspruch unter den Voraussetzungen der §§ 906, 1004 BGB.[1007]

3. Beteiligte

Die Verbote des § 37 I WHG richten sich schon nach ihrer allgemeinen Formulierung gegen jedermann.[1008] Praktische Relevanz erlangen sie zwar naturgemäß in erster Linie für **Eigentümer** und **Nutzungsberechtigte** der beteiligten Grundstücke, d.h. dinglich Berechtigte wie Erbbauberechtigte, Inhaber einer Dienstbarkeit oder Nießbrauchsberechtigte sowie schuldrechtlich Berechtigte wie Mieter und Pächter; daneben ist Normadressat aber auch jeder **Dritte**.[1009] Die Beteiligten können Handlungs- oder Zustandsstörer sein.[1010] Die Vorschrift ist schließlich auch von der **öffentlichen Hand** zu beachten, etwa beim Straßenbau.[1011] Geschützt sind nicht nur unmittelbar benachbarte, sondern alle im **Einwirkungsbereich** der Ablaufverhältnisse gelegenen Grundstücke.[1012] 287

4. Nicht zu vertretende Umstände

Eine für Nachbargrundstücke nachteilige Veränderung des natürlichen Zu- oder Abflusses wild abfließenden Wassers auf einem Grundstück kann auch durch Umstände herbeigeführt werden, die dessen Eigentümer oder Nutzungsberechtigter **nicht zu vertreten** hat. Hierzu zählen Naturereignisse wie Erdrutsche, Ablagerungen oder die Bildung von Erosionsrinnen ebenso wie rechtswidrige Eingriffe Dritter, außer diese wurden vom Verbotsadressaten im Sinne einer Zustandshaftung erst ermöglicht oder sonst begünstigt. Hier gilt § 37 I WHG nicht. Für diesen Fall normiert § 37 II WHG stattdessen zu Lasten des Eigentümers oder Nutzungsberechtigten des veränderten Grundstücks eine Pflicht zur **Duldung der Wiederherstellung des ursprünglichen Zustands** durch den Eigentümer oder Nutzungsberechtigten des benachteiligten Grundstücks *auf dessen Kosten*. Zu dulden sind dabei alle für die Wiederherstellung notwendigen Maßnahmen, wozu naturgemäß auch ein Betretungsrecht gehört, nicht hingegen weitergehende Schutzmaßnahmen; der Duldungspflichtige darf die Durchführung auch nicht durch eigene Maßnahmen behindern oder zunichte machen.[1013] Die Wiederherstellungsmaßnahmen sind rechtzeitig vorher *anzukündigen*. Entstehen dem Duldungspflichtigen bei der Wiederherstellung des ursprünglichen Zustands Schäden, so steht ihm unter den Voraussetzungen des § 823 BGB ein **Schadensersatzanspruch** zu.[1014] Der Eigentümer des Grundstücks, auf dem das Hindernis oder die Veränderung entstanden ist, kann diese aber, etwa um duldungspflichtigen Maßnahmen zuvor zu kommen, *auf eigene Kosten* auch **selbst beseitigen**. 288

5. Abweichende Vereinbarungen

Die Beteiligten können von der Regelung in § 37 I, II WHG grundsätzlich durch **privatrechtliche Vereinbarung** abweichen.[1015] Dies kann schuldrechtlich geschehen oder auch dinglich, etwa durch Bestellung einer Grunddienstbarkeit. Schuldrechtliche Vereinbarungen wirken allerdings nicht gegen Einzelrechtsnachfolger, sodass sich die Absicherung in Form einer Grunddienstbarkeit empfiehlt. Im Übrigen binden solche Vereinba- 289

[1007] BGHZ 49, 340, 346f. = NJW 1968, 1281; BGHZ 90, 255, 258ff. = NJW 1984, 2207; BGHZ 114, 183, 186f. = NJW 1991, 2770; *Sieder/Zeitler/Dahme/Knopp*, BayWG, Art. 63 a.F., Rn. 27.

[1008] Vgl. zum ebenso formulierten § 909 BGB oben Rn. 230.

[1009] *Dehner*, B § 16 II 4 f bb; BK-WHG/*Niesen*, § 37 Rn. 10; a. A. BeckOK-UmweltR/*Riedel*, § 37 WHG, Rn. 12.

[1010] Dazu ausführlich unten Teil 5 Rn. 34ff.

[1011] Vgl. BGH, NVwZ 1982, 700, 701; NJW 1996, 3208, 3209; NVwZ-RR 2006, 758, 759; BayObLGZ 1989, 452, 456; OLG Bamberg, OLGR 2008, 86, 87 (je zum früheren Landesrecht).

[1012] *Drost*, WHG, § 37 Rn. 10; *Stadler*, BayNachbR, 6 F II 3.

[1013] *Czychowski/Reinhardt*, WHG, § 37 Rn. 22; BK-WHG/*Niesen*, § 37 Rn. 21.

[1014] *Czychowski/Reinhardt*, WHG, § 37 Rn. 24.

[1015] *Czychowski/Reinhardt*, WHG, § 37 Rn. 10.

rungen nur die hieran beteiligten Vertragsparteien. Die Vertragsparteien können auch **keinen Vertrag zu Lasten Dritter** schließen, weshalb eine Vereinbarung zu Lasten weiterer Grundstücksnachbarn unzulässig wäre.

6. Durchsetzung, Schadensersatz

290 Soweit gegen die Verbote in § 37 I WHG verstoßen wird, stehen dem beeinträchtigten Beteiligten Abwehransprüche in Form von Unterlassungs- und Beseitigungsansprüchen aus **§§ 1004 I, 862 BGB** zu.[1016] Auch **§ 823 I BGB** ist anwendbar.[1017] § 37 I WHG ist ferner mit seinen Verboten Schutzgesetz i. S. d. **§ 823 II BGB** zugunsten des jeweils beeinträchtigten Beteiligten.[1018] Werden diese daher missachtet, so kann sich auch hieraus ein Abwehranspruch und darüber hinaus auch ein Schadensersatzanspruch ergeben.[1019] Subsidiär zur Deliktshaftung kommt auch ein nachbarrechtlicher Ausgleichsanspruch **analog § 906 II 2 BGB** in Betracht; denn dieser erfasst auch Grobimmissionen wie den Übertritt von Wasser von einem Nachbargrundstück.[1020] § 2 I 1 HPflG ist dagegen auf durch ungefasstes Wasser verursachte Schäden nicht anwendbar.[1021] Soweit es um Verstöße der öffentlichen Hand beim Straßenbau geht, greifen schließlich die Grundsätze des **enteignungsgleichen Eingriffs**.[1022] Ein Anspruch auf **behördliches Einschreiten**, etwa der Bauaufsichtsbehörde, kann aus § 37 I WHG dagegen schon deshalb nicht hergeleitet werden, weil die Vorschrift als Teil des privaten Nachbarrechts keine öffentlich-rechtlich geschützte Abwehrposition vermittelt.[1023]

III. Öffentliches Recht

1. Bauplanungsrecht

291 Auch das Bauplanungsrecht kann Schutz vor Beeinträchtigungen durch von Nachbargrundstücken her eindringendes Wasser bieten. So ist bei der Aufstellung eines Bebauungsplans in die Abwägung auch die Beseitigung von **Abwasser**, zu dem nach § 54 I 1 Nr. 2 WHG auch das von bebauten oder befestigten Flächen gesammelt abfließende Niederschlagswasser gehört, einzustellen (vgl. §§ 1 VI Nr. 1 BauGB, 55 I 1 WHG). Der Planung muss daher eine **Erschließungskonzeption** zugrunde liegen, nach der das im Plangebiet anfallende Niederschlagswasser ohne Schaden für die Planbetroffenen beseitigt werden kann.[1024]

2. Bauordnungsrecht

292 In den Bauordnungen der Länder finden sich zum Teil ferner ausdrückliche Vorschriften,[1025] wonach bei baulichen Anlagen die **einwandfreie Beseitigung des Abwassers** dauernd gesichert sein muss. Zum Abwasser gehört dabei nach der Legaldefinition in § 54 I 1 Nr. 2 WHG auch das Niederschlagswasser, das von bebauten oder befestigten Flächen gesammelt abfließt. Diese Vorschriften haben jedenfalls insoweit **nachbarschützenden** Charakter, als sie die Ableitung auf Nachbargrundstücke verbieten.[1026] Außerdem

---

[1016] *Czychowski/Reinhardt*, WHG, § 37 Rn. 9; *Drost*, WHG, § 37 Rn. 12.

[1017] *Czychowski/Reinhardt*, WHG, § 37 Rn. 9.

[1018] *Czychowski/Reinhardt*, WHG, § 37 Rn. 9; *Drost*, WHG, § 37 Rn. 12; *Dehner*, B § 16 II 4 f dd. Ebenso zum früheren Landesrecht BGH, NJW 1980, 2580, 2581.

[1019] S. aber auch OLG Nürnberg, OLGR 2000, 105 (beidseitige Grenzbebauung).

[1020] BGHZ 155, 99, 103 = NJW 2003, 1037; BGH, NJW-RR 2000, 537; NJW 2011, 3294, 3296.

[1021] BGH, BayVBl. 1994, 762.

[1022] BayObLGZ 1989, 452, 454 ff.; OLG Bamberg, OLGR 2008, 86, 87 (je zu Art. 63 BayWG a.F.).

[1023] BayVGH, 18. 8. 1998 – 2 B 93.508; 28. 9. 1999 – 2 ZB 99.233 (je zu Art. 63 BayWG a.F.).

[1024] BVerwGE 116, 144, 149 = BauR 2002, 1650.

[1025] Vgl. § 33 I LBO BW; Art. 41 I BayBO; § 39 HessBO; § 42 II NdsBauO; § 41 II LBauO RhPf.

[1026] HessVGH, BauR 2003, 866, 868 (zu § 42 HessBO a.F.); Simon/Busse, BayBO: *Strohhäker*, Art. 41 Rn. 3 und *Dirnberger*, Art. 66 Rn. 282.

bestehen bauordnungsrechtliche Generalklauseln über den **Schutz vor schädlichen Einwirkungen** u. a. durch Wasser;[1027] auch diese sind nachbarschützend.[1028]

3. Wasserrecht

Nach öffentlichem Wasserrecht gehört es bei Bestehen einer entsprechenden landes- 293
rechtlichen Vorschrift[1029] zum Gemeingebrauch, Niederschlagswasser schadlos in oberirdische Gewässer **einzuleiten** (s. § 25 S. 3 Nr. 1 WHG). Ferner ist das Einleiten von Niederschlagswasser in das Grundwasser durch schadlose **Versickerung** erlaubnisfrei zulässig (s. § 46 II WHG).[1030] Im Übrigen trifft die **Beseitigungspflicht** von Niederschlagswasser, das von bebauten oder befestigten Flächen gesammelt abfließt und damit nach § 54 I 1 Nr. 2 WHG Abwasser darstellt, die nach § 56 WHG i. V. m. Landeswasserrecht[1031] Abwasserbeseitigungspflichtigen.[1032] Die Pflicht zur schadlosen Abwasserbeseitigung erfasst auch das Fortleiten über Nachbargrundstücke (s. § 54 II 1 WHG). Jedenfalls insoweit ist sie auch Schutzgesetz i. S. v. § 823 II BGB.[1033]

1027 Z.B. Art. 11 BayBO, § 16 BauO NRW, § 13 I SächsBO.

1028 Vgl. Simon/Busse/*Nolte*, BayBO, Art. 11 Rn. 2; differenzierend dagegen *Dehner*, B § 17 VI 2.

1029 Z. B. Art. 18 I 3 Nr. 2 BayWG, § 19 I 1 Nr. 2 HessWG, § 32 I 2 NdsWG.

1030 Bis zum Erlass der in § 46 II WHG vorgesehenen bundesrechtlichen VO gilt insoweit noch das bisherige Landesrecht weiter, vgl. *Drost*, WHG, § 55 Rn. 10. S. z. B. in Bayern die NiederschlagswasserfreistellungsVO (NWFreiV) v. 1. 1. 2000 (GVBl. S. 30).

1031 Z. B. Art. 34 BayWG, § 37 HessWG, § 96 NdsWG.

1032 Zu den Amtspflichten einer Gemeinde bei der Abwasserbeseitigung s. BGHZ 140, 380, 384 = NVwZ 1999, 689.

1033 Vgl. BGHZ 149, 206, 211 ff. = NJW 2002, 818; Palandt/*Sprau*, BGB, § 823 Rn. 71.

4. Teil. Das Grundstück und seine Nutzung durch Dritte

Übersicht

Die Frage nach Bestehen und Umfang eines Rechtes zur dauernden oder auch nur vorübergehenden **(Mit-)Benutzung eines benachbarten Grundstücks** stellt sich im Rahmen nachbarrechtlicher Auseinandersetzungen recht häufig. Am wenigsten problematisch sind dabei noch die Fälle, in denen die Nachbarn insoweit zu einer vertraglichen Einigung gelangen, sei es in Form der Bestellung einer *Grunddienstbarkeit* (s. u. D),[1] sei es durch *schuldrechtliche Nutzungsgestattung* (s. u. C).[2] Sofern eine solche Einigung nicht zustande kommt, ist der die Benutzung fremden Eigentums begehrende Nachbar auf die gesetzlich geregelten und von der Rechtsprechung entwickelten Benutzungsrechte beschränkt, die allesamt das Vorliegen einer bestimmten Notsituation voraussetzen. In Betracht kommt hier die Inanspruchnahme eines fremden Grundstücks als *Notweg* (s. u. A.I.),[3] für eine *Notleitung* (s. u. A.II.)[4] oder auch nur zum Zwecke des *Betretens oder Benutzens zu einem besonderen Zweck* im Einzelfall (s. u. B).[5] 1

A. Notwege- und Notleitungsrecht

I. Notwegerecht

1. Allgemeines, Rechtsgrundlage

Das Notwegerecht stellt einen Modellfall gesetzlich normierter, wenn auch nicht entschädigungslos hinzunehmender **Sozialbindung des Eigentums** am in Anspruch genommenen Grundstück dar; gleichzeitig erweitert es im selben Umfang den Inhalt des Eigentums am verbindungslosen Grundstück.[6] Es löst damit den zwischen den beteiligten Grundstücksnachbarn[7] bestehenden Interessenkonflikt,[8] und ermöglicht hierdurch eine möglichst wirtschaftliche Ausnutzung des gesamten Grund und Bodens.[9] 2

Seine gesetzliche Regelung hat das Notwegerecht in **§ 917 BGB** gefunden.[10] Im öffentlichen Sachenrecht ist die Vorschrift entsprechend anwendbar.[11] Neben § 917 BGB bestehen auf der Grundlage des **Art. 124 S. 1 EGBGB** auch zahlreiche *landesrechtliche Vorschriften* über Notleitungen sowie das Betreten und Benutzen von Nachbargrundstücken zu besonderen Zwecken. Dem Landesgesetzgeber ist eine Regelungsbefugnis allerdings nur insoweit eingeräumt, als er über die bundesrechtlichen Beschränkungen hinaus *andere* gesetzliche Beschränkungen des Eigentums einführen, nicht hingegen auch eine Modifikation der Vorschriften des BGB vornehmen kann.[12] Über § 917 BGB hinaus kommt deshalb ein Notwegerecht nicht in Betracht. Insbesondere lässt sich ein solches bei Fehlen der tatbestandlichen Voraussetzungen der Norm auch nicht aus den Grund- 3

[1] Dazu unten Rn. 152 ff.
[2] Dazu unten Rn. 146 ff.
[3] Dazu unten Rn. 2 ff.
[4] Dazu unten Rn. 84 ff.
[5] Dazu unten Rn. 115 ff.
[6] *Säcker/Paschke*, NJW 1981, 1009; NK/*Ring*, § 917 Rn. 1 ff.; Erman/*Hagen/Lorenz*, 10. Aufl., § 917 Rn. 1.
[7] Daher bleibt das öffentliche Interesse an einer ökonomisch sinnvollen Bodennutzung hier außer Betracht, vgl. OLG Düsseldorf, OLGZ 1992, 208, 213.
[8] Vgl. BVerfG, 16. 9. 1991 – 1 BvR 76/91; NK/*Ring*, § 917 Rn. 2.
[9] BGHZ 31, 159, 161 = WM 1959, 1463; OLG Karlsruhe, NJW-RR 1995, 1042.
[10] Zur Festsetzung von Flächen zum Gehen und Fahren durch Bebauungsplan nach § 9 I Nr. 21 BauGB s. unten Rn. 114.
[11] BVerwG, Buchholz 406.11 § 35 BauGB Nr. 383; OVG Koblenz, BeckRS 2009, 41597; OVG Lüneburg, NJOZ 2011, 1866; *Dehner*, B § 27 I 5.
[12] MünchKommBGB/*Säcker*, § 917 Rn. 41. Zu den landesrechtlichen Vorschriften und der Frage ihrer Gültigkeit s. unten Rn. 92 ff. (Notleitungsrechte), Rn. 117 ff. (Hammerschlags- und Leiterrechte), Rn. 132 ff. (Anwenderechte) sowie Rn. 137 (Benutzungsrechte bei wald- und forstwirtschaftlichen Grundstücken).

sätzen des **nachbarlichen Gemeinschaftsverhältnisses** ableiten; § 917 BGB trifft nämlich insoweit eine abschließende Regelung.[13]

4 Allerdings ist in Notfällen bei Vorliegen der tatbestandlichen Voraussetzungen eines **Notstands** nach § 904 S. 1 BGB die Inanspruchnahme eines fremden Grundstücks unabhängig von den Voraussetzungen des § 917 BGB möglich;[14] umgekehrt ist der dieses in Anspruch Nehmende dann aber unter Umständen einem Schadensersatzanspruch des betroffenen Grundstückseigentümers aus § 904 S. 2 BGB ausgesetzt.

2. Voraussetzungen

5 Nach § 917 I 1 BGB besteht ein Notwegerecht nur, wenn und solange einem Grundstück die zur ordnungsmäßigen Benutzung notwendige Verbindung mit einem öffentlichen Weg fehlt; dann kann dessen Eigentümer von den Nachbarn verlangen, dass sie bis zur Hebung des Mangels die Benutzung ihrer Grundstücke zur Herstellung der erforderlichen Verbindung dulden.

a) Grundstück

6 Ein Notwegerecht kommt hiernach nur für Grundstücke in Betracht. Um ein **Grundstück** in diesem Sinne handelt es sich nicht nur bei einem solchen im grundbuchrechtlichen Sinne (vgl. § 3 GBO); ausreichend ist vielmehr das Vorliegen eines einheitlich genutzten Grundstücks im *wirtschaftlichen* Sinn,[15] so dass gegebenenfalls auch für einzelne, wirtschaftlich einheitlich genutzte Grundstücksteile ein Notweg in Anspruch genommen werden kann.[16] In **Wohnungseigentumsanlagen** gelten die Grundsätze des § 917 BGB für den Zugang zu Sondereigentum und sonstigen Sondernutzungsbereichen entsprechend.[17]

b) Fehlende Verbindung mit öffentlichem Weg

7 **aa) Öffentlicher Weg.** Das Grundstück muss sich in einer wegemäßigen Notlage befinden,[18] d. h. ihm muss die notwendige Verbindung mit einem öffentlichen Weg fehlen. Soweit sich bei der Beurteilung dieser Frage öffentlich-rechtliche Probleme auftun, unterfallen diese grundsätzlich der **Vorfragenkompetenz der ordentlichen Gerichte**.[19]

8 Ein Verbindungsweg ist öffentlich, wenn er nach den straßenrechtlichen Vorschriften des Bundes oder des jeweiligen Landes (§ 2 I FStrG bzw. die entsprechenden Vorschriften der Straßengesetze der Länder[20]) ausdrücklich dem öffentlichen Verkehr **gewidmet** ist.[21] Er ist dann so lange als öffentlich anzusehen, bis er (bestandskräftig oder sofort vollziehbar) wieder entwidmet wird; ein Notwegerecht kommt bei einer Entwidmung jedoch

---

[13] BGHZ 112, 1, 3 = NJW 1990, 2555; OLG Brandenburg, BeckRS 2009, 19394; OLG Düsseldorf, NJW-RR 1989, 204, 205; OLG Köln, NJW-RR 1992, 213; OLG Saarbrücken, NJW-RR 2002, 1385; MDR 2006, 1166. Im Übrigen kann aus § 242 BGB – entgegen OLG Celle, OLGR 1999, 369 und OLG Saarbrücken, OLGR 2004, 391, 392 – auch bei jahrzehntelanger Nutzung eines Weges als „Notweg" außerhalb der tatbestandlichen Voraussetzungen des § 917 BGB kein fortbestehendes Nutzungsrecht entstehen; hier kommt aber ggf. die Annahme einer konkludenten schuldrechtlichen Nutzungsgestattung in Betracht, s. dazu unten Rn. 147.

[14] BayObLG, ZMR 2005, 889, 890; MünchKommBGB/*Säcker*, § 917 Rn. 8; *Meisner/Ring/Götz*, § 25 Rn. 2; ferner Erman/*Lorenz*, § 917 Rn. 8 (der drohende Schaden darf allerdings nicht nur im Notwegeverlust bestehen).

[15] BGH, NJW 1954, 1321; MünchKommBGB/*Säcker*, § 917 Rn. 7.

[16] *Bayer/Lindner/Grziwotz*, S. 128 (Hanggrundstück); *Alheit*, S. 267 (i. d. R. nur bei großen Grundstücken); s. ferner RGZ 79, 116, 120 und unten Rn. 13.

[17] BGH, NJW 2006, 3426, 3427; OLG München, MietRB 2008, 108.

[18] BayVGH, BayVBl. 2007, 45, 46; MünchKommBGB/*Säcker*, § 917 Rn. 6.

[19] RG, JW 1906, 233, 234; BGH, NJW 1995, 2993 f.; MünchKommBGB/*Säcker*, § 917 Rn. 6; PWW/*Lemke*, § 917 Rn. 9; zur Vorfragenkompetenz s. auch oben Teil 1 Rn. 99.

[20] Z. B. Art. 6 BayStrWG, § 6 StrWG NRW, § 6 SächsStrG.

[21] OLG Rostock, BeckRS 2009, 28826. Hierzu zählt, sofern nach Landesrecht möglich, auch eine Widmung aufgrund unvordenklicher Verjährung, vgl. BGH, NJW-RR 2009, 515, 516.

erst in Betracht, wenn sämtliche, nicht völlig aussichtslose[22] Rechtsbehelfe hiergegen ausgeschöpft sind;[23] Gleiches gilt auch für den Fall einer Widmungsbeschränkung. Der Ausbauzustand ist dabei für die Beurteilung der Öffentlichkeit eines Weges ohne Belang, solange er befahrbar ist;[24] dieser ist erst für die Frage von Bedeutung, ob der Weg auch eine ausreichende Verbindung darstellt.

Auch bei Fehlen eines straßenrechtlich öffentlichen Weges kann eine ausreichende Verbindung bestehen, sofern der Verbindungsweg zumindest im straßenverkehrsrechtlichen Sinne **tatsächlich öffentlich** ist.[25] Voraussetzung ist dann allerdings, dass er von allen rechtlich Beteiligten (Wegeeigentümer, Unterhaltspflichtiger, Ordnungsbehörde) stillschweigend als zum allgemeinen Verkehr bestimmt angesehen wird; die insoweitige Zustimmung des Grundstückseigentümers muss unwiderruflich sein;[26] die bloße Duldung allgemeinen Verkehrs durch den Wegeeigentümer genügt hingegen nicht.[27] Keinesfalls ausreichend ist schließlich die Verbindung über einen **reinen Privatweg**.[28] 9

Nicht von § 917 BGB erfasst sind die Fälle einer fehlenden Verbindung zu einer Eisenbahnstrecke oder einer öffentlichen Wasserstraße.[29] Nachdem die Länder auch von ihrem insoweitigen Gesetzgebungsrecht nach Art. 123 EGBGB keinen Gebrauch gemacht haben, können hier im Einzelfall allenfalls die Grundsätze des nachbarlichen Gemeinschaftsverhältnisses weiterhelfen.[30] Erst recht reicht für § 917 BGB schließlich nicht die fehlende Verbindung zweier Grundstücke desselben Eigentümers untereinander.[31] 10

bb) Fehlen der Verbindung. (1) Eine Verbindung mit einem öffentlichen Weg fehlt einem Grundstück in erster Linie dann, wenn es sich in einer echten „Insellage" befindet, d. h. **tatsächlich** (kein Weg vorhanden)[32] oder **rechtlich** (z. B. Widmungsbeschränkung eines vorhandenen Weges)[33] **völlig abgeschnitten** ist. Von einer fehlenden Verbindung kann allerdings nicht gesprochen werden, wenn und solange die Zugangsnot **auf andere Weise behoben** werden kann. So liegt es, wenn an dem Zwischengrundstück zum öffentlichen Weg ein **rechtlich gesichertes Benutzungsrecht** besteht,[34] sei es aufgrund eines dinglichen Wegerechts[35] bzw. zumindest eines hierauf gerichteten Anspruchs,[36] oder aufgrund eines schuldrechtlichen Wegerechts,[37] oder weil die Zufahrt eine gemeinsame Grenzeinrichtung darstellt.[38] Ebenso bei einem Wohnungseigentümer, wenn gegenüber anderen Wohnungseigentümern ein Anspruch auf Mitwirkung an der Schaffung 11

---

[22] OLG Koblenz, NJW-RR 1992, 724.
[23] OLG Köln, OLGZ 1967, 156, 160.
[24] PWW/*Lemke*, § 917 Rn. 9 (öffentlicher Feldweg); Soergel/*Baur*, § 917 Rn. 2 m. w. N.
[25] OLG Rostock, BeckRS 2009, 28826; a. A. Soergel/*Baur*, § 917 Rn. 2, der stets einen gewidmeten Weg verlangt.
[26] MünchKommBGB/*Säcker*, § 917 Rn. 6; *Meisner/Ring/Götz*, § 25 Rn. 4.
[27] OLG Hamm, NJW 1953, 1519; OLG München, NJW 1954, 1452.
[28] Hierunter fallen auch nach Landesrecht nicht öffentliche Wirtschaftswege, vgl. OLG Koblenz, NJW-RR 1992, 724 (zu § 1 StrG RhPf).
[29] BGH, LM Nr. 3 zu § 891 BGB = MDR 1967, 749 (Wasserstraße). S. aber OLG Oldenburg, NdsRpfl 2008, 138 (gewohnheitsrechtliches Inwiekenrecht im Fehngebiet Ostfrieslands) und hierzu BGH, NJW-RR 2009, 311; s. dazu auch *Dehner*, B § 27 VI.
[30] Erman/*Hagen/Lorenz*, 10. Aufl., § 917 Rn. 2.
[31] Palandt/*Bassenge*, § 917 Rn. 3.
[32] So auch bei bloßer Erreichbarkeit eines Wochenendhausgrundstücks mit dem Boot, vgl. OLG Rostock, OLGR 2000, 332.
[33] OLG Köln, OLGZ 67, 156, 157; *Dehner*, B § 27 I 3 b.
[34] Zum Ganzen: Staudinger/*Roth*, § 917 Rn. 14; Soergel/*Baur*, § 917 Rn. 4; *Dehner*, B § 27 I 2 c. S. ferner OLG Schleswig, MDR 2007, 457, 458 (Wegerecht aufgrund örtlichen Gewohnheitsrechts).
[35] OLG Celle, RdL 1964, 157, 169; OLG Brandenburg, BeckRS 2009, 19394.
[36] OLG Braunschweig, OLGE 1926, 29.
[37] RGZ 157, 305, 308 (nur wenn hierdurch Zugang ausreichend gesichert; dann während Vertragszeit keine Wegenotlage); OLG Brandenburg, BeckRS 2009, 19394. Eine bloße Nutzungsgestattung im Form eines Leihvertrages (dazu unten Rn. 146 ff.) wird dagegen wegen der jederzeitigen Kündigungsmöglichkeit nur ausnahmsweise ausreichen, vgl. Staudinger/*Roth*, § 917 Rn. 14.
[38] BGH, NJW-RR 2012, 346, 349.

eines Zugangs besteht.[39] In den *neuen Bundesländern* sind hier auch nach §§ 321 f. ZGB-DDR fortbestehende Wege- und Überfahrtrechte von Bedeutung (Art. 233 §§ 3, 5 EGBGB); außerdem kommt dort unter bestimmten Voraussetzungen ein Anspruch auf Bestellung einer Wegedienstbarkeit nach § 116 SachenRBerG in Betracht.[40] Gegebenenfalls muss der Betroffene in all diesen Fällen zunächst seinen bestehenden Anspruch auf dem Rechtsweg verfolgen, bevor er ein Notwegerecht über ein drittes Grundstück beanspruchen kann, allerdings nur sofern im Einzelfall mit einer Entscheidung innerhalb einer wirtschaftlich zumutbaren Frist gerechnet werden kann.[41] Nicht mehr zumutbar ist daher die Durchsetzung eines rechtlich völlig unklaren Erschließungsanspruchs in einem möglicherweise jahrelang dauernden verwaltungsgerichtlichen Verfahren gegen die Gemeinde.[42] Eine *Baulast* begründet privatrechtlich keinen Nutzungsanspruch für den Begünstigten.[43]

12 Von den genannten ist der Fall zu unterscheiden, dass zwei aneinander grenzenden Grundstücken **desselben Eigentümers** jeweils eine unmittelbare Anbindung an einen öffentlichen Weg fehlt, zugunsten lediglich *eines* von ihnen aber an einem Nachbargrundstück ein Wegerecht besteht; hier fehlt dem zweiten Grundstück die Verbindung mit einem öffentlichen Weg schon deshalb, weil das dienende Nachbargrundstück keinen Verkehr dulden muss, der nicht dem herrschenden Grundstück selbst, sondern einem dritten dient.[44] Im Gegensatz dazu besteht eine Verbindung allerdings, solange von einem Grundstück aus der öffentliche Weg über andere, demselben Eigentümer gehörende und unmittelbar am öffentlichen Weg gelegene Grundstücke erreichbar ist.[45]

13 (2) Die Verbindung kann ferner auch fehlen, wenn zwar eine Zugangsmöglichkeit vorhanden ist, diese aber für eine **ordnungsgemäße Benutzung nicht ausreicht**[46] oder sonst aus wirtschaftlichen Erwägungen heraus nicht in Betracht kommt.[47] In **tatsächlicher** Hinsicht fehlt der erforderliche Zugang dabei auch dann, wenn nur ein Teil eines Grundstücks keinen hinreichenden Zugang hat und dem Grundstückseigentümer nicht zugemutet werden kann, diesem Teil über das Restgrundstück einen Zugang zu verschaffen.[48] In all diesen Fällen ist jedoch, wie aufgrund der mit einem Notwegerecht verbundenen Beschränkung des Eigentums am belasteten Grundstück stets, ein *strenger Maßstab* anzulegen.[49] Die Inanspruchnahme eines Notwegerechts muss Ultima Ratio sein.[50] Deshalb reichen Gesichtspunkte der Bequemlichkeit und Zweckmäßigkeit hier nicht aus.[51] Ohne Belang ist außerhalb des Anwendungsbereichs des § 918 BGB allerdings, aus welchen Gründen die Verbindung fehlt.[52]

14 In **wirtschaftlicher Hinsicht** scheidet eine alternative Verbindungsmöglichkeit nur dann aus, wenn sie so hohe Aufwendungen und Erschwernisse mit sich bringt, dass hierdurch die Wirtschaftlichkeit der Grundstücksbenutzung aufgehoben oder in unzumutbarer Weise geschmälert würde.[53] Für die Frage der **Zumutbarkeit** ist dabei allein das Verhältnis der Kosten für die Schaffung einer anderweitigen Zuwegung zum Gesamtertrag

---

[39] BGH, NJW 2006, 3426, 3427.
[40] S. hierzu Bamberger/Roth/*Fritzsche*, § 917 Rn. 50 m. w. N.
[41] RG, JW 1925, 474; s. ferner *Dehner*, B § 27 I 2 c (Fn. 20: ggf. einstweilige Verfügung zu erwägen).
[42] OLG Frankfurt, OLGR 1999, 262, 264.
[43] BGHZ 88, 97, 99 = NJW 1984, 124; BGHZ 94, 160, 165 = NJW 1985, 1952.
[44] OLG Koblenz, OLGZ 1992, 347, 349.
[45] OLG Hamburg, MDR 1964, 325, 326; *Meisner/Ring/Götz*, § 25 Rn. 5 a. E.
[46] Zum ergänzenden und befristeten Notweg s. unten Rn. 27 f.
[47] BGH, NJW 1954, 1321; NJW 1964, 1321, 1322; NJW-RR 2009, 515, 517.
[48] BGH, NJW 2006, 3426, 3427.
[49] BGH, NJW 1964, 1321, 1322; MDR 2003, 981, 982; Staudinger/*Roth*, § 917 Rn. 11; Soergel/*Baur*, § 917 Rn. 3.
[50] OLG Frankfurt, OLGR 1999, 262, 264; OVG Lüneburg, NJOZ 2011, 1866, 1867.
[51] BayVGH, 11. 1. 2007 – 14 B 03.572 (enge Garageneinfahrt).
[52] Bamberger/Roth/*Fritzsche*, § 917 Rn. 5 m. w. N.
[53] RG, JW 1925, 474 (7 km langer Umweg); BGH, NJW 1964, 1321, 1322; WM 1968, 434, 435; NJW 2006, 3426, 3427.

des Grundstücks, nicht hingegen deren Verhältnis zu den Kosten des Notwegs maßgebend.[54] Deshalb gehen auch umständlichere, weniger bequeme und kostspieligere Verbindungsalternativen der Inanspruchnahme eines Notwegs grundsätzlich vor,[55] damit verbundene wirtschaftliche Einbußen sind vom betroffenen Eigentümer hinzunehmen.

c) Notwendigkeit zur ordnungsmäßigen Benutzung

Die Verbindung muss schließlich zur ordnungsmäßigen Benutzung des verbindungs- 15
losen Grundstücks notwendig sein; nur dann kann ein Notweg beansprucht werden.

aa) Ordnungsmäßige Benutzung. (1) Art und Umfang ordnungsmäßiger Benutzung 16
des verbindungslosen Grundstücks sind die Messlatte der Erforderlichkeit eines Zugangs über ein Nachbargrundstück. Benutzung meint dabei nicht nur den bloßen Gebrauch, sondern auch die Ausbeute des Grundstücks (§§ 99, 100 BGB).[56] Ob die Benutzung ihrer Art und ihrem Umfang nach ordnungsmäßig ist, ist an **objektiven** Kriterien zu messen, namentlich daran, ob nach Größe, Lage und Kulturart sowie nach der Umgebung des Grundstücks und der dort üblichen Nutzung eine naheliegende und an den Bedürfnissen einer praktischen Wirtschaft ausgerichtete Bewirtschaftung vorliegt; es sind dabei stets alle Umstände des **Einzelfalls** zu berücksichtigen.[57] Auch die **technische und wirtschaftliche Fortentwicklung** darf dabei nicht unberücksichtigt bleiben.[58] Der Nutzungscharakter eines Grundstücks geht nicht durch kurzfristige Unterbrechungen der Nutzung verloren, wie bei Insolvenz des Nutzungsberechtigten.[59] Wird das Grundstück von einem vom Eigentümer verschiedenen Nutzungsberechtigten genutzt, so ist entscheidend, ob die ausgeübte Nutzung auch durch den Eigentümer selbst ordnungsmäßig wäre;[60] es kommt nämlich auf die wirtschaftlichen Bedürfnisse des Grundstücks als solchem an.[61] Nicht vom Schutzzweck des § 917 BGB umfasst sind allerdings Grundstücke, die im öffentlichen Gemeingebrauch genutzt werden sollen.[62]

Kein Notwegerecht gibt eine ausschließlich dem *persönlichen Bedürfnis* des Eigentümers 17
oder Nutzungsberechtigten dienende Benutzung, die objektiv gesehen nicht gerechtfertigt ist.[63] Deshalb bildet auch eine vom Nachbarn ermöglichte langjährige Grundstücksnutzung als solche noch keine Grundlage für die Annahme einer Ordnungsmäßigkeit dieser Benutzung.[64] Gleiches gilt für *rein spekulative* künftige Bedürfnisse; anders verhält es sich insoweit nur, wenn sie bereits hinreichend konkretisiert sind.[65] Schließlich kann auch die sonst nur unter erschwerten Bedingungen mögliche Vermietung oder Verpachtung allein ein Notwegerecht nicht begründen, etwa wenn ohne Notweg kein angemessener Pachtzins zu erzielen ist.[66]

---

[54] BGH, NJW 1964, 1321, 1322; WM 1976, 1061, 1063; NJW 2006, 3426, 3427.

[55] BGH, NJW 1964, 1321, 1322; NJW 2006, 3426, 3427; OLG Koblenz, OLGZ 1992, 347, 350f.; OLG Frankfurt, OLGR 1999, 262, 263f.; OLG Celle, NJOZ 2009, 3774, 3775f.; OLG Karlsruhe, NJOZ 2010, 2356, 2357.

[56] *Dehner*, B § 27 I 3 a.

[57] RGZ 79, 116, 120; RGZ 157, 305, 309; BGH, NJW 1964, 1321, 1322; WM 1966, 346, 347; WM 1976, 1061, 1063; MDR 1979, 127, 128; NJW-RR 2009, 515, 516; NJW-RR 2010, 445, 446; Staudinger/*Roth*, § 917 Rn. 18; Soergel/*Baur*, § 917 Rn. 5; vgl. ferner OLG Hamm, NJW-RR 1992, 723 (persönliche Querelen der Parteien schließen ein Notwegerecht nicht aus).

[58] BGH, WM 1959, 1461, 1462; WM 1966, 346, 347; *Bayer/Lindner/Grziwotz*, S. 128, vgl. ferner OLG Celle, MDR 2000, 81, 82.

[59] OLG Hamm, OLGR 1996, 146 (jahrzehntelange gewerblich-industrielle Nutzung)

[60] Palandt/*Bassenge*, § 917 Rn. 4.

[61] BGH, WM 1959, 1461, 1462.

[62] OLG Düsseldorf, OLGZ 1992, 208, 213 (Spielplatz).

[63] BGH, MDR 1979, 127, 128 = WM 1978, 1293 (Zufahrt zu Alpengasthof); NJW-RR 2009, 515, 516; NJW-RR 2010, 445, 446 (Zufahrt zu Jagdhütte auf Waldgrundstück); OLG Saarbrücken, OLGR 2004, 391, 392 (schwere Erkrankung); OLG Schleswig, MDR 2011, 974, 975 (Wertsteigerung von Grünland durch Bebauung).

[64] BGH, NJW-RR 2009, 515, 516.

[65] *Bayer/Lindner/Grziwotz*, S. 128.

[66] RGZ 79, 116, 119; BGH, NJW-RR 2006, 1160, 1161.

18 Ohne Bedeutung für das Vorliegen einer ordnungsmäßigen Nutzung und damit für die Frage, ob überhaupt ein Notwegerecht hierfür in Betracht kommt, ist auch die mit einem Notweg einhergehende Beeinträchtigung des belasteten Grundstücks; es findet insoweit **keine Interessenabwägung** zwischen begünstigtem und belastetem Eigentümer unter dem Gesichtspunkt der Verhältnismäßigkeit des Notwegs statt.[67] Diese hat für den Fall des Vorliegens der – ohnehin sehr engen – gesetzlichen Voraussetzungen eines Notwegerechts bereits der Gesetzgeber getroffen, so dass eine hohe Beeinträchtigung durch den Notweg diesen bei Vorliegen der tatbestandlichen Voraussetzungen ebenso wenig ausschließt, wie umgekehrt bei deren Fehlen eine besonders geringe Beeinträchtigung des belasteten Eigentümers kein Notwegerecht begründen kann. Dagegen kommt den beiderseitigen Interessen bei der Frage nach der Richtung des Notwegs ebenso wie bei mehreren für den Notweg in Betracht kommenden Grundstücken entscheidende Bedeutung zu.[68]

19 (2) Eine ordnungsmäßige Benutzung liegt nur vor, wenn diese sich **im Rahmen des geltenden Rechts** hält. Sie muss daher sowohl den Vorschriften des **öffentlichen Rechts** entsprechen, also etwa dem Bau-, Natur-, Landschaftsschutz-, Straßen- und Verkehrsrecht, als auch **privatrechtlich zulässig** sein.[69] Letzteres ist etwa dann nicht der Fall, wenn die Nutzung gegen eine bestehende Grunddienstbarkeit verstößt.[70]

20 Streitstoff bietet in diesem Zusammenhang vielfach die **Bebauung** von Grundstücken.[71] Dabei ist maßgeblich auf das öffentliche Baurecht abzustellen,[72] insbesondere spielen für die Frage, ob eine Bebauung der Eigenart des Grundstücks entspricht, die planungsrechtlichen Gebietstypisierungen der BauNVO[73] eine Rolle. Ist die Bebauung **baurechtlich unzulässig**, ohne durch eine Baugenehmigung gedeckt zu sein, so kann schon aus Gründen der Einheit der Rechtsordnung grundsätzlich auch keine ordnungsmäßige Nutzung i. S. d. § 917 BGB vorliegen;[74] dies gilt nicht nur bei materieller Baurechtswidrigkeit, sofern sie *„notwegerheblich"* ist, d. h. sich auf die Notwegebedürfnisse auswirkt;[75] es muss in gleicher Weise schon bei nur formeller Baurechtswidrigkeit gelten, so dass auch für (bloße) Schwarzbauten vor Genehmigungserteilung ein Notwegerecht nicht in Betracht kommt. Von Bedeutung ist dabei insbesondere, dass sowohl nach Bauplanungsrecht (§§ 30, 34, 35 BauGB) als auch nach dem Bauordnungsrecht der Länder[76] Voraussetzung einer zulässigen Bebauung stets die hinreichende wegemäßige **Erschließung** des Baugrundstücks ist. Eine solche liegt aber dann nicht vor, wenn für die Erschließung erst auf einen Notweg über ein fremdes Grundstück zurückgegriffen werden müsste,[77] selbst wenn die Benutzung angrenzender Grundstücke bisher durch die Nachbarn geduldet wurde.[78] Wird daher in einem solchen Fall das Bauvorhaben dennoch genehmigt, so

---

[67] H. M.: BGH, NJW 1964, 1321, 1323; OLG Karlsruhe, NJW-RR 1995, 1042; OLG Saarbrücken, OLGR 2004, 391, 392; Staudinger/*Roth*, § 917 Rn. 19; NK/*Ring*, § 917 Rn. 13 (Fn. 44); PWW/*Lemke*, § 917 Rn. 12; *Bayer/Lindner/Grziwotz*, S. 128; **a. A.** MünchKommBGB/*Säcker*, § 917 Rn. 14; OLG Nürnberg, RdL 1971, 177, 178; Erman/*Hagen/Lorenz*, 10. Auf., § 917 Rn. 2 spricht von einer in der Praxis häufig verdeckten Abwägung der nachbarlichen Interessen.

[68] Dazu unten Rn. 39 ff.

[69] Zum Ganzen: Staudinger/*Roth*, § 917 Rn. 20; Bamberger/Roth/*Fritzsche*, § 917 Rn. 10.

[70] *Dehner*, B § 27 I 3 b; PWW/*Lemke*, § 917 Rn. 13.

[71] Zu damit zusammenhängenden abgabenrechtlichen Folgen s. BayVGH, 7. 11. 2007 – 6 ZB 07.401 (Notwegerecht grds. ausreichend für Ausbaubeitragspflicht nach Art. 5 BayKAG), BayVGH, BayVBl. 2006, 223 (Notwegerecht nicht ausreichend für Erschließungsbeitragspflicht nach § 133 BauGB) und OVG Münster, NWVBl. 2011, 405 (Notwegerecht grds. ausreichend für Gebührenpflicht nach Straßenreinigungsrecht).

[72] *Dehner*, B § 27 I 3 c.

[73] Baunutzungsverordnung (BauNVO) v. 23. 1. 1990 (BGBl. I S. 132).

[74] BVerwGE 50, 282, 289 f. = NJW 1976, 1987; BVerwG, NVwZ-RR 1997, 271; NJW-RR 1999, 165.

[75] BVerwGE 50, 282, 290 = NJW 1976, 1987.

[76] Z. B. Art. 4 BayBO, § 4 BauO NRW, § 4 SächsBO.

[77] BGH, MDR 1979, 127, 128; BGH, 10. 10. 1986 – V ZR 115/85; BGH, NJW 1991, 177, 178; BGH, 23. 9. 1993 – V ZR 227/92; OLG Rostock, BeckRS 2009, 28826; OVG Münster, BauR 2010, 446.

[78] BayVGH, BauR 2010, 1548, 1549.

kann der hierdurch einem Notwegerecht ausgesetzte Nachbar schon deshalb die **Baugenehmigung anfechten**; ein schwerer und unerträglicher Nachteil für ihn ist darüber hinaus nicht erforderlich.[79] Gleiches gilt im Falle eines schon bestehenden Notwegerechts auch dann, wenn die Baugenehmigung dessen Umfang nachteilig verändern würde.[80] Entsprechendes gilt, wenn vormals landwirtschaftlicher Grund durch Bebauungsplan zu Bauland wird und nunmehr mit einem notwegebedürftigen Wohngebäude bebaut werden soll, selbst wenn dort schon zuvor mit Zustimmung des Nachbarn ein provisorisches Behelfsheim bestand.[81] Wie eine Baugenehmigung kann der Nachbar auch eine Duldungsverfügung der Baubehörde anfechten, mit der diese einen notwegerheblichen baurechtswidrigen Zustand „aktiv" duldet;[82] dagegen entfaltet eine bloß „passive" Duldung baurechtswidriger Zustände keinerlei Legalisierungswirkung und führt daher auch zu keiner Pflicht, einen Notweg zu dulden.[83]

Die baurechtliche Unzulässigkeit seines Vorhabens kann dem einen Notweg begehren- 21
den Grundstückseigentümer allerdings nicht mehr entgegengehalten werden, sobald dieses von einer **bestandskräftigen Baugenehmigung** gedeckt ist; vielmehr ist dann aufgrund ihrer Tatbestandswirkung[84] von der baurechtlichen Zulässigkeit des Vorhabens und daher auch von der Ordnungsmäßigkeit der Grundstücksnutzung auszugehen.[85] Umgekehrt ist bei *bestandskräftiger Versagung der Baugenehmigung* von der Baurechtswidrigkeit des Vorhabens und damit auch von einer nicht mehr ordnungsmäßigen Grundstücksnutzung auszugehen.[86] Andererseits ist die bloße baurechtliche Zulässigkeit eines Vorhabens zwar notwendige, nicht aber hinreichende Voraussetzung einer ordnungsmäßigen Grundstücksnutzung;[87] sie kann daher für sich allein noch kein Notwegerecht begründen, sofern nicht auch im Übrigen eine ordnungsmäßige Grundstücksbenutzung vorliegt.

(3) Schließlich kann es im Laufe der Zeit zu Änderungen in der Benutzung eines 22
Grundstücks kommen, sei es in Form von **Änderungen der Nutzungsart** oder **Steigerungen des Nutzungsumfangs**.[88]

Der Begriff der ordnungsmäßigen Benutzung ist kein statischer; insbesondere kommt 23
es für die Frage einer ordnungsmäßigen Bewirtschaftung nicht nur auf die bisherige tatsächliche Nutzung an.[89] Art und Umfang der Nutzung können sich daher auch wandeln, ohne dass die Grenzen ordnungsmäßiger Nutzung allein deshalb verlassen werden, selbst wenn erst hierdurch das Bedürfnis nach einem Notweg ausgelöst wird; Voraussetzung ist jedoch stets, dass auch die veränderte Benutzung ihrerseits dem Gebot ordnungsmäßiger Benutzung entspricht.[90]

---

79 BVerwGE 50, 282, 288 = NJW 1976, 1987 (außer die Nachteile wären derart unwesentlich, dass der Nachbar sie ohne weiteres hinnehmen müsste, vgl. § 906 I BGB); BVerwG, NJW-RR 1999, 165, 166; OVG Münster, BauR 2010, 446, 447. Gleiches gilt für den Nachbarn, der durch die Bebauung einem *Notleitungsrecht* analog § 917 BGB ausgesetzt würde, vgl. BayVGH, BauR 2000, 855, 856; NVwZ-RR 2008, 80, 83. Eine Anfechtungsmöglichkeit besteht allerdings nicht, wenn das Notwege-/Notleitungsrecht aus *§ 918 II BGB* folgt, weil diese Form der Erschließung einer dinglich gesicherten gleichsteht, vgl. BayVGHE 50, 146, 148 f.; BayVGH, NVwZ-RR 1991, 584, 585.

80 Staudinger/*Roth*, § 917 Rn. 25 m. w. N.; VGH BW, BauR 2002, 931, 932 (kein Abwehrrecht, wenn bisher nur 3 Wohnhäuser erschließender Notweg nunmehr ein weiteres erschließen soll; zw.!); OVG Münster, BauR 2010, 1213, 1214 f. (Abwehrrecht, wenn bisher einem landwirtschaftlichen Betrieb dienender Notweg nunmehr einen Gewerbebetrieb mit Lkw-Verkehr erschließen soll).

81 BGH, MDR 1979, 127, 128.

82 OVG Münster, BauR 2010, 1213, 1214 f.

83 BVerwG, NVwZ-RR 1997, 271, 272.

84 Allgemein zur Tatbestandswirkung von Verwaltungsakten s. oben Teil 1 Rn. 100 ff.

85 BGH, NJW 2006, 3426, 3427; BVerwGE 50, 282, 290 = NJW 1976, 1987; BVerwG, NVwZ-RR 1997, 271, 272; NJW-RR 1999, 165.

86 Palandt/*Bassenge*, § 917 Rn. 4.

87 BVerwGE 50, 282, 289 = NJW 1976, 1987.

88 Eine Verringerung des Nutzungsumfangs kann demgegenüber unter Umständen zum Erlöschen eines bis dahin bestehenden Notwegerechts führen, vgl. dazu unten Rn. 56.

89 *Dehner*, B § 27 I 3 c.

90 BGH, NJW-RR 2010, 445, 447; s. ferner MünchKommBGB/*Säcker*, § 917 Rn. 9 unter Hinweis auf Prot. III 152.

24 Bei einem **gewerblich genutzten Grundstück** muss die Änderung bzw. Steigerung der Benutzung daher infolge der technischen oder wirtschaftlichen Entwicklung zur *Aufrechterhaltung eines rentablen Wirtschaftsbetriebs* erforderlich sein und auch den *örtlichen Verhältnissen* hinreichend Rechnung tragen. Ebenso kann auch ein bisher privat genutztes Grundstück **erstmals einer gewerblichen Nutzung** zugeführt werden, sofern dies vernünftigem wirtschaftlichem Ermessen entspricht und die Fortschritte und Anforderungen der Zeit sowie die örtlichen Verhältnisse angemessen berücksichtigt.[91] Für die Fälle der Nutzungsänderung bestehender Gebäude gilt darüber hinaus das zur Bebauung von Grundstücken Gesagte entsprechend.[92]

25 **bb) Notwendigkeit der Verbindung.** Die Benutzung des Nachbargrundstücks muss für die ordnungsmäßige Benutzung des eigenen Grundstücks notwendig sein; der Zugang über ein fremdes Grundstück darf also *nicht lediglich zweckmäßig* sein. Wegen der Schwere des mit der Duldung eines Notwegs verbundenen Eigentumseingriffs beim Verpflichteten ist hier ein *strenger Maßstab* anzulegen.[93]

26 (1) Die Benutzung des Nachbargrundstücks muss **als solche** notwendig sein. Dies ist nicht nur bei völliger tatsächlicher, rechtlicher oder aus wirtschaftlicher Sicht gegebener Verbindungslosigkeit der Fall,[94] sie kann auch bei nicht ausreichender anderweitiger Verbindung notwendig sein.[95]

27 So kann eine vorhandene Verbindungsmöglichkeit in **räumlicher** Hinsicht zur ordnungsmäßigen Benutzung nicht ausreichen, so dass die ergänzende Inanspruchnahme eines Nachbargrundstücks erforderlich wird (**ergänzender Notweg**).[96] Insoweit ist daher die Inanspruchnahme der an den vorhandenen Weg angrenzenden Grundstücksflächen zulässig (ergänzender Notweg im engeren Sinn), etwa bei einem landwirtschaftlichen Grundstück, das mit über die Wegebreite hinausragenden Maschinen angefahren werden muss; ebenso die Inanspruchnahme eines gänzlich anderen Weges, wo eine Inanspruchnahme angrenzender Flächen ausscheidet (ergänzender Notweg im weiteren Sinn). In letzterem Fall kommt jedoch eine Inanspruchnahme des Notwegs grundsätzlich nur in dem Umfang in Betracht, in dem der vorhandene Zugang nicht ohnehin ausreichend ist; im Übrigen ist grundsätzlich die vorhandene Zugangsmöglichkeit zu nutzen.[97]

28 In **zeitlicher** Hinsicht kann sich eine *vorübergehende* Verbindungslosigkeit ergeben, wenn etwa eine vorhandene Verbindung unterbrochen wird oder zeitweise nicht ausreicht; diese muss jedoch gemessen am *gewöhnlichen* Bedürfnis des Grundstücks bestehen.[98] Ein Notwegerecht besteht dann während der Dauer der Verbindungslosigkeit (**befristeter Notweg**).[99] Davon zu unterscheiden ist der Fall einer sich im Einzelfall ergebenden, kurzfristigen und *außergewöhnlichen* Zugangsnot, z. B. wegen sonstiger Zeitverzögerung für Rettungsfahrzeuge bei grundsätzlich vorhandener und auch ordnungsgemäßer Zugangsmöglichkeit. Hier kann nicht auf § 917 BGB zurückgegriffen wer-

---

[91] Zum Ganzen: RG, Warn 1914 Nr. 290; BGH, WM 1959, 1461, 1462 f. und WM 1966, 346, 347 = BB 1966, 639, 640 (Lichtspielhaus auf Gartenland in bisheriger Wohngegend mit Gebietswandel in gemischt bebaute Zone); BGH, NJW-RR 2010, 445, 447 (keine Nutzung eines Grundstücks mit Jagdhütte zu forstwirtschaftlichen Zwecken); OLG Köln, BauR 1986, 727, 728 (kein Saunabetrieb in bisheriger Lagerhalle); weitere Bsp. bei *Dehner*, B § 27 I 3 c und Staudinger/*Roth*, § 917 Rn. 23, 26; s. auch RGZ 157, 305, 309 (Großgarage mit umfangreicher Inanspruchnahme von Nachbargrundstücken).

[92] Dazu oben Rn. 20 f.

[93] BGHZ 75, 315, 319 = NJW 1980, 586; OLG Brandenburg, 30. 10. 2008 – 5 U 131/07; OLG Schleswig, MDR 2011, 974; MünchKommBGB/*Säcker*, § 917 Rn. 15; *Dehner*, B § 27 I 3.

[94] Dazu oben Rn. 11 ff.

[95] BGH, NJW 1954, 1321; NJW-RR 2009, 515, 517.

[96] BayVGH, BayVBl. 2010, 509, 511.

[97] BGH, WM 1976, 1061, 1064 (vorhandene Nebeneinfahrt).

[98] RGZ 79, 116, 120 (regelmäßige Überschwemmung); BGH, NJW-RR 2009, 515, 516 (Bauarbeiten, Transport schwerer Güter); OLG Nürnberg, RdL 1968, 78; OLG Karlsruhe, RdL 1998, 66 (vorhandene Zufahrt im Winter zu steil); OLG Frankfurt, BeckRS 2009, 8071 (Transport von Baumaterial); *Bayer/Lindner/Grziwotz*, S. 130 (Straßenbauarbeiten, Schneeverwehungen).

[99] BGH, NJW-RR 2009, 515, 516.

den,[100] allerdings lassen sich solche Fälle wegen der dabei regelmäßig vorhandenen Notstandslage ohnehin sachgerecht über § 904 BGB lösen.[101]

(2) Die Benutzung des Nachbargrundstücks muss darüber hinaus auch nach **Art und Umfang** notwendig sein. Dies kann zu Einschränkungen hinsichtlich des Ausbauzustands[102] und der Breite des Notwegs führen, ebenso wie hierdurch auch der Zeitraum, die Häufigkeit und die Art von dessen Nutzung sowie der Kreis der Nutzungsberechtigten beschränkt sein können (**beschränkter Notweg**).[103] 29

Probleme ergeben sich hier häufig im Zusammenhang mit der Frage nach der Notwendigkeit einer **Zufahrtsmöglichkeit für Kraftfahrzeuge**.[104] Bei **gewerblich** genutzten Grundstücken wird man diese heute regelmäßig bejahen müssen; dies gilt jedenfalls in dem Umfang, dass der Betrieb bei Ausnützung aller wirtschaftlichen Möglichkeiten auf weitere Sicht noch lohnend sein muss.[105] So ist eine Zufahrt insbesondere nötig, wenn und soweit auf dem Grundstück Be- und Entladungen von Fahrzeugen vorgenommen werden müssen.[106] Daraus folgt jedoch noch nicht notwendigerweise ein Bedürfnis, dass neben Lieferanten auch Kunden frei zufahren können;[107] dies gilt insbesondere bei bloßen Dienstleistungsbetrieben, wenn in der Nähe Parkmöglichkeiten bestehen.[108] Auch die bloße Absicht einer Gewinnsteigerung kann kein Zufahrtsrecht begründen.[109] 30

Aber auch für **private Wohngrundstücke** gehört heute zur ordnungsmäßigen Benutzung die ***Erreichbarkeit*** mit dem eigenen Kraftfahrzeug. Anderenfalls wäre die Grundstücksnutzung in einem nicht mehr hinnehmbaren Maß beeinträchtigt, indem die Befriedigung von Grundbedürfnissen der Bewohner wie z. B. die problemlose Anlieferung von Gegenständen des täglichen Lebensbedarfs sowie die sichere Erreichbarkeit des Grundstücks verhindert würden.[110] Nur in Ausnahmefällen wird man dies nach wie vor anders sehen können; so kann etwa die Eigenart des Wohnumfeldes der Notwendigkeit einer Zufahrtsmöglichkeit entgegenstehen;[111] umgekehrt kann diese aber auch gerade eine solche fordern.[112] Auch dort, wo ausnahmsweise ein generelles Notwegerecht zur Zufahrt verneint wird, ist aber dennoch stets zu fragen, ob nicht zumindest ein sachlich beschränktes Zufahrtsrecht besteht, etwa für Waren- und Brennstoffanlieferung sowie für Baustellenfahrzeuge bei Reparatur- oder Wartungsarbeiten.[113] In jedem Fall berechtigt ein Zufahrtsrecht allein zum *Befahren des Nachbargrundstücks*, nicht hingegen dazu, dort auch Fahrzeuge abzustellen oder zu be- und entladen.[114] Von der bloßen Erreichbarkeit zu trennen ist schließlich die Frage nach dem ***Abstellen*** von Kraftfahrzeugen auf dem 31

---

100 OLG Köln, NJW-RR 1992, 213; OLG Nürnberg, WuM 1987, 226; OLG Frankfurt, OLGR 2003, 468; OLG Koblenz, MDR 2007, 456, 457 (Feuertreppe).

101 BayObLG, ZMR 2005, 889, 890 (Krankentransport, Feuerwehr); Staudinger/*Roth*, § 917 Rn. 12, 21.

102 PWW/*Lemke*, § 917 Rn. 19 (Spektrum reicht vom unbefestigten Trampelpfad über einen einfachen Fahrweg bis zur mit schweren Fahrzeugen befahrbaren Straße); vgl. ferner OLG Stuttgart, OLGR 1997, 73 (Zufahrt nur auf Holzpodest, sofern verkehrssicher).

103 *Bayer/Lindner/Grziwotz*, S. 130.

104 Ausführlicher Überblick hierzu bei Bamberger/Roth/*Fritzsche*, § 917 Rn. 16 ff.

105 BGH, WM 1966, 346, 347; OLG Düsseldorf, RdL 1997, 35.

106 Palandt/*Bassenge*, § 917 Rn. 6; s. auch OLG Karlsruhe, RdL 1998, 66 (Schwerlastverkehr, d. h. Milchtankfahrzeuge und Futtermitteltransporte, bei auf Milchwirtschaft ausgerichteter Vollerwerbslandwirtschaft).

107 BGH, MDR 1958, 592, 593 (Alpengasthof).

108 BGHZ 75, 315, 320 = NJW 1980, 586 (Anwaltskanzlei); s. aber auch OLG Düsseldorf, OLGR 2003, 113, 114 (Zufahrt zu Stellplätzen im eigenen Gebäude über Tiefgarage in Nachbargebäude – wegen der Besonderheiten des Einzelfalles allerdings nicht verallgemeinerungsfähig).

109 Staudinger/*Roth*, § 917 Rn. 28.

110 Grundlegend: BGH, NJW-RR 2009, 515, 517.

111 OLG Köln, OLGZ 67, 156, 157 (bewusst abseits des Verkehrs geschaffene Wohnanlage); OLG Düsseldorf, NJW-RR 2001, 162, 163 (Wohnhaus auf Waldgrundstück); LG Hannover, NJW 1969, 190 (Reihenhaussiedlung, die keine Zufahrtswege für Kfz vorsieht); *Meisner/Ring/Götz*, § 25 Rn. 14 (Bebauungsplan, der nur Erschließung mit Fußwegen vorsieht).

112 OLG Frankfurt, OLGR 1999, 262 (Zufahrt zur Tiefgarage einer großen Wohnanlage).

113 Vgl. MünchKommBGB/*Säcker*, § 917 Rn. 13.

114 Dazu auch unten Rn. 37.

eigenen Grundstück. Eine Notwendigkeit hierzu kann sich nur aus besonderen Umständen des Einzelfalles ergeben.[115] Dies ist unter Zugrundelegung eines *strengen Maßstabes* ausgehend von den konkreten örtlichen Verhältnissen zu hinterfragen.[116] Gesichtspunkte der Bequemlichkeit und Zweckmäßigkeit können dabei die Inanspruchnahme eines Nachbargrundstücks nicht rechtfertigen.[117] Besonders im städtischen Umfeld, wenn auch nicht generell, wird daher bei *in unmittelbarer Nähe gelegener Parkmöglichkeit* eine Abstellmöglichkeit grundsätzlich nicht erforderlich sein.[118] Im Übrigen wird die Inanspruchnahme eines Notwegs (allein) zwecks Erreichens einer geeigneten Parkmöglichkeit auf dem eigenen Grundstück vielfach wegen der vom Eigentümer selbst dort geschaffenen Wege- und Bebauungsverhältnisse bereits an § 918 I BGB scheitern.[119] Im Ergebnis ist daher im Regelfall nur die Zufahrt *zum* Grundstück notwendig, nicht aber auch die Zufahrt *auf* das Grundstück.[120]

d) Verlangen

32 Zu den *tatbestandlichen Voraussetzungen* für das Entstehen eines Notwegerechts gehört nach überwiegender Auffassung auch das **Verlangen der Duldung** durch den Eigentümer des verbindungslosen Grundstücks.[121] Erst damit entsteht – kraft Gesetzes[122] – eine Duldungspflicht für den Eigentümer des belasteten Grundstücks. Für diese Auffassung spricht bereits der Wortlaut des § 917 I 2 BGB, wonach Umfang und Richtung des Notwegs *erforderlichen Falles* durch Urteil bestimmt werden. Die Vorschrift setzt also voraus, dass ein Einigungsversuch der Nachbarn, dem notwendigerweise ein entsprechendes Verlangen vorausgegangen sein muss, stattgefunden hat; eine Duldungspflicht ohne ein solches wäre dem notwegebelasteten Grundstückseigentümer auch nicht zuzumuten und würde dem Faustrecht Tür und Tor öffnen.[123] Ein Duldungsverlangen kann allerdings nicht bereits darin gesehen werden, dass der Berechtigte sich ausschließlich auf ein Benutzungsrecht aus anderem Rechtsgrund, etwa einer behaupteten schuldrechtlichen Vereinbarung, beruft.[124] Das Verlangen liegt aber jedenfalls in der Erhebung einer Klage auf Duldung eines Notwegs.[125]

33 Trotz Verlangens und damit entstandener Duldungspflicht kann der Notweg jedoch nicht einfach gegen den Willen des belasteten Eigentümers benutzt werden. Mit dem Verlangen hat der Eigentümer des verbindungslosen Grundstücks nämlich lediglich einen

---

115 BGHZ 75, 315, 318 f. = NJW 1980, 586.

116 BGHZ 75, 315, 319 = NJW 1980, 586; BGH, MDR 1971, 379; Staudinger/*Roth*, § 917 Rn. 27; **a. A.** MünchKommBGB/*Säcker*, § 917 Rn. 14, der hier eine umfassende Interessenabwägung vornehmen will.

117 BGHZ 75, 315, 319 = NJW 1980, 586.

118 BGHZ 75, 315, 318 = NJW 1980, 586; BGH, NJW-RR 2009, 515, 517. S. ferner die allerdings noch die Erreichbarkeit als solche betreffende frühere Rspr., die jedoch auf die Frage des Abstellens übertragbar ist: BayObLG, ZMR 2005, 889, 890 (Tiefgarage in unmittelbarer Nähe); OLG Karlsruhe, NJW-RR 1995, 1042, 1043 (zumutbare Zugangsmöglichkeiten zu Fuß und Parkmöglichkeit ca. 200 m entfernt); OLG Saarbrücken, NJWE-MietR 1996, 217 (Parkmöglichkeit ca. 120 m entfernt); NJW-RR 2002, 1385; OLGR 2004, 391 (Abstellen in benachbarter Straße möglich); OLG Schleswig, MDR 2003, 25, 26 (angemietete Garagen in unmittelbarer Nähe); OLG Koblenz, NJOZ 2010, 153 (Abstellmöglichkeit in nächster Umgebung); BayVGH, 11. 1. 2007 – 14 B 03.572 (vorhandene Garage bedingt nicht zwingend Zufahrtsmöglichkeit zu dieser); s. aber auch OLG München, NJW-RR 1993, 474 (Zufahrt notwendig im ländlichen Bereich an Gemeindeverbindungsstraße); OLG Koblenz, NJW-RR 1992, 724, 725 (Zufahrt notwendig an Ortsdurchfahrt mit Halteverbot, wobei der Weg seit 20 Jahren benutzt wurde).

119 Vgl. *Dehner*, B § 27 I 3 c; vgl. auch BGH, MDR 1971, 379, 379 f. und BayVGH, 11. 1. 2007 – 14 B 03.572 (kein Notwegerecht, wenn zwar Garage nicht über öffentliche Straße erreichbar, aber auf dem Grundstück ein anderweitiger, hierüber erreichbarer Abstellplatz für Kfz besteht).

120 Palandt/*Bassenge*, § 917 Rn. 6.

121 H. M.: BGHZ 94, 160, 162 = NJW 1984, 1952; BGH, NJW-RR 2006, 1160, 1161; OLG Hamm, OLGZ 1985, 222, 224; Palandt/*Bassenge*, § 917 Rn. 7; MünchKommBGB/*Säcker*, § 917 Rn. 19; PWW/*Lemke*, § 197 Rn. 22.

122 BGHZ 79, 307, 310 = NJW 1981, 1036.

123 BGHZ 94, 160, 162 f. = NJW 1984, 1952; KG, OLGZ 1977, 448, 450.

124 BGH, BGHR § 917 Abs. 2 S. 1 BGB Anspruchsentstehung 1.

125 OLG Rostock, BeckRS 2009, 28826.

Duldungsanspruch,[126] jedoch **kein Recht zur Selbsthilfe**.[127] Bei Weigerung des Verpflichteten muss er daher zunächst gerichtliche Hilfe in Anspruch nehmen; ansonsten begeht er, sofern nicht ausnahmsweise die Voraussetzungen des § 904 BGB vorliegen, *verbotene Eigenmacht*.[128] Der betroffene Eigentümer kann daher hiergegen erforderlichenfalls auch Notwehr üben.[129] Im Verlangen einer Notwegerente liegt jedoch regelmäßig eine verbotene Eigenmacht ausschließende konkludente Gestattung.[130]

Bei dem Verlangen handelt es sich um eine formfrei mögliche, **empfangsbedürftige Willenserklärung**; bei einer Mehrheit von Duldungspflichtigen ist sie allen gegenüber abzugeben.[131] Wird durch den Notweg ein Erbbaurecht oder eine Dienstbarkeit an dem belasteten Grundstück beeinträchtigt, so ist das Verlangen auch an die insoweit Berechtigten zu richten (§ 917 II 2 i. V. m. § 916 BGB);[132] gleiches gilt für Inhaber eines Dauerwohn- bzw. Dauernutzungsrechts (§ 31 I 2, II WEG). Ob in der bloß eigenmächtigen Nutzung des Notwegs angesichts der damit verbundenen verbotenen Eigenmacht bereits ein solches (konkludentes) Verlangen liegen kann,[133] erscheint zweifelhaft. 34

Das Verlangen muss sich zwar eindeutig auf die Duldung eines Notwegs richten, es hat jedoch für sich noch keine Inhalt und Umfang des Notwegerechts konkretisierende Wirkung und braucht deshalb den begehrten Notweg auch **nicht näher einzugrenzen**; der Duldungsanspruch entsteht deshalb sogar dann, wenn ein objektiv falscher Notweg geltend gemacht wird.[134] Die Konkretisierung erfolgt erst durch eine Einigung der beteiligten Nachbarn, in Ermangelung einer solchen gegebenenfalls durch gerichtliches Urteil.[135] Eine **Einigung** der Beteiligten, die grundsätzlich nur deklaratorische Bedeutung hat,[136] wirkt als schuldrechtliche Vereinbarung nur zwischen den Parteien, nicht dagegen auch für und gegen ihre Einzelrechtsnachfolger; dingliche Wirkung kann sie nur durch eine entsprechende Grunddienstbarkeit erlangen.[137] 35

e) Maßgeblicher Zeitpunkt

Die Voraussetzungen für das Bestehen eines Notwegerechts müssen zum **Schluss der letzten mündlichen Tatsachenverhandlung** vorliegen.[138] Künftige Änderungen der Grundstücksnutzung können allenfalls unter den Voraussetzungen des § 259 ZPO berücksichtigt werden, sofern sie bereits hinreichend konkretisierbar sind.[139] 36

---

[126] BayObLG, ZMR 2005, 889, 890.

[127] Staudinger/*Roth*, § 917 Rn. 3; NK/*Ring*, § 917 Rn. 7, 40; PWW/*Lemke*, § 917 Rn. 2.

[128] BGH, NJW 1979, 1359 (zu § 30 HessNRG); OLG Rostock, BeckRS 2009, 28826; OLG Braunschweig, NdsRpfl 1971, 231 (zu § 47 NdsNachbG); KG, OLGZ 1977, 448 (zu § 17 NachbG Bln); Staudinger/*Roth*, § 917 Rn. 2, 3, 41; Palandt/*Bassenge*, § 917 Rn. 12; Bamberger/Roth/*Fritzsche*, § 917 Rn. 25; Soergel/*Baur*, § 917 Rn. 13; Erman/*Lorenz*, § 917 Rn. 8; NK/*Ring*, § 917 Rn. 7; **a. A.** LG Hannover, MDR 1991, 870; *Bayer/Lindner/Grziwotz*, S. 133; MünchKommBGB/*Säcker*, § 917 Rn. 22.

[129] Staudinger/*Roth*, § 917 Rn. 41; **a. A.** die Gegenauffassung (vorherige Fn.), die wegen Verneinens des Vorliegens verbotener Eigenmacht hier umgekehrt dem Eigentümer des verbindungslosen Grundstücks bei Behinderung seines Notwegerechts ein Notwehrrecht einräumt, vgl. *Bayer/Lindner/Grziwotz*, S. 133.

[130] Vgl. Bamberger/Roth/*Fritzsche*, § 917 Rn. 25.

[131] OLG Braunschweig, SeuffA 56 Nr. 150; Staudinger/*Roth*, § 917 Rn. 41; *Meisner/Ring/Götz*, § 25 Rn. 20.

[132] OLG Braunschweig, SeuffA 56 Nr. 150.

[133] Vgl. hierzu MünchKommBGB/*Säcker*, 3. Aufl., § 917 Rn. 19.

[134] Staudinger/*Roth*, § 917 Rn. 41; *Meisner/Ring/Götz*, § 25 Rn. 20.

[135] BayObLG, ZMR 2005, 889, 890.

[136] S. aber auch unten Rn. 41 a. E. sowie zum Urteil Rn. 78.

[137] Staudinger/*Roth*, § 917 Rn. 42; Palandt/*Bassenge*, § 917 Rn. 10; Bamberger/Roth/*Fritzsche*, § 917 Rn. 31 m. w. N.; PWW/*Lemke*, § 917 Rn. 22. S. ferner unten Rn. 43.

[138] BGH, NJW 1965, 537, 538.

[139] Staudinger/*Roth*, § 917 Rn. 29.

3. Inhalt

a) Zugang

37 Seinem Inhalt nach beschränkt sich das Notwegerecht auf die Benutzung des Nachbargrundstücks zum Zwecke des **Zugangs** zum verbindungslosen Grundstück im Rahmen des notwendigen Bedarfs des letzteren.[140] Diese kann im bloßen Gehen, bei entsprechendem Bedarf aber auch im Befahren mit Pkw, Lkw oder anderen schweren Fahrzeugen bestehen, ebenso in Transportmaßnahmen.[141] Nicht mehr von einem bestehenden Notwegerecht erfasst wird jedoch das nicht mehr der **Fortbewegung** dienende Verweilen auf dem belasteten Grundstück, ebenso wenig wie sonstige über eine **bloße Wegebenutzung** hinausgehende Handlungen, wie das Parken von Fahrzeugen oder deren Be- und Entladen oder das Abstellen von Gegenständen.[142] Wegen der Begrenzung auf den notwendigen Bedarf des verbindungslosen Grundstücks können sich auch Einschränkungen hinsichtlich der Breite des Notwegs ergeben, ebenso wie hierdurch auch der Zeitraum, die Häufigkeit und die Art von dessen Nutzung sowie der Kreis der Nutzungsberechtigten beschränkt sein können.[143] Darüber hinaus gilt zudem, dass der Berechtigte **analog § 1020 S. 1 BGB** bei der Benutzung auf die Interessen des Duldungspflichtigen soweit wie möglich Rücksicht zu nehmen hat.[144] Sofern der Zugang zum Weg durch ein Tor verschlossen wird, wozu der Eigentümer des belasteten Grundstücks grundsätzlich berechtigt ist, hat der Notwegeberechtigte Anspruch auf Aushändigung eines *Schlüssels*.[145]

38 Die Benutzung wird regelmäßig **oberirdisch** auf dem belasteten Grundstück stattfinden, jedoch nicht von vornherein zwingend.[146] Möglich ist daher auch ein Notweg im Luftraum darüber,[147] ebenso wie unterhalb des Bodens, etwa in Form einer Tiefgaragenzufahrt.[148] Die konkret zulässige Nutzung kann sich dabei im Laufe der Zeit infolge *fortschreitender Technisierung* auch ändern.[149]

b) Richtung

39 Das Notwegerecht gibt keinen Anspruch auf den kürzesten und bequemsten Weg.[150] Die Richtung des Notwegs ist vielmehr, im Gegensatz zur Frage ob überhaupt ein Notwegerecht besteht, unter **Abwägung der Interessen** der beteiligten Grundstückseigentümer zu bestimmen, namentlich dem Interesse des duldungspflichtigen Nachbarn an einer möglichst geringen Belastung durch den Notweg einerseits und dem Interesse des Berechtigten an einem an seinen wirtschaftlichen Bedürfnissen orientierten, möglichst effektiven Notweg andererseits.[151] Dabei sind sämtliche Umstände des Einzelfalls zu berücksichtigen; allerdings sind damit nur objektive Kriterien gemeint, das persönliche Verhältnis der Nachbarn bleibt außer Betracht.[152]

---

[140] BGHZ 31, 159, 161 = WM 1959, 1463.
[141] Dazu oben Rn. 30 f.
[142] BGHZ 31, 159, 161 f. = WM 1959, 1463; zum Ganzen: Soergel/*Baur*, § 917 Rn. 10; Staudinger/*Roth*, § 917 Rn. 31.
[143] S. dazu oben Rn. 25 ff.
[144] Staudinger/*Roth*, § 917 Rn. 36.
[145] OLG Nürnberg, RdL 1968, 78, 80; hierzu ferner OLG Koblenz, NJW-RR 1992, 724, 725.
[146] RGZ 157, 305, 309.
[147] RG, Warn 14 Nr. 290 (Rollwagen auf Drehbrücke); OLG Stuttgart, OLGR 1997, 73 (Podest); Staudinger/*Roth*, § 917 Rn. 34 (Steg, Brücke, Seilbahn im Gebirge).
[148] OLG Frankfurt, OLGR 1999, 262; ferner *Dehner*, B § 27 II 4 (Tunnel).
[149] OLG Celle, MDR 2000, 81, 82.
[150] BayObLG, SeuffA 62 Nr. 41; Bamberger/Roth/*Fritzsche*, § 917 Rn. 27.
[151] OLG Koblenz, NJW-RR 1992, 724, 725; OLG Rostock, BeckRS 2009, 28826; LG Frankfurt, MDR 1969, 925; LG Meiningen, OLG-NL 1994, 114; Palandt/*Bassenge*, § 917 Rn. 6 a; Erman/*Lorenz*, § 917 Rn. 2; ausführlich zu den Abwägungskriterien: MünchKommBGB/*Säcker*, § 917 Rn. 26 ff.
[152] MünchKommBGB/*Säcker*, § 917 Rn. 30; BVerwG, Buchholz 406.11 § 35 BauGB Nr. 383 (nur sachwidrige Umstände bleiben unberücksichtigt); OLG Stuttgart, OLGR 1997, 73 spricht von einer näheren Ausgestaltung der Duldungspflicht nach Treu und Glauben; vgl. ferner BGH, MDR 1979, 127, 128.

40 **aa)** Im Widerstreit zwischen der **Effektivität des Notwegs** einerseits und dem Grundsatz einer **geringst möglichen Belastung** des Verpflichteten andererseits kommt dabei richtiger Auffassung nach Letzterem wegen des mit dem Notweg verbundenen Eigentumseingriffs aus Gründen der Verhältnismäßigkeit grundsätzlich Vorrang vor den Interessen des Berechtigten zu;[153] bei der Frage nach dem Bestehen eines Notwegerechts haben nämlich die Interessen des Duldungsverpflichteten überhaupt noch keine Berücksichtigung gefunden. Es dürfen allerdings auch die gewachsenen *örtlichen Verhältnisse* nicht außer Betracht bleiben, aus denen sich vielfach eine naturgemäß in Betracht kommende Trasse ergeben wird. So wird bei Grundstücken mit Wohnbebauung der Weg regelmäßig mit möglichst großem Abstand hiervon zu führen sein;[154] überhaupt wird eine Wegetrasse am Rande des belasteten Grundstücks je nach Möglichkeit generell vorzugswürdig sein. Im Rahmen der örtlichen Verhältnisse sind insbesondere auch *früher vorhandene Wegführungen* zu berücksichtigen;[155] bei einem auch gegenwärtig noch vorhandenen Weg wird dagegen von vornherein vielfach auf diesem ein Notweg in Betracht kommen. Die kürzeste Verbindung ist nach alledem nur dann zu wählen, wenn nicht eine abweichende Wegführung nach den örtlichen Verhältnissen und im Hinblick auf eine geringere Belastung des Verpflichteten die bessere Alternative darstellt.[156]

41 Bei **mehreren möglichen Verbindungen** über Grundstücke **verschiedener Eigentümer** ergibt die Abwägung regelmäßig, dass der Notweg über das Grundstück desjenigen Nachbarn zu nehmen ist, dem hierdurch der *geringste Nachteil* entsteht;[157] bei einem schon vorhandenen Weg wird dies regelmäßig dessen Eigentümer sein. Eine Wegführung über ein unbebautes oder gänzlich ungenutztes Grundstück ist einem Weg über ein bebautes Grundstück regelmäßig vorzuziehen.[158] Stehen einer Notwegführung über das Grundstück eines Nachbarn öffentlich-rechtliche Gründe entgegen, so scheidet dieses als alternative Wegführung allerdings von vornherein aus.[159] Die nicht in Anspruch genommenen Nachbarn werden von ihrer – zunächst alle treffenden[160] – Duldungspflicht frei.[161] Dem Berechtigten steht allerdings auch bei völliger Gleichwertigkeit mehrerer Verbindungsmöglichkeiten *kein Wahlrecht* zu; der Notweg ist daher, sofern keine Einigung zustande kommt,[162] auch hier durch dann ausnahmsweise konstitutives Urteil zu bestimmen.[163] Ansonsten kommt dem Urteil nur deklaratorische Bedeutung zu.[164]

42 **bb)** Führt eine wesentliche Änderung der Verhältnisse dazu, dass die Ausübung des Notwegerechts auf der bisherigen Trasse zu einer erheblichen Beeinträchtigung des Duldungspflichtigen führt, so kann dieser in analoger Anwendung von § 1023 I 1 BGB die **Verlegung** des Notwegs verlangen.[165] Dies kann beispielsweise der Fall sein, wenn er sonst an der Durchführung eines Bauvorhabens gehindert wäre.[166] Die Kosten der Ver-

---

[153] Staudinger/*Roth*, § 917 Rn. 38; NK/*Ring*, § 917 Rn. 34 (je Vorrang bis zur Grenze wirtschaftlicher Unzumutbarkeit für den Berechtigten); *Meisner/Ring/Götz*, § 25 Rn. 27; *Bayer/Lindner/Grziwotz*, S. 134; **a. A.** MünchKommBGB/*Säcker*, § 917 Rn. 32.

[154] MünchKommBGB/*Säcker*, § 917 Rn. 31 m. w. N.

[155] RGZ 160, 166, 185.

[156] BayObLG, SeuffA 62 Nr. 41; OLG Nürnberg, RdL 1968, 78, 79; Staudinger/*Roth*, § 917 Rn. 38 m. w. N.

[157] OLG München, OLGR 1994, 217 (zu Notleitung); Staudinger/*Roth*, § 917 Rn. 38; *Dehner*, B § 27 II 2; *Meisner/Ring/Götz*, § 25 Rn. 27.

[158] Vgl. Soergel/*Baur*, § 917 Rn. 9.

[159] BVerwG, Buchholz 406.11 § 35 BauGB Nr. 383 (Veränderungssperre nach § 14 BauGB).

[160] BayObLG, SeuffA 62 Nr. 41.

[161] MünchKommBGB/*Säcker*, § 917 Rn. 25; Staudinger/*Roth*, § 917 Rn. 39.

[162] Dazu näher oben Rn. 35.

[163] LG Verden, MDR 1957, 547; Staudinger/*Roth*, § 917 Rn. 38; Palandt/*Bassenge*, § 917 Rn. 10; NK/*Ring*, § 917 Rn. 35; **a. A.** *Dehner*, B § 27 II 2 d; *Bayer/Lindner/Grziwotz*, S. 133; MünchKommBGB/*Säcker*, § 917 Rn. 25.

[164] OLG Rostock, BeckRS 2009, 28826.

[165] BGHZ 79, 307, 309 = NJW 1981, 1036.

[166] *Dehner*, B § 27 II 5.

legung trägt dabei grundsätzlich der Berechtigte;[167] über den mit der Duldungspflicht ohnehin verbundenen Eigentumseingriff hinaus kann der Duldungspflichtige bei wesentlicher Veränderung der Verhältnisse nicht auch noch mit den Kosten der Verlegung des ihm im Interesse des Berechtigten aufgezwungenen Notwegs belastet werden. Anders verhält es sich nur, wenn über den Ausübungsbereich des Notwegerechts und die Höhe der Notwegerente zwischen den Beteiligten eine Vereinbarung getroffen wurde.[168] Für den Berechtigten ergibt sich ein Recht auf Verlegung bei wesentlicher Änderung der Verhältnisse auf seiner Seite nur, soweit diese noch im Rahmen ordnungsmäßiger Wirtschaft liegen; dieses folgt dann unmittelbar aus § 917 BGB.[169]

43 Das Notwegerecht kann als solches nicht im **Grundbuch** eingetragen werden.[170] Eine Eintragung ist jedoch möglich bei vom gesetzlichen Inhalt abweichenden Vereinbarungen der Beteiligten, ebenso bei Zweifeln über die gesetzliche Duldungspflicht in Form einer klarstellenden Grunddienstbarkeit.[171] Eine Verpflichtung zur Abgabe einer **Baulast**erklärung folgt aus § 917 BGB nicht.[172]

c) Herstellung, Unterhaltung, Kosten

44 Herstellung und Unterhaltung des Notwegs und die Erfüllung der hiermit einhergehenden Verkehrssicherungspflichten obliegen dem **Berechtigten**, er trägt auch die hierfür anfallenden Kosten allein;[173] dies gilt auch für die Wiederherstellung des ursprünglichen Zustandes bei späterem Wegfall der Notwegeberechtigung.[174] Anders verhält es sich lediglich, wenn Berechtigter und Verpflichteter den Notweg gemeinsam benutzen; dann sind die Unterhaltungskosten analog § 748 BGB von beiden **anteilig** zu tragen.[175] Weigert sich der Berechtigte aus nicht zu billigenden Gründen generell, sich an den Unterhaltungskosten zu beteiligen, so kommt auch eine Verwirkung seines Duldungsanspruchs in Betracht.[176] Treffen **mehrere Notwegerechte** verschiedener Berechtigter zusammen, so findet § 1024 BGB analoge Anwendung.[177]

4. Beteiligte

a) Anspruchsberechtigter

45 **Notwegeberechtigt** ist in erster Linie der Eigentümer des verbindungslosen Grundstücks, wozu auch Wohnungseigentümer und Teileigentümer zählen; bei einer Mehrheit von Eigentümern allerdings nur alle gemeinschaftlich, da auch die damit entstehende Verpflichtung zur Zahlung einer Notwegerente sie alle trifft.[178] Ebenso sind berechtigt Inhaber grundstücksgleicher Rechte, insbesondere Erbbauberechtigte (§ 11 ErbbauRG),[179] sowie die nach Art. 63, 68 EGBGB Berechtigten;[180] schließlich Verfügungsberechtigte wie

---

[167] So auch Staudinger/*Roth*, § 917 Rn. 36; *Bayer/Lindner/Grziwotz*, S. 135; **a. A.** BGHZ 79, 307, 311 (für aus § 918 II BGB folgendes Notleitungsrecht); MünchKommBGB/*Säcker*, § 917 Rn. 34.

[168] *Meisner/Ring/Götz*, § 25 Rn. 36.

[169] *Meisner/Ring/Götz*, § 25 Rn. 36; s. dazu auch oben Rn. 16 ff.

[170] OLG Brandenburg, BeckRS 2009, 19394.

[171] OLG Düsseldorf, OLGZ 1978, 19, 20 (Zweifel über Duldungspflicht); *Bayer/Lindner/Grziwotz*, S. 133 f.

[172] OLG Stuttgart, OLGR 2003, 265 f.

[173] BGHZ 177, 165, 176 f. = NVwZ 2008, 1150; BGH, NJW-RR 1995, 911, 913; NJW-RR 2009, 515, 517; BayObLG, ZMR 2005, 889, 890; OLG Celle, MDR 2000, 81.

[174] OVG Koblenz, BeckRS 2009, 41597.

[175] BGHZ 177, 165, 177 = NVwZ 2008, 1150; BGH, NJW-RR 2009, 515, 517; NJOZ 2010, 1865, 1867; Staudinger/*Roth*, § 917 Rn. 35.

[176] BGH, NJW-RR 2009, 515, 517.

[177] Staudinger/*Roth*, § 917 Rn. 36; NK/*Ring*, § 917 Rn. 51.

[178] BGH, NJW 2006, 3426 (auch bei Wohnungseigentümern). Ein einzelner Miteigentümer benötigt daher die Ermächtigung der anderen, so schon BGH, WM 1976, 1061, 1062 f. **A. A.** MünchKommBGB/*Säcker*, § 917 Rn. 16, für Wohnungs- und Teileigentümer auch Staudinger/*Roth*, § 917 Rn. 32.

[179] OLG Hamburg, OLGR 2000, 231, 232; OLG Brandenburg, 30. 10. 2008 – 5 U 131/07.

[180] RGZ 79, 116, 118.

Insolvenzverwalter, Zwangsverwalter oder Testamentsvollstrecker, die das Notwegerecht im eigenen Namen geltend machen können.[181]

46 **Kein eigenes Notwegerecht** hat demgegenüber der bloße **Besitzer** des zugangslosen Grundstücks, gleich ob es sich dabei um einen dinglich (z. B. Nießbrauchsberechtigter) oder obligatorisch Berechtigten (z. B. Mieter, Pächter) handelt;[182] das gilt auch dann, wenn er Eigentümer von Scheinbestandteilen auf diesem Grundstück ist.[183] Er muss sich insoweit an den Eigentümer halten, darf den diesem zustehenden Notweg dann allerdings mitbenutzen,[184] ohne jedoch hierdurch zugleich selbst Schuldner der Notwegerente zu werden.

b) Anspruchsverpflichteter

47 **Duldungsverpflichtet** ist der jeweilige Eigentümer des Verbindungsgrundstücks,[185] bei mehreren zwischen dem verbindungslosen Grundstück und dem öffentlichen Weg gelegenen Grundstücken alle jeweiligen Eigentümer derselben; Letztere können gemeinsam (dann einfache Streitgenossenschaft) oder auch einzeln in Anspruch genommen werden.[186] Dagegen können mehrere Eigentümer desselben Verbindungsgrundstücks nur gemeinsam in Anspruch genommen werden, auch wenn einzelne ihre Duldungspflicht nicht bestreiten; sie sind im Prozess materiell-rechtlich notwendige Streitgenossen, eine Klage nur gegen Einzelne von ihnen wäre daher unzulässig.[187] Daneben sind duldungsverpflichtet auch Erbbau- oder Dienstbarkeitsberechtigte (§§ 917 II 2, 916 BGB) sowie Inhaber eines Dauerwohn- bzw. Dauernutzungsrechts (§ 31 I 2, II WEG); im Prozess sind sie ggf. zusammen mit dem Eigentümer zu verklagen.[188]

48 Soweit den genannten Personen gegenüber ein Notwegerecht entstanden ist, wirkt es auch gegenüber deren **Nutzungsberechtigten,**[189] also sonstigen dinglich oder nur obligatorisch am belasteten Grundstück Berechtigten;[190] diese trifft dann ebenfalls eine Duldungspflicht;[191] allerdings können und brauchen sie nicht gesondert in Anspruch genommen werden.[192] Bei alternativ in Frage kommenden Verbindungen über Grundstücke **mehrerer Eigentümer** ist der Notweg im Ergebnis über das Grundstück des Nachbarn zu nehmen, der hierdurch am geringsten belastet wird.[193]

5. Ausschluss, Erlöschen, Verzicht, Verjährung

a) Ausschluss, Beschränkung

49 Nach **§ 918 BGB** ist ein Notwegerecht unter bestimmten Voraussetzungen ausgeschlossen (Abs. 1) oder zumindest beschränkt (Abs. 2). Es handelt sich hierbei um gesetzlich normierte Fälle des Verschuldens gegen sich selbst im Sinne eines objektiv wirtschaftswidri-

---

[181] LG Landau, NJW 1968, 2013, 2014; MünchKommBGB/*Säcker,* § 917 Rn. 16; Staudinger/*Roth,* § 917 Rn. 32.

[182] RGZ 79, 116, 119; BGH, NJW 1963, 1917, 1918; NJW-RR 2006, 1160, 1161; Staudinger/*Roth,* § 917 Rn. 32; PWW/*Lemke,* § 917 Rn. 4; **a. A.** hinsichtlich dinglich Nutzungsberechtigter: MünchKommBGB/*Säcker,* § 917 Rn. 16.

[183] BGH, NJW-RR 2006, 1160, 1161.

[184] RGZ 79, 116, 119; BGH, NJW 1963, 1917, 1918.

[185] Auch ein ergänzender Notweg in Ergänzung eines zu engen öffentlichen Weges kann deshalb nur gegenüber dem Straßennachbarn, nicht gegenüber dem Straßenbaulastträger geltend gemacht werden, vgl. BayVGH, BayVBl. 2010, 509, 511.

[186] MünchKommBGB/*Säcker,* § 917 Rn. 18.

[187] RG, JW 1906, 233; BGHZ 36, 187, 189 ff. = NJW 1962, 633; BGH, NJW 1984, 2210; **a. A.** LG Nürnberg-Fürth, NJW 1980, 2477.

[188] *Meisner/Ring/Götz,* § 25 Rn. 24; PWW/*Lemke,* § 917 Rn. 5.

[189] BGH, NJW-RR 2008, 610, 612; Palandt/*Bassenge,* § 917 Rn. 8.

[190] PWW/*Lemke,* § 917 Rn. 5.

[191] BGH, NJW-RR 2008, 610, 612.

[192] OLG Braunschweig, SeuffA 56 Nr. 150; Staudinger/*Roth,* § 917 Rn. 33; MünchKommBGB/*Säcker,* § 917 Rn. 18.

[193] Dazu im Einzelnen oben Rn. 41.

gen Verhaltens.[194] Die Vorschrift schafft insoweit für den an sich Duldungspflichtigen eine **rechtshindernde Einwendung**.[195]

50 **aa) Verbindungsverlust durch willkürliche Handlung.** Die Verpflichtung zur Duldung des Notwegs tritt nach § 918 I BGB namentlich dann nicht ein, wenn die bisherige Verbindung des Grundstücks mit dem öffentlichen Weg durch eine willkürliche Handlung des Eigentümers aufgehoben wird. Erforderlich ist danach eine **menschliche Handlung**, so dass bloße Naturereignisse als Ursache für die Verbindungslosigkeit nicht genügen.[196] **Willkür** liegt dabei nur vor, wenn dem eigenen Grundstück aufgrund freier Willensentschließung und ohne zwingende Veranlassung die Verbindung abgeschnitten wird, ohne dass dies bei gebotener Rücksichtnahme auf die Belange der Nachbarn noch im Rahmen ordnungsgemäßer Grundstücksbewirtschaftung liegt.[197] Verschulden im Sinne von Vorsatz oder Fahrlässigkeit ist dabei nicht erforderlich,[198] die Handlungsfolge der Zugangsaufhebung muss aber bei verständiger Betrachtung zumindest erkennbar gewesen sein.[199] Ausreichend ist auch ein ordnungswidriges Unterlassen von an sich gebotenen Maßnahmen wie die Vernachlässigung von baulichen Unterhaltungsmaßnahmen.[200] In jedem Fall muss schließlich noch eine durch die willkürliche Handlung bedingte **Veränderung der tatsächlichen Zugangsverhältnisse** hinzukommen.[201]

51 **Erfasst** werden danach beispielsweise bauliche Maßnahmen wie das Bebauen[202] – dieses aber nicht notwendig –,[203] Verschütten[204] oder auch Zumauern eines Zugangs;[205] hieran ändert auch nichts, dass ein Nachbar duldet, dass sein Grundstück als Zugang benutzt wird.[206] Ferner Abbruch oder mangelnde Reparatur eines Weges oder einer Brücke.[207] Ebenso fallen hierunter die Aufgabe eines Wegerechts,[208] der Verzicht auf ein Notwegerecht über ein anderes Grundstück[209] oder die Zustimmung zu einer sonst nicht erfolgten Verlegung eines vorhandenen öffentlichen Verbindungsweges.[210] Gleiches gilt regelmäßig, wenn der Eigentümer unter verschiedenen Möglichkeiten der ordnungsgemäßen Nutzung seines Grundstücks gerade diejenige Gestaltung wählt, die einen Notweg erfordert.[211] Eine analoge Anwendung von § 918 I BGB wird schließlich in der Literatur[212] für den Fall erwogen, dass die Heranführung eines öffentlichen Weges an das eigene Grundstück durch Verweigerung eines zumutbaren und zu marktüblichen Bedingungen angebotenen Grundstückstauschs vereitelt wird. Dagegen **scheidet Willkür aus**

---

194 MünchKommBGB/*Säcker*, § 918 Rn. 1 m. w. N.

195 Staudinger/*Roth*, § 918 Rn. 1; Erman/*Lorenz*, § 918 Rn. 1.

196 Staudinger/*Roth*, § 918 Rn. 1.

197 RG, JW 1925, 474; BGH, ZMR 1975, 115, 116 = DB 1974, 2469; NJW 2006, 3426, 3427; OLG München, NJW-RR 1993, 474, 475; OLGR 2007, 750; OLG Brandenburg, MDR 1997, 37; OLG Celle, NJOZ 2010, 3774, 3777; MünchKommBGB/*Säcker*, § 918 Rn. 2; Soergel/*Baur*, § 918 Rn. 1.

198 OLG Celle, OLGR 2003, 138, 139; Soergel/*Baur*, § 918 Rn. 1; Staudinger/*Roth*, § 918 Rn. 2.

199 OLG München, NJW-RR 1993, 474, 475; OLG Celle, NJOZ 2010, 3774, 3777 f. (keine Willkür bei Irrtum aller Beteiligten über den tatsächlichen Grenzverlauf).

200 *Dehner*, B § 27 I 4.

201 Staudinger/*Roth*, § 918 Rn. 4; MünchKommBGB/*Säcker*, § 918 Rn. 3.

202 BGH, ZMR 1975, 115, 116; NJW 2006, 3426, 3428; OLG Brandenburg, MDR 1997, 37 (Umbau); OLG Koblenz, OLGR 2002, 217, 218; OLG Celle, OLGR 2003, 138 (Neubau unter voller Ausnutzung der Grundstücksfläche).

203 BGH, NJW 2006, 3426, 3428 (gleichzeitige, aufeinander abgestimmte Bebauung).

204 BGH, ZMR 1975, 115, 116; OLG Dresden, JW 1921, 252.

205 OLG Düsseldorf, NJW-RR 1989, 204, 205; OLG Karlsruhe, NJOZ 2010, 2356, 2357.

206 BGH, NJW 2006, 3426, 3428.

207 BGH, ZMR 1975, 115, 116; Erman/*Lorenz*, § 918 Rn. 2.

208 BGH, ZMR 1975, 115, 116; LG Bielefeld, MDR 1963, 678; LG Gießen, MDR 1995, 257, 258; a. A. AG Neuruppin, NJOZ 2005, 3217, 3220 (für den Fall des Erlöschens einer altrechtlichen Dienstbarkeit infolge Unterlassens der Erwirkung einer Grundbucheintragung nach dem GBBerG).

209 BGHZ 53, 166, 172 = NJW 1970, 708.

210 Palandt/*Bassenge*, § 918 Rn. 1; *Dehner*, B § 27 I 4.

211 BGH, NJW-RR 2006, 1160, 1161; NJW 2006, 3426, 3427 f.

212 MünchKommBGB/*Säcker*, § 918 Rn. 3 b.

bei Handlungen in Erfüllung öffentlich-rechtlicher Pflichten[213] oder bei der bloßen Durchführung eines Bebauungsplans.[214] Auch genügt der bloße Eigentümerwechsel mangels Änderung der tatsächlichen Zugangsverhältnisse nicht, auch wenn der Notwegebedarf erst hierdurch eintritt.[215] Ebenso wenig eine die Wegenot erst herbeiführende Änderung der Benutzungsart oder des Benutzungsumfangs, die sich aber ihrerseits im Rahmen ordnungsgemäßer Bewirtschaftung i. S. d. § 917 BGB hält.[216] Willkür ist auch ausgeschlossen, wenn der Wegfall eines bestehenden Wegerechts vom Eigentümer rechtlich nicht beeinflussbar war.[217] Gleiches gilt schließlich, wenn der auf Duldung eines Notwegs in Anspruch genommene Nachbar zugleich an der die Zugangsnot des anderen Nachbarn herbeiführenden Vereinbarung beteiligt war.[218]

Die Person des **Handelnden** ist nicht auf den Grundstückseigentümer beschränkt. Als willkürliche Handlungen kommen daher nicht nur solche des Eigentümers selbst oder eines von ihnen in Betracht, sondern auch solche anderer Notwegeberechtigter oder von *Vertretern oder Gehilfen* (§§ 254 II 2, 278 BGB),[219] nicht jedoch solche des bloßen Besitzers.[220] Ausreichend sind auch willkürliche Handlungen eines früheren Eigentümers.[221] Die Darlegungs- und **Beweislast** für die Voraussetzungen des § 918 I BGB trägt der an sich Duldungspflichtige.[222] Gelingt ihm dieser Beweis, so rechtfertigt die hierdurch eintretende **endgültige Verbindungslosigkeit** des anderen Grundstücks für sich allein auch keine Zugangsmöglichkeit über § 904 BGB[223] oder nach den Grundsätzen des nachbarlichen Gemeinschaftsverhältnisses.[224] 52

bb) Verbindungsverlust durch Grundstücksveräußerung. Schließlich regelt § 918 II BGB einen speziellen Fall einer selbst verursachten Zugangsnot.[225] Nach der Vorschrift besteht im Falle der Veräußerung eines Grundstücksteils oder eines von mehreren Grundstücken desselben Eigentümers, infolge derer der veräußerte oder der zurückbehaltene Teil verbindungslos wird, ein Notwegerecht allein über den Grundstücksteil bzw. über das Grundstück, über das die Verbindung bisher stattgefunden hat.[226] Dies stellt einen speziell geregelten Unterfall des selbstverursachten Notwegebedarfs i. S. v. § 918 I BGB dar; auch insoweit ist daher stets eine **willkürliche** Handlung erforderlich.[227] Der Veräußerung steht die Zwangsversteigerung gleich,[228] auch in Form der Teilungsversteigerung nach § 180 ZVG;[229] ebenso die Bestellung eines Erbbaurechts.[230] 53

---

[213] Erman/*Hagen/Lorenz*, 10. Aufl., § 917 Rn. 3; Staudinger/*Roth*, § 918 Rn. 3.

[214] LG Frankfurt, MDR 1969, 925 (Änderung von Grundstücksgrenzen durch Bebauungsplan); ferner Staudinger/*Roth*, § 918 Rn. 4.

[215] RG, JW 1925, 474; BGH, WM 1959, 1463, 1464 (Ersteigerung); *Dehner*, B § 27 I 4.

[216] RG, JW 1914, 529; MünchKommBGB/*Säcker*, § 918 Rn. 3.

[217] OVG Lüneburg, NJOZ 2011, 1866, 1867 (Erlöschen einer persönlichen Dienstbarkeit zu Gunsten des Voreigentümers).

[218] OVG Münster, NWVBl. 2011, 405 = DVBl. 2011, 785 (LS) (Erbbaurechtsbestellung); s. ferner unten Rn. 53.

[219] Palandt/*Bassenge*, § 918 Rn. 1.

[220] Erman/*Hagen/Lorenz*, 10. Aufl., § 917 Rn. 3.

[221] BGH, ZMR 1975, 115, 116; NJW 2006, 3426, 3427.

[222] Palandt/*Bassenge*, § 918 Rn. 1; Staudinger/*Roth*, § 918 Rn. 6; MünchKommBGB/*Säcker*, § 918 Rn. 4.

[223] Vgl. Erman/*Hagen/Lorenz*, 10. Aufl., § 918 Rn. 3.

[224] OLG München, OLGR 2007, 750; PWW/*Lemke*, § 918 Rn. 1.

[225] OLG Rostock, BeckRS 2009, 28826.

[226] In der Veräußerung eines Hinterliegergrundstücks kann aber u. U. auch eine konkludente schuldrechtliche Gestattung einer wegemäßigen Benutzung des ebenfalls dem Veräußerer gehörenden Vorderliegergrundstücks liegen (vgl. BayVGH, 7. 11. 2007 – 6 ZB 07.401); Gleiches gilt bei entsprechender Bestellung eines Erbbaurechts (vgl. OVG Münster, NWVBl. 2011, 405); vgl. allgemein zur Nutzungsgestattung unten Rn. 146 ff.

[227] OLG München, NJW-RR 1993, 474.

[228] RGZ 157, 305, 309.

[229] Staudinger/*Roth*, § 918 Rn. 8.

[230] OVG Münster, NWVBl. 2011, 405 = DVBl. 2011, 785 (LS).

54 Die Vorschrift schließt ein Notwegerecht anders als § 918 I BGB nicht gänzlich aus, **konkretisiert** dieses aber **räumlich** auf ein bestimmtes Grundstück bzw. einen bestimmten Grundstücksteil; gegenüber anderen Nachbarn ist ein Notwegerecht allerdings ausgeschlossen. Entscheidend ist dabei allein, dass über die betreffende Fläche schon in der Vergangenheit bei objektiver Betrachtung rechtlich wie tatsächlich der Zugang *möglich* war; ob die Verbindung bisher auch tatsächlich hierüber erfolgte oder aber auf anderem Wege, sei es ohne oder auch aufgrund eines obligatorischen Rechts, ist demgegenüber ohne Belang.[231] Die konkrete Richtung des Notwegs bestimmt sich nach der Veräußerung nach den allgemeinen Grundsätzen des § 917 BGB, so dass der Zugang unter Umständen selbst dann auf einer neuen Trasse zu erfolgen hat, wenn er auch bisher schon über das betreffende Grundstück erfolgte.[232] Auch ein im Rahmen der Veräußerung abgegebener **Verzicht** auf das Notwegerecht aus § 918 II BGB kann im Hinblick auf § 918 I BGB keinen Notweg über ein drittes Grundstück eröffnen, selbst wenn dieses bisher tatsächlich der Verbindung diente.[233] Der Notwegeberechtigte muss bei Inanspruchnahme des nach § 918 II BGB Verpflichteten die Voraussetzungen der Vorschrift beweisen.[234]

55 cc) **Rechtsnachfolge.** Der einmal eingetretene Verlust der Duldungspflicht nach § 918 I BGB hebt die Eigentumsbeschränkung endgültig auf.[235] Bei tatbestandlich willkürlichen Handlungen eines Rechtsvorgängers kann daher weder der rechtsgeschäftliche **Einzelrechtsnachfolger** noch der Erwerber im Wege der Zwangsversteigerung noch ein Notwegerecht beanspruchen.[236] Ebenso wirken die Rechtsfolgen des § 918 II BGB für und gegen die Rechtsnachfolger der Beteiligten.[237]

b) Erlöschen

56 Das Notwegerecht erlischt, sobald seine gesetzlichen **Voraussetzungen nicht mehr vorliegen**. Dies kann darauf beruhen, dass die tatsächlichen oder rechtlichen *Zugangshindernisse weggefallen* sind, insbesondere wenn das Grundstück nunmehr durch einen öffentlichen Weg oder ein dingliches oder schuldrechtliches Wegerecht erschlossen oder der zeitweilig zerstörte Zugang wieder hergestellt ist,[238] oder wenn der Notwegeberechtigte ein anderes Grundstück erwirbt, das die Verbindung ermöglicht.[239] Ebenso erlischt das Notwegerecht auch dann, wenn zwar die Zugangsverhältnisse unverändert sind, jedoch aufgrund einer Änderung in der Grundstücksnutzung ein *Notweg nicht mehr erforderlich* ist.[240]

c) Verzicht

57 Der Berechtigte kann auf das Notwegerecht auch verzichten. Der Verzicht entfaltet aber grundsätzlich nur **schuldrechtliche** Wirkung zwischen den Parteien. Eine **dingliche** und damit auch Einzelrechtsnachfolger bindende Wirkung kann nur durch Bestellung einer entsprechenden *Grunddienstbarkeit* erreicht werden.[241] Die Folgen eines wirksamen Verzichts richten sich nach § 918 I BGB.[242]

---

231 BGHZ 53, 166, 171 = NJW 1970, 708; OLG München, NJW-RR 1993, 474; OLG Rostock, BeckRS 2009, 28826; OVG Koblenz, NVwZ 1995, 224, 225.
232 RGZ 160, 166, 184; MünchKommBGB/*Säcker*, § 918 Rn. 7.
233 BGHZ 53, 166, 172 = NJW 1970, 708.
234 Bamberger/Roth/*Fritzsche*, § 918 Rn. 9.
235 Bamberger/Roth/*Fritzsche*, § 918 Rn. 2.
236 BGH, ZMR 1975, 115, 116 (Verzicht); RGZ 157, 305, 309 (Zwangsversteigerung).
237 OLG München, NJW-RR 1993, 474.
238 *Meisner/Ring/Götz*, § 25 Rn. 37; Erman/*Lorenz*, § 917 Rn. 6.
239 PWW/*Lemke*, § 917 Rn. 26.
240 *Meisner/Ring/Götz*, § 25 Rn. 2; *Dehner*, B § 27 II 6.
241 Staudinger/*Roth*, § 918 Rn. 9; *Bayer/Lindner/Grziwotz*, S. 132.
242 Dazu oben Rn. 50 ff.

d) Verjährung

Der Anspruch auf Duldung eines Notwegs nach §§ 917 I, 918 II BGB **unterliegt nicht der Verjährung** (§ 924 BGB). 58

6. Notwegerente

Der zur Duldung des Notwegs verpflichtete Nachbar ist gem. § 917 II BGB durch eine **Geldrente** zu entschädigen. Das Rentenrecht ist nach § 96 BGB wesentlicher Bestandteil beider Nachbargrundstücke, es kann daher nicht gesondert übertragen werden; auch seine Eintragung im Grundbuch ist deshalb weder möglich noch erforderlich.[243] 59

a) Entstehen

Der Rentenanspruch entsteht **mit dem Notwegerecht.**[244] Voraussetzung ist daher mit der h. M. auch insoweit das *Verlangen der Duldung* des Notwegs durch den Eigentümer des verbindungslosen Grundstücks.[245] Auf die tatsächliche Benutzung des Notwegs kommt es demgegenüber nicht an. 60

b) Höhe

Die Höhe der Rente richtet sich nicht nach dem Vorteil des Notwegs für den Berechtigten, sondern vielmehr nach dem **Nachteil für das Verbindungsgrundstück**, also dem Umfang des für dessen duldungspflichtigen Eigentümer entstehenden Nutzungsverlustes.[246] Dieser bemisst sich nach der **Minderung des Verkehrswertes** des *gesamten* belasteten Grundstücks, wobei alle Umstände des Einzelfalles mit zu berücksichtigen sind.[247] Von Bedeutung sein können hiernach namentlich Größe, Lage, Nutzungsart und Zuschnitt des belasteten Grundstücks insgesamt ebenso wie der für den Notweg beanspruchten Teilfläche sowie Art und Intensität der Nutzung des Notwegs.[248] So ist die Rente unterschiedlich zu bemessen, je nachdem ob es sich beim belasteten Grundstück um bloßes Ödland handelt, oder aber um landwirtschaftliche Nutzflächen oder gar Bauland;[249] berücksichtigt werden muss auch eine etwa bestehende, hinreichend konkrete Bauabsicht.[250] Es ist davon auszugehen, dass ein Notweg meist zu einer Wertminderung des belasteten Grundstücks führen wird,[251] die im Einzelfall auch erheblich sein kann.[252] Umgekehrt kann jedoch eine Rentenpflicht auch ganz entfallen, wenn im Einzelfall eine Beeinträchtigung oder Wertminderung des belasteten Grundstücks nicht feststellbar ist.[253] Die Ausweisung der betroffenen Flächen als Verkehrsfläche in einem Bebauungsplan führt als solche allerdings noch nicht dazu, dass diese anderen Anliegern kostenlos zur Verfügung zu stellen sind.[254] Notleitungen erhöhen die Notwegerente nicht, wenn 61

---

[243] Soergel/*Baur*, § 917 Rn. 18. S. aber unten Rn. 63 (Vereinbarungen über Rentenhöhe) und oben Teil 2 Rn. 298 (Verzicht auf Rente).

[244] BGHZ 94, 160, 162 = NJW 1985, 1952; BGH, BGHR § 917 Abs. 2 S. 1 BGB Anspruchsentstehung 1; OLG Hamm, BeckRS 2011, 21302; **a. A.** MünchKommBGB/*Säcker*, § 917 Rn. 38 (Zeitpunkt, in dem dem verpflichteten Nachbarn durch die Duldung ein Vermögensnachteil entsteht); wiederum **a. A.** RGZ 87, 424, 425 (Zeitpunkt der Rechtskraft des Urteils im Notwegeprozess).

[245] BGHZ 94, 160, 162 = NJW 1985, 1952; Staudinger/*Roth*, § 917 Rn. 51; zum Verlangen als tatbestandliche Voraussetzung des Notwegerechts s. oben Rn. 32.

[246] BGHZ 113, 32, 34 = NJW 1991, 564.

[247] BGHZ 113, 32, 36 = NJW 1991, 564; BGHZ 177, 165, 176 = NVwZ 2008, 1150; OLG Koblenz, NJW-RR 1992, 724, 725; OLG Dresden, ZMR 2000, 448, 450.

[248] BGHZ 113, 32, 36 = NJW 1991, 564; s. ferner BVerwG, NVwZ-RR 1997, 271, 272 (auch zu erwartende Schäden durch Wegenutzung).

[249] Vgl. *Meisner/Ring/Götz*, § 25 Rn. 47.

[250] LG Köln, MDR 1960, 50.

[251] *Bayer/Lindner/Grziwotz*, S. 136.

[252] *Meisner/Ring/Götz*, § 25 Rn. 47.

[253] OLG Düsseldorf, RdL 1997, 35, 36 (schon immer Nutzung als Wegefläche durch beide Seiten); OLG Frankfurt, OLGR 1999, 262, 265 f. (nur als Verkehrsfläche sinnvoll nutzbares Grundstück); LG Aachen, ZMR 1983, 382, 383; MünchKommBGB/*Säcker*, § 917 Rn. 40.

[254] BGHZ 113, 32, 35 = NJW 1991, 564; BGH, NJW-RR 1995, 911, 913.

sie unter dem Notweg verlaufen und daher keine zusätzliche Beeinträchtigung darstellen.[255] Soweit sich der Verpflichtete im Prozess zur Bemessung der Notwegerente auf eine wertmindernde Einschränkung anderweitiger Nutzungsmöglichkeiten beruft, muss er diese substantiiert vortragen.[256] Im Streitfall ist die konkrete Rentenhöhe vom Gericht, nötigenfalls unter Heranziehung eines Sachverständigen, nach § 287 ZPO zu schätzen.[257]

62 Für die Ermittlung der für die Höhe **maßgeblichen Verhältnisse** ist auf den Zeitpunkt des *Entstehens* des Notwegerechts abzustellen,[258] dies folgt bereits aus der Verweisung auf § 912 II 2 BGB in § 917 II 2 BGB. Eine *nachträgliche Änderung* der für die Rentenbemessung maßgeblichen Umstände bleibt grundsätzlich außer Betracht, insbesondere eine Veränderung des Grundstückswerts; § 323 ZPO ist unanwendbar.[259] Davon zu unterscheiden ist der Fall, dass sich nachträglich Umfang oder Richtung des Notwegs und damit auch der Umfang der Duldungspflicht ändern; dann ist ab Entstehen des veränderten Notwegerechts auch die Notwegerente entsprechend anzupassen.[260]

63 Die Höhe der Rente kann auch durch **Vereinbarung** der Beteiligten festgelegt werden; dingliche Wirkung erlangt dies jedoch nur bei Eintragung ins Grundbuch (§§ 917 II 2, 914 II BGB).[261]

c) Schuldner, Gläubiger

64 **Schuldner** der Rente ist nach §§ 917 II 2, 913 I BGB der jeweilige Eigentümer des verbindungslosen Grundstücks, nicht dagegen der den Notweg tatsächlich Nutzende, z. B. ein dinglich Berechtigter, Mieter oder Pächter.[262] Der Eigentümer haftet für die Rentenzahlung dinglich wie persönlich (§ 917 II 2 i. V. m. §§ 914 III, 1107, 1108 BGB). **Gläubiger** der Rente ist nach §§ 917 II 2, 913 I BGB der jeweilige Eigentümer des Verbindungsgrundstücks. Daneben steht Inhabern eines Erbbaurechts oder einer Dienstbarkeit nach §§ 917 II 2, 916 BGB ein selbständiges Rentenrecht zu, vorausgesetzt ihre Rechte werden durch das Notwegerecht beeinträchtigt.

d) Fälligkeit, Verjährung, Erlöschen, Verzicht

65 Hinsichtlich Fälligkeit, Verjährung, Erlöschen und Verzicht gelten infolge der Verweisung in § 917 II 2 BGB die Vorschriften zur Überbaurente entsprechend.[263] Der **Zahlungszeitpunkt** ergibt sich aus dem Gesetz (§ 917 II i.V. m. § 913 II BGB), seine Festlegung steht daher nicht in richterlichem Ermessen; lediglich den Parteien steht es frei, eine abweichende Vereinbarung zu treffen.[264] Im Übrigen hat weder der Rentenberechtigte einen Anspruch auf **Kapitalabfindung** gegen Abtretung der notwegebelasteten Fläche (§ 917 II 2 BGB verweist nicht auf § 915 BGB), noch umgekehrt der Rentenpflichtige einen Anspruch auf Ablösung der Rentenpflicht durch eine Kapitalabfindung.[265]

e) Zurückbehaltungsrecht

66 Bis zur Zahlung der fälligen Rente kann der Eigentümer des notwegebelasteten Grundstücks im Wege des Zurückbehaltungsrechts nach **§ 273 BGB** die Benutzung des

---

255 OLG Dresden, 24. 4. 2002 – 11 W 149/02.

256 OLG Frankfurt, OLGR 1999, 262, 266.

257 Vgl. Staudinger/*Roth*, § 917 Rn. 52.

258 H. M.: BGHZ 113, 32, 36 = NJW 1991, 564; Palandt/*Bassenge*, § 917 Rn. 15.

259 *Dehner*, B § 27 III 5; Palandt/*Bassenge*, § 917 Rn. 15; *Meisner/Ring/Götz*, § 25 Rn. 46; **a. A.** bei Werterhöhungen des belasteten Grundstücks aus verfassungsrechtlichen Erwägungen: MünchKommBGB/*Säcker*, § 917 Rn. 39.

260 Staudinger/*Roth*, § 917 Rn. 52; Palandt/*Bassenge*, § 917 Rn. 15; PWW/*Lemke*, § 917 Rn. 28.

261 *Bayer/Lindner/Grziwotz*, S. 136 f.

262 BGH, NJW 1963, 1917, 1918; *Meisner/Ring/Götz*, § 25 Rn. 43 (auch zur Verpflichtung des Nießbrauchers im Innenverhältnis wegen § 1047 BGB).

263 Dazu oben Teil 2 Rn. 278 ff.

264 BGH, NJOZ 2010, 1865, 1867.

265 *Bayer/Lindner/Grziwotz*, S. 137.

Notweges verweigern;[266] umgekehrt kann aber auch der Notwegeberechtigte, der die Rente bezahlt hat, bei Hinderung an der Ausübung des Notwegerechts durch den Duldungsverpflichteten die weitere Zahlung der Rente zurückbehalten.[267]

7. Prozessuales

In prozessualer Hinsicht ergeben sich für das Notwegerecht einige Besonderheiten, die an dieser Stelle im Zusammenhang dargestellt werden sollen. Im Übrigen kann insoweit auf die Darstellung des Nachbarstreits im Zivilprozess verwiesen werden.[268] 67

a) Klage auf Duldung eines Notwegs

aa) Rechtsweg. Für Notwegestreitigkeiten ist regelmäßig der Rechtsweg zu den **Zivilgerichten** eröffnet. Vor die **Verwaltungsgerichte** gehören Notwegestreitigkeiten nur, wenn das Verbindungsgrundstück hoheitlichen Zwecken dient.[269] 68

bb) Örtliche Zuständigkeit. Die örtliche Zuständigkeit der Zivilgerichte bestimmt sich entsprechend **§ 24 II ZPO** nach der Belegenheit desjenigen Grundstücks, auf dem der Notweg beansprucht wird.[270] Diese Zuständigkeit ist **ausschließlich**. 69

cc) Klageantrag. Der Klageantrag ist auf **Duldung** der Benutzung des Nachbargrundstücks zu richten. Er braucht wegen § 917 I 2 BGB **Richtung und Umfang des Notwegs nicht** zu nennen; hierin liegt eine Ausnahme vom Bestimmtheitserfordernis des § 253 II Nr. 2 ZPO.[271] Auch muss mit dem Klageantrag **kein bestimmter Rentenbetrag** angeboten werden;[272] sofern der Beklagte wegen der Rente jedoch von seinem Zurückbehaltungsrecht Gebrauch macht, kommt seine Verurteilung lediglich noch Zug um Zug in Betracht.[273] Die genannten Erleichterungen entbinden jedoch im Übrigen nicht vom Erfordernis einer hinreichend substantiiert begründeten Klage. 70

Der **Klageantrag** kann etwa lauten: *„Es wird beantragt, den Beklagten zu verurteilen, die Benutzung seines Grundstücks Fl.Nr. 123 der Gemarkung G als Notweg zum Grundstück des Klägers Fl.Nr. 456 der Gemarkung G von der öffentlichen Straße XY aus zu dulden."* 71

Werden Richtung und Umfang des Notwegs dagegen bereits im Klageantrag konkretisiert, und ergibt sich im weiteren Verfahren, dass ein Notweg nur mit anderer Richtung oder in geringerem Umfang beansprucht werden kann, so muss der Klageantrag, gegebenenfalls nach einem Hinweis des Gerichts nach § 139 ZPO, entsprechend **umgestellt** werden. Hält der Kläger dann trotzdem am bisherigen Antrag unverändert fest, so ist die Klage je nach Mangel des Antrags ganz oder teilweise als unbegründet abzuweisen.[274] 72

Das Notwegerecht kann auch nur in einem **Hilfsantrag** neben einem auf das Bestehen einer Dienstbarkeit gestützten Hauptantrag, sei es auf Eintragung einer Dienstbarkeit, sei es auf Feststellung dass der Weg aufgrund einer Dienstbarkeit zu dulden sei, geltend gemacht werden.[275] 73

---

[266] BGH, WM 1976, 1061, 1064 = MDR 1976, 917; BGH, BGHR § 917 Abs. 2 S. 1 BGB Anspruchsentstehung 1; OLG Koblenz, NJW-RR 1992, 724; Palandt/*Bassenge*, § 917 Rn. 9.

[267] *Bayer/Lindner/Grziwotz*, S. 137.

[268] Dazu unten Teil 5 Rn. 3 ff.

[269] BGH, NJW 1969, 1437 (Feuerwehrgrundstück); OLG Koblenz, MDR 1981, 671.

[270] *Meisner/Ring/Götz*, § 25 Rn. 23.

[271] OLG Brandenburg, 30. 10. 2008 – 5 U 131/07; OLG Frankfurt, BeckRS 2009, 8071 (zum Fall eines zeitlich befristeten Notwegerechts für Bauarbeiten); Staudinger/*Roth*, § 917 Rn. 43 m. w. N.; MünchKommBGB/*Säcker*, § 917 Rn. 24; *Meisner/Ring/Götz*, § 25 Rn. 21; **a. A.** bezüglich des Umfangs *Dehner*, B § 27 II 4.

[272] Staudinger/*Roth*, § 917 Rn. 43.

[273] OLG Koblenz, NJW-RR 1992, 724, 725. Macht er dies (hilfsweise) im Prozess, kann die Klage auf Zug-um-Zug-Verurteilung umgestellt und i. Ü. für erledigt erklärt werden; bei vorprozessualer Erhebung sollte von Anfang an ein Zug-um-Zug-Antrag gestellt werden; vgl. Schulze/Grziwotz/Lauda/*Siede*, § 917 Rn. 7.

[274] OLG Rostock, BeckRS 2009, 28826.

[275] Vgl. BGH, NJW 1995, 2993; ferner *Dehner*, B § 27 II 1.

74 **dd) Beweislast.** Die Darlegungs- und Beweislast dafür, dass seinem Grundstück die zur ordnungsmäßigen Benutzung erforderliche Verbindung mit einem öffentlichen Weg fehlt, liegt bei demjenigen, der einen Notweg verlangt; dies schließt, sofern sich der Gegner auf das Bestehen eines anderweitigen Wegerechts beruft, den Beweis von dessen Fehlen ein.[276]

75 **ee) Veräußerung, Nebenintervention. Veräußert** der Berechtigte sein Grundstück während des Prozesses, so darf er diesen nach *§ 265 ZPO* weiterführen; auch *§ 266 ZPO* ist anwendbar.[277] Kommt neben dem eingeklagten Notweg *alternativ* auch ein Notweg über die Grundstücke weiterer Eigentümer in Betracht, so kann und sollte diesen gegenüber eine **Streitverkündung** erfolgen (§ 72 ZPO); i. Ü. können diese dem Rechtsstreit auch von sich aus als **Nebenintervenienten** auf Seiten des Klägers beitreten (§ 66 ZPO). Kommt dagegen nur ein Verbindungsgrundstück mit mehreren Eigentümern in Betracht, so sind diese gemeinsam zu verklagen.[278]

76 **ff) Urteil.** Im Gegensatz zum Klageantrag sind im Urteil **Richtung und Umfang** des Notwegs **genau zu bezeichnen**. Das Urteil lautet daher etwa:

77 *„Der Beklagte wird verurteilt, die Benutzung seines Grundstücks Fl. Nr. 123 der Gemarkung G als Notweg zum Zwecke des Zugangs (und der Zufahrt, für den Pkw-/Schwerlastverkehr) zum Grundstück des Klägers Fl. Nr. 456 der Gemarkung G von der öffentlichen Straße XY aus auf dem vorhandenen Schotterweg (bzw. bei noch nicht vorhandenem Weg: auf einem 3 m breiten Streifen entlang der östlichen Grenze des beklagtischen Grundstücks sowie die Herstellung eines Schotterweges in diesem Bereich) (ganzjährig/bei Schnee, Eis und sonst bei winterlicher Glätte) zu dulden."*[279]

78 Für die Entscheidung sind dabei die Verhältnisse im Zeitpunkt der letzten mündlichen Tatsachenverhandlung maßgeblich.[280] Das Urteil hat grundsätzlich nur deklaratorische Wirkung,[281] nur ausnahmsweise bei mehreren gleichwertigen Benutzungsmöglichkeiten handelt es sich um ein Gestaltungsurteil, bei nur einer einzigen Möglichkeit um ein Feststellungsurteil.[282] Das Duldungsurteil wird nach §§ 890, 892 ZPO **vollstreckt**.[283] Es wirkt nach § 325 ZPO auch gegenüber den Rechtsnachfolgern der Parteien;[284] anders verhält es sich insoweit jedoch bei einem **gerichtlichen Vergleich**, der mangels Rechtskraft nicht zulasten von Einzelrechtsnachfolgern der Parteien wirkt, so dass sich insoweit die Aufnahme einer Absicherung über eine Grunddienstbarkeit in den Vergleich empfiehlt.[285]

79 Die **Rechtskraft** eines Urteils, das die Klage auf Duldung eines Notwegs mit der Begründung abweist, es bestehe eine Anbindung an einen öffentlichen Weg, steht einer neuerlichen Klage nicht entgegen, wenn nach dem ersten Urteil verwaltungsgerichtlich rechtskräftig das Vorliegen eines öffentlichen Weges verneint wurde.[286]

80 **gg) Streitwert.** Der Streitwert einer Klage auf Duldung eines **Notwegs** bemisst sich **analog § 7 ZPO**[287] nach dem – gem. § 3 ZPO zu schätzenden – Interesse des Klägers

---

276 RG, JW 1925, 474, 475; *Dehner*, B § 27 I 2 c; *Bayer/Lindner/Grziwotz*, S. 128.

277 BGH, WM 1976, 1061, 1062 = MDR 1976, 917; OLG Karlsruhe, MDR 1995, 745 (zu § 266 ZPO).

278 Dazu oben Rn. 47.

279 Vgl. OLG Karlsruhe, 18. 12. 1997 – 4 U 68/97 (insoweit in RdL 1998, 66 nicht abgedruckt); vgl. auch BGH, NJW 1991, 176 (zum Notleitungsrecht); zum Notleitungsrecht ferner: LG Nürnberg/Fürth, 20. 1. 2000 – 1 O 10086/96 (www.justiz.bayern.de/olgn).

280 BGH, NJW 1965, 537, 538.

281 BayObLG, SeuffA 61, Nr. 369.

282 Staudinger/*Roth*, § 917 Rn. 2; NK/*Ring*, § 917 Rn. 8; *Wiesner*, § 917 Rn. 11 f.

283 OLG Hamm, OLGZ 1985, 222, 223; OLG Brandenburg, 30. 10. 2008 – 5 U 131/07; OLG Frankfurt, BeckRS 2009, 8071.

284 *Dehner*, B § 27 II 4.

285 Vgl. *Meisner/Ring/Götz*, § 25 Rn. 32.

286 BGH, NJW 1995, 2993, 2994 (zur Klage auf Feststellung einer altrechtlichen Wegedienstbarkeit). Zur Rechtskraft der Abweisung einer Unterlassungsklage des Notwegeverpflichteten s. unten Rn. 81.

287 OLG Schleswig, Rpfl 1957, 2; OLG Stuttgart, Rpfl 1964, 163; OLG Köln, JurBüro 1991, 1386; 2011, 262; OLG Jena, JurBüro 1999, 196; offen gelassen von BGH, 18. 5. 1990 – V ZR 291/89.

an der Einräumung des Rechts.[288] Dieses entspricht grundsätzlich (s. aber § 7, 2. Hs. ZPO)[289] der Wertsteigerung des herrschenden Grundstücks, die wiederum gleichzusetzen ist mit der Summe der Herstellungs- und Unterhaltungskosten des Weges, zuzüglich des dreieinhalbfachen Jahresbetrages der zu zahlenden Notwegerente.[290] Würden allerdings die Kosten einer das Notwegerecht überflüssig machenden Ersatzlösung geringer oder höher ausfallen, so ist jeweils dieser Wert maßgeblich.[291] Der Streitwert einer Klage auf Zahlung der **Notwegerente** ist **analog § 9 ZPO**[292] mit höchstens dem dreieinhalbfachen Jahresbetrag zu bemessen.[293] Die **Beschwer** des zur Duldung eines Notwegs Verurteilten bemisst sich dagegen nach seinem wirtschaftlichen Interesse an der Abwehr des ausgeurteilten Duldungsanspruchs; besteht dieser lediglich in der Duldung des vorübergehenden Befahrens eines ohnehin bereits mit einem Wegerecht belasteten Grundstücks, so wird die Beschwer regelmäßig nicht über 600 € liegen, jedenfalls wenn durch die Inanspruchnahme keine Substanzschäden drohen.[294]

b) Notwegerecht als Verteidigungsmittel

aa) Einwendung. Das Notwegerecht kann nicht nur selbständig eingeklagt werden, es 81
kann auch im Rahmen einer Abwehrklage des Eigentümers des Verbindungsgrundstücks verteidigungsweise in den Prozess eingeführt werden. Klagt Letzterer daher aus § 1004 I BGB auf Unterlassung der Wegbenutzung, so kann dieser Klage das Notwegerecht über **§ 1004 II BGB** als Einwendung entgegengehalten werden.[295] Diese Einwendung steht entsprechend § 986 I 1 BGB auch dem Mieter oder Pächter des verbindungslosen Grundstücks zu;[296] diese haben dann die Möglichkeit, ihren Vermieter oder Verpächter über § 77 ZPO in den Prozess zu ziehen. Wird die Unterlassungsklage nach § 1004 BGB abgewiesen, so erstreckt sich die **Rechtskraft** dieses Urteils aber lediglich auf die Aberkennung des verfolgten Unterlassungsanspruchs, nicht auch auf die als Vorfrage geprüfte Verpflichtung, einen Notweg zu dulden.[297]

bb) Widerklage. Schließlich besteht auch die Möglichkeit, das Notwegerecht im We- 82
ge der Widerklage geltend zu machen. Letzteres ist im Falle einer **Besitzschutzklage** des Eigentümers des Verbindungsgrundstücks wegen der insoweitigen Beschränkung des beachtlichen Verteidigungsvorbringens durch § 863 BGB sogar die einzige Möglichkeit. Die Widerklage kann hier auf das Notwegerecht gestützt werden und führt jedenfalls bei *gleichzeitiger Entscheidungsreife* von (possessorischer) Klage und (petitorischer) Widerklage entsprechend § 864 II BGB zur Abweisung der Klage als unbegründet.[298]

c) Rechtsschutz des Notwegerechts

Der Notwegeberechtigte kann auch seinerseits bei Beeinträchtigungen seines Rechts 83
gerichtlichen Rechtsschutz in Anspruch nehmen. So kann er sich, da das Notwegerecht zum Inhalt des Eigentums am verbindungslosen Grundstück gehört, gegen Behinderun-

---

[288] OLG Schleswig, Rpfl 1957, 2; OLG Jena, JurBüro 1999, 196; OLG Köln, JurBüro 2011, 262; *Schneider/Herget*, Streitwert-Komm., Rn. 4339.

[289] OLG Jena, JurBüro 1999, 196.

[290] *Schneider/Herget*, Streitwert-Komm., Rn. 4339; Zöller/*Herget*, ZPO, § 3 Rn. 16 („Notweg"); OLG Köln, JurBüro 2011, 262; ähnlich: OLG Dresden, 24. 4. 2002 – 11 W 149/02; OLG Koblenz, JurBüro 2010, 199 (nur Herstellungskosten zuzügl. 3,5-fache Jahresrente).

[291] *Schneider/Herget*, Streitwert-Komm., Rn. 4339, 4333; OLG Schleswig, Rpfl 1957, 2; s. ferner RGZ 63, 98, 100.

[292] BGH, 18. 5. 1990 – V ZR 291/89.

[293] *Schneider/Herget*, Streitwert-Komm., Rn. 4337.

[294] BGH, GE 2011, 1080; s. ferner unten Teil 5 Rn. 11.

[295] Staudinger/*Roth*, § 917 Rn. 45; ferner OLG Celle, MDR 2000, 81.

[296] BGH, NJW 1963, 1917, 1918; NJW-RR 2006, 1160, 1161.

[297] BVerwG, NVwZ-RR 1997, 271, 272.

[298] BGHZ 53, 166, 169 f. = NJW 1970, 707; BGH, NJW 1979, 1359, 1360; s. im Einzelnen unten Teil 5 Rn. 77.

gen des Zugangs gegen jedermann nach **§ 1004 BGB** zur Wehr setzen.[299] **Besitzschutzansprüche** kann er dagegen nur **analog § 1029 BGB** mit den dortigen Einschränkungen geltend machen; die allgemeinen Besitzschutzansprüche nach §§ 861, 862 BGB stehen ihm dagegen nicht zu, da sich der Besitzschutz an seinem Grundstück nicht automatisch auf das Notwegerecht am Nachbargrundstück erstreckt und vielfach auch kein Mitbesitz an der Notwegefläche vorliegen wird.[300]

II. Notleitungsrecht

84 Einem Grundstück kann die erforderliche Verbindung auch insoweit fehlen, als es um den Anschluss an ein Versorgungsleitungs- oder Kanalnetz betreffend Wasser, Gas, Strom, Abwasser etc. geht.[301] Dann kommt ein Anspruch auf Inanspruchnahme eines benachbarten Grundstücks zum Zwecke der Verlegung von **Versorgungs- und Entsorgungsleitungen** in Betracht.[302] Dergestalt in ein fremdes Grundstück eingebrachte Leitungen stellen in der Regel nur **Scheinbestandteile** dieses Grundstücks i. S. v. § 95 BGB dar; sie sind dann eigentumsrechtlich dem Leitungsrechtsinhaber zuzuordnen.[303]

1. Notleitungsrecht nach BGB

a) Rechtsgrundlage

85 Bundesrechtlich[304] kann sich ein solches Notleitungsrecht nach zutreffender h. M. aus einer **entsprechenden Anwendung von § 917 BGB** ergeben,[305] nicht dagegen bereits in unmittelbarer Anwendung der Vorschrift;[306] Bedeutung hat der Streit in erster Linie für die Frage der Gültigkeit der landesrechtlichen Normen über Notleitungsrechte.[307] Ein Rückgriff auf eine Analogie zu § 917 BGB ist nur möglich, wenn und soweit **keine landesrechtlichen Regelungen** zum Notleitungsrecht bestehen.[308] Auf das nachbarliche Gemeinschaftsverhältnis kann neben § 917 BGB nicht zurückgegriffen werden.[309] In den *neuen Bundesländern* können schließlich auch noch Leitungsrechte nach §§ 321 f. ZGB-DDR fortbestehen (Art. 233 §§ 3, 5 EGBGB); außerdem kommt dort unter bestimmten

---

[299] OLG München, OLGE 29, 338, 339; OLG Koblenz, NJW-RR 1992, 724.

[300] Staudinger/*Roth*, § 917 Rn. 47 f. m. w. N.; Erman/*Lorenz*, § 917 Rn. 8; Palandt/*Bassenge*, § 917 Rn. 14; PWW/*Lemke*, § 917 Rn. 25; **a. A.** bezüglich §§ 861, 862 BGB: Soergel/*Baur*, § 917 Rn. 15.

[301] Zur *Mangelhaftigkeit* eines verkauften Wohnanwesens ohne gesicherte Wasserversorgung s. BGH, NJW 2011, 2128. Zu *gemeinsamen Abwasserleitungen* als Gemeinschaft i. S. v. §§ 741 ff. BGB s. *Horst*, Rn. 1428 f. und OLG Hamm, OLGZ 1974, 62 (grds. jederzeitiger Aufhebungsanspruch nach § 749 I BGB).

[302] Zur Haftung des Leitungsinhabers nach § 2 HPflG bei Schäden am Durchleitungsgrundstück s. unten Teil 5 Rn. 105. Zur Beschädigung von Kabeln und Leitungen im Rahmen von Tiefbauarbeiten vgl. BGH, VersR 2006, 420 (auf Privatgrundstück Erkundigungspflicht nur bei konkreten Anhaltspunkten für unterirdische Leitungen) und *Schulze*, VersR 1998, 12.

[303] BGHZ 37, 353, 357 (Gas-und Wasserleitungen); BGHZ 125, 56, 59 = NJW 1994, 999 (Fernmeldekabel); BGHZ 138, 266, 272 = NJW 1998, 1352 (Wasserleitung); BGHZ 156, 172, 175 = NJW 2003, 3762 (Breitbandkabel); BGH, NJW-RR 2011, 1458 (Strom- und Wasserleitung); Palandt/*Ellenberger*, § 95 Rn. 6 m. w. N.; *Heun*, Hdb. TK-Recht, Rn. 267.

[304] Zu weiteren speziellen Leitungsrechten aufgrund Bundesrechts im Bereich von Telekommunikation, Energieversorgung und Bauplanungsrecht s. unten Rn. 99 ff.

[305] Grundlegend: BGHZ 177, 165, 168 = NVwZ 2008, 1150; s. ferner BGHZ 79, 307, 308 f. = NJW 1981, 1036; BGH, NJW 1991, 176; OLG München, OLGR 1994, 217; OLG Köln, ZMR 1994, 115; BayVGH, NVwZ-RR 2008, 80, 83; *Bayer/Lindner/Grziwotz*, S. 137; *Meisner/Ring/Götz*, § 25 Rn. 53.

[306] So aber Staudinger/*Roth*, § 917 Rn. 7; Jauernig/*Berger*, § 917 Rn. 3; NK/*Ring*, § 917 Rn. 73.

[307] Dazu unten Rn. 92. Der Streit über die Rechtsgrundlage des Notleitungsrechts hat sich auch durch die Einführung amtlicher Überschriften für die Paragraphen des BGB durch das SMG zum 1. 1. 2002 nicht erledigt, bei der § 917 BGB mit „Notweg" überschrieben wurde; der Gesetzgeber wollte, soweit er dabei alten Normen Überschriften gegeben hat, nicht deren Auslegung verändern, sondern nur die Transparenz des Gesetzes verbessern (vgl. BT-Drucks. 14/6040, S. 272).

[308] BGHZ 177, 165, 168 = NVwZ 2008, 1150; BGH, NJW 1991, 176, 177.

[309] BGH, NJW 1964, 1321, 1322; OLG Düsseldorf, NJW-RR 1991, 403, 404; OLG Köln, BeckRS 2011, 14500.

Voraussetzungen ein Anspruch auf Bestellung einer Leitungsdienstbarkeit nach § 116 SachenRBerG in Betracht.

b) Voraussetzungen und Inhalt

Für ein Notleitungsrecht in analoger Anwendung des § 917 BGB gelten grundsätzlich entsprechende Voraussetzungen wie für ein Notwegerecht.[310] 86

aa) Es kommt nur in Betracht, soweit es um den Anschluss[311] an ein **öffentliches**[312] Leitungsnetz zur Versorgung mit Wasser, Gas und Strom und zur Entsorgung von Abwasser geht.[313] Ein Recht zur Leitungsführung zwecks Anschluss an Fernheizungen lässt sich dagegen aus einer analogen Anwendung von § 917 BGB nicht herleiten.[314] Das Notleitungsrecht bezieht sich grundsätzlich nur auf die Duldung einer **unterirdischen** Leitungsführung.[315] Der Anspruch entsteht dabei bereits, wenn die Möglichkeit eines Anschlusses an das öffentliche Netz unmittelbar bevorsteht.[316] Wird ein öffentliches Versorgungsnetz erstellt, so braucht sich der nunmehr für den Anschluss auf eine Leitungsführung über ein Nachbargrundstück angewiesene Eigentümer nicht auf die Möglichkeit einer Brunnenwassergewinnung bzw. einer biologischen Kleinkläranlage verweisen zu lassen; dies gilt auch, sofern er eine entsprechende Ausnahmeregelung erreichen könnte.[317] 87

bb) Ein Notleitungsrecht besteht nur im Rahmen einer **ordnungsmäßigen Nutzung** des verbindungslosen Grundstücks; als ordnungsmäßig wurde es in der Rechtsprechung etwa angesehen, wenn, bei Vorhandensein der erforderlichen wasserrechtlichen Genehmigung, in einem auf dem Grundstück gelegenen Teich Fischzucht betrieben wird und hierfür eine Verbindung mit einem Wasserentsorgungssystem benötigt wird.[318] Im Zusammenhang mit einer beabsichtigten **Bebauung** genügt es für die Ordnungsmäßigkeit der Grundstücksnutzung allerdings – im Gegensatz zu den landesrechtlichen Leitungsrechten – nicht, dass dieses abgesehen von der leitungsmäßigen Erschließung materiellrechtlich bebaubar ist, für die Leitungsführung aber auf ein Notleitungsrecht zurückgegriffen werden muss; im Einzelnen gelten hier die Ausführungen zur wegemäßigen Erschließung allein durch ein Notwegerecht entsprechend.[319] 88

cc) Bei Ausübung des Notleitungsrechts ist das Eigentum am belasteten Grundstück **analog § 1020 S. 1 BGB** tunlichst zu schonen.[320] Aus diesem Grund kann sich der Anspruch bei einem schon bestehenden Leitungsnetz auf dem Nachbargrundstück auch nur auf dessen **Mitbenutzung** beschränken,[321] bei dann drohender Überlastung auch auf dessen Erweiterung. Der Anspruch entfällt ganz, wenn bereits ein Anspruch auf Anschluss an eine andere fremde Leitung besteht, und sei es auch nur gegen Kostenbeteiligung.[322] Steht dem Berechtigten über dasselbe Grundstück auch ein Wegerecht zu, so wird regelmäßig nur eine Leitungstrasse im Bereich der Wegefläche in Betracht kommen. Der Eigentümer des belasteten Grundstücks kann gegebenenfalls **analog § 1023 I BGB** die 89

[310] *Bayer/Lindner/Grziwotz*, S. 138. S. dazu oben Rn. 5 ff.

[311] Nach OLG Köln, OLGR 2003, 41, 43 = VersR 2004, 1143, 1145 kommt ein Notleitungsrecht auch für die (wasserrechtlich zulässige) Einleitung in ein öffentliches Gewässer in Betracht.

[312] BGH, NJW 1964, 1321, 1322; OLG Köln, BeckRS 2011, 14500.

[313] Nicht in Betracht kommt ein Notleitungsrecht dagegen für die Gemeinde zur Führung eines zur öffentlichen Entwässerungseinrichtung gehörenden Kanals, vgl. BayVGH, BayVBl. 2007, 309; ferner BayVGH, BayVBl. 2011, 372, 373.

[314] *Dehner*, B § 27 V 2. Zu den diesbezüglichen landesrechtlichen Bestimmungen s. unten Rn. 92 ff.

[315] *Meisner/Ring/Götz*, § 25 Rn. 53.

[316] OLG Hamm, NJW-RR 1992, 723.

[317] OLG Hamm, NJW-RR 1992, 723.

[318] OLG München, OLGR 1994, 217.

[319] Dazu oben Rn. 20; zum Landesrecht BGH, NJW 1991, 176, 177 und unten Rn. 94.

[320] Vgl. BGH, NJW 1991, 176, 178 (zu § 7 e NRG BW).

[321] BGHZ 177, 165, 167 = NVwZ 2008, 1150.

[322] LG Freiburg, MDR 1981, 229.

Verlegung der Leitung an eine andere Stelle verlangen; die Kosten hierfür hat regelmäßig der Berechtigte zu tragen.[323]

90 Bei **mehreren** für die Verlegung der Notleitung in Betracht kommenden Grundstücken verschiedener Eigentümer ist derjenige Nachbar zur Duldung der Notleitung verpflichtet, der durch diese *am wenigsten beeinträchtigt* wird.[324]

91 **dd)** Schließlich ist auch für die Inanspruchnahme eines Notleitungsrechts eine (Notleitungs-)**Rente** zu zahlen. Ihre Höhe bemisst sich nach denselben Maßstäben wie die Notwegerente.[325] Verläuft eine Notleitung unter einem Notweg, so ist über die Notwegerente hinaus grundsätzlich keine Notleitungsrente mehr zu zahlen, da hierin keine zusätzliche Beeinträchtigung liegt.[326]

2. Landesrechtliche Leitungsrechte

a) Rechtsgrundlage

92 Verschiedene Länder haben auf der Grundlage des **Art. 124 S. 1 EGBGB** eigene landesrechtliche Vorschriften über Notleitungsrechte geschaffen. Da bundesrechtlich nur ein Notwegerecht, nicht aber ein Notleitungsrecht geregelt ist, ein solches sich nach zutreffender Auffassung vielmehr erst aus einer analogen Anwendung des § 917 BGB ergibt, bestehen gegen die Gültigkeit dieser landesrechtlichen Vorschriften keine Bedenken.[327] Der Landesgesetzgeber ist auch nicht gehindert, die Voraussetzungen des Leitungsrechts anders zu regeln und insbesondere geringere Anforderungen aufzustellen als § 917 BGB; im Gegenteil kommt der nur der Lückenfüllung dienende Rückgriff auf *§ 917 BGB analog* nur in Betracht, wenn und soweit landesrechtliche Regelungen fehlen.[328] Auch ein Rückgriff auf das *nachbarliche Gemeinschaftsverhältnis* kommt neben den landesrechtlichen Vorschriften nicht in Betracht.[329]

93 b) Übersicht über bestehendes Landesrecht

Land	**Landes-NRG**	**(1) Inhalt** **(2) Voraussetzungen** **(3) Umfang der Benutzung** **(4) Anzeigepflicht (Frist, Form, Adressat)** **(5) Nutzungsentschädigung**
BW[330]	§ 7 e	(1) Anschluss an Versorgungsleitung, Abwasserleitung oder Vorfluter (2) Anschluss anders nicht oder nur unter erheblichen besonderen Aufwendungen oder nur in technisch unvollkommener Weise möglich (3) unbebaute und zugleich baurechtlich unbebaubare Grundstücksteile; soweit zur Herstellung und Unterhaltung des Anschlusses notwendig (4) – (5) –

[323] Vgl. BGHZ 79, 307, 311 = NJW 1981, 1036 (zum Sonderfall des Leitungsrechts analog § 918 II BGB, in dem die Kosten vom belasteten Eigentümer zu tragen sind).

[324] OLG München, OLGR 1994, 217.

[325] OLG Hamm, NJW-RR 1992, 723, 724; *Bayer/Lindner/Grziwotz*, S. 138; zur Notwegerente s. oben Rn. 59 ff.

[326] OLG Dresden, 24. 4. 2002 – 11 W 149/02.

[327] BGHZ 177, 165, 168 = NVwZ 2008, 1150; BGH, NJW 1991, 176, 177; Palandt/*Bassenge*, § 917 Rn. 1; **a. A.** Staudinger/*Roth*, § 917 Rn. 7, NK/*Ring*, § 917 Rn. 64, die allerdings das Notleitungsrecht als von § 917 BGB direkt erfasst ansehen; ferner *Dehner*, B § 27 V 2 c; zweifelnd auch MünchKommBGB/*Säcker*, § 917 Rn. 36.

[328] BGHZ 177, 165, 168 = NVwZ 2008, 1150; BGH, NJW 1991, 176, 177; OLG Karlsruhe, OLGR 2008, 665, 666 (zu § 7 e NRG BW); LG Freiburg, MDR 1981, 228.

[329] OLG Karlsruhe, OLGR 2001, 189, 190; OLGR 2008, 665, 666 (je zu § 7 e NRG BW); OLG Koblenz, BauR 2003, 1881, 1882 (zu § 26 LNRG RhPf).

[330] Dazu *Bruns*, BWNotZ 2006, 160.

Land	Landes-NRG	(1) Inhalt (2) Voraussetzungen (3) Umfang der Benutzung (4) Anzeigepflicht (Frist, Form, Adressat) (5) Nutzungsentschädigung
Bbg	§§ 44 ff.	(1) Versorgungs- und Abwasserleitungen; Anschluss an Fernheizung (falls Anschlusszwang) (2) a) Anschluss anders nicht möglich und b) Beeinträchtigung des Verpflichteten nicht erheblich und c) Vorhaben bauplanungsrechtlich zulässig (3) gesamtes Grundstück; schonendste Variante (4) 2 Monate, schriftlich, an Eigentümer und in seinem Besitz berührten unmittelbaren Besitzer (§ 8) (5) Geldrente
Hessen	§§ 30 ff.	(1) Versorgungs- und Abwasserleitungen (2) a) Anschluss anders nicht zweckmäßig oder nur mit unverhältnismäßig hohen Kosten durchführbar und b) Beeinträchtigung des Verpflichteten nicht erheblich (3) gesamtes Grundstück; schonendste Variante (4) 2 Wochen, formlos, an Eigentümer und in seiner Rechtsstellung oder seinem Besitzstand berührten Nutzungsberechtigen (§§ 24 f.) Ausnahme: Abwehr einer gegenwärtigen erheblichen Gefahr (5) –
RhPf	§§ 26 ff.	(1) Wasserversorgungs- und Abwasserleitungen; Anschluss an Fernheizung (falls Anschlusszwang) (2) a) Anschluss anders nicht zweckmäßig oder nur mit unverhältnismäßig hohen Kosten durchführbar und b) Beeinträchtigung des Verpflichteten nicht erheblich (3) gesamtes Grundstück; schonendste Variante (4) 2 Wochen, formlos, an Eigentümer und Nutzungsberechtigten (§ 22) (5) Geldrente
Saarland	§§ 27 ff.	(1) Wasserversorgungs- und Abwasserleitungen; Anschluss an Fernheizung (falls Anschlusszwang) (2) a) Anschluss anders nicht zweckmäßig oder nur mit unverhältnismäßig hohen Kosten durchführbar und b) zu erwartender Nutzen übersteigt den Schaden erheblich (3) gesamtes Grundstück; schonendste Variante (4) 2 Wochen, formlos, an Eigentümer und Nutzungsberechtigten (§ 25) (5) Geldrente
Sachsen	§§ 19 ff.	(1) Wasserversorgungs- und Abwasserleitungen; Gas- und Elektrizitätsleitungen; Fernmeldelinien; Einrichtungen zur Versorgung mit Fernwärme (falls Anschlusszwang) (2) a) Anschluss anders nicht oder nur mit unverhältnismäßig hohen Kosten durchführbar und b) Beeinträchtigung für Verpflichteten zumutbar (3) gesamtes Grundstück (4) 2 Monate, schriftlich, an Eigentümer (§ 27) Ausnahmen: – kleinere, nicht belästigende Arbeiten; – Notstand (5) Entschädigung nach Billigkeit i. R. d. § 29
Thüringen	§§ 26 ff.	(1) Wasserversorgungs- und Abwasserleitungen; Anschluss an Fernheizung (falls Anschlusszwang) (2) a) Anschluss anders nicht zweckmäßig oder nur mit unverhältnismäßig hohen Kosten durchführbar und b) Beeinträchtigung des Verpflichteten nicht erheblich

Land	Landes-NRG	(1) Inhalt (2) Voraussetzungen (3) Umfang der Benutzung (4) Anzeigepflicht (Frist, Form, Adressat) (5) Nutzungsentschädigung
		(3) gesamtes Grundstück; schonendste Variante (4) 2 Wochen, formlos, an Eigentümer und Nutzungsberechtigten (§ 22) (5) Geldrente

c) Inhalt und Ausübung

94 Die landesrechtlichen Vorschriften gelten nicht nur für die Neuverlegung von Leitungen, sondern auch für die Duldung bereits vorhandener Leitungen.[331] Zu dulden sind nach ihnen nur die **notwendigen** Leitungen.[332] Dies setzt insbesondere voraus, dass die gegenwärtige oder beabsichtigte Grundstücksnutzung **zulässig** ist. Soweit diese in einer **Bebauung** besteht, reicht dafür bereits die *materiell-rechtliche Bebaubarkeit* des Grundstücks und damit ein Anspruch auf Erteilung einer Baugenehmigung, ohne dass diese schon erteilt zu sein braucht; das Leitungsrecht hängt hier auch nicht davon ab, dass die leitungsmäßige Erschließung des Grundstücks bereits vorher und in anderer Weise sichergestellt ist.[333] Im Übrigen kommen hier auch andere Nutzungen als eine Bebauung als Grundlage für ein Leitungsrecht in Betracht.[334]

95 Bei Ausübung des Leitungsrechts ist das Eigentum am belasteten Grundstück **tunlichst zu schonen** (§ 1020 S. 1 BGB analog).[335] Soweit mehrere Möglichkeiten der Leitungsführung bestehen, ist im Übrigen meist schon nach Landesrecht die für das belastete Grundstück schonendste zu wählen. Soweit landesrechtlich das gesamte Grundstück einschließlich bebauter Teile von der Duldungspflicht betroffen ist, wird die mit einer Leitungsführung unter einer vorhandenen Bebauung verbundene erhebliche Beeinträchtigung gleichwohl regelmäßig zu einem insoweitigen Ausschluss der Duldungspflicht führen.[336] Sofern bereits Leitungen vorhanden sind und deren Mitbenutzung ausreichend ist, beschränkt sich die Duldungspflicht regelmäßig auf die Duldung eines **Anschlusses an die vorhandenen Leitungen**.[337] Umgekehrt kann der Duldungspflichtige seinerseits an die zu duldende Leitung anschließen, soweit diese hierfür ausreichend ist. Der Rechtsgedanke des **§ 918 II BGB** findet auf die landesrechtlichen Leitungsrechte entsprechende Anwendung.[338]

96 Die Ausübung des Leitungsrechts ist in der Regel mit einer **Anzeigepflicht** verknüpft. Die Durchführung und **Kosten** der Verlegung und Unterhaltung fallen dem Berechtigten zur Last, bei gemeinsamer Nutzung der Leitung sind die Unterhaltungslasten angemessen zu teilen.[339] Für die Duldung ist meist eine **Geldrente** an den Verpflichteten zu entrichten.[340] Für entstandene Schäden ist *verschuldensunabhängig* **Schadensersatz** zu leis-

[331] OLG Koblenz, BauR 2003, 1881 f. (zu §§ 26 ff. LNRG RhPf).
[332] BGH, NJW 1991, 176, 177 (zu § 7 e NRG BW).
[333] BGH, a. a. O.
[334] Str., wie hier *Bruns*, NRG BW, § 7 e Rn. 14 (gärtnerische Nutzung); *Schäfer*, SächsNRG, § 19 Rn. 6; *ders.*, ThürNRG, § 26 Rn. 4 (Lager- und Verkaufsplätze); **a. A.** *Dehner*, B § 27 V 3 a aa; offen gelassen in BGH NJW 1991, 176, 177.
[335] BGH, NJW 1991, 176, 178 (zu § 7 e NRG BW).
[336] Vgl. *Dehner*, B § 27 V 3 h.
[337] OLG Koblenz, BauR 2003, 1881, 1882 (zu § 26 II LNRG RhPf – kein Wahlrecht des Berechtigten); zur abweichenden Rechtslage nach § 7 e I 3 NRG BW vgl. OLG Karlsruhe, OLGR 2001, 189, 190 und ihm folgend BGH, NJW 2011, 2128 (**a. A.** allerdings BGH, NJW 1991, 176); in Sachsen fehlt eine entsprechende Regelung ganz; vgl. ferner OLG Karlsruhe, NJW-RR 1986, 1342 (durch technische Störungen bei dem Betrieb der gemeinsamen Leitung wird das Mitbenutzungsrecht nicht aufgehoben).
[338] BGH, NJW 1991, 176, 178 (zu § 7 e NRG BW); ferner OLG Koblenz, BauR 2003, 1881, 1882 (zu § 26 LNRG RhPf).
[339] *Horst*, Rn. 1425.
[340] Zu deren steuerlicher Behandlung vgl. BFH, NZM 2004, 628, 629.

ten. Schließlich kann der Duldungspflichtige je nach einschlägigem Landesrecht bei *nachträglicher erheblicher Beeinträchtigung* meist die **Beseitigung der Leitungen** verlangen, sofern der Berechtigte die Beeinträchtigung nicht auf ein nicht mehr erhebliches Maß herabmildert; die Kosten hierfür trägt der Berechtigte, bei bisher gemeinsamer Leitungsnutzung beide anteilig.[341]

In einigen Ländern besteht auch noch ein thematisch dem Hammerschlags- und Leiterrecht zuzuordnendes **Betretungsrecht** am Nachbargrundstück im Zusammenhang mit der Verlegung, Änderung, Unterhaltung oder Beseitigung von Leitungen auf dem eigenen Grundstück.[342] 97

3. Öffentliches Wasserrecht

Schließlich bestehen – unabhängig vom privatrechtlichen Notleitungsrecht analog § 917 BGB[343] wie auch von den landesnachbarrechtlichen Leitungsrechten – im Wasserrecht seit 1. 3. 2010 bundeseinheitlich geregelte **öffentlich-rechtliche Duldungspflichten** für die **Durchleitung von Wasser und Abwasser** durch fremde Grundstücke und für die **Mitbenutzung von Anlagen** nach Maßgabe der §§ 93, 94 WHG.[344] Diese müssen allerdings zuvor von der zuständigen Behörde angeordnet werden. Bei der hierbei zu treffenden Ermessensentscheidung hat diese sich von wasserwirtschaftlichen Gesichtspunkten leiten zu lassen, nicht von privaten Interessen Dritter; Letztere haben daher auch keinen Anspruch auf eine entsprechende Anordnung.[345] 98

4. Sonderfälle von Leitungsrechten

Neben den landesnachbarrechtlichen Notleitungsrechten und dem Notleitungsrecht analog § 917 BGB sowie außerhalb des öffentlichen Wasserrechts gibt es noch verschiedene speziell geregelte Leitungsrechte. Werden auf ihrer Grundlage Versorgungsleistungen bezogen, so begründet dies allerdings noch keinen Besitz des Anschluss- bzw. Teilnehmers an den Leitungen des Verteilungsnetzes, dieser liegt vielmehr beim Versorgungsträger.[346] 99

a) Telekommunikation

aa) Rechtsgrundlagen. Spezielle Leitungsrechte für Zwecke der Telekommunikation finden sich im Telekommunikationsgesetz (TKG),[347] das die Vorschriften des früheren Telegraphenwegegesetzes (TWG) abgelöst hat. Nach **§ 68 I 1 TKG**[348] hat der Bund, der dieses Recht auf Antrag an die Betreiber oder Eigentümer öffentlicher Telekommunikationsnetze überträgt (§ 69 I TKG), eine unentgeltliche Nutzungsberechtigung an öffentlichen Wegen für die öffentlichen Zwecken dienenden Telekommunikationslinien, soweit nicht dadurch der Widmungszweck der Verkehrswege dauernd beschränkt wird; Näheres regeln die §§ 68–75 TKG.[349] Die Inanspruchnahme öffentlicher Verkehrswege nach § 68 TKG ist nicht vorrangig gegenüber der Inanspruchnahme privater Grundstücke nach § 76 TKG.[350] Wird der Verkehrsweg eingezogen, so erlischt nach § 72 II TKG die Nutzungsberechtigung und der Grundstückseigentümer kann nach § 1004 BGB die Beseitigung der Telekommunikationslinie verlangen.[351] 100

---

341 *Horst*, Rn. 1427.
342 § 30 LNRG RhPf; § 31 SaarlNachbRG; § 21 SächsNRG; § 30 ThürNRG.
343 Vgl. BGHZ 177, 165, 174 = NVwZ 2008, 1150.
344 Diese stellen eine zulässige Inhaltsbestimmung i. S. v. Art. 14 I 2 GG dar, vgl. BGHZ 177, 165, 173 = NVwZ 2008, 1150; BVerwG, NVwZ 2007, 707 (je zu den früheren landesrechtlichen Vorschriften).
345 *Dehner*, B § 27 V 2.
346 BGH, MDR 2012, 276 f.
347 Telekommunikationsgesetz v. 22. 6. 2004 (BGBl. I S. 1190).
348 § 68 TKG ist verfassungsgemäß, s. BVerfG, NVwZ 1999, 520.
349 Zum Umfang des Nutzungsrechts s. BVerwG, NVwZ 2001, 1170; allgemein zu §§ 68 ff. TKG s. ferner *Rathgeb*, NVwZ 2012, 270 ff.
350 LG Bonn, MMR 2008, 489; BeckTKG-Komm/*Schütz*, § 76 Rn. 6.
351 BGHZ 125, 56, 63 = NJW 1994, 999.

101 Darüber hinaus muss nach **§ 76 I TKG**[352] der Eigentümer eines Grundstücks, das nicht Verkehrsweg ist,[353] die Errichtung, den Betrieb und die Erneuerung von *ober- und unterirdischen* Telekommunikationslinien auf seinem Grundstück sowie den Anschluss der auf dem Grundstück befindlichen Gebäude an öffentliche Telekommunikationsnetze der nächsten Generation insoweit dulden, als entweder (Nr. 1) auf seinem Grundstück einschließlich der Gebäudeanschlüsse eine anderweitig rechtlich gesicherte Leitung oder Anlage bereits vorhanden ist, die nunmehr auch für eine Telekommunikationslinie genutzt werden soll, sofern hierdurch die Nutzbarkeit seines Grundstücks nicht dauerhaft zusätzlich eingeschränkt wird, oder (Nr. 2) sein Grundstück einschließlich der Gebäude durch die Benutzung nicht unzumutbar beeinträchtigt wird.

102 **bb) Rechtsinhalt.** § 76 I TKG verleiht die – grundsätzlich restriktiv auszulegende –[354] *unmittelbare Befugnis*, ein Grundstück auch gegen den Widerspruch des Eigentümers **eigenmächtig zu nutzen**, ohne dass es eines gerichtlichen Duldungstitels bedürfte;[355] in einer solchen Nutzung liegt daher auch *keine verbotene Eigenmacht*.[356] Dieses eigenständige Besitzrecht des Versorgungsträgers entsteht gegenüber jedem Rechtsnachfolger des Eigentümers neu.[357] Gestattet ist allerdings nur die Nutzung für öffentliche Telekommunikationslinien, so dass der einzelne Kundenanschluss nicht erfasst ist;[358] bei öffentlichen TK-Netzen der nächsten Generation ist nunmehr allerdings auch ein sog. „Hausstich" erlaubt. **Anlage** i. S. d. § 76 I Nr. 1 TKG ist weit zu verstehen, so dass hiervon neben den verlegten Rohren und Zubehöreinrichtungen der gesamte von einer Dienstbarkeit für die unterirdische Verlegung von Versorgungsleitungen und Zubehör geschützte Bereich (sog. Schutzstreifen) umfasst ist.[359] Die Duldungspflicht umfasst daher nicht nur das Hinzufügen neuer Kabel in einem vorhandenen Leerrohr, sondern auch die Verlegung neuer Leerrohre zur Aufnahme von Kabeln in vorhandenen Energieversorgungstrassen.[360] Dabei wird die Nutzbarkeit des betroffenen Grundstücks solange nicht **dauerhaft zusätzlich eingeschränkt**, als die telekommunikative Nutzung von der Art der Nutzung nicht über den durch das bestehende Nutzungsrecht vorgegebenen Rahmen hinausgeht.[361] Der Begriff der **unzumutbaren Beeinträchtigung** in § 76 I Nr. 2 TKG entspricht dem in § 906 II 2 BGB;[362] hiervon gedeckt ist daher grundsätzlich die Führung einer Leitung im Luftraum über einem Grundstück, nicht hingegen die Errichtung von gewichtigeren und dauerhaften oberirdischen Anlagen wie eines Fernmeldemastes oder eines Kabelverzweigerkastens.[363]

103 **cc) Entschädigung.** Die Nutzung ist grundsätzlich entschädigungslos hinzunehmen. Allerdings kann der Grundstückseigentümer[364] von dem Betreiber der Telekommunikationslinie oder dem Eigentümer des Leitungsnetzes unter den Voraussetzungen des § 76 II 1 TKG, namentlich wenn die Benutzung oder der Ertrag seines Grundstücks über das *zumutbare Maß* hinaus beeinträchtigt wird, einen **angemessenen Ausgleich in Geld** verlangen. Er kann allerdings seine Duldungspflicht nicht im Wege eines Zurückbehal-

352 Die Duldungspflicht nach § 76 I TKG stellt eine zulässige Inhaltsbestimmung des Eigentums dar und ist verfassungsrechtlich nicht zu beanstanden, s. BVerfG, NJW 2003, 196, 197 (zu § 76 I Nr. 1 TKG a. F.); BVerfG, NJW 2000, 798, 800 (zu § 76 I Nr. 2 TKG a. F.).

353 Unter § 76 TKG fallen daher auch Bahngrundstücke, vgl. BGHZ 159, 168, 170 = NJW-RR 2004, 1314.

354 Scheurle/Mayen/*Reichert*, TKG, § 76 Rn. 5 f.

355 BeckTKG-Komm/*Schütz*, § 76 Rn. 38 m. w. N.; Scheurle/Mayen/*Reichert*, TKG, § 76 Rn. 17 m. w. N.

356 BGHZ 145, 16, 20 = NJW 2000, 3206.

357 BGH, MDR 2012, 276, 277.

358 BGH, NJW-RR 2004, 231, 232.

359 BGHZ 149, 213, 216 = NJW 2002, 678. Diese weite Auslegung des Anlagenbegriffes ist verfassungskonform, s. BVerfG, NJW 2003, 196, 197.

360 OLG Düsseldorf, NJW 1999, 956; OLG München, OLGR 2000, 128.

361 BGHZ 149, 213, 221 = NJW 2002, 678.

362 Vgl. BGHZ 159, 168, 174 = NJW-RR 2004, 1314 (zu § 76 II 1 TKG). Zu § 906 II 2 BGB s. oben Teil 3 Rn. 96 f.

363 Vgl. BVerfG, NJW 2000, 798, 800.

364 Ebenso der Besitzer, vgl. BGH, NJW-RR 2002, 1576.

tungsrechts von der Zahlung des Ausgleichsbetrages abhängig machen.[365] Für die Frage, ob eine unzumutbare Beeinträchtigung vorliegt, kann auf die zu § 906 II 2 BGB entwickelten Grundsätze zurückgegriffen werden; die Beeinträchtigung muss daher einen solchen Umfang erreichen, dass der Betreiber der Telekommunikationslinie nach den marktüblichen Bedingungen nicht mehr damit rechnen kann, der Grundstückseigentümer werde sie ersatzlos hinnehmen.[366]

Darüber hinaus steht dem betroffenen Grundstückseigentümer bei einer *erweiterten Nutzung* zu Zwecken der Telekommunikation nach § 76 II 2 TKG ein **einmaliger Ausgleich in Geld** zu, sofern bisher keine zu Telekommunikationszwecken nutzbaren Leitungswege vorhanden waren.[367] Letzteres ist auch dann der Fall, wenn zwar keine Telekommunikationslinie gänzlich neu errichtet wird, sondern lediglich eine bisher nur betriebsintern genutzte Telekommunikationslinie für die Erbringung öffentlicher Telekommunikationsleistungen aufgerüstet wird.[368] Schließlich umfasst die Vorschrift auch die Fälle einer erstmaligen Benutzung des betroffenen Grundstücks nach § 76 I Nr. 2 TKG.[369] Die *Höhe* des Ausgleichs bestimmt sich nach dem Marktpreis für die Einräumung von Nutzungsrechten zu Telekommunikationszwecken;[370] nur wenn sich ein solcher Marktpreis noch nicht gebildet hat und die Marktverhältnisse auch eine Schätzung nicht erlauben, kann auf die üblichen Entgelte für Versorgungsleitungen zurückgegriffen werden.[371] 104

Ansprüche nach § 76 II 1 TKG und § 76 II 2 TKG bestehen selbständig nebeneinander.[372] Der Netzbetreiber kann die Haftung nach diesen Vorschriften im Innenverhältnis nicht durch AGB auf den Betreiber der Telekommunikationslinie abwälzen.[373] Die **Verjährung** von Ansprüchen nach § 76 II TKG richtet sich nach den Regelungen über die regelmäßige Verjährung nach dem BGB (§ 77 TKG i.V. m. §§ 195, 199 BGB). 105

b) Allgemeine Versorgungsbedingungen

aa) Rechtsgrundlagen.[374] Auf der Grundlage von §§ 18 III, 39 II EnWG[375] bzw. Art. 243 EGBGB[376] bestehen Anschlussverordnungen bzw. Allgemeine Versorgungsbedingungen[377] für die Elektrizitäts- und Gasversorgung[378] sowie für die Wasser- und Fernwärmeversorgung;[379] Allgemeine Entsorgungsbedingungen für die Abwasserentsorgung wurden bisher nicht erlassen. 106

bb) Rechtsinhalt. Sie geben im Interesse einer möglichst kostengünstigen und leistungsfähigen Energieversorgung[380] sämtlich ein **Recht zur Benutzung von Grund-** 107

---

[365] Hierzu und ausführlich zur Ausgleichspflicht BGHZ 145, 16, 29 ff. = NJW 2000, 3206.

[366] BGHZ 159, 168, 174 f. = NJW-RR 2004, 1314. Zu § 906 II 2 BGB s. oben Teil 3 Rn. 96 f.

[367] Anspruchsgegner sind hier dieselben wie in § 76 II 1 TKG (Rn. 103), vgl. BGH, NJW-RR 2005, 1683, 1684.

[368] BGHZ 145, 16, 32 = NJW 2000, 3206; BGH, NJW-RR 2010, 200, 201.

[369] BGHZ 159, 168, 177 = NJW-RR 2004, 1314.

[370] BGHZ 145, 16, 34 f. = NJW 2000, 3206; s. ferner BVerfG, NJW-RR 2005, 741, 743 (freier Grundstücksmarkt maßgeblich).

[371] BGH, NJW-RR 2006, 384, 385. Dies ist verfassungskonform, s. BVerfG, 30. 10. 2007 – 1 BvR 522/06.

[372] BGHZ 159, 168, 178 = NJW-RR 2004, 1314.

[373] BGH, NJW-RR 2010, 200, 201 f.

[374] Zu den Ende 2010 ausgelaufenen Übergangsvorschriften für die Neuen Länder s. 1. Auflage, Teil 4 Rn. 112.

[375] Energiewirtschaftsgesetz v. 7. 7. 2005 (BGBl. I S. 1970).

[376] §§ 18, 39 EnWG und Art. 243 EGBGB haben die früheren Ermächtigungsgrundlagen in § 7 EnWG 1935, § 11 EnWG 1998 und § 27 AGBG abgelöst. Die Vorschriften genügen den verfassungsrechtlichen Anforderungen aus Art. 80 I 2 GG, vgl. BVerfG, NZM 2001, 750; ferner BGHZ 100, 1, 4 = NJW 1987, 1622.

[377] Diese halten sich im Rahmen ihrer Ermächtigungsgrundlage und sind, auch im Hinblick auf das Selbstverwaltungsrecht der Gemeinden, grundsätzlich wirksam (vgl. BVerfG, NVwZ 1982, 306; NZM 2001, 750 f.). Es handelt sich um eine nach Art. 14 I 2, II GG zulässige Bestimmung der Schranken des Eigentums (vgl. BGH, NJW 2010, 2802, 2803).

[378] NAV v. 1. 11. 2006 (BGBl. I S. 2477); NDAV v. 1. 11. 2006 (BGBl. I S. 2485). Diese haben zum 8. 11. 2006 die AVBEltV v. 21. 6. 1979 (BGBl. I S. 684) und die AVBGasV v. 21. 6. 1979 (BGBl. I S. 676) abgelöst.

[379] AVBWasserV v. 20. 6. 1980 (BGBl. I S. 750 u. 1067); AVBFernwärmeV v. 20. 6. 1980 (BGBl. I S. 676).

[380] BGH, NJW 2010, 2802, 2803 (zu § 8 AVBEltV); MDR 2012, 276, 277.

stücken zur Versorgung dieses sowie weiterer Grundstücke im jeweiligen Versorgungsgebiet und schließen damit Abwehransprüche des betroffenen Eigentümers nach § 1004 BGB aus.[381] Dieses Besitzrecht entsteht gegenüber jedem Rechtsnachfolger des Eigentümers neu.[382] Es steht allerdings nur den **Versorgungsunternehmen** zu. Den **Eigentümern der zu versorgenden Grundstücke** erwächst hieraus kein eigenes Benutzungsrecht an Nachbargrundstücken,[383] auch nicht über § 328 BGB;[384] insoweit kann ein unmittelbarer Anspruch allenfalls aus den Vorschriften des Landesnachbarrechts über die Duldung von Leitungen über Nachbargrundstücke, bei Fehlen von entsprechendem Landesrecht analog § 917 BGB, in Betracht kommen.[385] Für den betroffenen Grundstückseigentümer besteht allein eine **passive Duldungspflicht**, nicht dagegen eine aktive Mitwirkungspflicht.[386] Verweigert der Eigentümer die Benutzung seines Grundstücks, so muss das Versorgungsunternehmen zunächst auf *Duldung klagen.*

108 Nach § 12 I NAV / NDAV sowie § 8 I AVBWasserV / AVBFernwärmeV[387] haben Anschlussnehmer,[388] die Grundstückseigentümer sind, für Zwecke der örtlichen Versorgung das Anbringen und Verlegen von Leitungen einschließlich Zubehör über ihre im **gleichen Versorgungsgebiet**[389] liegenden Grundstücke[390] sowie erforderliche Schutzmaßnahmen *unentgeltlich* zuzulassen, sofern diese Grundstücke **selbst an die Versorgung angeschlossen** sind, sie in **wirtschaftlichem Zusammenhang** mit einem angeschlossenen Grundstück genutzt werden oder für sie die **Möglichkeit der Versorgung** jedenfalls sonst **wirtschaftlich vorteilhaft** ist.[391] Ein wirtschaftlicher Zusammenhang besteht, ohne dass es zusätzlich noch auf einen räumlichen Zusammenhang ankäme,[392] wenn die Versorgung des angeschlossenen Grundstücks von spezifischer Relevanz auch für das nicht angeschlossene ist;[393] so etwa bei wirtschaftlich einheitlich genutzten Grundstücken wie einem Betriebsgelände oder landwirtschaftlichen Betrieb. Eine Versorgungsmöglichkeit besteht bei einer jederzeitigen tatsächlichen Anschlussmöglichkeit, wie bei Baulücken; sie muss aber nach der konkreten Zweckbestimmung des Grundstücks wirtschaftlich vorteilhaft sein, nicht nur rein abstrakt.[394] Die konkrete **Trassenführung** und damit auch die Auswahl des im Einzelfall Duldungspflichtigen steht grundsätzlich im **pflichtgemäßen**

---

[381] BGH, NJW 2010, 2802 (zu § 8 AVBEltV). Liegen dagegen die Voraussetzungen für eine Duldungspflicht nicht vor, so ergibt sich eine solche auch nicht aus einer unzumutbaren Höhe der Beseitigungskosten unzulässigerweise verlegter Leitungen, LG Köln, RdE 2008, 259, 260 (zu § 12 NAV).

[382] BGH, MDR 2012, 276, 277.

[383] Vgl. BGH, MDR 2012, 276, 277; 2012, 459.

[384] Vgl. OLG Düsseldorf, AgrarR 1984, 20 (zu § 8 AVBWasserV).

[385] Dazu oben Rn. 84 ff.

[386] Schneider/Theobald/*Hermes*, EnWR, § 10 Rn. 19.

[387] Auch diese sind verfassungsgemäß, vgl. BVerfG, NZM 2001, 750 (zu § 8 AVBGasV).

[388] *Nichtabnehmern* gegenüber kommt dagegen, sofern keine Gestattung erteilt wird, nur ein Notleitungsrecht analog § 917 BGB oder eine Enteignung nach § 45 EnWG in Betracht, vgl. NK/*Ring*, § 917 Rn. 72. Für die *Gemeinden* besteht nach § 46 EnWG eine Verpflichtung zum Abschluss von Wegenutzungsverträgen für ihre öffentlichen Verkehrswege.

[389] Dieses wird durch die räumliche Ausdehnung des Netzes eines Netzbetreibers definiert, vgl. Schneider/Theobald/*Hermes*, EnWR, § 10 Rn. 11 m. w. N. Eine flächenmäßige Abgeschlossenheit ist dabei nicht erforderlich, s. OLG Düsseldorf, RdE 2004, 271, 272.

[390] Gemeint ist damit nicht das Katastergrundstück, sondern die Grundfläche, die eine wirtschaftliche Einheit bildet, vgl. OLG Hamm, RdE 1997, 152, 153. Die Duldungspflicht umfasst, außer bei der AVBFernwärmeV, nicht eine Leitungsverlegung innerhalb von Gebäuden, vgl. OLG Rostock, NJW-RR 2012, 595.

[391] Die Gerichte haben die in den VOen zum Ausdruck kommende abgewogene Berücksichtigung aller widerstreitenden Interessen bei der Auslegung der geregelten Eigentumsbeschränkungen zu respektieren; mit Art. 14 GG unvereinbar ist es danach, eine generelle Duldungspflicht sämtlicher Wohnungseigentümer anzunehmen, wenn nur eine Minderheit von ihnen die Vorteile der Versorgung (hier mit Gas) für sich selbst in Anspruch nimmt, BVerfG, NZM 2001, 750, 751.

[392] A. A. LG Köln, RdE 2008, 259 (grds. nur bei unmittelbarer Nachbarschaft).

[393] Danner/Theobald/*Hartmann*, EnergieR, B IV, § 12 NAV, Rn. 14; Schneider/Theobald/*Hermes*, EnWR, § 10 Rn. 11.

[394] LG Hamburg, RdE 2008, 102, 103; LG Köln, RdE 2008, 259, 260 (je zu § 12 NAV); Schneider/Theobald/*Hermes*, EnWR, § 10 Rn. 12.

Ermessen des Versorgungsunternehmens.[395] Dem betroffenen Grundeigentümer ist es daher grundsätzlich verwehrt, dieses auf die Inanspruchnahme eines anderen Duldungspflichtigen zu verweisen; das Versorgungsunternehmen ist auch nicht verpflichtet, öffentliche Grundstücke vorrangig vor privaten in Anspruch zu nehmen, selbst wenn erstere eine gleichwertige Lösung bieten.[396] Einen klassischen Fall der Duldungspflicht stellt der Anschluss eines Hinterliegers über ein Vorderliegergrundstück dar.[397]

cc) Grenzen der Duldungspflicht. Die Pflicht zur Duldung entfällt erst, wenn die Inanspruchnahme den Eigentümer **mehr als notwendig** oder in **unzumutbarer** Weise belasten würde.[398] Hierzu ist eine sorgfältige Abwägung der beiderseitigen Interessen nach den Gegebenheiten des Einzelfalls erforderlich.[399] Von Unzumutbarkeit kann dabei nicht ausgegangen werden, solange die *bisherige Nutzungsart* des Grundstücks nicht beeinträchtigt wird, wobei fernliegende, nur theoretische Nutzungsmöglichkeiten außer Betracht bleiben;[400] auch eine *Verkehrswertminderung* des betroffenen Grundstücks ist nur relevant, wenn sie erheblich ist.[401] Ebenso wenig reichen vorübergehende Beeinträchtigungen im Zusammenhang mit der Errichtung und Wartung der Leitungen.[402] Von Unzumutbarkeit ist allerdings grundsätzlich auszugehen, wenn die Leitungsführung auch über ein Grundstück des Anschlussnehmers selbst möglich ist (s. § 12 I 3, Hs. 2 NAV / NDAV)[403] oder wenn dem Anschlussnehmer auf einem dritten Grundstück eine Grunddienstbarkeit zur Leitungsverlegung zusteht.[404] Die Darlegungs- und *Beweislast* für diejenigen Umstände, aus denen sich die Unzumutbarkeit im Einzelfall ergeben soll, trägt der verpflichtete Grundstückseigentümer.[405] 109

Ist für den Grundstückseigentümer die bisherige Trassenführung nicht mehr zumutbar, so hat er einen **Anspruch auf Verlegung** (§ 12 III NAV/NDAV, § 8 III AVBWasserV/AVBFernwärmeV).[406] Die Unzumutbarkeit muss sich hiernach aufgrund *nachträglich* eingetretener Umstände ergeben, wofür den Grundstückseigentümer die Darlegungs- und Beweislast trifft.[407] Dies kann etwa der Fall sein, wenn das Grundstück im Bereich der Trassenführung bebaut werden soll. Verlangt werden kann dann allerdings grundsätzlich nur eine Verlegung *innerhalb* desselben Grundstücks, nicht dagegen auf ein Nachbargrundstück.[408] Der Anspruch besteht nur gegen das Versorgungsunternehmen, nicht gegen den angeschlossenen Nachbarn.[409] § 12 III bzw. § 8 III der VOen sind auf den Fall, dass eine Versorgungseinrichtung nicht auf dem Grundstück des die Verlegung Begehrenden steht, sondern auf dem angrenzenden Grundstück des Versorgers, nicht entsprechend anwendbar.[410] 110

Wird der **Bezug von Leistungen eingestellt**, so sind bei der Strom- und Gasversorgung die Einrichtungen noch drei Jahre zu dulden, sofern dies nicht ausnahmsweise un- 111

---

395 BGH, NJW 2010, 2802, 2803 (zu § 8 AVBEltV).
396 BGH, NJW 2010, 2802, 2804 (zu § 8 AVBEltV).
397 OLG Hamm, NJW-RR 1992, 346, 347 (zu § 8 AVBWasserV).
398 Dann kommt nur eine Enteignung nach § 45 EnWG in Betracht.
399 Danner/Theobald/*Hartmann*, EnergieR, B IV, § 12 NAV, Rn. 16.
400 BGH, NJW 2010, 2802, 2804 (fehlende konkrete Bauabsicht).
401 BGH, MDR 1991, 637, 638 (zu § 8 AVBWasserV).
402 BGHZ 66, 62, 67 = NJW 1976, 143.
403 Deshalb kommen kostengünstige „Kettenanschlüsse" von einem Grundstück zum nächsten anstelle von Stichleitungen direkt zu den einzelnen Grundstücken grundsätzlich nicht in Frage, vgl. Danner/Theobald/*Hartmann*, EnergieR, B IV, § 12 NAV, Rn. 18.
404 BGH, NJW-RR 1993, 141, 142; s. ferner BGH, MDR 2012, 459, 460.
405 OLG Hamm, NJW-RR 1992, 346, 347 (zu § 8 AVBWasserV); OLGR 1995, 170, 171 (zu § 8 AVBEltV); OLG Düsseldorf, OLGR 2004, 254, 256 (zu § 8 AVBEltV); vgl. auch BGHZ 66, 62, 67 = NJW 1976, 143.
406 Dazu BGHZ 138, 281, 284 ff. = WM 1998, 1356.
407 OLG Düsseldorf, OLGR 2004, 254, 258 (zu § 8 AVBEltV).
408 OLG Düsseldorf, OLGR 2004, 254, 258 (zu § 8 AVBEltV).
409 OLG Karlsruhe, OLGR 1998, 109, 110 (zu § 8 AVBWasserV).
410 BayObLGZ 1989, 97, 103 f. (zu § 8 III AVBEltV).

zumutbar ist (§ 12 IV NAV/NDAV). Bei der Wasser- und Fernwärmeversorgung ist die Entfernung der Einrichtungen zu gestatten oder aber auf Verlangen des Unternehmens ihr Verbleib noch fünf Jahre zu dulden, sofern dies nicht ausnahmsweise unzumutbar ist (§ 8 IV AVBWasserV / AVBFernwärmeV). Nach Ablauf dieses Zeitraums von drei bzw. fünf Jahren hat der Grundeigentümer einen Beseitigungsanspruch aus § 1004 BGB;[411] diesem steht dann auch der Grundsatz von Treu und Glauben (§ 242 BGB) nicht entgegen, sofern es sich nicht um einen besonders krassen Fall handelt, etwa wenn zwischen dem Fristablauf und einem erneuten Leistungsbezug nur eine geringfügige Zeitspanne liegt.[412] Nach Fristablauf kann sich eine fortdauernde Duldungspflicht damit nur noch nach den allgemeinen Vorschriften ergeben.[413]

112 **dd) Hochspannungsleitungen, Fernleitungen.** Hochspannungsleitungen und Fernleitungen unterfallen ebenso wie Gasleitungen in Hochdruck *nicht* der *unentgeltlichen Duldungspflicht*.[414] Bei einer Bündelung von Leitungen mit **Mittelspannung** findet dagegen die *NAV* Anwendung.[415]

c) Kommunales Satzungsrecht

113 Verwandte Vorschriften finden sich auch in kommunalen Satzungen zum Anschluss- und Benutzungszwang für Wasserversorgung, Abwasserbeseitigung oder Fernwärmeversorgung, die auch Regelungen über die **Duldung örtlicher Leitungen** treffen.[416] Es können hierdurch jedoch keine weitergehenden Duldungspflichten begründet werden, als nach dem jeweils einschlägigen § 8 AVB (vgl. § 35 AVBWasserV/AVBFernwärmeV).[417]

d) Bauplanungsrecht

114 Regelungen über Leitungen kann die Gemeinde schließlich auch im Rahmen eines Bebauungsplans treffen. Namentlich kann dort aus städtebaulichen Gründen die Führung von oberirdischen oder unterirdischen Versorgungsanlagen und -leitungen festgesetzt werden (**§ 9 I Nr. 13 BauGB**); eine Pflicht zur Duldung von Leitungen über ein fremdes Grundstück folgt hieraus jedoch nicht. Dies bedarf einer entsprechenden Vereinbarung mit dem betroffenen Eigentümer oder einer Festsetzung nach **§ 9 I Nr. 21 BauGB**;[418] nach dieser Vorschrift können aus städtebaulichen Gründen die mit Geh-, Fahr- und Leitungsrechten zugunsten der Allgemeinheit, eines Erschließungsträgers oder eines beschränkten Personenkreises zu belastenden Flächen festgesetzt werden. Dann kann die Bestellung von Dienstbarkeiten verlangt werden (vgl. § 41 I BauGB); die Festsetzung als solche führt allerdings noch zu keiner dinglichen Belastung, notfalls muss enteignet werden.[419] Die betroffenen Grundstückseigentümer sind hier im Rahmen des *§ 42 BauGB zu entschädigen*. Weitere Duldungspflichten können sich schließlich im Zusammenhang mit Erschließungsanlagen aus **§ 126 BauGB** ergeben.

---

[411] BGH, NJW-RR 2003, 953, 954.

[412] BGH, NJW-RR 2006, 917, 918 f. (zu § 8 AVBEltV).

[413] LG Münster, RdE 2008, 295 (zu § 8 AVBWasserV).

[414] Schneider/Theobald/*Hermes*, EnWR, § 10 Rn. 13.

[415] BGH, MDR 1991, 637 (zur AVBEltV), weil hier nicht die Spannungsgröße einer Hochspannungsleitung erreicht wird.

[416] In Bayern wurde mit Art. 24 II 3 BayGO insoweit eine ausdrückliche Ermächtigungsgrundlage für den Satzungsgeber geschaffen, die leitungsbezogene Duldungspflichten zugunsten von Gemeinden abschließend regelt und daher insoweit einen Rückgriff auf privatrechtliche Anspruchsgrundlagen ausschließt, vgl. BayVGH, BayVBl. 2011, 372, 373. Die Regelung ist nach Art. 14 I 2 GG zulässig, vgl. BayVGH, BayVBl. 2008, 502, 503. Eine Duldungspflicht für den Nachbarn ist hiernach allerdings erst dann erforderlich, wenn eine andere Trassenführung vernünftigerweise nicht in Erwägung zu ziehen ist, weil die Mehraufwendungen hierfür wirtschaftlich nicht mehr vertretbar sind; vgl. BayVGH, VwRR BY 1998, 5 f.; BayVBl. 2002, 20, 21.

[417] Lediglich verwaltungsverfahrens- und kommunalabgabenrechtliche Vorschriften sind nach § 35 I AVBWasserV /AVBFernwärmeV von der Anpassungspflicht an die AVB ausgenommen, vgl. BGH, NJW-RR 2006, 133, 134.

[418] OVG Koblenz, NVwZ 1986, 57; OVG Münster, NVwZ-RR 1997, 598.

[419] BVerwG, BauR 1999, 151 f.; BayVGH, BayVBl. 2007, 307.

B. Besondere Betretungsrechte, Hammerschlags- und Leiterrecht, Anwenderecht u. ä.

Außer der Notwendigkeit der Inanspruchnahme eines Nachbargrundstücks für einen Notweg oder eine Notleitung kann sich ein **Bedürfnis zum Betreten oder Benutzen** des Nachbargrundstücks auch zu speziellen Zwecken im Einzelfall ergeben. Rechtsprechung und Lehre haben deshalb aus den Grundsätzen des nachbarlichen Gemeinschaftsverhältnisses die Verpflichtung des Grundstückseigentümers entwickelt, unter bestimmten Voraussetzungen das Betreten und Benutzen seines Grundstücks durch den Nachbarn zu dulden.[420] 115

I. Landesrechtliche Betretungs- und Benutzungsrechte

Zwischenzeitlich haben jedoch fast alle Länder für diese Fälle auf der Grundlage des **Art. 124 S. 1 EGBGB** in ihren Nachbarrechtsgesetzen ausdrückliche gesetzliche Regelungen erlassen. Wenn und soweit solche bestehen, gehen sie in ihrem Regelungsbereich den allgemeinen Grundsätzen vor.[421] Nur soweit spezielle landesrechtliche Regelungen fehlen, kann daher zur Begründung eines Betretungs- oder Benutzungsrechts auf die allgemeinen Grundsätze des **nachbarlichen Gemeinschaftsverhältnisses** zurückgegriffen werden.[422] Daneben kann sich auch bei Bestehen landesrechtlicher Regelungen im Falle eines Notstandes nach **§ 904 BGB** ein Betretungs- oder Benutzungsrecht auch gegen den Willen des Grundstückseigentümers ergeben. 116

1. Hammerschlags- und Leiterrecht

a) Allgemeines

Am bedeutendsten sind die landesrechtlichen Regelungen zum Hammerschlags- und Leiterrecht. Hierunter versteht man das Recht des Grundstückseigentümers, das Nachbargrundstück in bestimmtem Umfang zu **betreten** und zu **benutzen**, um von dort aus Bau-, Instandsetzungs- und Unterhaltungsarbeiten hinsichtlich baulicher Anlagen auf seinem eigenen Grundstück vorzunehmen, die sonst nicht oder nur mit unverhältnismäßigem Aufwand durchgeführt werden könnten und die andererseits den Nachbarn nur vorübergehend und geringfügig beeinträchtigen.[423] 117

In diesem Zusammenhang meint **Hammerschlagsrecht** das Recht, das Nachbargrundstück zu betreten, **Leiterrecht** das Recht, dort auch Leitern und Gerüste aufzustellen sowie Geräte und Materialien über dieses Grundstück zu bringen und dort zu lagern. **Schaufelschlagsrecht** schließlich bedeutet die Befugnis, auf dem Nachbargrundstück im Zusammenhang mit den Arbeiten auch Sand, Schlamm oder anderen Aushub zu lagern. 118

b) Landesrechtliche Regelungen

Landesrecht hierzu findet sich mittlerweilen mit Ausnahme von Bremen und Mecklenburg-Vorpommern in den Nachbarrechtsgesetzen bzw. Bauordnungen (Hamburg)[424] 119

---

[420] *Dehner*, B § 28 I 9 m. w. N.

[421] Vgl. BGHZ 112, 1, 3 = NJW 1990, 2555; BGH, NJW 2000, 1719, 1720; OLG Düsseldorf, OLGR 2001, 178, 179 (zu § 24 NachbG NRW); zu Ausnahmen s. aber unten Rn. 126.

[422] Dazu unten Rn. 139 ff. Ein Betretungsrecht aus dem nachbarlichen Gemeinschaftsverhältnis kann sich i. Ü. auch dann ergeben, wenn von einem Grundstück eine Störung ausgeht, dem gestörten Nachbarn wegen dieser aber kein Beseitigungsanspruch nach § 1004 BGB zusteht; der Nachbar hat dann zumindest Anspruch auf Gestattung der Beseitigung durch ihn selbst. S. hierzu MünchKommBGB/*Baldus*, § 1004 Rn. 133 m. w. N.; ferner oben Teil 3 Rn. 160 (zu § 907 BGB) und unten Teil 5 Rn. 41 (zu § 1004 BGB).

[423] Vgl. Staudinger/*Albrecht*, Art. 124 EGBGB Rn. 29; *Dehner*, B § 28 I 1.

[424] Dazu OVG Hamburg, MDR 1979, 872.

aller Länder. Diese – dem **privaten Nachbarrecht** zuzuordnenden –[425] Vorschriften sind in mancherlei Hinsicht ähnlich oder gar identisch ausgestaltet, dennoch bestehen im Einzelnen zahlreiche Unterschiede, die zum Teil auf der unterschiedlichen gesetzlichen Regelung, zum Teil aber auch auf einer unterschiedlichen Auslegung der Vorschriften durch die Gerichte in den einzelnen Ländern beruhen.

120 Im Einzelnen bestehen die folgenden **landesrechtlichen Regelungen**:

Land	**Landes-NRG**	**(1) Anlass** **(2) Voraussetzungen** **(3) Inhalt** **(4) Anzeigepflicht (Frist, Form, Adressat)** **(5) Nutzungsentschädigung**
BW	§ 7 c	(1) Errichtung, Änderung, Unterhaltung, Abbruch baurechtlich zulässiger baulicher Anlagen (2) sonst Arbeiten nicht oder nur mit erheblichen besonderen Aufwendungen möglich (3) Betreten des Grundstücks, Aufstellen oder Übergreifen von Gerüsten und Geräten (4) 2 Wochen, formlos, an Eigentümer und Besitzer (5) –
Bayern	Art. 46 b AGBGB	(1) Errichtung, Veränderung, Instandhaltung, Beseitigung baulicher Anlagen (2) a) sonst Vorhaben nicht oder nur mit unverhältnismäßig hohen Kosten durchführbar und b) mit der Duldung verbundene Nachteile oder Belästigungen nicht außer Verhältnis zum erstrebten Vorteil und c) kein Widerspruch des Vorhabens zu öffentlich-rechtlichen Vorschriften (3) Betreten des Grundstücks, Aufstellen oder Übergreifen von Gerüsten und Geräten, Transport und Niederlegung der zu den Arbeiten erforderlichen Baustoffe (4) 1 Monat, formlos, an Eigentümer und Nutzungsberechtigten Ausnahme: Abwendung einer gegenwärtigen erheblichen Gefahr (5) Nutzungsentschädigung für gesamte Zeit (bei Benutzung länger als 1 Woche)
Berlin	§§ 17 f.	(1) Vorbereitung und Durchführung von Bau-, Instandsetzungs- und Unterhaltungsarbeiten (2) a) sonst Arbeiten nicht oder nur mit unverhältnismäßig hohen Kosten durchführbar und b) mit der Duldung verbundene Nachteile und Belästigungen nicht außer Verhältnis zum erstrebten Vorteil und c) Vorhaben öffentlich-rechtlich zulässig (3) vorübergehendes Betreten und Benutzen des Grundstücks einschließlich Bauwerke, insbesondere Aufstellen von Gerüsten und Geräten, Transport der zu den Arbeiten erforderlichen Baustoffe (4) 2 Monate, schriftlich, an Eigentümer und in seinem Besitz berührten unmittelbaren Besitzer (§ 7) (5) Nutzungsentschädigung (bei unbebauten Grundstücken erst ab 3. Woche)
Bbg	§§ 23 f.	(1) Vorbereitung und Durchführung von Bau-, Instandsetzungs- und Unterhaltungsarbeiten (2) a) sonst Arbeiten nicht oder nur mit unverhältnismäßig hohen Kosten durchführbar und

[425] BGH, VersR 1980, 650, 652.

Land	Landes-NRG	(1) Anlass (2) Voraussetzungen (3) Inhalt (4) Anzeigepflicht (Frist, Form, Adressat) (5) Nutzungsentschädigung
		b) mit der Duldung verbundene Nachteile und Belästigungen nicht außer Verhältnis zum erstrebten Vorteil und c) Vorhaben öffentlich-rechtlich zulässig oder zugelassen (3) vorübergehendes Betreten und Benutzen des Grundstücks einschließlich Bauwerke, insbesondere Aufstellen von Gerüsten und Geräten, Transport der zu den Arbeiten erforderlichen Baustoffe (4) 2 Monate, schriftlich, an Eigentümer und in seinem Besitz berührten unmittelbaren Besitzer (§ 8) (5) Nutzungsentschädigung (bei unbebauten Grundstücken erst ab 3. Woche)
Hamburg	§ 74 HBauO	(1) Errichtung, Änderung, Unterhaltung von Anlagen (2) soweit zur Durchführung der Arbeiten erforderlich (3) Betreten der Grundstücke, Aufstellen der erforderlichen Gerüste, Vornahme von Arbeiten (4) 2 Wochen, formlos, an Eigentümer Ausnahme: Abwendung einer unmittelbaren Gefahr (5) –
Hessen	§§ 28 f.	(1) Errichtung, Veränderung, Unterhaltung, Beseitigung baulicher Anlagen (2) a) sonst Vorhaben nicht zweckmäßig oder nur mit unverhältnismäßig hohen Kosten durchführbar und b) mit der Duldung verbundene Nachteile und Belästigungen nicht außer Verhältnis zum erstrebten Vorteil und c) Vorhaben entspricht baurechtlichen Vorschriften (3) Betreten des Grundstücks, Aufstellen von Gerüsten, Transport und Niederlegung der zu den Bauarbeiten erforderlichen Gegenstände (4) 2 Wochen, formlos, an Eigentümer und in seiner Rechtsstellung oder seinem Besitzstand berührten Nutzungsberechtigten (§§ 24 f.) Ausnahme: Abwendung einer gegenwärtigen erheblichen Gefahr (5) –
Nds	§§ 47 f.	(1) Vorbereitung und Durchführung von Bau- und Instandsetzungsarbeiten (2) a) sonst Arbeiten nicht zweckmäßig oder nur mit unverhältnismäßig hohen Kosten ausführbar und b) keine unverhältnismäßig großen Nachteile für Verpflichteten (3) vorübergehendes Betreten und Benutzen des Grundstücks (4) 1 Monat (bei kleineren Arbeiten 1 Tag), formlos, an Eigentümer und in seinem Besitz berührten Nutzungsberechtigten (§ 42) Ausnahme: Notstand (5) Nutzungsentschädigung ab 11. Tag
NRW	§§ 24 f.	(1) Bau- und Instandsetzungsarbeiten (2) a) sonst Arbeiten nicht zweckmäßig oder nur mit unverhältnismäßig hohen Kosten durchführbar und b) mit der Duldung verbundene Nachteile und Belästigungen nicht außer Verhältnis zum erstrebten Vorteil UND es werden ausreichende Vorkehrungen zur Minderung der Nachteile und Belästigungen getroffen und c) kein Widerspruch des Vorhabens zu öffentlich-rechtlichen Vorschriften (3) vorübergehendes Betreten und Benutzen des Grundstücks einschließlich der baulichen Anlagen

Land	**Landes-NRG**	**(1) Anlass** **(2) Voraussetzungen** **(3) Inhalt** **(4) Anzeigepflicht (Frist, Form, Adressat)** **(5) Nutzungsentschädigung**
		(4) 1 Monat, schriftlich, an Eigentümer und Nutzungsberechtigten (§ 16) (5) Nutzungsentschädigung ab 2. Monat
RhPf	§§ 21–25	(1) Errichtung, Veränderung, Unterhaltung, Beseitigung sowie Reinigung baulicher Anlagen (2) a) sonst Vorhaben nicht zweckmäßig oder nur mit unverhältnismäßig hohen Kosten durchführbar und b) mit der Duldung verbundene Nachteile und Belästigungen nicht außer Verhältnis zum erstrebten Vorteil (3) vorübergehendes Betreten des Grundstücks, Aufstellen von Leitern oder Gerüsten, Transport der zu den Bauarbeiten erforderlichen Gegenstände (4) 2 Wochen, formlos, an Eigentümer und Nutzungsberechtigten Ausnahme: Abwendung einer gegenwärtigen erheblichen Gefahr (5) Entschädigung ab 3. Woche
Saarland	§§ 24–26	(1) Vorbereitung und Durchführung von Bau-, Instandsetzungs- und Unterhaltungsarbeiten (2) a) sonst Arbeiten nicht zweckmäßig oder nur mit unverhältnismäßig hohen Kosten durchführbar und b) mit der Duldung verbundene Nachteile und Belästigungen nicht außer Verhältnis zum erstrebten Vorteil und c) kein Widerspruch des Vorhabens zu öffentlich-rechtlichen Vorschriften (3) vorübergehendes Betreten und Benutzen des Grundstücks einschließlich der Bauwerke, insbesondere Aufstellen von Gerüsten, Transport und Niederlegung der zu den Arbeiten erforderlichen Geräte und Baustoffe (4) 2 Wochen, formlos, an Eigentümer und Nutzungsberechtigten Ausnahme: Abwendung einer gegenwärtigen erheblichen Gefahr (5) Nutzungsentschädigung ab 3. Woche
Sachsen	§ 24 i.V.m. § 21	(1) Errichtung, Veränderung, Unterhaltung, Beseitigung sowie Reinigung baulicher Anlagen (2) a) sonst Vorhaben nicht oder nur mit unverhältnismäßig hohen Kosten durchführbar und b) mit der Duldung verbundene Nachteile und Belästigungen nicht außer Verhältnis zum erstrebten Vorteil und b) kein Entgegenstehen öffentlich-rechtlicher Vorschriften (§ 3) (3) vorübergehendes Betreten des Grundstücks, Aufstellen von Leitern oder Gerüsten, Transport der zu den Bauarbeiten erforderlichen Gegenstände, Lagerung von Sand, Schlamm oder anderem Erdaushub (4) 1 Monat, schriftlich, an Eigentümer (§ 27) Ausnahmen: – notwendige Besichtigungen – kleinere, nicht belästigende Arbeiten – Notstand (5) Entschädigung nach Billigkeit (§ 29)
Sachsen-Anhalt	§§ 18–20	(1) Vorbereitung und Durchführung von Bau-, Instandsetzungs- und Unterhaltungsarbeiten (2) a) sonst Arbeiten nur mit unverhältnismäßig hohen Kosten und Erschwerungen durchführbar und b) mit der Duldung verbundene Nachteile und Belästigungen nicht außer Verhältnis zum erstrebten Vorteil und c) Vorhaben öffentlich-rechtlich zulässig

Land	Landes-NRG	(1) Anlass (2) Voraussetzungen (3) Inhalt (4) Anzeigepflicht (Frist, Form, Adressat) (5) Nutzungsentschädigung
		(3) vorübergehendes Betreten und Benutzen des Grundstücks einschließlich Bauwerke, insbesondere Aufstellen von Gerüsten und Geräten, Transport der zu den Arbeiten erforderlichen Baustoffe (4) 4 Wochen, schriftlich, an Eigentümer und unmittelbaren Besitzer Ausnahme: Abwendung einer gegenwärtigen erheblichen Gefahr (5) Nutzungsentschädigung ab 3. Woche
SchlH	§§ 17–19	(1) Vorbereitung und Durchführung von Bau-, Instandsetzungs- und Unterhaltungsarbeiten (2) a) sonst Arbeiten nicht zweckmäßig oder nur mit unverhältnismäßig hohen Kosten durchführbar und b) mit der Duldung verbundene Nachteile und Belästigungen nicht außer Verhältnis zum erstrebten Vorteil und c) kein Widerspruch des Vorhabens zu öffentlich-rechtlichen Vorschriften (3) vorübergehendes Betreten und Benutzen des Grundstücks einschließlich Bauwerke, insbesondere Aufstellen von Gerüsten, Transport und Niederlegung der zu den Arbeiten erforderlichen Geräte und Baustoffe (4) 2 Monate, schriftlich, an Eigentümer und in seinem Besitz berührten Nutzungsberechtigten (§ 7) (5) Nutzungsentschädigung ab 3. Woche
Thüringen	§§ 21–25	(1) Errichtung, Veränderung, Unterhaltung, Beseitigung sowie Reinigung baulicher Anlagen (2) a) sonst Vorhaben nicht, nicht zweckmäßig oder nur mit unverhältnismäßig hohen Kosten durchführbar und b) mit der Duldung verbundene Nachteile und Belästigungen nicht außer Verhältnis zum erstrebten Vorteil c) nach öffentlichem Recht zu erfüllende Voraussetzungen gegeben (§ 3) (3) vorübergehendes Betreten des Grundstücks, Aufstellen von Leitern oder Gerüsten, Transport der zu den Bauarbeiten erforderlichen Gegenstände (4) 2 Wochen, formlos, an Eigentümer und Nutzungsberechtigten Ausnahme: Abwendung einer gegenwärtigen erheblichen Gefahr (5) Nutzungsentschädigung ab 3. Woche

c) Rechtsinhalt

Die Darstellung von Einzelheiten muss insoweit der landesrechtlichen Literatur vorbehalten bleiben. Hier soll lediglich auf einige wichtige länderübergreifende Fragen hingewiesen werden. 121

aa) Anlass der Rechtsausübung. Das Hammerschlags- und Leiterrecht bezieht sich, auch soweit im jeweiligen Landesrecht nicht ausdrücklich angesprochen, nur auf Arbeiten im Zusammenhang mit Gebäuden und sonstigen **baulichen Anlagen**.[426] Dies umfasst, auch ohne ausdrückliche Regelung, Arbeiten – nebst zugehörigen Vorbereitungsarbeiten – zu deren **Errichtung, Änderung, Unterhaltung und Beseitigung**.[427] Hierzu 122

[426] *Dehner*, B § 28 I 1; **a. A.** *Lehmann*, NdsNachbG, § 47 Anm. 2.
[427] Vgl. *Schäfer/Fink-Jamann/Peter*, NachbG NRW, § 24 Rn. 1 ff.

gehören auch Verputzarbeiten[428] oder das Anbringen einer Wärmedämmung;[429] ferner etwa Arbeiten an Ver- und Entsorgungsleitungen.[430] Reinigungsarbeiten an Gebäuden rechnen allerdings in Ländern, die diese nicht ausdrücklich erlauben, nur dann zur Gebäudeunterhaltung, wenn es sich nicht nur um routinemäßige Arbeiten wie Fensterputzen handelt.[431] In jedem Fall sind stets nur **vorübergehende** Arbeiten erfasst.[432] Gartenarbeiten scheiden als Grundlage eines Betretungsrechts von vornherein aus.[433] Gleiches gilt für gewerbliche Arbeiten ohne Bezug auf das Grundstück des Berechtigten.[434] Das Hammerschlags- und Leiterrecht betrifft sowohl Grundstücke in privatem als auch solche in öffentlichem Eigentum;[435] das Benutzungsrechts an öffentlichen Straßen richtet sich jedoch ausschließlich nach öffentlichem Straßenrecht.[436]

123 Anders als die Frage nach der Reparatur- und Unterhaltungsbedürftigkeit einer Anlage liegt die Entscheidung, ob eine bauliche Anlage überhaupt errichtet oder verändert wird, allein beim Grundstückseigentümer.[437] Das Hammerschlags- und Leiterrecht hängt damit nicht davon ab, ob sich die beabsichtigte Maßnahme als sinnvoll darstellt, von Fällen des Rechtsmissbrauchs einmal abgesehen. Allerdings muss die Durchführung der beabsichtigten Arbeiten **rechtmäßig** sein;[438] es würde, sofern entsprechende Voraussetzungen nicht ohnehin bereits in den landesrechtlichen Vorschriften enthalten sind, jedenfalls gegen Treu und Glauben verstoßen, wenn ein Grundstückseigentümer das Recht zum Betreten des Nachbargrundstücks für Arbeiten geltend macht, die **öffentlich-rechtlichen Vorschriften widersprechen** oder zu denen er gegenüber dem Nachbarn **privatrechtlich nicht befugt** ist.[439] Ein Betretungsrecht kommt daher nicht in Betracht für Arbeiten an unberechtigt über die Grenze gebauten Anlagen,[440] oder Arbeiten die erst zu einem solchen Grenzüberbau führen;[441] ebenso wenig für Schwarzbauten oder bauliche Anlagen, die die Abstandsflächenvorschriften nicht einhalten, wie eine zu Unrecht errichtete Grenzwand,[442] oder die bestehende Grunddienstbarkeiten verletzen,[443] oder wenn die für die Errichtung einer Nachbarwand notwendige Zustimmung des anderen Nachbarn fehlt;[444] schließlich nicht für Bauarbeiten, bei denen zur Verhinderung von Gefahren und Belästigungen dienende Vorschriften über die Einrichtung der Baustelle oder Unfallverhütungsvorschriften nicht beachtet werden.[445] Maßgeblich für die öffentlich-rechtliche Zulässigkeit eines Vorhabens ist schließlich nicht die generelle Bebaubarkeit eines Grundstücks, sondern die Zulässigkeit des konkreten Vorhabens; diese kann etwa durch Vorlage einer Baugenehmigung im Umfang von deren Tatbestandswirkung nachgewiesen werden.[446]

---

[428] OLG Hamm, NJW 1966, 599.

[429] Ob diese ihrerseits über die Grenze ragen darf, richtet sich nach Landesrecht, z. B. Art. 46 a BayAGBGB, § 10 a HessNRG, § 23 a NachbG NRW.

[430] *Alheit*, S. 364.

[431] *Dehner*, B § 28 I 1; *Horst*, Rn. 1463; *Schäfer/Bruns*, in: Hoppenberg/de Witt, Handb. öff. BauR, Rn. J 361 (zulässig Gebäudereinigung mit Druckluftgerät).

[432] OLG Düsseldorf, NJW-RR 1989, 1421 (zu § 24 NachbG NRW).

[433] *Alheit*, S. 199; *Dehner*, B § 28 I 1; *Horst*, Rn. 1463.

[434] OLG Düsseldorf, NJW-RR 1989, 1421 (zu § 24 NachbG NRW).

[435] *Schäfer/Bruns*, in: Hoppenberg/de Witt, Handb. öff. BauR, Rn. J 376.

[436] BGH, VersR 1980, 650, 652; *Horst*, Rn. 1465. Zum straßenrechtlichen Gemeingebrauch, Anliegergebrauch und Sondernutzung s. §§ 7 ff. FStrG und z. B. Art. 14 ff. BayStrWG, grundlegend zum Anliegergebrauch ferner BayVGH, BayVBl. 2007, 45.

[437] *Dehner*, B § 28 I 1.

[438] BGH, NJW 2011, 1069, 1071.

[439] OLG Hamm, MDR 1984, 847 (zu § 24 NachbG NRW).

[440] BGH, NJW 2011, 1069, 1071.

[441] Vgl. OLG Hamm, MDR 1984, 847 (zu § 24 NachbG NRW).

[442] OLG Braunschweig, NdsRpfl 1971, 231, 232 (zu § 47 NdsNachbG).

[443] *Dehner*, B § 28 I 2 c.

[444] *Schäfer*, NdsNachbG, § 47 Rn. 10.

[445] AG Arnsberg, MDR 1980, 579 (zu § 24 NachbG NRW).

[446] Vgl. KG, NJOZ 2005, 2353, 2354 f. (zu §§ 6, 16 NachbG Bln).

Eine Duldungspflicht scheidet aus, sofern der Ausübung des Rechts auf dem Nachbargrundstück tatsächliche **Hindernisse** entgegenstehen, wie etwa bauliche Anlagen oder Hecken; der Nachbar ist zu deren Beseitigung nicht verpflichtet.[447] Auch besteht kein Anspruch gegen den Nachbarn, dass dieser die tatsächlichen Verhältnisse auf seinem Grundstück durch bauliche Maßnahmen nicht so verändert, dass damit die Ausübung eines Betretungsrechts für die Zukunft unmöglich wird.[448] 124

bb) Voraussetzungen der Rechtsausübung. Das Hammerschlags- und Leiterrecht hängt regelmäßig einerseits davon ab, dass der Berechtigte anders die beabsichtigten Arbeiten *nicht oder nur unter unverhältnismäßigen Kosten*[449] durchführen kann, und dass andererseits die mit der Ausübung des Rechts für den Verpflichteten verbundenen Nachteile und Belästigungen *nicht außer Verhältnis zum erstrebten Vorteil* für den Berechtigten stehen dürfen. Damit ist, auch soweit die letztere Voraussetzung im Landesrecht keine ausdrückliche Erwähnung gefunden hat, stets bereits auf der Tatbestandsseite eine umfassende **Abwägung der Interessen** der beteiligten Grundstückseigentümer erforderlich. Hier sind auch immaterielle Nachteile, wie Beeinträchtigungen durch Baulärm, und sogar Liebhaberinteressen zu berücksichtigen.[450] Jedoch werden in den typischen Fällen eines Betretungs- und Benutzungsbedarfs, in denen der betroffene Nachbar durch die kurzzeitige Nutzung seines Grundstücks nur unwesentlich beeinträchtigt wird, regelmäßig die Interessen des auf die Nutzung angewiesenen Eigentümers überwiegen. Der bloße Umstand, dass der Eigentümer sein Grundstück nicht nutzt, führt allerdings für sich genommen noch nicht dazu, dass er dessen Inanspruchnahme durch den Nachbarn ohne Weiteres dulden muss.[451] In extremen Fällen nachbarunfreundlichen Verhaltens des das Betreten Verlangenden kann ein Betretungsrecht im Einzelfall aus diesem Grund auch völlig ausscheiden,[452] oder dazu führen, dass dieses jedenfalls nicht persönlich, sondern nur durch Dritte ausgeübt werden darf.[453] 125

cc) Rechtsumfang. Der genaue Umfang wird durch das jeweilige Landesrecht festgelegt. Neben dem **Betreten** ist auch das **Benutzen** des Nachbargrundstücks erlaubt, wobei einzelne Landesrechte letzteres allerdings auf bestimmte Benutzungsformen beschränken. Im letztgenannten Fall sind die landesrechtlichen Vorschriften abschließend, erlauben daher grundsätzlich auch keine entsprechende Anwendung auf andere Benutzungsformen.[454] Probleme wirft das (vorübergehende) **Ausheben von Erdreich** auf dem Nachbargrundstück zum Anlegen einer Baugrube oder von Arbeitsräumen auf. Sofern man hier nicht davon ausgeht, dass sich das Hammerschlags- und Leiterrecht nach dem jeweils einschlägigen Landesrecht, das vielfach generell das Benutzen des Nachbargrundstücks erlaubt, dann auch auf den Raum unterhalb der Erdoberfläche erstreckt,[455] kann es hierdurch insbesondere bei der Errichtung einer Grenzwand oder deren Isolierung zu un- 126

---

447 BGH, VersR 1980, 650, 651 (zu § 24 NachbG NRW); *Dehner*, B § 28 I; *Bruns*, NRG BW, § 7 c Rn. 5.

448 *Schäfer*, NdsNachbG, § 47 Rn. 9 m. w. N; *Schäfer/Bruns*, in: Hoppenberg/de Witt, Rn. J 368; s. aber LG Aachen, NJW 1966, 204f. (Nachbar muss u. U. eigene Nutzungen, die die Durchführung unmittelbar bevorstehender Baumaßnahmen auf dem angrenzenden Grundstück beeinträchtigen würden, zumindest kurzfristig zurückstellen).

449 Vgl. OLG Koblenz, BauR 2003, 1881, 1882 (unverhältnismäßig sind die Kosten erst bei einem groben Missverhältnis).

450 *Schäfer/Bruns*, in: Hoppenberg/de Witt, Handb. öff. BauR, Rn. J 352.

451 BGH, NJW 2000, 1719, 1720.

452 Vgl. OLG Hamm, NJW 1966, 599, 600; *Stadler*, BayNachbR, 8 B 2.

453 *Dehner*, § 28 I 5; *Schäfer*, NdsNachbG, § 47 Rn. 8; *Bruns*, NRG BW, § 7 c Rn. 28; AG Ludwigsburg, DWW 2010, 191 (zu § 7 c NRG BW). S. ferner unten Rn. 141.

454 OLG Düsseldorf, MDR 1992, 53, 54 (zu § 24 NachbG NRW); OLG Karlsruhe, NJW 1994, 739, 740f. (zu § 7 c NRG BW).

455 So BGH, VersR 1980, 650, 651 (zu § 24 NachbG NRW; **a. A.** insoweit OLG Düsseldorf, MDR 1992, 53); OLG Braunschweig, NdsRpfl 1971, 231, 232 (zu § 47 NdsNachbG); *Schäfer/Fink-Jamann/Peter*, NachbG NRW, § 24 Rn. 7 m. w. N.; *Bassenge/Olivet*, NachbR SchlH, § 17 Rn. 13; vgl. ferner *Dehner*, B § 28 I 4 d; Soergel/*Hartmann*, Art. 124 EGBGB Rn. 12.

lösbaren Problemen kommen; deshalb wird man dann insoweit jedenfalls aus § 242 BGB eine Duldungspflicht für den Nachbarn ableiten müssen.[456] Soweit das Landesrecht das Benutzen des Nachbargrundstücks generell gestattet, erfasst dies auch das vorübergehende **Lagern von Erdaushub**.[457] Das **Lagern von Baustoffen** dürfte dagegen auch in diesen Ländern, sofern nicht ausdrücklich gesetzlich erlaubt, nur in Ausnahmefällen zulässig sein.[458] Schließlich ist das **Schwenken eines Kranauslegers** über das Nachbargrundstück als zulässig anzusehen.[459]

127 Sofern im Einzelfall die Voraussetzungen für ein Hammerschlags- und Leiterrecht vorliegen, erlaubt dieses nicht nur Maßnahmen auf dem Nachbargrundstück, die den auf dem anderen Grundstück durchgeführten Bauarbeiten **unmittelbar** dienen, sondern auch solche, die ihnen nur **mittelbar dienen**.[460] Allerdings besteht grundsätzlich nur ein Recht zum Betreten des **unbebauten Teils** des Nachbargrundstücks.[461] Ob darüber hinaus auch ein Betreten von **Gebäuden** und anderen baulichen Anlagen in Betracht kommt, hängt vom einschlägigen Landesrecht ab; wegen des damit verbundenen wesentlich stärkeren Rechtseingriffs als beim bloßen Betreten unbebauter Grundstücksteile kann dies nur dann der Fall sein, wenn das Landesrecht dies ausdrücklich zulässt.[462] Ob bei entsprechender Regelung damit im Hinblick auf Art. 13 GG auch ein Recht zum Betreten von *Wohnungen* verbunden ist, ist nach wie vor umstritten.[463]

128 In jedem Fall darf das Nachbargrundstück schließlich nur insoweit in Anspruch genommen werden, als dies im Einzelfall **notwendig** ist. Dabei ist das Recht stets möglichst **schonend auszuüben**;[464] auch soweit das Landesnachbarrecht dies nicht ausdrücklich ausspricht, darf es deshalb insbesondere *nicht zur Unzeit* ausgeübt werden, etwa während der landwirtschaftlichen Bestellung des Nachbargrundstücks oder unter Behinderung eigener Bauarbeiten des verpflichteten Nachbarn oder von dessen Saisonbetrieb während der Saison; es darf auch zeitlich nicht länger beansprucht werden als nötig.[465] Ferner sind geeignete *Vorkehrungen* zu treffen, um Nachteile und Belästigungen für das in Anspruch genommene Grundstück gering zu halten; dies können etwa Schutzzäune sein oder Bretter, die zur Schonung über die Rasenfläche gelegt werden; außerdem sind schallgedämpfte Maschinen zu verwenden und die Ausdehnung der Arbeitsfläche ist auf ein Minimum zu beschränken, insbesondere sind Vorkehrungen zu treffen, dass gelagertes Material sich nicht durch Wind oder andere Witterungseinflüsse über das Nachbargrundstück verbreitet.[466]

129 **dd) Entstehen und Durchsetzung des Rechts.** Bei Vorliegen der gesetzlichen Voraussetzungen, wozu die gemäß dem einschlägigen Landesrecht form- und fristgerechte **Anzeige** der Arbeiten gegenüber dem Nachbarn ebenso gehört,[467] wie eine hiernach er-

---

[456] So *Schäfer/Bruns*, in: Hoppenberg/de Witt, Handb. öff. BauR, Rn. J 367; *Schäfer*, SächsNRG, § 24 Rn. 3; *ders.*, ThürNRG, § 21 Rn. 2; vgl. ferner OLG Karlsruhe, NJW 1994, 739 (im Nachbargrundstück rückverankerte Bohrpfahlwand).

[457] *Dehner*, B § 28 I 4 i.

[458] *Dehner*, B § 28 I 4 d.

[459] OLG Karlsruhe, NJW-RR 1993, 91 (zu § 7 c NRG BW); OLG Düsseldorf, NJW-RR 1989, 1421 (zu § 24 NachbG NRW); s. auch NZM 2007, 582; OLG Frankfurt, MDR 2011, 844 (zu § 28 HessNRG); LG Kiel, BauR 1991, 380, 381 (zu § 17 NachbG SchlH).

[460] OLG Schleswig, SchlHA 1982, 58 (zu Stützmaßnahmen am Nachbarhaus, ohne die die eigentliche Baumaßnahme nicht möglich ist).

[461] *Schäfer*, SächsNRG, § 24 Rn. 2; *ders.*, ThürNRG, § 21 Rn. 1.

[462] Nach *Hodes/Dehner*, HessNachbR, § 28 Rn. 1, in Ausnahmefällen auch ohne ausdrückliche Regelung; hier wird jedoch vielfach schon über § 904 BGB eine angemessene Lösung zu finden sein.

[463] Bejahend: *Dehner*, B § 28 I 4 g; *Hodes/Dehner*, HessNachbR, § 28 Rn. 1; verneinend: *Bauer/Hülbusch/Schlick*, NachbR Rheinland-Pfalz u. Saarland, § 21 Rn. 5; *Bruns*, NRG BW, § 7 c Rn. 28 (nur unter den Voraussetzungen des § 904 BGB); s. auch SächsVerfGH, DtZ 1997, 138 f.

[464] Zu verfeindeten Nachbarn s. unten Rn. 141.

[465] Dazu ausführlich *Horst*, Rn. 1470, 1476.

[466] *Schäfer/Fink-Jamann/Peter*, NachbG NRW, § 24 Rn. 21; *Horst*, Rn. 1467.

[467] *Dehner*, A § 6 II 8; *Horst*, Rn. 1471; OLG Frankfurt, MDR 2011, 844 (zu § 28 HessNRG).

forderliche Stellung einer Sicherheit,[468] steht dem Berechtigten das Recht **kraft Gesetzes** zu. Damit ist jedoch **kein Recht zur Selbsthilfe** verbunden, hierin läge verbotene Eigenmacht; gegebenenfalls muss das Recht daher bei Weigerung des verpflichteten Nachbarn gerichtlich[469] durchgesetzt werden,[470] kann also einer von diesem erhobenen Besitzschutzklage vorher auch nicht einredeweise entgegengehalten werden.[471] Hieran ändert dann auch die Einhaltung der gesetzlich normierten Anzeigefrist nichts; umgekehrt verbleibt es auch beim ausnahmsweisen Entfallen der Anzeigepflicht wegen Gefahr im Verzug – vorbehaltlich § 904 BGB – beim Erfordernis einer gerichtlichen Feststellung vor Inanspruchnahme des Nachbargrundstücks,[472] dies muss dann ggf. im Wege einer einstweiligen Verfügung geschehen.[473]

Die **Duldungspflicht** trifft neben dem Eigentümer auch die an dem belasteten Grundstück Nutzungsberechtigten; gegen diese muss sie aber nicht gesondert eingeklagt werden.[474] **Berechtigt** sind neben dem Eigentümer nach Landesrecht meist auch die Nutzungsberechtigten des begünstigten Grundstücks; ansonsten können diese sich zur Geltendmachung vom Eigentümer ermächtigen lassen; der Berechtigte kann die Arbeiten entweder selbst vornehmen oder durch beauftragte Dritte, wie Architekten oder Handwerker, durchführen lassen.[475] Das Hammerschlags- und Leiterrecht kann dem berechtigten Nachbarn allerdings nicht allgemein im Voraus zuerkannt werden, sondern muss von diesem bei Bedarf im Einzelfall geltend gemacht werden.[476] Die **Klage** ist dann auf Duldung der nach Art, Umfang und Zweck genau zu bezeichnenden Benutzung des Nachbargrundstücks zu richten.[477] Die Darlegungs- und Beweislast für die Voraussetzungen der Duldungspflicht trifft dabei den Anspruchsteller.[478] Das im Obsiegensfall ergehende Duldungsurteil kann auch zu einem positiven Tun verpflichten, soweit dieses notwendig ist, um den rechtmäßigen Zustand zu erreichen, etwa in Form der Zugangsverschaffung zum Grundstück; **vollstreckt** wird das Urteil allerdings auch dann nach § 890 ZPO.[479] Die Beschwer des zur Duldung verurteilten wird hier vielfach nicht über 600 € liegen.[480]

ee) Schadensersatz, Nutzungsentschädigung. Der Duldungspflichtige hat Anspruch 130
auf **Ersatz entstandener Schäden** *unabhängig von einem Verschulden* des Berechtigten; der Umfang des Anspruchs richtet sich nach §§ 249 ff. BGB, er umfasst daher sowohl die Rückversetzung des in Anspruch genommenen Grundstücks in den ursprünglichen Zustand als auch Folgeschäden; § 254 BGB ist anwendbar. Meist kann vom Verpflichteten vor Beginn der Arbeiten auch **Sicherheitsleistung** für den voraussichtlichen Schaden verlangt werden. Dann kann deren Art von den Nachbarn einvernehmlich bestimmt werden, ansonsten gelten §§ 232 ff. BGB. Verlangt der Verpflichtete Sicherheit, so darf das Benutzungsrecht erst nach deren Stellung ausgeübt werden.[481] Im Prozess ist die Erfor-

---

468 *Kirchhof*, NZBau 2012, 206, 208.
469 In Hamburg auch durch Duldungsanordnung der Baubehörde nach § 74 V HBauO.
470 OLG Braunschweig, NdsRpfl 1971, 231, 232 f.; KG, OLGZ 1977, 448, 449 f. = NJW 1977, 2364 (LS); OLG Karlsruhe, NJW-RR 1993, 91; BeckRS 2009, 17472; OLG Düsseldorf, OLGR 2001, 178, 179; OLG Hamm, BauR 2002, 669, 670; BeckRS 2011, 29520; *Seidel*, Rn. 932; *Horst*, Rn. 1480; *Bruns*, NRG BW, § 7 c Rn. 24; *Schäfer/Fink-Jamann/Peter*, NachbG NRW, § 24 Rn. 34.
471 OLG Hamm, BeckRS 2011, 29520; a. A. LG Kiel, BauR 1991, 380, 381; LG Duisburg, BeckRS 2008, 21312.
472 Staudinger/*Albrecht*, Art. 124 EGBGB Rn. 30 (zu § 24 LNRG RhPf und § 24 ThürNRG).
473 Zur einstweiligen Verfügung s. *Kirchhof*, NZBau 2012, 206, 207 m. w. N.
474 Vgl. BGH, NJW-RR 2008, 610, 612 (zu § 917 BGB) und oben Rn. 48.
475 *Schäfer/Bruns*, in: Hoppenberg/de Witt, Handb. öff. BauR, Rn. J 370; s. aber auch oben Rn. 125.
476 BGH, NJW-RR 2009, 515, 516 (zu § 24 NachbG NRW).
477 Beispiel bei *Saller*, in: Grziwotz/Saller, BayNachbR, Teil 4 Rn. 19.
478 *Schäfer/Bruns*, in: Hoppenberg/de Witt, Handb. öff. BauR, Rn. J 388.
479 BGH, NJW-RR 2007, 863, 864.
480 Vgl. BGH, GE 2011, 1080 (Befahren vorhandenen Weges mit Baufahrzeugen für wenige Tage).
481 OLG Frankfurt, NJOZ 2011, 1015, 1017 (zu § 23 HessNRG); *Horst*, Rn. 1474; *Bruns*, NRG BW, § 7 c Rn. 33 i. V. m. § 7 b Rn. 21.

derlichkeit einer Sicherheitsleistung nur zu berücksichtigen, wenn sich der Beklagte darauf beruft;[482] das Urteil lautet dann auf Duldung *Zug um Zug* gegen eine der Höhe nach konkret zu bestimmende Sicherheit. Bei länger dauernder Inanspruchnahme sehen die meisten Landesrechte schließlich auch einen Anspruch auf **Nutzungsentschädigung** vor,[483] allerdings nicht soweit Schadensersatz für entgangene anderweitige Nutzung verlangt wird.

131 Die landesrechtlichen Regelungen stellen keine Schutzgesetze zugunsten des aus ihnen Berechtigten dar, der Duldungsverpflichtete ist daher bei einem Verstoß gegen diese keinem Schadensersatzanspruch aus § 823 II BGB ausgesetzt.[484] In Betracht kommt jedoch ein **Schadensersatzanspruch nach § 280 BGB** wegen des aufgrund der jeweiligen Duldungsregelung bestehenden gesetzlichen Schuldverhältnisses zwischen den Nachbarn;[485] dabei fehlt es jedoch an einer Pflichtverletzung, wenn der belastete Nachbar die Ausübung des Hammerschlags- und Leiterrechts von Bedingungen abhängig macht, die er vom Berechtigten privatrechtlich auch verlangen kann.[486]

2. Anwenderecht

a) Allgemeines

132 Neben den genannten Regelungen findet sich in einigen landesrechtlichen Vorschriften[487] noch ein sog. Anwenderecht (je nach Gegend bzw. konkretem Inhalt auch Schwengelrecht, Tretrecht, Trepprecht, Kehrrecht, Einkehrrecht, Rädlesrecht, Pflugrecht oder Pflugwenderecht genannt[488]). Es stellt das Recht dar, zum Zwecke der **Bewirtschaftung** des eigenen Grundstücks bis an dessen Grenze hin auch das Nachbargrundstück zu betreten und zu befahren, regelmäßig in der Form dass dort der Pflug geführt und gewendet werden darf.[489] Es ist auf **landwirtschaftlich** genutzte Grundstücke beschränkt, was eine unmittelbare Nutzung zum Anbau und zur Gewinnung landwirtschaftlicher Früchte erfordert; die landwirtschaftliche Nutzung muss eine aktuelle und tatsächliche sein, und zwar des konkret betroffenen Grundstücks.[490] **Nicht** vom Anwenderecht umfasst ist allerdings ein **Fahrtrecht** zum Erreichen der eigenen Ackerflächen.[491] Hier kann, sofern keine Einigung der Nachbarn über eine schuldrechtliche Gestattung oder über eine entsprechende Grunddienstbarkeit zustande kommt, allenfalls unter den Voraussetzungen des § 917 BGB auf ein Notwegerecht zurückgegriffen werden.[492]

133 Die Bedeutung des Anwenderechts geht mit zunehmendem Fortschreiten der **Flurbereinigung** zurück, zumal solche Rechte nach § 49 FlurbG durch den Flurbereinigungsplan regelmäßig als entbehrlich aufgehoben werden.[493]

---

[482] Vgl. LG Berlin, MDR 1964, 147, 148.

[483] Zu deren steuerlicher Behandlung s. BFH, NZM 2004, 628, 629.

[484] Vgl. OLG Düsseldorf, NJW-RR 1999, 102, 103 (zu § 24 NachbG NRW); OLG Braunschweig, NdsRpfl 1971, 231, 233 (zu § 47 NdsNachbG).

[485] Vgl. OLG Braunschweig, NdsRpfl 1971, 231, 233 (zu § 47 NdsNachbG); zweifelnd *Dehner*, § 28, Fn. 1.

[486] OLG Düsseldorf, NJW-RR 1999, 102, 103 (zu § 24 NachbG NRW).

[487] Daneben kann ein Anwenderecht auch durch schuldrechtliche Vereinbarung der Beteiligten oder dinglich durch Bestellung einer Grunddienstbarkeit begründet werden.

[488] Vgl. *Sprau*, BayJustizGe, Art. 53 AGBGB Rn. 2; *Dehner*, B § 28 III.

[489] *Meisner/Ring/Götz*, § 26 Rn. 1; *Bayer/Lindner/Grziwotz*, S. 141; *Dehner*, B § 28 III, IV.

[490] *Saller*, in: Grziwotz/Saller, BayNachbR, Teil 4 Rn. 31; *Sprau*, BayJustizGe, Art. 53 AGBGB Rn. 3 i. V. m. Art. 48 Rn. 3 m. w. N.; *Schäfer*, NdsNachbG, § 31 Rn. 3; *ders.*, SächsNRG, § 7 Rn. 3; vgl. auch § 201 BauGB.

[491] *Saller*, in: Grziwotz/Saller, BayNachbR, Teil 4 Rn. 32; *Meisner/Ring/Götz*, § 26 Rn. 4; *Just*, BayVBl. 1983, 289, 293.

[492] Zum Notwegerecht s. oben Teil 4 Rn. 2 ff.

[493] *Saller*, in: Grziwotz/Saller, BayNachbR, Teil 4 Rn. 39; *Sprau*, BayJustizGe, Art. 53 AGBGB Rn. 2.

b) Wichtigere neuere landesrechtliche Regelungen finden sich in: 134

Land	gesetzliche Norm	Regelung
BW[494]	§ 50 AGBGB	Weiterbestehen von nach Art. 234 württ. AGBGB bestellten Überfahrts- und Trepprechten. **Keine Neubegründung** mehr möglich!
Bayern[495]	Art. 53 AGBGB	Weiterbestehen von vor dem 1. 1. 1900 bestehenden Anwenderechten; Regelung des Erlöschens. **Keine Neubegründung** mehr möglich!
Nds	§ 31 NachbG	**Anwenderecht**, auf *Verlangen des Nachbarn* **Grenzabstand** für Einfriedungen; Erlöschen sobald eines der Grundstücke Innenbereich oder durch Bebauungsplan als Bauland ausgewiesen wird
Sachsen	§ 7 NRG	**Anwenderecht**, **Grenzabstand** für Einfriedungen; Erlöschen sobald eines der Grundstücke Innenbereich oder durch Bebauungsplan als Bauland ausgewiesen wird; Entschädigungspflicht i. R. d. § 29 NRG

Soweit alte Anwenderechte fortbestehen, ist hinsichtlich ihres **Umfangs** modernen Bewirtschaftungsmethoden Rechnung zu tragen, so dass heute grundsätzlich auch das Benutzen von Traktoren und anderen Erntemaschinen erlaubt ist.[496] Das Anwenderecht ist analog § 1020 S. 1 BGB möglichst **schonend auszuüben**.[497] Es **erlischt**, sobald das belastete Grundstück planerisch als Bauland ausgewiesen bzw. bebaubar wird.[498] 135

c) Grenzabstand für Einfriedungen

In verschiedenen Ländern bestehen auch besondere Grenzabstandsregelungen für Einfriedungen gegenüber **landwirtschaftlich genutzten** oder **im Außenbereich liegenden** Grundstücken;[499] diese sind mit Ausnahme von Niedersachsen und Sachsen allerdings nicht mit einem Benutzungsrecht am Nachbargrundstück verbunden und begründen daher auch kein Anwenderecht. Ein solches kann jedoch auch in diesen Ländern aufgrund **örtlichen Gewohnheitsrechts** noch fortbestehen.[500] 136

3. Benutzungsrechte bei wald- und forstwirtschaftlichen Grundstücken

In mehreren Ländern finden sich schließlich besondere Benutzungsrechte bei wald- und forstwirtschaftlichen Grundstücken.[501] Diese Vorschriften räumen **Waldbesitzern** ein Recht zur Benutzung von Nachbargrundstücken ein, wenn sonst die **forstliche Bewirtschaftung** ihres Waldes nur mit unverhältnismäßig großem Nachteil bzw. unverhältnismäßig großem Aufwand möglich wäre. Die näheren Einzelheiten ergeben sich aus den 137

494 Dazu *Bruns*, NRG BW, § 7 c Rn. 45.

495 Dazu *Saller*, in: Grziwotz/Saller, BayNachbR, Teil 4 Rn. 26 ff.

496 *Saller*, in: Grziwotz/Saller, BayNachbR, Teil 4 Rn. 33; *Bayer/Lindner/Grziwotz*, S. 142; *Sprau*, BayJustizGe, Art. 53 AGBGB Rn. 10.

497 *Saller*, in: Grziwotz/Saller, BayNachbR, Teil 4 Rn. 34; *Sprau*, BayJustizGe, Art. 53 AGBGB Rn. 10.

498 OVG Bremen, NVwZ-RR 1990, 62, 63 (zu weiterbestehenden Schwengelrechten nach der VO des Senats von 1826 – SaBremR 400-a-1); *Saller*, in: Grziwotz/Saller, BayNachbR, Teil 4 Rn. 38; *Sprau*, BayJustizGe, Art. 53 AGBGB Rn. 9.

499 S. §§ 11, 12, 18 NRG BW, § 16 HessNRG, § 31 NdsNachbG, § 36 II NachbG NRW, § 42 LNRG RhPf, § 46 SaarlNachbRG, § 7 SächsNRG, § 24 II NbG LSA, § 42 ThürNRG, in den früheren Landgebieten von Bremen § 11 der VO des Senats von 1826.

500 So *Dehner*, B § 28 III (zu Bremen, Hessen, NRW, Sachsen-Anhalt); *Schäfer/Fink-Jamann/Peter*, NachbG NRW, § 36 Rn. 6.

501 § 28 LWaldG BW; § 17 HessForstG; § 17 LWaldG MV; § 15 SaarlLWaldG; § 26 SächsWaldG; § 12 II LWaldG SchlH; § 26 II ThürWaldG. In Bbg und RhPf wurden entsprechende Vorschriften zwischenzeitlich ersatzlos aufgehoben.

jeweiligen Vorschriften. Allerdings wird deren *Gültigkeit* im Hinblick auf die Ermächtigungsgrundlage für den Landesgesetzgeber in Art. 124 EGBGB und die bundesrechtliche Regelung eines Notwegerechts in § 917 BGB angezweifelt. Diese Zweifel sind jedenfalls insoweit berechtigt, als die betreffenden Vorschriften ein *Wegerecht* zu Erschließungszwecken einräumen, nicht hingegen soweit es ähnlich dem Hammerschlags- und Leiterrecht um ein *Betreten und Benutzen* des Nachbargrundstücks zur Durchführung forstlicher Arbeiten im eigenen Wald geht.[502]

II. Betretungsrecht außerhalb landesrechtlicher Regelungen

1. Spezielles Bundesrecht

138 Neben den genannten landesrechtlichen Vorschriften finden sich noch einige besondere bundesrechtlich geregelte Betretungsrechte. So gibt **§ 922 BGB** ein solches im Zusammenhang mit Grenzeinrichtungen i. S. v. § 921 BGB.[503] **§ 14 WEG** regelt das Betreten und Benutzen von Sondereigentum für den Bereich des Wohnungseigentums. **§ 41 I WHG** bestimmt, dass ein Betreten und vorübergehendes Benutzen eines fremden Grundstücks zu dulden ist, soweit es zur ordnungsgemäßen Unterhaltung eines Gewässers erforderlich ist;[504] Gleiches gilt nach **§ 11 I WaStrG** für die Unterhaltung von Bundeswasserstraßen.

2. Nachbarliches Gemeinschaftsverhältnis

139 Im Übrigen kann sich bei Fehlen landesrechtlicher Vorschriften,[505] sofern nicht ausnahmsweise die Voraussetzungen eines Notstandes nach **§ 904 BGB** vorliegen, ein Betretungsrecht ohne Zustimmung des betroffenen Eigentümers allenfalls nach den Grundsätzen des **nachbarlichen Gemeinschaftsverhältnisses** ergeben.[506] Dieses ist eine besondere Ausprägung des aus § 242 BGB folgenden Gebots von Treu und Glauben und dient daher dem gerechten Ausgleich widerstreitender Interessen von Nachbarn im Einzelfall.[507]

140 Ein solches Betretungsrecht kommt nur im Zusammenhang mit der Errichtung, Änderung, Beseitigung und Unterhaltung **baulicher Anlagen** in Betracht.[508] Zum Zwecke der weitergehenden Grundstücksunterhaltung wird es dagegen überwiegend abgelehnt; dies gilt insbesondere für die Gartenpflege.[509] Voraussetzung ist dabei stets, dass die Nutzung des Nachbargrundstücks dessen Eigentümer wegen ihrer **Geringfügigkeit** und ihres **vorübergehenden Charakters** nur unwesentlich beeinträchtigt, während sie umgekehrt zur Durchführung von Bau- oder Unterhaltungsmaßnahmen auf dem eigenen Grundstück **zwingend erforderlich** ist, d. h. diese sonst nicht oder nur mit unverhältnis-

---

[502] Ebenso *Dehner*, B § 28 V 6 e; vgl. ferner Staudinger/*Roth*, § 917 Rn. 8.

[503] Dazu oben Teil 2 Rn. 75 ff.

[504] Die Vorschrift wird durch landesrechtliche Bestimmungen ergänzt, z. B. Art. 25 BayWG, § 77 NdsWG.

[505] So nur noch in Bremen und Mecklenburg-Vorpommern, nachdem zuletzt auch Bayern zum 1. 1. 2012 eine ausdrückliche gesetzliche Regelung zum Hammerschlags- und Leiterrecht geschaffen hat; zur bisherigen Rechtslage in Bayern und zum Folgenden s. auch *Saller*, in: Grziwotz/Saller, BayNachbR, Teil 4 Rn. 5 ff. m. w. N.

[506] Handelt es sich bei dem Nachbargrundstück um eine öffentliche Straße, so regelt sich deren Inanspruchnahme durch einen Straßenanlieger allerdings nicht nach § 242 BGB, sondern nach öffentlichem Straßenrecht (Gemeingebrauch, Anliegergebrauch, Sondernutzung; s. §§ 7 ff. FStrG und z. B. Art. 14 ff. BayStrWG); vgl. BGH, VersR 1980, 650, 652; BayVGH, BayVBl. 2008, 276, 277 f. (Baugerüst auf Straßengrund); *Horst*, Rn. 1465.

[507] *Bayer/Lindner/Grziwotz*, S. 138.

[508] S. dazu oben Rn. 122.

[509] S. oben Rn. 122. Ferner *Saller*, in: Grziwotz/Saller, BayNachbR, Teil 4 Rn. 7; *Just*, BayVBl. 1985, 289, 293; LG München II, WuM 1988, 163; **a. A.** AG Michelstadt, MDR 1964, 845; *Bayer/Lindner/Grziwotz*, S. 138 m. w. N.

mäßigem Aufwand durchgeführt werden könnten.[510] Es wird damit auf Ausnahmefälle beschränkt bleiben.[511]

Maßgebend für Bestand, Umfang und Dauer der Verpflichtung sind letztlich stets die Umstände des Einzelfalles, wobei sämtliche gegenläufigen Interessen der Beteiligten umfassend **abzuwägen** sind.[512] Dabei sind grundsätzlich nur *objektiv fassbare und vernünftige Interessen* in die Abwägung einzustellen, persönliche Differenzen der beteiligten Nachbarn müssen regelmäßig außer Betracht bleiben.[513] Allerdings kann sich bei verfeindeten Nachbarn die Verpflichtung im Einzelfall darauf beschränken, dass die Arbeiten durch den Berechtigten nicht persönlich ausgeführt werden dürfen, sondern nur durch Beauftragte.[514] Freilich kann dies unabhängig vom persönlichen Verhältnis der Nachbarn auch gelten, wenn etwa die Durchführung durch eine Fachfirma zu einer zeitlichen Verkürzung der Arbeiten und überhaupt zu einer geringeren Beeinträchtigung für den Nachbarn führt; jedenfalls geht die Dauer einer zulässigen Inanspruchnahme des Nachbargrundstücks nicht über den bei fachkundiger Ausführung der Arbeiten erforderlichen Zeitraum hinaus. In extremen Fällen nachbarunfreundlichen Verhaltens des das Betreten Verlangenden kann ein Betreten des Nachbargrundstücks auch einmal völlig ausscheiden.[515] Der bloße Umstand, dass der Eigentümer sein Grundstück nicht nutzt, führt für sich genommen noch nicht dazu, dass er dessen Inanspruchnahme durch den Nachbarn ohne Weiteres dulden muss.[516] In jedem Fall müssen die Arbeiten **rechtmäßig** sein, nur dann kann für den Nachbarn eine Duldungspflicht bestehen. Im Einzelnen werden die Ergebnisse hier vielfach denjenigen entsprechen, die sich zu den landesrechtlich geregelten Hammerschlags- und Leiterrechten ergeben.[517] Der Ausnahmecharakter des aus § 242 BGB hergeleiteten Betretungsrechts darf dabei aber nicht verkannt werden, so dass es verfehlt wäre, die positivrechtliche Regelung anderer Länder im Rahmen einer bloß vordergründigen Interessenabwägung einfach unbesehen zu übernehmen. Man wird daher allgemein allenfalls negativ formulieren können, dass – vom praktischen Ergebnis her –[518] nach § 242 BGB schwerlich erlaubt sein kann, was nicht auch nach *allen* gesetzlich geregelten Hammerschlags- und Leiterrechten erlaubt ist. **141**

Erlaubt ist zunächst einmal das bloße **Betreten** des Nachbargrundstücks; dies betrifft allerdings nur dessen unbebauten Teil, nicht hingegen auch Gebäude und andere bauliche Anlagen und erst recht nicht Wohnungen. Darüber hinaus kommen je nach den Umständen des Einzelfalles ferner das **Aufstellen von Gerüsten und Leitern**,[519] sowie die ohne Personen- oder Sachgefährdung mögliche Benutzung des Luftraums über dem Nachbargrundstück durch überschwenkende Kranausleger in Betracht.[520] Das Aufstellen von **Baumaschinen** und Baukränen wird demgegenüber allenfalls in besonders gelagerten Ausnahmefällen in Frage kommen.[521] Gleiches gilt für das Lagern von **Bau-** **142**

---

510 *Saller*, in: Grziwotz/Saller, BayNachbR, Teil 4 Rn. 10; *Sprau*, BayJustizGe, Vor Art. 43 AGBGB Rn. 14.

511 *Meisner/Ring/Götz*, § 25 Rn. 2; *Bayer/Lindner/Grziwotz*, S. 138; vgl. auch BGH, NJW-RR 2001, 232, 233.

512 Zum Ganzen: *Saller*, in: Grziwotz/Saller, BayNachbR, Teil 4 Rn. 11; *Sprau*, BayJustizGe, Vor Art. 43 AGBGB Rn. 14 m. w. N.; *Stadler*, BayNachbR, 8 B 2.

513 LG Duisburg, MDR 1958, 514; LG Deggendorf, 19. 3. 2002 – 1 S 2/02.

514 Vgl. *Dehner*, § 28 I 5; *Schäfer*, NdsNachbG, § 47 Rn. 8; *Bruns*, NRG BW, § 7 c Rn. 28; AG Ludwigsburg, DWW 2010, 191 (zu § 7 c NRG BW).

515 Vgl. OLG Hamm, NJW 1966, 599, 600; *Stadler*, BayNachbR, 8 B 2.

516 BGH, NJW 2000, 1719, 1720.

517 Dazu oben Rn. 122 ff.

518 Streng dogmatisch kann natürlich Landesrecht nicht den Maßstab für den bundesrechtlichen § 242 BGB vorgeben.

519 Vgl. LG Duisburg, MDR 1958, 514; LG Bonn, MDR 1962, 306; LG Berlin, MDR 1964, 147; LG Frankenthal, DWW 1967, 285.

520 *Saller*, in: Grziwotz/Saller, BayNachbR, Teil 4 Rn. 14; *Sprau*, BayJustizGe, Vor Art. 43 AGBGB Rn. 14.

521 Wie vorherige Fn.; s. ferner LG Passau, 15. 2. 2007 – 1 S 121/06 (Befahren eines landwirtschaftlichen Grundstücks mit Baumaschinen zur Sanierung einer Gabionenwand).

material.[522] Die Rechtsprechung hat eine Duldungspflicht aus § 242 BGB insbesondere wiederholt im Zusammenhang mit dem *Verputzen von Grenzgaragen und Grenzwänden* bejaht.[523] **Nicht** zulässig ist demgegenüber grundsätzlich eine **weitergehende Inanspruchnahme** des Nachbargrundstücks, die zugleich dessen Zustand verändern würde.[524] Dies betrifft etwa das Ausheben einer ins Nachbargrundstück hineinreichenden *Baugrube*, außer nach Bauplanungsrecht muss an der Grenze gebaut werden und die Bauarbeiten sind anders nicht oder nur unter unverhältnismäßigem Aufwand möglich.[525] Ausnahmsweise kann ein Recht zum *Aufgraben* des Nachbargrundstücks auch in Betracht kommen, um Isolierarbeiten an den Kellermauern vorzunehmen.[526]

143 Duldungs**verpflichtet** ist der jeweilige Eigentümer des zu betretenden Grundstücks sowie gegebenenfalls ein davon abweichender Besitzer. Betretungs**berechtigt** sind sowohl der Eigentümer des Grundstücks, auf dem die Arbeiten durchgeführt werden sollen, wie auch dinglich oder obligatorisch Berechtigte, die die Arbeiten in Ausübung ihres Rechts am Grundstück ausführen.[527] Grundsätzlich können sie die Arbeiten entweder selbst durchführen oder aber durch beauftragte Dritte durchführen lassen.[528]

144 Das Betretungsrecht führt zu keiner dinglich wirkenden Eigentumserweiterung am Grundstück des Berechtigten. Vielmehr ist lediglich der Abwehranspruch des beeinträchtigten Eigentümers aus § 1004 I BGB nach Treu und Glauben ausgeschlossen;[529] dieser ist deshalb im Ergebnis zur **Duldung** der Einwirkung verpflichtet. Es besteht daher auch **kein Recht zur Selbsthilfe**. Das gilt schon für die landesrechtlich speziell geregelten Betretungsrechte, und damit erst recht für das aus § 242 BGB abgeleitete Recht. Der das Betreten Begehrende muss daher den Nachbarn zunächst *zur Zustimmung auffordern*; wird diese verweigert, so muss die fehlende Einwilligung durch *Urteil* ersetzt werden.[530] Zu Klageantrag, Urteil und Vollstreckung gelten die Ausführungen zu den landesrechtlichen Betretungsrechten entsprechend.[531]

145 Werden durch die Inanspruchnahme des Nachbargrundstücks **Schäden** verursacht, so sind diese im Rahmen des § 823 BGB zu ersetzen; Voraussetzung ist daher insbesondere Verschulden. Für Hilfspersonen wird nach § 831 BGB gehaftet, nicht nach § 278 BGB.[532] Sofern ein Schadensersatzanspruch ausscheidet, kann subsidiär auch ein verschuldensunabhängiger nachbarrechtlicher Ausgleichsanspruch analog § 906 II 2 BGB in Betracht kommen.[533]

C. Schuldrechtliche Nutzungsgestattung

146 Die Frage nach einem Notwege- oder Notleitungsrecht stellt sich tatsächlich erst, wenn nicht ohnehin schon zumindest eine schuldrechtliche Gestattung zur Nutzung des Nachbargrundstücks vorliegt.

---

[522] A. A. Simon/Busse/*Dirnberger*, BayBO, Art. 66 Rn. 677 (generell umfasst); vgl. dazu ferner LG Hannover, MDR 1962, 480 f.

[523] OLG Hamm, NJW 1966, 599, 600; LG Duisburg, NJW 1958, 514; LG Berlin, MDR 1964, 147; LG Frankenthal, DWW 1967, 285; LG Deggendorf, 19. 3. 2002 – 1 S 2/02; LG München I, 14. 9. 2006 – 30 S 6244/06.

[524] Zum Ganzen: *Saller*, in: Grziwotz/Saller, BayNachbR, Teil 4 Rn. 15 m. w. N.; *Sprau*, BayJustizGe, Vor Art. 43 AGBGB Rn. 14; vgl. ferner OLG Düsseldorf, MDR 1992, 53.

[525] *Meisner/Ring/Götz*, § 25 Rn. 2.

[526] *Meisner/Ring/Götz*, § 25 Rn. 2; *Stadler*, BayNachbR, 8 B 2.

[527] *Saller*, in: Grziwotz/Saller, BayNachbR, Teil 4 Rn. 16; *Sprau*, BayJustizGe, Vor Art. 43 AGBGB Rn. 14; LG Hannover, MDR 1962, 480.

[528] *Meisner/Ring/Götz*, § 25 Rn. 2; s. aber auch oben Rn. 141.

[529] *Saller*, in: Grziwotz/Saller, BayNachbR, Teil 4 Rn. 17; *Just*, BayVBl. 1985, 289, 293.

[530] *Saller*, in: Grziwotz/Saller, BayNachbR, Teil 4 Rn. 18; *Bayer/Lindner/Grziwotz*, S. 138; *Meisner/Ring/Götz*, § 25 Rn. 2; vgl. ferner oben Rn. 129.

[531] Dazu oben Rn. 129.

[532] *Saller*, in: Grziwotz/Saller, BayNachbR, Teil 4 Rn. 20; *Stadler*, BayNachbR, 8 B 5.

[533] *Saller*, in: Grziwotz/Saller, BayNachbR, Teil 4 Rn. 21; *Sprau*, BayJustizGe, Vor Art. 43 AGBGB Rn. 15. Allgemein zum nachbarrechtlichen Ausgleichsanspruch unten Teil 5 Rn. 99.

I. Erteilung der Gestattung

1. Vertragsschluss

Unproblematisch ist die Gestattung, sofern sie **ausdrücklich** erteilt wird; sinnvollerweise sollten dabei auch gleich alle übrigen Modalitäten der Nutzung und ihrer späteren Beendigung festgelegt werden. Eine Gestattung kann jedoch auch durch schlüssiges Verhalten (**konkludent**) erteilt werden. Hierzu ist es allerdings erforderlich, dass sich aus dem Verhalten des Grundstückseigentümers hinreichend deutlich ein **Rechtsbindungswille** ergibt;[534] maßgeblich ist dabei der nach Treu und Glauben mit Rücksicht auf die Verkehrssitte zu ermittelnde objektive Erklärungswert, nicht dagegen der wirkliche innere Wille.[535] Aus dem bloßem Schweigen des Eigentümers auf die eigenmächtige Benutzung seines Grundstücks hin kann ein solcher daher regelmäßig noch nicht hergeleitet werden.[536] Anders liegt es allerdings, wenn in Kenntnis der maßgeblichen Umstände über einen *längeren Zeitraum* hinweg die Nutzung des eigenen Grundstücks *widerspruchslos geduldet* wurde.[537] Das Angebot auf Abschluss eines schuldrechtlichen Vertrages kann hier in der Benutzung des fremden Grundstücks gesehen werden, die Annahme in deren Duldung;[538] maßgeblich sind aber stets die Umstände des Einzelfalls. Zu beachten ist allerdings, dass die bloße Duldung aufgrund eines bestehenden Notwege- oder Notleitungsrechts erkennbar ohne rechtsgeschäftlichen Willen geschieht, und deshalb hieraus auch keine schuldrechtliche Gestattung abgeleitet werden kann. 147

2. Rechtliche Einordnung

Rechtlich handelt es sich bei einer dergestalt begründeten unentgeltlichen Nutzungsbefugnis nicht etwa, wie in gerichtlichen Verfahren immer wieder argumentiert wird, um „Gewohnheitsrecht", denn solches kann in Bezug auf die Nutzung eines einzelnen konkreten Grundstücks nicht entstehen,[539] sondern um einen **Leihvertrag**;[540] es gelten daher grundsätzlich die Vorschriften der §§ 598 ff. BGB. Die Instandhaltungs- und Verkehrssicherungspflicht hinsichtlich der Wegefläche oder Leitung trifft dabei wie bei § 917 BGB nicht den Grundstückseigentümer,[541] sondern im Falle einer Nutzung nur durch den Entleiher diesen allein,[542] ansonsten beide bei anteiliger Kostentragung.[543] Der Leihvertrag wirkt wie jeder schuldrechtliche Vertrag grundsätzlich nur zwischen den Vertragsparteien; ein Einzelrechtsnachfolger ist daher hieran nicht gebunden, selbst wenn er bei Grundstückserwerb von der Leihe Kenntnis hatte.[544] Eine dingliche Absicherung in Form einer Grunddienstbarkeit ist daher in jedem Fall vorzugswürdig. 148

---

[534] BayVGH, BayVBl. 2010, 629, 630 (Abwasserkanal).

[535] Vgl. OLG Köln, NJW-RR 1992, 1497.

[536] *Bayer/Lindner/Grziwotz*, S. 139; BayVGH, BayVBl. 2010, 629, 630.

[537] OLG Köln, NJW-RR 1992, 1497; OLGR 2003, 41, 44; BeckRS 2011, 14500; OLG Brandenburg, MDR 1997, 37; OLG Celle, OLGR 1999, 69; LG Gießen, MDR 1995, 257, 258; VGH BW, BeckRS 2011, 56373; *Horst*, Rn. 1329 m. w. N.

[538] OLG Köln, NJW-RR 1992, 1497; vgl. auch *Bayer/Lindner/Grziwotz*, S. 139.

[539] OLG München, 24. 1. 2012 – 8 U 3444/11; vgl. ferner VGH BW, BeckRS 2011, 56373.

[540] OLG Brandenburg, MDR 1997, 37; 30. 10. 2008 – 5 U 131/07; OLG Düsseldorf, MDR 1989, 260; OLG Hamm, NJW-RR 1987, 137, 138; OLG Köln, NJW-RR 1992, 1497; OLGR 2003, 41, 44; BeckRS 2011, 14500; OLG Saarbrücken, NJW-RR 2002, 1385; OLGR 2004, 391, 394; vgl. ferner BGHZ 125, 293, 298 = NJW 1994, 3156 (für ausdrückliche Gestattung).

[541] OLG Celle, MDR 2000, 81.

[542] *Horst*, Rn. 1333.

[543] OLG Brandenburg, 30. 10. 2008 – 5 U 131/07.

[544] OLG Düsseldorf, NJW-RR 1991, 403, 404; OLG Saarbrücken, NJW-RR 2002, 1385; MDR 2006, 1166; Bamberger/Roth/*Fritzsche*, § 917 Rn. 46 m. w. N.; *Bayer/Lindner/Grziwotz*, S. 139. Vgl. auch BGHZ 66, 37, 39 = NJW 1976, 416; BGH, MDR 1979, 127, 128; NJW-RR 2006, 1160, 1161; 2008, 827; 2010, 315 sowie allgemein bei § 1004 BGB unten Teil 5 Rn. 50 m. w. N.

II. Beendigung

1. Allgemeines

149 Bei einer ausdrücklichen Gestattung empfehlen sich **ausdrückliche Absprachen** der Parteien auch zur Frage der Beendigung der Nutzung. Wenn und soweit solche nicht bestehen, wie insbesondere bei bloß konkludenter Nutzungsgestattung, kann diese wie jeder Leihvertrag grundsätzlich nach den **§§ 604 f. BGB** beendet werden.

2. Kündigung

150 Es ist dann insbesondere nach § 604 III BGB grundsätzlich eine **jederzeitige Kündigung** ohne besonderen Grund möglich.[545] Dies folgt schon daraus, dass es der wirtschaftlichen Erfahrung entspricht, dass ein Grundstückseigentümer, wenn er schon die Nutzung seines Grundstücks stillschweigend duldet, dennoch grundsätzlich die freie Entschließung behalten will, diese Beeinträchtigung seines Eigentums wenigstens jederzeit wieder beenden zu können; seiner in der Duldung der Nutzung liegenden Gestattung kann deshalb grundsätzlich auch kein weitergehender rechtsgeschäftlicher Bindungswille beigelegt werden.[546] Die Kündigung ist, wiewohl aus Beweisgründen Schriftform sinnvoll ist,[547] **formlos** möglich;[548] sie kann deshalb auch konkludent erfolgen, etwa durch ein Herausgabeverlangen oder sogar durch bloßes Absperren des Weges;[549] sie liegt spätestens in der gegen die Nutzung gerichteten Klageerhebung.[550] Allerdings darf eine Kündigung **nicht zur Unzeit** erfolgen, hierin läge eine unzulässige Rechtsausübung, die der aus dem nachbarlichen Gemeinschaftsverhältnis fließenden Verpflichtung zu gegenseitiger Rücksichtnahme widerspräche;[551] damit wird im Ergebnis insbesondere bei jahrzehntelanger Duldung regelmäßig eine *angemessene Kündigungsfrist* einzuhalten sein.[552] Dennoch wird man einer zur Unzeit ausgesprochenen Kündigung die Wirksamkeit nicht gänzlich versagen können, vielmehr wirkt sie erst zum nächsten dem Grundstücksnutzer zumutbaren Zeitpunkt.[553] Diese Einschränkung gilt indes nicht, sofern die Gestattung ausdrücklich mit dem Vorbehalt jederzeitigen Widerrufs erfolgt ist.[554]

3. Einschränkung der Kündbarkeit

151 Die genannten Grundsätze über die jederzeitige Beendbarkeit der Leihe gelten uneingeschränkt nur in Fällen, in denen sich die Leihe im Wesentlichen in der Benutzung vor-

---

[545] OLG Brandenburg, MDR 1997, 37; 30. 10. 2008 – 5 U 131/07; OLG Düsseldorf, MDR 1989, 260; OLG Hamburg, OLGR 2000, 231, 232; OLG Hamm, OLGZ 1974, 62, 63; NJW-RR 1987, 137, 138; 16. 4. 2007 – 5 U 126/06; OLG Köln, NJW-RR 1992, 1497; OLGR 2003, 41, 44; BeckRS 2011, 14500; OLG München, 24. 1. 2012 – 8 U 3444/11; OLG Saarbrücken, NJW-RR 2002, 1385; OLGR 2004, 391, 394; OLG Schleswig, MDR 2003, 25, 26; BayVGH, BauR 2010, 1548, 1549; LG Gießen, MDR 1995, 257, 258; s. ferner BGH, GuT 2007, 161 (bei unentgeltlichen Gestattungsverträgen grds. jederzeitige Kündigungsmöglichkeit ohne besonderen Grund); **a. A.** LG Kassel, NJW 1969, 1174, 1176 (Kündigung nur bei nicht vorhergesehenem Eigenbedarf an dem Wegerecht).

[546] So schon *Hodes*, NJW 1969, 1174, 1175; OLG Saarbrücken, NJW-RR 2002, 1385; LG Gießen, MDR 1995, 257, 258; s. aber unten Rn. 151.

[547] *Horst*, Rn. 1349.

[548] OLG Köln, NJW-RR 1992, 149.

[549] OLG Saarbrücken, NJW-RR 2002, 1385; OLG Brandenburg, 30. 10. 2008 – 5 U 131/07.

[550] OLG Hamm, NJW-RR 1987, 137, 138; 16. 4. 2007 – 5 U 126/06; OLG Saarbrücken, NJW-RR 2002, 1385; OLG München, 24. 1. 2012 – 8 U 3444/11.

[551] OLG Köln, NJW-RR 1992, 1497; OLGR 2003, 41, 44 = VersR 2004, 1143, 1145 (unmittelbar bevorstehender Anschluss an öffentliches Kanalnetz); OLG Celle, OLGR 1999, 69; OLG Saarbrücken, OLGR 2004, 391, 395; OLG Hamm, 16. 4. 2007 – 5 U 126/06; OLG Brandenburg, 30. 10. 2008 – 5 U 131/07; *Bayer/Lindner/Grziwotz*, S. 139.

[552] OLG Köln, OLGR 1992, 33, 34; OLG Celle, OLGR 1999, 69; s. auch Erman/*Ebbing*, § 1004 Rn. 46.

[553] A. A. OLG Celle, OLGR 1999, 69, 70.

[554] OLG Köln, BeckRS 2011, 14500.

handener Einrichtungen auf dem Nachbargrundstück, wie eines Weges, erschöpft. Anders verhält es sich dagegen, wenn der Entleiher im Rahmen der Leihe und von der Gestattung gedeckt und damit *erlaubtermaßen* **nicht unerhebliche wirtschaftliche Investitionen** tätigt, wie insbesondere bei der Verlegung einer neuen Leitung oder auch der Neuanlage eines Weges. Hier wird, sofern für die Leihe keine Zeit bestimmt wird, eine interessengerechte Auslegung der Gestattung regelmäßig ergeben, dass der *Zweck der Leihe* in der Benutzung des Grundstücks für die Dauer der Unterhaltung und des Betriebs der Leitung oder des Weges besteht.[555] Die Nutzung ist dann nach **§ 604 II 1 BGB** erst zu beenden, nachdem der Entleiher den sich aus dem Zweck der Leihe ergebenden Gebrauch gemacht hat; dies ist regelmäßig gleichzusetzen mit der Lebensdauer des Weges oder der eingebrachten Leitung, sofern deren Betrieb nicht bereits vorher eingestellt wird. Wenn einem Grundstück die Anbindung an das öffentliche Straßennetz fehlt, kann je nach den Umständen des Einzelfalls der vereinbarte Zweck einer wegemäßigen Leihe auch in der Schaffung dieser Anbindung liegen; dieser steht dann einer Kündigung so lange entgegen, bis sich eine anderweitige Anbindung ergibt.[556] Auch in den genannten Fällen einer beschränkten Kündigungsmöglichkeit ist jedoch unter den Voraussetzungen des **§ 605 BGB**, also etwa bei vertragswidrigem Gebrauch,[557] oder gem. § 314 BGB aus wichtigem Grund, etwa bei unerträglichen Nachbarschaftsstreitigkeiten, an denen zumindest überwiegend der Entleiher schuld ist,[558] oder gar bei strafbaren Handlungen,[559] eine frühere Beendigung möglich. Schlussendlich ist auch im vorliegenden Zusammenhang nochmals darauf hinzuweisen, dass die schuldrechtliche Gestattung und deren Zweckbestimmung nur deren Parteien bindet, so dass ein Einzelrechtsnachfolger hieran und damit auch an die genannten Einschränkungen für eine Beendigung der Leihe grundsätzlich nicht gebunden ist.[560]

D. Vereinbartes Nachbarrecht durch Grunddienstbarkeiten

Neben den gesetzlichen Bestimmungen, die das Nachbarrechtsverhältnis regeln, spielt das vereinbarte Nachbarrecht für die Grundstücksnutzung in der Praxis des Grundstücksverkehrs eine große Rolle. Dienstbarkeiten, gemeinrechtliche Servituten, wurden bereits früher als Rechte definiert, deren man sich zu eigenem Besten und Vorteil auf fremden Gut zu erfreuen hat.[561] Grunddienstbarkeiten erweitern die Rechtsposition des Eigentümers des herrschenden Grundstücks, indem sie die Rechte des Eigentümers des dienenden Grundstücks einschränken. Sie gestatten somit die **Verlagerung von Eigentumspositionen** im Wege der Vereinbarung. Eine Dienstbarkeit gewährt als privatrechtliche dingliche Grundstücksbelastung dem Berechtigten einen Ausschnitt aus den umfassenden Befugnissen des Eigentümers des „dienenden" Grundstücks. Diesen trifft gegenüber dem Dienstbarkeitsberechtigten eine Duldungs- oder Unterlassungspflicht. 152

---

[555] So schon RG, HRR 1933 Nr. 1000; BayVGH, VwRR BY 1999, 247, 248; LG Freiburg, MDR 1994, 1218; ferner *Dehner*, § 38 III 2 (Fn. 145); Staudinger/*Gursky*, § 1004 Rn. 194; a. A. *Horst*, Rn. 1339 (nur keine Kündigung zur Unzeit).

[556] VGH BW, BeckRS 2011, 56373.

[557] BayVGH, VwRR BY 1999, 247, 248 (Überschwemmungen durch Überlaufen der Leitung); s. ferner LG Freiburg, MDR 1994, 1218 (vor Kündigung sind zunächst zumutbare Beseitigungs- und Schadensersatzansprüche geltend zu machen).

[558] *Horst*, Rn. 1347.

[559] Vgl. OLG Köln, NJW-RR 1994, 853, 854.

[560] BayVGH, VwRR BY 1999, 247, 248; *Horst*, Rn. 1417; anders *Schapp*, NJW 1976, 1092, 1093 (konkludente Schuldübernahme durch Grundstückskäufer; der Fall betrifft allerdings eine weithin sichtbare oberirdische Elektrizitätsleitung); s. ferner BGH, NJW-RR 2008, 827 (Übernahmewille muss deutlich zum Ausdruck kommen), oben Rn. 148 m. w. N. und allgemein bei § 1004 BGB unten Teil 5 Rn. 50 m. w. N.

[561] Vgl. nur *Kunkel/Mayer-Maly*, Röm. Recht, 4. Aufl. 1987, S. 180 ff. sowie von *Kreittmayr*, Anmerkungen über den Codicem Maximilianeum Bavaricum Civilem, 2. Teil, 1761, S. 1283, der (S. 1285) die Materie der Dienstbarkeiten zu den „frequentisten, welche bey Gericht vorzukommen pflegen" zählt. Vgl. auch *Roth*, Bayer. Zivilrecht, 2. Teil, 1872, § 152.

I. Begriff und Abgrenzung

1. Begriff

153 § 1018 BGB enthält eine Legaldefinition der Grunddienstbarkeit. Es handelt sich um ein **beschränktes subjektiv-dingliches Recht** an einem Grundstück. Der jeweilige Eigentümer des so genannten herrschenden Grundstücks erhält einzelne Teilbefugnisse, die das Eigentum am dienenden Grundstück gewährt.[562] Entweder darf der Eigentümer eines Grundstücks ein Nachbargrundstück in gewissen Beziehungen benutzen (so genannte Benutzungsdienstbarkeit) oder der Eigentümer darf auf seinem Grundstück gewisse Handlungen nicht vornehmen (so genannte Unterlassungsdienstbarkeit) oder die Ausübung eines Rechtes, das sich aus dem Eigentum am Grundstück ergibt, ist ausgeschlossen (so genannter Ausschluss von Eigentümerrechten).[563] Bei allen drei Arten der Grunddienstbarkeit muss ein Vorteil für das herrschende Grundstück gegeben sein (§ 1019 BGB). Die Grunddienstbarkeit ist Bestandteil des herrschenden Grundstücks (§ 96 BGB). Sie kann von diesem nicht getrennt und nur mit ihm übertragen werden.[564]

2. Abgrenzung

a) Beschränkte persönliche Dienstbarkeit (§§ 1090 ff. BGB)

154 Beschränkte persönliche Dienstbarkeiten haben den gleichen Rechtsinhalt wie Grunddienstbarkeiten. **Berechtigter** ist jedoch nicht der jeweilige Eigentümer eines herrschenden Grundstücks, sondern eine **bestimmte natürliche oder juristische Person**. Dies hat zur Folge, dass ein Vorteil für die Benutzung eines anderen Grundstücks – anders als bei einer Grunddienstbarkeit – nicht gegeben sein muss. Beschränkte persönliche Dienstbarkeiten sind nicht vererblich und grundsätzlich auch nicht übertragbar.[565]

155 Wird eine beschränkte persönliche Dienstbarkeit **zugunsten des jeweiligen Eigentümers** eines Grundstücks bewilligt, so handelt es sich um eine Grunddienstbarkeit, auch wenn diese versehentlich als beschränkte persönliche Dienstbarkeit zur Eintragung beantragt wurde. Umgekehrt werden in der Praxis häufig beschränkte persönliche Dienstbarkeiten als „Grunddienstbarkeit" bezeichnet, obwohl sie für einen bestimmten Berechtigten bestellt werden. In diesem Fall handelt es sich um eine beschränkte persönliche Dienstbarkeit, auch wenn das Recht für einen bestimmten Berechtigten „und seine Rechtsnachfolger" bestellt wird.[566]

156 Beschränkte persönliche Dienstbarkeiten werden anstelle von Grunddienstbarkeiten regelmäßig dann bestellt, wenn es an dem erforderlichen Vorteil für ein bestimmtes Grundstück fehlt. Zudem haben sie in Bayern und Brandenburg als Ersatz für die dort nicht möglichen Baulasten **praktische Bedeutung**.[567] Zweckmäßigerweise sollte die beschränkte persönliche Dienstbarkeit zugunsten einer juristischen Person oder zumindest

---

[562] S. nur BGB-RGRK/*Rothe*, § 1018 Rn. 1.

[563] S. zur Unterscheidung nur KEHE/*Herrmann*, GBO, Einl. N Rn. 18 ff.; *Bayer* in: Bauer/von Oefele, GBO, AT III Rn. 277 ff. u. unten Rn. 236 ff.

[564] S. nur OLG Köln, OLGZ 1968, 453. Zur Möglichkeit der schuldrechtlichen Überlassung der Ausübung OLG Hamm, OLGZ 1980, 270 = DNotZ 1981, 264. Zum Übergang bei Erlöschen eines Erbbaurechts s. BGH ZfIR 2012, 429 m. krit. Anm. *Grziwotz*.

[565] § 1092 BGB. Zur Übertragbarkeit bei juristischen Personen oder rechtsfähigen Personengesellschaften als Berechtigten s. § 1092 II i. V. m. §§ 1059 aa bis 1059 d BGB. Zur Übertragbarkeit von Dienstbarkeiten für juristische Personen und rechtsfähige Personengesellschaften, die dazu berechtigen, ein Grundstück für Anlagen zur Fortleitung von Elektrizität, Gas, Fernwärme, Wasser, Abwasser, Öl oder Rohstoffe, für Telekommunikationsanlagen, für Anlagen zum Transport von Produkten zwischen Betriebsstätten oder für Straßenbahn- oder Eisenbahnanlagen zu benutzen, vgl. § 1092 III BGB.

[566] BGH, LM § 1018, Nr. 11 u. Nr. 15; vgl. auch BGB-RGRK/*Rothe*, § 1090 Rn. 2.

[567] Das Bestehen einer derartigen beschränkten persönlichen Dienstbarkeit begründet einen Rechtsmangel (BGH, NJW 2000, 803 = MittBayNot 2000, 102).

einer rechtsfähigen Personenvereinigung bestellt werden, da sie beim Ableben einer berechtigten natürlichen Person erlischt.

Eine beschränkte persönliche Dienstbarkeit kann **am selben Grundstück** mit dem 157
gleichen Inhalt wie eine Grunddienstbarkeit bestellt werden. So kann beispielsweise eine Grunddienstbarkeit zugunsten des jeweiligen Eigentümers eines bestimmten Grundstücks bestellt werden und parallel dazu eine inhaltsgleiche beschränkte persönliche Dienstbarkeit zugunsten einer öffentlich-rechtlichen Körperschaft (so genannte Doppelsicherung).[568] Aber auch eine beschränkte persönliche Dienstbarkeit zugunsten des derzeitigen Eigentümers des herrschenden Grundstücks ist neben einer inhaltsgleichen Grunddienstbarkeit möglich. Praktisch relevant wird dies vor allem, wenn der Vorteil für ein herrschendes Betriebsgrundstück zweifelhaft ist und deshalb eine „Parallelsicherung" mittels einer beschränkten persönlichen Dienstbarkeit zugunsten der Besitzgesellschaft erfolgt.

b) Nießbrauch (§§ 1030 ff. BGB)

Der Nießbrauch ist ein Unterfall der persönlichen Dienstbarkeit. Er wird zugunsten 158
einer natürlichen oder juristischen Person bestellt. Anders als die Dienstbarkeit, die nur zu einzelnen Nutzungen berechtigt, gewährt er grundsätzlich das Recht auf Ziehung **sämtlicher Nutzungen** eines Grundstücks.[569] Der Nießbrauch kann durch den Ausschluss einzelner Nutzungen beschränkt werden (§ 1030 II BGB). Anders als die Dienstbarkeit kann er auch an beweglichen Sachen oder Rechten sowie an einem Miteigentumsanteil (§ 1066 I BGB) bestellt werden. Ein Nießbrauch an Gegenständen gibt ein Recht zum Besitz (§ 1036 I BGB). Aus dem Wesen der Dienstbarkeit folgt, dass auch der Nießbrauch nicht vererblich und regelmäßig nicht übertragbar ist.[570] Die Einräumung einer umfassenden Nutzungsbefugnis kann nur durch einen Nießbrauch, nicht durch eine Dienstbarkeit erfolgen.[571] Die Einräumung eines Quotennießbrauchs stellt deshalb einen häufig gewählten Ausweg (z. B. bei einem Zugangsrecht) dar, wenn eine Dienstbarkeit nicht möglich ist.

c) Erbbaurecht und Dauernutzungsrecht

Das Erbbaurecht ist das veräußerliche und vererbliche Recht, auf oder unter einem 159
fremden Grundstück ein **Bauwerk** zu haben (§ 1 ErbbauRG). Soweit das Grundstück nicht für das Bauwerk benötigt wird, hat der Erbbauberechtigte keine Benutzungsbefugnis; sie verbleibt vielmehr beim Grundstückseigentümer.[572] Allerdings kann das Erbbaurecht auf für das Bauwerk nicht erforderliche Teile des Grundstücks erstreckt werden, sofern das Bauwerk wirtschaftlich die Hauptsache bleibt (§ 1 II ErbbauRG). Aus diesem Grunde ist ein Erbbaurecht auch für einen Golfplatz zulässig.[573] Da das Bauwerk die Hauptsache bleiben muss, genügt ein kleines Bauwerk wie z. B. ein Geräteschuppen oder eine Garage in einem großen Park nicht.[574] Das Erbbaurecht kann nach wohl noch h. M., wenn man allein den Gesetzeswortlaut berücksichtigt, nur an erster Rangstelle im Grundbuch eingetragen werden.[575]

---

568 Diese war in Bayern und Brandenburg anstelle der Sicherung durch eine Baulast neben einer Grunddienstbarkeit erforderlich; zur nunmehrigen Einfachsicherung s. nur *Dirnberger,* in: Jäde/Dirnberger/Bauer/Weiß, BayBO, Art. 4 Rn. 73.

569 Vgl. zur Abgrenzung auch *Schöner,* DNotZ 1982, 416 ff.

570 §§ 1061, 1059 BGB. Zu Ausnahmen bei juristischen Personen oder rechtsfähigen Personengesellschaften vgl. § 1059 a BGB.

571 Vgl. KG, NJWE-MietR 1996, 108.

572 KG, NJW-RR 1992, 214.

573 BGHZ 117, 19 = NJW 1992, 1681.

574 Vgl. BayObLG, NJW-RR 1991, 718.

575 § 10 I 1 ErbbauRG. Vgl. dazu nur Palandt/*Bassenge,* § 10 Rn. 1; Lemke/*Czub,* § 10 ErbbauRG Rn. 3 u. Soergel/*Stürner,* § 10 Rn. 1; tlw. abw. für Rechte, die einer Zwangsversteigerung nicht zum Ausfall des Erbbaurechtes führen und auch den Ausübungsbereich nicht betreffen, Erman/*Grziwotz,* § 10 Rn. 1 u. *Böttcher,* Praktische Fragen des Erbbaurechts, 6. Aufl. 2011, Rn. 103.

160 Das **Dauernutzungsrecht** (§§ 31 ff. WEG) berechtigt zur Nutzung nicht zu Wohnzwecken dienender Räume. Es ist veräußerlich und vererblich (§ 33 I WEG), pfändbar und verpfändbar. Es kann jedoch – anders als das Erbbaurecht – nicht mit Grundpfandrechten, Reallasten, Dienstbarkeiten oder einem dinglichen Vorkaufsrecht belastet werden. Eine Bestellung unter einer Bedingung ist unzulässig (§ 33 I 2 WEG). Sofern sich das Recht nicht auf das ganze Gebäude erstreckt, ist zur Eintragung im Grundbuch wie bei der Bildung von Wohnungs- und Teileigentum eine Abgeschlossenheitsbescheinigung der Baubehörde erforderlich (§ 32 II WEG).[576] Das Dauernutzungsrecht ist von dem in § 1093 BGB geregelten Wohnungsrecht zu unterscheiden.[577] Alternativ ist auch eine Nutzungsreallast möglich.[578] Sie verpflichtet den Eigentümer, eine bestimmte Nutzungsmöglichkeit zur Verfügung zu stellen; diese Verpflichtung bezieht sich nicht auf ein bestimmtes Grundstück oder ein konkretisiertes Gebäude. Bei Nichterfüllung kann der Berechtigte das belastete Grundstück verwerten, um einen Wertersatz für die entgangene Nutzungsmöglichkeit zu erhalten.

d) Reallast (§§ 1105 ff. BGB)

161 Die Reallast gewährt dem Berechtigten ein **Verwertungsrecht**, anders als bei der Dienstbarkeit jedoch kein Nutzungsrecht.[579] Sie ist auf ein positives Tun des Verpflichteten und nicht nur auf ein Dulden oder Unterlassen gerichtet. Die sich aus ihr ergebenden Leistungen sind dinglicher Natur und lasten auf dem Grundstück oder grundstücksgleichen Recht. Der Berechtigte kann dieses bei Nichtleistung gegebenenfalls im Wege der Zwangsvollstreckung in Anspruch nehmen.[580] Daneben haftet der Eigentümer auch persönlich mit seinem gesamten Vermögen (§ 1108 I BGB). Diese persönliche Haftung kann jedoch einvernehmlich abbedungen werden.[581] Sie betrifft nur in der Zeit des Eigentums fällig werdende Leistungen.[582]

e) Mitbenutzungsrechte

162 Grundstücke im Beitrittsgebiet können mit so genannten Mitbenutzungsrechten belastet sein. Es handelt sich hierbei um Nutzungsrechte, bei denen sich schuld- und sachenrechtliche Elemente mischen. Sie traten in der ehemaligen DDR an die Stelle der dort nicht bekannten Dienstbarkeiten.[583] Mitbenutzungsrechte konnten in das Grundbuch eingetragen werden. Dies war jedoch für ihr Entstehen nicht erforderlich und zudem auch nicht üblich. Vorgesehen war die Eintragung lediglich für Wege- und Überfahrtrechte im Einverständnis mit dem Eigentümer. Im Rahmen der Überleitung blieben diese Mitbenutzungsrechte als dingliche Rechte eigener Art bestehen. Vor dem 3. 10. 1990 entstandene Mitbenutzungsrechte wurden **in beschränkte dingliche Rechte übergeleitet**. Nach dem 2. 10. 1990 konnten derartige Mitbenutzungsrechte nicht mehr bestellt werden. Für eine vor dem **1. 1. 1976** begründete Dienstbarkeit galt das BGB **weiter**.[584] Seit dem 3. 10. 1990 konnten im Grundbuch Mitbenutzungsrechte auch dann eingetragen werden, wenn sie nach früherem DDR-Recht nicht eintragungsfähig waren.

163 Ein **nicht im Grundbuch eingetragenes Mitbenutzungsrecht**, das zur Erhaltung seiner Wirksamkeit gegenüber dem öffentlichen Glauben des Grundbuchs nicht der Eintragung bedurfte, erlosch am 31. 12. 2000. Eine Ausnahme bestand dann, wenn der Eigentümer des Grundstücks vorher das Bestehen des Rechts in öffentlich beglaubigter Form

---

576 Vgl. LG Münster, DNotZ 1953, 148.

577 Vgl. *Mayer*, ZNotP 2000, 954 ff. u. *Lotter*, MittBayNot 1999, 354 ff.

578 Vgl. BayObLG, MittBayNot 1981, 186 = Rpfleger 1981, 353 zur Wohnungsreallast.

579 S. nur *Schöner/Stöber*, Grundbuchrecht, Rn. 1287.

580 BayObLG, DNotZ 1991, 805 u. *Amann*, DNotZ 1993, 222 ff.

581 S. nur MünchKommBGB/*Jost*, § 1108 Rn. 7.

582 BGH, NJW 1990, 2380.

583 Vgl. §§ 321, 322 ZGB-DDR; vgl. dazu *Böhringer*, BWNotZ 1992, 3, 8 ff.; *ders.*, DtZ 1994, 50, 51 ff. u. *ders.*, NotBZ 2002, 117, 119 ff.

584 Art. 233 § 5 EGBGB, § 6 EGZGB. Vgl. nur *Böhringer*, DtZ 1994, 50, 51; *Beckers*, DNotZ 1993, 364, 367 f. u. *Janke-Menzke*, NJ 1989, 102 f.

anerkannte und die entsprechende Grundbuchberichtigung bewilligte oder der Inhaber des nicht eingetragenen Mitbenutzungsrechtes gegenüber dem Eigentümer im Wege der gerichtlichen Geltendmachung die Abgabe der vorstehend genannten Erklärungen verlangte.[585] Eine weitere Ausnahme galt nach § 9 GBBerG für Anlagen zur Fortleitung von Elektrizität, Gas und Fernwärme einschließlich aller dazugehörigen Anlagen, wenn diese am 3. 10. 1990 genutzt wurden.[586] Bis zum 31. 12. 2000 erlosch ein Benutzungsrecht auch dann nicht, wenn der Erwerber dessen Existenz nicht kannte.[587] Ein gutgläubiger lastenfreier Erwerb des Grundstücks war ausgeschlossen, selbst wenn bestehende Mitbenutzungsrechte nicht im Grundbuch eingetragen waren. Bei einer Zwangsversteigerung blieben die Mitbenutzungsrechte grundsätzlich bestehen.[588] Wurde bis zu dem vorgenannten Zeitpunkt der Eintragungsantrag nicht gestellt, galt es ab dem 1. 1. 2001 als erloschen. Ab diesem Zeitpunkt kommt somit der Grundsatz des guten Glaubens bei Mitbenutzungsrechten uneingeschränkt zum Tragen.[589]

f) Gesetzliche Nutzungsbeschränkungen

Gesetzliche Bestimmungen sehen mitunter **dienstbarkeitsähnliche Nutzungsbeschränkungen** vor. Teilweise enthalten sie Ansprüche auf Bestellung einer Dienstbarkeit. In den Fällen dienstbarkeitsähnlicher Nutzungsbeschränkungen sind zumindest zur Lückenergänzung die §§ 1020 ff. BGB entsprechend anwendbar.[590] 164

Gemäß § 76 I Nr. 1 TKG kann der Eigentümer eines Grundstücks den Betrieb und die Erneuerung von **Telekommunikationslinien** auf seinem Grundstück dann nicht verbieten, wenn auf dem Grundstück eine durch ein Recht gesicherte Leitung oder Anlage auch für die Errichtung, den Betrieb und die Erneuerung einer Telekommunikationslinie genutzt und hierdurch die Nutzbarkeit des Grundstücks nicht dauerhaft zusätzlich eingeschränkt wird.[591] Diese Vorschrift geht davon aus, dass bereits vorhandene Versorgungsleitungen, welcher Art auch immer, zu Zwecken der Wettbewerbssituation auf dem Telekommunikationssektor aufgewertet werden können. Sie gibt dem Netzbetreiber kein Recht, Anschlussleitungen auf fremden Grundstücken zu verlegen.[592] 165

Für **Anlagen zur Fortleitung von Elektrizität, Gas und Fernwärme** einschließlich der dazu gehörigen Anlagen, die am 3. 10. 1990 im Beitrittsgebiet genutzt wurden,[593] wurde kraft Gesetzes zugunsten des Versorgungsunternehmens und unabhängig von der Eintragung im Grundbuch eine beschränkte persönliche Dienstbarkeit an den von der 166

---

[585] § 8 GBBerG i.V. m. § 13 I SachenR-DV. Zur Ausnahme bei einem Anspruch nach § 116 SachenRBerG s. BGH, ZfIR 2004, 397; allerdings wird dieser Anspruch wieder durch das Vermögenszuordnungsrecht verdrängt (BGH, ZfIR 2003, 287 = WM 2003, 1671 u. BGH, ZfIR 2004, 128).

[586] Vgl. Teil 4 Rn. 112. Eine nach § 9 I GBBerG kraft Gesetzes entstandene beschränkte persönliche Dienstbarkeit erlischt bei einem gutgläubigen Erwerb des betreffenden Grundstücks, wenn sie bis zum 31. 12. 2010 weder im Grundbuch eingetragen noch die Eintragung beantragt und auch kein Widerspruch nach § 899 BGB für den Berechtigten im Grundbuch eingetragen ist (OLG Jena, FGPrax 2012, 55 = BeckRS 2012, 04586; vgl. auch KG, BeckRS 2012, 06988, wonach der Antrag auf Eigentumsumschreibung nach dem 31. 12. 2010 gestellt werden muss). Vgl. *Schmidt-Räntsch*, ZfIR 2011, 697 ff. u. *Böhringer*, Rpfleger 2011, 409 ff.

[587] Kein Erlöschen erfolgt auch bei Abschluss eines Anschlussvertrages (BGH, ZfIR 2004, 749).

[588] Zu den Möglichkeiten des Erwerbers des Eigentums, die Aufhebung oder Änderung des Mitbenutzungsrechts gegen Ausgleich der dadurch entstehenden Vermögensnachteile zu verlangen, s. Art. 233 § 5 II EGBGB.

[589] S. zum Ganzen *Löffler*, in: Rechtshandbuch Immobilien II, Teil XIV Rn. 58 ff.

[590] Vgl. auch BGH, NJW 1980, 771, 772.

[591] Entspricht § 57 I TKG a. F. S. nur BVerfG, NJW 2000, 798 = MMR 2000, 87; BVerfG, NJW 2001, 2960 = MMR 2001, 521; BVerfG, NJW 2003, 196 = MMR 2002, 736 = CR 2002, 890 = ZfIR 2002, 819; BGHZ, 145,16 = NJW 2000, 3206 = DNotZ 2001, 64 = CR 2000, 823 = MDR 2000, 1241 = ZfIR 2000, 708; BGH, ZfIR 2001, 834; BGH, NJW-RR 2002, 950 = ZfIR 2002, 80; BGHZ 149, 213 = NJW 2002, 678 = CR 2002, 733 = ZIP 2002, 176; BGH, ZfIR 2004, 674 = BGHR 2004, 79; BGH, BeckRS 2012, 09963; *Kirchner*, MittBayNot 2000, 202 ff.; *Schäfer/Giebel*, ZfIR 2003, 49 ff.; *Wimmer*, K & R 2001, 208 ff. u. *Wüstenberg*, CR 2002, 801 ff. S. aber auch BGH, ZfIR 2004, 127. Ausführlich Rn. 100 ff.

[592] BGH, ZfIR 2004, 70, 71.

[593] Vgl. OLG Brandenburg, BeckRS 2007, 13400 = NotBZ 2008, 30 = RdE 2009, 68.

Energieanlage in Anspruch genommenen Grundstücken begründet.[594] Zu den Anlagen gehören neben unterirdischen Leitungen auch die Nutzung oberirdischer Hochspannungsleitungen sowie die dazu notwendigen Masten und Fundamente. Auch Transformatorenstationen und Umspannanlagen dienen der unmittelbaren Fortleitung. Demgegenüber werden Anlagen zur Erzeugung der elektrischen Energie oder der Fernwärme nicht von dieser Regelung erfasst.[595] Eine Ausnahme vom Entstehen beschränkter persönlicher Dienstbarkeiten gilt für öffentliche Verkehrswege und Verkehrsflächen.[596]

167 Gesetzliche Vorschriften enthalten zudem teilweise die Pflicht des Grundeigentümers **Versorgungsleitungen** zu dulden.[597] Die Verpflichtung betrifft nur Grundstücke, die ihrerseits an die Versorgungseinrichtung angeschlossen oder anzuschließen sind. Die Verpflichtung entfällt, soweit die Inanspruchnahme des Grundstücks den Eigentümer in unzumutbarer Weise belasten würde.[598]

168 Teilweise wird zugunsten des **öffentlichen Nutzers** ein Anspruch auf Bestellung einer Dienstbarkeit gesetzlich begründet. So kann nach § 3 III 1 VerkFlBerG der öffentliche Nutzer einer Verkehrsfläche an Stelle des Verkaufs die Bestellung einer beschränkten persönlichen Dienstbarkeit verlangen. Dies kommt dann in Betracht, wenn das Grundstück durch die Verkehrsfläche nur in einzelnen Beziehungen genutzt wird[599] und deshalb die Rechtsbeziehungen der Beteiligten bei der Neuanlage von Verkehrsflächen dieser Art üblicherweise durch bloße Belastung des Eigentums am Grundstück gestaltet werden.[600] § 116 SachenRBerG sieht bei Grundstücken im Beitrittsgebiet, auf denen natürliche Personen bauliche Erschließungsanlagen errichtet haben, die nicht durch ein mit Zustimmung des Grundstückseigentümers begründetes Mitbenutzungsrecht gesichert wurden, einen Anspruch auf Absicherung vor. Voraussetzung ist, dass ohne die Inanspruchnahme des betroffenen Grundstücks eine ordnungsgemäße Bewirtschaftung des Grundstücks des Anspruchstellers nicht möglich ist.[601] Allerdings ist die Unterhaltung einer baulichen Anlage nicht Voraussetzung für die Anwendung des § 116 SachenRBerG. Geschützt wird bereits derjenige, der ein Grundstück in einzelnen Beziehungen nutzt, ebenso derjenige, der auf dem Grundstück eine Anlage unterhält. Das Unterhalten der Anlage stellt einen Unterfall der Nutzung dar.[602]

169 Auch einzelne Landesrechte sehen einen Anspruch des Eigentümers auf **Duldung von Leitungen** vor.[603]

170 Ein Anspruch auf Grundstücksnutzung nach den Grundsätzen des nachbarrechtlichen Gemeinschaftsverhältnisses scheidet regelmäßig aus. Dies gilt auch dann, wenn der Eigen-

---

594 § 9 GBBerG; s. dazu nur *Böhringer,* DtZ 1994, 194, 195 f.; *ders.,* NJ 2010, 146 ff.; *ders.,* Rpfleger 2011, 409 ff.; *Keller,* LKV 1997, 49, 50 ff.; *Seelinger,* DtZ 1995, 35 ff.; *Schmidt-Räntsch,* ZfIR 2011, 697 ff. Zur Verfassungsmäßigkeit s. BGH, ZfIR 2004, 155 u. ZfIR 2004, 211 u. BVerfG, WM 2006, 2373 = RdE 2007, 52. Zum gutgläubigen „Wegerwerb" nach dem 31. 12. 2010 s. Fn. 409.

595 Ebenso *Keller,* LKV 1997, 49, 50 ff.

596 S. nur BGH, BGHR 2002, 413 = BauR 2002, 1071 = VIZ 2002, 303; OVG Bautzen, BeckRS 2008, 35646 = NJ 2008, 187.

597 So z. B. Art. 24 II 3 BayGO, § 8 AVBWasserV, § 12 NDAV, § 12 NAV, § 8 AVBFernwärmeV. Ausführlich Rn. 106 ff.

598 Vgl. nur VGH München, NVwZ 1996, 502 = BayVBl. 1995, 52, 54 u. VGH München, NVwZ-RR 1996, 1.

599 Z. B. Untertunnelung, Brückenpfeiler auf Ackerfläche.

600 Vgl. dazu *Stavorinus,* NotBZ 2001, 349, 360 f.

601 OLG Dresden, NZM 2000, 1078, 1079; BGH, NJW-RR 2006, 958 = ZOV 2006, 119; BGH, NJW-RR 2006, 960 = NotBZ 2006, 245; BGH, NJW-RR 2006, 1160 = MDR 2006, 1221 = NotBZ 2006, 240; BGH, NJW-RR 2008, 325 = NotBZ 2008, 64; BGH, NJW-RR 2009, 1028; BGH, NJOZ 2009, 3720; BGH, NJW-RR 2010, 445 = BGHR 2009, 1030 = ZOV 2009, 233; BGH, NJW-RR 2010, 818 = ZfIR 2010, 289; LG Meiningen, BeckRS 2009, 20188; LG Meiningen, BeckRS 2009, 20333 u. *Vossius,* Sachenrechtsbereinigungsgesetz, 2. Aufl. 1996, § 116 Rn. 11. Zum Verhältnis zu § 8 GBBerG s. BGH, ZfIR 2004, 397; zum Verhältnis zum Vermögenszuordnungsrecht s. BGH, ZfIR 2003, 287 = WM 2003, 1671 u. BGH, ZfIR 2004, 128. Zur Verjährung *Czub/Schmidt-Räntsch,* ZfIR 2007, 517 ff.

602 BGH, MDR 2003, 981 = VIZ 2003, 385 = NotBZ 2003, 262.

603 Vgl. nur Art. 24 II 2 BayGO sowie BGH, NJW 1991, 176 = MDR 1990, 994 = Rpfleger 1990, 454; tlw. abw. OLG Karlsruhe, ZfIR 2001, 3 zu § 7e NachbG BW.

tümer des betroffenen Grundstücks dieses selbst nicht nutzt.[604] Ein Ausnahmefall kann bei Vorliegen besonderer Umstände gegeben sein. Insbesondere kann eine lang dauernde Duldung einer Leitung durch den Nachbarn dazu führen, dass der begünstigte Grundeigentümer darauf vertrauen darf, dass dieser Zustand auch künftig erhalten bleibt. In diesem Fall hat das Bestandsschutzinteresse dieses Nachbarn Vorrang vor dem Interesse des Eigentümers des belasteten Grundstücks an einer Veränderung des bisher geduldeten Zustands.[605] Allerdings kann eine derartige **Verdinglichung einer schuldrechtlichen Nutzungsposition** nur in besonders gelagerten Ausnahmefällen angenommen werden.

g) Schuldrechtliche Nutzungsvereinbarungen

Von den Grunddienstbarkeiten sind schuldrechtliche Nutzungsrechte wie z. B. Miete, 171
Pacht und Leihe zu unterscheiden.[606] Die Vertragsteile sind in ihrer Ausgestaltung, soweit nicht zwingende Vorschriften bestehen, frei. Sie unterliegen insbesondere **nicht** der im Sachenrecht geltenden **Typenbeschränkung**. Deshalb kann bei schuldrechtlichen Nutzungsvereinbarungen auch die Entgeltlichkeit Inhalt des Rechts sein. Derartige Vereinbarungen können auch zwischen einem Grundstückseigentümer und der öffentlichen Hand bestehen. Ansprüche aus der Abrede zwischen einer Gemeinde und einem Eigentümer über die Verlegung eines gemeindlichen Kanals sind grundsätzlich dem bürgerlichen Recht zuzuordnen.[607] Regelmäßig wird eine stillschweigende Duldung lediglich ein Leihverhältnis oder ein mietvertragsähnliches Nutzungsverhältnis[608] begründen. Eine Leihe kann mangels entgegenstehender Vereinbarung gemäß § 604 III BGB jederzeit gekündigt werden, ohne dass es hierfür eines besonderen Grundes bedarf.[609] Tritt der Gestattungsvertrag an die Stelle einer Dienstbarkeit, kann dieser Grundsatz allerdings Einschränkungen unterliegen.

Schuldrechtliche Nutzungsvereinbarungen sind vom Kausalverhältnis, das einer 172
Dienstbarkeitsbestellung zugrunde liegt, von der Sicherungsabrede, die die schuldrechtliche Vereinbarung und die dingliche Dienstbarkeit miteinander verbindet, sowie von dem neben der Dienstbarkeit kraft Gesetzes bestehenden Begleitschuldverhältnis zu **unterscheiden**.[610]

h) Baulasten und ähnliche öffentlich-rechtliche Verpflichtungserklärungen

aa) Inhalt. Baulasten gehören – anders als Grunddienstbarkeiten – dem öffentlichen 173
Recht an.[611] Es handelt sich um öffentlich-rechtliche Verpflichtungserklärungen. Sie betreffen nicht etwa die Pflicht zur Errichtung oder Erhaltung eines Bauwerks, wie dies bei der Kirchenbaulast und der Straßenbaulast sowie der Erschließungslast der Fall ist. Mit Baulasten und ihnen angenäherten sonstigen öffentlich-rechtlichen Verpflichtungserklärungen[612] sollen öffentlich-rechtliche Hindernisse, die einem Bauvorhaben entgegen stehen, beseitigt werden. Baulasten können nicht in das Grundbuch eingetragen werden. Um die Vollständigkeit des Grundbuchs zu gewährleisten, haben Bayern und Branden-

---

[604] BGH, NJW 2000, 1719 = DNotZ 2000, 465 = NZM 2000, 567 = MDR 2000, 516 = ZfIR 2000, 201.

[605] BGH, DNotZ 2003, 531 = ZfIR 2003, 345 = MDR 2003, 624.

[606] RGZ 60, 317, 320.

[607] VGH München, NvWZ-RR 1996, 343, 344. Zu einem Vertragsmuster eines Gestattungsvertrages über die Nutzung von Fiskalgrundstücken für Stromversorgungsleitungen vgl. BayStAnz Nr. 8/1997, FMBl. S. 74 u. zum Mustergestattungsvertrag für die Fernwärmeversorgung BWGZ 1995, 162 ff. S. auch zum Bundesmustervertrag *Stahlheit,* in: Dauerer/Theobald, Energierecht, B 1, Versorgungsleitungen und öffentliche Wege, Rn. 125 ff.

[608] So BGHZ 123, 166 = DNotZ 1994, 172 = NJW 1993, 3131 = MDR 1993, 1062.

[609] Vgl. OLG Brandenburg, DtZ 1996, 389, 390. Zur Nutzung im Rahmen einer Wohnungseigentümergemeinschaft s. OLG Stuttgart, NJW-RR 1995, 527.

[610] S. dazu nur *Amann,* DNotZ 1989, 531 ff.; *Heß,* AcP 198 (1998), 489 ff.; NK-BGB/*Otto,* § 1018 Rn. 100 ff. u. *Stürner,* AcP 194 (1994), 265 ff.

[611] Zur Vereinbarkeit mit höherrangigem Recht s. OVG Hamburg, NJW 1987, 915.

[612] Vgl. die Abstandsflächenübernahme gemäß Art. 6 II 3 BayBO.

burg davon abgesehen, Baulasten als Rechtsinstitut vorzusehen.[613] In den übrigen Ländern werden sie als vom Grundstückseigentümer gegenüber der Baurechtsbehörde übernommene öffentlich-rechtliche Verpflichtungen zu einem bestimmten Tun, Dulden oder Unterlassen, das sich auf das eigene Grundstück bezieht und nicht schon aus öffentlich-rechtlichen Vorschriften ergibt, **definiert**.[614]

174 Die Baulast **räumt Hindernisse aus**, die öffentlich-rechtlich einem Bauvorhaben entgegen stehen. Die Baulast verändert nicht die rechtlichen Anforderungen, sondern stellt lediglich die fehlenden tatsächlichen Voraussetzungen her oder sichert diese.[615] Im Bauordnungsrecht geschieht dies durch eine „Verschiebung" zwischen zwei oder mehreren Grundstücken, durch die die Anforderungen insgesamt gewahrt werden.[616] Demgegenüber betrifft die Baulast im Bereich des Bauplanungsrechts nur das Baugrundstück selbst. Beispiele[617] sind Geh- und Fahrtrechte, Leitungsrechte, die Übernahme von Abstandsflächen, die Verpflichtung zur Grenzbebauung, die Sicherung gemeinsamer Bauteile, die Flächenbaulast als Brandschutz, die Übernahme von erforderlichen Stellplätzen und Spielflächen sowie die Vereinigungsbaulast im Bauordnungsrecht.[618] Demgegenüber ist eine Baulast nicht geeignet, einen Verstoß gegen das Gebot der Rücksichtnahme auszugleichen.[619] Wirtschaftlich ist die Baulast mit einer privatrechtlichen Dienstbarkeit vergleichbar. Da sie nicht aus dem Grundbuch ersichtlich ist, entwertet sie dessen öffentlichen Glauben erheblich.[620]

---

[613] In diesen Ländern erfolgt die Sicherung durch eine beschränkte persönliche Dienstbarkeit zugunsten des Trägers der Bauaufsichtsbehörde (vgl. *Dirnberger,* in: Jäde/Dirnberger/Bauer/Weiß, BayBO, Art. 4 Rn. 73), wobei allerdings auch die Eintragung einer Grunddienstbarkeit ausreichen kann (vgl. OVG Frankfurt/O., LKV 2003, 470 u. *Dirnberger,* in: Jäde/Dirnberger/Bauer/Weiß, BayBO, Art. 4 Rn. 73 ff.); unklar *Finkelnburg/Ortloff/Otto,* Öffentliches Baurecht, Bd. II, 6. Aufl. 2010, S. 71 Fn. 24 („beschränkte persönliche Dienstbarkeit zugunsten der Bauaufsichtsbehörde").

[614] § 71 I 1 LBO BW; § 82 I 1 BauO Bln; § 82 I 1 BremLBO; § 79 I 1 HBauO; § 75 I 1 HBO; § 83 I 1 LBauO M-V; § 81 I 1 NBauO; § 83 I 1 BauO NRW; § 86 I 1 LBauO RhPf; § 83 I 1 LBO Saarl; § 83 I 1 SächsBO; § 82 I 1 BauO LSA; § 80 I 1 LBO SchlH u. § 80 I 1 ThürBO. Zur Subsumtion der Baulast unter den Begriff der öffentlich-rechtlichen Sicherung s. § 2 XIV HBO u. § 2 IX LBO Saarl sowie § 2 XII SächsBO, der alternativ eine Grunddienstbarkeit und eine beschränkt persönliche Dienstbarkeit zugunsten der Bauaufsichtsbehörde zulässt. Vgl. kurz *Riedel,* NZBau 2006, 565.

[615] Zutreffend *Finkelnburg/Ortloff/Otto,* Öffentliches Baurecht, Bd. II, 6. Aufl. 2010, S. 73.

[616] *Finkelnburg/Ortloff/Otto,* Öffentliches Baurecht, Bd. II, 6. Aufl. 2010, S. 73.

[617] S. nur *Wenzel,* Baulasten in der Praxis, 2002, Rn. 83 ff.; *Büssemaker,* BTR 2004, 21 ff.; *Riedel,* NZBau 2006, 565; *Schmitz-Vornmoor,* RNotZ 2007, 121 ff. u. *Zimmermann,* ZAP 2000, 1033, 1040 ff.; vgl. auch BVerwG, NVwZ-RR 1998, 490. Zu einzelnen Fällen der Baulastbestellung: Abstandsbaulast: OVG Lüneburg, BauR 2002, 770; VGH Mannheim, NVwZ-RR 2002, 263 = VBlBW 2002, 127; Baubeschränkung: OVG Lüneburg, NVwZ-RR 1996, 132; Beheizungsbaulast: OVG Berlin, NJW 1994, 2971 = MDR 1994, 481; Flächenbaulast: VGH Mannheim, BauR 2003, 1554; Garagenbaulast: BGHZ 79, 201 = NJW 1981, 980; OLG Hamm, NJW-RR 1989, 524 = DNotZ 1988, 700; Geschossflächenbaulast: *Büssemaker,* BTR 2004, 21, 23; Grenzbaulast: OVG Saarlouis, NJW 1999, 1348; Immissionsbaulast: OVG Greifswald, NVwZ-RR 1999, 494 (LS) = NordÖR 1999, 360; VGH Mannheim, NVwZ-RR 1996, 310; VGH Kassel, NVwZ-RR 1995, 633; *Boecker,* BauR 1985, 149 ff.; Leitungsbaulast: OVG Münster, NVwZ-RR 1994, 410; VGH Mannheim, NVwZ-RR 1990, 502; Baulast für naturschutzbezogenen Ausgleich: *Boecker,* BauR 1985, 149 ff. u. *Stich,* ZfBR 2001, 80 ff.; Stellplatzbaulast: OVG Lüneburg, NJW 1984, 380; OVG Lüneburg, NVwZ 1996, 1237; Vereinigungsbaulast: OVG Lüneburg, BauR 2000, 376; OVG Lüneburg, NVwZ 1999, 1364 = BauR 1999, 894; OVG Lüneburg, DÖV 1997, 471; OVG Lüneburg, NJW 1985, 1796; OVG Schleswig-Holstein, BauR 2012, 1285; *Wenzel,* VR 1999, 356 ff.; Zugangsbaulast: OLG Koblenz, DNotZ 1999, 511; OLG Düsseldorf, NVwZ-RR 1989, 607; OLG Düsseldorf, MittRhNotK 1997, 260; OVG Frankfurt/O., LKV 2003, 470; LG Bochum, BauR 2002, 610; *Eusani,* ZfIR 2006, 827 ff.; *Prahl/Prahl,* BauR 2007, 1675, 1677; *Prahl,* BauR 2003, 1519 ff. u. *Ziegler,* BauR 1988, 18 ff.

[618] Unzulässig dagegen im Bauplanungsrecht nach BVerwGE 88, 24 = NJW 1991, 2783; OVG Hamburg, NJW 1982, 259 u. VGH Kassel, BauR 2008, 83, anders noch OVG Lüneburg, NJW 1985, 1796. Vgl. auch *Wenzel,* VR 1999, 356 ff. sowie VGH Mannheim, BauR 2005, 1818.

[619] OVG Münster, DÖV 1999, 701. Zur Unzulässigkeit eines Vermietungsverbots VGH Mannheim, BauR 2008, 84 = NVwZ-RR 2007, 662 = VBlBW 2007, 225.

[620] Kritisch auch *Schmitz-Vornmoor,* RNotZ 2007, 121, 137; *Schöner/Stöber,* Grundbuchrecht, Rn. 3197 u. MünchKommBGB/*Joost,* vor 1018 Rn. 15. Den Notar trifft keine Pflicht zur Einsicht in das Baulastenverzeichnis (OLG Schleswig, NJW-RR 1991, 96). Zu Auswirkungen auf die Beleihbarkeit von Grundstücken s. *Lauer,* MDR 1988, 915 ff. u. *Metzger/Neubacher,* BB 1995, 867 ff.

bb) Entstehung und Erlöschen. Das Entstehen einer Baulast **setzt voraus**: 175

- Abgabe einer Verpflichtungserklärung, wobei sich die Verpflichtung nicht bereits aus öffentlich-rechtlichen Vorschriften ergeben darf,
- durch den Eigentümer, der hinsichtlich seiner Verfügungsbefugnis nicht beschränkt ist,[621]
- bestimmt,[622] unbedingt[623] und unter Beachtung der Formvorschriften.[624]

176

Land	Gesetz	Formvorschriften
Baden-Württemberg	§ 71 II LBO BW	vor Baurechtsbehörde oder Gemeindebehörde oder in öffentlich-beglaubigter Form
Berlin	§ 82 II BauO Bln	Schriftform, Unterschrift öffentlich oder von einer Vermessungsstelle beglaubigt oder vor Bauaufsichtsbehörde geleistet oder anerkannt
Bremen	§ 82 II BremLBO	Schriftform, nicht elektron. Form; Unterschrift öffentlich beglaubigt oder vor Bauordnungsbehörde geleistet oder anerkannt
Hamburg	§ 79 II HBauO	Schriftform; Unterschrift amtlich oder öffentlich beglaubigt oder vor Bauaufsichtsbehörde geleistet
Hessen	§ 75 II HBO	Schriftform, Unterschrift öffentlich oder von Vermessungsstelle beglaubigt oder vor Bauaufsichtsbehörde geleistet oder anerkannt, ausgenommen bei Trägern öffentlicher Verwaltung
Mecklenburg-Vorpommern	§ 83 II LBauO M-V	Schriftform, Unterschrift öffentlich beglaubigt oder vor Bauaufsichtsbehörde geleistet oder anerkannt
Niedersachsen	§ 81 II NBauO	Schriftform; Unterschrift öffentlich oder von Vermessungsstelle beglaubigt oder vor Bauaufsichtsbehörde geleistet oder anerkannt
Nordrhein-Westfalen	§ 83 II BauO NRW	Schriftform; Unterschrift öffentlich beglaubigt oder vor Bauaufsichtsbehörde geleistet oder anerkannt

[621] Zur Erforderlichkeit der Unterschrift des Erbbauberechtigten s. § 79 I 1 HBauO u. § 83 I 2 BauO NRW (vgl. OLG Münster, BauR 1998, 702); dieser soll wiederum der Zustimmung des Eigentümers bedürfen (OVG Lüneburg, NJW 1990, 1499); vgl. auch § 82 I 2 BauO Bln zur Belastung eines Erbbaurechts. Zum Zeitpunkt der Eigentümerstellung s. OVG Berlin, NJW-RR 1996, 338 (Zeitpunkt der Eintragung im Baulastenverzeichnis, nicht der Verpflichtungserklärung). Zur Übernahme durch den Vorerben VGH Mannheim, NJW 1990, 268 u. VG Schleswig, NVwZ 1985, 782 = DNotZ 1986, 95. Zum Verhältnis Baulastabgabe und Auflassungsvormerkung s. VGH Mannheim, NJW 1990, 268; NJW 1993, 678 = DÖV 1993, 257 u. NVwZ-RR 1994, 473; OVG Bautzen, NVwZ-RR 1995, 251 = DÖV 1995, 251; OVG Lüneburg, NJW 1998, 1168; *Berghäuser/Berg*, DÖV 2002, 512 ff.; *Couzinet*, DÖV 2008, 62 ff. u. *Drischler*, Rpfleger 1991, 234 ff. Zur Bestellung nach Eintragung eines Zwangsversteigerungsvermerks VGH Kassel, BauR 1982, 257; OVG Hamburg, Rpfleger 1993, 209; OVG Berlin, NJW 1994, 2971, 2972; OVG Münster, NJW 1996, 1362 = BauR 1996, 242; *Drischler*, Rpfleger 1986, 289 ff. u. *ders.*, NVwZ 1985, 726 ff. Zur Bestellung durch einen Miteigentümer s. BGH, NVwZ-RR 1992, 290; BGH, NVwZ-RR 2004, 809; VGH Mannheim, NJW 1991, 2786 u. NJW 1995, 1373. Zur Bestellung durch eine Wohnungseigentümergemeinschaft s. OLG Hamm, NJW-RR 1991, 338 u. OVG Hamburg, NVwZ-RR 1993, 238.

[622] VGH Kassel, NVwZ-RR 1990, 6; VGH Mannheim, NuR 1992, 329; OVG Münster, NJW 1993, 1284; OVG Saarlouis, NJW 1002, 768 u. OVG Lüneburg, NVwZ-RR 2005, 791; vgl. auch *Dietlein*, JuS 1994, 381.

[623] VGH Mannheim, BRS 35 Nr. 164.

[624] Zu den Rechtsfolgen bei einem Formverstoß s. VGH Kassel, NJW 1982, 2205. Einzelne Landesbauordnungen sehen hierzu zusätzlich die Vorlage *amtlicher Lagepläne* vor; keine Landesbauordnung enthält jedoch das zwingende Erfordernis der Verwendung von bestimmten Formblättern. Das Fehlen des Lageplans macht die Baulast nicht unwirksam (OVG Lüneburg, NVwZ 1999, 1364 = BauR 1999, 894).

Land	Gesetz	Formvorschriften
Rheinland-Pfalz	§ 86 II LBauO RhPf	Schriftform, nicht elektron. Form; Unterschrift öffentlich oder von einer Vermessungsstelle beglaubigt oder vor Bauaufsichtsbehörde geleistet oder anerkannt, ausgenommen bei Trägern öffentlicher Verwaltung
Saarland	§ 83 II LBO Saarl	Schriftform; Unterschrift öffentlich beglaubigt oder vor Bauaufsichtsbehörde geleistet oder anerkannt
Sachsen	§ 83 II SächsBO	Schriftform; Unterschrift öffentlich beglaubigt oder vor Bauaufsichtsbehörde geleistet oder anerkannt
Sachsen-Anhalt	§ 82 II BauO LSA	Schriftform; Unterschrift öffentlich beglaubigt oder vor Bauaufsichtsbehörde geleistet oder anerkannt
Schleswig-Holstein	§ 80 II LBO SchlH	Schriftform; Unterschrift öffentlich beglaubigt oder vor Bauaufsichtsbehörde geleistet oder anerkannt
Thüringen	§ 80 II ThürBO	Schriftform; Unterschrift öffentlich beglaubigt oder vor Bauaufsichtsbehörde geleistet oder anerkannt

177 Die Eintragung im **Baulastenverzeichnis** ist regelmäßig konstitutiv, d. h. mit der Eintragung wird die Baulast wirksam.[625] Die Bauaufsichtsbehörde hat im Rahmen ihrer Feststellung der bauaufsichtlichen Erheblichkeit der Baulast auch die vorgenannten Voraussetzungen zu prüfen.[626]

178 Die Baulast besteht unabhängig von einem Begleitschuldverhältnis und einer eventuellen inhaltsgleichen Grunddienstbarkeit.[627] Inwieweit eine Anfechtung der **Verpflichtungserklärung** zulässig ist, ist umstritten.[628] Eine Zwangsversteigerung des „dienenden Grundstücks" lässt die Baulast unberührt.[629]

---

[625] § 72 I u. II. LBO BW; § 85 I 2 BremLBO (mit Eintragung wirksam); § 82 I 3 BauO Bln (mit Eintragung wirksam); § 79 I 2 u. IV HBauO (mit Eintragung wirksam); § 75 I 2 u. IV 1 HBO (mit Eintragung wirksam); § 83 I 2 LBauO M-V (mit Eintragung wirksam); § 81 I 2 NBauO (mit Eintragung wirksam); § 83 I 3 u. IV 1 BauO NRW (mit Eintragung wirksam); § 86 I 2 u. III LBauO RhPf (mit Eintragung wirksam); § 83 I 2 u. IV 1 LBO Saarl (mit Eintragung wirksam); § 83 I 2 u. IV SächsBO (mit Eintragung wirksam); § 82 I 2 u. IV BauO LSA (mit Eintragung wirksam); § 80 I 2 u. IV LBO SchlH (mit Eintragung wirksam); § 80 I 2 u. IV ThürBO (mit Eintragung wirksam). Zum Verzicht s. § 71 III LBO BW; § 82 III 4 BauO Bln; § 82 III 4 BremLBO; § 79 III 4 HBauO; § 75 III 4 HBO; § 83 III 4 LBauO M-V (mit Eintragung wirksam); § 81 III 4 NBauO; § 83 III 1 BauO NRW; § 86 IV 4 LBauO RhPf; § 83 III 4 LBO Saarl; § 83 III 4 SächsBO; § 82 III 4 BauO LSA; § 80 III 4 LBO SchlH u. § 80 III 4 ThürBO. Zum berechtigten Interesse an einer Einsichtnahme und der Erteilung von Abschriften s. § 72 IV LBO BW; § 82 V BremLBO; § 79 V HBauO; § 75 V HBO; § 83 V LBauO M-V; § 81 V NBauO; § 83 V BauO NRW; § 86 V LBauO RhPf; § 83 V LBO Saarl; § 83 V SächsBO; § 82 V BauO LSA; § 80 V LBO SchlH u. § 80 V ThürBO. Einen Nachweis der Baulast im Liegenschaftskataster sehen § 75 I 3 HBO u. § 86 III 3 LBauO RhPf vor. Lediglich nach § 79 IV 2 HBauO begründet das Baulastenverzeichnis eine widerlegbare Vermutung für den Bestand und Umfang der eingetragenen Baulast.

[626] Vgl. nur *Grziwotz*, BayVBl. 1997, 365 ff.

[627] Vgl. VGH Mannheim, VBlBW 1986, 225.

[628] Verneinend VGH Mannheim, NJW 1985, 1723 = VBlBW 1984, 381 u. OVG Lüneburg, NVwZ 1999, 1013 = BauR 2000, 373; bejahend für Arglist OVG Münster, NJW 1988, 1043. Zum Wegfall der Geschäftsgrundlage VG Gera, LKV 2005, 229.

[629] BVerwG, NJW 1993, 480 = MDR 1993, 539; OVG Hamburg, NJW 1993, 1877 (LS) = MDR 1993, 762; OVG Berlin, NJW 1994, 2971; OVG Münster, NJW 1994, 3370 (LS) = DWW 1995, 22; OVG Lüneburg, NJW 1998, 1363; vgl. auch *Drischler*, Rpfleger 1986, 289 ff. u. NVwZ 1985, 726 ff.

Die Bauaufsichtsbehörde kann auf eine Baulast durch Verwaltungsakt **verzichten**. Mit 179
ihm geht die Baulast unter.[630] Hierzu ist die Behörde verpflichtet, wenn an der Baulast kein öffentliches Interesse mehr besteht, da das Bauvorhaben nicht mehr realisiert werden soll oder untergegangen ist oder sich die Rechtslage dergestalt geändert hat, dass auch ohne Übernahme der Baulast das Vorhaben zulässig ist.[631] Allein aus dem Umstand, dass eine Baulast aus Anlass eines bestimmten Bauvorhabens bestellt worden ist, folgt jedoch nicht, dass sie in Wirkung auf dieses beschränkt ist.[632] Der Eigentümer des begünstigten Grundstücks hat keinen Anspruch auf Beibehaltung einer Baulast.[633]

cc) Wirkungen der Baulast. Die Wirkungen der Baulast beschränken sich auf das öf- 180
fentliche Recht. Sie liegen in der Schaffung von Verhältnissen, die zur Rechtmäßigkeit eines Vorhabens führen. Diese **Wirkungen** betreffen nicht nur denjenigen Eigentümer, der die Baulast bestellt, sondern auch seinen Rechtsnachfolger.[634]

Unmittelbare **zivilrechtliche Wirkungen** hat die Baulast **nicht**. Ihre Bestellung er- 181
folgt, was sich teilweise aus den Landesbauordnungen ausdrücklich ergibt, unbeschadet der Rechte Dritter.[635] Aus ihr ergibt sich insbesondere kein Nutzungsanspruch des Eigentümers des begünstigten Grundstücks. Mit ihr korrespondiert keine Duldungspflicht des Eigentümers des dienenden Grundstücks gegenüber dem anderen Grundeigentümer.[636] Soll dies erreicht werden, so muss dem begünstigten Eigentümer ein eigenes Recht z. B. durch Bestellung einer Grunddienstbarkeit eingeräumt werden.

Im nachbarrechtlichen Verhältnis spielen Baulasten eine große Rolle, wenn ein Eigen- 182
tümer zur Erfüllung der bauordnungsrechtlichen Anforderungen hinsichtlich eines von ihm geplanten Vorhabens die Übernahme einer Baulast durch den Nachbarn benötigt. Ein **Anspruch** auf Unterzeichnung einer diesbezüglichen Erklärung kann sich aus einer vertraglichen Verpflichtung, und zwar entweder ausdrücklich oder im Wege der Auslegung, ergeben.[637] Beispiel ist ein Teilflächenkauf zum Zweck der Bebauung, wenn die leitungsmäßige Erschließung das Restgrundstücks des Verkäufers noch in einer Ecke mitbetrifft. Ebenso wie bei der Verpflichtung zur Bestellung einer Dienstbarkeit dürfte das

---

630 § 71 III LBO BW; § 82 III BauO Bln; § 82 III BremLBO; § 79 III HBauO; § 75 III HBO; § 83 III LBauO M-V; § 81 III 1 u. 2 NBauO; § 83 III BauO NRW; § 86 IV LBauO RhPf; § 83 III LBO Saarl; § 83 III SächsBO; § 82 III BauO LSA; § 80 III LBO SchlH u. § 80 III ThürBO. Vgl. auch OVG Saarlouis, NJW 2003, 768.

631 OVG Berlin, LKV 2004, 86, 87 u. VG Gera, LKV 2005, 229; zum Anspruch auf Löschung s. *Weisemann*, NJW 1997, 2857 ff.

632 VGH Mannheim, BauR 2001, 759 = VBlBW 2001, 188.

633 § 71 III 3 LBO BW (nur Anhörung); § 82 III 3 BauO Bln (nur Anhörung); § 82 III 3 BremLBO (nur Anhörung und Mitteilung); § 79 III 3 HBauO (nur Anhörung); § 75 III 3 u. 4 HBO (nur Anhörung und Mitteilung); § 83 III 3 LBauO M-V (nur Anhörung); § 81 III 3 u. 5 NBauO (nur Anhörung und Mitteilung); § 86 IV 3 u. 4 LBauO RhPf (nur Anhörung und Benachrichtigung); § 83 III 2 LBO Saarl; § 83 III 3 SächsBO (nur Anhörung); § 82 III 3 BauO LSA (nur Anhörung); § 80 III 3 LBO SchlH (nur Anhörung) u. § 80 III 3 ThürBO (nur Anhörung). Vgl. auch OVG Münster, NJW 1988, 278 u. NJW 1996, 275; VGH Mannheim, BauR 2011, 892 = DÖV 2011, 370 = NVwZ-RR 2011, 311 sowie *Weisemann*, NJW 1997, 2857. Zum Wegfall des Interesses am Fortbestand einer Baulast s. OVG Lüneburg, NdsRpfl 1994, 49 u. DVBl. 2012, 381.

634 § 71 I 2 LBO BW; § 82 I 3 BauO Bln; § 82 I 2 BremLBO; § 79 I 2 HBauO; § 75 I 2 HBO; § 83 I 2 LBauO M-V; § 92 I 2 NBauO; § 83 I 3 BauO NRW; § 86 I 2 LBauO RhPf; § 83 I 2 LBO Saarl; § 83 I 2 SächsBO, § 82 I 2 BauO LSA; § 80 I 3 LBO SchlH u. § 80 I 2 ThürBO.

635 § 82 I 3 Bau Bln; § 82 I 2 BremLBO; § 79 I 2 HBauO; § 75 I 2 HBO; § 83 I 2 LBauO M-V; § 81 I 2 NBauO; § 83 I 3 BauO NRW; § 86 I 2 LBauO RhPf; § 83 I 2 LBO Saarl; § 83 I 2 SächsBO; § 83 I 2 BauO LSA; § 80 I 2 LBO SchlH u. § 80 I 2 ThürBO.

636 S. nur BGHZ 79, 201; BGH, DVBl. 1983, 1149; BGHZ 88, 97 = NJW 1984, 124; BGHZ 94, 160 = NJW 1985, 1952; OVG Münster, NJW 1988, 278 u. NJW-RR 1998, 1240 = BauR 1998, 323 u. VGH Kassel, NVwZ-RR 1993, 236. Zum nachbarschützenden Charakter einer Baulast s. VGH Mannheim, NVwZ 1998, 535 = BauR 1998, 772. Zum Ermessen bei Durchsetzung einer Baulast OVG Lüneburg, DVBl. 2009, 1193; OVG Koblenz, BauR 2010, 216 = DÖV 2010, 194 = KommJur 2010, 227; OVG Lüneburg, NVwZ-RR 2010, 510; VG Neustadt, NVwZ-RR 2005, 461.

637 OLG Düsseldorf, MittRhNotK 1997, 260; vgl. OVG Bremen, NVwZ 1998, 1322. Kein Anspruch aus § 242 BGB nach OLG Hamm, BeckRS 2012, 10506 = NVwZ-RR 2012, 544.

Formerfordernis für die schuldrechtliche Vereinbarung nicht gelten.[638] Gegebenenfalls muss durch Auslegung ermittelt werden, ob die Baulastübernahme auf ein konkretes Vorhaben beschränkt ist oder gleichsam auf Vorrat ohne konkreten Anlasse oder über diesen hinaus abgegeben wird.[639]

183 Ob sich eine Verpflichtung zur Bestellung einer Baulast und – in Bayern und Brandenburg – einer beschränken persönlichen Dienstbarkeit zugunsten des Trägers der Baubehörde aus dem **Begleitschuldverhältnis zu einer Grunddienstbarkeit** ergeben kann, ist umstritten.[640] Der Bundesgerichtshof[641] hat dies zunächst für eine Baulast bejaht. Allerdings bestehen gegen die Begründung dieser Ansicht kaum auszuräumende dogmatische Bedenken.[642] Sie betreffen zum einen den Fall, dass die Bestellung der Baulast bereits bei Abschluss des schuldrechtlichen Geschäfts (möglicherweise sogar bewusst) nicht geregelt wurde. In diesem Fall könnte, obwohl ein schuldrechtlicher Anspruch hierzu nicht gewünscht war oder bereits verjährt ist, aus dem Begleitschuldverhältnis zur Grunddienstbarkeit ein zusätzlicher Anspruch hergeleitetet werden. Außerdem würde das Begleitschuldverhältnis zur Grunddienstbarkeit zu einem positiven Tun verpflichten, obwohl dies als Inhalt der Dienstbarkeit selbst unzulässig ist. Schließlich ergäbe sich aus dem Begleitschuldverhältnis eine Rechtsfolge, die die Grunddienstbarkeit überdauern würde, da die Baulast unabhängig vom Bestand der Grunddienstbarkeit ist.[643] Eine vermittelnde Meinung scheint deshalb die **„vergessene Baulastübernahme"** nur zuzulassen, wenn sie eine Bedarfsteigerung im Rahmen des Bestehens der Grunddienstbarkeit darstellt.[644] Die Notwendigkeit der Bestellung einer Baulast darf danach bei Einräumung einer Dienstbarkeit nicht bekannt und für den seinerzeitigen Nutzungszweck auch nicht erforderlich gewesen sein.

184 Dogmatisch richtiger dürfte letztlich der Ansatzpunkt von Treu und Glauben, das heißt das **nachbarschaftliche Gemeinschaftsverhältnis**, sein. Der Nachbar, der bereits aufgrund der Grunddienstbarkeit oder einer anderen Rechtsgrundlage zur Duldung bestimmter bauordnungsrechtlicher Anforderungen, die hinsichtlich des Nachbargrundstücks bestehen, verpflichtet ist, würde treuwidrig handeln, wenn er die ihn nicht zusätzlich belastende Baulasteintragung ablehnt. Voraussetzung ist allerdings, dass die Baulasteintragung im Einzelfall tatsächlich zu keiner Mehrbelastung führt. Diese Lösung hätte den Vorteil, dass sie auch bei einem Notweg- und Notleitungsrecht einen Anspruch auf Baulasteinräumung ermöglichen würde.[645] Sie wäre zudem auch in Bayern und Brandenburg praktikabel, falls eine beschränkte persönliche Dienstbarkeit zugunsten der Bauaufsichtsbehörde bestellt werden muss.

3. Beteiligte Grundstücke

185 Eine Grunddienstbarkeit setzt begrifflich mindestens zwei Grundstücke voraus, von denen man das mit der Grunddienstbarkeit belastete als **dienendes**, das andere als **herrschendes** zu bezeichnen pflegt.

---

638 Str., a. A. AG Aachen, BauR 2002, 75 u. AG Köln, NJW-RR 1993, 471.

639 VGH Mannheim, BauR 2005, 1908 = VBlBW 2005, 73 u. OVG Hamburg, BauR 2004, 1195.

640 Ausführlich NK-BGB/*Otto*, § 1018 Rn. 100 ff.

641 BGHZ 106, 348 = NJW 1989, 1607 = JR 1989 420; NJW 1990, 192; NJW-RR 1992, 1484 = DNotZ 1993, 57; NJW 1992, 2885; vgl. auch OLG Düsseldorf, ZfIR 1999, 841; OLG Düsseldorf, NJOZ 2002, 1037; LG Bochum, BauR 2002, 610; LG Konstanz, NVwZ 1992, 1002 u. LG Wuppertal, BauR 2004, 485. S. ferner BGHZ 144, 394 = NJW 2000, 2996 = BauR 2000, 1856 = DVBl. 2000, 1844 = MDR 2000, 1375 = ZfIR 2000, 808; *Broß*, VerwArch 1995, 483, 485 ff.; *Horst*, DWW 2000, 10 ff. u. *Serong*, BauR 2004, 433 ff.

642 Ausführlich Grziwotz, JR 1989, 420, 421; ähnlich OLG Frankfurt/M., NVwZ 1988, 1162 u. LG Braunschweig, NJW 1985, 272.

643 Übersehen von *Klam*, ZNotP 2003, 89, 90 f.

644 BGH, NJW 1994, 2757 = MDR 1994, 686; BGH, NJW-RR 1995, 15 = WM 1995, 165; OLG Karlsruhe, NVwZ 1992, 1021 = ZMR 1992, 112; s. auch OLG Celle, ZfIR 1997, 103; vgl. aber OLG Düsseldorf, NJW-RR 1999, 1539.

645 Anders die h. M.; vgl. nur OLG Koblenz, OLGZ 1992, 348 u. OLG Hamm, BeckRS 2012, 10506 = NVwZ-RR 2012, 544.

a) Dienendes Grundstück

Mit einer Grunddienstbarkeit kann nur ein Grundstück oder ein grundstücksgleiches Recht belastet werden. Unter **Grundstück** versteht man den räumlich abgegrenzten, im Bestandsverzeichnis des Grundbuchblatts unter einer besonderen Nummer gebuchten Teil der Erdoberfläche.[646] Grundstücke, die mit einer Dienstbarkeit belastet werden können, sind auch öffentliche Grundstücke, soweit nicht die öffentlich-rechtliche Zweckbestimmung entgegensteht. Zu ihnen gehören ferner Gewässer und buchungsfreie Grundstücke.[647] 186

Grundstücksgleiche Rechte sind das Erbbaurecht (§ 11 I 1 ErbbauRG) sowie die in den Art. 63, 68, 196 EGBGB erwähnten, der Landesgesetzgebung vorbehaltenen Rechte. 187

Nicht möglich ist die Bestellung einer Grunddienstbarkeit an einer Grunddienstbarkeit. Das Recht aus einer Grunddienstbarkeit kann auch nicht durch eine zweite Grunddienstbarkeit wieder aufgehoben werden.[648] Eine Grunddienstbarkeit kann auch nicht in der Weise bestellt werden, dass ein Wohnungs- oder Teileigentum belastet wird, aber der Ausübungsbereich das damit verbundene Sondernutzungsrecht am Gemeinschaftseigentum betrifft.[649] Nur wenn sämtliche Wohnungs- und Teileigentümer die Eintragung bewilligen, kann nach h. M. eine Grunddienstbarkeit an einem Sondernutzungsrecht, d. h. am gemeinschaftlichen Grundstück beschränkt in der Ausübung auf den Bereich des Sondernutzungsrechts, begründet werden.[650] 188

Mit einer Grunddienstbarkeit kann ferner grundsätzlich **nicht** ein **ideeller Miteigentumsanteil** an einem Grundstück belastet werden, denn sie ergreift das ganze Grundstück.[651] Die Grunddienstbarkeit muss deshalb von allen Miteigentümern bestellt werden. Sie geht insgesamt unter, wenn sie am Anteil auch nur eines Miteigentümers erlischt, z. B. durch Zwangsversteigerung[652] oder bei einer Löschung aufgrund eines rechtskräftigen Urteils.[653] Ausnahmsweise kann nach vom BGH bisher nicht bestätigter Ansicht[654] ein Miteigentumsanteil belastet werden, wenn sich die Grunddienstbarkeit auf den Ausschluss von Eigentümerrechten und den Verzicht auf eine teilbare Geldforderung richtet. 189

Die Unzulässigkeit der Bestellung an einem Miteigentumsanteil gilt jedoch nicht uneingeschränkt für **Wohnungs- und Teileigentum**. Dieses kann **selbständig belastet** werden, soweit die Ausübung auf das Sondereigentum beschränkt ist.[655] Zulässig ist auch eine Grunddienstbarkeit an einer Wohnungs- oder Teileigentumseinheit zugunsten einer 190

---

[646] S. nur RGZ 84, 265, 270 u. BGH, NJW 1968, 791, 792.

[647] Zu den buchungsfreien Grundstücken s. Art. 128 EGBGB. Häufig genügt zur Begründung des Rechts die Einigung der Beteiligten (vgl. MünchKommBGB/*Säcker*, Art. 128 EGBGB Rn. 2).

[648] Palandt/*Bassenge*, § 1018 Rn. 26.

[649] H. M. s. nur BayObLGZ 1974, 396 = NJW 1975, 59; DNotZ 1990, 496; NJW-RR 1997, 1236 = ZfIR 1997, 546; BayObLGZ 1997, 282 = DNotZ 1998, 384 = Rpfleger 1998, 68 = NotBZ 1997, 210; BayObLG, NZM 2002, 498; OLG Düsseldorf, NJW-RR 1986, 1076; OLG Zweibrücken, NJW-RR 1999, 1389 = NZM 1999, 771 = ZfIR 1999, 524; OLG Hamm, NJW-RR 2000, 1403 = NZM 2000, 831 = FGPrax 2000, 132 = ZfIR 2001, 293; OLG Schleswig, BeckRS 2011, 25067 = FGPrax 2011, 283 = NotBZ 2011, 408; Lemke/*Böttcher*, § 1018 Rn. 51; krit. *Röll*, NZM 2002, 601 ff. u. NK-BGB/*Otto*, § 1018 Rn. 30.

[650] OLG Hamburg, ZMR 2001, 380.

[651] BGHZ 36, 187, 189; differenzierend Jauernig/*Berger*, § 1018 Rn. 3 (zulässig beim Ausschluss teilbarer Befugnisse) und Soergel/*Stürner*, § 1018 Rn. 39 b für Dienstbarkeit, die die Ausübung von Einzelrechten ausschließt (z. B. Verzicht auf Geltendmachung von Geldforderungen oder auf Mitbenutzung gemeinschaftlicher Einrichtungen der Wohnungseigentümer; vgl. auch OLG Hamm, OLGZ 1981, 53 = Rpfleger 1980, 468; OLG Hamm, OLGZ 1989, 160, 163 u. *Böhringer*, BWNotZ 1988, 97 ff.). Zur Belastung von Miteigentumsanteilen an Wegegrundstücken s. *Heil*, RNotZ 2003, 445 ff.

[652] Str., wie hier BGB-RGRK/*Rothe*, § 1018 Rn. 4 u. KG, DNotZ 1975, 105, 106 f.; an den nicht versteigerten Bruchteilen ist die Eintragung als inhaltlich unzulässig zu löschen (OLG Frankfurt/M., Rpfleger 1979, 149).

[653] BGH, NJW 1974, 1552, 1554.

[654] Vgl. die Nachw. Fn. 88.

[655] Str. (vgl. BayObLG, NJW 1975, 59), aber zu bejahen für Wohnungsrecht an Eigentumswohnung (Erman/*Grziwotz*, § 1018 Rn. 12) u. Nutzungsrecht an einem Kfz-Stellplatz in der Tiefgarage (BayObLGZ 1987, 359 = NJW 1988, 594).

oder mehrerer anderer Sondereigentumseinheiten.[656] Nicht möglich ist dagegen eine Dienstbarkeit für eine Sondereigentumseinheit am Gemeinschaftseigentum, auch wenn ein Sondernutzungsrecht besteht.[657] Wohl zulässig ist jedoch eine Grunddienstbarkeit, bei der ein Wohnungseigentümer, der ein Sondernutzungsrecht an Gemeinschaftsflächen besitzt, an der Nutzung einer bestimmten abgegrenzten Teilfläche zugunsten des Eigentümers einer anderen Wohnungseinheit ausgeschlossen ist.[658] Der BGH[659] hat es ferner gebilligt, dass eine Dienstbarkeit lediglich an einzelnen Wohnungs- und Teileigentumseinheiten bestellt wird, selbst wenn sie sich auf Befugnisse bezieht, die dem Gemeinschaftseigentum zuzuordnen sind, die aber nach den Gegebenheiten vor Ort faktisch nur von bestimmten Wohnungs- und Teileigentümern ausgeübt werden können.

191 Inwieweit die Belastung mehrerer Grundstücke im Wege der **Gesamtbelastung** möglich ist, ist umstritten.[660] Die Rechtsprechung[661] lässt eine Gesamtbelastung zu, wenn sich die Ausübung notwendigerweise auf mehrere Grundstücke erstreckt und die Belastung dort jeweils die gleiche Art der Nutzung sichern soll.

192 Möglich ist auch die **Belastung realer Grundstücksteile**. Entweder wird hierbei die belastete Teilfläche gemäß § 7 I GBO abgeschrieben und als selbständiges Grundstück eingetragen oder ohne vorherige Abschreibung der reale Grundstücksteil belastet. Im letztgenannten Fall ist jedoch Voraussetzung, dass eine Verwirrung oder eine Verwicklung im Falle einer Zwangsversteigerung nicht zu befürchten ist und eine Karte, die der Form des § 29 GBO entspricht (s. §§ 7 II, 2 II GBO), vorgelegt wird.[662] Bei der Belastung eines realen Grundstücksteils muss es sich jedoch um eine bestimmte abgegrenzte Grundfläche handeln, die zusammen mit anderen unter einer einheitlichen Nummer im Bestandsverzeichnis gebucht ist.[663] Dadurch wird nicht das ganze Grundstück belastet.[664]

193 Davon zu unterscheiden ist der Fall, dass ein ganzes Grundstück mit einer Grunddienstbarkeit belastet wird, die **Ausübung** aber auf eine bestimmte Teilfläche beschränkt wird (§§ 1023, 1026 BGB). § 7 GBO kommt hier nicht zur Anwendung.[665] Um spätere Streitigkeiten zu vermeiden, ist es notwendig, dass der Ausübungsbereich in dem Eintragungsvermerk in Verbindung mit der darin in zulässigem Umfang in Bezug genommenen Eintragungsbewilligung bestimmt genug bezeichnet wird. Dabei genügt in der Eintragungsbewilligung die Bezugnahme auf einen Plan, der durch Verbindung mit Schnur und Prägesiegel des Notars (§ 44 BeurkG) wesentlicher Bestandteil der Urkunde ist.[666] Möglich ist auch eine genaue textliche Beschreibung in der Urkunde selbst.[667] Sind die Anlagen in der Natur bereits vorhanden, genügt eine verbale Beschreibung dieser Anlagen.[668] In diesem Fall kann auf den derzeitigen Leitungsverlauf oder die gegenwärtig be-

---

[656] BGH, NJW 1989, 2391; vgl. auch BayObLGZ 1979, 444, 446.

[657] BayObLG, NJW 1975, 59; OLG Karlsruhe, Rpfleger 1975, 356; OLG Düsseldorf, NJW-RR 1986, 1076.

[658] OLG Hamm, Rpfleger 1980, 469 u. BayObLG, MittBayNot 1985, 127.

[659] BGHZ 107, 289 = NJW 1989, 2391 = DNotZ 1990, 493 = MDR 1989, 896 (Verbot, ein bestimmtes Fenster zu öffnen). Vgl. dazu *Böhringer*, NotBZ 2003, 285, 291, der von „impliziten" Befugnissen spricht.

[660] Zum Streitstand KEHE/*Herrmann*, GBO, Einl. N Rn. 4; *Schöner/Stöber*, Grundbuchrecht, Rn. 1120; MünchKommBGB/*Joost*, § 1018 Rn. 20 u. Staudinger*Mayer*, § 1018 Rn. 61.

[661] BayObLGZ 1955, 170, 174; BayObLGZ 1989, 442 = DNotZ 1991, 254; BayObLG, NJW-RR 1990, 208; BayObLGZ 1991, 254 = MittBayNot 1990, 41; OLG Hamm, Rpfleger 1981, 105; vgl. auch *Böhringer*, BWNotZ 1988, 97 ff. u. *Böttcher*, MittBayNot 1993, 129 ff.; a. A. LG Dortmund, Rpfleger 1963, 197.

[662] BGHZ 90, 181, 183 = NJW 1984, 2210 = Rpfleger 1984, 229; BGH, NJW-RR 1988, 970; BayObLGZ 1988, 426, 431 u. OLG Köln, RNotZ 2012, 285; vgl. auch Soergel/*Stürner*, § 1018 Rn. 39 a.

[663] BGB-RGRK/*Rothe*, § 1018 Rn. 4.

[664] So BGH, DNotZ 1978, 156 bei der Hinzumessung einer Teilfläche zu einem belasteten Grundstück.

[665] BGHZ 59, 11; BGHZ 90, 181 = NJW 1984, 2210; BGH, NJW 2002, 3021 = MDR 2002, 1000 = Rpfleger 2002, 511 = ZfIR 2002, 545 =NotBZ 2002, 302 u. BayObLG, MittBayNot 1968, 215.

[666] BGH, NJW 1981, 1781 = DNotZ 1982, 228 u. BayObLG, Rpfleger 1983, 144.

[667] BGH, NJW 1969, 502, 503; NJW 1982, 1039; *Böttcher*, Rpfleger 1984, 227, 229.

[668] BGH, NJW 1981, 1781 = DNotZ 1982, 228, 230; BayObLG, DNotZ 1989, 164, 165 u. BayObLG, MittBayNot 1992, 399, 400.

stehende Fahrt abgestellt werden.[669] Nicht ausreichend ist dagegen die Bezugnahme auf einen nicht beigefügten Bauantrag.[670] Bei einem Widerspruch zwischen dem Zweck der Dienstbarkeit und der abweichenden Einzeichnung im Lageplan kann keine Auslegung in der Weise erfolgen, dass der Plan doch nicht für den Ausübungsbereich maßgeblich sein soll.[671] Die Dienstbarkeit ist nicht mehr nur auf einen Teil des Grundstücks beschränkt, wenn der Eigentümer eines der beiden beteiligten Grundstücke, des herrschenden oder dienenden, das Recht hat, die von der Ausübung betroffene Fläche nach eigener Wahl irgendwo auf dem Grundstück festzulegen.[672]

Die Möglichkeit, die Ausübungsstelle bei der Bestellung nicht zu bezeichnen, ist durch 194
die gesetzlichen Bestimmungen (§§ 1020, 1023 BGB) gegeben. Die Ausübungsstelle oder der Ausübungsbereich kann der **tatsächlichen Ausübung** überlassen bleiben.[673] In diesem Fall wird die Ausübungsstelle nicht Inhalt der Dienstbarkeit. Anders ist dies, wenn bei einer bereits verlegten Leitung in der Bewilligung auf die „derzeit gewählte Trasse" abgestellt wird.[674] Ob aufgrund des Bestimmtheitsgrundsatzes eine Konkretisierung des Ausübungsortes erforderlich sein kann, ist umstritten.[675] Dem Gesetz ist eine solche Verpflichtung nicht zu entnehmen.[676] Jedoch ist eine Festlegung des Ausübungsbereiches erforderlich, wenn dieser entweder für das zu bestellende Recht oder für das zu belastende Grundstück von derart essentieller Bedeutung ist, dass ohne diese Festlegung das Wesen der Dienstbarkeit, mithin der Inhalt der Belastung, nicht erkennbar wäre.[677] Praktische Beispiele sind das auf einen Grundstücksteil beschränkte Bauverbot, eine Abstandsflächenübernahme und sonstige Unterlassungspflichten, die nicht das ganze Grundstück betreffen.

Der **Unterschied** zwischen einer Grunddienstbarkeit, die nur den realen Grundstücks- 195
teil erfasst, und einer solchen, die am ganzen Grundstück eingetragen wird, aber in der Ausübung auf eine Teilfläche beschränkt ist, wird beim Erlöschen im Zwangsversteigerungsverfahren praktisch: Der Ersatzanspruch nach dem Erlöschen der Dienstbarkeit (§ 92 ZVG) kann im ersten Fall nur aus einem Teil des Versteigerungserlöses, der dem belasteten Grundstücksteil verhältnismäßig entspricht, befriedigt werden, im zweiten Fall dagegen aus dem nach Befriedigung rangbesserer Rechte verbleibenden Gesamterlös.[678]

b) Herrschendes Grundstück

Berechtigter einer Grunddienstbarkeit kann nur der jeweilige Eigentümer des 196
herrschenden Grundstücks oder der jeweilige Inhaber eines grundstücksgleichen Rechts sein.[679] Bei dem Grundstück darf es sich nicht um einen realen Grundstücksteil handeln; § 7 II GBO ist nicht entsprechend anwendbar. Herrschendes Grundstück kann nur ein selbständiges Grundstück im Sinne der Grundbuchordnung sein.[680] Dagegen gilt bei

---

669 BGH, NJW 1982, 1039 = DNotZ 1982, 230, 231 u. BayObLG, MittBayNot 1992, 399, 400. Dem steht nicht entgegen, dass sich der Ausübungsbereich im Lauf der Zeit verändern kann und der ursprüngliche kaum noch nachweisbar ist; es handelt sich dabei um ein Beweisproblem, nicht um eine Frage der Bestimmtheit bei der Bestellung.

670 BayObLGZ 1983, 253 = Rpfleger 1984, 12.

671 OLG München, BeckRS 2011, 02705 (Wegerecht zur Anbindung an die öffentliche Verkehrsfläche).

672 BGH, NJW 1969, 502, 503; BayObLG, Rpfleger 1966, 367; vgl. auch *Schepp*, MittRhNotK 1988, 110, 111. Abweichend wohl MünchKommBGB/*Joost*, § 1018 Rn. 15, der die Bestimmung durch den Eigentümer des dienenden Grundstücks, ausgenommen bei Wegerechten, ablehnt.

673 BGH, BB 1965, 1125; BGH, NJW 1969, 502, 503; BGH, NJW 1981, 1781; NJW 1982, 1039 = DNotZ 1982, 228, 229; BGHZ 90, 181, 184 = NJW 1984, 2210; BGH, NJW 2003, 3021, 3023 = DNotZ 2002, 721 = MDR 2002, 1000 = Rpfleger 2002, 511 = NotBZ 2002, 302 = ZfIR 2002, 441; OLG Oldenburg, Rpfleger 1979, 159; BayObLG, BayVBl. 1993, 122 = Rpfleger 1983, 143 u. LG Aachen, MittRhNotK 1981, 110.

674 BayObLG, MittBayNot 1992, 399.

675 Bejahend OLG Hamm, NJW 1969, 2365 u. NJW 1981, 1632.

676 Vgl. BGHZ 90, 181, 184 = NJW 1984, 2210; OLG Oldenburg, Rpfleger 1979, 199.

677 *Grziwotz*, EWiR 2002, 949, 950.

678 KG, OLGE 36, 161; vgl. auch BGB-RGRK/*Rothe*, § 1018 Rn. 4.

679 S. nur *Adamczyk*, MittRhNotK 1998, 105, 107.

680 S. nur Staudinger/*Mayer*, § 1018 Rn. 43 u. NK-BGB/*Otto*, § 1018 Rn. 35.

fortbestehenden altrechtlichen Dienstbarkeiten aus der Zeit vor Anlegung der Grundbücher, die nicht im Grundbuch eingetragen werden müssen, als berechtigtes Grundstück das Grundstück im wirtschaftlichen Sinn.

197 Soll nur eine **Teilfläche** eines Grundstücks berechtigt sein, so sind die Abschreibung gemäß § 7 I GBO und die grundbuchmäßige Buchung als selbständiges Grundstück notwendig. Die Möglichkeit der Kennzeichnung durch eine Karte (§ 7 II GBO) besteht nicht, da sie nur die Belastung von Teilflächen regelt.[681] Möglich ist es jedoch, die Ausübung der Dienstbarkeit auf den **Vorteil eines realen Teils** des herrschenden Grundstücks ohne Verselbständigung dieses Teils zu beschränken.[682] Die Bestellung erfolgt in diesem Fall mit der Maßgabe, dass die Ausübung auf den Vorteil einer bestimmten Teilfläche des berechtigten Grundstücks beschränkt ist.

198 Die **Vereinigung** von Grundstücken, von denen eines herrschendes Grundstück einer Grunddienstbarkeit ist, ist zulässig.[683] Dadurch entsteht keine Verwirrung, denn auch bei der Vereinigung von Grundstücken bleibt die für einen Teil bestehende Grunddienstbarkeit im bisherigen Umfang bestehen. Eine Belastungsausdehnung zum Zwecke des Vollzugs der Vereinigung im Grundbuch ist nicht erforderlich, wenn mehrere Grundstücke, die mit Dienstbarkeiten für eine einheitliche Anlage (z. B. Wasser- oder Stromleitung) belastet sind, vereinigt werden. Die bisher selbständigen Dienstbarkeiten bilden nunmehr ein einheitliches Recht. Eine Verwirrung ist auch dann nicht zu befürchten, wenn nach Flurstücksverschmelzung das neue Grundstück aus einem Flurstück besteht, sich mehrere erstrangige Dienstbarkeiten auf reale Teile davon erstrecken und eine Karte nach § 2 III GBO vorliegt, aus der sich Gestalt, Größe und natürliche Lage der vereinigten oder zugeschriebenen Grundstücke ergeben.[684]

199 Soll eine Grunddienstbarkeit zugunsten des Eigentümers einer erst noch zu vermessenden Teilfläche bestellt werden, so kann der **Anspruch auf Einräumung** der Dienstbarkeit durch Eintragung einer Vormerkung für den Anspruchsberechtigten, der namentlich zu bezeichnen ist, gesichert werden.[685] Die Vormerkung hat zudem rangwahrende Wirkung.

200 Berechtigter einer Grunddienstbarkeit kann nicht ein **Miteigentümer** an einem Grundstück sein, jedoch eine Miteigentümerschaft nach (bestimmten) Bruchteilen. Die zwischen den Miteigentümern getroffene Verwaltungs- und Benutzungsregelung kann allerdings nicht bei der Grunddienstbarkeit eingetragen werden. Ein Wohnungs- oder Teileigentum kann „herrschendes Grundstück " sein.[686] Eine Grunddienstbarkeit am Nachbargrundstück kann auch zugunsten aller Wohnungseigentumseinheiten (z. B. für einen gemeinsamen Parkplatz) eingetragen werden.[687] Eine Grunddienstbarkeit kann aber auch ohne Angabe des Berechtigungsverhältnisses zugunsten des jeweiligen Eigentümers eines anderen Grundstücks bestellt werden, selbst wenn das herrschende Grundstück bereits in Wohnungs- und Teileigentum aufgeteilt ist.[688]

201 Bei der Bestellung einer Grunddienstbarkeit für mehrere herrschende Grundstücke muss grundsätzlich ein **Berechtigungsverhältnis** (§ 47 GBO) angegeben werden.[689] Da-

---

681 BayObLGZ 1965, 267, 271.

682 BayObLGZ 1965, 267, 272.

683 BGH, DNotZ 1978, 156; LG Aschaffenburg, MittBayNot 1970, 111.

684 BayObLG, DNotZ 1997, 398, 400 f., das darauf abstellt, dass sich wegen der Erstrangigkeit der Dienstbarkeit auch keine Probleme hinsichtlich der „Haftungswirkung" bei einer Zwangsversteigerung ergeben.

685 LG München II, MittBayNot 1972, 229 u. KEHE/*Herrmann*, GBO, Einl. N Rn. 10.

686 Unstr., s. nur BGHZ 107, 289 = NJW 1989, 2391, BayObLGZ 1990, 124, 127; OLG Stuttgart, NJW-RR 1990, 659 u. LG Essen, Rpfleger 1972, 367; vgl. auch Soergel/*Stürner*, § 1018 Rn. 39 b.

687 BayObLG, NJW-RR 1990, 600. Vgl. auch OLG Stuttgart, NJW-RR 1990, 659. Die Wohnungs- und Teileigentümer eines nach dem WEG aufgeteilten Grundstücks können die Benutzungsregelung als Inhalt der Gemeinschaftsordnung festlegen (so BayObLG, MittBayNot 1990, 353; OLG Köln, NJW-RR 1993, 982 u. AG Coburg, MittBayNot 1990, 114).

688 OLG Düsseldorf, MittRhNotK 1988, 175 u. OLG Stuttgart, NJW-RR 1990, 659.

689 BayObLG, NJW-RR 2002, 952 (LS) = NotBZ 2002, 265 = ZfIR 2002, 906, das eine Ausnahme zulassen will, wenn Eigentümer der mehreren herrschenden Grundstücke ein und dieselbe Person ist.

bei ist die Bestellung zugunsten der Eigentümer mehrerer Grundstücke als Gesamtberechtigte gemäß § 428 BGB möglich, wenn die Grunddienstbarkeit für sämtliche Grundstücke vorteilhaft ist.[690] Dies ist zu bejahen, wenn die einheitliche Grunddienstbarkeit zur Benutzung sämtlicher berechtigter Grundstücke dient.[691] Nicht erforderlich ist, dass sich die herrschenden Grundstücke im Eigentum einer Person befinden.[692] Die Eintragung der Eigentümer mehrerer Grundstücke kann nicht nur als Gesamtberechtigte gemäß § 428 BGB, sondern auch als Berechtigte der Dienstbarkeit zu bestimmten Bruchteilen erfolgen,[693] wenn die Ausübung des Rechts teilbar ist.[694] Zunehmend wird auch eine modifizierte Gesamtberechtigung analog §§ 428, 432 BGB zugelassen.[695] Die Alternative zu einem Recht für mehrere Berechtigte ist die unbestritten zulässige Bestellung einer Vielzahl von selbständigen Dienstbarkeiten mit gleichem Inhalt und Rang zugunsten der Eigentümer mehrerer herrschender Grundstücke.[696] Wird kein Berechtigungsverhältnis angegeben, entstehen ranggleiche Einzelrechte.[697]

Die Bestellung einer **Eigentümerdienstbarkeit** ist analog § 1196 II BGB durch einsei- 202
tige Erklärung zulässig.[698] Nicht erforderlich ist, dass der Eigentümer an der Bestellung zusätzlich ein schutzwürdiges, nicht notwendig vermögenswertes Interesse hat.[699] Das Dienstbarkeitsrecht verlangt lediglich einen Vorteil für das herrschende Grundstück, stellt aber keine weiteren Anforderungen hinsichtlich der Person der Eigentümer der beteiligten Grundstücke.[700] Nicht möglich ist aber die Bestellung einer Grunddienstbarkeit an einem realen Teil des Grundstücks zugunsten eines anderen Teils des gleichen Grundstücks; dasselbe Grundstück kann nicht für dasselbe Recht herrschend und dienend sein.[701] Bei einer Teilflächenveräußerung kann der Anspruch des Erwerbers auf Bestellung einer Grunddienstbarkeit an der Restfläche wiederum durch eine Vormerkung gesichert werden. Im umgekehrten Fall der Bestellung einer Grunddienstbarkeit an der veräußerten Fläche zugunsten des jeweiligen Eigentümers der Restfläche kann nur der Vollzug der Eigentumsumschreibung auf den Erwerber von der rangrichtigen Eintragung der Grunddienstbarkeit durch einen verbundenen Antrag abhängig gemacht werden (§ 16 II GBO).[702]

Das sich aus der Grunddienstbarkeit ergebende Recht kann auch, soweit in der Dienst- 203
barkeit nichts Abweichendes geregelt wurde, von Dritten (Mietern, Pächtern, Kunden, Gästen usw.) **ausgeübt werden**, wenn diese in einer besonderen Beziehung zum Eigentümer stehen.[703] In gleicher Weise gilt dies für dinglich am herrschenden Grundstück Berechtigte wie den Nießbraucher und den Wohnungsberechtigten sowie den Erbbau-

690 BayObLGZ 1965, 267, 270 = NJW 1966, 56; BayObLG, MittBayNot 1983, 434; BayObLG, NJW-RR 2002, 952 (LS) = NotBZ 2002, 265 = ZfIR 2002, 906; BayObLGZ 2002, 263 = DNotZ 2002, 950 = Rpfleger 2002, 619 = ZfIR 2003, 23, 24 u. OLG Schleswig, SchlHA 1975, 94; vgl. ferner BayObLG, MittBayNot 1983, 168.

691 Vgl. auch BGH, NJW 1981, 176, 177 u. *Schöner/Stöber*, Grundbuchrecht, Rn. 1124.

692 OLG Frankfurt/M., NJW 1969, 469; BayObLGZ 2002, 263, 266 = DNotZ 2002, 950 = Rpfleger 2002, 619 = ZfIR 2003, 23, 24, a. A. LG Köln, MittRhNotK 1972, 700 u. LG Wuppertal, MittRhNotK 1974, 252.

693 BGB-RGRK/*Rothe*, § 1018 Rn. 10 u. Erman/*Grziwotz*, § 1018 Rn. 5.

694 BayObLGZ 1965, 267, 271; weitergehend LG Traunstein, Rpfleger 1987, 242 u. Staudinger/*Mayer*, § 1018 Rn. 51.

695 MünchKommBGB/*Joost*, § 1018 Rn. 23; ebenso wohl BayObLG, MittBayNot 1983, 168, 169; BayObLGZ, 1991, 431, 433 = NJW-RR 1982, 847 = DNotZ 1992, 366 u. Staudinger/*Mayer*, § 1018 Rn. 51a.

696 Vgl. auch *Schöner/Stöber*, Grundbuchrecht, Rn. 1127.

697 *Mayer*, MittBayNot 2002, 288, 290.

698 BGH, WM 1984, 820, 821 = MittBayNot 1984, 126, 127.

699 BayObLGZ 1989, 89, 92; NK-BGB/*Otto*, § 1018 Rn. 38 u. Staudinger/*Mayer*, § 1018 Rn. 48; vgl. auch BGH, NJW 1964, 1226, 1227; BGH, NJW 1988, 2362, 2363 u. OLG Frankfurt/M., Rpfleger 1984, 264.

700 Unzutreffend deshalb Soergel/*Stürner*, § 1018 Rn. 38, der allerdings eine Veräußerungsabsicht ausreichen lässt.

701 *Schöner/Stöber*, Grundbuchrecht, Rn. 1123.

702 Unzutreffend *Adamczyk*, MittRhNotK 1998, 105, 107, der eine Grunddienstbarkeit am „Stammgrundstück" aus dem das herrschende bzw. dienende Grundstück gebildet wird, für möglich hält.

703 BGH, DNotZ 1971, 471, 472 u. BGH, DNotZ 1976, 20, 21, jeweils für ein Wegerecht.

berechtigten.[704] Voraussetzung ist, dass sich das Recht des Dritten auf Nutzung des herrschenden Grundstücks bezieht und nicht nur darauf abzielt, die Dienstbarkeit für ein anderes Grundstück mitauszunutzen.

4. Vorteil

204 Unabhängig davon, welche Art von Grunddienstbarkeit gemäß § 1018 BGB vorliegt, ist es immer nötig, dass die Belastung des dienenden Grundstücks **für die Benutzung** des herrschenden Grundstücks **von Vorteil** ist (§ 1019 BGB), also diesem einen Nutzen bringt.[705] Der Vorteil muss mit der Benutzung des herrschenden Grundstücks verknüpft sein. Maßgebend ist die objektive Nützlichkeit aufgrund der Lage, Beschaffenheit und Zweckbestimmung des berechtigten Grundstücks.[706] Der Vorteil muss **grundstücksbezogen** sein. Ein persönlicher Vorteil für den gegenwärtigen Eigentümer genügt – anders als bei einer beschränkten persönlichen Dienstbarkeit -[707] nicht.[708] Erforderlich ist vielmehr eine Besserstellung des Berechtigten gerade in seiner Eigenschaft als Grundstückseigentümer.[709] Entscheidend ist die Zweckbestimmung des herrschenden Grundstücks.[710] Liegt danach kein Vorteil vor, kommt allenfalls eine beschränkte persönliche Dienstbarkeit in Betracht.

205 Das Erfordernis des Vorteils ist **zwingender Natur** und kann nicht durch Vereinbarung der Parteien abgeändert werden.[711] In der Praxis hat dies Bedeutung für die Bestellung von Grunddienstbarkeiten, die lediglich mit einem Vorteil für den Eigentümer des berechtigten Grundstücks, aber nicht für das Grundstück selbst verbunden sind. Die Abgrenzung fällt freilich, wie der mittelbare Vorteilsbegriff zeigt,[712] nicht leicht.

206 Der Vorteil für das herrschende Grundstück wird regelmäßig bereits **bei der Bestellung** bestehen. Es ist aber auch zulässig, eine Grunddienstbarkeit im Hinblick auf einen **künftigen Vorteil** zu bestellen, sofern mit seinem Eintritt zu rechnen ist.[713] Möglich ist die Bestellung für künftige Zwecke, z. B. die Vereinbarung einer Abstandsflächendienstbarkeit und eines Geh- und Fahrtrechts für ein geplantes oder auch nur möglicherweise beabsichtigtes Wohngebäude. Für den Eintritt des Vorteils müssen objektive Anhaltspunkte vorliegen. Die bloße theoretische Möglichkeit allein genügt nicht.[714] Ist noch kein Bauvorhaben geplant, kann jedoch bereits eine Grunddienstbarkeit für eine Zufahrtssicherung bestellt werden. Es genügt, wenn mit dem Vorteil nach dem natürlichen Verlauf der Dinge zu rechnen ist.[715] Bei Ungewissheit des Vorteils ist gegebenenfalls eine aufschiebend bedingte Dienstbarkeit möglich und im Wege der Auslegung auch regelmäßig anzunehmen.[716]

207 Der Vorteil muss zwar kein dauernder, aber zumindest von einer gewissen **Dauer** sein. Ein einmaliger oder nur kurzfristiger Vorteil ist nicht ausreichend.[717] Die erforderliche

---

704 Vgl. Rn. 159.

705 S. nur OLG München, MDR 1983, 934.

706 BGH, NJW 1983, 115 u. OLG Celle, DNotZ 1958, 151.

707 S. nur BGH, BeckRS 2009, 08137 = MittBayNot 2009, 374 = NJOZ 2009, 1585.

708 OLG München, BeckRS 2011, 27047 = RNotZ 2012, 121, 122.

709 S. nur BGHZ 44, 171, 174 u. Soergel/*Stürner*, § 1019 Rn. 3. Großzügig OLG Frankfurt/M., BeckRS 2009, 26379 = FGPrax 2009, 253, wonach es genügen soll, wenn durch die Dienstbarkeit ein Abkürzungsweg zu einem Dritten, ebenfalls im Eigentum des Berechtigten stehenden Grundstücks geschaffen wird (dann aber hätte die Grunddienstbarkeit zu Gunsten des jeweiligen Eigentümers dieses dritten Grundstücks bestellt werden müssen).

710 Vgl. Erman/*Grziwotz*, § 1019 Rn. 3.

711 BGHZ 41, 209, 215 u. BGH, NJW 1984, 2157.

712 Vgl. Rn. 211.

713 RGZ 61, 338, 340; BGH, NJW 1984, 2157, 2158; BayObLGZ 1988, 14, 16 u. ähnlich MünchKommBGB/*Joost*, § 1019 Rn. 6.

714 BGH, NJW 1984, 2157, 2158: Vgl. auch BGH, VIZ 1999, 225, 226; BayObLGZ 1988, 14, 15 f. u. OLG Düsseldorf, MDR 1995, 471.

715 Vgl. Erman/*Grziwotz*, § 1019 Rn. 3 u. ähnlich Soergel/*Stürner*, § 1019 Rn. 5.

716 Ebenso Soergel/*Stürner*, § 1019 Rn. 5; teilw. abw. MünchKommBGB/*Joost*, § 1019 Rn. 6 Fn. 33.

717 H. M., s. nur BGB-RGRK/*Rothe*, § 1019 Rn. 5.

„längere Zeitspanne „ ist aber bereits bei der Ausbeute von Bodenbestandteilen des dienenden Grundstücks gegeben.[718] Umgekehrt schadet der bloß kurzzeitige Wegfall des Vorteils, etwa eine vorübergehende Betriebseinstellung oder der Abbruch eines Treppenzugangs, nicht.[719] Die Änderung oder Umstellung des Gewerbes oder Betriebs kann zum Erlöschen der Grunddienstbarkeit führen. Eine genaue zeitliche Eingrenzung fällt schwer. Im Zweifel ist deshalb von einem Fortbestand der Grunddienstbarkeit auszugehen.

Fehlt jedoch der **Vorteil**, ist die Grunddienstbarkeit nichtig.[720] Eine Umdeutung in eine beschränkte persönliche Dienstbarkeit ist im Einzelfall möglich.[721] Ein nach Eintragung der Dienstbarkeit eintretender Wegfall des Vorteils, z. B. infolge einer grundlegenden Veränderung der tatsächlichen Verhältnisse oder einer dauernden tatsächlichen und rechtlichen Unmöglichkeit der Ausübung führt zum Erlöschen der Grunddienstbarkeit.[722] Das Grundbuch wird unrichtig. Dies ist aber nicht bereits dann der Fall, wenn das herrschende Grundstück nicht mehr in der bisherigen Weise genutzt werden kann.[723] Wurde die Grunddienstbarkeit über das durch den Vorteilsbegriff umschriebene Maß hinaus erstreckt (§ 1019 S. 2 BGB), ist sie insoweit nichtig, falls nicht ausnahmsweise eine Gesamtnichtigkeit anzunehmen ist.[724] Bei Erlöschen wegen Nichtigkeit, unzulässigen Inhalts (§ 53 I 2 GBO) bzw. Gegenstandslosigkeit der Eintragung (§§ 84–87 GBO) ist die Grunddienstbarkeit von Amts wegen zu löschen.[725] Dem Grundbuchamt obliegt insoweit ein Prüfungs- und Ablehnungsrecht.[726] Es muss sich dabei jedoch auf Tatsachen stützen, die einen Vorteil unter Berücksichtigung sämtlicher denkbarer Möglichkeiten als ausgeschlossen erscheinen lassen.[727] Andernfalls muss die Unrichtigkeit des Grundbuches im Wege der Grundbuchberichtigungsklage (§ 894 BGB) des Eigentümers des dienenden Grundstücks nachgewiesen werden. Die Beweislast für den Wegfall des Vorteils trägt der Eigentümer des dienenden Grundstücks.[728] 208

Ist ein Grundstück einem **bestimmten öffentlichen Zweck** gewidmet, fehlt es nicht von vornherein am Vorteil für die Bestellung einer Grunddienstbarkeit.[729] Allerdings muss der Dienstbarkeitsberechtigte die vorrangige öffentlich-rechtliche Zweckbindung beachten.[730] Anders ist dies, wenn eine öffentliche Zweckbestimmung die Ausübung der Dienstbarkeit auf Dauer entweder nicht zulässt oder wegen einer inhaltsgleichen Widmung z. B. einer mit einem Fahrtrecht belasteten Fläche als Straße überflüssig macht. In diesem Fall ist die Grunddienstbarkeit unwirksam. Eine spätere öffentliche Rechtsbefugnis kann ferner zum Vorteilswegfall führen. Bedeutung hat dies wiederum bei einer Widmung einer Fläche als öffentliche Straße, die mit einem Geh- und Fahrtrecht belastet ist.[731] 209

---

[718] BGB-RGRK/*Rothe*, § 1019 Rn. 5.

[719] BGH, DNotZ 1956, 40 u. OLG Frankfurt/M., OLGZ 1989, 88, 90.

[720] Vgl. BGH, NJW 1985, 1025; BGH, VIZ 1999, 225 u. Palandt/*Bassenge*, § 1019 Rn. 1.

[721] Ebenso Soergel/*Stürner*, § 1019 Rn. 7; a. A. MünchKommBGB/*Joost*, § 1019 Rn. 7 u. OLG München, NJW 1957, 1765, 1766.

[722] S. nur BGB-RGRK/*Rothe*, § 1019 Rn. 7.

[723] BGH, DNotZ 2009, 114 = NJW 2008, 3123 = NZM 2008, 861 = NotBZ 2008, 411.

[724] Ebenso Palandt/*Bassenge*, § 1019 Rn. 1 u. *Bayer*, in: Bauer/v. Oefele, GBO, AT III Rn. 364; teilw. abw. Soergel/*Stürner*, § 1019 Rn. 7 u. MünchKommBGB/*Joost*, § 1019 Rn. 7, die § 139 BGB anwenden. Differenzierend BGB-RGRK/*Roth*, § 1019 Rn. 7.

[725] Zur Streitfrage, ob Gegenstandslosigkeit oder Unrichtigkeit des Grundbuchs vorliegt, s. nur einerseits Soergel/*Stürner*, § 1019 Rn. 8 u. andererseits Palandt/*Bassenge*, § 1019 Rn. 1; vgl. Erman/*Grziwotz*, § 1019 Rn. 6.

[726] Vgl. nur OLG Colmar, OLGZ 1906, 120.

[727] Ähnlich KEHE/*Herrmann*, GBO, Einl. N Rn. 13 u. LG Deggendorf, MittBayNot 1991, 262.

[728] BGH, NJW 1984, 2157, 2158; BGH, BeckRS 2011, 10606; OLG München, BeckRS 2009, 86732.

[729] Ebenso NK-BGB/*Otto*, § 1019 Rn. 25.

[730] Enger die wohl h. L., die bei einem Widerspruch zwischen Dienstbarkeitsinhalt und öffentlicher Widmung einen Vorteil verneint und insoweit die Bestellung für unzulässig hält (so z. B. Staudinger/*Mayer*, § 1018 Rn. 70 m. w. N.).

[731] BayObLG, MittBayNot 1981, 136 u. NK-BGB/*Otto*, § 1019 Rn. 27. Vgl. aber OLG Koblenz, DNotZ 1999, 511, 512 (Einräumung einer Baulast führt nicht zum Vorteilswegfall für inhaltsgleiche Grunddienstbarkeit); BayObLG, MittBayNot 1971, 201; OLG Düsseldorf, MDR 1995, 471 = MittBayNot 1995, 390 u. OLG Dresden, VIZ 1997, 244.

Auch ein Anschluss- und Benutzungszwang an eine kommunale Wasserversorgungs- oder Abwasserbeseitigungseinrichtung kann, sofern keine Befreiungsmöglichkeiten vorgesehen sind, zum Entfallen des Vorteils einer entsprechenden Grunddienstbarkeit führen.[732]

210 Der Vorteil für das herrschende Grundstück ist **im Regelfall wirtschaftlicher Art**. Der Begriff der Wirtschaftlichkeit darf freilich nicht zu eng ausgelegt werden. Insbesondere muss der Vorteil nicht geldlicher Natur sein.[733] Eine Wertsteigerung für das herrschende Grundstück ist nicht erforderlich und auch nicht ausreichend.[734] Es genügen Annehmlichkeiten[735] sowie ästhetische (z. B. Erhaltung einer Grünanlage oder eines Baumbestandes, Erhaltung des Charakters einer Villengegend,[736] architektonischer Stil),[737] hygienische und soziale Gesichtspunkte.[738] Der Vorteil muss privatrechtlicher Art sein[739] und nicht allein öffentlich-rechtlichen Zielsetzungen dienen.[740] Davon zu unterscheiden sind jedoch Fälle, in denen die Beteiligten öffentlich-rechtliche Regelungen zum Anlass nehmen, parallele Dienstbarkeiten privatrechtlichen Inhalts zu begründen.[741] Außerdem dürfte die Sicherung öffentlicher Zwecke mittels einer Grunddienstbarkeit dann zulässig sein, wenn sie dem herrschenden Grundstück, das sich im Eigentum der öffentlichen Hand befindet, einen Vorteil bringt.[742] Denkbar ist dies insbesondere dann, wenn sich auf dem berechtigten Grundstück eine öffentliche Einrichtung befindet.

211 Keine Rolle spielt, ob die Belastung nur einen mittelbaren oder unmittelbaren Vorteil für den Eigentümer des herrschenden Grundstücks erbringt.[743] Dadurch dass ein **mittelbarer Vorteil** genügt, wird der Vorteilsbegriff in Randbereichen konturenlos.[744] So wird die bloße Annehmlichkeit in erster Linie den Eigentümer und weniger das Grundstück und dessen Verhältnisse betreffen. Besonders deutlich wird dies beim mittelbaren Vorteil, der in der Förderung eines Gewerbebetriebs auf dem herrschenden Grundstück liegt.

212 Dient die Grunddienstbarkeit einem **Gewerbebetrieb** auf dem herrschenden Grundstück, so ist es nach noch h. M.[745] notwendig, dass das herrschende Grundstück für dieses Gewerbe besonders geeignet ist oder wird und diese Einrichtung die Gewähr der Dauer des Unternehmens in sich schließt. Ob das Erfordernis einer bleibenden Einrichtung noch zeitgemäß und angesichts des raschen technischen Wandels praktikabel ist, ist fraglich.[746] Folgt man den allgemeinen Kriterien, so würden die Lage und wirtschaftliche Zweckbestimmung ausreichen.[747] Die Anforderungen hinsichtlich der besonderen Eignung des Grundstücks sollen nach h. M. vom Inhalt der Grunddienstbarkeit abhängen.[748]

---

[732] BayObLGZ 1986, 218, 224 = NJW-RR 1986, 1206 = MDR 1986, 936 = Rpfleger 1986, 373; BayObLGZ 1988, 14 = NJW-RR 1988, 781 = Rpfleger 1988, 246; BayObLG, DNotZ 1999, 507 = MittBayNot 1998, 255 = ZNotP 1998, 244.

[733] BGB-RGRK/*Rothe*, § 1019 Rn. 4.

[734] Erman/*Grziwotz*, § 1019 Rn. 2 m. w. N.

[735] Z. B. ruhige Wohnlage (BGH, WM 1967, 582, 584 u. BGH, WM 1971, 529, 530).

[736] BGH, DNotZ 1968, 28.

[737] BGH, NJW 1983, 115, 116.

[738] KEHE/*Herrmann*, GBO, Einl. N Rn. 13.

[739] NK-BGB/*Otto*, § 1019 Rn. 12; vgl. auch Soergel/*Stürner*, § 1019 Rn. 6, der darauf hinweist, dass neben der Verwirklichung von Allgemeininteressen häufig eine Annehmlichkeit privatrechtlicher Art vorliegen wird und als Beispiele u. a. die Verbesserung der Gesundheitsverhältnisse und das Bewohnen eines Grundstücks nur durch Arbeiterfamilien nennt.

[740] Zu einer rein bauplanerischen Motivation s. BGH, WM 1971, 529, 530.

[741] MünchKommBGB/*Joost*, § 1019 Rn. 3.

[742] Vgl. *Odersky*, in: FS BayNot, 1987, S. 213, 214.

[743] BGH, DNotZ 1956, 40, 41; BGH, NJW 1983, 115, 116; *Reimann*, MittBayNot 1972, 67 f. u. *Jauernig*, § 1019 Rn. 4.

[744] Krit. teilw. auch Soergel/*Stürner*, § 1019 Rn. 6.

[745] BGHZ 44, 171, 174 = NJW 1965, 2340, 2341; OLG München, BeckRS 2011, 27047 = RNotZ 2012, 121 (Getränkehandel); MünchKommBGB/*Joost*, § 1019 Rn. 5.

[746] Ebenso BGHZ 44, 171, 174 = NJW 1965, 2340, 2341 für ein Grundstück im Zentrum einer Großstadt.

[747] Vgl. BGH, NJW 1983, 115, 116.

[748] S. nur MünchKommBGB/*Joost*, § 1019 Rn. 5 u. Staudinger/*Mayer*, § 1019 Rn. 12.

Danach wäre ein generelles Gewerbeverbot allerdings stets zulässig.[749] Speziellere Tätigkeitsbeschränkungen fordern dagegen einen sachlichen Bezug zu einem konkreten Gewerbe. Dies führt in der Praxis zu unbefriedigenden Lösungen, da allgemeine Wettbewerbsverbote stets zulässig wären, speziellere hingegen nicht.[750] Dieses Problem lässt sich nur lösen, wenn man entgegen der h. M. die Verdinglichung von Wettbewerbsverboten und Bezugsbindungen für unzulässig ansieht.[751] Unstrittig kann trotz Vorhandenseins von Fabrikanlagen ein allgemeines Vertriebsverbot mit Erlaubnisvorbehalt zugunsten der Erzeugnisse des Berechtigten keinen grundstücksbezogenen Vorteil gewähren. Eine Vereinbarung, die für einen Betrieb benötigten Waren lediglich von einem bestimmten Lieferanten zu beziehen, beschränkt den Partner nur in seiner rechtsgeschäftlichen Freiheit, nicht in seiner tatsächlichen, und im Regelfall auch nur zugunsten einer bestimmten Person und nicht hinsichtlich der Gebrauchs- und Ertragsfähigkeit des Grundstücks.[752]

Nachbarschaft (Vizinität) zwischen herrschendem und dienendem Grundstück ist in der Praxis meist gegeben, aber nicht erforderlich.[753] So können beispielsweise zwischen dem herrschenden Wohngrundstück, zu dessen Gunsten eine Kfz-Stellplatzdienstbarkeit bestellt ist, und dem dienenden Grundstück mehrere private Grundstücke und eine öffentliche Straße liegen. Die beteiligten Grundstücke müssen somit nicht aneinander angrenzen. Fraglich ist, ob die räumlichen Verhältnisse so gestaltet sein müssen, dass sie eine Nutzung des dienenden Grundstücks für das herrschende erlauben.[754] Allerdings kann auch bei weit entfernt gelegenen Grundstücken ein Vorteil für das berechtigte Grundstück gegeben sein.[755] Dieses Erfordernis ist entscheidend.[756] Insbesondere wenn sich auf dem herrschenden Grundstück ein Gewerbebetrieb befindet, kann das Kriterium einer räumlichen Beziehung völlig in den Hintergrund treten. Beispiele hierfür sind Leitungsdienstbarkeiten für Energieversorgungsunternehmen, aber auch Fahrt- und Schürfrechte für Betriebsgrundstücke, auf denen sich Unternehmen befinden, die den Abbau von Bodenschätzen zum Gegenstand haben.[757] 213

Gemäß Art. 115 EGBGB ist ein Vorteil auch für landesrechtlich zugelassene Dienstbarkeiten notwendig,[758] **nicht** dagegen **für altrechtliche Dienstbarkeiten**, für die Art. 184 EGBGB nur die Vorschriften der §§ 1020 bis 1028 BGB für anwendbar erklärt.[759] Allerdings kann nach früherem Recht eine vergleichbare Voraussetzung bestehen.[760] Auf beschränkte persönliche Dienstbarkeiten ist § 1019 BGB nicht anwendbar (§ 1090 II BGB). 214

II. Inhalt und Ausübung

1. Allgemeines

§ 1018 BGB beschränkt den Inhalt einer Grunddienstbarkeit auf die **drei** dort angeführten **Alternativen**. Abweichende Vereinbarungen sind unzulässig. Dagegen ist die Verbindung der verschiedenen Alternativen zu einem einheitlichen Recht möglich. 215

749 So konsequenterweise NK-BGB/*Otto*, § 1019 Rn. 9.
750 Ebenso NK-BGB/*Otto*, § 1019 Rn. 9.
751 Vgl. Erman/*Grziwotz*, § 1018 Rn. 17 m. w. N.
752 S. nur BGHZ 29, 244, 251; BGH, NJW 1985, 2474; BayObLGZ 1997, 129, 133 u. OLG Zweibrücken, MittBayNot 2001, 481, 482. Vgl. DNotI-R 2012, 101 ff.
753 BGH, WM 1996, 739, 741; OLG München, MDR 1989, 934 (15 km Entfernung zwischen Brauerei und Gastwirtschaft) u. LG Deggendorf, MittBayNot 1991, 262 (30 km zwischen Verwaltungsgebäude und Steinbruchgebäude). S. auch OLG München, MittBayNot 1980, 15 m. abl. Anm. *Ring*.
754 So wohl BayObLG, DNotZ 1997, 395 = Rpfleger 1997, 15, 16.
755 Staudinger/*Mayer*, § 1019 Rn. 6.
756 Ebenso KEHE/*Herrmann*, GBO, Einl. N Rn. 13.
757 LG Deggendorf, MittBayNot 1991, 262.
758 S. nur Soergel/*Stürner*, § 1019 Rn. 1.
759 RGZ 169, 180, 183.
760 Zutreffend *Volmer*, NotBZ 2002, 437, 439.

Unbedenklich ist es auch, dasselbe Recht zugleich als Grunddienstbarkeit und als beschränkte persönliche Dienstbarkeit zu bestellen.[761] Eine Grunddienstbarkeit wird ferner häufig neben einer Baulast vereinbart, um dem Begünstigten ein eigenes Recht zu geben.

216 Für alle drei Varianten der Grunddienstbarkeit sind folgende Punkte zu beachten bzw. **Gestaltungsmöglichkeiten** gegeben:

a) Nichtbestehen einer gesetzlichen Pflicht

217 Soweit bereits **gesetzliche Pflichten** zur Duldung und Unterlassung bestehen, sind inhaltsgleiche Dienstbarkeiten unzulässig, da sie das Grundbuch unnötig belasten würden.[762] Betroffen sind nicht nur die Duldungspflichten des privatrechtlichen Nachbarrechts (z. B. § 906 BGB), sondern auch öffentlich-rechtliche Nutzungsrechte. Erlaubt bereits die StVO die Nutzung einer öffentlichen Verkehrsfläche, so kann diesbezüglich nicht noch eine Dienstbarkeit bestellt werden. Anders ist dies, wenn sich Unsicherheiten hinsichtlich der Nutzungsbefugnis ergeben, z. B. weil diese an unbestimmte Rechtsbegriffe wie die Angemessenheit oder die nicht unzumutbare Belastung geknüpft ist. Deshalb kann trotz der Verpflichtung zur Duldung von Leitungen nach § 12 NDAV, § 12 NAV, § 8 AVBWasserV und § 8 AVBFernwärmeV sowie entsprechenden kommunalrechtlichen Normen eine Absicherung durch eine Dienstbarkeit erfolgen.[763] Unzulässig ist eine Dienstbarkeit ferner dann nicht, wenn sich die konkrete Pflicht lediglich aufgrund eines Verwaltungsaktes ergibt oder gesetzliche Pflicht zwar besteht, von der jedoch durch Verwaltungsakt suspendiert werden kann.[764] Ferner sind Dienstbarkeiten zulässig, wenn sie über die gesetzlichen Beschränkungen hinausgehen,[765] diese bei Wegfall der gesetzlichen Normierung absichern[766] oder der Klarstellung dienen, da die gesetzliche Regelung nicht alle Zweifel beseitigt oder der Umfang der gesetzlichen Verpflichtung streitig ist.[767] Unbedenklich sind deshalb insbesondere zu den Darstellungen des Flächennutzungsplans und den Festsetzungen in Bebauungsplänen parallele Grunddienstbarkeiten, da Geltung und Umfang derartiger Pläne Veränderungen unterliegen können.[768] Zudem sind nicht sämtliche Festsetzungen eines Bebauungsplans auch drittschützend. Umstritten ist, ob eine Behörde in einem begünstigenden Verwaltungsakt die Bestellung einer Dienstbarkeit als Nebenbestimmung vorsehen kann. Dies ist zu verneinen, wenn es sich um einen Verwaltungsakt handelt, auf dessen Erlass ein Anspruch besteht, wenn das Gesetz selbst keine derartige Möglichkeit enthält.[769]

b) Unzulässige Beschränkung der Verfügungs- und Verpflichtungsmacht

218 Grunddienstbarkeiten können die **Verfügungs- und Verpflichtungsmacht** des Eigentümers nicht beschränken.[770] Unzulässig sind daher Grunddienstbarkeiten mit dem

---

[761] Unstr., s. nur MünchKommBGB/*Joost*, § 1018 Rn. 25.

[762] RGZ 130, 350; OLG Hamm, Rpfleger 1976, 96; BayObLGZ 1980, 232, 239 u. OLG Köln, Rpfleger 1982, 463; vgl. auch Soergel/*Stürner*, § 1018 Rn. 7. Hinsichtlich der Begründung abweichend MünchKommBGB/*Joost*, § 1018 Rn. 50.

[763] A. A. Soergel/*Stürner*, § 1018 Rn. 7, offen Staudinger/*Mayer*, § 1018 Rn. 85. Vgl. OLG Rostock, BeckRS 2012, 01533.

[764] KEHE/*Hermann*, GBO, Einl. N 17.

[765] OLG Hamm, OLGZ 1976, 47 = Rpfleger 1976, 95, 96.

[766] Staudinger/*Mayer*, § 1018 Rn. 87.

[767] RGZ 119, 211, 214 u. OLG Celle, NJW 1958, 1096. S. ferner BGB-RGRK/*Rothe*, § 1018 Rn. 16.

[768] Vgl. BGH, NJW 1967, 1609, 1610 = MDR 1967, 661; OLG Hamm, Rpfleger 1996, 444 = FGPrax 1996, 171 = MittBayNot 1996, 378; NK-BGB/*Otto*, § 1018 Rn. 52; MünchKommBGB/*Joost*, § 1018 Rn. 50; Soergel/*Stürner*, § 1018 Rn. 7 u. Staudinger/*Mayer*, § 1090 Rn. 23; a. A. *Quack*, Rpfleger 1979, 281, 282 ff. u. Bamberger/Roth/*Wegmann*, § 1018 Rn. 43, die verkennen, dass Flächennutzungspläne keine unmittelbare Rechtswirkung für Dritte haben.

[769] Vgl. § 36 VwVfG u. § 32 SGB X; zu weit deshalb VGH München, BauR 2011, 1466 = BayVBl. 2011, 410 u. NK-BGB/*Otto*, § 1018 Rn. 51.

[770] RGZ 111, 384, 395; BGHZ 29, 244, 248; BGH, NJW-RR 2003, 733 = MDR 2003, 733 = DNotZ 2003, 533 = Rpfleger 2003, 410 = ZfIR 2003, 464 u. BayObLGZ 1989, 89, 93.

Inhalt, das belastete Grundstück zu veräußern, nicht zu veräußern, keine dinglichen Belastungen vorzunehmen, das Grundstück nicht zu teilen, nicht zu vermieten oder zu verpachten und schließlich das Verbot der Aufteilung in Wohnungs- und Teileigentum.[771] Dagegen sind Zweckentfremdungsverbote zulässig. Ein Beispiel ist die Verpflichtung, das bebaute Grundstück nicht zu anderen Zwecken als denen einer Behindertenwerkstatt zu nutzen.[772] Zulässig ist auch eine Fremdenverkehrsdienstbarkeit des Inhalts, das dienende Grundstück nicht länger als sechs oder acht Wochen im Jahr von ein und derselben Person bewohnen zu lassen.[773] Dem Eigentümer kann nur eine Beschränkung im tatsächlichen Gebrauch seines Grundstücks auferlegt werden.

c) Bedingung und Befristung

Die Grunddienstbarkeit kann unter einer aufschiebenden **Bedingung** bestellt werden. 219
Ebenso ist eine aufschiebende **Befristung** zulässig. Schließlich kann sie bei Eintritt einer bestimmten Bedingung oder eines Endzeitpunktes erlöschen.[774] Zulässig ist auch eine auflösende Bedingung des Inhalts, dass Eigentümer des berechtigten Grundstücks nicht mehr eine bestimmte Person oder eine Person aus einem nach bestimmten Merkmalen bezeichneten Kreis (z. B. Abkömmling von. . .) ist. Damit lässt sich eine gewisse Annäherung an das Institut der beschränkten persönlichen Dienstbarkeit erreichen. Eine Bedingung und Befristung ist in den Eintragungsvermerk aufzunehmen; eine Bezugnahme auf die Eintragungsbewilligung ist nicht ausreichend.[775] Ob überlange Bindungszeiten zur Unwirksamkeit der Dienstbarkeit oder lediglich zu einem Löschungsanspruch aus dem Begleitschuldverhältnis führen, hängt auch vom Inhalt der Regelung ab.[776]

d) Kein positives Tun als Leistungsinhalt

Der Eigentümer des dienenden Grundstücks muss bestimmte Nebenpflichten erfüllen 220
(§§ 1021–1023 BGB). Ein positives Tun kann aber nicht Hauptpflicht im Rahmen einer Dienstbarkeit sein.[777] § 1018 BGB nennt nur Verpflichtungen zur Duldung und zum Unterlassen. Als **Nebenpflicht** wird eine Verpflichtung zum positiven Tun jedoch als möglich angesehen.[778] Die Abgrenzung zwischen Haupt- und Nebenpflicht ist allerdings dogmatisch eindeutig bisher nicht gelungen.[779] Gefordert wird, dass die Abgrenzung zur Reallast gewahrt bleiben muss.[780] Nach der Rechtsprechung des Bayerischen Obersten Landesgerichts erstreckt sich das Verbot, ein positives Tun zum Hauptinhalt der Dienst-

---

[771] OLG Schleswig, FGPrax 1997, 168 = ZfIR 1997, 548 u. LG Lübeck, MDR 1997, 824. Ausführlich Soergel/*Stürner*, § 1018 Rn. 4. m. w. Nachw.

[772] BayObLG, NJW 1986, 3211.

[773] BayObLGZ 1985, 193 = NJW 1985, 2485 = DNotZ 1986, 228 = MDR 1985, 847 = MittBayNot 1985, 123 m. Anm. *Ertl* u. BayObLG, MittBayNot 1989, 273. Vgl. dagegen noch BayObLG, NJW 1982, 1054 = Rpfleger 1982, 60. S. dazu auch *Ertl*, MittBayNot 1985, 177; *Schnitzerling*, DWW 1986, 230; *Hitl/Gerold*, BayVBl. 1993, 385, 391 u. 423.

[774] Unstr., s. nur BayObLG, NJW-RR 1990, 1025; KEHE/*Herrmann*, GBO, Einl. N 16 u. Meikel/*Morvilius*, GBO, Einl. Rn. C 284.

[775] BayObLG, NJW-RR 1998, 1025 = NZM 1998, 531 = MittBayNot 1998, 256.

[776] S. einerseits BGHZ 74, 293 = NJW 1979, 2150 = MDR 1979, 922 u. BGH, NJW 1979, 2149 = DNotZ 1980, 45 = MDR 1980, 46 für Warenbezugsbindungen sowie andererseits BGH, WM 1984, 820 = MittBayNot 1984, 126 (Wärmebezug) und BayObLG, MittBayNot 2000, 317 (Wohnungsbesetzungsrecht). Vgl. aber auch BGH, NJW 1988, 2364 = DNotZ 1988, 572 m. Anm. *Amann* = MDR 1988, 660 u. *Walter/Maier*, NJW 1988, 377, 387 ff.

[777] Palandt/*Bassenge*, § 1018 Rn. 5; Lemke/*Böttcher*, § 18 Rn. 27; Jauernig/*Berger*, § 1018 Rn. 7 u. Hk-BGB/*Staudinger*, § 1018 Rn. 2; s. auch MünchKommBGB/*Joost*, § 1018 Rn. 42 ff.

[778] BGH, NJW 1989, 1607, 1608 u. BGB-RGRK/*Rothe*, § 1018 Rn. 15.

[779] Vgl. BGH, WM 1985, 1003 („Bepflanzungspflicht“); BayObLG 1973, 21, 26 („Zaunhaltungspflicht“); BayObLG, MittBayNot 1980, 201 („Wohnhausneubau in Zusammenhang mit landwirtschaftlichen Betrieb“); BayObLG, MittBayNot 1982, 242 („indirekte Wärmeenergiebezugsverpflichtung“). S. auch *Amann*, DNotZ 1982, 396, 404.

[780] Z. B. Soergel/*Stürner*, § 1018 Rn. 5. Unzulässig ist insbesondere die im Zusammenhang mit naturschutzrechtlichen Ausgleichsmaßnahmen häufig gewünschte Verpflichtung zur erstmaligen Bepflanzung eines Grundstücks (BGH, WM 1985, 1003, 1004).

barkeit zu machen, auch auf rein faktische Zwänge, die sich als mittelbare Folgen aus Unterlassungsdienstbarkeiten ergeben.[781] Betroffen sind Dienstbarkeiten, die auf dem „Umweg" der Unterlassung bei einem wirtschaftlich sinnvollen Verhalten den Eigentümer des dienenden Grundstücks faktisch zu einem bestimmten Handeln zwingen. Beispiele sind Dienstbarkeiten, die das Verbot regeln, Heizungs- und Warmwasserenergie aus anderen Quellen als einer zentralen Versorgungsanlage zu beziehen.[782] Ähnliche Probleme ergeben sich bei spezifizierten Unterlassungsgeboten, die zu einer bestimmten Form der Warenabnahme[783] oder zu einem bestimmten Verhalten[784] zwingen. Eine Unterlassungsdienstbarkeit engt jedoch stets den verbleibenden Handlungsspielraum ein und führt auf diese Weise zu faktischen Zwängen. Eine Abgrenzung zwischen statthaften und unzulässigen Dienstbarkeiten unter Bezugnahme auf das Kriterium des faktischen Zwangs und der wirtschaftlich sinnvollen Nutzung ergäbe sich nicht mehr aus dem Inhalt der Dienstbarkeit, sondern ließe sich nur unter Heranziehung von Umständen außerhalb des dinglichen Rechts klären. Deshalb können mittelbare Folgewirkungen einer Unterlassungsdienstbarkeit nicht wegen des Verstoßes gegen das Verbot des positiven Tuns zu deren Unzulässigkeit führen.[785] Es handelt sich bei dieser Abgrenzung nicht um ein Problem des unzulässigen Inhalts hinsichtlich des positiven Tuns und damit nicht um eine Frage, die auf Seiten des dienenden Grundstücks zu verorten ist, sondern um die Frage, inwieweit die Umgehung des grundstücksbezogenen Vorteilsbegriffs auf Seiten des herrschenden Grundstücks die Dienstbarkeit unzulässig macht.[786]

e) Bestimmtheit und Auslegungsgrundsätze

221 Der Inhalt der Dienstbarkeit muss **bestimmbar** sein. Es ist somit keine Begriffsbestimmung erforderlich, die von vornherein für alle nur denkbaren Fälle jede Möglichkeit eines Zweifels ausschließt. Es genügt, wenn der Inhalt zumindest durch sinnvolle Auslegung nach verständigem Ermessen ermittelt werden kann.[787] Das Bestimmtheitserfordernis gilt auch für eine Bedingung als Inhalt der Dienstbarkeit. Sie betrifft ferner den Ausübungsbereich. Auch der Inhalt des Rechts selbst muss konkretisiert werden. Ausreichend ist aber beispielsweise eine Baubeschränkung auf eine „eineinhalbgeschossige" Bauweise.[788] Die Ermittlung im Wege der Auslegung kann diesbezügliche „Mängel heilen". Eine Auslegung ist allerdings nicht erforderlich, wenn der Inhalt aufgrund des Wortlauts der Eintragung im Grundbuch eindeutig und klar ist.[789] Dies ist beispielsweise bei einem Versorgungsleitungsrecht der Fall. Es umfasst die Leitungen sämtlicher Sparten, so dass eine Aufzählung nicht erforderlich ist.[790]

222 Ausgangspunkt für die **Auslegung** ist der Wortlaut der Grundbucheintragung. Maßgebend ist ihre unbefangene nächstliegende Bedeutung, wie sie sich unter Berücksichtigung der Eintragungszeit aus dem Wortlaut des Eintrags samt den in Bezug genomme-

---

781 BayObLGZ 1976, 218 = DB 1976, 2012; BayObLG, Rpfleger 1980, 279 = DNotZ 1982, 251 = MDR 1980, 579 = MittBayNot 1982, 242 u. BayObLG, MittBayNot 1982, 936; s. aber BGH, WM 1984, 820 = MittBayNot 1984, 126 u. BGHZ 151, 274 = NJW 2003, 3779 = NZM 2002, 1039 = DNotZ 2003, 333 = MDR 2003, 167 = MittBayNot 2003, 161 = ZfIR 2002, 1004.

782 S. nur BGH, WM 1984, 820 = MittBayNot 1984, 126 u. BGHZ, 151, 274 = NJW 2002, 3779 = DNotZ 2003, 333 = MittBayNot 2003, 161 = ZfIR 2003, 1004.

783 S. nur MünchKommBGB/*Joost*, § 1018 Rn. 43 m. w. Nachw.

784 BGH, NJW-RR 2003, 733 = DNotZ 2003, 533 = MDR 2003, 733 (Vermietung im Rahmen eines Ferienparks).

785 Ebenso BGH, NJW-RR 2003, 733 = DNotZ 2003, 533 = MDR 2003, 733; NK-BGB/*Otto*, § 1018 Rn. 61; Bauer/v. Oefele/*Bayer*, GBO, AT III Rn. 317; Soergel/*Stürner*, § 1018 Rn. 6 u. Schöner/*Stöber*, Grundbuchrecht, Rn. 1134.

786 Zu dieser Streitfrage s. Erman/*Grziwotz*, § 1018 Rn. 17.

787 OLG München, NJOZ 2012, 843.

788 BGH, NJW 2002, 1797 = DNotZ 2002, 718 = MDR 2002, 691 = Rpfleger 2002, 352 = ZfIR 2002, 294 u. OLG Hamm, FGPrax 1996, 171.

789 BGH, NJW 1976, 417; NJW 1983, 115, 116 u. NJW 1985, 385, 386.

790 BayObLG, DNotZ 1960, 308.

nen Urkunden ergibt.[791] Hierzu gehören auch Pläne, auf die Bezug genommen wurde. Umstände, die außerhalb der Eintragung liegen, dürfen zur Ermittlung des Umfanges und Inhalts des Rechts nur insoweit herangezogen werden, als sie für jedermann ohne weiteres erkennbar sind.[792] Beispiele sind Verträge,[793] Lagepläne und Karten,[794] soweit sie der Eintragungsbewilligung als Anlage unter Bezugnahme in der Urkunde beigefügt sind,[795] nicht jedoch ein Schriftwechsel, die Entstehungsgeschichte und das Grundgeschäft.[796] Eine Erkennbarkeit durch Einsicht in das Grundbuch und die Grundakten ist allerdings nicht in jedem Fall erforderlich. Die Verhältnisse der beteiligten Grundstücke, insbesondere Lage und Verwendungsart des herrschenden Grundstücks können dabei Hinweise für die Auslegung des Eingetragenen geben, ohne dass dadurch eine „Versteinerung" des Inhalts einträte.[797] Von Bedeutung sind ferner feste Bezugspunkte in der Natur.[798] Einen Anhaltspunkt für die Auslegung kann auch eine längere widerspruchslose Ausübung geben.[799] Allerdings führt die Duldung einer über den vereinbarten Inhalt hinausgehenden Ausübung nicht zu einer dinglichen und schuldrechtlichen Rechtsänderung.[800]

Keine zulässige Dienstbarkeit liegt vor, wenn diese hinsichtlich des Inhalts der Verpflichtung nicht ausreichend bestimmt ist.[801] Gleiches gilt, wenn die Art und das Ausmaß der Belastung allein vom Willen des Berechtigten abhängen.[802] Eine **ausreichende Bestimmtheit** liegt aber vor, wenn auf Punkte in der Natur Bezug genommen wird[803] oder auf die bereits vorhandene Leitung („wie bisher"); dies gilt auch dann, wenn im Laufe der Zeit die Bezugspunkte nicht mehr mit den ursprünglichen übereinstimmen oder nicht mehr vorhanden sind. Maßgebend sind die bei Entstehung der Dienstbarkeit vorhandenen tatsächlichen Bezugspunkte.[804] Es gibt keinen Gutglaubensschutz bezüglich der erkennbaren tatsächlichen Verhältnisse, die mit dem (ursprünglichen) dinglichen Inhalt der Dienstbarkeit nicht (mehr) übereinstimmen.[805] 223

f) Festlegung der Ausübungsstelle

Die Festlegung der Ausübungsstelle kann **rechtsgeschäftlich** erfolgen **oder** der **tatsächlichen Ausübung** überlassen bleiben. Nur im ersten Fall der Vereinbarung über den Ausübungsbereich wird die Beschränkung der Ausübung auf einen bestimmten Grundstücksteil Inhalt der Belastung.[806] In diesem Fall erfordert der Bestimmtheitsgrundsatz 224

---

[791] S. nur BGH, NJW 1982, 1039; OLG Düsseldorf, Rpfleger 1979, 305; BayObLGZ 1987, 121, 129; OLG Brandenburg, FGPrax 2009, 100 = BeckRS 2009, 07173; OLG München, NJW-RR 2011, 1461; OLG München, NJOZ 2012, 843.

[792] BGH, NJW 1963, 1247; BGH, DNotZ 1976, 529 u. BGH, NJW 2002, 1797 = DNotZ 2002, 718 = MDR 2002, 691 = Rpfleger 2002, 352 = ZfIR 2002, 294; vgl. ferner BGH, NJW 1983, 115; BGHZ 90, 181 = NJW 1984, 2210 = Rpfleger 1984, 229; BGHZ 92, 351 = NJW 1985, 385 sowie BayObLG, MittBayNot 1988, 231.

[793] BGH, DNotZ 1966, 486, 487.

[794] BGH, NJW 1972, 1283, 1284.

[795] BGH, WM 1978, 1131, 1132.

[796] BGH, WM 1962, 627, 628.

[797] BGH, NJW 2002, 1797 = DNotZ 2002, 718 = MDR 2002, 691 = Rpfleger 2002, 352 = ZfIR 2002, 294.

[798] BGH, DNotZ 1982, 230 u. BGH, NJW-RR 1991, 457; vgl. auch BayObLG, MittBayNot 1988, 231.

[799] BGH, NJW 1976, 417; BGH, MDR 1988, 1044; OLG Karlsruhe, OLGZ 1986, 70; OLG Düsseldorf, OLGR 1997, 27 u. Soergel/*Stürner*, § 1018 Rn. 8. Vgl. aber OLG Karlsruhe, NJW-RR 1990, 663 bei einer vom Inhalt abweichenden Ausübung.

[800] BGH, NJW-RR 2006, 237 = MDR 2006, 380 = MittBayNot 2006, 226 = Rpfleger 2006, 67 = ZfIR 2006, 209; Palandt/*Bassenge*, § 1018 Rn. 8. u. NK-BGB/*Otto*, § 1018 Rn. 73; a. A. RGZ 126, 370.

[801] OLG Frankfurt/M., Rpfleger 1980, 280; BayObLG, NJW 1982, 1054 = Rpfleger 1982, 60 u. KEHE/*Herrmann*, GBO, Einl. N 15 a. E.

[802] MünchKommBGB/*Joost*, § 1018 Rn. 13.

[803] BGH, NJW 1982, 1039 = DNotZ 1982, 230.

[804] BGHZ 90, 181, 183 = NJW 1984, 2210 = Rpfleger 1984, 229 u. BayObLG, DNotZ 1984, 585. S. aber auch OLG Koblenz, NJOZ 2007, 2674.

[805] BGH, NJW 1976, 417.

[806] Vgl. BGH, NJW-RR 2006, 237 = MDR 2006, 380 = MittBayNot 2006, 226 = Rpfleger 2006, 67 = ZfIR 2006, 209.

eine genaue Bezeichnung desjenigen Grundstücksteils, auf den sich die Ausübung beschränken soll.[807] Ob die Festlegung der Ausübungsstelle auch zum notwendigen Rechtsinhalt gehört, wenn die Ausübungsstelle von so wesentlicher Bedeutung ist, dass ohne ihre Festlegung der Rechtsinhalt nicht erkennbar wäre (z. B. bei einem Bauverbot für eine Teilfläche, einer Abstandsflächenübernahme und sonstiger Unterlassungspflichten, die nicht das gesamte Grundstück betreffen), ist umstritten.[808] Gehört die Festlegung des Ausübungsbereichs nicht zum notwendigen Rechtsinhalt, muss sie nicht durch Rechtsgeschäft erfolgen, sondern kann der tatsächlichen Ausübung überlassen bleiben. Es gilt dann der Grundsatz der schonenden Ausübung (§ 1020 1 BGB). Abschreibungen nach § 1026 BGB bei einer Teilung des dienenden Grundstücks sind bei dieser Gestaltung allerdings nicht möglich.[809]

g) Gegenleistungen und Verpflichtungsgeschäft

225 Rein schuldrechtliche Pflichten können nicht Inhalt einer Grunddienstbarkeit sein. In Betracht kommen vielmehr nur solche rechtlichen Beziehungen, die mit dem Eigentum an den beteiligten Grundstücken zusammenhängen und es unmittelbar beeinflussen.[810] Insbesondere kann die **Entgeltlichkeit** nicht zum dinglichen Rechtsinhalt gemacht werden.[811] Möglich sind aber schuldrechtliche Vereinbarungen über die Gegenleistungspflicht des Berechtigten. Dies gilt sowohl für eine einmalige Gegenleistung für die Bestellung der Grunddienstbarkeit als auch hinsichtlich einer wiederkehrenden Zahlung als Gegenleistung für die Ausübung des Rechtes. Soll das Entgelt grundbuchmäßig abgesichert werden, so ist dies bei einer einmaligen Zahlung durch eine Hypothek oder Grundschuld und bei wiederkehrenden Leistungen für die Ausübung durch eine Reallast jeweils am herrschenden Grundstück möglich.[812] Die Erfüllung der vertraglich geschuldeten Leistungen kann aber auch mittels einer Bedingung mit dem Bestand des dinglichen Rechts verknüpft werden.[813] Bei einer einmaligen Gegenleistung kommt eine aufschiebende Bedingung in Betracht. Bei einer fortlaufenden Gegenleistung ist demgegenüber eine auflösende Bedingung denkbar.[814] Allerdings führt die letztgenannte Lösung dazu, dass im Falle einer Nichtzahlung bzw. einer nicht pünktlichen Zahlung einer Rate bzw. der diesbezüglich vereinbarten Ratenzahl die Dienstbarkeit erlischt und auch ihr Rang verlorengeht. Die h. M.[815] lässt es deshalb zu, nicht die Bestellung der Dienstbarkeit, sondern nur die Befugnis zu ihrer Ausübung an eine Bedingung zu knüpfen. Damit entfällt bei einer Nichtzahlung nur das Recht zur Ausübung der Dienstbarkeit, nicht jedoch diese selbst. Damit wird nicht die schuldrechtliche Entgeltabrede Inhalt des dinglichen Rechts; vielmehr ist noch nicht einmal dieses selbst, sondern nur die sich aus ihm ergebende Befugnis an eine Bedingung geknüpft. Wieso dies, anders als eine Bedingung hinsichtlich des dinglichen Rechts selbst unzulässig sein soll, ist unklar.[816] Die weitere Konstruktion,

[807] S. nur BGHZ 90, 181, 183 = NJW 1984, 2210 = DNotZ 1985, 38 = MDR 1984, 564 = Rpfleger 1984, 227; BGH, NJW 2002, 3021 = DNotZ 2002, 721 = EWiR 2002, 949 = MDR 2002, 1000 = Rpfleger 2002, 511 = ZfIR 2002, 545 u. BayObLGZ 1986, 513, 517; BayObLGZ 1988, 102, 106.

[808] Bejahend OLG Celle, OLGZ 1967, 456; OLG Hamm, OLGZ 1981, 270 u. *Grziwotz,* EWiR 2002, 949, 950 sowie wohl auch KG, NJW 1973, 1128; verneinend Soergel/*Stürner,* § 1018 Rn. 39 a. Offen BGH, NJW 2002, 3021 = DNotZ 2002, 721 = EWiR 2002, 949 = MDR 2002, 1000 = Rpfleger 2002, 511 = ZfIR 2002, 545.

[809] BGH, NJW 2002, 3021 = DNotZ 2002, 721 = EWiR 2002, 949 = MDR 2002, 1000 = Rpfleger 2002, 511 = ZfIR 2002, 545.

[810] S. nur BGB-RGRK/*Rothe,* § 1018 Rn. 16.

[811] Allg. A., s. nur BayObLGZ 1979, 273, 278.

[812] Vgl. auch Soergel/*Stürner,* § 1018 Rn. 40.

[813] Palandt/*Bassenge,* § 1018 Rn. 27.

[814] MünchKommBGB/*Joost,* § 1018 Rn. 7.

[815] BGHZ 54, 10, 18 = NJW 1970, 1371, 1373; OLG Karlsruhe, DNotZ 1368, 432, 433 u. OLG Frankfurt/M., Rpfleger 1974, 430. Ebenso BGB-RGRK/Roth, § 1018 Rn. 21; Palandt/*Bassenge,* § 1018 Rn. 12; Bamberger/Roth/*Wegmann,* § 1018 Rn. 46 u. Schöner/*Stöber,* Grundbuchrecht, Rn. 1160; krit. MünchKommBGB/*Joost,* § 1018 Rn. 7 u. NK-BGB/*Otto,* § 1018 Rn. 102; offen Soergel/*Stürner,* § 1018 Rn. 40.

[816] So aber NK-BGB/*Otto,* § 1018 Rn. 102.

dass sich die Grunddienstbarkeit selbst bis zur Zahlung der Gegenleistung vorübergehend in eine aufschiebend bedingte Grunddienstbarkeit umwandelt,[817] kann bei der Auslegung einer unklaren Formulierung helfen,[818] wirkt aber bei der Bestellung gekünstelt. Deshalb ist der dogmatisch klaren Lösung der h. M. zu folgen.

Wiederkehrende **Leistungen** sowie Unterhaltungspflichten bzw. die Beteiligung an Unterhaltungspflichten und Kosten können unmittelbar als Reallast am betroffenen Grundstück gesichert werden.[819] Nur durch sie kann dem Berechtigten eine Pflicht zu einer Gegenleistung auferlegt werden, und zwar auch dann, wenn dieser von der Dienstbarkeit keinen Gebrauch macht. Als Inhalt der Dienstbarkeit ist dies – auch mittelbar – nicht zu erreichen. 226

Der Bestellung einer Dienstbarkeit liegt regelmäßig ein schuldrechtliches **Kausalgeschäft**, z. B. die Einräumung im Zusammenhang mit einem Grundstücksgeschäft, die Zahlung einer Gegenleistung oder eine schenkungsweise Zuwendung, zugrunde.[820] Dieses Verpflichtungsgeschäft unterliegt den für seinen Abschluss geltenden gesetzlichen Bestimmungen und ist grundsätzlich formfrei. Auch eine schlüssige Vereinbarung ist möglich. Das schuldrechtliche Grundgeschäft braucht sich nicht in der Bestellung der Dienstbarkeit erschöpfen, sondern kann einen darüber hinausgehenden Inhalt haben und neben der im Grundbuch eingetragenen Grunddienstbarkeit weiterhin von Bedeutung bleiben.[821] Wichtig ist dies insbesondere im Rahmen der so genannten **Sicherungsdienstbarkeiten**, bei denen die weitgehenden Befugnisse aus der Grunddienstbarkeit schuldrechtlich eingeschränkt werden.[822] Grundsätzlich hängt die Grunddienstbarkeit nicht vom Bestand des zugrunde liegenden schuldrechtlichen Geschäfts ab.[823] Bei der Sicherungsdienstbarkeit wird der abstrakte dingliche Inhalt mit dem schuldrechtlichen Kausalgeschäft verknüpft. Der weiten Befugnis der Dienstbarkeit können die Gegenrechte aus dem schuldrechtlichen Verhältnis entgegen gehalten werden. Gegebenenfalls kann die Grunddienstbarkeit bei Wegfall der Sicherungsvereinbarung kondiziert werden. Allerdings bewirkt der Wegfall des Grundgeschäfts nicht stets die Rechtsgrundlosigkeit der Dienstbarkeit. Diese kann vielmehr isoliert fortbestehen.[824] Dies kann insbesondere bei einem Erwerb des herrschenden Grundstücks in Unkenntnis des Sicherungscharakters erfolgen; das Grundgeschäft verpflichtet nämlich grundsätzlich nur die Besteller der Dienstbarkeit nicht ihre Einzelrechtsnachfolger. 227

Vom Kausalgeschäft zu unterscheiden ist das **gesetzliche Begleitschuldverhältnis**, das in gewissem Umfang modifizierenden Parteivereinbarungen zugänglich ist.[825] Es besteht im Verhältnis des jeweiligen Eigentümers des herrschenden Grundstücks und des dienenden Grundstücks und ist somit nicht auf die „Besteller“ beschränkt. 228

h) Anpassung an Veränderungen

Inhalt und Umfang einer Grunddienstbarkeit liegen nicht von vornherein für alle Zeiten fest, sondern sind gewissen **Veränderungen** unterworfen, die sich aus der wirtschaftlichen und technischen Entwicklung ergeben. Dies gilt insbesondere, wenn die Grunddienstbarkeit – wie im Regelfall – zeitlich nicht begrenzt ist. Es ist also der veränderten Situation Rechnung zu tragen.[826] Denn maßgebend für den Umfang einer Dienstbarkeit 229

---

[817] So MünchKommBGB/*Joost*, § 1018 Rn. 7.
[818] So BGHZ 56, 374, 379.
[819] OG Karlsruhe, DNotZ 1968, 432, 433.
[820] Ausführlich *Panz*, BWNotZ 1982, 106 ff. u. *Nouvertné*, BKR 2012, 52 ff.; vgl. auch LG Berlin, GE 2002, 1267.
[821] BGH, NJW 1974, 2123.
[822] BGH, NJW 1988, 2364 = DNotZ 1988, 572 = MDR 1988, 660; vgl. auch *Amann*, DNotZ 1986, 578 ff; *Walter/Maier*, NJW 1988, 377, 387 ff. u. *Münch*, ZHR 157, 1993, 559 ff.
[823] S. nur LG Aachen, RdE 2001, 78 (Stromlieferungsvertrag).
[824] Ebenso NK-BGB/*Otto*, § 1018 Rn. 108.
[825] Vgl. *Amann*, DNotZ 1989, 531 ff.
[826] BGH, NJW 1959, 2059, 2060 = DNotZ 1959, 240; BGH, NJW 1960, 673 = DNotZ 1960, 242; BGH, NJW 1965, 1229 = DNotZ 1966, 38; BGHZ 44, 171, 172 = NJW 1965, 2340 = DNotZ 1966, 484 =

und das Ausmaß der Benutzung ist das jeweilige – nicht das im Zeitpunkt der Bestellung vorhandene – Bedürfnis des herrschenden Grundstücks.[827] Dabei kommt es auf den allgemeinen, der Verkehrsauffassung entsprechenden und äußerlich für jedermann ersichtlichen Charakter des herrschenden Grundstücks an. Neben der wirtschaftlichen und technischen Entwicklung ist insbesondere auch einer Bedarfssteigerung Rechnung zu tragen, so dass dadurch zugleich der Bereich der dem Eigentümer eingeräumten Befugnisse wächst.[828] Ist z. B. bei einem Geh- und Fahrtrecht nichts über die Breite der Zufahrt ausgesagt, so ist sie, unter Berücksichtigung von § 1020 BGB, nach den sich möglicherweise ändernden Bedürfnissen des Eigentümers des herrschenden Grundstücks festzulegen.

230 Hinsichtlich einer **Bedarfssteigerung** ist Voraussetzung, dass sich diese in den Grenzen einer der Art nach gleichbleibenden Benutzung des Grundstücks hält und nicht auf eine zur Zeit der Dienstbarkeitsbestellung nicht voraussehbare oder willkürliche Benutzungsänderung zurückzuführen ist.[829] Es darf sich nicht um eine im Zeitpunkt der Dienstbarkeitsbestellung nicht vorhersehbare Intensivierung der Nutzung handeln. Beispiel ist die Änderung eines landwirtschaftlichen Betriebs in einen Gartenbaubetrieb mit vielfältigen Außenbeziehungen.[830] Die Anpassung dient ferner nicht der Ausweitung des Rechts auf andere Grundstücke. Zieht der Eigentümer des herrschenden Grundstücks aus der Dienstbarkeit auch Vorteile für andere Grundstücke, weil er etwa seinen Betrieb auf diese Grundstücke erweitert hat, so kann eine damit verbundene Bedarfssteigerung nur im Wege einer hypothetischen Einschränkung berücksichtigt werden. Das heißt der erhöhte Bedarf wird insoweit noch von der Grunddienstbarkeit gedeckt, als er, wenn der Betrieb nur auf dem herrschenden Grundstück in vorhersehbarer Weise ausgedehnt worden wäre, zu einer Bedarfssteigerung geführt hätte.[831] Letztlich ist späteren Veränderungen der Verhältnisse nach Treu und Glauben Rechnung zu tragen; dies gilt jedenfalls, wenn sonst der Zweck der Belastung vereitelt würde.[832]

231 Nicht zu beanstanden sind deshalb **Anpassungen** des dinglichen Rechtsinhalts, die als Folge veränderter wirtschaftlicher oder technischer geänderter Gegebenheiten oder Umweltbedingungen nur die Ausübung des Rechts ermöglichen sollen. Beispiele sind die Ersetzung des Fundamentes eines Starkstrommastes durch einen Betonsockel und einer Quellfassung durch einen Tiefbrunnen.[833] Probleme ergeben sich, wenn das herrschende Grundstück gleichbleibend benutzt wird, da sein Bedürfnis entscheidend ist.

232 Eine Anpassung wegen einer **Bedürfnissteigerung** ist vor allem bei Geh- und Fahrtrechten von praktischer Bedeutung. Hinzunehmen sind nach der Rechtsprechung[834] solche Veränderungen, die eine natürliche Folge der Steigerung der allgemeinen Verkehrsverhältnisse darstellen, z. B. die Ersetzung von Pferdefuhrwerken durch Kraftfahr-

---

MDR 1966, 45; BGH, DNotZ 1971, 471; BGH, DNotZ 1976, 20; BGH, NJW-RR 1995, 15, 16; BGH, NJW-RR 1999, 166, 167 = MDR 1999, 88 = ZfIR 1999, 51, 52; BGHZ 145, 16, 21 = DNotZ 2001, 64 = MDR 2000, 1241; BGH, NJW 2002, 1797, 1798 = DNotZ 2002, 718 = BGHR 2002, 490 = MDR 2002, 691 = ZfIR 2002, 294, 295; BGH, NJW-RR 2003, 1235 = DNotZ 2003, 704, 705 = NZM 2003, 724 = DB 2003, 2385 = MDR 2003, 985 = Rpfleger 2003, 412 = ZfIR 2003, 637, 638 u. BGH, NJW-RR 2003, 1237 = NZM 2003, 724 = BGHR 2003, 1130, 1131 = Rpfleger 2003, 493 = ZfIR 2003, 816.

[827] S. nur BGH, DB 1975, 1165 u. BGH, NJW-RR 2003, 1237 = NZM 2003, 724 = Rpfleger 2003, 493 = ZfIR 2003, 816.

[828] RGZ 126, 370, 373; BGH, DNotZ 1960, 242 sowie OLG Stuttgart, Rpfleger 1991, 198.

[829] BGH, NJW 1959, 2059, 2060 = DNotZ 1959, 240; BGH, DB 1962, 817; BGH, DNotZ 1976, 20; BGHZ 106, 348, 351 = NJW 1989, 1607 = JR 1989, 420 u. OLG Karlsruhe, NJW-RR 1990, 663. Ausführlich *Grziwotz*, NJW 2008, 1851 ff.

[830] So BGH, NJW-RR 2003, 1235 = DNotZ 2003, 704 = NZM 2003, 724 = MDR 2003, 985 = Rpfleger 2003, 412 = ZfIR 2003, 637.

[831] BGHZ 44, 171, 177 = NJW 1965, 2340 = DNotZ 1966, 484 = MDR 1986, 45 u. BGH, NJW-RR 2003, 1237 = NZM 2003, 724 = Rpfleger 2003, 493 = ZfIR 2003, 816; vgl. BayObLGZ 1996, 286 = NJW-RR 1998, 304, 307 u. OLG Nürnberg, BeckRS 2010, 816 = NotBZ 2010, 426 = ZfIR 2010, 816.

[832] Ebenso BGB-RGRK/*Rothe*, § 1018 Rn. 19.

[833] BGH, DNotZ 1989, 562 = Rpfleger 1989, 16 u. OLG München, MDR 1982, 144; zu Ansätzen einer Fallgruppenbildung Soergel/*Stürner*, § 1018 Rn. 9.

[834] Teilw. krit. *Grziwotz*, NJW 2008, 1851 ff.

zeuge.[835] Im Rahmen des Üblichen hält sich auch die Ausübung eines Fahrtrechts, das für ein Wohnhaus bestellt war, in dem sich nunmehr ein Metzgereibetrieb befindet, wenn eine derartige gewerbliche Gebäudenutzung schon bei der Bestellung voraussehbar war.[836] Dagegen deckt ein Wegerecht „zu allen haus- und landwirtschaftlichen Zwecken" nicht die Inanspruchnahme für die Ausübung eines Gewerbes.[837] Dies gilt auch im großstädtischen Bereich, wenn für ein im Zentrum gelegenes Wohngrundstück ein Durchfahrtsrecht eingeräumt wurde und dieses nunmehr als Zufahrt zum Kundenparkplatz eines Kaufhauses benutzt wird.[838] Auch eine Bedürfnissteigerung infolge des Wechsels der Art der Gewerbeausübung kann die Grenze einer zulässigen Bedarfssteigerung überschreiten. Dies ist beispielsweise der Fall, wenn anstelle einer Druckerei nunmehr ein Lebensmittelselbstbedienungsmarkt tritt.[839] Gleiches gilt, wenn eine landwirtschaftliche Nutzung durch Gewächshäuser und ein Wohnhaus die für einen Gartenbaubetrieb errichtet wurden, ersetzt wird.[840] Hat der Eigentümer eines Grundstücks, für das ein Wegerecht eingetragen ist, auf diesem und auf einem benachbarten dritten Grundstück einen einheitlichen Gewerbebetrieb errichtet, so wird dadurch die Ausübung des Wegerechts nicht erweitert. Der Umfang der Berechtigung bemisst sich nach dem Durchschnittsmaß der Nutzung aus der Zeit vor der Ausdehnung des Betriebs. So dürfen auch die Gäste einer Gaststätte den Zugang nicht für einen benachbarten Tennisplatz benutzen.[841] Hat der Eigentümer eines herrschenden Betriebsgrundstücks Flächen hinzugepachtet, so erlaubt die Wegedienstbarkeit grundsätzlich keine Nutzung, die dem Betrieb der Pachtflächen dient. Nur soweit der durch die Erweiterung des Betriebs erhöhte Bedarf auch bei einer an sich möglich gewesenen Erweiterung auf dem herrschenden Grundstück entstanden wäre und dies auf eine zur Zeit der Dienstbarkeitsbestellung vorhersehbare Bedarfssteigerung, in der Sache aber gleichbleibende Nutzung zurückzuführen ist, kann dies anders sein.[842]

Wurden bei der Bestellung des Rechts **Beschränkungen** vereinbart, so bleiben diese 233
auch gegenüber einer Bedarfssteigerung maßgebend. Der vereinbarte Umfang darf als Obergrenze einer Anpassung nicht überschritten werden. Deshalb ist beispielsweise die Überschreitung einer festgelegten Wegbreite unzulässig.[843] Die Anpassung kann nicht zu einer Änderung der Zweckbestimmung des Rechts führen. Deshalb kann ein Fahrtrecht trotz eines entsprechenden Bedürfnisses des herrschenden Grundstücks nicht auch zum Parken berechtigen.

Eine Veränderung der Lebensverhältnisse kann auch zu einer **Verringerung** des Um- 234
fangs der Dienstbarkeit führen.[844] Wird beispielsweise ein auf dem herrschenden Grundstück befindlicher Betrieb endgültig aufgegeben und ist die Neuerrichtung unzulässig, so reduziert sich der Inhalt der Dienstbarkeit. Entfällt der Vorteil jedoch auf Dauer, so liegt keine Bedürfnisminderung vor; in diesem Fall erlischt die Dienstbarkeit.[845]

i) Schlagwortartige Bezeichnung

Die **Wesensart** der Dienstbarkeit muss sich **schlagwortartig** aus dem Eintragungsver- 235
merk selbst ergeben.[846] Die Bezeichnung „Benützungsbeschränkung" oder „Verfügungs-

---

835 Vgl. BGH, NJW 1959, 2059.

836 BGHZ 42, 63, 67 u. BGH, WM 1966, 254. Anders zu Wegerecht für Wohnhaus bei Nutzung als „Saunaclub" OLG Hamm, NJOZ 2010, 1512.

837 BGH, NJW 1959, 2059; vgl. auch BGHZ 92, 351, 355 = NJW 1985, 385.

838 BGH, WM 1966, 1300, 1301.

839 BGH, WM 1962, 765.

840 BGH, NJW-RR 2003, 1235 = DNotZ 2003, 704 = NZM 2003, 724 = MDR 2003, 985 = Rpfleger 2003, 412 = ZfIR 2003, 637.

841 BGHZ 44, 171 = NJW 1965, 2340. Vgl. auch Soergel/*Stürner*, § 1018 Rn. 15 u. BGB-RGRK/*Rothe*, § 1018 Rn. 20 m. w. Nachw.

842 BGH, NJW-RR 2003, 1237 = NZM 2003, 724 = Rpfleger 2003, 493 = ZfIR 2003, 816.

843 OLG Zweibrücken, OLGZ 1968, 143; vgl. auch Soergel/*Stürner*, § 1018 Rn. 9.

844 Vgl. BGH, DNotZ 1989, 240.

845 Ebenso Soergel/*Stürner*, § 1018 Rn. 9.

846 BayObLG, DNotZ 1989, 572; BayObLG, DNotZ 1996, 259 u. OLG Hamm, ZfIR 1998, 52.

beschränkung" genügen nicht.[847] Ausreichend sind dagegen die Bezeichnungen Wegerecht, Wasserleitungsrecht, Recht zur Benutzung der vorhandenen Anlagen der Ver- und Entsorgung.[848] Verstößt eine Grunddienstbarkeit gegen dieses Erfordernis, so ist sie materiellrechtlich unwirksam und muss gemäß § 53 I 2 GBO von Amts wegen gelöscht werden.[849] Zu weitgehend dürfte es allerdings sein, wenn bei einem „Geh-, Fahr- und Leitungsrecht" ein alleiniges Tornutzungsrecht ausdrücklich im Eintragungsvermerk genannt werden muss.[850] Demgegenüber ist ein Einzäunungsrecht ausdrücklich zu erwähnen. Aus dem Eintragungsvermerk muss die Art der Nutzung erkennbar werden, nicht jedoch die Einzelheiten des Rechts.[851]

2. Belastungsarten des § 1018 BGB

a) Benutzungsrecht

236 Gemäß § 1018 1. Alternative des BGB darf der Eigentümer des herrschenden Grundstücks das dienende Grundstück **in einzelnen Beziehungen benutzen**. Der Eigentümer muss also etwas dulden, was er ansonsten aufgrund seines Eigentums verbieten könnte.[852] Unter Benutzen versteht man jedes fortgesetzte oder wiederholte Gebrauchmachen von dem belasteten Grundstück.[853] Soll der Berechtigte nur zur Vornahme einer einmaligen Handlung befugt sein, so stellt dies keine Benutzung i. S. der 1. Alternative von § 1018 BGB dar.[854] Zulässig ist die Berechtigung zur Vornahme einer einmaligen Handlung dagegen als unselbständiger Teil einer Dienstbarkeit.[855] Die einmalige Handlung (z. B. Abbruch einer Mauer für Zufahrt oder Befestigung einer Fläche als Parkplatz) muss erst die fortlaufende Inanspruchnahme ermöglichen.[856]

237 Mit der Grunddienstbarkeit muss die Möglichkeit eröffnet sein, das belastete Grundstück in einzelnen Beziehungen, auch mehrfach, zu nutzen. Die Nutzung kann eine Mit- und eine Alleinnutzung unter Ausschluss des Eigentümers hinsichtlich des eingeräumten Rechts sein. Dem Eigentümer des belasteten Grundstücks müssen aber – neben der Nutzung durch den Dienstbarkeitsberechtigten – zumindest formalrechtlich nicht nur unwesentliche Nutzungsmöglichkeiten verbleiben.[857] Er darf nach h. M. nicht von jeder wirtschaftlich sinnvollen Nutzung ausgeschlossen werden.[858] Ein unmittelbarer **Totalausschluss des Eigentümers** von der Nutzung seines Grundstücks wäre unstrittig unzulässig.

238 Nicht möglich ist es deshalb, eine Dienstbarkeit mit dem Inhalt zu bestellen, ein Grundstück „dauernd zu benutzen" oder es „zu nutzen und nutzen zu lassen".[859] Insoweit kommt nach der wohl überwiegenden Ansicht nur ein Nießbrauch in Betracht.[860] Sie

[847] OLG Köln, Rpfleger 1980, 467; BayObLG, MDR 1990, 631; OLG Hamm, NJW-RR 1995, 914.
[848] Vgl. Erman/*Grziwotz*, vor § 1018 Rn. 5.
[849] OLG Hamm, ZfIR 1998, 52.
[850] So aber OLG Nürnberg, NJW-RR 2000, 1257 = NZM 2001, 918 = MDR 2000, 636 = Rpfleger 2000, 325.
[851] Vgl. OLG Zweibrücken, ZfIR 1997, 300.
[852] BGH, NJW 1959, 670, 671 = DNotZ 1959, 191.
[853] S. nur KEHE/*Herrmann*, GBO, Einl. N 18.
[854] RGZ 60, 317, 320; BayObLG, DNotZ 1966, 538; offen BGHZ 41, 209, 212.
[855] BayObLG, DNotZ 1966, 538.
[856] Zu eng KEHE/*Herrmann*, GBO, Einl. N 18, der dies auf Unterlassungsdienstbarkeiten beschränkt.
[857] S. nur *Adamczyk*, MittRhNotK 1998, 105, 112; *Ertl*, MittBayNot 1988, 53, 56 u. Schöner/*Stöber*, Grundbuchrecht, Rn. 1130.
[858] Vgl. BayObLG, MittBayNot 1981, 185 = MittBayNot 1982, 144, 145 zu einem Holznutzungsrecht an einem Waldgrundstück; OLG Köln, DNotZ 1982, 442 = Rpfleger 1982, 61 zu einem Freizeitzentrum und BayObLG, NJW-RR 1990, 208 zur Errichtung einer Mischanlage für Straßenbaustoffe und einer Wiederaufbereitungsanlage.
[859] OLG Zweibrücken, DNotZ 1982, 444; BayObLGZ 1986, 54 = NJW-RR 1986, 883 = DNotZ 1986, 612 = Rpfleger 1986, 255; BayObLG, MDR 2003, 684 = NotBZ 2003, 198.
[860] A. A. Schöner/*Stöber*, Grundbuchrecht, Rn. 1130.

stellt auf eine „materielle" Betrachtung ab und lässt deshalb auch für Nutzungsrechte, die sich auf die gesamte Grundstücksfläche erstrecken, nur einen Nießbrauch zu, selbst wenn die Rechte nur eine Einzelnutzung betreffen. Grenzt man dagegen – anders als die „Restnutzungstheorie" – formalrechtlich ab, so sind auch Dienstbarkeiten, die zur Errichtung und Unterhaltung einer die gesamte Grundstücksfläche erfassenden Anlage berechtigten, möglich.[861] Entscheidend ist, dass bei der Bestellung des Rechts spezifizierte Nutzungsarten genannt werden, so dass dem Eigentümer zumindest formell bestimmte Nutzungsarten verbleiben. Der BGH[862] hat die Frage bisher nicht entschieden,[863] lässt aber ein Nutzungsrecht (Ferienparkbetriebsrecht) zu, das den Eigentümer faktisch von sämtlichen wirtschaftlich sinnvollen Nutzungen – außer der Vereinnahmung der Miete – ausschließt.[864] Wird die Ausübung einer Einzelnutzung auf einen Grundstücksteil beschränkt, ist die Nutzungsmöglichkeit durch den Eigentümer nach der h. M. mit Rücksicht auf das gesamte Grundstück zu beurteilen. Eine derartige Dienstbarkeit ist auch nach dieser Ansicht selbst dann zulässig, wenn sie zum Ausschluss des Eigentümers von der tatsächlichen Benutzung des betroffenen Grundstücksteils führt.[865]

Beispiele:

a) Recht auf dem belasteten Grundstück ein **Gewerbe** auszuüben: 239
- Betrieb einer Tankstelle,[866]
- Errichtung und Haltung eines Bauwerks,[867]
- Wohnbefugnis, die mit „Pilzzucht und Geflügelfarm" verbunden ist,[868]
- Betrieb einer Gaststätte.[869]

b) **Entnahme** von Bodenbestandteilen 240
- Kies- und Sandausbeutung,[870]
- Wasser und Eis aus einem Teich,[871]
- Ton- oder Torfentnahme, Entnahme von Bims, Brechen von Steinen, Eisenentnahme.[872]

c) **Bauwerke** oder sonstige Anlagen auf einem Grundstück zu halten 241
- Drahtseilbahn,[873]
- Anbau auf einer Giebelmauer an der Grundstücksgrenze,[874]
- Zaun,[875]
- Scheune,[876]

---

[861] Ebenso Schöner/*Stöber*, Grundbuchrecht, Rn. 1130; NK-BGB/*Otto*, § 1018 Rn. 67; Erman/*Grziwotz*, § 1018 Rn. 13; Soergel/*Stürner*, § 1018 Rn. 12 und Staudinger/*Mayer*, § 1018 Rn. 101 (mit Beispielen).

[862] BGH, NJW 1992, 1101 = DNotZ 1993, 55 = MittBayNot 1993, 78 = Rpfleger 1982, 338 = WM 1993, 313.

[863] Vgl. aber BGHZ 28, 99 und BGHZ 35, 378.

[864] BGH, NJW-RR 2003, 733 = DNotZ 2003, 533 = NZM 2003, 440 = MDR 2003, 733 = Rpfleger 2003, 410 = ZfIR 2003, 464. Wie hier auch NK-BGB/*Otto*, § 1018 Rn. 67.

[865] BGH, NJW 1992, 1101 = DNotZ 1993, 99 = MittBayNot 1993, 78 = Rpfleger 1992, 338 = WM 1993, 313; LG Passau, Rpfleger 1982, 135 u. LG Regensburg, NJW-RR 1987, 791. Vgl. ferner OLG Zweibrücken, Rpfleger 1982, 98; OLG Nürnberg, OLGZ 1978, 79 u. KG, DNotZ 1992, 673 = MDR 1992, 52 = Rpfleger 1991, 411.

[866] BGHZ 29, 244 u. BGHZ 35, 378.

[867] RGZ 72, 269; BayObLGZ 22, 271 u. LG Regensburg, NJW-RR 1987, 791. Zur Abgrenzung vom Erbbaurecht s. Soergel/*Stürner*, § 1018 Rn. 13.

[868] LG Kleve, MDR 1963, 218.

[869] BGH, NJW 1980, 179.

[870] BGH, NJW 1958, 1677 u. BGH, NJW 1974, 2123.

[871] BayObLGZ 1960, 167; OLG München, OLGZ 1931, 337; RG WarnR 1930 Nr. 171.

[872] BGH, NJW 1985, 105 u. BGH, NJW-RR 2000, 647; BGB-RGRK/*Rothe*, § 1018 Rn. 23, aber Abgrenzung zu Nießbrauch nach h. M. problematisch (vgl. Soergel/*Stürner*, § 1018 Rn. 17).

[873] BGH, DNotZ 1959, 240 u. BGH, MDR 1959, 476.

[874] BGH, WM 1978, 128 = DB 1976, 432; OLG Neustadt, NJW 1958, 635 u. OLG Köln, ZMR 1991, 141.

[875] BayObLGZ 1973, 21 u. OLG Köln Rpfleger 1976, 209.

[876] LG Regensburg, NJW-RR 1987, 791.

– Netzstation,[877]
– Windenergieanlage.[878]

242 d) **Wegerechte**, wobei hier die aufgrund Art. 115 EGBGB aufrechterhaltenen Sondervorschriften[879] zu beachten sind, ebenso die Bestimmungen für buchungsfreie Grundstücke (Art. 128 EGBGB)
– Garagenbenutzung,[880]
– Kfz-Stellplatzrecht,[881]
– Vieh zu treiben und weiden zu lassen,[882]
– Be- und Entladerecht,[883]
– Eisenbahnwaggons über Gleisanlagen des dienenden Grundstücks heranzuführen und abzuholen,[884]
– Recht, zu gehen und fahren ohne Konkretisierung.[885]

243 Das Betretungsrecht umfasst, wenn es als **Geh- und Fahrtrecht**[886] bezeichnet ist, nicht das Recht, auf der Ausübungsfläche Fahrzeuge abzustellen, und zwar weder zum Waschen, Reparieren, Be- und Entladen noch zum Parken.[887] Das Wenden ist, jedenfalls bei einer nicht nur als Durchfahrtsrecht bestellten Dienstbarkeit, gestattet.[888] Ein Gehrecht umfasst auch das Schieben von Zweirädern, Kinderwägen, Rollstühlen und Krankenstühlen. Ein nur als Fahrtrecht bezeichnetes Recht, berechtigt zum Fahren mit jeder Art von Kraftfahrzeugen, also auch mit Kraftfahrzeugen, wenn eine Umstellung von einer Viehwirtschaft auf Ackerbau erfolgt. Ein Fahrtrecht beinhaltet regelmäßig auch ein Gehrecht. Ein Betretungsrecht ist nicht auf das Begehen beschränkt, sondern lässt im Rahmen des verfolgten Zwecks auch ein Befahren, insbesondere ein Drauffahren mit Maschinen, zu.

244 Ein Geh- und Fahrtrecht ist grundsätzlich wegen der damit verbundenen Beeinträchtigung **eng auszulegen**. Das Recht, auf einem Grundstück eine Gastwirtschaft zu besuchen, umfasst deshalb nicht das Recht, auf dem gleichen Grundstück eine von dritter Seite errichtete Tennishalle zu benutzen.[889] Ebenso umfasst ein Wegerecht für „land- oder forstwirtschaftliche Zwecke „ nicht gewerbliche Zwecke.[890] Andererseits wird das Geh- und Fahrtrecht nicht unzulässig erweitert und bleibt somit bestehen, wenn der Eigentümer des herrschenden Grundstücks, der bisher Zimmer vermietet hat, nun Apparte-

---

[877] KG, NJW 1973, 1128 u. KG, Rpfleger 1991, 496.
[878] OLG Oldenburg, Rpfleger 1998, 171.
[879] Der Landesgesetzgeber hat die Befugnis, die Begründung gewisser Grunddienstbarkeiten zu untersagen oder zu beschränken (vgl. Staudinger/*Hönle*, Art. 115 EGBGB, Rn. 2 ff.). Bedeutung hat dies für Fischereirechte (§§ 6 ff. FischereiG BW; § 4 II 4 BerlFischereiG; § 4 III BbgFischG; § 4 III HessFischereiG; § 1 II NdsFischereiG; § 4 FischereiG NRW; § 6 FischereiG RhPf; § 6 SFischG; § 3 SächsFischG; § 5 FischGLSA; § 5 FischereiG SH; § 4 ThürFischG), Forstberechtigungen (Art. 2 ff. BayFRG), Weiderechte (Art. 43, 44 BayWeideG), Holznutzungsrechte (Art. 15 BayFRG) und Almnutzungsrechte (Art. 1 I Nr. 2 BayAlmG). Vgl. auch § 4 BremFiG u. § 2 NdsFischG.
[880] BGH, DNotZ 1976, 18.
[881] BayObLG, Rpfleger 1988, 62 u. OLG Stuttgart, Rpfleger 1990, 254.
[882] RGZ 104, 147.
[883] Vgl. BGH, Rpfleger 1991, 49.
[884] BGH, WM 1976, 276.
[885] Vgl. BayObLG, NJW-RR 1990, 600 u. OLG Düsseldorf, NJOZ 2003, 439.
[886] OLG Karlsruhe, OLGZ 1978, 274 u. OLG Karlsruhe, OLGZ 1986, 70, 73. Zu einem bloßen Fahrtrecht s. BGH, WM 1977, 146 = DB 1977, 206. Kein Recht, eine öffentliche Straße über einen Umweg zu erreichen, wenn sich der Eigentümer des herrschenden Grundstücks den direkten Zugang selbst verbaut hat (BGH, NJW-RR 1999, 166 = NZM 1999, 44 = MDR 1999, 88 = ZfIR 1999, 51).
[887] BGH, WM 1977, 146 = DB 1977, 206; BGH, WM 1991, 143; OLG Karlsruhe, NJW-RR 1991, 785; LG Braunschweig, Nds.Rpfl. 1975, 276; vgl. auch BGH, WM 1976, 274 u. BGH, BB 1965, 1125 u. AG Viechtach, Urt. v. 21. 8. 1997 – 1 C 145/97 (n. v.). Nicht unter ein Wegerecht fallen Versorgungsleitungen (a. A. LG Berlin, JW 1936, 2362).
[888] Weitergehend OLG Düsseldorf, MittRhNotK 1997, 133.
[889] BGH, LM § 1018 BGB Nr. 14 = DNotZ 1966, 671, 672.
[890] BGH, LM § 1018 BGB Nr. 15 u. LG Hagen, DWW 1988, 322; vgl. aber BGHZ 92, 351 = NJW 1985, 385.

ments vermietet.[891] Ein Fahrtrecht zur Sicherung einer ungehinderten Verbindung zur öffentlichen Straße gibt nicht das Recht, die Straße auf einem Umweg zu erreichen, wenn der Eigentümer des herrschenden Grundstücks die unmittelbare Zufahrt auf dem eigenen Grundstück nachträglich zubaut.[892] Der Berechtigte eines Geh- und Fahrtrechts hat es ferner hinzunehmen, dass der Eigentümer des dienenden Grundstücks bei einem berechtigten Interesse (z. B. Betriebsgrundstück, herumlaufende Tiere, Kleinkinder), eine Einzäunung und ein Abschließen des Tores gegen Überlassung eines Schlüssels duldet.[893] Nicht dulden muss der Fahrtberechtigte dagegen das grundlose Anbringen einer Schranke.[894]

e) **Sonstige Duldungen** von Nutzungen 245

- Ableitung von Wasser bzw. Abwasser,[895]
- Abwasserkanal,[896]
- Bezug von Wasser zum Tränken von Vieh,[897]
- Legen und Belassen von Rohrleitungen für Gas, Strom, Wasser und Fernwärme,[898] wobei diese häufig mit einem Schutzstreifen, der von einer Bebauung freizuhalten ist, verbunden sind,
- Leitungsmasten,
- Wasserversorgungsleitungen,[899]
- Weide- und Forstrechte,[900]
- Wasserbezugsrecht aus Brunnen oder Quellen,[901]
- Wohnungsbesetzungsrecht,[902] in Bayern und Brandenburg auch zur Sicherung von Altenteilerhäusern und Betriebsleiterwohnhäusern, die zu einer Hofstelle gehören, sich aber auf einem anderen Grundstück befinden,[903]
- Lagerung von Gegenständen,[904]
- Nutzung als naturschutzrechtliche Ausgleichs- und Ersatzfläche.[905]

b) Verbot der Vornahme gewisser Handlungen auf dem Grundstück (Unterlassungsdienstbarkeit)

Bei dieser Grunddienstbarkeit (§ 1018 2. Alternative BGB) wird dem Eigentümer die **Ausübung gewisser Handlungen**, die er sonst kraft seines Eigentumsrechts vornehmen darf, **verboten**. Zulässig ist es aber, ihm durch schuldrechtliche Vereinbarung einzelne Handlungen wieder zu gestatten.[906] Es muss sich um eine Beschränkung des tatsächlichen Gebrauchs, nicht nur um eine Einschränkung der rechtlichen Verfügungsfreiheit han- 246

---

891 BGH, DNotZ 1976, 20 = DB 1975, 1165.

892 BGH, NJW-RR 1999, 166 = NZM 1999, 44 = MDR 1999, 88 = Rpfleger 1999, 65 = MittBayNot 1999, 62 = ZfIR 1999, 51.

893 OLG Frankfurt/M., NJW-RR 1986, 763; OLG Karlsruhe, NJW-RR 1991, 785; OLG Düsseldorf, NJOZ 2003, 439; OLG Frankfurt/M., BeckRS 2010, 30176 = MDR 2011, 420; OLG Hamm, BeckRS 2012, 02858.

894 OLG Koblenz, DNotZ 1999, 511 u. OLG Hamm, BeckRS 2012, 02858.

895 RGZ 79, 375, 377.

896 OLG Stuttgart, ZMR 1965, 122.

897 BayObLGZ 1912, 208, 217.

898 RGZ 79, 375, 377 u. BGH, NJW 2000, 803 u. OLG Celle, NJW-RR 2000, 227; zu eng Soergel/*Stürner*, § 1018 Rn. 16, der bei Versorgungsleitungen nur ausnahmsweise von Dienstbarkeiten ausgeht.

899 Vgl. BGH, BauR 1984, 498; BayObLG, MittBayNot 1988, 231 = Rpfleger 1988, 519; *Hammer*, MDR 1965, 8, 10. Zur Entschädigung für Leitungsdienstbarkeiten bei landwirtschaftlicher Nutzung des betroffenen Grundstücks s. *Schoenemann*, AgrarR 1984, 173 ff. Zu den Eigentumsverhältnissen hinsichtlich der Leitungen s. *Bassenge*, NJW 1996, 2777, 2779 u. *Schulz*, Rpfleger 1999, 167 ff.

900 BayObLG 1976, 58, 62; allerdings können landesrechtliche Verbote entgegenstehen (vgl. Fn. 308).

901 BGH, NJW-RR 1988, 1229 = DNotZ 1989, 582.

902 Vgl. BayObLG, MittBayNot 1981, 125 u. BayObLGZ 1982, 184.

903 Zu Unrecht ablehnend Soergel/*Stürner*, § 1018 Rn. 19 wegen des Fehlens eines Vorteils für das herrschende Grundstück.

904 Vgl. Staudinger/*Mayer*, § 1018 Rn. 103.

905 OLG Oldenburg, Nds.Rpfl. 1998, 223.

906 BGH, NJW 1979, 2150; BGH, NJW 1981, 343 u. BGH, NJW 1983, 115.

deln.[907] Dem Eigentümer des dienenden Grundstücks muss die Benutzung in bestimmten einzelnen Beziehungen erlaubt sein. Wenigstens eine (theoretische) Nutzungsmöglichkeit muss ihm verbleiben. Er darf nach h. M. nicht von jeglicher wirtschaftlich sinnvollen Nutzung seines Grundstücks ausgeschlossen sein.[908] Ferner darf er durch die Dienstbarkeit nicht verpflichtet werden, eine bestimmte Handlung vorzunehmen,[909] da die Dienstbarkeit nicht auf ein positives Tun gerichtet sein darf. Zulässig ist aber, dass er, wenn er sein Grundstück sinnvoll nutzen will, faktisch zu einer bestimmten Handlungsweise gezwungen wird. Beispiel ist die Nutzung nur zu einer Wohnbebauung, da durch die Dienstbarkeit jede sonst zulässige Bebauung untersagt ist. Es ist schwierig, die Grenzen zwischen der „formellen" Unterlassungsdienstbarkeit und der Verpflichtung zu einem positiven Tun zu ziehen. Die Rechtsprechung hat generelle Gewerbeverbote, nicht jedoch Vertriebsbeschränkungen für zulässig erachtet.[910] Unerheblich ist das zugrunde liegende Interesse an der Bestellung der Unterlassungsdienstbarkeit. Diese muss daher stets möglich sein, auch wenn praktische Folge der Einhaltung der Unterlassungsverpflichtung ein bestimmtes Tun ist.[911] Anders ist dies entgegen der herrschenden Ansicht, wenn lediglich eine Verdinglichung von Wettbewerbsverboten und Bezugsbindungen erfolgt.[912] Da es in den vorgenannten Fällen der Wettbewerbsbeschränkungen häufig an einem Vorteil für das herrschende Grundstück fehlt, werden Bezugsverpflichtungen als beschränkte persönliche Unterlassungsdienstbarkeiten und nicht als Grunddienstbarkeiten bestellt.

247 Die **einzelnen Handlungen**, die der Eigentümer des dienenden Grundstücks nicht vornehmen darf, müssen **genau bezeichnet** sein, wobei es genügt, wenn die dem Eigentümer verbleibende Nutzung beschrieben wird.[913] Das Verbot von Handlungen muss sich auf die Benutzung des Grundstücks in tatsächlicher Hinsicht auswirken, also eine Verschiedenheit in der Art der Benutzung des Grundstücks zur Folge haben.[914] Die ausgeschlossene Handlung muss somit in Beziehung zum Grundstück stehen, also unmittelbare Wirkungen auf den tatsächlichen Gebrauch des Grundstücks haben. Es muss eine Beschränkung in der bisherigen Nutzungsfreiheit des Eigentümers eintreten. Eine Unterlassungsverpflichtung zur Nutzung eines Gebäudes kann mangels Bestimmtheit (Nutzung für den Betrieb der Landwirtschaft) inhaltlich unzulässig sein.[915] Die Verpflichtung des Eigentümers muss sich direkt aus der dinglichen Vereinbarung ergeben, nicht erst aus der Verbindung mit dem schuldrechtlichen Kausalgeschäft.[916]

248 Werden die Rechte des Eigentümers bereits durch das öffentliche Recht oder andere Rechtsnormen beschränkt, so können diese Pflichten grundsätzlich nicht Inhalt einer parallelen Grunddienstbarkeit sein.[917] Die Grunddienstbarkeit kann nämlich nur sonst erlaubte Handlungen verbieten.[918] Sie stellt jedoch **keinen „Grundbuchvermerk"** als

---

[907] S. nur BGH, NJW 1962, 486 u. BayObLGZ 1953, 295, 297.

[908] Unstr., vgl. oben Rn. 247.

[909] S. nur BayObLG, Rpfleger 1980, 105; BayObLG, MDR 1986, 57 = MittBayNot 1985, 194 u. BayObLG, NJW-RR 2005, 1178, 1179 = MittBayNot 2005, 307 = Rpfleger 2005, 419.

[910] BGH, NJW 1979, 2149; BGH, NJW 1981, 343, 344; BGH, NJW 1983, 115; BGH, NJW 1985, 2474 = DNotZ 1986, 618 = Rpfleger 1985, 354; BGH, NJW 1988, 2364 = DNotZ 1988, 572 = Rpfleger 1988, 403; BGH, DNotZ 1988, 576; BGH, DNotZ 1990, 169; BGH, NJW-RR 1992, 593.Zu unzulässigen Warenbezugsbindungen vgl. BGHZ 29, 244, 251 = NJW 1959, 676 = DNotZ 1959, 191 = Rpfleger 1959, 123; BGH, WM 1975, 307 = Rpfleger 1975, 171; BGH, NJW 1985, 2474; OLG Zweibrücken, MittBayNot 2001, 481, 482.

[911] Schöner/*Stöber*, Grundbuchrecht, Rn. 1134.

[912] Ähnlich *Joost*, NJW 1981, 308 ff. u. MünchKommBGB/*Joost*, § 1018 Rn. 46; vgl. auch *Prütting*, in: Gedächtnisschrift Schulz, 1987, S. 287 ff. u. *Münch*, ZHR 157, 1993, 559 ff.

[913] BayObLG, NJW 1965, 1484 u. BayObLG, Rpfleger 1976, 397.

[914] BGHZ 29, 244, 248 = DNotZ 1959, 191; BGH, NJW-RR 2003, 733 = DNotZ 2003, 533 = NZM 2003, 440 = MDR 2003, 733 = Rpfleger 2003, 410 = ZfIR 2003, 464; BayObLGZ 1980, 232; BayObLGZ, NJW 1982, 1054; BayObLG, NJW 1985, 2485; BayObLG, NJW 1986, 3211 u. BayObLGZ 1989, 89, 99.

[915] BayObLGZ 1980, 232 u. BayObLG, NJW 1982, 1054; vgl. ferner BayObLGZ 1989, 347.

[916] Schöner/*Stöber*, Grundbuchrecht, Rn. 1131.

[917] MünchKommBGB/*Joost*, § 1018 Rn. 49.

[918] Soergel/*Stürner*, § 1018 Rn. 23.

Hinweis auf gesetzliche Eigentumsbeschränkungen dar. Möglich ist aber wie bei der Benutzungsdienstbarkeit die Fixierung unklarer gesetzlicher Duldungspflichten in einer Grunddienstbarkeit.[919] Dabei ist allerdings das öffentliche Recht zu beachten. Wenn ein Anspruch auf eine Genehmigung z. B. eine Baugenehmigung besteht, kann deren Erteilung nicht von der Bewilligung einer Dienstbarkeit abhängig gemacht werden (§ 36 I VwVfG). Auch ein entsprechender öffentlich-rechtlicher Vertrag wäre unzulässig (§ 56 II VwVfG; § 11 II 2 BauGB). Nur wenn diesbezüglich objektiv Unsicherheit herrscht, kann ein Vergleichsvertrag geschlossen werden (§ 55 VwVfG), der zur Bestellung einer Dienstbarkeit verpflichtet. Deshalb sind die teilweise von Baugenehmigungsbehörden geforderten Grunddienstbarkeiten zur Sicherung der Nutzung eines Hauses auf einem benachbarten Grundstück als Altenteiler- bzw. Austragshaus oder als Betriebsleiterwohnhaus wohl unzulässig, auch wenn sie für den Grundstücksverkehr eine nicht zu unterschätzende Warnfunktion haben.

Beispiele mit nach der Rechtsprechung **zulässigem Inhalt**, wobei diese teilweise nur 249
als beschränkte persönliche Dienstbarkeiten bestellt werden können:

- Verpflichtung, ein Grundstück nicht zu bebauen,[920]
- Verpflichtung, ein Grundstück nur mit einem Einfamilienhaus zu bebauen,[921]
- Verpflichtung, ein Grundstück nur in „eineinhalbgeschossiger" Bauweise zu bebauen,[922]
- Verzicht auf den Einbau von Fenstern und Glasbausteinen an der Hausfront, die dem herrschenden Grundstück zugewandt ist,[923]
- Unterlassung des Fensteröffnens[924] und Fensterschließungspflicht,[925]
- Übernahme der durch den Nachbarn nicht eingehaltenen Abstandsfläche oder Zustimmung zu einer Grenzbebauung,[926]
- Verbot, auf dem Grundstück Bier oder andere Getränke auszuschenken, wobei der Berechtigte, davon schuldrechtlich eine Ausnahme (Ausschenken der eigenen Getränke) zulassen kann,[927]
- Gestaltungs- und Farbgebungsbeschränkung,[928]
- Beseitigungsverbot für Einfriedung,[929]
- Verpflichtung, die Wohnung nur jeweils kurzfristig selbst zu nutzen, mit der Verpflichtung, sie in der anderen Zeit Feriengästen zu überlassen (so genannte Fremdenverkehrsdienstbarkeit),[930]
- Verbot einer Nutzung zu Beherbergungszwecken,[931]

---

[919] S. nur LG Augsburg, MittBayNot 1978, 215.

[920] Vgl. OLG Hamm, DNotZ 1976, 545 u. *Clasen*, BWNotZ 1976, 227 ff.

[921] OLG Köln, Rpfleger 1980, 467 u. LG Köln, Rpfleger 1981, 294.

[922] BGH, NJW 2002, 1797 = DNotZ 2002, 718 = MDR 2002, 691 = Rpfleger 2002, 352 = NotBZ 2002, 170 = ZfIR 2002, 294. Vgl. auch BGH, NJW 1965, 2398 = JZ 1967, 322; BGH, MDR 1971, 657.

[923] LG Lübeck, DNotZ 1956, 558.

[924] BGHZ 107, 289 = NJW 1989, 2391 = DNotZ 1990, 493.

[925] BGHZ 107, 289 = NJW 1989, 2391 = DNotZ 1990, 493.

[926] OLG Köln, ZMR 1991, 141 u. BayObLG, Rpfleger 1983, 143. Zur Einhaltung eines bestimmten Grenzabstands s. KG, OLGZ 1931, 335.

[927] BGH, NJW 1970, 2157; BGH, NJW 1979, 2150; BGH, NJW 1985, 2474 (Recht, Biersorten jeder Art zu vertreiben oder vertreiben zu lassen); BGH, NJW 1988, 2362 = DNotZ 1988, 576; BGH, NJW-RR 1989, 519; BGH, NJW-RR 1992, 593; BayObLG, MittBayNot 1985, 192; OLG Karlsruhe, NJW 1983, 3212; OLG Karlsruhe, NJW-RR 1987, 1419 = DNotZ 1988, 579 u. LG Aachen, MittRhNotK 1997, 363. Meist als beschränkte persönliche Dienstbarkeit. Vgl. auch BayObLGZ 1997, 129, 132 („Weißbier").

[928] BGH, NJW 1983, 115.

[929] OLG Köln, Rpfleger 1976, 209.

[930] BayObLG, NJW 1982, 1054 = MDR 1982, 319 = MittBayNot 1981, 239 = Rpfleger 1982, 60; BayObLGZ 1985, 193, 195 = NJW 1985, 2485 = DNotZ 1986, 228 = MDR 1985, 847 = MittBayNot 1985, 123; BayObLG, MittBayNot 1989, 273; LG Göttingen, NJW-RR 1997, 1105; vgl. auch *Ertl*, MittBayNot 1985, 177 ff. u. *Kristic*, MittBayNot 2003, 263 ff. S. auch BGH, DNotZ 2003, 533 = NJW-RR 2003, 733 = NZM 2003, 440 = MDR 2003, 733 = ZfIR 2003, 464 zu einem Ferienparkbetriebsrecht.

[931] LG Ravensburg, BWNotZ 1992, 77 = Rpfleger 1992, 192.

- Verbot des Betreibens eines jeden oder eines bestimmten Gewerbes auf dem Grundstück grundsätzlich oder ohne Zustimmung des Berechtigten,[932] wobei auch hier nach h. M. schuldrechtliche Vereinbarungen möglich sind, z. B. dass das Gewerbe unter bestimmten Voraussetzungen (ausschließlicher Bezug von bestimmten Waren) geführt wird,
- Verbot des Betreibens einer Tankstelle,[933]
- Verbot, ein Grundstück nur zum Einstellen von Personenkraftwagen zu verwenden,[934]
- Verpflichtung, ein Gebäude, welches unter Denkmalschutz steht, nur mit vorheriger schriftlicher Zustimmung des Landesamtes für Denkmalpflege abzubrechen, zu verändern oder instand zu setzen,[935]
- Verbot, ein Grundstück zu anderen Zwecken als zum Betrieb einer Werkstätte für Behinderte zu nutzen,[936]
- Verbot, ein Grundstück zu anderen Zwecken als zum Betrieb eines Seniorenwohnheims zu nutzen,[937]
- Verpflichtung, Leitungen zu dulden,[938]
- Verbot einer Bepflanzung mit Bäumen von einer bestimmten Höhe[939] oder einer bestimmten Art,
- Verbot des Betreibens von (Hobby-)Funkverkehr,[940]
- Wohnungsbesetzungsrecht,[941]
- Austrags- bzw. Altenteilerhaus[942] in der Form eines Wohnungsbesetzungsrechts,[943]
- Verpflichtung zur Duldung von Immissionen aus der Landwirtschaft, einem benachbarten Unternehmen oder dem Eisenbahnbetrieb (so genannte Immissionsdienstbarkeit),[944]
- Duldung von Baumfall (so genannte Baumwurfdienstbarkeit),[945]
- Verpflichtung, die Wärmeenergie nur von bestimmten Wärmeversorgungsunternehmen zu beziehen.[946]

---

932 S. nur BGH, NJW 1962, 486; BGH, NJW 1979, 2149; BGH, NJW 1980, 179; BGH, NJW 1981, 343; BGH, NJW 1983, 115, 116; BGH, NJW 1985, 2474; BGH, NJW-RR 1992, 593; BayObLG, MittBayNot 1983, 226; BayObLG, DNotZ 1986, 620; OLG Karlsruhe, NJW 1986, 312 u. OLG München, NJW-RR 2004, 164. Häufig als beschränkte persönliche Dienstbarkeiten.

933 BGHZ 35, 378; vgl. BGH, NJW 1979, 2150.

934 BayObLG, NJW 1965, 1484.

935 LG Passau, MittBayNot 1977, 119 (beschränkte persönliche Dienstbarkeit für den Freistaat Bayern). Vgl. auch OLG Düsseldorf, Rpfleger 1979, 305.

936 BayObLGZ 1985, 285 = NJW 1986, 3211 = DNotZ 1986, 231 = MittBayNot 1985, 194.

937 S. auch Schöner/*Stöber*, Grundbuchrecht, Rn. 1131.

938 OLG Düsseldorf, MDR 1976, 142 u. OVG Münster, AgrarR 1982, 135.

939 LG Nürnberg-Fürth, Urt. v. 14. 2. 1989 – 13 S 9823/88 (n. v.).

940 OLG München, NJW-RR 2011, 97 = ZfIR 2010, 656.

941 BayObLGZ 1982, 184; BayObLGZ 1989, 89; LG München I, WuM 1988, 212. Meist beschränkte persönliche Dienstbarkeit. Zu Dienstbarkeiten mit dem Inhalt, Wohnungen nur an Betriebsangehörige zu vermieten, vgl. einerseits OLG Stuttgart, MDR 1956, 679 u. andererseits OLG Düsseldorf, NJW 1961, 176. Unstr., ist die Zulässigkeit einer Dienstbarkeit des Inhalts, es zu unterlassen, „auf dem dienenden Grundstück ein Asylantenheim oder eine vergleichbare Einrichtung mit Ausländern zu betreiben". Vgl. hierzu RGZ 111, 323 u. RGZ 117, 384.

942 BayObLG, MDR 1981, 52; BayObLGZ 1982, 184, 186 = MDR 1982, 755 u. BayObLGZ 1989, 89 = MittBayNot 1989, 212; BayObLG 1989, 247 = DNotZ 1990, 506 = MittBayNot 1990, 34; BayObLG, MittBayNot 2001, 317. S. auch *Ertl*, MittBayNot 1985, 177, 178 ff. u. *ders.*, MittBayNot 1990, 36 f. Vgl. dagegen noch BayObLGZ 1980, 232; BayObLG, Rpfleger 1981, 352; BayObLG, MittBayNot 1992, 35 u. LG München II, MittBayNot 2002, 400.

943 Vgl. zur öffentlich-rechtlichen Problematik nach früherem Wohnungsbindungsrecht *Stollmann*, DÖV 1993, 706, 711 f. S. nunmehr § 14 WoFG u. dazu *Grziwotz*, DNotZ 2001, 822 ff.

944 BayObLG, RNotZ 2004, 397 = ZfIR 2004, 776 u. OLG Hamm, NJW 1988, 3212 = DNotZ 1986, 626 (im konkreten Fall allerdings zu weitgehend); OLG Frankfurt/M., Rpfleger 1975, 59 u. LG Augsburg, AgrarR 1979, 207.

945 BayObLG, NJW-RR 1990, 207 = DNotZ 1991, 253 = MittBayNot 1990, 107.

946 So noch BayObLGZ 1976, 218 u. BayObLG, MittBayNot 1978, 213. Vgl. aber Fn. 382.

Beispiele für Dienstbarkeiten mit **unzulässigem Inhalt**: 250

- Verbot, Bier von einer anderen als einer genau bestimmten Brauerei auszuschenken,[947]
- Verbot der rechtlichen Verfügungsfreiheit,[948]
- Zeitlich unbeschränkte Bindung bei Wettbewerbsverboten (Sicherungsdienstbarkeiten),[949]
- Verbot, das Grundstück zu belasten, zu vermieten oder zu verpachten,[950]
- Verbot, das Grundstück nicht anderweitig zu vermieten,[951]
- Verbot das Grundstück ohne Zustimmung der Genehmigungsbehörde zu veräußern,[952]
- Kontrahierungszwang zugunsten bestimmten Lieferanten, da dadurch nur die gewerbliche Freiheit beschränkt wird,[953]
- Verpflichtung, außer Erdgas keine andere Wärmeversorgung vorzunehmen,[954]
- Verpflichtung, ein im Außenbereich errichtetes Gebäude nur durch Familienangehörige des Landwirts benutzen zu lassen,[955]
- Verpflichtung, ein Hotel nicht in Eigentumswohnungen aufzuteilen und zu veräußern,[956]
- Verpflichtung, eine Eigentumswohnung nur durch Vermietung an den Hausmeister zu nutzen,[957]
- Verwendung des Grundstücks nur für gewerblichen Fremdenverkehr,[958]
- Nutzungsüberlassung nur durch Vermietung,[959]
- Wohnungsbenutzung nur durch den Eigentümer,[960]
- Atomwaffenlagerungsverbot,[961]
- Wiederholung gesetzlicher Bestimmungen,[962]
- Dienstbarkeiten, die gegen ein spezialgesetzliches Verbot verstoßen,[963]
- Verpflichtung, Kfz-Stellplatz darf nur zur Einstellung von Kraftfahrzeugen des Eigentümers der Eigentumswohnung verwendet werden, zu der der Stellplatz gehört,[964]
- Unterlassung der Nutzung eines Grundstücks durch Dritte,[965]

---

947 BGHZ 29, 244, 251 = DNotZ 1959, 191; BGH, NJW 1985, 2474; BayObLGZ 1976, 218, 222; BayObLGZ 1997, 129, 133 u. OLG Zweibrücken, MittBayNot 2001, 481, 482.

948 BGH, DNotZ 1963, 44.

949 Str., vgl. noch BGH, NJW 1979, 2149 = Rpfleger 1979, 375, 376, aber nunmehr BGH, NJW 1988, 2364 = DNotZ 1988, 576 u. OLG München, NJW-RR 2004, 164; vgl. auch *Heß*, AcP 98, 1998, 489 ff. u. *Dirnberger*, BayGTZ 2001, 31 ff.

950 MünchKommBGB/*Joost*, § 1018 Rn. 40.

951 So OLG Düsseldorf, NJW 1961, 176; s. aber BGH, NJW-RR 2003, 533 = DNotZ 2003, 533 = NZM 2003, 440 = MDR 2003, 733 = Rpfleger 2003, 410 = ZfIR 2003, 464 zu einem Ferienparkbetriebsrecht mit Recht zur Verwaltung und Vermietung.

952 OLG Frankfurt/M., Rpfleger 1978, 306.

953 S. nur *Reimann*, MittBayNot 1974, 1, 2 f.

954 So noch BayObLG, MittBayNot 1980, 70 = Rpfleger 1980, 279; s. nunmehr aber BGH, WM 1984, 820, 821 = MittBayNot 1985, 126, 128 u. BGHZ, 151, 274 = NJW 2002, 3779 = DNotZ 2003, 333 = NZM 2002, 1039 = MDR 2003, 167 = MittBayNot 2003, 161 = WM 2003, 1196 = ZfIR 2002, 1004 sowie BayObLG, MittBayNot 1985, 194, 196.

955 BayObLG, MittBayNot 1980, 201. S. aber Fn. 370.

956 BayObLG, NJW 1982, 1054 = MittBayNot 1981, 239 = Rpfleger 1982, 60; s. dazu auch BayObLG, MittBayNot 1981, 21.

957 BayOLG, DNotZ 1980, 540 = MittBayNot 1980, 14.

958 BayOLG, NJW 1982, 1054; s. aber nunmehr Fn. 359.

959 OLG Düsseldorf, NJW 1961, 176.

960 BayObLG, MittBayNot 1982, 121 = Rpfleger 1982, 273.

961 LG Siegen, Rpfleger 1984, 58 u. AG Siegen, Rpfleger 1984, 57.

962 OLG Düsseldorf, MittBayNot 1978, 6 u. OLG Köln, Rpfleger 1982, 462.

963 S. nur MünchKommBGB/*Joost*, § 1018 Rn. 48, z. B. § 3 I BJagdG.

964 LG Bamberg, MittBayNot 1984, 83.

965 BayObLG, Rpfleger 1982, 273.

– Nutzung eines Grundstücks nur in Übereinstimmung mit dem Naturschutzrecht,[966] oder den Grundsätzen der Denkmalpflege,[967]
– Unterlassung des Zugangs über einen bestimmten Teil der öffentlich gewidmeten Straße, da nur solche Nutzungen untersagt werden können, die nicht grenzüberschreitend sind.[968]

251 Bei Dienstbarkeiten im **Zusammenhang mit öffentlichem Recht**, insbesondere Planungsrecht, ist zu beachten, dass die Dienstbarkeit auf der Ebene des privatrechtlichen Eigentums die Beachtung öffentlich-rechtlicher Anforderungen nicht entbehrlich macht. Eine Immissionsdienstbarkeit ist deshalb in der Bauleitplanung kein taugliches Mittel der Konfliktbewältigung. Sie kann eine planerische Abwägung nicht ersetzen.[969]

c) Ausschluss der Ausübung von Rechten

252 Die dritte Alternative des § 1018 BGB **untersagt** dem Eigentümer **die Ausübung eines Rechts**, das sich aus dem Eigentum an dem belasteten Grundstück dem herrschenden Grundstück gegenüber ergibt. Er darf bestimmte Rechte – insbesondere Nachbarrechte aus §§ 904 bis 923 BGB – gegenüber dem Eigentümer des herrschenden Grundstücks nicht geltend machen.[970] Er hat Einwirkungen dem Nachbargrundstück gegenüber zu unterlassen, obwohl diese zulässig sind. Er kann aber auch verpflichtet sein, bestimmte, an sich unzulässige Einwirkungen zu dulden. Insoweit kann der Eigentümer ferner auf Rechtsbehelfe gegen die geduldeten Einwirkungen verzichten.[971]

253 Diese Form der Grunddienstbarkeit betrifft somit **„vereinbartes Nachbarrecht"**.[972] Der Eigentümer des dienenden Grundstücks duldet z. B. Immissionen[973] aus einem landwirtschaftlichen oder sonstigen Betrieb[974] unter Verzicht auf Schadenersatz. Die Duldungspflicht kann sich auch auf Bauten, Bäume oder Fenster beziehen, die der Eigentümer sonst nicht hinnehmen müsste.[975] Beispiel ist der Verzicht auf die Beseitigung eines unentschuldigten Überbaus. Praktische Bedeutung haben auch der Verzicht auf eine Notweg- (§ 917 BGB) und Überbaurente (§ 912 BGB).[976] Nicht eintragungsfähig ist jedoch der Verzicht auf Schadenersatz, ausgenommen, wenn aufgrund besonderer gesetzlicher Vorschriften der Ersatzanspruch anstelle der Abwehrklage zum Inhalt des Eigentums gehört.[977] Auch ein Verzicht auf öffentlich-rechtliche Positionen kann nicht Inhalt einer Grunddienstbarkeit sein.[978] Ein Rechtsverzicht kann sich entsprechend dem Wesen der Grunddienstbarkeit nur auf Eigentümerrechte beziehen, nicht dagegen auf den bloßen Verzicht auf schuldrechtliche Schadenersatzansprüche.[979] Gleiches gilt für den Verzicht auf Ansprüche nach § 24 BBodSchG.[980] Ebenso ist die bloße Wiederholung einer gesetzlichen Duldungspflicht nicht eintragungsfähig.[981] Die Rechte aus einer Grunddienstbar-

---

[966] LG Ravensburg, BWNotZ 1992, 99.
[967] OLG München, NJOZ 2012, 843.
[968] OLG München, NJW-RR 2011, 1587 = NZM 2012, 438 = BeckRS 2011, 16195 = ZfIR 2011, 542.
[969] BVerwG, NVwZ-RR 2002, 329 = BauR 2002, 730 = BayVBl. 2002, 374 = DÖV 2002, 483 = NuR 2002, 494 = UPR 2002, 230; VGH München, BayVBl. 1995, 150; VGH Mannheim, BauR 2002, 1209, 1212 u. OVG Münster, BauR 2002, 293.
[970] BayObLG, DNotZ 1991, 253 = MittBayNot 1990, 107 u. BayObLG, RNotZ 2004, 397 = ZfIR 2004, 776.
[971] LG Köln, Rpfleger 1994, 56; vgl. DNotI-Report 1997, 58 f.
[972] S. MünchKommBGB/*Joost*, § 1018 Rn. 38 im Anschluss an *Westermann*.
[973] KEHE/*Herrmann*, GBO, Einl. N Rn. 31.
[974] LG Augsburg, MittBayNot 1978, 215 u. BayObLG, RNotZ 2004, 397.
[975] OLG Celle, NJW 1958, 1096 = DNotZ 1958, 421 u. OLG Düsseldorf, DNotZ 1978, 353 = Rpfleger 1978, 16.
[976] Schöner/*Stöber*, Grundbuchrecht, Rn. 1168; vgl. aber BayObLG, MittBayNot 1976, 24, 25 m. Anm. *Böck*, MittBayNot 1976, 63.
[977] BGH, NJW 1977, 1697 u. BayObLG, NJW-RR 1990, 207 = DNotZ 1991, 253.
[978] OLG Koblenz, NJW-RR 2007, 893.
[979] LG Traunstein, MittBayNot 1981, 241.
[980] A. A. LG Chemnitz v. 17. 1. 2001 – 12 T 4120/00 (n. v.).
[981] OLG Köln, Rpfleger 1982, 463.

keit können schließlich nicht durch eine Grunddienstbarkeit abbedungen werden.[982] Nicht notwendig ist es, bei einem Verzicht auf Eigentümerrechte wegen einer bestimmten Einwirkung ausdrücklich gesetzlich zwingende Rechte auszunehmen. Dies ist den Beteiligten und dem Grundbuchamt häufig nicht bekannt, so dass wegen des Fehlens einer Bestimmung die Dienstbarkeit unwirksam wäre. Zudem kann sich der Kreis der zwingenden Normen ändern. Überflüssig, weil selbstverständlich, ist der Zusatz, „soweit dem nicht zwingendes Recht entgegensteht“ oder „soweit gesetzlich zulässig“.

Auch insoweit sind wiederum die **Besonderheiten im Staat-Bürger-Verhältnis** zu beachten. Da die Grundrechte (noch) staatsgerichtet sind, besteht bei Vereinbarungen mit der öffentlichen Hand ein besonderer Schutz, der auch auf das Privatrecht ausstrahlt. Deshalb kann ein Grundeigentümer ihr gegenüber nicht auf Rechtsbehelfe gegen ein bestimmtes Vorhaben verzichten, bevor der Rechtsbehelf entstanden ist.[983] Dies verbietet Art. 19 IV GG. Dagegen kann ein Rechtsbehelfsverzicht gegenüber dem privaten Betreiber z. B. durch einen Grundstücksverkäufer gegenüber einer Flughafengesellschaft erfolgen.[984] Umstritten ist, ob sich der Verzicht auf ein konkretes Bauvorhaben beziehen muss.[985] Dies würde eine Einigung ausschließen, bei der aus Anlass eines konkreten Bauvorhabens auch dem aktuell verzichtenden Nachbarn bestimmte Baubefugnisse zugestanden wurden.[986] Zwischen Privaten sollte weitergehend, um nachbarliche Konflikte für die Zukunft auszuschließen, ein wechselseitiger Verzicht auf Rechtsbehelfe auch ohne konkreten Vorhabenbezug zugelassen werden.[987] Zivilrechtlich ist eine Konkretisierung hinsichtlich des Umfangs des Verzichts und damit mittelbar des Bauvorhabens erforderlich; dies sollte auch öffentlich-rechtlich ausreichen. 254

3. Schonende Ausübung (§ 1020 Satz 1 BGB)

Die Beschränkung des Eigentums am dienenden Grundstück durch die Grunddienstbarkeit hat zur Folge, dass der Eigentümer und der Dienstbarkeitsberechtigte sich die **Sachherrschaft** hinsichtlich dieses Grundstücks **teilen** müssen.[988] Der aus der Grunddienstbarkeit Berechtigte hat bei der Ausübung die Interessen des Eigentümers des dienenden Grundstücks tunlichst zu schonen. Durch diese Bestimmung in § 1020 S. 1 BGB wird nicht der Inhalt der Grunddienstbarkeit geregelt, sondern die Art und Weise der Ausübung.[989] Es handelt sich hierbei um die Grundregel des gesetzlich normierten Schuldverhältnisses und um die Ausprägung der allgemeinen Pflichten zur gegenseitigen Rücksichtnahme.[990] 255

Der Berechtigte darf den Eigentümer des dienenden Grundstücks nur insoweit einschränken, als es **für die Benutzung notwendig** ist. Der Berechtigte muss also Beschwernisse hinnehmen. Diese für ihn bestehende Pflicht ist im Grundbuch nicht eintragungsfähig.[991] Es kommt dabei jeweils auf den Einzelfall und die Abwägung der beiderseitigen Interessen an, wobei der Berechtigte jedoch nicht auf sein Recht, auch nicht teilweise, verzichten muss. Seine Grunddienstbarkeit hat grundsätzlich Vorrang gegenüber den Be- 256

---

[982] Vgl. KG, OLGZ 1904, 305.

[983] BVerwG, DÖV 1958, 737 u. BVerwG, DVBl. 1964, 874; vgl. OVG Bautzen, LKV 1995, 84 = SächsVBl. 1994, 180.

[984] BFH, NJW 1987, 1288.

[985] So OVG Bautzen, SächsVBl. 1997, 1191; ähnlich OVG Koblenz, BRS 38 Nr. 180 u. OVG Saarlouis, NVwZ 1984, 657.

[986] Ebenso VGH Kassel, NVwZ-RR 1995, 495.

[987] OVG Münster v. 17. 7. 1993 – 7 B 3068/94 (n. v.). Ähnlich wohl auch *von und zu Franckenstein*, BauR 2002, 1041, 1045 ff.

[988] So BGB-RGRK/*Rothe*, § 1020 Rn. 1.

[989] Str., ebenso BGB-RGRK/*Rothe*, § 1020 Rn. 1; Soergel/*Stürner*, § 1020 Rn. 1; Lemke/*Böttcher*, §§ 1020 – 1022 Rn. 3; a. A. MünchKommBGB/*Joost*, § 1020 Rn. 2; offen OLG Köln, MDR 1997, 545 = VersR 1998, 245 u. Staudinger/*Mayer*, § 1020 Rn. 1.

[990] OLG Köln, MDR 1997, 545 = VersR 1998, 245 u. Soergel/*Stürner*, § 1020 Rn. 1.

[991] OLG Frankfurt/M., Rpfleger 1983, 61.

langen des Eigentümers. Dessen Einschränkung seiner Rechte ergibt sich bereits aus dem Wesen der Dienstbarkeit.[992] Die Pflicht zur schonenden Ausübung darf also nicht zu einer Verengung des Rechts oder zu einer Aushöhlung der Grunddienstbarkeit führen. Andererseits muss der Eigentümer des herrschenden Grundstücks bei seiner Rechtsausübung in den Grenzen des wirtschaftlich Gebotenen bleiben.[993] Die Ausübung der Dienstbarkeit ist von Anfang an dahin begrenzt, dass der Eigentümer des belasteten Grundstücks in dessen Benutzung nur so weit eingeschränkt werden soll, als es zur sachgemäßen Rechtsausübung notwendig ist. Maßgebend sind die Regeln einer ordnungsgemäßen Bewirtschaftung. So kann z. B. dem Berechtigten bei der Ausübung eines Fahrtrechtes zugemutet werden, dass er, wenn das betroffene Grundstück eingezäunt ist, das Tor jedes Mal wieder schließt.[994] Ebenso ist ein Weg, dessen Verlauf nicht festgelegt wurde, unter Beachtung der Grundsätze in § 1020 S. 1 BGB zu wählen,[995] ebenso die Entscheidung darüber, wo die Ein- und Ausfahrt angelegt wird.

257 Dem Dienstbarkeitsberechtigten kann es ferner zumutbar sein, auf die Dauer der Durchführung von Baumaßnahmen für einen relativ kurzen Zeitraum **Erschwerungen** in der Zufahrtssituation hinzunehmen.[996] Der Grundsatz schonender Ausübung regelt auch, welche Maßnahmen des Eigentümers des dienenden Grundstücks der Berechtigte dulden muss.[997]

258 Die **Schonungspflicht** ist um so größer, je nachteiliger die Ausübung der Grunddienstbarkeit für den Eigentümer ist.[998] So müssen Verunreinigungen des dienenden Grundstücks durch den Fahrtberechtigten möglichst umgehend beseitigt werden.[999] Der Berechtigte einer Dienstbarkeit muss die Kosten von Schallschutzmaßnahmen tragen, wenn seine Trinkwasserpumpe im Keller eines Schulgebäudes, das nunmehr als Wohnhaus genutzt wird, die Schallschutzwerte nicht einhält.[1000] Die Pflicht zur Rücksichtnahme gilt auch, wenn sich die Nutzung des dienenden Grundstücks ändert. Sie endet, wenn die Ausübung der Dienstbarkeit mehr als nur unerheblich beeinträchtigt wird. Die vorgenannten Beispiele betreffen vor allem Benutzungsdienstbarkeiten; demgegenüber hat die Schonungspflicht geringere Bedeutung bei den Unterlassungsdienstbarkeiten.

259 Verletzt der Berechtigte seine Pflichten aus § 1020 S. 1 BGB, steht dem Eigentümer des dienenden Grundstücks ein **Abwehranspruch** (§ 1004 BGB) zu. Wird das belastete Grundstück durch eine nicht schonende Dienstbarkeitsausübung beschädigt, so haftet der Berechtigte, falls ihn ein Verschulden trifft, auf **Schadensersatz** aus § 823 BGB oder aus positiver Vertragsverletzung.[1001] Die Aufhebung der Grunddienstbarkeit kann jedoch nicht verlangt werden.[1002] Der Eigentümer des herrschenden Grundstücks kann einem Abwehranspruch nicht mit dem Argument begegnen, auch eine ordnungsgemäße Rechtsausübung brächte die gleiche Belastung mit sich.[1003]

260 Der Eigentümer des dienenden Grundstücks ist zur Mitbenutzung der von der Dienstbarkeitsausübung betroffenen Fläche berechtigt, soweit nicht dadurch die Rechte des Eigentümers des herrschenden Grundstücks beeinträchtigt werden. In dem Umfang, in welchem dem Eigentümer des betroffenen Grundstücks das **Mitbenutzungsrecht** zusteht, kann er es auch an Dritte übertragen. Insoweit ist ihm auch die Belastung mit einer

---

992 Soergel/*Stürner*, § 1020 Rn. 2.
993 BGB-RGRK/*Rothe*, § 1020 Rn. 2.
994 BayObLGZ 1923, 115, 120; BGH, DNotZ 1959, 240; vgl. auch OLG Karlsruhe, NJW-RR 1991, 785 u. OLG Frankfurt/M., NJW-RR 1986, 763 sowie OLG Düsseldorf, NJOZ 2003, 439 u. OLG Koblenz, DNotZ 1999, 511. Vgl. auch Rn. 244.
995 BGH, BB 1965, 1125 u. OLG Stuttgart, Rpfleger 1991, 198 (Wegbreite).
996 LG Nürnberg-Fürth, Urt. v. 16. 12. 1986 – 13 S 7623/86 (n. v.).
997 LG Nürnberg-Fürth, Urt. v. 27. 10. 1987 – 13 S 8498/86 (n. v., Anhebung des Niveaus eines Weges).
998 Soergel/*Stürner*, § 1020 Rn. 2.
999 OLG Hamm, OLGE 18, 147 (Viehtrieb).
1000 OLG Köln, MDR 1997, 525 = VersR 1998, 245.
1001 BGB-RGRK/*Rothe*, § 1020 Rn. 4. S. nunmehr auch § 241 II BGB.
1002 BGH, NJW 1965, 1229 u. BGH, DNotZ 1974, 290 = MDR 1974, 392.
1003 S. BGH, DNotZ 1974, 290 u. *Lenzer*, NJW 1967, 1260 f.

weiteren Dienstbarkeit gestattet.[1004] Allerdings muss sich diese mit dem Nutzungsrecht des vorrangig Berechtigten vereinbaren lassen. In der Dienstbarkeitsbestellungsurkunde kann jedoch das Recht auf Mitbenutzung ausgeschlossen werden.[1005]

§ 1020 BGB begründet ein **gesetzliches Schuldverhältnis** zwischen dem Eigentümer des herrschenden und des dienenden Grundstücks.[1006] Es bestehen kraft der gesetzlichen Normierung Schonungs- und Erhaltungspflichten. Es kann deshalb auch eine Schadensersatzpflicht für Handlungen eines Erfüllungsgehilfen eintreten. Der Eigentümer des herrschenden Grundstücks haftet somit, wenn sein Pächter, der legal den Weg benutzt, diesen beschädigt. Die Eigentümer des dienenden und herrschenden Grundstücks können voneinander, sofern sie zur gleichberechtigten Mitbenutzung des dienenden Grundstücks befugt sind, eine Ausübungsregelung entsprechend § 745 Abs. 2 BGB verlangen.[1007] 261

4. Halten von Anlagen und Unterhaltungspflichten

a) Anlage des Berechtigten auf dem Grundstück

Ist der Eigentümer des herrschenden Grundstücks berechtigt, zur Ausübung der Dienstbarkeit auf dem belasteten Grundstück eine Anlage zu halten, so hat er diese, soweit das Interesse des Eigentümers des dienenden Grundstücks es erfordert, in ordnungsgemäßem Zustand zu halten (§ 1020 S. 2 BGB). Diese Verpflichtung ist kraft Gesetzes mit der Dienstbarkeit verbunden. Sie ist Ausfluss der gesetzlichen Schonungspflicht der Interessen des Eigentümers und deshalb auch nicht eintragungsfähig.[1008] 262

Unter **Anlagen** versteht man besondere, d. h. mit dem belasteten Grundstück nicht identische, von Menschen für gewisse Dauer geschaffene Einrichtungen auf dem dienenden Grundstück, die der Ausübung der Dienstbarkeit dienen.[1009] Beispiele sind ein Kanal, eine Stauanlage, ein Erker und eine Kläranlage,[1010] aber auch Versorgungsleitungen. Nicht erforderlich ist die Betretbarkeit durch Menschen. Deshalb fällt auch ein befestigter aber ausgebauter Weg unter diesen Begriff.[1011] Keine Anlagen sind dagegen bloße Veränderungen des Grundstücks selbst. Umstritten ist deshalb, ob gärtnerische Anlagen[1012] und ein Teich[1013] Anlagen im Sinne des § 1020 S. 2 BGB sind. Der Zweck der Norm, nämlich der Schutz des Eigentümers des dienenden Grundstücks spricht dafür. 263

Nicht notwendig ist, dass der zur Benutzung Berechtigte Eigentümer der Anlage ist. Es genügt, dass er sie „hält", d. h. das **Benutzungsrecht** besitzt und es für Zwecke der Dienstbarkeit ausübt.[1014] Die rechtliche Befugnis des Haltens genügt nicht; vielmehr muss das dienende Grundstück auch entsprechend dem Inhalt der Dienstbarkeit genutzt werden.[1015] Auch für Anlagen, die nur für eine bestimmte Zeitdauer bestehen und benutzt werden, besteht die Unterhaltspflicht. 264

1004 Staudinger/*Mayer*, § 1018 Rn. 74.

1005 Staudinger/*Mayer*, § 1018 Rn. 74.

1006 Nach BGHZ 95, 144 = NJW 1985, 2944 gilt hierfür auch § 278 BGB; s. dazu *Schreiber*, JR 1986, 103. Vgl. ferner BGH, NVwZ 1987, 356 u. BGHZ 106, 348, 350 = NJW 1989, 1607.

1007 BGH, NJW 2008, 3703 = MDR 2009, 18 = WM 2008, 2304.

1008 BayObLGZ 1365, 267, 272 u. OLG Frankfurt/M., Rpfleger 1983, 61.

1009 S. nur RGZ 79, 375, 379 für einen Kanal und OLG Köln, NJW-RR 1990, 1165 = MittRhNotK 1990, 219, 220 für gärtnerische Anlagen.

1010 S. auch Soergel/*Stürner*, § 1020 Rn. 5.

1011 RGZ 131, 158; vgl. auch BayObLGZ 1990, 8, 10; OLG Celle, MDR 2000, 81 u. OLG Dresden, OLG-NL 2000, 153. Anders für nicht ausgebauten, unbefestigten Feldweg OLG Koblenz, VRS 102, 2002, 190.

1012 Vgl. OLG Köln, NJW-RR 1990, 1165, 1166 = MittRhNotK 1990, 219, 220.

1013 Bejahend Erman/*Grziwotz*, § 1020 Rn. 2 u. MünchKommBGB/*Joost*, § 1020 Rn. 8; a. A. Staudinger/*Mayer*, § 1020 Rn. 12.

1014 BGB-RGRK/*Rothe*, § 1020 Rn. 6.

1015 BGH, NJW 2011, 1351 = NZM 2011, 807 = MDR 2011, 350 = NotBZ 2011, 216.

265 Wird die Anlage sowohl vom Eigentümer des herrschenden als auch des dienenden Grundstücks genutzt, griff nach früher h. L. § 1020 S. 2 BGB nicht ein.[1016] Jeder Eigentümer hat nach dieser Ansicht die Anlage nach seinen eigenen Erfordernissen zu unterhalten, ohne aber dem anderen gegenüber dazu verpflichtet zu sein. Nach anderer Ansicht[1017] gilt § 1020 S. 2 BGB auch, wenn die Anlage vom Verpflichteten nur mitbenutzt und nicht ausschließlich genutzt wird. Dies bedeutet freilich nicht, dass er sie in diesem Fall allein unterhalten müsste. Wirkt bei gemeinsamer Nutzung der Eigentümer des dienenden Grundstücks an der Unterhaltung der Anlage nicht mit, dürfte kein Interesse seinerseits hierzu bestehen. Die beteiligten Eigentümer können allerdings die allgemeine Pflicht des § 1020 S. 2 BGB durch eine Vereinbarung konkretisieren. Da nach der früher h. L. ohne eine ausdrückliche Vereinbarung ohnehin keine gegenseitigen Unterhaltungspflichten bestehen, lässt sie jede Art von Vereinbarung über die Unterhaltung und Tragung der Kosten zu.[1018]

266 § 1020 S. 2 BGB begründet keine Verpflichtung für den Dienstbarkeitsberechtigten, die Anlage zu halten, sondern nur, sie zu erhalten. Dem Berechtigten ist es also nicht untersagt, die **Anlage aufzugeben**. Dies muss nach außen erkennbar erfolgen und dem Eigentümer des dienenden Grundstücks gegenüber klar zum Ausdruck gebracht werden.[1019] Eine Dereliktion ist nicht erforderlich. Die Aufgabe der Anlage bedeutet jedoch nicht, dass der Berechtigte sie auch auf dem Grundstück belassen darf; der Eigentümer kann vielmehr ihre Beseitigung verlangen.[1020]

267 Die Vorschrift des § 1020 S. 2 BGB erweitert das Gebot schonender Ausübung, indem sie dem Dienstbarkeitsberechtigten vorschreibt, von ihm gehaltene Anlage in einem ordnungsgemäßen Zustand zu erhalten. Es handelt sich um eine **Nebenpflicht**, die zu einem positiven Handeln verpflichtet.[1021]

268 Zur Unterhaltung gehört alles, wodurch die Anlage in einem ordnungs- und gebrauchsfähigen Zustand erhalten wird. Entscheidend ist hierbei der äußere Zustand der Anlage,[1022] nicht aber ihre Gebrauchs- und Funktionsfähigkeit. Die Unterhaltungspflicht geht nämlich nur so weit, als es die Interessen des Eigentümers des belasteten Grundstücks erfordern.[1023] Der Berechtigte braucht daher nur einen Zustand aufrechtzuerhalten, der von der Anlage ausgehende Eigentumsbeeinträchtigungen ausschließt. Hierfür haftet er unabhängig von einem Verschulden. Der Eigentümer des herrschenden Grundstücks ist zwar berechtigt, eine Modernisierung der Anlage zur Anpassung an die wirtschaftliche oder technische Entwicklung durchzuführen.[1024] Eine dahingehende Pflicht kann jedoch nur gemäß § 1021 I 1 BGB vereinbart werden, wenn dem Eigentümer des dienenden Grundstücks ein Mitbenutzungsrecht zusteht. **Nicht** geschützt ist somit mangels Vereinbarung ein **Benutzungsinteresse** des Eigentümers. Es geht vielmehr um den äußeren Zustand der Anlage. Wird diese Anlage beschädigt oder zerstört, muss sie der Dienstbarkeitsberechtigte, soweit es das bezeichnete Interesse des Grundstückseigentümers erfordert, auf seine Kosten ausbessern oder wiederherstellen.[1025] Ausfluss der

---

1016 So KG, NJW 1970, 1686; OLG Köln, NJW-RR 1986, 16; AG Wedding, NJW-RR 2002, 1173; Soergel/*Stürner*, § 1020 Rn. 5; vgl. auch Staudinger/*Mayer*, § 1020 Rn. 14 u. *Volmer*, MittBayNot 2000, 387.

1017 RGZ 112, 370; BGHZ 161, 115 = BGHR 2005, 279 = DNotZ 2005, 617 = NJW 2005, 894 = MDR 2005, 385 = ZfIR 2005, 357; BGH, DNotZ 2006, 685 = NJW 2006, 1428 = MDR 2006, 981 = NotBZ 2006, 168; BGH, NJOZ 2006, 4073 = MittBayNot 2006, 495 = GE 2006, 1165; OLG Köln, MDR 1990, 1013 u. bereits früher Erman/*Grziwotz*, § 1020 Rn. 3; differenzierend MünchKommBGB/*Joost*, § 1020 Rn. 9.

1018 KG, NJW 1970, 1686; zu Vereinbarungen über die Verkehrsicherungspflicht bei einem Wegerecht s. BayObLG, DNotZ 1991, 257.

1019 Ebenso Staudinger/*Mayer*, § 1020 Rn. 15.

1020 MünchKommBGB/*Joost*, § 1020 Rn. 10.

1021 BGB-RGRK/*Rothe*, § 1020 Rn. 6.

1022 MünchKommBGB/*Joost*, § 1020 Rn. 11.

1023 Soergel/*Stürner*, § 1020 Rn. 6.

1024 Vgl. OLG München, MDR 1982, 144 u. Soergel/*Stürner*, § 1020 Rn. 6.

1025 BGB-RGRK/*Rothe*, § 1020 Rn. 6.

Pflicht, die Anlage zu unterhalten, ist das Recht das belastete Grundstück zum Zwecke der Instandsetzung und Unterhaltung der Anlage zu betreten.[1026]

Wird die Unterhaltungspflicht verletzt, so kann Klage aus § 1020 S. 2 BGB **auf Erfüllung** der Unterhaltungspflicht erhoben werden.[1027] Der Antrag ist auf bestimmte Maßnahmen zu richten. Der Erfüllungsanspruch besteht neben dem Unterlassungsanspruch. 269

b) Anlage auf einer baulichen Anlage

§ 1022 BGB regelt den Sonderfall, dass der Eigentümer des herrschenden Grundstücks berechtigt ist, auf einer baulichen Anlage, die auf dem dienenden Grundstück bereits errichtet ist, eine **bauliche Anlage** zu halten (z. B. das Recht, auf der Mauer des Nachbarn aufzubauen). Die Anlage muss das Ergebnis einer Bautätigkeit sein (z. B. Mauer, betonierte Leitung, Gebäude etc.).[1028] In diesen Fällen, in denen das Recht Hauptinhalt der Grunddienstbarkeit sein muss,[1029] da ansonsten ein Fall der §§ 1020, 1021 BGB vorliegt, muss der Eigentümer des belasteten Grundstücks seine („tragende") Anlage unterhalten, soweit es das Interesse des Berechtigten erfordert. Diese gesetzliche Unterhaltungspflicht kann nur bei abweichenden Vereinbarungen in das Grundbuch eingetragen werden,[1030] und zwar – gleichgültig, wer die Unterhaltungspflicht übernimmt – auf dem Grundbuchblatt des dienenden Grundstücks.[1031] Für die Unterhaltspflicht des Berechtigten hinsichtlich seines „Aufbaus" gilt § 1020 S. 2 BGB. 270

c) Vereinbarte Unterhaltungspflicht

§ 1021 BGB ermöglicht es den Beteiligten, die Unterhaltungspflicht abweichend von den gesetzlichen Regelungen der §§ 1020 S. 2, 1022 BGB zu vereinbaren. Der Rahmen möglicher rechtsgeschäftlicher Vereinbarungen ist durch die Alternativen der Unterhaltungspflicht des Eigentümers (§ 1021 I 1 BGB) einerseits und der Unterhaltungspflicht des Berechtigten bei Mitbenutzung durch den Eigentümer (§ 1021 I 2 BGB) andererseits zwingend umschrieben.[1032] Die Vorschrift regelt für Anlagen auf dem belasteten Grundstück ausdrücklich, dass vereinbart werden kann, dass der Eigentümer des dienenden Grundstücks die Anlage zu unterhalten hat, soweit es das Interesse des Berechtigten fordert. Ebenso kann bei einer Mitbenutzung durch den Eigentümer des dienenden Grundstücks bestimmt werden, dass der Berechtigte die Anlage zu unterhalten hat, soweit es für das Benutzungsrecht des Eigentümers erforderlich ist. Die **Unterhaltsvereinbarung** knüpft somit an das Benutzungsinteresse des jeweils anderen Teils an. 271

Diese vereinbarten Unterhaltungspflichten, die ein Tun als Nebenpflicht einer Grunddienstbarkeit regeln, sind keine selbständigen Reallasten (§ 1021 II BGB). Sie können durch Einigung und Eintragung im Grundbuch des belasteten Grundstücks zum **dinglichen Rechtsinhalt der Grunddienstbarkeit** werden.[1033] Erfolgt keine Eintragung, so entfaltet die Vereinbarung nur schuldrechtliche Wirkung zwischen den Vertragsparteien.[1034] Weitergehende Vereinbarungen, die mehr als nur die Erhaltung des gebrauchsfähigen Zustands beinhalten, insbesondere die Verpflichtung zur erstmaligen Herstellung,[1035] sind nicht eintragungsfähig. Sie können nur schuldrechtlich vereinbart werden. Wird nach Eintragung der Grunddienstbarkeit noch eine Regelung der Unterhaltungspflicht getroffen, so ist dies zwar möglich, aber sie muss als Inhaltsänderung entsprechend 272

1026 RGZ 79, 375, 379 u. Staudinger/*Mayer*, § 1020 Rn. 19.
1027 MünchKommBGB/*Joost*, § 1020 Rn. 12.
1028 BGB-RGRK/*Rothe*, § 1022 Rn. 1.
1029 RGZ 112, 368, 370.
1030 Staudinger/*Mayer*, § 1022 Rn. 5.
1031 BGB-RGRK/*Rothe*, § 1022 Rn. 2.
1032 RGZ 79, 375, 379 u. MünchKommBGB/*Joost*, § 1021 Rn. 1.
1033 BayObLGZ 1979, 372, 374 u. BayObLGZ 1980, 176, 179; vgl. auch *Amann*, DNotZ 1982, 396, 402.
1034 S. nur Soergel/*Stürner*, § 1021 Rn. 1.
1035 RGZ 131, 158, 176 f.; Soergel/*Stürner*, § 1020 Rn. 6 u. § 1021 Rn. 1; MünchKommBGB/*Joost*, § 1020 Rn. 11 u. Palandt/*Bassenge*, § 1021 Rn. 2. Von der Neuherstellung ist die Erneuerung zu unterscheiden (BGB-RGRK/*Rothe*, § 1021 Rn. 2). Vgl. ferner BGH, WM 1985, 1003, 1004.

den Formvorschriften der §§ 873, 877 BGB vorgenommen und im Grundbuch eingetragen werden.

273 Der Unterhaltungspflichtige muss im Rahmen des § 1021 BGB die Anlage so unterhalten, dass die Grunddienstbarkeit ausgeübt werden kann.[1036] Er muss also, anders als bei § 1020 S. 2 BGB, die Gebrauchsfähigkeit und Funktionsgerechtigkeit der Anlage erhalten. Er ist auch zur Tragung der Mehrkosten für die Unterhaltung wegen entwicklungsbedingter Änderungen verpflichtet.[1037] Durch Vereinbarung ist eine Teilung dieser Kosten ebenso wie eine Teilung der Kosten für einen gegenständlich abgegrenzten Teil der Anlage möglich. Inhalt der Vereinbarung kann auch die Übernahme der Unterhaltungsarbeiten gegen Kostenvorschuss sein.[1038] Nicht möglich ist aber die **Übernahme von Kosten**, die mit dem Unterhalt der Anlage in keinem Zusammenhang stehen.

274 Falls die Beteiligten trotz eines bestehenden Mitbenutzungsrechtes des Grundstückseigentümers keine Vereinbarung nach § 1021 I 2 BGB treffen, ist es nach h. M. Sache jedes von beiden, die Anlage insoweit zu unterhalten, als das eigene Interesse es verlangt, ohne dass er dazu dem anderen Teil gegenüber verpflichtet wäre.[1039] Nach anderer Ansicht[1040] besteht auch ohne vertragliche Abrede bei gemeinschaftlicher Nutzung eine Verpflichtung des Eigentümers zur Kostenbeteiligung. Unstreitig trifft bei einer Mitnutzung den Dienstbarkeitsberechtigten keine alleinige Unterhaltungspflicht aus § 1020 S. 2 BGB.[1041] Vielmehr wird jeder die Anlage soweit zu unterhalten haben, soweit es seine Nutzung erfordert.

275 Gegenstand einer Vereinbarung kann auch die **Verkehrsicherungspflicht** für das dienende Grundstück sein.[1042] Ferner können die tatsächliche Unterhaltspflicht und die Kostentragungspflicht auch unabhängig voneinander geregelt werden.[1043] Besondere Probleme ergeben sich bei der Gestaltung der Unterhaltspflicht mehrerer Dienstbarkeiten. Haben diese Gleichrang, so soll mangels Vereinbarung für die Kostentragung das Recht der Gemeinschaft (§ 748 BGB) gelten.[1044] Bei nachrangigen Grunddienstbarkeiten erfolgt die Aufteilung der Unterhaltspflicht gemäß dem Rangverhältnis, und zwar jeweils im „Zweierverhältnis" zwischen dem Eigentümer des herrschenden und des jeweils dienenden Grundstücks.[1045] Zweckmäßiger erscheint die Vereinbarung eines variablen Kostenanteils, der entweder in Bruchteilen ausgedrückt wird oder auf die Anzahl der beteiligten Buchgrundstücke abstellt.[1046]

276 Vereinbarungen hinsichtlich der Unterhaltungspflicht bedürfen, um Inhalt der Grunddienstbarkeit zu werden und damit auch gegen Rechtsnachfolger zu wirken, der **Eintragung in das Grundbuch**. Die Vereinbarung ist auf dem Grundbuchblatt des dienenden Grundstücks, gegebenenfalls unter Bezugnahme auf die Bewilligung, einzutragen. Der Eintragung auf dem Blatt des herrschenden Grundstücks bedarf es nicht, da die Unterhaltungsverpflichtung keinen selbständigen Charakter hat, sondern als Nebenverpflichtung das dingliche Recht lediglich beschränkt.[1047]

[1036] BGH, NJW 1960, 673 u. MünchKommBGB/*Joost*, § 1021 Rn. 4 u. 8.

[1037] BGH, NJW 1960, 673 (Mehrkosten wegen Steigerungen des Fahrverkehrs).

[1038] S. MünchKommBGB/*Joost*, § 1021 Rn. 4 u. Soergel/*Stürner*, § 1021 Rn. 1 u. 3.

[1039] S. nur BGB-RGRK/*Rothe*, § 1021 Rn. 4.

[1040] OLG Köln, NJW-RR 1990, 1165 = MDR 1990, 1013.

[1041] Vgl. OLG Celle, MDR 2000, 81.

[1042] BayObLGZ 1990, 8, 10 = DNotZ 1991, 297; MünchKommBGB/*Joost*, § 1021 Rn. 8 u. Palandt/*Bassenge*, § 1021 Rn. 3.

[1043] S. nur KG, NJW 1970, 1686 u. MünchKommBGB/*Joost*, § 1021 Rn. 5.

[1044] So *Volmer*, MittBayNot 2000, 387, 389.

[1045] So Palandt/*Bassenge*, § 1024 Rn. 1.

[1046] Vgl. *Volmer*, MittBayNot 2000, 387, 390.

[1047] Str., vgl. NK-BGB/*Otto*, § 1020 Rn. 23; BGB-RGRK/*Rothe*, § 1021 Rn. 5; MünchKommBGB/*Joost*, § 1021 Rn. 7; Staudinger/*Mayer*, § 1021 Rn. 14 u. *Volmer*, MittBayNot 2000, 387, 389; a. A. AG Aalen, BWNotZ 1987, 141; LG Ellwangen, BWNotZ 1987, 143 u. Soergel/*Stürner*, § 1021 Rn. 3.

5. Verlegung der Ausübung (§ 1023 BGB)

Der Eigentümer des belasteten Grundstücks kann verlangen, dass der Ausübungsbereich der Grunddienstbarkeit auf eine andere, für den Berechtigten ebenso geeignete Stelle verlegt wird, wenn die Ausübung an der bisherigen Stelle für ihn besonders beschwerlich ist (§ 1023 I 1 BGB). Dieser Anspruch auf Verlegung ist Ausfluss des Grundsatzes der schonenden Rechtsausübung und darüber hinaus der **Pflicht zur gegenseitigen Rücksichtnahme**.[1048] 277

§ 1023 BGB ist **nicht anwendbar**, wenn die Dienstbarkeit bisher auf dem ganzen Grundstück ausgeübt werden darf.[1049] Dies gilt auch dann, wenn nach der Entscheidung des Berechtigten dieser sein Recht zunächst lediglich auf einer Teilfläche ausübt. Der Eigentümer des dienenden Grundstücks kann deshalb z. B. nicht verlangen, dass der Berechtigte, der das gesamte Grundstück als Lagerplatz oder zur Ausbeutung von Bodenschätzen in Anspruch nehmen darf, dies aber in der Vergangenheit nur auf einem Teil des Grundstücks getan hat, die Ausübung seines Rechts auf einen anderen Teil des Grundstücks verlegt. Eine solche Beschränkung könnte sich allenfalls aus dem allgemeinen Grundsatz der schonenden Rechtsausübung ergeben.[1050] 278

Voraussetzung ist also, dass sich die **Ausübung der Grunddienstbarkeit auf einen Teil des Grundstücks beschränkt**, sei es durch Rechtsgeschäft[1051] oder aufgrund der Natur des Rechts (z. B. bei einer Rohrleitung oder einem Wegerecht).[1052] Wenn nach der Vereinbarung dagegen das Recht an jeder Stelle des belasteten Grundstücks ausgeübt werden kann, aber nicht auf dem ganzen Grundstück gleichzeitig, ist eine Verlegung nach § 1023 BGB nicht möglich. In diesem Fall gilt § 1020 BGB.[1053] 279

Das **Verlangen** kann nur vom Eigentümer des belasteten Grundstücks gestellt werden. Ausnahmsweise hat auch der Eigentümer des herrschenden Grundstücks dieses Recht, und zwar nach § 242 BGB.[1054] 280

Auch bei einer lediglich schuldrechtlichen **Benutzungserlaubnis** besteht unter entsprechender Anwendung dieser Vorschrift in Verbindung mit § 242 BGB ein Verlegungsrecht, wenn die Parteien nichts anderes vereinbart haben. 281

Die Verlegung kann nur **auf dem belasteten Grundstück** erfolgen, nicht aber auf ein anderes, demselben Eigentümer gehörendes Grundstück, auch wenn diese Grundstücke eine wirtschaftliche Einheit bilden.[1055] Dies gilt ebenso, wenn das Recht auf einem Flurstück bestellt wurde, welches zwischenzeitlich mit anderen Flurstücken zu einem Grundstück vereinigt ist.[1056] Ob in Ausnahmefällen nach Treu und Glauben (§ 242 BGB) eine Verlegung auf ein anderes Grundstück oder erst später hinzuerworbene Flächen des dienenden Grundstücks verlangt werden kann, ist umstritten.[1057] Teilweise wird dies hinsichtlich des Verpflichteten bejaht, aber bezüglich des Dienstbarkeitsberechtigten verneint. Jedenfalls handelt es sich dabei um keine Verlegung im Rechtssinne, sondern um eine Aufhebung der bisherigen unter gleichzeitiger Bestellung einer neuen Dienstbarkeit.[1058] 282

1048 BGH, MDR 1959, 476.
1049 Staudinger/*Mayer*, § 1023 Rn. 10.
1050 Ebenso MünchKommBGB/*Joost*, § 1023 Rn. 2.
1051 § 1023 I 2 BGB; s. auch KG, NJW 1969, 470 u. BGH, BeckRS 2012, 06466.
1052 S. nur NK-BGB/*Otto*, § 1023 Rn. 6 u. Soergel/*Stürner*, § 1023 Rn. 2.
1053 BGB-RGRK/*Rothe*, § 1023 Rn. 1 u. Staudinger/*Mayer*, § 1023 Rn. 9.
1054 Ebenso Palandt/*Bassenge*, § 1023 Rn. 3; BGB-RGRK/*Rothe*, § 1023 Rn. 3 u. Staudinger/*Mayer*, § 1023 Rn. 7; a. A. MünchKommBGB/*Joost*, § 1023 Rn. 7 u. Bamberger/Roth/*Wegmann*, § 1023 Rn. 10, die § 1023 BGB analog anwenden wollen.
1055 BGH, DNotZ 1974, 692 u. BayObLGZ 1986, 513, 518; a. A. *Weimar*, JR 1980, 361, 362.
1056 Staudinger/*Mayer*, § 1023 Rn. 11.
1057 Bejahend MünchKommBGB/*Joost*, § 1023 Rn. 6 u. Soergel/*Stürner*, § 1023 Rn. 6; verneinend RGZ 50, 32; NK-BGB/*Otto*, § 1023 Rn. 14; BGB-RGRK/*Rothe*, § 1023 Rn. 3; Lemke/*Böttcher*, § 1023 Rn. 6 u. Staudinger/*Mayer*, § 1023 Rn. 14.
1058 Soergel/*Stürner*, § 1023 Rn. 6.

283 Bei der Beurteilung der **Beschwerlichkeit** für den Eigentümer spielt es keine Rolle, ob diese bereits bei der Begründung der Grunddienstbarkeit vorlag oder erst nachträglich eingetreten ist.[1059] Das Argument, der Eigentümer des belasteten Grundstücks müsse nur die betreffende Ausübungsstelle von der Dienstbarkeit ausnehmen, greift zu kurz. In den vor allem praktisch relevanten Fällen der Kollision einer Dienstbarkeit mit einer Bebauung wird der Eigentümer die planerischen Festsetzungen des Bebauungsplans häufig nicht in ihrem Umfang und ihren Auswirkungen voll erfassen. Deshalb ist der Verlegungsanspruch auch bei einer anfänglichen Beschwerlichkeit gegeben. Nicht ausreichend sind eine bloße Unbequemlichkeit und die allgemeine Lästigkeit sowie eine vorübergehende, kurzzeitige Beschwerlichkeit.[1060] Auf die Ursache, welche die Beschwerlichkeit hervorgerufen hat, kommt es nicht an. Auch eine willkürlich oder fahrlässig herbeigeführte besondere Beschwerlichkeit bei Ausübung der Dienstbarkeit gibt den Anspruch auf Verlegung.[1061]

284 Die andere Stelle, an die der Eigentümer des dienenden Grundstücks den Ausübungsbereich verlegt wissen möchte, muss für den Dienstbarkeitsberechtigten ebenso geeignet, sein, wie bisherige. Erforderlich ist hiernach, die beiden in Betracht kommenden Ausübungsmöglichkeiten miteinander zu vergleichen und die **Interessen** der Beteiligten gegeneinander **abzuwägen**.[1062] Für den Verpflichteten ist die Ausübung am bisherigen Ort besonders beschwerlich, wenn sie erhebliche Nachteile mit sich bringt.[1063] Die Ausübung an der vom Verpflichteten beanstandeten Stelle muss für ihn nach der Verkehrsauffassung und den Gesamtumständen erheblich nachteiliger sein, als sie es im Falle ihrer Verlegung an die gewünschte andere Stelle ist. Was den Dienstbarkeitsberechtigten anbelangt, so darf die Ausübung der Grunddienstbarkeit durch die Verlegung nicht wesentlich erschwert werden.[1064] Eine unerhebliche Erschwerung wie z. B. ein Umweg ist dem Dienstbarkeitsberechtigten dagegen zuzumuten.[1065] Für die Frage der Geeignetheit ist jedes vernünftige Interesse des Berechtigten an einer Beibehaltung des bisherigen Zustandes von Bedeutung. Seine wirtschaftlichen Interessen sind dabei mit Vorrang zu berücksichtigen.[1066] Entscheidend für die Zumutbarkeit ist die wesentliche Gleichwertigkeit für den Berechtigten bei einer objektiven wirtschaftlichen Betrachtungsweise.[1067] Besteht keine Verlegungsmöglichkeit, weil die Dienstbarkeit nur an einer bestimmten Stelle ausgeübt werden kann oder darf (z. B. Aufbau auf Gebäude, Quellfassungsrecht oder baurechtliche Vorgaben für die Nutzung), so scheidet eine Verlegung von vornherein aus. Die Beweislast, dass für ihn eine Beschwerlichkeit vorliegt, trifft den die Verlegung fordernden Eigentümer.

285 Das Recht auf Verlegung kann **nicht** durch Rechtsgeschäft **ausgeschlossen oder beschränkt** werden (§ 1023 II BGB). Zulässig ist es jedoch, erleichternde Voraussetzungen hierfür zu vereinbaren,[1068] wobei diese nur bei einer Grundbucheintragung gegenüber dem Rechtsnachfolger wirken. Allerdings muss sich aus der Bewilligung diese Regelung zweifelsfrei ergeben. Eine Klausel, wonach eine Bebauung nicht behindert werden dürfe, enthält noch keine Abänderung der Voraussetzungen der § 1023 BGB.[1069] Im Rahmen einer derartigen Vereinbarung kann sich beispielsweise der verpflichtete Grundstücks-

---

[1059] Ebenso Palandt/*Bassenge*, § 1023 Rn. 2 u. Soergel/*Stürner*, § 1023 Rn. 3; a. A. nunmehr Bamberger/Roth/*Wegmann*, § 1023 Rn. 2a u. ihm folgend wohl auch NK-BGB/*Otto*, § 1023 Rn. 10.

[1060] Vgl. NK-BGB/*Otto*, § 1023 Rn. 9.

[1061] Staudinger/*Mayer*, § 1023 Rn. 12; einschränkend für den Fall des treuwidrigen Verhaltens NK-BGB/*Otto*, § 1023 Rn. 11.

[1062] BGH, WM 1963, 483, 486 u. BGB-RGRK/*Rothe*, § 1023 Rn. 2; a. A. MünchKommBGB/*Joost*, § 1023 Rn. 4 u. Staudinger/*Mayer*, § 1023 Rn. 12.

[1063] Ebenso Staudinger/*Mayer*, § 1023 Rn. 12; einschränkend NK-BGB/*Otto*, § 1023 Rn. 9.

[1064] Ebenso Soergel/*Stürner*, § 1023 Rn. 4; teilw. abw. NK-BGB/*Otto*, § 1023 Rn. 13.

[1065] Vgl. BayObLGZ 1912, 208, 218.

[1066] BGB-RGRK/*Rothe*, § 1023 Rn. 2 u. Soergel/*Stürner*, § 1023 Rn. 4.

[1067] Ähnlich MünchKommBGB/*Joost*, § 1023 Rn. 5 u. Staudinger/*Mayer*, § 1023 Rn. 13.

[1068] S. nur *Amann*, DNotZ 1982, 394, 410.

[1069] Vgl. OLG Hamm, NJW-RR 1997, 779, 780 = ZMR 1997, 182.

eigentümer ein Recht zur Verlegung der Ausübungsstelle einräumen lassen. Auch ein uneingeschränktes Verlegungsrecht ist zulässig. Es muss allerdings bei für die Grunddienstbarkeit wesentlichen Ausübungsstellen näher konkretisiert sein.[1070] Zulässig ist es auch für den Fall des Entstehens eines Verlegungsanspruchs eine alternative Ausübungsstelle zu vereinbaren.[1071]

Die **Kosten der Verlegung** trägt der Eigentümer des dienenden Grundstücks; er hat gegebenenfalls einen Kostenvorschuss zu leisten (§ 1023 I 1 BGB). Zu diesen Kosten gehören auch die Aufwendungen für die Herstellung und Veränderung notwendiger Einrichtungen sowie die Grundbuchkosten.[1072] Die Kostentragungspflicht lastet nicht am dienenden Grundstück, sondern stellt nur eine persönliche Verpflichtung des Verlangenden dar. Auch über die Kostentragungspflicht können abweichende Vereinbarungen (z. B. Kostenpflicht des Berechtigten oder Kostenteilung) getroffen werden, wobei sie dingliche Wirkung nur bei Eintragung im Grundbuch entfalten.[1073] 286

Das Verlangen auf Verlegung stellt eine empfangsbedürftige **Willenserklärung** dar. Die eigenmächtige Verlegung in der Natur ist nicht zulässig.[1074] Die unmittelbare Durchsetzung kann der Berechtigte gemäß § 1027 BGB abwehren. Das Recht unterliegt nicht der Verjährung (§ 902 BGB). 287

Ist die Ausübungsstelle nicht Inhalt der Grunddienstbarkeit, so ist auch die Verlegung der Ausübung als solche nicht eintragungsfähig,[1075] da durch die Verlegung der Ausübung der Inhalt der Grunddienstbarkeit nicht verändert wird. Ist der Ausübungsbereich allerdings rechtsgeschäftlich festgelegt, so muss die Verlegung gemäß §§ 873, 877 BGB im Grundbuch eingetragen werden.[1076] Den Beteiligten bleibt es ferner unbenommen auch dann, wenn ein Ausübungsbereich nicht festgelegt ist, diesen anlässlich einer Verlegung zu vereinbaren und als Inhaltsänderung der Grunddienstbarkeit im Grundbuch eintragen zu lassen. 288

Der Anspruch auf Verlegung der Ausübungsstelle bei ihrer bisherigen Eintragung kann durch **Klage** auf Einigung und Eintragungsbewilligung (Leistungsklage auf Zustimmung zur Inhaltsänderung) durchgesetzt werden. Ist die Verlegung nicht im Grundbuch einzutragen, ist Klage auf Feststellung des Bestehens eines Verlegungsrechts zu erheben.[1077] 289

§ 1023 BGB kann entsprechend bei der Verlegung von **Versorgungsleitungen in Straßengrundstücken** aufgrund eines Gestattungsvertrages, also ohne Dienstbarkeitsbestellung, anzuwenden sein, wenn z. B. die Straßenführung verändert wird.[1078] Voraussetzung ist, dass keine Spezialvorschriften oder vertraglichen Vereinbarungen bestehen.[1079] Beispiel ist eine straßenrechtliche Sondernutzungserlaubnis. Gründet das Recht des Versorgungsunternehmens, öffentliche Straßenflächen in Anspruch zu nehmen, auf einer 290

1070 MünchKommBGB/*Joost*, § 1023 Rn. 11.

1071 Ebenso Bamberger/Roth/*Wegmann*, § 1023 Rn. 7; a. A. NK-BGB/*Otto*, § 1023 Rn. 37, der verkennt, dass eine auflösend und aufschiebend bedingte Rechtseinräumung zulässig ist, so dass ein Verstoß gegen § 1023 II BGB nicht vorliegt.

1072 BGH, DNotZ 1976, 530 = MDR 1976, 479 = Rpfleger 1976, 126 = WM 1976, 274.

1073 BGB-RGRK/*Rothe*, § 1023 Rn. 5.

1074 Vgl. BGH, DNotZ 1976, 530 = MDR 1976, 479 = Rpfleger 1976, 126 = WM 1976, 274.

1075 KG, NJW 1973, 1128.

1076 BGH, NJW 1969, 502; BGH, DNotZ 1976, 530 = MDR 1976, 479 = Rpfleger 1976, 126 = WM 1976, 274; BGH, NJW-RR 2006, 237 = MDR 2006, 380 = ZfIR 2006, 209.

1077 MünchKommBGB/*Joost*, § 1023 Rn. 9.

1078 Zum Rechtsweg vgl. VGH München, BayVBl. 1996, 730.

1079 Str., BGH, NJW-RR 2002, 1176 = NZBau 2002, 562 = BGHR 2002, 820 = MDR 2002, 1308 = WM 2002, 1559; BayObLGZ 1969, 169; OLG Brandenburg, LKV 1996, 108; OVG Magdeburg, BeckRS 2009, 40152; tlw. abw. BGHZ 51, 319; BGHZ 52, 229; BGHZ 61, 124; BGH, MDR 1974, 654 u. BGHZ 125, 293 = NJW 1994, 3156 = DNotZ 1994, 172 = DVBl. 1995, 102 = MDR 1995, 368 = WM 1994, 1578; BGH, NJW 1982, 1283 = MDR 1981, 925 = WM 1981, 1207 u. BGHZ 123, 166 = NJW 1993, 3191 = DNotZ 1994, 172 = DVBl. 1993, 1371 (LS) = MDR 1993, 1062 = WM 1993, 2095. Vgl. auch LG Bremen, BeckRS 2007, 18766, wonach für Telekommunikationsleitungen nicht vorrangig öffentlicher Grund und Boden in Anspruch genommen werden muss.

straßenrechtlichen Sondernutzungserlaubnis nach dem Recht der ehemaligen DDR, so hat entsprechend §§ 8a, 10 FStrG das Versorgungsunternehmen die Verlegungskosten zu tragen.[1080] Anders ist dies bei Bestehen einer beschränkten persönlichen Dienstbarkeit nach § 9 I GBBerG.[1081] § 8 III 2 AVBWasserV, § 8 III 2 AVBFernwärmeV, § 12 III 2 NAV und § 12 III 2 NDAV legen die Kosten der Leitungsverlegung dem Versorgungsunternehmen auf; der Eigentümer hat diese jedoch zu tragen, wenn die Anlagen ausschließlich seiner Versorgung dienen. Ist zugunsten des Versorgungsunternehmens zulässigerweise eine Dienstbarkeit eingetragen, hat die Kostentragungsregelung des § 1023 BGB Vorrang vor dem jeweiligen Regelwerk der Allgemeinen Anschlussbedingungen.[1082]

6. Zusammentreffen mehrerer Nutzungsrechte (§ 1024 BGB)

291 Trifft eine Grunddienstbarkeit mit einer anderen Grunddienstbarkeit oder einem sonstigen Nutzungsrecht, nämlich einem Erbbaurecht, einem Nießbrauch, einer beschränkten persönlichen Dienstbarkeit, einem Dauerwohn- und Dauernutzungsrecht, nicht jedoch einer Reallast und einem Grundpfandrecht,[1083] an dem Grundstück dergestalt zusammen, dass die Rechte nebeneinander nicht oder nicht vollständig ausgeübt werden können, und haben die **Rechte gleichen Rang**, so kann jeder der Berechtigten eine den Interessen aller Berechtigten nach billigem Ermessen entsprechende Regelung der Ausübung verlangen. Dieses Recht ist unverjährbar (§ 902 BGB).

292 Die vorstehende Regelung betrifft jedoch nur den Fall, dass die Rechte gleichen Rang haben. Bei **verschiedenem Rang** hat das Recht mit dem besseren Rang Vorrang. Dies gilt unabhängig davon, ob das Rangverhältnis auf der zeitlichen Reihenfolge der Eintragungen oder einer Rangbestimmung beruht. Der nachrangig Berechtigte kann sein Recht nur insoweit ausüben, als das vorrangige Recht dadurch nicht beeinträchtigt wird.[1084]

293 Der Anspruch aus § 1024 BGB ist **nicht eintragungsfähig**, da er sich nicht gegen den Eigentümer richtet. Die Parteien können zur einvernehmlichen Regelung der Kollision vertragliche Vereinbarungen treffen.[1085] Eine derartige Vereinbarung kann in das Grundbuch eingetragen werden.[1086] Sie enthält keine weitere Belastung für den Eigentümer oder eine Rechtsbeeinträchtigung für nachrangig Berechtigte, sondern nur einen zwischen den beteiligten Rechtsinhabern wirkenden Verzicht auf die Ausübung sich widersprechender Rechtspositionen.

294 Liegen die Voraussetzungen des § 1024 BGB vor und kommt es zu keiner Einigung zwischen den Beteiligten, so hat diejenige Partei, die eine Regelung fordert, **Klage** auf Abschluss einer bestimmten Vereinbarung und Eintragung im Grundbuch[1087] oder Klage

---

1080 BGHZ 138, 266, 274 = LKV 1999, 287 = VIZ 1998, 397 = WM 1998, 1352; BGH, VIZ 1999, 239 = DÖV 1999, 655 (LS) = LKV 1999, 480 (LS) = WM 1999, 740; BGHZ 144, 29, 45 = NJW 2000, 1490 = VIZ 2000, 294 = WM 2000, 1147; BGH, VIZ 2002, 303 = BauR 2002, 1071 = BGHR 2002, 413 (LS) = WM 2002, 1135 u. BGHZ 148, 129, 135 = NJW 2001, 3057 = BauR 2001, 1706 = DÖV 2002, 83 = DVBl. 2001, 1668 = WM 2001, 1954.

1081 BGH, LKV 2002, 486 = BGHR 2002, 562, 563 = BauR 2002, 1531 = WM 2002, 2113 = ZfIR 2002, 562 u. OLG Naumburg, OLG-NL 2001, 225; vgl. auch *Schmidt-Räntsch*, RdE 1994, 214 ff.

1082 Str., vgl. OLG Schleswig, RdE 1983, 8 u. *Seelinger*, Praxis des Wegerechts in der Versorgungswirtschaft, 1996, S. 87.

1083 Die Reallasten und Grundpfandrechte sind Verwertungs- und keine Nutzungsrechte. Das Zusammentreffen mit Miete und Pacht regeln §§ 567, 567a, 581 II, 593b BGB. § 1024 BGB entsprechende Vorschriften enthält § 1060 BGB für den Nießbrauch; § 1090 II BGB verweist bei der beschränkten persönlichen Dienstbarkeit auf § 1024 BGB.

1084 S. nur LG Aschaffenburg, MittBayNot 1992, 206 u. Staudinger/*Mayer*, § 1024 Rn. 2; unklar Soergel/*Stürner*, § 1024 Rn. 3 (Reihenfolge der Eintragung maßgebend).

1085 Vgl. Soergel/*Stürner*, § 1024 Rn. 1.

1086 Umstr., ähnlich wie hier NK-BGB/*Otto*, § 1024 Rn. 13 u. MünchKommBGB/*Joost*, § 1024 Rn. 3, beide für analoge Anwendung von § 890 BGB sowie Soergel/*Stürner*, § 1024 Rn. 1 u. Staudinger/*Mayer*, § 1024 Rn. 10 (entsprechend Kriterien zum Begleitschuldverhältnis); a. A. BGB-RGRK/*Rothe*, § 1024 Rn. 4 u. Bamberger/Roth/*Wegmann*, § 1024 Rn. 5.

1087 Str., vgl. Soergel/*Stürner*, § 1024 Rn. 1 u. Staudinger/*Mayer*, § 1024 Rn. 7 ff.

auf Unterlassung bestimmter Nutzungsarten (§§ 1023, 1004 BGB) zu erheben. Der Klageantrag geht entsprechend § 745 II BGB auf einen billigen Interessenausgleich.[1088] Die Regelung erfolgt durch eine räumliche oder zeitliche Abgrenzung der Nutzungsrechte.[1089] Das rechtskräftige Urteil gilt als Zustimmung zur Abgrenzungsvereinbarung (§ 894 ZPO). Es hat nicht nur deklaratorische Wirkung.[1090] Es wirkt auch bei Eintragung im Grundbuch gegenüber Einzelrechtsnachfolgern.[1091] Es handelt sich nach der hier vertretenen Auffassung um eine zeitlich auf die Dauer der Kollision beschränkte Inhaltsänderung. Der getroffene Ausgleich der wechselseitigen Ausübungsbehinderung wird deshalb gegenstandlos, wenn ein beteiligtes Nutzungsrecht wegfällt.[1092] Ab diesem Zeitpunkt gilt wieder der uneingeschränkte Rechtsinhalt.

7. Teilung

a) Teilung des herrschenden Grundstücks (§ 1025 BGB)

Bei einer Teilung des Grundstücks des Berechtigten besteht die Grunddienstbarkeit für die einzelnen Teile des herrschenden Grundstücks grundsätzlich fort. Dies gilt auch, wenn die Teile jetzt verschiedenen Eigentümern gehören. Sie bleibt als **einheitliches Recht (Gesamtgrunddienstbarkeit)** bestehen. Eine Aufspaltung in Teildienstbarkeiten erfolgt nicht.[1093] Dies hat zur Folge, dass zu einer Löschung die Zustimmung sämtlicher Eigentümer erforderlich ist,[1094] und zwar auch dann, wenn der Fortbestand des Rechts für die Eigentümer der abgetrennten Teile im Grundbuch nicht vermerkt ist. Die namentliche Ermittlung der Eigentümer der Teilflächen hat das Grundbuchamt selbst durchzuführen; es kann dies nicht dem Antragsteller aufbürden.[1095] Diesem obliegt es nur, die Löschungsbewilligung der Berechtigten oder einen Nachweis für das Erlöschen der Dienstbarkeit beizubringen. § 1025 S. 1 BGB gilt nicht, wenn das herrschende Grundstück mit einem anderen Grundstück vereinigt war. Wird die Vereinigung später rückgängig gemacht, erlischt die (formale) Berechtigung an der Grunddienstbarkeit für das durch Vereinigung mit dem ursprünglich herrschenden Grundstück verbundenen Grundstück.[1096] Von diesem Eigentümer ist eine Löschungsbewilligung bei einer späteren Grundstücksteilung nicht erforderlich. 295

Aus dem **Fortbestehen der Belastung** zugunsten der einzelnen Teile des herrschenden Grundstücks folgt, dass grundsätzlich jeder Eigentümer eines Grundstücksteils die Befugnisse aus der Grunddienstbarkeit geltend machen und das Recht ausüben kann.[1097] Dies entspricht dem Grundsatz, dass grundbuchliche Maßnahmen keine Auswirkungen auf Grundstücksrechte haben.[1098]Das Grundbuchamt ist nicht verpflichtet, die Teilung 296

[1088] A. A. h. M., s. nur Soergel/*Stürner*, § 1024 Rn. 2, wie hier MünchKommBGB/*Joost*, § 1024 Rn. 3 u. Staudinger/*Mayer*, § 1024 Rn. 7 u. 9.

[1089] BGB-RGRK/*Rothe*, § 1024 Rn. 3.

[1090] So noch Bayer/Lindner/*Grziwotz*, Bayer. Nachbarrecht, S. 213; zum Streitstand s. Staudinger/*Mayer*, § 1024 Rn. 10.

[1091] Umstr., bejahend BGB-RGRK/*Rothe*, § 1024 Rn. 4 u. Soergel/*Stürner*, § 1024 Rn. 1; verneinend Palandt/*Bassenge*, § 1024 Rn. 2 u. Bamberger/Roth/*Wegmann*, § 1024 Rn. 5; differenzierend MünchKommBGB/*Joost*, § 1024 Rn. 3 u. wohl auch Staudinger/*Mayer*, § 1024 Rn. 10.

[1092] Vgl. Palandt/*Bassenge*, § 1024 Rn. 2.

[1093] Inzwischen ganz h. M., s. nur BayObLGZ 1962, 267; BayObLG, Rpfleger 1983, 434; BayObLG, NJW-RR 1990, 1043 = Rpfleger 1990, 354; *Böttcher*, Rpfleger 1989, 141; MünchKommBGB/*Joost*, § 1025 Rn. 2; Soergel/*Stürner*, § 1025 Rn. 1 u. Staudinger/*Mayer*, § 1025 Rn. 5. Vgl. auch LG Kassel, BeckRS 2009, 22005 = MittBayNot 2009, 377.

[1094] KG, NJW 1975, 697, 698 = DNotZ 1975, 161 = Rpfleger 1974, 431.

[1095] BayObLG, DNotZ 1997, 395 = Rpfleger 1997, 15.

[1096] BayObLGZ 2002, 372 = NJW-RR 2003, 451 = DNotZ 2003, 352 = FGPrax 2003, 10 = Rpfleger 2003, 241 = RNotZ 2003, 124 = ZfIR 2003, 238.

[1097] Vgl. BGB-RGRK/*Rothe*, § 1025 Rn. 2.

[1098] MünchKommBGB/*Joost*, § 1025 Rn. 1.

des herrschenden Grundstücks auf dem Blatt des belasteten Grundstücks zu vermerken.[1099]

297 Gehören die Teilflächen verschiedenen Personen, so bilden diese eine **Gemeinschaft nach den §§ 741 ff., 745 BGB**.[1100] Teilweise wird in der Literatur dagegen von einer modifizierten Gesamtberechtigung (§§ 428, 432 BGB) – jedenfalls im Außenverhältnis – ausgegangen.[1101] Umstritten ist ferner, ob Mehrheitsbeschlüsse (§ 745 I BGB) im Innenverhältnis erforderlich sind[1102] oder § 1024 BGB analog anwendbar ist.[1103] Die Berechtigten können sich unabhängig von diesem Meinungsstreit darüber einigen, in welcher Weise und in welchem Umfang jeder von ihnen die Grunddienstbarkeit ausüben darf. Treffen sie keine diesbezügliche Vereinbarung, bemessen sich ihre Anteile nach der Größe ihrer Grundstücksteile, für die die Grunddienstbarkeit noch zum Vorteil gereicht.[1104]

298 Die Ausübung darf durch die Teilung[1105] für den Eigentümer des dienenden Grundstücks **nicht beschwerlicher** werden. Die Frage, ob die nunmehrige Dienstbarkeitsausübung durch eine erhöhte Zahl von Berechtigten den Eigentümer des dienenden Grundstücks stärker als zuvor beschwert, beantwortet sich in erster Linie nach den Umständen, unter denen die Grunddienstbarkeit seinerzeit bestellt wurde. Grunddienstbarkeiten, deren Umfang von vornherein mengenmäßig beschränkt wurde (z. B. Begrenzung der auszubeutenden Bodenschätze), sind von den nunmehrigen Berechtigten verhältnismäßig auszuüben.[1106] Wird von den Berechtigten diese Ausübungsgrenze nicht eingehalten, so stehen dem Dienstbarkeitsverpflichteten die Abwehrrechte aus § 1004 BGB zu.[1107] Aus dem ursprünglichen Inhalt der Grunddienstbarkeit kann sich aber auch ergeben, dass der Eigentümer des belasteten Grundstücks die durch die Teilung eintretende Erschwerung hinnehmen muss. Dies ist dann der Fall, wenn sich das Maß der Ausübung nach den jeweiligen Bedürfnissen der einzelnen Teilgrundstücke richten soll (z. B. Wegerecht zugunsten eines zur späteren Parzellierung vorgesehenen Baugrundstücks).[1108] Insbesondere sind Mehrbelastungen hinzunehmen, die sich aus entwicklungsbedingten Veränderungen ergeben, und deren Eintritt von der Teilung des Grundstücks unabhängig ist.

299 Die **Unterhaltungspflicht** aus §§ 1020 S. 2, 1021 I 2 BGB trifft jeden Eigentümer der Teilgrundstücke. Diese haften hierfür als Gesamtschuldner gemäß §§ 421 ff. BGB, nicht nur anteilig.[1109] Eine nur anteilsmäßige Haftung würde die Rechtsstellung des Eigentümers des dienenden Grundstücks unangemessen erschweren. Ist gemäß §§ 1021 I 1, 1022 BGB der Eigentümer des belasteten Grundstücks unterhaltungspflichtig, so kann jeder Eigentümer der Teilflächen den Anspruch für alle Gemeinschafter geltend machen.[1110]

300 Die Dienstbarkeit erlischt kraft Gesetzes gemäß § 1025 S. 2 BGB für die übrigen Teile, wenn sie **nur einem Teil zum Vorteil gereicht**. Da das Erlöschen mit der Teilung, d. h.

[1099] BGH, DNotZ 2008, 528 = NJW-RR 2008, 827 = MDR 2008, 497 = NotBZ 2008, 149; BayObLGZ 1995, 153 = DNotZ 1996, 214 = MittBayNot 1995, 286 = Rpfleger 1997, 15; OLG Frankfurt/M., BeckRS 2011, 25385; a. A. Schöner/*Stöber*, Grundbuchrecht, Rn. 1166 u. Staudinger/*Mayer*, § 1025 Rn. 6.

[1100] BayObLG, NJW-RR 1990, 1043 = DNotZ 1991, 600 = Rpfleger 1990, 354; BGH, NJW 2008, 3703 = MDR 2009, 18; Palandt/*Bassenge*, § 1025 Rn. 1 u. Soergel/*Stürner*, § 1025 Rn. 1. Zur Eintragung „als Berechtigte analog §§ 1024, 1025 BGB" s. LG Kassel, BeckRS 2009, 22005 = MittBayNot 2009, 377 u. OLG Frankfurt/M., BeckRS 2011, 12953.

[1101] So wohl *Adamczyk*, MittRhNotK 1998, 105, 108 u. auch *Böttcher*, Rpfleger 1989, 133, 141.

[1102] So Palandt/*Bassenge*, § 1025 Rn. 1 u. Soergel/*Stürner*, § 1025 Rn. 1.

[1103] So MünchKommBGB/*Joost*, § 1025 Rn. 2 sowie ihm folgend NK-BGB/*Otto*, § 1025 Rn. 11 u. Staudinger/*Mayer*, § 1025 Rn. 5.

[1104] Vgl. auch BGB-RGRK/*Rothe*, § 1025 Rn. 3; PWW/*Eickmann*, § 1025 Rn. 3 u. Soergel/*Stürner*, § 1025 Rn. 1.

[1105] Die Bestellung eines Erbbaurechts soll nach OLG Hamm, Rpfleger 1980, 225 keine Teilung im Sinne von § 1025 BGB darstellen und dieser auch nicht gleichzusetzen sein.

[1106] Ebenso BGB-RGRK/*Rothe*, § 1025 Rn. 2.

[1107] Soergel/*Stürner*, § 1025 Rn. 1.

[1108] RGZ 169, 180, 185; vgl. auch BGB-RGRK/*Rothe*, § 1025 Rn. 3.

[1109] S. nur Soergel/*Stürner*, § 1025 Rn. 3.

[1110] Analog §§ 428, 432 BGB; vgl. nur BGB-RGRK/*Rothe*, § 1025 Rn. 5.

mit ihrer Eintragung im Grundbuch, nicht jedoch schon mit der katastermäßigen Fortschreibung eintritt, bedarf es keiner Eintragung des Erlöschens in das Grundbuch.[1111] Die Berichtigung des Grundbuchs erfolgt nach §§ 894 BGB, 22 GBO[1112] durch Bewilligung oder Unrichtigkeitsnachweis. Wird die Bewilligung nicht freiwillig abgegeben, so ist Klage zu erheben. Der Unrichtigkeitsnachweis kann auch durch Bescheinigung des Vermessungsamtes geführt werden, wenn dieses bestätigt, dass die abzuschreibende Fläche von der Grunddienstbarkeit nicht betroffen ist.[1113] Dies ist insbesondere möglich, wenn sich ein Überbau nur auf einem der durch die Teilung entstandenen Trenngrundstücke befindet. Die Löschung erfolgt nur auf Antrag, nicht von Amts wegen. Wird kein Antrag gestellt, so sind die Grundstücksteile mit dem Recht abzuschreiben.

Ob ein **Vorteil für ein Trenngrundstück** fortbesteht, bestimmt sich nach allgemeinen 301
Grundsätzen. Auch künftige Vorteile können für das herrschende Grundstück ausreichen, sofern mit einer entsprechenden Entwicklung bei regelmäßigem Verlauf der Dinge zu rechnen ist.[1114] Bei Erlöschen der Dienstbarkeit auf abgeschriebenen Teilflächen trifft die Unterhaltungspflicht nur mehr den Eigentümer des berechtigt bleibenden Grundstücks.[1115]

Die Bestimmung in § 1025 S. 2 BGB ist **zwingender Natur** ähnlich § 1019 BGB. Die 302
Parteien unter Einschluss des Eigentümers können jedoch im Rahmen der gesetzlichen Grenzen des Vorteilsbegriffs vereinbaren, für welchen Teil des herrschenden Grundstücks der Vorteil fortbesteht,[1116] falls diesbezüglich Unklarheit herrscht. Ob für ein Teilgrundstück noch ein Vorteil gegeben ist, wird sich vielfach nicht eindeutig entscheiden lassen.[1117] Insoweit ist den Beteiligten eine selbstbestimmte Entscheidung möglich; ein Richter wird die Frage der Nützlichkeit kaum objektiv richtiger entscheiden können.

b) Teilung des dienenden Grundstücks (§ 1026 BGB)

Wird das belastete Grundstück in reale Teile geteilt, so ist jedes Teilgrundstück mit der 303
Grunddienstbarkeit belastet.[1118] Strittig ist, ob es sich um eine Gesamtbelastung der Teilgrundstücke oder um eine Trennung in mehrere selbständige Grunddienstbarkeiten handelt.[1119] Nach h. M.[1120] handelt es sich um eine einheitliche Dienstbarkeit in Form eines Gesamtrechts. Die Grunddienstbarkeit ist unabhängig von dieser Streitfrage bei einer Teilung des dienenden Grundstücks grundsätzlich auf die einzelnen Teilgrundstücke mitzuübertragen.[1121]

Eine **Unterhaltungspflicht** und ein Unterhaltungsanspruch, die bisher den Allein- 304
eigentümer betrafen, treffen nunmehr grundsätzlich alle Eigentümer.[1122]

Die Dienstbarkeit erlischt kraft Gesetzes an den Teilen des Grundstücks, die **außerhalb** 305
des Ausübungsbereiches liegen. Die dadurch für den Berechtigten eintretende Verschlechterung seiner Rechtsposition bei einer Zwangsversteigerung des dienenden Grundstücks, das durch das Freiwerden einer Teilfläche des ursprünglichen Belastungs-

[1111] MünchKommBGB/*Joost*, § 1025 Rn. 5.
[1112] Vgl. § 9 GBO. S. auch OLG Celle, BeckRS 2010, 11048 = FGPrax 2010, 224 = ZfIR 2010, 515.
[1113] LG Landshut, MittBayNot 1978, 215; vgl. auch BayObLGZ 1954, 286, 295.
[1114] MünchKommBGB/*Joost*, § 1025 Rn. 6.
[1115] Ebenso Palandt/*Bassenge*, § 1025 Rn. 2.
[1116] A. A. MünchKommBGB/*Joost*, § 1025 Rn. 6; wie hier auch NK-BGB/*Otto*, § 1025 Rn. 13.
[1117] Dies verkennt MünchKommBGB/*Joost*, § 1025 Rn. 6.
[1118] BayObLG, DNotZ 1984, 565 = Rpfleger 1983, 143 = MittBayNot 1983, 168; vgl. auch BayObLGZ 1988, 102 = NJW-RR 1988, 420 zu einer Realservitut.
[1119] Vgl. nur MünchKommBGB/*Joost* § 1026 Rn. 1 m. w. Nachw.
[1120] BayObLG, DNotZ 1984, 565 = Rpfleger 1983, 143 = MittBayNot 1983, 168; BayObLG, NJW 1996, 397; BayObLG, NJW-RR 2002, 952 (LS) = MittBayNot 2002, 288 = NotBZ 2002, 265 = ZfIR 2002, 906; a. A. noch *Böttcher*, Rpfleger1989, 133, 140 u. *Haegele*, Rpfleger 1969, 266; offen BGB, NJW-RR 1999, 166 = NZM 1999, 44 = MDR 1999, 88 = Rpfleger 1999, 65 = MittBayNot 1999, 62 = ZfIR 1999, 51.
[1121] S. nur BayObLG, DNotZ 1984, 565 = Rpfleger 1983, 143 = MittBayNot 1983, 168.
[1122] Str., s. nur Palandt/*Bassenge*, § 1026 Rn. 1.

gegenstandes an Wert verliert, so dass auch der Erlösanteil nach § 92 ZVG geringer wird, muss hingenommen werden.[1123]

306 Die Dienstbarkeit erlischt auf den abgeschriebenen Teilflächen, wenn sie aufgrund rechtsgeschäftlicher Vereinbarung oder nach ihrer Art dort auf Dauer nicht ausgeübt werden kann.[1124] Dies ist der Fall, wenn nach dem Inhalt der Dienstbarkeit oder aufgrund Festlegung der Ausübungsstelle eine rechtliche und nicht nur tatsächliche Beschränkung der Ausübung besteht. Gleiches gilt bei der dauernden Unmöglichkeit der Ausübung an einer anderen Stelle als der derzeitigen,[1125] sofern sich die Begrenzung aus dem Wesen der Dienstbarkeit ergibt.[1126] Entsprechend ist § 1026 BGB anwendbar, wenn mehrere Ausübungsmöglichkeiten vereinbart waren, aber später durch tatsächliches Handeln eine Konkretisierung eintritt.[1127] Ist jedoch die Ausübung nur gegenwärtig beschränkt[1128] oder ist eine Änderung des Ausübungsbereichs möglich, so ist eine **lastenfreie Abschreibung** nicht zulässig.[1129] Für die Abschreibung ohne Zustimmung des Berechtigten muss auch in Zukunft ausgeschlossen sein, dass eine Ausübung auf der abzuschreibenden Teilfläche erfolgen kann.[1130] Dabei sind die zum Zeitpunkt der Abschreibung gegebenen Verhältnisse maßgebend.[1131] Die Möglichkeit eines künftigen Verlegungsanspruches gemäß § 1023 BGB steht deshalb einem Erlöschen nicht entgegen.[1132]

307 Der **Nachweis des Nichtbetroffenseins** kann z. B. durch eine Bescheinigung des Vermessungsamtes[1133] oder durch ein so genanntes landesrechtliches Unschädlichkeitszeugnis[1134] erfolgen. Das Unschädlichkeitszeugnis, das auf Antrag von dem Grundbuchamt, dem Amtsgericht oder der Katasterbehörde erteilt wird, bei dem das Grundbuch für das belastete Grundstück geführt wird,[1135] soll die Zustimmung des Dienstbarkeitsberechtigten unter bestimmten Voraussetzungen ersetzen. Trotz der Vorschrift des § 1026 BGB hat

---

1123 KG, NJW 1969, 470, 471 = OLGZ 1969, 216 = MittBayNot 1969, 23 u. BGB-RGRK/*Rothe*, § 1027 Rn. 1.

1124 BGH, NJW 2002, 3021 = DNotZ 2002, 721 = EWiR 2002, 949 = MDR 2002, 1000 = Rpfleger 2002, 511 = WM 2002, 2426 = ZfIR 2002, 545; BayObLGZ 1985, 31, 34 = DNotZ 1986, 148 = Rpfleger 1985, 186; BayObLG, NJW-RR 1987, 1101 = Rpfleger 1987, 451; BayObLGZ 1988, 102, 107 = DNotZ 1989, 164; BayObLG, MittBayNot 1994, 318, 319; BayObLG, NJW-RR 1996, 397, 398; BayObLG, DNotZ 2004, 388 = NJOZ 2004, 942 = NotBZ 2004, 70 u. OLG München, BeckRS 2012, 02581 = DNotZ 2012, 377 = NotBZ 2012, 114.

1125 Vgl. Staudinger/*Mayer*, § 1026 Rn. 6; NK-BGB/*Otto*, § 1026 Rn. 7.

1126 Vgl. *Grziwotz*, EWiR 2002, 949, 950.

1127 Vgl. BGH, NJW 2002, 3021 = DNotZ 2002, 721 = EWiR 2002, 949 = MDR 2002, 1000 = Rpfleger 2002, 511 = WM 2002, 2426 = ZfIR 2002, 545.

1128 Vgl. LG Chemnitz, RdE 1999, 242.

1129 S. nur KG, NJW 1969, 470 = OLGZ 1969, 216 = MittBayNot 1969, 23. Zur Eintragung eines Amtswiderspruchs gegen eine unzutreffende Löschung OLG München, BeckRS 2010, 07242.

1130 S. nur MünchKommBGB/*Joost*, § 1026 Rn. 2.

1131 S. zur Beweislast BGH, NJW 1984, 294.

1132 Ebenso BayObLGZ 1954, 286, 294 u. KG, NJW 1969, 470 = OLGZ 1969, 216; BGB-RGRK/*Rothe*, § 1026 Rn. 2 u. Soergel/*Stürner*, § 1026 Rn 3 u. Staudinger/*Mayer*, § 1026 Rn. 8; a. A. nur *Opitz*, Rpfleger 2000, 367, 369.

1133 S. nur BayObLG, DNotZ 2004, 388 = NJOZ 2004, 942 = NotBZ 2004, 70 = Rpfleger 2004, 280; LG Landshut, MittBayNot 1978, 205; LG Kassel, BeckRS 2008, 17024 = Rpfleger 2007, 464; VG Saarlouis, BeckRS 2011, 53869; s. aber auch OLG Hamm, FGPrax 2000, 54 = Rpfleger 2000, 157 = ZMR 2000, 249 zum möglichen Inhalt einer diesbezüglichen Bestätigung (Ver- und Entsorgungsleitungen). Zum Nachweiserfordernis OLG München, NJW-RR 2010, 1025 = NotBZ 2010, 63.

1134 § 22 AGBGB BW; Art. 1, 2a, 5 II BayUnschZG; § 20 BbgAGBGB; § 27 HVGG; § 1 NdsUnschZG; § 1 G üb Unschädlichkeitszeugnisse NRW; § 1 G Nr. 842 üb Unschädlichkeitszeugnisse Saarl.; § 46 SächsJG; § 1 G üb Unschädlichkeitszeugnisse im Grundstücksverkehr LSA; § 14 AGBGB SchlH; § 28 ThürVermGeoG; vgl. *Thomas/Schlüter*, VIZ 1998, 183 ff.; *Wudy*, NotBZ 1998, 132 ff. u. 178 ff.; s. ferner *Panz*, BWNotZ 1998, 16 ff.

1135 § 26 II AGBGB BW (Grundbuchamt); Art. 5 BayUnschZG (Amtsgericht); § 26 BbgAGBGB (Katasterbehörde); § 30 HVGG (Kataster- und Vermessungsbehörde); § 5 NdsUnschZG (Katasteramt); § 8 G üb Unschädlichkeitszeugnis NRW (Katasterbehörde); § 4 G Nr. 842 üb Unschädlichkeitszeugnisse Saarl. (Landesamt für Kataster-, Vermessungs- und Kartenwesen); § 47 SächsJG (Amtsgericht); § 18 AGBGB SchlH (Katasteramt); § 5 G üb Unschädlichkeitszeugnisse im Grundstücksverkehr LSA (Landesamt für Vermessung und Geoinformation); § 31 ThürVermGeoG (Kataster- u. Vermessungsbehörde).

dieses Verfahren praktische Bedeutung, wenn die Voraussetzungen des § 1026 BGB nicht in grundbuchmäßiger Form nachweisbar sind. Im Verfahren zur Erteilung des Unschädlichkeitszeugnisses sind dagegen alle Ermittlungen und Beweismittel zulässig und geboten (§ 26 FamFG).[1136] Eine Bewilligung des Berechtigten in der Form des § 29 GBO ist nämlich dann nicht erforderlich.[1137] Hierzu gestatten die landesrechtlich unterschiedlichen Vorschriften über das Unschädlichkeitszeugnis die Freistellung von Grunddienstbarkeiten, soweit die Unschädlichkeit ohne die Notwendigkeit einer Wertausgleichung mit Sicherheit festgestellt werden kann bzw. die Rechtsänderung für die Berechtigten unschädlich ist.[1138] Diese Voraussetzung ist gegeben, wenn das Trenngrundstück außerhalb des räumlichen Ausübungsbereichs der Dienstbarkeit liegt. In diesem Fall wäre zwar auch der Nachweis aufgrund einer Bewilligung des Betroffenen möglich; dies ist häufig aber schwierig und mit erheblichen Kosten verbunden.[1139] Ist der Ausübungsbereich der Dienstbarkeit betroffen, kann in Ausnahmefällen eine Unschädlichkeit zu bejahen sein, wenn die geplante Verwendung der abgeschriebenen Teilfläche dem Berechtigten die gleichen Nutzungsmöglichkeiten gewährt wie die Ausübung der Dienstbarkeit. Dies ist dann der Fall, wenn eine Teilfläche eines Grundstücks, die mit einem Wegerecht belastet ist, für den Straßenbau Verwendung finden soll.[1140]

Gemäß § 46 II GBO erfolgt **keine grundbuchmäßige Mitübertragung** der Grunddienstbarkeit, wenn feststeht, dass der abzuschreibende Teil des Grundstücks außerhalb des Ausübungsbereichs der Dienstbarkeit liegt, und zwar auch dann nicht, wenn eine Mitübertragung durch die Beteiligten beantragt wurde.[1141] Da das Freiwerden materiellrechtlich kraft Gesetzes eintritt, handelt es sich um einen Fall der Grundbuchberichtigung. Eine Mitübertragung macht deshalb das Grundbuch unrichtig.[1142] Ist die Grunddienstbarkeit mitübertragen worden, so erfolgt eine Berichtigung nach §§ 894 BGB, 22 GBO, wobei die Bewilligung des Dienstbarkeitsberechtigten durch ein Urteil gemäß § 894 ZPO ersetzt werden kann.[1143] 308

Die **Unterhaltungspflicht** für Anlagen erlischt für die Eigentümer derjenigen Grundstücksteile, die aufgrund des § 1026 BGB von der Grunddienstbarkeit frei werden.[1144] Ebenso endet die Haftung in der Zwangsversteigerung (§ 92 ZVG) dieser Trenngrundstücke für die am belasteten Grundstücksteil bestehen bleibende Grunddienstbarkeit.[1145] Dieses Ergebnis ist auch nicht unbillig, da diese Grundstücksteile von der Dienstbarkeit keinen Vorteil hatten. 309

§ 1026 BGB gilt entsprechend, wenn **gleichartig belastete Grundstücke vereinigt** werden (z. B. mehrere Dienstbarkeiten an verschiedenen Grundstücken für die gleiche Stromleitung). In diesem Fall entsteht dann am neuen (vereinigten) Grundstück ein einheitliches Recht.[1146] 310

[1136] Schöner/*Stöber*, Grundbuchrecht, Rn. 742.

[1137] § 25 I AGBGB BW; § 25 I BbgAGBGB; § 28 HVGG; § 4 I NdsUnschZG; § 6 G üb Unschädlichkeitszeugnisse NRW; § 1 IIa Nr. 842 üb Unschädlichkeitszeugnisse Saarl.; § 52 II SächsJG; § 15 AGBGB SchlH; § 4 G üb Unschädlichkeitszeugnisse im Grundstücksverkehr LSA; § 28 III ThürVermGeoG.

[1138] § 22 AGBGB BW; Art. 1 S. 1 BayUnschZG; § 21 BbgAGBGB; § 28 HVGG; § 1 NdsUnschZG; § 2 G üb Unschädlichkeitszeugnisse NRW; § 2 G Nr. 842 üb Unschädlichkeitszeugnisse Saarl.; § 48 SächsJG; § 2 G üb Unschädlichkeitszeugnisse im Grundstücksverkehr LSA; § 29 ThürVermGeoG.

[1139] Vgl. auch LG Augsburg, MittBayNot 1979, 116, 118.

[1140] Vgl. BayObLG, MittBayNot 1981, 136 u. LG Hof, MittBayNot 1964, 53.

[1141] BayObLGZ 1954, 286, 291 = MittBayNot 1955, 68; BayObLG, DNotZ 1984, 565 = Rpfleger 1983, 143; a. A. Schöner/*Stöber*, Grundbuchrecht, Rn. 1189 (Mitübertragung und anschließende Löschung wegen Gegenstandslosigkeit); krit. auch *Opitz*, Rpfleger 2000, 367 ff.

[1142] Bauer/von Oefele/*Knothe*, GBO, § 46 Rn. 16.

[1143] KG, NJW 1969, 470.

[1144] So bereits KG, JW 1934, 3142; ebenso MünchKommBGB/*Joost*, § 1026 Rn. 4; BGB-RGRK/*Rothe*, § 1026 Rn. 4 u. Staudinger/*Mayer*, § 1026 Rn. 11; NK-BGB/*Otto*, § 1026 Rn. 10; a. A. Bamberger/Roth/*Wegmann*, § 1026 Rn. 7 (unberechtigte Verwertungssicherheitsreduzierung) u. krit. *Amann*, DNotZ 1982, 396, 403.

[1145] S. nur Soergel/*Stürner*, § 1026 Rn. 5.

[1146] Vgl. BayObLG, MittBayNot 1977, 188.

8. Übertragung und Belastung

311 Die Grunddienstbarkeit kann, da sie als subjektiv-dingliches Recht **Bestandteil des herrschenden Grundstücks** ist, nur zusammen mit diesem übertragen werden.[1147] Eine Übertragung auf ein anderes Grundstück des Berechtigten oder auf das Grundstück eines Dritten ist daher nicht möglich. Dies gilt auch hinsichtlich der Abtretung der Grunddienstbarkeit vom Eigentümer das herrschenden Grundstücks an den jeweiligen Berechtigten eines Erbbaurechts, das am herrschenden Grundstück bestellt ist.[1148] Dagegen soll beim Erlöschen des Erbbaurechts ein zugunsten dieses Erbbaurechts als Grunddienstbarkeit bestelltes Wege- und Leitungsrecht gemäß § 12 III ErbbauRG auf das Erbbaugrundstück als herrschendes Grundstück übergehen.[1149] Die Unzulässigkeit der Übertragung kann auch nicht dadurch umgangen werden, dass das herrschende Grundstück mit einem anderen Grundstück vereinigt und das neu entstandene Grundstück dann wieder geteilt wird. Die Dienstbarkeit bleibt allein mit dem ursprünglich herrschenden Grundstück verbunden.[1150]

312 Zulässig ist jedoch die schuldrechtliche **Überlassung der Ausübung**.[1151] Voraussetzung ist jedoch, dass gleichzeitig das Recht zur Benutzung des herrschenden Grundstücks eingeräumt wird.[1152] Ohne dieses Nutzungsrecht ist eine Ausübungsübertragung unzulässig.[1153]

Eine Grunddienstbarkeit kann in eine beschränkte persönliche Dienstbarkeit nur durch Aufhebung und Neubestellung (§§ 873, 875 BGB) umgewandelt werden.[1154] Eine vertragliche Inhaltsänderung genügt nicht. Jedoch ist eine Umdeutung bei Vorliegen der erforderlichen Voraussetzungen möglich.

313 Die Grunddienstbarkeit geht automatisch **mit dem herrschenden Grundstück** auf den Rechtsnachfolger über. Dies gilt auch, wenn ein wirksam bestelltes Anwartschaftsrecht bezüglich einer Grunddienstbarkeit besteht.[1155] Hierzu ist entweder die Beurkundung der Erklärungen beider Vertragsteile, ihre Einreichung beim Grundbuchamt oder die Aushändigung einer Bewilligung in grundbuchmäßiger, d.h. notarieller Form an den Dienstbarkeitsberechtigten erforderlich (§ 873 II BGB). Der mit dem Eigentumserwerb am herrschenden Grundstück eintretende Übergang des Anwartschaftsrechts führt dazu, dass der Erwerber berechtigt ist, die Eintragung der Grunddienstbarkeit im Grundbuch zu beantragen.[1156] Der schuldrechtliche Anspruch auf Bestellung einer Grunddienstbarkeit kann nur gemeinsam mit dem (künftigen) herrschenden Grundstück übertragen werden. Im Übrigen ist er nicht übertragbar.[1157]

314 Die Belastung einer Grunddienstbarkeit ist nicht möglich (§§ 1069 II, 1274 II BGB).[1158] Jedoch erstreckt sich ein das herrschende Grundstück als solches belastendes Benutzungsrecht, wenn es seinem Inhalt nach die Ausübung der Dienstbarkeit mitumfasst, auch auf

---

[1147] §§ 93, 96, 873, 925 BGB; vgl. BayObLG, MittBayNot 1979, 163. Zur beschränkten Übertragbarkeit beschränkter persönlicher Dienstbarkeiten s. § 1092 II u. III BGB (vgl. *Bassenge*, NJW 1996, 2777 ff.).

[1148] OLG Hamm, OLGZ 1980, 270 = Rpfleger 1980, 225; vgl. auch BayObLGZ 2002, 372 = NJW-RR 2003, 451 = DNotZ 2003, 352 = FGPrax 2003, 10 = Rpfleger 2003, 241 = NotBZ 2003, 275 = RNotZ 2003, 124 = ZfIR 2003, 238.

[1149] So BGH, BeckRS 2012, 06325 = ZfIR 2012, 429 mit krit. Anm. *Grziwotz*.

[1150] BayObLGZ 2002, 372 = NJW-RR 2003, 451 = DNotZ 2003, 352 = FGPrax 2003, 10 = Rpfleger 2003, 241 = NotBZ 2003, 275 = RNotZ 2003, 124 = ZfIR 2003, 238.

[1151] S. nur BGB-RGRK/*Rothe*, § 1018 Rn. 34. Davon zu unterscheiden ist die auf bestimmte nutzungsbefugte Personen beschränkte Berechtigung (LG Aachen, MittRhNotK 1997, 363 für Kunden des Gewerbebetriebs).

[1152] Vgl. MünchKommBGB/*Joost*, § 1018 Rn. 64.

[1153] Vgl. OLG Frankfurt/M., MittBayNot 2003, 383 u. LG Memmingen, MDR 2000, 329.

[1154] LG Zweibrücken, Rpfleger 1975, 248 u. OLG Hamm, Rpfleger 1985, 448.

[1155] OLG Hamburg, NJW-RR 1990, 1297.

[1156] OLG Köln, OLGZ 1968, 453, 454.

[1157] Vgl. zur entsprechenden Rechtslage bei der beschränkten persönlichen Dienstbarkeit *Bassenge*, NJW 1996, 2777, 2778; wohl weitergehend BGH, NJW 2010, 1074 = NZM 2010, 212 = ZfIR 2010, 97.

[1158] S. nur Soergel/*Stürner*, § 1018 Rn. 44.

diese.[1159] Denkbar ist dies für einen Nießbrauch und eine Dienstbarkeit. Allerdings kommt es auf die Ausgestaltung dieses Rechts am herrschenden Grundstück an. Beispiel ist ein Kfz-Stellplatzrecht an einem Parkplatzgrundstück mit mehreren Abstellplätzen, für das seinerseits ein Wegerecht an einem dritten Grundstück in Form einer Grunddienstbarkeit besteht. Jedoch darf die Bestellung einer Grunddienstbarkeit am herrschenden Grundstück nicht dazu führen, dass die zu seinen Gunsten an einem dritten Grundstück eingetragene Grunddienstbarkeit gleichsam übertragen wird. Eine **„Berechtigungsübertragung"** durch Bestellung einer Dienstbarkeit am herrschenden Grundstück mit dem Recht, die Berechtigung (teilweise) auszuüben, ist unzulässig.[1160] Sowohl der Inhalt der ursprünglichen Grunddienstbarkeit als auch ihr Umfang können durch ein Nutzungsrecht am herrschenden Grundstück nämlich nicht verändert werden.[1161]

9. Beeinträchtigung (§§ 1027, 1029 BGB)

a) Rechtsschutz des Dienstbarkeitsberechtigten

Wird die Grunddienstbarkeit beeinträchtigt, so stehen dem Berechtigten zum Schutz 315
der ungestörten Ausübung seines Rechts die in § 1004 BGB genannten Ansprüche zu. Beeinträchtigung ist dabei jede rechtswidrige **Behinderung der Benutzung**, z. B. durch nachrangige Berechtigte[1162] oder durch die Vornahme zu unterlassender Handlungen. Beispiele sind die Errichtung eines Gebäudes trotz eines Bauverbots, das Nichteinhalten eines Grenzabstandes, die Verengung einer Zufahrt, Drohungen für den Fall der Ausübung der Dienstbarkeit und das Parken bei einem Wegerecht. Eine Beeinträchtigung kann auch durch Einwirkungen auf den Zustand des Grundstücks und dort befindlichen Anlagen erfolgen. Aber nicht nur tatsächliche Behinderungen stellen eine Störung dar. Auch das ständige Bestreiten des Rechts und rechtsgeschäftliche Verfügungen über das Grundstück können Abwehransprüche begründen.[1163] Beispiel ist der Abschluss eines Pachtvertrages bei einem Recht, das zur Entnahme von Bodenbestandteilen berechtigt. Nicht ausreichend ist dagegen die bloße Befürchtung künftiger Störungen.[1164] Auch eine Mitnützung durch den Eigentümer führt, wenn sie nicht untersagt ist, zu keiner Beeinträchtigung i. S. von § 1027 BGB. Auf das Verschulden des Beeinträchtigenden kommt es nicht an; objektive Widerrechtlichkeit ist ausreichend.[1165]

Der Eigentümer des herrschenden Grundstücks, der klageberechtigt ist, hat folgende 316
Ansprüche gegen den Störer, wobei ihn die Beweislast[1166] trifft:

aa) Beseitigung oder Unterlassung der Störung nach § 1004 BGB 317

Dieser Anspruch gibt dem Dienstbarkeitsberechtigten gegen den Störer einen Anspruch auf Beseitigung einer fortwirkenden Störungsquelle. Demgegenüber ist der Unterlassungsanspruch bereits gegeben, wenn die Beeinträchtigung unmittelbar und konkret bevorsteht.[1167] Beide Ansprüche sind verschuldensunabhängig. Die Vollstreckung erfolgt, wenn das Urteil auf ein Tun gerichtet ist, nach §§ 887, 888 ZPO.[1168] Wenn es den Ausspruch enthält, eine Handlung zu unterlassen oder die Vornahme einer Hand-

---

[1159] BGB-RGRK/*Rothe*, § 1018 Rn. 34; MünchKommBGB/*Joost*, § 1018 Rn. 64 u. Soergel/*Stürner*, § 108 Rn. 44.

[1160] Vgl. OLG Hamm, DNotZ 2008, 612 = FGPrax 2008, 146 = NJW-RR 2008, 1609 = RNotZ 2008, 292; vgl. OLG Koblenz, OLGZ 1992, 347.

[1161] Vgl. MünchKommBGB/*Joost*, § 1018 Rn. 64.

[1162] OLG Hamm, Rpfleger 1981, 105.

[1163] Vgl. LG Magdeburg, BeckRS 2010, 28525 u. NK-BGB/*Otto*, § 1027 Rn. 5.

[1164] MünchKommBGB/*Joost*, § 1027 Rn. 3.

[1165] So bereits RGZ 51, 408, 411.

[1166] S. nur Staudinger/*Mayer*, § 1027 Rn. 17.

[1167] Vgl. BGH, WM 1967, 582. Zur Anwendung des § 226 BGB s. OLG Düsseldorf, NJW-RR 2001, 162 = DWW 2001, 62 = ZMR 2001, 22.

[1168] Zur Vollstreckungsunterwerfung s. *Wolfsteiner,* Die vollstreckbare Urkunde, 3. Aufl. 2011, Rn. 27.8 ff.

lung zu dulden, wird es nach § 890 ZPO durchgesetzt. Ob ein Tun oder Unterlassen zu erfolgen hat, ist durch Auslegung des Urteils zu ermitteln.[1169]

318 bb) Besitzschutz nach §§ 858 ff. BGB, wenn der Berechtigte in seinem Sachbesitz gestört wird.[1170]

319 cc) Schadenersatz nach § 823 I, II BGB.[1171] Die Dienstbarkeit ist ein sonstiges Recht im Sinne von § 823 I BGB. Ferner sind die §§ 1004, 1027 BGB Schutzgesetze i. S. von § 823 S. 2 BGB.[1172] Beide Anspruchsgrundlagen setzen ein Verschulden voraus. Ausnahmsweise bedarf es keines Verschuldens, wenn eine Störung von einer genehmigten Anlage ausgeht und ein Spezialgesetz eine Entschädigung ohne Verschulden gewährt (z. B. § 30 III WHG, § 14 S. 2 BImSchG).

320 dd) Schadenersatz wegen Verletzung einer Pflicht aus einem gesetzlichen Schuldverhältnis (§ 280 BGB, frühere positive Vertragsverletzung), wenn der Eigentümer des belasteten Grundstücks selbst stört.[1173]

321 ee) Geldrente entsprechend § 912 II BGB, wenn die Ansprüche aus § 1004 BGB entsprechend § 912 I BGB ausgeschlossen sind. Dies liegt z. B. vor, wenn ein entschuldigter Überbau die Grunddienstbarkeit beeinträchtigt.[1174]

322 **Anspruchsberechtigt** nach § 1027 BGB ist der Eigentümer des herrschenden Grundstücks. Bei Miteigentümern kann jeder den Anspruch geltend machen (§ 1011 BGB). Neben dem Eigentümer sind der Erbbauberechtigte, falls für das Erbbaurecht die Dienstbarkeit bestellt wurde, der Nießbraucher und der Dienstbarkeitsberechtigte aktiv legitimiert. Der Erwerber des herrschenden Grundstücks ist dies nach Übergang von Besitz, Nutzen und Lasten. An die Stelle der dinglich Berechtigten treten der Insolvenzverwalter, der Zwangsverwalter und der Testamentsvollstrecker. Nicht Anspruchsinhaber sind Pächter, Mieter und sonstige schuldrechtliche Nutzungsberechtigte; sie genießen nur Besitzschutz (§ 1029 BGB). Grundpfandrechtsgläubigern stehen die Rechte aus den §§ 1133 ff. BGB zu. Passiv legitimiert sind der Eigentümer des dienenden Grundstücks und Dritte, falls diese Störer sind (z. B. Mieter und Pächter).[1175] Mehrere Miteigentümer sind gemeinsam in Anspruch zu nehmen, auch wenn die Beeinträchtigung nur von einem Miteigentümer ausgeht.[1176] Es handelt sich regelmäßig um einfache Streitgenossen.[1177] Hinsichtlich der Verjährung des Anspruchs auf Beseitigung ist zwischen der bloßen Störung in der Ausübung des Rechts und Ansprüchen, die der Verwirklichung des eingetragenen Rechts selbst dienen, zu unterscheiden. Im ersten Fall kann der Anspruch gegen die konkrete Störung verjähren. Der Berechtigte kann allerdings trotz der Möglichkeit der Verjährung die Störung, wenn sie durch den Nachbarn auf seinem eigenen Grundstück erfolgt, selbst beseitigen. Die Verjährung führt insoweit somit nicht zu einem Rechtsverlust insgesamt, sondern lediglich zur Änderung der Kostentragungspflicht zu Lasten des Berechtigten, dessen aktueller Beseitigungsanspruch verjährt ist.[1178] Demgegenüber unterliegt der Anspruch eines Dienstbarkeitsberechtigten auf Beseitigung der Beeinträchtigung seines Rechts nicht der Verjährung, wenn es um die Verwirklichung des Rechts selbst und nicht nur um eine Störung in der Ausübung geht.

[1169] Vgl. *Wieser*, BGB, § 1004 Rn. 25. Zur Bestimmtheit des Titels vgl. OLG Düsseldorf, NJW-RR 1999, 791 = Rpfleger 1998, 530 = MDR 1998, 1431 (teilw. abw. NK-BGB/*Otto*, § 1027 Rn. 10).

[1170] Vgl. Rn. 323 ff.

[1171] S. nur OLG Düsseldorf, RdE 1998, 201 u. NK-BGB/*Otto*, § 1027 Rn. 11.

[1172] BGB-RGRK/*Rothe*, § 1027 Rn. 5 u. Soergel/*Stürner*, § 1027 Rn. 4; zweifelnd MünchKommBGB/*Joost*, § 1027 Rn. 10.

[1173] Palandt/*Bassenge*, § 1027 Rn. 2.

[1174] Zur Verjährung s. BGHZ 60, 235, 237.

[1175] S. auch BGH, WM 1966, 1300.

[1176] AG Solingen, DWW 2000, 130.

[1177] LG Wuppertal, DWW 2001, 28 mit Hinweis auf die ausnahmsweise gegebene notwendige Streitgenossenschaft.

[1178] S. nur BGHZ 187, 185 = DNotZ 2011, 281 = NJW 2011, 518 = JR 2011, 527 = NotBZ 2011, 92 = ZfIR 2011, 21 u. BGH, NJW 2011, 1068 = NZM 2011, 327 = BauR 2011, 956 = JR 2011, 529 = MDR 2011, 477.

b) Schutz des Besitzers des herrschenden Grundstücks

Gemäß § 1029 BGB genießt der Besitzer eines Grundstücks, der in der Ausübung der für den Eigentümer im Grundbuch eingetragenen[1179] Grunddienstbarkeit gestört wird, einen **Besitzschutz**, wenn er die Dienstbarkeit innerhalb eines Jahres vor der Störung, sei es auch nur einmal ausgeübt hat. 323

Bei einer Unterlassungsdienstbarkeit genügt das Unterlassen während des letzten Jahres. 324
Der Verpflichtete muss sich also nur untätig verhalten und darf dem Verbot nicht zuwiderhandeln.[1180] Bei einer Anlage reicht das Bestehen der Anlage im letzten Jahr vor der Störung für die Ausübung.[1181] Ausreichend ist auch die **Ausübung** durch eine befugte Person, z. B. Besucher des Mieters oder seine Familienangehörigen. Hierbei ist nach h. M.[1182] nicht notwendig, dass diese Person konkret den Willen hat, die Dienstbarkeit auszuüben. Allerdings ist dies fraglich, da § 1029 BGB den Rechtsbesitz schützt und deshalb auch die Ausübung damit zusammenhängen muss. Unklar ist vom Standpunkt der h. M., wieso es an einer Ausübung fehlt, wenn diese aufgrund eingeholter Erlaubnis des Eigentümers erfolgt.[1183] Unstreitig nicht mehr geschützt wird der Rechtsbesitz **ein Jahr nach der letzten Ausübungshandlung**.

Übt der Berechtigte, wie dies regelmäßig bei Benutzungsdienstbarkeiten der Fall ist, **zugleich den Sachbesitz** am von der Ausübung betroffenen Teil des dienenden Grundstücks aus, ist § 1029 BGB, der den Rechtsbesitz schützt, entbehrlich, da die §§ 858 ff. BGB unmittelbar gelten.[1184] Dieser Schutz des Sachbesitzes geht weiter, da für ihn die Schranken des § 1029 BGB nicht eingreifen. Das Ausübungserfordernis gilt dafür nicht. 325

Der **Besitzschutz** umfasst wie beim Sachbesitzer die Besitzwehr und die Besitzkehr (§§ 858 ff. BGB) sowie die Besitzschutzansprüche (§§ 861 ff. BGB).[1185] 326

Sind **altrechtliche Dienstbarkeiten** im Grundbuch eingetragen, ist § 1029 BGB anwendbar. Ist dies nicht der Fall, greift Art. 191 EGBGB[1186] ein. Der Schutz zugunsten des Rechtsbesitzers (§ 1029 BGB) gilt danach bei Grunddienstbarkeiten, die mit dem Halten einer dauernden Anlage verbunden sind und keiner Eintragung ins Grundbuch bedürfen. Die Anlage muss sich auf dem belasteten Grundstück befinden. Für Grunddienstbarkeiten, die nicht mit dem Halten einer Anlage auf dem dienenden Grundstück verbunden sind, besteht ein Besitzschutz nur, wenn die Dienstbarkeit in jedem der letzten drei Jahre vor der Störung zumindest einmal ausgeübt worden ist. Bei einer späteren Eintragung gelten die erleichterten Voraussetzungen des § 1029 BGB nur für Störungen, die nach der Eintragung erfolgen. 327

III. Erwerb

1. Rechtsgeschäftliche Begründung[1187]

a) Dinglicher Vertrag

Die Grunddienstbarkeit entsteht durch **dinglichen Vertrag (Einigung) und Eintragung im Grundbuch** (§ 873 BGB). Die Einigung hat zwischen den Eigentümern der 328

[1179] Eine zu Unrecht bestehende Eintragung genügt (Soergel/*Stürner*, § 1029 Rn. 2). Dagegen gibt eine zu Unrecht gelöschte Grunddienstbarkeit keinen Schutz (Erman/*Grziwotz*, § 1029 Rn. 3).

[1180] MünchKommBGB/*Joost*, § 1029 Rn. 5.

[1181] Staudinger/*Mayer*, § 1029 Rn. 7.

[1182] So z. B. Palandt/*Bassenge*, § 1029 Rn. 2; BGB-RGRK/*Rothe*, § 1029 Rn. 3 u. Soergel/*Stürner*, § 1029 Rn. 2.

[1183] So aber Staudinger/*Mayer*, § 1029 Rn. 10.

[1184] Allg. A., s. nur Jauernig/*Berger*, BGB, § 1029 Rn. 5.

[1185] Vgl. OLG Bremen, MDR 2001, 933, 934 zum Besitzschutz bei einem öffentlichen Durchgang. Zum Schadensersatzanspruch s. OLG München, ZMR 1997, 586.

[1186] S. nur OLG Karlsruhe, OLGZ 1978, 81, 82 u. Staudinger/*Hönle*, Art. 191 EGBGB Rn. 4.

[1187] Zur Begründung von Altrechtlichen Dienstbarkeiten s. Art. 187 u. 189 EGBGB (vgl. Staudinger/*Mayer*, vor § 1018 Rn. 18).

betroffenen Grundstücke zu erfolgen. Die Bestellung einer Grunddienstbarkeit durch Vertrag zugunsten Dritter, beispielsweise zwischen einem Grundstücksveräußerer und dem Erwerber zugunsten des Nachbargrundstücks, ist unwirksam.[1188] Allerdings kann sich der „Dritte" formfrei mit dem anderen Eigentümer einigen. Dies liegt insbesondere beim Eigentümer des begünstigten Grundstücks nahe, so dass es insoweit in der Praxis kaum zu einer Nichtigkeit kommt.[1189] Die Eintragung erfolgt nur auf Antrag (§ 13 GBO). Sie muss durch den Betroffenen bewilligt werden (§ 19 GBO). Dem Grundbuchamt muss das Einverständnis des anderen Vertragsteils nicht nachgewiesen werden.

329 Trägt der Eigentümer auf seinem eigenen Grundbesitz eine Grunddienstbarkeit ein **(Eigentümergrunddienstbarkeit)**, so genügt die einseitige Erklärung.[1190] Eine derartige Dienstbarkeit ist unabhängig von einer aktuellen Veräußerungsabsicht zulässig.[1191] Geht das Eigentum an dem Grundbesitz vor Eintragung auf einen Dritten über, so muss die zunächst nicht erforderliche Einigung nachgeholt werden.[1192]

330 Die Grunddienstbarkeit wird auf dem **Grundbuchblatt des belasteten Grundstücks** eingetragen. Zusätzlich besteht die Möglichkeit, sie auf dem Grundbuchblatt des herrschenden Grundstücks zu vermerken (sog. **Herrschvermerk**, § 9 GBO). Da die Grunddienstbarkeit teilweise für das herrschende Grundstück von großer Bedeutung ist (z. B. Geh- und Fahrtrecht für ein zugangsloses Grundstück, Wasserentnahmerecht für Campingplatz und Stellplatzrecht für Baugrundstück), wird die Eintragung auf dem herrschenden Grundstück oft von Grundpfandrechtsgläubigern verlangt. Sofern dies geschehen ist, müssen nämlich die dinglich Berechtigten (§ 21 GBO; § 876 S. 2 BGB), insbesondere die geldgebenden Kreditinstitute, der Veränderung des Rechts zustimmen.[1193] Die Eintragung auf dem Blatt des herrschenden Grundstücks hat jedoch keine konstitutive Wirkung. Rechtswirkungen entfaltet allein die Eintragung am dienenden Grundstück.[1194] Die Eintragung des Herrschvermerks bedarf nicht der Zustimmung des Eigentümers des dienenden Grundstücks. Antragsberechtigt ist der berechtigte Eigentümer und jeder dessen Zustimmung zur Aufhebung des Rechts erforderlich ist (§ 9 I 2 GBO). Der Anspruch auf Eintragung einer Grunddienstbarkeit kann durch Eintragung einer Vormerkung zunächst gesichert werden.[1195] Berechtigt ist der konkrete Eigentümer des herrschenden Grundstücks.

331 Die Bestellung der Grunddienstbarkeit ist **unwirksam**, wenn die Ausübung bereits bei Bestellung objektiv und dauernd unmöglich, also anfänglich schon dauernd ausgeschlossen war.[1196] Ist die Grunddienstbarkeit mangels dinglicher Einigung nicht entstanden, so kann dem Berichtigungsanspruch der Einwand der unzulässigen Rechtsausübung entgegenstehen, wenn die schuldrechtliche Verpflichtung zur Bestellung wirksam ist und noch fortbesteht.[1197]

332 Die Einigung unterliegt **keinen Formvorschriften**. Die Eintragungsbewilligung bedarf jedoch nach den grundbuchamtlichen Vorschriften der öffentlichen Beglaubigung oder der Beurkundung (§ 29 GBO). Zuständig hierfür ist grundsätzlich der Notar.[1198]

1188 Ganz h. M., s. nur BGH, JZ 1965, 361; BGH, NJW 1993, 2617 = DNotZ 1995, 494 = MDR 1993, 1242 = WM 1993, 1962 u. BayObLG, NJW 2003, 1402 = Rpfleger 2003, 177 = MittBayNot 2003, 126 = NotBZ 2003, 275.

1189 Vgl. *Limmer*, ZfIR 1997, 633 ff.

1190 RGZ 142, 231, 236 = DNotZ 1934, 280.

1191 BGH, MittBayNot 1984, 126, 127; BGH, NJW 1988, 2362, 2363 = DNotZ 1988, 576; BayObLGZ 1989, 89, 92 u. Schöner/*Stöber*, Grundbuchrecht, Rn. 1123.

1192 OLG Hamm, Rpfleger 1973, 137.

1193 S. nur *Demharter*, GBO, § 21 Rn. 4.

1194 OLG Frankfurt/M., Rpfleger 1979, 418.

1195 S. nur OLG Düsseldorf, MittRhNotK 1988, 234, 235. Nicht jedoch an einem Miteigentumsanteil, und zwar auch nicht für den Fall, dass der Miteigentümer Alleineigentümer wird (BayObLG, MittBayNot 1973, 23).

1196 BGHZ 93, 142 = NJW 1985, 1025 = DNotZ 1985, 549.

1197 BGH, WM 1971, 1475 u. BGH, DNotZ 1976, 72.

1198 Zu weiteren Zuständigkeiten, insbesondere der Konsularbeamten sowie – eingeschränkt – der Vermessungsbehörden und der Ratsschreiber in Baden-Württemberg s. *Demharter*, GBO, § 29 Rn. 42.

Die Grunddienstbarkeit kann sowohl aufschiebende[1199] als auch auflösende **Bedingungen sowie Befristungen** enthalten. Es ist auch möglich, dass beide nebeneinander vereinbart werden.[1200] Beispiel ist das bis zu einem bestimmten Zeitpunkt befristete, längstens aber bis zur Widmung einer angrenzenden Straße geltende Fahrtrecht. Wirksamkeitserfordernis ist, dass diese Vereinbarungen im Grundbuch eingetragen werden. 333

Die **Eintragung im Grundbuch** muss sowohl den Berechtigten als auch den konkreten Inhalt der Dienstbarkeit enthalten. Das Recht muss zumindest stich- bzw. schlagwortartig gekennzeichnet werden.[1201] Die bloße Bezugnahme auf die Eintragungsbewilligung genügt nicht.[1202] Der konkrete Inhalt der Dienstbarkeit muss dabei so genau bezeichnet werden, dass er im Streitfall durch Auslegung festgestellt werden kann.[1203] Bei der Bezeichnung genügen aber Schlagworte,[1204] z. B. Anbaurecht, Baubeschränkung, Bebauungsrecht, Bebauungsverbot, Fensterrecht, Geh- und Fahrtrecht, Grenzanbaurecht, Hochspannungsleitungsrecht, Kabelrecht, Kfz-Abstellrecht, Leitungsrecht, Parkplatzrecht, Überbaurecht, Wasserentnahmerecht, Wohnungsrecht, Wohnungsbesetzungsrecht und Zaunerrichtungsrecht.[1205] Ausreichend ist auch die Bezeichnung „Recht zur Benutzung vorhandener Anlagen der Ver- und Entsorgung".[1206] Bezüglich der näheren Einzelheiten genügt dann die Bezugnahme auf die Eintragungsbewilligung (§ 874 BGB).[1207] Nicht ausreichend ist die Bezeichnung als Benützungsbeschränkung oder als Nutzungsrecht.[1208] Ist die **Ausübung** auf einen Grundstücksteil beschränkt, kann dies in einer Karte oder Zeichnung vermerkt werden, auf die in der Eintragungsbewilligung ausdrücklich Bezug genommen wurde; während die bloße Verbindung mit der Bewilligungsurkunde nicht ausreicht.[1209] Die Bezugnahme auf einen Bauantrag, der der Bewilligung nicht als Anlage beigefügt ist, genügt nicht.[1210] Bei vorhandenen Wegen und Anlagen kann an diese angeknüpft werden.[1211] Hier können jedoch später Probleme auftreten, wenn die Grunddienstbarkeit einige Zeit nicht ausgeübt wurde, aber nicht erloschen ist, und z. B. der Weg in der Natur nicht mehr vorhanden ist. Es ist deshalb auch bei vorhandenen Wegen oder Anlagen zweckmäßig, ihren Verlauf in einer Skizze, auf die in der Eintragungsbewilligung Bezug genommen wird, einzuzeichnen. 334

Entspricht die Eintragung der Dienstbarkeit im Grundbuch nicht den geschilderten Voraussetzungen, ist sie **von Amts wegen zu löschen** (§ 53 I 2 GBO).[1212] Wurde die Grunddienstbarkeit richtig bewilligt, aber unrichtig eingetragen und entstand sie deshalb nicht, so dauert die Pflicht zur Bestellung fort.[1213] Allerdings betrifft dies nur die an diesem Rechtsverhältnis beteiligten Personen und nicht etwaige Sonderrechtsnachfolger, z. B. einen Grundstückskäufer. Außerdem unterliegt auch der schuldrechtliche Anspruch auf Bestellung einer Dienstbarkeit der Verjährung. 335

1199 OLG Hamm, Rpfleger 1976, 95; zur Bedingung der Ausübung s. Rn. 225.

1200 OLG Köln, Rpfleger 1963, 381.

1201 St. Rspr., s. nur BGHZ 35, 378, 382 = NJW 1961, 2157 = DNotZ 1963, 42 = Rpfleger 1961, 394; BayObLG, MittBayNot 1986, 129 = Rpfleger 1986, 296; BayObLG, DNotZ 1989, 572 = MittBayNot 1988, 231 = Rpfleger 1989, 230; BayObLG, DNotZ 1991, 258, 259; OLG Köln, DNotZ 1981, 268 = MDR 1981, 52 = Rpfleger 1980, 467 u. OLG Hamm, ZfIR 1998, 52. Vgl. auch Rn. 235.

1202 OLG Köln, DNotZ 1981, 268 = MDR 1981, 52 = Rpfleger 1980, 467.

1203 BayObLG, NJW 1982, 1054 u. OLG Karlsruhe, BWNotZ 1985, 123.

1204 BGHZ 35, 378 = NJW 1961, 2157 = DNotZ 1963, 42 = Rpfleger 1961, 394 u. BGH, NJW 1983, 115, 116 = MittBayNot 1982, 244 = Rpfleger 1983, 15.

1205 Vgl. auch die Zusammenstellung bei Schöner/*Stöber*, Grundbuchrecht, Rn. 1145.

1206 BayObLG, DNotZ 1989, 568.

1207 BGH, NJW 1969, 502 = DNotZ 1969, 486 = Rpfleger 1969, 128.

1208 BayObLGZ 1990, 35 = DNotZ 1991, 258 = MDR 1990, 631 = Rpfleger 1990, 198 u. OLG Zweibrücken, ZfIR 1997, 300.

1209 BGH, NJW 1981, 1781 = DNotZ 1982, 278 = MittBayNot 1981, 126 u. BGH, NJW 1987, 1029 = DNotZ 1982, 230.

1210 BayObLGZ 1983, 253 = Rpfleger 1984, 12.

1211 BGH, NJW 1982, 1039 = DNotZ 1982, 230 = Rpfleger 1982, 16 u. BGHZ 90, 181 = NJW 1984, 2210.

1212 Vgl. OLG Frankfurt/M., Rpfleger 1980, 185.

1213 BGH, WM 1971, 1475.

336 Nicht geschützt wird der gute Glaube des Erwerbers eines Grundstücks, dass die beim Erwerb vorgefundenen **tatsächlichen Verhältnisse** dem Inhalt der Grunddienstbarkeit entsprechen.[1214] So kann es sein, dass der in Natur vorhandene Weg nicht mit dem im Grundbuch eingetragenen Ausübungsbereich des Geh- und Fahrtrechts übereinstimmt. Reicht die vorhandene Zufahrt zu einer öffentlichen Straße, nicht jedoch der im Grundbuch eingetragene Ausübungsbereich, besteht insoweit keine Fahrtberechtigung.

337 Das schuldrechtliche Grundgeschäft **(Kausalgeschäft)**, durch das sich der Eigentümer zur Bestellung verpflichtet, unterliegt – sofern nicht ausnahmsweise eine Einheit mit einem formbedürftigen Rechtsgeschäft gegeben ist – nicht der Formvorschrift des § 311b I BGB. Es ist also grundsätzlich **formfrei** gültig.[1215] Eine Pflicht zur Bestellung einer Grunddienstbarkeit kann deshalb auch durch schlüssiges Verhalten begründet werden.[1216] Erfolgt die Bewilligung schenkungsweise, z. B. zwischen Eltern und Kindern, ist zu beachten, dass das Schenkungsversprechen der notariellen Beurkundung bedarf (§ 518 I 1 BGB) und eine Heilung erst mit Grundbuchvollzug eintritt (§ 518 II BGB). Für das Grundbuchamt spielt es keine Rolle, ob das Kausalgeschäft mit der Einigung übereinstimmt. Es darf diese Frage auch nicht überprüfen.[1217]

338 Ist dem Eigentümer des dienenden Grundstücks die Erfüllung des Vertrages wegen der Veräußerung des Grundstücks **nicht** mehr möglich, so kann der Betroffene nicht gemäß § 285 BGB den **Geldbetrag** verlangen, um den sich der Kaufpreis im Falle des Bestehens der Grunddienstbarkeit vermindert hätte.[1218]

339 Die Bestellung der Grunddienstbarkeit ist nur in bestimmten Fällen genehmigungsbedürftig.[1219] Bis zur Erteilung der Genehmigung ist die Dienstbarkeitsbestellung schwebend unwirksam. Eine nachträglich erteilt **Genehmigung** macht die Einigung rückwirkend vollwirksam. Ist die Grunddienstbarkeit zum Zeitpunkt der Erteilung der Genehmigung bereits im Grundbuch eingetragen, so ist sie auch bei späterer Erteilung der Genehmigung voll wirksam entstanden, selbst wenn zwischen Eintragung und behördlicher Genehmigung ein mehrmaliger Eigentumswechsel liegt.[1220] Das Grundbuchamt kann dagegen nicht den Nachweis einer Erlaubnis, die nicht für das Rechtsgeschäft, sondern nur für tatsächliche Handlungen auf dem dienenden Grundstück erforderlich sind (z. B. für eine Wasserentnahme oder für eine Abwassereinleitung), fordern.[1221]

b) Stillschweigende Bestellung

340 Die stillschweigende Bestellung einer Grunddienstbarkeit ist seit In-Kraft-Treten der Grundbuchverfassung ausgeschlossen. Dagegen ist eine stillschweigende bzw. **konkludente Verpflichtung** zur Bestellung einer Grunddienstbarkeit, z. B. bei Veräußerung eines von mehreren Grundstücken, von denen das eine dem Zweck des anderen dient, möglich. Ähnlich ist dies, wenn ein Grundstück zur Bebauung veräußert wird, die Erschließung nur über ein im Eigentum des Verkäufers stehendes Zwischenliegergrundstück möglich ist und die Parteien dies übersehen haben. Es muss sich aber um ein eindeutiges Verhalten handeln, das den Schluss auf die Einräumung einer dinglichen Grundstücksbelastung zulässt und nicht nur einer schuldrechtlichen Nutzungserlaubnis. Wichtiges Indiz ist der Vertragszweck (z. B. Veräußerung eines Grundstücks für eine emittierende Anlage)

1214 BGH, NJW 1976, 417 = Rpfleger 1976, 91.

1215 BGH, NJW 1974, 2123.

1216 BGB-RGRK/*Rothe*, § 1018 Rn. 28.

1217 S. nur KEHE/*Dümig*, GBO, Einl. Rn. A 42.

1218 BGH, NJW 1967, 622 = MittBayNot 1967, 111 zu § 281 BGB a. F.

1219 Z. B. § 51 I 1 Nr. 1 BauGB (Umlegungsgebiet), § 109 I BauGB (Enteignung) u. §§ 144 II Nr. 2, 169 I Nr. 3 (Sanierungs- und Entwicklungsgebiet). Zu weiteren Genehmigungserfordernissen s. Meikel/*Grziwotz*, GBO, Einl. J Rn. 13 ff. Keine Genehmigungspflicht besteht nach dem GrdStVG (OLG Oldenburg, DNotZ 1967, 394); anders § 2 II Nr. 3 GrdStVG für die Bestellung eines Nießbrauchs.

1220 OLG Hamm, NJW 1961, 560.

1221 S. nur BayObLG, DNotZ 1960, 308.

und dessen dauerhafte, d. h. nicht nur kurzfristige Sicherung.[1222] Besteht eine derartige Verpflichtung, kann aus ihr auf Bewilligung der Eintragung der Grunddienstbarkeit geklagt werden.[1223]

2. Sonstige Begründungen

a) Ersitzung

Gemäß § 900 II BGB kann derjenige, zu dessen Gunsten eine Grunddienstbarkeit ein- 341
getragen ist, sie ersitzen, auch wenn er nichtberechtigter Besitzer ist. Notwendig ist eine **dreißigjährige Besitz- und Eintragungszeit**.[1224] Der Ersitzende muss als Rechtsinhaber eingetragen sein und die Dienstbarkeit während dieser Ersitzungszeit mindestens einmal im Jahr ausgeübt haben.[1225] Es erlischt dann das Recht des bisherigen Besitzers. Eine Ersitzung an buchungsfreien Grundstücken ist seit dem 1. 1. 1900 ausgeschlossen.[1226]

b) Gutgläubiger Erwerb

Eine Grunddienstbarkeit kann auch im Wege des gutgläubigen Erwerbs gemäß § 892 342
BGB erworben werden.[1227] Für den Rechtsscheinserwerb kommt es dabei auf den Grundbuchstand des dienenden Grundstücks an.[1228] Dagegen erstreckt sich der öffentliche Glaube nicht auf die tatsächlichen Verhältnisse. Ist beispielsweise ein Wegerecht als Grunddienstbarkeit eingetragen und vertraut der Erwerber des herrschenden Grundstücks darauf, dass die zur Zeit des Kaufs bestehenden, für jedermann erkennbaren tatsächlichen Verhältnisse auf dem dienenden Grundstück dem Inhalt des Wegerechts entsprechen, kommt § 892 BGB nicht zur Anwendung.[1229]

c) Gesetz

Grunddienstbarkeiten können auch aufgrund gesetzlicher Bestimmungen **durch Ver- 343
waltungsakt** entstehen. So können Grunddienstbarkeiten während eines Umlegungsverfahrens durch den Umlegungsplan neu begründet werden (§ 61 I 1 BauGB). Dies gilt auch für den Beschluss in der vereinfachten Umlegung (§ 80 IV 1 BauGB). In Betracht kommen vor allem im Bebauungsplan vorgesehene Geh-, Fahrt- und Leitungsrechte. Besonders bei der Neuordnungsumlegung ist mit Rücksicht auf einen vorhandenen Gebäudebestand häufig auch die Übernahme von Abstandsflächen erforderlich.[1230] Weiteres Beispiel ist die Flurbereinigung.[1231] Ebenso kann durch eine Enteignung z. B. gemäß §§ 86 I Nr. 1, 113, 117 BauGB[1232] und § 45 EnWG[1233] eine Grunddienstbarkeit entstehen. Dagegen kann eine landesrechtlich lediglich noch in Nordrhein-Westfalen (§ 8 BauO

[1222] Beispiel für eine vorübergehende Erlaubnis sind die Gestattung eines Baustellenverkehrs und die Ablagerung von Baumaterial.

[1223] Vgl. BGH, VIZ 1999, 489 = ZOV 2003, 91 u. ähnlich Soergel/*Stürner*, § 1018 Rn. 40. S. ferner BGH, NJW-RR 2000, 647 = NZM 2000, 240 = MDR 2000, 383 = WM 2000, 536 = ZfIR 2000, 120. Zur notariellen Hinweispflicht OLG Celle, NJOZ 2009, 4566 = NotBZ 2009, 495 = OLGR 2009, 976.

[1224] OLG Zweibrücken, Rpfleger 2000, 10 = MittRhNotK 2000, 117.

[1225] So die h. M, die § 1029 BGB entsprechend anwendet; s. nur OLG Zweibrücken, Rpfleger 2000, 10 = MittRhNotK 2000, 117 u. Soergel/*Stürner*, § 1018 Rn. 42; a. A. BGB-RGRK/*Augustin*, § 900 Rn. 9.

[1226] KEHE/*Herrmann*, GBO, Einl. N 32.

[1227] S. nur BGH, NJW 1976, 417; BayObLG, Rpfleger 1979, 381 u. OLG Frankfurt/M., Rpfleger 1979, 418.

[1228] Soergel/*Stürner*, § 1018 Rn. 44.

[1229] BGH, NJW 1976, 417.

[1230] S. nur *Otte*, in: Ernst/Zinkahn/Bielenberg/Krautzberger, § 61 Rn. 18 ff.

[1231] BVerwG, RdL 1971, 43 u. BVerwG, AgrarR 1974, 77; *Seehusen/Schwede*, FlurbG, 6. Aufl. 2004, § 4 Rn. 61. Demgegenüber betrifft § 3 III VerkFlBerG nur beschränkte persönliche Dienstbarkeiten.

[1232] *Runkel*, in: Ernst/Zinkahn/Bielenberg/Krautzberger, § 86 Rn. 41; vgl. auch *Labbé*, BayVBl. 1990, 161, 165.

[1233] S. dazu BVerwG, NVwZ 1984, 649 u. *Hammer*, MDR 1965, 8 ff. Zur Entschädigung s. BGHZ 83, 61 u. *Schoenemann*, AgrarR 1984, 173 ff.

NRW) erforderliche Teilungsgenehmigung nicht mit der Auflage zur Bestellung einer Grunddienstbarkeit verbunden werden.[1234]

344 Die **Eintragung** in das Grundbuch hat in diesen Fällen nur eine deklaratorische Bedeutung, da das Recht außerhalb des Grundbuchs entsteht. Die Eintragung kann aber Gegenstand einer Auslegung sein.[1235]

IV. Änderung der Grunddienstbarkeit

1. Änderung durch Vereinbarung

345 Eine Inhaltsänderung der Grunddienstbarkeit ist gemäß § 877 BGB – ebenso wie die rechtsgeschäftliche Neubestellung – durch **Einigung und Eintragung** möglich. Bei Nichteintragung im Grundbuch hat die Änderung nur schuldrechtliche Bedeutung.[1236] Mit Wirkung zwischen den an der Vereinbarung Beteiligten lassen sich vertraglich auch ohne Grundbucheintragung die Befugnisse aus der Grunddienstbarkeit inhaltlich ändern, insbesondere einschränken oder erweitern. Sonderrechtsnachfolger sind hieran jedoch nicht gebunden.[1237]

346 Keine Inhaltsänderung liegt vor, wenn eine Grunddienstbarkeit in eine beschränkte persönliche Dienstbarkeit **umgewandelt** wird. Dies kann nur durch Aufhebung und Neubegründung erfolgen.[1238]

2. Änderung der Bedürfnisse

347 Da die Dienstbarkeiten keinen zeitlichen Grenzen unterliegen und in den meisten Fällen unbefristet bestellt werden, ergeben sich bei einer **Änderung der Verhältnisse** häufig Probleme.[1239] Insbesondere bei Benutzungsdienstbarkeiten sind Streitigkeiten über den Nutzungsumfang nicht selten.

348 Wurden über den Inhalt der Grunddienstbarkeit keine Vereinbarungen getroffen, so richtet sich dieser nach den **jeweiligen Bedürfnissen des herrschenden Grundstücks**.[1240] Mit einer Bedarfssteigerung, die einer der Art nach gleich bleibenden Benutzung entspricht, ändert sich zugleich der Inhalt der dinglichen Belastung.[1241] Dadurch kann sich für das belastete Grundstück eine Mehrbelastung ergeben.[1242]

349 Wurde jedoch der **Inhalt** der Grunddienstbarkeit in der Bestellungsurkunde genau **festgelegt**, so ändert sich daran auch nichts, wenn sich die Bedürfnisse des herrschenden Grundstücks verändern. Beispiele sind die Festlegung der genauen Wegebreite[1243] und eines Fahrtrechts nur für bestimmte Zwecke (z. B. Wohnhaus).[1244] Die Festlegung gilt also zugunsten des dienenden Grundstücks und zu Lasten des herrschenden Grundstücks.[1245]

1234 So zu § 19 BauGB a. F. BGHZ 79, 201 = NJW 1981, 980.
1235 Vgl. BGH, BB 1965, 1125.
1236 BGH, NJW 1963, 1247.
1237 S. nur BGB-RGRK/*Rothe*, § 1018 Rn. 35.
1238 OLG Hamm, Rpfleger 1989, 448.
1239 S. dazu bereits Rn. 229 ff.
1240 BGH, NJW 1959, 2059, 2060; BGH, DNotZ 1959, 240, 241; BGH, DNotZ 1960, 242 = MDR 1960, 380 u. BGH, BB 1962, 817 u. BGH, WM 1966, 254, 255; s. ferner *Ricken*, WM 2001, 979 ff.
1241 BGH, NJW 1959, 2059, 2060 u. BGHZ 44, 171, 174 = NJW 1965, 2340 = DNotZ 1966, 484; vgl. auch OLG Karlsruhe, NJW-RR 1990, 663.
1242 OLG München, MDR 1982, 144 (Starkstrommast).
1243 OLG Zweibrücken, OLGZ 1968, 143.
1244 Vgl. BGH, DB 1977, 206 (Fahrtrecht ohne Abstellrecht); s. ferner Soergel/*Stürner*, § 1018 Rn. 15 ff.
1245 BGH, LM § 1018 BGB Nr. 5 u. 10 u. BGH, NJW-RR 2003, 1235 = DNotZ 2003, 704 = NZM 2003, 724 = MDR 2003, 985 = Rpfleger 2003, 412 = WM 2003, 1917 = ZfIR 2003, 637 (Wegerecht für landwirtschaftliche Zwecke gibt kein Wegerecht für Gewerbebetrieb).

Ist der Inhalt der Grunddienstbarkeit **nicht abschließend festgelegt**, so kann er sich entsprechend den Bedürfnissen ändern (quantitative Bemessung).[1246] Wurde z. B. allgemein ein „Wegerecht“ eingeräumt, so ist anzunehmen, dass der Weg mit jeder Art von Fahrzeugen befahren werden darf, wobei die Wegbreite unter Berücksichtigung der Bedürfnisse der Zufahrtsmöglichkeit festzusetzen ist.[1247] 350

Eine Umfangserweiterung kann auch dadurch entstehen, dass trotz einer der Art nach gleichbleibenden Benutzung des herrschenden Grundstücks infolge technischer und wirtschaftlicher Entwicklungen der Nutzungsbedarf steigt.[1248] Dagegen muss eine Bedarfssteigerung infolge einer Nutzungsänderung vom Eigentümer des dienenden Grundstücks nicht hingenommen werden, wenn die Benutzungsänderung bei Bestellung nicht vorhersehbar war oder willkürlich ist.[1249] Dies ist insbesondere bei einer nicht entwicklungsbedingten Betriebsänderung der Fall. 351

Bei einer **Minderung des Bedarfs** wird auch der Umfang der Dienstbarkeit beschränkt.[1250] Auch insoweit kommt es auf den Vorteil für das herrschende Grundstück an. 352

Nimmt der Eigentümer des dienenden Grundstücks längere Zeit widerspruchslos eine **bestimmte Ausübung** der Grunddienstbarkeit hin, führt dies nicht zu einer dinglichen Änderung des Dienstbarkeitsinhalts.[1251] Ob darin eine stillschweigende schuldrechtliche Verpflichtung zur Anpassung des Dienstbarkeitsinhalts liegt, richtet sich nach den Umständen des Einzelfalls.[1252] Eine länger widerspruchslose Duldung einer bestimmten Ausübung kann ferner einen Anhaltspunkt für die Auslegung des Inhalts und des Umfangs der Dienstbarkeit geben.[1253] 353

V. Erlöschen der Grunddienstbarkeit

1. Rechtsgeschäftliche Aufhebung (§§ 875, 876 BGB)

Die Grunddienstbarkeit erlischt durch rechtsgeschäftliche Aufhebung. Diese erfordert eine **Aufgabeerklärung** des Berechtigten, die bei Miteigentümern von allen abgegeben werden muss,[1254] **und Eintragung** im Grundbuch am Blatt des dienenden Grundstücks (§ 875 BGB).[1255] Die Löschung eines Herrschvermerks ist nicht erforderlich und zudem ohne Bedeutung für den Untergang der Dienstbarkeit. Ist das herrschende Grundstück mit Rechten Dritter belastet, ist zur Löschung auch die Zustimmung dieser Rechtsinhaber erforderlich, aber nur, soweit sie von der Löschung berührt werden (§ 876 BGB, Art. 120 EGBGB). Ist die Dienstbarkeit beim herrschenden Grundstück vermerkt, so ist zur Löschung die Zustimmung der dinglich Berechtigten dem Grundbuchamt in grundbuchmäßiger Form (§ 29 GBO) nachzuweisen (§ 21 GBO). Besteht kein Herrschvermerk und löscht das Grundbuchamt die Grunddienstbarkeit, obwohl die Berechtigten am herrschenden Grundstück nicht (formfrei) zugestimmt haben, so ist das Grundbuch un- 354

1246 S. nur BGHZ 44, 171 = NJW 1965, 2340 = DNotZ 1966, 484 u. BGH, DNotZ 1974,290.

1247 S. nur OLG Karlsruhe, OLGZ 1986, 70, 73.

1248 BGH, NJW 1959, 2059, 2060; BGH, DNotZ 1960, 242 = MDR 1960, 380; BGHZ 44, 171 = NJW 1965, 2340 = DNotZ 1966, 484; BGH, NJW-RR 1988, 1229 = Rpfleger 1989, 16; BayObLGZ 1962, 24 u. OLG München, MDR 1982, 144.

1249 BGH, NJW 1959, 2059, 2060; BGH, DNotZ 1976, 20 = LM § 1018 Rn. 23; BGH, NJW-RR 1999, 166 = NZM 1999, 44 = MDR 1999, 88 = Rpfleger 1999, 65 = MittBayNot 1999, 62 = WM 1999, 27 = ZfIR 1999, 51; OLG München, Rpfleger 1984, 461 u. OLG Hamm, NJOZ 2010, 1512; vgl. auch OLG Karlsruhe, NJW-RR 1990, 663. Zur Steuerpflicht eines Entgelts für den Rechtsverzicht s. BFHE 194, 178 = BStBl. II 2001, 391 = DB 2001, 959 = DStRE 2001, 579 = NJW 2001, 2656 = ZfIR 2001, 680 u. BFH, BFH/NV 2008, 1657 = BeckRS 2008, 25013744.

1250 BGH, DNotZ 1959, 240.

1251 BGH, NJW 1959, 2059, 2060; BGH, NJW 1963, 1247 u. OLG Karlsruhe, OLGZ 1986, 70.

1252 Vgl. BGH, NJW 1959, 2059, 2060; vgl. auch OLG Karlsruhe, OLGZ 1986, 70.

1253 BGH, NJW 1960, 673 = DNotZ 1960, 242.

1254 KG, NJW 1975, 697.

1255 Vgl. nur *Wagner*, BuW 2003, 774, 776.

richtig, da materiellrechtlich die Zustimmung erforderlich ist.[1256] Die Berechtigten können die Wiedereintragung des Rechts durchsetzen. Die Unrichtigkeit des Grundbuchs wird zur Verfahrenserleichterung in Kauf genommen. Eine Zustimmung des Eigentümers des dienenden Grundstücks ist dagegen zur Löschung der Grunddienstbarkeit nicht erforderlich. Eigentümerrechte können für ihn – anders als bei einem Grundpfandrecht – nicht bestehen.

355 Zur Löschung im Grundbuch ist neben dem Antrag die Vorlage einer **Löschungsbewilligung** (§ 19 GBO) des Dienstbarkeitsberechtigten erforderlich. Sie sowie etwa erforderliche Zustimmungserklärungen Dritter müssen die Formanforderungen des § 29 GBO erfüllen, d. h. es muss eine notarielle Beurkundung erfolgen oder zumindest müssen die Unterschriften notariell beglaubigt sein. Ist die Löschung einer Grunddienstbarkeit beantragt, nachdem vom herrschenden Grundstück Teilflächen veräußert wurden, so ist auch ihre Bewilligung erforderlich, sofern für sie kein Wegfall des Vorteils eingetreten ist.[1257]

356 Die Aufhebung von **altrechtlichen Dienstbarkeiten** erfolgt nach Landesrecht oder dem früheren Recht (Art. 187 III, 128 EGBGB).[1258]

357 Die Grunddienstbarkeit erlischt nicht von selbst, wenn infolge grundlegender Veränderungen der Nutzen für das herrschende Grundstück in keinem Verhältnis mehr zum Schaden für das belastete Grundstück steht. Hier hat aber der Eigentümer des dienenden Grundstücks einen **Anspruch auf Verzicht** durch Aufhebung, wenn nicht durch eine Inhaltsänderung der Dienstbarkeit Abhilfe erreicht werden kann.[1259]

358 Bei **Aufteilung** eines Grundstücks in **Wohnungseigentum** kann die zugunsten dieser Miteigentümer fortbestehende Grunddienstbarkeit nicht aufgrund Bewilligung nur eines einzelnen Wohnungseigentümers für sein Wohnungseigentum gelöscht werden.[1260] Er bleibt weiterhin Berechtigter der Grunddienstbarkeit; das Grundbuch wird unrichtig. Wird dagegen bei Miteigentum die Grunddienstbarkeit aufgrund eines rechtskräftigen Urteils an einem Miteigentumsanteil gelöscht, so geht sie automatisch auch an allen übrigen Anteilen unter.[1261]

2. Verjährung (§ 1028 BGB)

359 Die Grunddienstbarkeit verjährt, wenn auf dem belasteten Grundstück eine **neue, die Grunddienstbarkeit beeinträchtigende Anlage** errichtet wurde und diese neue Anlage längere Zeit unbeanstandet blieb.[1262] Die Grunddienstbarkeit erlischt kraft Gesetzes, ohne dass es der Erhebung der Verjährungseinrede bedarf.[1263] Das Grundbuch wird unrichtig und kann gemäß § 894 BGB, § 22 GBO berichtigt werden.[1264] Das Erlöschen der Dienstbarkeit tritt aber nur in dem Umfang ein, in dem die Ausübung der Dienstbarkeit unmöglich wird. Der Eigentümer des dienenden Grundstücks kann ferner die Entfernung der seine Anlage beeinträchtigenden Einrichtung des Dienstbarkeitsberechtigten fordern.[1265] Unbeachtlich ist, wer die Anlage errichtet hat und ob sie gut- oder bösgläubig, heimlich oder gewaltsam errichtet wurde. Die Verjährungsfrist betrug bis zur Schuldrechtsmodernisierung (31. 12. 2001) 30 Jahre (§ 195 BGB a. F.). Nunmehr gilt für den Beseitigungsanspruch die Regelverjährung nach §§ 195, 199 BGB, also grundsätzlich

[1256] Zutreffend Schöner/*Stöber*, Grundbuchrecht, Rn. 1150.
[1257] BayObLG, DNotZ 1997, 395 = Rpfleger 1997, 15.
[1258] RGZ 93, 63.
[1259] BGH, NJW 1967, 1609, 1610. Zu einem Folgenbeseitigungsanspruch bei einer Leitung vgl. VGH München, NJW 1996, 3163.
[1260] BayObLG, MittBayNot 1983, 168 = Rpfleger 1983, 434.
[1261] BGH, NJW 1974, 1552, 1553.
[1262] S. nur LG Kiel, BeckRS 2009, 27051 (Erdwall); LG Saarbrücken, BeckRS 2009, 86323 (Pfosten) u. OLG Saarbrücken, NJOZ 2009, 4561 = MDR 2009, 376 (Mauer).
[1263] S. nur NK-BGB/*Otto*, § 1028 Rn. 13.
[1264] Vgl. auch Soergel/*Stürner*, § 1028 Rn. 1.
[1265] BGB-RGRK/*Rothe*, § 1028 Rn. 2.

die dreijährige Verjährung,[1266] längstens die zehnjährige Verjährung ab Anspruchsentstehung. §§ 196, 197 BGB sind nicht anwendbar. Wird die Anlage während der Verjährungszeit durch eine neue ersetzt, so beginnt die Frist erneut zu laufen.[1267] Dagegen beeinflusst ein Wechsel in der Person des Eigentümers der beteiligten Grundstücke die Verjährung nicht (§ 198 BGB).[1268] Die Verjährung wurde jedoch bei einer Vereinigung des Eigentums an beiden Grundstücken in einer Hand (§ 889 BGB) nach alter Rechtslage unterbrochen; ab der Aufhebung der Vereinigung begann die Frist neu zu laufen.[1269] Nach der seit 1. 1. 2002 geltenden Rechtslage erlischt der Beseitigungsanspruch aufgrund des Zusammenfallens von Anspruchsinhaber und Anspruchsgegner. Die Verjährung beginnt erneut mit dem Auseinanderfallen des Eigentums. Es gilt nichts anderes, als wenn die Beeinträchtigung geduldet wird; auch dann beginnt der Fristlauf erst mit dem Wegfall der Berechtigung.[1270]

Die Grunddienstbarkeit bleibt in dem Umfang bestehen, in dem sie durch die Anlage 360
nicht beeinträchtigt wurde.[1271] Steht die Anlage der Dienstbarkeitsausübung nur teilweise hindernd entgegen (z. B. Gebäude an einer Stelle des Wegerechts), so erlischt die Dienstbarkeit nur insoweit. Ein Erwerber, der das herrschende Grundstück in Unkenntnis der laufenden Verjährungsfrist oder nach Erlöschen der Grunddienstbarkeit erwirbt, wird in seinem **guten Glauben** an das Bestehen einer eingetragenen Grunddienstbarkeit **nicht geschützt** (§ 1028 II BGB). Mit anderen Worten bedeutet das, dass sich der Käufer eines Grundstücks nicht darauf verlassen kann, dass eine auf dem dienenden Grundstück eingetragene Grunddienstbarkeit nicht nach § 1028 BGB erloschen ist.[1272] Dies gilt auch, wenn das Bestehen der Grunddienstbarkeit zusätzlich auf dem Blatt des erworbenen Grundstücks vermerkt worden ist.[1273] Auch zugunsten des Erwerbers, der das herrschende Grundstück erst nach Beseitigung der die Grunddienstbarkeit beeinträchtigenden Anlage erwirbt, besteht kein Schutz.[1274] § 1028 II BGB schließt nämlich ohne Einschränkung eine Anwendung der Vorschriften über den gutgläubigen Erwerb aus. Zudem können überholte und erloschene Grunddienstbarkeiten nicht durch einen Erwerbsvorgang wieder aufleben. Schließlich kommt es auf die Publizität nicht an, da auch der Lauf der Verjährungsfrist nicht offensichtlich ist. Für den Grundstücksverkehr bedeutet dies, dass niemand auf das Bestehen einer im Grundbuch eingetragenen Grunddienstbarkeit vertrauen kann. Erkundigungen über die tatsächlichen Verhältnisse auf dem dienenden Grundstück seit Entstehen der Dienstbarkeit wären unerlässlich. Bisher nicht üblich, aber in Ausnahmefällen durchaus erwägenswert ist gegebenenfalls die Neueintragung einer Grunddienstbarkeit unter gleichzeitiger Löschung der alten.

Ist die Grunddienstbarkeit aufgrund der vorstehenden Sachlage erloschen, so kann sie 361
auf einen **Grundbuchberichtigungsantrag** hin mit Unrichtigkeitsnachweis (§ 22 GBO) gelöscht werden. Im Regelfall erfolgt die Löschung jedoch aufgrund Berichtigungsbewilligung (§ 894 BGB, § 29 GBO) oder aufgrund Urteils, da der Nachweis des Erlöschens meist nicht in grundbuchmäßiger Form geführt werden kann.

1266 Ebenso OLG Hamm, MDR 2012, 460; Palandt/*Bassenge*, § 1028 Rn. 1; Staudinger/*Mayer*, § 1028 Rn. 4 u. NK-BGB/*Otto*, § 1028 Rn. 12; teilw. abw. MünchKommBGB/*Joost*, § 1028 Rn. 1. Vgl. zur Verjährung auch Rn. 322.

1267 BGH, NJW 1967, 1609, 1610. Zur früheren Verjährungsunterbrechung s. OLG Hamburg, FGPrax 1996, 211.

1268 Vgl BGHZ 60 235, 239 = NJW 1960, 235, 239 zu § 1004 BGB und zum alten Verjährungsrecht.

1269 So auch zur neuen Rechtslage Staudinger/*Mayer*, § 1028 Rn. 4 u. ihm folgend MünchKommBGB/*Joost*, § 1028 Rn. 2.

1270 BGB-RGRK/*Rothe*, § 1028 Rn. 3.

1271 § 1028 I 2 BGB („soweit"); vgl. BayObLGZ 1959, 478, 489.

1272 Soergel/*Stürner*, § 1028 Rn. 2.

1273 BGB-RGRK/*Rothe*, § 1028 Rn. 5.

1274 Str., ebenso MünchKommBGB/*Joost*, § 1028 Rn. 3; BGB-RGRK/*Rothe*, § 1028 Rn. 5; Staudinger/*Mayer*, § 1028 Rn. 6 u. NK-BGB/*Otto*, § 1028 Rn. 14; a. A., d. h. für ein Wiederaufleben des Gutglaubensschutzes, Palandt/*Bassenge*, § 1028 Rn. 2; Soergel/*Stürner*, § 1028 Rn. 2 u. Bamberger/Roth/*Wegmann*, § 1028 Rn. 7.

3. Vereinigung der beiden Grundstücke und Erlöschen des berechtigten Erbbaurechts

362 Durch die **Vereinigung** des herrschenden und des dienenden Grundstücks oder die Zuschreibung des einen Grundstücks als Bestandteil des anderen Grundstücks erlischt die Grunddienstbarkeit.[1275] Diese setzt nämlich tatbestandsmäßig das Bestehen von zwei selbständigen Grundstücken voraus. Sie erlischt dagegen nicht, wenn sich das Eigentum an beiden Grundstücken in einer Hand vereinigt (§ 889 BGB).[1276] Beim Erlöschen des berechtigten Erbbaurechts sollen Wege- und Leitungsrechte nach der Rechtsprechung des BGH gemäß § 12 III ErbbauRG als Bestandteile des Erbbaugrundstückes weiter bestehen bleiben.[1276a]

4. Teilung des berechtigten und des belasteten Grundstücks (§§ 1025, 1026 BGB, Art. 120 EGBGB)

363 Bei einer Teilung des **herrschenden Grundstücks** erlischt die Grunddienstbarkeit für die Teile, denen sie nicht zum Vorteil gereicht (§ 1025 BGB).[1277] Gleiches gilt für zugeschriebene Grundstücksflächen, wenn später die Vereinigung rückgängig gemacht wird.[1278]

364 Bei einer Teilung des **belasteten Grundstücks** werden die Teile, die außerhalb des Ausübungsbereichs liegen, frei (§ 1026 BGB). Infolge der Nichtübertragung auf das Blatt der abgetrennten Grundstücke gilt sie als gelöscht (§ 46 II GBO).[1279]

365 Die Löschung erfolgt aufgrund **Bewilligung** oder **Unrichtigkeitsnachweis.**[1280]

5. Zwangsversteigerung

366 Bei einer **Zwangsversteigerung des dienenden Grundstücks** bleibt die Grunddienstbarkeit bestehen, wenn sie in das geringste Gebot fällt (§§ 44, 52 ZVG), d. h. dem Recht des betreibenden Gläubigers im Rang vorgeht. Hat die Grunddienstbarkeit dagegen Rang nach diesem Recht, so erlischt sie mit dem Zuschlag (§§ 52 I 2, 91 I ZVG).[1281] An die Stelle des erloschenen Rechts tritt ein Anspruch auf Wertersatz aus dem Versteigerungserlös.[1282] Die Grunddienstbarkeit erlischt auch bereits, wenn nur ein Miteigentumsanteil des belasteten Grundstücks versteigert wird und sie hierbei nicht in das geringste Gebot fällt.[1283] Die Löschung erfolgt auf Ersuchen des Vollstreckungsgerichts (§ 130 ZVG).[1284]

[1275] Ebenso BGB-RGRK/*Rothe*, § 1018 Rn. 36; Soergel/*Stürner*, § 1018 Rn. 49 u. Staudinger/*Mayer*, § 1018 Rn. 187; a. A. MünchKommBGB/*Joost*, § 1018 Rn. 68, offen BayObLG, DNotZ 1995, 305, 306 = Rpfleger 1995, 151. Zur Grundbuchverwirrung bei einer Vereinigung s. BayObLG, DNotZ 1997, 398 = Rpfleger 1997, 102.

[1276] Vgl. BGB-RGRK/*Rothe*, § 1028 Rn. 37.

[1276a] BGH, NJW-RR 2012, 845 = NZM 2012, 471 = MDR 2012, 639 = ZfIR 2012, 429 m. abl. Anm. *Grziwotz*; vgl. dazu auch Staudinger/*Rapp*, § 12 ErbbauRG Rn. 25; *Oppermann*, ZNotP 2012, 166 ff. u. *Maaß*, NotBZ 2012, 208 ff.

[1277] Zur Ermittlungspflicht des Grundbuchamtes s. BayObLG, DNotZ 1997, 395 = Rpfleger 1997, 15 = MittBayNot 1996, 376.

[1278] BayObLGZ 2002, 372 = NJW-RR 2003, 451 = DNotZ 2003, 352 = FGPrax 2003, 10 = Rpfleger 2003, 241 = RNotZ 2003, 124 = ZfIR 2003, 238.

[1279] S. nur BayObLG, DNotZ 1995, 54 = MittBayNot 1994, 318, 319.

[1280] Vgl. Rn. 361.

[1281] Zur Ausnahme des § 52 Abs. 2 S. 2 lit. b. ZVG bei einer Versteigerung wegen Wohngeldrückständen s. *Grziwotz*, MDR 2009, 1320 f.

[1282] S. dazu nur *Schiffhauer*, Rpfleger 1975, 187 ff. u. *Stöber*, Zwangsvollstreckung in das unbewegliche Vermögen, ZVG-Handbuch, 9. Aufl 2010, Rn. 451.

[1283] KG, DNotZ 1975, 105 = Rpfleger 1976, 68; vgl. auch OLG Frankfurt/M., Rpfleger 1979, 149 u. OLG Düsseldorf, IBR 2010, 487 = NotBZ 2010, 451 = RNotZ 2011, 40 = ZfIR 2010, 773. Abweichend bei Belastung von Wohnungseigentumseinheiten und einer Dienstbarkeit, die sich auch auf die einzelnen Einheiten bezieht, LG Göttingen, NJW-RR 1997, 1105.

[1284] § 9 EGZVG i. V. m. der entsprechenden landesrechtlichen Bestimmung enthält eine Ausnahme vom Erlöschensgrundsatz, der allerdings bei Grunddienstbarkeiten kaum praktische Bedeutung hat. Diese kön-

Altrechtliche Dienstbarkeiten, die nicht im Grundbuch eingetragen sind, bleiben von der Versteigerung unberührt (Art. 187 EGBGB). Das Bestehenbleiben ist unabhängig davon, ob der Ersteher bei Abgabe seines Gebots Kenntnis von dem Recht hatte und ob es in den Versteigerungsbedingungen erwähnt ist. 367

6. Dauerndes Unmöglichwerden

Ist die **Ausübung** infolge Veränderung eines der Grundstücke **dauernd ausgeschlossen** oder entfällt der Vorteil für das herrschende Grundstück aus rechtlichen oder tatsächlichen Gründen auf Dauer, so kann der Eigentümer des dienenden Grundstücks die Löschung verlangen.[1285] Beispielsfall ist das Erlöschen einer Dienstbarkeit auf Freihaltung eines Bahnüberganges von Sichtbehinderungen, wenn die Strecke stillgelegt wird und die Fläche an Privatpersonen veräußert wird.[1286] Dasselbe gilt bei einem Ausbeutungsverbot für Bodenbestandteile, wenn ein öffentlich-rechtliches Abbauverbot auf Dauer besteht bzw. in Kraft tritt.[1287] Eine Grunddienstbarkeit, deren Zweck in der Verhinderung des Einblicks in einen jüdischen Begräbnisplatz besteht, kann nur gelöscht werden, wenn ausgeschlossen ist, dass jemals wieder Bestattungen durch die Jüdische Gemeinde stattfinden; nicht ausreichend ist dagegen, dass seit ca. 170 Jahren keine Bestattungen mehr erfolgten.[1288] Ein Wasserleitungsrecht kann als gegenstandslos von Amts wegen gelöscht werden, wenn es für die Benutzung des Grundstücks des Berechtigten in Gegenwart und Zukunft jeden Vorteil verloren hat, da ein öffentlich-rechtlicher Anschluss- und Benutzungszwang angeordnet wurde.[1289] Der Vorteil entfällt jedoch nicht auf die Dauer, wenn in der entsprechenden Satzung Befreiungsmöglichkeiten vorgesehen sind.[1290] Ohne Einfluss auf die bestehende Grunddienstbarkeit ist es grundsätzlich auch, wenn ein Bebauungsplan die Nutzungsmöglichkeit eines Grundstücks in Widerspruch zum Inhalt der Dienstbarkeit ändert.[1291] Eine Grunddienstbarkeit erlischt jedoch, wenn das dienende Grundstück untergeht. 368

Ein **Fahrtrecht** erlischt nicht bereits durch Zerstörung des Gebäudes auf dem herrschenden Grundstück, zu dessen Erreichbarkeit es bestellt wurde.[1292] Es bleibt ferner bestehen, auch wenn es aufgrund der derzeitigen Bebauung nicht ausgeübt werden kann.[1293] Auch eine Beschränkung, deren Bestellung seinerzeit durch öffentlich-rechtliche Vorschriften veranlasst wurde, erlischt nicht, wenn diese öffentlich-rechtlichen Vorschriften außer Kraft treten.[1294] Allerdings kann bei der Bestellung der Grunddienstbarkeit etwas anderes vereinbart werden. Die lediglich theoretische Möglichkeit, dass die Grunddienstbarkeit in ferner Zukunft einmal wieder von Bedeutung sein könnte, verhindert ein Erlöschen nicht. Andernfalls könnte eine Grunddienstbarkeit nie wegen Vorteilswegfall untergehen. Deshalb erlischt ein Wegerecht, wenn die betroffene 369

---

nen zwar Inhalt eines Leibgedings, einer Leibzucht eines Altenteils oder Auszugs sein (§ 49 GBO): meist handelt es sich wegen der Versorgungsfunktion jedoch um beschränkte persönliche Dienstbarkeiten. Vgl. auch *Bengel*, MittBayNot 1970, 133 ff; *Drischler*, Rpfleger 1983, 229 ff. u. *Hagena*, BWNotZ 1975, 73 ff.

1285 BGH, WM 1966, 739; BGH, NJW 1980, 179; BGH, NJW 1984, 2157; BGH, NJW 1985, 1025; BGH, NJW-RR 1988, 1229; BGH, VIZ 1999, 225; BayObLG, MittBayNot 1971, 201; BayObLGZ 1986, 218, 223 = NJW-RR 1986, 1206; BayObLGZ 88, 14 = NJW-RR 1988, 781 = BayVBl. 1985, 733 = Rpfleger 1988, 246 = RdL 1988, 148; OLG München, MDR 1983, 934; OLG Nürnberg, Urt. v. 31. 5. 1990 – 8 U 1392/88 (n. v.); OLG Köln, OLGZ 1981, 16 = Rpfleger 1980, 389; vgl. auch OLG Zweibrücken, OLGZ 1987, 27.

1286 OLG Köln, OLGZ 1981, 16 = Rpfleger 1980, 389.

1287 BGH, NJW 1985, 1025.

1288 BGH, VIZ 1999, 225.

1289 BayObLGZ 1986, 218, 224; BayObLGZ 1988, 14 u. BayObLG, DNotZ 1999, 507 = MittBayNot 1998, 255.

1290 BayObLG, NJW-RR 1989, 1495.

1291 Vgl. BGH, NJW 1967, 1609.

1292 BGH, NJW 1980, 179 = DNotZ 1980, 478.

1293 OLG München, Urt. v. 17. 7. 1979 – 5 U 2319/79 (n. v.).

1294 BGH, MittBayNot 1970, 47 = WM 1970, 193.

Fläche als öffentliche Verkehrsfläche gewidmet wird und es nach dem regelmäßigen Verlauf der Dinge ausgeschlossen ist, dass die Straße wieder eingezogen wird.[1295] Keine Gegenstandslosigkeit des Wegerechts ist gegeben, weil das herrschende Grundstück anderweitig erreichbar ist.[1296]

370 Kein Erlöschensgrund ist das **Überschreiten der Befugnisse** aus der Grunddienstbarkeit durch den Eigentümer des herrschenden Grundstücks. Der Eigentümer des dienenden Grundstücks kann nur den Abwehranspruch aus § 1004 BGB geltend machen.[1297]

371 Die Ausübung der Grunddienstbarkeit wird auch nicht unmöglich, wenn sich der Bedarf des herrschenden Grundstücks ändert. Denn dieser Bedarf ist wandelbar.[1298] Ebenso liegt keine dauernde Unmöglichkeit der Ausübung vor, wenn der Dienstbarkeitsberechtigte den Plan zur Nutzung des dienenden Grundstücks aufgibt, solange objektiv die Möglichkeit der Nutzung gegeben ist.[1299] Allerdings darf nicht nur eine fern liegende theoretische Nutzungsmöglichkeit bestehen. Die Grunddienstbarkeit bleibt bei einer **Änderung der tatsächlichen Verhältnisse** unberührt, solange und soweit noch eine teilweise Nutzung möglich ist.

372 **Beweispflichtig** für das Erlöschen der Dienstbarkeit ist der Eigentümer des dienenden Grundstücks.[1300]

373 Löschung aufgrund eines dauernden Unmöglichwerdens bedeutet **Grundbuchberichtigung** entweder durch Bewilligung oder Unrichtigkeitsnachweis nach § 22 I GBO. Möglich ist auch ein Verfahren nach §§ 84 ff. GBO auf Löschung von Amts wegen bei einer gegenstandslosen Eintragung.[1301]

7. Bedingungseintritt, Befristung (§§ 158 II, 163 BGB)

374 Eine Grunddienstbarkeit erlischt auch mit Eintritt einer **auflösenden Bedingung** oder eines **Endtermins**.[1302] Als auflösende Bedingung kann auch der Eintritt eines bestimmten Ereignisses (z. B. bei einem Fahrtrecht Anschluss des herrschenden Grundstücks an die öffentliche Straße) vereinbart werden. Im Wege einer auflösenden Bedingung kann auch eine gewisse Annäherung an ein persönliches Recht erzielt werden. Dies ist beispielsweise der Fall, wenn eine Grunddienstbarkeit dadurch auflösend bedingt ist, dass sie entfällt, falls das Eigentum am herrschenden Grundstück auf andere Personen übergeht als den derzeitigen Inhaber und/oder dessen Abkömmlinge. Dagegen bleibt eine Kündigung des schuldrechtlichen Grundgeschäftes auf den Bestand der Dienstbarkeit grundsätzlich ohne Auswirkung; etwas anderes gilt nur dann, wenn die Unwirksamkeit des Grundgeschäfts oder seine Kündigung als auflösende Bedingung der Dienstbarkeit vereinbart wurde.[1303]

8. Buchversitzung

375 Ist die Grunddienstbarkeit **versehentlich** im Grundbuch **gelöscht** worden, so erlischt der dingliche Anspruch des Berechtigten auf Duldung der Benutzung, wenn er verjährt ist (§§ 901, 1028 I BGB i. V. mit §§ 194 ff. BGB).[1304] Zu unterscheiden von dieser Tabularverschweigung, die die dauernde Unrichtigkeit des Grundbuches verhindern will, ist der

---

[1295] Ebenso OLG Düsseldorf, MDR 1995, 471 = MittBayNot 1995, 390; OLG Dresden, VIZ 1997, 244; Staudinger/*Mayer*, § 1019 Rn. 11 u. NK-BGB/*Otto*, § 1019 Rn. 27; teilw. abw. BayObLGZ 1971, 1 = MittBayNot 1971, 201 u. KEHE/*Herrmann*, GBO, Einl. N 38.

[1296] BayObLG, ZfIR 2003, 341.

[1297] BGH, NJW 1965, 2340 u. BGH, WM 1981, 129.

[1298] BGH, MittBayNot 1975, 163, 164 = WM 1975, 625.

[1299] KEHE/*Herrmann*, GBO, Einl. N 38.

[1300] Palandt/*Bassenge*, § 1018 Rn. 35.

[1301] Palandt/*Bassenge*, § 1018 Rn. 35.

[1302] S. nur BayObLG, MDR 1983, 227.

[1303] BayObLG, MittBayNot 1990, 39.

[1304] S. dazu Rn. 359 ff.

Grundbuchberichtigungsanspruch, der unverjährbar ist (§ 898 BGB). Allerdings entfällt der Berichtigungsanspruch wiederum, wenn das (nicht eingetragene) Recht aufgrund der Buchversitzung erloschen ist.

9. Gesetzliche Vorschriften

Die Grunddienstbarkeit kann aufgrund der Regelungen in verschiedenen gesetzlichen 376
Bestimmungen, bzw. der darauf gestützten Verwaltungsakte, erlöschen z. B. aufgrund einer Zwangsversteigerung, im Umlegungsverfahren (§§ 61, 80 IV BauGB), während einer Flurbereinigung (§ 49 I 1 FlurbG)[1305] und bei einer Enteignung (z. B. § 86 I Nr. 2 BauGB).[1306] Beispiele im Umlegungsverfahren sind die Aufhebung bereits gegenstandsloser Grunddienstbarkeiten (z. B. Wasserentnahmerecht aus nicht mehr vorhandenem Brunnen), durch die Umlegung gegenstandlos werdende Grunddienstbarkeiten (z. B. Fahrtrecht auf gewidmeter Straße, Leitungsrecht wegen Anschlusszwang) und von Grunddienstbarkeiten, die der Verwirklichung des Bebauungsplans entgegenstehen (z. B. Bauverbot, Anbaurecht bei Baulinien).[1307] Im Grundbuch nicht eingetragene **Mitbenutzungsrechte** im Beitrittsgebiet, wie in Art. 233, § 5 EGBGB bezeichnet,[1308] gelten ab dem 1. 1. 2001 als erloschen, wenn bis zu diesem Zeitpunkt die Eintragung im Grundbuch nicht beantragt wurde. Ein gutgläubiger Erwerb ist deshalb möglich.[1309]

VI. Altrechtliche Dienstbarkeiten

Dienstbarkeiten, die schon **vor Anlegung des Grundbuchs** (Art. 186 EGBGB) bestan- 377
den, bedürfen zur Erhaltung ihrer Wirksamkeit gegenüber dem öffentlichen Glauben des Grundbuchs – vorbehaltlich einer abweichenden landesrechtlichen Regelung –[1310] nicht der Eintragung (Art. 187 I 1 EGBGB).[1311] Erst nach Anlegung der Grundbücher konnten die Dienstbarkeiten nur mehr durch Einigung und Eintragung (§ 873 BGB) begründet

[1305] Vgl. *Schwantag/Wingerter*, FlurbG, 8. Aufl. 2008, § 49 Rn. 2.

[1306] Zur Enteignung bei zu Unrecht gelöschten Dienstbarkeiten s. OLG Hamm, NJW 1966, 1132.

[1307] S. nur *Otte*, in Ernst/Zinkahn/Bielenberg/Krautzberger, BauGB, § 61 Rn. 9.

[1308] Nicht Mitbenutzungsrechte nach § 321 I 4 ZGB-DDR (BGHZ 138, 266, 230 – LKV 1999, 287 = VIZ 1998, 397 = WM 1998, 1352).

[1309] Vgl. auch § 8 GBBerG i. V. m. § 13 SachenRDV, wonach die Mitbenutzungsrechte im Beitrittsgebiet mit Ablauf des 31. 12. 2000 erloschen, wenn nicht der Eigentümer des Grundstücks vorher das Bestehen des Rechts in der Form des § 29 GBO anerkannt und die entsprechende Grundbucheintragung bewilligt hat oder der jeweilige Berechtigte von dem Eigentümer vorher die Abgabe dieser Erklärung in einer die Verjährung unterbrechenden Weise (vgl. § 209 BGB a. F.) gefordert hat (zur Eintragung des Rechtshängigkeitsvermerks s. § 8 IV GBBerG). Zur Unterausnahme für bestimmte Leitungstrassen s. § 9 GBBerG.

[1310] Es bestehen folgende Regelungen: § 31 AGBGB BW (Eintragung bis 31. 12. 1977 erforderlich, ausgenommen Schafweide- und Fischereirechte; vgl. aber OLG Karlsruhe, Justiz 1982, 49; 1983, 306 u. 1983, 457; OLG Stuttgart NJW-RR 1988, 308); § 37 BremAGBGB (keine Anmeldepflicht) u. §§ 44 ff. HambAGBGB (grundsätzlich Untergehen, aber Ausnahmen). Zu Besonderheiten im Beitrittsgebiet s. § 8 GBBerG. S. auch *Dehner*, DtZ 1996, 298 ff.; *Fischer*, AgrarR 1975, 132 ff.; *Gursky*, BWNotZ 1986, 58 ff.; *Hetzel*, BWNotZ 2000, 114 u. *Kamlah/Fischer*, MittBayNot 1972, 221 ff. u. 1973, 7 ff. Allg. zur Entwicklung *Möller*, Die Servituten, 2010, S. 365 ff.

[1311] Vgl. auch BGH, MittBayNot 1988, 174; BayObLGZ 1991, 425, 428; BayObLGZ 1996, 286 = NJW-RR 1998, 304 u. OLG Stuttgart, NJW 1998, 308. S. ferner *Riedel*, RdL 1952, 32 ff. u. *Böhringer*, NotBZ 2002, 117 ff. Etwas anderes gilt dagegen für Wassernutzungsrechte. Soweit sei nicht innerhalb einer Frist von drei Jahren nach einer öffentlichen Aufforderung die landesrechtlich unterschiedlich erging, zur Eintragung im Wasserbuch angemeldet wurden, sind sie erloschen (§ 19 WHG, § 16 WHG a. F.). Dies gilt allerdings nicht für Rechte, die im Grundbuch eingetragen sind (§ 16 II 3 WHG a. F.). S. dazu nur *Breuer*, Öffentliches und privates Wasserrecht, 3. Aufl. 2004, Rn. 284 ff.; *Grziwotz*, BayVBl. 2007, 428 f. u. BVerwG, NVwZ 2005, 1076 = BayVBl. 2007, 441 = DVBl. 2005, 1394 = UPR 2005, 454. Zur nunmehrigen Anmeldung alter Rechte s. § 21 WHG, wonach es beim bisherigen Erlöschen verbleibt und für noch nicht erloschene alte Rechte eine Anmeldung der Eintragung ins Wasserbuch (vgl. BeckOK UmweltR/*Reinhardt*, § 21 WHG Rn. 1) bis 1. 3. 2010 erforderlich ist, da sie sonst zum 1. 3. 2020 erlöschen.

werden. Insbesondere ist seit diesem Zeitpunkt das häufig behauptete Entstehen eines Gewohnheitsrechts nicht mehr möglich.[1312]

378 Altrechtliche Grunddienstbarkeiten bleiben mit ihrem sich aus den bisherigen Gesetzen ergebenden Inhalt und Rang **außerhalb des Grundbuchs** bestehen.[1313] Sie verhindern einen gutgläubigen lastenfreien Erwerb des belasteten Grundstücks auch bei unterbliebener Eintragung im Grundbuch.[1314] Ist ein altes Recht jedoch im Grundbuch eingetragen, so entfällt der Schutz des Art. 187 I 1 EGBGB.[1315] Die Eintragung hat auf den Inhalt der Dienstbarkeit keinen Einfluss. Sie bewirkt lediglich, dass sich eine Änderung oder Aufhebung des Rechts künftig nach den Vorschriften des BGB richtet.[1316] Unabhängig von der Eintragung gelten für altrechtliche Grunddienstbarkeiten die §§ 1020 bis 1028 BGB (Art. 184 S. 2 EGBGB); dagegen sind die §§ 1018 und 1019 BGB unanwendbar.[1317]

379 Die Eintragung einer altrechtlichen Grunddienstbarkeit hat zu erfolgen, wenn sie vom Berechtigten oder dem Eigentümer des belasteten Grundstücks beantragt wird. Die Kostentragungspflicht trifft denjenigen, der die Eintragung fordert; er hat die Gebühr gegebenenfalls vorzuschießen (Art. 187 I 2 EGBGB). Die Eintragung erfolgt im Wege der Grundbuchberichtigung.[1318] Für das Eintragungsverfahren gelten die Verfahrensvorschriften der Grundbuchordnung.[1319] Die Eintragung kann zum einen aufgrund einer **Bewilligung** des betroffenen Eigentümers, des Berechtigten[1320] und – zur Erlangung des richtigen Rangs – auch zwischenzeitlich eingetragener Dritter[1321] erfolgen; aus ihr muss sich ergeben, dass es sich um ein altes Recht handelt.[1322] Möglich ist bei Fehlen der erforderlichen Bewilligung auch eine Eintragung aufgrund eines **Unrichtigkeitsnachweises**.[1323] Der Nachweis der Unrichtigkeit des Grundbuchs erfolgt in der Form des § 29 GBO, d. h. durch öffentliche Urkunde.[1324] Dabei muss nachgewiesen werden, dass die Grunddienstbarkeit vor Grundbuchanlegung entstanden und später auch nicht erloschen ist. An diesen Nachweis werden strenge Anforderungen gestellt.[1325]

1312 AG Neuruppin, NJOZ 2005, 3217. Bis zur tatsächlichen Anlegung der Grundbücher konnten dagegen Dienstbarkeiten noch außerhalb des Grundbuchs erworben werden, nicht jedoch solche, die nach den Vorschriften des BGB nicht mehr begründet werden konnten (Art. 189 Abs. 1 S. 3 EGBGB).

1313 S. nur AG Waiblingen, BeckRS 2011, 29283 u. Schöner/*Stöber*, Grundbuchrecht, Rn. 1171 ff.

1314 BayObLG, DNotZ 1980, 103 = MittBayNot 1979, 225 = Rpfleger 1979, 381.

1315 LG Bayreuth, MittBayNot 1987, 200.

1316 BGB-RGRK/*Rothe*, § 1018 Rn. 38.

1317 OLG Naumburg, NJ 2002, 434 (LS). Vgl. auch Soergel/*Stürner*, § 1018 Rn. 51. Zur Besitzschutzvorschrift des § 1029 BGB s. die Spezialregelung in Art. 191 II EGBGB.

1318 BayObLGZ 1953, 80, 86; BayObLGZ 1967, 397, 401; BayObLG, DNotZ 1980, 103 = MittBayNot 1979, 225 = Rpfleger 1979, 381; BayObLGZ 1982, 400, 402; BayObLGZ 1988, 102, 105 = DNotZ 1989, 164; BayObLG, NJW-RR 1991, 724 = DNotZ 1991, 160 = Rpfleger 1990, 351; BayObLG, NJW-RR 1997, 466; vgl. auch OLG Schleswig, NJW-RR 1992, 465 u. OLG Karlsruhe, Rpfleger 2002, 304. Zur Verwirkung des Grundbuchberichtigungsanspruchs s. BGH, NJW 1993, 2178.

1319 BayObLG, DNotZ 1980, 103, 104 = MittBayNot 1979, 225 = Rpfleger 1979, 381; BayObLGZ 1985, 225, 228; BayObLGZ 1988, 102, 105 = DNotZ 1989, 64; BayObLG, NJW-RR 1997, 466 sowie LG Bayreuth, MittBayNot 1987, 200.

1320 Str., wie hier MünchKommBGB/*Säcker*, Art 187 EGBGB Rn. 4 Fn. 7 u. Schöner/*Stöber*, Grundbuchrecht, Rn. 1173; a. A. Staudinger/*Hönle*, Art. 187 Rn. 5 (der Eigentümer des dienenden Grundstücks kann allein die Eintragung herbeiführen), der aber übersieht, dass die Eintragung mit Rechtsfolgen für den berechtigten Eigentümer verbunden ist (Vermutung des § 891 BGB, Geltung der Vorschriften des BGB).

1321 Ebenso Schöner/*Stöber*, Grundbuchrecht, Rn. 1173.

1322 Schöner/*Stöber*, Grundbuchrecht, Rn. 1173.

1323 Zur Gewährung rechtlichen Gehörs s. LG Nürnberg-Fürth, MittBayNot 1992, 336.

1324 A. A. BayObLG, NJW-RR 1997, 466, 467, das einen formfreien Antrag genügen lässt; wie hier Schöner/*Stöber*, Grundbuchrecht, Rn. 1173 u. MünchKommBGB/*Säcker*, Art. 187 EGBGB Rn. 4.

1325 S. nur BayObLGZ 1991, 139, 142 = NJW-RR 1991, 1172; BayObLGZ 1995, 413, 415; BayObLG, NJW-RR 1991, 724 = DNotZ 1991, 160 = Rpfleger 1990, 351; BayObLG, NJW-RR 1997, 466; OLG Jena, OLG-NL 2000, 135 = NotBZ 2000, 65 = Rpfleger 2000, 210; BayObLG, NJW-RR 2001, 161; OLG Karlsruhe, BeckRS 2004, 10015 = Rpfleger 2002, 304; OLG München, NJOZ 2007, 4220 = MittBayNot 2007, 404 = OLGR 2007, 464 = RNotZ 2007, 487 = ZfIR 2007, 734; OLG Saarbrücken, NJW-RR 2008, 104 = RNotZ 2008, 103; OLG München, NJOZ 2009, 4559 = MDR 2009, 1409 = OLGR 2009, 839; OLG München, BeckRS 2010, 22327; vgl. auch OLG Düsseldorf, MittRhNotK 1998, 95 u. OLG Düsseldorf, RNotZ 2001, 44.

Kann der Beantragende weder den Urkundennachweis führen noch eine Bewilligung des Belasteten vorlegen, so muss er **Klage auf Grundbuchberichtigung** (§ 894 BGB) erheben. Dabei hat er alle Zweifel auszuräumen, die der Richtigkeit der begehrten Eintragung entgegenstehen würden.[1326] Eine Erwähnung im Beschrieb (Bestandsverzeichnis) des herrschenden Grundstücks ist allein noch kein ausreichender Nachweis dafür, dass ein entsprechendes Recht einmal begründet wurde.[1327] Im Prozess auf Erteilung einer Berichtigungsbewilligung trifft den Berechtigten nur die Beweislast für das Entstehen des alten Rechts, während der Eigentümer die rechtsvernichtende Einwendung des Erlöschens zu beweisen hat.[1328] Dagegen ist Voraussetzung für die Eintragung einer altrechtlichen Dienstbarkeit im Wege der Grundbuchberichtigung nicht nur der Nachweis ihres Entstehens, sondern auch ihres Fortbestehens. Der das Recht Behauptende muss daher nachweisen, dass das Recht nicht erloschen ist.[1329] Dieser Nachweis kann nicht durch eine notariell beurkundete eidesstattliche Versicherung eines Zeugen geführt werden, da diese nur der Glaubhaftmachung, nicht aber zum Nachweis einer Tatsache dient.[1330] Jedoch hat die Rechtsprechung dem Dienstbarkeitsberechtigten insofern geholfen, als von dem Nachweis des Nichterlöschens dann ohne weiteres ausgegangen werden kann, wenn das Erlöschen im Einzelfall eine bloß theoretische Möglichkeit darstellt.[1331] 380

Zur **Sicherung** des Grundbuchberichtigungsanspruchs auf Eintragung einer altrechtlichen Dienstbarkeit kann ein Widerspruch (§ 899 BGB) eingetragen werden.[1332] 381

Wird aufgrund der Bewilligung des Betroffenen eine altrechtliche Dienstbarkeit im Grundbuch eingetragen, so sollte zuvor deren **Inhalt sorgfältig geprüft** werden. Wurde ein Teil des Rechts nicht aufgeführt, so kann man entweder annehmen, dass die Beteiligten darauf verzichtet haben, oder aber, dass dieser Teil nicht eingetragen werden sollte und weiterhin als altrechtliche Dienstbarkeit bestehen bleibt. Im Zweifel wird von der ersten Alternative auszugehen sein. 382

Inhalt und Rang einer altrechtlichen Dienstbarkeit richten sich nach altem Recht.[1333] Zum Inhalt gehören insbesondere die Befugnisse des Berechtigten sowie die dafür geltenden Auslegungsregeln.[1334] Das alte Recht unterschied meist zwischen regulären Personalservituten, die im Wesentlichen den heutigen persönlichen Dienstbarkeiten, nämlich Nießbrauch und beschränkte persönliche Dienstbarkeit, entsprachen, den Realservituten, die ihrer Natur nach mit der heutigen Grunddienstbarkeit übereinstimmten, und den irregulären Personalservituten, die den Inhalt einer Grunddienstbarkeit hatten, aber einer Person, meist einer Gemeinde, zustanden.[1335] Für die **Bestimmung des Inhalts** kommt es vor allem auf das Wesen und den wirtschaftlichen Zweck des Rechts an.[1336] Für die praktisch wichtige Frage der Anpassung altrechtlicher Dienstbarkeiten an die wirtschaftlichen 383

1326 BayObLG, MittBayNot 1972, 234, 235; BayObLG, Rpfleger 1984, 463; BayObLGZ 1991, 139, 142 = NJW-RR 1991, 1172 u. OLG Karlsruhe, Justiz 1978, 295 = OLGZ 1978, 471. Von einer Unmöglichkeit des Nachweises geht LG Meiningen, OLG-NL 1994, 115 aus.

1327 BayObLG, DNotZ 1980, 103 = MittBayNot 1979, 225 = Rpfleger 1979, 381.

1328 BayObLGZ 1988, 102, 107 = DNotZ 1989, 104 u. BayObLGZ 1991, 139, 145 = NJW-RR 1991, 1172. Vgl. zum Nachweis OLG Zweibrücken, MittBayNot 2004, 128.

1329 BayObLGZ 1991, 139 = NJW-RR 1991, 1172; BayObLG, DNotZ 1993, 598 = BayVBl. 1993, 315 u. BayObLG, NJW-RR 1997, 466. Vgl. auch BayObLG, MittBayNot 2004, 192.

1330 BayObLG, DNotZ 1993, 598 = BayVBl. 1993, 315.

1331 BayObLGZ 1988, 102, 107; BayObLGZ 1991, 139, 144 = NJW-RR 1991, 1172; OLG Karlsruhe, BeckRS 2004, 10015 = Rpfleger 2002, 304 u. OLG München, NJOZ 2009, 4559 = ZfIR 2009, 787. S. auch LG Deggendorf, Urt. v. 7. 7. 2010 – 22 O 461/08 (n.v.).

1332 OLG Kiel, OLGZ 4, 292 u. Schöner/*Stöber*, Grundbuchrecht, Rn. 1174; a. A. MünchKommBGB/*Säcker*, Art. 187 EGBGB Rn. 4.

1333 Art. 184 S. 1 EGBGB; s. dazu nur BayObLGZ 1959, 478, 483; BayObLGZ 1962, 24, 36 u. BayObLGZ 1962, 341, 345. Zur Anwendbarkeit der §§ 1020 bis 1028 BGB s. Art. 184 S. 3 EGBGB. Auch der Erwerb richtet sich nach altem Recht (s. dazu BayObLGZ 1996, 286 = NJW 1998, 304).

1334 Vgl. nur BayObLGZ 1966, 129, 137; BayObLGZ 1976, 226, 234 u. BayObLGZ 1986, 89, 103.

1335 S. zur Abgrenzung BayObLG, MittBayNot 1990, 93 m. Anm. *Grziwotz* u. *Fischer*, AgrarR 1979, 132, 133.

1336 BGB-RGRK/*Rothe*, § 1018 Rn. 38.

und technischen Entwicklungen ist der Umfang der Grunddienstbarkeit zunächst nach altem Recht festzustellen; die Anpassung richtet sich dann nach neuem Recht.[1337] Eine Verpflichtung zur Abgabe einer Eintragungsbewilligung für eine im Maß erweiterte altrechtliche Dienstbarkeit besteht nur dann, wenn sich die Bedarfssteigerung in den Grenzen einer der Art nach gleichbleibenden Benutzung des herrschenden Grundstücks hält.[1338] Umstritten ist, ob altrechtliche Dienstbarkeiten auch zu einem positiven Tun verpflichten konnten.[1339]

384 Ein **gutgläubiger lastenfreier Erwerb** hinsichtlich einer unrichtig eingetragenen oder nach Eintragung zu Unrecht gelöschten altrechtlichen Dienstbarkeit ist nicht möglich.[1340]

385 **Die Aufhebung und das Erlöschen** der altrechtlichen Dienstbarkeiten sowie der Ausschluss des Berechtigten richten sich nach früherem Recht, solange die Grunddienstbarkeit nicht im Grundbuch eingetragen ist (Art. 189 III EGBGB).[1341] Nach Eintragung gilt das Recht des BGB.[1342] Für nicht eingetragene altrechtliche Dienstbarkeiten kann allerdings der Landesgesetzgeber abweichende Regeln über ihr Erlöschen erlassen (Art. 218 EGBGB).[1343] Kein Erlöschensgrund bildet dagegen ein gutgläubiger lastenfreier Erwerb gemäß § 892 BGB bei einer nicht eingetragenen altrechtlichen Grunddienstbarkeit (Art. 187 I 1 EGBGB).[1344] Zu beachten ist ferner, dass im Grundbuch nicht eingetragene altrechtliche Dienstbarkeiten in der Zwangsversteigerung aufgrund der Ausnahmeregelungen in § 9 EGZVG und Art. 30 II AGGVG grundsätzlich bestehen bleiben.

1337 BGH, WM 1964, 1024; BGH, WM 1966, 739, 741; BGH, WM 1966, 1300, 1301 u. OLG Naumburg, NJ 2002, 434 (LS).

1338 OLG Naumburg, NJ 2002, 434 (LS).

1339 Offen gelassen von BayObLG, MittBayNot 1990, 93. Zum Belastungsgegenstand s. *Grziwotz*, MittBayNot 1990, 93, 94.

1340 BayObLG, DNotZ 1990, 103 = MittBayNot 1989, 225 = Rpfleger 1979, 381.

1341 S. nur OLG Zweibrücken, NJW-RR 2003, 1316 = MittBayNot 2004, 128 = Rpfleger 2003, 645.

1342 Vgl. BGH, NJW-RR 2012, 346 = MDR 2012, 141 = Rpfleger 2012, 193 = ZfIR 2012, 75. Zur Löschung eines eingetragenen öffentlichen Rechts s. BayObLG, NVwZ-RR 1989, 659 = MittBayNot 1990, 33.

1343 Vgl. Art. 57 ff. BayAGBGB; § 37 BremAGBGB u. §§ 43 ff. HambAGBGB. Vgl. BGH, NZM 2012, 437 zum Weiterbestehen bei vergessener Übertragung aus dem Servitutenbuch.

1344 Zur Kenntnis von einer altrechtlichen Dienstbarkeit s. OLG Stuttgart, NJW-RR 1988, 308.

5. Teil. Der Nachbarstreit vor den Gerichten und die außergerichtliche Streitbeilegung

Übersicht

1 Wie in allen rechtlichen Auseinandersetzungen gilt auch in Nachbarschaftsstreitigkeiten der alte Grundsatz „Recht haben und Recht bekommen sind zwei Paar Stiefel". Die bisher dargestellte materielle Rechtslage in Nachbarschaftskonflikten muss daher noch ergänzt werden in Bezug auf die **Durchsetzung** nachbarrechtlicher Ansprüche.

2 Der Nachbarstreit vor den Gerichten ist dabei, worauf bereits hingewiesen wurde, besonders durch die **Zweigleisigkeit des Rechtsweges** – Zivilgerichte einerseits und Verwaltungsgerichte andererseits – geprägt. Im Folgenden wird daher zunächst der *Zivilprozess* dargestellt (A),[1] anschließend der *Verwaltungsgerichtsprozess* (B),[2] und schließlich die *außergerichtliche Streitbeilegung* (C).[3]

A. Zivilprozess

I. Allgemeines

3 Der Nachbarrechtsstreit vor den Zivilgerichten gestaltet sich meist als normales Klageverfahren. Zu einer Sachprüfung kommt es dabei nur, soweit die Klage *zulässig* ist (II); in der Sache geht es bei nachbarrechtlichen Klagen regelmäßig um *Eigentumsstörungsklagen* nach § 1004 BGB (III), *Besitzschutzklagen* nach §§ 861, 862 BGB (IV) und/oder *Schadensersatz- bzw. Entschädigungsklagen* (V). In eiligen Fällen ist der *vorläufige Rechtsschutz* von Bedeutung (VI), ausnahmsweise auch *Selbsthilfe* durch den Betroffenen (VII). Schließlich ist abschließend noch kurz auf das *Rechtsmittelrecht* einzugehen (VIII).

II. Zulässigkeit einer Klage

1. Rechtsweg

4 Die Zivilgerichte sind für Nachbarstreitigkeiten nur in den durch § 13 GVG gesteckten Grenzen zuständig; es muss sich daher um eine **Zivilsache** handeln, wobei im Nachbarrecht nur der Unterfall der *bürgerlichen Rechtsstreitigkeit* relevant ist. Demgegenüber gehören öffentlich-rechtliche Streitigkeiten nichtverfassungsrechtlicher Art nach § 40 I VwGO vor die Verwaltungsgerichte.[4] Für die Abgrenzung ist, wenn es an einer ausdrücklichen Rechtswegzuweisung fehlt, von der **wahren Natur des Rechtsverhältnisses** auszugehen, aus dem der Klageanspruch nach dem **Tatsachenvortrag des Klägers** hergeleitet wird; unerheblich ist, ob dieser sich auf eine zivilrechtliche oder eine öffentlich-rechtliche Anspruchsgrundlage beruft.[5] Wird dieser Tatsachenvortrag bestritten, so muss der Kläger ihn beweisen, außer es handelt sich um sog. doppelrelevante Tatsachen.[6] Ist der beschrittene Rechtsweg unzulässig, so ist nach § 17 a II GVG zu verfahren.

a) Öffentliche Hand als Störer

5 Die öffentliche Hand kann an einem nachbarrechtlichen Verhältnis, insbesondere an Immissionen oder sonstigen Störungen, sowohl hoheitlich als auch privatwirtschaftlich beteiligt sein.

---

[1] Dazu unten Rn. 3 ff.
[2] Dazu unten Rn. 130 ff.
[3] Dazu unten Rn. 253 ff.
[4] Dazu unten Rn. 138 ff.
[5] GmS-OBG, BGHZ 97, 312, 313 = NJW 1986, 2359; BGHZ 119, 93, 95 = NJW 1993, 789; BGH, NJW-RR 2008, 610; MDR 2009, 1185, 1186; BVerwGE 96, 71, 73 = NJW 1994, 2968; BVerwG, NVwZ-RR 2009, 308, 309; OLG Köln, BauR 2003, 516, 517; OLG München, OLGR 2006, 29, 30. Vgl. auch BayVGH, NJW 2005, 1882, 1883; BayVBl. 2007, 307; 2011, 372: § 1004 BGB analog bei Eigentumsbeeinträchtigung durch (schlicht)hoheitliches Handeln.
[6] BGHZ 183, 49, 54 f. = NJW 2010, 873.

6 **aa)** Bei einer Beteiligung **in hoheitlicher Funktion** ist stets der Verwaltungsrechtsweg gegeben;[7] dies gilt für *Abwehransprüche*[8] ebenso wie für *Folgenbeseitigungsansprüche*.[9] Hierher rechnet auch **schlichthoheitliches** Handeln im Rahmen der Daseinsvorsorge.[10] Der Abwehranspruch teilt dabei die Rechtsnatur des die Störung auslösenden Handelns.[11] Die bloße Erfüllung einer öffentlich-rechtlichen Aufgabe reicht für sich jedoch nicht,[12] da dies nicht selten auch in den Formen des Privatrechts möglich ist. Allerdings liegt eine öffentlich-rechtliche Streitigkeit dann vor, wenn die der Störung zugrunde liegende Grundstücksbenutzung auf einem **öffentlich-rechtlichen Planungs- und Funktionszusammenhang** beruht. Das ist insbesondere der Fall, wenn die Störung von einer Anlage oder Einrichtung ausgeht, die als öffentliche Einrichtung – zumindest konkludent – **gewidmet** ist, und zwar auch dann, wenn zur Regelung der Benutzungsverhältnisse im Innenverhältnis auf die Rechtsformen des Privatrechts zurückgegriffen wird.[13] Die Rechtsprechung hat dies ferner etwa bejaht für Lärmschutzklagen bei einem gemeindlichen Kinderspielplatz, der in einem Bebauungsplan vorgesehen, im Vollzug dieser Planung von der Gemeinde eingerichtet sowie in Dienst gestellt und damit einem öffentlichen Zweck gewidmet worden war.[14] Die Bestimmung über die Nutzung des Grundstücks erfolgte hier in den Formen des öffentlichen Rechts und die Vollstreckung eines stattgebenden Urteils zur Störungsabwehr würde zur Aufhebung oder Änderung einer hoheitlichen Maßnahme führen,[15] so dass die Sache nicht vor die Zivilgerichte gehört.

7 **bb)** Handelt die öffentliche Hand dagegen **nichthoheitlich**, so ist für Abwehransprüche der Zivilrechtsweg gegeben. Dies ist der Fall, wenn sie nur als Grundstückseigentümerin und damit rein **privatwirtschaftlich tätig** wird,[16] wie bei fiskalischer oder erwerbswirtschaftlicher Betätigung. Gleiches gilt, wenn sie sich zur Wahrnehmung öffentlicher Aufgaben der **Mittel und Formen des Privatrechts bedient**, die Tätigkeit also auf die Ebene des Privatrechts verlagert wird.[17] Letzteres kann durch vollständige *Auslagerung öffentlicher Aufgaben auf selbständige juristische Personen des Privatrechts* geschehen, wie einer GmbH oder AG,[18]

---

[7] BGHZ 29, 314, 317 = NJW 1959, 936; BGH, NJW 1993, 1656, 1657; BVerwGE 79, 254, 256 = NJW 1988, 2396 (Feuersirene). Gleiches gilt nach h. M. bei Abwehransprüchen gegen das *liturgische* Glockenläuten der **Kirchen**, vgl. BVerwGE 68, 62, 63 = NJW 1984, 989; anders dagegen beim bloßen *Zeitschlagen*, vgl. BVerwG, NJW 1994, 956.

[8] HessVGH, NJW 1993, 3088; BayVGH, NVwZ-RR 2004, 468.

[9] BVerwGE 40, 313, 322 = NJW 1973, 261; BVerwG, NJW 1985, 817; zum öffentlich-rechtlichen Folgenbeseitigungsanspruch s. unten Rn. 101.

[10] BGHZ 91, 20, 21 = NJW 1984, 1876; BGHZ 97, 97, 101 = NJW 1986, 2309 (je Kläranlage); BGH, MDR 1961, 918 (Überschwemmungen aus gemeindlicher Kanalisation); MDR 1972, 225; BVerwG, NJW 1974, 817, 818 (Kläranlage); OVG Münster, NJW 1984, 1982 (gemeindlicher Bauhof); OLG München, OLGR 2006, 29, 30 (Straßenbau).

[11] BGH, NJW 1997, 744.

[12] BGH, NJW 1993, 1656, 1657 (Jugendzeltplatz; insoweit in BGHZ 121, 248 nicht abgedruckt); BGHZ 155, 99, 106 f. = NJW 2003, 2377 (öffentliche Wasserversorgung durch AG).

[13] BayVGH, NVwZ-RR 2004, 468, 469.

[14] BGH, NJW 1976, 570. S. ferner BVerwGE 81, 197, 199 = NJW 1989, 1291 (gemeindl. Sportplatz); BVerwG, NJW 1974, 817, 818 (öffentl. Kläranlage); BayVGH, NVwZ 1987, 986 (Bolzplatz); BayVBl. 1996, 249 (Wertstoffsammelstellen); NVwZ 1997, 96 (gemeindl. Jugendzentrum); NVwZ 1999, 87; NVwZ-RR 2008, 524 (je gemeindl. Mehrzweckhalle); HessVGH, NVwZ-RR 2012, 21 (gemeindl. Kinderspielplatz). Die hoheitlichen Beziehungen dürfen aber noch nicht ihr Ende gefunden haben, vgl. BGH, MDR 1965, 985 (aufgegebene frühere Luftschutzanlage).

[15] S. BGHZ 41, 264, 266 = NJW 1964, 1472; BGH, NJW 1993, 1656, 1657; NJW 1997, 744, 745; OLG München, OLGR 2006, 375 = BayVBl. 2006, 478, 479; s. aber auch BGH, NJW-RR 2008, 610 f. (Grenzverwirrung als Bauhindernis).

[16] BGHZ 67, 81, 86 = NJW 1976, 1941; BayVGH, NVwZ-RR 2004, 468, 469; so bei land- und forstwirtschaftlicher Betätigung, vgl. *Dehner*, B § 38 X 2.

[17] BGH, NJW 1993, 1656, 1657 (Jugendzeltplatz der Gemeinde mit Vergabe der Zeltplätze durch privatrechtliche Mietverträge).

[18] BGH, NJW 1997, 744 (Deutsche Bahn AG); BGHZ 155, 99, 106 f. = NJW 2003, 2377 (öffentliche Wasserversorgung durch als AG betriebene Stadtwerke); vgl. ferner BGH, NJW 1995, 2295 (Deutsche Post AG).

sei es dass externe Unternehmen dauerhaft beauftragt werden,[19] oder aber dass die öffentliche Hand solche Unternehmen selbst gründet oder sich daran beteiligt.[20] Es reicht aber auch, dass die Durchführung *einzelner Maßnahmen* auf die Ebene des Privatrechts verlagert wird, wie bei Straßen- oder Kanalisationsbauarbeiten durch Beauftragung von Privatunternehmen; hierin liegt bei zulässiger Auslagerung eine privatwirtschaftliche Grundstücksbenutzung, soweit das private Unternehmen mit weitgehender Gestaltungsfreiheit handeln kann;[21] auch hier bleiben jedoch Planung und Anordnung der Maßnahme ebenso wie die Frage ihrer Rückgängigmachung hoheitliche Tätigkeit.[22] Überhaupt kann ein Hoheitsträger im Zivilrechtsweg nicht zu öffentlich-rechtlichen Abhilfemaßnahmen verurteilt werden.[23]

b) Privater Störer

Geht die Störung dagegen von einem privaten Störer aus, so ist unproblematisch der 8
Zivilrechtsweg gegeben. Auch der Umstand, dass der Störer etwa zur *Erfüllung des Klageanspruchs* einer **behördlichen Genehmigung** bedarf, macht hier die Streitigkeit noch nicht zu einer öffentlich-rechtlichen.[24] Gleiches gilt, wenn ein privater Störer sich zur *Rechtfertigung* auf einen bestehenden Verwaltungsakt beruft; für die Abwehr der Störung ist auch hier das Zivilgericht zuständig,[25] die Beurteilung von Wirksamkeit und Inhalt des Verwaltungsaktes ist insoweit nur **Vorfrage**; zu beachten hat das Zivilgericht jedoch die *Tatbestandswirkung* des Verwaltungsakts; *privatrechtsgestaltende* Verwaltungsakte können demgegenüber zivilrechtliche Ansprüche sogar vollständig ausschließen.[26] Streitigkeiten aus **Baulasten** gehören vor die Verwaltungsgerichte.[27]

c) Zivilsachen kraft Zuweisung

Den Zivilgerichten sind schließlich über die unmittelbaren Grenzen des § 13 GVG 9
hinaus noch verschiedene Sachen kraft Gesetzes zugewiesen. Hierbei handelt es sich um vermögensrechtliche Ansprüche aus **Aufopferung** (§ 40 II 1 VwGO), sowie Schadensersatzansprüche aus der Verletzung öffentlich-rechtlicher Pflichten, insbesondere **Amtshaftungsansprüche** (Art. 34 S. 3 GG i. V. m. § 839 BGB). Ferner nach Art. 14 III 4 GG alle Ansprüche auf **Enteignungsentschädigung**,[28] wozu jedenfalls Entschädigungen wegen *enteignenden Eingriffs* gehören; aber auch Entschädigungen wegen *enteignungsgleichen Eingriffs* gehören vor die Zivilgerichte.[29] Stets sind hier allerdings allein die Ansprüche auf **Geldersatz** den Zivilgerichten zugewiesen, Ansprüche auf Folgenbeseitigung[30] gehören dagegen vor die Verwaltungsgerichte.

---

[19] BGH, DVBl. 1983, 1061 (privates Müllunternehmen).

[20] BVerwGE 61, 222, 225 = DVBl. 1981, 637.

[21] BGHZ 72, 289, 292 = NJW 1972, 164; BGH, NJW-RR 1988, 136, 137 (Kanalisationsbau); NJW 1979, 1679; 1984, 79 (Straßenbau); OLG Düsseldorf, VersR 1972, 158 (Straßenbau); OLG Celle, OLGR 1998, 105 (Kanalisationsbau); OLG Frankfurt, OLGR 2006, 16 (Kanalisationsbau); OLG München, OLGR 2006, 29, 30 (Straßenbau).

[22] BGH, VersR 1973, 962; OLG München, OLGR 2006, 29, 30.

[23] OLG München, NJW-RR 2000, 681 (Sperrzeitverlängerung).

[24] BGH, NJW 1984, 1242 (genehmigungspflichtige Verlegung der Haltestelle eines privaten Busunternehmens); NJW 1997, 744, 745; zur Fassung des Klageantrags in diesen Fällen s. unten Rn. 59.

[25] BGH, MDR 1967, 913 (genehmigte Kirmesveranstaltung); NJW 1997, 744 (Bauarbeiten an Eisenbahntunnel).

[26] Dazu im Einzelnen oben Teil 1 Rn. 104 ff.

[27] Vgl. BVerwG, NJW 1993, 480. Dagegen Zivilrechtsweg für Klage auf Abgabe einer Baulasterklärung, auf die Anspruch aus bürgerl. Recht besteht, vgl. BGHZ 106, 348 = NJW 1989, 1607.

[28] Dazu unten Rn. 100.

[29] BGHZ 122, 76, 79 = NJW 1993, 1700 (enteignender Eingriff); BGHZ 128, 204, 208 = NJW 1995, 964 (enteignungsgleicher Eingriff); Musielak/*Wittschier*, § 13 GVG Rn. 20 m. w. N.; s. aber auch *Kopp/Schenke*, VwGO, § 40 Rn. 61 im Hinblick auf die Änderung des § 40 II 1 VwGO zum 1. 1. 2002.

[30] Dazu unten Rn. 101.

d) Rechtswegkonzentration

10 Nach § 17 II 1 GVG hat das Gericht des zulässigen Rechtsweges den Rechtsstreit unter **allen in Betracht kommenden rechtlichen Gesichtspunkten** zu entscheiden. Wird daher ein Störer vor dem Zivilgericht als privater Grundstückseigentümer auf Beseitigung oder Unterlassung der Störung in Anspruch genommen, so scheitert eine spätere Störungsabwehrklage gegen ihn vor dem Verwaltungsgericht als Betreiber einer (behaupteten) öffentlichen Einrichtung, die dieselbe Störung zum Gegenstand und damit auch **denselben Streitgegenstand** wie die Zivilklage hat, am Einwand anderweitiger Rechtshängigkeit bzw. entgegenstehender Rechtskraft; das Zivilgericht hat hier nämlich nicht nur den zivilrechtlichen Abwehranspruch, sondern auch den öffentlich-rechtlichen zu prüfen.[31]

2. Zuständiges Gericht

a) Internationale Zuständigkeit

11 Für Beseitigungs- und Unterlassungsklagen aus Eigentumsbeeinträchtigung (§ 1004 BGB), die ein im EU-Ausland wohnender Beklagter im Inland begangen hat, besteht der deutsche Wahlgerichtsstand des **Art. 5 Nr. 3 EuGVVO**.[32] Der ausschließliche Gerichtsstand des Art. 22 Nr. 1 EuGVVO gilt dagegen für Beseitigungs- und Schadensersatzklagen aus Eigentumsverletzung nicht.[33]

b) Sachliche Zuständigkeit

12 Die sachliche Zuständigkeit der Zivilgerichte richtet sich nach §§ 23, 71 GVG. Nach § 23 Nr. 1 GVG ist daher das **Amtsgericht** zuständig für Streitigkeiten, deren Wert 5.000 € nicht übersteigt. Der hierfür maßgebliche Zuständigkeitsstreitwert bestimmt sich nach §§ 3 ff. ZPO.[34] Die Bezifferung ist dabei unproblematisch, soweit es sich um Zahlungsklagen handelt. Dagegen ist bei nachbarlichen Beseitigungs- und Unterlassungsansprüchen im Rahmen von **Eigentumsfreiheits- oder Besitzschutzklagen** regelmäßig auf das wirtschaftliche *Interesse des beeinträchtigten Nachbarn* an der Abwehr der Störung abzustellen;[35] dies wird regelmäßig[36] die bei der voraussichtlichen Dauer der Störung eintretende Wertminderung seines Grundstücks sein;[37] der für die Beseitigung der Störung erforderliche Kostenaufwand ist dagegen grundsätzlich unerheblich, diese Kosten können allenfalls mittelbar von Bedeutung sein, wenn sich hieraus Anhaltspunkte für die störungsbedingte Wertminderung ergeben.[38] Ebenso wenig kommt es auf die Art der Rechtsverteidigung des Beklagten an.[39] Bei Mietern von Wohnraum erscheint schließlich eine Bewertung auf der Grundlage der infolge der Störung in Betracht kommenden

---

[31] BayVGH, NVwZ-RR 2004, 224, 225 f.

[32] BGH, NJW 2006, 689.

[33] BGH, NJW 2008, 3502, 3503.

[34] Zum Streitwert eines Notwegeprozesses s. oben Teil 4 Rn. 80.

[35] BGH, NJW 1998, 2368; NJW 2006, 2639, 2640; 10. 4. 2008 – V ZR 154/07; OLG Düsseldorf, NJW-RR 2001, 160 (Beseitigung von Bäumen); OLG Frankfurt, NJW-RR 2008, 534 (Lärm- und Geruchsbelästigung). Dagegen sind bei einer **negativen Feststellungsklage** des *Störers*, dass ihn keine Beseitigungspflicht trifft, für die Wertbemessung die Beseitigungskosten maßgeblich, vgl. BGH, WuM 2004, 352, 353 (Garage). Zu **Ehrverletzungen** unter Nachbarn s. BGH, WuM 2006, 396 (je nach Fall auch Wert erheblich unter der Berufungssumme).

[36] Lässt sich die Wertminderung allerdings – etwa wegen des Bagatellcharakters der Störung – nur schwer ermitteln, während gleichzeitig feststeht, dass der Kläger die Beeinträchtigung mit verhältnismäßig geringem Aufwand abwehren kann, kann sein Interesse auch nach diesen Kosten bemessen werden, vgl. BGH, WuM 2011, 296 (Klage auf Betretungsverbot wegen mehrfachen Nichtschließens des Hoftors durch Besucher des wegeberechtigten Hinterliegers und Möglichkeit automatischer Schließvorrichtung für 150 €).

[37] BGH, NJW-RR 1986, 737; NZM 2007, 300 (LS); 2010, 215 (je Überbau); 10. 4. 2008 – V ZR 154/07 (störende Gegenstände); ZfIR 1998, 749 (Kabeltrasse); GuT 2010, 128 (Geruchsimmissionen); WuM 2011, 296 (Betretungsverbot); OLG Koblenz, JurBüro 1995, 27 (Immissionen i. S. v. § 906 BGB).

[38] BGH, NJW 2006, 2639, 2640; 10. 4. 2008 – V ZR 154/07.

[39] *Schneider/Herget*, Streitwert-Komm., Rn. 1906; OLG Köln JurBüro 1990, 246.

Mietminderung sachgerecht.[40] Klagen *Miteigentümer* gegen eine Störung, so ist dies ein wirtschaftlich identischer Streitgegenstand, weshalb der Wert ihrer Klagen nicht nach § 5 ZPO zu addieren ist.[41] Die Bemessung des Zuständigkeitsstreitwerts gilt auch für den Gebührenstreitwert (§ 48 I 1 GKG). Im Gegensatz zum Vorstehenden bemisst sich der Wert der **Beschwer** des Rechtsmittelführers bei *Unterliegen des Beklagten* nach den *Kosten einer Ersatzvornahme* aus dem erstinstanzlichen Urteil, so dass sie auch höher sein kann als der Streitwert erster Instanz;[42] für den Gebührenstreitwert bildet jedoch der Streitwert erster Instanz die Obergrenze (§ 47 II 1 GKG). Besteht die ausgeurteilte Verpflichtung des Beklagten in einer *wiederkehrenden Leistung*, so ist § 9 ZPO einschlägig.[43] Wurde der Beklagte schließlich zu einer *Duldung* verurteilt, so bemisst sich die Beschwer nach seinem wirtschaftlichen Interesse an der Abwehr des ausgeurteilten Duldungsanspruchs.[44] Auch wenn Nachbarschaftsstreitigkeiten in Klagen vielfach durch übersetzte Streitwertangaben zu viel Ehre angetan wird, so wird die Streitwertgrenze für eine amtsgerichtliche Zuständigkeit tatsächlich nur dort überschritten sein, wo es um Angelegenheiten von objektiv größerer Bedeutung geht.

Für solche Streitwerte über 5.000 € ist dann erstinstanzlich das **Landgericht** zuständig (§ 71 I GVG). Daneben besteht eine streitwertunabhängige ausschließliche sachliche Zuständigkeit des Landgerichts für alle Klagen aus Amtspflichtverletzung (§ 71 II Nr. 2 GVG). Ferner haben die meisten Länder auf der Grundlage des § 71 III GVG den Landgerichten insbesondere Klagen auf Enteignungsentschädigung und ähnliche Entschädigungsklagen wegen Verfügungen von Verwaltungsbehörden zugewiesen.[45]

c) Örtliche Zuständigkeit

13 Die örtliche Zuständigkeit der Zivilgerichte bestimmt sich nach §§ 12 ff. ZPO. Grundsätzlich kann daher der Beklagte zwar, wenn es sich um eine natürliche Person handelt, stets an seinem Wohnsitz (§§ 12, 13 ZPO), wenn es sich um eine juristische Personen handelt, an ihrem Sitz (§§ 12, 17 ZPO) verklagt werden. Hiervon besteht jedoch bei Nachbarprozessen eine wichtige Ausnahme: **§ 24 I ZPO** bestimmt einen **ausschließlichen** *dinglichen Gerichtsstand* am **Belegenheitsort des beeinträchtigten Grundstücks**. Dieser gilt insbesondere für Klagen, durch die das Eigentum, eine dingliche Belastung oder die Freiheit von einer solchen geltend gemacht wird, und damit für alle Abwehrklagen aus § 1004 BGB oder nach Landesnachbarrecht;[46] ferner auch für Grenzscheidungs- (§§ 919–923 BGB), Teilungs- und grundstücksbezogene Besitzschutzklagen (§§ 861, 862 BGB). Bei Grunddienstbarkeiten kommt es auf die Lage des dienenden Grundstücks an (§ 24 II ZPO). Abweichende Gerichtsstandsvereinbarungen sind hier wegen der Ausschließlichkeit des Gerichtsstandes unzulässig (§ 40 II 1 Nr. 2 ZPO); ebenso wenig kann die Zuständigkeit eines anderen Gerichts durch rügelose Einlassung begründet werden (§ 40 I 2 ZPO).

14 Am dinglichen Gerichtsstand können nach **§ 26 ZPO** – ohne dass eine dingliche Klage tatsächlich anhängig sein muss – auch **persönliche Klagen** erhoben werden, die sich gegen den Eigentümer oder Besitzer einer unbeweglichen Sache als solchen richten, sowie Klagen wegen Beschädigung eines Grundstücks. Im ersteren Fall der Klage gegen den Eigentümer bzw. Besitzer müssen diese gerade in dieser Eigenschaft passiv legitimiert sein.[47] Hierunter fallen etwa Klagen gegen den Besitzer aus § 908 BGB, auf Überbauent-

---

[40] OLG Frankfurt, NJW-RR 2008, 534; s. ferner BGH, NJW 2000, 2901, 2902 (zu Störung durch den Vermieter).

[41] BGH, NJW-RR 1987, 1148.

[42] BGHZ 124, 313, 319 f. = NJW 1994, 733, 735; BGH, NJW-RR 2005, 1011, 1012; NJW 2006, 2639, 2640; 16. 11. 2006 – V ZR 97/06; 14. 10. 2010 – V ZR 40/10.

[43] BGH, NJW-RR 2012, 82, 83 (jährliches Zurückschneiden einer Hecke).

[44] BGH, ZfIR 2003, 265 (LS); GE 2011, 1080.

[45] Z. B. Art. 9 BayAGGVG, § 6 ThürAGGVG.

[46] BayObLGZ 1996, 14, 16 (zu Art. 47 ff. BayAGBGB).

[47] OLG Stuttgart, NJW-RR 1999, 744 m. w. N.

schädigung nach § 913 BGB, auf gemeinschaftliche Benutzung nach § 921 BGB sowie Klagen zur Regelung der Benutzung und Unterhaltung einer Grenzeinrichtung nach § 922 BGB.[48] Der zweitere Fall der Klage von Eigentümer bzw. Besitzer umfasst alle Klagen wegen einer Beschädigung ihres Grundstücks unabhängig vom Rechtsgrund der Klage, also etwa solche aus §§ 1004, 823, 836, 837, 904 S. 2 BGB.[49] Im Konkurrenzfalle geht § 24 ZPO als ausschließlicher Gerichtsstand dem § 26 ZPO vor.[50]

3. Klageantrag

15 Der Klageantrag muss auch im Nachbarrechtsstreit nach § 253 II Nr. 2 ZPO hinreichend **bestimmt** sein.[51] Gerade im Zusammenhang mit Abwehrklagen ist dabei zwar das **Abwehrziel konkret anzugeben**. Demgegenüber obliegt dem Beklagten regelmäßig die Wahl der Mittel, wie er dem Urteil nachkommt, die konkret **zu treffenden Maßnahmen** sind daher im Erkenntnisverfahren grundsätzlich noch **offen** zu lassen; erst in der Zwangsvollstreckung kann der Gläubiger dann seinerseits die Wahl der Mittel treffen.

4. Maßgeblicher Zeitpunkt

16 Das Gericht prüft das Vorliegen der Zulässigkeitsvoraussetzungen der Klage **von Amts wegen**. Sie müssen grundsätzlich im Zeitpunkt des **Schlusses der letzten mündlichen Verhandlung** vorliegen;[52] ansonsten ist die Klage als unzulässig abzuweisen. Anders verhält es sich allerdings im Falle der Erforderlichkeit eines *Schlichtungsverfahrens* (§ 15 a EGZPO) nach Landesrecht. Dieses muss dann bereits *vor* Klageerhebung durchgeführt werden und kann später im Prozess auch *nicht nachgeholt* werden.[53]

III. Eigentumsfreiheitsklage (§ 1004 BGB)

17 Der Eigentümer eines Grundstücks kann nach **§ 903 S. 1 BGB** mit seinem Eigentum grundsätzlich nach Belieben verfahren, insbesondere andere von jeder Einwirkung ausschließen. Konkretisiert wird diese Ausschließungsbefugnis durch die Vorschriften der §§ 985, 1004 BGB. Nach **§ 985 BGB** kann er bei *Entziehung oder Vorenthaltung des Besitzes* Herausgabe verlangen; *aller anderen Fälle der Beeinträchtigung* seines Eigentums kann er sich nach **§ 1004 BGB** erwehren.[54] Beide Vorschriften vermitteln daher einen umfassenden privatrechtlichen[55] Schutz gegen Beeinträchtigungen des Eigentums,[56] wobei neben § 1004 BGB auch noch die Sondervorschriften der §§ 907–910 BGB anwendbar sind.[57] Der Abwehranspruch aus § 1004 BGB, auch *Eigentumsfreiheitsklage* oder negatorischer Anspruch (*actio negatoria*) genannt, hat dabei gerade in nachbarschaftlichen Konfliktlagen eines seiner Hauptanwendungsgebiete.

---

[48] OLG Stuttgart, NJW-RR 1999, 744 (zu § 922 BGB); MünchKommZPO/*Patzina*, § 26 Rn. 2.

[49] Musielak/*Heinrich*, § 26 Rn. 6; Zöller/*Vollkommer*, § 26 Rn. 3.

[50] MünchKommZPO/*Patzina*, § 26 Rn. 6.

[51] S. im Einzelnen oben Teil 3 Rn. 205 f. (§ 908 BGB), Teil 3 Rn. 256 f. (§ 909 BGB), Teil 4 Rn. 70 ff. (§ 917 BGB) sowie unten Rn. 58 ff. (§ 1004 BGB).

[52] BGH, NJW 1980, 520.

[53] BGHZ 161, 145, 148 = NJW 2005, 437. S. allgemein zum Schlichtungsverfahren unten Rn. 253 ff.

[54] Beide Vorschriften können auch *nebeneinander* anwendbar sein, beim Beseitigungsanspruch etwa bei unberechtigter Nutzung oder Überbau, der Unterlassungsanspruch steht bei Besitzentziehung stets neben § 985 BGB; vgl. Bamberger/Roth/*Fritzsche*, § 1004 Rn. 115.

[55] Bei dem öffentlichen Recht zuzurechnenden Eingriffen, mit denen die Aufhebung oder Änderung einer hoheitlichen Maßnahme begehrt wird, ist dagegen ein Anspruch nach § 1004 BGB ausgeschlossen; hier kommt stattdessen ein öffentlich-rechtlicher Folgenbeseitigungsanspruch in Betracht, vgl. OLG München, OLGR 2006, 375, 376 = BayVBl. 2006, 478, 480. Zum FBA s. unten Rn. 101.

[56] BGH, NJW 2005, 1366; NJW 2007, 2182.

[57] BGHZ 60, 235, 241 = NJW 1973, 703 (zu § 910 BGB); MünchKommBGB/*Baldus*, § 1004 Rn. 11, 131.

1. Anwendungsbereich

Die Vorschrift schützt unmittelbar nur das **Eigentum**. Kraft gesetzlicher Verweisung ist sie darüber hinaus auf zahlreiche **beschränkte dingliche Rechte** anwendbar.[58] Schließlich gilt § 1004 BGB in weiteren Fällen analog (sog. *quasinegatorischer Anspruch*). Dies betrifft einmal alle **absoluten Rechte**, auch soweit sie keinen speziell normierten eigentumsähnlichen Schutz genießen,[59] wie das allgemeine Persönlichkeitsrecht[60] und das Recht am eingerichteten und ausgeübten Gewerbebetrieb;[61] schließlich die **deliktisch geschützten Rechtsgüter**, wozu Leben, Gesundheit und Freiheit ebenso gehören wie die über § 823 II BGB erfasste Verletzung von privat- wie auch öffentlich-rechtlichen Schutzgesetzen.[62] *Nicht* geschützt ist dagegen der bloße *Besitz*, für den sich spezielle Vorschriften in den §§ 858 ff. BGB finden.[63] 18

2. Anspruchsvoraussetzungen

a) Eigentumsbeeinträchtigung

Eine Eigentumsbeeinträchtigung liegt in jedem **Eingriff in die rechtliche oder tatsächliche Herrschaftsmacht des Eigentümers**, die sich nicht in einer Entziehung oder Vorenthaltung des Besitzes erschöpft.[64] Ein Bezug zur Nutzung des beeinträchtigenden Grundstücks ist dabei nicht erforderlich.[65] Sie erfordert auch weder eine Einwirkung auf die Substanz noch überhaupt eine Schädlichkeit;[66] erfasst ist vielmehr jeder dem Inhalt des Eigentums (§ 903 BGB) widersprechende Zustand,[67] was auch Eingriffe in ein nicht genutztes Grundstück umfasst[68] sowie solche, die zu einer Verbesserung oder Wertsteigerung führen,[69] oder die den Eigentümer nur teilweise im Gebrauch seiner Sache beeinträchtigen,[70] und sei es auch erst infolge einer Nutzungsänderung seines Grundstücks.[71] Es bedarf auch *keiner menschlichen Handlung* als unmittelbarer oder auch nur mittelbarer Ursache, dies wird erst für die Suche nach einem verantwortlichen Störer relevant.[72] Durch eine dem Willen des Eigentümers entsprechende Einwirkung wird sein Eigentum jedoch nicht beeinträchtigt.[73] 19

Zu den **rechtlichen** Beeinträchtigungen ist es zu zählen, dass jemand Dritten gegenüber das Recht des Eigentümers bestreitet oder sich eines eigenen Rechts an dessen 20

---

[58] Dazu im Einzelnen unten Rn. 32.

[59] So insbesondere Grundpfandrechte, vgl. §§ 1134, 1192 II BGB.

[60] BGHZ 91, 233, 239 = NJW 1984, 1886; BGH, NJW 2010, 1533, 1534.

[61] BGHZ 69, 128, 138 = NJW 1977, 1875; BGHZ 90, 113, 121 = NJW 1984, 1607; BGH, NJW 1998, 2058, 2059.

[62] Zu öffentlich-rechtlichen Schutzgesetzen s. BGHZ 122, 1, 3 = NJW 1993, 1580; BGH, MDR 1974, 571; BayObLGZ 2000, 355, 357. S. ferner oben Teil 1 Rn. 96 ff.

[63] Dazu unten Rn. 64 ff.

[64] BGH, NJW 1989, 2251; NJW-RR 2001, 232; zahlreiche Beispiele bei Palandt/*Bassenge*, § 1004 Rn. 6 ff. und Bamberger/Roth/*Fritzsche*, § 1004 Rn. 40 ff.

[65] BGH, NJW 2010, 3158, 3159. Anders aber beim Ausgleichsanspruch analog § 906 II 2 BGB, s. unten Rn. 99.

[66] BGHZ 111, 158, 163 = NJW 1990, 1910; BayObLGZ 2004, 138, 143 = OLGR 2004, 360, 361 (Reiten auf Waldwegen); OLG Karlsruhe, NJW 1978, 274 (unerlaubtes Parken).

[67] BGHZ 66, 37, 39 = NJW 1976, 416; BGHZ 156, 172, 175 = NJW 2003, 3762; BGH, NJW-RR 2003, 953, 954; NJW 2005, 1366, 1367; NJW 2007, 432; NJW-RR 2011, 1476, 1477; BayObLGZ 2004, 138, 143 = OLGR 2004, 360, 361.

[68] BGH, NJW 2000, 1719, 1720.

[69] BayObLG, NJW-RR 1987, 1040, 1041 (Pflastern); OLG Brandenburg, OLG-NL 1996, 133 = VIZ 1996, 597 (Instandsetzungsarbeiten).

[70] BGHZ 181, 233, 239 = NJW 2009, 2530.

[71] RGZ 57, 224, 229.

[72] Jauernig/*Berger*, § 1004 Rn. 5; str.; **a. A.** z. B. MünchKommBGB/*Baldus*, § 1004 Rn. 26; der Prüfungsstandort dieser als solcher unstreitig erforderlichen Voraussetzung für einen Abwehranspruch ist allerdings für das praktische Ergebnis ohne Belang.

[73] BGHZ 156, 172, 175 = NJW 2003, 3762.

Grundstück berühmt.[74] Keine Beeinträchtigung ist dagegen das bloße Androhen gerichtlicher Schritte gegenüber dem Berechtigten wegen behaupteter eigener Rechte.[75]

Zu den **tatsächlichen** Beeinträchtigungen[76] zählen zunächst einmal alle Fälle der **Substanzverletzung**,[77] wie die Beseitigung einer Hecke[78] oder das Eindringen von Wurzeln in die Abwasserleitungen des Nachbargrundstücks[79] oder überhaupt in das Nachbargrundstück, die dort zu Zerstörungen führen.[80]

Ebenso die tatsächliche **Benutzung** des Nachbargrundstücks durch körperliche Grenzüberschreitung. Hierunter fallen etwa dessen *Betreten* durch Menschen oder Tiere;[81] ferner das Gelangen oder gezielte Einbringen von *Gegenständen oder Stoffen* auf das Grundstück oder in dessen Erdreich,[82] wie das Ablagern von Sachen wie Müll und Schutt[83] oder im Winter von Räumschnee, das Hinüberfallen von Teilen einer Zufahrtsbefestigung auf das Nachbargrundstück infolge von Bodenbewegungen,[84] das unberechtigte Befahren[85] oder Parken,[86] ebenso wie eine Leitungsführung über das Grundstück, oder dessen Bebauung;[87] außerdem das Einleiten von *Wasser*[88] oder dessen Eindringen infolge eines Wasserrohrbruchs,[89] das Eindringen von Bodenverunreinigungen vom Nachbargrundstück über das Grundwasser,[90] oder das Abschwemmen von Unkrautvernichtungsmittel.[91] Die bloße Bewirtschaftung von Acker- und Wiesenflächen im Rahmen normaler *landwirtschaftlicher Nutzung* löst jedoch für sich genommen noch keine Abwehransprüche nach § 1004 BGB aus, auch wenn hiervon nachteilige Einwirkungen auf ein Nachbargrundstück ausgehen.[92] Nach *§ 905 BGB* gehört zu den abwehrbaren Beeinträchtigungen grundsätzlich auch das unterirdische Benutzen eines Grundstücks, etwa zur Kabel- oder Leitungsführung,[93] ebenso wie das Benutzen von dessen Luftraum, wie durch das Schwenken eines Kranauslegers.[94] Insbesondere gehören zu den Eigentumsbeeinträchtigungen neben grobkörperlichen Immissionen auch alle nach *§ 906 BGB* verbietbaren Immissionen,[95] ein-

---

[74] BGH, NJW 2006, 689 f.; vgl. aber BGHZ 20, 169, 171 = NJW 1956, 787 (Bestreiten des Besitzes keine verbotene Eigenmacht).

[75] BGHZ 20, 169, 171 f. = NJW 1956, 787.

[76] Ausführliche Zusammenstellung bei Bamberger/Roth/*Fritzsche*, § 1004 Rn. 38 ff.

[77] BGHZ 142, 66, 68 = NJW 1999, 2896; BGH, NJW 2004, 1035, 1036.

[78] BGHZ 143, 1, 5 = NJW 2000, 512.

[79] OLG Zweibrücken, OLGR 2003, 416.

[80] BGHZ 135, 235, 238 = NJW 1997, 2234; BGH, NJW 1991, 2826. S. ferner BGH, NJW 2004, 603 (das Selbsthilferecht nach § 910 BGB schließt hier § 1004 BGB nicht aus; aber Duldungspflicht aus § 910 II BGB bei fehlender Beeinträchtigung).

[81] BGHZ 144, 200, 203 = NJW 2000, 2901; BGH, NJW 2011, 753; BayObLGZ 2004, 138, 143 = OLGR 2004, 360, 361 (Reiten auf Waldwegen); OLG München, NJW-RR 2011, 1587, 1588 (Befahren); LG Bonn, NJW 2010, 310 (Katzen in Nachbars Garten) m. Anm. *Grziwotz*, IMR 2010, 200. S. ferner zum *Hausrecht*: BGHZ 165, 62, 69 = NJW 2006, 377; BGH, NJW 2006, 1054; NJW 2010, 534, 535.

[82] RG, JW 1909, 161, 162 (Hinüberwehen von Sand); BGH, NJW 2005, 1366, 1367; NJW-RR 2011, 1476, 1477.

[83] OLG Frankfurt, MDR 2005, 268 (Bauschutt); Jauernig/*Berger*, § 1004 Rn. 4.

[84] OLG Celle, OLGR 1998, 201.

[85] BGH, NJW-RR 2003, 1235.

[86] Dazu unten Rn. 66 f. Hier sind allerdings die Besitzschutzansprüche, insbesondere § 859 BGB, regelmäßig der schnellere und damit effektivere Weg, vgl. *Dehner*, B § 38 I 1 a.

[87] BGHZ 40, 18, 20; KG, KGR 2000, 56, 57; OLG Brandenburg, BeckRS 2008, 16459. Das bloße Erlangen einer Baugenehmigung zum Bauen auf fremdem Grund reicht allerdings noch nicht, vgl. OLG Koblenz, NJW-RR 2002, 1171.

[88] BGH, MDR 1965, 196.

[89] BGHZ 155, 99, 101 = NJW 2003, 2377; BGH, WM 1985, 1041.

[90] BGHZ 142, 227, 236 = NJW 1999, 3633.

[91] BGHZ 90, 255, 263 = NJW 1984, 2207.

[92] BGHZ 90, 255, 266 f. = NJW 1984, 2207 (Bodenabschwemmung); BGHZ 114, 183, 188 = NJW 1991, 2770 (Wasserabfluss); BGH, NJW-RR 2001, 1208 (Mehltau auf Weinberg); kritisch dazu *Dehner*, B § 38 I 2 (Fn. 42a und 42c).

[93] BGHZ 125, 56, 63 = NJW 1994, 999; BGH, NJW-RR 2003, 953, 954; NJW 2010, 2802.

[94] OLG Frankfurt, NJOZ 2011, 1015, 1016.

[95] Zu Mobilfunksendeanlagen s. BGH, NJW 2004, 1317, 1318. Zu gentechnisch veränderten Organismen s. § 36 a GenTG und *Luttermann*, NJW 2011, 431 ff. sowie oben Teil 3 Rn. 156a.

schließlich des Zuführens von Stoffen auf das Nachbargrundstück durch besondere Leitungen.[96] Ebenso die übrigen in §§ 907 ff. BGB geregelten Beeinträchtigungen, sowie außerdem die nach *Landesnachbarrecht* verbotenen Beeinträchtigungen.[97]

Des Weiteren liegt eine Eigentumsbeeinträchtigung in der **Behinderung des Eigentümers an der Nutzung** seines Grundstücks,[98] wobei eine körperliche Überschreitung der Grundstücksgrenze nicht unbedingt erforderlich ist. Beispiele sind das Abschneiden der Wasser- oder Stromzufuhr ebenso wie Zugangsbehinderungen, unabhängig davon ob sie auf öffentlichem Straßenraum oder auf dem Grundstück selbst stattfinden,[99] wozu auch das behindernde Ablagern von Räumschnee im Winter gehört; eine Störung des straßenrechtlichen Anliegergebrauchs;[100] Beeinträchtigungen durch bauliche Veränderungen auf dem Nachbargrundstück, sofern sie gegen nachbarschützende Vorschriften des öffentlichen Rechts verstoßen, nicht hingegen allein deshalb, weil sie ohne Baugenehmigung erfolgt sind,[101] oder weil sie sich aus Sicht des Nachbarn als „unfreundliche" Bebauung darstellen;[102] auch die Verletzung der landesrechtlichen Grenzabstands- oder Höhenvorschriften für Anpflanzungen reicht für sich noch nicht, sofern von den Anpflanzungen nicht darüber hinaus eine konkrete Beeinträchtigung des Nachbargrundstücks ausgeht.[103]

Schließlich stellen auch rein **psychologisch** vermittelte Behinderungen wie die Videoüberwachung des Nachbargrundstücks oder auch nur des angrenzenden öffentlichen Zugangsbereichs zu diesem eine Beeinträchtigung dar,[104] wobei zur Erzeugung eines solchen „Überwachungsdrucks" bereits der Verdacht einer Überwachung ausreicht, wenn diese nach den Umständen des Einzelfalls objektiv ernsthaft befürchtet werden muss.[105]

Nicht über § 1004 BGB abwehrbar sind dagegen **negative** Einwirkungen, die im Ge- 21
gensatz zu den soeben dargestellten positiven Einwirkungen nicht sinnlich wahrnehmbar die Grundstücksgrenze überschreiten.[106] Hierzu zählen die Behinderung des Ausblicks,[107] das Abhalten natürlicher Zuführungen wie der Entzug von Licht und Luft, etwa durch den Schattenwurf von baulichen Anlagen oder Pflanzen,[108] oder das Abhalten von Wind,[109] ferner die Verhinderung des Luftabflusses,[110] Störungen des Fernsehempfangs infolge Abschirmens von Funkwellen durch benachbarte Baukörper,[111] der Entzug von Grundwasser,[112] der Verlust des Schutzes einer Grenzwand vor Witterungseinflüssen durch das angebaute Nachbarhaus infolge von dessen Abriss,[113] oder das einmalige Foto-

---

96 MünchKommBGB/*Baldus*, § 1004 Rn. 13. Zu § 906 BGB s. oben Teil 3 Rn. 27 ff., insbes. 105 ff.

97 BGH, NJW 2011, 3294, 3295 (zu § 26 HessNRG).

98 BGH, NJW 2011, 753.

99 BGHZ 144, 200, 203 = NJW 2000, 2901; BGH, NJW-RR 2011, 1476, 1477.

100 BGH, NJW 1998, 2058, 2059.

101 OLG München, OLGR 1993, 230 (Grenzgarage unter Verletzung der Höhenbegrenzung in Art. 7 V 1 BayBO 1998).

102 LG Deggendorf, BauR 2003, 1879, 1881 (Pferdeunterstellhalle im Außenbereich).

103 BGH, NJOZ 2005, 3210, 3211.

104 Vgl. BGH, NJW 1995, 1955, 1956; NJW 2010, 1533, 1534 f.; NJW-RR 2012, 140, 141 (Persönlichkeitsrechtsverletzung) S. ferner *Horst*, NJW 2009, 1787; *Senkel/Niggeweg*, WuM 2010, 72 sowie unten Rn. 67 (Besitzstörung).

105 BGH, NJW 2010, 1533, 1534 f.; NJW-RR 2012, 140, 141 (eskalierender Nachbarstreit); OLG München, NZM 2005, 338 (Attrappe); AG Meldorf, MDR 2012, 277, 278 („Dome-Kamera").

106 BGHZ 113, 384, 386 = NJW 1991, 1671; BGH, NJW 1992, 2569; NJW-RR 2003, 1313, 1314; wieder offengelassen in BGH, NJOZ 2005, 3210, 3211; kritisch zur h. M.: PWW/*Lemke*, § 903 Rn. 5 und *Wenzel*, NJW 2005, 241, 247; vgl. ferner zu § 906 BGB oben Teil 3 Rn. 59.

107 BGH, NJW-RR 2003, 1313, 1314; OLG Frankfurt, NJW-RR 1989, 464 (Antenne).

108 BGH, NJW 1992, 2569, 2570; NJW-RR 2003, 1313, 1314; OLG Hamm, MDR 1999, 930 (auch zu Ausnahmen); OLG Frankfurt, BauR 2004, 1796; wieder offengelassen in BGH, NJOZ 2005, 3210, 3211.

109 RG, JW 1909, 161 (Windmühle); OLG Frankfurt, ZMR 2000, 378, 379 (Windkraftanlage).

110 BGHZ 113, 384, 386 = NJW 1991, 1671 (Kaltluftsee).

111 BGHZ 88, 344, 345 ff. = NJW 1984, 729.

112 BGHZ 69, 1, 4 = NJW 1977, 1770; s. § 4 II WHG; s. aber auch oben Teil 3 Rn. 267 ff. (§ 909 BGB und Wassernachbarrecht).

113 Vgl. BGH, NJW 2010, 1808.

grafieren eines Grundstücks, ohne es dabei zu betreten.[114] Ebenso wenig erfasst sind bloß **ideelle** Einwirkungen, d. h. Anblicke außerhalb seines Grundstücks, die den Eigentümer in seinem sittlichen oder ästhetischen Empfinden beeinträchtigen und/oder den Verkehrswert seines Grundstücks mindern,[115] wie Nacktbaden,[116] ein Bordell,[117] sog. Frustzwerge,[118] Holzstapel[119] oder provisorische oder unansehnliche Bauten in Grenznähe,[120] wenn nicht im Einzelfall eine besondere Intensität der Einwirkung erreicht wird.[121] In Ausnahmefällen kommt hier jedoch auch im Bereich der von § 1004 BGB nicht erfassten Einwirkungen ein Abwehranspruch nach den Grundsätzen des **nachbarlichen Gemeinschaftsverhältnisses** in Betracht.[122] Im Übrigen sind hier unter Umständen auch drittschützende Normen des öffentlichen Rechts einschlägig; unter Umständen kommen ferner Ansprüche wegen Verletzung des Persönlichkeitsrechts in Betracht.[123]

b) Rechtswidrigkeit

22 Weitere Anspruchsvoraussetzung ist die Rechtswidrigkeit der Beeinträchtigung, d. h. des dem Eigentumsinhalt widersprechenden *Zustandes*, nicht notwendig der hierzu führenden Handlung.[124] Die Rechtswidrigkeit wird jedoch durch das Vorliegen einer tatbestandlichen Beeinträchtigung **indiziert**.[125] Sie entfällt, sofern eine Duldungspflicht nach § 1004 II BGB besteht oder die Beeinträchtigung aus anderen Gründen ausnahmsweise rechtmäßig ist.[126] Daneben ist auf Seiten des Störers **kein Verschulden** erforderlich.[127]

3. Anspruchsinhalt

23 § 1004 BGB kennt sowohl einen Beseitigungs- als auch einen Unterlassungsanspruch. Beide unterscheiden sich nach ihren Voraussetzungen und Folgen, der Übergang vom einen zum anderen ist *Klageänderung*.[128] Bei gleichzeitigem Vorliegen der jeweiligen Voraussetzungen können allerdings auch beide *nebeneinander* bestehen.[129] Ggf. ist vom Gericht gem. § 139 ZPO auf eine sachgerechte Antragstellung hinzuwirken.[130]

a) Beseitigungsanspruch

24 Wenn und soweit eine *Beeinträchtigung bereits erfolgt* ist, hat der Eigentümer nach § 1004 I 1 BGB Anspruch auf deren Beseitigung. Die Beeinträchtigung muss dabei, im Prozess

---

[114] BGH, NJW 1989, 2251, 2252; NJW 2004, 594, 595; NJW 2011, 749, 750; NJW 2011, 753; s. aber unter dem Gesichtspunkt der Persönlichkeitsrechtsverletzung auch BGH, NJW 2004, 762, 763 f. (Ausspähen mit Hilfsmitteln oder unter Überwindung von Hindernissen); s. ferner unten Rn. 67 (zu § 862 BGB).

[115] BGH, NJW-RR 2003, 1313, 1314 (Wintergarten auf zu einheitlicher Burganlage gehörendem Grundstück); vgl. ferner zu § 906 BGB oben Rn. 60 ff.

[116] RGZ 76, 130, 131.

[117] BGHZ 95, 307, 309 f. = NJW 1985, 2823 (jedenfalls wenn nach außen nicht wahrnehmbar).

[118] AG Grünstadt, NJW 1995, 889 (aber u. U. Persönlichkeitsrechtsverletzung).

[119] *Alheit*, S. 204.

[120] BGHZ 51, 396, 398 f. = NJW 1969, 1208 (Lagerplatz für Baumaterial in Wohngebiet); BGHZ 54, 56, 59 = NJW 1970, 1541 (Schrottfahrzeuge neben Schlosshotel); BGH, NJW 1975, 170 (Blechverkleidung); OLG Frankfurt, NJW-RR 1989, 464 (Antenne).

[121] BGHZ 95, 307, 309 = NJW 1985, 2823; BGH, NJW 1975, 170 (Beeinträchtigung des gesundheitlichen oder körperlichen Wohlbefindens); MünchKommBGB/*Baldus*, § 1004 Rn. 51 (grelle Lichtreflexe); s. ferner zu § 906 BGB oben Teil 3 Rn. 60 ff.

[122] BGHZ 157, 33, 37 f. = NJW 2004, 1037, 1038; BGH, NJW-RR 2003, 1313, 1314.

[123] Bamberger/Roth/*Fritzsche*, § 903 Rn. 28 f. m.w.N; MünchKommBGB/*Baldus*, § 1004 Rn. 59 m. w. N.

[124] BGHZ 66, 37, 39 = NJW 1976, 416; Palandt/*Bassenge*, § 1004 Rn. 12; Bamberger/Roth/*Fritzsche*, § 1004 Rn. 53; h. M.; **a. A.** z. B. Jauernig/*Berger*, § 1004 Rn. 21.

[125] BGH, WM 1971, 278, 279.

[126] Dazu unten Rn. 44 ff.

[127] BGHZ 110, 313, 317 = NJW 1990, 2058; BGH, NJW 2003, 3702; NJW 2006, 3628, 3630.

[128] BGH, MDR 1969, 648.

[129] BGH, NJW 1957, 1676; Palandt/*Bassenge*, § 1004 Rn. 31.

[130] BGH, NJW 2009, 2528, 2529.

im Zeitpunkt der letzten mündlichen Tatsachenverhandlung, noch **fortdauern**.[131] Ansonsten ist der Rechtsstreit in der Hauptsache für erledigt zu erklären bzw., sofern eine erneute Beeinträchtigung droht, zum Unterlassungsanspruch überzugehen.[132]

Die Beseitigung erfolgt durch das **Abstellen der Beeinträchtigung für die Zukunft**. 25
Das ist – und hierin liegt neben dem dort erforderlichen Verschulden des Schädigers der entscheidende Unterschied zu eventuellen Schadensersatzansprüchen –[133] **nicht** gleichzusetzen mit der **Wiederherstellung des früheren Zustandes** durch Beseitigung sämtlicher durch die Beeinträchtigung verursachter Folgen einschließlich Ausgleich hierdurch entstandener Vermögensminderungen;[134] denn der Beseitigungsanspruch hat eine andere Funktion als Schadensersatzansprüche.[135] Vielmehr ist nur die *Störungsquelle* selbst zu beseitigen, nicht dagegen bereits eingetretene und abgeschlossene Einwirkungsfolgen. Erfasst ist daher von § 1004 BGB nicht die Beseitigung von Schäden wie Brandschäden,[136] Explosionsschäden bei einem Gasrohrbruch[137] oder Ersatzpflanzungen für zerstörte Bäume.[138] Anders liegt es aber, wenn und soweit die *Beeinträchtigungen zwangsläufig aus der Störungsbeseitigung selbst resultieren*;[139] dann kann auch deren Beseitigung in natura verlangt werden, nicht jedoch nach § 249 S. 2 BGB der dazu erforderliche Geldbetrag. Damit hat der Beseitigungsanspruch jedenfalls im Ergebnis teilweise auch eine schadensersetzende Wirkung.[140]

Die Beseitigung muss nur im **Umfang** der Beeinträchtigung erfolgen. Es ist daher nicht der ganze Betrieb einer Anlage einzustellen, wenn auch weniger einschneidende Schutzmaßnahmen zugunsten des Nachbarn möglich sind;[141] ebenso wenig müssen störende Pflanzen beseitigt werden, wenn auch ein Rückschnitt ausreicht.[142] Überhaupt liegt die **Wahl der Mittel** beim Störer; es können daher grundsätzlich keine bestimmten Maßnahmen zur Störungsbeseitigung verlangt werden.[143] Ist allerdings eine grundlegende Umgestaltung einer störenden Anlage erforderlich, so kann bis dahin deren Betrieb auch ganz untersagt werden.[144]

Die **Kosten** für die Beseitigung der Beeinträchtigung fallen dem *Störer* zur Last;[145] dies gilt auch für vergebliche Versuche.[146] Beseitigt der Eigentümer die Störung selbst, so hat

---

[131] BGHZ 28, 110, 113 = NJW 1958, 1580; BGH, NJW 2005, 1366, 1367.

[132] Palandt/*Bassenge*, § 1004 Rn. 27; vgl. auch BGHZ 117, 264, 271 = NJW 1992, 2292.

[133] Dazu unten Rn. 88 ff.

[134] Zur Abgrenzung s. BGH, NJW 1996, 845, 846 f. (Versickern von Öl); ferner BGHZ 135, 235, 239 = NJW 1997, 2234 (in Nachbargrundstück eingedrungene Baumwurzeln); BGH, NJW 2004, 1035, 1036 (Schäden an Garage infolge windbedingten Wurzeldrucks); Palandt/*Bassenge*, § 1004 Rn. 28 f.; MünchKommBGB/*Baldus*, § 1004 Rn. 105; Erman/*Ebbing*, § 1004 Rn. 92 f. je mit Beispielen aus der Rspr.

[135] BGH, NJW 2012, 1080.

[136] Jauernig/*Berger*, § 1004 Rn. 7.

[137] RGZ 63, 374, 379.

[138] BayObLG, NZM 1998, 1010, 1011; anders OLG Marienwerder, OLGE 4, 65 (Wiederaufbau einer abgerissenen Mauer).

[139] BGHZ 135, 235, 238 = NJW 1997, 2234 (in Tennisplatz eingedrungene Wurzeln); BGH, NJW 1996, 395, 396 (in Abwasserkanal eingedrungene Wurzeln); NJW 1996, 845, 846 f. (Entfernung kontaminierten Erdreichs); NJW-RR 2003, 953, 954 (Entfernung von Leitungen und gleichzeitige Wiederherstellung der durch diese Maßnahme beeinträchtigten Gestaltung des Grundstücks); NJW 2004, 603, 604 (in befestigten Weg eingedrungene Wurzeln); BGH, NJW 2005, 1366, 1368 (Bodenkontamination); s. ferner *Wenzel*, NJW 2005, 241, 243.

[140] BGH, NJW 2012, 1080.

[141] BGHZ 59, 205, 208 = NJW 1972, 1464; BGH, NJW 1960, 2335.

[142] KG, NJW-RR 1996, 464, 465; s. aber auch BGH, NJW 2004, 1035, 1036 (vollständige Beseitigung höherer Bäume, weil Kappen auf halber Höhe vernünftigerweise nicht in Betracht kommt). Anders ggf. auch nach den landesrechtlichen Grenzabstandsvorschriften für Anpflanzungen: s. dazu oben Teil 2 Rn. 351 ff.; für Bayern s. *Saller*, in: Grziwotz/Saller, BayNachbR, Teil 2 Rn. 153 ff.

[143] BVerfG, NJW 2010, 220, 222; BGHZ 67, 252, 253 = NJW 1977, 146; BGHZ 120, 239, 245 = NJW 1993, 925; BGH, NJOZ 2005, 3210, 3211. S. dazu und zu den Ausnahmen unten Rn. 59.

[144] BGHZ 67, 252, 254 = NJW 1977, 146.

[145] BGH, NJW 2005, 1366, 1367. S. auch BGH, NJW 2000, 1194, 1195 zur Frage einer Deckungspflicht der Haftpflichtversicherung des Störers.

[146] BGHZ 97, 231, 236 = NJW 1986, 2640.

er einen *Aufwendungsersatzanspruch*, und zwar – soweit sich die Voraussetzungen feststellen lassen – aus Geschäftsführung ohne Auftrag (§§ 683, 677, 670 BGB),[147] im Übrigen aus ungerechtfertigter Bereicherung (§ 812 I 1 Alt. 2 BGB).[148] Dessen Höhe kann ggf. nach § 287 II ZPO geschätzt werden,[149] wobei auch ein Abzug „neu für alt" in Betracht kommt.[150]

26 Die Beseitigung der Störung muss auch **möglich** sein,[151] und zwar in tatsächlicher wie in rechtlicher Hinsicht. Der Verkäufer eines Grundstücks hat nach Übergang von Besitz und Lasten keine Einwirkungsmöglichkeit mehr auf den Käufer.[152] Die Möglichkeit zur Abhilfe kann auch, ganz oder teilweise,[153] an der rechtskräftigen Ablehnung der Erteilung einer erforderlichen **behördlichen Genehmigung** scheitern oder daran, dass eine solche nicht erteilt werden kann.[154] Im Übrigen ist jedoch deren Einholung Teil der Beseitigungspflicht des Störers.[155] Ist nur die sofortige Beseitigung der Beeinträchtigung nicht möglich, so kommt bis dahin ein Anspruch auf ihre *Herabmilderung* in Betracht.[156]

27 Eine besondere Fallgruppe stellen schließlich die Fälle einer **mitwirkenden Verursachung** durch den betroffenen Eigentümer dar, sei es wegen besonderer Störungsanfälligkeit[157] der beeinträchtigten Sache oder wegen unterlassener Störungsabwehr.[158] Hier ist **§ 254 BGB** entsprechend anwendbar.[159] Auf ein Verschulden kommt es dabei nicht an;[160] umgekehrt reicht aber auch das bloße Sacheigentum für die Annahme einer Mitverursachung nicht.[161] Allerdings kommt nur in Fällen ganz überwiegender Mitverursachung ein gänzlicher *Ausschluss des Beseitigungsanspruchs* in Betracht;[162] hierher gehört auch die Ansiedelung in der Nähe einer vorhandenen Immissionsquelle in Kenntnis oder grob fahrlässiger Unkenntnis derselben, was zu einer gesteigerten Duldungspflicht führt betreffend diejenigen Immissionen, die sich in den Grenzen der zulässigen Richtwerte halten.[163] Im Übrigen besteht trotz Mitverursachung grundsätzlich ein Anspruch auf vollständige Beseitigung der Beeinträchtigung. Der Störer hat jedoch seinerseits Anspruch auf *Erstattung der Beseitigungskosten* nach Maßgabe der Mitverursachung; deshalb ist das Beseitigungsurteil hier durch die Feststellung zu begrenzen, dass sich der Kläger mit einer bestimmten Quote an den Kosten zu beteiligen hat.[164]

b) Unterlassungsanspruch

28 **aa)** Sind **künftige** Beeinträchtigungen zu besorgen, steht dem Eigentümer hiergegen nach § 1004 I 2 BGB ein Unterlassungsanspruch zu. Unterlassen bedeutet dabei nicht nur

---

147 BGHZ 110, 313, 315 = NJW 1990, 2058; BGH, NJW 2005, 1366, 1367; NJW 2012, 1080.

148 So z. B. BGHZ 97, 231, 234 = NJW 1986, 2640; BGHZ 106, 142, 144 = NJW 1989, 1032; BGH, NJW-RR 2003, 953, 954; NJW 2004, 603, 604; NJW 2005, 1366, 1367; NJW 2012, 1080.

149 OLG Schleswig, NJOZ 2011, 344, 347.

150 BGH, NJW 2012, 1080 f.

151 Zur Unmöglichkeit beim mittelbaren Störer s. unten Rn. 36, beim Zustandsstörer s. unten Rn. 40.

152 BGH, NJW 1998, 3273.

153 BayVGH, BayVBl. 2005, 344, 345 (BayNatSchG).

154 BGHZ 120, 239, 246 = NJW 1993, 925; BGH, NZM 2005, 318 (je BNatSchG); NJW-RR 2012, 82, 84 (LandesNatSchG); BGH, NJW 1995, 714, 715 (BImSchG); die Erteilbarkeit ist vom Zivilgericht selbständig zu prüfen und kann durch *Behördenauskunft* geklärt werden (BGHZ 120, 239, 246 f.). Zu den Folgen eines Genehmigungserfordernisses für Klageantrag und Urteil s. unten Rn. 59.

155 BGHZ 120, 239, 245 = NJW 1993, 925; BGHZ 160, 232, 237 = NJW 2004, 3701 (je BNatSchG); OLG München, BauR 1993, 620, 622 (Abrissgenehmigung); KG, NJW-RR 1996, 464, 465 (Baumschutzverordnung); BayVGH, BayVBl. 2005, 344 (BayNatSchG).

156 BGH, NJW 1964, 1365.

157 BGHZ 63, 176, 182 = NJW 1975, 257 (mangelhafter Zustand); BGH, NJW 1995, 395, 396 (mangelhafte Errichtung).

158 BGHZ 135, 235, 241 = NJW 1997, 2234; KG, NJW 2008, 3148, 3149.

159 Z. B. BGHZ 135, 235, 239 = NJW 1997, 2234; BGH, NJW 2012, 1080.

160 BGHZ 110, 313, 317 = NJW 1990, 2058; BGH, NJW 2006, 3628, 3630.

161 BGH, NJW 1996, 321, 323.

162 BGH, NJW 1995, 395, 396; NJW 2006, 3628, 3630.

163 BGHZ 148, 261, 269 = NJW 2001, 3119.

164 BGHZ 135, 235, 239 = NJW 1997, 2234.

im engen Sinn des Wortes künftige Untätigkeit, sondern darüber hinaus auch ein Verhalten, das den Nichteintritt der drohenden Störung bewirkt.[165] Die Unterlassungspflicht beinhaltet auch die Verpflichtung, entsprechende Störungen durch Dritte zu verhindern;[166] so muss der mittelbare Störer ggf. auf den unmittelbaren Störer dahingehend einwirken. Unter Umständen kann dem Störer auch eine Frist zuzubilligen sein.[167]

Ein Unterlassungsanspruch setzt das Bestehen einer **Wiederholungsgefahr** voraus. Das 29
ist die auf Tatsachen gegründete objektiv ernstliche Besorgnis weiterer Störungen im Zeitpunkt der letzten mündlichen Tatsachenverhandlung.[168] Ihr gegenständlicher Umfang ist abhängig von der vorausgegangenen Störung.[169] Die Wiederholungsgefahr ist *materielle Anspruchsvoraussetzung*, ihr Fehlen führt daher zur Klageabweisung als unbegründet.[170] Ihr Bestehen wird allerdings bei vorangegangener Störung widerleglich **vermutet**;[171] an die Widerlegung dieser Vermutung sind strenge Anforderungen zu stellen.[172] Die Zusage, künftige Störungen zu unterlassen, insbesondere unter dem Druck eines bereits anhängigen Rechtsstreits, genügt daher regelmäßig nur, wenn sie mit einem Vertragsstrafenversprechen verbunden ist;[173] erforderlich ist daher eine *strafbewehrte Unterlassungserklärung*, und zwar bezogen auf den Unterlassungsanspruch in seinem gesamten Umfang und ohne inhaltliche Einschränkungen.[174] Die Wiederholungsgefahr entfällt auch, wenn der Störer nachweist, dass er dauerhafte Schutzvorkehrungen getroffen hat, die die Störung auf das zulässige Maß zurückführen.[175] Bei nachträglichem Wegfall ist der Rechtsstreit in der Hauptsache für erledigt zu erklären.[176]

bb) Schließlich besteht ein **vorbeugender Unterlassungsanspruch** schon dann, wenn 30
eine **Erstbegehungsgefahr**, d.h. die drohende Gefahr einer erstmaligen Störung besteht.[177] Auch sie ist *materielle Anspruchsvoraussetzung*; eine tatsächliche Vermutung spricht hierfür jedoch grundsätzlich nicht.[178] Sie liegt nicht bereits in der bloß hypothetischen bzw. abstrakten Möglichkeit einer Störung.[179] Deshalb reicht es auch nicht, wenn durch eine bestimmte Nutzung oder einen bestimmten Zustand eines Grundstücks eine Gefährdung von benachbarten Grundstücken nicht von vornherein ausgeschlossen erscheint; der Unterlassungsanspruch entsteht vielmehr erst in dem Augenblick, in dem sich objektiv eine die Störung ermöglichende konkrete Gefahrenquelle gebildet hat, aufgrund deren ein Einschreiten geboten ist.[180] Sie ist daher etwa gegeben, wenn sich der Störer eines Rechts zur Vornahme der Beeinträchtigung berühmt,[181] oder diese sogar ankündigt.[182] Ebenso verhält es sich, wenn sich aus den vorliegenden Plänen für ein Bauvorhaben des Nachbarn die Wahrscheinlichkeit einer Beeinträchtigung ergibt.[183]

---

[165] BGH, NJW 2004, 1035, 1037; Palandt/*Bassenge*, § 1004 Rn. 33.
[166] BGH, NJW-RR 2003, 1235, 1236.
[167] BayObLG, ZMR 2001, 987, 988 (Umstellung des Geschäftsbetriebs).
[168] Palandt/*Bassenge*, § 1004 Rn. 32.
[169] Vgl. OLG Hamm, BauR 2002, 669, 670 (unzulässiges Betreten des Nachbargrundstücks im Rahmen von Unterfangarbeiten begründet nach deren Abschluss keinen Anspruch auf gänzlichen Baustopp mehr).
[170] BGHZ 81, 222, 225 = NJW 1981, 2412 (zum Wettbewerbsrecht); BayObLGZ 2004, 138, 144 = OLGR 2004, 360, 362; BayObLG, ZWE 2001, 422.
[171] BGH, NJW 2004, 1035, 1036; NJW-RR 2011, 1476, 1478.
[172] BGHZ 140, 1, 10f. = NJW 1999, 356 (Immissionen im Rahmen der gewöhnlichen Grundstücksnutzung); BayObLG, NJW-RR 1987, 1040, 1041.
[173] BGH, NJW 1996, 723, 724; GuT 2007, 161; BayObLGZ 1995, 174, 179; OLG Karlsruhe, OLGR 1998, 72.
[174] BGH, NJW-RR 2006, 270, 271.
[175] BGH, NJW 1995, 132, 134 (Immissionen).
[176] BGHZ 14, 163, 167 = NJW 1954, 1682.
[177] RGZ 101, 135, 138; BGHZ 2, 394, 395f. = NJW 1951, 843; BGHZ 138, 311, 318 = NJW 1998, 2141; BGHZ 160, 232, 236 = NJW 2004, 3701; BGH, LM Nr. 27 zu § 1004 BGB; NJW 2010, 3158, 3159.
[178] BGH, NJW 1997, 2593, 2595; OLG Hamm, NJW-RR 1995, 1399, 1400.
[179] BGH, NJW 2010, 1533, 1534 (Videoüberwachung).
[180] BGHZ 155, 99, 106 = NJW 2003, 2377; BGH, NJW 2009, 3787 (Silvesterrakete).
[181] BGHZ 3, 271, 276 = NJW 1952, 660 (zum Wettbewerbsrecht).
[182] BGHZ 2, 394, 395 = NJW 1951, 843 (zum Wettbewerbsrecht).
[183] PWW/*Englert*, § 1004 Rn. 7.

c) Auskunftsanspruch

31 Ist der Gestörte ohne Verschulden über den **Umfang der Beeinträchtigung im Unklaren**, so kommt zur Vorbereitung der Abwehr auch ein Auskunftsanspruch in Betracht.[184]

4. Beteiligte

a) Anspruchsberechtigter

32 Anspruchsberechtigt ist der **Eigentümer** des betroffenen Grundstücks,[185] also auch Wohnungseigentümer[186] und Teileigentümer; bei Miteigentümern jeder von ihnen allein (§ 1011 BGB),[187] allerdings nicht untereinander;[188] bei Gesamthandeigentümern entscheidet das Gemeinschaftsverhältnis.[189] Gleichzeitiger Besitz ist nicht erforderlich.[190] Daneben kraft gesetzlicher Verweisung bestimmte am Grundstück dinglich Berechtigte, insbesondere Erbbau- (§ 11 ErbbauRG) und Nießbrauchsberechtigte (§ 1065 BGB),[191] Inhaber von Dienstbarkeiten (§§ 1090 II, 1027 BGB) sowie Dauerwohnberechtigte (§ 34 II WEG) und Dauernutzungsberechtigte (§§ 31 III, 34 II WEG).[192] *Wohnungseigentümer* können dabei jeder allein nach § 1004 BGB vorgehen, auch wenn die Störung nicht ihr Sondereigentum, sondern das Gemeinschaftseigentum betrifft;[193] dies gilt auch bei Störungen untereinander.[194] Hieran ändert auch ein Beschluss nichts, mit dem die Gemeinschaft Abwehransprüche gegen Störungen des Gemeinschaftseigentums an sich zieht.[195] Schließlich kann sich auch der *Anwartschaftsberechtigte* auf § 1004 BGB berufen, jedenfalls soweit er die Sachgefahr trägt.[196] **Nicht** anspruchsberechtigt ist dagegen der bloße **Besitzer**, wie ein Mieter oder Pächter.[197] Sie haben jedoch regelmäßig einen *Anspruch gegen den Eigentümer*, dass dieser gegen die Störung nach § 1004 BGB vorgeht (vgl. § 536 BGB), oder sie lassen sich von ihm zur Geltendmachung von dessen Anspruch aus § 1004 BGB *ermächtigen*; im Übrigen sind sie auf §§ 858 ff. BGB beschränkt. Innerhalb bestehender *Mietverhältnisse* kann ein Abwehranspruch des Vermieters nicht auf § 1004 BGB gestützt werden, sondern ist allein § 541 BGB anwendbar.[198]

33 Der **Rechtsnachfolger** des bisherigen Eigentümers erwirbt bei Fortdauer der ursprünglichen Beeinträchtigung ohne weiteres den Anspruch aus § 1004 BGB,[199] ansonsten entsteht bei wiederholter Beeinträchtigung nach Erwerb des Grundstücks in seiner Person originär ein neuer Abwehranspruch.[200] Im Prozess gelten bei Rechtsnachfolge auf

---

184 RGZ 158, 377, 379 f.; s. ferner BGH, NJW 2011, 749, 752 f.

185 Bzw. der Inhaber der geschützten Rechtsposition; s. dazu oben Rn. 18.

186 Dazu ausführlich: *Bruns*, NJW 2011, 337 ff.

187 Es besteht keine notwendige Streitgenossenschaft, vgl. BGHZ 92, 351, 353 f. = NJW 1985, 385.

188 KG, NJW 1953, 1592 (Vorrang der §§ 741 ff. BGB).

189 Palandt/*Bassenge*, § 1004 Rn. 14.

190 Palandt/*Bassenge*, § 1004 Rn. 14; MünchKommBGB/*Baldus*, § 1004 Rn. 18. Bei gleichzeitigem Besitz sind die Besitzschutzvorschriften neben § 1004 BGB anwendbar, vgl. BGHZ 44, 27, 28 = NJW 1965, 1712; dazu unten Rn. 64 ff.

191 BGH, NJW 2006, 984 f.

192 MünchKommBGB/*Baldus*, § 1004 Rn. 4; s. ferner oben Rn. 18.

193 BGH, NJW 2004, 1798, 1802; BayObLGZ 1975, 177, 180.

194 BayObLGZ 2004, 1, 4 = NJW-RR 2004, 1160; OLG Stuttgart, OLGZ 1970, 74, 77; NJW 2006, 1744; OLG München, NJW 2005, 3006.

195 OLG München, NJW-RR 2008, 257, 250; OLG Hamburg, ZMR 2009, 306; **a. A.** OLG Hamm, ZMR 2010, 389, 390.

196 MünchKommBGB/*Baldus*, § 1004 Rn. 21.

197 Vgl. schon oben Rn. 18. Anders aber, wenn und soweit auf dem gemieteten Grundstück befindliche Tiere oder Sachen einschließlich sog. Scheinbestandteile in seinem Eigentum stehen, vgl. RGZ 105, 213, 215 und *Alheit*, S. 228.

198 BGH, NJW 2007, 2180; NJW 2008, 216.

199 BGHZ 98, 235, 241 = NJW 1987, 187; BGHZ 125, 56, 63 = NJW 1994, 999; BGH, BeckRS 2007, 16873.

200 BGH, NJW 1990, 2555.

Klägerseite § 265 ZPO[201] ebenso wie § 266 ZPO.[202] Davon zu unterscheiden ist der Fall, dass die Parteien sich in Kenntnis der bevorstehenden Veräußerung des beeinträchtigten Grundstücks über die Beseitigung einer Störung vertraglich geeinigt haben; dies ist dann so auszulegen, dass ein schuldrechtlicher Anspruch auch für den Fall geschaffen wurde, dass die Eigentümerstellung am Grundstück wechselt.[203]

b) Verpflichteter (Störer)

Schuldner des Anspruchs aus § 1004 BGB ist der Störer, unabhängig davon, ob er seinerseits Eigentümer des Grundstücks ist, von dem die Störung ausgeht. Auch Verschulden des Störers ist nicht erforderlich.[204] Nach h. M. unterscheidet man zwischen Handlungs- und Zustandsstörer.[205] 34

aa) Handlungsstörer. Handlungsstörer ist, wer die Beeinträchtigung durch sein Verhalten, d. h. durch positives Tun oder pflichtwidriges Unterlassen, adäquat verursacht hat.[206] Verursacht seine Handlung die Störung dabei unmittelbar, so ist er als **unmittelbarer Handlungsstörer** anzusehen. Hierunter fallen Störungen wie das Betreten fremder Grundstücke, die Durchführung störender Verrichtungen oder der Betrieb störender Anlagen. Auch *Arbeitnehmer* sind als Störer in diesem Sinne anzusehen, wenn und soweit sie eine eigenverantwortliche Position mit eigenem Entschließungsspielraum innehaben.[207] Kein unmittelbarer Störer ist jedoch bei einer auf § 8 AVBWasserV, § 12 NAV, § 76 TKG oder vergleichbaren Vorschriften beruhenden Führung von Versorgungsleitungen durch fremden Grund der durch die Leitungen versorgte Anschluss- oder Teilnehmer, da nicht er, sondern der Versorgungsträger Nutzer dieser Leitungen ist.[208] 35

Handlungsstörer ist nicht nur der unmittelbare, sondern daneben auch der **mittelbare Handlungsstörer**. Das ist jeder, dem die unmittelbar von einem Dritten ausgehende Störung deshalb zugerechnet werden kann, weil er sie durch seine *eigene Willensbetätigung adäquat verursacht* hat und sie auch *verhindern kann*.[209] Das ist dann der Fall, wenn er die Handlung des Dritten selbst *veranlasst* oder *gestattet* hat; ebenso wenn er es unterlässt, die Handlung eines Dritten zu verhindern, obwohl er sie *ermöglicht* hat oder sonst zu ihrer *Verhinderung verpflichtet* ist.[210] Seine Verantwortlichkeit tritt neben die des unmittelbaren Störers. Sie scheidet erst aus, wenn er beweisen kann, dass er alles ihm Mögliche und billigerweise Zuzumutende unternommen hat, das störende Verhalten zu verhindern oder abzustellen;[211] dazu zählen bei fehlender rechtlicher Handhabe auch ernstliche Verhandlungen mit dem unmittelbaren Störer betreffend ein Abstellen der Störung.[212] 36

---

201 BGHZ 18, 223, 225 f. = NJW 1955, 1719.

202 RGZ 40, 333, 336 f.; *Dehner*, B § 38 IV 1 (Fn. 171 i. V. m. Fn. 177); Staudinger/*Gursky*, § 1004 Rn. 91 m. w. N.

203 BGH, BeckRS 2006, 1089.

204 BGHZ 110, 313, 317 = NJW 1990, 2058; BGH, NJW 2003, 3702; NJW 2006, 3628, 3630.

205 Überblick zum Meinungsstand bei Bamberger/Roth/*Fritzsche*, § 1004 Rn. 14 und *Neuner*, JuS 2005, 485, 487 ff.; zur Rspr. des BGH s. ferner *Wenzel*, NJW 2005, 241 ff.

206 BGHZ 49, 340, 347 = NJW 1968, 1281; BGHZ 90, 255, 266 = NJW 1984, 2207; BGH, NJW-RR 2001, 232; NJW 2005, 1366, 1368; 2007, 432; 2011, 753.

207 BGH, NJW 1979, 551 = DB 1979, 544 (Sprengmeister); NJW 1983, 751.

208 BGH, MDR 2012, 459.

209 BGHZ 49, 340, 347 = NJW 1968, 1281; BGHZ 144, 200, 203 = NJW 2000, 2901 (Betreiber eines Drogenhilfezentrums); BGH, NJW 1982, 440 (Betreiber eines Gewerbebetriebs); MDR 2012, 459; BayObLGZ 2004, 138, 144 = OLGR 2004, 360 (Vermieter von Reitpferden mit begleiteten Ausritten).

210 BGHZ 144, 200, 204 = NJW 2000, 2901; BGH, NJW 2006, 992, 993; BayObLGZ 2004, 138, 144 = OLGR 2004, 360; Palandt/*Bassenge*, § 1004 Rn. 17 mit zahlreichen Beispielen.

211 BGH, NJW 1982, 440, 441; OLG Frankfurt, NJOZ 2011, 1015, 1016 (Überwachung, Abmahnung, Vertragsstrafen); vgl. ferner BGHZ 144, 200, 204 = NJW 2000, 2901 (erforderlichenfalls ordentliche Kündigung des Mietvertrages bei Störung durch Mieter).

212 Vgl. BGHZ 144, 200, 204 = NJW 2000, 2901.

37 Störungen von *Werkunternehmern* werden daher dem Besteller zugerechnet.[213] Ferner ist der Arbeitgeber Störer bezüglich der von seinen *Arbeitnehmern* verursachten Störungen, sofern diese auf seine Weisungen oder deren pflichtwidriges Unterlassen zurückgehen.[214] Ebenso werden Störungen im Rahmen des *Betriebs einer gewerblichen Anlage* neben dem Inhaber auch demjenigen zugerechnet, in dessen Interesse und mit dessen Geld die Anlage errichtet wurde und unterhalten wird.[215] Störungen durch *Kunden und Lieferanten* eines Betriebs werden dem Betriebsinhaber zugeordnet.[216] Dem Busunternehmer werden daher Störungen durch Fahrgäste zugerechnet,[217] dem Betreiber eines Tennisplatzes der Sportlärm der Benutzer.[218] Für Störungen von *Gaststättenbesuchern* ist der Gastwirt verantwortlich; das gilt insbesondere für Lärmbelästigungen,[219] und zwar nicht nur in der Gaststätte, sondern auch im Zusammenhang mit der An- und Abfahrt der Gäste und deren Verweilen im Umgebungsbereich der Wirtschaft. [220] Der Inhaber einer Dienstbarkeit haftet für übermäßige Grundstücksnutzung durch Dritte.[221] Ferner zählen hierher die Fälle *schuldrechtlicher Überlassung* einer Sache, z. B. bei Vermietung oder Verpachtung, wenn der Vermieter gegen nach dem Mietvertrag unerlaubte Störungen durch seine Mieter nicht einschreitet;[222] ob der Mieter die Mietsache dabei privat oder gewerblich nutzt, ist ohne Belang. Es haftet daher neben dem Gastwirt auch der Verpächter der Gaststätte für Störungen durch Gäste.[223] Generell ist derjenige, der eine Einrichtung Dritten zur Verfügung stellt, nicht nur für insoweitige Störungen im Rahmen ordnungsgemäßer Benutzung verantwortlich, sondern grundsätzlich auch für solche aufgrund unzulässigen Gebrauchs, sofern damit nach dem gewöhnlichen Verlauf der Dinge zumindest gerechnet werden muss.[224] Problematisch ist die Zurechnung von *Störungen durch Kinder* an deren Eltern. Diese wird jedenfalls ausscheiden, wenn und soweit die Eltern machtlos sind, da Gehorsam im Konfliktfall rechtlich nicht erzwingbar ist;[225] anders liegt es aber sicherlich, soweit die Eltern dem Kind eine durch Sachen vermittelte Möglichkeit zur Störung entziehen können. Kein mittelbarer Handlungsstörer ist schließlich bei einer auf § 8 AVBWasserV, § 12 NAV, § 76 TKG oder vergleichbaren Vorschriften beruhenden Führung von Versorgungsleitungen durch fremden Grund der durch die Leitungen versorgte Anschluss- oder Teilnehmer, da die Verlegung der Leitungen auf einer eigenständigen Entscheidung des Versorgungsträgers beruht.[226]

38 **bb) Zustandsstörer.** Ferner ist auch der Zustandsstörer verantwortlich. Das ist jeder, der – ohne Handlungsstörer zu sein – allein für den störenden Zustand einer Sache verantwortlich ist.[227] Die Grenze zwischen Handlungs- und Zustandsstörung ist oft fließend, die Unterscheidung letztlich ohne praktische Konsequenz.[228] Der Zustandsstörer hat die Störung zwar nicht verursacht, durch seinen maßgebenden Willen wird der be-

---

[213] BGH, NJW 1962, 1342 (Bauherr); OLG Frankfurt, NJOZ 2011, 1015, 1016; daneben ist auch der selbständige Unternehmer stets selbst Störer, vgl. RGZ 167, 14, 28.

[214] RGZ 167, 14, 28; BGH, NJW 1979, 551.

[215] RGZ 155, 316, 319 f.

[216] BGH, WM 1962, 765; NJW 1982, 440; OLG Karlsruhe, OLGR 2007, 792, 793.

[217] BGH, NJW 1960, 2335.

[218] BGH, NJW 1983, 751.

[219] BGH, NJW 1963, 2020.

[220] *Alheit*, S. 127.

[221] BGH, NJW-RR 2003, 1235.

[222] BGHZ 95, 307, 308 = NJW 1985, 2823 (Bordell); BGHZ 144, 200, 204 = NJW 2000, 2901 (Drogenhilfezentrum); BGH, NJW 2006, 992, 993. Zur unberechtigten Nutzung durch Dritte s. BGH, NJW-RR 1996, 659 (Zustandshaftung).

[223] BGH, LM Nr. 44 zu § 1004 BGB = NJW 1959, 2013 (LS); s. aber auch OLG München, NJW-RR 2000, 681 (Lärm durch von der Gemeinde verpachtetes Kurhaus).

[224] BGHZ 144, 200, 203 = NJW 2000, 2901; vgl. ferner *Dehner*, B § 38 IV 2 m. w. N.

[225] Vgl. OLG Düsseldorf, NJW 1986, 2512; s. ferner *Neuner*, JuS 2005, 487, 488/490.

[226] BGH, MDR 2012, 459.

[227] Vgl. z. B. BGH, NJW 1998, 3273; NJW-RR 2008, 827.

[228] Jauernig/*Berger*, § 1004 Rn. 15; *Meisner/Ring/Götz*, § 34 Rn. 65.

einträchtigende Zustand jedoch aufrechterhalten.[229] Dem in Anspruch Genommenen muss die Störung daher **zurechenbar** sein. Hierfür genügt die Stellung als Eigentümer oder Besitzer allein nicht; erforderlich, aber auch ausreichend, ist vielmehr, dass die Störung **wenigstens mittelbar auf seinen Willen zurückgeht**.[230]

Dies kann nicht begrifflich festgestellt werden, sondern erfordert eine bei *wertender Betrachtung* im Einzelfall auf *Sachgründen* beruhende Zurechnung.[231] Eine solche bejaht die Rechtsprechung in jüngerer Zeit namentlich dann, wenn sich aus der Art der Nutzung des Grundstücks, von dem die Einwirkung ausgeht, eine **„Sicherungspflicht"** ergibt, also die Pflicht zur Verhinderung möglicher Beeinträchtigungen für Nachbargrundstücke.[232] Das ist auch der Fall bei der **Schaffung oder Erhaltung einer Gefahrenquelle**[233] (Gesichtspunkt der *Veranlassung*[234]). So etwa bei der Errichtung eines an sich störungsfreien Bauwerks bezüglich von diesem später ausgehenden Störungen,[235] wie überhaupt beim Halten von störenden Anlagen, wenn deren Beseitigung vom Willen des Halters abhängt;[236] ebenso gehört hierher Froschlärm von einem künstlich angelegten Teich,[237] oder das Halten störender Haustiere.[238] Außerdem ist eine Zurechnung im Sinne eines **pflichtwidrigen Unterlassens** möglich, wenn eine entsprechende Handlungspflicht zur Beseitigung des störenden Zustands besteht;[239] diese kann sich aus Rechtsnormen ergeben,[240] sei es dass diese ein unmittelbares Handlungsgebot enthalten oder jedenfalls die Abwehrbarkeit bestimmter Beeinträchtigungen normieren, sowie ferner aus Verkehrssicherungspflichten[241] oder in Ausnahmefällen[242] auch aus dem nachbarlichen Gemeinschaftsverhältnis.[243] Letztlich entscheidend ist nach den vorstehenden Ausführungen damit, ob sich die Nutzung des störenden Grundstücks noch im Rahmen **ordnungsgemäßer Bewirtschaftung** hält. Hierdurch wird auch die Grenze gezogen, wann durch Naturereignisse ausgelöste Störungen dem Eigentümer zurechenbar sind und wann nicht.[244]

---

[229] BGH, NJW 1966, 1360, 1361; NJW-RR 2001, 232; NJW-RR 2003, 953; NJW 2007, 432.

[230] BGHZ 142, 66, 69 f. = NJW 1999, 2896; BGHZ 155, 99, 105 = NJW 2003, 2377; BGHZ 175, 253, 256 = NJW 2008, 1810; BGH, NJW 2005, 1366, 1368; NJW-RR 2001, 232; NJW-RR 2001, 1208; NJW 2007, 432; NJW-RR 2008, 827; NJW-RR 2010, 807, 808; NJW 2011, 753, 754; NJW-RR 2011, 739, 740. S. ferner unten Rn. 40.

[231] S. vorherige Fn.

[232] BGHZ 157, 33, 42 = NJW 2004, 1037, 1039; NJW 2004, 603, 604; 1035, 1036, NJOZ 2005, 174, 177; NJW-RR 2011, 739, 740.

[233] BGH, NJW 2005, 1366, 1369 m. w. N.

[234] BGHZ 155, 99, 106 = NJW 2003, 2377 (daneben können auch Gesichtspunkte wie *Gefahrenbeherrschung* und *Vorteilsziehung* für die Annahme einer Störereigenschaft sprechen).

[235] BGH, NJW 1966, 1360, 1361; NJW 1980, 223; OLG Stuttgart, WuM 2009, 299, 301 (Sonnenlichtreflexionen).

[236] BGHZ 155, 99, 102 = NJW 2003, 2377 (Rohrleitungen); BGH, NJW-RR 2003, 953, 955; NJW-RR 2008, 827 (Privatstraße); OLG Stuttgart, MDR 2005, 329 (Begünstigung von Insektenbefall durch Komposthaufen); OLG Hamm, NJOZ 2008, 2142, 2144 (verstärkter Wasserabfluss infolge Verdichtung eines Weges durch Befahren mit Lkw).

[237] BGHZ 120, 239, 254 = NJW 1993, 925.

[238] OLG München, MDR 1990, 1117; LG Bonn, NJW 2010, 310. Allgemein zu Störungen durch Tiere s. Bamberger/Roth/*Fritzsche*, § 1004 Rn. 48 mit zahlreichen Beispielen sowie oben Teil 3 Rn. 135 ff.

[239] BGH, NJW 1995, 2633, 2634; NJW-RR 2001, 1208; BGH, NJW 2004, 603, 604.

[240] BGHZ 157, 33, 42 = NJW 2004, 1037, 1039 f.; BGH, NJW 2004, 1035, 1036 (unter Verletzung der landesnachbarrechtlichen Grenzabstände gehaltene Bäume); BGH, NJW 2004, 603, 604; NJW 2004, 1035, 1036; NZM 2005, 318 (aus § 910 BGB muss der Eigentümer dafür Sorge tragen, dass Wurzeln oder Zweige nicht über die Grenzen seines Grundstücks hinauswachsen und die Nutzung des Nachbargrundstücks beeinträchtigen); OLG Schleswig, NJOZ 2011, 344, 345 (§ 910 BGB und wucherndes Gestrüpp und Unkraut); BGH, NJW-RR 2008, 827 (aus § 907 BGB ist der Grundeigentümer für den baulichen Zustand seiner Privatstraße verantwortlich); OLG Karlsruhe, OLGR 2007, 789, 790 (Wassernachbarrecht: zurechenbar bei vermehrtem Wasserabfluss infolge baulicher Veränderungen; anders aber wenn Ursache nur in Bewässerung eines Wohn- und Gartengrundstücks liegt, da dies normale Nutzung). Vgl. ferner die Bsp. bei Palandt/*Bassenge*, § 1004 Rn. 23 f.

[241] BGH, NJW 2003, 1732, 1733; NJOZ 2005, 174, 177 f. (Umstürzen altersschwachen Baumes).

[242] BGH, NJW-RR 2001, 232, 233 (Extremfälle).

[243] BGH, NJW-RR 2001, 1208 f.

[244] S. dazu auch unten Rn. 41.

Ist eine Störung nach den obigen Ausführungen zurechenbar, so ist es daneben für die Störereigenschaft ohne Belang, welchen eigenen Beitrag der Eigentümer zu dem störenden Zustand seines Grundstücks geleistet hat oder ob er diesen bei dessen Erwerb kannte;[245] deshalb kann sich eine Haftung sogar ergeben, wenn ein Dritter unberechtigt ohne Zustimmung und ohne Wissen des Eigentümers einen gefahrträchtigen Zustand von dessen Grundstück herbeiführt.[246]

39 Neben der Zurechenbarkeit ist es für eine Zustandshaftung ferner erforderlich, dass der in Anspruch Genommene die Störungsquelle auch beherrscht, also überhaupt die tatsächliche und rechtliche **Möglichkeit zur Störungsbeseitigung** hat.[247] Hieran fehlt es etwa, soweit der Mieter auf Beseitigung eines das Eigentum eines Dritten beeinträchtigenden, vom Eigentümer der Mietsache herbeigeführten Zustands in Anspruch genommen wird; der Mieter kann daher hier nicht auf Beseitigung der Störung, sondern im Rahmen seiner Möglichkeiten nur auf *Duldung* der Störungsbeseitigung in Anspruch genommen werden.[248]

40 Aus den dargestellten Voraussetzungen einer Zustandshaftung, namentlich der auf Sachgründen beruhenden Zurechenbarkeit der Störung und der Möglichkeit zur Störungsbeseitigung, ergibt sich zwanglos, dass die Verantwortlichkeit beteiligter Personen nicht grenzenlos ist; sie kann vielmehr sowohl **zeitlich wie inhaltlich begrenzt** sein.[249] So beschränken sich die Sicherungspflichten des Eigentümers eines Bauwerks auf die Gefahren, mit denen typischerweise gerechnet werden muss und die nur der Eigentümer beeinflussen kann, also z. B. altersbedingter Verschleiß, Brandgefahr infolge defekter elektrischer Installationen,[250] oder Überschwemmung des Nachbargrundstücks infolge Rohrbruchs,[251] nicht dagegen allgemeine Risiken wie Krieg[252] oder Blitzschlag.[253] Die Haftung von Architekt und Bauunternehmer endet mit der Fertigstellung des Bauwerks.[254] Der Mieter, dem selbst eine Störungsbeseitigung nicht möglich ist, kann allenfalls zu deren Duldung verpflichtet sein.[255]

41 **cc) Naturereignisse.** Das **Eigentum** an der störenden Sache begründet nach obigen Ausführungen für sich allein noch keine Haftung (sog. *Anlagentheorie*).[256] Daher können insbesondere Störungen, die *ausschließlich* Folge eines **Naturereignisses** sind, keine Verantwortlichkeit des Grundstückseigentümers auslösen.[257] Hierunter fallen z. B. der natürliche Abfluss von Niederschlagswasser,[258] das Umstürzen eines gesunden Baumes infolge eines ungewöhnlich starken Sturmes,[259] sowie das Eindringen von Schädlingen von

---

[245] BGH, NJW-RR 2008, 827.

[246] BGH, NJW-RR 1996, 659 (Steinschlaggefahr durch Steinbruch).

[247] BGH, NJW 2007, 432 (Mieter); NJW-RR 2010, 807, 808 (Wohnungseigentümer); s. ferner LG München I, ZMR 2010, 800; s. auch unten Rn. 40.

[248] BGH, NJW 2007, 432; NJW-RR 2010, 807, 808.

[249] Vgl. die Fallgruppen mit zahlreichen Beispielen bei Palandt/*Bassenge*, § 1004 Rn. 22 ff. sowie ferner MünchKommBGB/*Baldus*, § 1004 Rn. 76 f.

[250] BGHZ 142, 66, 70 = NJW 1999, 2896; BGH, NJW 2008, 992, 993; NJW-RR 2011, 739, 740.

[251] BGHZ 155, 99, 105 f. = NJW 2003, 2377.

[252] BGHZ 19, 126, 130 = NJW 1956, 382.

[253] BGHZ 142, 66, 70 = NJW 1999, 2896.

[254] OLG Nürnberg, OLGR 2002, 158, 159.

[255] S. dazu oben Rn. 39.

[256] BGHZ 155, 99, 105 = NJW 2003, 2377; BGH, NJW 1985, 1773, 1774 (auch gegen die zu weitgehende sog. *Eigentümertheorie*, die von der aus dem Eigentum folgenden Verpflichtung auf eine umfassende Haftung des Eigentümers schließen will).

[257] BGHZ 90, 255, 266 = NJW 1984, 2207; BGHZ 155, 99, 102 = NJW 2003, 2377; BGH, NJW-RR 2001, 1208. U.U. kann sich hier jedoch aus dem nachbarlichen Gemeinschaftsverhältnis zumindest ein Anspruch auf *Gestattung der Beseitigung* der Störung durch den Gestörten selbst ergeben, vgl. OLG Düsseldorf, NJW 1953, 1394, 1395; MünchKommBGB/*Baldus*, § 1004 Rn. 133 m. w. N.

[258] BGHZ 114, 183, 187 = NJW 1991, 2770; OLG Hamm, NJOZ 2008, 2142, 2144; zu den Vorschriften über Traufwasser und wild abfließendes Wasser s. oben Teil 3 Rn. 271 ff. und 276 ff.

[259] BGHZ 122, 283, 285 = NJW 1993, 1855; BGH, NJW 2003, 1732, 1733.

einem Nachbargrundstück im Rahmen gewöhnlicher Bewirtschaftung.[260] Anders verhält es sich dagegen, wenn der Eigentümer des Grundstücks, von dem die Störung ausgeht, die Beeinträchtigung des Nachbargrundstücks im Sinne einer Zustandsstörung durch **eigenes Handeln** oder **pflichtwidriges Unterlassen** ermöglicht oder zumindest gefördert hat, auch wenn die Störung unmittelbar erst durch ein Naturereignis herbeigeführt wurde.[261] Eine **Sicherungspflicht** zur Verhinderung möglicher Beeinträchtigungen der Nachbargrundstücke kann sich dabei namentlich aus der *Art der Nutzung* eines Grundstücks ergeben; entscheidend ist hierbei unter anderem, ob sich die Nutzung des störenden Grundstücks im Rahmen *ordnungsgemäßer Bewirtschaftung* hält.[262]

dd) Rechtsnachfolge. Der **Rechtsnachfolger** des Störers bezüglich der störenden Sache haftet bei fortdauernder Störung, sofern in seiner Person die Voraussetzungen für eine Störereigenschaft gegeben sind. Diese liegen jedenfalls dann vor, wenn er den störenden Zustand durch seinen maßgebenden Willen aufrechterhält, obwohl er zu dessen Beseitigung verpflichtet ist;[263] Letzteres wird bei Eigentumsbeeinträchtigungen regelmäßig der Fall sein. Im Prozess gelten im Falle der Zustandshaftung § 265 ZPO[264] ebenso wie § 266 ZPO.[265] Der **Rechtsvorgänger** haftet neben seinem Nachfolger auf Beseitigung nur dann, wenn er hierzu noch in der Lage ist; das setzt regelmäßig ein Fortbestehen seiner Verfügungsmacht über die Sache voraus.[266] Die bloße **Eigentumsaufgabe** kann demgegenüber, ebenso wenig wie die bloße Besitzaufgabe, eine zuvor entstandene Verantwortlichkeit nicht beseitigen.[267] Gleiches gilt für eine Betriebseinstellung oder die Eröffnung des Insolvenzverfahrens.[268] 42

ee) Personenmehrheit. Mehrere Störer, auch unmittelbarer und mittelbarer Störer, sind selbständig nebeneinander verantwortlich.[269] Der Gestörte kann gegen sie *gemeinschaftlich* oder auch *einzeln* vorgehen. Für den Inhalt des Anspruchs gegen den einzelnen Störer ist jedoch nur dessen eigener Tatbeitrag maßgebend.[270] § 830 I 2 BGB gilt entsprechend.[271] 43

5. Ausschluss des Abwehranspruchs

Der Anspruch aus § 1004 I BGB ist ausgeschlossen, wenn der Eigentümer zur Duldung der Beeinträchtigung verpflichtet ist (§ 1004 II BGB). Dies stellt im Prozess eine **Einwendung** dar.[272] Erlischt die Duldungspflicht später, so entsteht damit ein Abwehranspruch, auch wenn es sich um eine frühere Störung handelt, die lediglich fortwirkt.[273] 44

[260] BGH, NJW 1995, 2633, 2634 (Wollläuse); NJW-RR 2001, 1208f. (Mehltau); OLG Stuttgart, MDR 2005, 329 (Insekten).

[261] Z. B. BGH, NJW 2003, 1732, 1733 (altersschwacher Baum); BGHZ 160, 232, 236f. = NJW 2004, 3701 (teilweise Rodung eines Waldbestands über das Maß hinaus, das für die Standsicherheit der verbleibenden Bäume noch unschädlich gewesen wäre).

[262] S. dazu oben Rn. 38.

[263] BGHZ 29, 314, 317 = NJW 1959, 936; BGH, NJW-RR 1996, 659, 660; NJW-RR 2001, 232, 233; NJW 2007, 1482, 1483; NJW 2007, 2182.

[264] BGHZ 175, 253, 258 = NJW 2008, 1810 (zu § 265 II ZPO); KG, KGR 2000, 56, 57 m. w. N.; MünchKommZPO/*Becker-Eberhard*, § 265 Rn. 25.

[265] BGHZ 175, 253, 256f. = NJW 2008, 1810.

[266] BGHZ 41, 393, 397 = NJW 1964, 1794 (Sicherungsübereignung); BGH, NJW 1998, 3273; NJW 2007, 1482 (je Veräußerung).

[267] BGHZ 18, 253, 258 = NJW 1956, 17; BGHZ 41, 393, 397 = NJW 1964, 1794; NJW 2005, 1366, 1367; NJW 2007, 2182.

[268] BGH, NJW 1996, 845, 846 = MDR 1996, 359, 360; es wird auch der Insolvenzverwalter nicht seinerseits zum Störer, vgl. BGHZ 150, 305, 316 = NJW-RR 2002, 1198.

[269] RGZ 162, 349, 358; BGHZ 49, 340, 347f. = NJW 1968, 1281.

[270] BGH, NJW 1976, 799, 800; NJW 2007, 432, 433 (Duldung der Störungsbeseitigung); s. auch oben Rn. 40.

[271] LG Köln, NJW-RR 1990, 865, 866.

[272] Palandt/*Bassenge*, § 1004 Rn. 34; Erman/*Ebbing*, § 1004 Rn. 37.

[273] BGHZ 41, 393, 395f. = NJW 1964, 1794; BGHZ 110, 313, 315 = NJW 1990, 2058; BGHZ 125, 56, 63 = NJW 1994, 999; BGH, NJW-RR 2010, 315.

a) Privatrechtliche Duldungspflichten

45 Neben den *allgemeinen Rechtfertigungsgründen* der §§ 227, 228, 229[274] und 904 BGB enthalten zahlreiche weitere privatrechtliche **Rechtsvorschriften** Duldungspflichten. Zu nennen sind hier zuvorderst die nachbarrechtlichen Vorschriften der *§§ 905 ff. BGB* sowie die Vorschriften des *Landesnachbarrechts*. Der Ausschluss eines für den Nachbarn vorteilhafteren, weil weitergehenden landesrechtlichen Anspruches lässt jedoch einen konkurrierenden – nur unter strengeren Voraussetzungen begründeten – Anspruch nach § 1004 I BGB unberührt.[275] § 907 II BGB ist auf § 1004 BGB nicht anwendbar.[276] Das Selbsthilferecht nach § 910 I BGB schließt den Beseitigungsanspruch nach § 1004 BGB nicht aus;[277] eine Duldungspflicht besteht jedoch nach § 910 II BGB bei fehlender Beeinträchtigung, die auch im Rahmen des § 1004 BGB der verpflichtete Nachbar zu beweisen hat.[278] Eine Duldungspflicht kann sich auch aus §§ 921, 922 S. 1 BGB ergeben, wenn die benutzte Einrichtung eine Grenzeinrichtung ist.[279] Sofern zugunsten des Störers eine *Grunddienstbarkeit* auf dem Nachbargrundstück besteht, folgt hieraus ebenfalls eine Duldungspflicht für den Nachbarn, allerdings naturgemäß nur im Umfang der dinglichen Belastung.[280] Eine örtlich beschränkte ständige Übung genügt für die Annahme einer gewohnheitsrechtlichen Duldungspflicht nicht.[281] Bei der Beurteilung von Duldungspflichten sind schließlich auch wertende Momente einzubeziehen, insbesondere auch die Ausstrahlungswirkung des Diskriminierungsverbotes nach Art. 3 III 2 GG.[282]

46 Eine Duldungspflicht kann sich auch aus § 242 BGB unter dem Gesichtspunkt des **nachbarlichen Gemeinschaftsverhältnisses**[283] ergeben. Da die Rechte und Pflichten von Grundstücksnachbarn insbesondere durch die Vorschriften der §§ 905 ff. BGB und die Bestimmungen der Nachbarrechtsgesetze der Länder eine ins Einzelne gehende Sonderregelung erfahren haben, gilt dies allerdings nur in *Ausnahmefällen*,[284] namentlich wenn ein über die gesetzliche Regelung hinausgehender billiger Ausgleich der widerstreitenden Interessen dringend geboten erscheint; liegen diese Bedingungen auf der Grundlage einer umfassenden Abwägung der Gesamtumstände des konkreten Falles, wobei insbesondere einem Verschulden und dessen Grad erhebliche Bedeutung beikommt,[285] vor, so ist die Ausübung eines Anspruchs aus § 1004 I BGB unter Berücksichtigung vorrangiger Interessen des Störers unzulässig.[286] Diese Duldungspflichten gelten dann nicht nur zwischen den benachbarten Grundstückseigentümern, sondern ebenso für schuldrechtlich berechtigte Grundstücksnutzer, die das Grundstück aus vom Eigentümer abgeleitetem Recht nutzen.[287] Zu beachten ist, dass eine aus § 242 BGB abgeleitete Duldungspflicht von vornherein nur gegenüber solchen Maßnahmen bestehen kann, die zwar im Verhältnis zu dem gestörten Nachbarn rechtswidrig, *ansonsten aber rechtmäßig* sind;[288] also etwa nur gegenüber ordnungsgemäßen, den Regeln der Baukunst entsprechenden Baumaßnahmen.[289] Eine Duldungspflicht aus dem nachbarlichen Gemeinschaftsverhältnis kommt

---

274 Dazu unten Rn. 117 ff.

275 BGH, NJW 2004, 1035, 1037; NJOZ 2005, 3210, 3211; NJW-RR 2010, 807, 809 (je Fristablauf bezüglich Verletzung des landesrechtlichen Grenzabstandes für Pflanzen).

276 BGH, NJW 2004, 1035, 1036; NJOZ 2005, 3210, 3211.

277 BGH, NJW 2004, 603; NZM 2005, 318, 319.

278 BGHZ 157, 33, 39 = NJW 2004, 1037; BGH, NJW 2004, 603, 604; NZM 2005, 318, 319.

279 BGH, NJW-RR 2012, 346, 349 (Zufahrt als Grenzeinrichtung).

280 BGH, NJW-RR 2003, 1235.

281 OLG Celle, MDR 2005, 804.

282 OLG Köln, NJW 1998, 763, 764 (Lärm von Behinderten); PWW/*Englert*, § 1004 Rn. 9.

283 Dazu ausführlich oben Teil 1 Rn. 66 ff. Beispiele aus der Rspr. bei PWW/*Lemke*, § 903 Rn. 17.

284 BGH, NJW-RR 2001, 232, 233; BayVerfGH, BayVBVl. 2004, 464 (Extremfälle).

285 BVerfG, NJW-RR 2008, 26, 30; BGH, MDR 1974, 571; 1977, 568.

286 BGHZ 28, 110, 114 = NJW 1958, 1580; BGHZ 113, 384, 389 = NJW 1991, 1671; BGH, NJW 2003, 1392; NJW-RR 2003, 1313, 1314; 2008, 610, 611; BayVerfGH, BayVBl. 2004, 464.

287 BGH, NJW-RR 2008, 610, 612.

288 PWW/*Lemke*, § 903 Rn. 15.

289 BGHZ 42, 374, 378 = NJW 1965, 389; BGH, MDR 1973, 39; NJW-RR 2009, 24, 25.

auch in Betracht, wenn dieses erst *nachträglich* durch Parzellierung eines Gesamtgrundstücks entsteht, und zwar auch insoweit, als die betreffenden Grundstücke nicht unmittelbar aneinander grenzen.[290] Gegen Treu und Glauben kann es auch verstoßen, wenn das Eigentum am beeinträchtigten Grundstück auf den Ehegatten oder einen nahen Angehörigen zu dem Zweck übertragen wird, eine an sich bestehende, aber „nur" schuldrechtliche Duldungspflicht gegenüber Beeinträchtigungen durch den Nachbarn zu vereiteln.[291] Demgegenüber kann der Umstand, dass eine Störung nicht unmittelbar auf dem anderen Grundstück stattfindet, einen solchen Ausnahmefall nicht begründen, so bei notwendiger Inanspruchnahme von öffentlichem Straßengrund für Abwasserleitungen, wenn Wurzeln von Bäumen des Nachbarn dort, und nicht auf dem über die Leitungen entsorgten Grundstück in diese Leitungen eindringen.[292] Auch allein die fehlende Nutzung des eigenen Grundstücks bedingt noch keinen solchen Ausnahmefall.[293] Ferner liefert auch die zeitliche Priorität der Störung dem Störer als solche noch keinen Rechtfertigungsgrund für eine Beeinträchtigung des Nachbarn.[294] Es verstößt auch nicht gegen Treu und Glauben, wenn einerseits Ansprüche aus § 1004 BGB geltend gemacht werden, und andererseits zugleich verwaltungsrechtlich gegen Maßnahmen des Störers zur Störungsbeseitigung vorgegangen wird.[295]

Ferner gilt auch im Rahmen des § 1004 BGB das **Schikaneverbot** des § 226 BGB. Dieses ist jedoch erst verletzt, wenn die Geltendmachung des Anspruchs ausschließlich das Ziel hätte, den Nachbarn zu schädigen. Hierfür genügt es nicht, dass jemand subjektiv aus verwerflichen Gründen von seinem Recht Gebrauch macht; vielmehr muss feststehen, dass die Rechtsausübung dem Berechtigten objektiv keinen Vorteil bringt und lediglich zur Schädigung eines Anderen dient.[296]

Nach der Rechtsprechung ergeben sich Duldungspflichten schließlich bei **gemeinwichtigen Betrieben** Privater;[297] ausgeschlossen sind dabei aber nur Abwehransprüche gegen den Betrieb als solchen, Ansprüche auf Schutzmaßnahmen bleiben möglich, soweit dies ohne unzumutbare Aufwendungen und ohne wesentliche Änderung und funktionelle Beeinträchtigung des Betriebs möglich ist.[298] 47

b) Öffentlich-rechtliche Duldungspflichten

Im Bereich des öffentlichen Rechts sind insbesondere zu nennen *§ 76 TKG* für Telekommunikationslinien,[299] *§ 12 NAV / NDAV* sowie *§ 8 AVBWasserV / AVBFernwärmeV* für Leitungen der Elektrizitäts-, Gas-, Wasser- und Fernwärmeversorgung;[300] ferner Vorschriften des *Bauordnungs-* und *Bauplanungsrechts*,[301] des *Straßenrechts*,[302] des *Naturschutzrechts*[303] und des *Denkmalschutzrechts*. Ist jedoch hierzu eine Ausnahmegenehmigung mög- 48

[290] BGH, NJW 2003, 1392, 1393 (Duldung von Abwasserleitungen).
[291] BGH, NJW-RR 2012, 346, 349.
[292] BGH, NJW 1991, 2826, 2827.
[293] BGH, NJW 2000, 1719, 1720.
[294] BGHZ 60, 235, 242 = NJW 1973, 703; BGHZ 135, 235, 241 = NJW 1997, 2234; BGHZ 148, 261, 266 f. = NJW 2001, 3119; s. ferner oben Teil 3 Rn. 72 zum Vorbelastungsprinzip. Beim sekundären Rechtsschutz nach § 906 II 2 BGB ist die Priorität allerdings für die Zumutbarkeitsschwelle von Bedeutung, vgl. BGHZ 148, 261, 269 = NJW 2001, 3119; BGH, NJW-RR 2007, 168, 170. S. ferner oben Teil 3 Rn. 97 und *Alheit*, S. 281 f.
[295] BGH, NJW 1995, 132 (Lärmschutzwand).
[296] BayVerfGH, BayVBl. 2004, 464; BayObLG, NJOZ 2004, 4348, 4350.
[297] BGHZ 144, 200, 205 ff. = NJW 2000, 2901 (Drogenhilfezentrum).
[298] Zum Ganzen Palandt/*Bassenge*, § 906 Rn. 36 m. w. N.
[299] Dazu oben Teil 4 Rn. 100 ff.
[300] Dazu oben Teil 4 Rn. 106 ff.
[301] Dazu oben Teil 4 Rn. 114.
[302] Z. B. § 11 II 2 FStrG, Art. 29 II 2 BayStrWG und dazu *Saller*, in: Grziwotz/Saller, BayNachbR, Teil 2 Rn. 207 m. w. N.
[303] Vgl. § 65 BNatSchG. Zu Baumschutzsatzungen s. oben Teil 2 Rn. 360 f. und *Saller*, in: Grziwotz/Saller, BayNachbR, Teil 2 Rn. 199 ff.; ferner OLG Köln, OLGR 2003, 369 (Duldungspflicht hinsichtlich Überwuchs und Wurzelwerk aufgrund Baumschutzsatzung).

lich, so ist deren Einholung Teil der Beseitigungspflicht des Störers;[304] eine Duldungspflicht ist daher hier erst gegeben, wenn feststeht, dass sie nicht erteilt werden kann oder sie bereits bestandskräftig abgelehnt ist.[305] Duldungspflichten, die auch zwischen Nachbarn relevant werden können, ergeben sich ferner aus dem *Gemeingebrauch*, wie er in bestimmtem Umfang kraft Gesetzes für Wälder[306] und die freie Natur[307] besteht; an Gewässern besteht neben dem Gemeingebrauch[308] auch ein gesteigerter Anliegergebrauch.[309] Durch Widmung wird Gemeingebrauch schließlich an Straßen begründet,[310] für Straßenanlieger besteht er ferner in gesteigerter Form als *Anliegergebrauch*.[311] Aus einer öffentlich-rechtlichen *Baulast* folgt dagegen als solcher noch keine privatrechtliche Duldungspflicht.[312]

49 Zu den öffentlich-rechtlichen Duldungspflichten gehören schließlich Vorschriften, die an die Erteilung einer Genehmigung den Ausschluss privater Rechte Dritter knüpfen (sog. **privatrechtsgestaltender Verwaltungsakt**). Solche finden sich etwa im *Immissionsschutzrecht* (§ 14 S. 1 BImSchG),[313] im *Wasserrecht* (§ 16 II 1 WHG für Bewilligungen und § 16 I 1 WHG für gehobene Erlaubnisse) sowie allgemein im *Planfeststellungsrecht* (§ 75 II 1 VwVfG bzw. LVwVfG für Planfeststellungsbeschlüsse sowie § 74 VI 2 VwVfG bzw. LVwVfG für Plangenehmigungen);[314] sie machen eine dennoch erhobene Abwehrklage unbegründet.[315] Anders verhält es sich dagegen, wenn wie regelmäßig behördliche **Genehmigungen unbeschadet privater Rechte Dritter** ergehen, wie etwa Baugenehmigungen,[316] Gaststättenerlaubnisse, immissionsschutzrechtliche Genehmigungen im vereinfachten Verfahren (§ 19 BImSchG) sowie einfache wasserrechtliche Erlaubnisse.[317] Diese haben sämtlich keine Auswirkung auf den Abwehranspruch aus § 1004 BGB.[318]

c) Rechtsgeschäftliche Duldungspflichten

50 Die Duldungspflicht kann weiterhin auf Rechtsgeschäft beruhen, sei es dinglicher oder schuldrechtlicher Natur. Insbesondere kommt hier die Bestellung **dinglicher** Rechte in Betracht, die die Beeinträchtigung decken. Ferner **schuldrechtlich** begründete Duldungspflichten, z. B. aus Miete, Pacht oder Leihe, auch im Fall eines konkludenten Leihvertrages durch stillschweigende Nutzungsgestattung.[319] Mit Beendigung des Vertrags

---

[304] OLG München, BauR 1993, 620, 622 (Abrissgenehmigung).

[305] BGHZ 120, 239, 245 = NJW 1993, 925; NZM 2005, 318 (je BNatSchG); BGH, NJW 1995, 714, 715 (BImSchG); OLG Hamm, NJW-RR 2009, 739, 740 f.; LG Landshut, NJW-RR 1989, 1420 (je Baumschutzsatzung/-verordnung). S. ferner oben Rn. 26 sowie zu Klageantrag und Urteil unten Rn. 59.

[306] Vgl. § 14 BWaldG, Art. 13 BayWaldG, § 2 LFoG NRW, § 11 SächsWaldG.

[307] Vgl. § 59 BNatSchG, Art. 26 ff. BayNatSchG, §§ 49 ff. LG NRW, §§ 29 ff. SächsNatSchG; vgl. ferner Art. 141 III 1 BV und dazu BayObLGZ 2004, 138 = OLGR 2004, 360 (Grundrecht auf Genuss der Naturschönheiten und Erholung in der freien Natur nur gewährleistet, soweit es der Erholung dient; es erfasst nicht die gewerbliche Nutzung zur Vermittlung von Naturgenuss).

[308] Vgl. § 25 WHG, Art. 18 BayWG, § 33 LWG NRW, § 34 SächsWG.

[309] Vgl. § 26 WHG, § 35 LWG NRW, § 35 SächsWG.

[310] Vgl. § 7 FStrG, Art. 14 BayStrWG, § 14 StrWG NRW, § 14 SächsStrG. Vgl. ferner OLG Saarbrücken, OLGR 2004, 497.

[311] Vgl. § 8 a FStrG, Art. 17 BayStrWG, § 14 a StrWG NRW.

[312] BGHZ 88, 97, 100 = NJW 1984, 124; BGHZ 90, 160, 165 = NJW 1985, 1952; BGHZ 106, 348, 353 f. = NJW 1989, 1607.

[313] Das nachträgliche Erlöschen der immissionsschutzrechtlichen Genehmigung nach § 18 II BImSchG lässt dabei die ausgeschlossenen Nachbarrechte nicht wieder aufleben, BVerwGE 117, 133, 135 f. = NVwZ 2003, 344.

[314] Dazu im Einzelnen oben Teil 1 Rn. 104 ff.

[315] BGHZ 92, 114, 117 = NJW 1985, 438.

[316] Auch die Art und Weise der Baudurchführung betrifft nicht mehr den Regelungsbereich der Baugenehmigung und unterfällt daher dem Zivilrecht, BVerwG, BauR 1999, 378; s. ferner OLG Koblenz, NJW-RR 2002, 1171 (Grundstückseigentümer hat wegen der fehlenden Privatrechtsgestaltung keinen Anspruch gegen den Bauherrn auf Verzicht auf die Rechte aus einer Baugenehmigung, die dieser für ein Vorhaben auf seinem Grund erhalten hat).

[317] S. aber insoweit auch die Duldungspflicht des Gewässereigentümers nach § 4 IV, V WHG.

[318] Vgl. BGHZ 111, 158, 163 = NJW 1990, 1910 (Schießstand); BGH, NJW 1959, 2013, 2014.

[319] Dazu und zur Frage der Widerruflichkeit s. ausführlich oben Teil 4 Rn. 146 ff.

entfällt die Duldungspflicht allerdings wieder,[320] wobei der Zeitpunkt der Beendbarkeit vom jeweiligen konkreten Vertrag abhängt und ggf. durch Auslegung zu ermitteln ist; unentgeltliche Gestattungsverträge sind jedenfalls grundsätzlich jederzeit kündbar.[321] Schuldrechtliche Duldungspflichten wirken außerdem grundsätzlich nicht gegen den *Einzelrechtsnachfolger* des Verpflichteten, außer dieser übernimmt sie (§§ 414 ff. BGB) oder es liegen die Voraussetzungen der §§ 328 oder 566, 578, 581 II BGB vor;[322] ein Übernahmewille kann aber nicht unterstellt werden, vielmehr muss er deutlich zum Ausdruck kommen.[323] Allerdings stellt es eine – im Prozess von Amts wegen zu berücksichtigende – unzulässige Rechtsausübung dar, wenn das Eigentum am beeinträchtigten Grundstück auf den Ehegatten oder einen nahen Angehörigen zu dem Zweck übertragen wird, eine „nur" schuldrechtliche Duldungspflicht zu vereiteln.[324] Eine *dingliche Absicherung* ist allerdings in jedem Fall sinnvoll. Schließlich kann eine meist gefälligkeitshalber erteilte Einwilligung als bloß **einseitige Gestattung** vorliegen, die dann allerdings auch regelmäßig für die Zukunft *frei widerruflich* ist.[325] Die bloße Nachbarunterschrift unter einen Bauantrag reicht hierfür allerdings nicht; sie bedeutet keinen Verzicht auf zivilrechtliche Abwehrrechte.[326] Auch in einer bloßen längeren Duldung liegt für sich noch keine Einwilligung.[327] Eine Einwilligung wirkt außerdem weder für noch gegen einen Einzelrechtsnachfolger der Beteiligten.[328] Ausreichend ist analog § 986 I 1 BGB auch die Gestattung Dritter, z. B. des Mieters, soweit dieser seinerseits aufgrund seiner rechtlichen Beziehung zum Eigentümer zur Störung berechtigt ist.[329] Im Prozess kann der Störer dann nach §§ 77, 76 ZPO den Urheber der Störung benennen.[330] Rechtsgeschäftliche oder einseitige Gestattungen schließen Abwehransprüche nur im **Umfang** der hierdurch erteilten Erlaubnis aus, nicht auch hinsichtlich einer darüber hinausgehenden Störung im Übermaß;[331] bei Gestattung der Errichtung einer Einrichtung auf dem Nachbargrundstück sind im Übrigen nur diejenigen Einwirkungen erfasst, die bei ihrer Erteilung *voraussehbar* waren.[332]

d) Hoheitsakte

Weiter schließen auch duldungsgebietende Hoheitsakte einen Abwehranspruch aus, 51
wie zumindest vorläufig vollstreckbare *Urteile*, *einstweilige Verfügungen*,[333] im Bereich des öffentlichen Rechts auch *Verwaltungsakte*, die unmittelbar eine Duldungspflicht regeln.

e) Verwirkung

Für die Verwirkung gelten die allgemeinen Grundsätze, erforderlich ist daher nicht nur 52
das Nichtgeltendmachen des Abwehranspruchs über einen längeren Zeitraum (*Zeitmoment*), sondern darüber hinaus auch ein hierdurch geschaffener Vertrauenstatbestand (*Umstandsmoment*).[334] Verwirkt wird dabei allerdings nicht das Eigentumsrecht als solches, sondern allein die aus ihm folgenden Abwehrrechte.[335]

---

[320] BGH, NJW-RR 2003, 953, 954; NJW-RR 2006, 917, 918.
[321] BGH, GuT 2007, 161.
[322] BGHZ 66, 37, 39 = NJW 1976, 416; BGH, NJW-RR 2008, 827; NJW-RR 2010, 315.
[323] BGH, NJW-RR 2008, 827.
[324] BGH, NJW-RR 2012, 346, 349.
[325] MünchKommBGB/*Baldus*, § 1004 Rn. 97; vgl. auch BGH, NJW-RR 2008, 827; GuT 2007, 161.
[326] Dazu im Einzelnen unten Rn. 148.
[327] BGH, MDR 1964, 1070, 1073; OLG Hamburg, MDR 1969, 576.
[328] BGH, GuT 2007, 161; NJW-RR 2008, 827; 2010, 315.
[329] BGHZ 110, 313, 315 = NJW 1990, 2058; BGH, NJW 1958, 2061, 2062; NJW 2007, 146, 147.
[330] MünchKommBGB/*Baldus*, § 1004 Rn. 147; Staudinger/*Gursky*, § 1004 Rn. 244 m. w. N.
[331] RGZ 90, 100, 104; BGH, NJW 1971, 426, 427; NJW 2003, 3702.
[332] Vgl. *Dehner*, § 38 III 2.
[333] BGH, NJW 1951, 442.
[334] S. BGHZ 187, 185, 193 f. = NJW 2011, 518; BGH, NJW 1990, 2555, 2556; NJW-RR 2006, 235, 236; NJW-RR 2010, 807, 808; BayObLG, NJW-RR 1993, 1165; BayVGH, BayVBl. 2010, 629, 630.
[335] BGH, NJW-RR 2006, 235, 236.

f) Unverhältnismäßig hohe Beseitigungskosten

53 Dem Schuldner steht gegenüber einem Beseitigungsanspruch ferner nach **§ 275 II BGB** ein **Leistungsverweigerungsrecht** zu, wenn seine Erfüllung zu einem Aufwand führt, der unter Beachtung des Inhalts des Schuldverhältnisses und der Grundsätze von Treu und Glauben in einem groben Missverhältnis zum Leistungsinteresse des Gläubigers steht.[336] Dies ist durch Gegenüberstellung des für die Beseitigung erforderlichen Aufwands gemessen am Wert des Grundstücks zu beantworten;[337] der Aufwand, der ohne die Inanspruchnahme des fremden Grundstücks entstanden wäre, ist dagegen grundsätzlich ohne Bedeutung.[338] Die Darlegungs- und *Beweislast* für die Voraussetzungen des Leistungsverweigerungsrechts trägt der Schuldner.[339] Nach § 275 II 2 BGB ist für den dem Schuldner zumutbaren Beseitigungsaufwand auch zu berücksichtigen, ob er das Leistungshindernis zu **vertreten** hat. Deshalb scheidet etwa bei vorsätzlicher Beeinträchtigung eine Leistungsverweigerung grundsätzlich aus.[340] Da es sich bei § 275 II BGB nur um eine Einrede handelt, bleiben andere Ansprüche wegen rechtswidriger und schuldhafter Rechtsverletzung davon unberührt;[341] der betroffene Nachbar ist dann zum Ausgleich in Geld zu entschädigen.[342]

6. Abtretung, Verzicht, Verjährung

a) Abtretung, Verzicht

54 Der Abwehranspruch ist als dinglicher Anspruch wegen seiner Zweckgebundenheit **nicht** selbständig **abtretbar.**[343] Ein Dritter kann jedoch zur Geltendmachung im eigenen Namen ermächtigt werden.[344] **Verzicht** oder **Erlass** sind ebenso wenig möglich.[345]

b) Verjährung

55 Auch Abwehransprüche aus § 1004 BGB unterliegen der Verjährung. Diese richtet sich nach **§ 195 BGB**, die regelmäßige Verjährungsfrist beträgt daher 3 Jahre;[346] *§ 902 I 1 BGB* ist *nicht* anwendbar.[347] Für den Beginn der Verjährung gilt § 199 I BGB (Beseitigung) bzw. § 199 V BGB (Unterlassung); entstanden ist der Abwehranspruch dabei mit der Eigentumsbeeinträchtigung.[348] § 199 IV BGB regelt die Höchstfrist, bei quasinegatorischen Ansprüchen gelten insoweit § 199 II, III BGB.[349] Bei **Dauerstörungen** beginnt die Verjährung erst mit deren Abschluss zu laufen.[350] Bei **wiederholten Störungen** entsteht mit jeder neuen, auch gleichartigen Störung ein neuer Abwehranspruch, für den auch eine neue Verjährungsfrist läuft;[351] das gilt auch für sich ständig erneuernde Störungen aus ein

---

336 BGH, NJW 2008, 3121, 3122; NJW 2010, 2341; NJW-RR 2010, 315. Damit ist die früher hier angenommene analoge Anwendung von § 251 II 1 BGB überholt, vgl. BGH, NJW 2008, 3121, 3122.

337 BGH, NJW 2010, 2341, 2342.

338 BGH, NJW-RR 2010, 315, 316.

339 BGH, NJW 2010, 2341.

340 BGH, NJW 1970, 1180, 1181; anders aber BGHZ 62, 388, 391 = NJW 1974, 1552.

341 BGH, NJW 2008, 3123, 3125.

342 Dazu unten Rn. 56.

343 BGHZ 60, 235, 240 = NJW 1973, 703.

344 BGH, NJW-RR 1986, 158; OLG Düsseldorf, ZMR 1996, 28, 32 (unzulässige Abtretung ist regelmäßig so umzudeuten).

345 Palandt/*Bassenge*, § 1004 Rn. 2.

346 BGH, NJW-RR 2010, 807, 808; NJW 2011, 1069, 1070.

347 BGHZ 60, 235, 238f. = NJW 1973, 703; BGHZ 125, 56, 63 = NJW 1994, 999; BGH, NJW 2007, 2383, 2184; NJW 2011, 1068f.; **a. A.** LG Tübingen, NJW-RR 1990, 338.

348 BGHZ 60, 235, 240 = NJW 1973, 703; BGH, NJW 2004, 1035, 1036; NJW-RR 2006, 1496, 1497.

349 Vgl. BGH, NJW 1969, 463; BayObLGZ 2000, 355, 358 (je zu § 852 BGB a. F.); **a. A.** MünchKommBGB/*Baldus*, § 1004 Rn. 120; kritisch auch Palandt/*Basssenge*, § 1004 Rn. 45.

350 Zum Ganzen Palandt/*Bassenge*, § 1004 Rn. 45 und Palandt/*Ellenberger*, § 199 Rn. 22, auch zu Abweichungen aufgrund von Landesrecht.

351 BGH, NJW 1990, 2555, 2556 (insoweit nicht in BGHZ 112, 1); NJW-RR 2006, 235, 236.

und derselben Störungsquelle.[352] Das bloße fortdauernde Untätigbleiben des Störers genügt als solches aber für die Annahme einer neuen Störung nicht.[353] Bei *Rechtsnachfolge* im Eigentum am gestörten Grundstück läuft die ursprüngliche Verjährungsfrist weiter.[354] Zu beachten ist, dass die Verjährung bei solchen Störungen, deren Quelle sich auf dem Grundstück des gestörten Eigentümers befindet, lediglich zur Folge hat, dass dieser die Störung nunmehr *selbst* und *auf eigene Kosten* beseitigen muss; denn der vom Störer geschaffene Zustand bleibt auch nach Verjährung des Anspruchs aus § 1004 BGB rechtswidrig und muss daher nicht geduldet werden.[355] Schließlich verbleibt dem Eigentümer, dem durch die Störung auch der Besitz an einem Teil seines Grundstücks entzogen wird, trotz Verjährung des Beseitigungsanspruchs aus § 1004 BGB noch der unverjährbare *Herausgabeanspruch aus § 985 BGB*, der allerdings nur auf bloße Aufgabe und Überlassung des Besitzes gerichtet ist.[356]

7. Ersatzansprüche

Entsteht dem Eigentümer aus einer Beeinträchtigung i. S. des § 1004 I BGB ein Scha- 56
den an seinem Grundstück, so kann er diesen über **§ 823 I BGB** ersetzt verlangen; außerdem ist § 1004 BGB Schutzgesetz i. S. v. **§ 823 II BGB**.[357] Ferner kommt ein verschuldensunabhängiger **nachbarrechtlicher Ausgleichsanspruch analog § 906 II 2 BGB** in Betracht, wenn der an sich bestehende Abwehranspruch aus tatsächlichen oder rechtlichen Gründen nicht geltend gemacht werden kann.[358] Zu beachten ist hier allerdings, dass der *Schutzbereich* des Abwehranspruchs nach § 1004 BGB viel weiter gezogen ist als derjenige des Ausgleichsanspruchs; letzterer eignet sich daher nicht als Basis für die Begründung einer Haftung auch solcher Personen, die zwar gelegentlich ihres Aufenthalts auf dem Nachbargrundstück zu einem Schaden führende Einwirkungen ausgelöst haben, jedoch nicht zu den die Nutzung der benachbarten Grundstücke bestimmenden Grundstückseigentümern und -nutzern gehören.[359] Sofern die Beeinträchtigung die Folge hoheitlicher Maßnahmen ist, kommt schließlich statt eines privatrechtlichen Anspruchs ein Anspruch aus **enteignendem** oder **enteignungsgleichem Eingriff** in Betracht.

8. Spezielle prozessuale Fragen

a) Beweislast

Nach allgemeinen Regeln trägt im Zivilprozess jede Partei die Darlegungs- und Beweis- 57
last für die ihr *günstigen Tatsachen*. Beim **Kläger** sind dies alle rechtsbegründenden und -erhaltenden Tatsachen; bei § 1004 BGB also sein *Eigentum* und die *Störereigenschaft* des Beklagten, darüber hinaus bei einer Beseitigungsklage das Vorliegen einer *Störung* bzw. bei einer Unterlassungsklage das Vorliegen einer *Wiederholungs- bzw. Erstbegehungsgefahr*; hinsichtlich der Wiederholungsgefahr kommt ihm allerdings eine tatsächliche Vermutung zu Hilfe.[360] Beim **Beklagten** sind dies alle rechtshindernden, -vernichtenden und -hemmenden Umstände; hierunter fallen die Voraussetzungen einer *Duldungspflicht* nach § 1004 II BGB[361] ebenso wie sämtliche Rechtfertigungsgründe, Einreden und Einwendungen.[362]

---

352 Staudinger/*Gursky*, § 1004 Rn. 204; s. auch BGHZ 60, 235, 242 = NJW 1973, 703 (jedenfalls bei wesentlicher Zunahme der Beeinträchtigung).

353 BGH, NJW-RR 2006, 1496, 1497.

354 BGHZ 125, 56, 63 = NJW 1994, 999; BGH, NJW 1990, 2555, 2556 (insoweit nicht in BGHZ 112, 1); **a. A.** MünchKommBGB/*Baldus*, § 1004 Rn. 123 (§ 198 BGB analog).

355 BGH, NJW 2011, 1068, 1069; NJW 2011, 1069, 1070.

356 BGH, NJW 2011, 1069, 1070 f. (Überbau).

357 BGHZ 120, 239, 253 = NJW 1993, 925; zum Schadensersatz s. im Einzelnen unten Rn. 88 ff.

358 Dazu unten Rn. 99.

359 BGH, NJW 2010, 3158, 3159. S. ferner unten Rn. 99.

360 Dazu oben Rn. 29.

361 BGHZ 106, 142, 145 = NJW 1989, 1032.

362 Vgl. BGHZ 106, 229, 234 = NJW 1989, 902.

b) Klageantrag, Urteil

58 Der Klageantrag muss nach § 253 II Nr. 2 ZPO – ebenso wie der Urteilstenor – die abzuwehrende **Beeinträchtigung konkret** bezeichnen.[363] Im Einzelnen hängt der Umfang der erforderlichen Konkretisierung von der Art der Beeinträchtigung ab. Regelmäßig ist zumindest die Angabe von Art und Ort der Störung erforderlich.[364] Bei **Immissionsschutzklagen** sind auch Anträge zulässig mit dem Gebot, allgemein Störungen bestimmter Art zu unterlassen.[365] Hier genügt daher die Angabe der *Immissionsart* und, soweit möglich, ihrer *Ursache*; unwesentliche und damit nach § 906 I BGB zulässige Einwirkungen sind allerdings schon im Antrag allgemein auszuklammern.[366] Bei bestehender Messbarkeit hat darüber hinaus auch, zumindest im Urteil, eine nähere Quantifizierung der abzuwehrenden Störung unter Verwendung der einschlägigen *Maßeinheiten* zu erfolgen.[367]

59 Demgegenüber dürfen die zur Störungsbeseitigung zu ergreifenden Maßnahmen *nicht* konkret bezeichnet werden, die Wahl der Mittel obliegt dem Störer;[368] es dürfen daher nur **geeignete Maßnahmen** verlangt werden. Dem Kläger kommt die Wahl erst im Rahmen der Zwangsvollstreckung nach § 887 ZPO zu.[369] Anders verhält es sich nur, wenn und soweit ausnahmsweise nur eine geeignete Maßnahme zur Beseitigung der Störung in Betracht kommt;[370] Gleiches gilt auch, wenn weitere Maßnahmen zwar möglich sind, vernünftigerweise aber nicht ernsthaft in Betracht gezogen werden können.[371] **Gesetzliche Beschränkungen** der Möglichkeit zur Störungsbeseitigung müssen in der konkreten Verurteilung ihren Niederschlag finden.[372] Bedarf die Maßnahme etwa einer **behördlichen Genehmigung**, so ist deshalb im Urteilstenor, auch wenn dies nicht beantragt war, ein entsprechender *Vorbehalt* aufzunehmen, die Frage der tatsächlichen Erteilung der Genehmigung ist dagegen erst im Rahmen der Zwangsvollstreckung zu prüfen;[373] läuft parallel zum Zivilprozess bereits ein Verwaltungsverfahren oder ein Prozess vor den Verwaltungsgerichten, so kommt anstelle einer Verurteilung unter Vorbehalt auch die *Ausset-*

---

[363] BGHZ 67, 252, 253 = NJW 1977, 146; BGH, NJW 1978, 1584; OLG Köln, OLGZ 1994, 313 (zeitliche Konkretisierung bezüglich Hundegebell); OLGR 2004, 127 = MDR 2004, 532 (Beseitigung von Bäumen); OLG Dresden, MDR 2009, 1411 (Schutz vor Witterungseinflüssen); weitere Beispiele aus der Rspr. bei Soergel/*Münch*, § 1004 Rn. 465 und *Alheit*, S. 226 f.

[364] BGH, NJW 2000, 1719 (Art und Ort zu entfernender Gegenstände).

[365] BGHZ 121, 248, 251 = NJW 1993, 1656 (Gerüche, Geräusche); BGHZ 140, 1, 3 = NJW 1999, 356 (Gerüche); BGH, 26. 11. 2004 – V ZR 83/04 (insow. nicht in NZM 2005, 318); OLG Jena, OLGR 1998, 439, 441 (Lärm); OLG Brandenburg, DWW 2003, 231; 15. 3. 2007 – 5 U 123/05 (je Gerüche); OLG München, 19. 1. 2009 – 19 U 3826/08 (Stärke- und Wasserdampfemissionen); OLG Stuttgart, WuM 2010, 299 (Sonnenlichtreflexionen).

[366] Staudinger/*Gursky*, § 1004 Rn. 237; **a. A.** wohl BGHZ 121, 248, 251 = NJW 1993, 1656.

[367] MünchKommBGB/*Baldus*, § 1004 Rn. 143 (höchstzulässige Phonzahl bei Lärmbelästigung); zu berücksichtigen ist jedoch, dass bei Lärm die Wesentlichkeit der Störung nicht notwendig allein von der Lautstärke abhängig ist, vgl. BGHZ 121, 248, 251 = NJW 1993, 1656.

[368] BVerfG, NJW 2010, 220, 222; BGHZ 67, 252, 253 f. = NJW 1977, 146; BGH, NJW 1983, 751, 752; NJW-RR 1996, 659; NJOZ 2005, 3210, 3211; NJW-RR 2006, 235, 237.

[369] OLG Köln, NJW-RR 1990, 1087.

[370] BVerfG, NJW 2010, 220, 222; BGHZ 67, 252, 253 f. = NJW 1977, 146; BGHZ 120, 239, 248 = NJW 1993, 925; BGH, NJW 1983, 751, 752; NJW 1984, 1242, 1243; NZM 2004, 957, 958; NJOZ 2005, 3210, 3211.

[371] BGH, NJW 2004, 1035, 1037 (Kappen eines Baumes auf halber Höhe statt vollständiger Entfernung).

[372] BGH, NJW-RR 2012, 82, 84 (zu jahreszeitlichen Einschränkungen für Rückschnitt und Beseitigung von Pflanzen nach Landesnachbar- und Naturschutzrecht).

[373] BGHZ 120, 239, 247 f. = NJW 1993, 925; BGH, NZM 2005, 318, 319. Im Rahmen einer *Ausgleichsklage analog § 906 II 2 BGB* kommt dagegen ein Genehmigungsvorbehalt nicht in Betracht, das Zivilgericht kann hier vielmehr selbst inzident prüfen, ob eine Ausnahmegenehmigung hätte erteilt werden können, sofern es nach den Umständen hierauf für eine Ausgleichspflicht überhaupt ankommt, vgl. BGHZ 160, 232, 237 = NJW 2004, 3701 (Umsturz naturgeschützter Bäume) sowie *Saller*, in: Grziwotz/Saller, BayNachbR, Teil 2 Rn. 192. S. ferner oben Rn. 26.

zung des Zivilverfahrens nach § 148 ZPO in Betracht.[374] Darüber hinaus kann auch eine unmittelbare *Verurteilung zur Beantragung* der Genehmigung begehrt werden, für die Zwangsvollstreckung gilt dann insoweit § 894 ZPO.[375] Ggf. hat das Gericht nach § 139 ZPO auf einen sachdienlichen Antrag hinzuwirken.[376]

Urteilstenor und **Klageantrag** lauten daher etwa:[377] *„Der Beklagte wird verurteilt, geeignete Maßnahmen zu treffen, durch die von seinem Grundstück Fl.Nr. 456 der Gemarkung G ausgehende wesentliche Beeinträchtigungen des Grundstücks des Klägers Fl.Nr. 123 der Gemarkung G durch Lärm und Gerüche des im Bereich der gemeinsamen Grundstücksgrenze befindlichen Hühnerstalles verhindert werden."* **60**

c) Rechtskraft

Die Rechtskraft eines stattgebenden Urteils nach § 1004 BGB erfasst andere Störungs- **61**
formen als die im Urteil genannten nur dann, wenn diese nach der Verkehrsauffassung als gleichwertig anzusehen sind und den *Kern der Störung unberührt* lassen.[378]

d) Zwangsvollstreckung

Die Verurteilung zu einem Handeln ist nach **§§ 887, 888 ZPO** zu vollstrecken, wobei **62**
wegen der Vertretbarkeit regelmäßig nur § 887 ZPO einschlägig sein wird, die Verurteilung zum Unterlassen ausschließlich nach **§ 890 ZPO**.[379] Die Abgrenzung richtet sich allerdings nicht nach der formalen Anspruchsgrundlage (§ 1004 I 1 oder I 2 BGB) oder danach, ob der Urteilstenor positiv oder negativ formuliert ist, sondern vielmehr danach, ob bei verständiger Auslegung des Titels für den Beklagten **in der Sache** ein **Handlungs- oder Unterlassungsgebot** besteht.[380] Dabei ist zu berücksichtigen, dass sich auch aus einer Pflicht zum Unterlassen mittelbar eine Pflicht zum Handeln ergeben kann, wenn bestehende Beeinträchtigungen abzustellen sind.[381] So ist die Verpflichtung zur Unterlassung bestimmter Fahrten über einen Weg insgesamt nach § 890 ZPO zu vollstrecken, auch soweit sie die Verpflichtung beinhaltet, solche Fahrten durch Dritte zu verhindern.[382] Nach § 890 ZPO wird auch vollstreckt, wenn neben der Unterlassung die Vornahme einer positiven Handlung notwendig ist, um den rechtmäßigen Zustand zu erreichen.[383]

Nachträglich entstandene Einwendungen gegen einen Unterlassungstitel kann der **63**
Schuldner nicht im Wege einer Abänderungsklage nach § 323 ZPO geltend machen, er muss dies vielmehr mit einer Vollstreckungsabwehrklage nach § 767 ZPO tun.[384] Dies gilt auch bei einem Wegfall des zugrunde liegenden Verbots durch Gesetzesänderung[385] oder Änderung der höchstrichterlichen Rechtsprechung.[386] Der **Erfüllungseinwand** des Schuldners ist allerdings, auch wenn er streitig ist und insoweit eine Beweisaufnahme erforderlich wird, grundsätzlich schon im *Vollstreckungsverfahren* nach §§ 887, 888 ZPO zu

[374] Vgl. oben Teil 2 Rn. 361. Zum verwaltungsrechtlichen Rechtsschutz s. auch *Saller*, in: Grziwotz/Saller, BayNachbR, Teil 2 Rn. 201 m. w. N.

[375] BGHZ 120, 239, 248 = NJW 1993, 925; BayVGH, BayVBl. 2005, 344, 345.

[376] BGH, NJW-RR 2008, 827; NJW 2009, 2528, 2529.

[377] Vgl. Staudinger/*Gursky*, § 1004 Rn. 237; MünchKommBGB/*Baldus*, § 1004 Rn. 142.

[378] Vgl. RGZ 147, 27, 31; BGHZ 5, 189, 193.

[379] BGH, NJW 1982, 440; ausführlich dazu Staudinger/*Gursky*, § 1004 Rn. 246; Beispiele für Handlungsvollstreckung bei NK/*Keukenschrijver*, § 1004 Rn. 200 m. w. N.

[380] OLG Köln, OLGZ 1994, 313, 316; OLG Saarbrücken, NJW-RR 2001, 163, 164; OLGR 2004, 640.

[381] BGHZ 120, 73, 76 = NJW 1993, 1076 (Stilllegung von Straßenbauarbeiten); BGH, NJW 2004, 1035, 1037 (Entfernung eines Baumes); OLG München, MDR 1990, 442; OLG Köln, OLGZ 1994, 313, 316 (je störendes Hundegebell); LG Rostock, JurBüro 2003, 495 (Ablaufen von Oberflächenwasser); s. aber auch OLG Hamm, OLGZ 1974, 62, 63 (Störung durch Anlage) sowie Palandt/*Bassenge*, § 1004 Rn. 53 m. w. N.

[382] BGH, NJW-RR 2003, 1235, 1236; s. ferner BayObLG, NZM 1999, 769.

[383] BGH, NJW-RR 2007, 863, 864 (Zugangsverschaffung bei Duldung von Reparaturarbeiten).

[384] BGHZ 176, 35, 39 = NJW 2008, 1446.

[385] BGHZ 133, 316, 323 = NJW 1997, 1702; BGHZ 181, 373, 378 = NJW 2009, 3303 (je zum Wettbewerbsrecht).

[386] BGHZ 181, 373, 380 = NJW 2009, 3303 (zum Wettbewerbsrecht).

berücksichtigen und nicht nur im Rahmen einer *Vollstreckungsabwehrklage* nach § 767 ZPO.[387] Ist aufgrund eines Urteils eine Störung einmal vollständig beseitigt, so ist damit der **Titel verbraucht**;[388] erfolgt hiernach eine neuerliche Störung, so muss erneut geklagt werden.

IV. Besitzschutzklagen (§§ 861, 862 BGB)

64 §§ 861, 862 BGB bieten für den nicht über §§ 985, 1004 BGB geschützten[389] bloßen Besitzer einer Sache Schutz gegen Beeinträchtigungen seines Besitzes. Während dabei § 861 BGB, ähnlich dem § 985 BGB, gegen *Besitzentziehungen* schützt, vermittelt § 862 BGB, ähnlich § 1004 BGB,[390] Schutz gegen *sonstige Besitzstörungen*. Trotz dieser Ähnlichkeiten bestehen jedoch infolge der **possessorischen** Natur dieser Ansprüche auch entscheidende Unterschiede zu den petitorischen Ansprüchen aus dem Eigentum; die Besitzschutzansprüche zielen nämlich unabhängig von der materiellen Rechtslage auf eine zügige Wiederherstellung der faktischen Besitzverhältnisse.

1. Anspruchsvoraussetzungen

65 Die Besitzschutzansprüche schützen sowohl vor der Entziehung als auch vor sonstigen Störungen des Besitzes. Gemeinsame Voraussetzung ist, dass die **Störungshandlung** sich als **verbotene Eigenmacht** darstellt.

a) Besitzentziehung, Besitzstörung

66 **Besitzentziehung** meint die vollständige und dauerhafte Beseitigung des unmittelbaren Besitzes.[391] Hier kommt einmal die *physisch* vermittelte Vereitelung des Zugriffs auf die Sache in Betracht, sei es durch deren Wegnahme, sei es durch Verhinderung des Zugangs zu ihr. Hierzu zählt etwa das Abzäunen eines Grundstücks,[392] die Schließung einer Grundstückszufahrt,[393] die Bewirtschaftung landwirtschaftlicher Flächen[394] sowie – auch ohne konkrete Behinderung – das unberechtigte Parken auf einem fremden Grundstück.[395] Ausreichend ist auch die *psychisch* vermittelte Besitzaufgabe durch den Besitzer, sei es infolge unerträglicher Störungen, sei es durch Bedrohung.[396]

67 Demgegenüber meint **Besitzstörung** jede sonstige, nur teilweise Beeinträchtigung des unmittelbaren Besitzes in der Weise, dass in den Bestand der tatsächlichen Sachherrschaft des Besitzers eingegriffen wird.[397] Die Beeinträchtigung darf jedoch keine gänzlich unerhebliche sein.[398] Die Abgrenzung zur Besitzentziehung ist dabei vielfach fließend und nur quantitativer Art;[399] die Besitzentziehung an einem Grundstücksteil ist zugleich Besitzstörung bezogen auf das ganze Grundstück.[400] Besitzstörungen stellen etwa dar die

[387] BGHZ 161, 67, 71 = NJW 2005, 367, 368.
[388] Jauernig/*Berger*, § 1004 Rn. 9.
[389] Dazu oben Rn. 32.
[390] BGH, NJW 2006, 3628, 3630.
[391] RGZ 67, 387, 389; BGH, NJW 2008, 580, 581.
[392] OLG Dresden, OLGE 15, 328.
[393] RGZ 67, 387, 389.
[394] BGH, NJW 2008, 580, 581.
[395] BGHZ 181, 233, 237/239 = NJW 2009, 2530 (offen gelassen ob bei Großparkplatz teilweise Besitzentziehung oder Besitzstörung vorliegt); BGH, NJW 2012, 528; s. ferner *Schwarz/Ernst*, NJW 1997, 2550; *Lorenz*, NJW 2009, 1025; *Paal/Guggenberger*, NJW 2011, 1036. Zur Besitzwehr s. unten Rn. 70, zu den Abschleppkosten s. unten Rn. 81.
[396] OLG Braunschweig, OLGE 20, 395.
[397] BGHZ 180, 300, 307 = NJW 2009, 1947.
[398] Soergel/*Stadler*, § 858 Rn. 8.
[399] Vgl. BGH, NJW 2008, 580, 581.
[400] Palandt/*Bassenge*, § 858 Rn. 3. Im Prozess ist daher ein Übergang vom einen zum anderen Anspruch, ggfls. nach entsprechendem Hinweis des Gerichts nach § 139 ZPO, jederzeit nach § 264 Nr. 2 ZPO möglich, vgl. MünchKommBGB/*Joost*, § 861 Rn. 13.

i. S. v. § 909 BGB unzulässige Vertiefung eines benachbarten Grundstücks,[401] das Ablagern von Baumaterial auf dem Nachbargrundstück,[402] jedes andere Betreten oder Benutzen desselben,[403] wobei in diesem Zusammenhang insbesondere dem *Hausrecht* Bedeutung zukommt,[404] das Abzäunen eines Grundstücksteils,[405] oder das Überschwenken eines Krans;[406] ebenso umgekehrt die Blockade von Baumaschinen durch den Nachbarn.[407] Ferner das Erschweren des Zugangs[408] zum Grundstück oder das Zuparken von Fahrzeugen oder Garagen,[409] sowie sonstige behindernde Einwirkungen auf das Grundstück,[410] wie insbesondere unzulässige Immissionen i. S. v. § 906 BGB.[411] Darüber hinaus auch lediglich psychisch vermittelte Störungen[412] wie die Videoüberwachung des Nachbargrundstücks,[413] auch ohne dass eine Bildaufzeichnung stattfindet.[414] Im Einzelnen kommen hier im Wesentlichen dieselben Störungstatbestände in Betracht wie bei § 1004 BGB.[415]

b) Verbotene Eigenmacht

Die Besitzentziehung oder -störung muss in jedem Fall widerrechtlich geschehen, **68**
d. h. ohne, nicht notwendig gegen den Willen des unmittelbaren Besitzers und ohne dass das Gesetz die Entziehung oder Störung gestattet (verbotene Eigenmacht, § 858 I BGB). In diesem Umfang ist nämlich auch der Besitzer befugt, andere von jeder Einwirkung auf seinen Besitz auszuschließen.[416] Auf Verschulden oder auch nur das Bewusstsein der Rechtswidrigkeit seitens des Störers kommt es dabei nicht an.[417] Eine **Erlaubnis** muss der unmittelbare Besitzer – ausdrücklich oder stillschweigend – erteilt haben, eine solche des davon verschiedenen Eigentümers ist nicht ausreichend.[418] Sie ist jederzeit widerruflich;[419] ist sie allerdings einmal erteilt, wird ihr Fortbestehen widerleglich vermutet.[420] Ohne Belang ist dagegen, ob auf ihre Erteilung ein Anspruch besteht. **Gesetzliche Gestattungen**, die sich aus privatem oder öffentlichem Recht ergeben können, sind schließlich nur solche, die ein eigenmächtiges Handeln unmittelbar gestatten,[421] wie §§ 227 ff., 859, 904, 906, 910 BGB, 14 BImSchG, 76 TKG, nicht dagegen solche, die lediglich ein durch Klage durchsetzbares Recht zum Besitz verleihen, wie dingliche oder schuldrechtliche Benutzungsrechte,[422] Notwegerechte sowie die landesrechtlichen Hammerschlags-

---

[401] BGHZ 147, 45, 51 = NJW 2001, 1865.
[402] OLG Dresden, AgrarR 1994, 242, 243.
[403] OLG Rostock, OLG-NL 2001, 279; OLG Hamm, BauR 2002, 669, 670.
[404] Dazu BGHZ 165, 62, 69 = NJW 2006, 377; BGH, NJW 2006, 1054; NJW 2010, 534, 535.
[405] OLG Brandenburg, BeckRS 2008, 16459.
[406] OLG Karlsruhe, NJW-RR 1993, 91; OLG Zweibrücken, OLGR 1998, 100; s. aber OLG Düsseldorf, NZM 2007, 582, 583 (verneint bei großstädtischem Bauvorhaben ohne gleichzeitiges Überschwenken von Lasten).
[407] Vgl. BGHZ 137, 89, 98 = NJW 1998, 377 (Eingriff in Besitz des Bauunternehmers).
[408] BGHZ 180, 300, 307 = NJW 2009, 1947; BGH, NJW-RR 2011, 1476, 1477.
[409] Bamberger/Roth/*Fritzsche*, § 858 Rn. 11; Palandt/*Bassenge*, § 861 Rn. 4 m. w. N.
[410] BGHZ 180, 300, 307 = NJW 2009, 1947.
[411] BGH, NJW 1995, 132; NJW-RR 2006, 235, 236; OLG München, NJW-RR 1992, 1097; OLG Düsseldorf, OLGR 1997, 89, 90 (je zu Lärm); Bamberger/Roth/*Fritzsche*, § 858 Rn. 12.
[412] BGHZ 180, 300, 308 = NJW 2009, 1947 (Lärm, Lichtwerbung).
[413] AG Schöneberg, ZMR 2000, 684; nicht aber bloßes Fotografieren, vgl. BGH, NJW 2011, 749; **a. A.** Palandt/*Bassenge*, § 862 Rn. 5 (generell kein Eingriff in Sachherrschaft). Vgl. ferner oben Rn. 20 (zu § 1004 BGB).
[414] Vgl. LG Braunschweig, NJW 1998, 2457, 2458.
[415] Soergel/*Stadler*, § 858 Rn. 8; dazu oben Rn. 20 f.
[416] *Meisner/Ring/Götz*, § 35 Rn. 9.
[417] RGZ 55, 55, 57; RGZ 67, 387, 389; OGH, MDR 1948, 472; BGH, NJW 2006, 3628, 3630; KG, KGR 1993, 142.
[418] *Meisner/Ring/Götz*, § 35 Rn. 17; s. auch OLG Düsseldorf, NZM 2002, 192 (bei Zustimmung nur einzelner Mitbesitzer liegt nur den übrigen gegenüber verbotene Eigenmacht vor).
[419] OLG Brandenburg, MDR 1998, 401, 402.
[420] RGZ 146, 182, 186; vgl. auch BayObLG, NJW-RR 1998, 876.
[421] OLG Saarbrücken, OLGR 2004, 497 (straßenrechtlicher Gemeingebrauch).
[422] Vgl. KG, NJW-RR 1988, 780 (Wegerecht).

und Leiterrechte bzw. das nachbarliche Betretungsrecht aus § 242 BGB.[423] Ist der Besitz durch die Vollstreckung aus einer einstweiligen Verfügung erlangt, so wird die Aufrechterhaltung dieser Besitzlage auch dann nicht zur verbotenen Eigenmacht, wenn der Titel später aufgehoben wird.[424]

2. Anspruchsinhalt

69 **a)** Das Gesetz gibt dem unmittelbaren Besitzer[425] bei verbotener Eigenmacht zunächst einmal unter engen Voraussetzungen – als Sonderfall und daher unabhängig von §§ 227 ff. BGB – ein Recht zur **Selbsthilfe**; dieses darf auch der Besitzdiener ausüben (§ 860 BGB), im Umfang des § 869 BGB steht es auch dem mittelbaren Besitzer zu; außerdem kann der unmittelbare Besitzer auch Dritte mit der Ausübung dieses Rechts beauftragen.[426] Der Besitzer darf sich danach Störungen jedweder Art mit Gewalt erwehren, solange ihm der Besitz noch nicht vollständig entzogen ist (**Besitzwehr**, § 859 I BGB). Anschließend darf er sich im Falle der Besitzentziehung an einem Grundstück sofort hiernach durch Entsetzung des Täters des Grundstücks wieder bemächtigen (**Besitzkehr**, § 859 III BGB). In dem Begriff „sofort" liegt eine nach objektiven Maßstäben zu beurteilende zeitliche Begrenzung des Selbsthilferechts, es ist ein unmittelbarer zeitlicher Zusammenhang mit der Besitzstörung erforderlich; dieser kann auch bei einem Handeln erst am folgenden Tag noch gewahrt sein.[427] Eine Wartefrist vor Besitzkehr ist nicht einzuhalten.[428] Die Selbsthilfe nach § 859 I, III BGB verstößt aber gegen Treu und Glauben (§ 242 BGB), wenn sie nicht *verhältnismäßig* ist. Hierfür ist eine Mittel-Zweck-Relation maßgeblich, weshalb sie unzulässig ist, wenn sie der Gegenseite unverhältnismäßig große Nachteile zufügt und andere, weniger schwer wiegende Maßnahmen möglich gewesen wären, die den Interessen des Berechtigten ebenso gut Rechnung getragen hätten oder ihm zumindest zumutbar gewesen wären; es gilt das Gebot der schonendsten Sanktion.[429] Dagegen ist das Selbsthilferecht nicht davon abhängig, welches räumliche Ausmaß die verbotene Eigenmacht hat und ob sie die Nutzungsmöglichkeit von ihr nicht betroffener Grundstücksteile unberührt lässt.[430]

70 Das Selbsthilferecht richtet sich nur **gegen den unmittelbar handelnden Täter**[431] sowie unter den Voraussetzungen des § 859 IV BGB gegen dessen Nachfolger im Besitz. Zulässig ist nur die zur Abwendung der Besitzstörung **objektiv erforderliche Gewalt**.[432] In diesem Zusammenhang hat insbesondere das unberechtigte Parken auf fremden Stellplätzen immer wieder die Gerichte beschäftigt.[433] Der Besitzer darf sich der verbotenen Eigenmacht hier erwehren, indem er das Fahrzeug abschleppen lässt;[434] die Kosten der Selbsthilfe kann er dann jedenfalls über §§ 823 II, 858 I BGB ersetzt verlangen.[435]

71 **b)** Gelangt eine Sache auf ein Nachbargrundstück, so besteht unter den Voraussetzungen des § 867 BGB unabhängig vom Vorliegen verbotener Eigenmacht ein **Verfolgungsrecht**, solange kein Besitzverlust eingetreten ist. Die Vorschrift gibt jedoch kein Selbst-

---

[423] Palandt/*Bassenge*, § 858 Rn. 6 m. w. N.; KG, OLGZ 1977, 448, 450 = NJW 1997, 2364 (LS); OLG Karlsruhe, NJW-RR 1993, 91; s. dazu oben Teil 4 Rn. 129.

[424] BGH, MDR 2003, 621.

[425] RGZ 146, 182, 190.

[426] BGHZ 181, 233, 240 = NJW 2009, 2530 (Abschleppunternehmen).

[427] LG Frankfurt/M., MDR 2003, 388 (Abschleppen eines auf fremdem Grundstück geparkten Pkw); ferner Bamberger/Roth/*Fritzsche*, § 859 Rn. 16 m. w. N.

[428] AG München, NJW-RR 2002, 200.

[429] BGHZ 181, 233, 239 = NJW 2009, 2530.

[430] BGH, a. a. O. (Abschleppen von auf fremdem Grund geparktem Pkw auch ohne konkrete Behinderung).

[431] Bamberger/Roth/*Fritzsche*, § 859 Rn. 7 m. w. N.

[432] BGH, WM 1968, 1356, 1357; Palandt/*Bassenge*, § 859 Rn. 2.

[433] S. Bamberger/Roth/*Fritzsche*, § 859 Rn. 16 ff. mit zahlreichen Beispielen aus der Rspr.

[434] BGHZ 181, 233, 238 = NJW 2009, 2530; BGH, NJW 2012, 528; s. bereits oben Rn. 66.

[435] S. dazu im Einzelnen unten Rn. 81.

hilferecht; bei Verweigerung der Gestattung zur Verfolgung muss daher grundsätzlich zuvor gerichtliche Hilfe in Anspruch genommen werden.

c) Nach § 861 I BGB hat der Besitzer im Falle der **Besitzentziehung** Anspruch auf **Wiedereinräumung** des Besitzes gegenüber jedem, der ihm gegenüber fehlerhaft besitzt; fehlerhaft ist dabei der durch verbotene Eigenmacht erlangte Besitz (§ 858 II 1 BGB). Der Anspruch geht auf Wiederherstellung des Zustandes vor der Besitzentziehung und damit regelmäßig auf Herausgabe.[436] Er ist selbständig abtretbar.[437] 72

d) Im Falle einer sonstigen **Besitzstörung** geht der Anspruch auf **Beseitigung** der Störung (§ 862 I 1 BGB), sofern diese noch fortbesteht bzw. auf **Unterlassung** (§ 862 I 2 BGB), soweit weitere Störungen künftig zu besorgen sind. Für den letzteren Anspruch bedarf es daher einer *Wiederholungsgefahr*, ausreichend ist aber auch bereits eine *Erstbegehungsgefahr* (**vorbeugender Unterlassungsanspruch**).[438] In jedem Fall gewährt der Besitzschutz nur Abwehrrechte und keine Leistungsansprüche.[439] Der Besitzstörungsanspruch ist nicht selbständig abtretbar, sondern nur wenn auch der Besitz übertragen wird.[440] 73

3. Beteiligte

a) Anspruchsberechtigter

Berechtigt ist der bisherige **unmittelbare Besitzer**, sei er Eigenbesitzer oder Fremdbesitzer,[441] dem der Besitz durch verbotene Eigenmacht entzogen oder gestört wurde; dies kann in den Grenzen des § 858 II BGB auch ein seinerseits fehlerhaft Besitzender sein. Auf ein Recht zum Besitz kommt es nicht an. Der Besitzschutz des unmittelbaren Besitzers besteht auch gegenüber dem mittelbaren Besitzer. Auch dem **mittelbaren Besitzer** seinerseits stehen die Besitzschutzansprüche im Umfang des § 869 BGB zu, nicht jedoch gegen den unmittelbaren Besitzer;[442] streitig ist allerdings, ob dies auch eine Selbsthilfe nach § 859 BGB umfasst.[443] Ist der Besitzer **zugleich Eigentümer**, so stehen ihm die Ansprüche aus dem Eigentum und solche aus dem Besitz bei Vorliegen der jeweiligen Voraussetzungen *nebeneinander* zu.[444] Der Anspruch nach § 862 BGB erlischt mit dem Verlust des Besitzes.[445] Bei **Besitzverlust** des Klägers durch *Veräußerung* während des Prozesses gilt § 265 ZPO,[446] wobei allerdings im Falle der *Gutgläubigkeit des Erwerbers* § 265 III i. V. m. § 325 ZPO zu beachten ist; § 266 ZPO ist dagegen nicht anwendbar.[447] Bei *anderweitigem Besitzverlust* des Klägers kann nach § 264 Nr. 3 ZPO zum Ersatzanspruch übergegangen werden, ansonsten ist die Hauptsache für erledigt zu erklären. 74

b) Anspruchsverpflichteter

Verpflichtet ist der **Störer**. Im Rahmen des § 862 BGB gelten dabei die Grundsätze zu § 1004 BGB entsprechend.[448] Im Rahmen des § 861 BGB ist der gegenwärtige fehlerhafte Besitzer (§ 858 II BGB) verpflichtet. Auch mit dessen **Besitzverlust** erlischt der Anspruch, was allerdings im Falle des Verbleibs mittelbaren Besitzes nicht der Fall ist. Im 75

---

436 Palandt/*Bassenge*, § 861 Rn. 8 m. w. N.
437 RG, Recht 1914 Nr. 1839; BGH, NJW 2008, 580, 581.
438 Dazu im Einzelnen oben Rn. 30 (zu § 1004 BGB).
439 BGHZ 180, 300, 308 = NJW 2009, 1947 (zur Sperrung von Versorgungsleitungen).
440 BGH, NJW 2008, 580, 581.
441 RGZ 59, 326, 327.
442 Jauernig/*Berger*, § 869 Rn. 2.
443 Bejahend: Palandt/*Bassenge*, § 869 Rn. 2 m. w. N.; verneinend: RGZ 146, 182, 190.
444 BGHZ 44, 27, 28 = NJW 1965, 1712; MünchKommBGB/*Baldus*, § 1004 Rn. 130.
445 Vgl. BGH, MDR 2003, 621.
446 Zöller/*Greger*, § 265 Rn. 3.
447 Zöller/*Greger*, § 266 Rn. 3.
448 BGH, NJW 2006, 3628, 3630. S. dazu oben Rn. 34 ff.

Prozess gilt bei Besitzverlust infolge *Veräußerung* auch auf Beklagtenseite § 265 ZPO; bei *anderweitigem Besitzverlust* kann nach § 264 Nr. 3 ZPO zum Ersatzanspruch übergegangen werden, ansonsten ist die Hauptsache für erledigt zu erklären.[449]

4. Einwendungen, Ausschluss, Erlöschen

a) Einwendungen

76 Besitzschutzansprüche leiten sich allein aus dem *tatsächlichen Besitz* ab und sind daher *von einem materiellen Besitzrecht unabhängig*; das Gesetz will damit die rasche Wiederherstellung des durch verbotene Eigenmacht beeinträchtigten Besitzstandes ermöglichen.[450] Gegen diese Ansprüche sind daher nach § 863 BGB Einwendungen **aus materiellem Recht**, namentlich zum Besitz oder zur Vornahme der störenden Handlung, **ausgeschlossen**, sofern sie nicht zur Begründung der Behauptung dienen, es liege keine verbotene Eigenmacht vor (possessorische Einwendungen).[451] Diese Beschränkung kann grundsätzlich auch nicht über § 242 BGB umgangen werden.[452] Auch der gute Glaube des Störers ist ohne Belang.[453]

77 Die Rechtsprechung schränkt dies jedoch im Ergebnis wieder ein, indem sie gegen eine Besitzschutzklage eine **petitorische Widerklage** zulässt, die auf ein Recht zum Besitz oder zur Vornahme der störenden Handlung gestützt ist.[454] Die Besitzschutzklage ist dann *analog § 864 II BGB* als unbegründet abzuweisen,[455] sofern die Widerklage begründet ist und beide Klagen **gleichzeitig entscheidungsreif** sind; auf die sofortige Rechtskraft des Urteils über die Widerklage kommt es dabei entgegen dem Wortlaut des § 864 II BGB nicht an.[456] Anderenfalls ist über die Besitzschutzklage vorab durch **Teilurteil** zu entscheiden;[457] wegen der oftmals mit dem Beweis eines Rechts zur Störung verbundenen Schwierigkeiten wird dieser Fall nicht allzu selten sein.

b) Ausschluss

78 Die Besitzschutzansprüche sind ausgeschlossen, wenn der Besitz *dem Störer oder dessen Besitzvorgänger gegenüber fehlerhaft* war und *innerhalb eines Jahres* vor der Entziehung oder sonstigen Störung erlangt worden ist (§§ 861 II, 862 II BGB). Es handelt sich dabei um eine von Amts wegen zu beachtende **rechtshindernde Einwendung.**[458] Im Rahmen der Selbsthilfe nach § 859 BGB finden diese Vorschriften allerdings keine Anwendung.[459] Im Übrigen gelten für einen Anspruchsausschluss die Ausführungen zu § 1004 BGB.[460]

---

449 MünchKommBGB/*Joost*, § 861 Rn. 13 m. w. N.

450 BGHZ 73, 355, 358 = NJW 1979, 1358.

451 Dazu im Einzelnen Bamberger/Roth/*Fritzsche*, § 863 Rn. 3 ff.

452 OLG Saarbrücken, MDR 2007, 510, 511; OLG Brandenburg, NJ 2009, 427, 428.

453 RGZ 67, 387, 389; RG, Recht 1912 Nr. 3369.

454 BGHZ 53, 166, 168 f. = NJW 1970, 707; BGHZ 73, 355, 357 = NJW 1979, 1358; BGH, NJW 1979, 1359, 1360.

455 Umstritten ist, ob dies auch im einstweiligen Verfügungsverfahren gilt, und ob dies dann einen „petitorischen Gegenantrag" erfordert; bejahend z. B. OLG Rostock, OLG-NL 2001, 279 (bei Gegenantrag); OLG Köln, BeckRS 2010, 23585 (jedenfalls wenn das petitorische Gegenrecht ausdrücklich zugestanden oder nur unsubstantiiert bestritten wird); OLG Stuttgart, NJW 2012, 625 (jedenfalls bei zumindest vorläufig vollstreckbarer gerichtlicher Entscheidung, die das Gegenrecht anerkennt); **a. A.** z. B. MünchKommBGB/*Joost*, § 863 Rn. 12 m. w. N.

456 BGHZ 73, 355, 359 = NJW 1979, 1358; insoweit **a. A.** z. B. MünchKommBGB/*Joost*, § 863 Rn. 10 f.; s. ferner BGH, NJW 1999, 425, 427.

457 BGHZ 53, 166, 169 f. = NJW 1970, 707; BGH, NJW 1979, 1359, 1360.

458 Bamberger/Roth/*Fritzsche*, § 861 Rn. 10 m. w. N.

459 Palandt/*Bassenge*, § 859 Rn. 1.

460 Dazu oben Rn. 44 ff.

c) Erlöschen

79 Die Besitzschutzansprüche erlöschen mit dem Ablauf **eines Jahres** nach der Verübung der verbotenen Eigenmacht, wenn sie nicht vorher im Wege der Klage geltend gemacht werden (§ 864 I BGB);[461] erforderlich ist eine **Leistungsklage** aus § 861 oder § 862 BGB.[462] Die Klage muss innerhalb der Frist von dem dazu Befugten erhoben werden.[463] Bei der Jahresfrist handelt es sich um eine *von Amts wegen* zu berücksichtigende Ausschlussfrist, so dass insbesondere die Vorschriften über Hemmung und Neubeginn der Verjährung grundsätzlich nicht entsprechend anwendbar sind.[464] Die Frist beginnt mit Vollendung der Störungshandlung;[465] bei wiederholten, aber abgeschlossenen Störungshandlungen beginnt sie daher mit deren Ende jeweils neu, bei Dauerstörungen insgesamt erst mit deren Ende.[466] Verwirkung vor Fristablauf ist möglich.[467] § 864 I BGB gilt im Rahmen der Besitzwehr entsprechend.[468] Für andere Ansprüche, auch solche auf Schadensersatz, gilt er hingegen nicht.[469]

80 Das Erlöschen tritt auch dann ein, wenn **nach** Verübung der verbotenen Eigenmacht durch *rechtskräftiges Urteil* festgestellt wird, dass dem Täter ein Recht an der Sache zusteht, vermöge dessen er die Herstellung eines seiner Handlungsweise entsprechenden Besitzstandes verlangen kann (§ 864 II BGB). **Recht an der Sache** meint dabei nicht nur ein dingliches, sondern auch ein bloß obligatorisches.[470] Die Vorschrift erfasst nur **Urteile** im Hauptsacheverfahren zwischen Besitzer und Besitzstörer, deren Rechtskraftwirkung das Recht des Störers umfasst, und zwar Leistungs- wie Feststellungsurteile;[471] nicht hingegen einstweilige Verfügungen,[472] da diese wegen des unterschiedlichen Streitgegenstandes keine Feststellung über das Recht an der betroffenen Sache treffen, sondern nur eine vorläufige Regelung; ebenso wenig genügt nach dem eindeutigen Wortlaut ein bloß vorläufig vollstreckbares Urteil.[473] Nach der Rechtsprechung ist die Vorschrift auf ein schon **vor** Verübung der verbotenen Eigenmacht ergangenes Urteil entsprechend anzuwenden;[474] maßgeblicher Zeitpunkt für die Frage, ob das Urteil vor der verbotenen Eigenmacht liegt, ist dabei nicht der der Rechtskraft, sondern der seines Erlasses.[475] Wird das Urteil **während** eines laufenden Besitzschutzprozesses rechtskräftig, so ist dieser für erledigt zu erklären; geschieht dies dagegen nach stattgebendem Besitzschutzurteil, so bleibt nur der Weg über eine Vollstreckungsgegenklage nach § 767 ZPO.[476] § 864 II BGB hindert den Beklagten nicht, den Besitz des Klägers zu bestreiten.[477]

---

[461] Daneben unterliegen die Ansprüche aus §§ 861, 862 BGB nicht der Verjährung, vgl. Bamberger/Roth/*Fritzsche*, § 861 Rn. 18, § 862 Rn. 14.

[462] Palandt/*Bassenge*, § 864 Rn. 2 m. w. N.

[463] BGH, NJW 2008, 580, 582.

[464] RG, JW 1903, Beil. 105 Nr. 235; *Meisner/Ring/Götz*, § 35 Rn. 24.

[465] BGH, NJW 1995, 132 (zu Besitzstörung); NJW 2008, 580, 582 (zu Besitzentziehung).

[466] BGH, NJW 1995, 132 (Lärm); NJW-RR 2006, 235, 236 (Lärm, Gerüche); vgl. ferner Soergel/*Stadler*, § 864 Rn. 2.

[467] BGH, NJW-RR 2006, 235, 236.

[468] MünchKommBGB/*Joost*, § 859 Rn. 5; nicht dagegen § 864 II BGB, vgl. RGZ 107, 258, 261.

[469] BGHZ 147, 45, 52 = NJW 2001, 1865.

[470] MünchKommBGB/*Joost*, § 864 Rn. 7; s. ferner BGH, NJW 1979, 1359, 1360 (Duldungsansprüche nach Landesnachbarrecht).

[471] Palandt/*Bassenge*, § 864 Rn. 5; MünchKommBGB/*Joost*, § 864 Rn. 8.

[472] MünchKommBGB/*Joost*, § 864 Rn. 10 m. w. N. (eine solche schließt aber als Rechtfertigungsgrund verbotene Eigenmacht aus); **a. A.** Soergel/*Stadler*, § 864 Rn. 7 (§ 864 II BGB analog bei einstweiliger Verfügung); offen gelassen von BGH, MDR 2003, 621 m. w. N., wonach jedenfalls auch bei nachträglicher Aufhebung der einstweiligen Verfügung die im Rahmen ihrer Vollstreckung vorgenommenen Handlungen nicht zur verbotenen Eigenmacht werden.

[473] Bamberger/Roth/*Fritzsche*, § 864 Rn. 9.

[474] RGZ 107, 258, 259; KG, KGR 1993, 142, 143; sehr zw., da hierdurch dem Faustrecht Vorschub geleistet wird, vgl. Palandt/*Bassenge*, § 864 Rn. 6 m. w. N.

[475] *Meisner/Ring/Götz*, § 35 Rn. 21.

[476] MünchKommBGB/*Joost*, § 864 Rn. 12.

[477] BGH, MDR 2003, 621.

5. Ersatzansprüche

81 **a)** Entsteht dem Besitzer aus der Verübung verbotener Eigenmacht ein **Schaden**, so kann er diesen über § 823 I oder II BGB ersetzt verlangen. Der Besitz ist *sonstiges Recht* i. S. v. **§ 823 I BGB**,[478] § 858 BGB darüber hinaus *Schutzgesetz* i. S. v. **§ 823 II BGB**;[479] beides gilt jedoch nur für den *berechtigten* Besitz.[480] Allerdings kann der Besitzer nicht den Substanzschaden ersetzt verlangen, da dieser nur den Eigentümer betrifft; ersetzt verlangen kann er allerdings *entgangene Nutzungen*.[481] Beim unberechtigten Parken auf Privatgrund kann der Besitzer die Abschleppkosten als Kosten der Selbsthilfe ersetzt verlangen.[482] Dabei gehören zum ersatzfähigen Schaden nicht nur die Kosten des reinen Abschleppens, sondern auch die Kosten im Zusammenhang mit der Vorbereitung des Abschleppvorgangs; nicht erstattungsfähig sind dagegen die Kosten, die nicht der Beseitigung der Besitzstörung dienen, sondern im Zusammenhang mit deren Feststellung angefallen sind, wie etwa die Kosten einer Parkraumüberwachung.[483] Bei gegebenen tatbestandlichen Voraussetzungen können schließlich auch **Beseitigungs- und Unterlassungsansprüche** aus §§ 823 I, 249 BGB bzw. §§ 823 II, 858, 249 BGB neben den Ansprüchen aus §§ 861, 862 BGB stehen.

82 **b)** Ferner kommt wie bei § 1004 BGB ein verschuldensunabhängiger **nachbarrechtlicher Ausgleichsanspruch analog § 906 II 2 BGB** in Betracht, wenn der an sich bestehende Anspruch aus § 862 BGB aus tatsächlichen oder rechtlichen Gründen nicht oder nicht rechtzeitig geltend gemacht werden kann.[484] Dieser Anspruch unterliegt nicht der Ausschlussfrist des § 864 I BGB.[485] Bei Beeinträchtigungen als Folge hoheitlicher Tätigkeit kommt demgegenüber wie bei Eigentumsstörungen ein Anspruch aus **enteignendem** oder **enteignungsgleichem Eingriff** in Betracht.[486]

6. Spezielle prozessuale Fragen

a) Beweislast

83 Den **Anspruchsteller** trifft die Darlegungs- und Beweislast für alle tatbestandlichen Voraussetzungen der Besitzschutzansprüche, was das Fehlen seiner Zustimmung zur Störung einschließt.[487] Bei einmal erteilter Zustimmung wird allerdings deren Fortbestand widerleglich vermutet.[488] Den **Gegner** trifft demgegenüber die Darlegungs- und Beweislast für die Voraussetzungen einer gesetzlichen Gestattung der Besitzstörung.[489]

b) Klageantrag, Urteil

84 Klageantrag und Urteilstenor müssen, wie bei § 1004 BGB,[490] die betroffene Sache sowie im Falle der sonstigen Besitzstörung diese hinreichend konkret angeben; die Wahl der Mittel zur Beseitigung der Besitzstörung obliegt demgegenüber dem Störer.

---

[478] BGHZ 73, 355, 362 = NJW 1979, 1358; BGHZ 137, 89, 98 = NJW 1998, 377.
[479] BGHZ 73, 355, 362 = NJW 1979, 1358; BGHZ 79, 232, 237 = NJW 1981, 865; BGHZ 114, 305, 313 f. = NJW 1991, 2420; BGHZ 181, 233, 238 = NJW 2009, 2530.
[480] BGHZ 79, 232, 237 = NJW 1981, 865; BGHZ 114, 305, 314 = NJW 1991, 2420.
[481] Palandt/*Bassenge*, § 861 Rn. 11; s. zum Schadensersatz auch unten Rn. 88 ff.
[482] Dazu bereits oben Rn. 70.
[483] BGHZ 181, 233, 240 f. = NJW 2009, 2530 (zu den reinen Abschleppkosten); BGH, NJW 2012, 528, 529. Zur Haftung des Fahrzeughalters s. LG Hamburg, NJW 2006, 1601.
[484] BGHZ 147, 45, 50 = NJW 2001, 1865; BGH, NJW 2008, 992, 993 (je auch zu Inhalt und Umfang des Anspruchs). S. im Einzelnen unten Rn. 99.
[485] BGHZ 147, 45, 52 = NJW 2001, 1865.
[486] Dazu unten Rn. 100.
[487] BGH, MDR 1973, 572; Bamberger/Roth/*Fritzsche*, § 858 Rn. 28 m. w. N.; **a. A.** zur Zustimmung OLG Saarbrücken, NJW-RR 2003, 1717 (Beweislast beim Störer).
[488] RGZ 146, 182, 186, s. ferner oben Rn. 68.
[489] RGZ 64, 385, 386; OLG Saarbrücken, NJW-RR 2003, 1717.
[490] Dazu oben Rn. 58 ff.

c) Zwangsvollstreckung

Besitzentziehungsurteile werden nach §§ 883 ff. ZPO vollstreckt. Für Urteile nach § 862 BGB gelten die Ausführungen zu § 1004 BGB.[491] 85

d) Einstweilige Verfügung

Für eine einstweilige Verfügung bedarf es im Rahmen des Besitzschutzes, der auf schnelle Wiederherstellung der Besitzverhältnisse zielt, neben der verbotenen Eigenmacht **keines besonderen Verfügungsgrundes** bzw. dessen Glaubhaftmachung.[492] Bei Wegnahme einer Sache durch verbotene Eigenmacht kann auch durch **Leistungsverfügung** trotz insoweitiger Vorwegnahme der Hauptsache deren Herausgabe angeordnet werden.[493] 86

V. Schadensersatz- und Entschädigungsklagen

Neben den Abwehransprüchen gegen Eigentums- und Besitzstörungen kommen für den Betroffenen auch Schadensersatz- oder Entschädigungsansprüche in Betracht.[494] 87

1. Schadensersatzansprüche

a) Schadensersatz aus unerlaubter Handlung

aa) Anspruchsvoraussetzungen. (1) Sowohl das *Eigentum* wie auch der *berechtigte*[495] Besitz als sonstiges Recht sind über **§ 823 I BGB** gegen Verletzungen geschützt. Der Verletzungserfolg muss dabei stets auf dem Verhalten des Schädigers beruhen (*haftungsbegründende Kausalität*). 88

In diesem Zusammenhang spielen insbesondere **Verkehrssicherungspflichten** eine wichtige Rolle. So muss derjenige, der die Verfügungsgewalt über ein Grundstück ausübt, im Rahmen des Möglichen auch dafür sorgen, dass von dort befindlichen Sachen oder Anlagen keine Gefahr für andere ausgeht.[496] Hiernach hat etwa der Eigentümer eines Grundstücks im Rahmen des Möglichen dafür zu sorgen, dass von dort stehenden *Bäumen* keine Gefahr für andere ausgeht, der Baumbestand vielmehr so angelegt ist, dass er im Rahmen des nach forstwissenschaftlichen Erkenntnissen Möglichen gegen Windbruch und Windwurf, insbesondere aber auch gegen Umstürzen aufgrund fehlender Standfestigkeit gesichert ist.[497] Dabei besteht nicht nur die Pflicht, die Bäume in angemessenen Abständen auf Krankheitsbefall zu überwachen,[498] sondern auch solche Pflegemaßnahmen vorzunehmen, welche für das Beibehalten der Standfestigkeit notwendig sind.[499] Auch die Verletzung der *Gewässerunterhaltungspflicht* stellt eine unerlaubte Handlung dar.[500] 89

---

491 Dazu oben Rn. 62 f.

492 OLG Stuttgart, NJW-RR 1996, 1516; KG, KGR 1999, 157; OLG Düsseldorf, OLGR 2002, 175, 176; OLG Celle, OLGR 2008, 145.

493 OLG Hamm, NJW-RR 1991, 1526; OLG Köln, MDR 1995, 1215; OLG Saarbrücken, NJW-RR 2003, 1717; OLG Koblenz, OLGR 2007, 553 s. ferner unten Rn. 115.

494 S. dazu auch *Neuner*, JuS 2005, 385 ff. und 487, 490 f.

495 Dazu oben Rn. 81.

496 BGH, NJW 2003, 1732, 1733; OLG Düsseldorf, NJW-RR 2002, 306, 307 (Abwasseranlage), s. ferner oben Rn. 38.

497 BGHZ 160, 18, 20 = NJW 2004, 3328 (kranker Baum); BGH, NJW 2003, 1732, 1733 (altersschwacher Baum); NJOZ 2005, 174, 176.

498 BGHZ 160, 18, 22 f. = NJW 2004, 3328; BGH, VersR 1974, 88, 89.

499 BGH, NJOZ 2005, 174, 176.

500 OLG Hamm, ZfW 2003, 122. Die Unterhaltungspflicht an einzelnen Teilen eines Wasserlaufs begründet allerdings keine haftungsrechtliche Verantwortlichkeit für das Gewässer insgesamt und auch keine allgemeine Pflicht zur Gefahrenabwehr, vgl. BGH, NVwZ 2002, 893.

90 **Keine** Eigentumsverletzung ist die bloße Gefährdung eines Nachbargrundstücks.[501] Gleiches gilt für Einwirkungen auf das *Grundwasser*, die sich auch auf den Grundwasserspiegel unter dem Nachbargrundstück auswirken.[502] Ebenso wenig stellt eine Baugenehmigung für ein Bauvorhaben auf fremdem Grund eine Eigentumsverletzung dar, da die Baugenehmigung unbeschadet privater Rechte Dritter ergeht.[503] Auch im bloßen *verwaltungsgerichtlichen Vorgehen gegen die einem Nachbarn erteilte Baugenehmigung* liegt grundsätzlich keine unerlaubte Handlung zum Nachteil des Bauherrn.[504]

91 (2) § 1004 BGB wie auch § 858 BGB zugunsten des *berechtigten* Besitzers sind schließlich **Schutzgesetze i. S. v. § 823 II BGB**;[505] Gleiches gilt für *§§ 906 ff. BGB* und die Vorschriften der *Nachbarrechtsgesetze* der Länder;[506] schließlich fallen hierunter *nachbarschützende Vorschriften des öffentlichen Rechts*, die auf diesem Weg zivilrechtliche Relevanz erlangen.[507]

92 (3) Für die Beurteilung, ob die von einem Grundstück auf ein Nachbargrundstück ausgehenden Einwirkungen **rechtswidrig** sind und damit eine widerrechtliche deliktische Handlung i. S. v. § 823 BGB darstellen, sind die einschlägigen *nachbarrechtlichen Sonderbestimmungen* maßgebend;[508] soweit das Nachbarrecht bestimmte Einwirkungen abschließend regelt und dem Nachbarn *kein Verbietungsrecht* einräumt, scheidet daher schon aus diesem Grund eine Schadensersatzpflicht aus.[509] So etwa bei einer Duldungspflicht nach § 906[510] oder § 912 BGB.[511] Stets muss für einen Schadensersatzanspruch auf Seiten des Schädigers zusätzlich **Verschulden**,[512] also Vorsatz oder Fahrlässigkeit (§ 276 BGB), vorliegen. Bei einem Verstoß gegen ein Schutzgesetz i. S. v. § 823 II BGB muss dieser schuldhaft erfolgt sein. Steht allerdings die Verletzung des Schutzgesetzes objektiv fest, so ist das Verschulden des Verletzers regelmäßig zu vermuten.[513] Liegt im Zeitpunkt der Rechtsverletzung eine diese deckende öffentlich-rechtliche Genehmigung vor, so scheidet ein Verschulden regelmäßig aus.[514]

93 (4) Im Unterschied zu §§ 1004, 906 ff., 861, 862 BGB kann ein Schadensersatzanspruch nur **gegen den Schädiger** selbst geltend gemacht werden; eine *Einzelrechtsnachfolge* in deliktische Haftung kommt nicht in Betracht, sofern nicht der Rechtsnachfolger, etwa wegen pflichtwidrigen Unterlassens der Beseitigung einer Beeinträchtigung, selbst schuldhaft deliktisch handelt.

94 **bb) Anspruchsinhalt.** (1) Seinem Inhalt nach richtet sich der Schadensersatzanspruch nach **§§ 249 ff. BGB**. Es besteht daher im Wege der Naturalrestitution nach § 249 S. 1 BGB zunächst einmal ein auf der Rechtsfolgenseite mit den Ansprüchen aus §§ 1004, 906 ff.,

---

[501] RGZ 50, 225, 228.

[502] BGHZ 69, 1, 4 = NJW 1977, 1770; s. § 4 II WHG; s. aber oben Teil 3 Rn. 267 ff. (§ 909 BGB und Wassernachbarrecht).

[503] OLG Koblenz, NJW-RR 2002, 1171.

[504] BGH, VersR 2002, 712, 713.

[505] Dazu schon oben Rn. 56 (§ 1004 BGB) und Rn. 81 (§ 858 BGB).

[506] BGH, NJW 2011, 3294, 3295 (zu § 26 HessNRG).

[507] BGHZ 66, 354, 356 = NJW 1976, 1888; BGHZ 122, 1, 3 = NJW 1993, 1580 (zu § 22 I 1 Nr. 1 BImSchG und dessen Konkretisierung durch Verwaltungsakt); BayObLGZ 2000, 355, 357; OLG Köln, MDR 1994, 1121 (je zu den bauordnungsrechtlichen Abstandsflächenvorschriften); OLG Brandenburg, BauR 2004, 1044 (zu bauplanungsrechtlichen Vorschriften). S. ferner oben Teil 1 Rn. 96.

[508] BGHZ 90, 255, 258 = NJW 1984, 2207; BGHZ 113, 384, 390 = NJW 1991, 1671; BGH, NJW 2010, 3160, 3161.

[509] BGH, NJW-RR 2000, 537 (zum Wassernachbarrecht über wild abfließendes Niederschlagswasser); BeckRS 2012, 15964 (zu § 909 BGB und Abbruch einer Mauer).

[510] BGH, NJW 2010, 3160, 3161.

[511] BGHZ 156, 170, 171 f. = NJW 2003, 3621.

[512] S. dazu etwa BGHZ 120, 239, 250 = NJW 1993, 925. Wegen des Verschuldenserfordernisses gewährleisten deliktsrechtliche Schadensersatzansprüche auch keinen den §§ 985, 1004 BGB gleichwertigen Eigentumsschutz, vgl. BGH, NJW 2005, 1366; NJW 2007, 2182.

[513] BGH, NJW 1985, 1774; NJW 2011, 3294, 3295 (auch zu §§ 278, 831 BGB).

[514] OLG Hamburg, MDR 1963, 135; OLG Hamm, BauR 1994, 782, 783; s. ferner Palandt/*Sprau*, § 823 Rn. 43.

861, 862 BGB deckungsgleicher Anspruch auf **Beseitigung** der Störung als solcher; darüber hinaus kann bei Vorliegen einer Wiederholungsgefahr **Unterlassung** verlangt werden, bei Vorliegen einer Erstbegehungsgefahr kommt auch eine **vorbeugende Unterlassungsklage** in Betracht.[515] Wegen seines Verschuldenserfordernisses ist § 823 BGB hierfür allerdings nicht die Anspruchsgrundlage erster Wahl und daher insoweit ohne größere praktische Bedeutung. Sind jedoch weitere, über die eigentliche Störung hinausgehende und durch deren bloße Beseitigung auch nicht behebbare Schäden entstanden, so ist der Betroffene auf die Ansprüche aus § 823 BGB angewiesen; die Wiedergutmachung solcher Schäden, namentlich die **Wiederherstellung des früheren Zustandes** i. S. v. § 249 BGB, ist nämlich von §§ 1004, 906 ff., 861, 862 BGB nicht erfasst.[516]

(2) Dem Umfang nach ist zu unterscheiden, welche Rechtsposition der Geschädigte innehat. Der **Eigentümer** kann regelmäßig umfassenden Schadensersatz einschließlich des *Substanzschadens* verlangen; so hat er etwa Anspruch auf Ersatz des immissionsbedingten *Nutzungsausfalls von selbstgenutztem Wohnraum*, nicht aber von Wohnungsteilen mit nur marginaler Bedeutung.[517] Probleme können sich hier im Zusammenhang mit der *Beschädigung oder Zerstörung von Bäumen* auf Nachbargrundstücken ergeben. Ersatzfähig sind hier bei wesentlichen Grundstücksbestandteilen im Falle einer Zerstörung wegen § 251 II 1 BGB regelmäßig nur die Kosten für eine Teilwiederherstellung in Form des Nachpflanzens junger Bäume; darüber hinaus ist, ebenso wie im Falle einer Beschädigung, eine verbleibende Wertminderung des Grundstücks zu ersetzen.[518] Sind die betroffenen Pflanzen dagegen zur wirtschaftlichen Verwertung bestimmt und daher bloße Scheinbestandteile des Grundstücks, so kann nicht auf die Wertminderung des Grundstücks, sondern allein auf den Wert der Pflanzen abgestellt werden.[519] Der geschädigte **Besitzer** kann unter anderem Ersatz *entgangener Nutzungen* verlangen.[520] Stets sind allerdings nur die konkret auf die unerlaubte Handlung zurückzuführenden Schäden ersatzfähig (*haftungsausfüllende Kausalität*). 95

cc) Verjährung. Die Verjährung von Ansprüchen aus § 823 BGB richtet sich nach § 195 BGB, sie verjähren daher regelmäßig in **3 Jahren**; § 199 I, II, III BGB regeln den Verjährungsbeginn und die Höchstfristen. Für den Beginn der Verjährung ist zu unterscheiden, ob eine *Dauerhandlung* vorliegt, oder aber *wiederholte* Handlungen, für deren Schadensfolgen jeweils eine neue Verjährungsfrist zu laufen beginnt.[521] 96

b) Schadensersatz aus Verzug

Eine Schadensersatzpflicht kann sich auch daraus ergeben, dass der Schuldner eines nachbarrechtlichen Abwehranspruchs mit dessen Erfüllung in Verzug gerät. Zwar ist bei dinglichen Ansprüchen die Anwendbarkeit der schuldrechtlichen Verzugsvorschriften für jeden Anspruch besonders zu prüfen.[522] Jedenfalls auf die **Abwehransprüche** nach § 1004 BGB und § 862 BGB sind die Verzugsvorschriften jedoch entsprechend anwendbar, sofern zumindest auch eine *Handlung* geschuldet ist.[523] Dem Umfang nach haftet der Schuldner ggf. für den **durch den Verzug** entstandenen Schaden aus §§ 280, 286 BGB. 97

---

515 Dazu z. B. oben Rn. 24 ff. (§ 1004 BGB) und Rn. 73 (§§ 861 f. BGB).

516 *Meisner/Ring/Götz*, § 38 Rn. 1; zur Abgrenzung im Einzelnen oben Rn. 25.

517 BGHZ 98, 212, 222 = NJW 1987, 50; BGHZ 117, 260, 262 = NJW 1992, 1500 (selten genutzte Einliegerwohnung); ferner BGH, NJW 1993, 1793, 1794 (nicht bei kurzfristiger Umdisponierungsmöglichkeit); weitere Bsp. bei Palandt/*Grüneberg*, § 249 Rn. 49.

518 BGHZ 143, 1, 5 ff. = NJW 2000, 512; BGH, NJW 1975, 2061; NJW 2006, 1424, 1426. Zum Ganzen Palandt/*Grüneberg*, § 251 Rn. 11 f. (auch zur Schadensberechnung nach der sog. *Methode Koch*) und *Stadler*, BayNachbR, 10 E.

519 BGH, NJW 2011, 852, 853.

520 Dazu schon oben Rn. 81.

521 Vgl. zum Ganzen Palandt/*Ellenberger*, § 199 Rn. 22, 34 m. w. N.; ferner BGH, NJW 1981, 573 (zu § 852 BGB a. F.).

522 BGHZ 49, 263, 266 = NJW 1968, 788.

523 Palandt/*Bassenge*, § 1004 Rn. 48 m. w. N.; *Dehner*, B § 43 D I; vgl. ferner OLG Dresden, VersR 1995, 836, 837.

Im Falle des Verzugs mit der Beseitigung eines Überbaus und der Herausgabe des überbauten Grundstücksteils kommt ein Schadenersatzanspruch nach § 990 II i. V. m. §§ 280, 286 BGB in Betracht; dieser wird durch die Überbauvorschriften der §§ 912 ff. BGB nicht ausgeschlossen, wenn keine Duldungspflicht nach § 912 BGB besteht.[524]

c) Schadensersatz aus dem nachbarlichen Gemeinschaftsverhältnis

98 Das nachbarliche Gemeinschaftsverhältnis kann für sich allein noch **keinen Schadensersatzanspruch aus § 280 BGB** begründen. Dies folgt daraus, dass es sich hierbei nicht um ein vertraglichen Verhältnissen vergleichbares Schuldverhältnis handelt, sondern um eine rein tatsächliche Beziehung, die in den nachbarrechtlichen Bestimmungen des BGB und den Nachbarrechtsgesetzen der Länder geregelt ist, und nur in Ausnahmefällen darüber hinausgehende Pflichten begründet.[525]

2. Entschädigungsansprüche

a) Zivilrechtlicher (nachbarrechtlicher) Ausgleichsanspruch

99 Muss ein Grundstückseigentümer oder -besitzer eine von einem Nachbargrundstück im Rahmen **privatwirtschaftlicher** Benutzung ausgehende rechtswidrige Einwirkung auf sein Grundstück nach § 906 BGB dulden, so gibt ihm **§ 906 II 2 BGB** hierfür einen verschuldensunabhängigen Ausgleichsanspruch.

Gleiches gilt **analog § 906 II 2 BGB** (sog. nachbarrechtlicher Ausgleichsanspruch),[526] wenn er eine von einer solchen Benutzung ausgehende rechtswidrige Einwirkung, die er an sich nicht dulden müsste, aus besonderen tatsächlichen oder rechtlichen Gründen *nicht oder nicht rechtzeitig nach §§ 1004 I, 862 I BGB abwehren kann*, sofern er hierdurch Nachteile erleidet, die das zumutbare Maß einer entschädigungslos hinzunehmenden Beeinträchtigung übersteigen.[527] Zu solchen ***Einwirkungen*** zählen nicht nur solche nach § 906 BGB, sondern etwa auch Grobimmissionen.[528] Ein rechtlicher ***Duldungszwang*** kann sich etwa aus nicht überwindbaren naturschutzrechtlichen Hindernissen ergeben.[529] Ein faktischer Duldungszwang besteht, wenn die abzuwehrende Gefahr nicht rechtzeitig erkannt wurde und auch nicht erkennbar war;[530] er kann auch darin liegen, dass einer Zusage des Störers auf Reparatur des störenden Zustands vertraut wird.[531] Der Ausgleichsanspruch kommt allerdings nur in Betracht, wenn die spezifische Beziehung der Grundstückseigentümer oder -nutzer zueinander berührt ist.[532] Auf beiden Seiten ist daher ein ***Grundstücksbezug*** erforderlich. Auf Seiten des Schädigers muss das beeinträchtigende Verhalten dem Zustand des Grundstücks oder seiner konkreten Nutzung zuzuordnen sein und einen sachlichen Bezug zu diesem aufweisen;[533] nicht ausreichend sind daher Störungen, die nur gelegentlich des Aufenthalts auf dem Grundstück stattfinden, genauso gut aber an anderer Stelle vorgenommen werden könnten.[534] Ebenso ist auf Seiten des Geschädigten stets eine Störung des Eigentums oder Besitzes an einem Grundstück erforderlich, Schäden an beweglichen Sachen sind hier nur mittelbar erfasst.[535]

---

[524] BGHZ 156, 170, 171 f. = NJW 2003, 3621.
[525] BGH, NJW 2011, 3294.
[526] Dieser Anspruch ist ein Schadensersatzanspruch i. S. v. § 1 AHB, s. BGHZ 142, 66, 71 f. = NJW 1999, 2896.
[527] Dazu im Einzelnen oben Teil 3 Rn. 31 ff. und *Wenzel*, NJW 2005, 241, 246 f.
[528] BGHZ 155, 99, 103 = NJW 2003, 2377; BGHZ 160, 232, 236 = NJW 2004, 3701.
[529] S. dazu oben Rn. 26.
[530] BGHZ 111, 158, 163 = NJW 1990, 1910; BGH, NJW 2003, 1732, 1733; NJOZ 2005, 174, 177.
[531] BGH, NJW 2011, 3294, 3296.
[532] BGH, NJW 2009, 3787, 3788.
[533] BGHZ 175, 253, 257 = NJW 2008, 1810; BGH, NJW 2009, 3787, 3788; OLG Hamm, NJW 1987, 1315, 1316 (Brandstiftung durch Dritte).
[534] BGHZ 175, 253, 257 f. = NJW 2008, 1810; BGH, NJW 2009, 3787, 3788 (Silvesterrakete).
[535] BGH, NJW 2008, 992, 993; NJW 2009, 3787, 3788.

Umstritten ist, ob nach ***Enteignungsgrundsätzen*** nur der die Zumutbarkeitsgrenze überschreitende Nachteil auszugleichen, oder ob stattdessen wie bei §§ 249 ff. BGB volle Schadloshaltung zu gewähren ist.[536] Schmerzensgeld kann jedenfalls nicht verlangt werden.[537] ***Gläubiger*** des Anspruchs sind Eigentümer, dinglich Nutzungsberechtigte und Besitzer des beeinträchtigten Grundstücks.[538] Dies sind auch Wohnungseigentümer untereinander bei Störungen des Sondereigentums, die von einem anderen Sondereigentum ausgehen;[539] eine analoge Anwendung auf Störungen von Sondereigentum durch Mängel am Gemeinschaftseigentum scheidet hingegen aus.[540] ***Schuldner*** des Ausgleichsanspruchs ist, da dessen Schutzbereich viel enger gezogen ist als der des Abwehranspruchs nach § 1004 BGB,[541] nur derjenige, der die Nutzungsart des störenden Grundstücks bestimmt;[542] das können dessen allein nutzender Eigentümer sein, aber auch sonstige dinglich Berechtigte oder bloße Besitzer wie Mieter oder Pächter, die Eigentumsverhältnisse sind nämlich nicht entscheidend;[543] ein für den Nachbarn tätiger Bauunternehmer fällt hierunter allerdings nicht.[544] Auch kann bloß obligatorisch Berechtigten wie Mietern auf ein und demselben Grundstück untereinander kein nachbarrechtlicher Ausgleichsanspruch zustehen.[545]

Materiell-rechtlich ist der Ausgleichsanspruch analog § 906 II 2 BGB gegenüber deliktsrechtlichen Schadensersatzansprüchen ***subsidiär***.[546] Prozessual handelt es sich bei beiden um *unterschiedliche Streitgegenstände*.[547] Da beide prozessualen Ansprüche trotz ihrer Unterschiedlichkeit allerdings dasselbe Rechtsschutzziel verfolgen, erfasst eine auf Ersatz aller durch ein Ereignis entstandener Schäden gerichtete Klage von vornherein beide Ansprüche; sie stehen dann im Verhältnis der *alternativen Klagenhäufung*.[548]

b) Öffentlich-rechtliche Ansprüche

Bei einem *unmittelbaren Eingriff* in benachbartes Eigentum durch **hoheitliche** Grund- 100
stücksbenutzung kommen demgegenüber öffentlich-rechtliche Entschädigungsansprüche in Betracht, wenn und soweit die Schwelle des enteignungsrechtlich Zumutbaren überschritten ist, dem Betroffenen also ein Sonderopfer für die Allgemeinheit abverlangt wird. Namentlich sind dies im Fall von – meist atypischen und unvorhergesehenen – ungewollten Nachteilen durch an sich *rechtmäßige* hoheitliche Maßnahmen Ansprüche aus **enteignendem Eingriff**. Im Falle *rechtswidriger* Maßnahmen kommen demgegenüber Ansprüche aus **enteignungsgleichem Eingriff** in Betracht; allerdings ist hier der *Vorrang des Primärrechtsschutzes* zu beachten, so dass rechtswidrige Eingriffe von hoher Hand vorrangig mit den dafür vorgesehenen Rechtsbehelfen abzuwehren sind, soweit dies dem Betroffenen *zumutbar* ist;[549] anderenfalls ist ein Entschädigungsanspruch entsprechend § 254 BGB ausgeschlossen.[550] Je nach der Einordnung des schädigenden Handelns kann immer nur ent-

---

536 S. oben Teil 3 Rn. 33 m. w. N.

537 BGH, NJW 2010, 3160.

538 BGHZ 155, 99, 101 f. = NJW 2003, 2377; Palandt/*Bassenge*, § 906 Rn. 38.

539 OLG München, NJW-RR 2008, 461, 463; offen gelassen in BGH, NJW 2010, 2327, 2349.

540 BGHZ 185, 371, 376 ff. = NJW 2010, 2347.

541 BGH, NJW 2010, 3158, 3159.

542 BGHZ 72, 289, 297 = NJW 1979, 164; BGHZ 113, 384, 392 = NJW 1991, 1671; BGHZ 155, 99, 102 = NJW 2003, 2377; BGH, NJW 2009, 3787; NJW 2011, 739.

543 BGHZ 157, 188, 190 = NJW 2004, 775; BGH, NJW 2009, 3787; NJW 2011, 739.

544 BGH, NJW 2010, 3158, 3159.

545 BGHZ 157, 188, 190 ff. = NJW 2004, 775.

546 BGHZ 120, 239, 249 = NJW 1993, 925; BGHZ 160, 18, 20 = NJW 2004, 3328; BGHZ 178, 90, 98 = NJW 2009, 762; BGH, NJW 2004, 603, 605; NJW 2011, 3294, 3296. Demgegenüber wird § 906 II 2 BGB in seiner unmittelbaren Anwendung nur durch abschließende gesetzliche Sonderregelungen verdrängt, vgl. BGH, NJW 2010, 762, 764 (z. B. nicht durch §§ 114 ff. BBergG).

547 BGHZ 111, 158, 166 = NJW 1990, 1910; BGHZ 120, 239, 249 = NJW 1993, 925; BGHZ 185, 371, 374 = NJW 2010, 2347, 2348; BGH, NJW 2011, 3294, 3295.

548 BGH, NJW-RR 1997, 1374; NJOZ 2005, 174, 176 f.

549 BGHZ 72, 289, 293 = NJW 1979, 164; BGHZ 91, 20, 24 = NJW 1984, 1876; vgl. auch BVerfGE 58, 300, 324 = NJW 1982, 745 (Nassauskiesung).

550 BGHZ 90, 17, 32 = NJW 1984, 1169.

weder ein privatrechtlicher oder aber ein öffentlich-rechtlicher Ausgleichsanspruch gegeben sein, es besteht **keine Anspruchskonkurrenz**;[551] da jedoch die zivilrechtliche Entschädigungsschwelle des § 906 II 2 BGB auch den Beginn der Entschädigungspflicht wegen enteignenden Eingriffs markiert,[552] kann die konkrete Anspruchsgrundlage ggf. dennoch offen bleiben.[553] Allerdings können bei den öffentlich-rechtlichen Ansprüchen landesrechtliche Sondervorschriften für deren **Erlöschen** eingreifen (z. B. Art. 71 BayAGBGB). Was die Verjährung anbelangt, gilt allerdings auch bei Ansprüchen aus enteignendem oder enteignungsgleichem Eingriff die Regelverjährung nach §§ 195, 199 BGB.[554]

101 Bei einem hoheitlichen Eingriff in ein subjektives Recht des Betroffenen, der zu einem *fortdauernden rechtswidrigen Zustand* führt, besteht auch ein öffentlich-rechtlicher **Folgenbeseitigungsanspruch**. Dieser ist auf Wiederherstellung jenes rechtmäßigen Zustandes gerichtet, der unverändert bestünde, wenn es nicht zu dem Eingriff gekommen wäre.[555] Folgen, die durch das eigenverantwortliche Verhalten des Betroffenen oder eines Dritten verursacht worden sind, sind dem Hoheitsträger aber nicht zurechenbar.[556] Außerdem ist der Anspruch ausgeschlossen, wenn die Folgenbeseitigung tatsächlich oder rechtlich unmöglich oder für den Verpflichteten unzumutbar ist.[557] Für die Verjährung des Folgenbeseitigungsanspruchs gilt die Regelverjährung nach §§ 195, 199 BGB.[558]

Bei *Verschulden* kommen schließlich **Amtshaftungsansprüche** nach Art. 34 GG i. V. m. § 839 BGB in Betracht. Diese sind jedoch nach *§ 839 III BGB* ausgeschlossen, wenn es der Geschädigte schuldhaft unterlassen hat, den Schaden durch Gebrauch der einschlägigen verwaltungsgerichtlichen Rechtsmittel abzuwenden; hierzu zählen nicht nur Hauptsacheklagen, sondern auch die Möglichkeiten des einstweiligen Rechtsschutzes.[559] Außerdem kann der Anspruch nach Maßgabe des *§ 254 BGB* jedenfalls zu mindern sein, wenn dort wo dies möglich ist, nicht zivilrechtlich gegen eine Beeinträchtigung vorgegangen wird, etwa mittels Unterlassungs- und Beseitigungsansprüchen nach § 1004 BGB.[560]

3. Gefährdungshaftung

a) Wasserrechtliche Gefährdungshaftung

102 Im Wasserrecht regelt **§ 89 WHG**, der weitestgehend unverändert die Haftung nach § 22 WHG a. F. fortführt,[561] einen Gefährdungshaftungstatbestand, der dem umfassenden Schutz vor **Gewässerverunreinigungen** dient.[562] In persönlicher Hinsicht ist dabei jeder geschützt, der durch die Veränderung der Wasserbeschaffenheit persönlich betroffen ist.[563]

103 Nach § 89 I 1 WHG besteht einmal eine **Verhaltenshaftung**; danach ist zum Schadensersatz verpflichtet, wer in ein Gewässer *Stoffe einbringt oder einleitet* oder wer in anderer Weise auf ein Gewässer einwirkt und dadurch die Wasserbeschaffenheit[564] nachteilig ver-

---

551 BGHZ 48, 98, 102 = NJW 1968, 1914; BGHZ 72, 289, 293 = NJW 1979, 164; zur Abgrenzung vgl. BGH, NJW-RR 1988, 136, 137 sowie oben Rn. 5 ff.

552 Dazu auch oben Teil 1 Rn. 94.

553 Vgl. BGHZ 48, 98, 103 = NJW 1968, 1914.

554 Palandt/*Ellenberger*, § 195 Rn. 20 m. w. N.

555 BVerwGE 94, 100, 103 f. = NVwZ 1994, 275; OLG München, OLGR 2006, 375, 376 = BayVBl. 2006, 478, 480.

556 OVG Lüneburg, NJOZ 2006, 471.

557 BVerwGE 94, 100, 113 f. = NVwZ 1994, 275; BVerwG, BauR 2005, 685, 686. Hier kommt allerdings ggf. Geldersatz analog § 251 BGB in Betracht.

558 BayVGH, BayVBl. 2010, 629; 8. 2. 2012 – 4 B 11.175.

559 BGHZ 182, 370, 384 = NVwZ 2010, 467.

560 BGHZ 182, 370, 384 = NVwZ 2010, 467.

561 Vgl. BT-Drucks. 16/12275, S. 78.

562 BGHZ 103, 129, 136 = NJW 1988, 1593; BGH, NJW 1983, 2029, 2030.

563 Vgl. BGH, ZfW 1982, 216.

564 Dies erfordert eine Veränderung der Wasserqualität, weshalb das bloße Einbringen von als solches nicht wassergefährdenden Feststoffen nicht genügt, vgl. BGH, NVwZ 2004, 764.

ändert. Gewässer ist dabei auch das Grundwasser (§ 2 I 1 Nr. 3 WHG). Für die Tatbestandserfüllung genügt die bloße Verursachung nicht.[565] Ein haftungsbegründendes Verhalten liegt erst in einem Tun oder pflichtwidrigen Unterlassen, das nach seiner objektiven Eignung darauf abzielt, dass Stoffe in ein Gewässer gelangen, wobei ein *funktioneller Zusammenhang mit einer Gewässerbenutzung* bestehen muss; das ist regelmäßig nur der Fall bei Handlungen, die *unmittelbar* auf ein Gewässer einwirken.[566] Die Einwirkung muss dabei *typischerweise* eine *Gefährlichkeit* für das Wasser besitzen.[567] Nach § 89 II WHG besteht ferner – sofern nicht höhere Gewalt vorliegt – eine reine **Anlagenhaftung**; hiernach trifft den Betreiber einer Anlage, die bestimmt ist, Stoffe herzustellen, zu verarbeiten, zu lagern, abzulagern, zu befördern oder wegzuleiten, ebenfalls die Pflicht zum Schadensersatz, wenn aus der Anlage solche *Stoffe in ein Gewässer gelangen*, ohne in dieses eingebracht oder eingeleitet worden zu sein, und dadurch die Wasserbeschaffenheit nachteilig verändert wird. Dieser Haftungstatbestand ist allerdings begrenzt auf Anlagen, die die besondere Gefahr der Gewässerverunreinigung *typischerweise* mit sich bringen.[568] Ein irgendwie gewässerbezogenes oder zweckgerichtetes Hineingelangen ist im Gegensatz zur Verhaltenshaftung nach § 89 I WHG aber nicht erforderlich, so dass insbesondere auch Störfälle und Betriebsstörungen und sogar der bestimmungsgemäße Gebrauch der Anlage erfasst werden.[569] Auch muss das Hineingelangen nicht unmittelbar sein.[570]

Beide Alternativen des § 89 WHG stehen als unabhängige Haftungsgrundlagen selbständig nebeneinander.[571] Neben einer Haftung nach § 89 WHG besteht **analog § 1004 BGB** regelmäßig auch ein Anspruch auf **Unterlassung** der schädlichen Gewässerbenutzung.[572] Schadensersatzansprüche aus anderen Vorschriften werden durch § 89 WHG nicht ausgeschlossen, allerdings kommt ein nachbarrechtlicher Ausgleichsanspruch neben § 89 WHG nicht in Betracht.[573] 104

b) Haftpflichtgesetz

§ 2 HPflG bestimmt eine *Gefährdungshaftung* für den Inhaber[574] bestimmter gefährlicher Energieanlagen. Nach § 2 I 1 HPflG haftet er für den durch die *Wirkung von Elektrizität, Gasen, Dämpfen oder Flüssigkeiten*, die von einer **Stromleitungs- oder Rohrleitungsanlage** oder einer Anlage zur Abgabe der genannten Energien oder Stoffe ausgehen, entstehenden Schaden (**Wirkungshaftung**). Leitungsanlagen in diesem Sinne sind auch kommunale Kanalisationsanlagen,[575] zu den Anlagen zur Abgabe gehören unter anderem Tankanlagen[576] und Hausanschlüsse.[577] Die Haftung erstreckt sich dabei auf jede Wir- 105

---

565 BGHZ 103, 129, 134 = NJW 1988, 1593 (zufälliges Hineingelangen); BGHZ 172, 287, 291 = NVwZ-RR 2007, 754.

566 BGHZ 124, 394, 396 f. = NJW 1994, 1006 (winterliche Salzstreuung auf Straßen); BGHZ 172, 287, 291 = NVwZ-RR 2007, 754 (Besprühen des Bodens mit Pflanzenschutzmitteln im üblichen Umfang).

567 BGHZ 103, 129, 137 = NJW 1988, 1593.

568 BGHZ 76, 35, 42 = NJW 1980, 943; BGH, NJW 1983, 2029, 2030; VersR 2002, 1555, 1556 (nicht ausreichend Missbrauch einer Anlage zu rechtswidriger Abfallbeseitigung durch Dritte).

569 BGHZ 172, 287, 293 = NVwZ-RR 2007, 754.

570 BGHZ 62, 351, 353 = NJW 1976, 804.

571 BGHZ 124, 394, 397 = NJW 1994, 1006. Beide Ansprüche können deshalb auch nebeneinander bestehen, BGHZ 57, 170, 173 = NJW 1972, 204.

572 BGH, VersR 1970, 625, 627.

573 BGHZ 142, 227, 236 = NJW 1999, 3633; BGHZ 178, 90, 99 = NJW 2009, 762.

574 Das ist derjenige, der die tatsächliche Herrschaft über den Betrieb der Anlage ausübt und die hierfür erforderlichen Weisungen erteilen kann, vgl. BGH, NJW-RR 2007, 823, 824.

575 BGHZ 115, 141, 142 = NJW 1992, 39; aber keine Haftung für Schäden durch Rückstau, vgl. BGHZ 88, 85, 88 = NJW 1984, 615. Hinsichtlich *nicht eingefasster* offener Gräben und Kanäle verbleibt es demgegenüber bei den allgemeinen Haftungsnormen, bei *teils verrohrten, teils offenen* Anlagen schließlich ist maßgebend, an welcher Stelle die schadensstiftenden Flüssigkeiten ausgetreten sind, vgl. BGHZ 158, 263, 266 = VersR 2004, 1605 (offenes Regenrückhaltebecken).

576 BGHZ 142, 227, 230 f. = NJW 1999, 3633.

577 *Filthaut*, HPflG, § 2 Rn. 12 sowie Rn. 48 f. zur Frage des Anlageninhabers.

kung des in der Anlage transportierten Stoffs, solange sich nur ein Zusammenhang mit der Funktion der Anlage und den mit ihr typischerweise verbundenen besonderen Betriebsgefahren verwirklicht.[578] Erfasst werden etwa Schäden durch austretendes Wasser oder auslaufendes Öl.[579] Nicht erfasst sind dagegen Schäden, die allein auf die Funktionsunterbrechung der Anlage zurückzuführen sind, wie ein Ernteausfall.[580] Nach § 2 I 2 HPflG tritt die gleiche Haftung wie nach S. 1 der Vorschrift auch für einen Schaden ein, der allein auf das *Vorhandensein einer solchen Anlage* zurückzuführen ist, außer diese befindet sich in ordnungsmäßigem Zustand (**Zustandshaftung**).[581] Die Ersatzpflicht nach § 2 I HPflG ist jedoch nach § 2 III Nr. 1 HPflG unter anderem dann **ausgeschlossen**, wenn der Schaden innerhalb eines Gebäudes entstanden und auf eine *darin* befindliche Anlage zurückzuführen ist.[582] Gleiches gilt nach § 2 III Nr. 3 HPflG bei *höherer Gewalt*,[583] es sei denn der Schaden ist auf das Herabfallen von Leitungsdrähten zurückzuführen. Weitergehende Haftungstatbestände wie §§ 823 ff. BGB und § 89 WHG bleiben durch das HPflG unberührt (§ 12 HPflG); dies gilt auch für einen nachbarrechtlichen Ausgleichsanspruch.[584]

c) Umwelthaftungsgesetz

106 Nach **§ 1 UmweltHG** haftet der Inhaber bestimmter (ortsfester, vgl. § 3 II UmweltHG) Anlagen für den Schaden, der durch von der Anlage ausgehende **Umwelteinwirkungen** entsteht; Gleiches gilt unter den Voraussetzungen des § 2 UmweltHG für noch nicht fertiggestellte sowie für nicht mehr betriebene Anlagen. Auch hierbei handelt es sich um eine *Gefährdungshaftung*. Diese ist allerdings ausgeschlossen, soweit der Schaden durch höhere Gewalt verursacht wurde (§ 4 UmweltHG). Für den **Ursachenzusammenhang** zwischen Betrieb der Anlage und Schaden greift zugunsten des Geschädigten die **Vermutung des § 6 I UmweltHG**, soweit die Anlage nach den Gegebenheiten des Einzelfalles geeignet ist, den entstandenen Schaden zu verursachen. Diese Vermutung gilt allerdings *nicht*, wenn die Anlage *bestimmungsgemäß betrieben* wurde (§ 6 II 1 UmweltHG); auf diesem Weg werden bei immissionsschutzrechtlichen Anlagen die Betreiberpflichten aus §§ 5, 22 BImSchG zivilrechtlich relevant (vgl. § 6 II 2, III UmweltHG). Weitergehende Haftungstatbestände wie §§ 823 ff. BGB und § 89 WHG bleiben von der Haftung nach dem UmweltHG unberührt (§ 18 UmweltHG); dies gilt auch für einen nachbarrechtlichen Ausgleichsanspruch.

4. Landesrechtliche Ersatzpflichten

107 Die meisten Länder haben in ihre Nachbarrechtsgesetze Vorschriften über **Ersatzpflichten** zum Ausgleich für die dem Grundstückseigentümer im Interesse eines Nachbarn auferlegten Eigentumsbeschränkungen aufgenommen.[585] Diese sind regelmäßig ***verschuldensunabhängig*** ausgestaltet und dem nachbarrechtlichen Ausgleichsanspruch analog § 906 II 2 BGB ähnlich. Sie schließen diesen dann als abschließende Sonderregelungen aus; dies gilt allerdings nicht, wenn das Landesnachbarrecht die Folgen eines Verstoßes nicht selbst regelt, sondern sich eine hieran anknüpfende deliktsrechtliche Haftung erst über § 823 I, II BGB ergibt.[586] Vielfach besteht nach Landesrecht auch schon vor einer schadensträchtigen Inanspruchnahme eines Grundstücks ein Anspruch des betroffenen Nachbarn auf **Sicherheitsleistung**. Bei länger dauernder Inanspruchnahme ist meist

[578] BGHZ 164, 324, 326 f. = NJW 2006, 223; BGH, VersR 2008, 1215, 1216.
[579] *Filthaut*, HPflG, § 2 Rn. 30 m. w. N.
[580] BGH, VersR 2007, 1705, 1706.
[581] Wirkungs- und Zustandshaftung können auch nebeneinander stehen, vgl. *Filthaut*, HPflG, § 2 Rn. 41.
[582] Vgl. dazu BGH, NJW-RR 2002, 525, 526.
[583] Dazu BGHZ 159, 19, 22 = MDR 2004, 875 (Katastrophenregen).
[584] BGHZ 155, 99, 107 = NJW 2003, 2377.
[585] Vgl. die zusammenfassende Darstellung der Landesrechte bei *Dehner*, B § 43 III 3.
[586] BGH, NJW 2011, 3294, 3295 (zu § 26 HessNRG).

auch eine **Nutzungsentschädigung** zu zahlen. Für die Verjährung verweisen schließlich die meisten Nachbarrechtsgesetze mittlerweilen auf die diesbezüglichen Vorschriften des BGB.[587]

VI. Vorläufiger Rechtsschutz

1. Allgemeines

In dringenden Fällen kann es im Rahmen nachbarlicher Konflikte oft schneller gerichtlicher Hilfe bedürfen. Hier kommt ein Antrag auf Erlass einer **einstweiligen Verfügung** in Betracht. Dieser macht jedoch noch nicht die eigentliche Streitsache rechtshängig. Vielmehr hat das einstweilige Verfügungsverfahren nur den Zweck der vorläufigen *Sicherung eines Anspruchs*, allein dies ist demgemäß sein Streitgegenstand. Seinem Zweck entsprechend ist das Verfahren nur ein *summarisches*. 108

2. Zulässigkeit

a) Zuständigkeit

Für den Antrag ist nach § 937 I ZPO grundsätzlich das **Gericht der Hauptsache** zuständig; ist diese bereits in höherer Instanz anhängig, so ist das Rechtsmittelgericht zuständig (§ 943 I ZPO). In *dringenden Fällen* kann der Antrag wahlweise auch beim **Amtsgericht**, in dessen Bezirk sich der Streitgegenstand befindet, gestellt werden (§ 942 I ZPO); dieses ist jedoch nur für den Erlass der einstweiligen Verfügung zuständig, nicht mehr für das weitere Verfahren. 109

b) Weitere Zulässigkeitsvoraussetzungen

Für den Verfügungsantrag müssen dieselben **allgemeinen Prozessvoraussetzungen** vorliegen wie für das Klageverfahren.[588] Das *Rechtschutzbedürfnis* entfällt nicht dadurch, dass die Voraussetzungen eines Selbsthilferechts vorliegen.[589] Ein Hauptsacheprozess muss noch nicht anhängig sein. Für den Antrag besteht **kein Anwaltszwang** (§§ 78 V, 920 III, 936 ZPO). 110

3. Entscheidung über den Antrag

a) Verfügungsanspruch

Für die Begründetheit des Antrags ist es erforderlich, dass das Vorliegen eines Verfügungsanspruchs und eines Verfügungsgrundes glaubhaft gemacht ist. Der Verfügungsanspruch entspricht dabei dem *materiell-rechtlichen Anspruch*, wie er auch im Hauptsacheprozess geltend gemacht wird. Schwierige Rechtsfragen werden dabei jedoch im Verfügungsverfahren nur *summarisch* geprüft. 111

b) Verfügungsgrund

Ein Verfügungsgrund ist gegeben, wenn zur Abwendung einer Gefährdung der Gläubigerinteressen eine vorläufige Anspruchssicherung im Eilverfahren notwendig ist, d. h. die Anspruchsverwirklichung sonst gefährdet wäre. Im Rahmen von *Besitzschutzansprüchen*, die auf schnelle Wiederherstellung der Besitzverhältnisse zielen, ist ein besonderer Verfügungsgrund bzw. dessen Glaubhaftmachung nicht erforderlich.[590] 112

---

[587] Zu Einzelheiten s. *Dehner*, B § 43 D III 3.
[588] Dazu oben Rn. 4 ff.
[589] OLG Celle, NJW-RR 1987, 447.
[590] Dazu oben Rn. 86.

c) Glaubhaftmachung

113 Verfügungsanspruch und Verfügungsgrund sind hinsichtlich der ihnen zugrunde liegenden Tatsachen glaubhaft zu machen (§§ 920 II, 936, 294 ZPO). Glaubhaftmachung erfordert dabei die Vermittlung eines *geringeren Grades an Wahrscheinlichkeit* als die Beweisführung im Klageverfahren (vgl. dort § 286 ZPO). Die behauptete Tatsache muss aber zumindest **überwiegend wahrscheinlich** sein.[591] Die Glaubhaftmachung ist nicht an die sonst geltenden Formvorschriften der ZPO für Beweisaufnahmen gebunden.[592] Es kommen *alle regulären Beweismittel* der §§ 371 ff. ZPO in Betracht, ferner die *Versicherung an Eides statt* (§ 294 I ZPO),[593] und zwar sowohl der Partei selbst als auch Dritter, schließlich die anwaltliche Versicherung.[594] Stets kommt wegen des Eilcharakters des Verfahrens aber nur eine Beweisaufnahme in Betracht, die sofort erfolgen kann (§ 294 II ZPO). Das Gericht kann daher nur auf im Termin *präsente Beweismittel* zurückgreifen, deren Beibringung allein Sache der Parteien ist.[595] Verfügbare Beweismittel wie Urkunden, ggf. auch nur Kopien davon, Lichtbilder und Zeugen müssen daher mitgebracht werden; Zeugenaussagen können aber ggf. auch schriftlich vorgelegt werden.

114 Ebenso wie der Antragsteller seine Behauptungen nur glaubhaft machen muss, braucht umgekehrt auch der Antragsgegner seinerseits seine Behauptungen zu ihrer Widerlegung nur glaubhaft zu machen. Dies bedeutet für den Fall, dass sich bei beiderseitiger Glaubhaftmachung auch nach umfassender Würdigung der Umstände des Einzelfalles keine überwiegende Wahrscheinlichkeit für das Vorbringen der einen oder anderen Seite ergibt, dass der Antrag zurückzuweisen ist. Hierin liegt ein wesentlicher Nachteil der einstweiligen Verfügung im Zivilverfahren gegenüber der einstweiligen Anordnung im verwaltungsgerichtlichen Verfahren. Dort gilt nicht nur im Gegensatz zum zivilgerichtlichen **Beibringungsgrundsatz** der Untersuchungsgrundsatz (§ 86 I VwGO), im Falle offener Sach- und Rechtslage findet dort auch eine hiervon unabhängige Interessenabwägung statt, aufgrund der im Gegensatz zum Zivilverfahren die beantragte einstweilige Anordnung dann vielfach ergehen kann.[596]

d) Erlass der einstweiligen Verfügung

115 Ist die Glaubhaftmachung erfolgreich, so ist die einstweilige Verfügung zu erlassen. Nach erfolgter mündlicher Verhandlung geschieht dies durch *Urteil*; in dringenden Fällen kann **ohne mündliche Verhandlung** durch *Beschluss* entschieden werden (§ 937 II ZPO). Regelmäßig kann dabei, um die Hauptsache nicht vorweg zu nehmen, nur eine **Regelungsverfügung** zur vorläufigen Regelung des nachbarlichen Verhältnisses ergehen; bei einem auf vorläufige Sicherungsmaßnahmen gerichteten Antrag kann dabei das Gericht im Gegensatz zum Hauptsacheverfahren, wo die Wahl der Mittel zur Beseitigung einer Störung regelmäßig dem Störer obliegt, zur Gewährung effektiven Rechtsschutzes die erforderlichen Maßnahmen selbst konkret anordnen. Nur ausnahmsweise ist auch eine **Leistungsverfügung** möglich, die bereits zu einer zumindest teilweisen Befriedigung des Anspruchs führt; dies ist etwa bei der Herausgabe von Sachen möglich, die durch verbotene Eigenmacht erlangt wurden.[597] Für die Vollziehung der einstweiligen Verfügung gelten §§ 929, 936 ZPO, zu beachten sind daher insbesondere die Fristen in § 929 II, III ZPO.

---

[591] BGHZ 156, 139, 142 = NJW 2003, 3558; BGH, NJW 1998, 1870.

[592] OLG München, Rpfl 1985, 457.

[593] Die eidesstattliche Versicherung muss aber eine *eigene Sachdarstellung* enthalten und nicht nur die Bezugnahme auf Angaben Dritter, etwa einen anwaltlichen Schriftsatz, vgl. BGH, NJW 1988, 2045 f.

[594] OLG Köln, MDR 1986, 152.

[595] BGHZ 156, 139, 141 = NJW 2003, 3558; BGH, NJW 1958, 712.

[596] Dazu unten Rn. 240.

[597] OLG Hamm, NJW-RR 1991, 1526; OLG Köln, MDR 1995, 1215; OLG Saarbrücken, NJW-RR 2003, 1717; s. auch oben Rn. 86.

4. Schadensersatz bei Unterliegen

116 Erweist sich die Anordnung einer einstweiligen Verfügung als von Anfang an ungerechtfertigt, so haftet der Antragsteller dem Antragsgegner **verschuldensunabhängig** auf Ersatz des diesem durch die Vollziehung entstandenen Schadens (§ 945 ZPO). Bei einer Unterlassungsverfügung kann ihm ein solcher Schaden allerdings nur entstanden sein, wenn er materiell-rechtlich nicht ohnehin verpflichtet war, die untersagte Handlung zu unterlassen.[598] Der Umfang der Ersatzpflicht richtet sich nach §§ 249 ff. BGB.[599] Der Anspruch verjährt regelmäßig in drei Jahren (§§ 195, 199 BGB). Die Verjährung beginnt mit rechtskräftiger Abweisung des Verfügungsantrags oder der Hauptsacheklage.[600] In dieser Schadensersatzpflicht liegt ein weiterer wesentlicher Nachteil des zivilgerichtlichen einstweiligen Verfügungsverfahrens gegenüber dem vorläufigen Rechtsschutz vor den Verwaltungsgerichten. Denn dort führt auch das Erwirken einer ungerechtfertigten einstweiligen Anordnung gegen die Behörde auf Einschreiten gegen den Nachbarn nicht zu einem Schadensersatzanspruch des betroffenen Nachbarn gegen den Antragsteller.[601]

VII. Selbsthilfe

117 Es ist **grundsätzlich unzulässig**, Ansprüche auf eigene Faust durchzusetzen oder auch nur zu sichern. Stattdessen muss der Berechtigte gerichtliche Hilfe in Anspruch nehmen. Zulässig ist Selbsthilfe nur unter den engen Voraussetzungen der **§§ 229 ff. BGB**; für Besitzschutzansprüche gilt ferner **§ 859 BGB**.[602]

1. Voraussetzungen

118 § 229 BGB setzt voraus, dass dem Selbsthilfe Übenden ein vollstreckungsfähiger Anspruch zusteht und **obrigkeitliche Hilfe nicht rechtzeitig zu erlangen** ist. Obrigkeitliche Hilfe ist nur dann nicht rechtzeitig zu erlangen, wenn auch für eine **einstweilige Verfügung**[603] nicht mehr genügend Zeit verbleibt. Darüber hinaus muss der Berechtigte vorrangig auch die Hilfe der **Polizei** suchen. Dieser obliegt nach den Polizeigesetzen der Länder über die Abwehr von Gefahren für die öffentliche Sicherheit und Ordnung hinaus auch der Schutz privater Rechte Dritter, wenn gerichtlicher Schutz nicht rechtzeitig zu erlangen ist und wenn ohne polizeiliche Hilfe die Verwirklichung des Rechts vereitelt oder wesentlich erschwert würde.[604] Rechtsschutz im Zusammenhang mit polizeilichem Einschreiten ist vor den Verwaltungsgerichten zu suchen. Darüber hinaus muss ohne die Selbsthilfe die **Anspruchsverwirklichung gefährdet** sein, was der Fall ist, wenn sie vereitelt oder zumindest wesentlich erschwert würde.

2. Rechtsumfang

119 Auch bei Vorliegen der gesetzlichen Voraussetzungen darf der Berechtigte seinen Anspruch nicht im Wege der Selbsthilfe endgültig befriedigen. Die Selbsthilfe darf nicht weiter gehen, als zur Abwendung der Gefahr **erforderlich** (§ 230 I BGB); zulässig sind daher regelmäßig nur **vorläufige Sicherungsmaßnahmen**. Diese können je nach Einzelfall in der Wegnahme, Zerstörung oder Beschädigung einer Sache, der Festnahme des fluchtverdächtigen Verpflichteten, oder der Beseitigung des Widerstands des Verpflichteten gegen eine Handlung, die er dulden muss, liegen. Für die Wegnahme, Zerstörung

---

598 BGH, NJW-RR 2008, 610.
599 BGHZ 122, 172, 179 = NJW 1993, 2685.
600 BGH, NJW 1992, 2297, 2298; NJW 1993, 863, 864.
601 Dazu unten Rn. 243.
602 Dazu oben Rn. 69.
603 Dazu oben Rn. 108 ff.
604 Z. B. Art. 2 II BayPAG, § 1 II PolG NRW, § 2 II SächsPolG.

oder Beschädigung einer Sache sowie für die Festnahme des Verpflichteten ist zusätzlich § 230 II, III, IV BGB zu beachten.

3. Folgen unberechtigter Selbsthilfe

120 Im Ergebnis kommt Selbsthilfe nach § 229 BGB damit im Rahmen von Nachbarschaftsstreitigkeiten nur ganz ausnahmsweise in Betracht.[605] Liegen die Voraussetzungen der Selbsthilfe nicht vor, so ist der Selbsthilfe Übende nach § 231 BGB einem **verschuldensunabhängigen Schadensersatzanspruch** ausgesetzt. Von der voreiligen Inanspruchnahme eines – im Ergebnis oft nur vermeintlichen – Selbsthilferechts kann daher nur abgeraten werden.

VIII. Rechtsmittel

121 Hinsichtlich der Rechtsmittel gegen gerichtliche Entscheidungen in Nachbarstreitigkeiten ergeben sich keine Besonderheiten. Deshalb soll das Rechtsmittelrecht im Folgenden nur kurz skizziert werden.

1. Berufung

122 **a)** Die Berufung findet statt **gegen erstinstanzliche Endurteile** (§ 511 I ZPO). Sie ist nur zulässig, wenn der Wert des **Beschwerdegegenstandes 600 € übersteigt**[606] oder das Gericht des ersten Rechtszuges sie im Urteil **zugelassen** hat (§ 511 II ZPO). Die Berufung ist dabei zuzulassen, wenn die Rechtssache grundsätzliche Bedeutung hat oder die Fortbildung des Rechts oder die Sicherung einer einheitlichen Rechtsprechung eine Entscheidung des Berufungsgerichts erfordert, sowie ferner die Partei durch das Urteil mit nicht mehr als 600 € beschwert ist; das Berufungsgericht ist an die Zulassung gebunden (§ 511 IV ZPO). Die Streitwertberufung ist in Nachbarprozessen gegen amtsgerichtliche Urteile vielfach, gegen landgerichtliche Urteile stets gegeben. Die Berufung ist innerhalb einer **Notfrist** von *einem Monat* ab Zustellung des vollständigen Urteils beim Berufungsgericht einzulegen (§§ 517, 519 I ZPO).

123 **b)** Die Berufung kann nur darauf gestützt werden, dass die **Entscheidung auf einer Rechtsverletzung (§ 546 ZPO) beruht** oder die nach § 529 ZPO **zugrunde zu legenden Tatsachen eine andere Entscheidung rechtfertigen** (§ 513 ZPO). Das Berufungsgericht ist daher grundsätzlich an die Tatsachenfeststellungen der ersten Instanz gebunden. Über die Berufung gegen amtsgerichtliche Urteile entscheidet das **Landgericht**, über die gegen erstinstanzliche landgerichtliche Urteile das **Oberlandesgericht**.

124 **c)** Das Berufungsgericht **entscheidet** grundsätzlich **in der Sache selbst** (§ 538 I ZPO). Ausnahmsweise darf die Sache unter den Voraussetzungen des § 538 II ZPO auch unter Aufhebung des erstinstanzlichen Urteils und Verfahrens an das Erstgericht zurückverwiesen werden.

2. Revision

125 **a)** Gegen Endurteile des Berufungsgerichts findet die Revision statt, allerdings nur wenn sie vom Berufungsgericht im Urteil oder auf Nichtzulassungsbeschwerde hin vom Revisionsgericht **zugelassen** wurde (§§ 542 I, 543 I ZPO); ausgenommen sind Urteile im einstweiligen Verfügungsverfahren, gegen die keine Revision statthaft ist (§ 542 II 1 ZPO). Die Revision ist zuzulassen, wenn die Rechtssache grundsätzliche Bedeutung hat

---

[605] Vgl. OLG Karlsruhe, NJW 1992, 1329 (Durchtrennen eines Verstärkerkabels für ein nachbarrechtlich unzulässiges Rockkonzert im benachbarten Biergarten, nachdem die Polizei ein Einschreiten abgelehnt hatte).

[606] Zur Beschwer des unterlegenen Beklagten einer Klage auf Beseitigung einer Störung s. oben Rn. 12.

oder die Fortbildung des Rechts oder die Sicherung einer einheitlichen Rechtsprechung eine Entscheidung des Revisionsgerichts erfordert; Letzteres ist an die Zulassung durch das Berufungsgericht gebunden (§ 543 II ZPO). Zu beachten ist, dass nach § 26 Nr. 8 EGZPO eine Nichtzulassungsbeschwerde bis einschließlich 31. 12. 2014 nur zulässig ist, wenn der Wert der mit der Revision geltend zu machenden Beschwer 20.000 € übersteigt; Letzteres wird in nachbarrechtlichen Streitigkeiten vielfach nicht der Fall sein. Die Nichtzulassung der Revision trotz Vorliegens der gesetzlichen Voraussetzungen hierfür stellt allerdings eine Verletzung des Rechts auf Gewährung effektiven Rechtsschutzes dar.[607] Ausnahmsweise ist unter den Voraussetzungen des § 566 ZPO auch unter Übergehung der Berufungsinstanz die **Sprungrevision** gegen erstinstanzliche Urteile statthaft. Die Revision ist innerhalb einer **Notfrist** von *einem Monat* ab Zustellung des vollständigen Berufungsurteils beim Revisionsgericht einzulegen (§§ 548, 549 I ZPO).

b) Die Revision kann nur darauf gestützt werden, dass die **Entscheidung auf einer** 126
Verletzung des Rechts beruht (§ 545 I ZPO). Das Revisionsgericht überprüft das angegriffene Urteil daher ausschließlich in rechtlicher Hinsicht. Das Recht ist verletzt, wenn eine Rechtsnorm nicht oder nicht richtig angewendet worden ist (§ 546 ZPO). Die bisherige nur eingeschränkte Überprüfbarkeit von Landesrecht, also auch sämtlicher Vorschriften des *Landesnachbarrechts*,[608] das nur revisibel war, wenn sich sein Geltungsbereich über einen OLG-Bezirk[609] hinaus erstreckte,[610] ist mit Wirkung vom 1. 9. 2009 weggefallen.[611] Auch das Nachbarrecht der Länder ist daher nunmehr uneingeschränkt revisibel. Über die Revision entscheidet stets der **Bundesgerichtshof** (§ 133 GVG).[612]

c) Sofern die Revision Erfolg hat, entscheidet das Revisionsgericht **in der Sache nur** 127
selbst, wenn diese entscheidungsreif ist (§ 563 III ZPO). Ansonsten wird die Sache unter Aufhebung des Berufungsurteils an das Berufungsgericht zur erneuten Verhandlung und Entscheidung zurückverwiesen (§ 563 I ZPO).

3. Sofortige Beschwerde

Die sofortige Beschwerde findet unter anderem statt gegen die im ersten Rechtszug er- 128
gangenen Entscheidungen der Amts- und Landgerichte, wenn dies im Gesetz ausdrücklich bestimmt ist (§ 567 I ZPO). Sie ist insbesondere gegeben gegen die Ablehnung[613] einer **einstweiligen Verfügung** ohne mündliche Verhandlung durch Beschluss. Die **Beschwerdefrist** ist eine *Notfrist* und beträgt grundsätzlich *zwei Wochen* ab Zustellung der angefochtenen Entscheidung (§ 569 I ZPO).

---

607 BVerfG, NJW-RR 2008, 26, 29 (grundsätzliche Bedeutung der Auslegung von Art. 124 S. 1 EGBGB) m. krit. Anm. *Dehner*, NVwZ 2009, 369.

608 Vgl. z. B. BGH, NJW-RR 2009, 311, 312 (zum gewohnheitsrechtlichen Inwiekenrecht im Fehngebiet Ostfrieslands).

609 Dies meinte trotz der Revisionsmöglichkeit auch gegen Berufungsurteile der Landgerichte nicht deren Bezirk, vgl. BGH, NJW-RR 2011, 515, 516.

610 Auf einen OLG-Bezirk beschränkte Vorschriften des Landesnachbarrechts waren bisher auch dann nicht revisibel, wenn sie tatsächlich mit den Regelungen anderer Länder übereinstimmten, selbst wenn dabei einzelne Rechtssätze oder Rechtsgedanken eines anderen Landes übernommen worden waren; revisibel wären sie auch in diesem Fall nur gewesen, wenn die Übereinstimmung bewusst und gewollt zum Zwecke der Vereinheitlichung herbeigeführt worden wäre, vgl. BGHZ 118, 225, 297 f. = NJW 1992, 2769; BGH, NJW-RR 2000, 537 (Wassernachbarrecht); NJOZ 2005, 3210, 3211 (Grenzabstandsvorschriften für Pflanzen).

611 Zu den Gründen s. BT-Drucks. 16/9733, S. 301 f. Für vor diesem Stichtag eingeleitete Verfahren ist noch § 545 I ZPO a. F. anzuwenden, vgl. BGH, NJW-RR 2011, 515, 516.

612 In Bayern war bis 31. 12. 2004 für Sachen, in denen im Wesentlichen Landesrecht in Betracht kam, wozu auch das im BayAGBGB geregelte Landesnachbarrecht zählt, das **Bayerische Oberste Landesgericht** zuständig (Art. 11 I BayAGGVG a. F. i. V. m. § 8 I EGGVG). Dieses Gericht ist durch das Gerichtsauflösungsgesetz (BayObLGAuflG) v. 25. 10. 2004 (BayGVBl. S. 400) mit Wirkung zum 1. 7. 2006 aufgelöst worden.

613 Dagegen ist im Falle des Erlasses einer einstweiligen Verfügung durch Beschluss für den Schuldner nur Widerspruch nach §§ 924, 936 ZPO möglich, vgl. BGH, NJW 2003, 1531.

129 Über die sofortige Beschwerde entscheidet das im Instanzenzug übergeordnete Gericht. Gegen seine Entscheidung ist **Rechtsbeschwerde** möglich, wenn dies im Gesetz ausdrücklich bestimmt ist oder sie zugelassen wurde (§ 574 I–III ZPO). Gegen Entscheidungen des Beschwerdegerichts in einstweiligen Verfügungsverfahren ist die Rechtsbeschwerde nicht statthaft (§ 574 I 2 i. V. m. § 542 II ZPO).

B. Verwaltungsprozess

I. Nachbarschutz im öffentlichen Recht

130 **1.** Im Gegensatz zum zivilrechtlichen Rechtsschutz ist der öffentlich-rechtliche Rechtsschutz in mehrerlei Hinsicht vielschichtiger.[614] Im Verwaltungsrecht stehen sich zwei Nachbarn nicht nur als solche gegenüber, vielmehr ist daneben noch die zuständige Verwaltungsbehörde beteiligt; es handelt sich daher um ein **dreipoliges Rechtsverhältnis**. Letzteres spielt auch für den Rechtsschutz eine entscheidende Rolle, da regelmäßig der Umweg über die Behörde zu gehen ist, um eigene Interessen gegenüber Nachbarn durchsetzen zu können; diese ist gleichsam die Schaltstelle des nachbarrechtlichen Interessenausgleichs.[615] Darüber hinaus gibt es im Verwaltungsrecht **nicht nur die gerichtliche Ebene** des Rechtsschutzes, es sind vielmehr weitere Ebenen vorgelagert. So ist der Nachbar vielfach bereits am *Verwaltungsverfahren*, etwa auf Erteilung einer Genehmigung, förmlich *beteiligt* oder aber er ist selbst Antragsteller eines solchen Verfahrens, etwa auf behördliches Einschreiten. Sofern er mit der Entscheidung der Behörde nicht einverstanden ist, eröffnet sich ihm ferner vor Anrufung des Verwaltungsgerichts, vorbehaltlich insbesondere landesrechtlicher Beschränkungen, grundsätzlich ein *Widerspruchsverfahren*.

131 **2.** Allerdings kann sich der Nachbar nicht schon aufgrund der objektiven Rechtswidrigkeit behördlichen Handelns oder Nichteingreifens hiergegen zur Wehr setzen. Eine Rechtsschutzmöglichkeit ergibt sich für ihn nur, wenn und soweit ihm im Einzelfall eigene subjektiv-öffentliche Rechte zukommen. Die jeweils einschlägige Norm, auf die er sich zur Abwehr oder umgekehrt zur Beanspruchung eines behördlichen Handelns beruft, darf ihn daher nicht nur rein tatsächlich begünstigen, sondern muss vielmehr gerade auch seinen Individualinteressen zu dienen bestimmt sein (sog. **Schutznormtheorie**).[616] Zentrale Fragestellung öffentlich-rechtlicher Nachbarschaftskonflikte ist daher die im Wege der Auslegung zu beantwortende Frage nach dem *nachbarschützenden* Charakter von Normen des öffentlichen Rechts. Dieser ist regelmäßig jedenfalls dann gegeben, wenn sich aus individualisierenden Tatbestandsmerkmalen der Norm ein Personenkreis entnehmen lässt, der sich *von der Allgemeinheit unterscheidet*.[617]

132 **3.** Im Folgenden wird der **öffentlich-rechtliche Nachbarrechtsschutz** entsprechend dem Verfahrensgang dargestellt, zunächst daher das *Widerspruchsverfahren* (II), anschließend das *Klageverfahren* (III), und zwar zunächst Fragen der Zulässigkeit und sonstige formale Fragen, nachfolgend die *baurechtliche, immissionsschutzrechtliche und gaststättenrechtliche Nachbarklage* (IV–VI); auch die Nachbarbeteiligung im Verwaltungsverfahren wird wegen der insoweit nicht unerheblichen Unterschiede zwischen den genannten Rechtsgebieten jeweils dort erörtert. Schließlich ist der im verwaltungsrechtlichen Nachbarstreit wichtige *vorläufige Rechtsschutz* näher zu beleuchten (VII). Den Abschluss bildet eine kurze Darstellung des *Rechtsmittelrechts* (VIII).

---

[614] Zum Verhältnis von zivil- und verwaltungsgerichtlichem Nachbarschutz s. bereits oben Teil 1 Rn. 83 ff.
[615] *Seidel*, Nachbarschutz, Rn. 8.
[616] Z. B. BVerwGE 52, 122, 128 = NJW 1978, 62; E 65, 167, 171 = NJW 1982, 2513; E 101, 157, 163 = NVwZ 1997, 276.
[617] BVerwGE 94, 151, 158 = NJW 1994, 1546; E 131, 129, 136 = NVwZ 2008, 1012.

II. Widerspruchsverfahren

1. Allgemeines

§ 68 I 1 VwGO legt fest, dass **vor Erhebung einer Anfechtungsklage** der angegriffene Verwaltungsakt grundsätzlich in einem Vorverfahren zu überprüfen ist.[618] Die Überprüfung erfasst dabei neben der Rechtmäßigkeit auch dessen Zweckmäßigkeit, so dass auch die Ermessensausübung der Erstbehörde – anders als im späteren gerichtlichen Verfahren – grundsätzlich uneingeschränkt überprüft werden kann. Durch dieses Vorschaltverfahren wird in erster Linie eine Selbstkontrolle der Verwaltung und die Entlastung der Gerichte bezweckt, es dient aber auch dem Rechtsschutz des Betroffenen;[619] auf einen Nachbarwiderspruch hin darf die Widerspruchsbehörde den Verwaltungsakt allerdings nur auf die Verletzung nachbarschützender Vorschriften hin prüfen.[620] Prozessual handelt es sich beim Vorverfahren um eine *zwingende Prozessvoraussetzung*. Für die **Verpflichtungsklage** gilt das Erfordernis eines Vorverfahrens entsprechend, wenn ein Antrag auf Erlass eines Verwaltungsakts abgelehnt worden ist (§ 68 II VwGO). 133

2. Ausnahmen vom Erfordernis des Vorverfahrens

Ein Widerspruchsverfahren ist jedoch in mehreren Fällen nicht erforderlich (§ 68 I 2 VwGO) und damit auch nicht zulässig.[621] Dies gilt zunächst, wenn ein **Gesetz dies bestimmt**; so insbesondere bei Entscheidungen im *förmlichen Verwaltungsverfahren* nach §§ 63 ff. VwVfG bzw. den entsprechenden Vorschriften der VwVfGe der Länder (§ 70 VwVfG bzw. LVwVfG), sowie bei *Planfeststellungsverfahren* (§ 74 I 2 i. V. m. § 70 VwVfG bzw. die entsprechenden Vorschriften der LVwVfGe) und *Plangenehmigungsverfahren* (§ 74 VI 3 VwVfG bzw. die entsprechenden Vorschriften der LVwVfGe). Ferner kann nach *Landesrecht* das Widerspruchsverfahren bereichsspezifisch oder für den Regelfall sogar ganz entfallen.[622] Schließlich ist ein Vorverfahren nach § 68 I 2 Nr. 2 VwGO auch dann nicht erforderlich, wenn **Abhilfe- oder Widerspruchsbescheid erstmalig eine Beschwer** enthalten. Dies ist etwa der Fall, wenn auf den Widerspruch des Nachbarn hin die bereits erteilte Genehmigung versagt wird; ebenso umgekehrt, wenn die ursprünglich aufgrund von Einwendungen des Nachbarn versagte Genehmigung nach Widerspruch des Antragstellers doch erteilt wird. In beiden Fällen kann der zuletzt Unterlegene sogleich das Gericht anrufen. 134

3. Form, Frist

Soweit ein Vorverfahren erforderlich ist, ist der Widerspruch **schriftlich** bei der Ausgangs- oder der Widerspruchsbehörde oder zur Niederschrift der Ausgangsbehörde zu erheben, und zwar innerhalb **eines Monats** nach Bekanntgabe des Verwaltungsakts (§ 70 I VwGO).[623] Die Widerspruchsfrist wird dabei nur in Gang gesetzt, sofern dem Widerspruchsführer eine, ggf. auch erst in Verbindung mit einem Begleitschreiben, vollständige und richtige **Rechtsbehelfsbelehrung** erteilt wurde; dies erfordert die Angabe des statthaften Rechtsbehelfs, von dessen Adressat sowie der Rechtsbehelfsfrist; ferner muss si- 135

---

[618] Zur Frage einer Amtspflicht der Bauaufsichtsbehörde zur Unterrichtung des Bauherrn über einen Nachbarwiderspruch s. BGH, BauR 2004, 817, 819 f.

[619] Vgl. BVerwGE 26, 161, 166 ff. = MDR 1967, 425.

[620] BVerwGE 65, 313, 318 = NJW 1983, 242.

[621] *Kopp/Schenke*, VwGO, § 68 Rn. 16. Darüber hinaus ist ein Vorverfahren in weiteren, nicht ausdrücklich geregelten, aber in der Rspr. anerkannten Fallgruppen *entbehrlich*, aber nicht unzulässig, s. im Einzelnen *Kopp/Schenke*, VwGO, § 68 Rn. 22 ff. und *Steinbeiß-Winkelmann*, NVwZ 2009, 686. Ferner besteht nach Landesrecht z. T. ein *fakultatives* Widerspruchsverfahren, z. B. Art. 15 I BayAGVwGO.

[622] Z. B. Art. 15 BayAGVwGO (dazu BayVerfGH, NVwZ 2009, 716), Art. 8 BremAGVwGO, § 16 a HessAGVwGO, § 13 b AGGerStrukG MV, § 8 a NdsAGVwGO, § 110 JustG NRW.

[623] Zu den weiteren Zulässigkeitsvoraussetzungen s. *Kopp/Schenke*, VwGO, Vor § 68 Rn. 12.

chergestellt sein, dass der Widerspruchsberechtigte die Belehrung auch auf sich bezieht;[624] diese darf darüber hinaus keine Angaben enthalten, durch die bei ihm ein Irrtum über die formellen oder materiellen Voraussetzungen des statthaften Rechtsbehelfs hervorgerufen und durch die er deshalb abgehalten werden könnte, den Rechtsbehelf überhaupt, rechtzeitig oder in der richtigen Form einzulegen.[625]

136 Sind diese Voraussetzungen nicht eingehalten, gilt eine **Jahresfrist** ab Bekanntgabe des Verwaltungsakts (§§ 70 II, 58 II VwGO). Wird dem Widerspruchsführer der Verwaltungsakt überhaupt **nicht bekannt gegeben**, etwa dem durch ein Bauvorhaben betroffenen Nachbarn die Baugenehmigung nicht zugestellt, so unterliegt der Widerspruch grundsätzlich überhaupt **keiner zeitlichen Beschränkung**. Auch hier kann das Widerspruchsrecht jedoch **verwirkt** werden, wenn der betroffene Nachbar von der erteilten Genehmigung aus anderen Gründen bereits *längere Zeit sichere Kenntnis* hatte oder hätte haben müssen (Zeitmoment), und der Genehmigungsinhaber mit einem Rechtsbehelf nach Treu und Glauben *nicht mehr rechnen musste* (Umstandsmoment).[626] Die sichere Kenntnis wird der Nachbar dabei regelmäßig spätestens im Zeitpunkt des *Baubeginns* haben, bei entfernteren Nachbarn, die wie im Immissionsschutzrecht dennoch berechtigte Einwendungen gegen ein Vorhaben haben können,[627] kann diese Kenntnis aber auch erst deutlich später anzunehmen sein.[628] Jedenfalls im Baurecht läuft dabei mit Vorliegen dieser Kenntnis bzw. Kenntnisnahmemöglichkeit die Jahresfrist des § 58 II VwGO.[629] Die Annahme einer kürzeren Verwirkungsfrist als ein Jahr dürfte demgegenüber im Hinblick auf § 58 II VwGO schwerlich möglich sein.[630] Ist der Widerspruch des Nachbarn **verfristet**, so darf die Behörde hierüber *nicht mehr sachlich entscheiden*.[631]

4. Aufschiebende Wirkung

137 Der Widerspruch entfaltet grundsätzlich aufschiebende Wirkung (§ 80 I 1 VwGO), sofern diese nicht gesetzlich ausgeschlossen ist (vgl. § 80 II 1 Nr. 3 VwGO); dies gilt auch bei den nachbarrechtlich relevanten **Verwaltungsakten mit Doppelwirkung** (§ 80 I 2 VwGO). Eine wichtige Ausnahme hiervon besteht jedoch nach § 212 a I BauGB für Nachbarwidersprüche gegen Baugenehmigungen. Die weiteren Folgen für den Rechtsschutz der Beteiligten in diesem Zusammenhang sind im Abschnitt „Vorläufiger Rechtsschutz" dargestellt.[632]

III. Verwaltungsgerichtliche Klage

1. Zulässigkeit

a) Verwaltungsrechtsweg

138 Der Verwaltungsrechtsweg ist gegeben in allen **öffentlich-rechtlichen Streitigkeiten** nichtverfassungsrechtlicher Art (§ 40 I VwGO); allerdings bestehen *Sonderzuweisungen zum Zivilrechtsweg* insbesondere für Aufopferungs- und Amtshaftungsansprüche. Klagen

---

[624] BVerwG, NVwZ 2009, 191, 192; s. ferner BVerwG, NJW 2010, 1686, 1687 (bei VA mit Doppelwirkung bezieht sich eine abstrakte Belehrung über Widerspruch auch auf Drittbetroffene).

[625] BVerwG, DVBl. 2002, 1553 (fälschlicher Eindruck der vollständigen Auflistung aller Anforderungen infolge der Vielzahl enthaltener Informationen).

[626] BVerwGE 44, 294, 298 = NJW 1974, 1260 (auch zur Möglichkeit des „Gegenbeweises" des Nachbarn, S. 301); BVerwG, NJW 1988, 839, 840; s. aber auch OVG Münster, NVwZ-RR 1999, 540, 541. Zur Verwirkung materieller Abwehrrechte s. unten Rn. 142.

[627] Dazu unten Rn. 191.

[628] Vgl. aber BVerwG, NJW 1988, 839, 840.

[629] BVerwGE 44, 294, 298 = NJW 1974, 1260; E 78, 85, 88 = NJW 1988, 839.

[630] Ebenso *Kopp/Schenke*, VwGO, § 74 Rn. 20 m. w. N.; s. aber auch BVerwGE 44, 294, 302 = NJW 1974, 1260.

[631] BVerwG, NVwZ 1983, 285.

[632] Dazu unten Rn. 228 ff., insbes. 235 ff.

auf **Aufhebung oder Erlass eines Verwaltungsaktes** gehören stets vor die Verwaltungsgerichte. Allein die Tatsache, dass der Störer zur Beseitigung der Störung einer öffentlich-rechtlichen Genehmigung bedarf, macht allerdings einen Streit unter Privaten nicht zu einem öffentlich-rechtlichen.[633] Im Einzelnen wurde die Abgrenzung bereits bei der Darstellung des Zivilrechtsweges erörtert.[634]

b) Zuständiges Gericht

Sachlich zuständig ist für erstinstanzliche Streitigkeiten grundsätzlich das Verwal- 139
tungsgericht (§ 45 VwGO). Bei Klagen, die bestimmte Großanlagen betreffen, ist dagegen das Oberverwaltungsgericht (OVG) bzw. in Baden-Württemberg, Bayern und Hessen der Verwaltungsgerichtshof (VGH) erstinstanzlich zuständig (§ 48 I VwGO). Gleiches gilt für Normenkontrollklagen, etwa gegen gemeindliche Bebauungspläne (§ 47 I VwGO). **Örtlich** zuständig ist für die nachbarrechtlich relevanten Klagen, die sich auf unbewegliches Vermögen oder ein ortsgebundenes Recht oder Rechtsverhältnis beziehen, das Gericht am *Belegenheitsort* (§ 52 Nr. 1 VwGO).

c) Widerspruchsverfahren

Weitere *von Amts wegen* zu beachtende Sachurteilsvoraussetzung[635] für eine Anfech- 140
tungs- oder Verpflichtungsklage ist, vorbehaltlich der bestehenden Ausnahmen, die erfolglose Durchführung eines Widerspruchsverfahrens (§ 68 I 1, II VwGO).[636] Ausreichend ist dabei, dass das Widerspruchsverfahren spätestens im Zeitpunkt des *Schlusses der letzten mündlichen Verhandlung* durchgeführt ist;[637] es kann also auch noch während des gerichtlichen Verfahrens **nachgeholt** werden, das Gericht muss hierzu gegebenenfalls das Verfahren *aussetzen* oder vertagen.[638]

d) Klagebefugnis

Schließlich erfordert die Zulässigkeit der Klage das Vorliegen einer Klagebefugnis. Dies 141
setzt voraus, dass der Kläger geltend machen kann, durch den angegriffenen Verwaltungsakt oder die Ablehnung oder Unterlassung des beantragten Verwaltungsaktes **in seinen Rechten verletzt** zu sein (§ 42 II VwGO). Die Frage nach der Verletzung nachbarschützender Rechte stellt sich daher bereits auf der Zulässigkeitsebene einer Nachbarklage.[639] Allerdings genügt es insoweit, dass der Nachbar **hinreichend substantiiert Tatsachen** vorträgt, die es zumindest als **möglich** erscheinen lassen, dass er in seinen Rechten verletzt wird.[640] Die Klagebefugnis ist hiernach nur zu verneinen, wenn ihm das geltend gemachte nachbarschützende Recht von vornherein und offensichtlich sowie nach keiner rechtlichen Betrachtungsweise zustehen kann.[641] Die eigentliche Sachprüfung, ob der Kläger auch tatsächlich in drittschützenden Rechten verletzt wird, ist dagegen eine Frage der Begründetheit der Klage.[642] Die Klagebefugnis fehlt etwa für eine Klage gegen eine Baugenehmigung, wenn der klagende Nachbar zuvor im Rahmen der Nachbarbeteiligung die **Bauvorlagen unterschrieben** hat.[643]

---

633 BGH, NJW 1984, 1242. Zu den Folgen eines solchen Genehmigungserfordernisses s. oben Rn. 26, 59.

634 Dazu oben Rn. 4 ff.

635 BVerwGE 61, 360, 362 = NJW 1982, 1113.

636 Dazu im Einzelnen oben Rn. 133 ff.

637 BVerwGE 4, 203, 204 = NJW 1957, 923.

638 BVerwGE 66, 342, 345 = NJW 1983, 2276.

639 Allgemein zum Drittschutz oben Rn. 131.

640 BVerwG, NVwZ 1987, 999, 1000; NVwZ 1993, 884, 885; vgl. ferner BVerwGE 61, 256, 261 = NJW 1981, 1393 (zur Substantiierungspflicht bei nicht ohne weiteres offensichtlicher Möglichkeit einer Rechtsverletzung); E 75, 285, 291 = NJW 1987, 1154 (zur Substantiierungspflicht bei behaupteter Rechtsverletzung aus der Verletzung von Verfahrensvorschriften).

641 BVerwG, NJW 1998, 173.

642 S. dazu die Ausführungen zu den einzelnen Nachbarklagen unten Rn. 150 ff. (Baurecht), Rn. 193 ff. (Immissionsschutzrecht) und Rn. 212 ff. (Gaststättenrecht).

643 Dazu unten Rn. 148.

142 Der Bauherr kann dem Nachbarn dessen Recht auch „**abkaufen**";[644] Widerspruch und Klage gegen die Baugenehmigung sind dann unzulässig.[645] Materielle[646] nachbarliche Abwehrrechte können schließlich – sogar gegen ungenehmigte Vorhaben –[647] auch **verwirkt** werden.[648] Durch Zeitablauf allein ist dies allerdings nicht möglich, hinzu kommen müssen stets besondere Umstände, die die verspätete Geltendmachung als Verstoß gegen Treu und Glauben erscheinen lassen;[649] das ist jedenfalls dann nicht der Fall, wenn der Bauherr unabhängig von der Untätigkeit des Nachbarn die Baugenehmigung schon zuvor in wesentlichem Umfang sofort ausgenützt hat.[650] Fragen der Verwirkung werden allerdings regelmäßig erst im Rahmen der Begründetheit der Klage eingehend zu prüfen sein.

e) Klagefrist

143 Die **Anfechtungsklage** muss innerhalb **eines Monats** nach Zustellung des Widerspruchsbescheids bzw., soweit ein solcher nicht erforderlich ist, nach Bekanntgabe des angegriffenen Verwaltungsakts erhoben werden (§ 74 I VwGO). Entsprechendes gilt für die Verpflichtungsklage in Form der **Versagungsgegenklage** (§ 74 II VwGO). Anders liegt es bei der **Untätigkeitsklage** (§ 75 VwGO); diese kann grundsätzlich **frühestens nach Ablauf von drei Monaten** seit Einlegung des Widerspruchs oder seit dem Antrag auf Vornahme des Verwaltungsakts erhoben werden.

2. Weitere formale Fragen

a) Beiladung

144 Sind an dem streitigen Rechtsverhältnis Dritte derart beteiligt, dass die Entscheidung auch ihnen gegenüber nur einheitlich ergehen kann, so sind sie nach § 65 II VwGO im Prozess **notwendig beizuladen**.[651] Im Rahmen von Nachbarklagen betrifft dies zunächst alle Fälle der **Anfechtung einer erteilten Genehmigung durch den Nachbarn**; der *Genehmigungsinhaber*, etwa der Bauwerber, ist dann notwendig beizuladen.[652] Ebenso ist bei einer **Verpflichtungsklage des Nachbarn gegen die Behörde auf Einschreiten** gegen einen Dritten, etwa auf Beseitigung einer Anlage, der *betroffene Dritte* notwendig beizuladen.[653] Demgegenüber sind in den genannten Fällen die *übrigen* Nachbarn[654] ebenso wenig notwendig beizuladen wie die übrigen Miteigentümer der Anlage, wenn gegen diese kein Einschreiten verlangt worden ist.[655] Auch bei der **Klage eines Antragstellers auf Genehmigungserteilung** sind die Nachbarn nicht notwendig beizuladen, möglich ist jedoch deren einfache Beiladung nach § 65 I VwGO;[656] erfolgte die Ablehnung der Baugenehmigung allerdings im Hinblick auf Nachbarrechte oder richtet sich die Klage des Bauherrn gegen nachbarschützende Auflagen, so ist der betroffene Nachbar notwen-

---

644 BGHZ 79, 131, 135 ff. = NJW 1981, 811; BGH, NJW 1999, 3113.
645 Vgl. BGH, NJW 1984, 805; vgl. ferner OVG Münster, BauR 2003, 62, 64 (unzulässige Rechtsausübung).
646 Zur Verwirkung von Verfahrensrechten s. oben Rn. 136.
647 BVerwG, NVwZ 1988, 730; 1991, 1182.
648 S. aber auch OVG Koblenz, BauR 2005, 77, 78 (Verwirkung erfasst nicht spätere bauliche Änderungen, die die Beeinträchtigung des Nachbarn verstärken).
649 BVerwG, BauR 2003, 1031, 1032.
650 BVerwG, NVwZ 1991, 1182, 1184 f.
651 Durch die Beiladung wird keine Hemmung der Verjährung bewirkt, vgl. BGH, MDR 2003, 628 (zur einfachen Beiladung und § 209 BGB a. F.).
652 BVerwG, NJW 1978, 64, 65 (zum BImSchG); GewArch 1992, 391 (zum GastG).
653 BVerwG, NJW 1993, 79. Nicht jedoch umgekehrt der Nachbar, wenn der Anlageninhaber gegen eine auf dessen Antrag hin ergangene Beseitigungsanordnung klagt, vgl. OVG Münster, 9. 8. 2001 – 7 E 265/01; VG München, BauR 2010, 1205, 1206.
654 BVerwGE 45, 309 = NJW 1975, 70, 71 (zur Genehmigungsanfechtung); VGH BW, NJW 1977, 1308 f.
655 BVerwG, NVwZ-RR 1999, 147, 148.
656 BVerwG, DÖV 1975, 99 (Baugenehmigung); GewArch 1992, 391 (zum GastG).

dig beizuladen.[657] Ebenso, wenn auf dessen Widerspruch hin die Baugenehmigung aufgehoben wird, und der Bauherr diese Aufhebung anficht.[658]

b) Streitwert

Der Gebührenstreitwert verwaltungsgerichtlicher Klagen richtet sich nach der aus dem Antrag des Klägers sich für diesen ergebenden Bedeutung der Sache (**§ 52 I GKG**). Im Nachbarrechtsstreit bestimmt sich dieses klägerische Interesse durch die Rechtsgüter, die der Kläger schützen möchte, und durch die Art der Beeinträchtigung, gegen die er sich wehrt.[659] Bietet der Sach- und Streitstand keine genügenden Anhaltspunkte für die Wertbestimmung, so ist ein Streitwert von 5.000 € anzunehmen (**§ 52 II GKG**). Bei Baugenehmigungsanfechtungen durch Nachbarn ist regelmäßig von einem Streitwert von 7.500 €, mindestens jedoch dem Betrag der bei Verwirklichung des Bauvorhabens drohenden Grundstückswertminderung auszugehen.[660] Entsprechendes gilt, wenn der Nachbar ein bauaufsichtliches Einschreiten durch Beseitigungsanordnung oder Nutzungsuntersagung gegen eine nicht nur unbedeutende bauliche Anlage erreichen will.[661] 145

IV. Baurechtliche Nachbarklage

1. Baugenehmigung

Das Recht zur Errichtung baulicher Anlagen auf eigenem Grund und Boden ist Ausfluss des durch Art. 14 GG als Grundrecht geschützten Eigentums.[662] Dennoch bedarf es zur Vermeidung unkontrollierten Bauens insoweit einer gewissen staatlichen Aufsicht. Diesem Zweck dienen die Vorschriften der Landesbauordnungen, die ein **präventives Bauverbot** aufstellen, indem sie die Baufreigabe an die Erteilung einer Baugenehmigung knüpfen (sog. Verbot mit Erlaubnisvorbehalt). Diese Genehmigung begründet daher nicht das Baurecht, sondern bescheinigt nur, dass einem Vorhaben im Einzelfall **keine öffentlich-rechtlichen Vorschriften entgegenstehen**;[663] sie ist daher ein sachbezogener[664] **feststellender Verwaltungsakt**,[665] auf dessen Erteilung der Bauherr grundsätzlich einen Rechtsanspruch hat.[666] Die Baugenehmigung begünstigt den Bauherrn, daneben belastet sie aber auch den Nachbarn, sie ist daher der Prototyp eines **Verwaltungsakts mit Doppelwirkung** i. S. v. § 80 a VwGO;[667] private Rechte Dritter bleiben von ihr allerdings unberührt.[668] Aufgrund ihrer **Tatbestandswirkung** sind andere Behörden und 146

---

[657] Vgl. VGH BW, NJW 1970, 2228 (zum GastG).

[658] VGH BW, BauR 2001, 746.

[659] BVerwG, BauR 1991, 73, 74 = NVwZ-RR 1991, 111; s. ferner OVG Koblenz, GewArch 1999, 121 f. (gaststättenrechtliche Nachbarklage); BayVGH, BayVBl. 2011, 444, 445 (Klage gegen Lärmbeeinträchtigung). Empfehlungen zur Bemessung des Streitwertes enthält der **Streitwertkatalog für die Verwaltungsgerichtsbarkeit** (aktuelle Fassung abgedruckt in NVwZ 2004, 1327 ff.).

[660] Nr. II 9.7.1 des Streitwertkatalogs für die Verwaltungsgerichtsbarkeit.

[661] BayVGH, 8. 7. 2004 – 2 C 04.760; Simon/Busse/*Decker*, BayBO, Art. 76 Rn. 514.

[662] BVerfGE 35, 263, 276 = DVBl. 1973, 622.

[663] Die *Tekturgenehmigung* bezieht sich demgegenüber nur auf die ihr zugrunde liegenden (geringfügigen!) Änderungen, nicht auf das Gesamtvorhaben.

[664] Dennoch geht die Baugenehmigung nicht automatisch mit Übertragung des Eigentums am Baugrundstück auf den Erwerber über, vgl. BayVGH, BayVBl. 2006, 541, 542.

[665] Anders die Versagung einer Baugenehmigung, der keine (negative) Feststellungswirkung zukommt, vgl. BVerwGE 48, 271, 274 = BauR 1975, 410.

[666] Ob die Erteilung gehindert ist, solange offen ist, ob weitere erforderliche Genehmigungen erteilt werden (sog. Schlusspunkttheorie), ist dabei eine Frage des Landesrechts, vgl. BVerwG, BauR 1996, 227, 228. So ist etwa nach Art. 68 I BayBO die Baugenehmigung zu erteilen, wenn dem Bauvorhaben keine öffentlich-rechtlichen Vorschriften entgegenstehen, die *im bauaufsichtlichen Genehmigungsverfahren zu prüfen* sind; die Bauaufsichtsbehörde *darf* den Bauantrag allerdings auch ablehnen, wenn das Bauvorhaben gegen sonstige öffentlich-rechtliche Vorschriften verstößt; s. ferner z. B. § 72 I SächsBO.

[667] *Schwarzer/König*, BayBO, Art. 68 Rn. 10.

[668] Z. B. Art. 68 IV BayBO, § 75 III 1 BauO NRW, § 72 IV SächsBO, § 73 III LBO SchlH.

Gerichte aber grundsätzlich an Existenz und Inhalt einer bestandskräftigen Baugenehmigung gebunden.[669]

2. Nachbar

a) Begriff

147 Wer in baurechtlichen Konfliktlagen im Einzelfall als Nachbar anzusehen ist, kann nicht allgemein beantwortet werden, sondern immer nur bezogen auf den Einzelfall. Maßgebliches Kriterium sind dabei die *tatsächlichen und rechtlichen Auswirkungen* eines Vorhabens. **Sachbezogen** muss daher eine gewisse *räumliche Beziehung* zum Baugrundstück vorhanden sein. Nachbarn sind danach stets die unmittelbaren Angrenzer einschließlich derjenigen, die nur über Eck angrenzen (sog. Punktnachbarn). Darüber hinaus kommen auch weiter entfernt liegende Grundstücke in Betracht, wobei die räumliche Beziehung umso lockerer sein kann, je größer die Reichweite der beeinträchtigenden Wirkung des Bauvorhabens ist;[670] dabei ist eine potentielle Beeinträchtigung ausreichend.[671] Über die Sachbezogenheit hinaus ist der Kreis der Nachbarn auch **personenbezogen** einzugrenzen. Die betroffenen Grundstücke werden dabei im ausschließlich grundstücksbezogenen öffentlichen Baurecht grundsätzlich durch ihren Eigentümer repräsentiert,[672] namentlich Alleineigentümer, Miteigentümer,[673] Gesamthandseigentümer oder Wohnungseigentümer;[674] Gesamthandseigentümer können Abwehrrechte allerdings nur in ihrer Gesamtheit geltend machen;[675] ein einzelner Wohnungseigentümer kann nur Abwehrrechte wegen Beeinträchtigungen seines Sondereigentums in vollem Umfang und in eigenem Namen geltend machen;[676] solche wegen Beeinträchtigung des Gemeinschaftseigentums kann er hingegen nur in den Grenzen der Notgeschäftsführung und nur namens der Wohnungseigentümergemeinschaft geltend machen.[677] Ausreichend ist der Erwerb eines Grundstücks als „Sperrgrundstück", etwa zur Wahrung naturschutzrechtlicher Interessen,[678] das Eigentum darf aber nicht rechtsmissbräuchlich ausschließlich zur Schaffung einer Prozessführungsvoraussetzung erworben sein.[679] Auch eine Gemeinde als Grundstückseigentümer kann in dieser Eigenschaft Nachbarschutz beanspruchen.[680] Dem Eigentümer gleichzustellen sind die Inhaber eigentumsähnlicher dinglicher Rechte wie Erbbauberechtigte,[681] Nießbrauchsberechtigte,[682] und Berechtigte von Grunddienstbarkeiten, die die Errichtung einer baulichen Anlage oder ein Wegerecht zum Inhalt haben,[683] nicht dagegen Inhaber von Grundpfandrechten,[684] eines Vorkaufsrechts[685] oder eines dinglichen Wohnungsrechts nach § 1093 BGB.[686] Nachbar ist auch der durch eine Auflassungsvormerkung gesicherte Grundstückserwerber, auf den bereits Besitz, Nutzungen und Lasten übergegangen sind.[687] **Keine Nachbarn** sind im Ver-

---

669 Allgemein zur Tatbestandswirkung von Verwaltungsakten s. oben Teil 1 Rn. 100 ff.

670 BayVGH, NVwZ-RR 1998, 487, 488; Schrödter/*Rieger*, BauGB, § 31 Rn. 45.

671 BayVGH, 4. 4. 2011 – 14 CS 11.263.

672 BVerwG, NVwZ 1983, 672; NJW 1994, 1233, 1234.

673 BayVGH, BayVBl. 1975, 558.

674 OVG Berlin, BauR 1976, 191, 192; BayVGH, NVwZ-RR 2006, 430, 431.

675 BayVGH, BayVBl. 2000, 182; VGH BW, NJW 1992, 388 (je zu Miterben).

676 OVG Münster, NVwZ-RR 1992, 11; BayVGH, NVwZ-RR 2004, 248 (allerdings wieder offen gelassen in NVwZ-RR 2006, 430, 431).

677 BayVGH, NVwZ-RR 2006, 430, 431.

678 BVerwGE 72, 15, 16 = NVwZ 1985, 736.

679 BVerwGE 112, 135, 137 f. = BauR 2001, 742; E 131, 274, 286 = NVwZ 2009, 302.

680 Schrödter/*Rieger*, BauGB, § 31 Rn. 50.

681 BVerwG, NVwZ 1989, 1163, 1167.

682 BVerwG, NJW 1989, 2766; OVG Münster, NVwZ 1994, 696; BauR 2003, 1708, 1709 (keine Rechtsnachfolge beim Tode eines von mehreren gesamtberechtigten Nießbrauchern).

683 Simon/Busse/*Dirnberger*, BayBO, Art. 66 Rn. 86; Schrödter/*Rieger*, BauGB, § 31 Rn. 46.

684 Schrödter/*Rieger*, BauGB, § 31 Rn. 48.

685 VGH BW, NJW 1995, 1308.

686 BVerwG, NJW 1994, 1233, 1234; OVG Saarlouis, BauR 2004, 821.

687 BVerwG, NJW 1983, 1626; NJW 1994, 1233, 1234.

hältnis zueinander Miteigentümer[688] oder Wohnungseigentümer;[689] diese sind insoweit auf zivilrechtliche Abwehransprüche verwiesen. Gleiches gilt für den Grundstückseigentümer bezüglich eines auf seinem Grundstück von einem Dritten, etwa seinem Mieter, geplanten Vorhabens.[690] Auch bloß obligatorisch berechtigte **Besitzer**, wie Mieter oder Pächter, sind keine Nachbarn;[691] diese müssen sich daher an den Eigentümer halten.

b) Nachbarbeteiligung

Inhalt und Umfang der Verfahrensbeteiligung der Nachbarn sind im Einzelnen in den Landesbauordnungen geregelt.[692] Hier sind allerdings nicht alle materiell als Nachbarn anzusehenden Personen zu beteiligen, sondern nur die im jeweiligen Landesrecht genannten, meist die *Eigentümer* der unmittelbar *angrenzenden* Grundstücke; die meisten Länder beschränken deren Beteiligung ferner im Wesentlichen auf die Erteilung von Abweichungen von nachbarschützenden Vorschriften. Für Einwendungen ist dabei meist eine bestimmte *Frist* vorgesehen, die zum Teil als materielle Ausschlussfrist[693] ausgestaltet ist. Eine Beteiligung entfällt jedoch, wenn ein Nachbar dem Vorhaben zustimmt; als **Zustimmung** gilt dabei, auch ohne ausdrückliche landesrechtliche Regelung, die *Unterschrift unter die Bauvorlagen*;[694] sie bindet auch den Rechtsnachfolger.[695] Damit entfällt eine weitere Beteiligung des Nachbarn. Die Bedeutung der Unterschrift geht allerdings weiter. In **materiell-rechtlicher** Hinsicht liegt hierin ein Verzicht auf subjektiv-öffentliche Abwehrrechte, soweit diese disponibel sind;[696] dies gilt für die – genehmigungskonforme – Ausführung des Vorhabens ebenso wie auch für dessen spätere Nutzung.[697] Ein Verzicht auf zivilrechtliche Abwehrrechte ist in der Nachbarunterschrift allein jedoch nicht zu sehen.[698] In **verfahrensrechtlicher** Hinsicht entspricht dem der Verlust der Widerspruchs- und Klagebefugnis gegen die Baugenehmigung aus § 42 II VwGO; ein entsprechender Rechtsbehelf ist daher bereits unzulässig.[699] Auch ein Anspruch auf Rücknahme der Baugenehmigung scheidet nach Unterschrift aus.[700] Gegenstand der Unterschrift ist allerdings immer nur das konkrete Bauvorhaben; wird dieses daher nach Unterschrift mehr als nur völlig geringfügig geändert, so ist die Nachbarbeteiligung zu **wiederholen**, außer die Änderung wirkt ausschließlich zugunsten des Nachbarn.[701] Die in der Unterschrift liegende Zustimmung ist analog § 130 BGB bis zum Eingang des Bauantrags bei der Genehmigungsbehörde frei **widerruflich**;[702] danach kann sie analog §§ 119 ff. BGB nur bei Vorliegen von Willensmängeln **angefochten** werden.[703] Hat ein Nachbar nicht zugestimmt oder wird seinen Einwendungen nicht entsprochen, so ist ihm die Entscheidung der Baugenehmigungsbehörde meist förmlich **zuzustellen**.[704] 148

---

688 BVerwG, NJW 1988, 2056.

689 BVerfG, NJW-RR 2006, 726, 727; BGH, NJW-RR 1991, 907; BVerwG, NJW 1988, 3279; NVwZ 1998, 954, 955; BayObLG, ZMR 2005, 889, 890.

690 BayVGH, BayVBl. 1993, 373; BauR 2005, 1901, 1902.

691 BVerwGE 82, 61, 75 = NVwZ 1989, 1163; BVerwG, BauR 1998, 994, 995; anders allerdings soweit es um ihr Grundrecht auf körperliche Unversehrtheit aus Art. 2 II GG geht, s. dazu unten Rn. 174.

692 Zu Bayern s. *Saller*, in: Grziwotz/Saller, BayNachbR, Teil 5 Rn. 54 ff.

693 § 55 II 2 LBO BW, § 71 III 4 HbgBauO; ferner § 73 IV BremLBO (Ausschluss nur für das Genehmigungsverfahren); s. ferner die Sonderregelung für emittierende Bauvorhaben in Art. 66 IV 2 BayBO.

694 Z. B. Art. 66 I 2 BayBO, § 74 III BauO NRW, § 70 III SächsBO, § 72 II LBO SchlH.

695 BayVGH, BayVBl. 1998, 57; VGH BW, VBlBW 1990, 188; OVG Münster, NJW 1985, 644.

696 BayVGH, BayVBl. 1993, 53, 54; OVG Münster, BauR 2001, 89, 90.

697 VGH BW, BauR 1979, 222, 224; BayVGH, BayVBl. 1987, 398; 1993, 53, 54; 2006, 246.

698 BayObLGZ 2000, 355, 361; BayObLG, NJW-RR 1991, 19, 20; BayVGH, BayVBl. 2006, 699, 700; OLG Karlsruhe, NJW-RR 1998, 1468, 1469 (zum WEG); s. aber auch KG, KGR 1999, 232, 233 (zum WEG).

699 Vgl. BayVGH, BauR 1980, 55; VGH BW, NVwZ 1983, 229, 230.

700 BayVGH, 16. 5. 2007 – 1 ZB 06.1180 (zu Art. 48 BayVwVfG).

701 HessVGH, BRS 48 Nr. 178; VGH BW, BRS 56 Nr. 182; BayVGH, FSt 1997 Nr. 187.

702 OVG Saarlouis, BauR 1979, 135, 137 ff.; VGH BW, NVwZ 1983, 229, 230; OVG Münster, BauR 2001, 89, 91; BayVGH, BayVBl. 2006, 246.

703 OVG Münster, BauR 2001, 89, 91; Simon/Busse/*Dirnberger*, BayBO, Art. 66 Rn. 132 m. w. N.

704 Z. B. Art. 66 I 6 BayBO, § 74 IV BauO NRW, § 70 IV SächsBO, § 72 III LBO SchlH.

149 Zu beachten ist, dass weder aus der zu Unrecht erfolgten Nachbarbeteiligung noch insbesondere umgekehrt aus der zu Unrecht unterlassenen Nachbarbeteiligung als solches ein Abwehrrecht gegen die Baugenehmigung hergeleitet werden kann. Die verfahrensrechtlichen Beteiligungsvorschriften vermitteln als solche **keine materielle drittschützende Rechtsposition**;[705] hierzu bedarf es vielmehr der Verletzung materieller nachbarschützender Normen durch die erteilte Genehmigung. Da die Erteilung der Baugenehmigung grundsätzlich eine gebundene Entscheidung ist, ist der Mangel im Übrigen ohnehin regelmäßig nach den § 46 VwVfG entsprechenden Vorschriften der VwVfGe der Länder unbeachtlich; im Übrigen kann die Beteiligung noch im Widerspruchs- oder Klageverfahren analog den § 45 I Nr. 3 VwVfG entsprechenden Vorschriften der VwVfGe der Länder nachgeholt werden.[706]

3. Nachbarschutz im Einzelnen

a) Bauplanungsrecht

150 Nachbarschutz kann sich einmal aus bauplanungsrechtlichen Vorschriften ergeben. Diese sind allerdings nur einschlägig, soweit es um ein **Vorhaben i. S. v. § 29 I BauGB** geht, also um die Errichtung, Änderung oder Nutzungsänderung einer baulichen Anlage oder eines der in der Norm genannten weiteren Vorhaben (Aufschüttungen und Abgrabungen größeren Umfangs, Ausschachtungen und Ablagerungen einschließlich Lagerstätten). Eine bauliche Anlage in diesem Sinn liegt dabei im Unterschied zum bauordnungsrechtlichen Anlagenbegriff nur vor bei *bodenrechtlicher Relevanz*, d. h. die in § 1 V, VI BauGB genannten Belange müssen durch sie in einer Weise berührt werden können, die geeignet ist, das Bedürfnis nach einer ihre Zulässigkeit regelnden verbindlichen Bauleitplanung hervorzurufen;[707] dies setzt auch voraus, dass das Vorhaben überhaupt *Gegenstand einer Festsetzung nach § 9 I BauGB* sein kann.[708] Ausgeschlossen ist die unmittelbare Anwendung von §§ 30 ff. BauGB ferner, wenn es um Vorhaben von überörtlicher Bedeutung i. S. v. § 38 BauGB geht (sog. Fachplanungsvorbehalt).[709]

151 Soweit §§ 30 ff. BauGB anwendbar sind, können sowohl die Festsetzungen eines Bebauungsplans – auf dessen Aufstellung allerdings kein Anspruch besteht (§ 1 III 2 BauGB) – Drittschutz vermitteln, als auch außerhalb solcher Festsetzungen die Vorschriften der §§ 34, 35 BauGB. Sofern kein **qualifizierter Bebauungsplan** nach § 30 I BauGB oder vorhabenbezogener Bebauungsplan nach § 30 II BauGB vorliegt, sondern nur ein **einfacher Bebauungsplan**, sind nach § 30 III BauGB die §§ 34, 35 BauGB auch insoweit maßgeblich, als der Plan keine Festsetzungen enthält. Stets muss nach den §§ 30 ff. BauGB auch die **Erschließung gesichert** sein; *drittschützend* ist dieses Erfordernis jedoch *nicht*.[710]

152 **aa) Beplanter Bereich.** Im beplanten Bereich ist ein Vorhaben zulässig, wenn es den **Festsetzungen des Bebauungsplans** nicht widerspricht und die Erschließung gesichert ist (§ 30 I BauGB); dies gilt für alle Formen von Bebauungsplänen. § 30 BauGB ist allerdings selbst nicht drittschützend.[711] Die Festsetzungen des Bebauungsplans, durch den die Planbetroffenen zu einer „bau- und bodenrechtlichen Schicksalsgemeinschaft" zusammengeschlossen werden,[712] können wegen dieser Wirkung jedoch neben ihrer städtebau-

---

705 BayVGH, BayVBl. 2011, 698.
706 BVerwG, BayVBl. 1993, 406.
707 BVerwGE 44, 59, 61 f. = BauR 1973, 366; E 91, 234, 236 f. = BauR 1993, 315 (großflächige Werbetafel); BVerwG, BauR 2001, 1558 f. = NVwZ 2001, 1046; HessVGH, BauR 2000, 1162, 1163 (Mobilfunksendeanlage).
708 BVerwG, NVwZ 1994, 1010, 1011 (nicht bei nachträglichem Einbau von Dachgauben).
709 Vgl. BVerwG, BauR 2001, 928, 929.
710 BayVGH, BayVBl. 1999, 662; BauR 2003, 1022, 1023.
711 Schrödter/*Rieger*, BauGB, § 30 Rn. 28.
712 BVerwG, NJW 1974, 811, 813 (insoweit nicht in BVerwGE 44, 244).

lichen Ordnungsfunktion auch drittschützend sein. Ob und inwieweit dies der Fall ist, ist durch **Auslegung** festzustellen, durch die der Wille der planenden Gemeinde zu ermitteln ist; hierbei muss die Frage nach dem Drittschutz und dessen Reichweite für *jede einzelne Festsetzung gesondert* beantwortet werden.[713] Dabei sind jedenfalls alle diejenigen Festsetzungen nachbarschützend, die ein bestimmtes wechselseitiges Austauschverhältnis der Grundstücksnutzungen gewährleisten.[714]

(1) Art der baulichen Nutzung: Bereits kraft Bundesrechts generell nachbarschützend 153
– und damit einer abweichenden Festsetzung nicht zugänglich – sind Festsetzungen über die Art der baulichen Nutzung.[715] Maßgeblich sind dabei die *Gebietstypisierungen der BauNVO*, die Bestandteil des Bebauungsplans werden (§ 1 III 2 BauNVO). Der *planzugehörige Nachbar* hat hier einen Anspruch auf Bewahrung der Gebietsart (sog. **Gebietserhaltungsanspruch**), so dass er sich gegen nicht gebietsverträgliche und deshalb die Gefahr einer schleichenden Umwandlung des Baugebiets bergende Nutzungsformen unabhängig von einer tatsächlichen Beeinträchtigung wehren kann,[716] sofern nicht bereits seine eigene Bebauung der Gebietsart ebenso widerspricht.[717] Nicht gebietsverträglich ist ein Vorhaben, wenn es generell (***typischerweise***)[718] geeignet ist, den Gebietscharakter zu stören;[719] das Erfordernis der Gebietsverträglichkeit gilt dabei für sämtliche Baugebietstypen der §§ 2 – 9 BauNVO und gleichermaßen für die dort geregelte allgemeine Zulässigkeit bestimmter Nutzungsarten sowie für alle in der BauNVO vorgesehenen Ausnahmen.[720] Der Gebietserhaltungsanspruch schließt insbesondere auf der einen Seite die Abwehr von störenden Nutzungsformen ein; ebenso umgekehrt für ihrerseits typischerweise mit störenden Nutzungsformen besetzte Gebiete die Abwehr des Heranrückens störungsanfälliger Nutzungen (sog. *störungspräventive Nachbarklage*). Gebietsuntypisch ist auch die Veränderung des Gebietscharakters durch Umkehrung des Regel-Ausnahme-Verhältnisses mittels vermehrter Zulassung an sich nur ausnahmsweise zulässiger Vorhaben.[721] Einen „Milieuschutz“ kann das allgemeine Bauplanungsrecht allerdings in keinem Fall gewährleisten.[722] Schließlich besteht auch **kein gebietsübergreifender Gebietserhaltungsanspruch**. Der außerhalb des Plangebiets befindliche Nachbar hat deshalb grundsätzlich keinen von konkreten Beeinträchtigungen unabhängigen Anspruch auf Schutz vor gebietsfremden Nutzungen im lediglich angrenzenden Plangebiet; hier besteht Nachbarschutz vielmehr nur nach Maßgabe des in § 15 I 2 BauNVO enthaltenen Rücksichtnahmegebots;[723] ausnahmsweise kann den Festsetzungen der Gebietsart im Einzelfall

---

713 BVerwG, BauR 1983, 70, 72; BauR 1983, 560, 561.

714 BVerwGE 82, 61, 75 = NVwZ 1989, 1163; BVerwG, NVwZ 2008, 427, 428.

715 BVerwGE 45, 309, 327 = NJW 1975, 70; E 94, 151, 155 = NJW 1994, 1546; BVerwG, NVwZ 2000, 679; 2008, 427, 428.

716 BVerwG, DVBl. 1984, 284, 285; NJW 1975, 460 (nach BImSchG genehmigungsbedürftige Anlagen gehören grundsätzlich in ein Industriegebiet i. S. v. § 9 BauNVO); NJW 1998, 3792 (Gaststätte in allgemeinem Wohngebiet nur zulässig bei hinreichendem Bezug zu den Gebietsbewohnern); BauR 1999, 145 (Wertstoffcontainer in allgemeinem Wohngebiet grds. zulässig); BauR 2000, 1019 (Bauschuttrecyclinganlage in Gewerbegebiet unzulässig); BauR 2000, 1340 (Discothek in Industriegebiet unzulässig); BauR 2001, 605 (Drogenhilfeeinrichtung in Kerngebiet grds. zulässig); BauR 2008, 954 (großes, verkehrsintensives Dialysezentrum in allgemeinem Wohngebiet grds. unzulässig); BayVGH, NVwZ-RR 1999, 226 (Fast-Food-Restaurant in Mischgebiet grds. zulässig); UPR 1999, 395 (Bordell in Mischgebiet grds. unzulässig); VG Stuttgart, NVwZ-RR 2007, 514 f. (Hubschrauberlandeplatz in Gewerbegebiet).

717 ThürOVG, UPR 1997, 156, 157; OVG Münster, BauR 2010, 436, 437 f.

718 Erst wenn ein Vorhaben hiernach *generell* gebietsverträglich ist, stellt sich die Frage eines Korrektivs im *Einzelfall* nach § 15 I BauNVO, s. dazu unten Rn. 156.

719 BVerwGE 116, 155, 158 = NVwZ 2002, 1118; BVerwG, BauR 2008, 954, 956.

720 BVerwGE 116, 155, 157 = NVwZ 2002, 1118; BVerwG, BauR 2008, 954.

721 VGH BW, UPR 1991, 359, 360.

722 BVerwGE 101, 364, 380 = NVwZ 1997, 384 (Homogenität der Bewohner); OVG Lüneburg, NVwZ-RR 2011, 139, 140 (Dorfgebiet als „ländliche Idylle“).

723 BVerwG, NVwZ 2008, 427, 428 = BauR 2008, 793; VGH BW, BauR 2011, 1800, 1801. Zu § 15 BauNVO s. unten Rn. 156.

allerdings auch gebietsübergreifender Nachbarschutz zukommen.[724] Ebenso wenig wie grundsätzlich kein gebietsübergreifender Nachbarschutz des Plannachbarn besteht, hat auch der im Plangebiet gelegene Eigentümer keinen von konkreten Beeinträchtigungen unabhängigen Anspruch auf Einhaltung der Vorschriften über die Art der baulichen Nutzung in einem angrenzenden faktischen Baugebiet i. S. v. § 34 II BauGB.[725]

154 Über **§ 1 IV–X BauNVO** können die Baugebiete auch in bestimmtem Umfang abweichend von ihrer Typisierung in §§ 2 ff. BauNVO festgesetzt werden, sofern hierfür städtebauliche Gründe sprechen und der Gebietscharakter als solcher noch hinreichend gewahrt bleibt. Ob solchen Festsetzungen Drittschutz zukommt, ist durch Auslegung der Festsetzung im Einzelfall zu ermitteln.[726] Drittschützend ist etwa die Gliederung des Baugebiets durch Festsetzung von immissionswirksamen flächenbezogenen Schallschutzgrenzwerten.[727]

155 Für **Stellplätze und Garagen** findet sich eine grundsätzlich abschließende Sonderregelung in § 12 BauNVO,[728] die auch nachbarschützend ist.[729] **Gebäude und Räume für freie Berufe** regelt § 13 BauNVO, **untergeordnete Nebenanlagen** einschließlich solcher der Kleintierhaltung, die nicht schon von §§ 2 ff. BauNVO erfasst sind, § 14 BauNVO. Beide Vorschriften sind grundsätzlich nachbarschützend.[730] Für §§ 12–14 BauNVO gilt dabei, dass ihr drittschützender Charakter *nicht von einer tatsächlich spürbaren Beeinträchtigung des Nachbarn abhängt.*[731]

156 **(2) § 15 I BauNVO:** Nachbarschützende Wirkung kann auch der einen Vorbehalt der Gebietsverträglichkeit normierenden Vorschrift des § 15 I BauNVO zukommen. Diese ermöglicht eine ***einzelfallbezogene*** Feinabstimmung der baulichen Verhältnisse. Nach ihrem S. 1 sind an sich gebietstypische und den Festsetzungen des Bebauungsplans entsprechende Anlagen im Einzelfall dennoch unzulässig, wenn sie nach Anzahl, Lage, Umfang oder Zweckbestimmung der **Eigenart des Baugebiets widersprechen**; Gleiches gilt nach S. 2, wenn von ihnen Belästigungen oder Störungen ausgehen können, die nach der Eigenart des Baugebiets dort oder in der Umgebung **unzumutbar** sind, oder wenn sie solchen Belästigungen oder Störungen ausgesetzt werden. Die Eigenart eines Baugebiets ergibt sich dabei nicht allein aus den typisierenden Regelungen der BauNVO; vielmehr lässt sich die Eigenart eines in einem Bebauungsplan festgesetzten Gebietes abschließend erst bestimmen, wenn zusätzlich auch die jeweilige örtliche Situation, in die ein Gebiet „hineingeplant" worden ist, und der jeweilige Planungswille der Gemeinde, soweit dieser in den Festsetzungen des Bebauungsplans zum Ausdruck gekommen ist, berücksichtigt werden.[732]

§ 15 I 1 BauNVO vermittelt zunächst einmal einen Anspruch auf Erhaltung der typischen Prägung eines Baugebiets (sog. **Gebietsprägungsanspruch**);[733] dabei kommt es nicht darauf an, ob der Nachbar durch das Vorhaben konkret unzumutbar beeinträchtigt

---

[724] BVerwG, NJW 1974, 811, 813 (insoweit nicht in BVerwGE 44, 244); BayVGH, NVwZ-RR 1999, 262; BauR 2007, 505, 506; OVG Koblenz, BauR 2000, 527; OVG Schleswig, NVwZ-RR 2009, 630, 631; s. ferner OVG Münster, DVBl. 2003, 810 (unterschiedliche Gebietsarten in einheitlichem Bebauungsplan).

[725] BVerwG, BauR 2012, 634 f.

[726] BVerwG, BauR 1999, 146, 147 = NVwZ-RR 1999, 224; OVG Koblenz, BauR 2000, 527; BayVGH, BauR 2003, 1341, 1342; OVG Lüneburg, BauR 2004, 798, 799.

[727] BVerwG, BauR 1998, 744 f.; nicht möglich sind dagegen pauschale Grenzwerte für das ganze Gebiet, BayVGH, NVwZ 1995, 924, 925.

[728] VGH BW, BauR 1993, 69, 71; OVG Lüneburg, BauR 2012, 488, 489.

[729] BVerwGE 94, 151, 157 f. = NJW 1994, 1546 (zu § 12 II BauNVO); *König/Roeser/Stock*, BauNVO, § 12 Rn. 47 f.

[730] BVerwGE 102, 351, 357 = BauR 1997, 440; BVerwG, BauR 1996, 219, 220 (je zu § 13 BauNVO); BauR 2004, 1567, 1571 (zu § 14 BauNVO); vgl. ferner Birkl/*Geiger*, E Rn. 100 ff., 106 ff.

[731] BVerwGE 94, 151, 161 = NJW 1994, 1546 (zu § 12 II BauNVO); E 102, 351, 357 = BauR 1997, 440 (zu § 13 BauNVO); BVerwG, BauR 2004, 1567, 1571 (zu § 14 BauNVO).

[732] BVerwG, ZfBR 2009, 376 (auch zu § 34 II BauGB).

[733] BVerwG, NVwZ 2002, 1384 = BauR 2002, 1499; BayVGH, BauR 2008, 1556; KommPraxBY 2010, 28 (LS); OVG Koblenz, NVwZ-RR 2011, 968, 969.

wird.[734] Eine Prägung im genannten Sinn liegt allerdings nur vor, wenn eine konkrete örtliche Situation, die der Plangeber vorgefunden hat, sodann auch Eingang in den Planungswillen und Ausdruck in den getroffenen Festsetzungen gefunden hat;[735] ob diese Festsetzung vom Plangeber auch mit drittschützender Wirkung ausgestattet wurde, ist dagegen ohne Belang.[736] Der Gebietsprägungsanspruch ist auch auf die Zulassung eines Vorhabens im Wege der Ausnahme nach § 31 I BauGB anwendbar,[737] nicht hingegen auf eine Zulassung im Wege der Befreiung nach § 31 II BauGB.[738]

Schließlich stellt § 15 I BauNVO auch eine einfachgesetzliche Ausprägung des **Rücksichtnahmegebots** für die Art der baulichen Nutzung dar.[739] Dieses zunächst einmal nur objektiv-rechtliche Rücksichtnahmegebot ist nur **drittschützend**, wenn und soweit *in qualifizierter und zugleich individualisierter Weise auf schutzwürdige Interessen eines erkennbar abgegrenzten Kreises Dritter Rücksicht zu nehmen* ist; das gilt nur für diejenigen Ausnahmefälle, in denen die tatsächlichen Umstände handgreiflich ergeben, auf wen Rücksicht zu nehmen ist, und ferner eine *besondere rechtliche Schutzwürdigkeit* des Betroffenen anzuerkennen ist.[740] Verletzt ist das Rücksichtnahmegebot erst, wenn die *Abwägung* der hiernach zu berücksichtigenden Interessen im Ergebnis zu einer **unzumutbaren** Beeinträchtigung des betroffenen Nachbarn führt.[741] Je empfindlicher und schutzwürdiger die Stellung derer ist, welchen die Rücksichtnahme zugute kommt, desto mehr kann an Rücksichtnahme verlangt werden; je verständlicher und unabweisbarer die mit dem Vorhaben verfolgten Interessen sind, umso weniger braucht der Bauherr Rücksicht zu nehmen.[742] Die Rücksichtslosigkeit beurteilt sich dabei nicht anhand einer möglichen Wertminderung des Nachbargrundstücks; abzustellen ist vielmehr auf die Beeinträchtigungen, die von dem Bauvorhaben tatsächlich ausgehen.[743] Da das Rücksichtnahmegebot nicht personen-, sondern grundstücksbezogen ist, spielen auch die persönlichen Verhältnisse der Nachbarn, wie besondere Empfindlichkeiten, gesundheitliche Umstände oder andere persönliche Eigenheiten keine Rolle.[744] Bestehen für ein Bauvorhaben den Nachbarn weniger belastende Alternativstandorte, so führt dies für sich genommen noch nicht zu einer Verletzung des Rücksichtnahmegebots;[745] einen gewichtigen Gesichtspunkt im Rahmen der Abwägung stellt es jedoch allemal dar.[746] Eine unzumutbare Beeinträchtigung scheidet, soweit sich der Schutz des Nachbarn in bauordnungsrechtlichen Vorschriften wie dem Abstandsflächenrecht konkretisiert und deren Vorgaben eingehalten werden, zwar nicht per se, im Ergebnis regelmäßig aber doch aus tatsächlichen Gründen aus;[747] soweit verschiedene Landesbauordnungen die Abstandsflächen jüngst auf ein sicherheitsrechtliches

---

[734] BVerwG, NVwZ 2002, 1384; VGH BW, NVwZ-RR 2010, 45, 46.

[735] OVG Hamburg, NJOZ 2011, 575, 576.

[736] OVG Hamburg, NJOZ 2009, 3854, 3857 f.

[737] VGH BW, NVwZ-RR 2010, 45, 46.

[738] VGH BW, NVwZ-RR 2010, 179 f.; a. A. OVG Hamburg, NJOZ 2009, 3854, 3857.

[739] BVerwGE 98, 235, 243 = NVwZ 1996, 379; BVerwG, ZfBR 2009, 376; auf seinen Schutz kann auch nicht durch Einverständnis der Belästigten verzichtet werden, vgl. BVerwGE 109, 314, 324 = NVwZ 2000, 1050. S. zum Rücksichtnahmegebot ferner unten Rn. 165.

[740] BVerwGE 67, 334, 339 = NJW 1984, 138; E 82, 343, 345 = NJW 1990, 1192; s. ferner BayVGH, BayVBl. 2005, 184 (Beeinträchtigung der Sonneneinstrahlung für ein benachbartes „passives Solarhaus" in für solche Häuser bestimmtem Baugebiet).

[741] Vgl. BVerwGE 67, 334, 339 = NJW 1984, 138; E 109, 314, 318 = NVwZ 2000, 1050; OVG Koblenz, BauR 2003, 1187, 1188 (unzumutbare Lärmbelästigung); vgl. ferner BVerwG, BauR 1999, 1279 (Lichteinwirkungen als Folge typischer Wohnformen reichen hierfür grds. nicht).

[742] BVerwGE 52, 122, 126 = NJW 1978, 62; BVerwGE 109, 314, 318 f. = NVwZ 2000, 1050; BayVGH, BayVBl. 2011, 725, 727.

[743] BVerwG, NVwZ-RR 1997, 516, 517; 1998, 540.

[744] BVerwGE 109, 314, 324 = NVwZ 2000, 1050; BVerwG, BRS 56 Nr. 165; BauR 2006, 480, 481.

[745] BVerwG, NVwZ 1999, 298; NVwZ-RR 1998, 357.

[746] Schrödter/*Rieger*, BauGB, § 31 Rn. 60; vgl. ferner OVG Lüneburg, BauR 2006, 1442 f. (4,5 m hoch aufgelagerte Heuballen eines Landwirts unmittelbar gegenüber Wohnbebauung).

[747] BVerwGE 127, 231, 236 = NVwZ 2007, 585; BVerwG, NVwZ 1999, 879, 880; 2001, 313, 814; enger noch BVerwGE 94, 151, 159 = NJW 1994, 1546 (von vornherein Ausschluss).

Minimum beschränkt haben, ist hier allerdings nunmehr eine eigenständige Prüfung des Rücksichtnahmegebots regelmäßig angezeigt.[748] Wegen des schon in den Festsetzungen des Bebauungsplans enthaltenen Ausgleichs nachbarlicher Interessen wird eine unzumutbare Beeinträchtigung schließlich auch im Übrigen eher selten vorliegen. Allerdings erfordert eine besondere Schutzwürdigkeit auch keine außergewöhnliche Nutzungsform, es kann auch schon eine Wohnnutzung ausreichen;[749] die eigene Nutzung muss aber in jedem Fall formell und materiell legal sein.[750] Für die Bemessung der Zumutbarkeitsgrenzen ist maßgeblich auf die materiell-rechtlichen Maßstäbe des Immissionsschutzrechts abzustellen,[751] etwa die TA-Lärm, die SportanlagenlärmschutzVO (18. BImSchV) oder die VO über elektromagnetische Felder (26. BImSchV).[752] **Faktische Vorbelastungen** wirken sich schutzwürdigkeitsmindernd aus.[753] Ungesunde Wohnverhältnisse sind aber in jedem Fall auszuschließen.[754] Der durch § 15 I 2 BauNVO vermittelte Nachbarschutz kann unter den genannten tatbestandlichen Voraussetzungen auch **gebietsübergreifend** sein.[755] In einer *Gemengelage* unterschiedlich schutzwürdiger Gebiete ist hinsichtlich der zu duldenden Beeinträchtigungen regelmäßig von einem Mittelwert gemessen an den Einzelwerten der in den beiden Gebietsarten zulässigen Störungspotentiale auszugehen;[756] dies ist allerdings kein arithmetischer Mittelwert, vielmehr sind für die Bemessung der Grenze des Zumutbaren auch andere Umstände zu berücksichtigen, etwa die zeitliche Priorität der entgegenstehenden Nutzungen.[757]

157 **(3) Maß der baulichen Nutzung:** Festsetzungen über das Maß der baulichen Nutzung (§§ 16 ff. BauNVO) kommt grundsätzlich **keine nachbarschützende Wirkung** zu, sofern der Satzungsgeber die Nachbarn nicht ausnahmsweise begünstigen wollte.[758] Der Schutz der Nachbarn wird hier über § 31 II BauGB ausreichend gewährleistet.[759] So kann sich der Nachbar dagegen wehren, dass von den insoweitigen Festsetzungen in gravierender Weise abgewichen wird, so dass ausnahmsweise das *Gebot der Rücksichtnahme* verletzt ist,[760] etwa bei drohender Gefahr eines Wandels des Gebietscharakters[761] oder bei umfassenden Befreiungen.[762]

158 Festsetzungen über eine **offene Bauweise** (§ 22 II BauNVO) sind regelmäßig nachbarschützend.[763] Dies wird man auch bei solchen über eine **geschlossene Bauweise** (§ 22 III BauNVO) grundsätzlich annehmen müssen.[764] Festsetzungen über die **Überbaubarkeit von Grundstücksflächen** (§ 23 BauNVO) können je nach dem mit ihnen verfolgten Zweck nachbarschützend sein.[765] Dies kommt regelmäßig nur bei seitlichen und hinteren

---

748 OVG Münster, NVwZ-RR 2009, 459, 460; SächsOVG, BauR 2006, 1104, 1105; **a. A.** OVG Hamburg, NordÖR 2008, 73; OVG Berlin-Bbg, BauR 2010, 441, 442.

749 Vgl. OVG Münster, NJW 1984, 1982, 1984.

750 BVerwGE 91, 92, 96 = NJW 1993, 342.

751 BVerwGE 68, 58, 59 f. = NVwZ 1984, 509; E 109, 314 = NVwZ 2000, 1050; BVerwG, BauR 1999, 152, 156.

752 Vgl. OVG Münster, BauR 2003, 1361, 1362; BayVGH, BayVBl. 2006, 668; 2011, 374, 375; OVG Berlin, GewArch 2010, 416, 417 (je zur TA Lärm); HessVGH, BauR 2000, 1162, 1163 f.; OVG Lüneburg, BauR 2001, 1250 (je zur 26. BImSchV); ferner Birkl/*Geiger*, E Rn. 114.

753 BVerwGE 109, 314, 322 = NVwZ 2000, 1050.

754 BVerwG, BauR 1995, 807, 812 = NVwZ 1996, 379.

755 OVG Münster, BauR 1997, 279 (Windenergieanlage); OVG Schleswig, GewArch 1997, 168; BayVGH, NVwZ-RR 1999, 226, 227; BayVBl. 2005, 213 (riesige Werbeanlage).

756 BVerwGE 50, 49, 54 f. = BauR 1976, 100; BVerwG, BauR 1986, 414, 416.

757 BVerwGE 109, 314, 322 = NVwZ 2000, 1050.

758 BVerwG, BauR 1995, 823 f.; BauR 1996, 82; NVwZ-RR 1998, 540.

759 BVerwG, BauR 1995, 823 f. S. dazu unten Rn. 160.

760 Vgl. BVerwGE 82, 343, 344 = NJW 1990, 1192.

761 HessVGH, BauR 2000, 1845, 1848.

762 OVG Berlin, ZfBR 2001, 52 = NJW 2001, 3068 (LS).

763 BVerwGE 110, 355 = BauR 2000, 1168 (zu Doppelhaus); VGH BW, NVwZ-RR 1999, 492; OLG Schleswig, NJOZ 2007, 810, 811.

764 Str.; z. B. *Battis/Krautzberger/Löhr*, BauGB, § 31 Rn. 71; Schrödter/*Rieger*, BauGB, § 30 Rn. 41; vgl. ferner z. B. Art. 6 I 3 BayBO, § 6 I 2 BauO NRW, § 6 I 2 SächsBO.

765 BVerwG, BauR 1996, 82.

Baugrenzen in Betracht.[766] Nach **§ 248 S. 1, 2 BauGB**[767] sind nunmehr bei Maßnahmen an *bestehenden* Gebäuden zum Zwecke der Energieeinsparung sowie bei Anlagen zur Nutzung solarer Strahlungsenergie in, an und auf Dach- und Außenwandflächen *geringfügige* Abweichungen u. a. von der Bauweise und der überbaubaren Grundstücksfläche zulässig, soweit dies mit *nachbarlichen Interessen* vereinbar ist.

(4) Ausnahme, Befreiung (§ 31 BauGB): Für den Fall von Ausnahmen und Befreiungen von den Festsetzungen eines Bebauungsplans kommt Nachbarschutz auch im Rahmen des § 31 BauGB in Betracht. Bei **Ausnahmen nach § 31 I BauGB** handelt es sich um im Bebauungsplan nach Art und Umfang bereits zugelassene und damit planimmanente Abweichungen (vgl. auch § 1 III 2 BauNVO). Wird hier von *nachbarschützenden Festsetzungen* des Bebauungsplans abgewichen, so kann der Nachbar verlangen, dass die Ausnahme *rechtsfehlerfrei* erteilt wird.[768] Im Übrigen kommt Nachbarschutz auch bei einem Verstoß gegen das *Rücksichtnahmegebot* nach § 15 I BauNVO in Betracht.[769] 159

Bei einer **Befreiung nach § 31 II BauGB**[770] handelt es sich demgegenüber um eine im Bebauungsplan nicht vorgesehene und damit planexterne Abweichung in atypischen Sonderfällen, weshalb das Gesetz vor ihrer Erteilung ausdrücklich auch die *Würdigung nachbarlicher Interessen* vorschreibt.[771] Dies gilt unabhängig davon, ob diese sich auf nachbarschützende Vorschriften gründen oder nicht.[772] Wird dabei ohne Vorliegen sämtlicher tatbestandlicher Voraussetzungen des § 31 II BauGB von einer **nachbarschützenden Festsetzung** befreit, so ist der Nachbar allein hierdurch in seinen Rechten verletzt.[773] Bei der Befreiung von **nicht nachbarschützenden Festsetzungen** ist diese am *Gebot der Rücksichtnahme* zu messen, so dass Drittschutz für den Nachbarn hier nur in Betracht kommt, wenn seine nachbarlichen Interessen nicht hinreichend berücksichtigt worden sind,[774] das Ergebnis der Interessenabwägung also für ihn nicht zumutbar ist. Wesentliche Abweichungen von gewichtigen nachbarschützenden Festsetzungen erfordern allerdings regelmäßig eine förmliche (Um-)Planung.[775] 160

Wird demgegenüber bei Erteilung einer Baugenehmigung von nicht nachbarschützenden Festsetzungen des Bebauungsplans **abgewichen, ohne dass eine Befreiung erteilt** wird (sog. versteckter Dispens), so wird Nachbarschutz in *entsprechender Anwendung von § 15 I BauNVO* unter Berücksichtigung der Interessenbewertung des § 31 II BauGB gewährt.[776] 161

bb) Zulassung eines Vorhabens während der Planaufstellung (§ 33 BauGB). Bei der Zulassung eines Vorhabens während der Planaufstellung besteht Nachbarschutz, soweit die Festsetzungen bei späterem Erlass des Bebauungsplans *nachbarschützend* wären;[777] im 162

---

[766] Vgl. z. B. VGH BW, BauR 1995, 514, 515; VBlBW 2003, 470 (seitliche und hintere Baugrenze grds. nachbarschützend; vordere dagegen grds. nicht); **a. A.** z. B. BayVGH, BRS 47 Nr. 183; OVG Münster, BauR 1995, 211; 2006, 342, 344 (auch hintere Baugrenze grds. nicht nachbarschützend); vgl. ferner HessVGH, BRS 52 Nr. 178; OVG Hamburg, BauR 1995, 213.

[767] Eingefügt durch das Gesetz zur Förderung des Klimaschutzes bei der Entwicklung in den Städten und Gemeinden v. 22. 7. 2011 (BGBl. I S. 1509).

[768] VGH BW, VBlBW 1996, 24, 26.

[769] BVerwGE 67, 334, 339 = NJW 1984, 138; E 82, 343, 345 = NJW 1990, 1192.

[770] Dieselben Grundsätze für den Nachbarschutz wie bei § 31 II BauGB gelten auch bei der Zulassung von Vorhaben des Bundes und der Länder unter Abweichung von Vorschriften des BauGB auf der Grundlage des **§ 37 BauGB**, der materiell-rechtlich eine Befreiungsvorschrift darstellt; vgl. OVG Münster, NVwZ-RR 2004, 175.

[771] Eine Befreiung darf im Rahmen eines Nachbarwiderspruchs – nach Anhörung des Nachbarn – auch von der Widerspruchsbehörde erteilt werden, vgl. BayVGH, BauR 2004, 1933, 1934.

[772] BVerwG, BauR 1987, 70, 73; BauR 1998, 1206, 1207 = NVwZ-RR 1999, 8.

[773] BVerwG, BauR 1999, 603 = NVwZ 1999, 981.

[774] BVerwG, BauR 1998, 1206, 1207 = NVwZ-RR 1999, 8; OVG Münster, BauR 2006, 342, 345 (Balkon wie „Aussichtsplattform" in enger Reihenhaussiedlung).

[775] BVerwGE 56, 71, 79 = NJW 1979, 939; BVerwG, BauR 1987, 70, 73.

[776] BVerwGE 82, 343, 346 = NJW 1990, 1192; E 89, 69, 79 = NVwZ 1992, 977.

[777] Vgl. OVG Münster, BauR 1991, 442; VGH BW, BauR 1992, 494; OVG Lüneburg, NVwZ-RR 1994, 238.

Übrigen gelten hier die Erläuterungen zum beplanten Gebiet entsprechend. Fehlt allerdings bereits die *materielle Planreife*, so ist das Vorhaben an den ohne den Plan einschlägigen Vorschriften zu messen, also an §§ 34, 35 BauGB bzw. dem bisherigen Bebauungsplan.[778]

163 **cc) Innenbereich (§ 34 BauGB).** Im unbeplanten Innenbereich beurteilt sich die Zulässigkeit von Vorhaben nach § 34 BauGB. Innenbereich ist ein **im Zusammenhang bebauter Ortsteil**. Ortsteil meint dabei eine Bebauung,[779] die nach der Verkehrsauffassung den Eindruck der Zusammengehörigkeit und Geschlossenheit vermittelt, ein gewisses Gewicht besitzt, sowie Ausdruck einer *organischen Siedlungsstruktur* und nicht nur Splittersiedlung ist.[780] Das Vorliegen eines *Bebauungszusammenhangs* wird dabei durch die äußerlich wahrnehmbaren tatsächlichen Verhältnisse, wie insbesondere die topografischen Verhältnisse oder auch Straßen, bestimmt,[781] so dass ein solcher trotz Baulücken und Freiflächen[782] gegeben und unter Umständen auch durch nicht genehmigte Bauten vermittelt werden kann;[783] hier ist stets eine einzelfallbezogene umfassende Wertung der örtlichen Gegebenheiten erforderlich.[784] Das Baugrundstück selbst muss Teil dieses Zusammenhangs sein.[785] Nach dem Abbruch eines am Rand der Bebauung liegenden Gebäudes wirkt der Innenbereichscharakter dieses Grundstücks noch nach, solange nach der Verkehrsauffassung mit einer Wiederbebauung zu rechnen ist.[786]

164 Hinsichtlich des Nachbarschutzes ist zu unterscheiden. Entspricht die Eigenart der näheren Umgebung einem der typisierten Baugebiete nach der BauNVO (sog. **faktisches Baugebiet**), so ist die Zulässigkeit von Vorhaben hinsichtlich der Art der baulichen Nutzung allein nach ihrer allgemeinen Zulässigkeit nach der BauNVO zu beurteilen (**§ 34 II BauGB**). Die Vorschrift vermittelt deshalb hinsichtlich der *Art der baulichen Nutzung* den gleichen Nachbarschutz wie diesbezügliche Festsetzungen eines Bebauungsplans.[787] Dieser besteht allerdings nur soweit, wie die nähere Umgebung i. S. v. § 34 BauGB reicht.[788]

165 Anders verhält es sich im Rahmen des **§ 34 I BauGB**. Hier ist ein Vorhaben nur zulässig, wenn es sich u. a. in die Eigenart der näheren Umgebung **einfügt**. Einzelne Fremdkörper haben dabei allerdings keine prägende Funktion, so dass sie für die Beurteilung der Eigenart der näheren Umgebung außer Betracht bleiben.[789] Das Vorhaben muss dem vorgegebenen Rahmen nach Art und Maß der baulichen Nutzung, Bauweise und zu überbauender Grundstücksfläche entsprechen,[790] was allerdings nicht „Uniformität" verlangt, sondern lediglich „Harmonie".[791] Hierbei kommt es auf die von außen wahrnehmbare Erscheinung des Vorhabens im Verhältnis zu seiner Umgebungsbebauung an,[792] und

---

[778] OVG Münster, BauR 1991, 442, 443; OVG Berlin, NVwZ 1992, 897, 898; VGH BW, VBlBW 2004, 146.

[779] Hierzu zählen grds. nur Bauwerke, die dem ständigen Aufenthalt von Menschen dienen, vgl. BVerwG, BauR 2002, 1827.

[780] BVerwG, BauR 2000, 1851 f.; 2006, 348.

[781] BVerwG, BauR 1999, 232; 2009, 216; NVwZ 2011, 436; Buchholz 406.11, § 34 BauGB Nr. 165 (zur Bedeutung von Straßen für den Bebauungszusammenhang).

[782] BVerwGE 41, 227, 233 f. (7 ha Freifläche als sog. Außenbereich im Innenbereich); E 41, 227, 233 (keine Unterbrechung durch Freiflächen wegen ihrer natürlichen Beschaffenheit oder kraft Zweckbestimmung, wie Sportplätze oder Erholungsflächen).

[783] BVerwGE 31, 22, 26 = BauR 1972, 222; BVerwG, BauR 1999, 735 (wenn Baugenehmigungsbehörde sich mit der rechtswidrigen Bebauung eindeutig abgefunden hat).

[784] BVerwG, BauR 2010, 443; NVwZ 2011, 436.

[785] BVerwGE 41, 227, 234 = MDR 1973, 785; BVerwG, BauR 2006, 348.

[786] BVerwGE 75, 34, 40 f. = BauR 1987, 52; BVerwG, BauR 1999, 152, 155.

[787] BVerwGE 94, 151, 156 = NJW 1994, 1546; BVerwG, BeckRS 2007, 26957; BauR 2012, 634; vgl. dazu im Einzelnen oben Rn. 153 ff. (§ 30 BauGB) und Rn. 156 (§ 15 BauNVO).

[788] BVerwG, BauR 2004, 1567, 1571.

[789] BVerwGE 55, 369, 380 f. = NJW 1978, 2564; E 84, 322, 325 = NVwZ 1990, 755; BVerwG, BauR 2011, 91.

[790] Für *geringfügige* Abweichungen an *bestehenden* Gebäuden durch Maßnahmen der Energieeinsparung und Anlagen zur Nutzung von Solarenergie s. § 248 S. 3 BauGB.

[791] BVerwGE 55, 369, 386 = NJW 1978, 2564; BVerwG, BauR 1999, 152, 156.

[792] BVerwG, NVwZ-RR 1997, 520; HessVGH, NVwZ-RR 2009, 99, 100.

zwar zu der gesamten dortigen Bebauung.[793] Im Merkmal des Einfügens findet sich eine weitere einfachgesetzliche Ausprägung des **Rücksichtnahmegebots.**[794] Fügt sich ein Vorhaben in seine nähere Umgebung ein, so ist damit eine Verletzung des Rücksichtnahmegebots ausgeschlossen.[795] Dieses kann vielmehr nur verletzt sein, wenn es sich objektivrechtlich nach Art oder Maß der baulichen Nutzung oder nach Bauweise oder überbauter Grundstücksfläche nicht einfügt; nur insoweit ist § 34 I BauGB nachbarschützend. So liegt es in erster Linie bei Vorhaben, die zu bodenrechtlichen Spannungen führen und daher einer planerischen Konfliktbewältigung bedürfen, und sei es auch nur aufgrund ihrer Vorbildwirkung;[796] deshalb kann sich auch ein den Rahmen überschreitendes Vorhaben noch einfügen, wenn es weder selbst noch infolge einer nicht auszuschließenden Vorbildwirkung geeignet ist, bodenrechtlich beachtliche Spannungen zu begründen oder vorhandene Spannungen zu erhöhen, es das Baugebiet mithin nicht „in Bewegung bringt".[797] Ob das Rücksichtnahmegebot auch in seiner subjektiv-rechtlichen Dimension verletzt ist, die Beeinträchtigung also für die individualisiert und qualifiziert Betroffenen auch **unzumutbar** ist, erfordert stets eine umfassende *Abwägung* aller beteiligten Interessen im Einzelfall.[798] Dabei sind allerdings die Anforderungen an eine Unzumutbarkeit bei § 34 I BauGB niedriger als im Rahmen des § 34 II BauGB i. V. m. § 15 BauNVO.[799] Für Immissionen ist auf die Zumutbarkeitsgrenzen des öffentlichen Immissionsschutzrechts abzustellen;[800] **tatsächliche Vorbelastungen** wirken sich allerdings schutzmindernd aus.[801] Vorhabenbedingter Verkehrslärm wird dem Vorhaben zugeordnet.[802] Unzumutbar kann ein Vorhaben etwa sein bei erdrückender Wirkung des Baukörpers;[803] dies gilt auch bei Einhaltung bauordnungsrechtlicher Anforderungen wie Abstandsflächen.[804] Ein Vorhaben ist allerdings nicht allein deshalb unzumutbar, weil es auch in einer für den Nachbarn weniger belastenden Form erstellt werden könnte.[805] Auch die bloße Nichteinhaltung zivilrechtlicher Anforderungen führt noch nicht zur Rücksichtslosigkeit.[806] Unter Umständen kann auch durch Auflagen die Unzumutbarkeit ausgeschlossen werden, dies ist eine Frage des Einzelfalls.[807] In **Gemengelagen** ist hinsichtlich des Ausmaßes des

---

793 BVerwG, NVwZ 2011, 436, 438.

794 S. zum Rücksichtnahmegebot ferner oben Rn. 156.

795 BVerwG, BauR 1999, 615, 616 = NVwZ 1999, 879 = DVBl. 1999, 786 = DÖV 1999, 558; vgl. auch BayVGH, BayVBl. 2005, 184 (kein Verstoß gegen Rücksichtnahmegebot durch bloße Beeinträchtigung der optimalen Sonneneinstrahlung für ein benachbartes „passives Solarhaus" durch Wohnhaus, das sich hinsichtlich Nutzungsmaß und Standort im Rahmen der Umgebung hält)

796 BVerwGE 55, 369, 387 = NJW 1978, 2564; BVerwG, BauR 1995, 361, 364; NVwZ 2011, 436, 438.

797 BayVGH, BayVBl. 2011, 538, 539; 2011, 725, 727; HessVGH, NVwZ-RR 2009, 99, 101.

798 BVerwG, NVwZ 1987, 128, 129 (Silos neben Wohnbebauung); NVwZ 1989, 666, 667 (Getränkemarkt neben Wohnhaus); BayVGH, BayVBl. 1989, 755 (Rindermaststall in dörflichem Gebiet); BauR 2002, 435 (an Schreinerei heranrückende Wohnbebauung); BauR 2004, 1567 (überdimensionierte Schwimmhalle in Wohngebiet); OVG Berlin, BauR 1999, 1004 (Multiplex-Kino in vorbelastetem Gebiet); OVG Münster, BauR 2002, 432 (an Schießstand heranrückende Wohnbebauung); VGH BW, BauR 2004, 1914 (Gaststätte mit Außenbewirtschaftung neben Wohnbebauung); s. allgemein zur objektiven und subjektiven Seite des Rücksichtnahmegebots oben Rn. 156.

799 VGH BW, BauR 2004, 1914, 1917.

800 BVerwGE 68, 58, 59 f. = NVwZ 1984, 509; BVerwG, BauR 1999, 152, 156.

801 BVerwG, BauR 1999, 152, 157; BayVGH, BayVBl. 2004, 599, 600; 2008, 405, 407.

802 BVerwG, BauR 1999, 152, 158.

803 BVerwG, BauR 1981, 354, 356 (elfgeschossiges Wohn- und Geschäftshaus); BauR 2007, 674 (Windenergieanlage); s. ferner OVG Münster, BauR 2001, 917; BayVGH, BayVBl. 2011, 147, 148 (dort je verneint). Eine erdrückende Wirkung ist nicht gleichzusetzen mit einer unveränderten bzw. freien Aussicht, denn ein Recht auf Erhaltung letzterer besteht grds. nicht, vgl. BVerwG, BRS 40 Nr. 192; OVG Lüneburg, NVwZ 2007, 1210.

804 BVerwG, NVwZ 1987, 128, 129; BauR 1999, 615, 616. Die Belange ausreichender Belichtung, Besonnung und Belüftung werden dagegen abschließend vom Bauordnungsrecht erfasst, vgl. BVerwGE 94, 151, 159. S. aber oben Rn. 156.

805 BVerwG, NVwZ-RR 1998, 357.

806 OVG Saarlouis, BauR 2011, 825, 826 (Anforderungen nach dem LandesNRG).

807 BVerwG, BauR 2012, 634, 635 (zur Frage der praktischen Überwachbarkeit der Einhaltung solcher Auflagen).

zulässigen Störungspotentials grundsätzlich von einem *Mittelwert* zwischen an sich bestehender Schutzwürdigkeit der störungsempfindlichen Nutzung und an sich zulässigem Immissionsumfang der störenden Nutzung auszugehen;[808] dies ist jedoch nicht mit der Bildung eines arithmetischen Mittels zu verwechseln,[809] vielmehr sind für die Bemessung der Grenze des Zumutbaren auch andere Umstände zu berücksichtigen, etwa die zeitliche Priorität der entgegenstehenden Nutzungen.[810] Ein Vorhaben im Innenbereich muss schließlich auch **gebietsübergreifend** auf den umgebenden Außenbereich die gebotene Rücksicht nehmen.[811]

166 Vom Erfordernis des Einfügens nach § 34 I 1 BauGB kann nach **§ 34 III a BauGB**[812] *im Einzelfall abgewichen* werden, wenn die Abweichung der Erweiterung, Änderung, Nutzungsänderung oder Erneuerung eines zulässigerweise errichteten Gewerbe- oder Handwerksbetriebs oder der Erweiterung, Änderung oder Erneuerung einer zulässigerweise errichteten baulichen Anlage zu Wohnzwecken dient, städtebaulich vertretbar ist und auch unter *Würdigung nachbarlicher Interessen* mit den öffentlichen Belangen vereinbar ist. Die Vorschrift ist drittschützend, da sie ausdrücklich die Würdigung nachbarlicher Belange verlangt. Im Einzelnen kann hier auf die von der Rechtsprechung zur Befreiung nach § 31 II BauGB entwickelten Grundsätze zurückgegriffen werden. Ferner sind nunmehr nach **§ 248 S. 3 BauGB**[813] bei Maßnahmen an *bestehenden* Gebäuden zum Zwecke der Energieeinsparung sowie bei Anlagen zur Nutzung solarer Strahlungsenergie in, an und auf Dach- und Außenwandflächen *geringfügige* Abweichungen vom Erfordernis des Einfügens nach § 34 I 1 BauGB zulässig, soweit dies mit *nachbarlichen Interessen* vereinbar ist. Auch diese Vorschrift ist wegen des Verweises auf nachbarliche Interessen drittschützend.

167 **dd) Außenbereich (§ 35 BauGB).** Auch im Außenbereich nach § 35 BauGB ist Nachbarschutz nicht ausgeschlossen. **Privilegierte Vorhaben** können hier wegen der Planersatzfunktion des § 35 I BauGB ähnlich starke Rechte für sich in Anspruch nehmen, wie wenn sie in einem qualifizierten Bebauungsplangebiet gelegen wären.[814] Sie können daher **heranrückende Vorhaben abwehren**, die die weitere Ausnutzung ihrer Privilegierung faktisch in Frage stellen oder zumindest erheblich erschweren würden.[815] Gesetzlicher Anknüpfungspunkt hierfür ist § 35 III 1 Nr. 3 BauGB, wonach eine Beeinträchtigung öffentlicher Belange vorliegt, wenn ein Vorhaben *schädliche Umwelteinwirkungen* hervorrufen kann oder ihnen ausgesetzt wird; die Vorschrift ist eine einfachgesetzliche Ausprägung des **Rücksichtnahmegebots**.[816] Soweit es dagegen nicht um schädliche Umwelteinwirkungen geht, kann auf das Gebot der Rücksichtnahme als insoweit in § 35 III BauGB nicht ausdrücklich benannten öffentlichen Belang zurückgegriffen werden.[817] Im Einzelfall ist dabei zu prüfen, wie empfindlich und schutzwürdig die privilegierte Bebauung ist, und wie unabweisbar demgegenüber das entgegengerichtete Interesse an der Verwirklichung der heranrückenden Bebauung ist.[818] Für Fragen des Immissionsschutzes

---

808 BVerwGE 50, 49, 54 = MDR 1976, 607; BVerwG, NVwZ-RR 1994, 139 f.

809 BVerwG, NVwZ-RR 1994, 139 f.

810 BVerwGE 109, 314, 322 = NVwZ 2000, 1050.

811 Dazu im Einzelnen unten Rn. 167.

812 Eingefügt durch das Europarechtsanpassungsgesetz Bau (EAG Bau) v. 24. 6. 2004 (BGBl. I S. 1359).

813 Eingefügt durch das Gesetz zur Förderung des Klimaschutzes bei der Entwicklung in den Städten und Gemeinden v. 22. 7. 2011 (BGBl. I S. 1509).

814 BVerwGE 28, 148, 150 f. = NJW 1968, 1105; BVerwG, DVBl. 1969, 263, 264.

815 BVerwG, DVBl. 1971, 746, 748; BauR 2001, 83.

816 BVerwG, NVwZ 2000, 552, 553; auf dessen Schutz kann auch nicht durch Einverständnis der Belästigten verzichtet werden, vgl. BVerwG, BauR 2002, 730, 731.

817 BVerwGE 52, 122, 125 = NJW 1978, 62; BVerwG, BauR 1994, 354, 355; 2007, 674, 675.

818 BVerwG, NJW 1983, 2460, 2461; BayVGH, BayVBl. 1997, 569; vgl. auch OVG Münster, BauR 2002, 1510 (kein Abwehranspruch eines Pferdezuchtbetriebs gegenüber Windkraftanlage); VGH BW, NJOZ 2008, 3313 (schikanöse Anordnung eines Schuppens); ferner OVG Münster, BauR 2004, 292, 294 (Zumutbarkeitsschwelle beim Nebeneinander zweier landwirtschaftlicher Betriebe, von denen einer erweitert werden soll, erst überschritten, wenn sich die Immissionen der Grenze des Erträglichen nähern).

ist dabei auf die Maßstäbe des materiellen Immissionsschutzrechts abzustellen.[819] Aufgrund seiner besonderen Schutzwürdigkeit soll der privilegierte Bestand grundsätzlich ungehindert ausgenutzt werden können;[820] dies gilt auch für realistische und konkrete Entwicklungsmöglichkeiten,[821] solange das Erweiterungsinteresse nicht bloß vage ist.[822] Ein Anspruch auf Erhaltung der Außenbereichsqualität ist damit allerdings nicht verbunden.[823] Das Abwehrrecht besteht einmal innerhalb des Außenbereichs,[824] und zwar unabhängig davon ob die heranrückende Bebauung ihrerseits privilegiert ist.[825] Es besteht daneben aber auch **gebietsübergreifend**, mithin also auch gegen heranrückende Innenbereichsbebauung;[826] wegen der grundsätzlichen Bebaubarkeit von Innenbereichsgrundstücken wird dabei allerdings schwerlich deren völlige Verhinderung in Frage kommen.[827] Schließlich ist auch § 35 III 1 Nr. 5 BauGB drittschützend zugunsten des Eigentümers eines geschützten Kulturdenkmals, soweit ein benachbartes Vorhaben die Denkmalwürdigkeit seines Anwesens beeinträchtigt.[828]

Nicht privilegierte Vorhaben nach § 35 II BauGB sind vom Ansatz her ebenso durch das *Gebot der Rücksichtnahme* geschützt wie privilegierte.[829] Ihr Schutz ist jedoch aufgrund der grundsätzlichen Unbebaubarkeit des Außenbereichs bei gleichzeitig fehlender Privilegierung deutlich schwächer ausgestaltet.[830] Dies bedeutet jedoch nicht, dass nicht selbst ein privilegiertes Vorhaben auch gegenüber einer bereits genehmigten und ausgeübten nicht privilegierten Nutzung rücksichtslos sein könnte.[831] 168

Umgekehrt kommt auch ein **Abwehranspruch der im Innenbereich** oder in einem beplanten Gebiet gelegenen Bebauung gegen heranrückende Außenbereichsbebauung in Betracht, weil Letztere die gebotene *gebietsübergreifende* Rücksichtnahme vermissen lässt.[832] Dabei werden jedoch zumindest privilegierte Nutzungen wegen ihrer gesetzlichen Zuweisung in den Außenbereich schwerlich ganz verhindert werden können.[833] 169

b) Bauordnungsrecht

Auch bauordnungsrechtliche Vorschriften, die neben dem Bauplanungsrecht anwendbar sind (vgl. § 29 II BauGB), können Nachbarschutz vermitteln. Dies sind in erster Linie die Vorschriften über **Abstandsflächen**;[834] eine Rechtsverletzung des Nachbarn setzt dabei nicht voraus, dass dieser durch eine Verletzung der Abstandsflächenvorschriften 170

---

819 BVerwGE 52, 122, 126 = NJW 1978, 62; E 129, 209, 210 = NVwZ 2008, 76; BayVGH, BauR 2002, 754, 755; BayVBl. 2008, 405, 408; NVwZ-RR 2011, 595, 597.

820 BVerwG, DVBl. 1969, 263 (Schweinemästerei); BauR 2001, 83; OVG Lüneburg, BRS 57 Nr. 226 (auch bei besonders empfindlicher privilegierter Nutzung).

821 HessVGH, BauR 1981, 177, 178; OVG Münster, NVwZ 1988, 377, 378.

822 BVerwG, BauR 2001, 83, 84; BayVGH, BauR 2002, 754, 755.

823 BVerwG, BauR 1999, 1439.

824 Z. B. BVerwG, NVwZ 2007, 336 (optisch bedrängende Windkraftanlage und benachbarte Wohnbebauung).

825 BVerwG, DVBl. 1969, 263, 264.

826 BVerwG, NJW 1983, 2460 (Landwirt und heranrückende Wohnbebauung im angrenzenden Innenbereich); BayVGH, BayVBl. 2011, 374.

827 BVerwG, NJW 1983, 2460 f.

828 BVerwGE 133, 347, 357 = NVwZ 2009, 1231.

829 BVerwG, BauR 1983, 449, 450 = NVwZ 1983, 609.

830 BayVGH, BauR 1999, 617, 619 (Wohnbebauung im Außenbereich).

831 BVerwG, BauR 2005, 1138; 2011, 813, 814.

832 BVerwG, NVwZ 1986, 469 (Gewerbebetrieb im Innenbereich und Wohnbebauung im Außenbereich); BVerwG, BauR 1994, 354, 355; BayVGH, BauR 2003, 1022, 1023 (Tanklager im Außenbereich und Wohnbebauung im Dorfgebiet); BayVBl. 2004, 599 (Tankstelle an Bundesstraße und benachbarte Wohnbebauung).

833 Vgl. VGH BW, VBlBW 1992, 177 (Wohnhaus im Innenbereich und Landwirtschaft im Außenbereich); s. aber auch VGH BW, RdL 1990, 8.

834 BayObLGZ 2001, 41, 45; BayVGH, BayVBl. 1999, 246, 248; s. aber auch BayVGH, BayVBl. 1995, 22, 23; VGH BW, BauR 2003, 1203, 1204; NJOZ 2008, 5057, 5064 und OVG Lüneburg, BauR 2005, 372, 374 (grds. keine Berufung auf Verletzung der Abstandsflächenvorschriften, wenn und soweit Nachbar diese seinerseits unzulässigerweise nicht einhält). Zu bauplanungsrechtlichen Änderungen der Tiefe der Abstandsflächen s. § 9 I Nr. 2 a BauGB.

tatsächlich und spürbar beeinträchtigt wird;[835] deshalb ist es auch ohne eine solch tatsächliche Beeinträchtigung nicht rechtsmissbräuchlich, die Duldung der Abstandsverletzung von einem Entgegenkommen des Bauherrn in anderen nachbarlichen Fragen abhängig zu machen.[836] Ferner werden als **nachbarschützend** angesehen Vorschriften über die Standsicherheit, den Brandschutz, den Schutz vor Einwirkungen, Lärm, Erschütterungen, Schwingungen und Geräuschen, sowie Vorschriften über den Standort von Stellplätzen und Garagen. Dagegen sind **nicht nachbarschützend** insbesondere die übrigen Vorschriften über Stellplätze, Vorschriften über die Erschließung, Einfriedungen, die Baugestaltung, Anlagen der Außenwerbung sowie schließlich die Verfahrensvorschriften über die Nachbarbeteiligung;[837] ebenso wenig die Vorschriften über Form und Inhalt der mit dem Genehmigungsantrag einzureichenden Bauvorlagen als solche.[838]

171 Nachbarschutz besteht schließlich entsprechend der Rechtslage bei Befreiungen von planungsrechtlichen Vorschriften nach § 31 II BauGB[839] auch bei der **Gewährung von Abweichungen** von bauordnungsrechtlichen Vorschriften; von nachbarschützenden Vorschriften darf nur bei Vorliegen der objektiv-rechtlichen Voraussetzungen abgewichen werden,[840] im Übrigen ist das („bauordnungsrechtliche“) Gebot der Rücksichtnahme zu beachten.[841]

c) Sonstiges einfaches Recht

172 Daneben kommt Drittschutz auch nach anderen, nicht baurechtlichen Normen in Betracht, soweit das Vorhaben materiell-rechtlich an ihnen zu messen ist (vgl. § 29 II BauGB). Hier wird insbesondere § 22 BImSchG vielfach einschlägig sein.[842] Dessen Anforderungen können dabei nach Verwirklichung eines Vorhabens bei Vorliegen der jeweiligen tatbestandlichen Voraussetzungen nicht nur nach §§ 24, 25 BImSchG durchgesetzt werden, sondern daneben auch mittels der einschlägigen bauordnungsrechtlichen Eingriffsbefugnisse.[843]

d) Grundrechte

173 **aa)** Ein Schutz des Nachbarn direkt über **Art. 14 GG**, wie ihn die frühere Rechtsprechung noch angenommen hat, scheidet jedenfalls dann aus, wenn nicht *unmittelbar*[844] in das Eigentum eines Nachbarn eingegriffen wird. Die einfachgesetzlichen Vorschriften mit ihrer an verschiedenen Tatbestandsmerkmalen festzumachenden Regelung des Gebots der Rücksichtnahme vermitteln insoweit einen abschließenden Ausgleich nachbarlicher Interessen; ein Rückgriff auf Art. 14 GG kommt demgegenüber nicht in Betracht.[845]

---

835 OVG Berlin, DVBl. 1993, 120, 123; SächsOVG, DÖV 1995, 390; OVG Münster, BauR 1994, 746, 748 f.; s. auch BVerwG, NVwZ 1985, 39 (aus Bundesrecht ist eine solche Voraussetzung nicht ableitbar).

836 OVG Koblenz, NVwZ 2012, 304, 306 (Stellplatz und Leitungsrecht).

837 Vgl. z. B. die Zusammenstellung bei Simon/Busse/*Dirnberger*, BayBO, Art. 66 Rn. 250 ff. m. w. N.

838 OVG Berlin, BauR 2004, 987 (formelle Ordnungsvorschriften).

839 Dazu oben Rn. 160.

840 BayVGH, BauR 2007, 1858, 1860 (zu Art. 70 BayBO 1998); vgl. auch OVG Koblenz, BauR 2000, 551, 552 (zu § 69 LBauO RhPf): Abweichung nur, wenn Nachbar nicht schutzwürdig oder die Gründe für die Abweichung so gewichtig sind, dass die Belange des Nachbarn ausnahmsweise zurückstehen müssen.

841 BayVGH, BayVBl. 2000, 532, 523; 2011, 81, 83 (zu Art. 70 BayBO 1998).

842 Vgl. BVerwGE 74, 315, 322 = NJW 1987, 1713; OVG Münster, NJW 1977, 643; s. ferner OVG Münster, BauR 2003, 1361, 1363 (Bauherr muss Einhaltung der immissionsschutzrechtlichen Zumutbarkeitskriterien nachweisen); zu § 22 BImSchG s. unten Rn. 202 ff.

843 BVerwGE 91, 92, 101 = NJW 1993, 342; BVerwG, NJW 1988, 1552; BayVGH, NVwZ-RR 2000, 273, 274.

844 So wenn der Nachbar wegen mangelnder Erschließung des Baugrundstücks ein Notwege- oder Notleitungsrecht auf seinem eigenen Grundstück dulden müsste, vgl. BVerwGE 50, 282, 288 = NJW 1976, 1987; BVerwG, NJW-RR 1999, 165, 166 (je zum Notwegerecht); BayVGH, BauR 2000, 855, 856 (zum Notleitungsrecht). Anders verhält es sich dagegen bei einem Notwege-/Notleitungsrecht aus § 918 II BGB, das einer dinglich gesicherten Erschließung gleichsteht, vgl. BayVGHE 50, 146, 148 f.; BayVGH, NVwZ-RR 1991, 584, 585.

845 BVerwGE 89, 69, 78 = NVwZ 1992, 977; E 106, 228, 235 = NVwZ 1998, 842.

bb) Dagegen vermittelt das Grundrecht auf körperliche Unversehrtheit aus **Art. 2 II GG** einen – allerdings nicht objektbezogenen, sondern *personenbezogenen* – Nachbarschutz gegen gesundheitliche Gefahren,[846] so dass hier auch bloß obligatorisch Berechtigte, wie Mieter oder Pächter, abwehrbefugt sein können.[847] Soweit es allerdings um Immissionen geht, besteht ein weitergehender Schutz bereits durch die Vorschriften des BImSchG.[848] Im Übrigen wird man hier als Voraussetzung ähnlich der früheren Rechtsprechung zum Drittschutz unmittelbar aus Art. 14 GG eine *schwere und unerträgliche Betroffenheit* fordern müssen.[849] 174

4. Prozessuale Durchsetzung

a) Anfechtungssituation

Ist dem Bauherrn für sein Vorhaben eine **Baugenehmigung erteilt**[850] worden, die den Nachbarn in seinen Rechten verletzt, so kann Letzterer hiergegen mit der Anfechtungsklage vorgehen. Dies gilt auch für die weniger umfassenden Formen der Genehmigung wie *Teilbaugenehmigung*[851] und *Vorbescheid*;[852; 853] ebenso für die in einigen Landesbauordnungen im Zuge der Deregulierung eingeführte *fingierte Baugenehmigung*.[854] Für Baugenehmigungen im **vereinfachten Verfahren**[855] ist die Anfechtungsklage allerdings nur insoweit einschlägig, als Verstöße gegen Vorschriften gerügt werden, die zum Prüfprogramm[856] dieses Verfahrens gehören;[857] im Übrigen ist Rechtsschutz zu gewähren wie gegen ungenehmigte Bauten.[858] Entsprechendes gilt für **isolierte Abweichungen** bei ansonsten nicht genehmigungsbedürftigen Vorhaben.[859] Dagegen eröffnet die bloße *Verlängerung* einer Baugenehmigung ohne deren gleichzeitige sachliche Änderung dem Nachbarn keine erneute Anfechtungsmöglichkeit.[860] 175

Die Anfechtungsklage hat in der Sache nur Erfolg, wenn und soweit die Baugenehmigung objektiv rechtswidrig *und* zugleich der klagende Nachbar hierdurch in einem subjektiv-öffentlichen (nachbarschützenden) Recht verletzt ist (§ 113 I 1 VwGO).[861] Dann steht dem Nachbarn ein **Genehmigungsabwehranspruch** zu. Die Genehmigung ist dabei **vollständig aufzuheben**, wenn der den Nachbarn beeinträchtigende Teil mit dem Rest in einem solch untrennbaren inneren Zusammenhang steht, dass bei dessen isolierter 176

---

846 BVerwGE 54, 211, 222 = NJW 1978, 554.

847 BVerwGE 82, 61, 75 = NVwZ 1989, 1163.

848 Dazu unten Rn. 205.

849 Vgl. dazu z. B. BVerwGE 32, 173, 178 = MDR 1969, 869.

850 Demgegenüber kommt grds. kein vorbeugender Rechtsschutz gegen die erst bevorstehende Genehmigungserteilung in Betracht, vgl. BVerwGE 54, 211, 214 f. = NJW 1978, 554.

851 Z. B. Art. 70 BayBO, § 76 BauO NRW, § 74 SächsBO.

852 Z. B. Art. 71 BayBO, § 71 BauO NRW, § 75 SächsBO.

853 BVerwG, NVwZ 1989, 863; HessVGH, NVwZ-RR 1997, 10.

854 Z. B. § 69 V SächsBO, § 69 XI LBO SchlH.

855 Z. B. Art. 59 BayBO, § 68 BauO NRW, § 63 SächsBO.

856 Dagegen kommt es nicht darauf an, ob sie tatsächlich geprüft wurden, vgl. SächsOVG, NVwZ-RR 2010, 426, 427.

857 Art. 68 I 1 Hs. 2 BayBO, wonach die Genehmigungsbehörde den Bauantrag *auch ablehnen darf*, wenn das Bauvorhaben gegen sonstiges öffentliches Recht verstößt, vermittelt dabei als solches keinen Drittschutz, führt daher auch nicht zu einer Anfechtungsmöglichkeit des Nachbarn, vgl. BayVGH, BayVBl. 2011, 147, 148.
Ist dagegen *zu Unrecht* nur ein vereinfachtes Genehmigungsverfahren durchgeführt worden, so ist die Baugenehmigung auf Nachbarklage hin schon dann aufzuheben, wenn wegen des dann unzutreffenden Prüfungsmaßstabs drittschützende materielle Vorschriften ungeprüft geblieben sind, vgl. BayVGH, BauR 2011, 1644.

858 BVerwG, NVwZ 1998, 58; OVG Saarlouis, BauR 2009, 805, 807 (anderer Streitgegenstand); BauR 2011, 663, 665. S. unten Rn. 178 ff.

859 Z. B. Art. 63 II 2 BayBO, § 73 II BauO NRW, § 67 II 3 SächsBO.

860 OVG Münster, BauR 1980, 56, 57.

861 Der Bauaufsichtsbehörde obliegt dem Bauherrn gegenüber die Amtspflicht, ihm eine rechtswidrige Baugenehmigung nicht zu erteilen, vgl. BGHZ 149, 50, 52 = NJW 2002, 432. Zum Amtshaftungsanspruch des Bauherrn bei Verletzung dieser Pflicht s. *Rohlfing*, BauR 2004, 1873 ff.

Aufhebung der bestehen bleibende Teil für sich allein rechtswidrig wäre.[862] Kann sie dagegen materiell-rechtlich in selbständige Teile zerlegt werden, die als selbständige Regelungen für sich weiterbestehen können, und ist der nicht nachbarrechtsverletzende Teil vom Bauherrn auch isoliert gewollt, so kann und darf nur eine **Teilaufhebung** hinsichtlich des den Nachbarn in seinen Rechten verletzenden Teils ausgesprochen werden.[863] In diesen Fällen müsste daher eine auf vollständige Aufhebung der Genehmigung gerichtete Nachbarklage teilweise abgewiesen werden. Aufzuheben ist eine Baugenehmigung grundsätzlich auch dann, wenn sie hinsichtlich nachbarrechtsrelevanter Umstände so unbestimmt ist, dass bei Bauausführung eine Verletzung von Nachbarrechten nicht auszuschließen ist;[864] ebenso beim sog. „Etikettenschwindel", d.h. wenn bereits aus den Bauvorlagen zu entnehmen ist, dass das genehmigte Vorhaben nur vorgeschoben ist, um der eigentlich beabsichtigten unzulässigen Nutzung einen genehmigungsfähigen Anschein zu verleihen.[865] Schließlich ist die Baugenehmigung auch aufzuheben, wenn sie von der sachlich unzuständigen Behörde erteilt wurde.[866] Was den **maßgeblichen Zeitpunkt** für die Beurteilung der Sach- und Rechtslage anbelangt, können *Änderungen* nach Genehmigungserteilung in Fällen der Genehmigungsanfechtung durch den Nachbarn aus Gründen des Bestandsschutzes nur berücksichtigt werden, wenn sie *zugunsten* des Bauherrn ausfallen.[867] Wird die Baugenehmigung vom Gericht auf eine Nachbarklage hin aufgehoben, so folgt aus der materiellen **Rechtskraft** dieses Urteils für die Behörde ein Wiederholungsverbot dergestalt, nicht bei unveränderter Sach- und Rechtslage dennoch eine in gleicher Weise nachbarrechtswidrige Genehmigung zu erteilen;[868] dies gilt aber nur gegenüber dem am Rechtsstreit beteiligten Bauherrn bzw. dessen Rechtsnachfolger, nicht dagegen gegenüber einem Dritten, selbst wenn dessen Vorhaben mit dem des Rechtsstreits sachlich identisch ist.[869] Wird eine Baunachbarklage rechtskräftig abgewiesen, so hat der Nachbar wegen der Rechtskraftwirkung dieses Urteils auch keinen Anspruch auf behördliches Einschreiten gegen das Bauvorhaben, und zwar selbst dann nicht, wenn die Baugenehmigung später auf die Klage eines anderen Nachbarn hin aufgehoben wird.[870] Gegenüber einer bestandskräftigen Baugenehmigung kann auch ein Anspruch auf *Wiederaufgreifen des Baugenehmigungsverfahrens* in Betracht kommen.[871]

177 Ob der erfolgreiche Nachbar darüber hinaus gegen die Behörde für den Fall, dass das Vorhaben schon verwirklicht wurde, einen **Anspruch auf Folgenbeseitigung** hat, wird im Zusammenhang mit der generellen Frage nach einem Anspruch auf bauaufsichtliches Einschreiten behandelt.[872] Die prozessuale Geltendmachung eines solchen Folgenbeseitigungsanspruchs sogleich im Anfechtungsprozess regelt § 113 I 2 VwGO.

b) Verpflichtungssituation, Anspruch auf bauaufsichtliches Einschreiten

178 **aa) Allgemeines, Ermessen.** Die Anfechtungsklage scheidet aus, wenn keine als Angriffsobjekt dienende Baugenehmigung erteilt worden ist. Dies ist stets dann der Fall,

---

862 BVerwG, NVwZ 1984, 366; OVG Lüneburg, BRS 54 Nr. 149 (zu notwendigen Stellplätzen); BayVGH, BayVBl. 2010, 178, 179 (Baugenehmigung i. d. R. nicht teilbar); **a. A.** OVG Berlin, DVBl. 1993, 120, 121 (bei Nachbarklage stets nur Aufhebung hinsichtlich der den Nachbarn beeinträchtigenden Teile).

863 Vgl. *Kopp/Schenke*, VwGO, § 113 Rn. 16 m. w. N.; OVG Lüneburg, BauR 2002, 462, 463 (zu einzelnen Stellplätzen, soweit die verbleibenden als notwendige ausreichen); BayVGH, BayVBl. 2004, 599.

864 OVG Münster, BauR 2005, 1459, 1461; BauR 2012, 58, 59.

865 OVG Lüneburg, MDR 1993, 759; OVG Magdeburg, BauR 2006, 2107 (LS); OVG Münster, BauR 2012, 58, 60.

866 BayVGH, BayVBl. 1997, 51; a. A. VGH BW, BauR 2006, 1291, 2392 f. (jedenfalls bei gebundener Entscheidung).

867 BVerwGE 130, 113, 120 f. = NVwZ 2008, 437; BVerwG, NVwZ-RR 1996, 628; BauR 1998, 995 f.; 2011, 499, 500.

868 BVerwGE 91, 256, 258 = NVwZ 1993, 672; BVerwG, BauR 2010, 1563, 1564.

869 BVerwG, BauR 2010, 1049, 1050.

870 OVG Münster, BauR 2012, 468, 469.

871 BayVGH, BauR 2009, 1891 (zu Art. 51 BayVwVfG).

872 Dazu unten Rn. 178 ff.

wenn der Nachbar ohne eine an sich erforderliche Baugenehmigung baut oder von der erteilten Genehmigung abweicht und erst hierdurch, also nicht schon im Rahmen der Genehmigung selbst, der Nachbar in seinen Rechten verletzt wird (**Schwarzbau**). Gleiches gilt wenn das Vorhaben **genehmigungsfrei** ist, sei es wegen Unbedeutsamkeit,[873] sei es infolge **Genehmigungsfreistellung**,[874] sei es weil die Genehmigungspflicht durch ein Anzeige- oder Kenntnisgabeverfahren ersetzt ist.[875] Schließlich fallen hierunter die Fälle einer Genehmigung im **vereinfachten Verfahren**,[876] soweit es um die Verletzung von Vorschriften geht, die dort nicht zu prüfen waren.[877]

In all diesen Fällen ist Klageziel des Nachbarn ein Einschreiten der Bauaufsichtsbehör- 179
de gegen den Bauherrn durch Erlass eines Verwaltungsaktes, namentlich einer Beseitigungsanordnung, Baueinstellung oder Nutzungsuntersagung. Richtige Klageart ist hier die Verpflichtungsklage. Hinsichtlich der genannten Maßnahmen stellt sich jedoch die Frage, inwieweit der Nachbar einen Anspruch auf ein solches bauaufsichtliches Einschreiten hat.[878] Da die zugrunde liegenden – verfassungsrechtlich unbedenklichen –[879] Eingriffsermächtigungen in den Bauordnungen der Länder der Behörde ein Ermessen einräumen,[880] kommt grundsätzlich nur ein **Anspruch auf ermessensfehlerfreie Entscheidung** in Betracht. Nur bei einer **Ermessensreduzierung auf Null** kann es einen *gebundenen Anspruch* des Nachbarn geben.[881] In jedem Fall muss allerdings eine – öffentlich-rechtliche –[882] **nachbarschützende Vorschrift verletzt** sein.[883]

bb) Ermessensreduzierung. Die Rechtsprechung hat dabei im Zusammenhang mit 180
dem Begehren nach bauaufsichtlichem Einschreiten noch keine einheitliche Linie gefunden. Einigkeit besteht allerdings darüber, dass ein Anspruch auf Einschreiten jedenfalls dann besteht, wenn durch das Bauvorhaben **wesentliche Rechtsgüter** des Nachbarn verletzt werden oder es zu **Störungen hoher Intensität** kommt.[884] Demgegenüber soll nach zumindest bisher überwiegender Auffassung in der Rechtsprechung der bloße Verstoß gegen nachbarschützende Vorschriften allein für einen gebundenen Anspruch nicht ausreichen.[885] Insoweit soll es im Rahmen der Ermessensausübung unter Umständen auch

---

[873] Z. B. Art. 57 BayBO, § 65 BauO NRW, § 61 SächsBO.

[874] Z. B. Art. 58 BayBO, § 67 BauO NRW, § 62 SächsBO.

[875] Z. B. § 51 LBO BW, § 58 BbgBO.

[876] Z. B. Art. 59 BayBO, § 68 BauO NRW, § 63 SächsBO.

[877] BVerwG, NVwZ 1998, 58; BayVGH, BayVBl. 2006, 220, 221; OVG Berlin-Bbg, NVwZ-RR 2010, 794, 796; OVG Saarlouis, BauR 2011, 663, 665. Eine hier unbehelfliche Anfechtungsklage kann grds. auch nicht in eine Verpflichtungsklage auf Einschreiten umgedeutet werden, vgl. OVG Saarlouis, BauR 2009, 805, 806 f.

[878] S. zum Ganzen z. B. *Steinberg*, NJW 1984, 458, 462 ff.

[879] BVerfG, NVwZ 2005, 203, 204.

[880] Z. B. Art. 75, 76 BayBO, § 61 I 2 BauO NRW, §§ 79, 80 SächsBO.

[881] Maßgeblich hierfür ist grds. das *Bauordnungsrecht der Länder*, vgl. BVerwG, BauR 1998, 319; allerdings steht die Beachtung und Durchsetzung des *materiellen Bauplanungsrechts* nicht zur Disposition des Landesgesetzgebers, vgl. BVerwGE 72, 300, 324 f. = NVwZ 1986, 208; BVerwG, BauR 1999, 735, 736. Beeinträchtigt ein Vorhaben die *Planungshoheit der Gemeinde*, so hat diese schon im Hinblick auf Art. 28 II GG regelmäßig einen gebundenen Anspruch auf Erlass einer Beseitigungsanordnung, vgl. BayVGH, BauR 2005, 81, 83 = NVwZ-RR 2005, 56.

[882] Nicht ausreichend ist daher die Verletzung allein privaten Nachbarrechts, insbes. des LandesNRG, vgl. OVG Saarlouis, BauR 2011, 825, 826.

[883] Z. B. BayVGH, BayVBl. 2009, 694.

[884] BVerwGE 11, 95, 97 = NJW 1961, 793 (Bandsäge); BVerwG, BRS 48 Nr. 161; offen gelassen in NVwZ-RR 1997, 271; VGH BW, VBlBW 1993, 19; BauR 2003, 1716; BayVGH, BRS 48 Nr. 174 u. 175; 8. 3. 2007 – 1 ZB 06.898 (massive Verletzung der Abstandsflächen); OVG Berlin, BRS 50 Nr. 206; UPR 2003, 154, 155 f.; OVG Bremen, BauR 1991, 324, 326; NVwZ-RR 2002, 488, 489; OVG Lüneburg, BauR 1989, 188; 1994, 86; 2012, 933; VG München, BauR 2005, 1205, 1206.

[885] S. vorherige Fn.; **a. A.** aber OVG Münster, BauR 1990, 341, 342; 2006, 342, 347; 2008, 1442; 2009, 1716, 1717; OVG Saarlouis, NVwZ-RR 1995, 493, 494; 2003, 1865; HessVGH, BauR 2000, 873, 877 f.; OVG Koblenz, BauR 2010, 747, 748; SächsOVG, LKV 2009, 30 (regelmäßig Anspruch auf Einschreiten bei Verstoß gegen nachbarschützende Norm).

in Betracht kommen, den Nachbarn *auf den Zivilrechtsweg zu verweisen*,[886] jedenfalls wenn die Beeinträchtigung dort mit hoher Wahrscheinlichkeit erfolgreich abgewehrt werden kann.[887]

181 Diese Auffassung ist allerdings angreifbar. Dies gilt zunächst für die Fälle, in denen eine zuvor erteilte Genehmigung auf einen Rechtsbehelf des Nachbarn hin aufgehoben wird, der Bauherr aber **von der Genehmigung schon Gebrauch gemacht** hat. Hier hat die Behörde zwar ihren Verwaltungsakt nicht selbst vollzogen, dennoch hat sie mit der Erteilung der Genehmigung die Grundlage für den nunmehr bestehenden baurechtswidrigen Zustand zu Lasten des Nachbarn geschaffen. Der sich daraus ergebenden *Folgenbeseitigungslast* kommt im Rahmen der Ermessensausübung jedenfalls erhebliches Gewicht zu.[888] Außerdem kann sich aus einer an *Art. 14 I GG* auszurichtenden Auslegung der landesrechtlichen Ermächtigungsgrundlage ein *Anspruch auf bauaufsichtliches Einschreiten* ergeben,[889] wovon man im Regelfall auch wird ausgehen müssen.[890] Insbesondere ist bei Verstößen gegen das Bauplanungsrecht diesem als Bundesrecht regelmäßig Geltung zu verschaffen.[891] Das vielfach gebrauchte Argument, durch die Bejahung eines Anspruchs auf Einschreiten in diesen Fällen werde der bösgläubige Schwarzbauer, der ohne jede Genehmigung baut, gegenüber dem auf seine Genehmigung Vertrauenden begünstigt, verfängt dabei nicht; denn es geht bei Verstößen gegen nachbarschützendes Recht zuvorderst um den Schutz des Nachbarn, nicht um den Schutz des in jedem Fall rechtswidrig handelnden Bauherrn. Letzterer hat hier bei Gutgläubigkeit im Übrigen ohnehin regelmäßig einen Amtshaftungsanspruch gegen den Träger der Bauaufsichtsbehörde wegen der Erteilung einer rechtswidrigen Genehmigung.[892] Schließlich darf angezweifelt werden, ob das Vertrauen des Bauherrn in seine Genehmigung angesichts einer Anfechtung durch den Nachbarn sonderlich schutzwürdig ist, zumal die im Ergebnis erfolgreichen Argumente des Nachbarn gegen die Genehmigung dem Bauherrn sein Risiko von Anfang an vor Augen führen mussten;[893] wer keine bestandskräftige Genehmigung hat, baut nämlich stets auf eigenes Risiko.[894] Ohnehin wird man richtigerweise davon auszugehen haben, dass auch und gerade in **reinen Schwarzbaufällen** wegen der insoweit gänzlich fehlenden Schutzwürdigkeit des Bauherrn *regelmäßig von einem Anspruch auf bauaufsichtliches Einschreiten* auszugehen ist; denn der Schutzanspruch des Nachbarn darf hier jedenfalls nicht schwächer sein als bei Erteilung einer Genehmigung, die er dann anfechten könnte.[895] Eine zu restriktive Handhabung der Annahme einer Ermessensreduzierung ist im Übrigen auch im Hinblick auf die zunehmende Deregulierung des öffentlichen Baurechts und die damit einhergehende Zurückdrängung von Genehmigungserfordernissen bzw. Reduzierung des Prüfprogramms im Genehmigungsverfahren nicht unbedenklich, da sie leicht den rechtswidrig vollendete Tatsachen schaffenden Bauherrn

[886] BVerwG, BauR 1998, 319 = NJW 1998, 2302 (LS); BayVGH, FSt 1999 Nr. 279; OVG Lüneburg, NVwZ-RR 2008, 374, 376; s. aber auch BayVGH, NVwZ 1997, 923 (zum Genehmigungsfreistellungsverfahren). S. auch *Steinberg*, NJW 1984, 458, 464.

[887] OVG Berlin, NJW 1983, 769; vgl. ferner BVerwGE 37, 112, 115 = DVBl. 1971, 268 (zur StVO).

[888] BVerwG, BauR 2000, 1318, 1319; vgl. ferner BayVGH, BRS 48 Nr. 175; OVG Lüneburg, BauR 1989, 188, 189; OVG Bremen, BauR 1991, 324, 326; NVwZ-RR 2002, 488, 489; OVG Schleswig, 8.7.1993 – 1 L 118/92.

[889] BVerwG, BauR 1994, 740; 1999, 735, 736; 2000, 1318, 1319 (zu Verstoß gegen materielles Bauplanungsrecht, das als Bundesrecht grds. nicht zur Disposition des Landesgesetzgebers steht); VGH BW, BauR 2003, 1716, 1718; BayVGH, 15. 12. 2005 – 2 ZB 03.2786.

[890] Ebenso Simon/Busse/*Decker*, BayBO, Art. 76 Rn. 496; *Battis/Krautzberger/Löhr*, BauGB, § 31 Rn. 101.

[891] OVG Münster, BauR 2006, 342, 347; 2009, 1716, 1717.

[892] Vgl. dazu BGHZ 149, 50, 52 = NJW 2002, 432.

[893] *Rohlfing*, BauR 2004, 1873, 1880. Vgl. auch BGHZ 149, 50, 55 f. = NJW 2002, 432 und BGH, NJW 2008, 2502, 2503 (zur Frage eines Amtshaftungsanspruchs des trotz Nachbarwiderspruch weiterbauenden Bauherrn und dessen Mitverschulden bei Anfechtungsgründen, deren sachliche Richtigkeit nicht von vornherein von der Hand zu weisen ist); vgl. ferner BGH, BauR 2004, 817 (Pflicht der Baugenehmigungsbehörde zur unverzüglichen Unterrichtung des Bauherrn über einen Nachbarwiderspruch).

[894] BayVGH, 15. 12. 2005 – 2 ZB 03.2786; OVG Saarlouis, BeckRS 2012, 50813.

[895] BVerwG, NVwZ 1992, 165, 166; VGH BW, BauR 2003, 1716, 1718.

begünstigen kann; der rechtstreue Nachbar wäre hier schnell der „Dumme".[896] Jedenfalls für die Fälle einer **Genehmigungsfreistellung** geht die Rechtsprechung daher zur Kompensation des durch den Wegfall des Genehmigungsverfahrens eingetretenen Rechtsschutzdefizits für den Nachbarn mittlerweile ganz überwiegend von einer regelmäßigen *Ermessensreduzierung* aus, sofern die nachbarlichen Belange mehr als nur geringfügig berührt sind.[897] Gleiches wird man zur Vermeidung von Wertungswidersprüchen auch bei Baugenehmigungen im vereinfachten Verfahren annehmen müssen, soweit es um Verstöße gegen nicht zum dortigen Prüfprogramm gehörendes nachbarschützendes Recht geht.[898] Im Verhältnis Behörde-Bauherr entspricht es schließlich ohnehin regelmäßig ordnungsgemäßer Ermessensbetätigung, unter dem Gesichtspunkt der Gleichbehandlung[899] und zur Vermeidung von Präzedenzfällen die Beseitigung eines illegalen Bauvorhabens anzuordnen.[900]

Im Ergebnis wird man daher bei Verletzung nachbarschützender Vorschriften **regelmäßig einen gebundenen Anspruch** des Nachbarn auf bauaufsichtliches Einschreiten bejahen müssen. Ob der Nachbar tatsächlich beeinträchtigt ist, kann dabei nur eine Rolle spielen, wenn die verletzte Norm ihrerseits eine solche verlangt.[901] Allein wenn dem so ist, wird die Bauaufsichtsbehörde bei nur *geringfügiger tatsächlicher Beeinträchtigung* des Nachbarn und zugleich *erheblichem Schaden* für den Bauherrn nach dem **Grundsatz der Verhältnismäßigkeit** den Interessen des Bauherrn bei der Ermessensausübung im Einzelfall den Vorrang einräumen dürfen.[902] Schließlich besteht ein Anspruch auf Einschreiten auch immer dann, wenn es um die *Durchsetzung von nachbarschützenden Auflagen* in einer Baugenehmigung geht.[903] Dort wo die Behörde ausnahmsweise von einem Einschreiten absieht, werden ihre diesbezüglichen Ermessenserwägungen jedenfalls stets kritisch zu hinterfragen sein.[904] **Maßgeblicher Zeitpunkt** für die Beurteilung der Rechtslage ist beim Begehren nach bauaufsichtlichem Einschreiten grundsätzlich der der *letzten mündlichen Verhandlung*, so dass für den Antragsteller nachteilige Änderungen der Rechtslage bis zu diesem Zeitpunkt zu berücksichtigen sind,[905] etwa eine zwischenzeitlich eingetretene materielle Rechtmäßigkeit des Bauwerks. 182

cc) Form des Einschreitens. Auch soweit der Nachbar einen Anspruch auf bauaufsichtliches Einschreiten hat, betrifft dies zunächst einmal nur das **Entschließungsermessen** der Behörde, also die Frage, ob überhaupt eingeschritten wird. Hinsichtlich des weiter regelmäßig bestehenden **Auswahlermessens**, in welcher konkreten Art und Weise eingeschritten wird, sind demgegenüber weitere Gesichtspunkte, insbesondere der Grundsatz der Verhältnismäßigkeit[906] zu berücksichtigen. Insbesondere geht der An- 183

[896] Simon/Busse/*Decker*, BayBO, Art. 76 Rn. 499; s. ferner a. a. O. Rn. 496 (solches Prozedere ist eines Rechtsstaates unwürdig); *Stadler*, BayNachbR, 14 III 3 (geradezu abwegige Abdrängung des öffentlich-rechtlichen Nachbarschutzes auf den Zivilrechtsweg).

[897] VGH BW, BauR 1995, 219, 220; NJOZ 2007, 5888, 5889; SächsOVG, NVwZ 1997, 922; BayVGH, NVwZ 1997, 923; 16. 9. 2004 – 20 ZB 04.2179; VG München, NVwZ 1997, 928, 929; ferner OVG Greifswald, BauR 2003, 1710, 1711. Anders verhält es sich allerdings nach der Rspr. auch im Freistellungsverfahren, wenn eine bestehende Verletzung nachbarschützender Vorschriften noch ausgeräumt werden könnte, weil zumindest die *tatbestandliche Möglichkeit* einer *Befreiung nach § 31 II BauGB* oder einer *bauordnungsrechtlichen Abweichungsentscheidung* besteht; vgl. dazu OVG Münster, BauR 1999, 628, 630 f. (Abweichung von Abstandsflächenvorschriften) sowie VG Meiningen, BauR 1997, 99 f. (Befreiung nach § 31 II BauGB). Vgl. zum Ganzen ferner *Uechtritz*, BauR 1998, 719 ff.; *Mehde/Hansen*, NVwZ 2010, 14 ff. m. w. N.

[898] So auch *Numberger*, BayVBl. 2008, 741, 744.

[899] S. dazu ThürOVG, BauR 2011, 244 f.

[900] BVerwGE 116, 169, 175 = NVwZ 2002, 1250; VGH BW, BRS 74 (2009) Nr. 151.

[901] Vgl. OVG Münster, NVwZ-RR 2000, 205, 206 (zum Nichteinhalten der Abstandsflächen); BauR 2009, 1716, 1717 (zum Gebietserhaltungsanspruch).

[902] Vgl. *Battis/Krautzberger/Löhr*, BauGB, § 31 Rn. 101 m. w. N.

[903] Schrödter/*Rieger*, BauGB, § 31 Rn. 98.

[904] *Sacksofsky*, DÖV 1999, 946, 953, spricht sogar davon, dass solche Ermessenserwägungen regelmäßig nur sachwidrige „Ausreden" darstellen werden.

[905] BVerwGE 61, 128, 134 = NJW 1981, 2426.

[906] S. z. B. BayVGH, BayVBl. 2011, 500, 503 f.

spruch des Nachbarn auf Einschreiten aber nicht weiter als zur Beseitigung des Verstoßes gegen nachbarschützendes Recht erforderlich. Verstößt daher nur die Nutzung des Vorhabens gegen nachbarschützende Normen, so kommt allein eine **Nutzungsuntersagung** in Betracht; nur wo das Bauwerk als solches einen Verstoß darstellt, kann seine **Beseitigung** angeordnet werden.[907] Während der rechtswidrigen Errichtung des Vorhabens kommt hier zudem eine **Baueinstellung** in Betracht.[908] Jedenfalls insoweit wird man unabhängig von den obigen Ausführungen zur Ermessensreduzierung regelmäßig von einem gebundenen Anspruch des betroffenen Nachbarn ausgehen müssen, um die weitere Verfestigung rechtswidriger Zustände wirksam zu unterbinden.[909] Wirtschaftliche Folgen des Baustillstands für den Bauherrn spielen für eine solche bloße Baueinstellung auch unter Verhältnismäßigkeitsgesichtspunkten regelmäßig keine Rolle.[910]

5. Normenkontrollklage

184 Einen besonderen Fall verwaltungsgerichtlichen Rechtsschutzes stellt die Normenkontrollklage nach **§ 47 VwGO** dar, die im Baurecht vor allem beim Vorgehen gegen Bebauungspläne, aber auch gegen andere Ortssatzungen wie solche nach § 34 IV BauGB, relevant wird.

a) Bedeutung im Nachbarrecht

185 In nachbarrechtlicher Hinsicht hat sie vor allem dann Bedeutung, wenn der Nachbar durch mehrere aufgrund der Planung mögliche Vorhaben beeinträchtigt würde. Zwar könnte er auch erst später gegen die auf der Grundlage eines Bebauungsplans erteilten Baugenehmigungen vorgehen; das Verwaltungsgericht müsste dann die Gültigkeit des Bebauungsplans als Vorfrage inzident mitprüfen. Durch ein stattgebendes Urteil erwächst jedoch die Beurteilung dieser Vorfrage nicht in Rechtskraft. Der Nachbar müsste daher gegen jedes auf der Grundlage des Plans genehmigte Vorhaben einzeln vorgehen. Hier ist es daher der einfachere Weg, sogleich den Bebauungsplan selbst zu Fall zu bringen.

b) Zulässigkeit des Antrags

186 Der Nachbar ist nur **antragsbefugt**, wenn er geltend machen kann, durch den Bebauungsplan oder dessen Anwendung in seinen *Rechten verletzt* zu sein oder in absehbarer Zeit verletzt zu werden (§ 47 II 1 VwGO); dies entspricht der Klagebefugnis nach § 42 II VwGO.[911] Zu beachten ist allerdings, dass der Antrag nach § 47 II a VwGO **unzulässig** ist, wenn der Antragsteller *ausschließlich*[912] Einwendungen geltend macht, die er im Rahmen der öffentlichen Auslegung oder im Rahmen der Öffentlichkeitsbeteiligung nicht oder verspätet geltend gemacht hat, aber hätte geltend machen können, und wenn auf diese Rechtsfolge im Rahmen der Beteiligung hingewiesen worden ist. Eine Rechtsverletzung des Nachbarn liegt auch in einem Verstoß gegen das drittschützende Gebot gerechter Abwägung (§ 1 VII BauGB);[913] ausreichend ist dabei bereits ein nicht hinreichend abgewogenes Planungsergebnis als solches, ohne dass es darauf ankäme, ob die Gemeinde auch zu einem anderen Abwägungsergebnis verpflichtet war.[914] Auch der bloß schuldrechtlich

---

907 Zur ausnahmsweisen Anordnung der sofortigen Vollziehbarkeit, insbes. bei unbelehrbaren Schwarzbauern s. OVG Greifswald, BauR 2009, 482; ferner BayVGH, BayVBl. 2011, 500, 504.

908 S. auch OVG Münster, BauR 2001, 380 (Baueinstellung auch bei weitgehender Fertigstellung, sofern sich Nachbar auch gegen die spätere Nutzung wehrt).

909 Vgl. OVG Greifswald, BauR 2003, 1710, 1711; OVG Saarlouis, NJOZ 2007, 4058, 4066; BeckRS 2012, 50813. Außerdem ist hier auch regelmäßig die Anordnung der sofortigen Vollziehbarkeit vorzunehmen, vgl. BayVGH, BayVBl. 2010, 144, 147.

910 OVG Saarlouis, NJOZ 2007, 4058, 4066; BeckRS 2012, 50813.

911 BVerwGE 107, 215, 217 = NJW 1999, 592; BVerwG, NVwZ 2004, 1120. Zur Klagebefugnis s. oben Rn. 141.

912 OVG Münster, BauR 2008, 2032.

913 BVerwGE 107, 215, 220 = NJW 1999, 592; BVerwG, BauR 2000, 243 f. (zum vorhabenbezogenen Bebauungsplan nach § 30 II BauGB); NVwZ 2004, 1120 f.

914 BVerwG, BauR 2011, 1641, 1642.

vermittelte Besitz, z. B. durch Miete oder Pacht, kann zur Anfechtung berechtigen.[915] Eine Rechtsverletzung durch die Anwendung des Bebauungsplans kann in der Erteilung einer Baugenehmigung auf Grundlage des Plans liegen. Sofern der Plan bereits durch bestandskräftige Baugenehmigungen vollständig realisiert worden ist, fehlt dem Nachbarn allerdings das **Rechtsschutzbedürfnis**, sofern nicht besondere Anhaltspunkte dafür vorliegen, dass die Genehmigungsbehörde diese zurücknehmen wird.[916] Das Rechtsschutzbedürfnis fehlt auch, wenn der Antragsteller durch eine Nichtigerklärung des Plans seine Rechtsstellung nicht verbessern kann, etwa wenn ein befürchtetes konkretes Bauvorhaben dann auch nach § 34 BauGB nicht abwehrbar wäre.[917] Der Antrag ist innerhalb einer **Frist** von einem Jahr nach Bekanntmachung des Plans zu stellen (§ 47 II 1 VwGO);[918] danach ist er unzulässig.[919] Hierbei handelt es sich um eine Ausschlussfrist, so dass keine Wiedereinsetzung in Betracht kommt.[920] Es besteht **Anwaltszwang** (§ 67 VwGO). Über den Antrag entscheidet das Oberverwaltungsgericht, in Baden-Württemberg, Bayern und Hessen der Verwaltungsgerichtshof.

c) Begründetheit des Antrags

Der Antrag ist begründet, wenn der Bebauungsplan aus formellen oder materiellen Gründen rechtswidrig und damit **unwirksam** ist. Die Besonderheit des Normenkontrollverfahrens im Unterschied zu den anderen Verfahren der VwGO liegt darin, dass – anders als noch auf der Zulässigkeitsebene des Antrags – dieser auch dann begründet ist, wenn der Plan nur *objektiv rechtswidrig* ist, ohne den Antragsteller in seinen subjektiven Rechten zu verletzen; es handelt sich daher nicht nur um ein subjektives Rechtsschutzverfahren, sondern auch um ein **objektives Rechtsbeanstandungsverfahren**.[921] 187

Sofern der Plan für unwirksam erklärt wird, ist die Entscheidung **allgemein verbindlich** (§ 47 V 2 VwGO). Seine Unwirksamkeit besteht von Anfang an (ex tunc), allerdings bleiben auf seiner Grundlage erteilte Baugenehmigungen wirksam, sofern sie bereits bestandskräftig sind (§ 47 V 3 i. V. m. § 183 VwGO). Die im Einzelnen zu einer Unwirksamkeit führenden Umstände sind vielfältig, exemplarisch sei hier nur das Vorliegen eines *Abwägungsfehlers* (§ 1 VII BauGB) genannt.[922] Allerdings sind, auch wenn Fehler vorliegen, stets die umfangreichen *Planerhaltungsregeln* der §§ 214 ff. BauGB im Auge zu behalten, die die gerichtliche Kontroll- und Verwerfungskompetenz zum Teil erheblich einschränken. 188

d) Einstweilige Anordnung

Nach **§ 47 VI VwGO** kann das Gericht auf Antrag auch eine einstweilige Anordnung erlassen, wenn dies zur Abwehr *schwerer Nachteile* oder aus *anderen wichtigen Gründen* dringend geboten ist. Die Hürde hierfür ist deutlich höher als für den Erlass einer einstweiligen Anordnung nach § 123 VwGO.[923] So kommt die vorläufige Außervollzugsetzung eines Bebauungsplans etwa in Betracht, wenn auf seiner Grundlage die Verwirklichung einer Vielzahl sämtlich den Nachbarn beeinträchtigender Bauvorhaben droht, deren Einzelabwehr, auch über §§ 80, 80 a bzw. 123 VwGO, nicht mehr zumut- 189

---

915 BVerwG, BauR 2000, 848, 850.

916 BVerwG, NJW 1988, 839, 841; BauR 1999, 1131, 1132 (Rechtsschutzbedürfnis fehlt nicht bei erst teilweiser Realisierung).

917 BVerwG, BauR 2008, 2031.

918 Eine Rechtsbehelfsbelehrung muss in der Bekanntmachung nicht enthalten sein, BVerwG, BauR 2001, 1066.

919 Zulässig bleibt hingegen auch nach Fristablauf die Inzidentkontrolle des Bebauungsplans, z. B. im Rahmen der Anfechtung einer auf seiner Grundlage erteilten Baugenehmigung, BVerwG, BauR 2001, 199, 201; 2007, 515.

920 OVG Münster, NVwZ-RR 2005, 290; BayVGH, BauR 2010, 1560, 1563.

921 BVerwG, BauR 2001, 747, 748.

922 Dieser kann selbst durch einen dinglich gesicherten Verzicht der Betroffenen auf ihre Abwehrrechte nicht überwunden werden, vgl. BVerwG, BauR 2002, 730, 731.

923 BVerwG, NVwZ 1998, 1065. Zu § 123 VwGO s. unten Rn. 239 ff.

bar erscheint.[924] Die Möglichkeit vorläufigen Rechtsschutzes nach §§ 80, 80 a, 123 VwGO schließt allerdings auch im Übrigen eine einstweilige Anordnung nicht von vornherein aus.[925] Die Stilllegung bereits begonnener einzelner Vorhaben ist über § 47 VI VwGO dagegen nicht möglich.[926] Schließlich wird der Erlass einer einstweiligen Anordnung „aus anderen wichtigen Gründen" dann dringend geboten sein, wenn die Unwirksamkeit der angegriffenen Rechtsnorm schon bei überschlägiger Prüfung offensichtlich ist und durch ihren Vollzug vollendete, nicht oder nur schwer wieder rückgängig zu machende Tatsachen geschaffen würden.[927]

V. Immissionsschutzrechtliche Nachbarklage

1. Nachbar

190 Im Gegensatz zum rein grundstücksbezogenen baurechtlichen Nachbarschutz greift der immissionsrechtliche Nachbarschutz deutlich weiter. **Zweck des BImSchG** ist es ausdrücklich, Menschen, Tiere und Pflanzen, den Boden, das Wasser, die Atmosphäre sowie Kultur- und sonstige Sachgüter vor *schädlichen Umwelteinwirkungen* (s. die Legaldefinitionen in § 3 I, II, III BImSchG) zu *schützen* und deren Entstehen *vorzubeugen* (§ 1 I BImSchG, s. ferner § 1 II BImSchG). Demgemäß ist auch der Begriff der **Nachbarschaft**, in § 3 I BImSchG ausdrücklich erwähnt, weiter zu fassen als im Baurecht. In jedem Fall ist aber eine Beziehung zur Anlage erforderlich, die den Betroffenen von der Allgemeinheit abhebt, indem sie zu einer über das allgemeine Lebensrisiko hinausgehenden **qualifizierten Betroffenheit** führt; dies setzt ein besonderes Verhältnis zur Anlage im Sinne einer engeren Beziehung voraus.[928]

191 In **räumlicher** Hinsicht umfasst die Nachbarschaft danach den gesamten *Einwirkungsbereich* einer Anlage,[929] also diejenige Umgebung, innerhalb derer Immissionen bei Normalbetrieb, aber auch bei Störfällen, noch belegbar sind.[930] Allgemeingültige Grenzen lassen sich hier schwerlich ziehen. Vielmehr ist der Nachbarschaftsradius letztlich abhängig von der Art der Immissionen und der Immissionsintensität der konkreten Anlage.[931] Anhaltspunkte hierfür liefert bei Luftverunreinigungen die TA-Luft.[932]

192 In **personenbezogener** Hinsicht sind nicht nur Eigentümer[933] und sonstige eigentumsähnlich dinglich Berechtigte von Grundstücken im Einwirkungsgebiet geschützt, sondern darüber hinaus auch die Eigentümer von dort befindlichen sonstigen Sachen und Sachgesamtheiten wie eines Gewerbebetriebs.[934] Erfasst ist auch der Eigentümer des Betriebsgrundstücks selbst, jedenfalls wenn er vom Anlagenbetreiber völlig personenverschieden ist.[935] Auch eine Gemeinde ist als Grundstückseigentümer Nachbar in diesem Sinne.[936] Ferner all diejenigen Personen, die ihren *dauernden Aufenthalt* oder sonstigen

[924] OVG Münster, BauR 1996, 826, 827 f.

[925] BayVGH, NVwZ-RR 2000, 416, 417; BauR 2007, 345, 346; BeckRS 2009, 31065; OVG Hamburg, NJOZ 2007, 2551, 2553; **a. A.** BayVGH, NVwZ-RR 2010, 44.

[926] OVG Münster, BauR 2001, 1399, 1401 f.; OVG Hamburg, NJOZ 2007, 2551, 2553.

[927] OVG Münster, NVwZ-RR 2009, 799; OVG Hamburg, BauR 2010, 1040, 1041.

[928] BVerwGE 101, 157, 165 = NVwZ 1997, 276; BGHZ 182, 370, 376 = NVwZ 2010, 467.

[929] BGHZ 182, 370, 377 = NVwZ 2010, 467; s. ferner BT-Drucks. 7/179, S. 29.

[930] OVG Lüneburg, GewArch 1980, 203, 206; OVG Saarlouis, NVwZ 1995, 97, 98 (auch im Ausland); BayVGH, BayVBl. 2004, 660, 662.

[931] Vgl. BayVGH, NVwZ-RR 1997, 159, 162.

[932] OVG Lüneburg, NVwZ 1985, 357; OVG Münster, NVwZ 1993, 386; **a. A.** BayVGH, NVwZ-RR 1991, 463 f. (nur innerhalb des definierten Messbereichs nach der TA-Luft); s. ferner VGH BW, NVwZ-RR 1999, 298, 299.

[933] BGHZ 182, 370, 376 = NVwZ 2010, 467. Zum Erwerb von *Sperrgrundstücken* vgl. bereits oben Rn. 147.

[934] BVerwG, NJW 1983, 1507, 1508; BGHZ 182, 370, 376 = NVwZ 2010, 467.

[935] BGHZ 182, 370, 378 = NVwZ 2010, 467.

[936] BVerwG, NuR 1993, 79; BGHZ 182, 370, 381 = NVwZ 2010, 467. Sie ist jedoch nicht Sachwalter der Rechte ihrer Bürger, vgl. HessVGH, UPR 1992, 319.

Lebensschwerpunkt im Einwirkungsbereich der Anlage haben und sich daher deren Auswirkungen nicht nachhaltig entziehen können;[937] hierzu zählen alle Bewohner des Einwirkungsbereichs der Anlage,[938] also auch Mieter von Wohnraum[939] nebst ihren dort wohnenden Familienangehörigen, sowie Arbeitnehmer und Besucher einer Ausbildungsstätte,[940] einschließlich der in dem Anlagenbetrieb selbst Beschäftigten.[941] *Keine* Nachbarn sind dagegen nur vorübergehend oder zufällig und damit ohne besondere persönliche Bindungen dort befindliche Personen,[942] wie Urlauber oder Kunden eines Betriebs.

2. Drittschutz im Einzelnen

Das BImSchG regelt nur den **anlagenbezogenen Immissionsschutz**, also Immissionen, die auf die Errichtung oder den Betrieb von Anlagen (s. die Legaldefinition in § 3 V BImSchG)[943] zurückgehen (§ 2 I Nr. 1 BImSchG).[944] Für die Frage nach Grund und Umfang des Nachbarschutzes ist dabei zunächst ausschlaggebend, ob es um eine **genehmigungsbedürftige** (§§ 4 ff. BImSchG i. V. m. 4. BImSchV) oder um eine **genehmigungsfreie** Anlage (§§ 22 ff. BImSchG) geht. Bei genehmigungsbedürftigen[945] Anlagen ist darüber hinaus zwischen einem Genehmigungserfordernis im **förmlichen Verfahren** (§ 10 BImSchG i. V. m. § 2 I 1 Nr. 1 der 4. BImSchV) und einem solchen im **vereinfachten Verfahren** (§ 19 BImSchG i. V. m. § 2 I 1 Nr. 2 der 4. BImSchV) zu unterscheiden. Die **immissionsschutzrechtliche Genehmigung**[946] ist *kein Dauerverwaltungsakt*; sie gestattet vielmehr zum einen die Errichtung und den Betrieb der genehmigten Anlage, zum anderen stellt sie fest, dass die Anlage mit den zum Zeitpunkt der Genehmigungserteilung geltenden öffentlich-rechtlichen Vorschriften vereinbar ist.[947] 193

a) Genehmigungsbedürftige Anlagen

aa) Grundpflichten aus § 5 BImSchG. Für genehmigungsbedürftige Anlagen ergeben sich die Grundpflichten im Zusammenhang mit Errichtung und Betrieb der Anlage aus § 5 BImSchG; zu ihrer Durchsetzung kann die Genehmigung nach § 12 BImSchG mit Nebenbestimmungen versehen werden. Nachbarschützend ist dabei zunächst **§ 5 I 1 Nr. 1 BImSchG** (*Schutzgrundsatz*),[948] soweit die Vorschrift bestimmt, dass Anlagen so zu errichten und zu betreiben sind, dass schädliche Umwelteinwirkungen und sonstige Gefahren, erhebliche Nachteile und erhebliche Belästigungen nicht nur für die Allgemeinheit, sondern auch für die Nachbarschaft nicht hervorgerufen werden können. Im Streitfall ist die Frage nach schädlichen Umwelteinwirkungen auf die Nachbarschaft vom Gericht grundsätzlich umfassend zu prüfen.[949] Maßstab für die Zumutbarkeit ist dabei das Empfinden 194

---

937 BVerwGE 121, 57, 59 = NVwZ 2004, 1237; BVerwG, NJW 1983, 1507, 1508; OVG Lüneburg, DVBl. 1984, 890, 891; OVG Saarlouis, NVwZ 1995, 97, 98 (einschließlich des im Ausland gelegenen Einwirkungsbereichs der Anlage); vgl. ferner BVerwGE 75, 285, 287 ff. = NJW 1987, 1154 zum Atomrecht.

938 BVerwGE 121, 57, 59 = NVwZ 2004, 1237; BGHZ 182, 370, 376 = NVwZ 2010, 467; BayVGH, BayVBl. 2008, 405.

939 BGHZ 182, 370, 377 = NVwZ 2010, 467; BGH, NJW 1995, 132, 134.

940 BVerwGE 121, 57, 59 = NVwZ 2004, 1237; BVerwG, NJW 1983, 1507, 1508.

941 BGHZ 182, 370, 377 = NVwZ 2010, 467.

942 BVerwG, NJW 1983, 1507, 1508; VGH BW, NVwZ-RR 1995, 639, 641.

943 S. ferner § 35 I KrWG zu den nur nach dem BImSchG zu behandelnden ortsfesten (sog. immissionsschutzrechtlichen) Abfallbeseitigungsanlagen.

944 Zum landesrechtlichen Immissionsschutz im Übrigen s. unten Rn. 209.

945 Zu den Amtspflichten (§ 839 BGB) der Genehmigungsbehörde s. z. B. BGHZ 182, 370 = NVwZ 2010, 467.

946 Diese wird wie auch die Baugenehmigung nicht dem Grundstück, sondern dem Träger des Vorhabens erteilt, geht also bei Übertragung des Standortgrundstücks auch nicht automatisch auf den Erwerber über, vgl. BayVGH, BayVBl. 2006, 541, 542.

947 Deshalb ergibt sich hieraus auch kein Bestandsschutz gegenüber nachträglichen Rechtsänderungen, vgl. BVerfG, NVwZ 2010, 771, 773 f.; BVerwG, NVwZ 2009, 1441, 1442.

948 BVerwGE 85, 368, 372 = NVwZ 1991, 369; E 119, 329, 332 = NVwZ 2004, 610; BGHZ 182, 370, 375 f. = NVwZ 2010, 467; BayVGH, NVwZ-RR 2011, 595.

949 BVerwGE 85, 368, 379 = NVwZ 1991, 369.

eines verständigen Durchschnittsmenschen.[950] Die Schutzwürdigkeit von Nachbarn hängt dabei insbesondere davon ab, was in der Nachbarschaft planungsrechtlich zulässig ist;[951] tatsächliche Vorbelastungen sind zu berücksichtigen.[952] Vielfach ergeben sich die Schädlichkeitsgrenzen allerdings bereits aus Rechtsverordnungen nach §§ 7, 48 a BImSchG[953] oder allgemeinen Verwaltungsvorschriften, wie den auf der Grundlage des § 48 I BImSchG erlassenen **normkonkretisierenden Verwaltungsvorschriften**,[954] namentlich der TA-Luft und TA-Lärm;[955] auch der Nachbar kann sich auf diese berufen, soweit sie drittschützende Rechtsnormen konkretisieren.[956] Sie sind auch von den Gerichten grundsätzlich zur Bestimmung der Schädlichkeitsgrenze anzuwenden, sofern ihre *tatbestandlichen Voraussetzungen* im Einzelfall vorliegen;[957] anders liegt es nur, wenn *gesicherte neue wissenschaftliche Erkenntnisse* bestehen,[958] oder es sich um eine *atypische Fallgestaltung* handelt.[959] Demgegenüber kommt anderen technischen Regelwerken wie DIN-Normen oder VDI-Regeln als privaten Regelwerken allenfalls eine jederzeit widerlegliche Vermutung für ihre Richtigkeit zu;[960] sachlichen Einwänden wird daher hier stets nachzugehen sein. In **Gemengelagen** ist, ähnlich dem Baurecht, grundsätzlich von einem *Mittelwert* auszugehen, regelmäßig begrenzt durch den Immissionsrichtwert für die nächsthöhere Gebietsklasse;[961] dies ist allerdings kein arithmetischer Mittelwert, vielmehr sind für die Bemessung der Grenze des Zumutbaren auch andere Umstände zu berücksichtigen, etwa die zeitliche Priorität der entgegenstehenden Nutzungen.[962] Sonstige Gefahren i. S. d. § 5 I 1 Nr. 1 BImSchG sind etwa Feuer- oder Explosionsgefahr, weitere erfasste Immissionen etwa Erschütterungen, elektromagnetische Felder (vgl. 26. BImSchV) und Lichtimmissionen. § 5 I 1 Nr. 1 BImSchG enthält dabei über das Immissionsschutzrecht hinaus die maßgebliche Grenzziehung für die Zumutbarkeit von Immissionen.[963]

195 Nachbarschützend ist auch **§ 5 III Nr. 1 BImSchG**, soweit er ausdrücklich die Nachbarschaft erwähnt.[964] Dagegen schützt der *Vorsorgegrundsatz* des **§ 5 I 1 Nr. 2 BImSchG** allein die Allgemeinheit.[965] Solange für potenziell gesundheitsgefährdende Stoffe keine Immissionswerte nach § 48 I BImSchG bestimmt sind, dienen allerdings auch im Rahmen des Vorsorgegebots *zur Minimierung des Gesundheitsrisikos erlassene Emissionsgrenzwerte* dem Schutz eines individualisierbaren Personenkreises im Einwirkungsbereich der Anlage; im Rahmen des Minimierungsgebots endet die Schutzpflicht allerdings regelmäßig dort, wo aufgrund sachverständiger Risikoabschätzung die Irrelevanz der von der Anlage verur-

---

950 BVerwGE 101, 157, 162 = NVwZ 1997, 276; BayVGH, NVwZ-RR 2009, 16, 17; OVG Lüneburg, NVwZ-RR 2011, 397, 400.

951 BVerwGE 74, 315, 326 = NJW 1987, 1713.

952 BayVGH, NVwZ-RR 2000, 273.

953 Z. B. StörfallVO (12. BImSchV); GroßfeuerungsanlagenVO (13. BImSchV); VO über Luftqualitätsstandards und Emissionshöchstmengen (39. BImSchV).

954 BVerwGE 107, 338, 341 = NVwZ 1999, 1114; VGH BW, NVwZ-RR 2003, 745, 750; OVG Münster, NVwZ 2004, 366 f.

955 Technische Anleitung zur Reinhaltung der Luft (TA-Luft) v. 24. 7. 2002 (GMBl. 2002 S. 511); Technische Anleitung zum Schutz gegen Lärm (TA-Lärm) v. 26. 8. 1998 (GMBl. 1998 S. 503).

956 BVerwG, NVwZ-RR 1996, 498, 499.

957 BVerwGE 55, 250, 261 = NJW 1978, 1450; E 110, 216, 218 = NVwZ 2000, 440; E 129, 209, 211 = NVwZ 2008, 76.

958 BVerwGE 114, 342, 346 = NVwZ 2001, 1165; BayVGH, BayVBl. 2011, 181, 182.

959 BVerwGE 55, 250, 261 = NJW 1978, 1450; OVG Lüneburg, DVBl. 1985, 1322, 1323. Regelt die Verwaltungsvorschrift hingegen bereits Ausnahmen für Sonderfälle, so ist sie im Übrigen allerdings im Zweifel abschließend, vgl. BVerwGE 129, 209, 211 = NVwZ 2008, 76 (zur TA Lärm).

960 Vgl. BVerwGE 81, 197, 204 f. = NJW 1989, 1291; E 88, 143, 148 f. = NVwZ 1991, 884; BVerwG, UPR 1997, 101, 102; NJW 2003, 3360, 3361; BauR 2007, 1454; 2010, 2083 f. (Orientierungshilfe).

961 Vgl. BVerwGE 81, 197, 205 = NJW 1989, 1291 (Sportanlage und reines Wohngebiet); BVerwG, BauR 2011, 1304, 1306 (Wohnnutzung und Schweinemast); BayVGH, UPR 1990, 448.

962 BVerwG, 12. 9. 2007 – 7 B 24.07; BauR 2011, 1304, 1306; HessVGH, NVwZ 1993, 1004, 1005.

963 BVerwGE 68, 58, 59 f. = MDR 1984, 429; BVerwG, BauR 1999, 152, 156.

964 *Jarass*, BImSchG, § 5 Rn. 125.

965 BVerwGE 65, 313, 320 = NVwZ 1983, 32; E 119, 329, 332 = NVwZ 2004, 610, 611; BayVGH, NVwZ 1998, 1191, 1194; NVwZ-RR 2011, 595.

sachten Immissionszusatzbelastung anzunehmen ist.[966] Nicht nachbarschützend sind schließlich **§ 5 I 1 Nrn. 3, 4, III Nrn. 2, 3 BImSchG.**[967]

196 **bb) Genehmigungsvoraussetzungen aus anderen Rechtsnormen.** Nach § 13 BImSchG schließt die immissionsschutzrechtliche Genehmigung grundsätzlich alle **anderen anlagenbezogenen** Genehmigungen ein (sog. Konzentrationswirkung), die dortigen **materiellen Genehmigungsvoraussetzungen** sind allerdings nach § 6 I Nr. 2 BImSchG dennoch zu prüfen. Soweit jene Vorschriften daher Drittschutz vermitteln, wie etwa baurechtliche Vorschriften,[968] gilt dies auch im Rahmen der immissionsschutzrechtlichen Genehmigung. So ist eine genehmigungsbedürftige Anlage grundsätzlich nur in Gebieten zulässig, die durch Bebauungsplan als *Industriegebiet* i. S. v. § 9 BauNVO ausgewiesen sind.[969]

197 **cc) Verfahrensrecht. Kein Drittschutz** ergibt sich grundsätzlich aus verfahrensrechtlichen Vorschriften,[970] insbesondere besteht kein Anspruch auf Durchführung eines Genehmigungsverfahrens.[971] Deshalb kann auch die Durchführung nur eines Baugenehmigungsverfahrens an Stelle eines vereinfachten Genehmigungsverfahrens nach § 19 BImSchG für sich allein nicht zu einer Verletzung von Nachbarrechten führen.[972] Auch das Gesetz über die Umweltverträglichkeitsprüfung (UVPG) vermittelt als solches keinen Nachbarschutz;[973] allerdings besteht bei gänzlicher[974] Nichtdurchführung einer an sich erforderlichen Umweltverträglichkeitsprüfung bzw. Einzelfallvorprüfung nunmehr wegen des darin liegenden **absoluten Verfahrensfehlers** ein Genehmigungsaufhebungsanspruch nach Maßgabe des § 4 UmwRG, und zwar nach Abs. 3 der Vorschrift – bei Betroffenheit in eigenen Rechten[974a] – auch für Nachbarn.[975] Im **förmlichen Genehmigungsverfahren** können jedoch auch Verfahrensvorschriften drittschützend sein. Dies gilt allerdings nur zugunsten von materiell-rechtlichen *Nachbarn* und nicht schon deshalb, weil jemand im Rahmen der Öffentlichkeitsbeteiligung Einwendungen erhoben hat (vgl. § 10 III 4 BImSchG).[976] Nachbarschützend sind insbesondere § 10 III BImSchG und die weiteren in § 10 BImSchG enthaltenen Beteiligungsvorschriften.[977] Diese Vorschriften sind auch verletzt, wenn statt des förmlichen Verfahrens lediglich ein einfaches nach § 19 BImSchG durchgeführt wird.[978] Auch soweit hiernach Drittschutz aus Verfahrensvorschriften besteht, führt dies jedoch umgekehrt nicht zu einer selbständigen Einklag-

---

[966] BVerwGE 119, 329, 333 f. = NVwZ 2004, 610 (Immissionszusatzbelastung unter 1 % bei anerkannten Wirkungsschwellen); E 128, 278, 286 = NVwZ 2007, 697.

[967] OVG Münster, NVwZ 1987, 146, 147; OVG Koblenz, NVwZ 1991, 86, 87 (je zu § 5 I 1 Nr. 3 BImSchG); anders aber im Rahmen des § 5 I 1 Nr. 3, III Nr. 2 BImSchG bei drittschützendem Charakter der einschlägigen abfallrechtlichen Vorschriften hinsichtlich der *Art und Weise der Abfallbeseitigung*, vgl. Landmann/Rohmer/*Dietlein*, UmwR I, § 5 BImSchG Rn. 195.

[968] Dazu oben Rn. 150 ff.

[969] BVerwG, NJW 1975, 460, 461; s. aber auch BVerwG, DVBl. 1993, 111, 112 (in Gewerbegebiet nicht automatisch unzulässig).

[970] OVG Münster, BauR 2002, 1669, 1671 (zum vereinfachten Genehmigungsverfahren nach § 19 BImSchG).

[971] BVerwGE 85, 368, 374 = NVwZ 1991, 369; OVG Münster, BauR 2004, 804, 805; OVG Lüneburg, BauR 2010, 1746, 1747.

[972] BVerwGE 131, 352, 368 f. = BauR 2009, 68; BVerwG, BauR 2011, 658.

[973] BayVGH, NVwZ 1993, 906; VGH BW, DÖV 1995, 1049, 1050; OVG Münster, BauR 2002, 1669, 1672; OVG Lüneburg, NVwZ-RR 2010, 881.

[974] S. aber die Vorlage an den EuGH durch BVerwG, ZUR 2012, 248 zur Frage, ob ein Aufhebungsanspruch auch bereits bei fehlerhaftem UVP-Verfahren besteht.

[974a] BVerwG, NVwZ 2012, 573, 575.

[975] OVG Magdeburg, NVwZ 2009, 340, 341; OVG Lüneburg, NVwZ-RR 2011, 139; str., vgl. zum Ganzen *Appel*, NVwZ 2010, 473 ff. m. w. N.

[976] BVerwGE 85, 368, 373 = NVwZ 1991, 369; BVerwG, NJW 1987, 1154, 1155; *Kopp/Schenke*, § 42 Rn. 72 m. w. N.

[977] BVerwGE 85, 368, 374 = NVwZ 1991, 369 (zu § 10 II 2 BImSchG); HessVGH, NVwZ-RR 1997, 404, 406; ausführlich Birkl/*Schenk*, F Rn. 108 ff. m. w. N.

[978] *Jarass*, BImSchG, § 19 Rn. 22; a. A. OVG Lüneburg, BeckRS 2010, 50242; offengelassen in BVerwG, BauR 2011, 658.

barkeit des Verfahrensrechts, vielmehr verwirklicht sich hier der **Rechtsschutz erst gegen die verfahrensfehlerhaft erteilte Genehmigung** selbst (§ 44 a VwGO);[979] aufzuheben ist diese allerdings nur, wenn sich der Verfahrensfehler auf die Einhaltung ihrerseits *drittschützender materieller Normen ausgewirkt haben könnte*;[980] das setzt voraus, dass die konkrete Möglichkeit besteht, dass ohne den Verfahrensfehler im Ergebnis anders entschieden worden wäre.[981] Nicht auf besonderen privatrechtlichen Titeln beruhende Einwendungen, die im Rahmen einer ordnungsgemäßen Öffentlichkeitsbeteiligung nicht innerhalb der Einwendungsfrist vorgebracht werden, sind schließlich grundsätzlich gem. § 10 III 5 BImSchG **präkludiert**, mit der Folge dass eine später darauf gestützte Klage von vornherein unbegründet ist.[982]

198 **dd) Wesentliche Änderung.** Eine Genehmigungspflicht besteht nach § 16 BImSchG auch für die wesentliche Änderung einer genehmigungsbedürftigen Anlage. Auch in diesem Rahmen ist die Einhaltung der **Grundpflichten nach § 5 BImSchG** zu prüfen. Der Nachbar kann jedoch die Änderungsgenehmigung nicht anfechten, soweit es um Beeinträchtigungen durch den Altbestand der Anlage geht.[983] Insoweit kann er allenfalls Anordnungen nach § 17 BImSchG verlangen; solche Schutzanordnungen können neben der Änderungsgenehmigung ergehen.[984] Wird die Öffentlichkeitsbeteiligung nach § 16 II BImSchG zu Unrecht unterlassen, so gelten für die Anfechtung der Genehmigung die Ausführungen zu § 10 III BImSchG entsprechend.[985]

199 **ee) Nachträgliche Anordnungen, Widerruf der Genehmigung.** Außerhalb des Erfordernisses einer Änderungsgenehmigung genießt eine einmal genehmigte Anlage einen gewissen – wenn auch im Hinblick auf die Dynamik der Betreiberpflichten beschränkten –[986] Bestandsschutz. **Nachträgliche Anordnungen** sind dann nur in den Grenzen des § 17 BImSchG möglich; diese müssen daher insbesondere **verhältnismäßig** sein (§ 17 II BImSchG). Zugunsten der Nachbarschaft *soll* eine nachträgliche Anordnung getroffen werden, wenn diese nicht ausreichend vor schädlichen Umwelteinwirkungen oder sonstigen Gefahren, erheblichen Nachteilen oder erheblichen Belästigungen geschützt ist (§ 17 I 2 BImSchG); die Vorschrift ist insoweit **nachbarschützend**.[987] Der Nachbar hat dabei schon nach ihrem Wortlaut im Regelfall einen *Rechtsanspruch* auf Erlass einer Anordnung,[988] die Auswahl des konkreten Mittels steht allerdings grundsätzlich im Ermessen der Behörde.[989] Kommt der Anlagenbetreiber einer vollziehbaren nachträglichen Anordnung zum Schutz des Nachbarn nicht nach, so hat letzterer Anspruch auf deren Durchsetzung.[990] Wäre eine nachträgliche Anordnung unverhältnismäßig, so *soll* die Genehmigung unter den engen Voraussetzungen des § 21 BImSchG **widerrufen** werden (§ 17 II 2 BImSchG). Soweit hier der Betrieb der Anlage nachbarschützende Vorschriften verletzt, besteht auch im Rahmen der Entscheidung über den Widerruf der Genehmigung **Nachbarschutz**; das Ermessen der Behörde wird dann regelmäßig reduziert sein.[991] Für bestimmte Anlagen ist das Verfahren auf Erlass einer nachträglichen Anordnung gem. § 17

---

979 BayVGH, NVwZ-RR 2001, 373.

980 BVerwGE 85, 368, 375 = NVwZ 1991, 369; OVG Lüneburg, BauR 2010, 1746, 1748; vgl. auch § 46 VwVfG.

981 BVerwGE 100, 238, 250 = NVwZ 1996, 788; E 122, 207, 213 = NVwZ 2005, 442; E 130, 83, 94 f. = NVwZ 2008, 563; BVerwG, NVwZ 2011, 429, 431; BauR 2011, 658, 659.

982 BVerwGE 66, 99, 106 = NJW 1984, 1250.

983 OVG Münster, NuR 2009, 204, 208.

984 Vgl. BVerwG, BayVBl. 1985, 215.

985 Dazu oben Rn. 197.

986 S. BVerfG, NVwZ 2010, 771, 773 f.; BVerwG, NVwZ 2009, 1441, 1442.

987 OVG Münster, NVwZ 1988, 173, 174; BayVGH, NVwZ 1989, 482, 483.

988 Dies gilt unabhängig davon, ob der Nachbar im Genehmigungsverfahren Einwendungen erhoben hat, vgl. BVerwGE 60, 297, 308 = NJW 1981, 359.

989 Landmann/Rohmer/*Hansmann*, UmwR I, § 17 BImSchG Rn. 233.

990 *Jarass*, BImSchG, § 17 Rn. 86.

991 Vgl. OVG Münster, NVwZ 1988, 173, 175; ferner Birkl/*Schenk*, F Rn. 155.

Ia BImSchG als förmliches Verfahren mit der Möglichkeit der Präklusion für die Rechte Dritter ausgestaltet.

ff) Betriebsuntersagung, Stilllegung, Beseitigung. Kommt der Betreiber[992] einer genehmigungsbedürftigen Anlage einer die Beschaffenheit oder den Betrieb der Anlage betreffenden Auflage nach § 12 BImSchG, einer vollziehbaren nachträglichen Anordnung nach § 17 BImSchG oder einer abschließend bestimmten Pflicht aus einer Rechtsverordnung nach § 7 BImSchG nicht nach, so kann die Behörde bis zur Erfüllung der Pflicht den **Betrieb** der Anlage ganz oder teilweise **untersagen** (§ 20 I BImSchG). Die Vorschrift ist drittschützend, soweit es um die *Durchsetzung von nachbarschützenden Pflichten* geht. Allerdings hat der Nachbar hier regelmäßig nur einen Anspruch auf fehlerfreie Ermessensentscheidung, sofern das Ermessen nicht wegen empfindlicher Beeinträchtigung reduziert ist.[993] Auch § 20 Ia 1 BImSchG ist drittschützend.[994] Aus der Unzuverlässigkeit des Anlagenbetreibers und damit aus § 20 III BImSchG kann der Nachbar dagegen keine Rechte herleiten.[995] 200

Wird eine Anlage gar ohne die nach dem BImSchG erforderliche Genehmigung errichtet, betrieben oder wesentlich geändert (sog. **formelle Illegalität**),[996] so *soll* die Behörde nach § 20 II 1 BImSchG die **Stilllegung** oder **Beseitigung** anordnen. Auf eine gleichzeitige materielle Illegalität kommt es dabei nicht stets an. Jedenfalls für eine bloße Stilllegung reichen bei drohender Beeinträchtigung wichtiger Schutzgüter regelmäßig schon Zweifel an der materiellen Rechtmäßigkeit;[997] steht diese umgekehrt fest, so scheidet allerdings auch eine Stilllegung aus.[998] Eine Beseitigung kommt dagegen nur bei gleichzeitiger **materieller Illegalität** in Frage. Kann die Nachbarschaft auf andere Weise nicht ausreichend geschützt werden, so *hat* die Behörde nach § 20 II 2 BImSchG sogar die Beseitigung anzuordnen. Beide Tatbestände sind *nachbarschützend*;[999] der Nachbar hat bei Vorliegen der Voraussetzungen regelmäßig einen *gebundenen Anspruch* auf Einschreiten. 201

b) Nicht genehmigungsbedürftige Anlagen

aa) Grundpflichten aus § 22 BImSchG. Für nicht genehmigungsbedürftige Anlagen ergeben sich die Grundpflichten im Zusammenhang mit deren Errichtung und Betrieb aus § 22 BImSchG. Nachbarschützend ist dabei zunächst **§ 22 I 1 Nr. 1 BImSchG**,[1000] der bestimmt, dass Anlagen so zu errichten und zu betreiben sind, dass schädliche Umwelteinwirkungen verhindert werden, die nach dem Stand der Technik vermeidbar sind. Gleiches gilt für **§ 22 I 1 Nr. 2 BImSchG**, der bestimmt, dass nach dem Stand der Technik unvermeidbare schädliche Umwelteinwirkungen auf ein Mindestmaß beschränkt werden müssen.[1001] Der Schutzumfang ist allerdings enger als bei § 5 I 1 Nr. 1 BImSchG, da nur Schutz vor schädlichen Umwelteinwirkungen besteht. Bei nicht gewerblichen Anlagen besteht der Schutz überdies nur gegen Luftverunreinigungen, Geräusche und von Funkanlagen ausgehende nichtionisierende Strahlen (§ 22 I 3 BImSchG). Der zulässige Immissionsumfang ist dabei stets überschritten, wenn **Gefahren für Leben oder Gesundheit** bestehen, und seien sie auch technisch unvermeidbar; in diesem Fall ist der Betrieb erforderlichenfalls einzustellen. Erst unterhalb dieser Gefahrenschwelle greift daher die Emis- 202

---

992 Zum Betreiberbegriff s. OVG Münster, NVwZ-RR 2009, 462.
993 *Jarass*, BImSchG, § 20 Rn. 20.
994 Landmann/Rohmer/*Hansmann*, UmwR I, § 20 BImSchG Rn. 90.
995 VGH BW, GewArch 1988, 240, 241.
996 Diese besteht bei Fehlen einer Genehmigung nach dem BImSchG auch, wenn stattdessen lediglich eine Baugenehmigung erteilt wurde, vgl. OVG Lüneburg, UPR 1996, 78. S. aber auch BayVGH, ZUR 2007, 537, 539.
997 BayVGH, NVwZ-RR 2004, 94, 95.
998 BVerwGE 84, 220, 233 = NVwZ 1990, 963.
999 BayVGH, GewArch 1985, 172, 174; VGH BW, VBlBW 1991, 375; HessVGH, NVwZ-RR 2006, 315.
1000 BVerwGE 74, 315, 327 = NJW 1987, 1713; E 79, 254, 257 = NJW 1988, 2396; E 101, 157, 164 = NVwZ 1997, 276; BGH, NJW 1997, 55.
1001 BVerwGE 74, 315, 327 = NJW 1987, 1713; BGH, NJW 1997, 55.

sionsminderungspflicht auf ein Mindestmaß; sie muss jedoch, ohne dass es dabei auf wirtschaftliche Erwägungen ankäme, nach Aufwand und Erfolg **verhältnismäßig** sein.[1002] Zur näheren Bestimmung des zumutbaren Maßes an schädlichen Umwelteinwirkungen ist auch im Rahmen des § 22 BImSchG auf entsprechende Verordnungen (vgl. § 23 BImSchG)[1003] und Verwaltungsvorschriften wie die TA-Luft und TA-Lärm zurückzugreifen.[1004]

203 **bb) Genehmigungspflicht nach anderen Gesetzen.** Soweit für eine nach dem BImSchG nicht genehmigungsbedürftige Anlage eine Genehmigungspflicht nach anderen Gesetzen besteht und der Prüfungsmaßstab der Genehmigung auch das BImSchG umfasst, ist die Einhaltung der **Grundpflichten des § 22 BImSchG** auch im Rahmen dieses Genehmigungsverfahrens zu prüfen und verneinendenfalls die Genehmigung zu versagen oder mit entsprechenden *Auflagen* zu versehen,[1005] z. B. bezüglich Lärmdämmung oder Betriebszeitbeschränkungen.[1006] Dann kann etwa der Nachbar eine erteilte **Baugenehmigung** *anfechten*, wenn sie entgegen den nachbarschützenden Grundpflichten aus § 22 I 1 Nrn. 1 und 2 BImSchG erteilt wurde.[1007]

204 **cc) Anordnungen im Einzelfall, Betriebsuntersagung.** Auch bei nach dem BImSchG nicht genehmigungsbedürftigen Anlagen sieht das Gesetz verschiedene Eingriffsbefugnisse der Behörde zur Durchsetzung der Betreiberpflichten vor. Diese greifen auch, wenn eine unanfechtbare Baugenehmigung vorliegt,[1008] oder wenn die Anlage baurechtlichen Bestandsschutz genießt.[1009] Die Behörde kann nach § 24 S. 1 BImSchG im Einzelfall die zur Durchführung der Grundpflichten des § 22 BImSchG und der Rechtsverordnungen nach dem BImSchG erforderlichen und auch verhältnismäßigen **Anordnungen** treffen;[1010] dabei soll nach § 25 II BImSchG bei einer Gefährdung des Lebens oder der Gesundheit von Menschen erforderlichenfalls sogleich eine vollständige oder teilweise **Betriebsuntersagung** erfolgen; nach § 25 Ia 1 BImSchG hat dies ferner bei der Gefahr schwerer Unfälle zu geschehen. In allen anderen Fällen kann die Behörde nach § 25 I BImSchG eine Betriebsuntersagung anordnen, bis der Betreiber einer vollziehbaren Anordnung nach § 24 BImSchG nachkommt. Diese Eingriffsbefugnisse stehen im Falle ihrer tatbestandlichen Anwendbarkeit neben den bauordnungsrechtlichen Eingriffsbefugnissen.[1011] Sie sind für den Nachbarn **drittschützend**, §§ 24, 25 I BImSchG allerdings nur soweit sie der Durchsetzung ihrerseits nachbarschützender Pflichten dienen.[1012] Der Nachbar hat dabei regelmäßig nur einen **Anspruch auf fehlerfreie Ermessensausübung.**[1013] Überwiegend wird

---

[1002] Vgl. BVerwGE 81, 197, 210 = NJW 1989, 1291.

[1003] Z. B. KleinfeuerungsanlagenVO (1. BImSchV); SportanlagenlärmschutzVO (18. BImSchV); Verordnung über elektromagnetische Felder (26. BImSchV); Geräte- und MaschinenlärmschutzVO (32. BImSchV).

[1004] Vgl. ferner BVerwG, UPR 1996, 309, 310 f. (Wertstoffsammelcontainer); UPR 2001, 352, 353 (Jugendhaus); OVG Münster, BauR 2003, 1361, 1362 f. (TA-Lärm 1998); BayVGH, BayVBl. 2008, 405, 406 (18. BImSchV).

[1005] Vgl. BVerwGE 74, 315, 322 = NJW 1987, 1713; E 109, 314, 319 = NVwZ 2000, 1050; OVG Münster, NJW 1977, 643.

[1006] BVerwGE 81, 179, 210 = NJW 1989, 1291.

[1007] *Jarass*, BImSchG, § 22 Rn. 69. Gehört das BImSchG dagegen nicht zum unmittelbaren Prüfprogramm des Baugenehmigungsverfahrens, so erlangt § 22 BImSchG dennoch im Rahmen des planungsrechtlichen Rücksichtnahmegebots mittelbar Bedeutung, vgl. Simon/Busse/*Wolf*, BayBO, Art. 59 Rn. 35.

[1008] BVerwG, NJW 1988, 2552.

[1009] BVerwGE 98, 235, 247 = NVwZ 1996, 379; BayVGH, NVwZ-RR 2000, 273, 274.

[1010] Vgl. HessVGH, NVwZ 1993, 1004 (Immissionsrichtwerte); OVG Koblenz, NVwZ 2000, 1190, 1191 (zeitliche Einschränkung).

[1011] BVerwGE 91, 92, 101 = NJW 1993, 342; BVerwG, NJW 1988, 1552; BayVGH, NVwZ-RR 2000, 273, 274.

[1012] VGH BW, NVwZ-RR 1999, 569.

[1013] BVerwG, UPR 1989, 224 (weiter Ermessensspielraum); HessVGH, BauR 1978, 44; VGH BW, NJW 1990, 1930, 1931; OVG Münster, BauR 2006, 82; BayVGH, BayVBl. 2006, 351 (nächtlicher Lärm); 2008, 405, 408; zu Ermessensfragen vgl. Birkl/*Schenk*, F Rn. 193 ff. Ggf. kann die Behörde allerdings zur Vorbereitung ihrer Ermessensentscheidung jedenfalls verpflichtet sein, ein Gutachten (hier: Lärmgutachten) einzuholen, vgl. VG Braunschweig, GewArch 2011, 133, 134.

dabei angenommen, dass die Behörde den Betroffenen im Regelfall auch ermessensfehlerfrei auf den *Zivilrechtsweg verweisen* kann;[1014] dies führt allerdings im Ergebnis zu einer zunehmenden Privatisierung des öffentlich-rechtlichen Rechtsgutschutzes.[1015] In jedem Fall ist das Ermessen umso stärker in Richtung einer Pflicht zum Einschreiten reduziert, als sich die Immissionen der Grenze zu einer hohen Unverträglichkeit nähern.[1016] Umgekehrt kann die Behörde ein Einschreiten umso eher ermessensfehlerfrei ablehnen, je geringer Art, Ausmaß und Dauer der Einwirkungen sind.[1017] Im Fall der Betriebsuntersagung nach § 25 Ia 1, II BImSchG hat der Nachbar dagegen im Regelfall einen **Anspruch auf behördliches Einschreiten**.[1018] Bei formell und materiell illegaler Wohnnutzung kann der Nachbar allerdings von vornherein kein Einschreiten zu deren Schutz verlangen.[1019]

c) Grundrechte

Über den genannten einfachgesetzlichen Nachbarschutz hinaus kommt ein weitergehender Schutz durch Grundrechte nicht in Betracht. Insbesondere gilt dies für das Grundrecht auf Leben und körperliche Unversehrtheit aus **Art. 2 II GG**. Der Gesetzgeber hat nämlich im BImSchG ausreichende materiell-rechtliche Regelungen zur Erfüllung seiner aus Art. 2 II GG folgenden Schutzpflicht geschaffen; bei Einhaltung der dortigen Zumutbarkeitsgrenzen kann es zu keinen grundrechtlich relevanten Beeinträchtigungen kommen.[1020] Für **Art. 14 GG** gilt, ähnlich dem Baurecht, nichts anderes.[1021] 205

d) Überwachung und Auskunft

Soweit es um die Feststellung des konkreten Immissionsumfangs geht, muss man dem Nachbarn jedenfalls bei einem begründeten Verdacht, dass die Voraussetzungen einer auch seinem Schutz dienenden Maßnahme erfüllt sind, auch einen Anspruch auf *ermessensfehlerfreie Entscheidung* über **Überwachungsmaßnahmen nach §§ 52, 26 ff. BImSchG** zugestehen;[1022] insbesondere wird man § 52 I 2, 3 BImSchG drittschützende Wirkung zusprechen müssen.[1023] Daneben hat der Nachbar nach § 27 III BImSchG Anspruch auf Bekanntgabe des Inhalts der **Immissionserklärung** des Betreibers einer genehmigungsbedürftigen Anlage. 206

3. Prozessuale Durchsetzung

a) Anfechtungsklage

Ist für eine Anlage eine **immissionsschutzrechtliche Genehmigung erteilt** worden, die den Nachbarn in einem drittschützenden Recht verletzt, so kann er hiergegen mit der Anfechtungsklage vorgehen. Dies gilt auch für ein Vorgehen gegen alle anderen Formen der Genehmigung wie die *Teilgenehmigung* nach § 8 BImSchG und den *Vorbescheid* nach § 9 BImSchG, sowie gegen eine *Änderungsgenehmigung* nach § 16 BImSchG. Die Anfechtungsklage steht dem Nachbar schließlich auch zur Verfügung, wenn er nur die Festsetzung von zusätzlichen oder weitergehenden Schutzauflagen durch **Nebenbestimmungen zur** 207

[1014] Vgl. BVerwG, DVBl. 1969, 586; BauR 1998, 319.
[1015] Staudinger/*Roth*, BGB, § 906 Rn. 13 m. w. N.
[1016] BVerwGE 98, 235, 248 = NVwZ 1996, 379; vgl. auch VGH BW, NJW 1990, 1930, 1931; BayVGH, BayVBl. 2006, 351.
[1017] BayVGH, BayVBl. 2008, 405, 408 (Lärm).
[1018] BVerwGE 81, 197, 211 f. = NJW 1989, 1291; E 91, 92, 94 = NJW 1993, 342; BVerwG, BauR 1999, 152, 158.
[1019] BVerwGE 90, 53, 56 = NVwZ 1992, 886; E 91, 92, 96 = NJW 1993, 342; OVG Münster, NJOZ 2008, 4581, 4582.
[1020] BVerfGE 79, 174, 202 = NJW 1989, 1271 (Straßenlärm); BVerwG, NJW 1984, 250; BayVGH, NVwZ 1989, 482, 484; s. ferner BVerfG, BauR 2002, 1222; BVerwG, BauR 2011, 1150 (je Mobilfunkanlagen).
[1021] Dazu oben Rn. 173.
[1022] BGHZ 182, 370, 381 = NVwZ 2010, 467.
[1023] Näher *Jarass*, BImSchG, § 52 Rn. 17 ff. Die konkreten Ermittlungsmaßnahmen liegen dabei allerdings in jedem Fall im Ermessen der Behörde, vgl. OVG Münster, NVwZ 1988, 173, 175; BayVGH, NVwZ 1989, 482, 483.

Genehmigung erreichen will;[1024] er kann in diesem Fall aber auch Verpflichtungsklage erheben.[1025]

b) Verpflichtungsklage

208 Die Verpflichtungsklage ist in allen anderen Fällen einschlägig, in denen der Nachbar ein **Tätigwerden der Behörde** gegen den Anlagenbetreiber erreichen will. So etwa bei genehmigungsbedürftigen und genehmigten Anlagen durch Erlass einer nachträglichen Anordnung nach § 17 BImSchG, durch Genehmigungswiderruf nach § 21 BImSchG oder durch Maßnahmen nach § 20 I BImSchG; ferner bei genehmigungsbedürftigen aber nicht genehmigten Anlagen durch Maßnahmen nach § 20 II BImSchG; ebenso bei nicht genehmigungsbedürftigen Anlagen nach §§ 24, 25 BImSchG. Schließlich bei der Durchsetzung von Überwachungs- und Kontrollmaßnahmen.[1026] Maßgeblich ist dabei die Sach- und Rechtslage im Zeitpunkt der letzten mündlichen Verhandlung.[1027] Inwieweit dabei im Einzelnen nur ein Anspruch auf **ermessensfehlerfreie Entscheidung** der Behörde gegeben ist oder aber ein gebundener Anspruch, wurde bereits im Zusammenhang mit den jeweiligen Eingriffsermächtigungen erörtert. Auch soweit man nur von einem Anspruch des Nachbarn auf ermessensfehlerfreie Entscheidung ausgeht, wird eine Ermessensreduzierung jedenfalls umso eher in Betracht kommen, je unverträglicher die Immissionen im Einzelfall sind.[1028]

4. Landesrechtliche Vorschriften

209 Wie schon eingangs erwähnt, befasst sich das BImSchG nur mit anlagenbezogenen Immissionen. Für **verhaltensbezogene** Immissionen ohne inneren Zusammenhang mit dem Betrieb einer Anlage verbleibt die Gesetzgebungskompetenz bei den Ländern; Gleiches gilt *außerhalb des Bereichs der Luftreinhaltung, der Lärmbekämpfung und von Funkanlagen ausgehender nichtionisierender Strahlen* auch für **anlagenbezogene** Immissionen **nicht genehmigungsbedürftiger Anlagen**, die *nicht gewerblichen* Zwecken dienen und nicht im Rahmen wirtschaftlicher Unternehmungen Verwendung finden (vgl. § 22 I 3 BImSchG). Die Länder haben insoweit eigene **Landesimmissionsschutzgesetze** erlassen.[1029] Ob und inwieweit die dortigen Vorschriften und die auf ihrer Grundlage ergangenen Verordnungen Drittschutz vermitteln, kann dabei nur im Einzelfall aus dem jeweiligen Regelungszusammenhang beantwortet werden.[1030]

VI. Gaststättenrechtliche Nachbarklage

1. Gaststättenerlaubnis

210 Durch die Föderalismusreform ist das Gaststättenrecht vom Bund in die ausschließliche **Gesetzgebungskompetenz der Länder** übergegangen. Bisher hat allerdings erst ein Teil der Länder hiervon Gebrauch gemacht.[1031] In den übrigen gilt das aufgrund der früheren Bundeskompetenz in Art. 74 I Nr. 11 GG a. F. erlassene **Gaststättengesetz** (GastG) nach Art. 125 a I GG bis auf weiteres als Bundesrecht fort. Die nachfolgenden Erläuterungen gelten daher nur für diese Länder unmittelbar. Auch für die Länder mit eigenem Gaststät-

[1024] BVerwGE 85, 368, 378 = NVwZ 1991, 369.

[1025] *Jarass*, BImSchG, § 6 Rn. 73 m. w. N.

[1026] BGHZ 182, 370, 384 = NVwZ 2010, 467 (auch zur Frage eines Ausschlusses einer Amtshaftung nach § 839 III BGB bei Unterlassen solcher Rechtsbehelfe).

[1027] BayVGH, BayVBl. 2008, 405.

[1028] Vgl. BVerwGE 98, 235, 248 = NVwZ 1996, 379.

[1029] Z. B. Art. 12 ff. BayImSchG; §§ 7 ff. BbgLImschG; §§ 7 ff. LImschG NRW; s. dazu *Dehner*, B § 16; *Saller*, in: Grziwotz/Saller, BayNachbR, Teil 3 Rn. 41 ff.

[1030] Bejahend für das BayImSchG: *Meisner/Ring/Götz*, § 40 Rn. 51 a; *Saller*, in: Grziwotz/Saller, BayNachbR, Teil 3 Rn. 54 ff., 70, 77; ebenso für §§ 9 I, 10 I LImschG NRW: OVG Münster, NVwZ 1984, 531, 532.

[1031] S. LGastG BW, BbgGastG, BremGastG, HessGastG, NdsGastG, SaarlGastG, SächsGastG, ThürGastG.

tengesetz können sie allerdings grundsätzlich herangezogen werden, soweit das dortige Landesrecht dem GastG entsprechende Regelungen trifft, also insbesondere eine grundsätzliche Erlaubnispflicht (sog. Verbot mit Erlaubnisvorbehalt) vorsieht.[1032]

211 Auf der Grundlage des GastG bedarf der Betreiber eines Gaststättengewerbes[1033] nach § 1 GastG grundsätzlich einer **Erlaubnis** (§ 2 GastG);[1034] diese ist im Gegensatz zur allein sachbezogenen Baugenehmigung und immissionsschutzrechtlichen Genehmigung auch **personenbezogen** und wird für eine *bestimmte Betriebsart* und *bestimmte Räume* erteilt (§ 3 I GastG). Andere einschlägige öffentlich-rechtliche Vorschriften bleiben von der Erlaubnis unberührt; soweit diese Drittschutz vermitteln, kann der Nachbar sich daher auch auf diese berufen. Insbesondere ist unter den Voraussetzungen des öffentlichen Baurechts neben der Gaststättenerlaubnis eine **Baugenehmigung** erforderlich.[1035] Die Baugenehmigungsbehörde ist dabei in der Beurteilung baurechtlicher Fragen durch eine bereits *erteilte Gaststättenerlaubnis* nicht gebunden.[1036] Umgekehrt bindet allerdings eine *erteilte Baugenehmigung* im Umfang ihrer Tatbestandswirkung bei der nachfolgenden Erteilung der Gaststättenerlaubnis;[1037] im Erlaubnisverfahren können dann Fragen nicht mehr geprüft werden, die Gegenstand des Baugenehmigungsverfahrens waren.[1038] Wird der Nachbar daher insoweit in seinen Rechten verletzt, so kann er die Gaststätte nur durch ein rechtzeitiges Vorgehen gegen die Baugenehmigung selbst abwehren. Ist dagegen eine *Baugenehmigung noch nicht erteilt*, so kann der Nachbar alle drittschützenden Aspekte des öffentlichen Baurechts im gaststättenrechtlichen Erlaubnisverfahren einbringen.[1039] In bauplanungsrechtlicher Hinsicht sind dabei insbesondere die Vorschriften über die Zulässigkeit von Gaststätten in den verschiedenen Baugebieten nach der BauNVO relevant.

2. Drittschutz im Gaststättenrecht

212 Auch im Gaststättenrecht finden sich nachbarschützende Vorschriften, und zwar bei bestehender Erlaubnispflicht sowohl hinsichtlich der Erlaubniserteilung als auch für die Zeit danach, ferner auch bei ausnahmsweiser Erlaubnisfreiheit. Für Gaststätten als Anlagen i. S. v. § 3 V Nr. 1 BImSchG gelten dabei zwar grundsätzlich auch die §§ 22 ff. BImSchG;[1040] die spezielleren Vorschriften des GastG haben allerdings in Bezug auf

1032 Dem folgt nur ein Teil der neuen Landesgesetze (BW: GastG gilt als Landesrecht fort; Brem: bei Ausschank alkoholischer Getränke), wo deshalb die Systematik des Rechtsschutzes dem des GastG entspricht, wie er nachfolgend dargestellt ist. Soweit Landesrecht (Bbg, Hess, Nds, Saarl, Sachsen, Thür) dagegen von der Erlaubnisfreiheit als Regelfall ausgeht, richtet sich der Rechtsschutz nach den Regeln für erlaubnisfreie Gewerbe, also insbesondere Auflagen (vgl. unten Rn. 219 f.), Sperrzeitverlängerung (vgl. unten Rn. 223) und Gewerbeuntersagung nach § 35 GewO (vgl. unten Rn. 221 a. E.).

1033 Gegenüber der Festsetzung von **Volksfesten** i. S. v. § 60 b GewO kommt ein Abwehrrecht in Betracht, soweit nach § 69 a I Nr. 3 GewO nachbarschützende Vorschriften zu prüfen sind, vgl. BVerwG, NVwZ 1987, 494, 495; OVG Münster, NVwZ 1984, 531, 532; s. ferner *Dehner*, B § 39 a II.

1034 Bei gleichzeitiger Nutzung der öffentlichen Straße für Bewirtungszwecke ist darüber hinaus eine straßenrechtliche **Sondernutzungserlaubnis** erforderlich. Diese stellt allerdings grds. keinen vom Nachbarn anfechtbaren Verwaltungsakt mit Doppelwirkung dar, der Nachbar ist vielmehr auf seine Rechte nach dem GastG verwiesen; vgl. BayVGH, BayVBl. 2004, 533.

1035 BayVGH, NVwZ 1988, 1140; GewArch 2004, 491, 492.

1036 BVerwGE 84, 11, 16 = NVwZ 1990, 559; HessVGH, NVwZ 1990, 583; VGH BW, NVwZ 1990, 1094, 1095.

1037 BVerwGE 80, 259, 261 f. = NVwZ 1989, 258; E 84, 11, 14 = NVwZ 1990, 559; BVerwG, BauR 2011, 1642, 1643; BayVGH, NVwZ 1987, 429; BayVBl. 2009, 755, 756; VGH BW, NVwZ-RR 1993, 140.

1038 Voraussetzung der Bindungswirkung ist daher das Gleichbleiben der Verhältnisse, vgl. *Metzner*, GastG, § 4 Rn. 355 m. w. N.; OVG Saarlouis, NVwZ-RR 2007, 598, 602 (Änderung der Verhältnisse bei zwischenzeitlich gesetzlicher Verkürzung der Sperrzeit für den Zeitraum nach bisherigem Sperrzeitbeginn).

1039 Vgl. BVerwGE 84, 11, 15 = NVwZ 1990, 559; BVerwG, GewArch 1998, 204; auch Bauordnungsrecht, vgl. HessVGH, GewArch 1985, 300, 301; **a. A.** OVG Koblenz, GewArch 1998, 209, 210 (Baurecht nur im Baugenehmigungsverfahren).

1040 BVerwGE 101, 157, 161 = NVwZ 1997, 276; BVerwG, NVwZ 1996, 651.

Gaststätten als Ganzes grundsätzlich Anwendungsvorrang vor den insoweit subsidiären §§ 22 ff. BImSchG.[1041] Demgegenüber werden Nachbarklagen aus den landesrechtlichen Immissionsschutzgesetzen durch das GastG nicht ausgeschlossen.[1042]

a) Drittschutz aus § 4 GastG

213 Nach **§ 4 I 1 Nr. 3 GastG** ist die Erlaubnis zu **versagen**, wenn der Gewerbebetrieb im Hinblick auf seine örtliche Lage oder auf die Verwendung der Räume dem öffentlichen Interesse widerspricht, insbesondere schädliche Umwelteinwirkungen im Sinne des BImSchG oder sonst erhebliche Nachteile, Gefahren oder Belästigungen für die Allgemeinheit befürchten lässt. Soweit die Vorschrift damit auf **schädliche Umwelteinwirkungen i. S. v. § 3 I BImSchG** abhebt, der neben der Allgemeinheit auch ausdrücklich die Nachbarschaft[1043] schützt, kommt ihr auch **Drittschutz** zu.[1044]

214 **Nicht** drittschützend ist § 4 I 1 Nr. 3 GastG dagegen insoweit, als die Vorschrift auch auf *sonst erhebliche Nachteile, Gefahren oder Belästigungen für die Allgemeinheit* abhebt.[1045] Gleiches gilt für die ausschließlich im öffentlichen Interesse ergangenen Vorschriften des § 4 I 1 Nrn. 1, 2 und 4 GastG, also insbesondere für Fragen der Zuverlässigkeit des Gastwirts.[1046]

215 Ist die Erlaubnis nicht mehr anfechtbar, kann die Behörde sie dennoch unter bestimmten Voraussetzungen **zurücknehmen**, soweit sie *rechtswidrig* ist (vgl. die § 48 VwVfG entsprechenden Vorschriften der VwVfGe der Länder). Soweit die Rechtswidrigkeit aus einem Verstoß gegen die nachbarschützende Vorschrift des § 4 I 1 Nr. 3 GastG folgt, hat der Nachbar dabei einen Anspruch auf *ermessensfehlerfreie Entscheidung*,[1047] der sich allerdings bei Gefahren für Leben oder Gesundheit oder für bedeutende Sachwerte auch zu einem gebundenen Anspruch auf Rücknahme verdichten kann.[1048] Demgegenüber kommt ein **Widerruf** der Erlaubnis nach den § 49 VwVfG entsprechenden Vorschriften der VwVfGe der Länder nicht in Betracht, da § 15 II, III GastG insoweit vorgeht;[1049] mangels entsprechender Regelung in § 15 GastG kann deshalb eine Gaststättenerlaubnis auch dann nicht widerrufen werden, wenn nachträglich Tatsachen für den nachbarschützenden Versagungsgrund des § 4 I 1 Nr. 3 GastG eintreten.[1050]

b) Drittschutz im Rahmen des § 12 GastG

216 Nach § 12 GastG kann der Betrieb eines erlaubnispflichtigen Gaststättengewerbes aus besonderem Anlass unter erleichterten Voraussetzungen vorübergehend auf Widerruf gestattet werden. Die Versagungsgründe des § 4 I GastG sind hier, abgestellt auf den vorübergehenden Charakter der Gestattung, im Rahmen der *Ermessensausübung* zu berücksichtigen; dies gilt auch für die drittschützenden Belange in **§ 4 I 1 Nr. 3 GastG**.[1051] Daher hat auch § 12 GastG insoweit *drittschützenden* Charakter.[1052]

1041 BayVGH, GewArch 1990, 218; 1995, 253, 256; 1996, 163; s. im Einzelnen *Michel/Kienzle/Pauly*, GastG, § 31 Rn. 5 ff.

1042 *Michel/Kienzle/Pauly*, GastG, § 31 Rn. 14.

1043 Zum Begriff der Nachbarschaft im Gaststättenrecht gelten die Ausführungen zum BImSchG entsprechend, s. oben Rn. 190 ff.; ferner *Michel/Kienzle/Pauly*, GastG, § 5 Rn. 11.

1044 VGH BW, GewArch 1985, 136, 137; HessVGH, NVwZ 1991, 278, 279 = NJW 1991, 2165 (LS); NVwZ-RR 1993, 407, 408; OVG Münster, GewArch 1993, 254, 255; OVG Koblenz, GewArch 1998, 209, 210; s. zum BImSchG bereits oben Rn. 194.

1045 BVerwGE 101, 157, 164 = NVwZ 1997, 276; OVG Münster, GewArch 1993, 254, 255.

1046 BVerwGE 80, 259, 260 = NVwZ 1989, 258; BVerwG, GewArch 1998, 254 (je zu § 4 I 1 Nr. 1 GastG).

1047 HessVGH, NVwZ-RR 1993, 407, 408.

1048 Zur sofortigen Vollziehbarkeit solcher Entscheidungen vgl. BayVGH, BayVBl. 2004, 565, 566.

1049 BVerwGE 81, 74, 78 = NVwZ 1989, 453; HessVGH, NVwZ-RR 1993, 407, 408. Zu § 15 GastG s. auch unten Rn. 221.

1050 *Metzner*, GastG, § 15 Rn. 44. Zu Auflagen nach § 5 GastG s. unten Rn. 218 ff., zu Sperrzeitverlängerung unten Rn. 223.

1051 *Metzner*, GastG, § 12 Rn. 4 f.

1052 Vgl. BayVGH, NJW 1990, 2488; OVG Koblenz, NVwZ-RR 2004, 485.

c) Drittschutz bei formell illegalem Betrieb

Soweit das Gaststättengewerbe **ohne die erforderliche Erlaubnis betrieben** wird, kann von der zuständigen Behörde die **Fortsetzung des Betriebes verhindert** werden (§ 31 GastG i. V. m. § 15 II GewO). Voraussetzung ist allerdings, dass der Betrieb nicht nur in formeller Hinsicht, sondern auch *materiell rechtswidrig* ist.[1053] Der Nachbar hat dann bei Verletzung nachbarschützender Normen grundsätzlich einen Anspruch auf ermessensfehlerfreie Entscheidung über ein Einschreiten, der sich allerdings bei Gefahren für Leben und Gesundheit oder bedeutende Sachwerte zu einem gebundenen Anspruch auf Einschreiten verdichtet.[1054] 217

d) Drittschutz aus § 5 GastG

Zum Schutz von Nachbarn kommen auch **Auflagen** nach § 5 GastG in Betracht. 218

aa) So können nach **§ 5 I Nr. 3 GastG** *jederzeit* – bei Erteilung der Erlaubnis wie auch nachträglich – Auflagen zum Schutz gegen schädliche Umwelteinwirkungen im Sinne des BImSchG und sonst gegen erhebliche Nachteile, Gefahren oder Belästigungen für die Bewohner des Betriebsgrundstücks oder der Nachbargrundstücke sowie der Allgemeinheit erteilt werden. Die gleichen Anordnungsbefugnisse bestehen auch gegenüber erlaubnisfreien Gaststättengewerben (**§ 5 II GastG**). Die Vorschriften vermitteln Nachbarn Drittschutz gegen die genannten Störungen,[1055] die gegenständlich über die in § 4 I 1 Nr. 3 GastG genannten hinausgehen. Für die Schutzwürdigkeit und Schutzbedürftigkeit ist dabei die bebauungsrechtliche Situation maßgeblich.[1056] Nachbarn, deren Wohnnutzung materiell baurechtswidrig ist, können daher Schutz nur vor denjenigen Störungen verlangen, vor denen sie auch bei zulässiger Nutzung geschützt wären.[1057] Lärm durch Gäste, auch vor der Gaststätte und im Zusammenhang mit An- und Abfahrt, soweit er noch als Ziel- bzw. Quellverkehr in Erscheinung tritt, ist dabei grundsätzlich dem Gaststättenbetrieb zuzurechnen, auch wenn der Gastwirt ihn nicht beeinflussen kann;[1058] soweit nicht spezielle gesetzliche Regelungen bestehen,[1059] ist Gaststättenlärm grundsätzlich anhand der TA-Lärm 1998 zu beurteilen.[1060] Die zur Beurteilung erforderlichen Feststellungen hat die Behörde von Amts wegen zu treffen, regelmäßig wird dies nur durch Messungen vor Ort möglich sein.[1061] Soweit dennoch Unsicherheiten über das Vorliegen einer dem Nachbarn nicht zumutbaren Störung verbleiben, geht dies zu seinen Lasten, so dass Auflagen dann ausscheiden.[1062] Liegen dagegen schädliche Lärmeinwirkungen vor, so kommt dennoch eine Auflage nur gegen diejenigen Gastwirte in Betracht, deren Betrieb auch einen erheblichen Beitrag zu diesem Lärm leistet, dieser darf also nicht im Wesentlichen auf andere Verursacher zurückzuführen sein.[1063] 219

Unter den genannten Voraussetzungen hat der Nachbar einen Anspruch auf **ermessensfehlerfreie Entscheidung** über die Erteilung von Auflagen durch die zuständige Be- 220

1053 OVG Saarlouis, NVwZ-RR 2007, 598, 603.

1054 Vgl. HessVGH, NVwZ-RR 1993, 407; *Metzner*, GastG, § 4 Rn. 349.

1055 BayVGH, NVwZ-RR 1990, 407, 408; GewArch 1995, 253, 254 = NVwZ 1995, 1021 (Biergartenurteil).

1056 BayVGH, GewArch 1995, 253, 254; 30. 6. 2011 – 22 CS 11.902; OVG Berlin-Bbg, NJOZ 2010, 940, 941.

1057 BVerwGE 90, 53, 56 = NVwZ 1992, 876; E 91, 92, 96 = NJW 1993, 342.

1058 BVerwGE 101, 157, 166 = NVwZ 1997, 276; BVerwG, BauR 1999, 152, 158; GewArch 1998, 34, 35; BayVGH, GewArch 1995, 253, 255; BayVBl. 2011, 83; OVG Saarlouis, NVwZ-RR 2007, 598, 599.

1059 S. etwa die auf der Grundlage des § 23 II BImSchG ergangene BayBiergartenVO.

1060 BVerwG, GewArch 2003, 300, 301; die VDI-Richtlinie 2058 Bl. 1 wurde zwischenzeitlich zurückgezogen. Lärm einer Freiluftgaststätte ist dagegen unter Berücksichtigung der besonderen Umstände des Einzelfalls zu beurteilen, s. BVerwG, BauR 2010, 2070.

1061 Vgl. HessVGH, GewArch 1984, 167; SächsOVG, GewArch 1998, 37, 39; s. aber auch OVG Berlin-Bbg, NJOZ 2010, 940, 941 f. (auch rechnerisches Prognoseverfahren zulässig).

1062 VGH BW, GewArch 1974, 133.

1063 BayVGH, BayVBl. 2011, 83.

hörde.[1064] Das Ermessen ist jedoch auf Null reduziert, wenn auch Leben oder Gesundheit von Menschen oder bedeutende Sachwerte gefährdet sind; so liegt es regelmäßig bei Störungen der Nachtruhe wegen der Lebensnotwendigkeit ungestörten Schlafes.[1065] Eine solche Ermessensreduzierung ergibt sich dann zumindest hinsichtlich des „Ob" eines Einschreitens.[1066] Möglich sind sowohl zeitliche, räumliche als auch gegenständliche Einschränkungen der Erlaubnis.[1067] Zeitliche Auflagen nach § 5 GastG sind dabei aber nur außerhalb der allgemeinen Sperrzeit möglich, im Übrigen bestimmt sich die Abgrenzung zu § 18 GastG nach den Anwendungsvoraussetzungen der beiden Normen;[1068] der Schutzzweck von § 18 GastG und § 5 GastG stimmt dabei allerdings weitgehend überein.[1069] Die Auflagen müssen gegenüber dem Gastwirt auch *verhältnismäßig* sein; dies ist etwa nicht der Fall, wenn hierdurch keine deutliche Verbesserung der rechtswidrigen Lärmsituation erreicht wird.[1070] Sie müssen ferner dem *Gleichbehandlungsgebot* des Art. 3 I GG entsprechen; hieraus folgt jedoch nicht, dass rechtswidrige Zustände, die bei einer Vielzahl von Grundstücken vorliegen, stets „flächendeckend" bekämpft werden müssten, und nicht auch im Einzelfall anlassbezogen vorgegangen werden kann, wenn es hierfür sachliche Gründe gibt.[1071] Durch die Auflagen dürfen schließlich die bestimmenden Merkmale der erlaubten Betriebsart nicht ausgehöhlt werden.[1072] In Betracht kommen kann unter Umständen auch eine Verweisung des Nachbarn auf den Zivilrechtsweg.[1073]

221 **bb)** Wird eine nachbarschützende Auflage nicht erfüllt, so ist die Behörde dem Nachbarn gegenüber jedenfalls dem Grunde nach verpflichtet, dieser auch tatsächlich **Geltung zu verschaffen**; lediglich die konkret zu treffenden Maßnahmen stehen insoweit in ihrem Ermessen.[1074] Wird eine nachbarschützende Auflage nach § 5 I Nr. 3 GastG nicht fristgerecht erfüllt, so kann die Behörde nach § 15 III Nr. 2 GastG auch die **Erlaubnis widerrufen**. Der Nachbar hat dabei allerdings grundsätzlich nur einen Anspruch auf ermessensfehlerfreie Entscheidung.[1075] Verstößt der Gaststättenbetreiber bei einem erlaubnisfreien Gaststättengewerbe gegen Schutzauflagen nach § 5 II GastG, so kann die Behörde nach § 31 GastG i. V. m. § 35 GewO in letzter Konsequenz auch das Gaststättengewerbe untersagen.

e) Sperrzeit

222 Eine besondere Problematik stellt die Sperrzeit dar. Diese kann in ihrer konkreten Ausdehnung allgemein durch landesrechtliche Verordnungen geregelt werden (vgl. § 18

1064 BayVGH, GewArch 1995, 253, 255; BayVBl. 2011, 83, 84.

1065 BVerwG, NVwZ 1986, 296, 297; s. auch BayVGH, BayVBl. 2004, 565, 566 (qualifiziertes Schutzbedürfnis).

1066 BayVGH, GewArch 1995, 253, 255.

1067 BayObLG, NVwZ 1996, 1246 (Geschlossenhalten der Fenster); HessVGH, NVwZ-RR 1992, 615, 618 (Veranstaltungen mit elektronisch verstärkter Musik nur im Winterhalbjahr); BayVGH, GewArch 1995, 253, 255 (Betriebszeitregelungen; Beschränkung der Sitzplatzzahl); s. auch OVG Koblenz, BauR 2003, 1187 (Verbot von Discoveranstaltungen und Live-Musik); vgl. ferner *Metzner*, GastG, § 5 Rn. 79 (Ruhetage); *Michel/Kienzle/Pauly*, GastG, § 5 Rn. 15 (Verbot bestimmter Lärmquellen an bestimmten Stellen und zu bestimmten Zeiten; Geschlossenhalten von Türen und Fenstern).

1068 BayVGH, GewArch 1995, 253, 256; BayVBl. 2011, 83, 84; vgl. ferner BayVGH, BayVBl. 2009, 695, 697; ThürOVG, GewArch 2004, 75, 78. S. zu § 18 GastG auch unten Rn. 222 ff.

1069 BVerwGE 11, 331, 333 = NJW 1961, 1129; E 101, 157, 161 = NVwZ 1997, 276.

1070 BayVGH, BayVBl. 2011, 83, 84.

1071 BayVGH, BayVBl. 2011, 83, 84; s. ferner BayVGH, NVwZ-RR 2008, 26, 28 (zunächst Vorgehen gegen den gravierendsten Fall).

1072 BVerwG, NVwZ 1986, 296; BayVGH, GewArch 1995, 253, 256; BayVBl. 2009, 755, 756 (anderenfalls nur Teilrücknahme/-widerruf der Erlaubnis möglich).

1073 Dazu *Michel/Kienzle/Pauly*, GastG, § 5 Rn. 26.

1074 VG Köln, NVwZ-RR 2010, 512, 513.

1075 HessVGH, NVwZ-RR 1993, 407, 408.

I 1 GastG).[1076] Vielfach wird jedoch im Einzelfall der Gaststättenbetreiber eine kürzere Sperrzeit oder aber ein Nachbar eine längere Sperrzeit erreichen wollen.[1077] Beides setzt stets das Vorliegen eines **öffentlichen Bedürfnisses** oder **besonderer örtlicher Verhältnisse** voraus (vgl. § 18 I 2 GastG). Beide alternativen Voraussetzungen, die sich nicht immer klar gegeneinander abgrenzen lassen,[1078] sind gerichtlich voll überprüfbar; erst bei ihrem Vorliegen eröffnet sich für die Behörde ein Ermessenspielraum.[1079] Da die Vorschriften über die Sperrzeit auch dem Schutz der Nachtruhe dienen, ist § 18 I 2 GastG i. V. m. den auf seiner Grundlage ergangenen landesrechtlichen Rechtsverordnungen insoweit auch **nachbarschützend**.[1080] Die Lebensnotwendigkeit ungestörten Schlafes vermittelt Anwohnern dabei ein qualifiziertes Schutzbedürfnis;[1081] deren Nachtruhe ist durch die Lästigkeit von Gaststättenlärm besonders beeinträchtigt, da es sich hierbei um keinen konstanten Schallpegel handelt, sondern die Anwohner immer wieder und unerwartet aus dem Schlaf gerissen werden.[1082] Es ist daher für Ausnahmen grundsätzlich ein strenger Maßstab anzulegen.[1083] Konkret ist für die Beurteilung der **Zumutbarkeit** von Geräuschen die TA Lärm heranzuziehen,[1084] wobei sich die Schutzwürdigkeit der Nachbarschaft nach den konkreten Verhältnissen im Einwirkungsbereich der Gaststätte richtet, insbesondere dem planungsrechtlichen Charakter des betroffenen Gebiets, der sich aus den Festsetzungen des Bebauungsplans ergibt bzw. in Ermangelung eines solchen aus der Art der baulichen Nutzung der Umgebung i. S. der BauNVO.[1085] Neben dem eigentlichen Lärm aus der Gaststätte ist dabei auch Lärm von Gästen vor der Gaststätte und im Zusammenhang mit An- und Abfahrt, soweit er noch als Ziel- bzw. Quellverkehr in Erscheinung tritt, grundsätzlich dem Gaststättenbetrieb zuzurechnen und daher zu berücksichtigen, auch wenn der Gastwirt ihn nicht beeinflussen kann.[1086]

aa) Sperrzeitverlängerung. Eine Sperrzeitverlängerung[1087] kommt bei einem **öffentlichen Bedürfnis** hierfür in Betracht. Dazu zählen insbesondere schädliche Umwelteinwirkungen i. S. v. § 3 I BImSchG; das Bedürfnis der Nachbarn an einer ungestörten Nachtruhe ist daher bereits bei den tatbestandlichen Voraussetzungen für eine Sperrzeitverlängerung zu berücksichtigen.[1088] **Besondere örtliche Verhältnisse**, die eine Sperrzeitverlängerung rechtfertigen können, liegen etwa vor, wenn aufgrund atypischer Umstände eine besondere Störungsintensität der Gaststätte oder eine besondere Störungsempfind- 223

[1076] § 8 BayGastV, § 6 GastV Bln, § 1 HbgSperrzeitVO, § 3 GewRV NRW, § 17 GastVO RhPf, § 1 SperrzeitVO LSA. S. ferner § 9 GastVO BW, § 6 BremGastG, § 9 HessGastG, § 10 NdsGastG, § 11 SaarlGastG, § 9 SächsGastG, § 5 ThürGastG.

Die Sperrzeitvorschriften sind insgesamt verfassungsgemäß, vgl. BVerwG, GewArch 1977, 24, 25; NVwZ 1995, 487; BayVGH, NVwZ-RR 2003, 29.

[1077] Daneben sehen die auf der Grundlage des § 18 I 2 GastG ergangenen *landesrechtlichen Verordnungen* auch die Veränderung der Sperrzeit durch *allgemeine Ausnahmen* im Verordnungswege vor; Nachbarn können sich hiergegen dann mit einer Normenkontrollklage nach § 47 VwGO zur Wehr setzen, vgl. dazu *Saller*, in: Grziwotz/Saller, BayNachbR, Teil 3 Rn. 30; VGH BW, GewArch 2001, 349; NVwZ-RR 2005, 243; ThürOVG, GewArch 2004, 75; vgl. ferner BayVGH, NVwZ-RR 2010, 514 (Augsburger „Dönerverbot"). Allgemein zur Normenkontrollklage s. oben Rn. 184 ff.

[1078] Vgl. VGH BW, GewArch 2001, 349, 350.

[1079] BayVGH, BeckRS 2011, 56335.

[1080] BVerwGE 11, 331, 333 = NJW 1961, 1129; E 101, 157, 163 ff. = NVwZ 1997, 276.

[1081] BVerwG, NVwZ 1986, 296, 287; BayVGH, BayVBl. 2004, 565, 566; vgl. auch BayVGH, NVwZ-RR 2010, 514, 516 („überragend wichtiger Gemeinwohlbelang").

[1082] *Alheit*, S. 126.

[1083] *Hoffmann/Walter*, BayGastR, § 11 GastV Anm. 3.

[1084] BVerwG, GewArch 2003, 300, 301; BayVGH, BayVBl. 2009, 695, 696; NVwZ-RR 2010, 514, 515.

[1085] BVerwGE 101, 157, 162 = NVwZ 1997, 276; BayVGH, NVwZ 1996, 1038, 1039; GewArch 1996, 340, 341; BayVBl. 2009, 695, 696; VGH BW, GewArch 2003, 204, 206; OVG Saarlouis, NVwZ-RR 2007, 598, 602; vgl. ferner *Dehner*, B § 39 a I 3 m. w. N.

[1086] BVerwGE 101, 157, 166 = NVwZ 1997, 276; GewArch 2003, 300; BayVGH, GewArch 1995, 253, 255; OVG Saarlouis, NVwZ-RR 2007, 598, 601.

[1087] Zur Abgrenzung von Auflagen nach § 5 I Nr. 3 GastG s. oben Rn. 220.

[1088] OVG Saarlouis, NVwZ-RR 2007, 598, 599.

lichkeit der Umgebung vorliegt;[1089] Beispiele hierfür sind Kur- und Erholungsorte, Wohngebiete oder besonders schützenswerte Einrichtungen wie Krankenhäuser oder Altenheime. Sie können sich aber ebenso aus einer wegen des Zusammentreffens umfangreicher Wohnbevölkerung mit einer großen Zahl von Gaststätten mit Nachtbetrieb besonders konfliktträchtigen Gemengelage mit erheblichen Störungen der Nachtruhe ergeben.[1090] Eine Sperrzeitverlängerung ist allerdings unzulässig, wenn sie die weitere Ausübung des Gaststättengewerbes in der erlaubten Betriebsart unmöglich macht.[1091]

Auch soweit die genannten Voraussetzungen für eine Sperrzeitverlängerung vorliegen,[1092] besteht regelmäßig nur ein Anspruch des Nachbarn auf **ermessensfehlerfreie Entscheidung** über seinen Antrag.[1093] Sein Ruhebedürfnis ist dabei gegen das Interesse des Gastwirts an der wirtschaftlichen Existenzfähigkeit und Rentabilität seines Betriebs abzuwägen.[1094] Allerdings wird regelmäßig von einer **Ermessensreduzierung auf Null** auszugehen sein, wenn die Lärmrichtwerte zu Lasten der Nachbarn erheblich überschritten werden;[1095] dabei ist die Lebensnotwendigkeit ungestörten Schlafes zu bedenken.[1096] Ist hiernach die Sperrzeit zu verlängern, so hat das Gericht auch den konkreten Sperrzeitbeginn festzulegen.[1097] Erforderlichenfalls muss dann im Ergebnis auch eine Existenzgefährdung des Gastwirts in Kauf genommen werden.[1098] Es wäre in diesem Zusammenhang auch ermessensfehlerhaft, den Nachbarn auf den Zivilrechtsweg zu verweisen.[1099]

224 **bb) Sperrzeitverkürzung.** Umgekehrt kann der Gaststättenbetreiber eine Sperrzeitverkürzung beantragen. Ein **öffentliches Bedürfnis** hierfür ergibt sich auch bei Vorhandensein einer in jedem Fall erforderlichen speziellen Bedarfslücke[1100] nur, wenn darüber hinaus das Interesse der Allgemeinheit an der Verkürzung die durch die allgemeine Sperrzeit geschützten Interessen überwiegt.[1101] Das ist nicht der Fall, wenn die Verkürzung dem Gemeinwohl zuwiderliefe, insbesondere schädliche Umwelteinwirkungen i. S. v. § 3 I BImSchG hervorrufen würde, sodass das Bedürfnis der Nachbarn an einer ungestörten Nachtruhe bereits in diesem Zusammenhang zu erwägen ist;[1102] dabei sind alle Folgen zu berücksichtigen, die die Sperrzeitverkürzung für die Nachbarn hat, auch wenn der Gastwirt sie nicht beeinflussen kann.[1103] Der Schutz der Nachtruhe erlangt dabei mit fortschreitender Nachtzeit zunehmend mehr Gewicht.[1104] **Besondere örtliche Verhältnisse** schließlich liegen regelmäßig nur bei einer atypischen Situation im Einwirkungsbereich

---

1089 BayVGH, BayVBl. 2009, 695, 696; NVwZ-RR 2010, 514, 515.
1090 BayVGH, NVwZ-RR 2010, 514, 515.
1091 BVerwG, NVwZ 1986, 296; VGH BW, GewArch 2003, 204, 209; OVG Saarlouis, NVwZ-RR 2007, 598, 603.
1092 Und zwar auch noch im Zeitpunkt der Entscheidung, vgl. VG Gießen, GewArch 2010, 319, 320.
1093 BayVGH, GewArch 1985, 140 f.; 1986, 238, 239.
1094 *Dehner*, B § 39 a I 3; vgl. ferner VG Neustadt a.d.W., NVwZ-RR 2007, 172.
1095 Vgl. BayVGH, GewArch 1995, 253, 255; OVG Saarlouis, NVwZ-RR 2007, 598, 602. S. zu Ermessensfragen bei § 5 I Nr. 3 GastG auch oben Rn. 220.
1096 BVerwG, NVwZ 1986, 296, 297.
1097 OVG Saarlouis, NVwZ-RR 2007, 598, 602; *Metzner*, GastG, § 18 Rn. 91.
1098 BayVGH, NJW 1983, 409; VGH BW, GewArch 1984, 131; OVG Saarlouis, NVwZ-RR 2007, 598, 603.
1099 *Metzner*, GastG, § 18 Rn. 92; *Steinberg*, DÖV 1991, 354, 355.
1100 BayVGH, BayVBl. 2009, 695, 696. Die Bedarfslücke muss dabei aus Sicht der Allgemeinheit, nicht nur des jeweiligen Gastwirts bestehen, vgl. BayVGH, BeckRS 2011, 56335, VG Neustadt a.d.W., GewArch 2011, 413, 414. Sie muss sich ferner auf die jeweilige Betriebsart, nicht auf den einzelnen Betrieb beziehen, vgl. OVG Münster, GewArch 1992, 394.
1101 Vgl. BVerwG, NVwZ-RR 1990, 405; s. auch HessVGH, NVwZ-RR 1990, 183; VGH BW, GewArch 2003, 204, 209 f.; aber auch BayVGH, GewArch 2003, 210 (je zu Diskothek).
1102 BVerwGE 101, 157, 161 = NVwZ 1997, 276; VGH BW, GewArch 2003, 204, 205 (auch zum maßgeblichen Zeitpunkt); BayVGH, BeckRS 2011, 56335; VG Neustadt a.d.W., GewArch 2011, 413, 414.
1103 BVerwG, GewArch 1992, 34, 35; 2003, 300.
1104 Vgl. VGH BW, GewArch 1990, 331; BayVGH, BayVBl. 2006, 351; OVG Saarlouis, NVwZ-RR 2007, 598, 601 f. S. ferner oben Rn. 222.

der Gaststätte vor,[1105] so bei geringer Störungsintensität der Gaststätte oder geringer Störungsempfindlichkeit der Nachbarschaft; ein Beispiel sind Vorbelastungen mit Lärm in Großstädten, Vergnügungsgebieten oder belebten Straßen. Der Betrieb muss also letztlich in die Umgebung hineinpassen.[1106]

Die Vorschriften über die allgemeine Sperrzeit und deren Verkürzung sind repressive Verbote mit Erlaubnisvorbehalt; ein entsprechender Antrag des Gastwirts darf daher auch dann nach **pflichtgemäßem Ermessen** abgelehnt werden, wenn ein öffentliches Bedürfnis oder besondere örtliche Verhältnisse vorliegen.[1107] Auch aus einer früher bereits einmal erteilten Sperrzeitverkürzung entsteht grundsätzlich kein Anspruch auf ihre erneute Erteilung.[1108] Wird eine Sperrzeitverkürzung gewährt, **ohne dass ihre gesetzlichen Voraussetzungen vorliegen**, so kann der Nachbar sie schon deshalb anfechten.[1109]

f) Grundrechte

Über den genannten einfachgesetzlichen Nachbarschutz hinaus kommt ein weiter- 225
gehender Schutz durch Grundrechte nicht in Betracht. Dies gilt für das Grundrecht auf Leben und körperliche Unversehrtheit aus **Art. 2 II GG** ebenso wie für das Eigentumsgrundrecht aus **Art. 14 GG**. Der Gesetzgeber hat durch das GastG ausreichende materiellrechtliche Regelungen zur Erfüllung seiner aus diesen Grundrechten folgenden Schutzpflichten geschaffen.[1110]

3. Prozessuale Durchsetzung

a) Anfechtungssituation

Soweit der Nachbar gegen einen **den Gastwirt begünstigenden Verwaltungsakt** vor- 226
gehen will, muss er die Anfechtungsklage wählen. Dies gilt sowohl für die *Gaststättenerlaubnis* als solche als auch für *nachträgliche Entscheidungen* wie eine Sperrzeitverkürzung. Die Erlaubnis kann der Nachbar auch dann anfechten, wenn er sie wegen **fehlender Nebenbestimmungen** zu seinem Schutz für rechtswidrig hält; eine solche Klage kann in der Sache jedoch nur insoweit Erfolg haben, als die Erlaubnis dann gegebenenfalls unter Auflagen aufrechterhalten wird.[1111] Umgekehrt kann der Nachbar bei ihn **belastenden Nebenbestimmungen** diese auch *isoliert anfechten*, begründet kann diese Anfechtungsklage jedoch nur sein, soweit die Erlaubnis auch ohne diese Nebenbestimmungen sinnvoller- und rechtmäßigerweise bestehen bleiben kann.[1112]

b) Verpflichtungssituation

Sofern der Nachbar hingegen nach Erteilung der Erlaubnis **selbständige Schutz-** 227
anordnungen oder ein anderweitiges **Einschreiten** durch die zuständige Behörde erreichen will, muss er die Verpflichtungsklage wählen,[1113] wie etwa beim Begehren nach Auflagen nach § 5 I Nr. 3 GastG oder einer Sperrzeitverlängerung. Gleiches gilt stets bei **erlaubnisfreien Gaststättengewerben**.

1105 BVerwG, NVwZ-RR 1990, 405; VGH BW, GewArch 2001, 349, 350; GewArch 2003, 204, 205; BayVGH, BeckRS 2011, 56335; VG Neustadt a.d.W., GewArch 2011, 413, 414.
1106 BVerwG, GewArch 2003, 433; VG Neustadt a.d.W., GewArch 2011, 413, 414.
1107 BVerwG, NVwZ 1996, 260, 261; BayVGH, BayVBl. 1999, 630.
1108 BayVGH, BayVBl. 1999, 630.
1109 *Michel/Kienzle/Pauly*, GastG, § 18 Rn. 32; s. auch BVerwGE 101, 157, 166 = NVwZ 1997, 276.
1110 BayVGH, BayVBl. 2004, 533, 534; *Metzner*, GastG, § 4 Rn. 336 m. w. N.
1111 Vgl. BayVGH, GewArch 1995, 253, 256.
1112 Vgl. BVerwG, VwRR BY 2001, 235.
1113 BVerwGE 80, 259, 264 = NVwZ 1989, 258.

VII. Vorläufiger Rechtsschutz

228 Gerade im öffentlichen Nachbarrecht spielt der vorläufige Rechtsschutz, der gesetzlich in §§ 80, 80 a VwGO und § 123 VwGO geregelt ist, verstärkt eine zentrale Rolle. Dies gilt insbesondere im öffentlichen Baurecht, so dass die folgende Darstellung weitgehend beim baurechtlichen Nachbarstreit ansetzt. Dort wurde im Zuge der in den letzten Jahren vorgenommenen **Deregulierung** das klassische Genehmigungsverfahren zunehmend zurückgedrängt; so wurden der Umfang genehmigungsfreier Vorhaben erweitert sowie ferner Genehmigungsfreistellungsverfahren und vereinfachte Genehmigungs- sowie bloße Anzeige- und Kenntnisgabeverfahren eingeführt. Darüber hinaus wurde auch für den Bereich einer fortbestehenden Genehmigungspflicht zur *Beschleunigung* und *Rechtsvereinfachung* die aufschiebende Wirkung eines Nachbarrechtsbehelfs gegen die *bauaufsichtliche Zulassung* eines Vorhabens durch **§ 212 a I BauGB**,[1114] der die weniger weitreichenden Vorgängerregelungen in § 10 II BauGB-MaßnG ersetzt hat, abgeschafft;[1115] die Vorschrift erfasst nach ihrem Wortlaut nicht nur die eigentliche Baugenehmigung, sondern auch Teilbaugenehmigungen[1116] sowie Zustimmungen der höheren Verwaltungsbehörde;[1117] ebenso isolierte Abweichungen, Ausnahmen und Befreiungen,[1118] nicht hingegen Vorbescheide.[1119] Ist allerdings fehlerhafterweise eine Baugenehmigung erteilt worden, obwohl das Vorhaben eigentlich einer immissionsschutzrechtlichen Genehmigung bedurft hätte, so gilt § 212 a BauGB für eine solche Baugenehmigung nicht.[1120]

1. Zulässigkeit des Antrags

a) Statthaftigkeit

229 Anträge nach §§ 80, 80 a VwGO und § 123 VwGO schließen sich gegenseitig aus, es kann daher grundsätzlich nur eine der beiden Antragsarten statthaft sein (vgl. § 123 V VwGO). Soweit ein Verwaltungsakt im Raum steht, der den einen Nachbarn begünstigt, den anderen dagegen belastet (sog. *Verwaltungsakt mit Doppelwirkung*), ist der **Antrag nach §§ 80, 80 a VwGO** statthaft.[1121] In allen anderen Fällen, namentlich wenn der Nachbar ein Einschreiten der Behörde gegen Schwarzbauten oder nicht genehmigungspflichtige bzw. genehmigungsfreigestellte Vorhaben erreichen will, ist er dagegen auf einen **Antrag nach § 123 VwGO** angewiesen.[1122] Ausnahmsweise können auch einmal beide Antragsarten **nebeneinander** einschlägig sein, etwa wenn sich der Nachbar durch ein genehmigungsfreigestelltes Vorhaben als solches (insoweit § 123 VwGO) und darüber hinaus auch gesondert durch eine daneben erteilte Befreiung oder Abweichung (insoweit §§ 80, 80 a VwGO) in seinen Rechten verletzt sieht; Entsprechendes gilt im vereinfachten Genehmigungsverfahren, soweit sowohl die erteilte Genehmigung als auch nicht vom Prüfungsumfang der Baugenehmigungsbehörde umfasste Punkte den Nachbarn jeweils für sich in seinen Rechten verletzen.

[1114] Landesrechtlich besteht z. B. in Bayern eine entsprechende Vorschrift auch für die Genehmigung isolierter Abgrabungen, vgl. Art. 9 II 2 BayAbgrG.

[1115] Dies ist verfassungsrechtlich unbedenklich; insbesondere folgt auch aus Art. 19 IV GG nicht, dass ein Nachbarrechtsbehelf im Regelfall automatisch aufschiebende Wirkung haben muss, s. BVerfG, NVwZ 2009, 240, 242.

[1116] HessVGH, NVwZ-RR 1997, 10.

[1117] HessVGH, NVwZ 2001, 823.

[1118] VGH BW, BauR 2006, 1862, 1863; OVG Schleswig, NordÖR 2006, 361; OVG Berlin-Bbg, BauR 2010, 206, 207; Simon/Busse/*Dirnberger*, BayBO, Art. 66 Rn. 604; **a. A.** OVG Münster, NVwZ-RR 2008, 757, 758 (zu § 73 BauO NRW).

[1119] BayVGH, NVwZ 1999, 1363; **a. A.** OVG Lüneburg, BauR 1999, 1163, 1164; BauR 2004, 1596, 1598.

[1120] OVG Koblenz, BeckRS 2011, 50305; OVG Lüneburg, NVwZ-RR 2011, 139, 141.

[1121] Die Formulierung als Antrag nach § 123 VwGO schadet dabei allerdings nicht, soweit in der Sache nur ein Antrag nach §§ 80, 80 a VwGO in Betracht kommt, vgl. BayVGH, BayVBl. 1988, 17, 18; umgekehrt gilt dasselbe, vgl. OVG Koblenz, BauR 2010, 747.

[1122] SächsOVG, NVwZ 1997, 922; BayVGH, NVwZ 1997, 923; OVG Saarlouis, BauR 2006, 2015, 2016. Dies gilt auch gegenüber Baulärm, vgl. OVG Koblenz, BauR 2010, 747.

b) Zuständigkeit, Antragsbefugnis

Zuständig ist jeweils das **Gericht der Hauptsache** (§ 80 V VwGO bzw. § 123 II VwGO). Dies ist, wenn die Hauptsache bereits in höherer Instanz anhängig ist, das Rechtsmittelgericht. Im Übrigen ähneln die Zulässigkeitsvoraussetzungen im vorläufigen Rechtsschutzverfahren vielfach denjenigen des Klageverfahrens.[1123] So muss auch hier analog § 42 II VwGO eine **Antragsbefugnis** gegeben sein, der Nachbar muss daher die Verletzung einer nachbarschützenden Norm geltend machen.[1124] 230

c) Weitere Zulässigkeitsvoraussetzungen

Soweit es in Verfahren nach §§ 80, 80 a VwGO um die Aussetzung der Vollziehung eines Verwaltungsakts geht, ist es zur Zulässigkeit des Antrags erforderlich, dass, soweit nicht ein Widerspruchsverfahren ohnehin entbehrlich ist, bereits ein den Suspensiveffekt des § 80 I VwGO auslösender **Widerspruch eingelegt** ist;[1125] Anfechtungsklage braucht jedoch nach § 80 V 2 VwGO vorher nicht erhoben zu werden. Auch im Verfahren auf Erlass einer einstweiligen Anordnung ist es nach § 123 I 1 VwGO nicht erforderlich, dass bereits Hauptsacheklage erhoben ist. 231

Für die Zulässigkeit eines Antrags beim Verwaltungsgericht nach § 80 a III VwGO ist es **nicht** erforderlich, dass gem. § 80 a I, II VwGO **zuvor ein entsprechender Antrag bei der zuständigen Behörde** erfolglos gestellt wurde.[1126] Im Rahmen des § 123 VwGO wird demgegenüber regelmäßig zumindest das Rechtsschutzbedürfnis fehlen, wenn nicht zuvor die Behörde mit der Angelegenheit zumindest befasst wurde.[1127] Für einen Antrag des Nachbarn nach § 80 a VwGO fehlt das **Rechtsschutzbedürfnis** auch, wenn das Bauvorhaben vollständig realisiert ist, sofern nicht die Beeinträchtigung auch in der nachfolgenden Nutzung liegt.[1128] 232

d) Beiladung

Der Bauherr, dessen Genehmigung angegriffen wird, oder gegen den vorzugehen die Behörde auf Antrag des Nachbarn verpflichtet werden soll, ist auch im vorläufigen Rechtsschutzverfahren nach § 65 II VwGO **notwendig beizuladen**.[1129] 233

e) Streitwert

Nach § 53 III GKG bestimmt sich der Streitwert in Verfahren des vorläufigen Rechtsschutzes nach § 52 I, II GKG.[1130] Der Wert eines Antrags nach § 80 a III VwGO ist dabei im baurechtlichen Nachbarstreit wegen der erstrebten Verhinderung der Schaffung vollendeter Tatsachen regelmäßig mit dem Wert der Hauptsache zu bemessen.[1131] 234

[1123] Dazu oben Rn. 138 ff.; s. ferner *Kopp/Schenke*, VwGO, § 80 Rn. 108 ff., 128 ff., § 123 Rn. 17 ff.

[1124] HessVGH, NVwZ-RR 1997, 404; BayVGH, BayVBl. 2004, 533. Zum Klageverfahren s. oben Rn. 141.

[1125] OVG Münster, NVwZ-RR 1996, 184; BayVGH, BayVBl. 1997, 22, 23; str., **a. A.** *Kopp/Schenke*, VwGO, § 80 Rn. 139 (die Widerspruchsfrist darf allerdings noch nicht abgelaufen sein).

[1126] OVG Bremen, BauR 1992, 608; HessVGH, DVBl. 1992, 45; VGH BW, NVwZ 1995, 292, 293; OVG Hamburg, BauR 1995, 379, 380; OVG Koblenz, BauR 1996, 692; BauR 2004, 59; **a. A.** BayVGH, BayVBl. 1993, 565; ThürOVG, ThürVBl. 1995, 64, 65; OVG Lüneburg, BauR 2004, 1596, 1597 f.; BauR 2010, 1912; auch nach dieser Auffassung kann jedoch das Gericht analog § 80 VI 2 VwGO bei drohendem faktischen Vollzug der Genehmigung durch den Bauherrn oder Nichtverbescheidung des Antrags durch die Behörde in angemessener Frist sofort angerufen werden.

[1127] HessVGH, NVwZ 1989, 1183, 1184; OVG Magdeburg, NVwZ-RR 1996, 75, 76; OVG Münster, NVwZ 2001, 1427; OVG Koblenz, BauR 2010, 747.

[1128] HessVGH, NVwZ 1991, 592, 593; OVG Münster, BauR 1996, 240 f.; OVG Berlin, DÖV 2001, 1055 (wenn im Wesentlichen fertiggestellt); VGH BW, BauR 2005, 1762, 1763 (mit weitgehender Fertigstellung); SächsOVG, NVwZ-RR 1995, 251 (mit Bezugsfertigkeit); OVG Greifswald, NVwZ 1995, 400; BauR 2006, 507; OVG Lüneburg, BauR 2009, 639, 640 (je mit Fertigstellung Rohbau); BayVGH, BayVBl. 2011, 374 (jedenfalls mit Fertigstellung).

[1129] Vgl. BVerwG, NJW 1993, 79; ferner HessVGH, DÖV 1991, 745, 746.

[1130] S. auch Nr. I 1.5 des Streitwertkatalogs für die Verwaltungsgerichtsbarkeit (NVwZ 2004, 1327).

[1131] VGH BW, BauR 2002, 762. Zum Hauptsachewert s. oben Rn. 145.

2. Antrag nach §§ 80, 80 a VwGO

a) Inhalt der Anordnung

235 **aa) Nachbarrechtsbehelf ohne aufschiebende Wirkung.** Hat der Nachbarrechtsbehelf gegen eine Genehmigung – wie im Baurecht wegen § 212 a I BauGB – keine aufschiebende Wirkung, dann können Ausgangs- wie, soweit in der Sache ein Widerspruch gegeben ist, Widerspruchsbehörde sowie das Gericht die **Vollziehung aussetzen**[1132] und einstweilige **Maßnahmen zur Sicherung der Rechte des Nachbarn** treffen (§ 80 a III 1, I Nr. 2 VwGO). Sicherungsmaßnahmen sind dabei nur angezeigt, wenn zu erwarten ist, dass die Aussetzung der Vollziehung allein nicht respektiert wird.[1133] Dies ist etwa der Fall, wenn zu erwarten ist, dass der Bauherr dennoch mit den Bauarbeiten beginnt und damit die Genehmigung **faktisch vollzieht**. Das Gericht ist dann nicht darauf beschränkt, die Behörde zu Maßnahmen gegen den Bauherrn zu verpflichten, es kann solche Maßnahmen, wie etwa eine Baueinstellung, auch **unmittelbar gegen den Bauherrn** selbst treffen.[1134] Ist die Vollziehung der Genehmigung durch die Behörde ausgesetzt worden, so ist bei dennoch erfolgendem faktischem Vollzug ferner vom Gericht auf Antrag des Nachbarn analog §§ 80 a III, 80 V VwGO die **aufschiebende Wirkung von dessen Rechtsbehelf festzustellen.**[1135] Der Bauherr kann in dieser Fallgruppe gegen die behördlicherseits erfolgte Aussetzung der Vollziehung seinerseits beim Gericht die Anordnung der sofortigen Vollziehung beantragen (§ 80 a III, I Nr. 1 VwGO).[1136]

236 **bb) Nachbarrechtsbehelf mit aufschiebender Wirkung.** Hat der Nachbarrechtsbehelf dagegen, wie etwa im Immissionsschutzrecht und Gaststättenrecht, kraft Gesetzes aufschiebende Wirkung, so können Behörde und Gericht auf Antrag des Genehmigungsinhabers die **sofortige Vollziehung der Genehmigung anordnen** (§ 80 a III 1, I Nr. 1 VwGO).[1137] Hat dies die Behörde getan, und ist allein deren *Vollzugsanordnung rechtswidrig* (vgl. § 80 II 1 Nr. 4, III VwGO), so ist auf entsprechenden Antrag des Nachbarn hin die **Vollzugsanordnung als solche aufzuheben**, womit im Ergebnis die aufschiebende Wirkung des Nachbarrechtsbehelfs wieder hergestellt ist; die Behörde ist dann allerdings nicht gehindert, eine erneute, formell fehlerfreie Vollzugsanordnung zu treffen.[1138] Solange die aufschiebende Wirkung besteht, ist auch hier, sofern der Genehmigungsinhaber dennoch die Genehmigung durch Gebrauchmachen **faktisch vollzieht**, auf Antrag des Nachbarn analog §§ 80 a III, 80 V VwGO die **aufschiebende Wirkung von dessen Rechtsbehelf festzustellen.**[1139] Der Nachbar kann in dieser Fallgruppe gegen die behördlicherseits erfolgte Anordnung der Vollziehung seinerseits beim Gericht die Aussetzung der sofortigen Vollziehung beantragen (§ 80 a III, I Nr. 2 VwGO).

237 **cc) Rechtsbehelf des Adressaten gegen drittbegünstigenden Verwaltungsakt.** Die **Anordnung der sofortigen Vollziehung** kommt auch bei einem **belastenden, aber drittbegünstigenden Verwaltungsakt** auf Antrag des Dritten in Betracht, wenn der *Rechtsbe-*

1132 Die Behörde darf dies allerdings nicht mehr, wenn das Gericht zuvor einen Aussetzungsantrag bereits abgelehnt hat, vgl. BayVGH, BauR 2003, 669 f.

1133 OVG Münster, DVBl. 1992, 46, 47; BayVGH, BauR 1993, 584; BayVBl. 2010, 178; OVG Greifswald, BauR 2006, 507.

1134 OVG Berlin, ZfBR 1991, 128, 129; SächsOVG, BRS 56 Nr. 153; OVG Schleswig, NVwZ-RR 1997, 626, 628; **a. A.** HessVGH, BauR 1991, 185, 186; DVBl. 1992, 780, 781; OVG Saarlouis, BauR 1992, 609, 610; BayVGH, BayVBl. 2010, 178, 179.

1135 VGH BW, BauR 1991, 592, 593; BayVGH, NVwZ 1999, 1363.

1136 Dies muss er auch bei nachfolgendem Ergehen einer identitätswahrenden Tekturgenehmigung, vgl. BayVGH, NVwZ-RR 2007, 821; NJOZ 2009, 433, 435; a. A. OVG Münster, NVwZ-RR 1997, 447.

1137 Die Behörde darf dies allerdings nicht mehr, wenn das Gericht zuvor die Vollziehung bereits ausgesetzt hat, vgl. BayVGH, DVBl. 1999, 624, 625.

1138 OVG Schleswig, NVwZ-RR 1992, 590, 591.

1139 VGH BW, BauR 1991, 592, 593; BayVGH, NVwZ 1999, 1363.

helf des belasteten Adressaten aufschiebende Wirkung hat (§ 80 a II, III 1 VwGO). Dies ist etwa nach einem Rechtsbehelf des Bauherrn gegen eine Nutzungsuntersagung auf Antrag des Nachbarn möglich. Gegen die Entscheidung der Behörde steht bei Anordnung der sofortigen Vollziehung dem Bauherrn sowie bei deren Ablehnung dem Nachbarn der Weg zum Gericht nach §§ 80 a III, 80 V VwGO offen.

b) Entscheidungsmaßstab

Das Gericht trifft im Rahmen der §§ 80, 80 a VwGO eine **eigene Ermessensentschei- 238**
dung auf der Grundlage einer Abwägung der betroffenen Interessen. Die hierzu erforderliche Sachaufklärung ist dabei allerdings durch den *summarischen Charakter* des Verfahrens begrenzt. Bei der Interessenabwägung sind vorrangig die **Erfolgsaussichten in der Hauptsache** zu berücksichtigen.[1140] Ist daher die erteilte Genehmigung gemessen an nachbarschützenden Normen – und nicht nur objektiv –[1141] *offensichtlich rechtswidrig*, so ist der gegen ihre Vollziehbarkeit gerichtete Antrag des Nachbarn schon deshalb erfolgreich; dies wird regelmäßig schon dann zu gelten haben, wenn insoweit jedenfalls *ernstliche Zweifel* an der Rechtmäßigkeit bestehen.[1142] Ist sie umgekehrt *offensichtlich rechtmäßig*, so bleibt der Antrag regelmäßig ohne Erfolg.[1143] Bleibt dagegen der voraussichtliche **Ausgang des Hauptsacheverfahrens offen**, so ist eine hiervon unabhängige *Interessenabwägung* vorzunehmen,[1144] bei der es allerdings nur um die Interessen der beteiligten Nachbarn geht, nicht hingegen um die Frage nach einem öffentlichen Vollzugsinteresse.[1145] Aus § 212 a BauGB folgt dabei keine gesetzgeberische Wertung dahingehend, dass dem Vollzugsinteresse des Bauherrn regelmäßig der Vorrang vor dem Aussetzungsinteresse des Nachbarn zukommt.[1146] Diese Interessen sind vielmehr im Grundsatz gleichwertig.[1147] Allerdings ist im baurechtlichen Nachbarstreit bei offener Erfolgsaussicht zur Verhinderung der Schaffung vollendeter Tatsachen dem Antrag auf Aussetzung der Vollziehung der Baugenehmigung regelmäßig stattzugeben,[1148] jedenfalls wenn die Bauarbeiten noch nicht sonderlich weit fortgeschritten sind.[1149] Wird eine bestehende aufschiebende Wirkung eines Nachbarrechtsbehelfs vom Genehmigungsinhaber durch **faktischen Vollzug** missachtet, so sind die Feststellung der aufschiebenden Wirkung oder Sicherungsmaßnahmen nach § 80 a III VwGO als solche nicht von einer Interessenabwägung abhängig.[1150]

[1140] Z. B. BVerwG, BauR 2005, 1145, 1146; BayVGH, BauR 1991, 182, 184; BayVBl. 2009, 402, 403; OVG Saarlouis, NVwZ 1999, 1006, 1007. Dies ist verfassungsrechtlich unbedenklich; auch aus Art. 19 IV GG folgt nicht, dass unabhängig von den Erfolgsaussichten in der Hauptsache stets sofort eine hiervon losgelöste Interessenabwägung stattzufinden hat, s. BVerfG, NVwZ 2009, 581, 583.

[1141] BayVGH, BayVBl. 2009, 402, 403. Dies ist verfassungsrechtlich unbedenklich; auch aus Art. 19 IV GG folgt nicht, dass allein schon die objektive Rechtswidrigkeit entscheidend sein muss und nicht auch das Hinzukommen einer Verletzung subjektiver Rechte des Antragstellers maßgeblich sein darf, s. BVerfG, NVwZ 2009, 240, 242.

[1142] Vgl. VGH BW, BauR 1991, 590; OVG Saarlouis, NVwZ 1999, 1006, 1007; OVG Greifswald, NVwZ 1999, 1238 f.; vgl. auch BVerwG, NJW 1995, 2505.

[1143] Z. B. BayVGH, BauR 1991, 182, 185; BayVBl. 2009, 402, 403; OVG Koblenz, BauR 1996, 692, 693.

[1144] Z. B. BVerwG, BauR 2005, 1145, 1146; VGH BW, BauR 1991, 590, 591; BayVGH, NVwZ-RR 1998, 25, 26 f.; BauR 2007, 1387, 1389; OVG Münster, NVwZ 1998, 980, 982.

[1145] BVerfG, NVwZ 2009, 240, 242; 2009, 581, 583.

[1146] OVG Münster, BauR 1998, 1212, 1213; BayVGH, BayVBl. 2003, 48, 50; ferner BVerwGE 123, 241 = BauR 2005, 1145, 1147 (allgemein zu § 80 II 1 Nr. 3 VwGO); **a. A.** OVG Lüneburg, NVwZ 1999, 716, 717; OVG Saarlouis, 9. 8. 2001 – 2 V 4/01; zum Meinungsstand s. auch *Huber*, NVwZ 2004, 915.

[1147] BVerfG, GewArch 1985, 16; NVwZ 2009, 240, 242; OVG Lüneburg, BauR 2007, 1394; BayVGH, BayVBl. 2009, 402, 403.

[1148] BayVGH, BauR 1991, 182, 185; VGH BW, BauR 1991, 590, 591.

[1149] S. ferner oben Rn. 232 zum fehlenden Rechtsschutzbedürfnis bei bereits vollendeten Vorhaben.

[1150] HessVGH, NVwZ-RR 2003, 345, 346; **a. A.** ThürOVG, NVwZ 1994, 508 (bzgl. Sicherungsmaßnahmen).

3. Einstweilige Anordnung

239 Der Antrag auf Erlass einer einstweiligen Anordnung hat Erfolg, wenn ein Anordnungsanspruch und ein Anordnungsgrund **glaubhaft gemacht**[1151] werden (§ 123 III VwGO i. V. m. §§ 920 II, 294 ZPO) und die **für den Erlass sprechenden Gründe überwiegen**.[1152]

a) Anordnungsanspruch

240 Ein Anordnungsanspruch setzt dabei einen *materiell-rechtlichen Anspruch* voraus, wie er auch im Hauptsacheverfahren geltend gemacht wird. Es muss aufgrund einer summarischen Prüfung grundsätzlich eine **überwiegende Wahrscheinlichkeit** bestehen, dass der Antragsteller mit diesem auch in der **Hauptsache Erfolg** haben wird.[1153] In nachbarrechtlichen Konstellationen geht es dabei regelmäßig um die Frage eines Anspruchs des Nachbarn auf behördliches Einschreiten. Da die diesbezüglichen Eingriffsnormen der Behörde regelmäßig Ermessen einräumen, kommt es also darauf an, wann zugunsten des Nachbarn von einer *Ermessensreduzierung auf Null* auszugehen ist.[1154] Ist ein Anspruch des Nachbarn *offensichtlich* gegeben bzw. nicht gegeben, so ist der Antrag schon deshalb erfolgreich bzw. erfolglos. Problematisch ist der Fall, dass die **Sach- und Rechtslage offen** ist, also keine überwiegende Wahrscheinlichkeit zugunsten des klagenden Nachbarn besteht. Hier hat wie im Rahmen der §§ 80, 80 a VwGO[1155] eine vom voraussichtlichen Ausgang des Hauptsacheverfahrens unabhängige *Interessenabwägung* stattzufinden. Zur Verhinderung der Schaffung vollendeter Tatsachen ist dabei im baurechtlichen Nachbarrechtsstreit die beantragte Anordnung regelmäßig zu erlassen, wenn *gewichtige und ernst zu nehmende Bedenken* gegen die Rechtmäßigkeit des Bauvorhabens in nachbarrechtlicher Hinsicht glaubhaft gemacht sind und das Vorhaben nachbarliche Belange mehr als nur geringfügig berührt.[1156] Diese zum baurechtlichen Freistellungsverfahren ergangene Rechtsprechung wird man im Hinblick auf Art. 14, 19 IV GG auch auf die übrigen Fälle nachbarlicher Eingriffsbegehren bei Genehmigungsfreiheit übertragen müssen.[1157] Die Genehmigungsfreiheit eines Vorhabens entbindet den Bauherrn nämlich nicht von der Beachtung des materiellen Baurechts, so dass sich umgekehrt der Nachbar nicht mit einer geringeren Rechtsschutzdichte als gegen eine Genehmigung abfinden muss.

b) Anordnungsgrund

241 Ein Anordnungsgrund liegt vor, wenn die Sache **dringlich** ist, d. h. wenn eine Entscheidung in der Hauptsache nicht mehr abgewartet werden kann. Die Dringlichkeit liegt dabei jedenfalls bei anlagenbezogenen Nachbarstreitigkeiten, wie exemplarisch im Baurecht, „auf der Hand", sobald sich der Beginn der Bauarbeiten abzeichnet.[1158] Anderenfalls droht mit der Realisierung des geplanten Vorhabens die Schaffung vollendeter Tatsachen, die später nur unter erheblichen Schwierigkeiten, meist nach jahrelangen gerichtlichen Auseinandersetzungen, rückgängig gemacht werden können.[1159]

c) Keine Vorwegnahme der Hauptsache

242 Durch eine einstweilige Anordnung darf allerdings keine Vorwegnahme der Hauptsache erfolgen.[1160] Deshalb kommen hier regelmäßig nur **vorläufige Maßnahmen** in

---

1151 Zur Glaubhaftmachung s. oben Rn. 113 f.
1152 Vgl. *Kopp/Schenke*, VwGO, § 123 Rn. 23.
1153 *Kopp/Schenke*, VwGO, § 123 Rn. 25.
1154 OVG Bremen, BauR 1991, 324, 326; s. dazu insbesondere oben Rn. 178 ff. zum Baurecht.
1155 Dazu oben Rn. 238.
1156 VGH BW, BauR 1995, 219, 220; VG München, NVwZ 1997, 928, 929; s. ferner SächsOVG, NVwZ 1997, 922; BayVGH, NVwZ 1997, 923.
1157 Vgl. OVG Greifswald, BauR 2003, 1710, 1711.
1158 VG Meiningen, NVwZ 1997, 926, 928.
1159 VGH BW, BauR 1995, 219, 220.
1160 Zum Ganzen: *Hong*, NVwZ 2012, 468 ff. m. w. N.

Betracht, im Baurecht etwa Baueinstellung oder Nutzungsuntersagung, nicht hingegen eine Abrissverfügung. Eine Vorwegnahme der Hauptsache ist nur ausnahmsweise zulässig, wenn dies wegen ansonsten eintretender irreparabler und unzumutbarer Nachteile zur Gewährung effektiven Rechtsschutzes unabdingbar ist;[1161] dies wird etwa bei Gesundheitsschäden der Fall sein.

4. Schadensersatz bei Unterliegen

Erweist sich der Erlass einer einstweiligen Anordnung als von Anfang an unbegründet, so haftet der Antragsteller dem Antragsgegner *verschuldensunabhängig* auf Ersatz des diesem durch deren Vollziehung entstandenen Schadens (§ 123 III VwGO i. V. m. § 945 ZPO). Diese Schadensersatzpflicht besteht jedoch **nicht gegenüber dem betroffenen Dritten**, etwa dem Bauherrn, dem der Baubeginn oder Weiterbau untersagt wurde, da dieser nicht der formale Verfahrensgegner des antragstellenden Nachbarn ist.[1162] Ansonsten entstünde auch ein Wertungswiderspruch zu §§ 80, 80 a VwGO, bei denen unzweifelhaft ein Schadensersatzanspruch mangels gesetzlicher Anspruchsgrundlage nicht in Betracht kommt.[1163] In diesem geringeren finanziellen Risiko für den Nachbarn liegt ein wesentlicher Vorteil des vorläufigen Rechtsschutzes vor den Verwaltungsgerichten gegenüber demjenigen vor den Zivilgerichten. 243

VIII. Rechtsmittel

Hinsichtlich der Rechtsmittel gegen verwaltungsgerichtliche Entscheidungen in Nachbarstreitigkeiten ergeben sich keine Besonderheiten. Deshalb wird das Rechtsmittelrecht im Folgenden nur kurz skizziert. 244

1. Berufung

a) Die Berufung findet statt **gegen Urteile des Verwaltungsgerichts**; sie ist nur zulässig, wenn sie vom Verwaltungsgericht oder vom Berufungsgericht **zugelassen** wird (§ 124 I VwGO). Dabei ist die Berufung nur zuzulassen, wenn ernstliche Zweifel an der Richtigkeit des Urteils bestehen, wenn die Rechtssache besondere tatsächliche oder rechtliche Schwierigkeiten aufweist, wenn sie grundsätzliche Bedeutung hat, sowie in bestimmten Fällen der Entscheidungsdivergenz und von Verfahrensfehlern (§ 124 II Nrn. 1–5 VwGO). Die Berufung ist bei Zulassung durch das Verwaltungsgericht dort innerhalb einer **Frist** von einem Monat ab Zustellung des vollständigen Urteils einzulegen (§ 124 a II VwGO); wird sie nicht zugelassen, ist die Zulassung dort binnen eines Monats zu beantragen (§ 124 a IV VwGO). 245

b) Das Berufungsgericht prüft den Streitfall grundsätzlich im **gleichen Umfang** wie das Erstgericht; dabei berücksichtigt es in bestimmten Grenzen auch **neu vorgebrachte Tatsachen und Beweismittel** (§§ 128, 128 a VwGO). Über die Berufung entscheidet das **Oberverwaltungsgericht**, in Baden-Württemberg, Bayern und Hessen der Verwaltungsgerichtshof. 246

c) Das Berufungsgericht **entscheidet** grundsätzlich **in der Sache selbst** (§ 130 I VwGO). Ausnahmsweise darf die Sache unter den Voraussetzungen des § 130 II VwGO auch unter Aufhebung des erstinstanzlichen Urteils und Verfahrens an das Verwaltungsgericht zurückverwiesen werden. 247

[1161] BayVGH, BayVBl. 1989, 657, 658; OVG Berlin, UPR 2003, 155, 156.
[1162] BGH, NJW 1981, 349, 350.
[1163] Dazu BGH, NJW 1982, 2813, 2815.

2. Revision

248 **a)** Gegen Urteile des Oberverwaltungsgerichts und gegen Beschlüsse nach § 47 V 1 VwGO findet die Revision statt, allerdings nur wenn das OVG oder auf Nichtzulassungsbeschwerde hin das Revisionsgericht sie **zugelassen** hat (§ 132 I VwGO). Die Revision ist nur zuzulassen, wenn die Rechtssache grundsätzliche Bedeutung hat, sowie in bestimmten Fällen der Entscheidungsdivergenz und von Verfahrensfehlern (§ 132 II VwGO). Das Revisionsgericht ist an die Zulassung gebunden (§ 132 III VwGO). Ausnahmsweise ist unter den Voraussetzungen des § 134 VwGO auch unter Übergehung der Berufungsinstanz die **Sprungrevision** gegen Urteile des Verwaltungsgerichts statthaft. Die Revision ist bei Zulassung durch das OVG innerhalb einer **Frist** von einem Monat ab Zustellung des vollständigen Urteils einzulegen (§ 139 I VwGO); wird sie nicht zugelassen, ist innerhalb eines Monats Nichtzulassungsbeschwerde einzulegen (§ 133 II VwGO; s. ferner § 139 II VwGO).

249 **b)** Die Revision kann nur darauf gestützt werden, dass die **Entscheidung auf der Verletzung von Bundesrecht** oder einer Vorschrift des VwVfG eines Landes **beruht**, die ihrem Wortlaut nach mit dem VwVfG des Bundes übereinstimmt (§ 137 I VwGO). Das Revisionsgericht überprüft das angegriffene Urteil daher ausschließlich in rechtlicher Hinsicht. Über die Revision entscheidet stets das **Bundesverwaltungsgericht** (§§ 49 Nrn. 1 und 2, 132 VwGO).

250 **c)** Hat die Revision Erfolg, kann das Revisionsgericht **in der Sache selbst** entscheiden, sofern sie entscheidungsreif ist; anderenfalls verweist es die Sache unter Aufhebung des angefochtenen Urteils an das Berufungsgericht zur anderweitigen Verhandlung und Entscheidung zurück (§ 144 III VwGO).

3. Beschwerde

251 Die Beschwerde findet grundsätzlich statt gegen Entscheidungen des Verwaltungsgerichts, die nicht Urteile oder Gerichtsbescheide sind, also insbesondere gegen **Beschlüsse** (§ 146 I VwGO). Sie ist daher insbesondere gegeben gegen Beschlüsse des Verwaltungsgerichts in Verfahren des vorläufigen Rechtsschutzes nach §§ 80, 80 a, 123 VwGO, wobei hier allerdings die Begründungsfrist von einem Monat in § 146 IV VwGO zu beachten ist. Die **Beschwerdefrist** beträgt *zwei Wochen* ab Bekanntgabe der Entscheidung (§ 147 I VwGO).

252 Über die Beschwerde entscheidet das **Oberverwaltungsgericht**, gegen seine Entscheidung ist grundsätzlich *keine weitere Beschwerde* möglich (§ 152 VwGO).

C. Mediation bei Konflikten unter Nachbarn

I. Obligatorische Streitschlichtung

1. Die bundesrechtliche Öffnungsklausel

253 § 15a EGZPO räumt dem Landesgesetzgeber die Möglichkeit ein, die Durchführung eines obligatorischen Schlichtungsverfahrens als Prozessvoraussetzung einzuführen.[1164] Betroffen sind u. a. **Nachbarstreitigkeiten** nach §§ 906, 910, 911 und 923 BGB sowie nach den landesrechtlichen Vorschriften i. S. von Art. 124 EGBGB, sofern keine Einwirkung aus einem gewerblichen Betrieb vorliegt. Es handelt sich somit vor allem um pri-

---

[1164] Vgl. *Dieckmann*, ZG 2000, 1 ff.; *Katzenmeier*, ZZP 2002, 51 ff.; *Nöh-Schüren*, SchlHA 1998, 226 ff.; *Rüssel*, NJW 2000, 2800 ff.; *ders.*, JuS 2003, 380 ff.; *Stadler*, NJW 1998, 2479 ff. u. *Stoecker*, ZKM 2000, 105 ff. Krit. zum Zwang zur Einigung *Knauss*, ZRP 2009, 206 ff.

vatrechtliche Immissionen, den Überhang, den Hinüberfall und die Grenzbäume bzw. -sträucher sowie die landesrechtlichen Nachbarrechtsvorschriften. Außer in den unmittelbaren Nachbarrechtsstreitigkeiten kann ein obligatorisches Schlichtungsverfahren auch für Streitigkeiten über Ansprüche wegen Verletzung der persönlichen Ehre, die nicht in Presse oder Rundfunk begangen worden sind, angeordnet werden. In vielen Fällen wird diese Vorschrift ebenfalls einschlägig sein, da Nachbarstreitigkeiten häufig mit wechselseitigen Beleidigungen verbunden sind. Es handelt sich stets um Klagen vor dem Amtsgericht und Landgericht in den vorbezeichneten Streitigkeiten, und zwar ohne Rücksicht auf den Gegenstandswert.

Grund für die Zulassung eines obligatorischen Schlichtungsverfahrens war neben der Entlastung der Gerichte die Hoffnung, dass bei einem derartigen Verfahren auch Tatsachen berücksichtigt werden könnten, die für die Lösung des Nachbarkonflikts von wesentlicher oder ausschlaggebender Bedeutung sind, aber rechtlich keine Relevanz haben.[1165] Das Geflecht von Tatsachen und Rechtsnormen im Sinne des prozessualen Streitgegenstandes, aber auch die diesen umgebende soziale Wirklichkeit und die Beziehungen der handelnden Personen zueinander bilden eine Fülle von Informationen, die der Richter zu Beginn der mündlichen Verhandlung aus den Akten nur zum Teil kennt.[1166] Auf der Konfliktebene werden folglich nicht alle **Aspekte des Konflikts**, alle Tatsachen, auch nicht entscheidungsrelevante, und alle Personen, auch über die Streitparteien hinaus, einbezogen. Ferner findet keine Aufarbeitung der emotionalen Seite des Streits statt, insbesondere der gegenseitigen Missverständnisse, der Frustrationen und der Enttäuschungen, die in einem länger dauernden Prozess zur juristischen „Endstufe" geführt haben. Der Richter kann bei einer Entscheidung auch nicht die Notwendigkeit des weiteren Zusammenlebens berücksichtigen und damit gestaltend wirken. 254

Das obligatorische Güteverfahren stellt eine **Prozessvoraussetzung** im Klageverfahren dar. Damit müsste sie grundsätzlich erst im Zeitpunkt der letzten mündlichen Verhandlung vorliegen. Eine Nachholung wäre nach dieser Auffassung möglich. Eine Nichtdurchführung soll deshalb nach einer Ansicht zur Klageabweisung als (derzeit noch) unzulässig führen. [1167] Demgegenüber lässt die h. M. eine Nachholung wegen des Zwecks der vorgerichtlichen Schlichtung nicht zu; eine ohne den Einigungsversuch erhobene Klage ist somit als unzulässig abzuweisen.[1168] Nach dieser Ansicht muss nach erfolgloser Durchführung des Schlichtungsverfahrens eine neue Klage bei Gericht eingereicht werden; eine Aussetzung des anhängigen Prozesses ist nicht möglich. In der Berufung kann das Übersehen der Durchführung eines Schlichtungsverfahrens noch gerügt werden.[1169] Entfällt das Schlichtungsverfahren aufgrund einer Gesetzesänderung während des Rechtstreits, kann das Verfahren nicht mehr seinen Zweck erfüllen; die Klage ist trotz Nichtdurchführung der Schlichtung zulässig.[1170] Bei einer Klageerweiterung oder –änderung hinsichtlich des Streitgegenstandes ist eine erneute Durchführung nicht erforderlich, wenn es bereits wegen der bisherigen Materie durchgeführt wurde.[1171] Bei Verbin- 255

[1165] BR-Drs. 605/96, 52ff; vgl. *Eylmann*, notar 2/1998, 4ff. u. *Stickelbrock*, JZ 2002, 633ff. Zur Verfassungsmäßigkeit s. BVerfG, NJW-RR 2007, 1073 = DNotI-Report 2007, 145.

[1166] Vgl. *Ortloff*, NVwZ 2002, 1310, 1315.

[1167] So noch OLG Hamm, MDR 2003, 387; AG Nürnberg, NJW-RR 2002, 430 = NZM 2002, 144; AG Königstein, NJW 2003, 1954; *Hartmann*, NJW 1999, 3745, 3747; *Friedrich*, NJW 2002, 798; *Unberath*, JR 2001, 355; *Becker/Nicht*, ZZP 120, 2007, 159 u. Vorauflage.

[1168] BGH, NZM 2005, 154 = MDR 2005, 285 = BGHR 2005, 387; ebenso bereits OLG Köln, OLGR 2006, 406 u. OLG Saarbrücken, NJW 2007, 1292.

[1169] Str., wie hier OLG Saarbrücken, NJW 2007, 1292; *Rimmelspacher/Arnold*, NJW 2006, 15; a. A. LG Marburg, NJW 2005, 2866.

[1170] BGH, NJW 2007, 519 = NZM 2007, 139.

[1171] BGH, NZM 2005, 154 = MDR 2005, 285 = BGHR 2005, 387; ebenso bereits OLG Köln, OLGR 2006, 406 u. OLG Saarbrücken, NJW 2007, 1292. Zum Zusammentreffen eines schlichtungsbedürftigen mit einem nicht schlichtungsbedürftigen Anspruch s. einerseits LG Aachen, NJW-RR 2002, 1439 = NZM 2002, 503 = MDR 2002, 906 und andererseits *Grziwotz*, Erfolgreiche Verhandlungsführung und Konfliktmanagement durch Notare, Rn. 360 m.w.Nachw.

dung eines schlichtungsbedürftigen Antrags mit einem nicht schlichtungsbedürftigen muss bezüglich des schlichtungsbedürftigen ein Schlichtungsverfahren durchgeführt werden.[1172] Ein sachdienlicher oder mit Zustimmung des Gegners durchgeführter Parteiwechsel erfordert trotz des Zwecks des Schlichtungsverfahrens keinen neuen Schlichtungsversuch.[1173] Anders ist dies bei einer Parteierweiterung.[1174]

256 Der Gesetzgeber hat das obligatorische Schlichtungsverfahren **nicht für alle Gerichtsverfahren** vorgesehen, insbesondere nicht für das Mahnverfahren (§§ 688 ff. ZPO), das allerdings nur Geldansprüche betrifft, und das Verfahren des einstweiligen Rechtsschutzes.[1175] Unzulässig ist ein obligatorisches Güteverfahren bei Abänderungsklagen (§ 323 ZPO), Nachforderungsklagen bei Geldrenten (§ 324 ZPO), ausländischen Urteilen (§ 328 ZPO), Widerklagen und Klagen, die binnen einer gesetzlichen oder gerichtlich angeordneten Frist zu erheben sind, Wiederaufnahmeverfahren (§ 578 ZPO), Ansprüchen, die im Urkunden- oder Wechselprozess geltend gemacht werden (§§ 592 ff. ZPO) und Klagen wegen vollstreckungsrechtlicher Maßnahmen, insbesondere nach dem 8. Buch der ZPO, also u. a. die Vollstreckungsabwehrklage (§ 767 ZPO), die Drittwiderspruchsklage (§ 771 ZPO) und die Schadensersatzklage bei Verfahren des einstweiligen Rechtsschutzes. Die Familiensachen sind nicht mehr in der ZPO geregelt und fallen bereits aus diesem Grund nicht unter die Schlichtung.[1176]

257 Unzulässig ist ein obligatorisches Güteverfahren zudem für Parteien, die nicht in demselben Bundesland wohnen oder ihren Sitz oder ihre Niederlassung dort haben. Hat auch nur eine Partei ihren **Wohnsitz** im Ausland, ist die Durchführung eines Güteverfahrens ebenfalls ausgeschlossen.[1177] Diese Ausschlussgründe kann der Landesgesetzgeber erweitern, aber nicht einschränken. Zusätzlich kann er bestimmen, dass die Gütestelle ihre Tätigkeit von der Einzahlung eines angemessenen **Kostenvorschusses** abhängig machen kann (§ 15a V EGZPO).[1178]

258 Zu den obligatorischen **Nachbarstreitschlichtungen** gemäß § 15a I 1 Nr. 2 EGZPO gehören Streitigkeiten über

- Einwirkungen auf das Nachbargrundstück (§ 906 BGB),[1179]
- einen Überhang (§ 910 BGB),[1180]
- einen Hinüberfall (§ 911 BGB),[1181]
- einen Grenzbaum (§ 923 BGB),[1182]
- Regelungen in den landesrechtlichen Nachbarrechten.

259 Die **örtliche Beschränkung** in § 15a II 2 EGZPO soll die unterschiedlichen Regelungen und Ausführungsvorschriften der bundesrechtlichen Ermächtigung berücksichtigen. Wohnen die Parteien nicht in demselben Land im Sinn des Wohnsitzes und des gewöhnlichen Aufenthalts oder haben sie dort weder ihren Sitz noch ihre Niederlassung, so ist eine obligatorische Schlichtung nicht durchzuführen. Allerdings ergeben sich Probleme, wenn die Parteien zwar in demselben Land wohnen, aber eine ausschließliche Zuständigkeit eines Gerichts in einem anderen Bundesland besteht. Beispiel ist der ausschließliche Gerichtsstand nach § 24 ZPO. Maßgeblicher Zeitpunkt ist grundsätzlich derjenige des Schlichtungsantrags. Zieht die Gegenpartei vor Rechtshängigkeit in ein anderes Bundes-

---

1172 BGH, NJW-RR 2009, 1239 = NZM 2009, 629 = MDR 2009, 1127 = WuM 2009, 536.
1173 BGH, MDR 2010, 1075 = NJW-RR 2010, 1726 = ZfIR 2010, 657.
1174 BGH, MDR 2010, 1143 = NJW-RR 2010, 1725 = NZV 2010, 559.
1175 Nicht jedoch bei Unzulässigkeit des Mahnverfahrens (AG Rosenheim, NJW 2001, 2030 = MDR 2001, 1132 = MittBayNot 2001, 579). Für eine Klageerweiterung nach Erlass eines Mahnbescheids soll kein Schlichtungsverfahren erforderlich sein (str., vgl. AG Halle, NJW 2001, 2099).
1176 Zöller/*Heßler*, § 15a EGZPO Rn. 10. Zur entsprechenden Anwendung von § 269 VI ZPO s. LG Karlsruhe, Justiz 2003, 265.
1177 *Heßler*, notar 1999, 132, 133.
1178 Zu den Kosten s. *Schneider*, AnwBl. 2001, 327 ff.
1179 Vgl. dazu Teil 3 Rn. 27 ff.
1180 Vgl. dazu Teil 2 Rn. 365 ff.
1181 Vgl. dazu Teil 2 Rn. 420 ff.
1182 Vgl. dazu Teil 2 Rn. 186 ff.

land um, entfällt das Erfordernis eines außergerichtlichen Streitbeilegungsversuchs. Gleiches gilt, wenn der Umzug erst nach Klageeinreichung erfolgt. Umgekehrt muss eine obligatorische Streitschlichtung nicht nachgeholt werden, wenn während des Prozesses aufgrund eines Umzugs beide Parteien in demselben Bundesland wohnen.[1183]

Hinsichtlich der **Konflikte zwischen Nachbarn** nennt das Gesetz u. a. „Streitigkeiten über Ansprüche aus dem Nachbarrecht. . . nach § 906 BGB". Einen Anspruch regelt jedoch lediglich § 906 II BGB. Im Übrigen enthält diese Vorschrift nur Duldungspflichten. Allerdings lässt der Gesetzeswortlaut auch zu, den Regelungsgegenstand als „Streitigkeiten. . . nach § 906 BGB" zu verstehen. Betroffen sind dann Verfahren, in denen sich der Streit auf die Fälle aus dem Anwendungsbereich des § 906 BGB bezieht.[1184] Nicht dem obligatorischen Güteverfahren unterfallen in der Praxis häufige nachbarrechtliche Streitigkeiten über die Grenzziehung, die Notwege- und Notleitungsrechte, die Überbauten sowie über den Inhalt und den Umfang von Grunddienstbarkeiten.[1185] Unklar ist ferner, ob das Gesetz auch anwendbar ist, wenn Ausgleichsansprüche analog § 906 BGB sowie Bereicherungs- und Schadensersatzansprüche aufgrund einer Nachbarstreitigkeit in Rede stehen.[1186] Beispiel hierfür ist der Kostenersatz bei der Ausübung des Selbsthilferechts nach § 910 I BGB.[1187] 260

Das obligatorische Schlichtungsverfahren stellt gerade in Nachbarstreitigkeiten ein **Angebot** an die Parteien dar, in einer nichtöffentlichen Verhandlung ihre mitunter für Außenstehende wenig verständlichen und häufig auch sehr persönlichen Probleme zu erörtern, ohne Gefahr zu laufen, dabei „zum Ortsgespräch" zu werden. Die Durchführung eines Schlichtungsverfahrens signalisiert außerdem einen Rest von Einigungsbereitschaft. Sie kann somit einer weiteren Eskalation des Streits entgegenwirken.[1188] 261

2. Landesrechtliche Schlichtungsmodelle

a) Güte- und sonstige Schlichtungsstelle

Das obligatorische Schlichtungsverfahren wird gewissermaßen im „landesrechtlichen Wettstreit" durchgeführt werden. Unterschiedliche Lösungswege sollen auf ihre Effizienz überprüft werden.[1189] Die nachfolgende **Übersicht** gibt die landesrechtlichen Schlichtungsgesetze, die Zuständigkeiten in Nachbarstreitigkeiten und Beleidigungsprozessen sowie die Schlichtungsstellen wieder. 262

1183 Vgl. bereits *Grziwotz*, Erfolgreiche Verhandlungsführung und Konfliktmanagement durch Notare, Rn. 362. Auch bei einer Verweisung aus einem „schlichtungslosen" Land in ein Bundesland, das das obligatorische Schlichtungsverfahren eingeführt hat, ist keine „Nachholung" der Schlichtung erforderlich (str., wie hier Zöller/*Heßler*, § 15a EGZPO Rn. 18).

1184 Vgl. BVerfG, NJW-RR 2009, 1026; OLG Frankfurt/M., NJOZ 2008, 1996; so bereits *Grziwotz*, in: von Schlieffen/Wegmann (Hrsg.), Mediation in der notariellen Praxis, 2002, S. 251, 267. Vgl. auch *Schmidt*, in: Prütting, Außergerichtliche Streitschlichtung, 2003, Rn. 122f.; s. auch LG München I, IMR 2008, 362.

1185 Vgl. *Götz*, MittBayNot (SoH) 2000, 37, 39 u. *Grziwotz*, Erfolgreiche Verhandlungsführung und Konfliktmanagement durch Notare, Rn. 359. S. nunmehr auch BGH, NJW-RR 2005, 501 = MDR 2005, 265.

1186 Bejahend AG Nürnberg, MDR 2002, 1189 = MittBayNot 2003, 152; vgl. auch AG Rosenheim, NJW 2001, 2030 = MDR 2001, 1132 = MittBayNot 2001, 579. Abweichend für reine Zahlungsansprüche BGH, NJW-RR 2009, 1238 = NZM 2009, 678 = MDR 2009, 1161, wenn das Landesschlichtungsgesetz Ansprüche, die auf Zahlung gerichtet sind, von der obligatorischen Streitschlichtung ausnimmt.

1187 Str., offen BGH, NJW-RR 2009, 1238 = NZM 2009, 628 = MDR 2009, 1181; wie hier OLG Saarbrücken, NJW 2007, 1292; LG Karlsruhe, Justiz 2003, 265; AG Nürnberg, MDR 2002, 1189; AG Rosenheim, NJW 2001, 2030; vgl. hierzu auch *Stadler*, Das Nachbarrecht in Bayern, S. 219.

1188 Ähnlich *Maidowski*, Mit Nachbarn streiten?, S. 232.

1189 *Heßler*, notar 1999, 132, 134. Vgl. auch *Knodel/Winkler*, ZRP 2008, 183ff.; *Deckenbrock/Jordans*, MDR 2006, 421ff. u. MDR 2009, 1202ff.

Land	Gesetz	Gegenstand a) Nachbarstreitigkeiten b) Beleidigungen	Schlichtungsperson	Kosten
BW[1190]	Schlichtungsgesetz – SchlG	a) § 1 I 1 Nr. 2 SchlG b) § 1 I 1 Nr. 3 SchlG nur Amtsgericht, Wohnsitz im selben oder benachbarten LG-Bezirk	Rechtsanwälte/innen (§ 3 II SchlG)	80 Euro (Ersuchen von einer Partei), 100 Euro (ohne Einigung), 130 Euro (mit Einigung), § 15 SchlG
Bayern[1191]	Bayer. Schlichtungsgesetz – BaySchlG	a) Art. 1 Nr. 2 BaySchlG b) Art. 1 Nr. 3 BaySchlG nur Amtsgericht, Wohnsitz im selben LG-Bezirk (Art. 2 BaySchlG)	Notare (Art. 5 I BaySchlG), Rechtsanwälte und dauerhaft eingerichtete Schiedsstellen (Art. 3 I BaySchlG)	50 Euro (ohne Schlichtungsgespräch), 100 Euro (bei Schlichtungsgespräch), bei Vollzug einer Einigung zusätzlich 50 Euro, Art. 13 BaySchlG
Bbg	Brandenburgisches Schlichtungsgesetz – Bbg SchlG	a) § 1 I Nr. 2 Bbg SchlG b) § 1 I Nr. 3 Bbg SchlG nur Amtsgericht, Wohnsitz in demselben LG-Bezirk (§ 2 Bbg SchlG)	Ehrenamtliche Schiedspersonen bei den Gemeinden (§§ 1 f. BbgSchG, § 1 BbgGüteStG) und weitere Gütestellen nach § 794 I Nr. 1 ZPO (§ 3 BbgSchlG)	10 Euro (ohne Vergleich), 20 Euro (bei Vergleich), Erhöhung auf 40 Euro ist möglich (§ 42 BbgSchG)
Hessen	Hess. G. zur Ausführung des § 15a EGZPO (HessGüSchlG)	a) § 1 I Nr. 2 HessGüSchlG b) § 1 I Nr. 3 HessGüSchlG Wohnsitz in Hessen (§ 2 HessGüSchlG)	Schiedsperson beim Schiedsamt (§§ 1 f. HSchAG) oder Gütestelle (§ 3 HessGüSchlG)	Verfahrensgebühr 20 Euro, bei Einigung 30 Euro, erhöht bis 50 Euro (§ 41 HSchAG)
Mecklenburg-Vorpommern	Schiedsstellen- und Schlichtungsgesetz – SchSt M-V	a) § 34a I Nr. 1 SchStG M-V b) § 34a I Nr. 2 SchStG M-V Wohnsitz in Mecklenburg-Vorpommern	Gemeindliche Schiedsstelle (§ 1 SchStG M-V)	11 Euro (ohne Vergleich), 21 Euro (bei Vergleich), höchstens 36 Euro (§ 50 SchStG M-V)
Niedersachsen	Niedersächsisches Schlichtungsgesetz – NSchlG	a) § 1 II Nr. 1 u. 2 NSchlG b) § 1 II Nr. 3 NSchlG Wohnung im LG-Bezirk oder angrenzenden AG-Bezirken	Schiedsamt nach NSchÄG (§ 1 I NSchlG)	15 Euro (ohne Vergleich), 25 Euro (mit Einigung), höchstens 50 Euro (§ 47 NSchÄG)

1190 S. dazu nur *Heck*, AnwBl. 2000, 596 ff. u. Kothe/*Anger*, SchlG Bad-Württ., 2001.

1191 S. dazu *Birnstiel*, MittBayNot (SoH) 2000, 8 ff.; *Heßler*, MittBayNot (SoH) 2000, 2 ff.; Ponschab/*Brinkmann*, MittBayNot (SoH) 2000, 29 ff.; *Wetekamp*, NZM 2001, 614 ff. u. Schwarzmann/*Walz*, BaySchlG, 2000.

Land	Gesetz	Gegenstand a) Nachbarstreitigkeiten b) Beleidigungen	Schlichtungsperson	Kosten
NRW[1192]	Justizgesetz Nordrhein-Westfalen – JustG NRW	a) § 53 I Nr. 1 JustG NRW b) § 53 I Nr. 2 JustG NRW Wohnsitz in demselben LG-Bezirk (§ 54 JustG NRW)	Schiedsamt oder anerkannte Gütestelle (§ 55 JustG NRW)	10 Euro (ohne Vergleich), 25 Euro (bei Vergleich), Erhöhung auf 40 Euro ist möglich (§ 45 SchAG NRW)
Rheinland-Pfalz	Rheinland-Pfälzisches Landesschlichtungsgesetz – LSchlG RP	a) § 1 I Nr. 1 LSchlG RP b) § 1 Nr. 2 LSchlG RP Wohnsitz in demselben oder benachbarten LG-Bezirk (§ 2 LSchlG RP)	Schiedsperson nach Schiedsamtsordnung oder andere Gütestelle (§ 3 LSchlG RP)	10 Euro (ohne Vergleich 20 Euro (bei Vergleich), höchstens 25 Euro (§ 36 SchO RP)
Saarland	Landesschlichtungsgesetz – LSchlG	a) § 37a I Nr. 1 LSchlG b) § 37a I Nr. 2 LSchlG Wohnsitz im Saarland	Schiedspersonen nach § 1 I SSchO	10 Euro (ohne Vergleich), 15 Euro (bei Vergleich), höchstens 20 bis 30 Euro (§ 41 SSchO)
Sachsen-Anhalt	Schiedsstellen- und Schlichtungsgesetz (SchStG LSA)	a) § 34a I Nr. 2 SchStG LSA b) § 34a I Nr. 3 SchStG LSA Wohnsitz in Sachsen-Anhalt	Schiedsstellen (§§ 1f. SchStG LSA) evtl. Notare/innen und in die Listen der Rechtsanwaltskammern eingetragene Rechtsanwälte/innen (§ 34b I SchStG LSA)	25 Euro (ohne Vergleich), 50 Euro (mit Vergleich), höchstens 75 Euro (§ 50 SchStG LSA)
Schleswig-Holstein[1193]	Landesschlichtungsgesetz – LSchliG SH	a) § 1 I 1 Nr. 2 LSchliG SH b) § 1 I 1 Nr. 3 LSchliG SH Wohnsitz in demselben LG-Bezirk	Rechtsanwälte/innen, Schiedsämter u. anwaltliche Gütestellen (§ 3 I LSchliG SH)	65 Euro (ohne Vergleich), 100 Euro (bei Vergleich) bei anwaltlichen Gütestellen (§ 9 LSchliG SH)

Gütestellen sind Einrichtungen, die Streitbeilegungen betreiben. Ihre Anerkennung ist landesrechtlich geregelt. Von ihr abgeschlossene Vergleiche sind Vollstreckungstitel (§ 794 I Nr. 1 ZPO). Das obligatorische Schlichtungsverfahren ist zudem grundsätzlich vom Prinzip des Vorrangs der Freiwilligkeit geprägt. Die Beteiligten können sich deshalb einvernehmlich auf jede sonstige **Schlichtungsstelle** einigen, die Streitbeilegungen betreibt. Der Fall eines Streits zwischen einem Unternehmer und Verbraucher ist bei einem Nachbarstreit, der zudem die Durchführung eines obligatorischen Schlichtungsverfahrens erforderlich macht, kaum relevant. In Ausnahmefällen, in denen diese Konstellation vorliegt, wird zum Schutz des „Verbraucher-Nachbarn" das Einverständnis des „Unterneh- 263

[1192] S. dazu nur Dieckmann, NJW 2000, 2802 ff.
[1193] Vgl. dazu nur *Haecker*, SchlHA 2002, 125 ff.

mer-Nachbarn" in die Anrufung einer bestimmten Gütestelle unwiderleglich vermutet, wenn der Verbraucher eine branchengebundene Gütestelle, eine Gütestelle der Industrie- und Handelskammer, der Handwerkskammer oder der Innung anruft (§ 15a III 2 u. 3 EGZPO). Eine sonstige Schlichtungsstelle, auf die sich die Parteien einvernehmlich einigen, bedarf nicht der Anerkennung als Gütestelle durch die Justizverwaltung. Die Parteien können beispielsweise bei einem nicht als Gütestelle anerkannten Mediator, der zudem nicht Jurist sein muss, die Schlichtung durchführen.

b) Hemmung der Verjährung

264 Die Veranlassung der Bekanntgabe des Güteantrags, der bei einer anerkannten Gütestelle eingereicht wird, führt entsprechend der Erhebung einer Klage zur Hemmung der Verjährung (§ 204 I Nr. 4 BGB).[1194] Bei einer **Hemmung der Verjährung** wird der Zeitraum, während dessen die Verjährung gehemmt ist, in die Verjährungsfrist nicht eingerechnet.[1195] Sechs Monate nach der Beendigung des Güteverfahrens endet grundsätzlich die Hemmung der Verjährung; sie dauert nur fort, wenn sich das Streitverfahren unmittelbar anschließt.[1196] Wird der Antrag bei einer nicht als Gütestelle zugelassenen sonstigen Schlichtungsstelle, auf die sich die Parteien einvernehmlich geeinigt haben, eingereicht, tritt die Hemmung der Verjährung in gleicher Weise ein, weil die Parteien in diesem Fall den Einigungsversuch einvernehmlich unternehmen (§ 204 I Nr. 4 BGB).[1197]

c) Das Schlichtungsverfahren

265 Hinsichtlich des **Verfahrensablaufs** enthält § 15a EGZPO nur die Regelung, dass gegen eine im Gütetermin nicht erschienene Partei ein Ordnungsgeld festgesetzt werden darf. Ferner muss die Gütestelle eine Bescheinigung über einen erfolglosen Einigungsversuch ausstellen. Ein solcher liegt auch vor, wenn das Einigungsverfahren innerhalb einer Frist von drei Monaten nicht durchgeführt worden ist (§ 15a I 3 EGZPO). Die übrigen Einzelheiten des Verfahrens hat der Landesgesetzgeber festzulegen. Unabhängig von Unterschieden im Einzelnen beginnt das Güteverfahren regelmäßig mit einem Antrag, der schriftlich einzureichen oder zu Protokoll der Güte- oder sonstigen Schlichtungsstelle zu erklären ist. Der Antrag soll die Namen und die ladungsfähigen Anschriften der Parteien, eine kurze Darstellung der Streitsache und den Antrag des Klägers enthalten. In verschiedenen Schlichtungsgesetzen bzw. -ordnungen ist die Entgegennahme von Schlichtungsanträgen während der üblichen Geschäftszeit angeordnet.[1198] Hierunter dürfte die Zeit zwischen 9.00 Uhr und 16.00 Uhr zu verstehen sein. Eine persönliche Entgegennahme durch die mit der Schlichtung beauftragte Person ist nicht erforderlich. Ausreichend ist der Zugang bei einer in der Schlichtungsstelle beschäftigten Person oder die Einlegung in den Briefkasten. Eine Verpflichtung außerhalb der üblichen Geschäftszeiten, also insbesondere an Sonnabenden, Sonn- und Feiertagen sowie zu Nachzeiten, aber auch bei Betriebsausflügen den zeitlichen Eingang zu fixieren, besteht, wenn das Gesetz dies nicht vorsieht, nicht.[1199]

d) Statthaftigkeit und Ungeeignetheit

266 Hinsichtlich der **Statthaftigkeit** des obligatorischen Schlichtungsverfahrens sind fünf Prüfungen durchzuführen:

- Anspruch nach § 15a I EGZPO i. V. m. dem landesrechtlichen Schlichtungsgesetz,
- Vorliegen einer Ausnahme nach § 15a II 1 Nr. 1 bis 6 EGZPO,

[1194] Zur Bekanntgabe „demnächst" s. § 167 ZPO u. BGH, NJW 2010, 222 = MDR 2009, 1350 = ZIP 2009, 2061. S. dazu *Friedrich*, NJW 2003, 1781 ff.

[1195] § 209 BGB.

[1196] § 204 II 1 BGB; s. dazu NK-BGB/*Mansel*, § 204 Rn. 45 ff.

[1197] Zur Verjährungshemmung bei Verhandlungen vgl. BGH, NJW 2007, 587 = BauR 2007, 380 = ZfIR 2007, 150 u. BGH, DStR 2007, 1144. Zu „eingeschlafenen" Verhandlungen s. BGH, NJW 2009, 1806.

[1198] So z. B. Art. 7 S. 1 BaySchlG.

[1199] Ausführlich *Grziwotz*, Erfolgreiche Verhandlungsführung und Konfliktmanagement durch Notare, Rn. 377.

- Wohnsitz bzw. Sitz oder Niederlassung von Antragsteller und Antragsgegner in demselben Bundesland,
- keine Durchführung eines sonstigen Güteverfahrens nach § 15a EGZPO,
- weitere Voraussetzungen nach dem landesrechtlichen Schlichtungsgesetz.

Auch bei Vorliegen dieser Voraussetzungen kann regelmäßig dann, wenn die Angelegenheit aus rechtlichen oder tatsächlichen Gründen für eine Schlichtung von vornherein ungeeignet ist, eine Bescheinigung über den erfolglosen Schlichtungsversuch erteilt werden.[1200] Die **Ungeeignetheit** ist im Zeugnis zu begründen. Beispiele sind komplizierte, bisher höchstrichterlich nicht entschiedene Rechtsfragen, die Notwendigkeit einer umfangreichen Beweisaufnahme und die Beteiligung einer Mehrzahl von Personen auf Seiten einer Partei. Ebenso kann dies bei Schwierigkeiten mit der Beherrschung der deutschen Sprache bei einer Partei sein. Ein Fall der Ungeeignetheit liegt schließlich vor, wenn der Antragsgegner dem Schlichter sein Nichterscheinen zum Einigungstermin bereits vorher ankündigt. 267

e) Durchführung der Schlichtung

Sofern das Landesgesetz keine besonderen Bestimmungen enthält, wird das Verfahren vom Schlichter bestimmt. Regelmäßig beginnt es mit einer **Ladung** der Beteiligten und gegebenenfalls ihrer Rechtsanwälte.[1201] Kern des Schlichtungstermins, in dem zunächst das Erscheinen der Beteiligten und gegebenenfalls ihrer Bevollmächtigten festgestellt wird, oder das Auftreten eines Vertreters bei Fernbleiben der Partei akzeptiert wird, ist das Schlichtungsgespräch. Es läuft ähnlich wie ein Mediationsverfahren ab.[1202] Der Schlichter lädt keine Zeugen und Sachverständige. 268

Einigen sich die Beteiligten beim Schlichtungstermin nicht, ist ein Zeugnis über die Erfolglosigkeit der Schlichtung auszustellen, das den Weg zu den Gerichten eröffnet. Das Prozessgericht ist bei der Prüfung dieser Prozessvoraussetzung an diese Bescheinigung gebunden; es kann nicht gleichsam als übergeordnete Instanz das Verfahren und die Entscheidungen der Schiedsstelle aufheben.[1203] Einigen sich die Beteiligten, ist dies schriftlich niederzulegen und von den Parteien und dem Schlichter zu unterzeichnen.[1204] Der vor einer Gütestelle geschlossene **Vergleich** ist ein Vollstreckungstitel (§ 794 I Nr. 1 ZPO). Es handelt sich jedoch um keinen gerichtlichen Vergleich im Sinne von § 127a BGB, welcher die notarielle Form ersetzt. Deshalb ist beispielsweise bei einer Nachbarstreitigkeit, in der sich die Beteiligten auf die Übertragung einer Grundstücksfläche einigen, nach der rechtlich unverbindlichen Einigung noch eine notarielle Beurkundung erforderlich (§ 311b I BGB).[1205] 269

II. Konfliktmanagement statt gerichtlicher Eskalation

1. Sieger ohne Verlierer

Die Neighborhood Justice Centers bilden einen Schwerpunkt der Mediation in den Vereinigten Staaten.[1206] Da die Ursachen von Nachbarstreitigkeiten häufig in der Vergan- 270

[1200] Vgl. Art. 4 II BaySchlG; § 19 SchStG M-V; §§ 34c V, 34h IV SchStG-LSA (Schwerpunkt des Nachbarstreits im öffentlichen Recht) u. § 18 NdsSchiedsämterG.

[1201] Vgl. §§ 7, 8 III SchlG BW; Art. 10, 11 III BaySchlG; § 26 Bbg SchG; § 29 SchStG M-V; §§ 22, 28 NdsSchiedsämterG; §§ 24, 22 Sächs SchiedsStG u. §§ 23, 29, 34e SchStG-LSA. Zur Anforderung eines Kostenvorschusses vgl. § 18 II SchlG; Art. 14 BaySchlG; § 40 II Bbg SchG; § 45 II NdsSchiedsämterG; § 48 II SächsSchiedsStG u. § 48 II SchStG-LSA.

[1202] Vgl. dazu unten Rn. 285 ff.

[1203] BGH, NJW-RR 2010, 357 = NZM 2010, 93 = MDR 2010, 225 = WuM 2010, 43.

[1204] Vgl. nur § 11 SchlGBW, Art. 12 BaySchlG; § 28 Bbg SchG; § 32 SchStG M-V; § 31 SächsSchiedsStG u. § 34f SchStG-LSA.

[1205] Vgl. § 18 I Nr. 1 SchStG-LSA; § 2 SchStG M-V u. § 18 I Bbg SchG

[1206] Zur Abgrenzung der Vermittlungsansätze s. *Trenczek*, ZRP 2008, 186, 187. S. auch *Ortloff*, NJW 2008, 2544 ff. Zur gerichtsnahen „Mediation" s. *Nelle* in: Eidenmüller (Hrsg.), Alternative Streitbeilegung, 2011, S. 123 ff.

genheit liegen und über den Gegenstand des aktuellen Rechtsstreits hinausgehen, führen Nachbarrechtsprozesse meist nicht zu einer endgültigen Streitbeilegung. Das Gericht ist nämlich auf einen Teilausschnitt aus den **Gesamtbeziehungen** der Beteiligten beschränkt. Es kann nur die im konkreten Rechtsstreit rechtlich relevanten Punkte beurteilen. Demgegenüber kann die außergerichtliche Streitbeilegung sämtliche Aspekte der Auseinandersetzung einbeziehen und somit zu einem umfassenden Interessenausgleich gelangen. Zudem kann versucht werden, auch künftiges Streitpotential zu minimieren. Demgegenüber führt die Beschreitung des Rechtswegs zwar zu einer Entscheidung über den konkreten Streitpunkt, aber oft nicht zu einer Lösung des Konflikts. Zudem ist das Begehren, das mit der Nachbarklage verfolgt wird, auf richterliche Hilfe gegen die zugefügte Rechtskränkung gerichtet. Das Urteil im Zivilprozess wertet aber nicht. Es erlegt auch keine Bußen auf. Die Entscheidung des Gerichts ist zudem fremdbestimmt. Demgegenüber wird die von den Beteiligten selbst gefundene Lösung regelmäßig leichter Akzeptanz finden und deshalb auch künftig eher eingehalten werden. Zudem kann die einvernehmliche Lösung gerade im Nachbarstreit aus der weiterhin konfliktträchtigen Alternative von Sieg und Niederlage einen Ausweg bieten. Kein Nachbar gewinnt und kein Nachbar verliert mehr. Damit kann der Nachbarstreit zur Doppelgewinnerlösung werden, während es bisher nur Besiegte gegeben hat.[1207]

2. Konfliktanalyse und -eskalation

271 Zu Beginn des Versuchs, einen Nachbarkonflikt beizulegen, steht eine Analyse des Streits. Nachbarkonflikte haben zudem in vielen Fällen eine Vorgeschichte.[1208] Nachbarstreitigkeiten haben häufig Ursachen, die sich einer rechtlichen Wertung entziehen. Hierzu gehören bloße immaterielle, nämlich ideelle Beeinträchtigungen.[1209] So ist beispielsweise der Nachbarstreit über die Höhe der Sträucher oder den hinüberhängenden Zweig meist nur die Spitze des Eisbergs. Zugrunde liegt die Verärgerung über zahlreiche Kleinigkeiten, zu denen das störende Bellen des Hundes des Nachbarn, die lärmenden Kinder, die Störung des Fernsehempfangs durch das Gebäude und Raucheinwirkungen durch den Gartengrill gehören können. Diese Kleinigkeiten summieren sich im Laufe der Zeit und bringen des „Fass zum Überlaufen". Die Reaktion des Nachbarn auf Vorhaltungen führt im Rahmen des „Gegenschlagsprinzips" zum Versuch einer **Überkompensation**. Der sich angegriffen fühlende Nachbar wird nämlich die von ihm seinerseits „um des lieben Friedens willen" geduldeten „Belästigungen" dem anderen vorhalten. Der frühere Leidensdruck schafft sich auf beiden Seiten Luft. Damit beginnt der Konflikt zu eskalieren.

272 Der regelmäßige **Konfliktverlauf** bei Nachbarstreitigkeiten hat meist sechs Stufen:[1210]

- Auf der ersten Stufe beginnt der Streit mit kleinen Auseinandersetzungen. Verärgerungen über Lärm etc. trüben die Stimmung und das nachbarliche Verhältnis. Allerdings überwiegt noch der beiderseitige Versuch, den Konflikt einvernehmlich beizulegen.
- Die zweite Stufe ist durch eine Polarisierung geprägt. Das Trennende rückt in den Vordergrund; die Notwendigkeit eines gedeihlichen Zusammenlebens wird dagegen als nicht mehr so wichtig eingestuft.
- Auf der dritten Stufe wird das Ziel des Zusammenlebens gegenüber der Verfolgung des eigenen (kurzsichtigen) Ziels gänzlich aufgegeben. Der Streit wird bereits nicht mehr auf der rationalen, sondern nur noch auf der emotionalen Ebene geführt.

[1207] Zur Wiederherstellung von Autonomie kurz *Wacker,* ZRP 2009, 239. Vgl. zu entsprechenden Vorgehensweisen in der japanischen Kultur *Tannen*, Lass uns richtig streiten, 1998, S. 299.

[1208] Vgl. auch *Häusler,* in: Büchner/Groner/Häusler/Lörcher/Rave v. Pappenheim/Schräder-Frerkes/Völtz/Wagner/Winkler/Winograd, Außergerichtliche Streitbeilegung, 1998, S. 451 ff.

[1209] Vgl. dazu *Hintz*, JR 1997, 137 ff.

[1210] Zu einem 9-Stufen-Modell vgl. Gommlich/*Tieftrunk,* Mut zur Auseinandersetzung: Konfliktgespräche, 1999, S. 92 ff.; *Glasl*, Konfliktmanagement, 10. Aufl. 2011, S. 113 ff.

- Auf der vierten Stufe wird die einvernehmliche Lösung generell in Frage gestellt. Eine Einigung ist den Parteien ohne Unterstützung durch einen Dritten nicht mehr möglich. Die Einschaltung eines Schlichters oder Schiedsrichters ist unumgänglich.
- Wird der Konflikt nicht auf den vorangegangenen Stufen bereinigt, folgt nunmehr der offene Konfliktaustrag, der den Gegner „zu vernichten" sucht. Die Fälle, in denen Sachen beschädigt, Tiere des Nachbarn gemeuchelt oder Kinder geohrfeigt werden, sind nicht selten. Der Nachbar wird zum Feind. Es geht bei dem Krieg am Gartenzaun um den Sieg über den Nachbarn. Häufig wird in diesem Fall auch der streitentscheidende Dritte den Konflikt nicht mehr dauerhaft beenden können.
- Auf dieser Stufe geht es nicht mehr um den eigenen Sieg, sondern nur noch um die Vernichtung des Gegners. Der Nachbarkrieg wird „total". Das Ziel wird selbst um den Preis der Selbstvernichtung verfolgt.[1211]

Das **Eskalationsmodell** kann bei der Analyse helfen, wie weit ein Nachbarkonflikt 273
fortgeschritten ist und welche Lösungen noch realistisch sind. Der Verlauf führt von der win-win-Situation zur loose-loose-Situation. Es geht für den Konfliktmittler darum, in Kenntnis dieser Entwicklung Lösungsansätze auszuloten. Die Parteien können mittels des Schemas lernen, ihr Konfliktverhalten einzuschätzen.

3. Mittlerunterstützte Nachbarstreitbeilegung

Mediation kann zur **Beilegung eines Interessenkonflikts** sowohl bei Vertragsverhand- 274
lungen[1212] als auch bei Konflikten eingesetzt werden. Sie bietet sich in Nachbarkonflikten an, da die Beteiligten, wenn sie nicht ihr Haus mit Wertverlust und Unkosten verkaufen wollen, darauf angewiesen sind, zumindest sachlich miteinander umzugehen.[1213] Der Mediator oder ein Dritter kann die Beteiligten dabei unterstützen, ein Verfahren zur Kommunikation zu entwickeln und im Rahmen des Kommunikationsprozesses zu Lösungen zu gelangen.

a) Erfolgreiches Verhandeln

Eine erfolgreiche Verhandlungsführung kann den Beteiligten helfen, ihre Probleme 275
besser zu bereinigen. Hierzu dient die Harvard-Methode. Sie beruht auf dem **Prinzip der offenen Verhandlungsführung**.[1214] Statt des „Verhandlungstanzes" beim kompetitiven Verhandeln werden folgende Grundsätze für eine effektive Verhandlungsführung aufgestellt:

- Die Beteiligten sollen sich auf ihre eigentlichen Interessen konzentrieren, nicht auf 276
  vorgeschobene Positionen. Während die Positionen lediglich Wunschträume der Parteien darstellen, dient die **Beschränkung auf Interessen** dazu, das eigentlich Gewollte zu erreichen.

  Geht der Nachbar gegen eine dem Angrenzer erteilte Baugenehmigung vor, so kann 277
  es sein, dass er gegen das Bauvorhaben als solches, insbesondere die Überschreitung der Abstandsflächen, nichts hat, sondern sich nur gegen die Verbauung einer besonders schönen Aussicht wendet, bezüglich derer er aber keine subjektiven Rechte vorbringen kann. Beim Streit um ein Notwegerecht liefert häufig die Angst vor einer Nutzung für weitergehende Zwecke als die gegenwärtigen den Grund dafür, einen Prozess um das Notwegerecht insgesamt zu führen.

[1211] Vgl. *Lay*, Dialektik für Manager, 20. Aufl. 2003, S. 77.

[1212] *Walz*, in: ders. (Hrsg.), Verhandlungstechnik, 2003, S. 139, 143 ff. u. *Wegmann*, in: Strempel (Hrsg.), Mediation für die Praxis, 1998, S. 29 ff.

[1213] Zur Wertschöpfung in immobilienrechtlichen Streitigkeiten *Jung/Lauenroth/Wagner*, ZfIR 2008, 813 ff.

[1214] *Fisher/Ury/Patton*, Das Harvard-Konzept, 23. Aufl. 2009, S. 43 ff.; *Kennedy*, The New Negotiating Edge, 1998 (ND 2000), S. 28 ff. u. *Ury*, Schwierige Verhandlungen, 3. Aufl. 1998, S. 13 ff. Vgl. auch *Fuchs*, Moderne Kommunikation, 1993, S. 33 ff.; JuSMagazin 6/08, 6 ff.; *Ortloff*, NVwZ 2012, 17 f.; *Nistler*, JuS 2010, 685 ff.; *Horn*, FPR 2006, 363, 364 f. u. *Engel*, ZKM 2007, 68 ff.

278 • Zudem sollen die verhandelnden Personen und die Sachprobleme voneinander getrennt werden. Die **rationale und emotionale Ebene** im Rahmen der Kommunikation sollen unterschieden werden. Dabei soll jedoch keine Ebene vernachlässigt werden. Hierzu dient der Aufbau einer positiven Beziehung zwischen den Beteiligten. Gleichzeitig werden die persönlichen Beziehungen von den Sachproblemen getrennt. Dadurch erfolgt eine Versachlichung des Streits.

279 Bei wechselseitigen Beleidigungen rückt mitunter der eigentliche Kern des Streits so sehr in den Hintergrund, dass die eigentlich unproblematische Einigung in der Sache nicht mehr möglich ist.

280 • Nachbarstreitigkeiten werden häufig als „Entweder-oder-Situationen" empfunden. Bei einem sachgerechten Verhandeln werden auch **Entscheidungsalternativen** in die Lösung miteinbezogen. Hierzu dienen nicht nur das Brainstorming, sondern auch die so genannte Kopfstand-Technik, bei der die Problemlösung von der anderen Seite versucht wird, und der Rollenwechsel, in dem sich die Parteien in die Position des Gegners versetzen. Die Kontrolle durch die Frage, was die beste Alternative zur Einigung wäre (Best Alternative to Negotiated Agreement[1215]) soll zum Realitätstest der eigenen Vorstellungen dienen. Damit wird auch die Vorstellung überwunden, dass der „Kuchen" begrenzt ist.

281 Eine Klage wegen des Gestanks permanenten sommerlichen Grillens kann beispielsweise dadurch vermieden werden, dass ein anderer Grill angeschafft wird, der nicht mehr zu Rauchbelästigungen führt. Die fehlende Bereitschaft, ein Notwegerecht zu akzeptieren, kann mitunter dadurch überwunden werden, dass anstelle der vielfach unbefriedigenden Notwegerente eine andere Gegenleistung gewährt wird. Beispiele sind die Übernahme einer Abstandsfläche, die Duldung grenznaher Bäume etc.

282 • Objektive Kriterien, insbesondere die **Bezugnahme auf Vergleichsfälle**, dienen zusätzlich der Problemlösung. In vielen Fällen werden die Beteiligte danach fragen, wie in vergleichbaren Situationen vorgegangen wurde. Insoweit dient das Bewährte als Lösungshilfe.

283 Streitigkeiten um Lärmemissionen können durch Festlegung von bestimmten Zeiten, auf die z. B. das Trompetenspiel begrenzt wird, beigelegt werden. Dabei kann sich heraus stellen, dass nicht die üblichen Ruhezeiten, sondern wegen eines Schichtdienstes abweichende Zeiten den nachbarlichen Frieden wieder herstellen. Nicht anders gehen letztlich die Gerichte vor. Auch sie orientieren sich an Präjudizien in anderen Streitfällen, da diesen im Rahmen der Gesetzesausfüllung indizielle Bedeutung für den Gerechtigkeitsgehalt und damit auch für die Akzeptanz einer Entscheidung zukommt.

b) Grundsätze der Mediation

284 Die Mediation orientiert sich an folgenden **Grundsätzen**:[1216]

- Die Mediation ist stets **freiwillig**. Jede Partei kann zu jedem Zeitpunkt aus dem Einigungsversuch „aussteigen".
- Der Mediator hat eine **neutrale Haltung** einzunehmen. Er darf nicht Interessenvertreter einer Partei sein.
- Lösungen können nur auf der Basis von **Informationen** erfolgen. Deshalb setzt eine sinnvolle Streitmittlung eine möglichst breite Informationsbasis voraus.
- Die **Lösung** im Mediationsverfahren ist – anders als in Gerichts- und Schiedsgerichtsverfahren – keine fremdbestimmte, sondern eine von den Parteien **eigenverantwortlich** gefundene. Der Mediator kann hierbei mithelfen und sogar eigene Vorschläge un-

---

1215 *Fisher/Ury/Patton*, Das Harvard-Konzept, 23. Aufl. 2009, S. 145 f.

1216 S. nur *Breidenbach*, Mediation, 1995, S. 137 ff.; *Mähler/Mähler*, in: Breidenbach/Henssler (Hrsg.), Mediation für Juristen, 1997, S. 13 ff.; *Eidenmüller*, in: Henssler/Koch (Hrsg.), Mediation, 2. Aufl. 2004, § 2 Rn. 33 ff.; *Ponschab/Schweizer*, Kooperation statt Konfrontation, 2. Aufl. 2010, S. 57 ff. Vgl. auch *Haynes*, in: Geißler/Rückert (Hrsg.), Mediation – die neue Streitkultur, 2000, S. 51 ff. S. ferner §§ 1 ff. MediationsG und dazu *Henssler/Deckenbrock*, DB 2012, 159 ff.

terbreiten. Die Parteien bleiben jedoch frei, ob sie sich hierauf einigen und die Einigungsangebote zu ihrer Übereinkunft machen.

- Mediationsverfahren verlaufen **vertraulich**. Alles, was der Mediator, insbesondere auch bei der Shuttle-Diplomatie, das heißt im getrennten Verhandeln mit beiden Parteien, erfährt, unterliegt der Geheimhaltung. Deshalb kann Mediator nur eine Person sein, die von Berufs wegen zur Verschwiegenheit verpflichtet ist.[1217]

c) Ablauf eines Mediationsverfahrens

Das Mediationsverfahren läuft regelmäßig in drei **Phasen**[1218] ab: 285

Es beginnt mit einer **Vorphase**, in der sich die Beteiligten auf den Mediator einigen 286
und ihm gegebenenfalls einvernehmlich Vorgaben für das Verfahren machen. Der Mediator selbst wird zunächst die Konfliktsituation und die beteiligten Personen analysieren. Sodann wird er den Rahmen für das Konfliktgespräch festlegen. Allerdings kann er auch gemeinsam mit den Beteiligten eine Einigung darüber erzielen (so genannte Metakommunikation).

Das eigentliche **Konfliktgespräch** beginnt mit Einleitungsstatements, in denen die 287
Parteien ihre Positionen vorbringen können. Gegebenenfalls können auch die jeweiligen Rechtsberater aus ihrer Sicht die Situation darstellen und rechtlich werten. In dieser „Einstiegsphase" kann es den Parteien auch gestattet werden, „Dampf abzulassen". Allerdings sollte dadurch der Konflikt nicht weiter emotionalisiert werden. Spätestens danach wird der Mediator den Zweck der gemeinsamen Verhandlung darstellen, das Bemühen um eine gemeinsame Lösung betonen und den Vorteil einer Einigung für die Parteien hervorheben. Der Mediator kann die Parteien darauf hinweisen, dass aufgrund der Verwendung unbestimmter Rechtsbegriffe und Wertungen die Rechtslage meist nicht zu Gunsten eines Nachbarn eindeutig ist.[1219] Zudem können neben zivilrechtlichen Problemen auch öffentlich-rechtliche Streitfragen eine Rolle spielen.[1220] Insbesondere das öffentliche Bau- und Immissionsschutzrecht wird häufig einschlägig sein. Beim Notwegerecht ist der Zusammenhang mit der öffentlich-rechtlichen Sicherung der Erschließung zu beachten. Außerdem kommt dem Grundsatz von Treu und Glauben im nachbarrechtlichen Verhältnis große Bedeutung zu. Schließlich lassen auch die Gerichte im Hinblick auf ein künftiges gedeihliches Zusammenleben vergleichsweisen Vereinbarungen zwischen Nachbarn einen weiten Spielraum. Die Rechtsprechung ist bei der Anerkennung von vergleichsweisen Vereinbarungen großzügig. So ist beispielsweise bei Prüfung der Sittenwidrigkeit der in einem Vergleich getroffenen Regelungen nicht auf das Verhältnis des Wertes der beiderseits übernommenen Verpflichtungen, sondern auf das beiderseitige Nachgeben abzustellen.[1221] Es kommt insoweit darauf an, wie die Parteien die Sach- und Rechtslage bei Abschluss des Vergleichs eingeschätzt haben, in welchem Ausmaß sie davon abgewichen sind und zur Bereinigung des Streitfalls gegenseitig nachgegeben haben. Selbst wenn die begünstigte Partei einen Vergleich mit nicht zu billigenden Mitteln herbeigeführt hat, soll dieser nicht sittenwidrig sein, wenn er seinem Inhalt nach aus der Sicht beider Vertragsparteien bei Vergleichsabschluss als sachgerechte Bereinigung des Streitfalls erschien.[1222] Beispiel hierfür ist der Nachbarstreit über eine Grundstücksbebauung, wenn eine Zahlung für die Rücknahme von Rechtsbehelfen erfolgt und diese

---

1217 Vgl. § 4 MediationsG. S. auch *Beck,* Mediation und Vertraulichkeit, 2009, S. 3 ff. Zur Einsicht in die Mediationsakten s. OLG München, MDR 2009, 1065.

1218 Vgl. auch *Altmann/Fiebiger/Müller,* Mediation, 3. Aufl. 2005, S 61 f.; *Henssen,* in: Haft/von Schlieffen (Hrsg.), Handbuch Mediation, 2. Aufl. 2009, § 17 Rn. 6 ff.; *Hohmann,* FPR 2010, 437, 439 ff. und *Wagner,* ZNotP 2000, 461, 478 f.

1219 Ähnlich Fieweg/*Röthel,* NJW 1999, 969 ff.

1220 Ausführlich *Grziwotz,* in: von Schlieffen/Wegmann (Hrsg.), Mediation, 2002, S. 252, 253 ff.

1221 BGH, NJW 1964, 1767 u. BGH, NJW 1999, 3113 = ZfIR 1999, 656 = ZIP 1999, 1849 = BauR 2000, 252 = MDR 1999, 1259.

1222 BGHZ 51, 143 = NJW 1969, 925; BGHZ 79, 131, 139 = NJW 1981, 811 u. BGH, NJW 1999, 3113 = ZfIR 1999, 656 = ZIP 1999, 1849 = BauR 2000, 252 = MDR 1999, 1259.

eindeutig über die Wertminderung des durch das Bauvorhaben beeinträchtigten Grundstücks hinaus geht.[1223]

288 An diese Erörterung schließt sich die Phase der Informationsbeschaffung an. Erst danach beginnt die eigentliche Problemlösungssuche mit dem Ziel eines einvernehmlichen Interessenausgleichs (brainstorming). Ziel ist die Schaffung einer Doppelgewinnersituation, in der es keine Verlierer gibt. Im Rahmen der Streitschlichtung sollte das Sachproblem von den Konfliktparteien getrennt werden. Der Lösung ist es dienlich, wenn der Konflikt als gemeinsames Problem angesehen wird. Bei der Lösungsfindung sollte nach den Interessen der Parteien gefragt werden und nicht auf den eingenommenen Positionen beharrt werden. Zusätzlich sollten Alternativen zu den bisherigen Lösungsversuchen entwickelt werden. Erst danach folgen eine Wertung der Lösungsansätze und der Versuch einer Einigung. Unbrauchbare Lösungen werden ausgeschieden. Einigungsansätze können gemeinsam oder in Einzelgesprächen bewertet werden. Wenn die Parteien nicht mehr miteinander verhandeln können oder nicht bereit sind, ihre Interessen vor der Gegenpartei offen zu legen, können die Parteien getrennt werden. Der Mediator kann dann versuchen, in Einzelgesprächen Einigungsmöglichkeiten zu eruieren. Entgegen einer häufigen Empfehlung[1224] ist es bei Nachbarstreitigkeiten nicht vornherein geboten, die Parteien zu trennen. Lösungen können auch gemeinsam entwickelt werden. Entscheidend hinsichtlich der Notwendigkeit einer Trennung ist das Stadium, das der Konflikt bereits erreicht hat. Den Beteiligten sollte stets die beste Alternative zum Verhandlungsergebnis unter Beachtung des rechtlich Zulässigen und Möglichen vor Augen geführt werden (so genannter Realitätstest).

289 Das Verhandlungsgespräch endet mit der Feststellung der **Einigung oder** des **Scheiterns**. Die Einigung wird vielfach lediglich den gefundenen Kompromiss in groben Zügen wiedergeben. Es handelt sich dabei meist nicht um einen detaillierten Vertrag. Deshalb bedarf die Einigung regelmäßig später der Umsetzung in rechtlich verbindliche Vereinbarungen.[1225] Schließlich gehören zur Umsetzungsphase auch die Überwachung der Durchführung und gegebenenfalls die Notwendigkeit von Nach- oder Neuverhandlungen. Der Mediator seinerseits wird nach Beendigung einer Streitschlichtung den Ablauf des Konfliktgesprächs einschließlich des eigenen Verhaltens analysieren.

4. Mediationsvereinbarung und Mediationsvergleich

290 Das Mediationsergebnis wird, sofern nicht eine endgültige vergleichsweise Regelung erfolgen kann, häufig in einer **vorläufigen Mediationsvereinbarung** zusammen gefasst.[1226] Dieses „Gesamtpaket" wird schriftlich niedergelegt und von den Beteiligten sowie dem Mediator unterzeichnet. Bedarf die endgültige Vereinbarung der notariellen Beurkundung, was insbesondere bei Grundstücksgeschäften der Fall ist, empfiehlt sich ein Hinweis darauf, dass die Mediationsvereinbarung bis zur Erfüllung dieser Anforderungen keine rechtlichen Bindungswirkungen entfaltet.

291 Eine **Interimsvereinbarung** kann sich anbieten, wenn eine abschließende Streitbeilegung nicht möglich ist und die Beteiligten zumindest eine zeitlich vorübergehende Regelung finden, um das nachbarliche Zusammenleben zu gewährleisten. Beispiel hierfür ist der Streit über die Zulässigkeit eines Notwegerechts, der zunächst dadurch beigelegt wird, dass dem begünstigten Nachbarn ohne Anerkennung einer Rechtspflicht für einen bestimmten Zeitraum, in dem eine einvernehmliche oder gerichtliche Klärung erfolgen kann, die Zufahrt gestattet wird.

1223 So BGH, NJW 1999, 3113 = ZfIR 1999, 656 = ZIP 1999, 1849 = BauR 2000, 252 = MDR 1999, 1259.

1224 So z. B. *Walz,* MittBayNot (SoH) 2000, 32, 34.

1225 Vgl. dazu *Grziwotz,* ZKM 2000, 265, 267.

1226 Davon zu unterscheiden ist die Vereinbarung über die Durchführung einer Mediation; vgl. dazu *Schwartz/Thomas,* DStR 2009, 2338 ff. u. *Unberath,* NJW 2011, 1320 ff.

Bei einer Konfliktbereinigung können auch Teilbereiche erledigt werden, wenn eine Vielzahl von Problemen vorliegt, bei der nicht sämtliche Streitpunkte einer Gesamtlösung zugeführt werden können. In diesem Fall kann eine **Teillösung** unter Ausklammerung anderer Bereiche erfolgen. Die noch offenen Punkte können durch ein staatliches, aber auch durch ein privates Schiedsgericht, auf das sich die Beteiligten einigen, erledigt werden. 292

War Ausgangspunkt der Mediation ein Konflikt zwischen den Nachbarn, so kann die abschließend rechtlich bindende Vereinbarung ein im Wege des gegenseitigen Nachgebens geschlossener Vergleich (§ 779 I BGB) sein. Dieser ist, wenn ein Kautelarjurist als Mediator tätig war, meist bereits in der Abschlussvereinbarung enthalten. Andernfalls bedarf die Mediationsvereinbarung der kautelarjuristischen Umsetzung in einen Vergleichsvertrag.[1227] Der **Vergleich** bildet die **Grundlage** der künftigen Verpflichtungen. Er schafft insoweit einen neuen, selbständigen Klagegrund, ohne das bisherige Rechtsverhältnis aufzuheben oder durch ein anderes zu ersetzen. Dieses wird vielmehr nur neu geregelt und bindend festgestellt. Der Vergleich ist formbedürftig, wenn in ihm eine Verpflichtung erweitert oder zusätzlich übernommen wird, zu deren Eingehung das Gesetz die Einhaltung einer Form verlangt. Insoweit gilt nichts anderes als allgemein für Abänderungsverträge. 293

Eine Mediationsvereinbarung muss im Normalfall in einen juristischen Vergleich umgesetzt werden. Dies bedarf der Vertragsgestaltung. Der hiermit beauftragte Jurist hat zudem eine undankbare Aufgabe, da er eine Doppelgewinnerlösung, die zur scheinbaren Zufriedenheit der Beteiligten geführt hat, möglicherweise zerstören muss. Der Abschluss der Mediation durch eine Einigung kann auf diese Weise zur Vorphase der eigentlichen Vertragsverhandlungen werden. An die Konfliktmediation schließt sich dann eine **Vertragsmediation** an. Beispiel hierfür ist ein Nachbarstreit über ein Notwegerecht, bei dem sich die Beteiligten auf eine Grundabtretung gegen Bestellung einer Grunddienstbarkeit einigen und die Details, wie z. B. die öffentlich-rechtliche Zulässigkeit der Teilung, die Einhaltung der Abstandsflächen, die Tragung der Unterhaltkosten und die Verkehrssicherungspflicht hinsichtlich der Zufahrt, die Übernahme der Erschließungs-, Anlieger- sowie der Vermessungskosten etc. noch nicht geregelt sind. 294

Das optimale Ergebnis einer außergerichtlichen Streitbeilegung wäre ein wirksamer abschließender Vergleich, der Grundlage für eine Klage auf Erfüllung sein kann. Der Vergleich stellt selbst keinen **Vollstreckungstitel** dar, sondern gibt nur die Möglichkeit einer Klage auf seine Einhaltung bzw. Erfüllung. Einer „Einkleidung" des Mediationsergebnisses in einen Schiedsspruch mit vereinbartem Wortlaut (§ 1053 ZPO) begegnen Bedenken, da ein materiellrechtlicher Vergleich jedenfalls nach einer nicht mehr umsetzungsbedürftigen Mediationsvereinbarung fehlt und zudem lediglich das prozessuale Instrumentarium zur Erlangung eines vollstreckbaren Titel missbraucht wird.[1228] Wird der Vergleich vor einer anerkannten Gütestelle geschlossen, so handelt es sich um einen Vollstreckungstitel (§ 794 I Nr. 1 ZPO). Die Vollstreckbarkeit kann auch im Wege eines Anwaltsvergleichs nach § 796a ZPO erreicht werden. Wenn die Beurkundung der Abschlussvereinbarung durch einen Notar erfolgt, eröffnet dies in weitem Umfang die Möglichkeit einer der Vollstreckung (§ 794 I Nr. 5 ZPO).[1229] 295

Mediationsvereinbarungen können auch auf eine rechtliche Durchsetzbarkeit ausdrücklich verzichten. Im Zivilrecht gibt es so genannte Naturalobligationen, die zwar erfüllbar, aber nicht durchsetzbar sind. Informelles Handeln gewinnt auch im Verwaltungsrecht zunehmend an Bedeutung.[1230] Soft Law erzeugt rechtliche Wirkungen, auch wenn auf die **Durchsetzbarkeit verzichtet** wird oder diese ohnehin nicht möglich ist. Selbst 296

1227 Ähnlich *Risse*, BB, Beil. 9/1999, S. 1, 5.

1228 Ausführlich *Grziwotz*, ZKM 2000, 265, 267 ff. u. *Grziwotz*, MDR 2001, 305 ff.; a. A. *Lörcher*, DB 1999, 789 f. Vgl. zur Vollstreckbarerklärung eines Schiedsspruchs BGH, NJW-RR 2007, 1366.

1229 Vgl. nur *Duve/Ponschab*, KON:SENS 1999, S. 263, 268.

1230 S. nur *Brohm*, DVBl. 1994, 134 ff. u. *Büttner*, DÖV 1989, 137 ff.

wenn keine rechtliche Wirkungen mit einer Vereinbarung verbunden sind, kann diese nämlich faktische Bindungen erzeugen. Soziale Mechanismen können beispielsweise ein Abweichen sanktionieren. Die Beilegung von Nachbarstreitigkeiten in ländlichen Bereich funktioniert teilweise noch nach diesem Prinzip. So kann ein Grundeigentümer, der ohne Anerkennung einer Rechtspflicht die Benutzung eines bestimmten Weges zu einer gemeinsam errichteten Kapelle gestattet, zwar theoretisch die Zugangsmöglichkeit jederzeit sperren. Faktisch wird er sich damit aber sozial aus der Gemeinschaft ausgrenzen und deshalb von seinem Eigentümerrecht keinen Gebrauch machen.

6. Teil. Mustertexte

Übersicht

A. Grenzfeststellungsverträge

1 ### I. Grenzfeststellungsvertrag (Festlegung des Grenzverlaufs)

1. Grundbuchstand

a) Gemäß Eintrag im Grundbuch des Amtsgerichts H für G
Blatt 1112
ist B
Alleineigentümer des folgenden Grundbesitzes:
(Flur F) Gemarkung G
Flst. 109 An der Grünenstraße, Bauplatz zu 0,0750 ha,
Der Grundbesitz ist in Abt. II und III des Grundbuchs belastet; auf Einzelaufführung wird verzichtet.

b) Gemäß Eintrag im Grundbuch des Amtsgerichts H für G
Blatt 1111
ist A
Alleineigentümer des folgenden Grundbesitzes:
(Flur F) Gemarkung G
Flst. 108 An der Grünenstraße, Bauplatz zu 0,0800 ha,
Der Grundbesitz ist in Abt. II und III des Grundbuchs belastet; auf Einzelaufführung wird verzichtet.

2. Grenzfestlegung

Zwischen A und B besteht hinsichtlich des Verlaufs der zwischen beiden Grundstücken befindlichen gemeinsamen Grenze Uneinigkeit. Aus öffentlichen Karten, insbesondere dem Kataster, ergibt sich der Grenzverlauf nicht. Grenzsteine sind in der Natur nicht vorhanden. Zur einvernehmlichen Beilegung dieser Grenzstreitigkeit wird die Grenze zwischen den Grundstücken Flst. 108 und Flst. 109, wie im beigefügten Lageplan ersichtlich, einvernehmlich festgelegt. Auf den beigefügten Lageplan, der von den Beteiligten genehmigt und unterzeichnet wurde, wird verwiesen. Er ist Bestandteil dieser Vereinbarung.

Die Vertragsteile verpflichten sich, die gemeinsame Grenze vom staatlichen Vermessungsamt abmarken zu lassen und wechselseitig das Abmarkungsprotokoll, sofern es dem vorstehend vereinbarten Grenzverlauf entspricht, anzuerkennen.

Den Antrag auf Vermessung und Abmarkung stellen die Vertragsteile im einfachen Geschäftsgang beim staatlichen Vermessungsamt.

Die Kosten der Vermessung und Abmarkung und eventuell anfallender Genehmigungen tragen die Vertragsteile unabhängig von der öffentlich-rechtlichen gesetzlichen Kostentragungspflicht je zur Hälfte.

Die Kosten dieser Vereinbarung und ihres Vollzugs tragen die Vertragsteile je zur Hälfte.

3. Kosten, Abschriften

Diese Vereinbarung wird dreifach ausgefertigt. Jeder Vertragsteil erhält eine Ausfertigung. Eine weitere Ausfertigung erhält das Vermessungsamt in ...

2 ### II. Grenzfeststellungsvertrag (Konstitutiver Grenzfeststellungsvertrag)

Verhandelt am ...
zu ...

Vor der unterzeichneten Notarin, Dr. Susanne Schlau, sind gleichzeitig anwesend:

1. A
2. B

Beide Vertragsteile erklären, dass sie bei Abschluss dieses Vertrages nicht in Ausübung einer gewerblichen oder selbständigen beruflichen Tätigkeit handeln.

Nach Hinweis der Notarin auf § 3 Abs. 1 S. 1 Nr. 7 BeurkG verneinten die Erschienenen das Vorliegen einer Vorbefassung der Notarin.

Nach Unterrichtung über den Grundbuchinhalt beurkunde ich auf Antrag der Beteiligten ihre Erklärungen wie folgt:

1. Grundbuchvortrag

a) Gemäß Eintrag im Grundbuch des Amtsgerichts H für G
Blatt 1112
ist B
Alleineigentümer des folgenden Grundbesitzes:
(Flur F) Gemarkung G
Flst. 109 An der Grünenstraße, Bauplatz zu 0,0750 ha,
Der Grundbesitz ist in Abt. II und III des Grundbuchs belastet; auf Einzelaufführung der eingetragenen Belastungen, die mit den Beteiligten erörtert wurden, wird verzichtet.

b) Gemäß Eintrag im Grundbuch des Amtsgerichts H für G
Blatt 1111
ist A
Alleineigentümer des folgenden Grundbesitzes:
(Flur F) Gemarkung G
Flst. 108 An der Grünenstraße, Bauplatz zu 0,0800 ha,
Der Grundbesitz ist in Abt. II und III des Grundbuchs belastet; auf Einzelaufführung der eingetragenen Belastungen, die mit den Beteiligten erörtert wurden, wird verzichtet.

c) Der Notar hat das Baulastenverzeichnis nicht eingesehen; die Beteiligten bestanden trotz dieses Hinweises auf sofortiger Beurkundung.

2. Festlegung des Grenzverlaufs, Grundabtretungen

Zwischen A und B besteht hinsichtlich des Verlaufs der zwischen beiden Grundstücken befindlichen gemeinsamen Grenze Uneinigkeit. Aus öffentlichen Karten, insbesondere dem Kataster, ergibt sich der Grenzverlauf nicht. Grenzsteine sind in der Natur nicht vorhanden. Zur einvernehmlichen Beilegung dieser Grenzstreitigkeit und zur Vermeidung künftiger Nachbarstreitigkeiten wird die Grenze zwischen dem Grundstück Flst. 109 und Flst. 108, soweit sie nicht unstreitig ist, wie im beigefügten Lageplan eingezeichnet, einvernehmlich festgelegt.

Demzufolge vertauschen hiermit die Beteiligten die nachfolgend aufgeführten Grundstücksteilflächen, jeweils samt allen mit ihnen verbundenen Rechten und Bestandteilen.

Die Beteiligten werden in dieser Urkunde, soweit sie Grundstücksflächen abgeben, „Veräußerer", soweit sie solche erhalten, „Erwerber" genannt.

Es werden vertauscht:

Von A an B zum Alleineigentum aus dem Grundstück Flst. 108 die im beigefügten Lageplan rot eingezeichnete Fläche von ca. 30 qm.

Von B an A zum Alleineigentum aus dem Grundstück Flst. 109 die im beigefügten Lageplan grün eingezeichnete Fläche von ca. 25 qm.

Das angegebene Flächenmaß ist nicht Vertragsgrundlage. Es handelt sich bei der angegebenen Zirkafläche auch nicht um eine Beschaffenheitsvereinbarung. Maßgeblich sind allein die im beigefügten, maßstabsgerechten Lageplan von den Beteiligten festgelegten Grenzen. Auf den beigefügten Lageplan, der den Beteiligten zur Durchsicht vorgelegt und von diesen genehmigt wurde, wird verwiesen. Er bildet einen wesentlichen Bestandteil dieser Urkunde.

Die Vertragsteile verpflichten sich, die Vermessung im einfachen Geschäftsgang beim staatlichen Vermessungsamt durchführen zu lassen. Zur Antragstellung wird hiermit die beurkundende Notarin von beiden Vertragsteilen beauftragt.

Die Vertragsteile verpflichten sich zur unverzüglichen Messungsanerkennung und Auflassung, sobald das amtliche Messungsergebnis vorliegt.

Die Zahlung der nachstehend vereinbarten Tauschaufgabe soll trotz Belehrung über die hiermit verbundene ungesicherte Vorausleistung seitens B nicht Voraussetzung für die Erklärung der Auflassung sein.

3. Vormerkung

Der jeweilige Veräußerer bewilligt für den jeweiligen Erwerber zur Sicherung seines Anspruchs auf Übertragung des Eigentums gemäß den vorstehenden Vereinbarung die Eintragung einer Vormerkung im Rang nach den derzeit im Grundbuch eingetragenen Belastungen. Der jeweilige Erwerber beantragt die Eintragung der Vormerkung im Grundbuch und bewilligt und beantragt gleichzeitig mit der Eigentumsumschreibung die Löschung dieser Vormerkung, falls dann im Grundbuch zwischen der Vormerkung und der Auflassung keine Eintragungen bestehen, denen er nicht zugestimmt hat.

4. Tauschaufgabe

B hat an A für die Mehrfläche von 5 qm eine Tauschaufgabe in Höhe von ... Euro (in Worten: ... Euro) zu bezahlen. Die Tauschaufgabe ist innerhalb von 10 Tagen nach Vorliegen des amtlichen Messungsergebnisses und des Fortführungsnachweises für den Privatgebrauch bei den Vertragsteilen zur Zahlung fällig und nur bei Verzug zu verzinsen. Die Notarin hat auf die Bestimmung des § 286 II 2 BGB hingewiesen, wonach Verzug ohne weitere Mahnung eintritt, und über die sich hieraus ergebenden Rechtsfolgen belehrt. Eine Abhängigkeit der Zahlung von der Eintragung einer Auflassungsvormerkung und der Sicherung der Lastenfreistellung wird im Hinblick auf den geringen Betrag nicht gewünscht.

Eine Zwangsvollstreckungsunterwerfung hinsichtlich der vorläufigen Tauschaufgabe wird ebenfalls nicht gewünscht.

5. Besitz, Nutzen und Lasten

Besitz, Nutzungen und Lasten, die Gefahr des zufälligen Untergangs oder einer zufälligen Verschlechterung sowie die Haftung für den jeweiligen Vertragsbesitz, insbesondere die Verkehrssicherungspflicht, gehen auf den jeweiligen Erwerber ab heute über.

6. Rechte bei Mängeln, Erschließungs- und Anliegerkosten

a) Der jeweilige Erwerber übernimmt den Grundbesitz im derzeitigen Zustand. Die Rechte des jeweiligen Erwerbers wegen Sachmängeln jeder Art werden hiermit ausgeschlossen, ausgenommen Schadensersatzansprüche bei Vorsatz des jeweiligen Veräußerers. Der jeweilige Veräußerer versichert, dass ihm versteckte Mängel, insbesondere Baulasten und Abstandsflächenübernahmen, nicht bekannt sind.

b) Der jeweilige Veräußerer hat den Vertragsgegenstand frei von Rechtsmängeln, insbesondere miet- und pachtfrei sowie frei von im Grundbuch eingetragenen Belastungen und Beschränkungen zu verschaffen, soweit in dieser Urkunde nichts Abweichendes vereinbart ist. Zur Beibringung der zur Lastenfreistellung erforderlichen Unterlagen ist der jeweilige Veräußerer unverzüglich verpflichtet.[1]

Die Beteiligten stimmen allen der Lastenfreistellung dienenden Gläubigererklärungen, insbesondere Löschungen, zu. Der jeweilige Veräußerer beantragt deren Vollzug im Grundbuch.

c) Erschließungsbeiträge nach dem BauGB bzw. Landes-KAG und Beiträge nach ... KAG sowie Kostenerstattungsforderungen nach ... KAG und nach den §§ 135 a ff. BauGB, jeweils einschließlich Vorausleistungen, für die ein Bescheid ab heute zugestellt wird, hat der jeweilige Erwerber für die von ihm erworbene Vertragsfläche zu tragen.

Vorausleistungen und etwaige Erstattungsansprüche hinsichtlich der jeweiligen Erwerbsfläche sind mit der endgültigen Beitragsschuld des jeweiligen Erwerbers zu verrechnen.

7. Genehmigungen

Zu diesem Vertrag ist keine Genehmigung erforderlich.[2]

8. Vollmacht

Die Beteiligten bevollmächtigen die amtierende Notarin, ihren Vertreter und ihre Amtsnachfolger, für sie alle Handlungen vorzunehmen, sowie alle Erklärungen, Anträge und Bewilligungen abzugeben, zu ändern und einzuholen, die zur Durchführung des Rechtsgeschäftes erforderlich oder zweckdienlich sind, insbesondere Genehmigungen und Negativzeugnisse. Der Notarin wird hierzu Mitteilungs- und Empfangsvollmacht erteilt. Teilvollzug ist zulässig.

---

[1] Ggf. Übernahme von etwaigen Belastungen. Sowie, sofern von Bedeutung, Hinweis auf bestehenbleibende altrechtliche Dienstbarkeiten und ggf. Mitbenutzungsrechte nach dem Recht der ehemaligen DDR.

[2] Ggf. Genehmigungserfordernisse, insbesondere landesrechtliches Teilungsgenehmigungserfordernis in Nordrhein-Westfalen sowie landesrechtlich in besonderen „Veranstaltungsgebieten", und Folgen der Nichterteilung der Genehmigung hier regeln.

9. Hinweise

Die Beteiligten wurden von der Notarin, die über steuerliche Folgen dieser Urkunde nicht belehrt hat, auf den Zeitpunkt und die Voraussetzungen des Eigentumsübergangs, die Haftung für Kosten, Abgaben und öffentliche Lasten, das mögliche Erfordernis der Unbedenklichkeitsbescheinigung und auf die Notwendigkeit, alle Vereinbarungen beurkunden zu lassen, hingewiesen. Hinsichtlich der baurechtlichen Folgen[3] der jeweiligen Grundstücksteilung haben sich die Vertragsteile vor Beurkundung selbst informiert.

10. Kosten, Abschriften

Unabhängig von der gesetzlichen Gesamthaftung aller Beteiligten übernehmen die Kosten dieser Beurkundung die Beteiligten je zur Hälfte, die Kosten der Lastenfreistellung der jeweilige Veräußerer. Die Kosten des Vollzugs und die Grunderwerbsteuer[4] übernimmt jeder Beteiligte für seinen Erwerb.

Die Kosten der Vermessung und Abmarkung sowie die Kosten der Messungsanerkennung und Auflassung tragen die Vertragsteile ebenfalls jeweils zur Hälfte.

Von dieser Urkunde erhalten:
beglaubigte Abschrift:
die Vertragsteile, das Finanzamt (Grunderwerbsteuerstelle), das Landratsamt (Gutachterausschuss), die im Grundbuch eingetragenen Grundpfandrechtsgläubiger zur Lastenfreistellung, das Vermessungsamt und das Grundbuchamt.

Ferner erhalten die Vertragsteile nach Eigentumsumschreibung eine beglaubigte Abschrift mit Vollzugsmitteilung.

11. Ehegattenzustimmung

Im gesetzlichen Güterstand lebende Beteiligte versichern, mit diesem Vertrag nicht über ihr wesentliches Vermögen i. S. des § 1365 BGB zu verfügen.

B. Überbau

I. Vertragliche Vereinbarung eines Überbaus und Verzicht auf die Überbaurente 3

1. Grundbuch- und Sachstand

Gemäß Eintrag im Grundbuch des Amtsgerichts H für G
Blatt 1111
ist A
Alleineigentümer des folgenden Grundbesitzes:
(Flur F) Gemarkung G
Flst. 108 An der Grünenstraße, Bauplatz zu 0,0800 ha,
– im Folgenden auch
„herrschendes" und „rentenbelastetes"
Grundstück genannt –.

Der Grundbesitz ist in Abt. II und III des Grundbuchs belastet; auf Einzelaufführung wird verzichtet.

---

[3] Gemeint sind insbesondere die Einhaltung der Abstandsflächen, die Übereinstimmung mit den Festsetzungen eines Bebauungsplans und Auswirkungen auf das Maß der baulichen Nutzung bei einer Verkleinerung der Grundstücksfläche.

[4] Vgl. §§ 1 I Nr. 1, II, 9 I Nr. 2 GrEStG.

Gemäß Eintrag im Grundbuch des Amtsgerichts H für G
Blatt 1112
sind B und C
Miteigentümer je zur Hälfte des folgenden Grundbesitzes:
(Flur F) Gemarkung G
Flst. 109 An der Grünenstraße, Bauplatz zu 0,0750 ha,
– im Folgenden auch
„dienendes" und „rentenberechtigtes"
Grundstück genannt –.

Der Grundbesitz ist unbelastet vorgetragen.

2. Überbau

Variante a: Noch zu errichtendes Gebäude

A errichtet auf seinem Grundstück Flst. 108 der Gemarkung G ein Mehrfamilienhaus. Das Mehrfamilienhaus erhält an der Ostseite zwei Terrassen im Erdgeschoss und zwei Balkone im Obergeschoss.

Die beiden Terrassen werden in einer Tiefe von 2,80 m und einer Breite von 3,50 m auf dem dienenden Grundstück errichtet. Ferner ragen die beiden Balkone in der gleichen Tiefe in den Luftraum des dienenden Grundstücks hinein.

Variante b: Bereits errichtetes Gebäude

A hat auf seinem Grundstück Flst. 108 der Gemarkung G ein Mehrfamilienhaus errichtet. Bei der Bauabnahme wurde festgestellt, dass das Gebäude über die Grenze auf Flst. 109 der Gemarkung G gebaut wurde, und zwar an der Ostseite in Form von zwei Terrassen in einer Tiefe von 2,80 m und einer Breite von 3,50 m sowie im Obergeschoss in Form von zwei Balkonen, die in gleicher Tiefe in den Luftraum des dienenden Grundstücks hineinragen.

Die Miteigentümer B und C des Grundstücks Flst. 109 haben gegen den Überbau keinen Widerspruch erhoben. Die Beteiligten sind sich auch darüber einig, dass dem Überbauenden weder Vorsatz noch grobe Fahrlässigkeit vorzuwerfen ist.

Die vom Überbau betroffene Fläche ist in der beigefügten Planskizze, die den Beteiligten zur Durchsicht vorgelegt wurde und mit auszufertigen ist, rot angelegt. Der Lageplan ist Bestandteil dieser Urkunde und wurde von den Beteiligten genehmigt.

Der jeweilige Eigentümer des herrschenden Grundstücks ist berechtigt, das dienende Grundstück an der Ostseite des auf dem herrschenden Grundstück zur Errichtung kommenden bzw. errichteten Mehrfamilienhaus in einer Tiefe von 2,80 m und einer Breite von 3,50 m zu überbauen und zwar im Erdgeschoss in Form der vorstehend näher bezeichneten Terrassen und in dem Obergeschoss in Form der beiden Balkone.

Die Kosten für die Unterhaltung und eventuelle Erneuerung der Terrassen und Balkone gehen zu Lasten des jeweiligen Eigentümers des herrschenden Grundstücks.

Der jeweilige Eigentümer des herrschenden Grundstücks ist ferner berechtigt, zur Vornahme von Reparaturen und Erneuerungsarbeiten das dienende Grundstück zweckentsprechend zu betreten und aufzugraben bzw. durch Dritte betreten und aufgraben zu lassen. Er ist jedoch verpflichtet, den ursprünglichen Zustand auf dem dienenden Grundstück wieder herzustellen und einen etwaigen verbleibenden Schaden am dienenden Grundstück zu ersetzen. Die Erfüllung dieser Verpflichtung ist jeweils Bedingung für die weitere Rechtsausübung.

Auf Zwangsvollstreckungsunterwerfung wird verzichtet.

3. Überbaurente

Nur für Variante b:

Auf Zahlung einer Überbaurente wird, auch mit Wirkung für Rechtsnachfolger, ausdrücklich verzichtet.

Eine Zustimmung von dinglich Berechtigten am dienenden Grundstück ist nicht erforderlich.

Alternative, wenn das dienende Grundstück belastet ist: Zu diesem Verzicht ist die Zustimmung der B-Bank in grundbuchmäßiger Form erforderlich. Der Notar wird mit ihrer Einholung beauftragt. Nachdem der Verzicht am Blatt des rentenbegünstigten Grundstücks vermerkt werden soll, soll die Zustimmung in grundbuchmäßiger Form erfolgen.

4. Abkauf

Ausdrücklich wird vereinbart, dass es hinsichtlich des Verlangens des Eigentümers des dienenden Grundstücks auf Abkauf der überbauten Fläche bei den gesetzlichen Bestimmungen verbleiben soll.

5. Grundbuchanträge

Die Eintragung der vorstehend bestellten Grunddienstbarkeit am Grundstück Flst. 109 sowie des Verzichts auf eine Überbaurente im Grundbuch am rentenbelasteten Grundstück Flst. 108 – ohne Aktivvermerk – wird

bewilligt und beantragt.

Das gemäß Ziffer 2. bestellte Recht hat ausschließlich erste Rangstelle zu erhalten. Die Beteiligten stimmen allen der Rangbeschaffung dienenden Gläubigererklärungen mit dem Antrag auf Vollzug zu.

Variante mit Aktivvermerk: Es wird ferner beantragt, den vorstehend bewilligten Verzicht auf eine Überbaurente am rentenbegünstigten Grundstück Flst. 109 zu vermerken.

Die Kosten der Urkunde, *(falls erforderlich:)* der Rangrücktrittserklärungen und des Vollzugs im Grundbuch trägt A.

Ort, Datum Unterschriften von A, B und C

Notarieller Beglaubigungsvermerk

II. Eintragung der Überbaurente in der vereinbarten Höhe 4

1. Grundbuch- und Sachstand

Gemäß Eintrag im Grundbuch des Amtsgerichts H für G

Blatt 1111

ist A

Alleineigentümer des folgenden Grundbesitzes:

(Flur F) Gemarkung G

Flst. 108 An der Grünenstraße, Bauplatz zu 0,0800 ha,

– im Folgenden auch

„herrschendes" und „rentenbelastetes"

Grundstück genannt –.

Der Grundbesitz ist in Abt. II und III des Grundbuchs belastet; auf Einzelaufführung wird verzichtet.

Gemäß Eintrag im Grundbuch des Amtsgerichts H für G

Blatt 1112

sind B und C

Miteigentümer je zur Hälfte des folgenden Grundbesitzes:

(Flur F) Gemarkung G

Flst. 109 An der Grünenstraße, Bauplatz zu 0,0750 ha,

– im Folgenden auch

„dienendes" und „rentenberechtigtes"

Grundstück genannt –.

Der Grundbesitz ist unbelastet vorgetragen.

2. Überbau

A hat auf seinem Grundstück ein Mehrfamilienhaus mit zwei Doppelgaragen errichtet. Bei der Bauabnahme wurde festgestellt, dass die zwei Doppelgaragen über die Grenze auf Flst. 109 gebaut wurden und zwar mit einer Tiefe von ca. zwei Metern und einer Breite von ca. 18 Metern.

Die Eigentümer des überbauten Grundstücks haben gegen den Überbau keinen Widerspruch erhoben. Die Beteiligten sind sich auch darüber einig, dass dem Überbauenden weder Vorsatz noch grobe Fahrlässigkeit vorzuwerfen ist.

Die überbaute Fläche ist in der beigefügten Planskizze, die den Beteiligten zur Durchsicht vorgelegt wurde und die mit auszufertigen ist, grün eingezeichnet. Der Lageplan ist Bestandteil dieser Urkunde und wurde von den Beteiligten genehmigt.

Auf die genaue Vermessung der überbauten Fläche verzichten die Vertragsteile.

3. Überbaurente

Die Vertragsteile haben sich vertraglich darauf geeinigt, dass der jeweilige Eigentümer des überbauenden Grundstücks (Flst. 108 der Gemarkung G) verpflichtet ist, dem jeweiligen Eigentümer des überbauten Grundstücks (Flst. 109 der Gemarkung G) eine jährliche Überbaurente in Höhe von 300,– EUR (dreihundert Euro) zu zahlen.

Die Rente ist jeweils am 1. Februar eines jeden Jahres zur Zahlung fällig, erstmals am 1. Februar 20. .

Die vorstehend vereinbarte Überbaurente ändert ich im gleichen Verhältnis, in dem sich der vom Statistischen Bundesamt festgestellte Verbraucherpreisindex für Deutschland (Basis 2005 = 100) gegenüber dem Index des Kalendermonats dieses Vertragsabschlusses erhöht oder ermäßigt.

Diese Rente ändert sich jedoch jeweils erst dann, wenn sich der Verbraucherindex um mehr als 10 % – zehn vom Hundert – seit dem Monat der Unterzeichnung dieses Vertrages oder der letzten Neufestsetzung geändert hat, dann aber um den gesamten Prozentsatz der eingetretenen Änderung. Die veränderte Überbaurente ist dann jeweils von dem Jahr an zu zahlen, das der Veröffentlichung des betreffenden Verbraucherindex folgt.

Auf eine Beurkundung mit Zwangsvollstreckungsunterwerfung wird verzichtet.

Alternative: Beurkundung (nicht nur Beglaubigung) einer Zwangsvollstreckungsunterwerfung: A unterwirft sich wegen seiner Verpflichtung zur Zahlung der wertgesicherten Überbaurente der sofortigen Zwangsvollstreckung aus dieser Urkunde.[5]

4. Grundbuchanträge

Die Beteiligten bewilligen und beantragen die Eintragung der Rentenverpflichtung am rentenbelasteten Grundstück Flst. 108 im Grundbuch an nächstoffener Rangstelle ohne Aktivvermerk.

Die Kosten der Urkunde und ihres Vollzugs trägt A.

Ort, Datum | Unterschriften von A, B und C

Öffentliche Beglaubigung der Unterschriften durch einen Notar
bei Aufnahme einer Zwangsvollstreckungsunterwerfung notarielle Beurkundung

C. Notweg

5

I. Verzicht auf eine Notwegrente

1. Grundbuch- und Sachstand

Gemäß Eintrag im Grundbuch des Amtsgerichts H für G
Blatt 1111
ist A
Alleineigentümer des folgenden Grundbesitzes:
(Flur F) Gemarkung G
Flst. 108 An der Grünenstraße, Bauplatz zu 0,0800 ha,
– im Folgenden auch
„herrschendes“ und „rentenbelastetes“
Grundstück genannt –.

Der Grundbesitz ist in Abt. II und III des Grundbuchs belastet; auf Einzelaufführung wird verzichtet.

---

[5] Eine Zwangsvollstreckungsunterwerfung gegen den jeweiligen Grundstückseigentümer ist nicht möglich; vgl. § 800 ZPO.

Gemäß Eintrag im Grundbuch des Amtsgerichts H für G
Blatt 1112
sind B und C
Miteigentümer je zur Hälfte des folgenden Grundbesitzes:
(Flur F) Gemarkung G
Flst. 109 An der Grünenstraße, Bauplatz zu 0,0750 ha,
– im Folgenden auch
„dienendes“ und „rentenberechtigtes“
Grundstück genannt –.

Der Grundbesitz ist unbelastet vorgetragen.

2. Notweg

Flst. 108 der Gemarkung G fehlt die zur ordnungsgemäßen Benutzung notwendige Verbindung zur Grünenstraße. Auch eine andere Verbindung zu einer öffentlichen Straße besteht nicht. Dem jeweiligen Eigentümer von Flst. 108 der Gemarkung G steht deshalb ein Notwegrecht über das Grundstück Flst. 109 der Gemarkung G zu.

Das Notwegrecht bezieht sich auf den in der Natur bereits vorhandenen und ausgebauten Weg mit einer Breite von ca. 3 Metern.

Der Verlauf ist in der beigefügten Planskizze, die den Beteiligten zur Durchsicht vorgelegt wurde und die mit auszufertigen ist, gelb eingezeichnet. Der Lageplan ist Bestandteil dieser Urkunde und wurde von den Beteiligten genehmigt.

3. Notwegrente

A hat sich an der Errichtung der Straße mit einem Kostenanteil in Höhe von 3.000 EUR – dreitausend Euro – beteiligt.

B und C verzichten für sich und ihre Rechtsnachfolger auf eine Notwegrente.

A nimmt diesen Verzicht hiermit an.

4. Grundbuchantrag

Die Beteiligten bewilligen und beantragen, diesen Verzicht im Grundbuch an Flst. 108 der Gemarkung G einzutragen.

Ferner wird beantragt, den vorstehend bewilligten Verzicht beim Grundstück Flst. 109 der Gemarkung G zu vermerken.

Die Kosten dieser Urkunde und ihres Vollzugs trägt A.

Die Zustimmung von dinglich Berechtigten ist nicht erforderlich, da Flst. 109 unbelastet ist.

Ort, Datum Unterschriften von A, B und C

Öffentliche Beglaubigung der Unterschriften durch einen Notar

II. Vereinbarte Eintragung der gerichtlich festgestellten Höhe der Notwegrente 6

1. Grundbuch- und Sachstand

Gemäß Eintrag im Grundbuch des Amtsgerichts H für G
Blatt 1111
ist A
Alleineigentümer des folgenden Grundbesitzes:
(Flur F) Gemarkung G
Flst. 108 An der Grünenstraße, Bauplatz zu 0,0800 ha,
– im Folgenden auch
„herrschendes“ und „rentenbelastetes“
Grundstück genannt –.

Der Grundbesitz ist in Abt. II und III des Grundbuchs belastet; auf Einzelaufführung wird verzichtet.

Gemäß Eintrag im Grundbuch des Amtsgerichts H für G
Blatt 1112
sind B und C
Miteigentümer je zur Hälfte des folgenden Grundbesitzes:
(Flur F) Gemarkung G
Flst. 109 An der Grünenstraße, Bauplatz zu 0,0750 ha,
– im Folgenden auch
„dienendes“ und „rentenberechtigtes“
Grundstück genannt –.

Der Grundbesitz ist unbelastet vorgetragen.

2. Notweg und Notwegrente

Flst. 108 der Gemarkung G fehlt die zur ordnungsgemäßen Benutzung erforderliche Verbindung zur Grünenstraße. Auch eine andere Verbindung zu einer öffentlichen Straße besteht nicht.

Dem jeweiligen Eigentümer von Flst. 108 der Gemarkung G steht deshalb ein Notwegrecht über das Grundstück Flst. 109 der Gemarkung G zu.

Der Umfang des Notwegrechtes sowie die Höhe der Notwegrente ergeben sich aus dem rechtskräftigen Urteil des Landgerichts T. Eine Ausfertigung ist dieser Urkunde beigefügt.

3. Eintragung der Notwegrente in das Grundbuch

Die Parteien haben nunmehr vereinbart, dass die Notwegrente in der gerichtlich festgestellten Höhe in das Grundbuch eingetragen werden soll.

Die Parteien bewilligen und beantragen die Eintragung der Notwegrente in Höhe von 100,– EUR – einhundert Euro – jährlich, zahlbar am 1. Januar eines jeden Jahres, an Flst. 108 der Gemarkung G zugunsten des jeweiligen Eigentümers von Flst. 109 der Gemarkung G.

Ferner wird beantragt, bei Flst. 109 der Gemarkung G die vorstehend bewilligte Notwegrente zu vermerken.

Die Kosten dieser Urkunde und ihres Vollzugs trägt A.

Ort, Datum — Unterschriften von A, B und C

Öffentliche Beglaubigung der Unterschriften durch einen Notar

7 III. Vereinbarung über ein Geh- und Fahrtrecht statt des Notwegrechts

1. Grundbuch- und Sachstand

Gemäß Eintrag im Grundbuch des Amtsgerichts H für G
Blatt 1111
ist A
Alleineigentümer des folgenden Grundbesitzes:
(Flur F) Gemarkung G
Flst. 108 An der Grünenstraße, Bauplatz zu 0,0800 ha,
– im Folgenden auch
„herrschendes“ und „rentenbelastetes“
Grundstück genannt –.

Der Grundbesitz ist in Abt. II und III des Grundbuchs belastet; auf Einzelaufführung wird verzichtet.

Gemäß Eintrag im Grundbuch des Amtsgerichts H für G
Blatt 1112
sind B und C
Miteigentümer je zur Hälfte des folgenden Grundbesitzes:
(Flur F) Gemarkung G
Flst. 109 An der Grünenstraße, Bauplatz zu 0,0750 ha,
– im Folgenden auch
„dienendes“ und „rentenberechtigtes“
Grundstück genannt –.

Der Grundbesitz ist unbelastet vorgetragen.

2. Notweg

Flst. 108 der Gemarkung G fehlt die zur ordnungsgemäßen Benutzung erforderliche Verbindung zur Grünenstraße. Auch eine andere Verbindung zu einer öffentlichen Straße besteht nicht.

Dem jeweiligen Eigentümer von Flst. 108 der Gemarkung G steht deshalb ein Notwegerecht über das Grundstück Flst. 109 der Gemarkung G zu.

Rechtskräftiges Urteil des Landgerichts T liegt vor: Der Umfang des Notwegerechtes sowie die Höhe der Notwegrente ergeben sich aus dem rechtskräftigen Urteil des Landgerichts T. Eine Ausfertigung ist dieser Urkunde beigefügt. Im Hinblick darauf, dass der vom Gericht festgelegte Notweg den Bedürfnissen des Eigentümers des Flst. 108 nicht entspricht, während umgekehrt die Notwegrente den für den Eigentümer des Grundstücks Flst. 109 entstehenden Nachteil nicht vollständig ausgleicht, haben sich die Beteiligten auf die nachstehende Rechtseinräumung gegen eine Zahlungsverpflichtung geeinigt.

Beilegung des Streits über ein Notwegerecht und über die Notwegrente ohne Einschaltung eines Gerichts: Zwischen den Beteiligten besteht Streit über den Umfang, insbesondere den Verlauf des Notwegs sowie über die Höhe der Notwegrente. Zur Vermeidung eines Rechtstreits haben sich die Parteien auf das nachfolgende Wegerecht und die hierfür zu leistende Ausgleichszahlung geeinigt:

3. Geh- und Fahrtrecht

Der jeweilige Eigentümer des Grundstücks Flst. 108 der Gemarkung G – im Folgenden auch „herrschendes Grundstück" bezeichnet – ist berechtigt, über das Grundstück Flst. 109 der Gemarkung G – im Folgenden auch „dienendes Grundstück" bezeichnet – zu gehen und mit Fahrzeugen aller Art zu fahren sowie die Fahrt insbesondere auch zum Holzrücken zu verwenden. Der Eigentümer des dienenden Grundstücks ist zur Mitbenutzung berechtigt.

Der Ausübungsbereich ergibt sich aus dem dieser Urkunde als Anlage beigefügten Lageplan, auf den verwiesen wird. Der Lageplan lag zur Durchsicht vor und wurde von den Beteiligten genehmigt. Der Ausübungsbereich des Geh- und Fahrtrechts ist dort rot abgedeckt. Die Fahrt hat eine Breite von ca. 4 Meter.

Keiner der beteiligten Eigentümer ist zur Unterhaltung und zur Erfüllung der Verkehrsicherungspflicht gegenüber dem anderen Eigentümer verpflichtet. Insoweit verbleibt es bei den gesetzlichen Bestimmungen.

4. Gegenleistung

Der Eigentümer des herrschenden Grundstücks ist verpflichtet, an den jeweiligen Eigentümer des dienenden Grundstücks eine jährliche Entschädigung in Höhe von 500,00 EUR (fünfhundert Euro) zu zahlen, und zwar unabhängig davon, ob er das Fahrtrecht in Anspruch nimmt oder nicht. Die Zahlung ist jeweils am 1. Werktag des Monats Januar eines Kalenderjahres zur Zahlung fällig, erstmals am 2. Januar 20..

Der vorstehend vereinbarte Betrag ändert sich im gleichen Verhältnis, in dem sich der vom Statistischen Bundesamt festgestellte Verbraucherindex für Deutschland (auf der Basis 2005 = 100) gegenüber dem Index des Kalendermonats dieses Vertragsabschlusses erhöht oder ermäßigt.

Der Betrag ändert sich jedoch jeweils erst dann, wenn sich der Verbraucherindex um mehr als 10 % – zehn vom Hundert – seit dem Monat der Unterzeichnung dieses Vertrages und der letzten Neufestsetzung geändert hat, dann aber um den gesamten Prozentsatz der eingetretenen Änderung. Der veränderte Zahlungsbetrag ist dann jeweils von dem Jahr an zu zahlen, das der Veröffentlichung des betreffenden Verbraucherindex folgt.

Auf eine Beurkundung mit Zwangsvollstreckungsunterwerfung wird verzichtet.

Alternative: Beurkundung (nicht nur Beglaubigung) einer Zwangsvollstreckungsunterwerfung: Der Eigentümer des herrschenden Grundstücks unterwirft sich wegen seiner Verpflichtung zur Zahlung des wertgesicherten Entschädigungsbetrags der sofortigen Zwangsvollstreckung aus dieser Urkunde.[6]

---

[6] Eine Zwangsvollstreckungsunterwerfung gegen den jeweiligen Grundstückseigentümer ist nicht möglich; vgl. § 800 ZPO.

5. Grundbuchanträge

Die Beteiligten
bewilligen und beantragen
die Eintragung der Grunddienstbarkeit gemäß Ziffer 3. am Grundstück Flst. 109 der Gemarkung G und
zur Sicherung der Zahlungsverpflichtung in der wertgesicherten Form gemäß Ziffer 4. die Eintragung einer Reallast am Grundstück Flst. 108 der Gemarkung G.

Die vorstehenden Rechte haben jeweils Rang vor Rechten in Abteilung III des Grundbuchs und in Abteilung II Rang vor Verwertungsrechten und Vormerkungen zu erhalten.[7] Die Beteiligten stimmen sämtlichen zur Rangbeschaffungen dienenden Gläubigererklärungen mit dem Antrag auf grundbuchamtlichen Vollzug zu.

6. Weitere Vereinbarungen

Für den Fall, dass die Fahrt baurechtlich erforderlich ist, wäre zusätzlich eine Baulast bzw. in Bayern und Brandenburg eine beschränkte persönliche Dienstbarkeit für den Träger der Baubehörde erforderlich, falls man nicht in Bayern und Brandenburg die Grunddienstbarkeit ausreichen lässt. Vgl. hierzu Rn. 28.

Sofern bereits ein rechtskräftiges Urteil vorliegt: Die Vertragsteile verzichten mit vertragsgemäßer Eintragung der vorstehend vereinbarten Rechte im Grundbuch auf ihre jeweiligen Rechte aus dem in Ziffer 2. bezeichneten Urteil des Landgerichts T.

Ort, Datum — Unterschriften von A,B und C

Öffentliche Beglaubigung der Unterschriften durch einen Notar

D. Grunddienstbarkeiten

8
I. Geh- und Fahrtrecht mit Versorgungsleitungsrecht

1. Grundbuch- und Sachstand

Gemäß Eintrag im Grundbuch des Amtsgerichts H für G
Blatt 1111
ist A
Alleineigentümer des folgenden Grundbesitzes:
(Flur F) Gemarkung G
Flst. 108 An der Grünenstraße, Bauplatz zu 0,0800 ha,
– im Folgenden auch „herrschendes" Grundstück genannt –.

Der Grundbesitz ist in Abt. II und III des Grundbuchs belastet; auf Einzelaufführung wird verzichtet.

Gemäß Eintrag im Grundbuch des Amtsgerichts H für G
Blatt 1112
sind B und C
Miteigentümer je zur Hälfte des folgenden Grundbesitzes:
(Flur F) Gemarkung G
Flst. 109 An der Grünenstraße, Bauplatz zu 0,0750 ha,
– im Folgenden auch „dienendes" Grundstück genannt –.

Der Grundbesitz ist unbelastet vorgetragen.

2. Geh- und Fahrtrecht mit Versorgungsleitungsrecht

B und C bestellen an ihrem Grundstück Flst. 109 der Gemarkung G für den jeweiligen Eigentümer des Grundstücks Flst. 108 der Gemarkung G folgende Rechte:
a) ein Geh- und Fahrtrecht

---

[7] Ferner ist zu prüfen, ob andere vorrangige Rechte der Dienstbarkeit entgegenstehen.

b) das Recht, alle Versorgungs- und Entsorgungsleitungen (z. B. für Strom, Gas, Telefon und Wasser sowie Abwasser)
alternativ: *bestimmte Versorgungsleitungen genau bezeichnen*
zu verlegen, dort zu belassen, instandzuhalten und zu erneuern.

Die Ausübung des Geh- und Fahrtrechtes sowie des Rechts auf Verlegung der Versorgungs- und Entsorgungsleitungen wird auf einen ca. drei Meter breiten Grundstücksstreifen an der Südostseite von Flst. 109 der Gemarkung G beschränkt. Der betroffene Grundstücksteil ist in der dieser Urkunde als Bestandteil beigefügten Planskizze farbig eingezeichnet. Der Lageplan, der mit auszufertigen ist, wurde den Beteiligten zur Durchsicht vorgelegt und von diesen genehmigt.

Die Grunddienstbarkeit darf nur ausgeübt werden im Rahmen der Nutzung des herrschenden Grundstücks als Einfamilienhaus und/oder Gartengrundstück
alternativ: *keine Regelung*
alternativ: Die Grunddienstbarkeit darf zu einer beliebigen Nutzung des herrschenden Grundstücks ausgeübt werden; insbesondere stellt die derzeitige Nutzung des herrschenden Grundstücks keine Beschränkung der Ausübung der Dienstbarkeit auf bestimmte Zwecke dar.

Die Kosten der Unterhaltung und Instandsetzung der Wegefläche tragen der Eigentümer des herrschenden Grundstücks und der Eigentümer des dienenden Grundstücks zu gleichen Anteilen. Dies gilt auch für die Verkehrssicherung (Schneeräumen und Streuen usw.) hinsichtlich der Ausübungsfläche.

Eine Herstellung der Fahrt über den derzeit bestehenden Zustand hinaus ist nicht notwendig. Der Eigentümer des dienenden Grundstücks ist nicht berechtigt, auf der von der Ausübung des Geh- und Fahrtrechtes betroffenen Fläche einen Zaun zu errichten.

Der Eigentümer des herrschenden Grundstücks ist ferner berechtigt, zur Vornahme der unter b) aufgeführten Befugnisse das dienende Grundstück zu betreten, nämlich zu begehen und zu befahren, aufzugraben oder durch Dritte betreten und aufgraben zu lassen. Dabei entstehende Schäden sind unverzüglich zu beheben, notfalls in Geld zu entschädigen. Das Gleiche gilt, wenn durch eine nicht ordnungsgemäße Unterhaltung der Leitungen Schäden am dienenden Grundstück und dessen Bestandteilen entstehen. Ferner ist der Eigentümer des herrschenden Grundstücks verpflichtet, am dienenden Grundstück vorzunehmende Arbeiten nach deren Beginn zügig unter Berücksichtigung der Wahrung der Interessen des Eigentümers des dienenden Grundstücks durchzuführen. Die Erfüllung dieser Verpflichtungen ist jeweils Bedingung für die weitere Ausübung der Leitungsrechte.

Das Geh- und Fahrtrecht erlischt, wenn und sobald das Vertragsgrundstück unmittelbar an eine öffentliche Straße anschließt und die Erschließung über diesen öffentlichen Grund zumutbar und gewährleistet ist.

Der Eigentümer des dienenden Grundstücks darf den betroffenen Grundstücksstreifen für gleiche Zwecke mitbenutzen.

3. Grundbuchantrag

Die Eintragung dieser vorstehend bestellten Grunddienstbarkeit im Grundbuch wird
bewilligt und beantragt,
und zwar an nächstoffener Rangstelle.

Alternative bei Belastungen: und zwar im Rang vor Verwertungsrechten und Auflassungsvormerkungen in Abteilung II und vor den in Abteilung III eingetragenen Rechten, im Übrigen an nächstoffener Rangstelle. Die Beteiligten stimmen allen der Rangbeschaffung dienenden Gläubigererklärungen mit dem Antrag auf grundbuchamtlichen Vollzug zu.

Ein Aktivvermerk soll nicht eingetragen werden.
Alternative: *A beantragt, die Grunddienstbarkeit beim herrschenden Grundstück zu vermerken.*

4. Zwangsvollstreckungsunterwerfung

Wegen der Verpflichtung zur Duldung der vorstehenden Benutzung unterwerfen wir, B und C, uns der sofortigen Zwangsvollstreckung aus dieser Urkunde. Dem Gläubiger A und seinem Rechtsnachfolger im Eigentum des Grundstücks Flst. 108 der Gemarkung G darf eine vollstreckbare Ausfertigung dieser Urkunde erteilt werden.

5. Kosten, Gegenleistung

Die Kosten dieser Urkunde und ihres Vollzugs trägt A. Eine Entschädigung für die Einräumung der Dienstbarkeiten ist nicht zu leisten.

Alternative: Als einmalige Entschädigung für die Einräumung der Dienstbarkeiten erhalten B und C einen Geldbetrag in Höhe von ... Euro, der unverzüglich nach rangrichtiger Eintragung der Grunddienstbarkeit im Grundbuch zur Zahlung fällig ist. A unterwirft sich wegen der Verpflichtung zur Entrichtung dieses Betrages der sofortigen Zwangsvollstreckung aus dieser Urkunde. B und C ist jederzeit ohne weiteren Nachweis [alternativ: nach rangrichtiger Eintragung der Grunddienstbarkeit] eine vollstreckbare Ausfertigung dieser Urkunde zu erteilen.)

Gegebenenfalls Verpflichtung zur Bestellung einer Baulast.

6. Verjährung

Der Anspruch auf Bestellung der Dienstbarkeit verjährt in 30 Jahren ab dem gesetzlichen Verjährungsbeginn; Gleiches gilt für Ansprüche aus dem Rechtsverhältnis zwischen Dienstbarkeitsberechtigten und Dienstbarkeitsverpflichteten, wenn diese Ansprüche nicht gemäß § 902 BGB ohnehin von der Verjährung ausgenommen sind, und für Schadensersatzansprüche.

Ort, Datum Unterschriften von B und C

Öffentliche Beglaubigung der Unterschriften durch einen Notar,
bei Aufnahme einer Zwangsvollstreckungsunterwerfung
notarielle Beurkundung

9

II. Geh- und Fahrtrecht

1. Grundbuch- und Sachstand

Gemäß Eintrag im Grundbuch des Amtsgerichts H für G
Blatt 1112
sind B und C
Miteigentümer je zur Hälfte des folgenden Grundbesitzes:
(Flur F) Gemarkung G
Flst. 109 An der Grünenstraße, Bauplatz zu 0,0750 ha,
– im Folgenden auch „dienendes" Grundstück genannt –.

Der Grundbesitz ist unbelastet vorgetragen.

Gemäß Eintrag im Grundbuch des Amtsgerichts H für G
Blatt 1111
ist A
Alleineigentümer des folgenden Grundbesitzes:
(Flur F) Gemarkung G
Flst. 108 An der Grünenstraße, Bauplatz zu 0,0800 ha,
– im Folgenden auch „herrschendes" Grundstück genannt –.

Der Grundbesitz ist in Abt. II und III des Grundbuchs belastet; auf Einzelaufführung wird verzichtet.

Gemäß Eintrag im Grundbuch des Amtsgerichts H für G
Blatt 1113
ist D
Alleineigentümer des folgenden Grundbesitzes:
(Flur F) Gemarkung G
Flst. 110 An der Grünenstraße, Bauplatz zu 0,0890 ha,
– nachfolgend ebenfalls „herrschendes" Grundstück genannt –.

Der Grundbesitz ist unbelastet vorgetragen.

Gemäß Eintrag im Grundbuch des Amtsgerichts H für G
Blatt 1114
ist E
Alleineigentümer des folgenden Grundbesitzes:
(Flur F) Gemarkung G
Flst. 111 An der Grünenstraße, Bauplatz zu 0,0950 ha,
– Nachfolgend ebenfalls „herrschendes" Grundstück genannt –.

Der Grundbesitz ist unbelastet vorgetragen.

2. Geh- und Fahrtrecht

B und C bestellen an ihrem Grundstück Flst. 109 der Gemarkung G für den jeweiligen Eigentümer der Grundstücke Flst. 108, 110 und 111 der Gemarkung G das Recht, das dienende Grundstück jederzeit zu begehen und mit Fahrzeugen aller Art zu befahren.[8]

Der Eigentümer des dienenden Grundstücks darf die Fahrt mitbenützen.

Der Ausübungsbereich ergibt sich aus dem dieser Urkunde als Anlage beigefügten Lageplan, der den Beteiligten zur Durchsicht vorgelegt und von diesen genehmigt wurde. Auf die Anlage wird verwiesen; sie ist Bestandteil der Urkunde. Der Ausübungsbereich ist rot abgedeckt. Die Fahrt hat eine Breite von ca. 3 Metern.

Die Kosten der Unterhaltung und Instandsetzung des Weges tragen die beteiligten Eigentümer, nämlich die Eigentümer des dienenden Grundstücks und die Eigentümer der jeweiligen herrschenden Grundstücke zu gleichen Teilen nach der Anzahl der Buchgrundstücke, also gegenwärtig der Eigentümer des dienenden Grundstücks Flst. 109 zu einem Viertel, der Eigentümer des herrschenden Grundstücks Flst. 108 zu einem Viertel, der Eigentümer des herrschenden Grundstücks Flst. 110 zu einem Viertel und der Eigentümer des herrschenden Grundstücks Flst. 111 zu einem Viertel. Gleiches gilt für die Verkehrssicherung, also die Pflicht zum Räumen, Streuen und ähnlichem.[9]

Alternative: *Hinsichtlich der Unterhaltung und der Instandhaltung der Wegefläche sowie der Verkehrssicherungspflicht gelten die gesetzlichen Bestimmungen.*

Der Eigentümer des herrschenden Grundstücks darf das dienende Grundstück zur Herstellung und Unterhaltung des Weges betreten und aufgraben und durch Dritte betreten und aufgraben lassen. Dabei entstehende Schäden sind unverzüglich zu beheben, notfalls in Geld zu entschädigen.

Das jeweilige Recht erlischt , wenn das jeweils herrschende Grundstück unmittelbar an eine öffentliche Straße angrenzt und die Erschließung über diesen öffentlichen Grund zumutbar und gewährleistet ist.

3. Grundbuchanträge

Die Eintragung der vorstehend bestellten Grunddienstbarkeiten am dienenden Grundstück zugunsten des jeweiligen Eigentümers des herrschenden Grundstücks wird

bewilligt und beantragt.

und zwar an nächstoffener Rangstelle und im Gleichrang untereinander.

Alternative bei Belastungen: und zwar im Rang vor Verwertungsrechten und Auflassungsvormerkungen in Abteilung II und vor den in Abteilung III eingetragenen Rechten, im Übrigen an nächstoffener Rangstelle und im Gleichrang untereinander. Die Beteiligten stimmen allen der Rangbeschaffung dienenden Gläubigererklärungen mit dem Antrag auf grundbuchamtlichen Vollzug zu.

Alternative bei Belastungen ohne Rangrücktritt: Die vorstehend bestellten Dienstbarkeiten haben nächstoffene Rangstelle und Gleichrang untereinander zu erhalten. Auf die Bedeutung der Rangstelle, insbesondere darauf, dass bei einer Zwangsversteigerung aus vorrangigen Reallasten und Grundpfandrechten die Dienstbarkeit wegfällt, wurde vom Notar ausdrücklich hingewiesen. Ein Vorrang vor Verwertungsrechten wird dennoch nicht gewünscht.

Alternative: Die Eintragung der vorstehend bestellten Grunddienstbarkeit am dienenden Grundstück zugunsten der jeweiligen Eigentümer der herrschenden Grundstücke als Gesamtberechtigte nach § 428 BGB wird

bewilligt und beantragt.

Alternative: Die Eintragung der vorstehend bestellten Grunddienstbarkeit am dienenden Grundstück zugunsten der jeweiligen Eigentümer der herrschenden Grundstücke entsprechend §§ 428, 432 BGB, wobei jeder Berechtigte allein zur Geltendmachung des Geh- und Fahrtrechts berechtigt ist, aber die Leistung an einen Berechtigten keine schuldbefreiende Wirkung hat, wird

bewilligt und beantragt.

4. Zwangsvollstreckungsunterwerfung

Wegen der Verpflichtung zur Duldung der vorstehenden Benutzung unterwerfen wir, B und C, uns der sofortigen Zwangsvollstreckung aus dieser Urkunde. Dem Gläubiger A und seinem jeweili-

---

[8] Ggf. Einschränkung auf bestimmte Nutzung des herrschenden Grundstücks; vgl. Rn. 8.

[9] Ggf. Ergänzung, dass Berechtigte von beschränkten persönlichen Dienstbarkeiten, die zum Gehen und Fahren auf der Ausübungsfläche berechtigen, sofern es sich wie in Bayern und Brandenburg um eine Doppelsicherung handelt, keinesfalls kostentragungspflichtig sind.

gen Rechtsnachfolger im Eigentum des Grundstücks Flst. 108 der Gemarkung G, dem Gläubiger D und seinem jeweiligen Rechtsnachfolger im Eigentum des Grundstücks Flst. 110 der Gemarkung G sowie dem Gläubiger E und seinem jeweiligen Rechtsnachfolger im Eigentum des Grundstücks Flst. 111 darf jeweils eine vollstreckbare Ausfertigung dieser Urkunde erteilt werden.

5. Kosten, Gegenleistung

Die Kosten dieser Urkunde und ihres Vollzugs tragen A, D und E unbeschadet der gesamtschuldnerischen Haftung sämtlicher Vertragsbeteiligter zu gleichen Teilen.

Als Entschädigung für die Einräumung der Dienstbarkeit hat der jeweilige Eigentümer seines herrschenden Grundstücks, also der Eigentümer des Grundstücks Flst. 109, der Eigentümer des Grundstücks Flst. 110 und der Eigentümer des Grundstücks Flst. 111, jeweils einen Betrag in Höhe ... Euro jährlich, und zwar zum 30. Juni eines jeden Kalenderjahres an den Eigentümer des dienenden Grundstücks zu errichten, erstmals im Jahr 20.... Der Betrag erhöht sich in jedem dritten Kalenderjahr um ... Prozent.

A, D und E unterwerfen sich wegen der Verpflichtung zur Zahlung des jeweiligen Betrages samt vereinbarter Zinsen der sofortigen Zwangsvollstreckung aus dieser Urkunde. Eine vollstreckbare Ausfertigung kann ohne Nachweis erteilt werden. A, D und E verpflichten sich, die vorstehende Verpflichtung einem Rechtsnachfolger mit Weitergabeverpflichtung aufzuerlegen. Eine Sicherung durch eine Reallast am jeweils herrschenden Grundstück wird nicht gewünscht.

Alternative: Zur Sicherung der vorstehenden Zahlungsverpflichtung samt vereinbarter Erhöhungsbeträge wird die Eintragung jeweils einer Reallast am herrschenden Grundstück von A, D und E bewilligt und von B und C beantragt. Die Reallast erhält jeweils erste Rangstelle am belasteten Grundstück.[10]

A, D und E sowie B und C verpflichten sich wechselseitig die Fahrt folgendermaßen herzustellen: ...

Die Kosten der Herstellung tragen ...

Alternative: Eine Herstellung der Fahrt über den derzeit bestehenden Zustand hinaus ist nicht erforderlich.

6. Verjährung

Der Anspruch auf Bestellung der Dienstbarkeit verjährt in 30 Jahren ab dem gesetzlichen Verjährungsbeginn; gleiches gilt für Ansprüche aus dem Rechtsverhältnis zwischen Dienstbarkeitsberechtigten und Dienstbarkeitsverpflichteten, wenn diese Ansprüche nicht gemäß § 902 BGB ohnehin von der Verjährung ausgenommen sind, und für Schadensersatzansprüche.

Ort, Datum — Unterschriften von B und C sowie A, D und E

Öffentliche Beglaubigung der Unterschriften durch einen Notar,
bei Aufnahme einer Zwangsvollstreckungsunterwerfung
notarielle Beurkundung

---

[10] Alternativ kann die Zahlung zur Bedingung für die Ausübung des jeweiligen Rechts gemacht werden; (str. vgl. Teil 4 Rn. 225), so dass als Inhalt der Dienstbarkeit ergänzt werden müsste: *Bedingung für die Ausübung der Dienstbarkeit durch den jeweiligen Berechtigten ist, dass der Eigentümer des Grundstücks Flst. 108, der Eigentümer des Grundstücks Flst. 110 und der Eigentümer des Grundstücks Flst. 111 jeweils einen Betrag in Höhe von ... Euro jährlich bis zum dritten Werktag eines Kalenderjahres an den jeweiligen Eigentümer des Grundstücks Flst. 109 bezahlt, erstmals im Jahr 20..., wobei dieser Betrag sich jeweils in jedem dritten Kalenderjahr um ... Prozent erhöht.* Die Zwangsvollstreckungsunterwerfung kann nicht als Inhalt der Dienstbarkeit, sondern nur schuldrechtlich mit Weitergabeverpflichtung vereinbart werden.

III. Verpflichtung zur Bestellung eines Geh- und Fahrtrechts zugunsten der Vertragsfläche im Zusammenhang mit einer Grundstücksveräußerung[11] 10

1. Grundbuch- und Sachstand

Gemäß Eintrag im Grundbuch des Amtsgerichts H für G
Blatt 1112
sind B und C
Miteigentümer je zur Hälfte des folgenden Grundbesitzes:
(Flur F) Gemarkung G
Flst. 109 An der Grünenstraße, Bauplatz zu 0,0750 ha.

Der Grundbesitz ist unbelastet vorgetragen.

Aus dem vorbezeichneten Grundstück hat A die vertragsgegenständliche Teilfläche von ca. . . . qm erworben.

Zugunsten dieses erst noch zu vermessenden Vertragsgrundstücks soll ein Geh- und Fahrtrecht am Restgrundstück mit folgendem Inhalt bei Beurkundung der Messungsanerkennung und Auflassung bestellt werden:

Der Eigentümer der Vertragsfläche
– nachfolgend auch „herrschendes" Grundstück genannt –
ist berechtigt, die Restfläche aus Flst. 109 der Gemarkung G
– nachfolgend auch „dienendes" Grundstück genannt –
jederzeit zu begehen und mit Fahrzeugen aller Art zu befahren. Der Eigentümer des dienenden Grundstücks darf die Fahrt mitbenützen.

Der Ausübungsbereich ergibt sich aus dem dieser Urkunde als Anlage beigefügten Lageplan, der den Beteiligten zur Durchsicht vorgelegt und von diesen genehmigt wurde. Auf die Anlage wird verwiesen; sie ist Bestandteil der Urkunde. Der Ausübungsbereich ist rot abgedeckt. Die Fahrt hat eine Breite von ca. 3 Metern.

Hinsichtlich der Unterhaltung der Fahrt sowie der Verkehrssicherungspflicht gelten die gesetzlichen Bestimmungen. Der Eigentümer des herrschenden Grundstücks darf das dienende Grundstück zur Herstellung und Unterhaltung des Weges betreten, nämlich begehen und befahren, und aufgraben und durch Dritte betreten und aufgraben lassen. Dabei entstehende Schäden sind unverzüglich zu beheben, notfalls in Geld zu entschädigen.

Das Recht erlischt, wenn das herrschende Grundstück unmittelbar an eine öffentliche Straße angrenzt und die Erschließung über diesen öffentlichen Grund zumutbar und gewährleistet ist.

2. Grundbuchantrag

Die Grunddienstbarkeit soll am dienenden Grundstück erste Rangstelle erhalten. Der Notar hat darauf hingewiesen, dass die Eintragung der Dienstbarkeit erst bei Vorliegen des amtlichen Messungsergebnisses und dessen Vollzug im Grundbuch erfolgen kann.

Zur Sicherung des Anspruchs auf Bestellung der Grunddienstbarkeit wird von B und C zugunsten des A die Eintragung einer Vormerkung im Grundbuch bewilligt und beantragt. Die Vormerkung erhält erste Rangstelle. Die Löschung der Vormerkung wird bereits heute mit rangrichtiger Eintragung der vorstehend bestellten Grunddienstbarkeit bewilligt und beantragt; es handelt sich um einen verbundenen Antrag (§ 16 II GBO).

Gegebenenfalls: *Das Recht ist beim herrschenden Grundstück zu vermerken (Aktivvermerk).*

3. Kosten, Gegenleistung

Die Kosten der Eintragung der Dienstbarkeit hat der künftige Eigentümer der Vertragsfläche zu tragen. Eine Entschädigung für die Einräumung der Dienstbarkeit ist nicht zu leisten; diese ist mit dem Kaufpreis abgegolten. Eine Zwangsvollstreckungsunterwerfung hinsichtlich der Duldungspflicht wird nicht gewünscht.

---

[11] Der Vertrag ist insgesamt beurkundungspflichtig (§ 311b Abs. 1 BGB). Zu einem Fahrtrecht zugunsten der Restfläche s. Rn. 11.

4. Verjährung

Der Anspruch auf Bestellung der Dienstbarkeit verjährt in 30 Jahren ab dem gesetzlichen Verjährungsbeginn; gleiches gilt für Ansprüche aus dem Rechtsverhältnis zwischen Dienstbarkeitsberechtigten und Dienstbarkeitsverpflichteten, wenn diese Ansprüche nicht gemäß § 902 BGB ohnehin von der Verjährung ausgenommen sind, und für Schadensersatzansprüche.

11

IV. Verpflichtung zur Bestellung eines Geh- und Fahrtrechts an der Vertragsfläche im Zusammenhang mit einer Grundstücksveräußerung[12]

1. Grundbuch- und Sachstand

Gemäß Eintrag im Grundbuch des Amtsgerichts H für G
Blatt 1112
sind B und C
Miteigentümer je zur Hälfte des folgenden Grundbesitzes:
(Flur F) Gemarkung G
Flst. 109 An der Grünenstraße, Bauplatz zu 0,0750 ha.

Der Grundbesitz ist unbelastet vorgetragen.

Aus dem vorbezeichneten Grundstück hat A die vertragsgegenständliche Teilfläche von ca. ... qm erworben.

Zugunsten der nach Vermessung verbleibenden Restfläche aus dem Grundstück Flst. 109 soll ein Geh- und Fahrtrecht an der Vertragsfläche mit folgendem Inhalt bei Beurkundung der Messungsanerkennung und Auflassung bestellt werden:

Der Eigentümer der Restfläche
– nachfolgend auch „herrschendes" Grundstück genannt –
ist berechtigt, die Vertragsfläche aus Flst. 109 der Gemarkung G
– nachfolgend auch „dienendes" Grundstück genannt –
jederzeit zu begehen und mit Fahrzeugen aller Art zu befahren. Der Eigentümer des dienenden Grundstücks darf die Fahrt mitbenützen.

Der Ausübungsbereich ergibt sich aus dem dieser Urkunde als Anlage beigefügten Lageplan, der den Beteiligten zur Durchsicht vorgelegt und von diesen genehmigt wurde. Auf die Anlage wird verwiesen; sie ist Bestandteil der Urkunde. Der Ausübungsbereich ist rot abgedeckt. Die Fahrt hat eine Breite von ca. 3 Metern.

Hinsichtlich der Unterhaltung der Fahrt sowie der Verkehrssicherungspflicht gelten die gesetzlichen Bestimmungen. Der Eigentümer des herrschenden Grundstücks darf das dienende Grundstück zur Herstellung und Unterhaltung des Weges betreten, nämlich begehen und befahren, und aufgraben und durch Dritte betreten und aufgraben lassen. Dabei entstehende Schäden sind unverzüglich zu beheben, notfalls in Geld zu entschädigen.

Das Recht erlischt, wenn das herrschende Grundstück unmittelbar an eine öffentliche Straße angrenzt und die Erschließung über diesen öffentlichen Grund zumutbar und gewährleistet ist.

2. Grundbuchantrag

Die Grunddienstbarkeit soll am dienenden Grundstück erste Rangstelle erhalten. Der Notar hat darauf hingewiesen, dass die Eintragung der Dienstbarkeit erst bei Vorliegen des amtlichen Messungsergebnisses und dessen Vollzug im Grundbuch erfolgen kann.

Der Vollzug der Auflassung der Vertragsfläche darf nur gleichzeitig mit der rangrichtigen Eintragung der Grunddienstbarkeit erfolgen; es handelt sich um einen verbundenen Antrag (§ 16 Abs. 2 GBO).

Gegebenenfalls: *Das Recht ist beim herrschenden Grundstück zu vermerken (Aktivvermerk).*

---

[12] Der Vertrag ist insgesamt beurkundungspflichtig (§ 311b Abs. 1 BGB). Zu einem Fahrtrecht an der veräußerten Vertragsfläche s. Rn. 10.

3. Kosten, Gegenleistung

Die Kosten der Eintragung der Grunddienstbarkeit hat der Erwerber der Vertragsfläche zu tragen. Eine Gegenleistung für die Einräumung der Dienstbarkeit hat der Eigentümer des Restgrundstücks nicht zu leisten; die Dienstbarkeitsbestellung wurde bereits bei der Kaufpreisbemessung berücksichtigt. Eine Zwangsvollstreckungsunterwerfung hinsichtlich der Duldungspflicht wird nicht gewünscht.

4. Verjährung

Der Anspruch auf Bestellung der Dienstbarkeit verjährt in 30 Jahren ab dem gesetzlichen Verjährungsbeginn; Gleiches gilt für Ansprüche aus dem Rechtsverhältnis zwischen Dienstbarkeitsberechtigten und Dienstbarkeitsverpflichteten, wenn diese Ansprüche nicht gemäß § 902 BGB ohnehin von der Verjährung ausgenommen sind, und für Schadensersatzansprüche.

V. Leitungsrecht 12

1. Grundbuch- und Sachstand

Gemäß Eintrag im Grundbuch des Amtsgerichts H für G
Blatt 1112
sind B und C
Miteigentümer je zur Hälfte des folgenden Grundbesitzes:
(Flur F) Gemarkung G
Flst. 109 An der Grünenstraße, Bauplatz zu 0,0750 ha,
– im Folgenden auch „dienendes" Grundstück genannt –.

Der Grundbesitz ist unbelastet vorgetragen.

Gemäß Eintrag im Grundbuch des Amtsgerichts H für G
Blatt 1111
ist A
Alleineigentümer des folgenden Grundbesitzes:
(Flur F) Gemarkung G
Flst. 108 An der Grünenstraße, Bauplatz zu 0,0800 ha,
– im Folgenden auch „herrschendes" Grundstück genannt –.

Der Grundbesitz ist in Abt. II und III des Grundbuchs belastet; auf Einzelaufführung wird verzichtet.

2. Leitungsrecht

B und C bestellen an ihrem Grundstück Flst. 109 der Gemarkung G für den jeweiligen Eigentümer des Grundstücks Flst. 108 der Gemarkung G ein Wasserleitungsrecht des Inhalts, dass der Eigentümer des herrschenden Grundstücks berechtigt ist, im dienenden Grundstück eine Wasserleitung samt Zubehör[13] zu verlegen oder eine entsprechende bereits verlegte Leitung samt Zubehör zu belassen.

Der Eigentümer des dienenden Grundstücks ist zur Mitbenutzung der Anlagen und der Leitung berechtigt.

Der Ausübungsbereich ergibt sich aus dem dieser Urkunde als Anlage beigefügten Lageplan, der den Beteiligten zur Durchsicht vorgelegt und von diesen genehmigt wurde. Auf die Anlage wird verwiesen; sie ist Bestandteil der Urkunde. Der Ausübungsbereich ist rot schraffiert gekennzeichnet. Der gemeinsam genutzte Teil der Wasserleitung ist grün abgedeckt.

Die Kosten der ordnungsgemäßen Unterhaltung der Leitung tragen, soweit sie gemeinsam genutzt wird, die beteiligten Eigentümer zu gleichen Teilen, soweit sie nur von einem der Eigentümer genutzt wird, dieser allein.

Der Eigentümer des herrschenden Grundstücks darf das dienende Grundstück zur Herstellung und Unterhaltung der Leitung und Anlagen betreten, nämlich begehen und befahren, und aufgra-

---

13 Evtl. Schächte konkret aufzählen bzw. angeben.

ben oder durch Dritte betreten und aufgraben lassen. Dabei entstehende Schäden sind unverzüglich zu beheben, notfalls in Geld zu entschädigen. Das gleiche gilt, wenn durch eine nicht ordnungsgemäße Unterhaltung der Leitung und Anlagen Schäden am Grundstück und dessen Bestandteilen entstehen. Die Erfüllung dieser Verpflichtungen ist jeweils Bedingung für die weitere Ausübung des Wasserleitungsrechts. Für den gemeinsam genutzten Teil der Leitung und Anlagen tragen die beteiligten Eigentümer die Kosten nach der für die Unterhaltung getroffenen Regelung, im Übrigen aber der Eigentümer des Grundstücks, das durch den betreffenden Leitungsabschnitt allein erschlossen wird.

3. Grundbuchantrag

Die Eintragung der vorstehend bestellten Grunddienstbarkeit am dienenden Grundstück zugunsten des jeweiligen Eigentümers des herrschenden Grundstücks wird

bewilligt und beantragt.

Die vorstehend bestellte Dienstbarkeit hat erste Rangstelle zu erhalten.

Ein Aktivvermerk soll nicht eingetragen werden. **oder:** *Das Recht ist beim herrschenden Grundstück zu vermerken.*

4. Zwangsvollstreckungsunterwerfung, Herstellung

Wegen der Verpflichtung zur Duldung der vorstehenden Benutzung unterwerfen wir, B und C, uns der sofortigen Zwangsvollstreckung aus dieser Urkunde. Dem Gläubiger A und seinem Rechtsnachfolger im Eigentum des Grundstücks Flst. 108 der Gemarkung G darf eine vollstreckbare Ausfertigung dieser Urkunde erteilt werden.

B und C sowie A verpflichten sich, die Wasserleitung als PVC-Rohr mit einem Durchmesser von ... mm entsprechend dem beigefügten Angebot der Firma Z bis zum Ablauf des ... verlegen zu lassen und die hierfür anfallenden Kosten jeweils zur Hälfte, nämlich B und C die eine Hälfte und A die andere Hälfte, zu tragen und den jeweils anderen Vertragsteil von weitergehenden Ansprüchen der vorbezeichneten Firma wechselseitig freizustellen.

5. Kosten, Gegenleistung

Die Kosten dieser Urkunde und ihres Vollzugs trägt A.

Eine Entschädigung für die Einräumung des Wasserleitungsrechts ist nicht zu leisten.

6. Verjährung

Der Anspruch auf Bestellung der Dienstbarkeit verjährt in 30 Jahren ab dem gesetzlichen Verjährungsbeginn; gleiches gilt für Ansprüche aus dem Rechtsverhältnis zwischen Dienstbarkeitsberechtigten und Dienstbarkeitsverpflichteten, wenn diese Ansprüche nicht gemäß § 902 BGB ohnehin von der Verjährung ausgenommen sind, und für Schadensersatzansprüche.

Ort, Datum — Unterschriften von B und C sowie A

Öffentliche Beglaubigung der Unterschriften durch einen Notar,
bei Aufnahme einer Zwangsvollstreckungsunterwerfung
notarielle Beurkundung

13 VI. Anschlussrecht

1. Grundbuch- und Sachstand

Gemäß Eintrag im Grundbuch des Amtsgerichts H für G
Blatt 1112
sind B und C
Miteigentümer je zur Hälfte des folgenden Grundbesitzes:
(Flur F) Gemarkung G
Flst. 109 An der Grünenstraße, Bauplatz zu 0,0750 ha,
– im Folgenden auch „dienendes" Grundstück genannt –.

Der Grundbesitz ist unbelastet vorgetragen.

Gemäß Eintrag im Grundbuch des Amtsgerichts H für G
Blatt 1111
ist A
Alleineigentümer des folgenden Grundbesitzes:
(Flur F) Gemarkung G
Flst. 108 An der Grünenstraße, Bauplatz zu 0,0800 ha,
– im Folgenden auch „herrschendes" Grundstück genannt –.

Der Grundbesitz ist in Abt. II und III des Grundbuchs belastet; auf Einzelaufführung wird verzichtet.

Der Eigentümer des Grundstücks Flst. 109 der Gemarkung G hat auf diesem Grundstück auf eigene Kosten eine Abwasserleitung errichtet. Der genaue Verlauf der Abwasserleitung ergibt sich aus dem dieser Urkunde als Bestandteil beigefügten Lageplan und ist dort rot eingezeichnet. Der Lageplan wurde den Beteiligten zur Durchsicht vorgelegt und von diesen genehmigt.

2. Anschlussrecht

B und C als Eigentümer des Grundstücks Flst. 109 der Gemarkung G räumen hiermit dem jeweiligen Eigentümer des Grundstücks Flst. 108 der Gemarkung G folgendes Anschlussrecht ein:

Der jeweilige Eigentümer des herrschenden Grundstücks kann an die im dienenden Grundstück befindliche Abwasserleitung anschließen und hierzu eine entsprechende Leitung samt Zubehör verlegen oder eine bereits verlegte Leitung belassen. Der Ausübungsbereich ist im beigefügten Lageplan blau abgedeckt. Der von beiden Eigentümern gemeinsam benutzte Teil der Abwasserleitung ist grün abgedeckt.

Die Kosten der ordnungsgemäßen Unterhaltung hinsichtlich der Leitung tragen, soweit sie gemeinsam genutzt wird, die beteiligten Eigentümer zur Hälfte, soweit sie nur von einem Eigentümer benützt wird, dieser allein.

Der Eigentümer des herrschenden Grundstücks darf das dienende Grundstück zur Herstellung und Unterhaltung der Leitung betreten, nämlich begehen und befahren, und aufgraben oder durch Dritte betreten und aufgraben lassen. Dabei entstehende Schäden sind unverzüglich zu beheben, notfalls in Geld zu entschädigen. Das Gleiche gilt, wenn durch eine nicht ordnungsgemäße Unterhaltung der Leitung Schäden am Grundstück und dessen Bestandteilen entstehend. Die Erfüllung dieser Verpflichtung ist jeweils Bedingung für die weitere Ausübung des Anschlussrechts.

3. Grundbuchantrag

Die Eintragung der vorstehend bestellten Grunddienstbarkeit am dienenden Grundstück zugunsten des jeweiligen Eigentümers des herrschenden Grundstücks wird
bewilligt und beantragt.

Die vorstehend bestellte Dienstbarkeit hat erste Rangstelle zu erhalten.

Ein Aktivvermerk soll nicht eingetragen werden. **oder:** *Das Recht ist beim herrschenden Grundstück zu vermerken.*

4. Zwangsvollstreckungsunterwerfung

Wegen der Verpflichtung zur Duldung der vorstehenden Benutzung unterwerfen wir, B und C, uns der sofortigen Zwangsvollstreckung aus dieser Urkunde. Dem Gläubiger A und seinem Rechtsnachfolger im Eigentum des Grundstücks Flst. 108 der Gemarkung G darf eine vollstreckbare Ausfertigung dieser Urkunde erteilt werden.

5. Kosten, Gegenleistung

An den Kosten der ursprünglichen Herstellung der Kanalleitung, die von beiden Eigentümern nunmehr gemeinsam benutzt wird, hat sich der Eigentümer des Grundstücks Flst. 108 nicht zu beteiligten.

Alternative: hat sich der Eigentümer des herrschenden Grundstücks mit einem Pauschalbetrag in Höhe von ... Euro zu beteiligen, wobei dieser Betrag unverzüglich nach rangrichtiger Eintragung der Grunddienstbarkeit im Grundbuch zur Zahlung fällig ist. A unterwirft sich wegen dieser Zahlungsverpflichtung der sofortigen Zwangsvollstreckung. Vollstreckbare Ausfertigung darf ohne Nachweis erteilt werden.

Die Kosten dieser Urkunde und ihres Vollzugs trägt A.

6. Verjährung

Der Anspruch auf Bestellung der Dienstbarkeit verjährt in 30 Jahren ab dem gesetzlichen Verjährungsbeginn; Gleiches gilt für Ansprüche aus dem Rechtsverhältnis zwischen Dienstbarkeitsberechtigten und Dienstbarkeitsverpflichteten, wenn diese Ansprüche nicht gemäß § 902 BGB ohnehin von der Verjährung ausgenommen sind, und für Schadensersatzansprüche.

Ort, Datum Unterschriften von B und C sowie A

Öffentliche Beglaubigung der Unterschriften durch einen Notar,
bei Aufnahme einer Zwangsvollstreckungsunterwerfung
notarielle Beurkundung

14 VII. Wasserbezugs- und Leitungsrecht

1. Grundbuch- und Sachstand

Gemäß Eintrag im Grundbuch des Amtsgerichts H für G
Blatt 1112
sind B und C
Miteigentümer je zur Hälfte des folgenden Grundbesitzes:
(Flur F) Gemarkung G
Flst. 109 An der Grünenstraße, Bauplatz zu 0,0750 ha,
– im Folgenden auch „dienendes" Grundstück genannt –.
Der Grundbesitz ist unbelastet vorgetragen.

Gemäß Eintrag im Grundbuch des Amtsgerichts H für G
Blatt 1111
ist A
Alleineigentümer des folgenden Grundbesitzes:
(Flur F) Gemarkung G
Flst. 108 An der Grünenstraße, Bauplatz zu 0,0800 ha,
– im Folgenden auch „herrschendes" Grundstück genannt –.
Der Grundbesitz ist in Abt. II und III des Grundbuchs belastet; auf Einzelaufführung wird verzichtet.

2. Wasserbezugs- und Leitungsrecht

Der jeweilige Eigentümer des herrschenden Grundstücks kann unter Beachtung der hierfür geltenden öffentlich-rechtlichen Vorschriften und unter Einhaltung von ihm selbst diesbezüglich beizubringender behördlicher Erlaubnisse die im dienenden Grundstück vorhandene Quelle fassen und eine notwendige Wasserreserve errichten. Er darf unter Beachtung der öffentlich-rechtlichen Bestimmungen ferner das erforderliche Wasser entnehmen und mittels Rohren zum herrschenden Grundstück durchleiten.[14] Er darf bereits vorhandene Anlagen und Leitungen wie bisher belassen.

Der Ausübungsbereich ergibt sich aus dem dieser Urkunde als Bestandteil beigefügten Lageplan und ist dort rot eingezeichnet. Der Lageplan wurde den Beteiligten zur Durchsicht vorgelegt und von diesen genehmigt.

---

[14] Alternative: Er darf unter Beachtung der öffentlich-rechtlichen Bestimmungen von der Quellschüttung bis zu ... Liter/Minute der Schüttung entnehmen und mittels Rohren zum herrschenden Grundstück durchleiten.

Alternative 2: Er darf von der Schüttung der Quelle das Restwasser, das nach Entnahme des für das auf dem dienenden Grundstück befindliche Anwesen erforderlichen Wassers verbleibt, unter Beachtung der öffentlich-rechtlichen Bestimmungen entnehmen und mittels Rohren zum herrschenden Grundstück durchleiten. Der Eigentümer des dienenden Grundstücks ist zur Mitbenützung der Anlagen und Leitungen im vorstehend vereinbarten Umfang berechtigt.

Der Eigentümer des herrschenden Grundstücks hat sich an der ordnungsgemäßen Unterhaltung der Anlagen zu ... Prozent zu beteiligen. Das Gleiche gilt für die Verkehrssicherungspflicht.

Bei mehreren Berechtigten kann auch ein variables Beteiligungsverhältnis z. B. nach der Anzahl der angeschlossenen Buchgrundstücke einschließlich des dienenden Grundstücks oder nach der Anzahl der entnahmeberechtigten Hausanwesen vorgesehen werden.

Der Eigentümer des herrschenden Grundstücks darf das dienende Grundstück zur Herstellung und Unterhaltung der Anlagen und Leitung betreten, nämlich begehen und befahren, und aufgraben oder durch Dritte betreten und aufgraben lassen. Dabei entstehende Schäden sind unverzüglich zu beheben, notfalls in Geld zu entschädigen. Das gleiche gilt, wenn durch eine nicht ordnungsgemäße Unterhaltung der Anlagen und Leitung Schäden am Grundstück und dessen Bestandteilen entstehend.

Die Erfüllung dieser Verpflichtung ist jeweils Bedingung für die weitere Ausübung des Rechts.

3. Grundbuchantrag

Die Eintragung der vorstehend bestellten Grunddienstbarkeit am dienenden Grundstück zugunsten des jeweiligen Eigentümers des herrschenden Grundstücks wird
bewilligt und beantragt.

Die vorstehend bestellte Dienstbarkeit hat erste Rangstelle zu erhalten.

Ein Aktivvermerk soll nicht eingetragen werden. **oder:** *Das Recht ist beim herrschenden Grundstück zu vermerken.*

4. Zwangsvollstreckungsunterwerfung

Wegen der Verpflichtung zur Duldung der vorstehenden Benutzung unterwerfen wir, B und C, uns der sofortigen Zwangsvollstreckung aus dieser Urkunde. Dem Gläubiger A und seinem Rechtsnachfolger im Eigentum des Grundstücks Flst. 108 der Gemarkung G darf eine vollstreckbare Ausfertigung dieser Urkunde erteilt werden.

5. Kosten, Gegenleistung

An den Kosten der ursprünglichen Herstellung der Anlagen, die von beiden Eigentümern nunmehr gemeinsam benutzt werden, hat sich der Eigentümer des Grundstücks Flst. 108 nicht zu beteiligen.

Alternative: hat sich der Eigentümer des herrschenden Grundstücks mit einem Pauschalbetrag in Höhe von ... Euro zu beteiligen, wobei dieser Betrag unverzüglich nach rangrichtiger Eintragung der Grunddienstbarkeit im Grundbuch zur Zahlung fällig ist. A unterwirft sich wegen dieser Zahlungsverpflichtung der sofortigen Zwangsvollstreckung. Vollstreckbare Ausfertigung darf ohne Nachweis erteilt werden.

Die Kosten dieser Urkunde und ihres Vollzugs trägt A.

6. Verjährung, öffentlich-rechtliche Genehmigungen

Der Anspruch auf Bestellung der Dienstbarkeit verjährt in 30 Jahren ab dem gesetzlichen Verjährungsbeginn; Gleiches gilt für Ansprüche aus dem Rechtsverhältnis zwischen Dienstbarkeitsberechtigten und Dienstbarkeitsverpflichteten, wenn diese Ansprüche nicht gemäß § 902 BGB ohnehin von der Verjährung ausgenommen sind, und für Schadensersatzansprüche.

Sofern für die Grundwassernutzung öffentlich-rechtliche Genehmigungen erforderlich sind, hat diese der Eigentümer in eigener Verantwortung und auf eigene Kosten einzuholen.

Ort, Datum — Unterschriften von B und C sowie A

Öffentliche Beglaubigung der Unterschriften durch einen Notar,
bei Aufnahme einer Zwangsvollstreckungsunterwerfung
notarielle Beurkundung

VIII. Grenzbebauung 15

1. Grundbuch- und Sachstand

Gemäß Eintrag im Grundbuch des Amtsgerichts H für G
Blatt 1111
ist A
Alleineigentümer des folgenden Grundbesitzes:
(Flur F) Gemarkung G
Flst. 108 An der Grünenstraße, Bauplatz zu 0,0800 ha.

Der Grundbesitz ist in Abteilung II mit einem Geh- und Fahrtrecht zugunsten des jeweiligen Eigentümers des Grundstücks Flst. 203 belastet. In Abteilung III sind zwei Grundschulden für die Sparkasse des Vereinigten Bayerwaldes eingetragen.

Gemäß Eintrag im Grundbuch des Amtsgerichts H für G
Blatt 1112
sind B und C
Miteigentümer je zur Hälfte des folgenden Grundbesitzes:
(Flur F) Gemarkung G
Flst. 109 An der Grünenstraße, Bauplatz zu 0,0750 ha.

Der Grundbesitz ist in Abteilung II mit einem Leitungsrecht zu Gunsten des jeweiligen Eigentümers des Grundstücks Flst. 300 belastet. In Abteilung III sind drei Grundschulden für die ABC Bank AG eingetragen.

Die beiden Grundstücke Flst. 108 und Flst. 109, je der Gemarkung G, grenzen aneinander, wie sich dies auch aus dem dieser Urkunde als Bestandteil beigefügten Lageplan ergibt. Der Lageplan wurde den Beteiligten zur Durchsicht vorgelegt. Ferner ist dieser Urkunde als Anlage und Bestandteil die Kopie einer Bauzeichnung beigefügt. Diese Kopie wurde den Beteiligten ebenfalls zur Durchsicht vorgelegt. Der Lageplan und die Bauzeichnungen wurden von den Beteiligten genehmigt. Die Anlagen sind mit der Urkunde auszufertigen.

2. Grenzbebauung

Die Beteiligten bestellen je eine Grunddienstbarkeit und zwar

a) die Ehegatten B und C an Flst. 109 der Gemarkung G zugunsten des jeweiligen Eigentümers von Flst. 108 der Gemarkung G sowie
b) A an Flst. 108 der Gemarkung G zugunsten des jeweiligen Eigentümers von Flst. 109 der Gemarkung G,

und zwar mit folgendem Inhalt:

Entlang der gesamten gemeinsamen Grenze zwischen den beiden Grundstücken ist der jeweilige Eigentümer des herrschenden Grundstücks berechtigt, Grenzbauten zu errichten, zu belassen, instand zu halten und zu erneuern.

Maßstab für die jeweils zulässige Grenzbebauung ist die Grenzbebauung, die sich aus der dieser Urkunde als Anlage beigefügten Bauzeichnung ergibt. Auf dieser Bauzeichnung ist die beabsichtigte Grenzbebauung auf Flst. 108 dargestellt. Die Grenzbebauung auf Flst. 109 darf in jeweils gleicher Entfernung von der Grenze nicht höher oder länger sein als die in der Anlage dargestellten Grenzbauten auf Flst. 108.

Soweit eine Bebauung unter der Erdoberfläche erfolgt, darf diese beiderseits bis zu einer beliebigen Tiefe vorgenommen werden, soweit der unter der Erdoberfläche Bauende durch geeignete Vorkehrungen sicherstellt, dass von der Grenzbebauung unter der Erdoberfläche keine Gefahren oder Nachteile für Baulichkeiten auf dem Nachbargrundstück ausgehen.

Der jeweils Bauende ist berechtigt, das dienende Grundstück im erforderlichen Umfang zu betreten bzw. betreten zu lassen, d. h. diesbezüglich zu begehen und zu befahren, und zwar unter der Bedingung, dass der ursprüngliche Zustand auf dem dienenden Grundstück wieder hergestellt wird und ein etwaiger verbleibender Schaden ersetzt wird. Die Erfüllung dieser Verpflichtung ist jeweils Bedingung für die weitere Rechtsausübung. An den Grenzmauern dürfen keine Fenster, Glasbausteine oder sonstige Öffnungen angebracht werden.

Grenzbauten sind bereits zulässig, bevor auf dem Nachbargrundstück ein entsprechender Grenzbau errichtet ist. Sie bleiben auch nach Abriss eines Grenzbaus auf dem Nachbargrundstück zulässig.

3. Grundbuchantrag

Die Eintragung der vorstehend bestellten Grunddienstbarkeiten am jeweils dienenden Grundstück zugunsten des jeweiligen Eigentümers des herrschenden Grundstücks wird
bewilligt und beantragt.

Die Dienstbarkeiten haben jeweils erste Rangstelle zu erhalten. Die Beteiligten stimmen allen der Rangbeschaffung dienenden Gläubigererklärungen mit dem Antrag auf grundbuchamtlichen Vollzug zu.

Die in dieser Urkunde gestellten Grundbuchanträge dürfen nur einheitlich vollzogen werden (§ 16 Abs. 2 GBO).

Ein Aktivvermerk soll nicht eingetragen werden. **oder:** *Das Recht ist beim herrschenden Grundstück jeweils zu vermerken.*

Der Notar wird mit der Erholung notwendiger Rangrückrücktrittserklärungen beauftragt; er soll hierzu der jeweiligen Grundpfandrechtsgläubigerin eine einfache Ablichtung dieser Urkunde übersenden.

4. Zwangsvollstreckungsunterwerfung

Wegen der Verpflichtung zur Duldung der vorstehenden Benutzung unterwerfen wir uns wechselseitig der sofortigen Zwangsvollstreckung aus dieser Urkunde. Dem jeweiligen Gläubiger und seinem Rechtsnachfolger im Eigentum des Grundstücks Flst. 108 der Gemarkung G und des Grundstücks Flst. 109 der Gemarkung G darf jeweils eine vollstreckbare Ausfertigung dieser Urkunde erteilt werden.

5. Kosten, Gegenleistung

Die Kosten dieser Urkunde tragen B und C zur einen und A zur anderen Hälfte. Die Kosten der Rangbeschaffung trägt jeder Eigentümer hinsichtlich der an seinem Grundstück eingetragenen Rechte. Im Übrigen trägt jeder Eigentümer die Vollzugskosten für die zu seinen Gunsten bestellte Dienstbarkeit selbst.

Im Falle von Wegmessungen aus dem jeweiligen Nachbargrundstück verpflichten sich die Berechtigten, von ihrer Dienstbarkeit nicht betroffene Flächen auf ihre Kosten freizugeben. Die Kostentragungspflicht ist etwaigen Rechtsnachfolgern aufzuerlegen.

Gegenleistungen sind von keiner Seite zu leisten. Die Vertragsteile vereinbaren jedoch, dass beim Abriss eines Grenzbaus die dann sichtbar werdende Fassade des verbleibenden Grenzbaus unabhängig von der gesetzlichen Rechtslage von beiden Vertragsparteien auf gemeinsame Kosten entsprechend dem übrigen vorhandenen Putz und Anstrich verputzt und gestrichen sowie eine Wärmedämmung bzw. Isolierung angebracht wird. Hierzu können beide Vertragsteile Angebote von Handwerkern einholen. Die Beauftragung erfolgt durch den Eigentümer des Grundstücks, auf dem der Grenzbau bestehen bleibt. Eine Verpflichtung zur Beauftragung des günstigsten Anbieters besteht für ihn nicht. Etwaige Mehrkosten gegenüber dem günstigsten Angebot hat der Eigentümer dieses Grundstücks jedoch allein zu tragen. Die Vertragsteile verpflichten sich, diese Verpflichtung etwaigen Rechtsnachfolgern im Eigentum des jeweiligen Grundbesitzes mit Weitergabeverpflichtung aufzuerlegen, solange das Recht zur Grenzbebauung wechselseitig besteht.

6. Verjährung

Der Anspruch auf Bestellung der Dienstbarkeit verjährt in 30 Jahren ab dem gesetzlichen Verjährungsbeginn; Gleiches gilt für Ansprüche aus dem Rechtsverhältnis zwischen Dienstbarkeitsberechtigten und Dienstbarkeitsverpflichteten, wenn diese Ansprüche nicht gemäß § 902 BGB ohnehin von der Verjährung ausgenommen sind, und für Schadensersatzansprüche.

Ort, Datum — Unterschriften von A, B und C

Öffentliche Beglaubigung der Unterschriften durch einen Notar,
bei Aufnahme einer Zwangsvollstreckungsunterwerfung
notarielle Beurkundung

IX. Bauverbot 16

1. Grundbuch- und Sachstand

Gemäß Eintrag im Grundbuch des Amtsgerichts H für G
Blatt 1111
ist A
Alleineigentümer des folgenden Grundbesitzes:
(Flur F) Gemarkung G
Flst. 108 An der Grünenstraße, Bauplatz zu 0,0800 ha,

– im Folgenden auch „herrschendes“ Grundstück genannt –.

Der Grundbesitz ist in Abt. II und III des Grundbuchs belastet; auf Einzelaufführung wird verzichtet.

Gemäß Eintrag im Grundbuch des Amtsgerichts H für G
Blatt 1112
sind B und C
Miteigentümer je zur Hälfte des folgenden Grundbesitzes:
(Flur F) Gemarkung G
Flst. 109 An der Grünenstraße, Bauplatz zu 0,0750 ha,
– im Folgenden auch „dienendes“ Grundstück genannt –.

Der Grundbesitz ist unbelastet vorgetragen.

2. Bauverbot

Der Eigentümer des dienenden Grundstücks ist verpflichtet, dieses von Gebäuden und sonstigen baulichen Anlagen,[15] und zwar gleichgültig, ob diese baurechtlich genehmigungsfrei zulässig sind, freizuhalten.

3. Grundbuchantrag

Die Eintragung der vorstehend bestellten Grunddienstbarkeit am dienenden Grundstück zugunsten des jeweiligen Eigentümers des herrschenden Grundstücks wird
bewilligt und beantragt.

Die vorstehend bestellte Dienstbarkeit hat erste Rangstelle zu erhalten.

Ein Aktivvermerk soll nicht eingetragen werden. **oder:** *Das Recht ist beim herrschenden Grundstück zu vermerken.*

4. Zwangsvollstreckungsunterwerfung

Wegen der Verpflichtung zur Duldung des vorstehenden Bauverbots unterwerfen wir, B und C, uns der sofortigen Zwangsvollstreckung aus dieser Urkunde. Dem Gläubiger A und seinem Rechtsnachfolger im Eigentum des Grundstücks Flst. 108 der Gemarkung G darf eine vollstreckbare Ausfertigung dieser Urkunde erteilt werden.

5. Kosten, Gegenleistung

Die Kosten dieser Urkunde und ihres Vollzugs trägt A.

Eine Entschädigung für die Einräumung des Bauverbots ist nicht zu leisten.

6. Verjährung

Der Anspruch auf Bestellung der Dienstbarkeit verjährt in 30 Jahren ab dem gesetzlichen Verjährungsbeginn; gleiches gilt für Ansprüche aus dem Rechtsverhältnis zwischen Dienstbarkeitsberechtigten und Dienstbarkeitsverpflichteten, wenn diese Ansprüche nicht gemäß § 902 BGB ohnehin von der Verjährung ausgenommen sind, und für Schadensersatzansprüche.

Ort, Datum Unterschriften von A, B und C

Öffentliche Beglaubigung der Unterschriften durch einen Notar,
bei Aufnahme einer Zwangsvollstreckungsunterwerfung
notarielle Beurkundung

---

[15] Wenn nur ***Schutz*** der Aussicht: von oberhalb der natürlichen Geländeoberfläche befindlichen Gebäuden und sonstigen baulichen Anlagen.

X. Baubeschränkung 17

1. Grundbuch- und Sachstand

Gemäß Eintrag im Grundbuch des Amtsgerichts H für G
Blatt 1111
ist A
Alleineigentümer des folgenden Grundbesitzes:
(Flur F) Gemarkung G
Flst. 108 An der Grünenstraße, Bauplatz zu 0,0800 ha,
– im Folgenden auch „herrschendes" Grundstück genannt –.

Der Grundbesitz ist in Abt. II und III des Grundbuchs belastet; auf Einzelaufführung wird verzichtet.

Gemäß Eintrag im Grundbuch des Amtsgerichts H für G
Blatt 1112
sind B und C
Miteigentümer je zur Hälfte des folgenden Grundbesitzes:
(Flur F) Gemarkung G
Flst. 109 An der Grünenstraße, Bauplatz zu 0,0750 ha,
– im Folgenden auch „dienendes" Grundstück genannt –.

Der Grundbesitz ist unbelastet vorgetragen.

2. Baubeschränkung

Der Eigentümer des dienenden Grundstücks verpflichtet sich, es zu unterlassen, dieses mit Gebäuden oder sonstigen baulichen Anlagen mit mehr als drei Geschossen einschließlich des Kellergeschosses nach Maßgabe der jeweiligen Begriffsbestimmung in der ... Bauordnung (oder: nach Maßgabe von § ... Bauordnung in der derzeit geltenden Fassung, und zwar unabhängig davon, ob diese Fassung geändert wird),

Alternative: ... mit Gebäuden und sonstigen baulichen Anlagen, die mehr als ... Meter über die Geländeoberfläche hinaus ragen,

Alternative 2: mit einer Mobilfunkanlage, einem Strommast, einer Windkraftanlage...
zu bebauen.

3. Grundbuchantrag

Die Eintragung der vorstehend bestellten Grunddienstbarkeit am dienenden Grundstück zugunsten des jeweiligen Eigentümers des herrschenden Grundstücks wird
bewilligt und beantragt.

Die vorstehend bestellte Dienstbarkeit hat erste Rangstelle zu erhalten.

Ein Aktivvermerk soll nicht eingetragen werden. **oder:** *Das Recht ist beim herrschenden Grundstück jeweils zu vermerken.*

4. Zwangsvollstreckungsunterwerfung

Wegen der Verpflichtung zur Duldung der vorstehenden Baubeschränkung unterwerfen wir, B und C, uns der sofortigen Zwangsvollstreckung aus dieser Urkunde. Dem Gläubiger A und seinem Rechtsnachfolger im Eigentum des Grundstücks Flst. 108 der Gemarkung G darf eine vollstreckbare Ausfertigung dieser Urkunde erteilt werden.

5. Kosten, Gegenleistung

Die Kosten dieser Urkunde und ihres Vollzugs trägt A.

Eine Entschädigung für die Einräumung der Baubeschränkung ist nicht zu leisten.

6. Verjährung

Der Anspruch auf Bestellung der Dienstbarkeit verjährt in 30 Jahren ab dem gesetzlichen Verjährungsbeginn; Gleiches gilt für Ansprüche aus dem Rechtsverhältnis zwischen Dienstbarkeitsberechtigten und Dienstbarkeitsverpflichteten, wenn diese Ansprüche nicht gemäß § 902 BGB ohnehin von der Verjährung ausgenommen sind, und für Schadensersatzansprüche.

Ort, Datum Unterschriften von A, B und C

Öffentliche Beglaubigung der Unterschriften durch einen Notar,
bei Aufnahme einer Zwangsvollstreckungsunterwerfung
notarielle Beurkundung

18

XI. Benutzungsbeschränkung

1. Grundbuch- und Sachstand

Gemäß Eintrag im Grundbuch des Amtsgerichts H für G
Blatt 1111
ist A
Alleineigentümer des folgenden Grundbesitzes:
(Flur F) Gemarkung G
Flst. 108 An der Grünenstraße, Bauplatz zu 0,0800 ha,
– im Folgenden auch „herrschendes" Grundstück genannt –.

Der Grundbesitz ist in Abt. II und III des Grundbuchs belastet; auf Einzelaufführung wird verzichtet.

Gemäß Eintrag im Grundbuch des Amtsgerichts H für G
Blatt 1112
sind B und C
Miteigentümer je zur Hälfte des folgenden Grundbesitzes:
(Flur F) Gemarkung G
Flst. 109 An der Grünenstraße, Bauplatz zu 0,0750 ha,
– im Folgenden auch „dienendes" Grundstück genannt –.

Der Grundbesitz ist unbelastet vorgetragen.

2. Benutzungsbeschränkung

Der Eigentümer des dienenden Grundstücks verpflichtet sich, es zu unterlassen, das dienende Grundstück für ein Gewerbe im Sinne von § 8 BauNVO und § 9 BauNVO in der jeweils maßgeblichen Fassung

Alternative: *... in der Fassung der BauNVO vom ...*

Alternative: *... für einen großflächigen Einzelhandelsbetrieb entsprechend der jeweils maßgeblichen baurechtlichen Begriffsbestimmung zu nutzen.*

3. Grundbuchantrag

Die Eintragung der vorstehend bestellten Grunddienstbarkeit am dienenden Grundstück zugunsten des jeweiligen Eigentümers des herrschenden Grundstücks wird
bewilligt und beantragt.

Die vorstehend bestellte Dienstbarkeit hat erste Rangstelle zu erhalten.

Ein Aktivvermerk soll nicht eingetragen werden. **oder:** *Das Recht ist beim herrschenden Grundstück jeweils zu vermerken.*

4. Zwangsvollstreckungsunterwerfung

Wegen der Verpflichtung zur Duldung der vorstehenden Benutzungsbeschränkung unterwerfen wir, B und C, uns der sofortigen Zwangsvollstreckung aus dieser Urkunde. Dem Gläubiger A und seinem Rechtsnachfolger im Eigentum des Grundstücks Flst. 108 der Gemarkung G darf eine vollstreckbare Ausfertigung dieser Urkunde erteilt werden.

5. Kosten, Gegenleistung

Die Kosten dieser Urkunde und ihres Vollzugs trägt A.
Eine Entschädigung für die Einräumung der Benutzungsbeschränkung ist nicht zu leisten.

6. Verjährung

Der Anspruch auf Bestellung der Dienstbarkeit verjährt in 30 Jahren ab dem gesetzlichen Verjährungsbeginn; gleiches gilt für Ansprüche aus dem Rechtsverhältnis zwischen Dienstbarkeitsberechtigten und Dienstbarkeitsverpflichteten, wenn diese Ansprüche nicht gemäß § 902 BGB ohnehin von der Verjährung ausgenommen sind, und für Schadensersatzansprüche.

Ort, Datum Unterschriften von A, B und C

Öffentliche Beglaubigung der Unterschriften durch einen Notar,
bei Aufnahme einer Zwangsvollstreckungsunterwerfung
notarielle Beurkundung

XII. Abstandsflächendienstbarkeit 19

1. Grundbuch- und Sachstand

Gemäß Eintrag im Grundbuch des Amtsgerichts H für G
Blatt 1111
ist A
Alleineigentümer des folgenden Grundbesitzes:
(Flur F) Gemarkung G
Flst. 108 An der Grünenstraße, Bauplatz zu 0,0800 ha,
– im Folgenden auch „herrschendes" Grundstück genannt –.

Der Grundbesitz ist in Abt. II und III des Grundbuchs belastet; auf Einzelaufführung wird verzichtet.

Gemäß Eintrag im Grundbuch des Amtsgerichts H für G
Blatt 1112
sind B und C
Miteigentümer je zur Hälfte des folgenden Grundbesitzes:
(Flur F) Gemarkung G
Flst. 109 An der Grünenstraße, Bauplatz zu 0,0750 ha,
– im Folgenden auch „dienendes" Grundstück genannt –.

Der Grundbesitz ist in Abt. II unbelastet vorgetragen. In Abt. III ist eine Grundschuld der ABC Bank AG eingetragen.

Die beiden Grundstücke Flst. 108 und 109 der Gemarkung G grenzen aneinander, wie sich dies auch aus dem dieser Urkunde als Bestandteil beigefügten Lageplan ergibt.

2. Bauabsicht

A beabsichtigt, auf seinem Grundstück Flst. 108 ein Wohngebäude samt Garage nach den beim Landratsamt R – Bauaufsichtsbehörde – eingereichten Plänen, Aktenzeichen G 0 1/04 zu errichten. Das beabsichtigte Bauwerk ist im beigefügten Lageplan eingezeichnet. Aus den Plänen ergibt sich, dass das herrschende Grundstück für die nach der . . . Bauordnung einzuhaltenden Abstandsflächen nicht ausreicht. Der Eigentümer des dienenden Grundstücks ist bereit, die fehlende Abstandsfläche auf sein Grundstück zu übernehmen.

Alternative: In Bayern und Brandenburg ohne konkrete Bauabsicht:

Eine konkrete Bauabsicht von A besteht nicht. Im Rahmen . . . (meist Gesamtvereinbarung über mehrere Streitpunkte) verpflichten sich jedoch die Eigentümer des dienenden Grundstücks auf die im beigefügten Lageplan rot eingezeichnete Fläche etwaige beim herrschenden Grundstück nicht eingehaltene Abstandsflächen nach der . . . Bauordnung zu übernehmen.

3. Abstandsflächen

Der Eigentümer des dienenden Grundstücks übernimmt für sich und seine Rechtsnachfolger zusätzlich zu seiner eigenen Abstandsfläche auch jene Abstandsfläche, die beim herrschenden Grundstück fehlt. Er verpflichtet sich, die gesamte Abstandsfläche – also die eigene und die mit dieser Urkunde übernommene – von solchen baulichen Anlagen freizuhalten, die nach Maßgabe der Bauordnung innerhalb der Abstandsfläche nicht zulässig sind, es sei denn, dass an das zu errichtende Gebäude bzw. an die Grenze des herrschenden Grundstück in öffentlich-rechtlich zulässiger Weise angebaut werden kann, womit sich der Eigentümer des herrschenden Grundstücks bereits heute ausdrücklich einverstanden erklärt.

Diese Verpflichtung besteht gegenüber dem Eigentümer des herrschenden Grundstücks.

Die Abstandsfläche, die auf das dienende Grundstück übernommen wird, ist in dem dieser Urkunde als Anlage beigefügten Lageplan, der den Beteiligten zur Durchsicht vorgelegt und von diesen genehmigt wurde, rot eingezeichnet. Auf die Anlage wird verwiesen. Sie ist Bestandteil der Urkunde.

Die gesetzliche Forderung der ... Bauordnung hat gegenüber der Einzeichnung im beigefügten Lageplan und einer eventuellen Breiten- und Tiefenangabe den Vorrang, soweit dies nicht dazu führt, dass auf dem dienenden Grundstück bereits vorhandene Gebäude die nach der Bauordnung erforderlichen Abstandsflächen ihrerseits nicht mehr einhalten würden.

Alternative: ohne konkrete Bauabsicht:

Der Eigentümer des dienenden Grundstücks übernimmt die Abstandsflächen, die von Gebäuden und sonstigen baulichen Anlagen auf dem herrschenden Grundstück nicht eingehalten werden, jedoch beschränkt auf die im beigefügten Lageplan rot eingezeichnete Fläche.[16] Auf den beigefügten Lageplan, der den Beteiligten zur Durchsicht vorgelegt und von ihnen genehmigt wurde, wird verwiesen. Er bildet einen Bestandteil der Vereinbarung.

4. Grundbuchantrag

Zur Sicherung dieser Verpflichtung bestellen B und C am Grundstück Flst. 109 der Gemarkung G eine Grunddienstbarkeit –Abstandsflächensicherung– zugunsten des jeweiligen Eigentümer des herrschenden Grundstücks und
bewilligen und beantragen
deren Eintragung im Grundbuch.[17]

Die Dienstbarkeit erhält Rang vor dem in Abteilung III eingetragenen Recht, im Übrigen nächstoffene Rangstelle. Die Beteiligten stimmen allen der Rangbeschaffung dienenden Gläubigererklärung mit dem Antrag auf grundbuchamtlichen Vollzug zu.

5. Zwangsvollstreckungsunterwerfung

Wegen der Verpflichtung zur Übernahme der vorstehenden Abstandsflächensicherung unterwerfen wir, B und C, uns der sofortigen Zwangsvollstreckung aus dieser Urkunde. Dem Gläubiger A und seinem Rechtsnachfolger im Eigentum des Grundstücks Flst. 108 der Gemarkung G darf eine vollstreckbare Ausfertigung dieser Urkunde erteilt werden.

6. Öffentlich-rechtliche Forderung der ... Bauordnung

In Bayern nur bei konkreter Bauabsicht:

Die Eigentümer des dienenden Grundstücks verpflichten sich ferner, die nach der Bayerischen Bauordnung erforderliche Übernahme der Abstandsfläche gegenüber der Baubehörde in der gesetzlich vorgeschriebenen Form abzugeben. Sie verpflichten sich, diese Verpflichtung etwaigen Rechtsnachfolgern mit Weitergabeverpflichtung bis zur formgerechten Abgabe der Erklärung aufzuerlegen.

*(**Alternativ** wäre auch die Eintragung einer beschränkten persönlichen Dienstbarkeit zugunsten des Freistaats Bayern möglich.)*

---

[16] Gegebenenfalls Einschränkung: wobei dies jedoch nicht dazu führen darf, dass auf dem dienenden Grundstück bei Bestellung der Dienstbarkeit bereits vorhandene Gebäude oder sonstige bauliche Anlagen die für sie erforderlichen Abstandsflächen nicht mehr einhalten.

[17] Ein Herrschvermerk ist möglich, aber unüblich.

Alternative: In Bayern und Brandenburg ohne konkrete Bauabsicht und in Brandenburg als erforderliche öffentlich-rechtliche Sicherung:

Der Eigentümer des dienenden Grundstücks übernimmt die in Ziffer 3. eingegangenen Verpflichtungen auch gegenüber dem Freistaat Bayern/dem Land Brandenburg, vertreten durch das Landratsamt R/der Stadt M.

Zur Sicherung dieser Verpflichtung bestellen B und C am Grundstück Flst. 109 der Gemarkung G eine beschränkte persönliche Dienstbarkeit –Abstandsflächensicherung- für den Freistaat Bayern/das Land Brandenburg, vertreten durch das Landratsamt R/die Stadt M und
bewilligen und beantragen
deren Eintragung im Grundbuch.

Die Dienstbarkeit erhält Rang vor dem in Abteilung III eingetragenen Recht, im Übrigen nächstoffene Rangstelle und Gleichrang mit der Grunddienstbarkeit gemäß Ziffer 3.

Die Eigentümer stimmen allen der Rangbeschaffung dienenden Gläubigererklärung mit dem Antrag auf grundbuchamtlichen Vollzug zu.

In den übrigen Bundesländern, die Baulasten kennen
bei konkreter Bauabsicht:

Der Eigentümer des dienenden Grundstücks übernimmt ferner die in Ziffer 3. übernommene Verpflichtung auch gegenüber der Baubehörde als Baulast. Zur Sicherung bestellen B und C am Grundstück Flst. 109 der Gemarkung G eine Baulast –Abstandsflächensicherung- und
bewilligen und beantragen
deren Eintragung im Baulastenverzeichnis.

ohne konkrete Bauabsicht:

Der Eigentümer des dienenden Grundstücks verpflichtet sich, zur Sicherung der vorstehenden Abstandsflächenübernahme die erforderliche Baulast am dienenden Grundstück zu bestellen und zur Eintragung im Baulastenverzeichnis zu bewilligen, wenn der Ausübungsbereich denjenigen der Grunddienstbarkeit nicht überschreitet. Er verpflichtet sich, diese Verpflichtung etwaigen Rechtsnachfolgern mit Weitergabeverpflichtung bis zur Eintragung im Baulastenverzeichnis aufzuerlegen.

7. Kosten, Gegenleistung, Rücktrittsrecht

Die Kosten dieser Urkunde und ihres grundbuchamtlichen Vollzugs (*gegebenenfalls*: sowie der Eintragung im Baulastenverzeichnis bzw. bei der Baubehörde für die Abstandsflächenübernahme anfallende Gebühren) trägt der Bauwerber.

Für die Einräumung der Dienstbarkeit hat A an B und C als Gegenleistung einen Betrag von

5.000,– Euro

– in Worten: fünftausend Euro –

zu bezahlen. Dieser Betrag ist mit rangrichtiger Eintragung der vorstehenden bestellten Grunddienstbarkeit (*gegebenenfalls:* sowie der rangrichtigen Eintragung der vorstehend bestellten persönlichen Dienstbarkeit bzw. der Abgabe der Abstandsflächenübernahmeerklärung bzw. der Eintragung der Baulast im Baulastenverzeichnis) zur Zahlung fällig und nur bei Verzug zu verzinsen. Auf § 286 II 2 BGB wurde hingewiesen. Hierauf wird vereinbart, dass Verzug erst nach Mahnung eintreten soll.

Bei konkreten Bauvorhaben gegebenenfalls:

Der Eigentümer des dienenden Grundstücks kann von dieser Vereinbarung zurücktreten, wenn der beabsichtigte Bau nicht bis zum Ablauf des ... bezugsfertig ausgeführt wird. Gleiches gilt, wenn das Wohngebäude später entfernt oder zerstört wird und nicht unverzüglich wieder errichtet wird; eine unverzügliche Errichtung eines Ersatzbaus liegt dann nicht vor, wenn er später als ... Jahre nach dem Abriss bzw. der Zerstörung des bestehenden Bauvorhabens erfolgt.

Eine Beurkundung der heutigen Vereinbarung und die Aufnahme einer Zwangsvollstreckungsunterwerfung werden nicht gewünscht.

8. Verjährung

Der Anspruch auf Bestellung der Dienstbarkeit(en) verjährt in 30 Jahren ab dem gesetzlichen Verjährungsbeginn; Gleiches gilt für Ansprüche aus dem Rechtsverhältnis zwischen Dienstbarkeitsberechtigten und Dienstbarkeitsverpflichteten, wenn diese Ansprüche nicht gemäß § 902 BGB ohnehin von der Verjährung ausgenommen sind, und für Schadensersatzansprüche.

Ort, Datum Unterschriften von A, B und C

Öffentliche Beglaubigung der Unterschriften durch einen Notar,
bei Aufnahme einer Zwangsvollstreckungsunterwerfung
notarielle Beurkundung

20

XIII. Zustimmung zur Errichtung einer Grenzeinrichtung

1. Grundbuch- und Sachstand

Gemäß Eintrag im Grundbuch des Amtsgerichts H für G
Blatt 1111
ist A
Alleineigentümer des folgenden Grundbesitzes:
(Flur F) Gemarkung G
Flst. 108 An der Grünenstraße, Bauplatz zu 0,0800 ha.

Der Grundbesitz ist in Abteilung II mit einem Geh- und Fahrtrecht zugunsten des jeweiligen Eigentümers des Grundstücks Flst. 203 belastet. In Abteilung III sind zwei Grundschulden für die Sparkasse des Vereinigten Bayerwaldes eingetragen.

Gemäß Eintrag im Grundbuch des Amtsgerichts H für G
Blatt 1112
sind B und C
Miteigentümer je zur Hälfte des folgenden Grundbesitzes:
(Flur F) Gemarkung G
Flst. 109 An der Grünenstraße, Bauplatz zu 0,0750 ha.

Der Grundbesitz ist in Abteilung II mit einem Leitungsrecht zugunsten des jeweiligen Eigentümers des Grundstücks Flst. 300 belastet. In Abteilung III sind drei Grundschulden für die ABC Bank AG eingetragen.

Die beiden Grundstücke Flst. 108 und Flst. 109, je der Gemarkung G, grenzen aneinander, wie sich dies auch aus dem dieser Urkunde als Bestandteil beigefügten Lageplan ergibt.

Der Lageplan wurde den Beteiligten zur Durchsicht vorgelegt und von diesen genehmigt. Der Lageplan ist mit der Urkunde auszufertigen.

Die Grenze zwischen den beiden Grundstücken verläuft teilweise in Längsrichtung durch einen Graben, der die vorgenannten Grundstücke voneinander trennt.

2. Vereinbarungen zum Graben

B und C erteilen hiermit ihre Zustimmung dazu, dass A den oben erwähnten Graben als Regenabflussrinne auf eigene Kosten mit Natursteinen befestigt und zum Ablauf seines Regenwassers in die gemeindliche Kanalisation verwendet.

Eine dingliche Sicherung durch eine Grunddienstbarkeit wird nicht gewünscht.

Ort, Datum Unterschriften von A, B und C

21

XIV. Kommunmauer (gemeinsame Brandwand)

1. Grundbuch- und Sachstand

Gemäß Eintrag im Grundbuch des Amtsgerichts H für G
Blatt 1111
ist A
Alleineigentümer des folgenden Grundbesitzes:
(Flur F) Gemarkung G
Flst. 108 An der Grünenstraße, Bauplatz zu 0,0800 ha.

Der Grundbesitz ist in Abteilung II mit einem Geh- und Fahrtrecht zugunsten des jeweiligen Eigentümers des Grundstücks Flst. 203 belastet. In Abteilung III sind zwei Grundschulden für die Sparkasse des Vereinigten Bayerwaldes eingetragen.

Gemäß Eintrag im Grundbuch des Amtsgerichts H für G
Blatt 1112
sind B und C
Miteigentümer je zur Hälfte des folgenden Grundbesitzes:
(Flur F) Gemarkung G
Flst. 109 An der Grünenstraße, Bauplatz zu 0,0750 ha.

Der Grundbesitz ist in Abteilung II mit einem Leitungsrecht zugunsten des jeweiligen Eigentümers des Grundstücks Flst. 300 belastet. In Abteilung III sind drei Grundschulden für die ABC Bank AG eingetragen.

Die beiden Grundstücke Flst. 108 und Flst. 109, je der Gemarkung G, grenzen aneinander, wie sich dies auch aus dem dieser Urkunde als Bestandteil beigefügten Lageplan ergibt.

Der Lageplan wurde den Beteiligten zur Durchsicht vorgelegt und von diesen genehmigt. Der Lageplan ist mit der Urkunde auszufertigen.

Die Grenze zwischen den beiden Grundstücken verläuft teilweise in Längsrichtung durch eine gemeinsame Brandmauer, die die vorgenannten Grundstücke voneinander trennt. Eine zweischalige Wand ist nicht vorhanden.

2. Vereinbarung über die gemeinsame Brandmauer

Hinsichtlich der gemeinsamen Brandmauer wird vereinbart:

a) Die gemeinsame Brandmauer ist eine Grenzeinrichtung im Sinne von §§ 921 ff. BGB.
b) Die jeweils betroffenen Grundstückseigentümer sind berechtigt, an diese gemeinsame Brandmauer anzubauen und bereits vorhandene Anbauten bestehen zu lassen. Jeder der betroffenen Grundstückseigentümer duldet daher die Nutzung der gemeinsamen Brandmauer durch den jeweils anderen Grundstückseigentümer. Die Grundstückseigentümer sind verpflichtet, die Brandmauer im derzeitigen Umfang bestehen zu lassen, wenn sie ihren eigenen Anbau abreißen und der Anbau des Nachbarn noch vorhanden ist oder mit ihm begonnen wurde.
c) Das Nutzungsrecht steht beiden Eigentümern zu gleichen Teilen zu; ihnen obliegt zu gleichen Teilen die Unterhaltung und Verkehrsicherungspflicht.
d) Nach dem Abriss eines Anbaues kann jederzeit im bisherigen Rahmen erneut angebaut werden. Bis zum erneuten Anbau steht das Nutzungsrecht demjenigen Eigentümer zu, dessen Gebäude noch steht; ihm obliegt allerdings in diesem Zeitraum auch die ausschließlich Unterhalts- und Verkehrsicherungspflicht. Er ist berechtigt, die Brandmauer abzureißen, solange kein erneuter Anbau vorgenommen oder zumindest mit ihm begonnen wurde.

Das gemäß lit. b) vereinbarte gegenseitige Duldungs- und Nutzungsrecht wird im Rahmen einer Grunddienstbarkeit zugunsten des jeweiligen Eigentümers des Nachbargrundstücks vereinbart.

3. Grundbuchantrag, Rechtsnachfolge

Die Eintragung der vorstehend bestellten Grunddienstbarkeiten am jeweiligen Grundstück zugunsten des jeweiligen Eigentümers des Nachbargrundstücks im Grundbuch – ohne Aktivvermerk[18] – wird bewilligt und beantragt.

Die Dienstbarkeiten haben jeweils nächstoffene Rangstelle zu erhalten. Auf die Bedeutung der Rangstelle im Grundbuch wurde ausdrücklich hingewiesen; Rangrücktritte hinter die Belastungen in Abteilung III werden trotz des Hinweises, dass die Dienstbarkeit als nachrangiges Recht bei einer Zwangsversteigerung wegfällt, nicht gewünscht.

Jeder Vertragsteil ist berechtigt und verpflichtet, bei einer Veräußerung seines Grundstücks die Rechte und Pflichten aus dieser Vereinbarung an den jeweiligen Erwerber mit Weitergabeverpflichtung zu übertragen, soweit diese nicht dingliche Wirkung haben. Weitergehende Sicherungen werden nicht gewünscht.

---

[18] oder: jeweils mit Aktivvermerk am herrschenden Grundstück.

4. Zwangsvollstreckungsunterwerfung

Wegen der Verpflichtung zur Duldung gemäß der in vorstehender Ziffer 2. lit. b.) geregelten Benutzung unterwerfen wir, B und C sowie A, uns der sofortigen Zwangsvollstreckung aus dieser Urkunde. Dem jeweiligen Gläubiger und seinem Rechtsnachfolger im Eigentum des Grundstücks Flst. 108 bzw. 109 der Gemarkung G darf eine vollstreckbare Ausfertigung dieser Urkunde erteilt werden.

5. Kosten, Gegenleistung

Die Kosten dieser Urkunde und ihres Vollzugs tragen B und C zur einen und A zur anderen Hälfte.

Eine Entschädigung ist nicht zu leisten.

6. Verjährung

Der Anspruch auf Bestellung der Dienstbarkeit verjährt in 30 Jahren ab dem gesetzlichen Verjährungsbeginn; Gleiches gilt für Ansprüche aus dem Rechtsverhältnis zwischen Dienstbarkeitsberechtigten und Dienstbarkeitsverpflichteten, wenn diese Ansprüche nicht gemäß § 902 BGB ohnehin von der Verjährung ausgenommen sind, und für Schadensersatzansprüche.

Ort, Datum Unterschriften von A, B und C

Öffentliche Beglaubigung der Unterschriften durch einen Notar,
bei Aufnahme einer Zwangsvollstreckungsunterwerfung
notarielle Beurkundung

22 XV. Anbaurecht an Grenzwand

1. Grundbuch- und Sachstand

Gemäß Eintrag im Grundbuch des Amtsgerichts H für G
Blatt 1111
ist A
Alleineigentümer des folgenden Grundbesitzes:
(Flur F) Gemarkung G
Flst. 108 An der Grünenstraße, Bauplatz zu 0,0800 ha.

Der Grundbesitz ist in Abteilung II mit einem Geh- und Fahrtrecht zugunsten des jeweiligen Eigentümers des Grundstücks Flst. 203 belastet. In Abteilung III sind zwei Grundschulden für die Sparkasse des Vereinigten Bayerwaldes eingetragen.

Gemäß Eintrag im Grundbuch des Amtsgerichts H für G
Blatt 1112
sind B und C
Miteigentümer je zur Hälfte des folgenden Grundbesitzes:
(Flur F) Gemarkung G
Flst. 109 An der Grünenstraße, Bauplatz zu 0,0750 ha.

Der Grundbesitz ist in Abteilung II mit einem Leitungsrecht zugunsten des jeweiligen Eigentümers des Grundstücks Flst. 300 belastet. In Abteilung III sind drei Grundschulden für die ABC Bank AG eingetragen.

Die beiden Grundstücke Flst. 108 und Flst. 109, je der Gemarkung G, grenzen aneinander, wie sich dies auch aus dem dieser Urkunde als Bestandteil beigefügten Lageplan ergibt. Der Lageplan wurde den Beteiligten zur Durchsicht vorgelegt und von diesen genehmigt. Der Lageplan ist mit der Urkunde auszufertigen.

A beabsichtigt, auf seinem tiefer gelegenen Grundstück unmittelbar an der gemeinsamen Grenze eine Stützmauer zu errichten.

2. Anbau

Der jeweilige Eigentümer des Grundstücks Flst. 109 der Gemarkung G ist berechtigt, an die vorbezeichnete Grenzwand anzubauen und diese vollständig[19] oder teilweise, und zwar sowohl auf der Erdoberfläche als auch unter der Erdoberfläche, in ein Gebäude einzubeziehen. Eine Höhenbegrenzung oberhalb der Erdoberfläche oder eine Tiefenbegrenzung unterhalb der Erdoberfläche wird ausdrücklich nicht vereinbart. Es muss jedoch durch den Anbauenden sichergestellt werden, dass von dem Anbau keine Gefahren oder Nachteile für die Mauer, die gleichzeitig als Stützmauer des Schuppens auf dem Grundstück Flst. 108 der Gemarkung G dient, ausgehen.

Der Eigentümer von Flst. 109 darf auch die Grenzmauer unterfangen, sofern dies für die Ausführung seines Anbaus erforderlich ist.

An den Kosten der Unterhaltung der Grenzmauer hat sich der Eigentümer des Grundstücks Flst. 109 erst ab dem Anbau zu beteiligen, und zwar beschränkt auf den Bereich des erfolgten Anbaus.

Zur Ausführung des Anbaus und zur Unterhaltung der Grenzmauer sind die Eigentümer der Flst. 108 und 109 jeweils wechselseitig berechtigt, das jeweils andere Grundstück zu betreten und aufzugraben bzw. durch Dritte betreten und aufgraben zu lassen, und zwar mit der Verpflichtung, den ursprünglichen Zustand auf dem betreffenden Grundstück wieder herzustellen und einen etwa verbleibenden Schaden an diesem Grundstück zu ersetzen.

Die Grenzmauer ist im beigefügten Lageplan, der den Beteiligten zur Durchsicht vorgelegt und von diesen genehmigt wurde, rot eingezeichnet. Auf diesen Lageplan wird verwiesen.

3. Grundbuchantrag, Rechtsnachfolge

Die Eintragung der vorstehend bestellten Grunddienstbarkeiten am jeweiligen Grundstück zugunsten des jeweiligen Eigentümers des Nachbargrundstücks im Grundbuch – ohne Aktivvermerk[20] – wird bewilligt und beantragt.

Die Dienstbarkeiten haben jeweils in Abt. II nächstoffene Rangstelle, in Abt. III Rang vor den eingetragenen Grundpfandrechten zu erhalten. Die Beteiligten stimmen sämtlichen der Rangbeschaffung dienenden Gläubigererklärungen mit dem Antrag auf grundbuchamtlichen Vollzug zu.

4. Zwangsvollstreckungsunterwerfung

Wegen der Verpflichtung zur Duldung der jeweiligen vorstehenden Benutzung unterwerfen sich B und C sowie A jeweils gegenüber dem anderen Vertragsteil der sofortigen Zwangsvollstreckung aus dieser Urkunde . Dem jeweiligen Gläubiger und seinem Rechtsnachfolger im Eigentum des Grundstücks Flst. 108 bzw. 109, jeweils der Gemarkung G, darf eine vollstreckbare Ausfertigung dieser Urkunde erteilt werden.

5. Kosten, Gegenleistung

Die Kosten dieser Urkunde und ihres Vollzugs tragen B und C zur einen und A zur anderen Hälfte.

Eine Entschädigung ist nicht zu leisten.

An den Kosten der erstmaligen Herstellung der Grenzmauer haben sich B und C nicht zu beteiligen.

6. Verjährung

Der Anspruch auf Bestellung der Dienstbarkeit verjährt in 30 Jahren ab dem gesetzlichen Verjährungsbeginn; Gleiches gilt für Ansprüche aus dem Rechtsverhältnis zwischen Dienstbarkeitsberechtigten und Dienstbarkeitsverpflichteten, wenn diese Ansprüche nicht gemäß § 902 BGB ohnehin von der Verjährung ausgenommen sind, und für Schadensersatzansprüche.

Ort, Datum | Unterschriften von A, B und C

Öffentliche Beglaubigung der Unterschriften durch einen Notar,
bei Aufnahme einer Zwangsvollstreckungsunterwerfung
notarielle Beurkundung

---

[19] Gegebenenfalls Regelung über Umfang der Einbeziehung, wenn A die Mauer selbst auch zum Anbau benutzen möchte (z. B. . . . bis zur Mitte der Mauer . . .).

[20] **Alternative**: jeweils mit Aktivvermerk.

23 XVI. Grenzbaum

1. Grundbuch- und Sachstand

Gemäß Eintrag im Grundbuch des Amtsgerichts H für G
Blatt 1111
ist A
Alleineigentümer des folgenden Grundbesitzes:
(Flur F) Gemarkung G
Flst. 108 An der Grünenstraße, Bauplatz zu 0,0800 ha.

Der Grundbesitz ist in Abteilung II mit einem Geh- und Fahrtrecht zugunsten des jeweiligen Eigentümers des Grundstücks Flst. 203 belastet. In Abteilung III sind zwei Grundschulden für die Sparkasse des Vereinigten Bayerwaldes eingetragen.

Gemäß Eintrag im Grundbuch des Amtsgerichts H für G
Blatt 1112
sind B und C
Miteigentümer je zur Hälfte des folgenden Grundbesitzes:
(Flur F) Gemarkung G
Flst. 109 An der Grünenstraße, Bauplatz zu 0,0750 ha.

Der Grundbesitz ist in Abteilung II mit einem Leitungsrecht zugunsten des jeweiligen Eigentümers des Grundstücks Flst. 300 belastet. In Abteilung III sind drei Grundschulden für die ABC Bank AG eingetragen.

Die beiden Grundstücke Flst. 108 und Flst. 109, je der Gemarkung G, grenzen aneinander, wie sich dies auch aus dem dieser Urkunde als Bestandteil beigefügten Lageplan ergibt. Der Lageplan wurde den Beteiligten zur Durchsicht vorgelegt und von diesen genehmigt. Der Lageplan ist mit der Urkunde auszufertigen.

Auf der gemeinsamen Grenze zwischen den Grundstücken Flst. 108 und 109, je der Gemarkung G, steht ein Kastanienbaum, dessen Stamm von der Grenze durchschnitten wird.

2. Duldungsverpflichtung hinsichtlich des Grenzbaums

Hinsichtlich des gemeinsamen Grenzbaums wird vereinbart:

Der vorbezeichnete Grenzbaum ist eine Grenzeinrichtung im Sinne von §§ 921 ff. BGB. Die Eigentümer verpflichten sich, diesen Grenzbaum nicht zu fällen; sie verzichten insofern auch auf das Recht, die Beseitigung dieses Baumes zu verlangen. Ausgenommen hiervon ist der Fall, dass von dem Grenzbaum Gefahren für eines der beiden betroffenen Grundstücke ausgehen.

Die vorstehend vereinbarte Duldungspflicht und der Verzicht auf das Beseitigungsrecht wird im Rahmen einer Grunddienstbarkeit zu Gunsten des jeweiligen Eigentümers des Nachbargrundstücks vereinbart.

Der Grenzbaum ist im beigefügten Lageplan, auf den verwiesen wird, rot markiert eingezeichnet.

3. Grundbuchantrag, Rechtsnachfolge

Die Eintragung der vorstehend bestellten Grunddienstbarkeiten am jeweiligen Grundstück zugunsten des jeweiligen Eigentümers des Nachbargrundstücks im Grundbuch – ohne Aktivvermerk[21] – wird bewilligt und beantragt.

Die Dienstbarkeiten haben in Abt. II nächstoffene Rangstelle, in Abt. III Rang vor den eingetragenen Grundpfandrechten zu erhalten. Die Beteiligten stimmen sämtlichen der Rangbeschaffung dienenden Gläubigererklärungen mit dem Antrag auf grundbuchamtlichen Vollzug zu.

4. Zwangsvollstreckungsunterwerfung

Wegen der Verpflichtung zur Duldung unterwerfen sich B und C sowie A jeweils gegenüber dem anderen Vertragsteil der sofortigen Zwangsvollstreckung aus dieser Urkunde. Dem jeweiligen Gläubiger und seinem Rechtsnachfolger im Eigentum des Grundstücks Flst. 108 bzw. 109, jeweils der Gemarkung G, darf eine vollstreckbare Ausfertigung dieser Urkunde erteilt werden.

---

[21] **Alternative**: jeweils mit Aktivvermerk.

5. Kosten

Die Kosten dieser Urkunde und ihres Vollzugs tragen B und C zur einen und A zur anderen Hälfte.

6. Verjährung

Der Anspruch auf Bestellung der Dienstbarkeit verjährt in 30 Jahren ab dem gesetzlichen Verjährungsbeginn; Gleiches gilt für Ansprüche aus dem Rechtsverhältnis zwischen Dienstbarkeitsberechtigten und Dienstbarkeitsverpflichteten, wenn diese Ansprüche nicht gemäß § 902 BGB ohnehin von der Verjährung ausgenommen sind, und für Schadensersatzansprüche.

Ort, Datum Unterschriften von A, B und C

Öffentliche Beglaubigung der Unterschriften durch einen Notar,
bei Aufnahme einer Zwangsvollstreckungsunterwerfung
notarielle Beurkundung

XVII. Gemeinsamer Zaun mit Zaununterhaltung 24

1. Grundbuch- und Sachstand

Gemäß Eintrag im Grundbuch des Amtsgerichts H für G
Blatt 1111
ist A
Alleineigentümer des folgenden Grundbesitzes:
(Flur F) Gemarkung G
Flst. 108 An der Grünenstraße, Bauplatz zu 0,0800 ha.

Der Grundbesitz ist in Abteilung II mit einem Geh- und Fahrtrecht zugunsten des jeweiligen Eigentümers des Grundstücks Flst. 203 belastet. In Abteilung III sind zwei Grundschulden für die Sparkasse des Vereinigten Bayerwaldes eingetragen.

Gemäß Eintrag im Grundbuch des Amtsgerichts H für G
Blatt 1112
sind B und C
Miteigentümer je zur Hälfte des folgenden Grundbesitzes:
(Flur F) Gemarkung G
Flst. 109 An der Grünenstraße, Bauplatz zu 0,0750 ha.

Der Grundbesitz ist in Abteilung II mit einem Leitungsrecht zugunsten des jeweiligen Eigentümers des Grundstücks Flst. 300 belastet. In Abteilung III sind drei Grundschulden für die ABC Bank AG eingetragen.

Die beiden Grundstücke Flst. 108 und Flst. 109, je der Gemarkung G, grenzen aneinander, wie sich dies auch aus dem dieser Urkunde als Bestandteil beigefügten Lageplan ergibt. Der Lageplan wurde den Beteiligten zur Durchsicht vorgelegt und von diesen genehmigt. Der Lageplan ist mit der Urkunde auszufertigen.

Auf der Grenze zwischen beiden Grundstücken befindet sich ein Jägerzaun, der auf Dauer bestehen bleiben soll.

2. Vereinbarung über die Duldung und die Unterhaltung des gemeinsamen Zauns

Hinsichtlich der Duldung und der Unterhaltung des gemeinsamen Zauns wird vereinbart:

a) Die jeweiligen Eigentümer der Grundstücke Flst. 108 und 109, je der Gemarkung G, sind jeweils berechtigt den auf der gemeinsamen Grenze befindlichen Jägerzaun zu belassen und zu erhalten und zur Erhaltung dieses Zauns auch das Nachbargrundstück zu betreten.
b) Die jeweiligen Eigentümer der vorbezeichneten Grundstücke sind verpflichtet, den vorbezeichneten Zaun auf eigene Kosten je zur Hälfte zu unterhalten.

3. Grundbuchantrag

Die Eintragung der
a) vorstehend gemäß Ziffer 2. lit. a) bestellten Grunddienstbarkeiten am jeweiligen Grundstück zugunsten des jeweiligen Eigentümers des Nachbargrundstücks und
b) in Ziffer 2. lit. b) bestellten Reallast am jeweiligen Grundstück zugunsten des jeweiligen Eigentümers des Nachbargrundstücks
im Grundbuch – ohne Aktivvermerk[22] – wird
bewilligt und beantragt.

Die Dienstbarkeiten haben jeweils nächstoffene Rangstelle in Abteilung II und in Abteilung III erste Rangstelle sowie Rang vor der jeweiligen Reallast gemäß Ziffer 2. lit. b) zu erhalten. Die Reallasten haben in Abt. II nächstoffene Rangstelle, aber Rang nach den Dienstbarkeiten gemäß Ziffer 2. lit. a) und in Abt. III erste Rangstelle zu erhalten.

Die Beteiligten stimmen sämtlichen zur Rangbeschaffung dienenden Gläubigererklärungen mit dem Antrag auf grundbuchamtlichen Vollzug zu. Die Eintragung der Dienstbarkeiten und Reallasten soll jeweils nur gemeinsam erfolgen; es handelt sich um einen verbundenen Antrag (§ 16 II GBO).

4. Zwangsvollstreckungsunterwerfung

Wegen der Duldungspflicht gemäß Ziffer 2. lit. a) unterwerfen sich die Beteiligten der sofortigen Zwangsvollstreckung aus dieser Urkunde. Einem Gläubiger darf eine vollstreckbare Ausfertigung dieser Urkunde erteilt werden.

5. Kosten, Gegenleistung

Die Kosten dieser Urkunde und ihres Vollzugs tragen B und C zur einen und A zur anderen Hälfte.

Eine Entschädigung ist nicht zu leisten.

6. Verjährung

Der Anspruch auf Bestellung der Dienstbarkeiten und der Reallasten verjährt in 30 Jahren ab dem gesetzlichen Verjährungsbeginn; gleiches gilt für Ansprüche aus dem Rechtsverhältnis zwischen Dienstbarkeits- bzw. Reallastberechtigten und Dienstbarkeits- bzw. Reallastverpflichteten, wenn diese Ansprüche nicht gemäß § 902 BGB ohnehin von der Verjährung ausgenommen sind, und für Schadensersatzansprüche.

Ort, Datum   Unterschriften von A, B und C

Öffentliche Beglaubigung der Unterschriften durch einen Notar,
bei Aufnahme einer Zwangsvollstreckungsunterwerfung
notarielle Beurkundung

25

XVIII. Betretungsrecht

1. Grundbuch- und Sachstand

Gemäß Eintrag im Grundbuch des Amtsgerichts H für G
Blatt 1111
ist A
Alleineigentümer des folgenden Grundbesitzes:
(Flur F) Gemarkung G
Flst. 108 An der Grünenstraße, Bauplatz zu 0,0800 ha,
– nachfolgend auch als „herrschendes Grundstück" bezeichnet.

Der Grundbesitz ist in Abteilung II mit einem Leitungsrecht zugunsten des jeweiligen Eigentümers des Grundstücks Flst. 203 belastet. In Abteilung III sind zwei Grundschulden für die Sparkasse des Vereinigten Bayerwaldes eingetragen.

---

22 **Alternative**: jeweils mit Aktivvermerk.

Gemäß Eintrag im Grundbuch des Amtsgerichts H für G
Blatt 1112
sind B und C
Miteigentümer je zur Hälfte des folgenden Grundbesitzes:
(Flur F) Gemarkung G
Flst. 109 An der Grünenstraße, Bauplatz zu 0,0750 ha,
– nachfolgend auch als „dienendes Grundstück" bezeichnet.

Der Grundbesitz ist in Abteilung II mit einem Leitungsrecht zugunsten des jeweiligen Eigentümers des Grundstücks Flst. 300 belastet. In Abteilung III sind drei Grundschulden für die ABC Bank AG eingetragen.

Der Eigentümer des herrschenden Grundstücks hat eine Garage unmittelbar an die gemeinsame Grundstücksgrenze gebaut. Die Garage ist baurechtlich zulässig.

2. Vereinbarungen über ein Betretungsrecht für Ausbesserungen, Erneuerungen und Unterhaltung[23]

Der Eigentümer des Grundstücks Flst. 109 ist berechtigt, das Grundstück Flst. 108, je der Gemarkung G, zur Durchführung von Ausbesserungs- und Erneuerungs- sowie Reparaturarbeiten an seiner an der Grenze zum Grundstück Flst. 108 errichteten Garage zu betreten oder durch Dritte betreten zu lassen. Betreten bedeutet, was klargestellt wird, neben dem Begehen auch das Befahren insbesondere auch mit Baumaschinen zu den vereinbarten Zwecken. Bedingung für die Ausübung des Rechts ist, dass diese Arbeiten unverzüglich nach Beginn durchgeführt werden und der vorherige Zustand auf dem dienenden Grundstück unverzüglich nach Abschluss der Arbeiten wiederhergestellt wird bzw., sofern eine Wiederherstellung nicht möglich ist, diesbezügliche Schäden in Geld entschädigt werden. Zu diesem Zweck darf der Eigentümer des herrschenden Grundstücks auch ein Gerüst aufstellen, jedoch nur nach vorheriger schriftlicher Ankündigung mit einer Frist von 14 Tagen zwischen Zugang der Ankündigung beim Eigentümer des dienenden Grundstück und Beginn der Gerüstaufstellung, ausgenommen bei Gefahr in Verzug.

3. Grundbuchantrag

Die Eintragung der vorstehend bestellten Grunddienstbarkeit am dienenden Grundstück zugunsten des jeweiligen Eigentümers des herrschenden Grundstücks wird
bewilligt und beantragt.

Ein Aktivvermerk soll nicht eingetragen werden. **oder:** *Das Recht ist beim herrschenden Grundstück jeweils zu vermerken.*

Die Dienstbarkeiten hat nachstoffene Rangstelle in Abteilung II und Rang vor den in Abteilung III eingetragenen Rechten zu erhalten.

Die Beteiligten stimmen sämtlichen zur Rangbeschaffung dienenden Gläubigererklärungen mit dem Antrag auf grundbuchamtlichen Vollzug zu.

4. Zwangsvollstreckungsunterwerfung

Wegen der vorstehend vereinbarten Duldungspflicht unterwerfen wir, B und C, uns der sofortigen Zwangsvollstreckung aus dieser Urkunde. Dem Gläubiger A und seinem Rechtsnachfolger im Eigentum des Grundstücks Flst. 108 der Gemarkung G darf eine vollstreckbare Ausfertigung dieser Urkunde erteilt werden.

5. Kosten, Gegenleistung, vorrangiges Recht

Die Kosten dieser Urkunde und ihres Vollzugs trägt A.

Eine Gegenleistung ist nicht zu entrichten. Das am dienenden Grundstück eingetragene Geh- und Fahrtrecht für Flst. 300 steht der Ausübung der vorstehend bestellten Grunddienstbarkeit nicht entgegen.

---

[23] Nur sofern das Landesnachbarrecht keine entsprechende Berechtigung vorsieht; vgl. Teil 4 Rn. 113 ff.

6. Verjährung

Der Anspruch auf Bestellung der Dienstbarkeit verjährt in 30 Jahren ab dem gesetzlichen Verjährungsbeginn; Gleiches gilt für Ansprüche aus dem Rechtsverhältnis zwischen Dienstbarkeitsberechtigten und Dienstbarkeitsverpflichteten, wenn diese Ansprüche nicht gemäß § 902 BGB ohnehin von der Verjährung ausgenommen sind, und für Schadensersatzansprüche.

Ort, Datum Unterschriften von A, B und C

Öffentliche Beglaubigung der Unterschriften durch einen Notar,
bei Aufnahme einer Zwangsvollstreckungsunterwerfung
notarielle Beurkundung

26

XIX. Antennendienstbarkeit

1. Grundbuch- und Sachstand

Gemäß Eintrag im Grundbuch des Amtsgerichts H für G
Blatt 1111
ist A
Alleineigentümer des folgenden Grundbesitzes:
(Flur F) Gemarkung G
Flst. 108 An der Grünenstraße, Bauplatz zu 0,0800 ha,
– nachfolgend auch als „herrschendes Grundstück" bezeichnet.

Der Grundbesitz ist in Abteilung II mit einem Geh- und Fahrtrecht zugunsten des jeweiligen Eigentümers des Grundstücks Flst. 203 belastet. In Abteilung III sind zwei Grundschulden für die Sparkasse des Vereinigten Bayerwaldes eingetragen.

Gemäß Eintrag im Grundbuch des Amtsgerichts H für G
Blatt 1112
sind B und C
Miteigentümer je zur Hälfte des folgenden Grundbesitzes:
(Flur F) Gemarkung G
Flst. 109 An der Grünenstraße, Bauplatz zu 0,0750 ha,
– nachfolgend auch als „dienendes Grundstück" bezeichnet.

Der Grundbesitz ist in Abteilung II mit einem Leitungsrecht zugunsten des jeweiligen Eigentümers des Grundstücks Flst. 300 belastet. In Abteilung III sind drei Grundschulden für die ABC Bank AG eingetragen.

Auf dem Mehrfamilienhaus auf Flst. 109 der Gemarkung G ist eine Gemeinschaftsrundfunk- und Gemeinschaftsfernsehantenne installiert. An diese Antenne schließt sich auch der Eigentümer von Flst. 108 der Gemarkung G an.

2. Anschlussrecht

B und C räumen hiermit als Eigentümer von Flst. 109 dem jeweiligen Eigentümer von Flst. 108 eine Grunddienstbarkeit mit folgendem Inhalt ein:

Der jeweilige Eigentümer des herrschenden Grundstücks ist berechtigt, die auf dem dienenden Grundstück installierte vorbezeichnete Gemeinschaftsantenne zweckentsprechend mitzubenutzen und den entsprechenden Anschluss für immer dort zu belassen.

Der jeweilige Eigentümer des dienenden Grundstücks hat alle Maßnahmen zu unterlassen, die den Bestand und die Mitbenutzung dieser Anlage beeinträchtigen können. Die Unterhaltung dieser Anlage obliegt dem Eigentümer des herrschenden und des dienenden Grundstücks zu gleichen Anteilen.

Bei Vornahme erforderlicher Instandhaltungs- und Instandsetzungsmaßnahmen ist ein durch sämtliche Eigentümer zu benennender Fachmann berechtigt, das dienende Grundstück, insbesondere den Teil des Wohnhauses, der von dieser Anlage betroffen ist, zu betreten und die erforderlichen Maßnahmen vorzunehmen.

Die Ausübung des Rechts steht dem Eigentümer des herrschenden Grundstücks aber nur unter der Bedingung zu, dass er sich an sämtlichen Kosten für die Instandhaltungs- und Instandsetzungsmaßnahmen entsprechend dem vorgenannten Kostenverteilerschlüssel anteilig beteiligt.

3. Grundbuchantrag

Die Eintragung der vorstehend bestellten Grunddienstbarkeit am dienenden Grundstück zugunsten des jeweiligen Eigentümers des herrschenden Grundstücks wird
bewilligt und beantragt.

Ein Aktivvermerk soll nicht eingetragen werden. **oder:** *Das Recht ist beim herrschenden Grundstück jeweils zu vermerken.*

Die Dienstbarkeit hat nächstoffene Rangstelle in Abteilung II und Rang vor den in Abteilung III eingetragenen Rechten zu erhalten.

Die Beteiligten stimmen sämtlichen zur Rangbeschaffung dienenden Gläubigererklärungen mit dem Antrag auf grundbuchamtlichen Vollzug zu.

4. Zwangsvollstreckungsunterwerfung

Wegen der vorstehend vereinbarten Duldungspflicht unterwerfen wir, B und C, uns der sofortigen Zwangsvollstreckung aus dieser Urkunde. Dem Gläubiger A und seinem Rechtsnachfolger im Eigentum des Grundstücks Flst. 108 der Gemarkung G darf eine vollstreckbare Ausfertigung dieser Urkunde erteilt werden.

5. Kosten, Gegenleistung

Die Kosten dieser Urkunde und ihres Vollzugs trägt A.

Eine Gegenleistung ist nicht zu entrichten.

Der Berechtigte ist verpflichtet, die Hälfte der für die installierte Antennenanlage angefallenen Kosten zu tragen und den entsprechenden Betrag unverzüglich nach Rechnungstellung und Zahlungsnachweis durch den Eigentümer des dienenden Grundstücks an diesen zu bezahlen.

6. Verjährung

Der Anspruch auf Bestellung der Dienstbarkeit verjährt in 30 Jahren ab dem gesetzlichen Verjährungsbeginn; Gleiches gilt für Ansprüche aus dem Rechtsverhältnis zwischen Dienstbarkeitsberechtigten und Dienstbarkeitsverpflichteten, wenn diese Ansprüche nicht gemäß § 902 BGB ohnehin von der Verjährung ausgenommen sind, und für Schadensersatzansprüche.

Ort, Datum Unterschriften von A, B und C

Öffentliche Beglaubigung der Unterschriften durch einen Notar,
bei Aufnahme einer Zwangsvollstreckungsunterwerfung
notarielle Beurkundung

XX. Stellplatzrecht und Tiefgaragenzufahrt 27

1. Grundbuch- und Sachstand

Gemäß Eintrag im Grundbuch des Amtsgerichts I für T
Blatt 1111
ist A
Alleineigentümer des folgenden Grundbesitzes:
(Flur F) Gemarkung T
Flst. 111/1 Eigenheimstraße, Grünland (Bauplatz) zu 0,0380 ha,
Flst. 111/2 dto. zu 0.0435 ha.

Der Grundbesitz ist in Abt. II und III des Grundbuchs belastet; auf Einzelaufführung wird verzichtet. Im Folgenden wird das Flst. 111/2 auch „herrschendes Grundstück“ und das Flst. 111/1 auch „dienendes Grundstück“ genannt.

2. Stellplatzrecht

Der jeweilige Eigentümer von Flst. 111/1 räumt hiermit dem jeweiligen Eigentümer von Flst. 111/2 eine Grunddienstbarkeit mit folgendem Inhalt ein:

Der jeweilige Eigentümer des herrschenden Grundstücks ist berechtigt, von den auf dem dienenden Grundstück geplanten sieben PKW-Abstellplätzen im Freien die PKW-Abstellplätze Nr. 5, 6 und 7 unter Ausschluss des Eigentümers des dienenden Grundstücks zu nutzen.

Die Lage der Stellplätze ergibt sich aus dem dieser Urkunde als Bestandteil beigefügten Lageplan. Die Stellplätze Nr. 5, 6 und 7 sind dort rot angelegt. Der Lageplan wurde dem Beteiligten zur Durchsicht vorgelegt und von ihm genehmigt; auf ihn wird verwiesen.

Sämtliche Kosten der Unterhaltung sowie der Verkehrsicherungspflicht für diese drei Kfz-Stellplätze gehen zu Lasten des Eigentümers des herrschenden Grundstücks.

3. Tiefgaragenzufahrt

Die Tiefgarage wird unter beiden Häusern errichtet. Die Zufahrt zur Tiefgarage und die Einfahrt in die Tiefgarage erfolgen über Flst. 111/1.

Der jeweilige Eigentümer von Flst. 111/1 räumt hiermit dem jeweiligen Eigentümer von Flst. 111/2 folgende Grunddienstbarkeit ein:

Der jeweilige Eigentümer des herrschenden Grundstücks ist berechtigt, die auf dem dienenden Grundstück befindliche Zufahrt und Ausfahrt der Tiefgarage (Rampe) zweckentsprechend mitzubenutzen.

Die Kosten der Unterhaltung werden entsprechend der Zahl der Tiefgaragenstellplätze auf dem dienenden und dem herrschenden Grundstück aufgeteilt. Die Erfüllung dieser Verpflichtung ist Bedingung für die weitere Ausübung des Zufahrts- und Mitbenutzungsrechts.

Der Verlauf der Zufahrt in die Tiefgarage ist in der beigefügten Planskizze, die Bestandteil der Urkunde ist und die den Beteiligten zur Durchsicht vorgelegt und von ihnen genehmigt wurde, gelb eingezeichnet.

4. Grundbuchantrag

Die Eintragung der vorbestellten Grunddienstbarkeiten im Grundbuch – ohne Aktivvermerk[24] – wird bewilligt und beantragt.

Die Grunddienstbarkeiten haben ausschließlich erste Rangstelle zu erhalten und untereinander Gleichrang. Den erforderlichen Rangrücktritten der Grundpfandrechtsgläubiger wird mit dem Antrag auf grundbuchamtlichen Vollzug zugestimmt. Der Notar wird mit der Einholung der Rangrücktrittserklärungen beauftragt.

Die Eintragung der Grunddienstbarkeiten an nächstoffener Rangstelle ist zulässig, wenn der die Unterschrift beglaubigende Notar dies ausdrücklich beantragt.

5. Kosten

Die Kosten dieser Urkunde und ihres Vollzugs trägt A.

Ort, Datum Unterschrift von A

Öffentliche Beglaubigung der Unterschrift durch einen Notar

28 # XXI. Dienstbarkeit zur Erfüllung der baurechtlichen Stellplatzpflicht[25]

1. Grundbuch- und Sachstand

Gemäß Eintrag im Grundbuch des Amtsgerichts H für G
Blatt 1111
ist A
Alleineigentümer des folgenden Grundbesitzes:

[24] **Alternative**: jeweils mit Aktivvermerk.

[25] Kann ebenso verwendet werden, wenn nicht die Stellplatzpflicht, sondern z. B. der Nachweis eines Kinderspielplatzes erforderlich ist.

(Flur F) Gemarkung G
Flst. 108 An der Grünenstraße, Bauplatz zu 0,0800 ha,
– im Folgenden auch „herrschendes Grundstück" genannt –.

Der Grundbesitz ist in Abteilung II mit einem Geh- und Fahrtrecht zu Gunsten des jeweiligen Eigentümers des Grundstücks Flst. 203 belastet. In Abteilung III sind zwei Grundschulden für die Sparkasse des Vereinigten Bayerwaldes eingetragen.

Gemäß Eintrag im Grundbuch des Amtsgerichts H für G
Blatt 1112
sind B und C
Miteigentümer je zur Hälfte des folgenden Grundbesitzes:
(Flur F) Gemarkung G
Flst. 109 An der Grünenstraße, Bauplatz zu 0,0750 ha,
– im Folgenden auch „dienendes Grundstück" genannt –.

Der Grundbesitz ist in Abteilung II mit einem Leitungsrecht zugunsten des jeweiligen Eigentümers des Grundstücks Flst. 300 belastet. In Abteilung III sind drei Grundschulden für die ABC Bank AG eingetragen.

Der Eigentümer des Grundstücks Flst. 108 der Gemarkung G will auf diesem ein Dreifamilienhaus errichten. Er kann auf seinem eigenen Grundstück die nach der ... Bauordnung erforderlichen Kfz-Abstellplätze nicht nachweisen. Die Eigentümer des Nachbargrundstücks Flst. 109 der Gemarkung G sind bereit, A einen Kfz-Stellplatz zur Verfügung zu stellen.

2. Stellplatzdienstbarkeiten bzw. Stellplatzdienstbarkeit und Baulast

a) **Grunddienstbarkeit.**

Der jeweilige Eigentümer des dienenden Grundstücks räumt hiermit dem jeweiligen Eigentümer des herrschenden Grundstücks eine Grunddienstbarkeit des Inhalts ein, dass der jeweilige Eigentümer des herrschenden Grundstücks sowie die von diesem ermächtigten Benutzer des herrschenden Grundstücks berechtigt sind, den im beigefügten Lageplan rot eingezeichneten Kraftfahrzeug-Abstellplatz unter Ausschluss des jeweiligen Eigentümers des dienenden Grundstücks zum Abstellen von Kraftfahrzeugen zu benutzen sowie die Zu- und Abfahrt und die Zu- und Abwege zu diesem Stellplatz entsprechend mitzubenutzen.

Der Lageplan, auf den verwiesen wird, wurde den Beteiligten zur Durchsicht vorgelegt und von ihnen genehmigt. Er ist mit auszufertigen.

Zum Unterhalt des Stellplatzes ist der jeweilige Eigentümer des herrschenden Grundstücks verpflichtet; zum Unterhalt der Zu- und Abfahrt sowie der Zu- und Abwege sind die jeweiligen Eigentümer der beteiligten Grundstücke nach dem Verhältnis der ihnen auf dem dienenden Grundstück zur Benutzung zustehenden Stellplätze verpflichtet. Dies gilt auch für die Verkehrsicherungspflicht.

b) **in Bayern und Brandenburg: Beschränkte persönliche Dienstbarkeit**

Der jeweilige Eigentümer des dienenden Grundstücks bestellt hiermit zugunsten der Stadt M/des Freistaats Bayern bzw. des Landes Brandenburg, vertreten durch das Landratsamt R, eine beschränkte persönliche Dienstbarkeit des Inhalts, dass im Interesse des Berechtigten der Grunddienstbarkeit der in lit. a) bezeichnete Kraftfahrzeug-Abstellplatz unter Ausschluss des jeweiligen Eigentümers des dienenden Grundstücks zum Abstellen von Kraftfahrzeugen benutzt und die entsprechende Zu- und Abfahrt sowie die Zu- und Abwege mitbenutzt werden dürfen, und zwar von der Stadt M/dem Freistaat Bayern bzw. dem Land Brandenburg und den von dieser/diesem ermächtigten Personen im Interesse des Berechtigten der Grunddienstbarkeit.

Die Stadt M/den Freistaat Bayern bzw. das Land Brandenburg treffen keinerlei Pflichten, insbesondere keinerlei Unterhaltungspflichten.

c) **in den übrigen Bundesländern: Baulast**

Der Eigentümer des dienenden Grundstücks bestellt hiermit eine Baulast am dienenden Grundstück des Inhalts, dass im Interesse des Berechtigten der Grunddienstbarkeit der in lit. a) bezeichnete Kraftfahrzeug-Abstellplatz unter Ausschluss des jeweiligen Eigentümers des dienenden Grundstücks zum Abstellen von Kraftfahrzeugen benutzt und die entsprechende Zu- und Abfahrt sowie die Zu- und Abwege mitbenutzt werden dürfen.

3. Grundbuchantrag

für Bayern und Brandenburg:
Die Eintragung der
a) vorstehend gemäß Ziffer 2. lit. a) bestellte Grunddienstbarkeit am Grundstück Flst. 109 zugunsten des jeweiligen Eigentümers des Nachbargrundstücks Flst. 108 und der
b) in Ziffer 2. lit. b) bestellten beschränkten persönlichen Dienstbarkeit am jeweiligen Grundstück zugunsten der Stadt M/des Freistaats Bayern bzw. des Landes Brandenburg

im Grundbuch – ohne Aktivvermerk[26] – wird
bewilligt und beantragt.

Die Dienstbarkeiten haben jeweils nächstoffene Rangstelle in Abteilung II und Rang vor den Rechten in Abteilung III zu erhalten.

Die Beteiligten stimmen sämtlichen zur Rangbeschaffung dienenden Gläubigererklärungen mit dem Antrag auf grundbuchamtlichen Vollzug zu.

übrige Bundesländer:

Die Eintragung der vorstehend gemäß Ziffer 2. lit. a) bestellten Grunddienstbarkeit am Grundstück Flst. 109 zugunsten des jeweiligen Eigentümers des Nachbargrundstücks Flst. 108 im Grundbuch – ohne Aktivvermerk[27] – wird
bewilligt und beantragt.

Ferner wird die Eintragung der Baulast im Baulastenverzeichnis
bewilligt und beantragt.

Die Grunddienstbarkeit hat nächstoffene Rangstelle in Abteilung II und Rang vor den Rechten in Abteilung III zu erhalten.

Die Beteiligten stimmen sämtlichen zur Rangbeschaffung dienenden Gläubigererklärungen mit dem Antrag auf grundbuchamtlichen Vollzug zu.

4. Zwangsvollstreckungsunterwerfung

Wegen der vorstehend vereinbarten Duldungspflicht unterwerfen wir, B und C, uns der sofortigen Zwangsvollstreckung aus dieser Urkunde. Dem Gläubiger A und seinem Rechtsnachfolger im Eigentum des Grundstücks Flst. 108 der Gemarkung G (*gegebenenfalls: sowie der Stadt M/dem Freistaat Bayern bzw. dem Land Brandenburg*) darf eine vollstreckbare Ausfertigung dieser Urkunde erteilt werden.

5. Kosten, Gegenleistung

Die Kosten dieser Urkunde und ihres Vollzugs trägt A.
Eine Gegenleistung ist nicht zu entrichten.

6. Verjährung

Der Anspruch auf Bestellung der Dienstbarkeit (*gegebenenfalls und der Baulast*) verjährt in 30 Jahren ab dem gesetzlichen Verjährungsbeginn; Gleiches gilt für Ansprüche aus dem Rechtsverhältnis zwischen Dienstbarkeitsberechtigten und Dienstbarkeitsverpflichteten, wenn diese Ansprüche nicht gemäß § 902 BGB ohnehin von der Verjährung ausgenommen sind, und für Schadensersatzansprüche.

Ort, Datum Unterschriften von A, B und C

Öffentliche Beglaubigung der Unterschriften durch einen Notar,
bei Aufnahme einer Zwangsvollstreckungsunterwerfung
notarielle Beurkundung

---

[26] **Alternativ**: mit Aktivvermerk beim herrschenden Grundstück.
[27] **Alternativ**: mit Aktivvermerk beim herrschenden Grundstück.

XXII. Immissionsdienstbarkeit 29

1. Grundbuch- und Sachstand

Gemäß Eintrag im Grundbuch des Amtsgerichts H für G
Blatt 1111
ist A
Alleineigentümer des folgenden Grundbesitzes:
(Flur F) Gemarkung G
Flst. 108 An der Grünenstraße, Bauplatz zu 0,0800 ha,
– im Folgenden auch „herrschendes Grundstück" genannt –.

Der Grundbesitz ist in Abteilung II mit einem Geh- und Fahrtrecht zugunsten des jeweiligen Eigentümers des Grundstücks Flst. 203 belastet. In Abteilung III sind zwei Grundschulden für die Sparkasse des Vereinigten Bayerwaldes eingetragen.

Gemäß Eintrag im Grundbuch des Amtsgerichts H für G
Blatt 1112
sind B und C
Miteigentümer je zur Hälfte des folgenden Grundbesitzes:
(Flur F) Gemarkung G
Flst. 109 An der Grünenstraße, Bauplatz zu 0,0750 ha,
– im Folgenden auch „dienendes Grundstück" genannt –.

Der Grundbesitz ist in Abteilung II mit einem Leitungsrecht zugunsten des jeweiligen Eigentümers des Grundstücks Flst. 300 belastet. In Abteilung III sind drei Grundschulden für die ABC Bank AG eingetragen.

Auf dem Grundstück Flst. 108 befindet sich ein Betrieb zur ...

2. Immissionsdienstbarkeit

Der jeweilige Eigentümer des dienenden Grundstücks hat etwaige Einwirkungen aller Art im Sinne von § 906 BGB, die von dem auf dem herrschenden Grundstück befindlichen Betrieb zur ... ausgehen und auf das dienende Grundstück einwirken oder einwirken können, über die gesetzliche Verpflichtung hinaus zu dulden und insoweit auf Entschädigungsansprüche zu verzichten, die zum Inhalt des Eigentums gehören; die zwingenden gesetzlichen Bestimmungen, insbesondere aus dem Haftpflichtgesetz, bleiben jedoch unberührt.

Der jeweilige Eigentümer des dienenden Grundstücks verzichtet auf die Geltendmachung von Abwehrmaßnahmen nach §§ 1024, 906 BGB, die durch den auf dem herrschenden Grundstück befindlichen Gewerbebetrieb hinsichtlich der vorstehend bezeichneten Einwirkungen veranlasst sein können.

3. Grundbuchantrag

Die Eintragung der vorstehend bestellten Grunddienstbarkeit am dienenden Grundstück zugunsten des jeweiligen Eigentümers des herrschenden Grundstücks wird
bewilligt und beantragt.

Ein Aktivvermerk soll nicht eingetragen werden. **oder:** *Das Recht ist beim herrschenden Grundstück zu vermerken.*

Die Dienstbarkeiten hat nächstoffene Rangstelle in Abteilung II und Rang vor den Rechten in Abteilung III zu erhalten.

Die Beteiligten stimmen sämtlichen zur Rangbeschaffung dienenden Gläubigererklärungen mit dem Antrag auf grundbuchamtlichen Vollzug zu.

4. Zwangsvollstreckungsunterwerfung

Wegen der vorstehend vereinbarten Duldungspflicht unterwerfen wir, B und C, uns der sofortigen Zwangsvollstreckung aus dieser Urkunde. Dem Gläubiger A und seinem Rechtsnachfolger im Eigentum des Grundstücks Flst. 108 der Gemarkung G darf eine vollstreckbare Ausfertigung dieser Urkunde erteilt werden.

Wegen der Zahlung der nachstehend vereinbarten Gegenleistung unterwirft sich A der sofortigen Zwangsvollstreckung aus dieser Urkunde in sein gesamtes Vermögen; vollstreckbare Ausfertigung kann ohne Nachweise erteilt werden (**Alternative:** *ist nach rangrichtiger Eintragung der Grunddienstbarkeit zu erteilen).*

5. Kosten, Gegenleistung, weitere Vereinbarung

Die Kosten dieser Urkunde und ihres Vollzugs trägt A.

Für die Einräumung der Dienstbarkeit hat A an B und C als Gegenleistung einen Betrag von
50.000,– Euro
– in Worten: fünfzigtausend Euro –
zu bezahlen. Dieser Betrag ist mit rangrichtiger Eintragung der vorstehenden bestellten Grunddienstbarkeit zur Zahlung fällig und nur bei Verzug zu verzinsen. Auf § 286 II 2 BGB wurde hingewiesen. Hierauf wird vereinbart, dass Verzug erst nach Mahnung eintreten soll.

Zur Sicherung der vorstehenden Zahlungsverpflichtung hat A heute B und C eine selbstschuldnerische Bürgschaft der ... Bank/Sparkasse übergeben, die nach Entrichtung des Betrages unverzüglich zurückzugeben ist. Die Kosten der Bürgschaft trägt A.

Der jeweilige Eigentümer des dienenden Grundstücks verpflichtet sich, den Antrag auf Einleitung eines bauaufsichtlichen- bzw. immissionsschutzrechtlichen Einschreitens gegen den auf dem herrschenden Grundstück befindlichen Betrieb unverzüglich zurückzunehmen.

6. Verjährung

Der Anspruch auf Bestellung der Dienstbarkeit verjährt in 30 Jahren ab dem gesetzlichen Verjährungsbeginn; Gleiches gilt für Ansprüche aus dem Rechtsverhältnis zwischen Dienstbarkeitsberechtigten und Dienstbarkeitsverpflichteten, wenn diese Ansprüche nicht gemäß § 902 BGB ohnehin von der Verjährung ausgenommen sind, und für Schadensersatzansprüche.

Ort, Datum Unterschriften von A, B und C

Öffentliche Beglaubigung der Unterschriften durch einen Notar,
bei Aufnahme einer Zwangsvollstreckungsunterwerfung
notarielle Beurkundung

30

XXIII. Baumwurfdienstbarkeit

1. Grundbuchstand

Gemäß Eintrag im Grundbuch des Amtsgerichts H für G
Blatt 1111
ist A
Alleineigentümer des folgenden Grundbesitzes:
(Flur F) Gemarkung G
Flst. 108 An der Grünenstraße, Bauplatz zu 0,0800 ha,
– im Folgenden auch „herrschendes Grundstück" genannt –.

Der Grundbesitz ist in Abteilung II mit einem Geh- und Fahrtrecht zugunsten des jeweiligen Eigentümers des Grundstücks Flst. 203 belastet. In Abteilung III sind zwei Grundschulden für die Sparkasse des Vereinigten Bayerwaldes eingetragen.

Gemäß Eintrag im Grundbuch des Amtsgerichts H für G
Blatt 1112
sind B und C
Miteigentümer je zur Hälfte des folgenden Grundbesitzes:
(Flur F) Gemarkung G
Flst. 109 An der Grünenstraße, Bauplatz zu 0,0750 ha,
– im Folgenden auch „dienendes Grundstück" genannt –.

Der Grundbesitz ist in Abteilung II mit einem Leitungsrecht zugunsten des jeweiligen Eigentümers des Grundstücks Flst. 300 belastet. In Abteilung III sind drei Grundschulden für die ABC Bank AG eingetragen.

2. Baumwurfdienstbarkeit

Der jeweilige Eigentümer des dienenden Grundstücks verpflichtet sich hiermit gegenüber dem Eigentümer des herrschenden Grundstücks, gegen die forstwirtschaftliche Nutzung dieses Grundstücks keinerlei Einwendungen zu erheben und diese Nutzung zu dulden. Er verpflichtet sich ferner gegenüber dem Eigentümer des herrschenden Grundstücks, sämtliche Einwirkungen auf sein Grundstück durch Baumwurf durch den auf dem herrschenden Grundstück vorhandenen Wald zu dulden und insoweit auf Entschädigungsansprüche zu verzichten, die zum Inhalt des Eigentums gehören.

3. Grundbuchantrag

Die Eintragung der vorstehend bestellten Grunddienstbarkeit am dienenden Grundstück zugunsten des jeweiligen Eigentümers des herrschenden Grundstücks wird
bewilligt und beantragt.

Ein Aktivvermerk soll nicht eingetragen werden. **oder:** *Das Recht ist beim herrschenden Grundstück zu vermerken.*

Die Dienstbarkeit hat nächstoffene Rangstelle in Abteilung II und Rang vor Rechten in Abteilung III zu erhalten.

Die Beteiligten stimmen sämtlichen zur Rangbeschaffung dienenden Gläubigererklärungen mit dem Antrag auf grundbuchamtlichen Vollzug zu.

4. Zwangsvollstreckungsunterwerfung

Wegen der vorstehend vereinbarten Duldungspflicht unterwerfen wir, B und C, uns der sofortigen Zwangsvollstreckung aus dieser Urkunde. Dem Gläubiger A und seinem Rechtsnachfolger im Eigentum des Grundstücks Flst. 108 der Gemarkung G darf eine vollstreckbare Ausfertigung dieser Urkunde erteilt werden.

5. Kosten, Gegenleistung

Die Kosten dieser Urkunde und ihres Vollzugs trägt A.

Eine Gegenleistung ist nicht zu entrichten.

Bis zur Eintragung der vorstehend bestellten Dienstbarkeit wird die vorstehende Duldungsverpflichtung schuldrechtlich zwischen den Vertragsteilen vereinbart.

6. Verjährung

Der Anspruch auf Bestellung der Dienstbarkeit verjährt in 30 Jahren ab dem gesetzlichen Verjährungsbeginn; Gleiches gilt für Ansprüche aus dem Rechtsverhältnis zwischen Dienstbarkeitsberechtigten und Dienstbarkeitsverpflichteten, wenn diese Ansprüche nicht gemäß § 902 BGB ohnehin von der Verjährung ausgenommen sind, und für Schadensersatzansprüche.

Ort, Datum — Unterschriften von A, B und C

Öffentliche Beglaubigung der Unterschriften durch einen Notar,
bei Aufnahme einer Zwangsvollstreckungsunterwerfung
notarielle Beurkundung

XXIV. Leitungsdienstbarkeit als beschränkte persönliche Dienstbarkeit 31

1. Grundbuch- und Sachstand

Gemäß Eintrag im Grundbuch des Amtsgerichts H für G
Blatt 1112
sind B und C
Miteigentümer je zur Hälfte des folgenden Grundbesitzes:
(Flur F) Gemarkung G
Flst. 109 An der Grünenstraße, Bauplatz zu 0,0750 ha,
– im Folgenden auch „dienendes Grundstück" genannt –.

Der Grundbesitz ist unbelastet.

2. Leitungsrecht

Der Eigentümer des dienenden Grundstücks (nachstehend „Eigentümer" genannt) bestellt für die Gemeinde K (im Folgenden „Gemeinde" genannt) an Flst. 109 der Gemarkung G ein Leitungsrecht mit folgendem Inhalt:

a) Die Gemeinde ist berechtigt, den dienenden Grundbesitz mit einer Abwasserleitung zu durchqueren sowie zwei Kontrollschächte zu errichten und diese Leitungen und Anlagen für dauernd zu belassen. Die Gemeinde kann die zum dauernden Betrieb der Leitungen und Anlagen notwendigen Kontrollgänge und die erforderlichen Erhaltungs- und Auswechselungsarbeiten auf dem Grundbesitz vornehmen bzw. durch Dritte vornehmen lassen. Sämtliche daraus entstehende Flurschäden sind von Fall zu Fall zu ersetzen.[28]
b) Der Eigentümer hat alle Maßnahmen, die den Bestand oder Betrieb der Leitungen und Anlagen gefährden können, zu unterlassen. Er hat insbesondere dafür zu sorgen, dass der Leitungsbereich und ein Schutzstreifen im Ausmaß von zwei Metern Abstand beiderseits von der Leitungsmitte weder bebaut noch bepflanzt werden. Auf diesem Schutzstreifen dürfen für die Dauer des Bestehens der Leitung auch keine sonstigen Maßnahmen vorgenommen werden, die den Bestand oder den Betrieb der Anlage beeinträchtigen oder gefährden können.
Alternative: *Ein Schutzstreifen, innerhalb dessen eine Bebauung oder Bepflanzung unzulässig ist, wird nicht vereinbart. Stattdessen wird nur vereinbart, dass der Eigentümer eine Bebauung oder Bepflanzung sowie sonstige Maßnahmen zu unterlassen hat, die den Bestand der Leitung beeinträchtigen oder gefährden könnten.*

Die Ausübung der Dienstbarkeit kann Dritten überlassen werden.

Der Ausübungsbereich ist in dem beigefügten Plan farbig dargestellt. Auf diesen Plan, der mitauszufertigen ist, wird verwiesen. Der Plan lag den Beteiligten zur Durchsicht vor und wurde von ihnen genehmigt.

3. Grundbuchantrag

Die Eintragung der vorstehend bestellten beschränkten persönlichen Dienstbarkeit zugunsten der Gemeinde am dienenden Grundstück wird
bewilligt und beantragt.

Alternative, falls Belastungen bestehen: Die Gemeinde wurde auf vorausgehende Belastungen hingewiesen. Die Einholung eines Rangrücktritts wird des trotz des hiermit verbundenen Risikos nicht gewünscht.

oder: Die Dienstbarkeit hat Rang vor Rechten in Abteilung III, im Übrigen nächstoffene Rangstelle erhalten. Die Beteiligten stimmen allen der Rangbeschaffung dienenden Gläubigererklärungen mit dem Antrag auf grundbuchamtlichen Vollzug zu. Der Notar wird mit der Erholung der Rangrücktrittserklärungen beauftragt.

4. Zwangsvollstreckungsunterwerfung

Wegen der vorstehend vereinbarten Duldungspflicht unterwerfen wir, B und C, uns der sofortigen Zwangsvollstreckung aus dieser Urkunde. Der Gemeinde darf eine vollstreckbare Ausfertigung dieser Urkunde erteilt werden.

5. Kosten, weitere Verpflichtungen, Gegenleistung

Die Kosten dieser Urkunde und ihres Vollzugs trägt die Gemeinde.

Die Gemeinde ist verpflichtet, bei Wegmessungen von Grundstücksteilen außerhalb des Ausübungsbereichs der Dienstbarkeit Pfandfreigaben zu bewilligen und die dabei entstehenden Kosten zu übernehmen.

Der Eigentümer erhält eine einmalige Entschädigung in Höhe von 10,00 Euro pro Meter Leitung, also für insgesamt drei Meter Leitung 30,00 Euro, sowie 100,00 Euro pro Kontrollschacht, bei zwei Kontrollschächten somit 200,00 Euro, insgesamt also

230,00 Euro

– in Worten: zweihundertdreißig Euro –.

Diese Entschädigung ist zu zahlen, sobald die Dienstbarkeit rangrichtig im Grundbuch eingetragen; sie ist nur bei Verzug zu verzinsen. Auf § 286 II 2 BGB wurde hingewiesen. Hierauf wird vereinbart, dass Verzug erst nach Mahnung eintreten soll.

---

[28] Bei landwirtschaftlich genutzten Grundstücken gegebenenfalls: *Maßgeblich sind die jeweils gültigen Sätze, die auch in Enteignungsverfahren bezahlt werden.*

Alternative: Die Entschädigung ist zwei Wochen nach Zugang einer Mitteilung des beurkundenden Notar zur Zahlung fällig, dass die Dienstbarkeit rangrichtig im Grundbuch eingetragen ist. Der die Unterschrift beglaubigende Notar hat die Beteiligten vom Vorliegen dieser Fälligkeitsvoraussetzung zu unterrichten. Dieser hat darauf hingewiesen, dass bei nicht rechtzeitiger Zahlung gemäß § 286 II 2 BGB Verzug ohne weitere Mahnung eintritt.

6. Verjährung

Der Anspruch auf Bestellung der Dienstbarkeit verjährt in 30 Jahren ab dem gesetzlichen Verjährungsbeginn; gleiches gilt für Ansprüche aus dem Rechtsverhältnis zwischen Dienstbarkeitsberechtigten und Dienstbarkeitsverpflichteten, wenn diese Ansprüche nicht gemäß § 902 BGB ohnehin von der Verjährung ausgenommen sind, und für Schadensersatzansprüche.

Ort, Datum Unterschriften von A, B und C

Öffentliche Beglaubigung der Unterschriften durch einen Notar,
bei Aufnahme einer Zwangsvollstreckungsunterwerfung
notarielle Beurkundung

XXV. Sondervereinbarungen bei Dienstbarkeiten 32

1. Teilweises Erlöschen des Rechts (Fahrtrecht)

Das Fahrtrecht erlischt, wenn das herrschende Grundstück unmittelbar an eine öffentliche Straße angrenzt und die Erschließung über diesen öffentlichen Grund zumutbar und gewährleistet ist. Das Erlöschen des Rechts betrifft jedoch nur das Zufahrtsrecht, nicht jedoch das Zugangsrecht, das sich in diesem Falle auf einen 1 Meter breiten Streifen, gerechnet von der westlichen Grenze des Ausübungsbereichs des Fahrtrechts, beschränkt.

2. Erlöschen des Rechts bei Eigentumswechsel hinsichtlich des herrschenden Grundstücks

Das Recht erlischt, wenn der heutige Eigentümer des herrschenden Grundstücks und/oder dessen Ehegatte und/oder dessen eingetragener Lebenspartner und/oder dessen Abkömmlinge nicht mehr Eigentümer oder Miteigentümer des herrschenden Grundstücks sind. Das Recht erlischt unabhängig davon ferner nach Ablauf von ... Jahren nach Eintragung des Rechts im Grundbuch.

3. Vormerkung zur Sicherung einer Dienstbarkeit

Zur Sicherung des Anspruchs auf Bestellung der Grunddienstbarkeit gemäß vorstehender Ziffer ... wird die Eintragung einer Vormerkung am Grundstück Flst. 108 der Gemarkung G bewilligt und beantragt. Die Dienstbarkeit hat Rang[29] vor Rechten in Abteilung III, im Übrigen nächstoffene Rangstelle zu erhalten. Die Beteiligten stimmen allen der Rangbeschaffung dienenden Gläubigererklärungen mit dem Antrag auf grundbuchamtlichen Vollzug zu. Der Notar wird mit der Erholung der Rangrücktrittserklärungen beauftragt.

4. Rangrücktritt

a) Grundbuchstand

Gemäß Eintrag im Grundbuch des Amtsgerichts H für G
Blatt 1112
sind B und C
Miteigentümer je zur Hälfte des folgenden Grundbesitzes:
(Flur F) Gemarkung G
Flst. 109 An der Grünenstraße, Bauplatz zu 0,0750 ha,
– im Folgenden auch „dienendes" Grundstück genannt –.

Das Grundstück ist in Abteilung II lastenfrei, in Abteilung III ist eine Buchgrundschuld in Höhe von 100.000,– Euro für die Vereinigten Sparkassen des Bayerischen Waldes eingetragen.

---

[29] Die Dienstbarkeit sollte die Rangstelle der späteren Grunddienstbarkeit erhalten, da sie rangwahrend (§ 883 Abs. 3 BGB) wirkt.

b) Rangrücktritt

Die Vereinigten Sparkassen des Bayerischen Waldes bewilligen hiermit den Rangrücktritt ihres oben bezeichneten Grundpfandrechts hinter die zur Urkunde des Notars/der Notarin vom ... URNr. ... bestellte Dienstbarkeit.

Diese Bewilligung enthält keinen Antrag.[30] Die Eigentümerzustimmung befindet sich bereits in der vorstehend genannten Urkunde über die Dienstbarkeitsbestellung.

c) Kosten

Die Kosten des Rangrücktritts und seines Vollzugs trägt der Eigentümer des herrschenden Grundstücks. Die Vereinigten Sparkassen des Bayerischen Waldes übernehmen keine Kosten.

Ort, Datum Unterschriften von B und C

Öffentliche Beglaubigung der Unterschriften durch einen Notar,
falls die Gläubigerin nicht siegelführend ist

5. Vollstreckungsklausel für Duldungsdienstbarkeit

Vorstehende, mit der Urschrift übereinstimmende Ausfertigung wird hiermit A zum Zwecke der Zwangsvollstreckung aus der im Grundbuch des Amtsgerichts ... Blatt ... in Abteilung II unter laufender Nummer ... eingetragenen Grunddienstbarkeit gegen B und C, wohnhaft in ... erteilt.

6. Bestehenbleibensvereinbarung bei Versteigerung

a) Grundbuchstand

Gemäß Eintrag im Grundbuch des Amtsgerichts H für G
Blatt 1112
sind B und C
Miteigentümer je zur Hälfte des folgenden Grundbesitzes:
(Flur F) Gemarkung G
Flst. 109 An der Grünenstraße, Bauplatz zu 0,0750 ha,
– im Folgenden auch „dienendes" Grundstück genannt –.

Das Grundstück ist in Abteilung II mit einem Geh- und Fahrtrecht zugunsten des jeweiligen Eigentümers des Grundstücks Flst. 509 belastet.

b) Sachverhalt

Das vorbezeichnete Objekt wurde versteigert. Der Zuschlagsbeschluss weist aus, dass das bezeichnete Versteigerungsobjekt an D zugeschlagen wurde. Das Geh- und Fahrtrecht zugunsten von Flst. 509 bleibt nach den Versteigerungsbedingungen nicht bestehen.

E als Eigentümer des berechtigten Grundstücks Flst. 509 und der Ersteher D erklären übereinstimmend:

c) Bestehenbleibensvereinbarung

Wir, D und E, sind übereingekommen, dass das oben bezeichnete Geh- und Fahrtrecht, welches durch den genannten Zuschlag in Wegfall käme, gemäß § 91 II 2 ZVG bestehen bleiben soll.

d) Kosten

Die Kosten dieser Erklärung trägt E.

33 XXVI. Übernahmeerklärungen für Baulasten

1. Baulast für Abstandsfläche

Der Eigentümer des Grundstücks Flst. 108 der Gemarkung G verpflichtet sich auch mit Wirkung gegenüber seinen Rechtsnachfolgern gegenüber der Bauaufsichtsbehörde, die im beigefügten Lageplan rot schraffiert eingezeichnete Fläche als Abstandsfläche im Sinne von § ... BauO mit der Verpflichtung zu übernehmen, dass diese Abstandsfläche von Bauvorhaben freizuhalten ist, sofern diese

[30] Grundpfandrechtsgläubiger wünschen häufig wegen der Kostentragungspflicht nicht, dass für sie ein Antrag gestellt wird.

nicht innerhalb der Abstandsfläche baurechtlich zulässig sind, und diese Fläche nicht in die notwendigen Abstandsflächen für Vorhaben auf dem eigenen Grundstück einzurechnen. Die Baulast soll im Baulastenverzeichnis eingetragen werden.

2. Allgemeine Baulastübernahme entsprechend dem Inhalt einer vorvereinbarten Grunddienstbarkeit

Der Eigentümer des dienenden Grundstücks geht zugunsten des herrschenden Grundstücks auch mit Wirkung gegenüber Rechtsnachfolgern gegenüber der Bauaufsichtsbehörde die Verpflichtung mit dem Inhalt der vorstehenden Grunddienstbarkeit ein. Die Baulast soll im Baulastenverzeichnis eingetragen werden.

3. Baulast für Freifläche

Der Eigentümer des Grundstücks Flst. 108 der Gemarkung G verpflichtet sich auch mit Wirkung gegenüber seinen Rechtsnachfolgern gegenüber der Bauaufsichtsbehörde, die im beigefügten Lageplan rot umrandet eingezeichnete Fläche mit keinem Gebäude oder einer sonstigen baulichen Anlage zu bebauen. Ferner darf auf der vorbezeichneten Freifläche keine Nutzung erfolgen, die zu ... (z. B. Brandgefährdung durch Ablagerung von Materalien) führen könnte. Die Baulast soll im Baulastenverzeichnis eingetragen werden.

4. Baulast für Grenzbebauung

Der Eigentümer des Grundstücks Flst. 108 der Gemarkung G verpflichtet sich auch mit Wirkung gegenüber seinen Rechtsnachfolgern gegenüber der Bauaufsichtsbehörde, das im beigefügten Plan rot schraffiert eingezeichnete Gebäude als Grenzbebauung an der gemeinsamen Grenze zwischen seinem Grundstück und dem Nachbargrundstück zu dulden und bei einer späteren Bebauung auf seinem Grundstück diese ebenfalls als Grenzbebauung durchzuführen. Die Eigentümer beider Grundstücke verpflichten sich auch mit Wirkung gegenüber ihren jeweiligen Rechtsnachfolgern, die Grenzwand auf der gemeinsamen Grenze bei einem Abbruch des jeweiligen Gebäudes stehen zu lassen und sämtliche Maßnahmen zu unterlassen, die die Bestandssicherheit des auf dem Nachbargrundstück errichteten Gebäudes beeinträchtigen könnten. Die Baulasten sollen im Baulastenverzeichnis eingetragen werden.

5. Baulast für Leitung

Der Eigentümer des Grundstücks Flst. 108 der Gemarkung G verpflichtet sich auch mit Wirkung gegenüber seinen Rechtsnachfolgern gegenüber der Bauaufsichtsbehörde, die Einlegung, Unterhaltung und Instandsetzung einer Abwasserleitung samt Kontrollschacht auf seinem Grundstück durch den Eigentümer des Nachbargrundstücks Flst. 109 der Gemarkung G zu dulden, und zwar beschränkt auf den im beigefügten Lageplan rot schraffiert eingezeichneten Ausübungsbereich. Die Baulast soll im Baulastenverzeichnis eingetragen werden.

6. Baulast für Spielplatz

Der Eigentümer des Grundstücks Flst. 108 der Gemarkung G verpflichtet sich auch mit Wirkung gegenüber seinen Rechtsnachfolgern gegenüber der Bauaufsichtsbehörde, den im beigefügten Lageplan rot eingezeichneten Spielplatz auf seinem Grundstück zu belassen und diesen auch zur baurechtlich erforderlichen Mitbenutzung für das Nachbargrundstück Flst. 109 der Gemarkung G zur Verfügung zu stellen. Die Baulast soll im Baulastenverzeichnis eingetragen werden.

7. Baulast für Stellplatz

Der Eigentümer des Grundstücks Flst. 108 der Gemarkung G verpflichtet sich auch mit Wirkung gegenüber seinen Rechtsnachfolgern gegenüber der Bauaufsichtsbehörde, den im beigefügten Lageplan rot schraffiert eingezeichneten PKW-Abstellplatz zur alleinigen Nutzung durch den Eigentümer des Nachbargrundstücks Flst. 109 der Gemarkung G zur Verfügung zu stellen und die Nutzung einschließlich der Zu- und Abfahrt zu diesem Stellplatz zu dulden. Die Baulast soll im Baulastenverzeichnis eingetragen werden.

8. Vereinigungsbaulast

Die Eigentümer der Grundstücke Flst. 108 und Flst. 109, jeweils der Gemarkung G, verpflichten sich auch mit Wirkung gegenüber ihren Rechtsnachfolgern im jeweiligen Eigentum des betreffenden Grundstücks zu Folgendem: Für die bauordnungsrechtliche Beurteilung der Zulässigkeit eines Vorhabens auf den vorbezeichneten Grundstücken sollen diese rechtlich als ein Grundstück behandelt werden. Die Baulast soll im Baulastenverzeichnis eingetragen werden.

9. Baulast für Zufahrt

Der Eigentümer des Grundstücks Flst. 108 der Gemarkung G verpflichtet sich auch mit Wirkung gegenüber seinen Rechtsnachfolgern gegenüber der Bauaufsichtsbehörde, die im beigefügten Lageplan rot schraffiert eingezeichneten Fläche als Zugang und Zufahrt im Sinne von ... der Landesbauordnung auch für das Nachbargrundstück Flst. 109 der Gemarkung G mitnutzen zu lassen, jedoch beschränkt auf die Nutzung für ein Einfamilienwohnhaus. Die Baulast soll im Baulastenverzeichnis eingetragen werden.

E. Vereinbarungen zur Beilegung von Nachbarstreitigkeiten

34

I. Vereinbarung über eine freiwillige Mediation

Zwischen A und B wird folgende Mediationsvereinbarung geschlossen:

1. Grundbuch- und Sachstand

Gemäß Eintrag im Grundbuch des Amtsgerichts H für G
Blatt 1111
ist A
Alleineigentümer des folgenden Grundbesitzes:
(Flur F) Gemarkung G
Flst. 100 An der Grünenstraße, Bauplatz zu 0,0800 ha,
Der Grundbesitz ist in Abt. II und III des Grundbuchs unbelastet.

Gemäß Eintrag im Grundbuch des Amtsgerichts H für G
Blatt 1112
ist B
Alleineigentümer des folgenden Grundbesitzes:
(Flur F) Gemarkung G
Flst. 200 An der Grünenstraße, Bauplatz zu 0,0750 ha,
Der Grundbesitz ist in Abt. II und III des Grundbuchs unbelastet.

Die vorstehenden Grundstücke haben eine gemeinsame Grundstücksgrenze. Nachdem es in der Vergangenheit zwischen uns bereits wiederholt zu gerichtlichen Auseinandersetzungen im Rahmen des nachbarrechtlichen Verhältnisses gekommen ist, wollen wir zur künftigen Vermeidung von Gerichtsverfahren eine Streitschlichtung unter Zuhilfenahme eines Dritten durchführen.

2. Vereinbarung und Durchführung einer Mediation

Sollten im Rahmen unseres nachbarschaftlichen Verhältnisses, und zwar nicht nur beschränkt auf Ansprüche aus dem Nachbarrecht nach den §§ 910, 911, 923 und nach 906 BGB sowie nach den einschlägigen landesrechtlichen Vorschriften im Sinne des Art. 124 EGBGB, sondern auch Ansprüche aus den §§ 912 bis 922 BGB, aus Grunddienstbarkeiten sowie wegen Verletzung der persönlichen Ehre Streitigkeiten auftreten, wollen wir diese möglichst einvernehmlich, ohne Durchführung eines Gerichtsverfahrens beilegen. Bei diesbezüglichen Streitigkeiten soll deshalb ein Mediationsverfahren vor einer Notarin oder einem Notar in unserer Gemeinde oder einer Rechtsanwältin oder einem Rechtsanwalt, die Streitbeilegungen betreiben, oder einer zertifizierten Mediatorin oder einem zertifizierten Mediator jeweils in..., oder anderen Personen, auf die wir uns einvernehmlich einigen, durchgeführt werden. Sollte keine Einigung auf die Person des Mediators erfolgen, so wird dieser durch denjenigen von uns, der das Mediationsverfahren beantragt, bestimmt.

Das Mediationsverfahren soll auf Antrag eines Vertragsteils vor einer Person aus dem vorgenannten Kreis durchgeführt werden. Anfallende Kosten des Streitmittlungsverfahren tragen wir je zur Hälfte, sofern wir uns gemeinsam auf einen Streitmittler einigen. Wird der Streitmittler von einer Partei vorgeschlagen, so ist der andere Teil zur hälftigen Mittragung der Kosten nur in Höhe der anfallenden Kosten nach der Kostenordnung/dem RVG/bis zur Höhe der Kosten nach der KostO verpflichtet; darüber hinausgehende Kosten hat der Antragsteller allein zu tragen.

Ein Zwang, das von uns zur Vermeidung einer gerichtlichen Auseinandersetzung gewünschte Konfliktmittlungsverfahren vor Anrufung eines Gerichts durchzuführen, besteht jedoch nicht.

Wir wissen, dass die vorstehende Vereinbarung über ein freiwilliges Mediationsverfahren lediglich eine Absichtserklärung im Rahmen unseres nachbarschaftlichen Verhältnisses enthält und die Aufnahme der Mediation und ihre spätere Durchführung freiwillig sind. Das Streitmittlungsverfahren kann auch nach seiner Einleitung jederzeit abgebrochen werden. Ein Rechtsnachteil, ausgenommen die hälftige Kostentragung, ist hiermit nicht verbunden.

II. Mediationsvereinbarung mit Rechtsnachteilen 35

Zwischen A und B wird folgende Mediationsvereinbarung geschlossen:

1. Grundbuch- und Sachstand

Gemäß Eintrag im Grundbuch des Amtsgerichts H für G
Blatt 1111
ist A
Alleineigentümer des folgenden Grundbesitzes:
(Flur F) Gemarkung G
Flst. 100 An der Grünenstraße, Bauplatz zu 0,0800 ha,
Der Grundbesitz ist in Abt. II und III des Grundbuchs unbelastet.

Gemäß Eintrag im Grundbuch des Amtsgerichts H für G
Blatt 1112
ist B
Alleineigentümer des folgenden Grundbesitzes:
(Flur F) Gemarkung G
Flst. 200 An der Grünenstraße, Bauplatz zu 0,0750 ha,
Der Grundbesitz ist in Abt. II und III des Grundbuchs unbelastet.

Die vorstehenden Grundstücke haben eine gemeinsame Grundstücksgrenze. Nachdem es in der Vergangenheit zwischen uns bereits wiederholt zu gerichtlichen Auseinandersetzungen im Rahmen des nachbarrechtlichen Verhältnisses gekommen ist, wollen wir zur künftigen Vermeidung von Gerichtsverfahren eine Streitschlichtung unter Zuhilfenahme eines Dritten durchführen.

2. Vereinbarung und Durchführung einer Mediation

Sollten im Rahmen unseres nachbarschaftlichen Verhältnisses, und zwar nicht nur beschränkt auf Ansprüche aus dem Nachbarrecht nach den §§ 910, 911, 923 und nach 906 BGB sowie nach den einschlägigen landesrechtlichen Vorschriften im Sinne des Art. 124 EGBGB, sondern auch Ansprüche aus den §§ 912 bis 922 BGB, aus Grunddienstbarkeiten sowie wegen Verletzung der persönlichen Ehre, Streitigkeiten auftreten, soll unabhängig davon, ob gesetzlich vor Durchführung eines Gerichtsverfahrens ein Streitschlichtungsverfahren obligatorisch ist, ein Konfliktmittlungsverfahren durchgeführt werden. Bei diesbezüglichen Streitigkeiten muss deshalb ein Mediationsverfahren von einer Notarin oder einem Notar in unserer Gemeinde oder einer Rechtsanwältin oder einem Rechtsanwalt, die Streitbeilegungen betreiben, oder einer zertifizierten Mediatorin oder einem zertifizierten Mediator, jeweils in . . ., oder anderen Personen, auf die wir uns einvernehmlich einigen, durchgeführt werden.

Das Mediationsverfahren soll auf Antrag eines Vertragsteils vor einer Person aus dem vorgenannten Kreis durchgeführt werden. Anfallende Kosten des Streitmittlungsverfahren tragen wir je zur Hälfte, sofern wir uns gemeinsam auf einen Streitmittler einigen. Wird der Streitmittler von einer Partei vorgeschlagen, so ist der andere Teil zur hälftigen Mittragung der Kosten nur in Höhe der anfallenden Kosten nach der Kostenordnung/dem RVG/bis zur Höhe der Kosten nach der KostO verpflichtet; darüber hinausgehende Kosten hat der Antragsteller allein zu tragen. Der Konfliktmittler soll hinsichtlich des von ihm zu beachtenden Verfahrens die Güteordnung der Bundesnotarkammer vom 8.10.1999 (veröffentlicht in DNotZ 2000, 1 ff.) zugrunde legen.[31] Das Verfahren beginnt mit der schriftlichen Antragstellung durch einen Vertragsteil bei dem Mediator. Der Antrag hat die streitige Angelegenheit zu bezeichnen. Das Verfahren endet, wenn es der Konfliktmittler für gescheitert erklärt, ein Vertragsteil dem anderen und dem Konfliktmittler gegenüber erklärt, dass er das Verfahren nicht fortsetzen will, und ferner durch Unterzeichnung einer abschließenden Einigung. Ein Gerichtsverfahren ist erst nach Beendigung des Konfliktmittlungsverfahrens zulässig. Es ist ferner zulässig, wenn nach Antragstellung beim Konfliktmittler mehr als... Wochen vergangen sind, ohne dass eine Verhandlung stattgefunden hat.

Trotz der Verpflichtung, vor Einreichung einer Klage beim Gericht ein Konfliktmittlungsverfahren durchzuführen, ist jeder Vertragsteil berechtigt, jederzeit aus einem begonnenen Konfliktmittlungsverfahren auszusteigen, es also nicht fortzuführen.

36 III. Vergleichsweise Beilegung einer Nachbarstreitigkeit

Zwischen A und B wird folgende Vereinbarung zur Beilegung einer Nachbarstreitigkeit nach Durchführung eines Konfliktmittlungsverfahrens geschlossen:

1. Grundbuch- und Sachstand

Gemäß Eintrag im Grundbuch des Amtsgerichts H für G
Blatt 1111
ist A
Alleineigentümer des folgenden Grundbesitzes:
(Flur F) Gemarkung G
Flst. 100 An der Grünenstraße, Bauplatz zu 0,0800 ha,
Der Grundbesitz ist in Abt. II und III des Grundbuchs unbelastet.

Gemäß Eintrag im Grundbuch des Amtsgerichts H für G
Blatt 1112
ist B
Alleineigentümer des folgenden Grundbesitzes:
(Flur F) Gemarkung G
Flst. 200 An der Grünenstraße, Bauplatz zu 0,0750 ha,
Der Grundbesitz ist in Abt. II und III des Grundbuchs unbelastet.

2. Vereinbarung von Grunddienstbarkeiten

a) Der jeweilige Eigentümer des Grundstücks Flst. 100
– nachfolgend auch „dienendes Grundstück" genannt –
ist gegenüber dem jeweiligen Eigentümer des Grundstücks Flst. 200
– nachfolgend auch „herrschendes Grundstück" genannt –
verpflichtet, die Beseitigung derjenigen Bäume zu unterlassen, welche in dem dieser Urkunde beigefügten Lageplan Nr. 1 rot gekennzeichnet sind. Für den Fall, dass einer der vorbezeichneten Bäume absterben sollte, gleich aus welchem Grund, oder aus Sicherheitsgründen entfernt werden muss, ist der jeweilige Eigentümer des Grundstücks Flst. 200 berechtigt, auf dem dienenden Grundstück jeweils einen 1,5 Meter hohen Ersatzbaum, und zwar entweder eine serbische Fichte oder eine Säulen-Hainbuche, nach Maßgabe der Einzeichnung im Lageplan Nr. 1 nachzupflanzen oder nachpflanzen zu lassen und hierzu das dienende Grundstück zu betreten bzw. betreten auch unter Zuhilfenahme von Maschinen und sonstigen Gerätschaften zu lassen. Diese Berechtigung besteht nur, wenn der jeweilige Eigentümer des dienenden Grundstücks nicht selbst binnen eines halben Jahres einen Ersatzbaum pflanzt.

b) Die Ausübung der Abwehrrechte aus ... betreffend die Grenzabstände der vorbezeichneten Bäume für den jeweiligen Eigentümer des Grundstücks Flst. 200 gegenüber dem jeweiligen Eigentümer des Flst. 100 werden insoweit ausgeschlossen, als der jeweilige Eigentümer des Flst. 100

[31] Andere Verfahrensgestaltung ist denkbar, wobei das MediationsG den Verfahrensablauf nicht regelt.

berechtigt ist, gemäß den vorstehenden Vereinbarungen die Bäume entlang der gemeinsamen Grundstücksgrenze, wie im beigefügten Lageplan Nr. 1 eingezeichnet, zu pflanzen.

c) Der jeweilige Eigentümer des Grundstücks Flst. 100
– nachstehend auch „dienendes Grundstück" genannt –
hat es zugunsten des jeweiligen Eigentümers des Grundstücks Flst. 200
– nachstehend auch „herrschendes Grundstück" genannt –
zu unterlassen, auf dem Grundstück Flst. 100 Gewächse zu pflanzen und bauliche Anlagen zu errichten, welche höher als zwei Meter über das derzeit vorhandene Geländeniveau hinausreichen. Der Ausübungsbereich ist beschränkt auf denjenigen Teil des dienenden Grundstücks, welcher in dem dieser Urkunde beigefügten Lageplan Nr. 2 grün gekennzeichnet ist.

d) Der jeweilige Eigentümer des Grundstücks Flst. 200
– nachstehend auch „dienendes Grundstück" genannt –
hat es zugunsten des jeweiligen Eigentümers des Grundstücks Flst. 100
– nachstehend auch „herrschendes Grundstück" genannt –
zu unterlassen, in die nordseitige Wand des auf dem Grundstück Flst. 200 errichteten bzw. zur Errichtung zu gelangenden Wohnhauses mehr als drei Fenster einzubauen. Auch die Verwendung von Glasbausteinen zum Einbau in diese Wand ist ihm nicht gestattet.

e) Die Vertragsteile

bewilligen und beantragen

die Eintragung der vorstehend bestellten Grunddienstbarkeiten am jeweils dienenden Grundstück. Sämtliche Eintragungen sollen nur gemeinsam vorgenommen werden; es handelt sich um verbundene Anträge (§ 16 Abs. 2 GBO). Herrschvermerke werden nicht gewünscht.[32]

f) Wegen den übernommenen Unterlassungs- bzw. Duldungsverpflichtungen aus den vorstehend eingeräumten Grunddienstbarkeiten unterwerfen wir, A und B, uns der sofortigen Zwangsvollstreckung aus dieser Urkunde. Dem jeweiligen Gläubiger und seinem Rechtsnachfolger darf eine vollstreckbare Ausfertigung dieser Urkunde erteilt werden.

3. Nachbarzustimmung

B beabsichtigt, auf seinem Grundstück Flst. 200 die Errichtung eines Einfamilienhauses gemäß den dieser Vereinbarung als Anlage Nr. 3, auf die verwiesen wird, beigefügten Bauplänen.

A verpflichtet sich, dem vorgenannten Bauvorhaben zuzustimmen und keine Rechtsbehelfe dagegen einzulegen, und zwar weder im öffentlich-rechtlichen noch im zivilrechtlichen Rechtsweg, soweit das Bauvorhaben entsprechend den beigefügten Plänen ausgeführt wird.

A erteilt hiermit seine Nachbarunterschrift gemäß … LandesbauO zu dem vorgenannten Bauvorhaben und unterzeichnet hierzu das in der Anlage zu dieser Urkunde beigefügte Exemplar der beim Landratsamt eingereichten Baupläne für das vorgenannte Bauvorhaben. Ferner hat A zwei weitere Exemplare des Lageplans und sämtliche Blätter der Bauzeichnungen unterzeichnet. Davon wird ein Satz der Pläne zur Weiterleitung an das Landratsamt, Bauaufsichtsbehörde, B ausgehändigt. Ein weiterer Satz unterzeichneter Pläne ist für A als Bestandteil dieser Vereinbarung auszufertigen.

Maßgeblich sind die in den beigefügten Plänen enthaltenen Bauzeichnungen. Bei Abweichungen der Ausführung von den unterzeichneten Plänen ist A zum Rücktritt von diesem Vertrag und zur Anfechtung nach den gesetzlichen Vorschriften berechtigt.

Die Zustimmung schließt alle möglicherweise erforderlichen Abweichungen bzw. Ausnahmen und Befreiungen ein, und zwar auch insoweit, als dadurch von nachbarschützenden Vorschriften Dispens erteilt wird. Im Gegenzug verpflichtet sich B, zu sämtlichen Bauvorhaben von A auf dem Grundstück Flst. 100 der Gemarkung G seine nach der Landesbauordnung erforderlich Nachbarzustimmung zu erteilen, sofern diese Bauvorhaben die Festsetzungen des rechtsverbindlichen Bebauungsplans … vom … einhalten und entsprechend diesen Festsetzungen ausgeführt werden. B verpflichtet sich, die erforderlichen Nachbarzustimmungen auf den Bauplänen in der gesetzlich vorgeschriebenen Form auf jederzeit mögliches Verlangen von A bei Einhaltung der vorstehenden Voraussetzungen unverzüglich abzugeben und gegen entsprechende Bauvorhaben keinerlei Rechtsbehelfe, und zwar weder bei Zivilgerichten noch bei Verwaltungsgerichten und Verwaltungsbehörden einzulegen.

---

[32] **Alternative:** *Das Recht ist jeweils beim herrschenden Grundstück zu vermerken (Aktivvermerk).*

4. Rechtsnachfolge und weitere Vereinbarungen

Die Vertragsteile verpflichten sich, die vorstehenden, nicht grundbuchmäßig abgesicherten Vereinbarungen etwaigen Rechtsnachfolgern mit Weitergabeverpflichtung aufzuerlegen.

Sämtliche Vereinbarungen dieser Urkunde bilden eine rechtliche Einheit.

Die beigefügten Pläne wurden den Beteiligten zur Durchsicht vorgelegt und von ihnen genehmigt. Auf sie wird verwiesen.

5. Kosten, Abschriften

a) B verpflichtet sich, A die im Widerspruchsverfahren entstandenen Anwaltsgebühren aus einem Gegenstandswert von ... Euro in Höhe von ... Euro nach dem RVG zu erstatten.
   Die außerhalb des Widerspruchsverfahrens entstandenen Anwaltskosten werden gegeneinander aufgehoben.
   Die Kosten dieser Urkunde und ihres Vollzugs im Grundbuch trägt B.
b) Von dieser Urkunde erhalten die Beteiligten sowie Herr Rechtsanwalt Dr. ... und Frau Rechtsanwältin Dr. ... je eine beglaubigte Abschrift sofort nach Unterzeichnung, ferner das Amtsgericht ... – Grundbuchamt – und die Beteiligten nach Vollzug je eine beglaubigte Abschrift. Anlage Nr. 3 dieser Vereinbarung ist bei den Abschriften, ausgenommen der beglaubigten Abschrift für A, nicht mitauszufertigen.

Ort, Datum Unterschriften

Öffentliche Beglaubigung der Unterschriften durch einen Notar

37

IV. Vergleich über Grundabtretung statt Notwegrecht

Verhandelt am ...
zu ...

Vor der unterzeichneten Notarin, Dr. Susanne Schlau, sind gleichzeitig anwesend:

1. A
2. B

Nach Hinweis der Notarin auf § 3 Abs. 1 S. 1 Nr. 7 BeurkG verneinten die Erschienenen das Vorliegen einer Vorbefassung der Notarin.

1. Grundbuchvortrag

a) Gemäß Eintrag im Grundbuch des Amtsgerichts H für G
   Blatt 1111
   ist A
   Alleineigentümer des folgenden Grundbesitzes:
   (Flur F) Gemarkung G
   Flst. 100 An der Grünenstraße, Bauplatz zu 0,0800 ha,
   Der Grundbesitz ist in Abt. II und III des Grundbuchs unbelastet.
b) Gemäß Eintrag im Grundbuch des Amtsgerichts H für G
   Blatt 1112
   ist B
   Alleineigentümer des folgenden Grundbesitzes:
   (Flur F) Gemarkung G
   Flst. 200 An der Grünenstraße, Bauplatz zu 0,0750 ha,
   Der Grundbesitz ist in Abt. II und III des Grundbuchs unbelastet.
c) Mit Fortführungsnachweis Nr. 2000 für die Gemarkung G, welcher samt Kartenbeilage den Beteiligten zur Einsichtnahme vorlag, sind bei den vorbezeichneten Grundstücken Flächenweg- und Flächenzumessungen erfolgt.
d) Der Notar hat das Baulastenverzeichnis nicht eingesehen; die Beteiligten bestanden dennoch auf sofortiger Beurkundung.

2. Tausch

Die Beteiligten vertauschen hiermit den im folgenden aufgeführten Grundbesitz samt allen mit ihm verbundenen Rechten, Bestandteilen und dem Zubehör.

Sie werden in dieser Urkunde, soweit sie Grund abgeben, „Veräußerer", soweit sie diesen erhalten, „Erwerber" genannt.

Es wird vertauscht:

Von A an B zum Alleineigentum die von dem Grundstück Flst. 100 weggemessene Teilfläche von 75 qm, gemessen zum Grundstück Flst. 200.

Von B an A zum Alleineigentum die von dem Grundstück Flst. 200 weggemessene Teilfläche von 50 qm, gemessen zum Grundstück Flst. 100.

3. Auflassung

Die Beteiligten sind über den jeweiligen Eigentumsübergang auf den jeweiligen Erwerber einig. Sie

bewilligen und beantragen

die Eintragung des Eigentumsübergangs im Grundbuch.

Der jeweilige Eigentumsübergang soll nur gleichzeitig erfolgen; es handelt sich insoweit um einen verbundenen Antrag (§ 16 Abs. 2 GBO).

Auf Eintragung einer Auflassungsvormerkung wird trotz Belehrung über die damit verbundenen Risiken, nämlich anderweitige Verfügungen des Eigentümers und zwangsweise Verfügungen gegen den Eigentümer, ausdrücklich nicht gewünscht.

4. Vergleichsweise Einigung

a) Mit Urteil des Amtsgerichts H vom ... AZ: ... wurde A verpflichtet, den Notweg von B über sein Grundstück zu dulden. Der betroffene Grundstücksstreifen entspricht der nunmehr an B in dieser Urkunde abgetretenen Fläche. Da B trotz des gerichtlich zugesprochenen Notwegerechts für sein Grundstück mangels gesicherter Erschließung keine Baugenehmigung erhalten hat, haben sich die Vertragsteile vergleichsweise auf den vorstehenden Grundstückstausch geeinigt.

b) B hat ferner A die Gerichts- und Anwaltskosten des vorbezeichneten Rechtstreits als weitere Gegenleistung bereits erstattet.

c) B ist außerdem Eigentümer des hinter Flst. 100 gelegenen Grundstücks Flst. 200/1 zu 0,0300 ha, welches unbelastet an der in Abschnitt 1. b) bezeichneten Grundbuchstelle vorgetragen ist.

B als Eigentümer des vorbezeichneten Grundstücks räumt hiermit dem jeweiligen Eigentümer des Grundstücks Flst. 100 nach Wegmessung der mit dieser Urkunde veräußerten Teilfläche und Zumessung zu der mit dieser Urkunde erworbenen Teilfläche das subjektiv dingliche Vorkaufsrecht für den ersten tatsächlichen Verkaufsfall ein, und zwar gleichgültig, ob der Verkauf durch den heutigen Besteller oder einen Rechtsnachfolger, der das Grundstück nicht durch Kauf erworben hat, erfolgt.

Die Eintragung des vorstehend bestellten Vorkaufsrechts im Grundbuch wird bewilligt und beantragt.

Das Vorkaufsrecht erhält erste Rangstelle.

Bis zur Eintragung des dinglichen Vorkaufsrechtes wird in gleicher Weise das schuldrechtliche Vorkaufsrecht mit Weitergabeverpflichtung bis zur Eintragung des dinglichen Vorkaufsrechtes eingeräumt.

Die Vertragsteile erklären mit der heutigen Vereinbarung vergleichsweise auch die weiter zwischen ihnen streitigen Fragen hinsichtlich der Notwegrente und behaupteter Behinderung der Zufahrt am ... einig zu sein. Auch diese Fragen sollen durch den heutigen Vergleich bereinigt werden. Wechselseitig wird deshalb vorsorglich auf alle Ansprüche hinsichtlich des Notwegs von beiden Vertragsteilen unter gegenseitiger Annahme verzichtet. Auf die Bedeutung eines Vergleichs hat die Notarin die Beteiligten hingewiesen.

5. Besitz, Nutzung und Lasten

Besitz, Nutzungen und Lasten, die Gefahr des zufälligen Untergangs oder einer zufälligen Verschlechterung sowie die Haftung für den Vertragsbesitz, insbesondere die Verkehrssicherungspflicht, gehen auf den jeweiligen Erwerber ab heute über. Abschnitt 6. c) bleibt unberührt.

6. Rechte bei Mängeln, Erschließungs- und Anliegerkosten

a) Der jeweilige Erwerber übernimmt den Grundbesitz im derzeitigen Zustand. Die Rechte des jeweiligen Erwerbers wegen Sachmängeln jeder Art werden ausgeschlossen, ausgenommen Schadensersatzansprüche bei Vorsatz des jeweiligen Veräußerers. Der jeweilige Veräußerer versichert, dass ihm versteckte Mängel, insbesondere Abstandsflächenübernahmen/Baulasten, nicht bekannt sind.

b) Der jeweilige Veräußerer hat den Vertragsgegenstand frei von Rechtsmängeln, insbesondere miet- und pachtfrei sowie frei von im Grundbuch eingetragenen Belastungen und Beschränkungen zu verschaffen, soweit in dieser Urkunde nichts Abweichendes vereinbart ist. Zur Beibringung der zur Lastenfreistellung erforderlichen Unterlagen ist der jeweilige Veräußerer unverzüglich verpflichtet. Der jeweilige Veräußerer erklärt, dass ihm altrechtliche Dienstbarkeiten nicht bekannt sind.

c) Erschließungsbeiträge nach dem BauGB bzw. Landes-KAG und Beiträge nach ... KAG sowie Kostenerstattungsforderungen für Haus- und Grundstücksanschlüsse und nach den §§ 135a ff. BauGB, jeweils einschließlich Vorauszahlungen, für die ein Bescheid ab heute zugestellt wird, hat der jeweilige Erwerber zu tragen.

Vorausleistungen und etwaige Erstattungsansprüche sind mit der endgültigen Beitragsschuld des jeweiligen Erwerbers zu verrechnen.

7. Genehmigungen

Zu diesem Vertrag ist keine Genehmigung, insbesondere keine Teilungsgenehmigung, erforderlich.

8. Vollmacht

Die Beteiligten bevollmächtigen die amtierende Notarin, ihren Vertreter und ihre Amtsnachfolger, für sie alle Handlungen vorzunehmen, sowie alle Erklärungen, Anträge und Bewilligungen abzugeben, zu ändern und einzuholen, die zur Durchführung des Rechtsgeschäftes erforderlich oder zweckdienlich sind, insbesondere Genehmigungen und Negativzeugnisse. Genehmigungen sollen mit dem Eingang beim Notar allen Beteiligten als zugegangen gelten und damit rechtswirksam sein.

9. Hinweise

Eine steuerliche Beratung ist durch den Notar nicht erfolgt; über die steuerlichen Auswirkungen dieser Urkunde haben sich die Beteiligten vor Beurkundung selbst informiert.

Die Beteiligten wurden jedoch hingewiesen auf den Zeitpunkt und die Voraussetzungen des Eigentumsübergangs, die Haftung für Kosten, Abgaben und öffentliche Lasten, die Unbedenklichkeitsbescheinigung, die Einkommensteuerpflicht bei privaten Veräußerungsgeschäften nach §§ 22, 23 EStG, die Einkommensteuerpflicht bei Veräußerungen aus einem Betriebsvermögen sowie auf die Notwendigkeit, alle Vereinbarungen beurkunden zu lassen.

10. Kosten, Abschriften

Die Kosten dieser Beurkundung und etwa erforderlicher Genehmigungen übernimmt B; etwaige Kosten einer Lastenfreistellung übernimmt der jeweilige Veräußerer.

Die Kosten des Vollzugs und die Grunderwerbsteuer übernimmt jeder Beteiligte für seinen Erwerb.

Von dieser Urkunde erhalten:
einfache Abschrift: die Beteiligten, das Finanzamt (Grunderwerbsteuerstelle), das Landratsamt ...,
beglaubigte Abschrift:
das Grundbuchamt H
beglaubigte Abschrift nach Grundbuchvollzug:
die Beteiligten.

11. Weitere Grundbuchanträge

Die Vertragsbeteiligten

bewilligen und beantragen

den grundbuchamtlichen Vollzug des in Ziffer 1. näher bezeichneten Fortführungsnachweises samt allen darin enthaltenen Grundstücksteilungen und -verschmelzungen im Grundbuch.

Die Vertragsbeteiligten

bewilligen und beantragen

Flächen, die ihren Grundstücken aufgrund des Veränderungsnachweises zugemessen werden, diesen als Bestandteil zuzuschreiben.

V. Schlichtung einer Nachbarstreitigkeit über unbefugtes Betreten des Nachbargrundstücks und Beleidigungen 38

Zwischen A (nachfolgend auch „Antragsteller" genannt) und B (nachfolgend auch „Antragsgegner" genannt) wird hiermit unter Anwesenheit von Frau Rechtsanwältin J und Herrn Rechtsanwalt R folgende Vereinbarung zur Konfliktbeilegung vor dem Schlichter. . protokolliert:

1. Vorbemerkung

Anlass des Schlichtungsverfahrens sind Äußerungen von Herrn B über seinen Nachbarn A gegenüber dritten Personen, beleidigende Äußerungen gegenüber diesem selbst sowie wechselseitiges Betreten des jeweiligen Nachbargrundstücks.

2. Erklärung und Unterlassungsverpflichtung

a) Der Antragsgegner, Herr B, nimmt die gegenüber dem Chef von Herrn A am. . gemachten Äußerungen des Inhalts, dass A. . mit dem Ausdruck des Bedauerns zurück. Er verpflichtet sich, Äußerungen über angeblich unrechtmäßige Handlungen von Herrn A aus dem Zeitraum bis zum heutigen Tage nicht mehr zu wiederholen.
   Ferner nimmt Herr B die am. . und am. . gegenüber Herrn A gefallenen beleidigenden Äußerungen („faules Schwein", „geiler Bock" etc.) mit dem Ausdruck des Bedauerns zurück. Er verpflichtet sich, beleidigende Äußerungen gegenüber A nicht mehr zu machen.
b) Der Antragsteller und der Antragsgegner verpflichten sich, in Zukunft wechselseitig keine Beleidigungen oder Verleumdungen über den anderen zu machen. Sie werden sich bemühen, im Interesse der miteinander verheirateten Kinder von A und B und im Interesse des gemeinsamen Enkelkindes einen sachlichen Umgangston zu wahren und die üblichen Umgangsformen einzuhalten.
c) Der Antragsteller und der Antragsgegner verpflichten sich, das jeweilige Nachbargrundstück des anderen anwesenden Nachbarn in Zukunft nicht mehr zu betreten, ausgenommen im Rahmen und Umfang der bestehenden wechselseitigen Geh- und Fahrtrechte sowie wenn dies gesetzlich zugelassen ist.

3. Abgeltungsvereinbarung

Die Beteiligten erkennen an, aus dem Sachverhalt, der diesem Schlichtungsverfahren zugrundeliegt, über die heutige Einigung hinaus keine gegenseitigen Ansprüche zu haben, und vereinbaren daher, aus diesem Sachverhalt weder zivilrechtliche Ansprüche geltend zu machen noch Strafanträge oder Anträge an Verwaltungsbehörden zu stellen.

Herr A nimmt den diesbezüglich gegen Herrn B gestellten Strafantrag hiermit zurück und verpflichtet sich, etwaige weitere zur Rücknahme erforderlichen Erklärungen unverzüglich abzugeben.

4. Vertragsstrafe

A und B verpflichten sich hiermit, für jeden Fall der Zuwiderhandlung gegen die in Ziffer 2. c) vereinbarte Unterlassungsverpflichtung eine Vertragsstrafe in Höhe von EUR. . an den gemeinnützigen ... e.V.[33] zu zahlen. Dieser erhält kein eigenes Recht, die Leistung zu fordern. Die Vertragsteile haben die Befugnis, vorstehende Vereinbarung ohne Zustimmung dieses Vereins aufzuheben und zu ändern. Es wird klargestellt, dass die Einrede des Fortsetzungszusammenhangs nicht ausgeschlossen oder eingeschränkt ist. Weitergehende Ansprüche und Vollstreckungsmöglichkeiten der Beteiligten, insbesondere gemäß § 890 ZPO, wegen eines die Vertragsstrafe verwirkenden Verhaltens bleiben unberührt. Die Vertragsstrafe ist jedoch auf andere Ansprüche nicht anzurechnen. Die Beteiligten sind an vorstehende Vertragsstrafenvereinbarung bis zum Ablauf des.. gebunden. Danach gelten ausschließlich die gesetzlichen Bestimmungen, soweit die Beteiligten nicht Abweichendes vereinbaren. Zu diesem Zeitpunkt bereits entstandene Ansprüche bleiben von der zeitlich befristeten Bindung unberührt. Auch die Unterlassungsverpflichtungen bleiben über den vorstehend genannten Termin hinaus bestehen.

5. Kosten, Abschriften

Die Kosten dieses Schlichtungsverfahrens werden gegeneinander aufgehoben. Die in dieser Sache entstandenen Rechtsanwaltskosten samt Auslagen trägt jede Partei selbst.

Die Beteiligten und die anwaltlichen Vertreter erhalten je eine beglaubigte Abschrift der Einigung.

Ort, Datum

Unterschrift A | Unterschrift B

Unterschrift Rechtsanwalt J | Unterschrift Rechtsanwalt R

... als Schlichter

---

33 Selbstverständlich ist auch eine Vertragsstrafe zugunsten des jeweils anderen Vertragsteils denkbar.

Sachverzeichnis

Die fett gedruckten Zahlen geben den Teil, die mageren Zahlen die Randnummern an.

Sachverzeichnis